U0949566

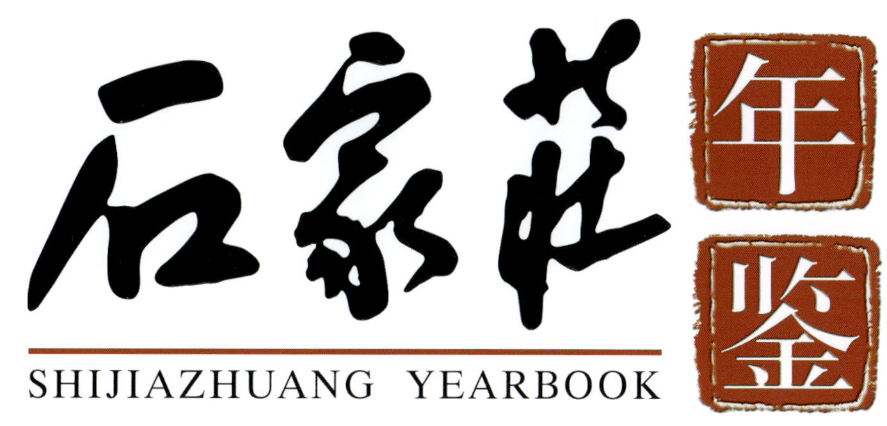

2021 石家庄市地方志编纂委员会 编

河北出版传媒集团
河北人民出版社
·石家庄·

图书在版编目（CIP）数据

石家庄年鉴．2021 / 石家庄市地方志编纂委员会编
．-- 石家庄 ：河北人民出版社，2021.12
ISBN 978-7-202-05746-9

Ⅰ．①石… Ⅱ．①石… Ⅲ．①石家庄－2021－年鉴
Ⅳ．① Z522.21

中国版本图书馆 CIP 数据核字 (2021) 第 268440 号

书　　名　石家庄年鉴 2021
　　　　　SHIJIAZHUANG NIANJIAN 2021
编　　者　石家庄市地方志编纂委员会

责任编辑　王　颖
美术编辑　于艳红
责任校对　付敬华
策划总监　薛鹏飞
版式设计　壹书传媒
封面设计　王　鹏
翻　　译　杨永林

出版发行　河北出版传媒集团　河北人民出版社
　　　　　（石家庄市友谊北大街 330 号）
印　　刷　山东黄氏印务有限公司
开　　本　889 毫米 ×1194 毫米　1/16
印　　张　37.75
字　　数　1 208 000
版　　次　2021 年 12 月第 1 版　2021 年 12 月第 1 次印刷
书　　号　ISBN 978-7-202-05746-9
定　　价　500.00 元

石家庄市地方志编纂委员会

名誉主任：张超超　省委常委、市委书记

主　　任：马宇骏　市委副书记、市长

常务副主任：李克良　市委常委、常务副市长

副主任：刘军志　市委常委、市委秘书长、市直机关工委书记

李志宏　市人大常委会副主任、市总工会主席

刘玉渭　市政协副主席

李　清　市委原副书记

郭广生　市政府原副市长

高际永　市委副秘书长、市委办公室主任

宋国宏　市政府秘书长

委　　员：马建彬　市委宣传部常务副部长、市新闻出版局局长

刘　力　市委组织部副部长

李　霞　市委党史研究室主任

于燕红　市社会科学院院长

祁军英　市档案馆馆长

赵建林　市发展和改革委员会主任

赵立芬　市教育局局长

常志卷　市科学技术局局长

戴宝进　市工业和信息化局局长

张敏周　市民政局局长

曹　铂　市财政局局长

梁建林　市人力资源和社会保障局局长

赵路新　市自然资源和规划局党组书记

《石家庄年鉴》编纂

主　　编：祁军英

副 主 编：张建伟　薛鹏飞

《石家庄年鉴》编辑部

主　　任：薛鹏飞

副 主 任：崔海萍

编　　辑（以承编顺序为序）：

薛鹏飞：图照、特载、专记、大事记、索引

崔海萍：市情概览、农业农村、工业、商业·旅游、金融、综合经济管理

王建峰：开发区·自由贸易试验区、群众团体、法治、军事·外事、人物、

李　军：党政机关、城乡建设、生态环境、交通运输·邮政、信息产业、区县（市）

乔安琪：科学技术、教育、文化、卫生·体育、社会生活、附录

数字石家庄

土地面积 15848 平方千米
常住人口 1123.51 万人，增加 20.39 万人
户籍人口 986.56 万人，减少 2.28 万人

地区生产总值 5935.1 元，增长 3.9%
第一产业增加值 498.6 亿元，增长 3.5%
第二产业增加值 1745.5 亿元，增长 3.1%
第三产业增加值 3691.0 亿元，增长 4.3%

财政收入 1191.15 亿元，增长 2.5%
一般公共预算收入 632.19 亿元，增长 11.1%
一般公共预算支出 1142.23 亿元，增长 8.6%
社会消费品零售总额 2279.6 亿元，下降 3.4%
实际利用外资 18.3 亿美元，增长 13.1%

农林牧渔业总产值 710.88 亿元，增长 3.8%
粮食播种面积 66.49 万公顷，总产量 430.78 万吨
小麦总产量 195.98 万吨，平均亩产 462.2 千克
玉米总产量 212.5 万吨，平均亩产 446.7 千克

规模以上工业企业 1822 家，增加 22 家
规模以上工业企业营业收入 4551.0 亿元
规模以上工业企业利润 312.27 亿元

石家庄机场通航城市 93 个
石家庄机场旅客吞吐量 820.4 万人次
石家庄机场货邮吞吐量 8.64 万吨

铁路营业总里程 556.6 千米
高速铁路营业里程 119.6 千米
铁路客运专线营业里程 148.95 千米
普通铁路营业里程 288.05 千米
铁路客运量 1896.12 万人次
铁路货运量 6436.35 万吨
地铁营运里程 61.6 千米
地铁客运量 7171.23 万人次
公路通车总里程 20639.8 千米
公路客运量 2.14 亿人次
公路货运量 5.06 亿吨
公交车辆 4153 辆
公交营运总里程 1.44 亿千米
公交客运总量 1.78 亿人次

商品住房上市面积 857 万平方米
商品住房成交面积 621.7 万平方米
商品住房成交均价 11131 元 / 平方米
存量住房成交面积 238.2 万平方米
存量住房成交均价 13821 元 / 平方米
住房公积金年度归集 122.13 亿元
住房公积金年度提取 81.08 亿元

建筑业总产值 1756.25 亿元
建筑业利润总额 25.71 亿元
建筑业施工企业 2769 家

接待海内外游客 6230.22 万人次
旅游业总收入 684.15 亿元

对外贸易进出口总值 1341.1 亿元，增长 14.0%
出口总值 785.6 亿元，增长 19.9%
进口总值 555.5 亿元，增长 6.7%

金融机构年末人民币存款余额 16488.28 亿元
金融机构年末人民币贷款余额 13075.27 亿元
金融机构年末人民币住户存款余额 8774.58 亿元
金融机构年末人民币住户贷款余额 4549.17 亿元

森林覆盖率 42.2%
建成区绿地面积 12207 公顷
建成区绿化覆盖率 42.85%
建成区绿地率 39.14%
市区一级优良天数 31 天，二级良好天数 174 天

专利申请量 28676 件，专利授权量 19577 件
发明专利量 9302 件，万人发明专利拥有量 8.95 件
学校（不含高校）3814 所，在校生 202.89 万人
幼儿园 1862 所，在园幼儿 32.41 万人
小学 1392 所，在校学生 92.59 万人
初中 191 所，在校学生 35.88 万人
高级中学 59 所，在校学生 18.09 万人
市属高校 5 所，在校学生 6.09 万人

卫生医疗机构 8369 个，卫生医疗床位 64426 张
执业（助理）医师 41804 人，注册护士 36820 人

城镇居民年人均可支配收入 40247 元
城镇居民年人均消费支出 24867 元
农村居民年人均可支配收入 16947 元
农村居民年人均消费支出 11186 元

城乡居民养老保险参保人数 379.5 万人
城镇职工养老保险参保人数 269.4 万人
城乡居民医疗保险参保人数 726.65 万人
城镇职工医疗保险参保人数 178.31 万人
失业保险参保人数 126.4 万人
工伤保险参保人数 192.6 万人
享受居民最低生活保障 15.0 万人
城镇新增就业 12.84 万人
城镇登记失业率 3.75%
农村劳动力转移就业 5.6 万人

户籍登记家庭 2905286 户
户籍登记出生人口 102366 人
户籍登记死亡人口 119321 人
户籍登记男性 4948873 人、女性 4916725 人
户籍登记 60 岁以上老人 1916531 人
结婚登记 53199 对，离婚登记 25435 对

地区生产总值（亿元）

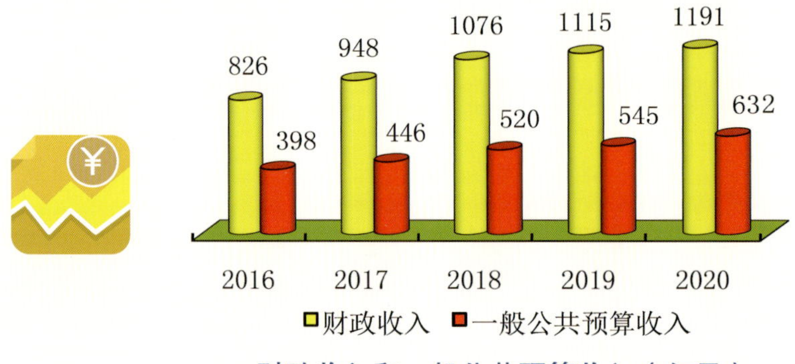

财政收入和一般公共预算收入（亿元）

常住人口（万人）

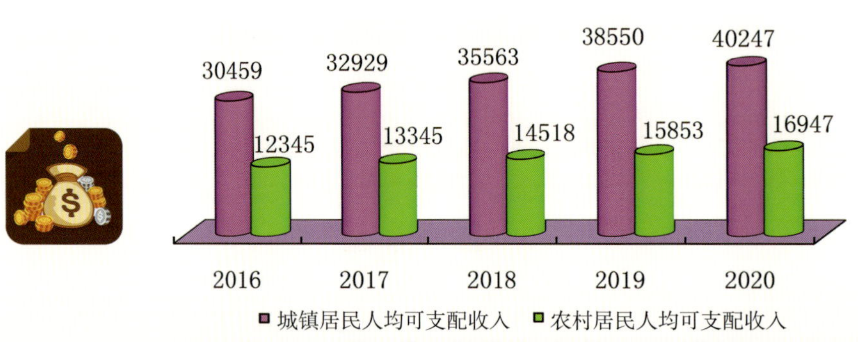

城镇居民人均可支配收入和农村居民人均可支配收入（元）

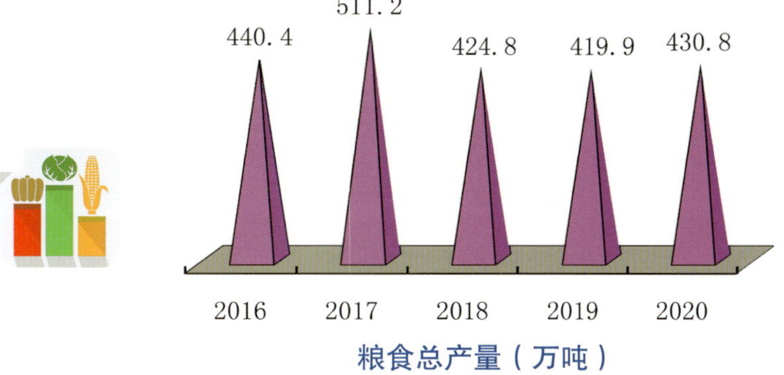

粮食总产量（万吨）

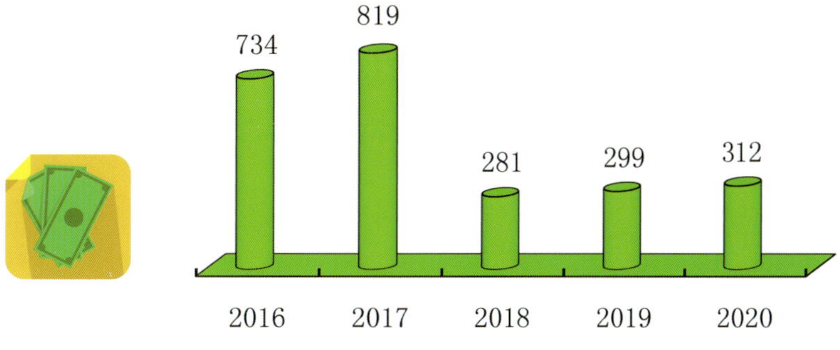

规模以上工业利润（亿元）

对外贸易进出口总值和出口总值（亿元）

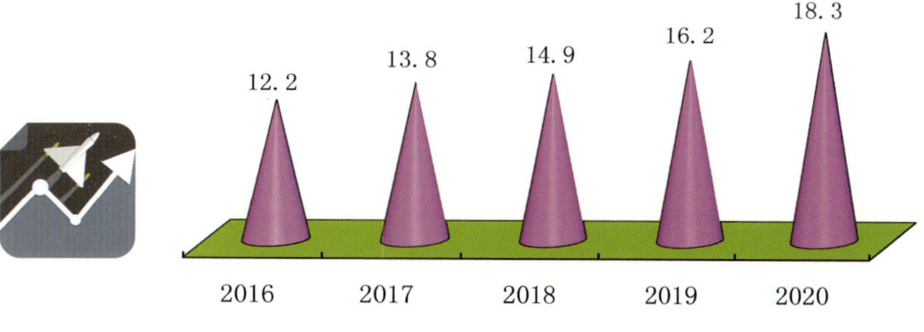

实际利用外资（亿美元）

阅览导读

一、《石家庄年鉴》是一部全面记述石家庄市情的地方综合年鉴。1993 年开始编纂，1993 ～ 1994 年、1995 ～ 1996 年为两年合刊，1997 年起逐年出版，面向国内外公开发行。2019 年起，《石家庄年鉴》由市档案馆负责编纂。

二、本卷年鉴以马克思列宁主义、毛泽东思想、邓小平理论、“三个代表”重要思想、科学发展观、习近平新时代中国特色社会主义思想为指导，如实记录 2020 年度石家庄市自然、政治、经济、军事、文化、科技、教育等方面情况，真实反映各行各业取得的成就，客观记述改革和建设中的经验与教训，是各级领导和机构实施决策的重要依据，也是国内外了解石家庄市最准确、最权威的资料性文献。

三、《石家庄年鉴（2021）》为《石家庄年鉴》总第 26 卷，共设有专题图片、特载、专记、大事记、市情概览、开发区·自由贸易试验区、党政机关、群众团体、法治、军事·外事、农业农村、工业、城乡建设、生态环境、交通运输·邮政、信息产业、商业·旅游、金融、综合经济管理、科学技术、教育、文化、卫生·体育、社会生活、区县（市）、人物、附录 27 个栏目。全书编写采用分类编纂法，一般由类目、分目、条目三个部分组成。与 2020 年卷相比较，本卷增设“专记”栏目，重点记述脱贫攻坚、全面建成小康社会、抗击新冠肺炎疫情；调整“工业”下分目设置，突出生物医药、食品工业、装备制造业；类目“法治”增设分目“人大立法”，同时去除“附录”栏目下“条例法规”。条目统一用黑体字加【】表示。记述时间“月”“日”，未标注年份均为 2020 年。货币单位“元”，无专门标注均指人民币。为帮助读者理解内文，部分栏目下设立“链接”。根据中国人使用计量单位习惯，记述土地面积有的使用“亩”，其余均采用国家规定的法定单位。

四、年鉴组稿采取部门供稿与国家工作人员采编相结合的方式。市直各部门、各县（市、区）及有关单位均指定专人撰写，并经主管领导审核。

五、本卷年鉴数据一般截至 2020 年 12 月 31 日，个别事情记述上限适当追溯，下限稍有延长，以供读者了解发展脉络。全局性数据以石家庄市统计局提供的数据为准。统计资料由石家庄市统计局和市政府部门提供。“特载”全文引用，数据未作改动，其他内文数据均为准确数据。因统计口径等原因，有关部门提供的个别数据与统计数据不尽一致，采用时请予注意。

◆ 2020年8月18日，省委常委、市委书记邢国辉（左二）视察指导滹沱河生态修复工程（市委办公室提供）

◆ 2020年11月24日，省委常委、市委书记邢国辉（左排左一）在市人民会堂接见石家庄市新获授全国劳动模范和全国先进工作者（市总工会提供）

◆ 2020 年 5 月 6 日，市人大常委会主任司存喜（左三）等领导集体视察滹沱河生态修复二期工程建设
（市人大办公室提供）

◆ 2020 年 7 月 22 日，市政协主席刘明轩（前排右二）到井陉矿区视察重点项目——河钢集团石钢公司建设
（市政协办公室提供）

平山县

平山县是山区县、老区县、国家扶贫开发工作重点县，也是中国革命圣地——西柏坡所在地。2016年初，平山县共有贫困村260个、建档立卡贫困户20756户、贫困人口48822人，贫困发生率10.9%。至2017年底，平山县退出贫困村237个，剩余建档立卡贫困户1849户、贫困人口3606人，贫困发生率降至0.84%，达到贫困县“摘帽”条件。2018年9月29日，经河北省政府批准，平山县退出贫困县序列，摘掉长达32年贫困县“帽子”。2016～2020年，平山县累计实现260个村、24017户、64522人脱贫。

◆ 美丽乡村和农业园区

◆ 杂粮特产馆

◆ 古月镇扶贫创业孵化园

◆ 李家庄村史馆改造前

◆ 李家庄村史馆改造后

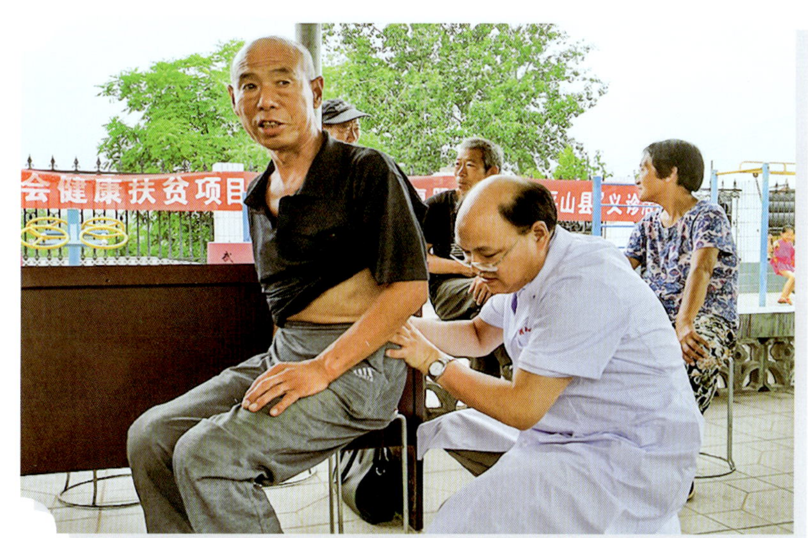

◆ 建立和形成贫困人口免费体检、上门义诊及大病集中救治、重病兜底保障制度

◆ 观光农业园区

◆ 接受企业赞助，举办希望工程圆梦行动公益助学金发放仪式

赞皇县

赞皇县是山区县、老区县、国家扶贫开发工作重点县，也是联合国地名组织命名的“千年古县”。地处太行山中段东麓，县域山场面积115万亩，地貌格局为“七山二滩一分田”。革命战争年代，赞皇县为国捐躯烈士2000多名，享有“冀西十三县，赞皇是模范”的美誉。2019年5月5日，经河北省政府批准，赞皇县退出贫困县序列。2016～2020年赞皇县累计实现97个贫困村、651户建档立卡贫困户脱贫出列，累计脱贫人口1331人，贫困发生率由2016年14.6%下降为0。

◆ 鲜花盛开的村庄

◆ 美丽山村——秦家庄

◆ “金窝福窝”满院落

◆ 脱贫攻坚再造新农村

◆ 南峪村民笑迎新生活

灵寿县

灵寿县是山区县、老区县、国家扶贫开发工作重点县，也是民政部、联合国地名考察组命名的“千年古县”。县内地形轮廓呈条状，地势自西北向东南倾斜，依次为山区 50%、丘陵 38%、平原 12%，地貌格局大体为“七山二水一分田”。2019 年 5 月 5 日，经河北省政府批准，灵寿县退出贫困县序列。2016 ～ 2020 年灵寿县 120 个贫困村全部脱贫出列，累计脱贫人口 28986 人，贫困发生率由 2016 年 16.3% 下降为 0。2021 年 2 月 25 日，灵寿县扶贫开发办公室获得 2020 年“全国脱贫攻坚先进集体”称号。2021 年 4 月 29 日，灵寿县寨头乡砂子洞村委会委员秦慧冬获得 2020 年“河北省脱贫攻坚奖奋进奖”称号。

◆ 漫山花溪谷

◆ 太行山高速公路灵寿段

◆ 大南地光伏发电项目

◆ 南营乡团泊口安置区获评全国“十三五”规划时期美丽搬迁安置区

◆ 南营乡黄土梁安置区

◆ 葡萄种植基地

行唐县

行唐县位于石家庄市北部，地处太行山东麓浅山丘陵区与华北平原交接地带，距离石家庄市主城区50千米。2012年行唐县批准成为国家扶贫开发工作重点县，2019年5月5日经河北省政府批准退出贫困县序列。2016～2020年行唐县累计实现108个贫困村、28636户建档立卡贫困户脱贫出列，累计脱贫人口78229人，贫困发生率由2014年21.93%下降为0。

◆ 产业路成为农民的致富路

◆ 易地扶贫搬迁——庙岭沟社区

◆ 省级美丽乡村、旅游示范村——龙兴庄

◆ 中共中央对外联络部和黄龙港村联建的农业种植示范园

◆ 皇菊种植基地——东安太庄现代农业园区

◆ 光伏发电项目助农增收

◆ 君乐宝乳业与北河乡联建的标准化奶牛养殖场

◆ 规模化山羊养殖场

◆ 手工编织订单项目助力留守妇女创业

◆ 残疾人在“双创园”实现人生价值

◆ 农村饮水安全工程

◆ 消费扶贫助农惠农

①②
③④

① 滹沱河航拍图
（市水利局提供）

② 滹沱河绿地、大桥、河水汇成人间美景
（市水利局提供）

③ 滹沱河观赏游园
（市水利局提供）

④ 滹沱河水中绿岛
（市自然资源和规划局提供）

石药集团

石药控股集团有限公司（简称石药集团）是一家在香港上市的中国医药龙头企业，拥有创新药、普药、原料药三大业务板块，主要从事医药及相关产品的开发、生产和销售，成药产品包括抗生素、心脑血管用药、解热镇痛用药、消化系统用药、抗肿瘤用药和中成药等。2020 年石药集团营业收入 403.56 亿元，同比增长 10.7%，营业收入排名石家庄市企业第 3 名。2020 年石药集团位列“2020 中国企业 500 强”第 495 位、“中国医药工业百强榜”第 13 位，入选“2020 中国制造业企业 500 强”“2020 中国战略性新兴产业领军企业 100 强”。

◆ 石药集团总部

◆ 石药集团恩必普生产车间

◆ 石药集团生物科技产业园

以岭药业

石家庄以岭药业股份有限公司（简称以岭药业）是中国工程院院士吴以岭采用“理论、临床、科研、产业、教学”五位一体运营模式，以中医络病理论为指导创建设立的新药研发企业，主要医药产品有通心络胶囊、参松养心胶囊、芪苈强心胶囊、连花清瘟胶囊、连花清咳片等。2020 年以岭药业营业收入 87.82 亿元，同比增长 50.76%，营业收入排名石家庄市企业第 14 名；实现利润 15.7 亿元，同比增长 184%；纳税 9.55 亿元，同比增长 72.6%，纳税金额排名石家庄市企业第 7 位。2020 年以岭药业通过“国家绿色工厂”复核，入选“中国医药工业百强榜”“中国中药企业 TOP100 排行榜”，其中，“中国医药工业百强榜”位列第 57 位，位次排名上升 10 位。

◆ 以岭健康城

◆ 以岭医药产业园

◆ 以岭药业研发上市专利新药产品

◆ 以岭药业

◆ 2020年9月30日，石家庄图书馆新馆建成并对外开放
（市文化广电和旅游局提供）

◆ 2020年6月1日，新建市儿童医院（市妇幼保健院）开诊运营
（市卫生健康委提供）

◆ 2020年11月16日，南绕城高速开通运营。此图为南绕城高速与京港澳高速互通处
（市交通运输局提供）

◆ 11月15日，2020石家庄马拉松赛在滹沱河明曦湖公园河湖广场起跑 （市体育局提供）

◆ 2020年11月22日，市第二届冰雪运动会在鹿泉区西部长青室内滑雪场开幕 （市体育局提供）

◆ 2020年11月23日，市第二届冰雪运动会中小学生冰球比赛举行 （市体育局提供）

石家庄市人民医院

市人民医院始建于1938年，是一所集医疗、教学、科研、保健、急救、康复为一体的三级甲等综合医院，是河北医科大学附属医院、西安交通大学医学部附属医院。拥有建华院区、方北路院区两个院区，编制床位3400张，开放床位2700张。建有河北省博士后创新实践基地，是国家级住院医师规范化培训基地、国家级综合医院中医示范单位。河北省重症肌无力医院、市肿瘤医院、市第一眼科医院、市脑血管病医院、市心血管病医院在市人民医院挂牌。

◆ 2020年6月26日，市人民医院建华院区正式启用

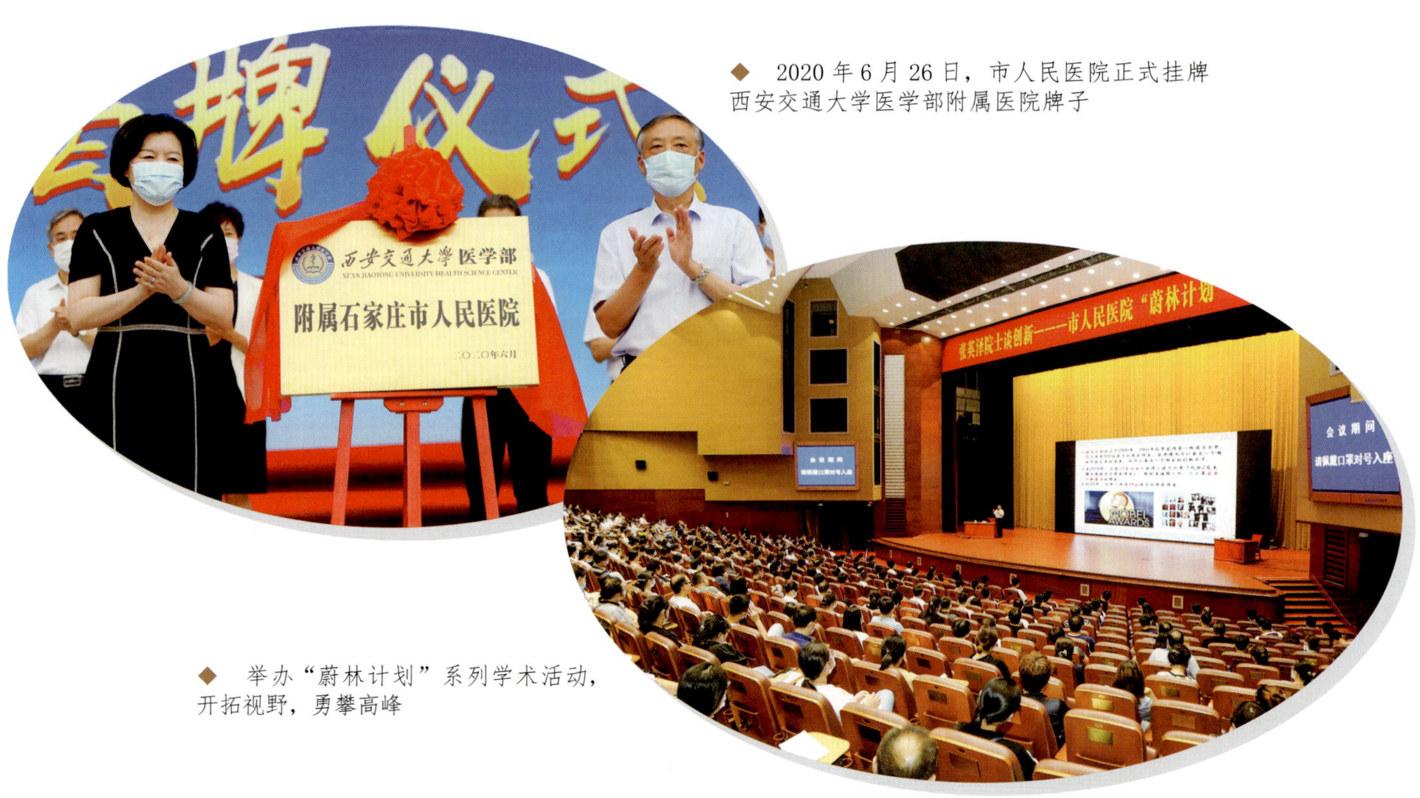

◆ 2020年6月26日，市人民医院正式挂牌西安交通大学医学部附属医院牌子

◆ 举办“蔚林计划”系列学术活动，开拓视野，勇攀高峰

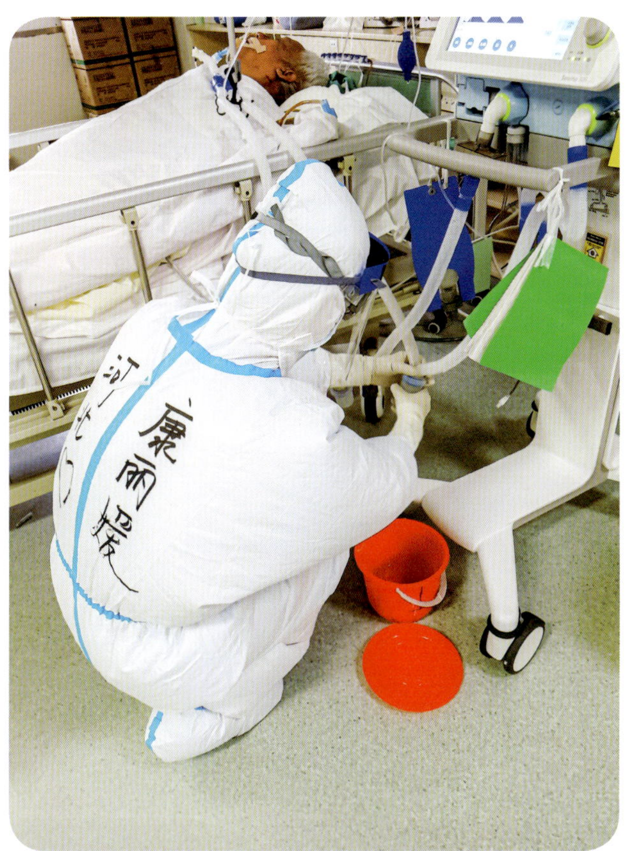

◆ 医院党委书记曹琴英到机场为出征武汉抗疫人员送行

◆ 护士康丽媛在武汉抗疫一线护理新冠肺炎患者

◆ 医护人员在病房精心照料疑似新冠肺炎患儿

◆ 2020 年 10 月 15 日，市人民医院发热门诊被河北省委、省政府授予“河北省抗击新冠肺炎疫情先进集体”称号

石家庄市第五医院

市第五医院于1949年成立，地址位于石家庄市裕华区塔南路42号，是全省首家集传染病诊断、治疗、急救、科研、教学、预防、保健及重大公共卫生事件救治为一体的三级传染病专科医院。占地面积56.63亩，建筑面积6.9万平方米，编制床位850张，开放床位777张。拥有职工766人，其中，高级专业技术职称155人、中级专业技术职称238人，获得“省政府特殊津贴专家”“省三三三人才”“河北省名中医”“市管拔尖人才”“市级优秀科技标兵”荣誉32人。市第五医院建有国家级重点专科1个（中医传染病专业），省级临床重点专科建设单位1个（传染病科）、省级中医重点专科建设单位1个（肝病科）、省级临床重点专科培育单位1个（检验科）、省级学重点学科1个（肝病专业），市重点中医专科1个（中医肝病科）、市医学重点学科4个（结核病专业、实验诊断学、医学影像学、传染病学）。2020年10月，河北省委、省政府授予市第五医院院党委“全省先进基层党组织”称号，授予市第五医院“河北省抗击新冠肺炎疫情先进集体”称号。

◆ 2020年2月29日，市第五医院新冠肺炎患者全部治愈出院，共治愈患者21例

目 录

CONTENTS

特 载

Special Reports

专 记

Special Event Record

大 事 记

Chronicles of Events

市情概览

City Overview

开发区·自由贸易试验区

Development Zone & Pilot Free Trade Zone

党政机关

Party and Government Organs

群众团体

Mass Organizations

法　治

Governed by Law

军事·外事
Military & Foreign Affairs

农业农村
Agriculture & Rural Areas

工　业

Industry

城乡建设
Urban and Rural Construction

生态环境
Ecological Environment

交通运输·邮政

Transportation & Postal Service

信息产业

Information Industry

商业·旅游
Business & Tourism

金　融

Finance

综合经济管理

Comprehensive Economic Management

科学技术

Science & Technology

教　育

Education

文　化

Culture

卫生・体育

Public Health & Sports

社会生活

Social Life

区县（市）
Districts and Counties (Cities)

人　物
Figures

附　录
Appendix

市委全会报告

坚定信心决心 奋力担当作为 乘势而上决战决胜“三个圆满收官”

——2020年8月5日中共石家庄市委书记在市委十届九次全会上的讲话

在全年时间已经过半、各项工作正在加紧推进的关键节点，市委召开这次全会，主要任务就是深入学习贯彻习近平新时代中国特色社会主义思想，全面落实习近平总书记重要讲话和中央政治局会议精神，按照全省经济工作推进会暨防汛工作会议部署，盘点总结上半年工作，安排部署下半年任务，动员全市各级党组织和广大党员干部，进一步坚定信心、振奋精神、铆足干劲，聚力实现“三个圆满收官”，统筹做好疫情防控和经济社会发展，推动现代省会、经济强市建设取得新的更大突破。

7月30日，中央政治局召开会议，习近平总书记发表重要讲话，深刻分析了当前国内外形势，明确提出了当前和今后一个时期的总体要求、政策取向和重点任务，站位高远、思想深邃，具有极强的战略指导性和现实针对性，为我们做好下半年工作提供了根本遵循。王东峰书记在全省经济工作推进会暨防汛工作会议上的讲话，围绕贯彻中央政治局会议特别是习近平总书记重要讲话精神，对下半年工作进行了系统安排，是中央精神在河北的具体化。各级党组织要提高政治站位，认真抓好落实，确保党中央重大决策和省委要求在石家庄落地见效。刚才，常务副市长、市纪委监委主任通报了有关工作，并就相关文件作了说明，请各位委员和同志们认真讨论和审议。下面，根据市委常委会研究意见，我讲四个问题。

一、半年多的艰辛实践，我们收获了来之不易的工作成绩

2020年以来，我们走过了一段极其特殊、极不寻常、极为不易的奋斗历程。突如其来的新冠肺炎疫情和复杂多变的宏观环境，给我们推进各项工作带来了前所未有的困难和挑战，经济社会发展面临前所未有的冲击和压力。我们坚定以习近平总书记重要指示精神领航定向，在省委、省政府的坚强领导下，坚持一手抓防控、一手抓发展，顶住了压力，控住了风险，守住了底线，疫情防控战果不断巩固，经济回升向好态势不断拓展，各项工作取得了新成效。

面对来势汹汹的新冠肺炎疫情，我们齐心协力、共克时艰，取得了疫情防控的重大战略成果。牢牢扛起防控疫情政治责任，始终把人民生命安全和身体健康放在第一位，各级领导干部身先士卒、包联督导，基层党员干部昼夜奋战、坚守防区，广大人民群众响应号召、守望相助，全市医护人员和公安干警逆行而上、无私奉献，正定机场和有关县（市、区）有力有序做好国际航班经停转运保障工作，有效遏制了疫情，赢得了各方普遍赞誉。截至目前，我市已连续165天无新增本土病例。

面对经济下行的巨大压力，我们保持定力、多措并举，实现了经济发展的逆势上扬。有力有序推进复工复产、复商复市，主要经济指标稳中向好，一般公共预算收入、进出口总值、实际利用外资等位居全省前列；地区生产总值和服务业增加值，增速实现由负转正、V型反弹，分别居全省第4位和第2位。产业结构持续优化，农业种植结构调整成效显现，第一产业同比增长3.2%、较2009年提

高2个百分点，占比提高0.9个百分点，特别是“4+4”现代产业表现出强劲的韧性，“四种类型经济”加速形成规模效应。创新动力不断增强，规上高新技术产业增加值增速居全省第4位，高新技术企业和科技型中小企业总量保持全省第一。

面对艰巨繁重的工作任务，我们只争朝夕、拼搏竞进，打造了担当实干的众多亮点。在抓好常态化疫情防控情况下，各级各部门撸起袖子加油干，不失时机强攻坚，紧盯任务抓落实，以一域之光为全局添彩。第六届市旅发大会成功举办，中央商务区加快建设，地铁2号线一期启动试运行，汇明路等6条断头路实现通车，滹沱河生态修复二期工程43千米即将完工，先后与河北师范大学、石家庄铁道大学签订独立学院合作转设协议，扫黑除恶专项斗争、“无黑”省会、平安石家庄建设深入推进，全国文明城市复检和国家卫生城市创建持续掀起新高潮，“6+1”联动监督扎实开展。

面对人民群众的殷切期盼，我们不忘初心、倾力为民，取得了改善民生的扎实成效。省20项民心工程和市10件民生实事深入推进，市儿童医院建成投用，市人民医院新院区如期搬迁开诊，“红色物业”实现城区全覆盖，市高校园区加快建设，1857所中小学校停课不停学，131件省交办信访积案、91件市级领导包联案件和2526件县（市、区）领导包联案件全部按期办结。特别是千方百计保就业，全市新增城镇就业6.62万人，总量保持全省第一。

这些成绩的取得，充分彰显了各级党组织的战斗力，充分彰显了广大党员干部的执行力，充分彰显了1000多万石家庄人民的凝聚力，为我们继续砥砺前行积累了宝贵财富。成绩提振信心，启示影响长远。上半年的艰苦实践，既有累累硕果，更有深刻启示，使我们进一步加深了对石家庄发展的规律性认识。一是必须始终坚持政治站位、强化政治引领。上半年，之所以能够实现稳中转好，关键就在于我们深刻领会把握习近平总书记重要指示要求，在省委、省政府的坚强领导下，一着不让推动各项决策部署落地落实。经历这场疫情大战大考，使我们更加深切领悟到习近平总书记作为党和国家领袖的远见卓识、雄才伟略和深厚为民情怀，更加深刻认识到习近平新时代中国特色社会主义思想的真理伟力和实践伟力。面对大战大考，只有自觉增强“四个意识”、坚定“四个自信”、做到“两个维护”，才能临危不乱、行稳致远。二是必须注重统筹兼顾、系统谋划推动。上半年，全市经济之所以能够全面回升起势，就是我们在督促企业严格落实防疫措施的同时，又高效有序推动企业复工复产，第一时间出台了支持企业发展16条、支持服务业发展27条和促消费10条等政策举措；在优存量、加快优势产业发展的同时，又积极扩增量、着力增强发展后劲，大力度清理闲置土地，持续掀起项目建设热潮，打出了一系列精准务实的“组合拳”。面对相互交织的工作任务和困难问题，只有善于“弹钢琴”，才能有效推动各领域工作同频共振、整体并进。三是必须善于化危为机、勇于变中求新。形势在变，工作的要求也在变，只有准确识变、科学应变，才能在危机中育新机，于变局中开新局，迎来“柳暗花明又一村”。我们敏锐捕捉新机遇，抢抓国家政策“窗口期”，围绕“两新一重”，专门成立领导小组和专班，定期研究部署项目包装和债券申报，积极争取新增政府债券资金。我们创新举措、靠前对接，主动与8家银行签订战略协议，争取3900亿元授信额度，帮助企业和项目解决融资难题；不断深化人才绿卡制度，创新开展高层次人才云端招聘，积极与知名高校对接合作，为全市高质量发展提供人才支撑。我们创新思路、循势而为，大力促进新业态发展，许多领导干部亲自“直播带货”，因时有序发展惠民经济，方便了群众，促进了增收。四是必须充分依靠群众、上下勠力同心。人心齐、泰山移。无论是抓疫情防控，还是抓经济发展，人民群众都是我们干好工作的力量源泉。2020年以来，无论是在基层防控一线，还是在企业生产车间，处处都是广大人民群众奋战的身影，各类市场主体奋力自救，为稳增长、保就业作出了重要贡献，特别是我们采取的各项防控措施，得到了群众的鼎力支持。实践证明，只要广泛动员群众、紧紧依靠群众，千斤重担众人挑，就没有战胜不了的困难。五是必须狠抓作风建设、始终保持奋斗姿态。越是艰难时刻，越要强化作风保证。我们坚持问题导向，以刀刃向内的勇气，深入开展“振奋精神、改进作风、加强纪律”活动，查问题、转作风、鼓干劲、争上游，奋力把疫情耽误的时间抢回来，把落下的任务补上来，有力保证了各项任务高效推进，党员干部精气神得到了集中检验和新的锤炼。面对千难万险，人的精神就是最高禀赋，只要锻造过硬作风、保持昂扬状态，就没有过不去的“火焰山”。

二、确保实现“三个圆满收官”，我们必须聚焦“六稳”“六保”扬长补短

当前，全年工作已从“上半场”转入“下半场”。习近平总书记强调，三、四季度要乘势而上，巩固扩大疫情防控和经济恢复成果，努力弥补上半年的损失。我们要切实增强“赶考交卷”的责任感和紧迫感，瞄准目标、时不我待，奋力考出好成绩。

一要正确看待自身优势和重大机遇，坚定信心决心不动摇。我们有“4+4”现代产业和“四种类型经济”的快速发展，有22家省级以上开发区的强大支撑，有自贸区正定片区、跨境电商试验区等优势平台，有数字经济产业园等重大工程和一批新签约项目的有效拉动，发展优势更加凸显。上半年，尽管疫情给经济发展带来了很大冲击，但也展现出了我市经济较强的抗压性，为我们应对风险挑战积累了丰富经验和有效招法。特别是随着国家一系列政策措施落地，“一带一路”建设、京津冀协同发展、雄安新区规划建设的深入推进，省委、省政府支持省会发展的政策红利持续释放，以及疫情催生的新产业、新业态、新模式不断涌现，为我们加快发展提供了很多机遇。我们完全有基础、有信心、有底气，确保实现“三个圆满收官”。

二要清醒看到面临的风险和挑战，坚持勇往直前不动摇。当前，全球疫情仍在蔓延，国际国内形势复杂严峻，不稳定性、不确定性明显增强，我市发展也面临着诸多困难和挑战，一些深层次问题亟待解决。一是发展质量亟待提高，经济结构还不够优，产业层次还不够高，一些传统行业生产经营困难，新兴产业支撑力还不足；二是发展活力亟待激发，市场需求还不够强劲，为中小微企业、个体工商户纾困解难力度还不够大，市场主体能量还没有充分释放出来，社会消费品零售总额还是负增长；三是发展后劲亟待增强，项目储备不足，特别是大体量、高端产业项目还不多，固定资产投资下滑较大；四是发展短板亟待补齐，对照全面建成小康社会和“十三五”规划的硬性要求，我们还有一些指标存在一定差距。我们要清醒地认识到，当前遇到的很多问题是中长期的，必须从持久战的角度加以认识，保持“咬定青山不放松”的战略定力，一个难题一个难题去攻克，尽快补齐短板弱项。

三要全面辩证分析把握形势任务，坚持稳中求进不动摇。挑战与机遇并存，困难与希望同在。做好下半年工作，必须坚持稳中求进工作总基调，坚持新发展理念，扎实做好“六稳”工作，全面落实“六保”任务，以保促稳、稳中求进、进中向好，更好地统筹疫情防控和经济社会发展工作，全力维护社会稳定大局，确保完成全年目标任务，实现“三个圆满收官”。工作中，要重点把握好以下“四对关系”：一要在把握“保”与“稳”中掌握主动权，保是基础、是着力点，稳是大局、是主基调，要牢牢把握扩大内需这个战略基点，大力保护和激发市场主体活力，促进居民就业，推进消费升级，坚决稳住经济社会发展基本盘。二要在推动“进”与“好”中迈上大台阶，坚持以供给侧结构性改革为主线，更多依靠科技创新，着力在调结构转方式上拿出新举措，在培育新业态新模式上拿出新办法，在深化改革开放上拿出新招数，推动各项事业发展取得更好成效。三要在兼顾“近”与“远”中积蓄新势能，既立足当前，紧盯短板精准施策，确保完成全年目标任务；又着眼长远，精心谋划推进一批打基础、利长远、增后劲的引领性重大项目，为“十四五”发展奠定坚实基础。四要在突出“谋”与“干”中展现新担当，坚持一切立足于实、立足于做、立足于效，加强对重大问题的前瞻性思考和研究，大力弘扬踏石留印的实干作风，以钉钉子精神推动各项工作部署落地见效。

三、推动经济社会高质量发展，我们必须统筹施策、精准突破

统筹兼顾是我们党在建设发展历史过程中形成的宝贵经验和科学方法。上半年，我们统筹推进疫情防控和经济社会发展的良好成效也证明了这一点。下半年，我们要按照“以国内大循环为主体、国内国际双循环相互促进”要求，进一步强化统筹意识，运用统筹方法，科学摆布、突出重点，努力实现全市经济持续健康发展。具体来讲，就是做到“五并重、五突破”。

（一）坚持补短板和锻长板并重，在打造新增长点上实现新突破。当前，我市经济运行既遇到了一些传统产业受疫情冲击、生产经营困难的挑战，也面临着一些新兴业态逆势增长、潜力无限的机遇。我们必须扬长补短、相互促进，深入挖掘新的增长点。要在发展“4+4”现代产业和“四种类型经济”上持续发力。实践证明，我们选的这条路子是符合我市实际的，必须一以贯之坚持下去。要大力发展数字经济，以新一代信息技术产业为基础，积极推进5G、区块链、大数据、人工智能等新兴技术产业化，加快建设正定数字经济产业园，打造“中国数字新城”。立足省会城市优势，做优做强楼宇经济，按照“打造专业楼宇平台、发展特色产业集群”的思路，围绕金融、现代商贸、科技服务与文化创意等现代服务业，打造一批专业化品牌楼宇，2020年要新增5座税收超亿元楼宇。积极推动转型升级，每个行业都要瞄准国际国内标杆，加强技术改造和产品研发，改进生产工艺和经营模式，推出一批品牌质量好、科技含量高的拳头产品，提高企业竞争力。要在扩大消费上持续发力。消费是促进经济循环的终端环节，也是拉动经济增长的重要引擎。我们要落实好构建“双循环”新发展格局要求，一方面，大力推进线上线下消费融合发展，积极发展电子商务、在线教育、互联网

医疗、“旅游 +”等新业态，扶持壮大夜经济、惠民经济，加强对北人集团、中石油、中石化等重点企业，以及汽车销售等重点行业的督促指导，提升消费能力和水平；另一方面，用好自贸区正定片区、综合保税区、跨境电商综合试验区等对外贸易平台，以及中欧班列等载体，发展跨境贸易、国际物流、工业仓储等产业，巩固进出口总值在全省的领先优势。要在培育骨干企业、激发市场主体活力上持续发力。骨干企业具有较强的抗风险能力，也是经济发展的重要增长点。要重点支持市级前 100 家、各县（市）前 20 家企业，市县领导要经常深入一线调研指导，协调解决困难和问题，发展壮大一批龙头骨干企业，带动整个产业提档升级。要关心支持民营企业，帮助中小微企业纾困解难，打通生产、经营、流通、销售各环节堵点，激发市场主体发展活力，为全市发展大局作出积极贡献。要在调整农业种植结构上持续发力。农业是国民经济的基础。要在确保粮食安全前提下，坚定不移抓好农业结构调整，扩大经济作物种植面积，扩大生猪养殖规模，因地制宜走好农业合作化道路，提高农业综合效益，为全市发展大局添分量。

（二）坚持抓项目和优环境并重，在扩大有效投资上实现新突破。实现经济高质量发展，项目是“生命线”，营商环境是“催化剂”。要在项目建设上下功夫。抓好产业项目建设，继续实行领导干部包联制度，加大督导调度力度，推动签约项目早开工、早投产、早达效。同时，着眼“4+4”现代产业和“四种类型经济”，完善推进重点领域投资三年行动计划，切实做到“开工一批、建设一批、竣工一批、储备一批”。抓好基础设施项目建设，用足用好地方政府专项债券，加快建设中央商务区、轨道交通、滹沱河生态修复等重点项目，大力推进中华大街北延、津石高速、南绕城高速等重点工程，以及仓丰路等城区道路改造提升，千方百计扩大有效投资。下半年要组织项目观摩拉练，市政府党组要提前谋划，拿出具体方案，促进更多重点项目建设提质提效。要在招商引资上下功夫。以 8 月“无会月”为契机，落实好招商引资工作方案，各县（市、区）要统筹作出安排，党政“一把手”要带头外出招商，坚持线上线下相结合，加强与招商机构、央企国企的联系合作，开展科技招商、精准招商、以商招商，提高产业链供应链稳定性和竞争力。视 8 月招商情况，9 月将延续招商活动。要在服务保障上下功夫。要强化“硬支撑”，加快推进“新九通一平”，提升园区承载能力和综合服务水平；优化整合园区，积极探索园区托管、一区多园、飞地经济等多种运营模式。要深化开发区管理体制改革，特别是高新区、经开区要利用好各项支持政策，在财政体制、“放管服”、国土资源管理等方面加大改革力度，提质增效、增比进位，带动全市开发区加快发展。下半年，市政府党组要继续强化对开发区各类指标的考核，对年度排名连续落后的，要实施托管直至申请摘牌。要优化“软环境”，聚焦市场主体关切，全面落实市场准入负面清单制度，积极探索“虚拟审批”“容缺审批”，大力减环节、优流程、压时限、提效率。要做好资金、土地等要素保障，深化减税降费工作，精准落实贴息、缓缴税款、社保减免等优惠政策，健全土地综合利用评估机制，推行“标准地改革”，加强闲置低效土地综合整治利用，由“项目等地”转变为“地等项目”。要以“人才政策落实年”为抓手，改进人才工作中的问题和不足，发挥人才绿卡作用，为企业发展提供高层次人才支撑。

（三）坚持提品质和创特色并重，在推动新型城镇化上实现新突破。新型城镇化建设是“两新一重”的重要内容，也是发展最大的潜力和动能所在。要坚持以人为核心的新型城镇化道路，做好城区、县城、农村三篇文章，提升品质特色、提高管理水平，推动新型城镇化建设迈上新台阶。要充分发挥城区带动作用。以“三创四建”为总抓手，持续实施道路景观整治提档行动，做好新客站周边等道路景观整治，高标准打造省会“城市客厅”；加快 4 座新建综合型公园和街旁游园建设进度，抓好南二环东西延等 4 条特色街道绿化，不断提升省会形象品质。要着力提高城市管理水平，大力开展爱国卫生运动，年底前“八区一县”实现生活垃圾分类全覆盖；对照国家卫生城市创建标准和全国文明城市测评体系，做好问题整改等重点工作，坚决拿下国家卫生城市“金字招牌”，通过文明城市复检。要坚持房子是用来住的、不是用来炒的定位，深化住房制度改革，扎实推进全国住房租赁市场发展试点建设，促进房地产市场平稳健康发展。要充分发挥县城纽带作用。县城是新型城镇化建设的重要一环。要按照县城建设推进会的安排部署，以“五城同创”为契机，放大旅发大会效应，挖掘文化内涵，用好山水资源，加大投入力度，进一步完善基础设施和公共服务，切实提升县城品位、促进产城融合，为新型城镇化建设提供有力支撑。要充分发挥农村基础作用。深入实施乡村振兴战略，积极开展乡村振兴示范片区创建和特色小镇高质量发展工程，加快推进“空心村”治理和农村新型社区建设，同步抓好现代农业园区、乡村生态功能区；持续开展农村人居环境整治，加快推进农村厕所改造等“十二个专项行动”，不断改善农村生产生活条件，为统筹城乡发展奠定坚实基础。

（四）坚持强监管和建机制并重，在大气污染治理上实现新突破。做好大气污染防治工作，是确保“十三五”规划圆满收官的重要内容。当前，我市大气污染防治形势不容乐观。我们一定要拿出背水一战的气魄和决战必胜的姿态，振奋精神、加压奋进，打一场大气污染治理攻坚战，确保空气质量在完成全年目标任务的基础上，排名优于2019年。要瞄准源头促提升。持续推进产能压减、污染企业搬迁、清洁取暖等工作，特别是加快石钢退城搬迁，9月底主厂区必须关停、新厂区建成投产；加强对建筑施工、道路扬尘污染精细化管控，深入实施臭氧防治“夏季会战”，开展“散乱污”企业整治“回头看”行动，推动空气质量持续改善。要突出重点抓关键。加大对重点点位周边区域的管控力度，发挥工作专班“尖刀班”作用，分级分类推进各项治污措施，确保无遗漏、无死角；紧盯排名落后县（市、区），采取超常规措施，力争9月底实现全省排名“后二十”清零。要强化监管全覆盖。完善网格化监管体系，充分运用大数据、云计算等先进技术，对重点污染源实施全天候动态监测，一旦出现问题，第一时间发出提示函、第一时间处置；坚持常态执法与专项执法相结合，强化联合执法和综合执法，始终保持高压态势。要压实责任保落实。健全大气污染治理领导责任体系，强化市级领导分包、部门联动、属地管理责任，以更务实的作风、更有效的措施，切实把各项工作要求落到实处；严格兑现奖惩，对空气污染指数不降反升、重点任务推进缓慢的县（市、区）和部门进行约谈，倒逼责任落实。

（五）坚持惠民生和防风险并重，在增进民生福祉上实现新突破。保障改善民生是全面建成小康社会的核心要义所在。我们要牢固树立以人民为中心的发展思想，下大力气解决关系群众切身利益的问题，如期高质量实现全面小康。要以慎终如始的执着抓好疫情防控。面对国内疫情秋冬季可能加重的风险考验，我们要认真落实党中央、国务院要求，坚决克服麻痹思想、厌战情绪、侥幸心理、松劲心态，压紧压实“四方责任”，严格落实农村、社区、机关、企事业单位等场所的常态化防控举措，抓细抓实入境人员排查转运救治，强化对进口货物特别是生鲜产品的检验检疫，做好防疫物资储备和应急演练，坚决防止疫情反弹。要以善作善成的决心完成脱贫攻坚。对照国务院扶贫督查组的反馈意见，深入开展“百企帮百村”活动，加大产业扶贫力度，持续巩固脱贫成果，严格落实低保、医保等社会保障政策，做好对脱贫监测户、边缘户等困难群体的帮扶救助，筑牢返贫“隔离带”。要严格按照时间节点扎实做好脱贫普查工作，确保圆满完成普查验收。要以矢志不渝的初心办好民生实事。加快推进省20项民心工程和市10件民生实事，坚决如期兑现承诺。要扎实做好老旧小区、棚户区和老旧管网等改造，持续扩大“红色物业”覆盖面，突出抓好毕业生、农民工、退役军人等重点群体就业，加强停车场、康养中心等服务设施建设，保障好群众基本生活。要以务实有效的举措实现更为安全的发展。以开展市域社会治理现代化试点工作为抓手，围绕创建“无黑”省会、平安石家庄，持续深入推进信访积案和矛盾隐患排查化解，巩固扩大扫黑除恶专项斗争成果，扎实开展“六清”行动和重点行业领域专项整治。要防范化解重大风险，特别是金融和房地产等领域风险，稳妥做好卓达、轻易贷等案件后续工作，保持社会大局和谐稳定。要统筹抓好防灾减灾、反恐防暴和安全生产，特别是当前处在主汛期的关键时期，各县（市、区）要严格落实全省防汛工作会议要求，按照市委、市政府部署，着力做好物资储备、防汛演练、应急抢险等工作，确保人民群众生命财产安全。

以上“五并重、五突破”，是下半年全市工作的重要着力点，我们要准确把握，不折不扣落地落实。下半年，中央将召开十九届五中全会，研究“十四五”规划建议，省委也将就“十四五”规划建议作出部署。一方面，我们要加强与国家部委、省直部门沟通对接，积极谋划包装重大项目，争取将冀中南智能港等项目列入国家、省“十四五”规划；另一方面，我们要抓紧启动我市“十四五”规划建议的谋划准备工作。谋划“十四五”，必须坚持以习近平新时代中国特色社会主义思想为指导，把新发展理念贯穿全过程和各领域；必须深刻认识国内外复杂形势，准确把握面临的严峻挑战和重大机遇；必须始终践行以人民为中心的发展思想，做到发展为了人民、发展依靠人民、发展成果由人民共享；必须坚定不移推进改革，继续扩大开放；必须立足石家庄实际，彰显石家庄特色，体现前瞻性、全局性，既实事求是，又鼓舞斗志、催人奋进。要成立工作专班，强化向上向下“问计”，科学制定好“十四五”规划建议，为描绘好我市未来五年发展蓝图打下坚实基础。

四、凝聚迎难而上的强大力量，我们必须加强党的领导、持续振奋精神

下半年，任务更加艰巨繁重，必须全面加强党的领导，认真贯彻新时代党的组织路线，为完成全年目标任

务提供坚强政治保证。

一要通过加强党的领导，把政治优势和组织优势进一步彰显出来。各级党组织要始终把政治建设摆在首位，自觉同以习近平同志为核心的党中央保持高度一致，以实际行动增强“四个意识”、坚定“四个自信”、做到“两个维护”。要强化理论武装，把学习《习近平谈治国理政》第三卷与第一卷、第二卷贯通起来，推动学习贯彻习近平新时代中国特色社会主义思想走深走实。要充分发挥领导核心作用，深入开展“抓党建、防疫情、促脱贫、保小康”活动，切实把党员干部群众和各类人才有效组织起来，凝聚各方智慧和力量。

二要通过加强党的领导，把干部担当作为的精气神进一步激发出来。要用好斗争一线这个“试炼场”。各级领导干部要带头发扬斗争精神，在与困难问题作斗争中增长才干。要在重点工作一线考察识别干部，坚持组织考察和群众评价相结合、战时表现与平时业绩相结合，重用表现出色干部，问责工作不力干部。要用好容错纠错这个“减压阀”。按照“三个区分开来”要求，依规依纪进行容错纠错，总结梳理一批典型案例，加强对容错干部的关心关爱和使用，增加干部敢想敢干的底气和勇气。

三要通过加强党的领导，把基层组织战斗堡垒作用进一步发挥出来。要持续发力为基层减负，一方面，要健全基层减负常态化机制，建立完善负面清单，让基层有更多时间和精力抓落实；另一方面，要研究制定大力支持和帮助乡镇（街道）开展工作的意见和办法，推动人财物向基层倾斜。要持续整顿软弱涣散党组织，深入排查、靶向整顿，及时撤换不称职村党组织书记，不断提升基层党组织战斗力。要真心关爱基层干部，不断改善基层工作生活条件，营造拴心留人的良好环境。

四要通过加强党的领导，把作风纪律建设成效进一步释放出来。要继续开展“振奋精神、改进作风、加强纪律”活动，巩固拓展“双问计”“效能革命”“电视问政”成效，坚决反对形式主义、官僚主义。要认真履行管党治党政治责任，把惩治震慑、制度约束、提高觉悟结合起来，一体推进不敢腐、不能腐、不想腐。要强化监督约束，推进同级监督、纪检监察监督、派驻监督、巡察监督协调衔接，党内监督同其他监督贯通融合，让广大党员干部在监督中更加自觉地严守纪律规矩、更加出色地完成各项任务。

船至中流，尤须奋楫前行；山行半腰，更要发力加劲。让我们更加紧密地团结在以习近平同志为核心的党中央周围，认真贯彻落实党中央和省委、省政府决策部署，攻坚克难、担当作为，奋力夺取疫情防控和经济社会发展“双胜利”，确保实现“三个圆满收官”，不断开创建设现代省会、经济强市新局面！

高质量发展　全方位提升
在新的起点上谱写全面建设现代省会经济强市新篇章

——2020年11月13日中共石家庄市委书记在市委十届十次全会上的讲话

党的十九届五中全会站在“两个一百年”奋斗目标的历史交汇点，着眼未来5年乃至更长远的发展，描绘发展蓝图、作出战略部署，充分展现了以习近平同志为核心的党中央高瞻远瞩、总揽全局、深谋远虑、运筹帷幄的战略眼光和历史担当，为开启全面建设社会主义现代化国家新征程、向第二个百年奋斗目标进军指明了前进方向。省委九届十一次全会深入贯彻党的十九届五中全会精神，紧密结合河北实际，对全省“十四五”时期经济社会发展作出了全面部署。习近平总书记对河北知之深、爱之切，我们如何把中央全会和省委全会精神贯彻好、落实好，如何把我市未来五年的发展研究好、制定好，如何以走在前列的标准把石家庄建设好、发展好，是我们必须回答的历史答卷、必须扛起的时代使命、必须展现的时代担当。市委召开这次全会，就是要号召全市各级党组织和广大党员干部，把学习好、宣传好、贯彻好习近平总书记重要讲话和党的十九届五中全会精神作为重大政治任务，把思想和行动高度统一到党中央重大决策和省委部署上来，增强“四个意识”、坚定“四个自信”、做到“两个维护”，勇担使命、奋发作为，以全面建设现代省会、经济强市新成效，共同答好这张时代考卷。

市委《建议》深刻分析面临的新形势新任务，提出了“十四五”时期我市经济社会发展的指导思想、遵循原则、主要目标和重点任务，请各位委员和同志们认真讨论和审议。下面，我就“十四五”时期全市发展需要牢牢把握的几个重大问题，讲五点意见。

一、牢牢把握“十四五”发展的现实基础，满怀激情踏上新征程

我们即将完成“十三五”，开启“十四五”。回首过去不平凡的五年，是我们应对重大挑战、经受重大考验、取得重大成就的五年，也是为继续开拓前进、迈向“第二个百年”奋斗目标打下决定性基础的五年。

五年的感悟，我们更加深切领会到习近平新时代中国特色社会主义思想的真理伟力。全市上下持续推动学习贯彻习近平新时代中国特色社会主义思想往深里走、往实里走、往心里走，全面落实习近平总书记对河北的重要指示批示精神，大力传承总书记在正定工作时留下的宝贵思想财富、精神财富和实践成果，感恩奋进、砥砺前行，推动经济社会各项事业取得历史性成就，实现“三个圆满收官”胜利在望。五年的发展成就，使我们更加坚信，有习近平总书记领航掌舵，有习近平新时代中国特色社会主义思想的科学指引，就一定能够战胜前进道路上的各种困难挑战，在现代化新征程中取得更大胜利。

五年的探索，我们对全市实现高质量发展的认识不断深化、思路不断成熟、实践不断丰富。深刻领会、认真贯彻新发展理念，鲜明提出了建设“四高四强”现代省会、经济强市的奋斗目标，作出了加快构建“4+4”现代产业发展格局、发展“四种类型经济”的重大决策，推动全市在高质量发展的道路上取得历史性成效。全市地区生产总值年均增长7%，一般公共预算收入连续多年稳居全省第一，高新技术产业占规上工业增加值的比重由2015年的17.1%提高到了目前的31.4%，服务业增加值占比突破60%，农业产业化、现代化水平不断提高，三次产业结构更加优化、更加合理，由2015年底的9.1∶45.1∶45.8，调整为今年前三季度的6.2∶28.8∶65；“人才条例”“人才绿卡”吸引近3万名各类人才“智汇”石家庄，市场主体总量较2015年翻了一番，全市经济发展呈现出新旧动能加快转换、创新发展竞相迸发的强劲态势。

五年的拼搏，我们推动城乡面貌实现历史性变化。正式步入“地铁时代”，滹沱河重现靓丽风采，成功创建国家森林城市、全国绿化模范城市、全国文明城市，国家卫生城市创建取得重大成果，几代石家庄人的愿望逐步得到实现。中央商务区形象初现，会展中心、城市馆、图书馆等重大场馆建成投用，坚持每年打通10条“断头路”，南二环东西延、和平

路西延、中华大街南延等主干道全线贯通，城市形象品位和载体功能显著提升；县城建设连续三年实现增比进位，城乡融合发展迈出坚实步伐。石钢等企业实现退城搬迁，农村“双代”基本实现应代尽代，PM2.5 平均浓度下降 34% 以上，“石家庄蓝”已不再是奢望。

五年的实践，我们把发展成果更多更好地惠及人民群众。认真践行以人民为中心的发展思想，一般公共预算支出的 80% 左右用于保障改善民生，绝对贫困问题得到历史性解决，居民收入较 2015 年增长 40% 以上。大力推进省 20 项民心工程，每年实施市 10 件民生实事，市儿童医院、市人民医院新院区建成投用，职教园区跻身全国一流行列，高校园区建设和独立学院合作转设取得重要成果，普惠性幼儿园建设成效明显，棚户区改造获得国务院督查激励，“红色物业”实现主城区全覆盖并向县城延伸，在民生领域树起了一座座里程碑。扫黑除恶、平安石家庄建设取得重大成效，依法稳妥处置卓达、轻易贷等案件，全力解决房地产历史遗留问题，牢牢守住了不发生系统性区域性风险的底线。特别是我们坚持人民至上、生命至上，抗击新冠肺炎疫情取得重大战略成果，石家庄成为全国同等人口城市中感染率最低、复工复产最快的城市之一，赢得了全社会的普遍赞誉。

五年的锤炼，我们打造出了一支顶得上、过得硬的高素质干部队伍。五年来，全市党员干部经受了“两学一做”学习教育、“不忘初心、牢记使命”主题教育的精神洗礼，经历了“双创双服”“三深化三提升”和“三创四建”的历练考验，开展了“双问计”“机关效能革命”和“振奋精神、改进作风、加强纪律”的自我革命，建立了党内同级监督、容错纠错等制度机制，各级党组织的凝聚力、战斗力显著增强，广大党员干部的精神状态明显转变，为我们适应新时代、完成新任务、实现新目标提供了坚强保证。

站在新的起点上，我们拼搏奋进的思想基础更为坚固，推动发展的工作基础更为牢固，团结奋斗的社会基础更为稳固，干事创业的组织基础更为巩固。各级党组织和广大党员干部要坚定信心、拼搏竞进，积极投身“十四五”改革发展大潮，奋力谱写全面建设现代省会、经济强市新篇章。

二、牢牢把握“十四五”发展的总体要求，乘势而上创造新业绩

“十四五”时期是我市大有可为的历史性窗口期和战略性机遇期，必须突出高质量发展主题，把握供给侧结构性改革主线，努力实现区域综合竞争力的全面增强。归结起来，就是实现“高质量发展、全方位提升”。高质量发展，就是要坚持发展第一要务不动摇，坚持笃行新发展理念不动摇，努力实现更高质量、更有效率、更加公平、更可持续、更为安全的发展。全方位提升，就是要全面提高工作标准、工作能力、工作效率和工作水平，推动各领域工作迈上新台阶。高质量发展是方向、是目标，全方位提升是路径、是追求，共同构成全市“十四五”发展的总体要求。之所以确立这样的总体要求，是因为：

高质量发展、全方位提升，是乘势而上、顺势而为的内在要求。作为省会城市，我市在政治、经济、文化、科技、金融等方面，具有得天独厚的优势。“4+4”现代产业和“四种类型经济”正在形成规模效应，中国国际数字经济博览会永久落户我市，自贸区正定片区、跨境电子商务综合试验区建设成效逐步显现，中欧班列实现常态化运营，较为完备的商贸流通体系辐射带动作用更加凸显，为我们深度融入新发展格局、提升产业链供应链现代化水平奠定了坚实基础。同时，随着“一带一路”、京津冀协同发展、雄安新区规划建设等重大国家战略的深入推进，以及石保廊全面创新改革试验区建设的深度实施，为我们深化改革开放、加快创新驱动发展提供了重要契机。我们必须加倍努力、抢抓机遇，再接再厉、奋发作为。

高质量发展、全方位提升，是应对困难挑战、科学应变求变的必然选择。当前，新冠肺炎疫情影响广泛深远，宏观形势的不稳定性、不确定性明显增加，给我市带来了前所未有的发展压力。客观审视自身，对照高质量发展的要求，我市综合实力还不够强，产业结构不够优，省会首位度不够高的问题，还未得到根本性转变；对照建设现代化城市的标准，城市功能载体还不完善，空间布局还不够合理，形象品质还不够高的问题，还未得到根本性转变；对照人民群众对美好生活的向往，公共服务还有短板，生态环境质量还不够好，政务服务还不够优的问题，还未得到根本性转变。这三个“还未得到根本性转变”，是我们最大的市情，解决这些问题的根本出路在于高质量发展、在于全方位提升。我们必须正视自身问题，直面困难挑战，攻坚克难、补齐短板，推动各项工作不断开创新局面。

高质量发展、全方位提升，是落实走在前、作表率要求的现实需要。省委、省政府对省会发展高度关注、十分支持，东峰书记对石家庄寄予厚望，要求我市经济总量和质量实现跨越赶超、大气质量“退倒十”、城市建设攻坚提质、补齐民生短板、优化营商环境，各项工作走在全省前列、当好示范表率。这些要求既是鼓励，

更是鞭策。我们必须变压力为动力，变决心为成效，拿出省会城市应有的高标准，制定走在前列的硬举措，始终保持“赶考”姿态，以时不我待、只争朝夕的精神，推动各项事业发展在全省创先争优。

高质量发展、全方位提升，是市委在深刻分析当前发展形势、未来发展趋势、自身发展态势的基础上，作出的重要判断。“十四五”时期的各项工作，都要紧紧围绕这个总体要求来谋划、来推进；全市上下都要强化高质量发展的决心、激发全方位提升的豪情，努力创造出无愧于党、无愧于人民、无愧于时代的新业绩。

三、牢牢把握“十四五”发展的战略重点，努力在关键领域实现新突破

坚持高质量发展不动摇，着力抓重点、补短板、强弱项、优强项，努力在构建经济社会新发展格局中取得新实效。

（一）聚焦创新驱动发展，提升科技创新水平。坚持自主创新与协同创新相结合，实施科技强市行动，发挥企业创新主体作用，打造一批科技型领军企业、高新技术企业和创新型中小微企业。加强与驻石科研院所合作，深入推动石保廊全面创新改革试验，开展关键技术攻坚，加速科技创新成果转移转化。坚持人才培育与人才引进相结合，大力实施“人才强市”战略，依托驻石高校和职业教育培养专业人才，探索实施“人才绿卡”升级版，深入实施“海石计划”，健全科技人才评价体系，弘扬科学精神和攻坚精神，营造崇尚创新的浓厚氛围。坚持创新激励与加大投入相结合，深化科研单位改革，改进科技项目组织管理模式，赋予科研单位更大自主权，给予创新领军人才更大技术路线决定权和经费使用权；健全完善科技创新投入机制，提高社会研发支出，推进军民融合发展，不断拓宽创新投入渠道。

（二）聚焦经济质量效益，提升产业发展水平。实践证明，“4+4”现代产业和“四种类型经济”符合发展规律和我市实际，必须一以贯之坚持下去，深化拓展高质量发展新优势。要突出高端智造，加大战略性新兴产业投资力度，围绕人工智能、量子通信等高新产业、未来产业，超前谋划布局，抢占发展制高点。要突出规模效应，大力实施强链、延链、补链行动，做强做优生物医药健康、新一代信息技术等主导产业和钢铁等传统产业，力争打造一批千亿级和百亿级产业集群，提升产业链供应链现代化水平。要突出数字赋能，办好中国国际数字经济博览会，加快石家庄数字经济产业园建设，着力打造中国数字新城，大力实施“石家庄智造”工程和工业互联网创新发展工程、“千企转型”行动，促进传统产业高端化、智能化，力争全市数字经济规模5年内翻一番。要突出绿色转型，不断推进农业集约化和工业绿色化、循环化改造，发展壮大总部、金融、会展、商贸物流等高端服务业态，持续推进全域旅游示范创建，恢复旅游市场活力，把旅游业作为绿色发展主打产业做大做强。

（三）聚焦持续扩大内需，提升市场供给水平。要强化流通促动，积极构建现代流通体系，统筹综合运输、商贸物流、社会信用等体系建设，打通制约生产、分配等环节的堵点，夯实扩大内需的重要基础。要强化消费带动，推动消费扩容提质，开拓城乡消费市场，加快社区便民商圈建设，在建设商业街区、风情街区和繁荣夜经济上为全省带好头。创新消费方式，培育定制消费、信息消费、服务消费等新热点，促进网络经济和线上消费，满足居民不同层次需求。要强化投资拉动，紧盯“两新一重”精准谋划，进一步优选项目、优化结构，鼓励民间资本参与重大项目建设，为全方位高质量发展提供有力支撑。

（四）聚焦激发内生动力，提升改革开放水平。要推动更深层次改革。持续深化“放管服”改革，健全完善一体化政务服务平台，推进不见面审批，提高行政效能；实施高标准市场体系建设行动，优化土地、资本、技术、数据等要素市场化配置，激发市场主体活力；实施国企改革三年行动，建立健全现代企业制度和国资监管体制，稳妥推进混合所有制改革。要促进更高水平开放。积极融入“一带一路”，大力推进全口岸国际物流枢纽建设，依托冀中南智能港建设石家庄国际陆港，强化正定国际机场地位作用，大力发展支线航空、通用航空和临空经济。扩大教育、科技、文化等领域对外交流合作，深化拓展国际友城交往，提升石家庄国际化水平。积极融入京津冀协同发展大局，加强与京津雄对接，推进产业合作和协同创新，实现错位发展、协同发展、融合发展。抓好跨境电商综合试验区、综合保税区等重点平台发展，支持自贸区正定片区开展首创性差别化改革探索，打造对外开放新高地。

（五）聚焦城乡融合发展，提升城镇建设水平。要以空间规划为引领。扎实做好国土空间规划编制，统筹生产、生活、生态三大空间布局，严格落实三条控制线，完善规划监督实施体系，构建高质量发展的国土空间开发保护新格局。要以城区提质为关键。巩固提升全国文明城市、国家森林城市创建成果，尽快成功创建国家卫生城市；大力实施城市更新行动，加快老旧小区、老旧管网等改造，以及中央商务区、城市客厅等地

标性建筑建设，推进智慧城市建设。深化户籍制度改革，加快农业转移人口市民化。要以县城建设为重点。创新市场化运作机制，大力实施县城建设品质提升行动，完善基础设施和公共服务，积极培育一批特色小镇，激发县域发展活力。要以乡村振兴为根本。落实最严格的耕地保护制度，确保重要农产品供给安全。深化农业供给侧结构性改革，大力调整农业种植结构，推动一、二、三产融合发展。开展美丽乡村建设行动，推进农村人居环境、基础设施、公共服务、建筑风貌提升。健全解决相对贫困问题长效机制，巩固脱贫攻坚成果。

（六）聚焦生态环境改善，提升污染防治水平。要实现蓝天常在。大力优化产业结构、能源结构、运输结构、用地结构，强力推进冬季清洁取暖、扬尘污染管控治理等，统筹工业污染和“油、路、车”治理，推进细颗粒物和臭氧协同治理，加大联合执法和综合执法力度，力争2022年实现“退倒十”。要实现碧水畅流。严格落实河长制，加快实施滹沱河生态修复三期工程，推进滹沱河综合开发利用与管理保护，把沙河、磁河等白洋淀上游流域治理作为重要政治任务抓紧抓好，持续改善水生态环境。要实现净土永驻。加强土壤环境监测、评估、预防和执法体系建设，推进化肥农药减量化和土壤污染治理，推动土壤环境明显好转。同时，统筹做好山水林田湖草系统治理，开展矿山修复和地下水超采、水土流失等综合治理，实施大规模绿化行动，推进节水型社会建设，加快垃圾分类和资源化利用，倡导低碳绿色生活。

（七）聚焦增进民生福祉，提升公共服务水平。要全力改善群众生活品质。落实省20项民心工程，滚动实施市10件民生实事，千方百计扩大和稳定就业，抓好退役军人、高校毕业生等重点群体就业，进一步健全收入分配机制，使居民收入增长和经济增长基本同步。坚持以社会主义核心价值观引领文化建设，充分挖掘历史资源和红色资源，繁荣发展文化事业、文化产业，推动文化和旅游融合发展。要积极回应群众热切期盼。大力推进教育改革创新，强化思政课地位和作用，优化教育结构、提高教育质量；落实常态化疫情防控措施，完善公共卫生服务体系和突发公共卫生事件监测预警处置机制；积极应对人口老龄化，推动养老产业和康养产业协同发展；坚持“房住不炒”原则，落实租购并举、租售同权政策；健全社会保障体系和社会救助体系，加强对残疾人、留守儿童等特殊群体关爱服务。

（八）聚焦安全和谐稳定，提升社会治理水平。要坚决打赢抵御风险“攻坚战”。深入贯彻总体国家安全观，以金融和房地产领域为重点，统筹抓好政治、经济、意识形态、外部环境等各领域风险防范化解。要坚决打赢保持稳定“持久战”。积极创建全国市域社会治理试点城市，巩固乡镇（街道）改革和基层综合执法改革成果，扩大“红色物业”覆盖面，健全农村、社区组织体系，积极排查化解信访积案和矛盾隐患，推动扫黑除恶工作常态化，依法严打各类违法犯罪行为，加快推进平安石家庄建设。要坚决打赢维护安全“保卫战”。严格落实安全生产责任制，有效遏制危险化学品、矿山、建筑施工、交通等重特大安全事故，提高食品药品安全保障水平，强化防灾减灾救灾抗灾能力，切实保障人民群众生命财产安全。

四、牢牢把握“十四五”发展的载体抓手，推动各项工作取得新成效

“十四五”时期的目标任务和战略重点都已经明确，各级党委（党组）要结合工作实际，找准结合点、切入点和着力点，在推动工作落实上下功夫、求实效。

一要持续解放思想观念。东峰书记对石家庄多次提出加快解放思想步伐的要求。立足新起点，我们要进一步打开解放思想总开关，开展“对标对表学先进”活动，在工作思路、理念、方法等方面借鉴先进地区经验，改进作风，提高标准。要进一步转变观念、提升能力，强化市场意识，用市场化力量推动发展，用市场化思维破解难题，使运用市场化手段成为思维习惯和工作习惯。

二要持续狠抓项目建设。项目是经济工作的生命线。市政府要按照“十四五”规划建议，将各领域重点工作细化为具体项目，落实到“十四五”规划纲要中，实施“项目式管理、工程式推进”，确保工作成效。要创新完善项目建设推进机制，组织开展项目观摩、拉练评比等活动，营造比学赶超浓厚氛围，推动重点项目建设早投产、快达效。要完善“招商月”制度，用好重要展会等载体，谋划引进一批市场前景好、科技含量高、带动作用强的项目。

三要持续推进园区升级。深入推进园区体制机制改革，加强与国内外战略投资者、专业化园区运营商合作，强化绩效考核，实施不同层级的开发区重组整合和托管，培育发展更多的千亿级园区。要突出抓好高新区、经开区，强化协同意识，实现优势互补，提升综合竞争力，努力在全国国家级园区中稳步进位，发挥好示范带动作用。

四要持续优化营商环境。瞄准国内最优、国际一流营商环境目标，加快政府职能转变，制定出台扶持实体经济、支持民营企业的具体措施，组织开展中小微企业纾困解难专项行

动，为企业发展提供便利。要完善营商环境评价机制，实行营商环境负面清单管理，把石家庄打造成为投资热土。要加大对破坏营商环境行为的严厉打击，严肃查处推诿扯皮、吃拿卡要、变相刁难、办事拖拉等典型案件，特别是科长、股长、所长等滥用权力和以权谋私现象，向全社会曝光，在全市形成有力震慑。

五要持续提高全民素质。组织各行各业开展知识竞赛、技能竞赛，深入实施岗位大练兵、业务大比武，引导广大职工加强理论学习和实践锻炼，争做能工巧匠和行家里手，提高全要素生产力水平。要广泛开展文明创建工程，提高市民文明素质，加强公民道德建设，开展“井陉太行天路精神”等以劳动创造幸福为主题的宣传教育，夯实全面建设现代省会、经济强市的群众基础。

五、牢牢把握“十四五”发展的根本保证，推动党的全面领导得到新加强

顺利推进“十四五”发展各项任务，必须坚持和加强党的全面领导，充分调动一切积极因素，汇聚强大合力。

一要坚持政治统领，着力增强党的政治领导力。各级党组织要把旗帜鲜明讲政治的要求贯穿始终，深入学习贯彻习近平新时代中国特色社会主义思想，自觉增强“四个意识”、坚定“四个自信”、做到“两个维护”，始终同以习近平同志为核心的党中央保持高度一致。要充分发挥总揽全局、协调各方的领导核心作用，严格落实民主集中制，不断提高决策水平。要推动“不忘初心、牢记使命”制度落地落实，传承红色基因，加强思想淬炼、涵养政治定力。

二要强化担当作为，着力增强工作落实执行力。各级领导干部要充分发挥表率示范作用，发扬斗争精神，提高斗争本领，把抓当下和谋未来统一起来，拿出“一竿子插到底”的狠劲和“钉钉子”的韧劲，创造性地推动各项任务落实，坚决顶起自己该顶的那片天。要深化容错纠错机制，完善综合考核和绩效考核评价体系，切实在产业转型、项目建设、大气治理、城市提质、乡村振兴、维护稳定等工作一线考察识别干部，在全市营造想干事、能干事、干成事的浓厚氛围。

三要突出固本强基，着力增强基层组织战斗力。选优配强乡镇（街道）、村居“两委”领导班子，大力提升医院、国企、学校、机关、非公企业和社会组织基层党建工作水平，充分发挥基层党组织战斗堡垒和党员先锋模范作用，让党旗在各条战线高高飘扬。要继续开展好农村干部综合素质提升、乡村振兴“领头羊”选树等活动，加强基层干部队伍建设，强化人文关怀，严格落实基层减负要求，大力推进人财物向基层倾斜，不断激发基层活力。

四要持续正风肃纪，着力增强纪律规矩约束力。持续开展作风纪律整顿，巩固深化“双问计”“机关效能革命”“振奋精神、改进作风、加强纪律”活动成效，抬高工作标杆、提高工作效能，确保各项任务高质高效落地落实。要从严监督执纪，进一步完善党内同级监督、派驻监督、巡察监督等制度机制，坚决纠治“四风”特别是形式主义、官僚主义问题，始终保持反腐败斗争的高压态势，切实营造风清气正的良好政治生态。

五要加强组织动员，着力增强全市上下凝聚力。各级各部门要广泛宣传党的十九届五中全会精神，生动讲述“十三五”时期全市发展历程、取得成绩，以及“十四五”时期宏伟蓝图，激励人心、赢得共识。各级人大系统要发挥好立法、监督、视察、询问等作用，提高各级人大代表履职能力，助推全市经济社会发展。各级政协系统要健全完善专门协商机构制度，提高政治协商、民主监督、参政议政水平，更好地凝聚各方智慧和力量。各级群团组织要不断增强政治性、先进性、群众性，引导不同领域群体向中心聚焦、为全局聚力，充分发挥好桥梁纽带作用。

蓝图擘画定方向，扬帆启航正当时。让我们更加紧密地团结在以习近平同志为核心的党中央周围，在省委的坚强领导下，不忘初心、牢记使命，乘势而上、接续奋斗，加快全面建设现代省会、经济强市进程，为建设经济强省、美丽河北作出石家庄贡献，奋力谱写全面建设社会主义现代化国家和实现中华民族伟大复兴中国梦的石家庄篇章！

突出发展主题 保持奋进姿态 坚持系统推进 实现良好开局

——2020年12月28日中共石家庄市委书记在市委十届十一次全会上的讲话

这次市委全会是在即将踏上"十四五"新征程的重要时刻召开的，会议主要任务是，深入学习贯彻党的十九届五中全会和中央经济工作会议精神，按照省委九届十一次、十二次全会工作部署，总结今年、安排明年经济工作，动员全市广大党员干部群众进一步统一思想、振奋精神，乘势而上、拼搏竞进，确保"十四五"开好局，努力开创全面建设现代省会、经济强市新局面。

刚才，常务副市长通报了明年全市经济社会发展的预期目标，市委研究确定这样的目标，是通盘考虑今明两年平均增速和潜在增长率的适应性，积极审慎作出的科学安排，是跳一跳能够得着的。各县（市、区）党委要对标对表省委、市委提出的目标，坚持实事求是，发挥比较优势，科学合理制定本县（市、区）明年经济社会发展的目标。各级党组织要提高政治站位，强化责任担当，咬定目标任务不放松，自上而下明确责任，自始至终狠抓落实，确保圆满完成目标任务。下面，我讲四点意见。

一、站在新起点、开启新征程，奋力推动"十四五"迈好开局第一步

2021年是"十四五"的开局之年，也是开启全面建设社会主义现代化国家新征程、向第二个百年奋斗目标进军的起始之年，在党和国家历史上具有特殊重要意义。站在新的历史节点上，能否实现良好开局，关乎"十四五"发展任务的完成，关乎以优异成绩迎接党的百年华诞，关乎我市"高质量发展、全方位提升"总体要求的落实，关乎建设现代省会、经济强市的深入推进。我们必须客观审视所处历史方位，准确理解新发展阶段，科学认识当前发展大局，牢牢掌握工作的主动权。

要深刻把握发展大势。2020年是极不平凡的一年，新冠肺炎疫情突如其来，政治、经济、国际等领域的挑战纷至沓来，我们党带领全国人民迎难而上、攻坚克难，推动我国成为全球唯一实现经济正增长的主要经济体，在这极不寻常的年份创造了极不寻常的辉煌；习近平总书记作为党中央的核心、全党的核心，亲自指挥、科学调度，统筹推进疫情防控和经济社会发展取得重大战略成果，赢得了全党全军全国各族人民衷心爱戴。鲜活的实践证明，有习近平总书记统揽全局、领航掌舵，中国这艘巨轮一定能够乘风破浪、行稳致远。我们一定要认清发展大势，深化对经济发展规律性的认识，笃行实干、砥砺前行，推动构建新发展格局迈好第一步、见到新气象。

要准确研判发展走势。习近平总书记在2020年中央经济工作会议上所作的重要讲话，有很多新提法、新表述，释放出明确的政策信号，中央将更加注重政策的可持续性，操作上不急转弯；更加注重科技创新战略支撑，增强产业链供应链自主可控能力；更加注重需求侧管理，统筹推进供需两端发力；更加注重种子和耕地问题，立志打一场种业翻身仗；更加注重大城市住房问题，规范发展长租房市场，等等。政策调整中孕育着许多新发展机遇，是未来弯道超车、赶超先进的增长点、突破点。我们必须强化机遇意识，积极主动适应，准确识变、科学应变、主动求变，努力在变局中开新局。

要客观看待发展趋势。2020年以来，我们在面对一次次严峻复杂的挑战中，大胆改革创新，有力保障了经济运行在合理区间；在解决一个个内外交织的困难中，敢于攻坚、勇于突破，城市建设、生态治理、民生改善等领域取得了显著工作成效；在打赢一场场艰苦卓绝的硬仗中，锤炼了干部作风，提升了工作能力，凝聚了党心民心。总的看，虽然我市发展仍然存在科技创新能力还不高、产业竞争力还不强、公共服务还不完善等差距和短板，但发展的趋势是向上的，发展的空间是巨大的。我们一定要继续保持奋进姿态和进取精神，顺势而为、乘势而上，把优势发挥到极致，把潜能发挥到极限，创造更加辉煌的业绩。

当前，困难和挑战有新的发展变化，但机遇和有利条件也前所未有。如何扬长补短，做好明年经济工

作，是需要全市上下共同思考和回答的重大命题。答好这个新时代“考题”，交出满意答卷，必须持之以恒把发展摆在更加突出位置，扎实推进高质量发展；必须始终保持昂扬向上状态，不为任何困难所困扰，不被任何变故所困惑；必须坚持系统观念、运用系统方法，有力推动各项工作落地见效；必须强化目标导向和结果导向，坚决完成全年目标任务，确保“十四五”开好局、起好步。归结起来，就是“突出发展主题、保持奋进姿态、坚持系统推进、实现良好开局”，这四句话，体现了工作主题、工作状态、工作方法、工作目标的有机统一，要作为明年工作的基本遵循，贯穿于经济社会发展各领域、全过程。

做好明年经济工作的总体要求是：坚持以习近平新时代中国特色社会主义思想为指导，全面贯彻党的十九大和十九届二中、三中、四中、五中全会精神，深入落实习近平总书记对河北工作重要指示批示和中央经济工作会议精神，按照省委要求，坚持稳中求进工作总基调，立足新发展阶段，贯彻新发展理念，构建新发展格局，以深化供给侧结构性改革为主线，以改革创新为根本动力，以满足人民日益增长的美好生活需要为根本目的，坚持系统观念，巩固拓展疫情防控和经济社会发展成果，更好地统筹发展和安全，扎实做好“六稳”工作、全面落实“六保”任务，积极开展“三重四创五优化”活动，突出“八聚焦、八提升”战略重点，大力发展“4+4”现代产业和“四种类型经济”，扎实推进改革发展稳定各项工作任务，确保“十四五”开好局、起好步，奋力谱写全面建设现代省会、经济强市新篇章，以优异成绩庆祝建党100周年。

二、坚定不移大力发展“4+4”现代产业和“四种类型经济”，全面提高现代经济体系整体效能

以“三重四创五优化”活动为抓手，以“4+4”现代产业和“四种类型经济”为主攻方向，着力提升质量效益。

一要以完善产业链供应链为经济高质量发展“提质”。习近平总书记指出，产业链供应链安全稳定是构建新发展格局的基础。要紧盯基础领域打造特色。围绕15条重点产业链，大力实施产业基础再造工程和质量提升行动，加强基础零部件、工艺、关键材料研究，稳固发展根基。狠抓传统领域更新换代。深化“千企转型”和“百项技改”工程，加大技改投入，支持化工、钢铁等产业整体转型，推动传统产业向高端化迈进。聚焦优势领域精耕细作。统筹抓好新一代信息技术、先进装备制造、生物医药健康等产业发展，完善上下游配套，打造产业集群和强企方阵。瞄准未来领域精心布局。抢占5G、人工智能、物联网等领域发展先机，发挥数博会永久举办地优势，加快正定数字经济产业园建设，实施数字提级行动和企业上云计划，打造数字经济和传统产业高度融合的产业体系。

二要以科技创新为经济高质量发展“赋能”。习近平总书记强调，大力推动科技创新，打造经济发展新动能。要锲而不舍推进协同创新。加强与京津雄对接，推动石保廊全面创新改革实验向纵深拓展，深化与省属高校和54所、13所等科研院所的务实合作，用足用好科技成果转化项目库、展示交易中心等平台，持续抓好资源优化整合，推动产学研用深度融合，打好关键核心技术攻坚战。千方百计提升企业创新能力。充分发挥企业科技创新主体作用，支持领军企业组建创新联合体，鼓励企业加大关键核心技术攻关力度，提高产品的市场竞争力，培育一批细分领域的“单项冠军”和“行业小巨人”。立足长远改善科技创新生态。优化市属高校学科设置，加强创新型、应用型、技能型人才培养，深化科研单位改革，打造人才绿卡“升级版”，健全激励机制和科技评价机制，营造崇尚创新的社会氛围。

三要以扩大内需为经济高质量发展“增效”。扩大内需是应对经济下行压力、畅通国民经济循环的必然选择。要狠抓消费提质升级。注重需求侧管理，坚持把扩大消费同改善人民生活品质结合起来，优化收入分配结构，壮大中等收入群体，提高中低收入群体收入。稳定汽车、石油等大宗消费，加快旅游、教育、医疗、养老等消费线上线下融合，合理增加公共消费，发展通航服务、商务定制等高端业态，营造高品质消费空间。做优做强特色风情街区和“夜经济”街区，促进农产品进城和优质工业品下乡，深入挖掘县乡消费潜力，不断提高供需匹配程度。持续扩大有效投资。聚焦“两新一重”，发挥财政杠杆作用，吸引民间资本参与重大项目建设，优化城乡商业网点布局，加快社区便民商圈和县域乡镇商贸设施建设，加强商业综合体管控，为建设强大消费市场提供有力支撑。构建现代物流体系。着力打造物流枢纽城市和示范物流园区，实施城乡高效配送专项行动，加强违规限高设卡等专项治理，贯通制约生产、分配、流通、消费等环节的堵点。

四要以深化改革开放为经济高质量发展“助力”。习近平总书记强调，未来发展必须坚定不移依靠改革开放。要以系统集成改革激发活力。统筹抓好重点领域改革，持续深化“放管服”改革，推行证明事项和涉企经营许可事项告知承诺制，提高政府服

务效能；深入实施国企改革三年行动，积极推进投融资体制改革，巩固和深化机构改革成效，加快要素市场制度建设，实现配置效率和效益最大化。以制度型开放促进发展。深度融入“一带一路”，依托冀中南智能港建设石家庄国际陆港，强化中欧、中亚和海铁联运班列常态化运营，积极申建指定口岸，加快优势产能和装备走出去，扩大教育、科技、文化等领域对外交流合作。加快自贸区正定片区建设，支持开展首创性差别化改革探索，抓好跨境电商综合试验区、综合保税区等重点平台发展，建设更高水平开放型经济新体制。

五要以项目园区建设为经济高质量发展“强基”。推动经济高质量发展，项目是支撑、园区是载体。要以招商广纳源头活水。重点盯住世界500强企业、中国500强企业和百家央企、百家院所校，开展产业链招商、精准招商，深入开展领导干部带头外出招商、市直部门与县（市、区）联合招商，继续实行“招商引资月”制度，力争引进一批大项目、好项目。以项目激活蓬勃动能。突出抓好华为鲲鹏创新中心、正威总部产业基地等重点项目建设，梯次安排好项目集中开工和观摩拉练活动，营造比学赶超的浓厚氛围；进一步健全完善项目推进机制，大力推广项目联合审批工作专班和土地组卷报批工作专班经验做法，为项目建设提供政策、土地等各方面支持。以园区点燃发展引擎。按照“四个一批”要求引导企业和项目进园入区，进一步放大托管效应，探索实施跨区域组团化重组整合、集团化联动发展，不断推动开发区优化布局、提升能级；持续发挥高新区、经开区带头示范作用，深化园区体制机制创新，努力打造更多千亿级园区。

六要以良好营商环境为经济高质量发展“护航”。习近平总书记指出，营商环境是企业生存发展的土壤。要建设公平规范的统一市场。放宽市场准入，健全交易规则，全面推进信用示范城市创建，改革完善知识产权保护体系，依法有效加强监管，坚决反对不正当竞争行为，切实营造更加公平、更加规范的发展环境。打造便捷高效的政务服务。加快推动行政审批提速提效，落实省百事通“一件事”服务套餐，力争明年底实现138项与企业发展、群众生活密切相关的事项“跨省通办”。优化惠企利企的政策环境。加大实体经济支持力度，全面落实减税降费等政策，认真执行上级支持民营经济特别是中小微企业发展政策，完善“小升规”激励政策，强化普惠金融服务，加大精准帮扶力度，力争明年实现企业挂牌上市20家以上。

三、坚持统筹兼顾、协调推进，确保社会发展各项工作实现全方位提升

习近平总书记指出，统筹兼顾是中国共产党的一个科学方法论。工作中，要善于“十个指头弹钢琴”，做到经济发展和社会发展两手抓、两手硬，不能顾此失彼。

一要聚力城市发展，推动省会形象实现新跃升。城市建设水平体现了一个城市的经济实力，必须坚持不懈抓下去。要以重点工程提升城市品质。积极推进京石邯、石雄城际铁路等工程，加快建设中央商务区、城市客厅，确保滹沱河生态修复三期明年4月底完工，推动轨道交通3号线一期东段和二期工程尽早开通运营，打通10条城区道路，不断提升省会形象品质和辐射能力。以城市更新提升承载能力。持续有力推进城中村改造项目，完成645个老旧小区整治，改造老旧管网120千米以上，统筹做好历史文化遗产保护工作，着力提升省会的颜值和内涵。以绣花功夫提升治理水平。巩固拓展城市创建成果，强力实施城市“净化”工程和“美丽街区、精品街道”创建活动，全面提升背街小巷绿化美化净化水平；加快国家、省、市、县城市综合管理服务平台四级联网；通过引入市场主体等方式，积极破解城市管理难题。以县城建设提升县域实力。大力实施县城建设提质升级行动，积极培育一批特色小镇，激发县域发展活力。

二要聚力农业农村，推动乡村振兴迈出新步伐。农业农村农民问题是关系国计民生的根本性问题。要在调整农业结构上做文章。强化种源安全和粮食安全，大力实施优种工程，落实最严格的耕地保护制度，加强高标准农田和水利设施建设，确保粮食生产“十七连丰”；深入推进农业供给侧结构性改革，积极发展现代都市型农业，因地制宜推广中药材、张杂谷、大豆等高效作物，健全完善农业全产业链，推动一、二、三产融合发展；巩固深化农村集体产权制度改革成果，推进第二轮土地承包到期后再延长30年政策落地。在改善农村面貌上增亮点。深入开展美丽乡村建设，扎实推进农村人居环境、基础设施、公共服务、建筑风貌提升“四大行动”，做好“空心村”治理验收巩固提升工作，抓好省级乡村振兴示范区创建，按要求完成农村公路建设、厕所改造任务，努力打造生态宜居新农村。在巩固脱贫成效上下功夫。严格落实“四不摘”要求，留足政策过渡期，持续开展“千企帮千村”活动，做好易地扶贫搬迁后续工作，加强对不稳定脱贫户、边缘户动态监测，把行唐、平山、灵寿、赞皇等县列为乡村振兴重点帮扶县，推动巩固脱贫攻坚与乡村振兴有机衔接，让脱贫群众过上更好生活。

三要聚力减污降碳，推动生态文明建设实现新进步。良好的生态环境是最普惠的民生福祉。要让绿色成为发展底色。积极推进碳达峰、碳中和行动，研究制定我市实施意见，持续调整能源结构，进一步压减煤炭消费，提升可再生能源比例，不断完善能源消费双控制度，鼓励引导企业开展绿色低碳改造，最大限度降低污染物排放。让蓝天成为省会常态。围绕"退倒十"目标，持续抓好冬季清洁取暖，加强扬尘治理和污染管控，加大执法力度，落实好应急响应差异化管理办法，实现空气常新、蓝天常在。让碧水净土成为靓丽标签。严格落实河长制，做好饮用水水源保护区内违法违规问题整改，建立健全重点河流监测系统，加强城镇污水和黑臭水体深度治理，进一步抓好土壤污染治理，持续开展矿山修复和造林绿化工作，实现碧水长流、净土永驻。

四要聚力群众期盼，推动民生福祉达到新水平。让人民过上好日子，是我们一切工作的出发点和落脚点。要扎实办好民生实事。落实好省20项民心工程，认真谋划推进我市民生实事，大力实施职业技能提升行动，抓好高校毕业生、退役军人等重点群体就业，全年新增城镇就业10万人以上；加强重大文化设施和文化项目建设，深入实施文化惠民、文艺作品提升等工程，切实满足群众美好生活需求。全力解决民生难事。持续深化医药卫生体制改革和义务教育招生制度改革，积极推进高等学校合并转设，加大幼儿园、学校、养老机构、医联体建设力度，规范发展第三支柱养老保险，做好困难群众兜底保障工作，让群众看到变化、得到实惠。突出抓好民生大事。坚持"房住不炒"定位，做好住房租赁市场试点和住房保障工作，有效增加共有产权住房供给，规范发展长租房市场，整顿租赁市场秩序，按照国家和省有关要求，推进土地供应向租赁住房倾斜，真正实现群众住有所居。

五要聚力安全稳定，推动平安省会建设开创新局面。安全稳定是一切工作的前提基础。要毫不放松抓好疫情防控。严格落实常态化疫情防控举措，积极做好首都机场国际航班经停分流工作，强化进口冷链食品和其他冷冻食品全链条管理，坚决防止疫情反弹回潮。毫不手软防范化解重大风险。深入开展房地产、政府债务、国资国企等领域排查整治，加强地方金融组织监管，积极稳妥做好卓达、轻易贷等案件处置工作，牢牢守住不发生系统性风险的底线。毫不懈怠保障人民生命财产安全。严格落实领导包联和接访制度，全力化解重点领域重复信访积案，加快推进市域社会治理现代化试点工作，常态化开展扫黑除恶专项斗争，统筹抓好安全生产、消防、交通、森林防火、食品药品安全等工作，坚决遏制重特大事故发生，当好首都政治"护城河"。

四、坚定不移加强和改进党的领导，为全市经济高质量发展提供坚强保障

党的领导是做好各项工作的根本保证，是战胜一切困难风险的"定海神针"。形势越复杂、任务越艰巨，越要把各级党组织建设得坚强有力，增强党的创造力、凝聚力、战斗力。

一要持续加强党的政治建设。党的政治建设是党的根本性建设，决定党的建设方向和效果。要深入学习贯彻习近平新时代中国特色社会主义思想，进一步增强"四个意识"、坚定"四个自信"、做到"两个维护"，不断提高政治判断力、政治领悟力、政治执行力，始终同以习近平同志为核心的党中央保持高度一致，坚决维护党中央权威和集中统一领导，确保党中央重大决策和省委工作部署不折不扣贯彻落实。

二要持续提高干部履职能力。习近平总书记指出，中国共产党人必然要依靠学习走向未来。全市党员干部特别是领导干部，要始终保持强烈的危机感和紧迫感，坚持与时俱进，自觉补课充电，克服"本领恐慌"，尤其要进一步提高驾驭经济工作的能力，努力成为领导构建新发展格局的行家里手。市委将对党员干部的履职情况开展"三查"，即查思想作风、查工作能力、查实际效果。

三要持续强化基层组织建设。只有基层党组织坚强有力，党的根基才能牢固。要扎实开展"三基"建设年活动，加强农村（社区）、国企、机关、高校、非公经济组织和社会组织等领域基层党组织建设，整顿软弱涣散基层党组织，全力做好村（社区）"两委"换届工作，选优配强班子、选好带头人，更好地发挥基层党组织战斗堡垒作用和党员先锋模范作用。

四要持续狠抓工作作风建设。推动高质量发展，作风建设是关键。要始终保持务实作风，坚持实干担当、百折不挠，久久为功、一抓到底，努力把好事办实、把实事办好。始终保持斗争精神，敢于直面矛盾、勇于攻坚克难，以愈险愈进、一往无前的气概，扫清前进道路上的一切艰难险阻。始终做到勇于担当，坚持在其位谋其政、履其职尽其责，做好自己该做的事，管好自己该管的人，真正顶起自己该顶的那片天。

五要持续深化全面从严治党。习近平总书记强调，全面从严治党必须持之以恒、毫不动摇。各级党组织要认真履行全面从严治党主体责任、政治责任，党委（党组）书记要认真履行"第一责任人"责任，班子成员要落实"一岗双责"，坚持敢管敢严、真管真严、长管长严。要持之以恒正

风肃纪反腐，严格执行中央八项规定及其实施细则精神，坚决反对“四风”特别是形式主义、官僚主义，大力整治群众身边的腐败和作风问题，始终保持惩治腐败高压态势，努力营造风清气正、干事创业的良好政治生态，特别是元旦、春节将至，领导干部要带头廉洁过节。

做好明年经济工作，任务艰巨、责任重大、使命光荣！让我们始终坚持以习近平新时代中国特色社会主义思想为指导，在省委的坚强领导下，不忘初心使命，砥砺奋进前行，确保“十四五”开好局、起好步，全力推动全面建设现代省会、经济强市实现新跨越，以优异成绩庆祝建党 100 周年！

政府工作报告

——2021年2月26日石家庄市人民政府市长在市第十四届人民代表大会第六次会议上的报告

各位代表：

现在，我代表市人民政府向大会报告工作，请予审议，并请市政协委员和其他列席人员提出意见。

一、“十三五”时期发展成就和2020年工作回顾

“十三五”时期，面对错综复杂的宏观环境、前所未有的风险挑战，全市上下坚持以习近平新时代中国特色社会主义思想为指导，在省委、省政府和市委的坚强领导下，全面贯彻新发展理念，坚持稳中求进工作总基调，奋力攻坚克难，负重砥砺前行，“十三五”规划目标基本完成，脱贫攻坚战圆满收官，全面建成小康社会取得决定性成就。

五年来，我们聚焦聚力、加快发展，综合实力显著增强。规模效益持续提升，“十三五”期间，全市生产总值、居民人均可支配收入年均增速分别为6.4%、8.3%；一般公共预算收入年均增速达到10.8%，比“十二五”末增加242亿元，占GDP的比重达到10.2%。发展后劲更加充足，固定资产投资总量、社会消费品零售总额连续多年位居全省第一；实际利用外资、外贸进出口总值年均增速分别达到9.9%、10.8%。经济发展调速不减势、量增质更优的局面基本形成。

五年来，我们统筹布局、构建体系，高质量发展“四梁八柱”基本确立。“十三五”末“4+4”现代产业增加值达到2275.3亿元，占GDP比重达到41.3%；“四种类型经济”布局协调优化，引领作用不断增强；三次产业结构由9.0∶35.7∶55.3优化为8.4∶29.4∶62.2。战略性新兴产业引领发展，深入实施系列三年行动计划，生物医药健康产业规模占全市规模以上高新技术产业比重超过60%，入选首批国家级战略性新兴产业集群；新一代信息技术产业增加值年均增速高于规模以上工业10个百分点以上；先进装备制造产业重点实施了中车轨道交通产业基地、瑞腾新能源汽车生产基地等重大项目，现代化水平进一步提升。全市高新技术产业增加值占规模以上工业的比重由“十二五”末的17.1%提高到32.9%。现代服务业迅猛发展，现代商贸物流中心城市建设加速推进，华润万象城、京东物流园等重点项目建成投用；金融业增加值占全市GDP的比重达到12.3%，全市挂牌上市企业达到255家；高质量举办第四届省旅发大会和七届市级旅发大会，全域旅游格局初步形成。现代农业提质发展，“四个农业”建设全面推进，成功列入国家现代农业示范区；君乐宝入选全国十大新锐品牌，奶粉销量全国第一。

五年来，我们靶向施策、升级加力，三大攻坚战成果丰硕。防范化解重大风险扎实推进，存量风险化解和增量风险防范并重，以刮骨疗伤的勇气，精准拆弹、精准施策，金融、房地产等领域风险处置取得重要成果，六个重点领域清理规范和人大“6+1”联动监督取得阶段性成效，维护了社会大局和谐稳定。圆满完成脱贫攻坚任务，深化产业、就业、科技、教育、健康、消费扶贫，大力实施易地扶贫搬迁，深入开展“千企帮千村”活动，4个国定贫困县全部摘帽，585个贫困村全部出列，20.7万贫困人口稳定脱贫，贫困发生率由2016年的5.4%降为0。生态建设取得显著进展，农村“气代煤、电代煤”改造130.5万户；退城搬迁污染工业企业34家，分类整治“散乱污”企业2万余家；大气质量显著改善，全市PM2.5平均浓度由“十二五”末的89微克/立方米下降到58微克/立方米；地表水国考断面水质Ⅲ类及以上比例达到60%；森林覆盖率由41.5%提高到42.2%。

五年来，我们塑造优势、赋能提质，创新高地加速崛起。创新体系更加完善，高新技术企业由458家增加到2499家，科技型中小企业由3850家增加到13567家；建立诺贝尔奖工作站7家，省级以上创新平台达到340家。创新成果更趋前沿，20项科技成果获得国家级奖励，其中，国家科技进步一等奖3项，取得了历史性突破。协同创新更加高效，全面推进石保廊创新改革试验和高新区河北·京南国家科技成果转移转化示范区建设，吸纳京津科技成果5130项，技术合同成交额达到259亿元，全市技术合同年成交总额突破百亿元。创

新生态更加优化，在全国省会城市中率先出台《人才发展促进条例》，发放人才绿卡8869张，吸引3.1万名各类人才“智汇”石家庄。

五年来，我们释放活力、激发潜能，改革开放持续深化。供给侧结构性改革深入推进，累计压减炼铁产能119万吨、炼钢产能142万吨、水泥产能1100万吨、焦化产能365万吨；“放管服”改革成效明显，五年共实施755项改革事项；“证照分离”改革全覆盖，实现“五十二证合一”，市场主体超过122万户，较“十二五”末翻了一番；国资监管全覆盖管理体制初步建立；全面落实预算绩效管理，争取政府债券884亿元；圆满完成国家农村集体产权制度改革整市试点改革任务，清产核资村4151个、改制村4065个。双向开放持续扩大，京津冀协同发展深入推进，承接京津产业转移合作项目825项；中国（河北）自贸试验区正定片区、国家跨境电商综合试验区建设加快推进，中欧班列实现图定化运营，中国国际数字经济博览会永久落户。

五年来，我们建管并重、突出品位，城市形象明显提升。国家森林城市、全国文明城市、国家卫生城市“三城同创”如期完成。交通体系不断完善，正定国际机场改扩建工程顺利推进；石济客专通车运行，石雄高铁开工在即；西阜、平赞、津石、南绕城高速主线建成通车；建设干线公路325千米；裕华路西延、中华大街南北延、联石丰等城市主干道路建成投用，平均每年打通10条城区道路；地铁1、2、3号线相继开通，累计通车里程61.6千米。载体功能持续增强，国际会展中心、城市馆、图书馆等标志性建筑建成投用；海绵城市建设加快推进，新建地下综合管廊68千米，城区道路基本实现雨污分流；建成龙泉湖等一批特色公园，新增绿地近900公顷。城市管理更加精细，主街主路水洗机扫率实现100%；“八区一县”实现生活垃圾分类全覆盖，垃圾无害化处理率达到100%；主城区集中供热和清洁取暖率达到100%。县城建设增比进位，省级以上园林县城实现全覆盖；正定古城风貌全面恢复；全面开展农村人居环境综合整治行动，成功创建3个省级乡村振兴示范区，全市42个村庄列入中国传统村落名录。滹沱河修复工程顺利推进，习近平总书记描绘的滹沱河生态蓝图正在成为现实。

五年来，我们顺应民心、关注民情，民生福祉大幅改善。持续加大民生投入力度，民生支出占一般公共预算支出的75%以上。就业优先落地生效，五年累计新增城镇就业73.5万人，农村劳动力转移就业28.5万人，连续多年保持全省第一。社会保障不断提高，实现全市常住参保人口全覆盖，城乡居民低保标准分别比“十二五”末提高53.2%、113.3%；积极跟进国家组织药品集中采购政策，112个中选药品价格平均降幅66%，在全市实行免费产前基因筛查。改造老旧小区1187个，完成棚户区改造10万套；“红色物业”实现城市社区全覆盖，惠及1951个老旧小区。社会事业全面发展，创建普惠性幼儿园735所，收回居民住宅项目配套幼儿园256所，22个县（市、区）通过国家义务教育基本均衡评估验收，学区改革深入推进，参与试点学校达到60%，高中阶段毛入学率达到95%；深化“四医”联动改革，主城区实现城市医疗集团全覆盖，市人民医院、市儿童医院等4所医院建成开诊；石家庄大剧院、丝弦剧院、市滑冰馆等文化体育设施相继投用。社会治理卓有成效，信访工作实现“五个下降”，扫黑除恶专项斗争工作连续三年在全省排名第一，在全国大中城市中名列前茅，安全生产形势总体平稳。退役军人服务管理走在全省前列，荣获“全国双拥模范城”九连冠。民族宗教、外事侨务、人民防空、气象地震、援藏援疆、妇女儿童、青少年、老龄、慈善、残疾人等各项事业取得新进步。

各位代表！五年来，我们始终以习近平新时代中国特色社会主义思想为指导，增强“四个意识”，坚定“四个自信”，做到“两个维护”，认真开展“两学一做”学习教育，巩固提升“不忘初心、牢记使命”主题教育成果，持续开展“双创双服”“三深化三提升”“三创四建”活动，主动服务全省“三件大事”，大力开展“双问计”和机关效能革命，切实加强政府系统党风廉政建设，为全市经济社会发展营造了良好环境。忠实履行宪法和法律赋予的职责，自觉接受市人大法律监督、市政协民主监督和社会舆论监督，五年累计办理人大代表建议2142件，政协委员提案2471件，按时办结率保持100%；市政府公开电话累计受理群众来电637.6万件，诉求解决率达到90%以上。严格依法行政，规范执法行为，法治政府建设取得新成效。

2020年是决战脱贫攻坚、决胜全面小康和“十三五”规划三个收官之年，我们经历了抗疫大战和发展大考，在石家庄发展历程中极不平凡、极其难忘。一年来，按照党中央国务院、省委省政府和市委的决策部署，果断采取行动，保持战略定力，扎实做好“六稳”工作，全面落实“六保”任务，奋力夺取疫情防控和经济社会发展双胜利。

（一）经济社会发展成效明显。2020年，全市生产总值达到5935.1亿元，同比增长3.9%，高于全国平均水平1.6个百分点；居民人均可支配收入达到30955元，同比增长5.5%，成功实现全面建成小康社会的“两个翻番”目标。一般公共预算收入实现605亿元，同比增长11%，居全省首位；服务业增加值占GDP的比重达到62.2%；实际利用外资18.3亿美元，同比增长13.1%；进出口总值1341.1亿元，同比增长14%，占全省的30.4%；单位GDP能耗、主要污染物总量减排完成“十三五”目标任务；全市常住人口城镇化率达到66.43%，“十三五”规划提出的主要目标任务基本实现。坚持“四个不摘”，健全防返贫机制，“两不愁三保障”问题全面解决，脱贫质量成色更足。截至2020年，全市共投入财政扶贫资金51.6亿元、产业扶贫资金21.5亿元。

（二）发展主攻方向更加明确。“4+4”现代产业、“四种类型经济”规模效益持续提升，支撑作用显著增强，成为助推全市经济和产业高质量发展的重要引擎。城市经济引领带动作用不断增强，总体规模达到3709.4亿元，占全市GDP比重67.3%；区域经济五大功能区集聚效应显现，形成特色产业集群26个，其中营业收入超百亿的达到6个；园区经济高端支撑作用不断加强，省级以上园区规模以上工业增加值占全市比重达到79.2%；生态经济产业化进程明显加快，增加值达到2000亿元。

（三）重点项目建设步伐加快。围绕“4+4”现代产业，打出“线上+线下”招商引资组合拳，举办京石创新产业合作对接会、石家庄市（深圳）数字产业合作对接会等专业特色招商活动，全年新增签约项目850项。深入开展“精准服务重点项目建设活动”和“项目手续办理攻坚活动”，391个省市重点项目共完成投资1220.3亿元，占年度计划的133%。

（四）科技创新能力不断提升。全社会研发经费支出占GDP比重预计达到2.87%，持续领跑全省。新增高新技术企业699家、科技型中小企业1596家。新建省级各类创新平台88家、市级技术创新中心31家、市级众创空间11家，新认定市级科技企业孵化器6家。支持与京津合作科技成果转化项目53项。安排市级科技计划项目357项，争取国家级科技项目34项、省科技计划222项。万人发明专利拥有量达到8.95件，技术合同成交额达到115亿元。

（五）生态环境质量逐步改善。大力推进能源结构优化，完成“双代”改造任务12.09万户，基本实现平原地区冬季取暖散煤清零。石钢公司主产区关停、新厂区投产；重点行业超低排放改造36家，整治完成重点VOCs深度治理企业30家；对新排查出的104家“散乱污”企业，均已进行改造提升或取缔。全市PM2.5平均浓度同比下降8%，全年大气优良天数达到205天，为8年来最好成绩。大力开展河流生态修复，河流水质优良率达到60%。稳步实施土壤污染防治，栾城区、赵县土壤污染治理与修复技术应用试点完成总体验收。

（六）城市建设水平稳步提高。中央商务区金融北区全面开工建设，规划展示中心建成使用。解放大街东半幅和平路以北、槐安路西二环立交等工程顺利竣工，打通汇丰路、永壁西街等10条城区道路；荣获国家公交都市示范城市称号。棚户区改造获得国务院督查激励，成功入选全国住房租赁市场发展试点城市；在建被动房和累计获得绿色建筑标识项目均位居全省首位。实施中华大街、联石丰、火车站周边等重点区域景观整治工程，创建美丽街区27个、精品街道23个，排查整修42条道路30万平方米，建成停车位14.8万个，停车难问题得到有效缓解。民族路被批准为全国第二批12条步行街改造提升试点之一。

（七）农业农村工作扎实推进。新增高标准农田26.3万亩，建成92个农业结构调整示范片，粮食总产同比增长2.6%，保持在420万吨以上。生猪存栏达到196.2万头，同比增长9.1%。一、二、三产业加快融合发展，市级以上农业产业化重点龙头企业达到306家，建成省级生态休闲示范区12个。大力开展农村人居环境整治，完成厕所改造提升22.3万座，农村生活垃圾收集转运体系覆盖率达到100%，无害化处理达到98%。

（八）民生事业得到全面加强。全市用于民生的财政支出达到839.1亿元，同比增长8.9%，占财政支出的比重达到78.6%。省20项民生工程、市10件民生实事顺利实施，兑现承诺。成功创建国家级人力资源服务产业园，有力促进创业就业，城镇新增就业12.84万人。全年核定减免企业养老保险费43.94亿元；城乡低保标准比2019年分别提高14%和19%；京津30家优质医疗机构纳入石家庄市医保定点范围。新改扩建主城区中小学幼儿园23所，省级示范高中达到50所，石家庄信工学院新校区顺利搬迁入住高教园区，职教园区入驻学校在校生规模超过3万人。大力推进县级公立医院综合改革示范创建和县域医联体建设，市县乡诊疗信息互通共享工作和智慧医疗建设成效显著。

各位代表，面对来势汹汹的新冠疫情，我们始终坚持“人民至上、生命至上”，坚决贯彻党中央国务院、省委省政府和市委的决策部署，落实“四早”要求，筑牢“三道防线”，坚持“三个关口前移”，全力打好抗击疫情的人民战争、总体战、阻击战。深入开展“三包四帮六保五到位”活动，及时出台全市支持企业发展16

条、支持服务业发展27条等一系列措施，发放支持企业复工复产贷款1798.47亿元，全年减税降费260亿元，发放消费券1.06亿元，有效减轻疫情冲击。

特别是面对今年的突发疫情，我们坚决贯彻习近平总书记重要指示，全面落实李克强总理批示和孙春兰副总理要求，在国务院联防联控机制工作组直接指导下，省委书记王东峰每天调度，省长许勤坐镇指挥，外省市、省直部门、兄弟地市和社会各界鼎力支持，全市人民勠力同心、连续作战，疫情防控取得阶段性重大成果。迅速启动扁平化抗疫指挥体系，建立完善“六平台一中心”疫情防控信息化系统，压实“四方责任”。开展三轮全员核酸检测，做到了应检尽检。深入流调溯源，做到了应调尽调。扎实做好隔离观察，做到了应隔尽隔。千方百计救治患者，坚持“四集中”“四个一”原则，组建由重症、呼吸、心理等专家组成的多学科诊疗团队，不惜一切代价精心治疗。科学化、规范化、常态化开展全域消杀工作，重点区域、重点场所实现消杀无死角、全覆盖。适时动态调整风险等级和分区分级差异化精准管控策略，细化管控单元，坚决遏制疫情对内扩散蔓延、对外输入输出，用心用情用功做好住院患者、隔离人员和居家观察人员管理服务，物资保供有力有序，城市运行有条不紊，正常生产生活秩序逐步恢复。

在这场同疫情较量的殊死战斗中，数万名医务、防疫工作者，白衣执甲、火线逆行、冲锋在前、义无反顾；数十万基层工作者、志愿者，坚守岗位、默默奉献；各行各业劳动者，夜以继日、忘我工作；社会各界，群策群力、捐资捐物；快递小哥、环卫工人、工程建设者，不辞辛苦、传递温情；9个省市15支医疗队，驰援石家庄市、鼎力支持、无私援助；一千多万市民，众志成城、守望相助、顾全大局、共克时艰，涌现出李瑞芝、李献忠、肖跃民、张吉强、高喜元、王新芳为代表的一批先进典型，共同奏响了一曲荡气回肠、可歌可泣的抗疫壮歌，生动诠释了“生命至上、举国同心、舍生忘死、尊重科学、命运与共”的伟大抗疫精神，汇聚起防控疫情、推动发展的磅礴力量，激励我们始终保持昂扬的斗志、奋进的姿态，全力以赴建设好这座人民的城市！在此，我代表市人民政府，向为抗击疫情作出无私奉献、辛勤努力和卓越贡献的所有工作者和同志们，致以最崇高的敬意和最衷心的感谢！

各位代表，回顾过去，五年来取得的成就，是以习近平同志为核心的党中央掌舵领航的结果，是省委、省政府坚强领导的结果，是市委团结带领全市干部群众拼搏奋斗的结果。在此，我代表市人民政府，向全市人民，向人大代表、政协委员，向各民主党派、工商联、各人民团体和各界人士，向驻石人民解放军、武警官兵、政法干警和消防救援队伍指战员，向中直、省直驻石单位，向所有关心支持石家庄现代化建设的海内外朋友，致以崇高的敬意和衷心的感谢！

在肯定成绩的同时，我们也清醒地认识到，全市经济稳中向好的基础还不牢固，疫后重振和高质量发展面临不少挑战。客观审视自身，我市综合实力还不够强，营商环境还不够优，公共服务领域还存在短板弱项。此外，受宏观经济形势和新冠疫情冲击影响，地区生产总值、规模以上工业增加值等增速低于预期。对此，我们将正视问题，直面挑战，采取切实有效措施认真加以解决。

二、“十四五”时期的奋斗目标和主要任务

“十四五”时期，是开启全面建设社会主义现代化国家新征程、向第二个百年奋斗目标进军的第一个五年，是石家庄加快高质量发展、实现争先进位的关键五年。省委、省政府高度重视和大力支持省会发展，我市“4+4”现代产业和“四种类型经济”发展势头强劲，为“十四五”时期全市经济社会发展提供了坚强后盾和有利条件。我们要胸怀“两个大局”，准确识变、科学应变、主动求变，在格局重塑中抢占先机、争取主动，在区域竞争中抢先一步、走在前列，不断开创“现代省会、经济强市”新局面！

“十四五”时期我市经济社会发展的指导思想：高举中国特色社会主义伟大旗帜，全面贯彻党的十九大和十九届二中、三中、四中、五中全会精神，坚持以马克思列宁主义、毛泽东思想、邓小平理论、“三个代表”重要思想、科学发展观、习近平新时代中国特色社会主义思想为指导，全面贯彻党的基本理论、基本路线、基本方略，统筹推进“五位一体”总体布局，协调推进“四个全面”战略布局，坚定不移贯彻新发展理念，坚持稳中求进工作总基调，以推动高质量发展为主题，以深化供给侧结构性改革为主线，以改革创新为根本动力，以满足人民日益增长的美好生活需要为根本目的，统筹发展和安全，全面落实党中央重大决策和省委、市委部署要求，以“4+4”现代产业统领实体经济高质量发展，以“四种类型经济”统筹区域城乡协调发展，以自贸区正定片区引领省会高水平开放发展，以石保廊全面创新改革试验引领省会高水平创新发展，着力推进治理体系和治理能力现代化，实现经济行稳致远、社会安定和谐，不断增强人

民群众获得感、幸福感、安全感，推动现代省会、经济强市建设迈出坚实步伐。

全面贯彻落实《中共中央关于制定国民经济和社会发展第十四个五年规划和二〇三五年远景目标的建议》《中共河北省委关于制定河北省国民经济和社会发展第十四个五年规划和二〇三五年远景目标的建议》，根据《中共石家庄市委关于制定石家庄市国民经济和社会发展第十四个五年规划和二〇三五年远景目标的建议》，市政府制定了《石家庄市国民经济和社会发展第十四个五年规划和二〇三五年远景目标纲要（草案）》，提出“十四五”时期全市生产总值年均增长6%以上，经济质量效益显著提升、改革开放步伐显著加快、城市承载能力显著增强、社会文明程度显著提高、生态文明建设显著进步、人民生活品质显著改善、社会治理能力显著加强；到2035年，在全省率先基本实现社会主义现代化，全面建成现代省会、经济强市。

实现以上发展目标，必须坚持党的全面领导，坚持以人民为中心；必须立足新发展阶段，贯彻新发展理念，融入新发展格局；必须深化改革开放，强化系统观念，高标准提升综合经济实力、科技中心地位、产业发展能级、城市发展魅力，全力推动石家庄“十四五”时期高质量发展、全方位提升。主要突出八项战略任务：

（一）坚定不移实施创新驱动发展战略，在建设国家创新型城市上实现新提升。实施科技强市行动，瞄准我市战略必争领域和前沿方向，优化整合科技资源，构建社会化、市场化、专业化、网络化的技术创新平台，积极抢占科技竞争制高点，到2025年市级以上创新平台突破1000家。提升企业技术创新能力，突出企业创新主体地位和作用，加速各类创新要素向企业集聚，实现企业创新主体数量与质量双提升，到2025年高新技术企业达到4000家以上，科技型中小企业达到15000家以上。推动区域协同创新，聚焦提升省会创新战略地位，加强与京津协同合作，密切市县联动，落地实施一批重大科技成果转化项目，形成高层次双向开放创新新格局。激发人才创新活力，优化科技创新体制机制，加快集聚高端创新人才，构筑具有高度竞争力、辐射力、引领力的创新人才战略高地，“十四五”期间招引高校毕业生38万人以上。

（二）坚定不移构建现代产业体系，在发展质量效益上实现新提升。坚持“增量崛起”与“存量变革”并举，统筹发展“四种类型经济”，做大做强“4+4”现代产业，增强高质量发展系统性，构建多元发展、多极支撑的现代产业体系，引领冀中南拓展区转型升级。推动经济整体协调发展，大力发展城市经济，不断增强城市创新力、承载力和竞争力；协调发展区域经济，形成融合创新、协同合作、自我赋能的发展新态势；提升发展园区经济，推动园区向现代化、国际化、科学化发展；培育发展生态经济，推进“四个农业”建设，加快实现“绿”和“利”的双赢。大力发展数字经济，实施“石家庄智造”工程，加快发展软件服务、大数据、物联网等数字经济核心引领产业，推进数字经济与实体经济深度融合，打造中国数字新城，到2025年数字经济核心产业增加值占GDP比重达到8%以上。开展质量强市行动，强化科技成果产业化，推动生物医药健康、现代商贸物流等优势产业迭代升级，打造中国健康城、现代商贸物流中心城市。到2025年，形成5个千亿级产业，高新技术产业增加值占规模以上工业比重达到42%以上。

（三）坚定不移扩大内需畅通循环，在融入新发展格局上实现新提升。构建区域双循环重要枢纽，瞄准强大国内市场需求，提升供给体系对国内需求的适配性。以高质量投资创造新需求，切实发挥有效投资关键性作用，保持投资合理增长，加大投资补短板、强弱项力度，激发民间投资活力，强化重大项目支撑，推动供给结构持续优化，促进生产和消费双升级。全面促进消费扩容升级，大力完善消费设施，分层次建设城市中心商圈、区域商圈和社区便民商圈；积极发展跨境电商，不断创新消费模式；进一步优化消费环境，深度挖掘内需潜力，全面增强内需动力，打造新兴消费中心城市。壮大现代商贸流通产业，推进线上消费能力和线下生产能力深度融合；强化现代物流支撑，统筹推进陆港型、生产服务型、商贸服务型物流枢纽建设，加快融入国家物流枢纽网络，到2025年现代商贸物流主营业务收入突破5000亿元。

（四）坚定不移深化改革扩大开放，在增强发展动力活力上实现新提升。深化重点领域改革，加强改革举措的系统集成，深化“放管服”改革、国资国企改革、投融资体制改革、财税改革和农村改革；实施高标准市场体系建设行动，深化土地要素、劳动力要素、资本要素、技术要素市场化配置改革；持续优化营商环境，聚焦市场主体关切，破解企业生产经营中的堵点痛点，激发各类市场主体活力。积极扩大对外开放，深度融入“一带一路”、京津冀协同发展等重大国家战略，高水平建设中国（河北）自由贸易试验区正定片区，加快综合保税区、跨境电商综合试验区建设，深入开展服务贸易创新发展试点工作；积极推动空港、陆港和海港联动发展，促进外贸外资提质增效；积极对接粤港澳大湾区、长三角等先进地区，深化拓展国际友城交往，提高利用内外资水平，“十四五”期间利用外资年均增长5%以上。

（五）坚定不移优化国土空间布局，在打造现代化都市圈上实现新提升。科学编制实施国土空间规划，按照“全域统筹”“多规合一”思路，高标准、高质量健全国土空间规划体系；优化功能分区，构建“一核一环一山一水一特色”的产业空间协调发展格局；完善城镇体系，实施县城建设品质提升行动，培育特色小城镇和特色小镇，推进以人为核心的新型城镇化。增强城市综合承载能力，全面提升主城区形象品质；明确城市发展主方向，将正定建成省会最具活力、最有魅力、创新能力强、开放程度高的高质量发展策源地；加快新三区与主城区一体化发展步伐，实现产业发展、公共服务、城市管理、基础设施深度融合。加快构建现代交通网络，完善以高速铁路、城际铁路、高速公路和航空为主体的现代化综合交通体系，形成都市圈内部轨道交通网络，建成国家级重要交通枢纽，打造“轨道上的石家庄”。统筹县城、城镇和村庄规划建设，推进城乡基础设施一体化，促进城乡基本服务均等化，开展乡村建设行动，打造全国新型城镇化和城乡统筹示范区，到2025年常住人口城镇化率达到70%。

（六）坚定不移系统治理生态环境，在推动绿色低碳发展上实现新提升。持续深化污染防治，大力度推进大气污染区域治理，着力解决煤电企业围城问题；强化水污染流域治理、土壤污染属地治理，持续改善环境质量，到2025年空气质量优良天数比例达到64%，全域地表水国考断面水质优良比例不低于55%，全市受污染耕地和污染地块安全利用率达到92%左右。统筹山水林田湖草综合治理，实施生态系统保护修复重大工程，持续推进国土绿化行动，大力开展矿山修复治理，加强水土流失防治，深化地下水超采综合治理，推进自然保护地建设，到2025年森林覆盖率达到42.7%以上。推动绿色低碳发展，加快构建绿色低碳产业体系，倡导绿色低碳生活，强化资源高效利用，到2025年全市城镇绿色建筑占新建比例达到95%以上。完善生态文明建设制度体系，全面实行排污许可制，深化生态环境保护综合执法改革，形成源头严防、过程严管、后果严惩的全过程生态监管局面。

（七）坚定不移增进民生福祉，在改善人民生活品质上实现新提升。巩固拓展脱贫攻坚成果，全面落实衔接过渡期政策，健全防止返贫动态监测防控机制，加强农村低收入人口常态化帮扶，推动脱贫攻坚工作体系全面转向乡村振兴。稳步提高人民收入水平，实施就业优先战略，妥善解决就业结构性矛盾、重点群体就业等突出问题，扩大中等收入群体规模，提高低收入群体收入增长水平，到2025年全市城镇新增就业超过45万人。健全多层次社会保障体系，完善社会保险、住房保障制度和社会救助体系，发展社会福利事业，积极应对人口老龄化，做好退役军人事务工作。办好人民满意的教育，促进基础教育优质发展，建设现代职业教育体系，创新发展高等教育，到2025年新增优质示范幼儿园100所，新建普通高中4所，省级示范性高中达到62所，职教园区跻身全国一流行列，高校园区建成投用，把石家庄打造成河北省高质量职业教育人才培养基地。建设健康石家庄，健全城乡公共卫生服务和应急体系，深化医疗卫生体制改革，推动医疗服务提质，建设一批医学中心和区域医疗中心、中医药传承创新中心。推进体育强市建设，谋划建成一批体育场馆，构建高水平、全覆盖的公共体育服务体系，到2025年乡镇卫生院、村卫生室标准化建设覆盖率达到70%以上。繁荣发展文化事业、文化产业，增多做强市场主体，积极培育新型业态，提高现代公共文化服务水平，推动文化大发展大繁荣。

（八）坚定不移加强和创新社会治理，在推进治理体系和治理能力现代化上实现新提升。落实国家安全战略，把安全发展贯穿经济社会发展各领域全过程，深化社会治理改革，完善共建共治共享的社会治理体系，筑牢安全发展底线，保障人民生命财产安全，增强社会治理整体性和协调性，提升社会治理效能。强化安全生产，保障食品、药品安全，提高应急管理能力，夯实基层社会治理基础，完善社会治安防控和社会矛盾调处体系，推动扫黑除恶工作机制化常态化，依法打击各类违法犯罪行为，不断开创平安石家庄新局面，为改革发展和群众安居乐业创造良好社会环境。

三、2021年重点工作

今年是“十四五”开局之年，是中国共产党成立100周年。我们要立足新发展阶段，贯彻新发展理念，融入新发展格局，扎实做好“六稳”工作，全面落实“六保”任务，深入开展“三重四创五优化”“三包四帮六保五到位”和“三基”建设年活动，围绕“突出发展主题、保持奋进姿态、坚持系统推进、实现良好开局”要求，巩固拓展疫情防控和经济社会发展成果，加快复产复工、复商复市步伐，确保“十四五”迈好第一步、开创新局面。

综合考虑各方面因素，今年全市经济社会发展主要预期目标是：地区生产总值增长6%左右，一般公共预算收入增长7%左右，固定资产投资增长6%左右，社会消费品零售总额增长7.5%左右，居民人均可支配收入增长8%左右。重点做好以下九项工作：

（一）全力抓好疫情防控，筑牢高质量发展防线。当前全市疫情防控任务依然艰巨，不确定性风险仍然存在，必须坚持科学化防控、强调人性化管理、树立系统化思维、善用信息化手段，慎终如始落实常态化防控措施，坚决内防反弹、外防输入、严防输出，保障人民群众身体健康和生命安全。

严格落实常态化防控措施。压实“四方责任”，做好联防联控。坚持预防为主，深入开展爱国卫生运动，引导社会公众养成良好的卫生习惯，做到科学佩戴口罩、减少人员聚集、主动亮码出行，严格落实各项常态化疫情防控措施，扎实开展基础性排查和发热门诊监测，加强人群和环境检测，及时发布疫情防控信息，做好应急处置准备工作。加强涉疫重点人群心理服务，积极开展心理评估、疏导和干预，维护公众心理健康。

建立快速应急处置机制。一旦发生疫情，迅速启动战时机制，激活1+N扁平化应急指挥体系，全面开展核酸检测、流调溯源、隔离管控、医疗救治、康复管理和消毒消杀等各项工作，整体谋划、系统推进。根据疫情形势变化，适时动态调整风险等级，分区分级细化管控单元，实施差异化精准管控策略，确保在最短的时间内，切断传播途径，防止疫情扩散蔓延。

加强公共卫生体系建设。改革完善疾病预防控制体系，完善公共卫生重大风险评估、研判、决策机制。加大传染病医院投入和建设力度，加强三级医院传染病房建设，启动市属医院普通病房改造计划，抓好人才梯队建设培训。夯实基层基础，配足配强医护、应急设备，着力推动乡村（社区）一体化管理“十统一”建设，加强农村地区医疗卫生机构监督检查，切实提高“四早”能力，发挥好基层卫生机构“哨点”作用，做到早发现、早处置。

（二）聚力产业提质增效，夯实高质量发展支撑。围绕壮大“四种类型经济”，做大做强“4+4”现代产业，提升产业链供应链现代化水平。

振兴优势产业。打造新一代信息技术产业高地，推动13所、54所的战略合作项目落地产业化，扩大微波射频、智能传感器等技术优势，做大通信设备、集成电路等高新产业。推动先进装备制造业突破发展，做强轨道交通装备、航空装备、新能源汽车等产业，实现从零部件向整机制造的转型。增强生物医药健康产业竞争力，加快建设石药重组蛋白医药产业园，构建更完善、更有韧性的产业链，打造生物医药名城。提升现代商贸物流业能级，推进不同层次商圈、特色街区和示范物流园区建设，建设商贸物流枢纽中心城市；办好正博会、航博会等重点展会，引进一批知名品牌展会，提升会展经济水平。2021年，规模以上工业增加值增长4.5%左右，高新技术产业增加值增长10%。

壮大潜力产业。大力发展现代金融业，依托中央商务区、自贸区正定片区等重点区域，引进外资和总部型金融机构，加速形成金融聚集区；建立企业挂牌上市辅导合作机制，力争年内企业挂牌上市20家以上。加快发展旅游业，推进文化旅游消费试点城市建设，做好正定古城创建国家5A级景区工作，创建全域旅游示范区。积极发展科技服务和文化创意产业，支持研发服务、检验检测等科技服务企业发展，推进工业设计与制造业深度融合，支持文博文创产业发展，打造全省最具活力的文化创意之都。创新发展节能环保产业，积极开展环境检测技术研发和服务，高标准建设先河环保产业创新中心，培植生态经济新增长点。2021年，服务业增加值增长7.5%左右。

培育数字经济。高标准建设正定数字经济产业园，重点发展新型智能硬件、人工智能与软件服务、物联网与产业互联网、区块链应用等新产业，年内入驻企业达到50家以上，打造千亿级园区。实施数字“千项智改、千企提质”工程和企业上云计划，抓好5个以上数字产业化重点项目，年内力争1000家以上企业上云。充分发挥数博会永久举办地优势，建设全国数字应用先进城市。

改造传统产业。以化工、纺织等产业为重点，深入开展质量提升行动，实施制造业设计能力提升计划和千项技改工程，推进产业基础再造，培育一批国家“小巨人”企业和制造业“单项冠军”，年内“专精特新”中小企业达到100家以上。落实县域特色产业振兴方案，制定实施县域经济高质量发展三年行动计划，启动全国百强县培育工程，新增一批强县立县的特色产业集群。

做强产业园区。持续发挥石家庄高新区、经开区带头示范作用，把好“亩均效益”关，提升园区发展质量；加大新型基础设施建设力度，增强园区能级，放大托管效应，探索实行以国家级开发区或发展水平高的省级开发区为主体的“一区多园”组合联动发展，力争更多园区进入千亿级行列。深化体制机制改革，推广工程建设项目“四证齐发”模式，拓展“标准地”改革试点范围。

（三）大力促进科技创新，积蓄高质量发展动能。坚持创新第一动力，汇聚创新要素，提升创新能力，激发创新活力，以创新占领先机、赢得优势。

增强企业创新能力。组织专业院所对全市主导产业关键核心技术进行前瞻性研究，为未来产业发展方向提供决策支撑。实施工业企业研发机构提档升级计划，鼓励企业建立新型研发机构、组建创新联合体，推进产学研深度融合。年内新增市级科技企业孵化器 4 家，省级以上创新平台 10 个以上。聚焦战略性新兴产业重点领域，集中攻克关键核心技术，培育竞争新优势，年内新增高新技术企业 300 家以上、科技型中小企业 700 家以上，形成企业科技创新梯次矩阵。

完善创新生态体系。抓住人才和机制两个关键，健全科技评价和激励机制，落实攻关任务“揭榜挂帅”制度，给予创新领军人才更大技术路线决定权和经费使用权；积极实施“人才绿卡”升级版，持续推进“海石计划”，引进一批“高精尖缺”创新团队和国际一流人才；举办“石家庄人才日”系列活动，健全人才住房保障制度，打造最优人才生态。

深化区域协同创新。加快构建京津冀协同创新共同体，共建共享产业基地、基金和技术联盟、市场；以各级各类高新区、经开区为重点，建设一批协同创新试验园区，促进创新链、产业链、政策链深度融合；完善提升石家庄科技大市场功能，用好科技成果转化项目库，加快科技成果转化落地速度。2021 年，全市技术合同成交总额达到 120 亿元。

（四）倾力推动内需扩张，增强高质量发展后劲。坚持把实施扩大内需战略同深化供给侧结构性改革有机结合，积极融入新发展格局，推动经济良性循环。

实施消费扩容升级行动。制定出台促进居民消费的具体措施，稳定汽车、装修等大宗消费，发展旅游、教育、医疗、养老等服务消费，促进消费增长。拓展新型消费，抓好电商直播带货，扶持壮大一批电商平台、网络旗舰店。健全城乡流通体系，实施城乡高效配送专项行动，充分挖掘县乡消费潜力。完善城市商业设施网络，加快布局免税店、进口商品展示中心，深度打造夜经济、特色风情街区、特色餐饮名片。2021 年，网络零售额增长 12% 以上，新建便民市场 15 家，培育配送示范企业 30 家、重点物流配送中心 10 个。

实施项目建设提速行动。继续开展招商引资月活动，充分利用“网络洽谈平台”，大力开展招商引资，谋划建设一批具有战略性、带动性的重大项目，力争项目数量位居全省第一。统筹安排项目集中开工活动，推行项目联合审批专班和土地组卷报批专班制度，全力为项目建设提供政策、土地等方面支持；持续加力重点项目建设，突出抓好海康威视石家庄科技园、华创生物基因检测中心等产业项目，年内 352 项市重点建设项目完成投资 847 亿元，确保早开工、早竣工、早投产。

实施基建投资助推行动。围绕“两新一重”，加快 5G 网络、人工智能等新型基础设施建设步伐，提升新型基础设施承载力，筑牢城市数字底座。积极推进电动汽车充电设施布局，促进新能源汽车消费。加强新型智慧城市基础设施建设，推动城市管理、产业发展、民生服务、社会治理深度融合。

（五）致力深化改革开放，激发高质量发展活力。坚持以深化改革构建高水平市场经济体制，以全方位对外开放打造国际合作竞争新优势，进一步释放发展动能。

持续推动重点领域改革。深化“放管服”改革，推行证明事项和涉企经营许可事项告知承诺制；抓好政务服务事项规范化建设，打造 10 所乡级、100 所村级标准示范行政综合服务中心（站），基本实现政务高频事项“跨省通办”。推进国企改革三年行动计划，分层分类深化混合所有制改革。深化投融资体制改革，推动县级农村信用社改制为农村商业银行，规范小额贷款公司、融资担保机构等地方金融组织经营行为，提升服务实体经济的能力。

积极扩大双向开放。深度融入“一带一路”，依托冀中南智能港，加快推进石家庄国际陆港建设，实现中欧、中亚和海铁联运班列常态化运营。推进自贸区正定片区建设，年内推出 2 项以上全国性的制度创新成果。发挥跨境电商综试区、综合保税区开放平台作用，支持建设 1～2 家市级跨境电商产业园，招引国内外知名平台企业落户经营。着力完善口岸服务功能，年内确保进口药品口岸和国际邮件互换局通过国家验收并有效开展业务。加快建设服务贸易创新城市，积极发展服务外包，稳住外贸基本盘。2021 年，外贸进出口总值、实际利用外资均增长 5% 左右。

大力优化发展环境。今年市政府将把优化发展环境作为核心工作，研究制定一系列政策措施，实施营商环境十大专项行动，推进要素资源高效配置，建设市场主体公共服务平台，构建适应市场规律、利于创新创业的生态系统，打造便捷高效的政务环境、公平竞争的市场环境、包容开放的社会环境。保障民营企业平等获取生产要素和政策支持，坚决把减税降费政策落到企业，构建亲清政商关系，促进民营经济健康发展。

（六）强力实施污染攻坚，优化高质量发展环境。聚焦防治重点领域，坚持方向不变、力度不减，继续打好攻坚战，不断改善人居环境。

深入推进大气污染治理。制定“退倒十”方案，以细颗粒物和臭氧协同控制为主线，优化调整产业、能源、运输结构，大力度压煤、减排、控车、抑尘；摸清全市碳排放底数，科学制定碳达峰行动方案，为做好碳中和工作奠定基础。扩展“双在线”监控平台建设，开展污染源自动监控规范年活动，加强污染源自动监控管理。深入开展重点行业差异化精准治理，严禁“一刀切”。

深化水和土壤污染防治。持续提升水环境质量，提标改造污水处理设施，开展排污口溯源整治，巩固黑臭水体治理成效。组织开展国考断面达标整治行动，在洨河、汪洋沟、滹沱河及白洋淀上游流域建立应急监测预警管理系统。开展建设用地土壤污染状况调查，加强农业面源污染治理，严控地下水污染，确保安全利用率100%。

强化生态系统修复。深入实施山水林田湖草生态保护修复工程，完成矿山修复103处，修复治理面积13398.6亩。高标准开展国土绿化工作，完成营造林50万亩。大力开展地下水超采综合治理，持续开展自备井关停工作，实施农村生活水源置换项目，争取河道年生态补水5亿立方米。推进重要水源地上游生态清洁小流域建设，新增水土流失治理面积60平方千米。

（七）着力提升城市品质，打造高质量发展载体。坚持高水平规划、高质量建设、精细化管理，加快城市更新，提升城市能级，建设宜居宜业的现代化城市。

加快规划编制工作。牢牢把握省会功能定位，高质量完成全市国土空间总体规划编制工作，着力解决城市缺乏天际线、基本功能配套不完善等规划历史欠账。加大规划管控力度，科学合理配置公共资源，优化主城区功能分区和空间格局，实现土地集约节约和高效利用。统筹市域城镇体系建设，着力构建布局科学、产业协同、服务均衡、共促共融的省会城市核心圈。

强化交通枢纽地位。加快石雄、石衡沧港城际铁路建设，推进石衡（衡昔）、石忻高速公路前期工作，抓好津石高速、南绕城高速收尾工程，加紧实施正繁公路辖区路段88千米干线公路建设，加快省道S339等绕城公路建设，打通华星路（中华大街—新胜利大街）等10条城区道路，畅通省会交通内外循环。全力推动地铁工程建设，确保3号线一期东段、二期上半年开通运营；谋划市域（郊）铁路建设，逐步完善轨道交通网络。

完善城市载体功能。大力推进中央商务区项目建设，加快文旅中区7家铁路单位征迁及金融北区中车、铁路回迁楼建设工作，启动正太饭店修缮加固、解放纪念碑广场建设等工程，加速打造城市客厅，加快创建石家庄城市名片、城市品牌。高标准加快城市更新步伐，完成老旧小区整治任务645个，改造老旧管网120千米以上，加快推动管线入廊，持续有力推进城中村改造项目；高效盘活利用停产搬迁企业闲置用地、闲置厂房，利用棉一、棉二和华药老厂区建设文化科创园。加强“城市双修”工作，推进绿色建筑发展，严格执行新建居住建筑75%和公共建筑65%节能标准。加快滹沱河生态修复三期工程建设，完善配套设施，确保6月底前主体完工。

提升城市治理水平。巩固国家森林城市、全国文明城市、国家卫生城市创建成果，做好城市主干线的改造提升，年内完成美丽街区、精品街道创建20个以上。扎实推行垃圾分类减量处理，着力解决停车难问题，年内新增停车位3万个。大幅增加城市绿量，新建街旁游园10万平方米。坚持“房住不炒”的政策定位，做好住房租赁市场试点和住房保障工作，整顿租赁市场秩序，妥善解决房地产历史遗留问题。树立经营城市理念，有效整合城市生产要素资源，向市场要效益。

加速县城扩容提质。以创建“文明城、园林城、森林城、卫生城、洁净城”为抓手，持续开展县城建设品质提升，打造一批“独具特色、靓丽多彩、山清水秀、宜居宜业”的美丽新县城。平山、新乐做好全国文明县城创建准备工作，赞皇、行唐、无极力争通过国家级园林县城考核验收。统筹推进旧县城更新和新城区建设，积极开展海绵城市建设，不断增强县城承载能力。分类推进中心镇特色化发展，年内每县（市、区）重点培育至少1个特色小镇。

（八）合力推进乡村振兴，巩固高质量发展基础。坚持农业农村优先发展，全面实施乡村振兴战略，促进农业高质高效，乡村宜居宜业，农民富裕富足。

提高农业质量效益。坚持“藏粮于地、藏粮于技”战略，落实最严格的耕地保护制度，坚决遏制耕地“非农化”、防止“非粮化”，持续调整农业种植结构，粮食种植面积达到66.4万公顷，确保粮食生产安全稳定。加强高标准农田建设，全市粮食产量保持在84亿斤以上。稳定畜禽生产，生猪产能恢复到正常年份水平。实施现代种业发展行动，打造一批竞争力强的种业品牌。巩固提升国家现代农业示范区建设成果，发展“四个农业”，年内农业标准化覆盖率达到70%以上，农业园区标准化覆盖率达到100%。加快奶业强市建设，支持君乐宝、三元等乳品龙头企业向价值链中高端跃升，争创国际知名品牌。

实施乡村建设行动。深入开展美丽乡村建设，扎实推进农村人居环境、基础设施、公共服务、建筑风貌提升“四大行动”，做好“空心村”治理验收巩固提升工作。继续加强厕所粪污无害化处理设施建设，改造提升厕所10万座，完成176个村庄生活污水治理。开展农村生活垃圾分类试点，完善农村生活垃圾收转运体系。

深化农业农村改革。落实第二轮土地承包到期后再延长30年政策，因地制宜探索宅基地所有权、资格权、使用权分置实现形式，探索推进集体经营性建设用地入市；大力培育新型农业经营主体，鼓励发展多种形式适度规模经营。年内新发展家庭农场600家、农民合作社300家、农业托管服务组织200家。

巩固拓展脱贫攻坚成果。严格落实“四个不摘”要求，保持帮扶政策总体稳定，设置5年政策过渡期。健全防止返贫监测和帮扶机制，坚决防止发生规模性返贫现象。强化易地搬迁后续扶持，实现搬迁群众从“村民”到“居民”的全方位转变。建立解决相对贫困长效机制，深化产业、就业、科技帮扶，推动巩固拓展脱贫成果与乡村振兴有机衔接，让脱贫群众过上更好生活。

（九）竭力惠民利民安民，共享高质量发展成果。坚持民生优先，继续加大民生投入力度，努力使广大群众有更多更直接的获得感，不断增强社会和谐度。

做好就业和社会保障工作。坚持就业优先政策，全年新增城镇就业12.5万人，对不裁员少裁员的企业，加大援企稳岗和财税、金融等政策支持，稳定就业总量；加大自主创业扶持力度，深入实施职业技能提升行动，提升就业质量；做好高校毕业生、退役军人、农民工等重点群体就业工作，积极开展失业保险扩围工作，确保零就业家庭动态清零。实施全民参保计划，做实城镇职工基本医疗保险市级统筹，落实异地就医结算，年内全市企业职工基本养老保险、居民养老保险、工伤保险参保人员分别达到242.4万人、375万人、190万人。做好低保人员、孤儿和事实无人抚养儿童基本生活保障，完善分层分类社会救助体系。提升兜底养老服务能力，新增养老床位4000张以上。

促进教育高质量发展。继续推进学前教育公益普惠发展，新创建市级普惠性幼儿园30所。坚持义务教育免试就近入学政策全覆盖，主城区新改扩建义务教育学校19所。推动高中教育多样化、特色化发展，省级示范性高中达到56所，启动石家庄市第二中学四期项目建设。加快推动市属高职院校与汇华学院、四方学院的合并转设，延伸职业教育培养中高本链条，加快全市职业教育高质量发展。

推进健康石家庄建设。启动实施市级优质医疗卫生资源“1+5”提标扩容工程，实现跨院就诊居民电子健康码“一码通行”，全面提升智慧医疗服务水平。加强医联体建设，每个县（市、区）至少建成1个高质量紧密型医联体，推进基层医疗卫生机构标准化建设，加大资金投入力度，完善更新医疗设备，强化医护人员培训，加强公开招录和定向培养，加快提升社区卫生服务中心和乡镇卫生院服务能力。开展国医堂提质升级工作，年内打造50个高水平国医堂。

完善公共文化服务体系。深入开展文化惠民活动，推动社区（村）综合文化服务中心全覆盖，精心打造“一月一名剧”演艺品牌，组织好“彩色周末”系列文化活动。围绕庆祝中国共产党成立100周年等主题，编创文艺精品。加快市博物馆新馆等文化场馆建设。科学有序恢复体育赛事，办好市第三届冰雪运动会，完成全民健身场地设施100处。

积极创新社会治理。加快推进全国市域治理现代化试点工作，构建富有效率的新型基层社会治理体系。深入开展重点领域排查整治，巩固拓展6个重点领域清理规范成果，牢牢守住不发生系统性风险的底线。扎实开展信访维稳攻坚行动，全力化解重复信访积案。更高标准建设平安省会，常态化开展“扫黑除恶”专项斗争，统筹做好安全生产、食品药品安全、消防、森林防火等工作，坚决遏制重特大事故发生。

加强国防动员和国防后备力量建设，积极推进全市双拥模范城（县）创建工作，加强退役军人就业创业服务保障。扎实推进产业工人队伍建设改革，深入实施中长期青年发展规划，发挥工会、共青团、妇联等人民团体桥梁纽带作用。做好民族宗教、新闻出版广电、外事侨务、人民防空、气象地震、援藏援疆、妇女儿童、老龄、慈善、残疾人、红十字、关心下一代等工作。

各位代表，民生连着民心、民心凝聚民力，越是困难越要保障基本民生。我们将继续滚动实施省20项民生工程和市10件惠民实事，让共享发展的主题更加鲜明，人民幸福的底色更加浓厚！

四、努力建设人民满意的服务型政府

进入新阶段，肩负新使命。我们要用工作体现忠诚、用发展体现担当、用成效体现落实，努力创造无愧于时代、无愧于人民的新业绩。

（一）旗帜鲜明讲政治。增强“四个意识”，坚定“四个自信”，做到“两个维护”，始终坚持以习近平新时代中国特色社会主义思想武装头脑、指导实践、推动工作，立足“两个大局”，心怀“国之大者”，提高政治判断力、政治领悟力、政治执行力。加强政府系统党的建设，坚持把党的领导贯穿政府工作全过程，确保党中央和省委、市委决策部署落地见效，以高质量发展成效诠释忠诚、干净、担当。

（二）践行宗旨为人民。江山就是人民，人民就是江山。坚守初心使命，走好新时代群众路线，坚持把以人民为中心的思想体现在政府工作的方方面面，转化为实实在在的工作成效。汇聚人民力量，尊重人民意愿，回应人民关切。真心实意对待人民群众反映的困难和问题，想尽一切办法办实事、解民忧，让群众有更充分、更直接、更实在的获得感、幸福感、安全感。

（三）依法行政守规矩。加强法治政府建设，依照法定权限和法定程序履行职责，带头学习宣传、遵守维护《民法典》，依法接受人大法律监督，自觉接受政协民主监督，主动接受社会监督、舆论监督、审计监督。深化依法行政，充分发挥政府智库作用，健全重大政策事前评估和事后评价，提高决策科学化、民主化、法治化水平。加强诚信建设，全面推进政务公开，让权力在阳光下运行。

（四）担当作为抓落实。坚持实事求是，一切从实际出发，大力发扬“孺子牛”“拓荒牛”“老黄牛”精神，勇挑重担子，敢啃硬骨头，少讲不能干的理由，多想怎么干的办法。强化问题导向、目标导向，自觉补课充电，进一步提高驾驭经济工作的能力。认真落实正向激励和容错纠错机制，为实干者担当，让履职者尽责，营造敢作敢为、善作善成的良好氛围。

（五）勤政廉洁树形象。认真履行全面从严治党主体责任，开展党史学习教育和“团结就是力量”专题学习活动。深入推进政府系统党风廉政建设，支持纪检监察机关依法依规履行职责，坚决惩治各种腐败行为和不正之风。严格执行中央八项规定及实施细则精神，驰而不息正风肃纪。加强廉政教育和廉政文化建设，做到有腐必反、有贪必肃、违纪必究，永葆为民务实清廉的政治本色。

各位代表，奋斗创造历史，实干成就未来！让我们更加紧密地团结在以习近平同志为核心的党中央周围，在省委、省政府和市委的坚强领导下，紧紧依靠全市人民，凝心聚力、真抓实干，担当善为、拼搏竞进，以优异成绩庆祝建党100周年，为建设现代省会、经济强市而努力奋斗！

脱贫攻坚

习近平总书记强调：消除贫困、改善民生、逐步实现共同富裕，是社会主义的本质要求，是中国共产党的重要使命。党的十九大报告提出：坚持精准扶贫、精准脱贫，确保到2020年中国现行标准下农村贫困人口实现脱贫，贫困县全部摘帽。

2018年9月29日，河北省政府批准国家扶贫开发工作重点县——平山县退出贫困县序列；2019年5月5日，河北省政府批准赞皇县、灵寿县、行唐县3个国家扶贫开发工作重点县退出贫困县序列。至此，石家庄市4个国家扶贫开发工作重点县全部退出贫困县序列。2020年全市以义务教育、基本医疗、住房安全保障和饮水安全为重点，市级投入财政专项扶贫资金9.7亿元。“十三五”规划期间，全市累计投入扶贫资金达到51.6亿元。保障住房安全，动态化新增农村危房改造任务175户，全部改造完成。加强农村饮水安全，筹措资金2295万元，分三批维修养护农村饮水工程794处，惠及278个村，受益人口172.37万人。至2020年底，石家庄市实现585个贫困村脱贫出列、20.7万建档立卡贫困人口脱贫目标，贫困发生率由2016年5.4%下降为0。

教育扶贫 落实学生资助资金5.36亿元，惠及学生155.5万人次，实现贫困学生零辍学失学目标。实施山区教育扶贫工程，2011年石家庄市委、市政府启动实施山区教育扶贫工程并列入市政府“十大民生幸福工程”和为民办实事之一。至2016年末，石家庄山区教育扶贫工程累计投资9.08亿元，建成山区教育扶贫项目学校82所，实现4.9万名山里娃拥有和城市孩子一样的教学环境。为确保山区学生初中毕业后能够全部接受免费高中阶段教育，石家庄市出台《深山区学生免费接受高中阶段教育的实施意见》，由市、县两级政府设立高中阶段免费教育专项资金，保障山区学生全面实现免费上高中。同时规定：农村初中毕业生未升入普通高中的全部安排接受中等职业教育，按规定享受资助政策，对未能升学的高中毕业生安排接受中等职业教育或免费提供农业技术技能培训。2020年石家庄市以扩充农村教师培养渠道为重点，依托石家庄学院公费培养90名小学全科教师，平山县、赞皇县、灵寿县、行唐县4县推行国家特岗教师570名，元氏县、井陉县落实地方特岗教师计划300名，为山区县招收省属师范院校免费师范生31名。支持市区优秀学校帮助山区学校提高教学质量，市第二中学与赞皇中学签订10年帮扶协议，石家庄外国语教育集团与6个山区县12所中小学、市属中等职业学校与山区6县职业学校结对子开展精准扶贫活动。石家庄市山区教育扶贫工程成为扶贫亮点，在全国城乡教育精准帮扶中起到品牌示范作用。

健康扶贫 围绕贫困人口“有地方看病、有人看病、有制度保障看病”目标，全力做到“真扶贫、扶真贫、真脱贫”。全年报销贫困人口医疗费1.2亿元，受益贫困人口85.92万人次，贫困人口就医实现“一站式”报销结算。重视医疗服务保障，组织7家三级医院、17家二级医院对口支援贫困县6家县级医院和68所乡镇卫生院。实行县域贫困人口住院“先诊疗后付费”和“一站式”综合服务，全年22.4万余人次享受“先诊疗后付费”和“一站式”综合服务政策优惠。贫困人口大病专项救治病种扩大到30种，覆盖率、救治率达到100%。细心做好贫困人口慢性病家庭医生签约服务，实现“应签尽签”。2020年全市7.2万名建档立卡贫困人口全部实现健康脱贫，石家庄市通过国家健康脱贫验收考核，赞皇县卫生健康局获得“全国脱贫攻坚先进集体”称号。

扶贫救助 市委统战部协调全市各民主党派和工商联、社会团体等举行“民主党派聚力脱贫攻坚”“百企帮百村”“光彩事业”等行动，投入脱贫攻坚资金2.8亿元，帮扶行政村830多个。至2020年底，全市共有特困对象19553人，其中，城市特困对象374人，农村特困对象19179人。2020年全市发放特困人员供养金15899.7万元，其中，城市特困人员供养512.5万元，农村特困人员供养金15387.2万元。至2020年底，全市共有享受最低生活保障对象（简称低保对象）15万人，其中，城市低保对象1.2万人，农村低保对象13.8万人。2020年全市发放低保资金总额62909.3万元，其中，城市低保资金10177.5万元，农村低保资金52731.8万元。2020年市农业开发部门临时救助8346人次，发放临时救助金896.3万元；市民政部门临时救助1.74万人次，发放临时救助金1797.3万元。2020年全市城乡居民基本养老保险贫困人员参保率、"三类"人员代缴率、60周岁以上待遇享受率全部达到100%。

易地扶贫搬迁 至2020年末，全市易地扶贫搬迁规模达到2726人，其中，建档立卡贫困人口1783人，同步搬迁人口943人，涉及灵寿县、平山县、行唐县、赞皇县4个县21个行政村；规划建设集中安置区（点）7个，其中，灵寿县3个、平山县2个、行唐县1个、赞皇县1个，集中安置762户2345人全部搬迁入住，分散安置139户381人同步完成。易地扶贫搬迁配套产业园区（项目）14个，全部建成并投入使用，其中，灵寿6个、平山4个、行唐2个、赞皇2个。

多渠道防止脱贫后返贫 印发《石家庄市防贫监测和帮扶工作实施细则（试行）》，统筹政府、市场和社会资源，完善脱贫防贫长效机制。采取举办农民夜校、送教入户、订单培训和技能提升培训等方式，实现脱贫培训全覆盖。推行科技特派员制度，支持科技人员在贫困地区围绕特色产业发展建立研究示范基地。全年投入产业扶贫资金6.84亿元，新增产业扶贫项目248个。组织外出务工7.62万人，同比增长20.97%，其中，省外务工5730人，增长145.7%。开展科技扶贫，全市选派100名"三区"科技人才和313名自然人农业科技特派员、30名法人单位科技特派员参加科技服务活动。因地制宜、创造途径，提高农民收入。2020年全市拨付平山县、赞皇县、灵寿县、行唐县4个县公益林补偿金1359.74万元，选聘940名贫困劳动力为生态护林员，每人每年补助资金1万元。推进消费扶贫，平山县、赞皇县、灵寿县、行唐县4个县扶贫生活馆挂牌运营。至2020年底，全市设立扶贫专馆12个、扶贫专区75个、扶贫专柜111台；147家供应商、480个（类）产品入选《全国扶贫产品名录》，累计销售额达到24.12亿元。

脱贫攻坚奖励 1人获得全国脱贫攻坚奖。2020年10月17日，赞皇县雪芹棉产品开发有限公司董事长、赞皇县原村土布专业合作社理事长、河北省非物质文化遗产"赞皇原村土布纺织技艺"传承人崔雪琴获得2020年"全国脱贫攻坚奖奋进奖"称号。5人、4个单位获得全国脱贫攻坚先进个人、先进集体称号。2021年2月25日，石家庄市5人在全国脱贫攻坚总结表彰大会上获授2020年"全国脱贫攻坚先进个人"称号、4个单位获授2020年"全国脱贫攻坚先进集体"称号。8人、3个单位获得河北省脱贫攻坚奖。2021年4月29日，省委、省政府授予石家庄市8人2020年河北省脱贫攻坚奖，其中，2人获得"河北省脱贫攻坚奖奋进奖"称号，4人获得"河北省脱贫攻坚奖贡献奖"称号，1人获得"河北省脱贫攻坚奖奉献奖"称号，1人获得"河北省脱贫攻坚奖创新奖"称号；授予3个单位2020年"河北省脱贫攻坚奖先进集体奖"称号（获奖个人和单位参见"人物""附录"）。

平山县 实施扶贫开发项目1591个，培育建设现代农业园区33家、省级扶贫龙头企业11家，发展农业特色种植面积24万亩。旅游扶贫模式入选全国产业扶贫典型案例。享受农村最低生活保障待遇16095人，发放最低生活保障资金4735.74万元。260个村、2.4万户、6.5万贫困人口全部脱贫。2020年1月3日，石家庄市在平山县市民文化广场举行2020年全市"三下乡"集中示范服务活动，42家单位为平山县专门谋划帮扶资金、物资、项目总额1.16亿元，信贷额度12.86亿元。2021年4月29日，平山县获得2020年"河北省脱贫攻坚奖先进集体奖"称号。

赞皇县 实施扶贫项目110个（产业类17个、基础设施类88个、其他类5个），总投资1.86亿元；设置临时性扶贫公益岗位1236个；投保116万元，为农户购买防贫保险。探索奶牛养殖带动产业发展扶贫模式，引进投资7000万元君乐宝乳业全智能化家庭牧场项目。筹资300万元，在全县乡镇开展爱国卫生运动，安排6967户贫困劳动力参加劳动"挣工资"活动，实现户均增收420元。帮助贫困劳动力就业，发布招聘公告6期，参与招聘企业500家，提供就业岗位1.2万个。

灵寿县 创新设立乡镇青年人才服务中心助力脱贫攻坚做法入选全国"改革开放40年地方改革创新40案例"，列入全省集中复制推广第一批改革创新经验；省级扶贫龙头企业河北益康公司入选"中国企业精准扶贫50佳案例"。2016～2020年灵寿县120个贫困村全部脱贫出列，累计脱贫人口28986人，贫困发生率由2016年16.3%下降为0。2021年2月25日，灵寿县扶贫开发办公室获得2020年"全国脱贫攻坚先进集体"称号。

2021年4月29日，灵寿县寨头乡砂子洞村委会委员秦慧冬获得2020年“河北省脱贫攻坚奖奋进奖”称号。

行唐县 投入扶贫资金13.2亿元，其中，专项资金5.4亿元，整合涉农资金6.4亿元，发放扶贫贷款1.4亿元。实施扶贫产业项目229个，808个光伏电站并网发电，100家手工业加工点、70个扶贫助残“巧手坊”规范运行，“金丰公社”托管土地4.8万亩、入选全省产业扶贫典型案例。开发扶贫公益岗位3557个，发放助学补助资金1.2亿元，162万人次享受健康扶贫政策，960人完成易地扶贫搬迁，为36.6万人提供饮水安全保障。

表1

2016～2020年石家庄市建档立卡贫困人口脱贫情况一览表

序号	行政区域	贫困村（个）	建档立卡贫困户（个）	贫困人口（人）
1	石家庄市	585	83893	207000
2	藁城区	—	134	323
3	鹿泉区	—	121	331
4	栾城区	—	53	146
5	井陉县	—	4416	8646
6	正定县	—	1587	3350
7	行唐县	108	28636	78229
8	灵寿县	120	10383	28986
9	高邑县	—	1142	2385
10	深泽县	—	2073	3957
11	赞皇县	97	651	1331
12	无极县	—	4319	6489
13	平山县	260	24017	64522
14	元氏县	—	2385	5262
15	赵　县	—	2051	4102
16	晋州市	—	2337	4224
17	新乐市	—	1767	4237

备注：2016～2020年石家庄市贫困人口数据每年动态调整变化，县域贫困户脱贫总数大于全市脱贫目标数值。

（市档案馆）

全面建成小康社会

习近平总书记指出："到2020年全面建成小康社会，实现第一年百年奋斗目标，是我们党向人民、向历史作出的庄严承诺"。改革开放之初，邓小平首次提出"小康社会"战略构想。2007年10月15日，中国共产党第十七次全国代表大会报告提出全面建设小康社会奋斗目标，人均国内生产总值到2020年比2000年翻两番。2012年11月8日，中国共产党第十八次全国代表大会报告提出到2020年全面建成小康社会奋斗目标，人均国内生产总值和居民人均收入比2010年翻一番。

至2020年末，石家庄市全面建成小康社会任务全部完成，各项小康社会指标达到目标数值。2000年末石家庄市完成地区生产总值1001.2亿元，人均地区生产总值10833元；2020年末石家庄市实现地区生产总值5935.1亿元，人均地区生产总值52826元，是2000年末全市人均地区生产总值4.88倍，全市人均国内生产总值完成到2020年比2000年翻两番目标任务。

2010年末石家庄市地区生产总值达到3401.0亿元，人均地区生产总值33462元；城市居民人均可支配收入18290元，农民人均纯收入6577元。2020年末石家庄市城镇居民人均可支配收入40247元，农村居民人均可支配收入16947元。2020年末石家庄市人均地区生产总值是2010年末全市人均地区生产总值的1.58倍，城镇居民人均可支配收入是2010年末全市城市居民人均可支配收入的2.2倍、农村居民人均可支配收入是2010年全市农民人均纯收入的2.58倍，全市居民人均收入到2020年比2010年翻一番目标任务完成。

表2

2016～2020年石家庄市"十三五"规划时期小康社会指标完成情况一览表

序号	小康社会指标要求	小康社会指标完成情况
1	人均地区生产总值3.14万元以上	人均地区生产总值达到5.28万元
2	第三产业增加值占地区生产总值比重超过50%	第三产业增加值占地区生产总值62.2%
3	城镇化率超过50%	常住人口城镇化率达到70.18% 户籍人口城镇化率达到52.2%
4	城镇登记失业率在3%～6%之间	城镇登记失业率3.75%
5	城乡居民收入比低于2.8∶1	城乡居民收入比2.37∶1
6	基本社会保险覆盖率不低于90%	基本社会保险覆盖率达到97.6%
7	居民人均可支配收入1.5万元以上	居民人均可支配收入30955元
8	恩格尔系数小于40%	恩格尔系数22.6%
9	居民平均寿命大于75岁	居民平均寿命78.12岁
10	每千人医生2.8人	每千人医生4.02人

（市档案馆）

抗击新冠肺炎疫情

2020年1月22日，石家庄市第1例新型冠状病毒性肺炎（简称新冠肺炎）患者确诊并入驻市第五医院，这也是河北省第1例新冠肺炎确诊患者。1月24日，石家庄市启动新冠肺炎疫情重大突发公共卫生事件一级响应。3月16日，石家庄市最后1例新冠肺炎患者治愈出院。4月30日，石家庄市新冠肺炎疫情重大突发公共卫生事件一级响应下调为二级响应。严格新冠肺炎疫情排查和监测，全年排查2670万人次，隔离2.8万余人；建成核酸检测机构104家，检测核酸样本620余万份；安全转运国际航班分流106架次，转运人员1.7万人次。至2020年底，石家庄市确诊新冠肺炎病例29例、无症状感染者9例，全部治愈，取得确诊病例“零死亡”、医务人员“零感染”、输入病例“零扩散”的好成绩。

基层防疫力量投入 新冠肺炎疫情发生后，240个省直单位党组织到石家庄市内4区和高新区168个街道社区报到、省直单位在职党员1882人次参与石家庄市区245个小区测温登记、院落消杀等疫情防控工作。石家庄市1163个机关企事业单位党组织、65975名在职党员到社区报到和参加志愿防疫活动，全市选派18.1万名中共党员奔赴疫情防控最前沿，安排1588名市直单位在职党员下沉到726个无物业服务老旧小区开展防疫和志愿服务活动。市直机关工委印发《关于充分发挥市直机关党组织战斗堡垒作用和党员先锋模范作用的通知》《关于带头开展“爱国卫生运动、有效防控疫情”工作的通知》，组织市直机关77个党组织，5万余人次参与782个老旧小区执勤、测温登记、入户排查等基层防疫工作。

隔断疫情传播途径 市域主要交通出入口实行检疫全覆盖。1月27日，石家庄市启动设置抗击新冠肺炎疫情“三道防线”(省界、市界、出入市口)，在省界、市界、高速公路口、火车站、三环路及主要出入市口设置检查站62个，开展车辆检查和人员测温。1月31日，根据疫情变化情况，又在晋冀交界处原高速收费站、各高速服务区、国省干线省界出入口、市区主要进入口、火车站、机场航站楼新设检查站72个，实现了市域主要交通出入口检疫全覆盖。至2月10日12时，全市134个“三道防线”检查站出动警力1.6万余人次、医务人员7000余人次，检查车辆90.4万余台次、过往人员210.4万余人次。开展爱国卫生运动。以保障群众身体健康和生命安全为重点，部署和安排各县（市、区）在辖区道路等公共区域及村庄、商场超市、校园、企业、建筑工地等场所开展环境卫生大消杀、大清洁行动，做到“全面、彻底、不留死角”要求。减少人员密切接触。2月3日，市行政审批局决定，市、县（市、区）两级政务服务大厅暂停线下窗口服务，实行政务服务网上办理。2月3日，市市场监督管理局决定外商投资企业登记、商标注册申请业务采用网上查询、电话沟通、证照快递送达方式办理；必须现场办理的业务改用先网上预审或电话指导，办理时做到即办即走，最大限度减少人员在办事大厅停留时间。2月10日，是石家庄市中小学校原定开学的日子，受新冠肺炎疫情影响，市教育局印发通知，要求各中小学校推迟开学，利用“教育＋互联网”形式，开展“停课不停学”教学活动。2020年市教育部门整合学科名师建立名师工作坊46个，录制微课8000余节，1857所中小学校、154万名中小学生实现居家在线学习。人员出行管理。2月1日起，全市暂停

石家庄火车站城市客运防疫消毒站　（市交通运输局提供）

重大突发公共卫生事件Ⅰ级响应期间机动车每天限行2个尾号常态化限行措施，方便私家车出行。2月21日起，石家庄市主城区营运车辆实行乘客实名登记管理。

新冠肺炎患者救治　石家庄市发生新冠肺炎疫情后，市卫生健康委及时成立救治领导小组和专家组，并从防疫、流调、医疗救治、院感防控等环节入手，制定《新型冠状病毒感染的肺炎救治工作预案》《新型冠状病毒感染的肺炎医院感染预防与控制应急预案》及防护工作流程，严格规范医务人员个人防护、消毒隔离、医疗废物管理等制度。1月27日，市卫生健康委从市人民医院、市第二医院、市第三医院选调从事重症医学和呼吸专业医生3名、护士3名，到市新冠肺炎救治定点医院——市第五医院参与医疗救治支援。新冠肺炎疫情期间，市疾病预防控制中心按照《新型冠状病毒实验室生物安全指南》要求，开展24小时病原核酸检测，启用新冠肺炎核酸检测专用P2实验室2座、核酸提取仪4台、荧光定量PCR仪4台，组建成立24人实验室检验队伍，最大日检测量达到1000人份。经省委、省政府和市委、市政府批准，全市确定新冠肺炎定点医疗机构38个，开通发热门诊48个、发热病区16个；石家庄市区设立定点医院2家，其中，省级1个、市级1个，省级定点医院为河北省胸科医院，市级定点医院为市第五医院。新冠肺炎确诊患者救治。1月22日，石家庄市第1例新冠肺炎患者确诊并入驻市第五医院，患者是从武汉市来石探亲的72岁男性，这也是河北省第1例新冠肺炎确诊患者。2月4日，石家庄市首例新冠肺炎患者在市第五医院治愈出院。石家庄市首例治愈患者郝某，赵县人，34岁，在武汉市江汉区华南水果市场工作；1月21日由武汉市返回赵县，1月24日到赵县人民医院发热门诊就医；根据患者流行病学史和临床表现，1月27日由120急救车送入市第五医院确诊并接受治疗。3月6日，石家庄市29例新冠肺炎确诊患者全部治愈出院。新冠肺炎无症状感染者救治。2月9日，石家庄市出现第1例新冠肺炎无症状感染者；2月25日，石家庄市出现第9例新冠肺炎无症状感染者；3月16日，石家庄市最后1名新冠肺炎无症状感染者治愈出院。2020年石家庄市累计确诊新冠肺炎病例29例、无症状感染者9例，全部治愈。2020年市第五医院收治新冠肺炎确诊患者21例，其中，危重症1例、重症4例、普通型16例，患者年龄最小的4岁、最长者70多岁。

表3

2020年石家庄市抗击新冠肺炎疫情病例数据一览表

日期	新增病例（例）	累计病例（例）	重症病例（例）	治愈出院（例）	累计出院（例）
1月22日	1	1	1	0	0
1月23日	1	2	2	0	0
1月24日	2	4	2	0	0
1月25日	1	5	2	0	0
1月26日	2	7	2	0	0
1月27日	2	9	2	0	0
1月28日	1	10	2	0	0
1月29日	1	11	2	0	0
1月31日	1	12	2	0	0
2月1日	1	13	2	0	0
2月2日	3	16	2	0	0
2月3日	5	21	2	0	0
2月4日	0	21	2	1	1

续表

日期	新增病例（例）	累计病例（例）	重症病例（例）	治愈出院（例）	累计出院（例）
2月5日	3	24	1	1	2
2月6日	0	24	2	1	3
2月7～8日	0	24	2	0	3
2月9日	1	25	3	0	3
2月10日	2	27	2	0	3
2月11～12日	0	27	1	0	3
2月13日	0	27	1	1	4
2月14日	0	27	1	3	7
2月15日	1	28	2	0	7
2月16日	0	28	3	0	7
2月17日	0	28	3	4	11
2月18日	0	28	3	0	11
2月19日	0	28	3	2	13
2月20日	0	28	3	1	14
2月21日	1	29	2	1	15
2月22日	0	29	3	4	19
2月23日	0	29	3	2	21
2月24日	0	29	1	1	22
2月25日	0	29	1	0	22
2月26日	0	29	0	0	22
2月27日	0	29	0	2	24
2月28日	0	29	0	0	24
2月29日	0	29	0	3	27
3月1日	0	29	0	0	27
3月2日	0	29	0	1	28
3月3～5日	0	29	0	0	28
3月6日	0	29	0	1	29

保障防疫经费支出 1月22日新冠肺炎疫情发生至2月10日，全市各级财政部门紧急下达疫情防控经费1.88亿元。市财政局、市卫生健康主管部门联合研究拟定资金测算方案，决定确诊患者和疑似病人发生的医疗费用，在基本医保、大病保险、医疗救助等按规定支付后，个人负担部分由财政给予补助，确保患者不因费用问题影响就医。开启应急救援设备和物资采购绿色通道，市内区火车站、客运站购置门式人体测温仪设备给予50%的财政补助，安排专项资金重点保障新冠肺炎医疗救治定点医院——市第五医院购置体外膜氧合、呼吸机等医疗救治设备及防控物资，市急救中心购置负压救护车，市疾病预防控制中心购置冷冻离心机检测设备及防

护物资、药品等支出。诊断、治疗、护理、医院感染控制、病例标本采集和病原检测等工作相关人员，按照每人每天300元标准给予临时性工作补助；参加疫情防控的其他医务人员和防疫工作者，按照每人每天200元标准给予临时性工作补助。《新型冠状病毒感染的肺炎诊疗方案》所覆盖药品和医疗服务项目临时纳入医保基金支付范围，从事救治或防止新冠肺炎感染医护及相关工作人员纳入工伤保险范围，未参加工伤保险医护人员由用人单位按照法定标准支付，同级财政给予全额补助。至3月31日，石家庄市各级财政累计投入新冠肺炎疫情防控资金3.54亿元，其中，中央资金6275万元，省级资金531万元，市级资金10311万元，县级资金1.83亿元。至2020年末，全市应对突发新冠肺炎疫情统筹拨付资金19.3亿元。

商品市场保供稳定 1月27日，市商务局、市市场监督管理局联合印发《关于稳定市场供应和维护市场价格秩序的通知》，全力保障粮油、蔬菜、肉蛋等居民生活必需品和医药用品供应，同时，要求各大型农产品批发市场、农贸市场、商场、超市、便利店、药店等与生活密切相关的营业场所正常经营，不得无故关停闭店。落实购物场所消毒、通风及员工、顾客测温等管理要求，保证购物场所安全。开展市场价格检查，打击借机涨价牟取暴利、捏造散布虚假信息、串通哄抬价格行为，严厉处罚和公开曝光违法经营典型案例。密切监测各大型农产品批发市场、农贸市场、商场、超市、便利店、药店等产品供应情况，建立信息反馈机制，及时完善市场供应预案。启动重点批发市场、零售网点动态监测，掌握市场供求变化。增加社会储备能力，建立批发、零售各个环节供需能力台账，形成政府储备和批发企业、经营企业、仓储企业储备等多元化、灵活性弹性储备体系。2月24日，石家庄主城区蔬菜批发市场开业8家，农贸市场开业49家；品牌连锁超市正常营业413家；大中型购物中心正常营业21家，其中，商贸综合体12家、商场9家。保证绿色运输通道快速畅通，疫情期间发放运输车辆通行证300多张。

企业复工复产迅速 人员出行推广使用“河北健康码”手机扫码功能，凭绿码进入公共场所。帮助企业减轻负担，制定出台支持企业发展16条、支持服务业发展27条等措施，发放支持企业复工复产贷款资金1798.47亿元，发放消费券1.06亿元，减免企业养老保险费43.94亿元，为企业减税降费260亿元。3月1日，国网石家庄供电公司执行阶段性电价降费政策，惠及用户38余万户。市场。2月22日，全市539家餐饮企业以无接触经营方式复工复业。2月24日，市政务大厅恢复运行。3月3日，全市农贸市场开始恢复营业。3月6日，全市81家大中型购物中心（商场）、125家大中型超市、105家农贸及批发市场全部复工复产和正常营业。8月4日，全市演出场所、上网服务场所、娱乐场所恢复开放。铁路。2月26日，石家庄中欧、中亚班列恢复常态化开行。地铁。2月28日，地铁工程建设正式复工；3月16日，地铁1号线恢复运营；3月30日，地铁运营全面恢复。公路。2月28日，市区8条公交线路恢复运营；3月5日，市区公路主枢纽白佛客运站恢复运营。3月22日，石家庄市中心城区及藁城区、鹿泉区、栾城区、正定县因新冠疫情临时停运的公交线路恢复运营；3月29日，省际、市际长途客运班线恢复开行。3月31日，市区七大客运站全部正常运营。民航。2月29日，石家庄正定国际机场至吉尔吉斯斯坦首都比什凯克货运包机开行，这是新冠肺炎疫情发生后，石家庄市恢复运行的第一个国际货运包机。

筹资募捐奉献爱心 1月29日起，市红十字会启动接收抗击新冠肺炎疫情社会捐赠，其中，医疗用品为：医用防护口罩、医用外科口罩、护目镜、消毒液、抗病毒药、手持红外体温测试仪等。1月30日，市文明办、市志愿服务基金会发起“风雨同心武汉加油一起帮”献爱心捐赠活动。1月底，敬业集团利用公司驻国外办事处紧急从十几个国家采购10万只医用口罩捐赠湖北省和武汉市。石药集团、石家庄四药有限公司全力生产新冠肺炎患者治疗用药品盐酸阿比多尔。1月中旬至2月22日，石药集团向武汉市医护人员捐赠盐酸阿比多尔片、清热解毒软胶囊、银黄软胶囊、果维康维生素C含片、医用口罩等药品和物资价值1400万元；1月底至2月中旬，石家庄四药有限公司捐赠抗病毒、抗菌药品和消杀防护用品价值240余万元，其中，向湖北省捐赠药品3万余件、价值228.4万元。2月2日，君乐宝乳业集团向湖北省捐赠价值350万元乳制品；2月20日，再次捐赠价值65万元、2万提芝士酸奶。2月2日，河北天山集团向市红十字会、石家庄高新区管委会赠送6辆救护车及捐款，河北天山集团捐款总额328.49万元，其中，单位捐款300万元，员工捐款28.49万元。2月9日，神威药业向河北省14家疫情救治定点医院捐赠防治用药14560盒；2月17日，神威药业向武汉捐赠疫情防治药品15280盒；春节假日和抗击疫情期间，神威药业所属“神威大药房”40家核心门店开通24小时便民购药服务。2月10日，石家庄北国人百集团有限责任公司向市慈善总会捐赠价值50万元抗疫物资，包括今麦郎凉白开饮用水 3000 余箱、双汇火腿肠 1100 箱、今麦郎方便面 4000 余箱。至 2 月 18 日，全市政协委员捐款捐物价值 2500 多万元。至 2 月 21 日，全市 1000 余家企业捐款捐物价值 1.18 亿元。其中，君乐宝乳业集团 2700 万元、敬业集团 2490 万元（以河北省敬业公益基金会名义向湖北省慈善总会捐赠善款 1000 万元、向河北省支援湖北省抗疫医疗队捐赠善款 1200 万元）、石家庄以岭药业股份有限公司 1500 万元、石药集团 500 万元、河北一然生物科技公司 400 万元、河北跃迪新能源科技集团有限公司 350 万元、天山集团 300 万元、石家庄四药有限公司 300 万元、常山药业 200 万元、石家庄市甘肃商会 161 万元、石家庄鹏海制药有限公司 139.1 万元、神威药业 100 万元、亿博基业集团 100 万元、福美实业集团有限公司 100 万元、石家庄科林电气股份有限公司 100 万元、河北源达信息技术股份有限公司 100 万元。至 2 月 24 日，全市各民主党派捐款捐物价值 4165 万余元，宗教界募集善款 370.6 万余元。至 3 月 18 日，全市各县（市、区）、市红十字总会、市慈善总会、共青团市委、市国资委、市卫生健康委累计收到捐赠总价值 32312.82 万元，其中，捐款 10293.76 万元，捐赠物资价值 22019.06 万元。2020 年全市中共党员参与疫情捐款 55.13 万名，捐款金额 4300.5 万元；市工商联 1000 余家会员企业和商会累计为疫情捐款捐物价值 1.5 亿元。

支援武汉抗击疫情 新冠肺炎疫情期间，石家庄市向武汉市选派医护人员 122 人。1 月 26 日起，石家庄市分 7 批，选派 121 名医护人员支援武汉市抗击新冠肺炎疫情。第一、第二批队员 13 名（第一批 11 名），由市人民医院、市第三医院、市中医院和新乐市抽调组成；第三批队员 20 名，由藁城区、正定县、赞皇县、无极县、新乐市抽调临床护理人员组成；第四批队员 40 名（医生、护士各 20 名），由市第二医院、市第四医院、市第六医院和鹿泉区、栾城区、井陉县、行唐县、灵寿县、高邑县、深泽县、平山县、元氏县、赵县、晋州市抽调组成；第五批队员 20 名，由市人民医院、市第三医院、市第四医院、市中医院抽调组成；第六批队员 20 名，由市人民医院、市第二医院、市第三医院、市中医院等市属医疗机构抽调临床护理骨干组成，专业涉及重症医学、呼吸、内分泌、心胸外科、老年病等领域；第七批队员 8 名（均为医学影像技师），由市人民医院、市第二医院、市第三医院、市中医院抽调组成。根据河北省统一安排，石家庄市医护人员主要分配在武汉市金银潭医院、武汉市第七医院、洪山体育馆方舱医院等新冠肺炎患者定点医疗机构工作。2 月 17 日，石家庄市从市疾病预防控制中心选派 1 名流行病学专家到武汉市支援开展流行病学调查。至 3 月 31 日，石家庄支持武汉抗击新冠肺炎疫情医护人员分批全部返回。

2020 年 2 月 17 日，市疾病预防控制中心结核病防治所所长朱建良（前排右 1）参加“河北省第二批支援湖北防疫工作队”奔赴武汉市

（市疾病预防控制中心提供）

表彰奖励抗疫模范 1 个集体、2 名个人获得全国抗击新冠肺炎疫情荣誉称号。9 月 8 日，正定国际航班经停分流医学观察点获得“全国抗击新冠肺炎疫情先进集体”称号，市疾病预防控制中心主任赵川、石家庄新干线旅游集团有限公司董事长李彦涛获得“全国抗击新冠肺炎疫情先进个人”称号。30 个单位、167 名个人获得省级抗击新冠肺炎疫情荣誉称号。4 月 12 日，湖北省委、省政府授予石家庄市支援武汉抗击新冠肺炎疫情 122 名医护人员新时代“最美逆行者”称号。10 月 15 日，河北省委、省政府授予石家庄市 30 个单位“河北省抗击新冠肺炎疫情先进集体”称号、45 人“河北省抗击新冠肺炎疫情先进个人”称号。38 名个人获得市级抗击新冠肺炎疫情荣誉称号。2020 年 6 月，市委宣传部、市卫生健康委员会联合授予 12 名援鄂医疗队员“石家庄时代新人”称号，授予 26 名医务工作者“石家庄市最美抗疫医务工作者”称号（获授表彰的集体和个人参见类目“附录”“人物”）。

（市档案馆）

大 事 记

Chronicles of Events

1 月

6 日，市见义勇为工作协会成立。

9 日，石家庄市召开“不忘初心、牢记使命”主题教育总结大会。

10 日，石家庄人力资源服务产业园桥西园区在塔坛国际商贸城开园。

13 日，河北省（医药）知识产权维权援助中心、中国（河北）自由贸易试验区正定片区知识产权服务工作站在正定片区政务服务中心揭牌。

13 日，“石家庄市包车客运网上执法服务平台”上线运行。

14 ～ 17 日，政协石家庄市第十三届委员会第四次会议举行。

15 日，石家庄市获得国家“公交都市示范城市”称号。

15 ～ 18 日，市第十四届人民代表大会第五次会议举行。

17 日，参加市第十四届人民代表大会第五次会议的市人大代表从 15 项候选项目中，投票确定 10 项为市政府 2020 年民生实事项目。这是石家庄市首次在市人民代表大会上通过人大代表投票确定年度民生实事项目。

20 日，石家庄地铁 3 号线一期北段开通运营，全长 5.4 千米。至此，石家庄地铁通车总里程达到 46.1 千米。

20 日，石家庄日报 App 正式上线。

21 日，正定滹沱河沿岸乡村振兴示范区获批省级乡村振兴示范区。

22 日，石家庄市第 1 例新冠肺炎患者确诊。

24 日，全市启动新冠肺炎疫情防控重大突发公共卫生事件一级响应。

2 月

4 日，石家庄市首例治愈新冠肺炎患者在市第五医院出院。

5 日，国务院新冠肺炎疫情联防联控机制工作指导组一行 5 人到石家庄市，听取疫情防控工作汇报。

5 日，全市应对新冠肺炎疫情心理援助热线“68052995”开通；热线电话设在市第八医院（市精神卫生中心），开通座席 2 个，提供 24 小时免费心理咨询服务。

9 日，石家庄市出现第 1 例新冠肺炎无症状感染者。

17 日，滹沱河生态修复二期工程在藁城区、无极县、晋州市、深泽县同时开工。

28 日，市应急管理局党组改设为市应急管理局党委。

3 月

1 日，全市城乡居民最低生活保障标准提高。

3 日，全市重点招商项目网络签约会以视频在线方式举行。签约项目 59 个，总投资 283.2 亿元，协议引资额 268.7 亿元。

6 日至 4 月 6 日，“‘石’在等你”高层次人才“云端”招聘月活动举行。1062 家企业参与招聘，提供岗位 21164 个；求职者投递简历 23784 份，签订入职协议 7199 人。

9 日，敬业集团收购英国第二大钢铁企业——英国钢铁公司交割仪式在英国斯肯索普英钢会议中心举行。

12 日，石家庄新华网络平台道路货物运输经营产业园区揭牌。

16 日，市爱国拥军志愿者联合会成立。

16 日，河北敬业酒店有限公司评定为全国五星级旅游饭店。

18 日，石药集团、以岭药业、石家庄四药 3 家医药企业入选胡润研究院首次发布的《2020 胡润中国百强大健康民营企业》，分别位列榜单第 10 位、77 位和 83 位。

4 月

1 日，中国（河北）自由贸易试验区正定片区政务服务中心启用。

3 日，市信用联合会成立。

12 日，湖北省委、省政府授予石家庄市支援武汉抗击新冠肺炎疫情 122 名医护人员新时代“最美逆行者”称号。

15 ～ 30 日，全市分 5 次向市民派发夜经济惠民红包 50 万元。

16 日，“学习强国”石家庄学习平台 App 开通上线。

16 日，市退役军人就业创业综

合基地揭牌。

5 月

2 日，省委书记、省人大常委会主任王东峰到石家庄市井陉矿区河钢集团石钢公司整体搬迁改造项目、杏花沟生态湿地公园、段家楼建筑群和井陉县秀林镇南横口村、于家乡于家村调研指导。

5 日，中央农村工作领导小组办公室主任、农业农村部部长韩长赋率队到赵县、藁城区调研粮食和生猪生产。

6 日，石家庄籍姑娘周冬雨凭借参演电影《少年的你》主人公陈念，获得第 39 届香港电影金像奖最佳女主角奖。

7 日，城管“市民通”App 开通运行。

8 日，市文化市场综合行政执法局、市农业综合行政执法支队挂牌成立。

8 日，石家庄机场至德国法兰克福机场定期国际货运航线开通，这也是石家庄至欧洲开通的首条定期全货机航线。

22 日，石家庄市河北昀昭文化传播有限公司、河北铸梦文化传播有限公司、河北数字光元影视制作有限公司 3 家企业通过国家动漫企业认定。

28 日，敬业集团新建 60 兆瓦超高温、超高压发电机组成功并网发电，总投资 1.9 亿元。

31 日，河北敬业集团 1450 冷轧工程酸连轧机组第一成品卷投产下线。

6 月

1 日，新建市儿童医院（市妇幼保健院）开诊运营。

5 日，市演艺集团创办的石家庄·云剧场启动在线营业。

6～7 日，第一届中国·北方农业（蔬菜）科技创新发展大会在市农林科学研究院赵县基地举行。

9 日，中国（河北）自由贸易试验区正定片区商品展销中心投入运营。

12 日，石家庄市党政代表团到雄安新区学习考察，检查雄安新区绿博园石家庄林和石家庄园规划建设。省委常委、副省长，雄安新区党工委书记、管委会主任陈刚与石家庄市党政代表团座谈交流。

12 日，市志愿服务联合会揭牌成立。

21 日至 7 月 30 日，“石家庄消费券”在支付宝、银联云闪付两家平台投放，价值总金额 1.1 亿元。

25 日，石家庄市与西安交通大学签署《石家庄市政府——西安交通大学全面战略合作协议》《中共石家庄市委组织部——西安交通大学社会实践基地共建协议》《石家庄市人民医院——西安交通大学医学部合作协议》，双方确定在石家庄市共建“西安交通大学学生社会实践石家庄市基地”，在市人民医院挂牌西安交通大学医学部附属医院。

26 日，市人民医院新院区（建华南大街与仓丰路交叉口东北角）开诊运营。

28～29 日，第六届石家庄市旅游产业发展大会在元氏县举行。

7 月

10 日，石家庄市政府与中国建设银行河北省分行签署“金融助力乡村振兴战略”合作协议。

13～20 日，由市人力资源和社会保障局、市发展改革委、市科技局、市扶贫办、共青团市委、市残联主办，市就业服务中心承办的第四届“中国创翼”创业创新大赛河北选拔赛暨 2020 年石家庄市创业创新大赛举行。主题为“创响新时代、共圆中国梦”。

14 日，国家知识产权局公布第二十一届中国专利奖获奖名单，石家庄市域企业获得发明专利金奖 1 项、银奖 1 项、优秀奖 2 项，实现自 2016 年以来中国专利奖金奖、银奖“零”的突破。

16 日，市艺术体操协会成立。

18 日，由市委宣传部、省艺术中心联合主办的惠民云剧场开业。

20 日，市橄榄球协会成立。

22 日，石家庄中央商务区展示中心建成开馆。

22 日，石药集团、华药集团、石家庄四药 3 家企业入选“中国化药企业 TOP100 排行榜”，以岭药业、神威药业 2 家企业入选“中国中药企业 TOP100 排行榜”。

22 日，国产“双价宫颈癌（HPV）疫苗”首针接种启动仪式在市第四医院谈固院区举行。

28 日，市街舞运动协会成立。

29 日，正定县城、高邑县城获批命名为国家卫生县城（2017～2019 周期）。

29 日，石家庄科技成果转化为标准研究中心揭牌。

7 月，石家庄市入选 2020 年中央财政支持住房租赁市场发展试点城市。

8 月

2 日，国务院批复石家庄市为全面深化服务贸易创新发展试点城市。

5 日，中国共产党石家庄市第十届委员会第九次全体会议在市委党校举行。传达学习中央政治局会议和全省经济工作推进会暨防汛工作会议精神，审议通过《中国共产党石家庄市第十届委员会第九次全体会议决议》。

5日，市养生保健服务行业协会成立。

5日，市电动自行车销售协会更名为市电动自行车行业协会。

8日，中关村海外科技园（石家庄分园）在石家庄高新区开工奠基。

10日，市政府与上海交通大学签署全面战略合作协议，双方确定在科技成果转化、人才培养交流、高端智库建设等方面开展深层次合作。

12～13日，淮北市委书记黄晓武率领淮北市代表团到石家庄市考察。在石期间，淮北市代表团考察了正定古城建设、高新区润江总部国际项目、市科技创新服务中心、石家庄城市馆等。

13日，中国（石家庄）跨境电子商务综合公共服务平台上线运行。

16日，石家庄高校毕业生公共招聘网正式运行。

17日，市党政领导班子成员出席由市委宣传部、市委市政府督查室、市纠正“四风”办公室、石家庄广播电视台联合主办的大型全媒体直播——“电视问政”节目。市住房和城乡建设局、市国资委及市内四区政府主要负责人围绕市民、网民关心的突出问题作解答，60名市民代表现场对市住房和城乡建设局、市国资委及市内四区政府主要负责人的回答举行满意或不满意评价。

18～19日，全国政协常委、经济委员会副主任，北京大学新结构经济学研究院院长林毅夫到石家庄市参加北京大学经济学院石家庄教科研基地（位于无极县科教园区）开工仪式并作《新冠肺炎疫情和中美摩擦双重背景下的我国经济发展》主题讲座。

18～20日，首届河北·高邑（国际）陶瓷博览交易会在高邑县冀中南智能港举行。参观人数5万余人次，现场签订产品购销协议金额15.6亿元。

20日，市退役军人主题公园开园。

20日，市打击涉税违法犯罪数据化合成作战中心在市税务局挂牌成立。

21日，石家庄市举行战略性新兴产业重点合作项目签约仪式。来自国内16位客商代表签约重点合作项目16个，总投资172.2亿元，拟引资额161.2亿元。

26日，石家庄地铁2号线一期工程开通运营，全长15.5千米。至此，石家庄地铁通车总里程达到61.6千米。

26日，石家庄新华人力资源服务产业园开园。

27日，市区平安公园、元南公园、东环公园、柏林公园、紫晶公园、赵佗公园、石刻园、希望绿洲公园8处公园确定为第二批永久性绿地，总面积43.5公顷。

30日，退役军人事务部党组书记、部长孙绍骋到平山县、正定县调研退役军人工作。孙绍骋在平山县考察了乡、村退役军人服务站和敬业集团，了解基层退役军人服务保障机构建设、运行及退役军人就业创业等情况，并到平山县光荣院慰问优抚对象。在正定县，考察和调研塔元庄村建设、退役军人党员教育与管理。

30日，石药控股集团有限公司、华北制药集团有限责任公司、石家庄以岭药业股份有限公司、石家庄四药有限公司、神威药业集团有限公司5家制药企业入选2019年度中国医药工业百强榜。

9月

1日，市住房租赁服务市场启用。

4日，石家庄市获批命名为“国家公交都市建设示范城市”。

8日，市疾病预防控制中心主任赵川、石家庄新干线旅游集团有限公司董事长李彦涛获得“全国抗击新冠肺炎疫情先进个人”称号，正定国际航班经停分流医学观察点获得“全国抗击新冠肺炎疫情先进集体”称号。

10日，市政府与万科集团签订战略合作框架协议，双方商定在轨道交通建设、老旧小区改造、智慧物流产业、产城融合发展等方面开展合作。

14～18日，市援藏工作考察团赴阿里地区札达县考察，与札达县委、县政府签订对口支援与合作框架协议，并召开石家庄市对口援建札达县工作座谈会。

15～16日，第七届石家庄市旅游产业发展大会在赞皇县举行。

16日，石家庄北国人百集团有限责任公司、河北叁陆伍网络科技集团有限公司2家企业入选2019年度中国零售百强，分别位列第27位和第68位。

17日，正定海关获批金伯利钻石指定口岸。

22日，市食品药品检验中心（市药品不良反应监测中心）揭牌。

22日，中关村·鹿泉协同发展中心启动。

22～24日，石家庄市2020年中国农民丰收节主场活动在正定县塔元庄同福乡村振兴示范园举行。

27日，石家庄市获批河北省第一批新型智慧城市建设试点。

28日，敬业集团有限公司、石药控股集团有限公司入选“2020中国企业500强”榜单，分别以营业收入1274.02亿元、364.56亿元排名中国企业500强第166位和第495位。

28日，市邮政行业协会更名为市邮政快递行业协会。

30日，石家庄图书馆新馆开馆

试运行。

10 月

1 日，石家庄信息工程职业学院新校区启用。

9 日，中国田径协会授予石家庄马拉松“金牌赛事”称号。

10 日，市政府与中国铁路北京局集团有限公司签订战略合作框架协议，双方确定在中央商务区建设等方面开展合作。

10 日，中国银行石家庄分行揭牌成立。

12 日，2020 中国奶业 20 强（D20）峰会和第十一届中国奶业大会暨 2020 中国奶业展览会在石家庄国际会展中心举行，会议发布《2020 中国奶业质量报告》《中国奶业 20 强企业“赋能产业链供应链稳定性和竞争力”三年行动计划（2021 ～ 2023 年）》。

15 日，河北省委、省政府授予石家庄市 30 个单位“河北省抗击新冠肺炎疫情先进集体”称号、45 人“河北省抗击新冠肺炎疫情先进个人”称号。

16 日，石家庄曲寨水泥有限公司、石家庄安瑞科气体机械有限公司获评国家级绿色工厂，石家庄经济技术开发区获评国家级绿色工业园区。

17 日，赞皇县原村土布专业合作社崔雪琴（女）获得 2020 年全国脱贫攻坚奖奋进奖。

17 ～ 19 日，市援疆工作考察团到新疆库尔勒市学习考察，与库尔勒市签订对口支援与合作框架协议。

18 日，河北京石高速公路开发有限公司总部迁至中国（河北）自由贸易试验区正定片区石家庄传媒大厦。

20 日，石家庄市连续第 9 次被命名为全国双拥模范城。

23 ～ 25 日，由省文化和旅游厅、省贸易促进会、通用国际展览有限公司、正定县委县政府联合主办，省艺术中心、省国际展览中心承办的第三届国际动漫游戏产业博览会在石家庄国际会展中心举行。展区面积 1.5 万平方米。来自美国、法国、日本、韩国及国内知名游戏动漫厂商工作室参展，主要包括展览展示、专题活动、平台互动直播、电子游戏竞技等，涵盖动漫游戏行业全产业链。

24 ～ 25 日，由中华中医药学会、中国老年医学学会、世界中医药学会联合会、中国农村卫生协会联合主办，中华中医药学会络病分会承办的第十六届国际络病学大会暨第八届中西医结合血管病学大会在石家庄市举行。主题为“传承、开放、创新、融合”。10 余位院士和海内外知名专家学者 600 余人参会。全国设置视频分会场 3000 余个，参会人数达 5 万余人。会议期间，中国工程院院士吴以岭、中国工程院院士张运、中国科学院院士仝小林等围绕络病理论指导多种难治性疾病防治的独特价值作学术交流。

26 ～ 28 日，第十四届中国石家庄国际医药博览会在石家庄国际会展中心举行。展览面积 1.2 万平方米，设置生物制药、制药机械、医疗器械、大健康、中医理疗、防疫物资 6 个主题展区。首次采用“线上 + 线下”新模式举办，观众可随时在线观展，线上展示时间一年。参展企业 1000 余家。

28 ～ 29 日，2020 石家庄名品博览会在石家庄国际会展中心举行。主题为“石门制造 · 名优创新”。展览设置石家庄市名优产品综合特装展、新疆库尔勒名优产品展区和县（市、区）名优产品展区 3 个部分。石家庄市名优产品综合特装展展出面积 1500 平方米，综合展示全市农业、工业、林业（花卉）、扶贫产品等名优精品。

29 日，位于井陉矿区河钢集团石钢公司新厂区建成投产。

30 日，由世界中医药学会联合会主办，世界中医药学会联合会络病专业委员会、河北省医药行业协会承办的首届健康中国 · 中医药促进大会（西柏坡）高峰论坛在石家庄以岭健康城举行。主题为“时代大变革 · 共创大未来”。世界中医药学会联合会主席马建中到会致辞。中国工程院院士钟南山、张伯礼、吴以岭和中国科学院院士高福等采取线上线下方式参会并作发言。论坛主要围绕中医药产业发展政策、中医药文化、中医药应对公共卫生事件、中医健康管理等开展研讨交流和分享活动。

11 月

3 日，石家庄四药集团董事局主席曲继广、敬业集团总经理李慧明获得 2019 ～ 2020 年度全国优秀企业家称号。

4 日，石家庄市山东商会成立。

5 日，石家庄市海外人才之家揭牌成立。

8 日，石家庄市推选作品“燕赵云宝城市形象动漫 IP 设计及文创衍生品”获得 2020 中国旅游商品大赛铜奖。

10 日，中央文明办公布第六届全国文明城市入选城市名单和复查确认保留荣誉称号前五届全国文明城市名单，石家庄市位列省会、副省级城市第九名，受到中央文明办通报表扬。

11 日，石家庄市长安区生活垃圾分类分拣中心揭牌运营。

12 日，石家庄机场“从家飞”旅客服务平台上线。

13 日，中国共产党石家庄市第十届委员会第十次全体会议在市委党校举行。审议通过《中共石家庄市委关于制定国民经济和社会发展第十四个五年规划和二〇三五年远景目标的建议》《中国共产党石家庄市第十届委员会第十次全体会议决议》。

16 日，南绕城高速公路开通运营。

20 日，石家庄市和正定县在全国精神文明建设表彰大会上获得“全国文明城市”称号。

21 日，民政部党组书记、部长李纪恒到石家庄市裕华区万达社区、市老年养护院考察调研社区建设和养老服务。

24 日，全国劳动模范和先进工作者表彰大会在北京人民大会堂举行，石家庄市 9 人获得“全国劳动模范”称号，4 人获得“全国先进工作者”称号。

24 日，市发展改革委、市城市管理综合行政执法局、市财政局联合印发通知，决定居民住宅空置房不再收取采暖费。

27 日，市中介服务商会更名为市企业服务商会。

28 日，由市企业联合会、市企业家协会主办的 2020 石家庄百强企业峰会在以岭健康城举行，会议发布“2020 石家庄企业 100 强”榜单。

28 日，市中医药学会急诊专业委员会成立。

12 月

11 ～ 12 日，石家庄市工会第十九次代表大会举行，李志宏当选为市总工会第十九届委员会主席。

14 日，市轨道交通有限责任公司更名为市轨道交通集团有限责任公司。

20 日，石家庄市长安区、桥西区、裕华区试点启用食品经营许可电子证。

20 日，市区公交、地铁实现“一卡通行”“一码通行”。

21 日，市委副书记、市长邓沛然涉嫌严重违纪违法接受河北省纪委监委纪律审查和监察调查。

22 日，津石高速公路全线通车。

25 日，石家庄市入选第一批国家文化和旅游消费试点城市。

25 日，“石家庄日报”学习强国号上线。

26 日，全市城乡居民医保市级统筹实施。

28 日，中国共产党石家庄市第十届委员会第十一次全体会议在市委党校举行。传达学习中央经济工作会议、省委九届十二次全会精神，审议通过《中国共产党石家庄市第十届委员会第十一次全体会议决议》。

30 日，市第十四届人大常委会第三十二次会议决定，自 2021 年起，每年 9 月 29 日设立为“石家庄企业家日”。

30 日，石家庄高邑无水港举行揭牌仪式。

30 日，市消防器材销售和维修行业协会更名为市消防器材行业协会。

市情概览

City Overview

行政区划

【概况】 石家庄，简称“石”，曾称石门，是河北省省会，全省政治、经济、科技、金融、文化和信息中心，是国务院批准实行沿海开放政策、金融对外开放及批复确定的中国京津冀地区重要中心城市，也是全国重要的商品集散地和北方重要的大商埠、全国性商贸会展中心城市、中国国际数字经济博览会永久举办地及中国（河北）自由贸易试验区正定片区。地处河北省中南部、环渤海湾经济区，跨华北平原和太行山地两大地貌，是全国粮、菜、肉、蛋、奶、果主产区之一，被国家确定为优质小麦生产基地，素有“北方粮仓”之称。境内京广、石太、石德、京广高铁、石太客运专线、石济客运专线6条铁路干线交会，是中国铁路运输主枢纽城市，被誉为“南北通衢，燕晋咽喉”。石家庄市科技发达，旅游资源丰富，获批国家首批科技创新示范城市、国家半导体照明产业化基地、国家卫星导航产业基地、国家动漫产业发展基地、国家生物医药产业基地，获授全国文明城市、国家森林城市、国家卫生城市、中国优秀旅游城市，拥有全国重点文物保护单位40处、国家历史文化名城1座（正定）、国家级森林公园3处（仙台山、五岳寨、驼梁山）。至2020年底，全市管辖8个区、11个县、2个县级市、2个国家级开发区，总面积15848平方千米，常住人口1123.51万人，户籍人口986.56万人，居住民族54个，常住人口城镇化率70.18%，户籍人口城镇化率52.2%。2020年石家庄市完成地区生产总值5935.1亿元，同比增长3.9%；全部财政收入1191.15亿元，同比增长2.5%，其中，一般公共预算收入632.19亿元，同比增长11.1%；实际利用外资18.3亿美元，同比增长13.1%；进出口总值1341.1亿元，同比增长14.0%，其中，出口总值785.6亿元，同比增长19.9%。财政收入、出口总值均排名全省11个设区市第一名。

（薛鹏飞）

【地理位置】 石家庄市地处中国华北地区、河北省中南部、环渤海湾经济区，跨华北平原和太行山地两大地貌，地理坐标为北纬37°27′～38°47′（误差±1′），东经113°30′～115°20′（误差±1′）之间，南北最长处148.02千米，东西最宽处175.38千米。东与衡水市接壤，南与邢台市毗连，西与山西省为邻，北与保定市交界，位于首都北京西南方向，距离北京市主城区283千米。地理位置优越，境内京广、石太、石德、京广高铁、石太客运专线、石济客运专线6条铁路干线交会，市区建有石家庄站、石家庄北站、石家庄东站3个铁路客运站。区域交通发达，拥有高速公路12条、国道9条、省道33条，主城区至正定国际机场40千米。2020年石家庄市行政区域总面积15848平方千米，其中，主城区面积（长安区、桥西区、新华区、裕华区、高新区）479平方千米，城区面积（长安区、桥西区、新华区、裕华区、井陉矿区、藁城区、鹿泉区、栾城区、高新区、循环化工园区）2379平方千米，8个建置区面积2244平方千米，13个县（市）面积10866平方千米。

【区划设置】 石家庄市辖8区13县（市），即长安区、桥西区、新华区、裕华区、井陉矿区、藁城区、鹿泉区、栾城区、井陉县、正定县、行唐县、灵寿县、高邑县、深泽县、赞皇县、无极县、平山县、元氏县、赵县、晋州市、新乐市。拥有2个国家级开发区，即石家庄高新技术产业开发区（1991年3月国务院批准设立）、石家庄经济技术开发区（1992年7月河北省批准设立，2012年10月国务院批准升级为国家级开发区，由藁城区管辖，曾称良村经济技术开发区、藁城经济开发区）。2013年6月1日，原石家庄辛集市调整区划设置，划归河北省直接管辖。另有3个派出机构（石家庄高新技术产业开发区、河北石家庄循环化工园区、河北自由贸易试验区正定片区）行使所在地域行政管辖权。2014年9月9日，国务院批复河北省政府关于石家庄市部分行政区划调整的请示（国函〔2014〕122号），同意撤销石家庄市桥东区、藁城市、鹿泉市、栾城县，同时设立石家庄市藁城区、鹿泉区、栾城区。至2020年末，全市共有镇124个、乡77个，省级以上开发区21个，街道办事处60个，居委会843个、村委会3939个。

（王静）

建置沿革

石家庄市域有着悠久的历史。据《禹贡》记载，夏禹时期为冀州地。春秋时期域内先后建有鲜虞国（都城在今正定新城铺一带）、鼓国（都城在今晋州城西）、肥国（都城在今藁城区城西南城子村一带）。战国时期鲜虞人建立中山国（都城在今平山县城北下三汲一带）。秦始皇统一中国后，全面推行郡县制，属巨鹿郡（郡治今巨鹿县）。西汉高祖三年（前204），始置恒山郡（郡治今元氏县西北）。汉文帝初，因文帝名恒，讳改恒山郡为常山郡。汉高祖十年（前197），改秦时东垣县（县治今石家庄市东古城）为真定县，并于汉武帝元鼎四年（前113）置真定国（都城在今东古城）。三国时期，为魏地，分别属常山郡、安平郡、赵国、巨鹿郡、中山国。西晋统一后，分别属冀州常山郡（西晋郡治由今元氏县西北移至东古城，东晋郡治由东古城移至今正定镇）、中山国、巨鹿郡、赵国、博陵国。隋代，分别属恒山郡（后改恒州，郡治真定，今正定镇）、赵郡（郡治平棘，今赵州镇）、信都郡（郡治今衡水市冀州区）、高阳郡（郡治今定州市）。五代时期，属河北成德军节度使，域内有镇州（州治今正定镇）、赵州（州治今赵州镇）、定州（州治今定州市）、祁州（州治今无极镇）。宋代，属河北西路（路治今正定镇）。元代，属中书省真定路（路治今正定镇）、保定路（路治今保定市）、广平路（路治今邯郸市永年区）等。明代，属京师正定府（府治今正定镇）、保定府（府治今保定市清苑区）。清代，属直隶省真定府（府治今正定镇，清雍正元年改正定府）、保定府（府治今保定市清苑区）、赵州（州治今赵州镇）、定州［州治初属祁州，雍正十二年（1734）改今定州市］。1912年，中华民国成立，仍沿清制。1914年，裁府设道。1925年6月24日，中华民国临时执政命令直隶省建立“石家市”，实行市自治制；8月29日中华民国临时执政又以1273号指令批准将石（家）庄、休门合并，取首尾各一字，更名为石门市，组建石门市政公所，筹建市制。1928年，南京国民政府通令全国，取消所有市政公所，废除原来的“市自制”。至此，建市工作遂告搁浅。1938年1月15日，组建伪石门市政公署筹备处。1939年10月7日，伪中华民国临时政府行政委员会以秘字第1027号指令，正式批准设立石门市。1947年11月12日石门市解放，12月26日石门市更名为石家庄市。1948年9月26日，石家庄市改属华北人民政府领导。1949年1月24日阳泉市划归石家庄市，同年8月又划归山西省；8月1日石家庄市归河北省人民政府领导，为省辖市。1949年石家庄专区初设，辖14县1镇。1958年4月28日，石家庄市由省辖市改为专辖市。1960年5月3日，国务院批准撤销石家庄专区，改为石家庄市。1961年5月，国务院批准恢复石家庄专区建制。石家庄专区辖石家庄市和25个县。1962年6月，国务院批准设立衡水专区，石家庄专区所辖衡水等8县划归衡水专区，此后石家庄专区辖石家庄市和17个县。1967年11月21日，石家庄地区革命委员会成立，专区改称地区。1967年12月20日，石家庄市革命委员会成立。1968年1月29日，河北省会迁至石家庄市。1978年3月11日，石家庄市划为河北省直辖市。1978年7月，石家庄地区革命委员会撤销，成立河北省石家庄地区行政公署。1982年8月12日，撤销石家庄市革命委员会，恢复石家庄市人民政府。1993年6月30日，石家庄地区行政公署与石家庄市人民政府合并，成立新的石家庄市人民政府。

（市档案馆）

市　标

【概况】 1997年7月根据市人大代表提出的议案以及市政府领导的批示，由市园林局开始着手准备市花市树评选工作，1997年8月正式启动。通过民意测评和专家评审，1997年9月16日初步确定月季和槐树为市花市树。1997年11月，市政府研究同意。1997年12月，市第九届人大常委会第30次会议审议批准，正式确定月季为石家庄市市花，槐树为石家庄市市树。

【市花】 **月季** 属蔷薇科、蔷薇属，系木本落叶灌木，原产中国，已有2000多年的栽培历史，被誉为“花中皇后”；花色艳丽，千姿百态，香味馥郁，品种繁多，露地栽培从春到秋处处可见其绰约丰姿，是美好、友谊、和平的象征。月季适应性强，耐寒抗旱，对土壤要求不高，栽培繁殖容易，管理技术易掌握，易于推广普及。石家庄市月季栽培有悠久的历史，通过引种、繁殖、培育，广泛用于街道、公园、庭院、广场的绿化、美化，同时也是插花、切花、盆景制作的理想植物材料，深受广大市民喜爱。石家庄市区建有月季公园8.7万平方米，市植物园建有月季专类园2.5万平方米。自2003年起，石家庄市举办月季展16届。月季具有极高的观赏价值和经济价值，月季的花、花蕾、叶、根皆可入药，可制作高级香精、香料。月季代表着石家庄人顽强不屈、坚韧不拔的品格，展示出石家庄人奋发图强、不断进取的精神风貌。至2020年底，石家庄市栽植月季345万株。

【市树】 **国槐** 属豆科槐属，系落叶乔木。国槐原产于中国，栽培历史悠久，抗逆性强，寿命长。石家庄市拥有百年以上古槐133株，其中500年以上一级古槐达到71株，且枝繁叶茂，生机勃勃。国槐树干端直，树冠宽广，展叶早落叶晚，是优良的庭荫树和街道树，其花芳香，又是优良的蜜源植物。国槐性强健，具有很强的萌芽力，耐强修剪，更新能力强，耐寒、耐旱、耐瘠薄，并对二氧化硫、氯气、氯化氢等有毒气体抗性较强，是良好的抗污、滞尘、耐烟毒树种。石家庄市主城区种植国槐街道197条（段），种植数量5.1万株，以国槐用作行道树的街道达121条，是城区街道的主要骨干树种之一。国槐经济价值高，木材坚硬，耐湿，材质优良，可供建筑、家具、造船、雕刻等用，全株可入药，花蕾可作黄色染料，种子可榨油、制皂。国槐在民间是吉祥、幸福、美好的象征，中国人自古以来把它作为吉祥树、幸福树，它也能代表石家庄人顽强不屈、坚韧不拔的品格，展示石家庄人奋发图强、不断进取的精神风貌。至2020年底，石家庄市栽植国槐29万株.

（市园林局）

自然资源

【矿产资源】 石家庄市东部为华北平原，西部为太行山区。西部山区地质结构复杂，成矿条件良好，拥有比较丰富的矿产资源。至2020年底，石家庄市查明资源储量固体矿产56种，保有资源储量305276.87万吨；开发利用主要矿产资源28种，优势矿产有金、水泥用灰岩、建筑石料用灰岩、冶金用白云岩、电石用灰岩、熔剂用灰岩、玻璃用砂岩、饰面用石材、碎云母9种。黑色金属矿产：有铁矿、钒矿等黑色金属矿，主要分布在平山县、赞皇县、灵寿县；保有资源储量：铁矿3728.02万吨，钒矿1084.1万吨。有色金属矿产：有铜矿、铅矿、锌矿、铝土矿等有色金属矿，主要分布在灵寿县、平山县、井陉县等；保有资源储量：铜矿4.08万吨，铅矿93.91万吨，锌矿97.64万吨，铝土矿1509.67万吨。贵重金属矿产：有金矿、银矿，主要分布在灵寿县、平山县等；保有资源储量：金矿277.35万吨，银矿10.89万吨，伴生银89.94万吨。化工原料非金属矿产：有电石用灰岩、制碱用灰岩、硫铁矿、磷矿，主要分布在井陉县、平山县等；保有资源储量：电石用灰岩30169.46万吨，制碱用灰岩1794.11万吨，硫铁矿333.57万吨，磷矿219.04万吨。冶金辅助原料非金属矿产：有冶金用白云岩、耐火黏土、熔剂用灰岩，主要分布在井陉县、鹿泉区等；保有资源储量：冶金用白云岩11094.16万吨，耐火黏土6172.6万吨，熔剂用灰岩1554.7万吨。建材及其他非金属矿产：有水泥用灰岩、水泥配料用砂岩、砖瓦用页岩、陶粒页岩、玻璃用砂岩、饰面建筑类石材等，主要分布在井陉县、鹿泉区、行唐县、灵寿县、赞皇县等；保有资源储量：水泥用灰岩175733.42万吨，制灰用灰岩268.43万吨，玻璃用砂岩4942.63万吨，水泥配料用黏土2301万吨，陶粒页岩5286.95万吨，饰面建筑类石材4928.69万吨，碎云母2889.79万吨，砖瓦用页岩5937.3万吨，矽线石539.3万吨，滑石101.55万吨，石棉24万吨，长石257.7万吨。

【能源资源】 石家庄市能源资源主要有煤炭、石油、天然气等。煤炭资源主要分布在元氏县和井陉矿区，煤种有肥煤、焦煤、无烟煤、气煤等；石油、天然气资源主要分布在晋州市，已探明油田或构造有：河庄油田、河庄西油田、台家庄油气田、南小陈油田、晋40断块、赵兰庄构造。2020年全市煤炭保有资源储量35686.45万吨，较2019探明资源储量下降342.4万吨；油气田地质储量5.1亿吨，含油面积3.04万平方米；天然气储量19.2亿立方米。石家庄市地处太阳能资源较为丰富地带，2020年全市年日照时数为2665.5～3022.6小时，年平均日照时数2425.2小时，正定县年日照时数最多，灵寿县年日照时数最少；太阳能利用主要有光伏发电、太阳能热水器等，2020年全市光伏发电总装机容量196.95万千瓦。推进再生能源利用，全年生物质发电装机容量18.95万千瓦。至2020年底，全市形成垃圾发电、天然气分布式能源、光伏发电与分布式能源、风电、生物质发电、地热源、污水源、空气源等多样化能源发展利用格局。

（张跃彬　王宁）

【生物资源】 石家庄市生物资源比较丰富。动物现知陆栖（包括两栖）脊椎动物223种，以鸟类最多，其次是兽类，两栖类及爬行类较少。野生动物种类有金钱豹、野猪、狍子、狐狸、狼、松鼠、獾、黑眉锦蛇、豺、黄羊、刺猬、雀鹰、天鹅、灰鹤、啄木鸟、麻雀、猫头鹰、石鸡、家燕、草兔、黑斑蛙、环颈雉、灰喜鹊、斑鸠。其中，国家珍贵稀有动物有金钱豹、斑羚、褐马鸡、天鹅等；褐马鸡为中国特有珍稀动物，仅见于山西省、河北省。畜禽动物十几个品种，地方畜禽品种有深县猪、大马身猪、大尾寒羊、小尾寒羊、河北奶山羊、太行山羊、冀南黄牛、太行牛、太行驴、柴鸡、河北鹅、虎皮黄兔。引进的畜禽品种有牛类：河北西门塔尔牛、南阳牛、荷兰黑白花奶牛、蒙古牛、短角牛、西门塔尔牛、夏洛来牛、海福特牛、利木赞牛、安格斯牛、爱沙尼亚牛、蒙贝利亚牛；马类：蒙古马、伊犁马、苏高血马；驴类：关中驴、渤海驴、泌阳驴；猪类：迪卡猪、冀合白猪、大约克夏猪、长白猪、杜洛克猪、汉普夏猪、北京黑猪、施格猪、PIC猪、皮特兰猪；羊类：美利奴羊、波尔华斯羊、考力代羊、茨盖羊、新疆细毛羊、萨能奶山羊、边区莱斯特羊、罗莫尼玛须羊、波尔山羊；鸡类：尼克鸡、白洛克鸡、宝万斯鸡、京红鸡、海赛克斯鸡、伊莎鸡、艾维茵鸡、罗曼鸡、爱拔益加鸡、雅康鸡、雅发鸡、海兰系列、京白系列；兔类：青紫兰兔、比利时兔、加利福尼亚兔、黑优兔、安哥拉兔、法国巨型兔、獭兔、丹麦兔、新西兰兔、日本大耳白兔、塞北兔；鸭类：康贝尔鸭、麻鸭、北京鸭；鹅类：石头鹅、朗德鹅。特养品种：梅花鹿、马鹿、蓝狐、银狐、苏乌里貉、白玉蜗牛、散大蜗牛、落地王鸽、白羽鸽、美国牛蛙、七彩山鸡、乌骨鸡、鹌鹑、貂、小香猪、海狸鼠、蝎子、鹧鸪、麝鼠。鱼类资源有50多个品种。主要经济鱼类有：鲤、鲢、鳙、草、鲫、鲂、鳊、鲶、泥鳅、黄颡、乌鳢、黄鳝、鲴等。小杂鱼类主要有：白条、棒花、马口、麦穗、鳑鲏、虾虎鱼、翘嘴鲌等，另外还有中华鳖、青虾、蚌、螺、莲藕等。引进发展的鱼类品种主要有：罗非、牛蛙、中华绒螯蟹、淡水白鲳、池沼公鱼、大银鱼、太湖新银鱼、日本白鲫、高背鲫、彭泽鲫、鳜鱼、革胡子鲶、大口鲶、罗氏沼虾、彩虹鲷、虹鳟鱼、金鳟鱼、香鱼、欧洲丁鱼岁、大口胭脂鱼、中国胭脂鱼、加州鲈、鲟鱼、白斑狗鱼、银大麻哈鱼、斑点叉尾鮰鱼、雅鱼等。

石家庄植被属暖温带针阔混交林，植被类型由自然植被和人工植被组成。植被结构复杂，种类繁多，植物资源合计2500余种，其中草本植物占80%以上。木本植物有44科74属144种，乔木有26科35属75种，灌木有23科34属43种。主要树木分类，阔叶树：杨树、柳树、国槐、刺槐、臭椿、香椿、红椿、合欢、苦楝（井陉县）、漆树、黄连木、白榆、青檀（井陉县）、梧桐、泡桐、杜仲、银杏、椋子木（井陉县）、五角枫、栾树、黄金树、楸树、枫杨、悬铃木。灌木：柽柳、胡枝子、葛藤、紫穗槐、黄栌、锦鸡儿、枸杞、珍珠梅、绣线梅、鼠李、酸枣、沙枣、沙棘、女贞、六道木、丁香、夹竹桃、照山白、荆条、野杜鹃。针叶树：油松、华山松、雪松、云杉、桧柏、圆柏、侧柏、柞树、落叶松、水杉。经济木：苹果、梨、桃、杏、山楂、板栗、李、葡萄、石榴、柿子、核桃、大枣、花椒、桑、猕猴桃。草场分四类：山地草甸类草场，地处深山，处于原始状态，资源很少被利用；山地灌木类草场，草高40～70厘米，盖度60%～80%；丘陵草丛类草场和低温草甸草场。药用植物资源丰富，有1039种，野生药材上百种，人工种植药材230多种，另外还有水生芦苇、莲藕等。人工种植牧草：紫花苜蓿、粒粒苋、串叶松香草、冬牧70黑麦草、聚合草、沙打旺、苦卖菜、草木栖、鲁梅克斯、克孜连科。天然野生牧草共有121个科1116种，其中菊科牧草占135种，禾本科占109种，豆科占98种，蔷薇科占58种，百合科占46种。代表性野生牧草主要有：野豌豆、直立黄芪、达乌里黄芪、野苜蓿、无芒雀麦、隐子草、冰草、披碱草、老芒麦、鹅冠草、早熟禾、胡枝子、山葱、白羊草、青木栖状黄芪、野古草、大油芒、白茅、铁杆蒿、野青茅、狗哇花、棘豆等。

（市林业局）

【水资源】 2019年石家庄市地表水资源量3.92亿立方米，地下水资源量11.05亿立方米，扣除地表水和地下水资源重复计算量，全市水资源总量11.59亿立方米，比2018年减少4.49亿立方米，比多年均值20.35亿立方米减少8.76亿立方米。

供水量 2019年全市供水量30.49亿立方米，其中地表水供水14.81亿立方米（含引江水），占48.6%；地下水供水量14.31亿立方米，占46.9%；其他供水量1.307亿立方米，占4.5%。

用水量 2019年全市用水量30.49亿立方米，其中，农田灌溉用水量13.95亿立方米，占45.8%；工业用水量2.27亿立方米，占7.4%；居民生活用水量3.39亿立方米，占11.1%；林牧渔畜用水量1.41亿立方米，占4.6%；城镇公共用水量1.34亿立方米，占4.4%；生态与环境用水量8.13亿立方米，占26.7%。

地下水动态 2019年底全市平原区地下水平均埋深40.11米，较2018年同期地下水位下降0.23米；监测点最大埋深高邑城关71.54米，较2018年同期下降1.94米；最小埋深鹿泉区山尹村3.03米，较2018年同期上升0.53米（水资源数据一般滞后两年时间公布，为了帮助读者了解水资源情况，《石家庄年鉴（2021）》采用2019年数据，也是石家庄市水资源的最新数据）。

（张双龙）

【土地资源】 石家庄市土地资源类型多样，适宜性广，土地资源比较丰富。光、热、水、土条件适宜，土地利用率和生产率高，但地域差异明显，土地后备资源不足。根据全国统一规定和石家庄市实际，全市土地源类型按土地利用现状划分，采用二级分类系统，共分8个一级地类，36个二级地类。石家庄市东部、西部自然和社会经济条件差异明显，按地貌类型和土地利用主导方向，分为西部山区林木地、中部山麓、平原建设用地区和东部平原农业用地区3个分区。石家庄市土壤类型主要有山地草甸土、棕壤、褐土、潮土、盐土、风沙土、新积土、粗骨土、石质土、沼泽土、水稻土11个土类，22个亚类，81个土属，270个土种。至2020年底，石家庄市行政区土地总面积131.1万公顷。其中，农用地83.03万公顷，占土地总面积63.33%；建设用地22.81万公顷，占土地总面积17.4%；未利用地25.26万公顷，占土地总面积19.27%；现有耕地面积52.66万公顷，占农用地63.42%，占全市土地总面积40.17%。

（张跃彬）

居　民

【概况】 至2020年底，石家庄市共有常住人口1123.51万人，同比增加20.39万人，增长1.85%；常住人口占全省常住人口比重为15.06%；城镇人口占全市常住人口比重为70.18%。2020年石家庄市主城区（长安区、桥西区、新华区、裕华区、高新区）常住人口391.72万人，占全市常住总人口34.87%；2020年石家庄市城区（长安区、桥西区、新华区、裕华区、井陉矿区、藁城区、鹿泉区、栾城区、高新区、循环化工园区）常住人口575.84万人，占全市常住总人口51.25%。2020年全市常住人口每10万人拥有大学文化程度20118人、高中文化程度16550人、初中文化程度34254人、小学文化程度19915人。至2020年底，石家庄市共有户籍2905286户，同比增加11028户；户籍总人口9865598万人，同比减少22784人。其中，城镇人口5149543人，占户籍总人口52.2%；乡村人口4716055人，占户籍总人口47.8%。市内4区（长安区、桥西区、新华区、裕华区）户籍总人口2519050人，全部为城镇人口。市属8区户籍总人口4284324人，其中，城镇人口3381568人，乡村人口902756人。市辖13县（市）户籍总人口5581274人，其中，城镇人口1767975人，农村人口3813299人。2020年全市户籍人口出生102366人，出生率为10.36‰；死亡119321人，死亡率为12.08‰；城镇户籍人口增加454053人。至2020年底，全市共有民族成分54个，其中少数民族成分53个（没有塔吉克族、德昂族）。汉族人口10521783人，占全市总人口98.88%；少数民族人口118675人，占全市总人口1.12%。2020年石家庄市居民宗教信仰主要有佛教、道教、伊斯兰教、天主教、基督教5种。至2020年底，全市共有宗教活动场所529处、宗教教职人员728人（含基督教传道员）、信教群众43.76万人。

【人口性别】 2020年全市常住人口中，男性563.42万人，占比50.15%；女性560.09万人，占比49.85%；男性比女性多3.32万人，男女性别比为100.59。2020年全市户籍总人口中，男性4948873人，占户籍总人口50.16%；女性4916725人，占户籍总人口49.84%；男性比女性多32148人，男女性别比为100.65。市属8区户籍人口中，男性2104844人，占8区总人口49.13%；女性2179480人，占8区总人口50.87%。13县（市）户籍人口中，男性2844029人，占13县（市）总人口50.96%；女性2737245人，占13县（市）总人口49.04%。

【人口分布】 2020年石家庄市常住人口达到80万人以上县（市、区）有3个，分别为：长安区105.96万人、桥西区97.96万人、新华区80.21万人。2020年全市21个县（市、区）中，户籍人口最多的是藁城区，人口总数866144人，占全市户籍总人口8.78%；其次是长安区、桥西区、裕华区，户籍人口总数分别为676352人、675093人、661090人，占全市户籍总人口分别为6.86%、6.84%和6.7%。户籍人口最少的是井陉矿区，户籍人口86533人，占全市户籍总人口0.88%。

表4

2020年石家庄市户籍人口分布情况一览表

县（市、区）	户数	总人口（人）	城镇人口（人）
长安区	212850	676352	全部为城镇人口
桥西区	202452	675093	全部为城镇人口
新华区	156906	506515	全部为城镇人口
裕华区	194163	661090	全部为城镇人口
井陉矿区	29160	86533	65918
藁城区	235410	866144	443405
鹿泉区	124606	448438	192111
栾城区	98078	364159	161084
井陉县	106083	327968	104826
正定县	127136	515814	268979
行唐县	160480	460211	96416
灵寿县	110357	349756	101712
高邑县	57734	203196	75395
深泽县	96267	254940	71342
赞皇县	97389	281845	52985
无极县	157535	534957	113888
平山县	165025	499064	126172
元氏县	107977	446129	138139
赵　县	174378	616173	198808
晋州市	156084	574609	185914
新乐市	135216	516612	233399

【年龄构成】 2020年全市常住人口中0～14岁216.87万人，占比19.3%；15～59岁699.11万人，占比62.23%；60岁及以上人口207.53万人，占比18.47%；65岁及以上人口144.49万人，占比12.86%。2020年全市户籍人口中，17岁以下2236874人，占户籍总人口22.67%；18岁至34岁2231011人，占户籍总人口22.61%；35岁至59岁3481182人，占户籍总人口35.29%；60岁以上1916531人，占户籍总人口19.43%（常住人口数据由市统计局提供，户籍人口数据由市公安局户政部门提供）。

（陈丽　王金山）

【民族】 石家庄市是一个少数民族散居城市。至2020年底，全市共有民族成分54个，其中少数民族成分53个（没有塔吉克族、德昂族）。汉族人口11116411人，占全市总人口98.94%；少数民族人口118675人，占全市总人口1.06%。2020年全市少数民族人口较2019年增加2018人，同比增长1.73%。少数民族人口中，农村人口35604人，占比30%；城镇人口83071人，占比70%。少数民族人口超万人县（市、区）有7个，分别是：桥西区18373人，无极县16077人，长安区15969人，裕华区14490人，新华区13573人，藁城区12354人，新乐市10003人。少数民族人口超过千人县（市、区）有5个，分别是：正定县5492人，鹿泉区2579人，栾城区1856人，平山县1144人，行唐县1114人。全市有3个民族乡，分别是：藁城区九门回族乡、无极县高头回族乡、新乐市彭家庄回族乡；总人口108886人，其中，少数民族人口28070人，占民族乡总人口25.78%，占全市少数民族人口23.65%。全市少数民族中，回族人口最多，共计59046人，占全市少数民族总人口49.75%；其次是满族，共计39451人，占全市少数民族总人口33.24%；第三为蒙古族，共计7550人，占全市少数民族总人口6.36%。全市千人以上少数民族还有：土家族2051人，占全市少数民族人口1.73%；壮族1805人，占全市少数民族人口1.52%；苗族1547人，占全市少数民族人口1.3%；朝鲜族1069人，占全市少数民族人口0.9%。其他少数民族共计6156人，占全市少数民族人口5.19%。10个信仰伊斯兰教少数民族中，石家庄市有9个（没有塔吉克族），分别为：回族、维吾尔族、哈萨克族、东乡族、撒拉族、柯尔克孜族、塔塔尔族、保安族、乌孜别克族；人口59246人，占少数民族总人口49.92%。

【宗教】 石家庄市有佛教、道教、伊斯兰教、天主教、基督教5种宗教。至2020年底，全市有宗教活动场所529处、宗教教职人员728人（含基督教传道员）、信教群众43.76万人。

佛教 全市信仰佛教公民15.59万人，主要分布在赵县、正定县、藁城区、井陉县、赞皇县、鹿泉区。教职人员255人，佛教活动场所97处。较著名的寺院有赵县柏林禅寺、正定县临济寺、新华区虚云禅林、鹿泉区龙泉寺等。市级宗教团体1个（石家庄市佛教协会）。

道教 全市信仰道教公民1.94万人，主要分布在藁城区、新乐市、鹿泉区、平山县、栾城区等14个县（市、区）。教职人员50名，宗教活动场所22处。较著名道观有桥西区的关帝庙、鹿泉区的十方院和抱犊寨金阙宫、平山县天桂山的青龙观等。市级宗教团体1个（石家庄市道教协会）。

伊斯兰教 全市信仰伊斯兰教公民5.69万人，主要分布在市内8区和无极县、新乐市、正定县等县（市、区）。清真寺13座，教职人员20名。市级宗教团体1个（石家庄市伊斯兰教协会）。

天主教 全市信仰天主教公民10.89万人，分布在20个县（市、区），开放活动场所185处。教职人员77名（不含辛集市）。市级宗教团体1个（石家庄市天主教爱国会）。

基督教 全市信仰基督教公民9.65万人，分布在21个县（市、区）和高新区。宗教活动场所212处，教职人员282名。市级宗教团体2个（石家庄市基督教三自爱国运动委员会、石家庄市基督教协会）。

（赵琳）

风景名胜

【概况】 石家庄市旅游资源丰富，名胜古迹众多，有历史文化名城、故国遗址、古寺名桥、革命圣地等珍贵历史遗存，也有丰富多彩的社会旅游资源，包括商贸会展、民俗民艺、都市风情等旅游景观。拥有全国重点文物保护单位40处，省级文物保护单位107处，县级文物保护单位213处；国家级历史文化名城1座（正定）；国家级森林公园3处（五岳寨、驼梁山、仙台山），省级森林公园18处；国家级风景名胜区3处（苍岩山、嶂石岩、西柏坡—天桂山），省级风景名胜区6处；野生动植物自然保护区4处（平山县驼梁国家级自然保护区、灵寿县漫山省级自然保护区、赞皇县嶂石岩省级自然保护区、井陉县南寺掌省级自然保护区）。至2020年末，石家庄市共有A级景区34处，其中，5A级景区1处，4A级景区25处，3A级景区5处，2A级景区3处。

【纪念馆、陵园】 **革命圣地西柏坡** 位于平山县境内，是国家爱国主义教育基地、国家5A级景区，距离石家庄市主城区80千米。1948年5月至1949年3月中共中央在西柏坡驻扎10个月，召开全国土地会议、中共七届二中全会，指挥三大战役，赢得解放战争决定性胜利。西柏坡依托红色旅游资源优势，开发和培育红色旅游市场，形成中共中央旧址，包括陈列馆、纪念碑、石刻园、五大书记铜像等10多个旅游景点，成为资源丰厚，感染力和震撼力强的独特景区。

华北军区烈士陵园 位于石家庄

市主城区，是新中国兴建较早、规模较大、造型艺术水平较高的烈士陵园之一，国家4A级景区。陵园内长眠着抗日战争时期、解放战争时期无数革命先烈，伟大的国际主义战士白求恩、柯棣华也在其中。陵园自建成以来，受到老一辈无产阶级革命家的关怀和重视，毛泽东、刘少奇、朱德等中央领导曾亲临陵园，凭吊先烈。

【风景区】 **驼梁** 位于平山县境内西北部，国家4A级景区，距离石家庄市主城区150千米，距离山西省五台山45千米，景区面积22平方千米，主峰海拔2281米，是河北省五大高峰之一。驼梁集森林风光、草原风光、山岳风光为一体，自然生态呈现原始状态，以凉、静、野、幽、翠而闻名，是太行山中段生物多样性最丰富、最具代表性的典型区域。森林生态系统发育良好，从山谷到峰顶分布着白桦、松柏、枫树等树种及灌木草本植物，涉及102科、686个高等树种，植被覆盖率达98%。驼梁是国家大型水库——岗南水库、黄壁庄水库和滹沱河的主要水源涵养地，也是阻挡来自西部高原风沙、寒流侵袭石家庄的重要生态屏障。2009年11月驼梁自然保护区晋升为国家级自然保护区。

天桂山 位于平山县境内，国家4A级景区。天桂山既有雄秀交融的天然风光，又具有皇家园林的高贵气质和道家仙山的神秘色彩，是一个寻古探幽的绝佳去处。天桂山是北方珍贵的岩溶地貌区，自然形成众多天然溶洞等奇特景观，山内风光绝佳，景色迷人，是一处远近闻名的道教圣地，有“北武当”之称，至今保存有许多道观。1997年为迎接香港回归祖国，在天桂山百丈危崖上镌刻的“归”字，高97米，宽49米，载入吉尼斯世界纪录。名山巨字，珠联璧合，堪称天下奇观。

苍岩山 位于井陉县境内，国家级重点风景名胜区，国家4A级景区，距离石家庄市主城区50千米。最高处1039.6米，总面积63平方千米。以“一奇、三绝、十六景、七十二景观”名扬海内外，素有“五岳奇秀一揽山，太行群峰唯苍岩”的盛名。1988年被评为国家级重点风景名胜区，1994年被国务院审定为中国历史文化名山。大自然的鬼斧神工使苍岩山中心地带形成奇异的断崖绝壁及优越的生态环境，第73届奥斯卡最佳外语片奖影片《卧虎藏龙》部分外景在苍岩山拍摄。

仙台山 位于井陉县辛庄乡，距离石家庄市主城区50千米。仙台山主峰海拔1195米。山峰奇秀，俨然一尊大佛巍然屹立。树木繁多，自然景色优美，每至汛期，百泉汇合飞流直下，山光水影，宛如银河倒悬，仙朗凌空，故名仙台山。仙台山景观分上、中、下层，最下一层的仙台山牌坊，用太行山南麓独有的大红袍石料建成，风格别致；步石台阶经通天门，攀栏直上通天峡，过一崭，一步一景点，一石一奇观，有卧鹰岩、雀吸岩、如来讲经、蘑菇石、蝴蝶展翅石、青蛙望日等；东西北三面悬空。2016年仙台山在第二届中国森林氧吧论坛上获评“中国森林氧吧”称号。

清凉山 位于井陉矿区西部，距离石家庄市主城区48.5千米。清凉山主要由下古生界灰岩构成，在大地构造上地处井陉县拗陷的西缘，在内外应力长期共同作用下形成温带喀斯特景观，经亿万年风雨侵蚀，使清凉山既有北方山峰雄伟壮观之势，亦有南方山川秀丽险峻之韵。因山势峻峭，古木苍翠，景色秀丽，山腰间多有天然溶洞，清泉长流，夏日置身于此，清风习习，心旷神怡，实为避暑胜地，故名“清凉山”。

嶂石岩 位于赞皇县西南部，距离赞皇县城52千米、石家庄市主城区110千米，国家级重点风景名胜区，国家4A级景区，总面积120平方千米。以奇特、秀丽、多姿、壮观的自然风光著称。由嶂石岩山势造型命名的“嶂石岩地貌”，是和丹霞地貌、张家界地貌并称的国内三大砂岩旅游地貌之一。嶂石岩景区作为嶂石岩地貌的命名地，地貌类型最齐全，特征最突出，素有“百里赤壁，万丈红绫”之称，2003年被评为国家地质公园。景区内有国内最大的天然回音壁，弧形陡壁，高耸云天，体量之大，回音效果之好，堪称一绝，已载入吉尼斯世界纪录。景区内许多山峰海拔高度都在千米以上，是观日出、赏云海的最佳地点。嶂石岩“佛光”也是不难见到的自然奇观。

棋盘山 位于赞皇县城西段里沟，距离赞皇县城27千米、石家庄市主城区77千米，西南距离嶂石岩景区25千米，国家4A级景区。棋盘山是以生态森林景观为主的山岳景区，总面积20平方千米，因主沟段里沟沟掌有棋盘山突兀拔地成名。最高峰卧驼峰为一组山峰，主峰在四相公寨，海拔1342.3米。棋盘山景区幽神隽秀，主格调为松涛、杏雨、古道、奇峰；八大胜景为锁云碧波、杏葩争艳、八仙列阵、段岭古关、棋盘仙迹、危崖隐岫、神驼云卧、翠谷松涛。早春，十里杏花沟盛开，满沟的彩云，满沟的香气；盛夏，到处绿荫滴翠；7～9月阴雨蒙蒙，沟沟流泉处处飞瀑；金秋，枫叶黄栌将棋盘山装点得万紫千红；寒冬，银山雪岭、雾凇胜景。棋盘山野生动植物品种繁多，山麓、山顶、沟谷皆被乔、灌、藤、草覆盖，植物品种100科601种，野生动物品种39科113种，昆虫类324种。夏季气候宜人，最热月平均气温22.3℃，是一个消夏避暑的胜地。

五岳寨 位于灵寿县西北部深山

区，因五座山峰并列耸立，且有五岳之特点而得名。属河北省漫山自然保护区的一部分，总面积 88 平方千米。五岳寨于 2004 年被国家旅游局评定为 4A 级旅游区，2006 年被评定为河北省地质公园。景区内山高林密、繁花似锦、群山拱翠、云海波澜且气温湿润凉爽、空气清新，动植物及水资源极为丰富，大小瀑布数百个。海拔 2000 余米的亚高山草甸可让游人感受到“风吹草低见牛羊”的坝上草原境界。幽险的峰谷景观，浓厚的边塞区域特色，使景区成为集旅游观光、健身疗养、避暑度假、寻奇涉幽、登山探险、科学考察为一体的高品位、多功能自然风景区。

抱犊寨 位于鹿泉区境内，距离石家庄市主城区 17 千米，国家级 4A 景区。旧名抱犊山，古名萆山。古代农民抱牛犊上山，养大后让牛耕田，因此得名。抱犊寨不是一个村庄，而是一座集历史人文和自然风光为一体的名山古寨。海拔 580 米，四周悬崖绝壁，顶部平旷坦夷，有肥沃良田 660 亩，土层深达 66 米，异境别开，草木繁茂，恍如世外桃源。曾是汉淮阴侯韩信“背水一战”的古战场，也是著名道人张三丰成道涉足之福地，风光奇异独特，景色宜人，被誉为“天堂之幻觉，人间之福地，兵家之战场，世外之桃花源”的天下奇寨。抱犊寨山体轮廓奇特，远观如一尊巨型卧佛，枕南朝北，眉目毕肖，形象逼真，南北坡各有一条羊肠小道可通。登至山巅，豁然开朗，修建有中国最大山顶门坊——南天门、全国第一座山顶地下石雕五百罗汉堂、全国最大的金漆壁画装饰韩信祠等。景区内“千龙壁”长 36 米、高 13 米，体量宏大，雕绘有 999 条张牙舞爪的金龙，形似喷云吐雾，形态各异。殿堂坐南朝北，分为地上、地下两层。地上是“弥勒殿”，地下是“五百罗汉堂”。地下殿堂，宽敞恢宏，500 罗汉井然有序地列于殿中，或坐，或卧，或喜，或怒，或立，或仰，或慈，或厉，体态有别，神情各异；500 罗汉为青石所雕，加以彩绘，做工精细，真切动人。

封龙山 又名飞龙山，位于石家庄市主城区西南 15 千米，鹿泉区城南 20 千米，元氏县城西北 20 千米。西倚太行山，东临平原，主峰海拔 812 米。封龙山自然风光秀丽，以沟深林茂、清泉碧溪、奇峰怪石为胜。封龙山历史文化璀璨，曾有五通汉碑、三大书院、四大禅林、三大石窟、两大道观。早在唐代《十道志》中就被列为河北名山，以封龙山历史文化而论，汉代李躬，唐代郭震、姚敬曾讲学于此山。五代以后，书院文化崛起，真定名士、文学家、史学家、政治家李昉与学者张著在此创办学院。到北宋，见诸记载的河北书院仅有 3 处，全在封龙山中。元代著名学者、数学家李冶在此著书讲学，金元时著名文学家元好问和教育家张德辉在此讲学授业，人称“龙山三老”。古代名家在此培养出大批杰出人才，使封龙山成为河北古代教育圣地之一。

沕沕水 国家 4A 级景区，位于平山县西南边缘，距离平山县城 45 千米，距离石家庄市主城区 95 千米，景区面积 11.5 平方千米，海拔 800 ～ 1100 米。沕沕水曾获得国家级风景名胜区、中国最佳生态旅游景区和省级农业旅游示范点称号，景区集自然风光、人文景观和红色旅游于一体，品位高雅、特色鲜明、风情浓郁。早在明清时代，沕沕水即为平山“八大胜景”之一，享有“沕水瀑布天上降”的美誉，拥有典型的喀斯特岩溶泉，半山沕沕涌出，常年湍流，四季不竭，水质洁净甘冽，湖潭星罗棋布，沿绝壁飞落，形成落差 93 米、45 米等多级瀑布，“如白练之经于天，白虹之饮于源”，堪称“燕赵第一瀑”。景区环山叠嶂，怪石嶙峋，灵鹫峰、梦笔峰、神龟望瀑、观音坐莲，鬼斧神工，栩栩如生。装点山谷的数百种野生植物，色彩斑斓，葱郁玲珑；原始森林，夏绿秋红，禽兽争鸣。革命战争年代，沕沕水发电厂出色地完成向革命圣地西柏坡和兵工厂供电使命，为中共中央指挥三大战役、解放全中国立下卓越功勋，被誉为“边区创举”“红色发电厂”。沕沕水盛夏凉爽舒适，严冬人无寒感，季节分明，气候规律变化，形成四时景色。春赏山花，夏看飞瀑，秋观红叶，冬览冰挂，各具魅力，胜似仙境。

荣国府 位于正定县城兴荣路，国家 4A 级景区，国内第一座影视拍摄基地。1983 年中央电视台筹拍大型电视连续剧《红楼梦》，寻找地方政府共建实景荣国府外景基地。时任中共正定县委书记习近平敏锐地看到商机，与中央电视台联系并达成协议。荣国府根据中国古典文学名著《红楼梦》的内容记述而设计建造，1984 年 12 月兴建，1986 年 7 月建成开放，占地面积 55 亩。荣国府主要由府、街两个部分组成，府内共有房间 212 间、游廊 102 间，分为东、中、西 3 路，各路均为五进四合院。景区内宁荣街参照乾隆南巡图设计修建，总长 200 米，由 120 间房屋组成风貌各异 51 家店铺，街上房屋错落有致，旗幌招展，牌匾齐全，突出再现了康乾盛世景象。荣国府落成后，36 集电视剧《红楼梦》在此拍摄近两个月，取景 2000 多个镜头。此后《康熙王朝》《谁主沉浮》《海棠依旧》等 200 余部影视剧也在此拍摄。历经 30 多年的发展，荣国府已成为集欣赏古典建筑、观赏珍奇花木和影视拍摄、旅游观光、传播红楼文化为一体的旅游景区。

石家庄市风景区还有黑山大峡谷、藤龙山、佛光山、紫云山、秋山、水泉溪、双凤山、蟠龙湖等。

【古迹】 **古城正定** 距离石家庄市主城区13千米，是国家级历史文化名城，历史上正定与保定、北京并称“北方三雄镇”，是河北中部的政治、经济和文化中心。正定城内汇集唐、宋、元、明、清等朝代不同风格的古代建筑，被誉为“中国古代建筑博物馆”。境内现存国家级重点文物保护单位10处，省级重点文物保护单位5处，县级重点文物保护单位23处。驰名中外的隆兴寺是正定最著名的景点，位列全国十大名寺，是国家4A级景区。寺院汇集隋唐以来大量的建筑、壁画、雕塑等艺术珍品，有6处文物堪称“全国之最”，其中最著名的是铜铸千手观音，举高21.3米，是世界古代铜铸佛像中最高大的一尊。隆兴寺内还有堪称宋代建筑孤例的摩尼殿、被鲁迅誉为东方美神的倒坐观音、中国年代最早及体量最大的木制转轮藏、被推崇为隋碑第一的龙藏寺碑、设计巧妙的铜铸毗卢佛等珍贵遗存。古城内临济寺是临济宗的发源地，在佛教界享有盛誉，临济宗在国内广为流传，名扬海外，至今在日本、东南亚、美国都有临济宗信徒，每年春夏之际，来自海内外的广大信徒都前来朝拜祖庭，盛况空前。正定文物众多，同时也是名人的故乡和冠军的摇篮，家喻户晓的三国名将赵云赵子龙就是正定人，国家乒乓球训练基地建在正定，被称为“中国乒乓运动福地”“冠军的摇篮”。

赵州桥 位于赵县城南，又称安济桥、大石桥，始建于隋开皇十五年至隋大业元年（595～605），距今1400多年，由隋朝匠师李春建造，是中国现存最早的巨型单孔坦孤敞肩石拱桥，主拱由28道拱券纵向并列砌筑，桥长64.40米、净跨37.02米，宽9.60米，高7.23米，桥身坐落于洨河两侧天然地基上。赵州桥大拱两端各有2个小拱，采用此种形式桥身轻盈，造型精巧，节省石料，减轻桥身重量，更为重要的是可辅助泄洪，减少水流阻力。19世纪中期，欧洲国家才出现敞肩拱桥，晚于中国1200多年。1961年3月4日，赵州桥被国务院确定为第一批全国重点文物保护单位；1991年赵州桥被美国土木工程师学会认定为世界第十二处“国际土木工程历史古迹”。赵州桥开启了“敞肩拱桥”的先河，对中国乃至世界桥梁建筑产生巨大而深远的影响，被公认为世界拱桥鼻祖，被称为“天下第一桥”。

柏林禅寺 位于赵县县城东南角，与赵州桥遥遥相望。始建汉献帝建安年间（196～220），古称观音院，南宋为永安院，金代名柏林禅院，元代起称柏林禅寺。寺内主要建筑有山门韦驮殿、普光明殿、观音殿、无门关（禅堂）、万佛楼等。唐代高僧玄奘法师西行印度取经前，曾在这里学习经文一年多，主研《成实论》；晚唐时，禅宗巨匠从谂禅师在此驻锡40年，大行法化，形成影响深远的“赵州门风”，柏林禅寺因此成为中国禅宗史上一座重要祖庭；金朝末年，临济正宗归云志宣禅师主持法席，柏林禅寺革律为禅；元代，柏林禅寺有圆明月溪禅师、鲁云行兴禅师等，成为燕赵一带佛教中心；明清两朝，中央朝廷管理赵州地区佛教事务机构——僧正司设在柏林寺，柏林禅寺住持兼任僧正司僧正。柏林禅寺屡遭劫难，殿堂和经像荡然无存。1988年柏林禅寺重新进住僧人时，仅有赵州禅师舍利塔和20余株古柏；1988年5月12日，河北省政府批准柏林禅寺作为宗教场所开放，由河北省佛教协会管理；1992年8月28日，普光明殿落成并举行开光典礼。柏林禅寺内设河北省佛学院、河北禅学研究所，占地面积110亩，被国家宗教事务局认定为在国际国内有重大影响33所寺院之一。2001年6月25日，柏林禅寺被国务院确定为第五批全国重点文物保护单位。

毗卢寺 位于石家庄市新华区上京村东，始建公元8世纪唐天宝年间，距今有1200多年历史。毗卢寺是全国重点文物保护单位，毗卢寺水陆画与甘肃敦煌、北京法海寺、山西永乐宫壁画同为中国最负盛名的宗教壁画，其他3家描绘的是某一教派内容，唯有毗卢寺壁画集佛、道、儒三教于一堂，集三教人物于同一画面，两殿壁画200多平方米，气势壮观、富丽堂皇。毗卢寺明代宗教壁画享誉中外，壁画内容包括佛、道、儒三教人物故事经画122组500多身，线条流畅、色彩艳丽、服饰精美，是中国古代壁画艺术的瑰宝。

伏羲台 位于新乐市北郊2千米处吴家庄村北、何家庄村东，距离石家庄市主城区35千米，遗址总面积1600平方米。史料记载：“帝喾巡游此土，见伏羲之圣迹，集四方之民而化导养育之故。而筑台修庙以祀之。”伏羲台是中华民族人文始祖——伏羲氏寓居的地方，距今有六七千年的历史，已形成伏羲台、人祖庙等多处景观为主体的伏羲文化旅游区。伏羲台由三层构成，采用夹沙好土罗叠堆集而成，总高度9.206米。最底层第一层台高2.898米，南北长102.58米，东西宽87.42米；第二层台高2.118米，南北长89.43米，东西宽64.6米；最上边第三层台高4.19米，南北长53.68米，东西最宽处23.8米，最窄处17.9米，呈不等边八角形，名八卦台，又称伏羲画卦台。伏羲台、人祖庙规模宏大，台殿参差，祭祀始祖香烟缭绕，磬盂声祥，每年农历三月十八日为人祖庙会。伏羲台遗址文物遗存丰厚，保存有新石器、商周、汉代、唐代、元代、明代、清代文化遗迹，出土文物170件，其中一、二、三级文物17件。2013年5月伏羲台遗址被国务院公布为全国第七批重点文物保护单位。

古中山国遗址 位于平山县上三汲村和灵寿县故城村一带。中山国故城遗址（中山国都城核心区、中山国王宫所在地）东南距灵寿县城7.5千米，西距平山县城15千米，是河北先秦四大古都之一。公元前507年春秋战国白狄的一支——鲜虞仿照东周各诸侯国建立国家，地址位于今河北省中部太行山东麓一带，地处赵国北部和燕国南部之间，都城位于顾（今河北省定州市）；公元前380年，桓公徙都灵寿（今河北省灵寿县、平山县交界处），因城中有山得“中山国”名；公元前323年，中山成公之子“厝”自称“中山王”，与燕、韩、赵、魏诸国王史称“五国相王”；公元前314年，燕国内乱，中山王“厝”乘机出兵伐燕略地“方数百里，列城数十”，夺得燕国大片土地，跻身诸侯之列，成为中国战国时期仅次于“战国七雄”的“千乘之国”；公元前296年，中山国被赵国灭亡。中山国在灵寿建都84年，先后5位国君定都中山古城。因史料记载甚少，故中山国被称为“神秘王国”。中山国遗址是研究2000多年前战国文化的重要古迹，是石家庄历史文化的重要组成部分，也是中国少数民族和中原汉族文化融合的重要证据。中山国遗址现存宫殿区、居民区、陶器场、冶炼场、遗址10多处，主要遗迹包括：中山王“厝”墓、古城墙、赵王台、八角井、养鱼池、三教殿等。中山王“厝”墓是发掘中山国墓葬中最大的一座，墓室平面呈“中”字形，南北各一墓道，通长97米，分地上、地下两部分，地上部分呈“斗”形，地下部分包括椁室、东库、西库和东北库；主室后半周有陪葬墓6座，前面和旁侧有车马坑2座、杂殉坑1座、葬船坑1座；中山王墓多次被盗和破坏，但仍出土大量珍贵文物，包括铜器、铁器、金银器、陶器、玉石器、玛瑙器、骨角器、木漆器等。中山国遗址出土文物1.9万余件，大多为稀世珍宝，创下多项世界文化之最和中国文化之最，其中最有历史价值为“中山王三器”，即中山王方壶、中山王鼎、中山王圆壶。中山国古城遗址1973年发现，1974年10月河北省组建中山国考古队正式开展调查和发掘，1988年中山国古城遗址被国务院公布为第三批全国重点文物保护单位。2017年12月国家文物局决定，位于河北省平山县的中山国考古遗址公园列入第三批国家考古遗址公园立项名单。

石家庄市古迹还有井陉县境内的秦皇古驿道，是古代通往山西入长安的“国道”，历史上秦始皇东巡病故于沙丘，遗体曾经从这条驿道运回咸阳。井陉县于家石头村是明代著名政治家、民族英雄于谦的后裔居所，已建成中国民族文化村，村内建筑全部采用太行山石头为原材料，颇有地方特色。井陉矿区段家楼，占地总面积16万平方米，由旧中国北洋政府总理兼陆军总长段祺瑞投巨资兴建，是至今石家庄市保存基本完好的最大德式建筑群；2013年5月段家楼正丰矿遗址被国务院公布为第七批全国重点文物保护单位。

（姜小青）

气 候

【概况】 石家庄市属于暖温带大陆性季风气候，四季分明，雨热同季，光照充足。2020年石家庄市气候呈现特点为：气温显著偏高，降水和日照接近常年。全年平均气温14.2℃，较常年偏高1.0℃，冬、春季气温显著偏高，夏、秋季气温稍高；年平均降水量551.4毫米，较常年偏多13.2%，冬、春季降水偏多，夏、秋季接近常年；年平均日照时数2425.2小时，较常年偏多52.2小时，冬、夏季日照时数偏少，春季显著偏多，秋季接近常年。修订印发《石家庄市重大气象

6月18日，2020年度石家庄市气象行业职业技能竞赛举行

灾害应急预案》，调整气象灾害防御指挥部成员单位及职责，新增市通信发展办公室、国家电网石家庄供电公司、石家庄警备区、武警石家庄支队4个单位。推进气象观测质量建设，4月1日，石家庄市17个国家级地面气象观测站地面气象观测自动化改革正式运行，实现气温、气压、湿度、风向、风速、降水、能见度、日照等19项地面气象观测项目采用仪器自动观测，雾、扬沙、沙尘暴等6项地面气象观测项目采用台站ISOS软件自动判识。完善气象预警信息发布机制，与石家庄广播电视台、石家庄日报社签署气象预警信息发布合作协议，天气预报入驻石家庄日报App。8月5日，市气象局在抖音、bilibili、微信视频号、今日头条等平台开通“石家庄天气”官方视频号，实现天气预报、预警实时更新。重视环境气象科技研究，分析相同天气背景下石家庄市域污染时空分布特征及典型天气重污染过程PM2.5来源定量评估。开展人工增雨（雪）作业，2020年全市组织人工增雨（雪）作业时长866分钟，发射火箭弹419枚，燃烧碘化银烟条148根，作业124点次。做好城市生态气象服务，组建生态气象监测站网，《石家庄市通风廊道划定及管控规划》通过市国土空间规划委员会审议，确定在太行山造林区、滹沱河滨水生态区、城区主题公园等区域新建生态气象监测站9套；与北京市气候中心、天津市气候中心联合制作发布京津冀地区杨柳絮飘飞期气象预报。2020年市气象系统发表论文11篇，出版著作7部，获授专利1项、地方标准2项；李国翠获评中国气象局重大气象服务先进个人，陈静获评河北省巾帼气象科技创新标兵，杨鹏获得河北省气象部门杰出青年奖，钤伟妙获评河北省优秀气象预报员。

表5

2020年石家庄市主要气象要素一览表

要素	月份	1	2	3	4	5	6	7	8	9	10	11	12	年
降水量（毫米）	累积值	9.1	4.5	11.2	14.6	54.7	123.3	128.9	230.5	49.1	0	30.6	0.3	656.8
	距平	5.0	−2.1	−1.1	−5.5	13.4	64.5	0.2	93.9	−4.2	−25.4	15.9	−4.2	140.6
气温（℃）	平均值	−1.0	3.9	10.8	15.8	22.0	27.2	25.9	26.1	22.6	14.5	8.1	0.0	14.7
	距平	0.8	2.1	2.8	0.1	0.6	1.2	−1.4	0.4	1.4	−0.2	2.0	−0.3	0.8
雨（雪）日	累积值	5	3	3	9	6	10	15	5	0	4	4	5	69
相对湿度	平均值	72	58	45	41	56	50	73	77	63	57	59	49	58
日照（小时）	累积值	104.6	165.3	237.7	277.8	246.0	178.0	122.2	168.6	219.0	213.4	204.4	223.7	2360.7
气压（百帕）	平均值	1016.5	1014.5	1007.3	1007.3	996.6	993.6	994.7	994.9	1002.6	1011.2	1015.8	1018.7	1006.1
极大风速（米/秒）	风向	WNW	WNW	WNW	WNW	NNE	NW	SSW	NNW	NNE	NNE	WNW	WNW	WNW
	风速	10.6	18.3	22.2	17.2	17.6	17.5	15.7	19.4	13.3	10.0	12.3	14.5	22.2

备注：全市平均值为石家庄市16个站平均值，不包括辛集市。距平值为2020年数值与1981～2010年30年的平均值之差。累计值为石家庄市区2020年各月及年要素值合计。极大风速为2020年各月及年瞬时风速的极大值，风向为极大风速对应的风向。

【气温】 2020年全市年平均气温14.2℃，较常年偏高1.0℃，属显著偏高。正定县年平均气温15.1℃，为全市最高；高邑县年平均气温13.3℃，为全市最低；市区年平均气温14.7℃，较全市年平均气温偏高0.5℃。从季节看，2020年全市冬季平均气温0.5℃，较常年偏高1.5℃，属显著偏高；春季，全市平均气温15.8℃，较常年偏高1.6℃，属显著偏高；夏季平均气温26.4℃，较常年偏高0.5℃；秋季平均气温14.4℃，较常年偏高1.0℃。

【降水】 2020年全市年平均降水量551.4毫米，较常年（487.0毫米）偏多13.2%，为正常年份。石家庄市区年降水量656.8毫米，为全市最多；行唐县年降水量439.0毫米，为全市最少。降水量分布不均，正定县较常年偏多30.7%，属显著偏多，其他县（市、区）接近常年或偏多。冬季，全市平均降水量15.5毫米，较常年偏多38.0%；春季平均降水量94.8毫米，较常年偏多32.7%；夏季平均降水量352.8毫米，较常年偏多11.2%；秋季平均降水量89.6毫米，较常年偏多2.8%。

【日照】 2020年全市年平均日照时数2425.2小时，较常年偏多52.2小时。正定县年日照时数3022.6小时，为全市最多；灵寿县年日照时数2665.5小时，为全市最少。冬季，全市平均日照时数430.8小时，较常年偏少61.6小时；春季平均日照时数820.3小时，较常年偏多123.2小时；夏季平均日照时数573.3小时，较常年偏少55.2小时；秋季平均日照时数571.6小时，较常年偏少18.9小时。

【降雪】 1月5日，受冷空气和暖湿气流共同影响，石家庄市迎来2020年首场降雪。此次降雪过程中，市气象局指挥灵寿县、赞皇县、深泽县、栾城区等10个作业单位开展人工增雪作业，发射火箭弹64枚。至1月5日20时，全市降雪量达到4.4～10.9毫米，平均降雪量7.8毫米；赞皇县降雪量最大，城区达到8.1毫米。

【异常天气】 暴雨　2020年全市国家站出现暴雨20站次，接近常年，其中，夏季暴雨18站次，秋季暴雨2站次。6月28日下午到夜间，石家庄市出现强降水天气，3个国家气象站达到暴雨，45个区域自动站降水量超过50毫米，其中7个超过100毫米。8月4日夜间到8月7日白天，石家庄市出现汛期最强降水，7个国家气象站达到暴雨，111个区域自动站降水量超过100毫米。

高温　2020年全市平均高温日数（日最高气温≥35℃）14.4天，接近常年。深泽县高温日数25天，为全市最多；赞皇县高温日数5天，为全市最少。2020年全市日最高气温≥38℃平均日数1.4天，较常年偏少1.2天；全年未出现40℃以上高温天气。2020年石家庄市高温天气主要出现在5月28～29日、6月7～8日、6月10～11日、6月13～14日、6月20～21日、8月3～4日、8月13～14日。

雾和霾　2020年全市平均大雾日数21.3天，较常年偏少。连续大雾过程主要出现在1月4～11日、1月13～19日、2月8～9日、2月20～21日、5月5～6日、9月24～27日、11月24～25日、12月11～13日。从季节看，冬季大雾日数偏多；春、夏、秋季大雾日数均偏少。2020年全市平均霾日数19.0天，为2013年以来最少年份。

寒潮降温　2020年全市出现不同等级寒潮13站次，较常年偏少。大范围寒潮出现在1月8日、3月27日、4月21～23日、11月9日、12月14日、12月29～30日。4月21～23日，全市出现明显降温天气，高邑县、赵县气温降至零下，高邑县出现寒潮，赵县出现强寒潮。2020年3月石家庄市气温较常年异常偏高，果树和农作物生长发育提前；4月21～23日全市气温骤降，部分区域气温出现阶段性0℃以下低温，致使农作物、果树、核桃、花椒等遭受不同程度的冻害。

强对流　2020年全市出现大风99站次，较常年偏少。冬季大风偏少，春、夏季接近常年，秋季未出现大风。大范围大风出现在2月21日、3月18～19日、6月24～25日、8月1～2日、8月10日；2月21日，8个县（市、区）出现大风；3月18～19日，14个县（市、区）出现大风，12个县（市、区）出现沙尘天气。2020年全市出现冰雹16站次，较常年明显偏多，其中5月出现冰雹10站次。

石家庄市气象局

局　长：于占江

副局长：智利辉

刘军　（接疆）

陈杰　（10月任）

（卢林冬　杨荣珍）

国民经济与社会发展

【概况】 2020年全市完成地区生产总值5935.1亿元，同比增长3.9%。其中，第一产业增加值498.6亿元，增长3.5%；第二产业增加值1745.5亿元，增长3.1%；第三产业增加值3691.0亿元，增长4.3%。三次产业结构比例由2019年的7.4∶28.9∶63.7调整为8.4∶29.4∶62.2。全年民营经济增加值3117.7亿元，同比增长3.5%，占生产总值比重52.5%。2020年石家庄市区居民消费价格指数为102.3%，同比上涨2.3%。全年工业生产者出厂价格同比下降2.0%，工业生产者购进价格同比下降3.4%。2020年末全市城镇登记失业率为3.75%，同比上升0.52个百分点。

地区生产总值（亿元）

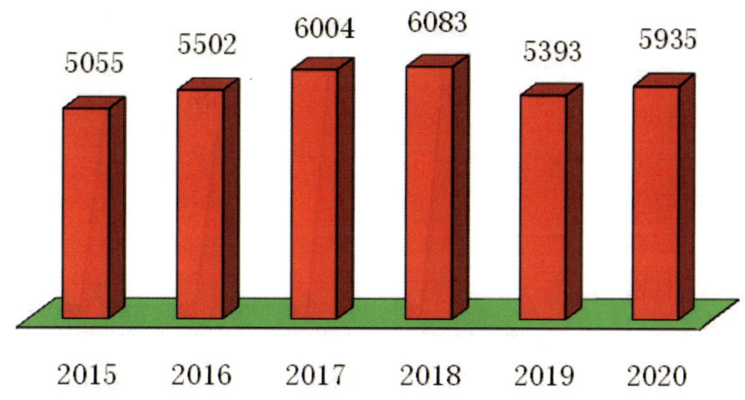

市区居民消费价格指数（%）

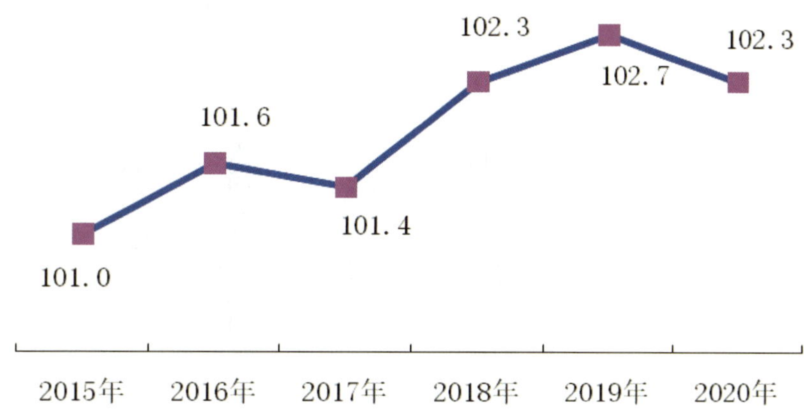

表 6

2020 年石家庄市区居民消费价格指数一览表

指标	比 2019 年指数（±%）
市区居民消费价格总指数	2.3
食品烟酒	7.0
衣着	−0.3
居住	0.8
生活用品及服务	−0.3
交通和通信	−2.9
教育文化和娱乐	1.6
医疗保健	2.8

【农业】 2020 年全市农林牧渔业总产值 710.88 亿元，同比增长 3.8%。其中，农业产值 331.44 亿元，占比 46.62%；林业产值 22.76 亿元，占比 3.2%；牧业产值 294.34 亿元，占比 41.41%；渔业产值 3.19 亿元，占比 0.45%；农林牧渔服务业产值 59.15 亿元，占比 8.32%。粮食播种面积 66.49 万公顷，总产量 430.78 万吨，平均亩产 431.9 千克。其中，小麦播种面积 28.27 万公顷，总产量 195.98 万吨，平均亩产 462.2 千克；玉米播种面积 31.72 万公顷，总产量 212.5 万吨，平均亩产 446.7 千克。蔬菜及食用菌种植面积 6.4 万公顷，总产量

483.24万吨。西瓜种植面积2309公顷，总产量13.77万吨。薯类种植面积1.69万公顷，总产量47.77万吨。花生种植面积2.62万公顷，总产量8.53万吨。果园面积7.53万公顷，其中，苹果园6965公顷，梨园5.46万公顷，桃园2897公顷，葡萄园3272公顷；园林水果总产量172.68万吨，其中，苹果14.49万吨（红富士11.52万吨），梨122.99万吨（雪花梨24万吨、鸭梨40.97万吨），桃4万吨，葡萄8.61万吨，红枣18.92万吨。食用坚果5.23万吨。至2020年末，牛、奶牛、马、驴、骡、猪、羊、家禽、蛋鸡、兔分别存栏42.22万头、21.07万头、4325匹、1.32万头、150只、196.16万头、66.22万只、6593.1万只、5770.15万只、6.6万只。肉类总产量47.97万吨，同比增长0.37%。其中，猪肉产量28.5万吨，增长0.21%；牛肉产量7.61万吨，增长0.2%；羊肉产量1.52万吨，增长2.83%；家禽肉产量10.22万吨，增长0.95%；驴肉产量1103吨，下降4.67%；兔肉产量137吨，下降73.75%。水产品养殖面积894公顷，总产量1.75万吨。蜂蜜总产量3289吨。农业机械总动力1175.8万千瓦，同比增长0.2%。

农林牧渔业总产值（亿元）

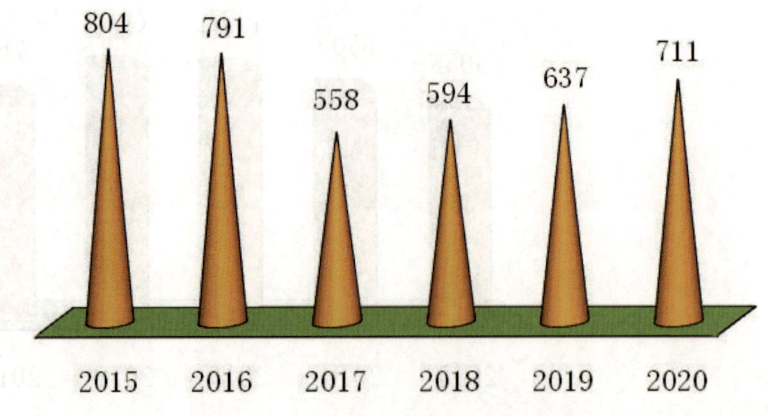

粮食总产量（万吨）

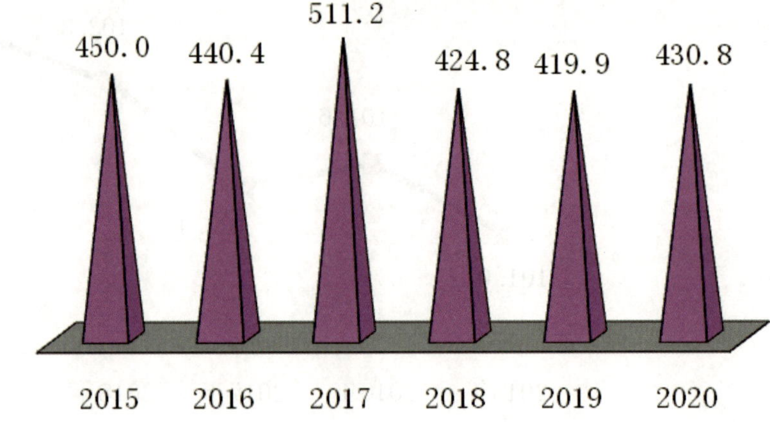

表7

2020年石家庄市主要农产品产量及其增长速度表

产品名称	产量（万吨）	同比增长（%）
粮食	430.78	2.6
油料	9.56	1.25
棉花	0.02	−10.38
蔬菜及食用菌	483.24	2.37
园林水果	172.68	−7.2
肉类	47.97	0.37
禽蛋	69.77	3.27
牛奶	76.74	12.89
水产品	1.75	0.26

【工业】2020年全市共有规模以上工业企业1822家，其中，大中型企业214家，国有及国有控股企业112家；规模以上工业营业收入4551.0亿元，同比增加101.5亿元；规模以上工业利润总额312.27亿元，同比增加13.35亿元。规模以上大中型企业营业收入3219.4亿元，同比下降1.3%；利润总额247.3亿元，同比下降0.3%。规模以上国有及国有控股企业营业收入1398.8亿元，同比下降8.1%；利润总额39.0亿元，同比增长0.8%。医药工业、纺织服装业、石化工业、装备制造业、食品工业、钢铁工业、建材工业七大主要工业产业实现利润总额244.6亿元，同比下降6.8%。煤炭开采和洗选业（无行业利润）、石油煤炭及其他燃料加工业、化学原料及化学制品制造业、非金属矿物制品业、黑色金属冶炼及压延加工业、电力热力的生产和供应业六大高耗能工业行业实现利润总额122.8亿元，同比下降1.8%。规模以上工业投资同比下降24.4%，规模以上工业增加值同比增长1.7%，规模以上工业高新技术产业增加值同比增长10.4%。规模以上工业亏损企业340家，同比增长24.5%；亏损总额56.0亿元，同比增长63.5%。规模以上工业企业年平均从业人员30万人，总资产6619亿元，资产负债率62.7%。

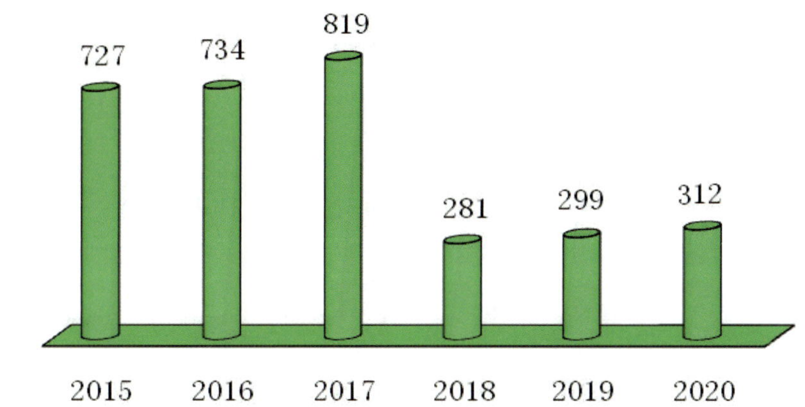

表8

2020年石家庄市主要工业产品产量及其增长速度表

产品名称	总产量	同比增长（%）
化学药品原药	91777.4吨	11.4
化学纤维	126267吨	-4.3
水泥	1466.9万吨	13.2
钢材	1136.7万吨	6.7
交流电动机	172.3万千瓦	-9.6
房间空气调节器	276.9万台	-25.1
乳制品	695176吨	-0.7
饮料	544330吨	-15.3
布	38512万米	-14.8
服装	2215万件	-14.8

【商业和旅游】2020年全市实现社会消费品零售总额2279.6亿元，同比下降3.4%。其中，城镇1980.1亿元，下降1.8%；乡村299.4亿元，下降12.6%。限额以上企业（单位）消费品零售额757.6亿元，同比下降9.7%。其中，城镇754.9亿元，下降9.7%；乡村2.7亿元，增长10.0%。限额以上批发零售业商品零售额734.2亿元，同比下降9.6%。其中，粮油食品类93.1亿元，增长4.4%；饮料类10.4亿元，下降2.3%；烟酒类13.6亿元，增长35.9%；服装鞋帽针纺织品类86.5亿元，下降12.0%；日用品类23.4亿元，增长1.2%；家

社会消费品零售总额（亿元）

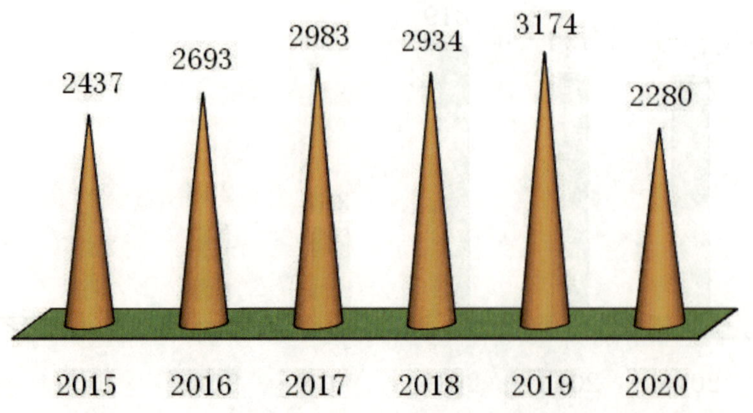

实际利用外资（亿美元）

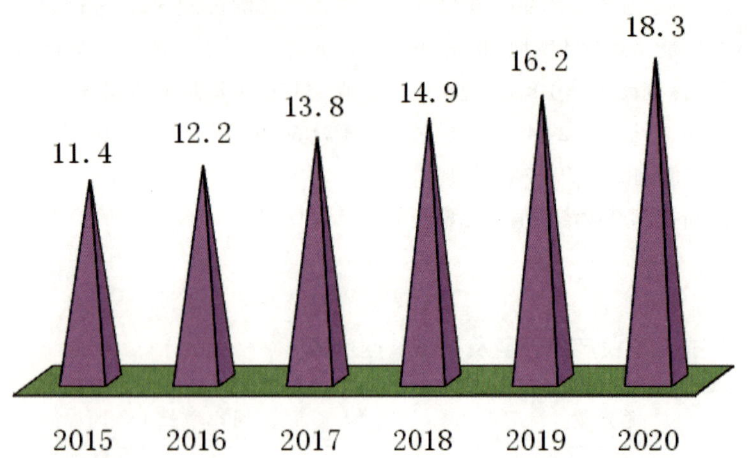

用电器和音像器材类33.5亿元，下降18.7%；中西药品类42.7亿元，下降8.2%；通信器材类14.6亿元，增长0.5%；石油及制品类71.6亿元，下降27.7%；汽车类271.1亿元，下降8.9%。2020年全市注册电子商务企业7028家、电子商务平台及网店8.2万家，正定县、行唐县、赞皇县、平山县、灵寿县5个县获批国家电子商务进农村综合示范县。实施重点商贸项目42个，其中，市级重点商贸项目27个、县域重点商贸项目15个；总投资639.49亿元，年计划完成投资113.57亿元，实际完成投资105.9亿元。2020年全市（包含辛集市）对外贸易进出口总值1341.1亿元，同比增长14.0%。其中，出口总值785.6亿元，增长19.9%；进口总值555.5亿元，增长6.7%。实际利用外资18.3亿美元，同比增长13.1%，其中，外商直接投资18.12亿美元，同比增长12.7%。2020年全市接待海内外游客6230.22万人次，同比下降49.35%；实现旅游业总收入684.15亿元，同比下降53.7%。

【财政和金融】 2020年全市财政收入1191.15亿元，同比增长2.5%，其中，一般公共预算收入632.19亿元，同比增长11.1%。一般公共预算收入中，增值税130.87亿元，企业所得税34.52亿元，城市维护建设税32.66亿元，城镇土地使用税21.54亿元，土地增值税47.18亿元，耕地占用税21.88亿元，契税52.84亿元。2020年全市一般公共预算支出1142.23亿元，同比增长8.6%。其中，一般公共服务支出119.87亿元，公共安全支出57.78亿元，教育支出218.53亿元，科学技术支出15.28亿元，文化旅游体育与传媒支出16.89亿元，社会保障和就业支出134.98亿元，卫生健康支出101.01亿元，节能环保支出68.54亿元，城乡社区支出125.08亿元，农林水支出103.13亿元。至2020年末，全市金融机构本外币各项存款余额16611.03亿元，同比增长10.36%，比年初增加1498.55亿元，其中，住户存款余额8819.72亿元，同比增长14.97%，比年初增加1134.28亿元。至2020年末，全市金融机构本外币各项贷款余额13154.71亿元，同比增长15.31%，比年初增加1720.94亿元，

财政收入和一般公共预算收入（亿元）

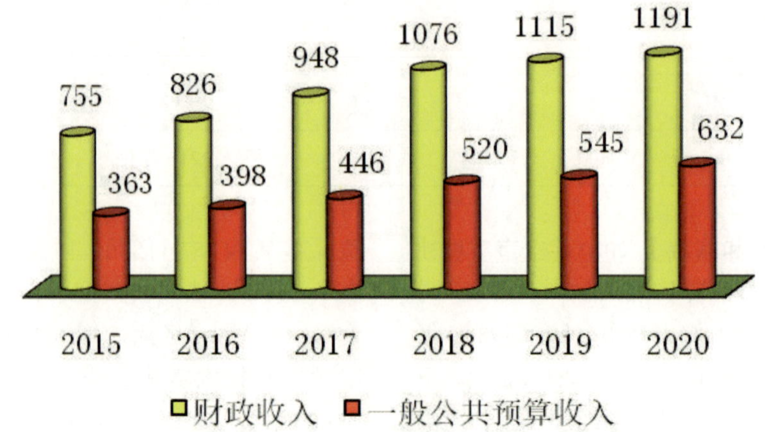

其中，住户本外币贷款余额4549.29亿元，同比增长18.63%，比年初增加697.46亿元。存、贷款余额均位列全省第一。

【城乡交通和生态环境】 2020年全市公路通车总里程达到20639.8千米，路网密度140.7千米/百平方千米。其中，高速公路12条854.46千米，国道9条968.11千米，省道33条914.66千米，县道43条1544.23千米，乡道5086.78千米，专用公路268.96千米，村道11035.61千米。2020年全市公路客运量2.14亿人次，货运量5.06亿吨；市区拥有公交车辆4153辆，运营线路246条，公交线路长度4293.85千米，公交营运总里程1.44亿千米，客运总量1.78亿人次。2020年石家庄市域共有铁路干线6条、支线2条，铁路营业总里程556.6千米（2020年石家庄市域铁路统计类型和数据调整），其中，高速铁路营业里程119.6千米，铁路客运专线营业里程148.95千米，普通铁路营业里程288.05千米；铁路客运量1896.12万人次，铁路货运量6436.35万吨。2020年石家庄机场通航城市93个，旅客吞吐量820.4万人次，同比下降31.19%；货邮吞吐量8.64万吨，同比增长62.3%。2020年石家庄地铁营运里程61.6千米，同比增加20.9千米；客运总量7171.23万人次，同比下降18.14%。2020年石家庄市环境空气质量一级优良天数31天，二级良好天数174天，三级轻度污染天数114天，四级中度污染天数26天，五级重度污染天数19天，六级严重污染天数2天；空气优良率56.2%，同比提高8.5个百分点；重污染天数比例5.9%，同比下降3.7个百分点。2020年石家庄市环境空气质量综合指数为5.96，同比下降0.84；空气污染贡献率由高至低依次为臭氧（O_3）129天，细颗粒物（PM2.5）110天，可吸入颗粒物（PM10）77天，二氧化氮（NO_2）10天，颗粒物［可吸入颗粒物（PM10）和细颗粒物（PM2.5）］4天，可吸入颗粒物和二氧化氮2天，可吸入颗粒物和臭氧1天。

【科学技术和教育】 2020年石家庄市域单位获得国家科学技术奖6项，均为国家科学技术进步奖二等奖，其中，主持完成获奖项目1项，参与完成获奖项目5项。2020年石家庄市域单位获得河北省科学技术奖115项，其中，河北省自然科学奖9项（一等奖2项、二等奖4项、三等奖3项），河北省技术发明奖2项（二等奖2项），河北省科学技术进步奖104项（一等奖17项、二等奖39项、三等奖48项）。3人获得河北省科学技术个人奖，其中，1人获得河北省科学技术突出贡献奖，2人获得河北省科学技术合作奖（2020年国家科学技术奖暂未公布）。至2020年底，全市共有高新技术企业2499家，创新型（试点）企业265家，科技型中小企业13567家，省级以上科技创新平台340家。2020年全市专利申请28676件，专利授权19577件，有效发明专利拥有量9302件，万人发明专利拥有量8.95件。2020年全市共有各级各类学校3814所（不含高等教育学校），在校生202.89万人，教职工14.11万人，专任教师11.68万人。其中，幼儿园1862所，在园幼儿32.41万人，教职工3.18万人，专任教师1.78万人；小学1392所，在校生92.59万人，教职工4.66万人，专任教师4.88万人；中学400所（初级中学191所、高级中学59所、九年一贯制学校85所、完全中学53所、十二年一贯制学校12所），在校初中生35.88万人、普通高中生18.09万人，教职工5.01万人，初中专任教师2.57万人，普通高中专任教师1.44万人；特教学校23所，在校生2399人，教职工523人，专任教师444人；中等职业学校137所，在校生23.68万人，教职工1.31万人，专任教师9660人。2020年全市共有市属高校5所，其中，本科高校1所（石家庄学院），高职高专院校4所（石家庄职业技术学院、石家庄信息工程职业学院、石家庄科技工程职业学院、石家庄幼儿师范高等专科学校）。石家庄学院在校大学生16841人，教职工1295人，其中，正高级职称124人、博士204人、副高级职称401人，硕士836人，“双师双能型”教师529人。石家庄职业技术学院在校大学生12861人，教职工900余人，其中，正高级职称59人、副高级职称239人，博士27人、硕士542人。石家庄信息工程职业学院在校大学生18373人，教职工1284人，其中，正高级职称39人、副高级职称229人，博士2人、全日制硕士研究生165人。石家庄科技工程职业学院在校大学生6862人，教职工300余人，其中，副高级以上职称72人，研究生学位以上教师156人。石家庄幼儿师范高等专科学校在校大学生5977人，教职工419人，其中，教授18人、副教授88人，博士、硕士206人。

【文化、卫生和体育】 2020年末全市共有艺术表演团体20个，艺术表演场馆（剧院、剧场）13个，文化馆23个，市县属博物馆（含纪念馆）9个，公共图书馆24个，乡镇综合文化站207个、街道文化中心57个，广播电视播出机构（含广播电视台）17个。市图书馆藏书总量160万册。市博物馆馆藏文物总数4535（件/套）。市美术馆收藏作品1024

件（套）。全市举办送戏下基层演出2433场，公益电影放映48096场。广播、电视节目综合人口覆盖率均达100%。2020年底全市共有各级各类医疗卫生机构（含诊所）8369个，其中，医院306个，乡镇卫生院217个，疾病预防控制中心（防疫站）23个，妇幼保健院（所、站）24个，社区卫生服务中心（站）229个，门诊部231个，诊所（医务室）3309个，村卫生室3963个。开放床位64426张。在岗职工113077人，其中，卫生技术人员91286人，执业（助理）医师41804人，注册护士36820人。平均每千人拥有卫生技术人员8.78人，医生4.02人，注册护士3.54人。2020年全市运动员参加省级以上比赛获得金牌316枚、银牌289枚、铜牌276枚。审批注册二级裁判员250人、二级运动员386人。新增二级社会体育指导员1190人，公益社会体育指导员总数达到2.3万人。拥有体育协会352个，其中，市级体育协会51个，县级体育协会301个。至2020年末，全市共有各类体育场地16731块，总面积2505.7万平方米，人均体育场地2.41平方米；标准体育场21个，其中甲级体育场2个（观众席2.5万座以上）；标准体育馆18个，其中甲级体育馆1个（观众席6000座以上）。2020年10月，中国田径协会授予石家庄马拉松“金牌赛事”称号。

【人民生活和社会保障】 2020年全市居民人均可支配收入30955元，同比增长5.5%。其中，城镇居民人均可支配收入40247元，增长4.4%；农村居民人均可支配收入16947元，增长6.9%。2020年全市居民人均消费支出19411元，同比增长8.5%。其中，城镇居民人均消费支出24867元，增长6.5%；农村居民人均消费支出

城镇居民人均可支配收入和农村居民人均可支配收入（元）

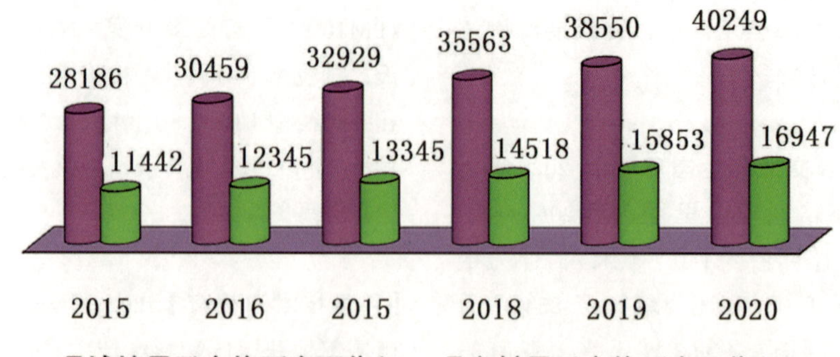

11186元，增长12.9%。2020年全市城镇新增就业12.84万人，城镇登记失业率3.75%；农村劳动力转移就业5.6万人。2020年末全市城乡居民养老保险参保379.5万人，城镇职工养老保险参保269.4万人，失业保险参保126.4万人，工伤保险参保192.6万人，城乡居民医疗保险参保905.0万人。2020年全市居民享受最低生活保障（简称低保）对象15.0万人，其中，城市低保对象1.2万人，农村低保对象13.8万人。

（薛鹏飞　陈丽）

【2家企业入选中国企业500强】 9月28日，中国企业联合会、中国企业家协会在2020中国500强企业高峰论坛上公布“2020中国企业500强”名单，由市企业联合会、市企业家协会推荐的敬业集团有限公司、石药控股集团有限公司2家企业入选。“2020中国企业500强”评选按照国际通行方式，以2019年企业营业收入为入围标准，经专家委员会审定排出。敬业集团有限公司以营业收入12740209万元，名列中国企业500强第166位，较2019年提升51位次；石药控股集团有限公司以营业收入3645631万元，名列中国企业500强第495位。

（市企业联合会）

【援藏援疆】 援藏工作。1994年中央确定河北省对口支援西藏阿里地区，重点支援日土、札达两县。1994～2015年石家庄市负责对口支援日土县，2016年起，石家庄市负责对口支援札达县。2018年石家庄市在札达县启动重点援助项目扎布让旅游小康示范村项目，总投资9639.12万元，建设房屋79套。搭建两地合作与交流平台，根据札达县提出改善乡镇办公条件和周边环境等帮扶需求，石家庄市长安区、桥西区、新华区、裕华区、藁城区、鹿泉区、栾城区7个区与札达县6个乡、1个镇结成对口支援关系，并分别向对口帮扶乡镇赠送资金20万元，共支持资金140万元。2019年1月，正定县、井陉县与札达县结成旅游合作友好县。2020年9月16日，市援藏工作考察团赴阿里地区札达县考察，与札达县委、县政府签订对口支援与合作框架协议，并召开石家庄市对口援建札达县工作座谈会。提升医疗和教育水平，2020年市人民医院与札达县人民医院建立远程会诊系统。选拔援藏专业技术人才4名，至2020年底，石家庄市先后向札达县选派医务工作者14名、教师7名。

援疆工作。1998年石家庄市援疆工作任务启动，对口援建新疆库尔勒市。2010年石家庄市援疆工作增加新疆生产建设兵团第二师31团任

务。2020年石家庄市选派援疆教师20名，至2020年末，全市陆续选派86名教师赴新疆支教。2020年4月15日，石家庄市第九批45名援疆干部人才奔赴新疆。2010～2020年，石家庄市以经济、干部、人才、科技、教育五大领域为重点，分9批选派援疆干部和专业技术人员204名。“十二五”期间，石家庄市完成省下达17个援建项目，总投资6亿余元。“十三五”期间，石家庄市实施援疆项目21个，落实资金2.54亿元。探索对口援疆新路径，做好新疆库尔勒农贸产品宣传推介，引进特色农产品50种，销售117.76吨、金额322.1万元；建成库尔勒农特产品专营超市和“天山情”新疆特色餐厅，接待55.58万人次、营业额178万元。库尔勒市盛产香梨、番茄、辣椒等农产品，因地处偏远，许多农产品出现销售难题。2020年石家庄市以农产品销售为突破口，引导和鼓励石家庄市域企业到库尔勒市投资发展，重点在旅游、香梨、牛羊畜产品培育、优质农畜产品流通等领域合作。5月24日，第一批库尔勒香梨在石家庄市北国超市、365生活超市、永辉超市等大型连锁商超和网上商城开售。10月22日，新疆巴音郭楞蒙古自治州尉犁县（新疆巴音郭楞蒙古自治州和生产建设兵团第二师为河北省对口支援对象）的罗布鲜羊肉在石家庄市北国超市上架销售。12月1日，石家庄市区新疆特色餐厅、库尔勒农特产品专营超市开业。至2020年末，石家庄市帮助库尔勒市销售香梨1.2万吨。石家庄市华药集团、石药集团、神威药业、安瑞科、君乐宝等30多家企业与库尔勒市和新疆生产建设兵团第二师31团建立联系，河北石家庄循环化工园区与库尔勒市上库综合产业园区开展合作。2020年6月，石家庄市对接中农博远进驻库尔勒市经济创业园区，推进辣椒种植、管理、收获用大型机械生产和研发。2020年7月，库尔勒市和新疆生产建设兵团第二师31团到石家庄市招商引资，其中，31团与石家庄市签订产业项目投资协议2个，与东胜旅游签约沙漠、胡杨等旅游资源综合开发项目。2020年10月，石家庄文化旅游投资集团有限公司与库尔勒山水梨城旅游开发有限公司签订战略合作协议，双方商定挖掘两地旅游资源优势，携手促进旅游产业发展。“十三五”期间，石家庄市为库尔勒市和新疆生产建设兵团第二师31团企业牵线搭桥，引进产业援疆项目12个，总投资40亿余元。至2020年底，产业援疆和旅游合作成为石家庄市援疆工作重要内容。

（市档案馆）

开发区 · 自由贸易试验区

Development Zone & Pilot Free Trade Zone

石家庄高新技术产业开发区

【概况】 石家庄高新技术产业开发区（简称高新区）是1991年3月经国务院批准设立的首批国家级高新区。2005年6月，国家发展和改革委员会（简称发改委或发展改革委）审核确定石家庄高新区政策区面积15.53平方千米。2009年10月15日，石家庄市委、市政府决定石家庄高新区对裕华区宋营镇、原栾城县郄马镇实行托管。至2020年末，石家庄高新区辖2个街道办事处2个镇（长江街道办事处、太行街道办事处，宋营镇、郄马镇）、23个社区居委会、25个行政村，实际管辖面积78.75平方千米，常住人口30.47万人，户籍人口18.1万人。石家庄高新区是全市高新技术产业的聚集区、对外开放的主导区和创新试验的先导区，地处主城区东部，建有石济铁路客运专线石家庄东站，新元高速公路纵贯南北，京港澳、石太、石黄高速公路与辖区紧邻，利用长江大道、太行大街等道路联通市县，辐射城乡，距离石家庄机场40千米、石家庄火车站15千米。2020年高新区完成地区生产总值332.2亿元，同比增长5.2%。其中，第一产业增加值0.2亿元，下降27.0%；第二产业增加值157.9亿元，增长7.2%；第三产业增加值174.1亿元，增长3.4%。全部财政收入92.69亿元，同比增长8.9%，其中，一般公共预算收入48.18亿元，增长10.1%；一般公共预算支出38.71亿元，同比增长46.5%。农林牧渔业总产值3407万元，同比下降24.8%。粮食播种面积1143公顷，总产量5233吨，平均亩产305.2千克。其中，小麦播种面积589公顷，总产量2838吨，平均亩产321.0千克；玉米播种面积319公顷，总产量1725吨，平均亩产360.1千克。拥有规模以上工业企业154家，同比增加9家；规模以上工业营业收入415.0亿元，同比减少43.78亿元；规模以上工业利润47.35亿元，同比减少6.2亿元；利税总额46.85亿元，同比增长37.6%。社会消费品零售总额155.75亿元，同比下降4.2%。服务业营业收入313.2亿元，同比增长8.0%。民营经济增加值246.37亿元，同比增长6.3%。建立招商引资项目入区专家评审机制，招商签约项目数量、精准招商考核均位列石家庄市第一名。2020年高新区招商引进项目160个，其中，投资额亿元以上项目35个，5亿元以上项目8个，10亿元以上项目6个，签约落地总部项目26个；引进项目总投资228.98亿元，同比增长82.83%，项目投资总额较2019年翻一番。实际利用外资5.23亿美元，同比增长40.15%；实际利用外资额占全市28.6%。利用省外资金85亿元。全年新增生物医药类企业400家，总数达到1816家；新认定高新技术企业282家，总数达到918家；新认定科技型中小企业603家，总数达到2343家；高新技术企业、科技型中小企业总量及增量均位居全省首位。2020年高新区在全国169个国家级高新区中综合排名位列第22位。

【产业项目】 三次产业比例为0.1∶47.5∶52.4。拥有省级农业产业化龙头企业2家、现代农业园区2家、示范合作社2家。工业投资同比下降49.1%，规模以上工业增加值同比增长7.0%，规模以上工业高新技术产业增加值同比增长10.1%。2020年高新区谋划实施产业类项目213个，总投资740.6亿元。实施新征地项目126个，新开工亿元以上项目15个，竣工亿元以上项目18个；争列省、市重点项目33个，数量连续3年位居全市第一。突出生物医药产业主攻方向，采取强链、延链、补链措施，科学配置资源。引进和推进高端医药产业项目，全年新增生物医药类企业400家，总数达到1816家。中成药产量5006吨，同比增长96.2%。生物医药健康产业集群化、高端化发展势头强劲，全年生物医药企业营业收入占全省比重超过50%，占全市比重超过70%。2020年高新区在全国生物医药园区创新药物潜力指数十强园区中排名第五位，入选国家发展改革委战略性新兴产业集群。组建成立河北省体外诊断产业创新技术联盟，拥有医疗器械注册证书30个、临床受理号及临床批件20个、取得境外上市临床创新药及医疗器械国内唯一授权3项。推动创新型产业集群高质量发展，开展集群跨区域跨领域合作，举办2020年创新型产业集群高质量发展培训班，聚集创新型产业集群建设单位109个。2020年高新区在全国25家生物医药创新型产业集群中排名第一，在全国生物医药产业园区综合竞争力中排名第八。先进装备制造产业行业细分领域优势企业日渐壮大，制冷设备、节能环保、新能源汽车充电装备、智能电源等领域保持先进水平。新一代信息技术产业形成以光电显示、通信设备、通信器件等信息制造产业为主，特色软件与系统集成、信息和大数据服务业快速兴起的发展格局。高端服务业以全国首批科技服务业区域试点、河北·京南国家科技成果转移转化示范区及国家知识产权示范园区建设为抓手，聚集和建成一批科技服务平台、知名科技服务机构，涌现出河北工业设计创新中心等新型科技服务业态，覆盖科技创新全链条，成为全市科技服务业高地。至2020年底，高新区发展形成以生物医药为主导，先进装备制造、新一代信息技术、现代服务业协同发展的"1+3"产业格局。其中，以石药集团、以岭药业等为代表的生物医药企业产值占高新区总产值比重达到43.6%，以格力电器、博深工具等为代表的先进装备制造企业产值占高新区总产值比重达到26.26%，以中电科54所、中电科13所等为代表的电子信息企业产值占高新区总产值比重达到19.99%，是国家火炬计划软件产业基地、国家新型工业化产业示范基地、国家知识产权示范园区、国家科技成果转移转化示范区、国家首批生物医药产业基地、国家创新药物孵化基地、国家产学研合作创新示范基地、"双创"示范基地。2020年高新区获得石家庄市"4+4"现代产业体系建设工作先进集体称号。

【科技创新】 新认定高新技术企业282家，总数达到918家；新认定科技型中小企业603家，总数达到2343家；高新技术企业、科技型中小企业总量及增量均位居全省首位。新增市级以上创新平台11家，其中，省级重点实验室1家、省级技术创新中心6家、市级技术创新中心4家；市级以上创新平台累计达到274家。新增省级众创空间2家、孵化器2家，新增市级众创空间3家、孵化器3家；高新区获评国家级"双创"示范基地，方亿科技企业孵化器、科技创新服务中心获得国家"科技创业孵化贡献奖"（全省2家）。引导和支持企业增加研发投入，全年申报省市科技计划项目155项，实施高新区产学研合作项目13项，引进培育国内知名技术转移服务机构23家，承接转化重大科技成果54项。新培育省级新型研发机构试点培育单位7家。以建设国内一流的数字经济科技成果研发转化、高新技术企业培育孵化、科技人才培养基地为目标，与河北工业大学合作共建"河北工业大学（石家庄）数字经济产业研究院"。发挥生物医药产业优势，申报国家疫情防控重点企业33家，开展应急科技攻关项目69项，取得先进技术成果12项，入选全国"科技抗疫——先进技术推广应用百城百园"行动示范园。推进知识产权运营服务聚集区建设，获得专利授权312件，培育国家级知识产权示范企业、优势企业4家。重视引进人才，出台《支持人才引领高质量发展若干扶持政策》。全年办理区级人才绿卡1006张，引进"两院"院士等顶尖人才16名、国内知名专家博士49名，以高新区为主核心的中国石家庄人力资源服务产业园获批国家级产业园。创新金融支持科技发展模式，组建成立科技金融集团、基金联盟运营公司。新增上市挂牌企业14家，总数达到92家。新增科技金融服务机构6家。办理科技信贷53笔、科技保险32笔。参股设立基金3支，分别为京津冀产业基金、新毅基金、旷烨基金。2020年高新区持有基金参与投资项目11个，投资金额14.04亿元，其中，引进入区项目7个，撬动基金投资高新区8.15亿元。至2020年底，高新区设立基金总规模123.45亿元，实际投资达到36.66亿元。2020年高新区入选全国民营和小微企业金融服务综合改革试点，获得财政部支持资金4000万元。

【企业转型升级】 实施工业技改项目60项，6家企业项目获批市工业技术改造专项资金。12个项目获得省级工业设计项目资助，争取资金265万元。渡康医疗生产产品入选国家《智慧健康养老产品及服务推广目录（2020年版）》。装备制造产业快速发展，建成数字化车间标杆企业2家、数字化车间企业8家；国祥运输、金环建设、瑞鹤医疗获批河北省技术创新示范企业；石家庄四药、科瑞达获批省制造业单项冠军企业，4家企业产品获批省制造业单项冠军产品。2020年高新区规模以上工业企业中战略型新兴企业达到60家，完成工业总产值355亿元，同比增长2.7%；营业收入287亿元，同比下降20.1%；实现利润总额20.5亿元，同比下降57.9%。战略型新兴企业主要有以岭药业、东旭光电、石家庄四药、格力电器、金坦生物、维生药业、国祥运输等公司。以岭药业获批河北省工业控制系统信息安全试点示范，卓望电子获批河北省工业信息安全服务支撑单位。支持中小企业发展，引导中小企业走“专精特新”发展道路。全年新增“专精特新”中小企业17家，累计达到50家；6家企业获批河北省“专精特新”中小企业示范企业。新认定瞪羚企业17家。重视小型微型企业创业创新基地和中小企业公共服务平台建设，全年新增8家市级小型微型企业创业创新基地、2家市小型微型企业创业创新示范基地、1家省小型微型企业创业创新示范基地；2家平台获批省级中小企业公共服务平台，百汇广联获批国家级中小企业公共服务平台；4家企业获批“工业诊所”。

【京津冀协同发展】 以打造京津冀协同发展科技创新高地为目标，加快承接载体建设，提升园中园建设力度。全年对接京津招商活动10次，引进京津项目61个，其中，征地项目2个、非征地项目59个；总投资57.24亿元。61个项目涉及生物医药、新一代信息技术、先进装备制造、现代服务业等领域，其中45个项目完成工商注册，项目注册率达到74%。京津冀产业协作创新示范园一期、北京国械堂医疗器械产业园竣工投用，京津冀产业协作创新示范园二期、中关村海外科技园（河北分园）、北京航天智造科技园、国际生物医药产业园等承接载体正在建设。8月8日，中关村海外科技园（石家庄分园）在石家庄高新区举行开工奠基仪式。中关村海外科技园（石家庄分园）项目由河北方大科技股份有限公司与北京中关村海外科技园有限责任公司共同建设运营，地址位于高新区天山大街与仓宁路交口，占地面积100亩，建设面积20万平方米。搭建校企精准对接平台，与京津科技部门、高校科研院所建立长效合作机制，开展产学研合作对接活动5场，引进转化京津冀高校、科研院所科技成果54项，实现技术合同交易额15.33亿元。对接京津创新资源，合作搭建公共服务平台，成功引进中国青年创新青创板（京津冀区域）中心在高新区落户。全年青创板新增挂牌企业13家，高新区新培育省级技术转移服务机构2家，省级以上技术转移服务机构总数达到18家。

【城区建设】 闽江道（昆仑大街—秦岭大街）、冲江路（昆仑大街—燕山大街）、文盛路（昆仑大街—太行大街）等9条道路工程完工，建成道路10.12千米、雨水管网11.52千米、污水管网15.1千米、供水管网9.35千米。改善城区面貌，新建便民市场2家、微型市场5家；清理积存垃圾10万立方米；农村改厕4434个；整治“七小”行业3313家。推进城中村改造，北豆、岗当旧村拆迁完成，宋营、南豆、小西帐、大西帐、中仰陵5个村拆迁达到90%以上；小西帐村建设回迁楼12栋，其中6栋楼入住；北豆、岗当、南豆回迁楼建设开工。新增绿地面积29万平方米。6月1日，昆仑公园建成投用，占地面积20公顷。投资555.77万元，启动口袋公园建设，面积1200平方米。重视城区绿化，街道种植绿篱地被2.13万平方米，栽植乔灌木1443株。公园广场栽植鸢尾玉簪3299平方米，修缮地面2621平方米。实施石济铁路客运专线黄土裸露整治，绿化沿线用地1146平方米。创建国家卫生城市，补植地被绿篱5220平方米；主街主路裸露黄土树池安装篦子1235个，面积1907.4平方米，水泥树池更换花岗岩206个，面积876.2平方米；长江大道（八匹马前）、火炬广场东侧、火炬广场西侧及峨眉街东侧创新设立“科技引领”“紧密团结”“时代画卷”“幸福之门”4个主题绿雕。加强城市管理，投资539万元，建成城市管理综合数据库及执法平台，包括城市管理综合数据库、车辆综合管理系统、热线对接系统、综合执法平台、视频智能分析平台。智慧城市运行指挥中心试运行，市政、园林20辆作业车辆安装智慧城市北斗卫星定位设备，19台车辆安装智慧城市车载智能云平台监控系统。2020年高新区空气质量综合指数为5.9，排名全市第4位；空气优良天数216天，同比增加42天；空气重度污染及以上天数19天，同比减少6天。

【社会民生】 优化营商环境，企业开办时间压缩至2小时，“最多跑一次”事项达到95%，“一窗受理”事项达到99%，“一网通办”事项达100%。37项“三创四建”重点工作和10件利民惠民实事完成。全年企业职工养老保险新增13894人，累计参保人数20.36万人；城乡居民养老保险参保人数35190人；城镇职工医疗保险新增开户企业2729家，新增参保人员47698人；城乡居民医疗保险新增参保人员5744人；企业工伤保险新增参保人员15699人，累计参保人数14.2人；企事业单位失业保险参保新增12788人，累计参保人数13.17万人。企业职工养老保险征缴7.5亿元，城乡居民养老保险征缴423.34万元；企事业单位失业保险征缴4078.6万元。城镇新增就业4230人，城镇登记失业率1.82%。拥有学校90所，其中，幼儿园49所，小学23所，中学11所（初级中学2所、九年一贯制中学3所、完全中学2所、高级中学1所、12年一贯制中学3所），中等职业学校7所；在校生6.65万人，教职工5796人，专任教师4508人。新增市级普惠性幼儿园10所，东羊市小学、长九中心小学建成投用。拥有艺术表演团体7个、文化馆1个、公共阅览室1个，广播、电视节目综合覆盖率均达100%。建有社区卫生服务中心2个、社区卫生服务站2个、村卫生室27个，医院开放床位100张，拥有卫生技术人员255名，其中，执业（助理）医师125名，注册护士98名。建成全民健身中心1处、体育公园2处、多功能运动场4处、社区及行政村健身路径110条，社区健身路径实现全覆盖；社会体育指导员达到550人。

石家庄高新技术产业开发区

中共高新区工委书记：

赵文锋（2月免）

周立新（女，9月任）

区工委副书记：

周立新（女，9月免）

杨国芳（9月任）

区管委会主任：

周立新（女）

区管委会副主任：

戴宝进　张群书

尚二飞

张国义（9月免）

区纪工委书记：

梁建坤

（聂红强）

河北石家庄循环化工园区

【概况】 河北石家庄循环化工园区（简称化工园区）位于石家庄市城区东南方向20千米处，东至藁城区廉州镇、南营镇，南至栾城区郄马镇，西至石家庄高新技术产业开发区，北至石家庄经济技术开发区、藁城区岗上镇，是河北省政府确认的首批省级工业聚集区和循环经济示范园区。2005年12月启动建设，起步区规划面积5.44平方千米，2011年规划面积扩大至10.26平方千米。2012年7月组建成立中共石家庄循环化工园区工作委员会（简称工委）和石家庄循环化工园区管理委员会（简称管委会），级别为副厅级，托管原藁城市丘头镇（现藁城区丘头镇），管辖面积56.52平方千米，其中核心产业区面积13.77平方千米。2013年化工园区被确定为河北省实施工业强省战略十大新型工业化基地之一，被评为省级中小企业产业示范集群。2014年化工园区石炼化800万吨油品质量升级项目一次性试车成功。2017年4月1日，化工园区正式更名为河北石家庄循环化工园区。2019年11月14日，化工园区被中国石油和化学工业联合会认定为第二批“中国智慧化工园区试点示范（创建）单位”和“绿色化工园区（创建单位）”。管辖行政村13个，常住总人口5.61万人，户籍人口6.11万人。2020年化工园区完成地区生产总值110.1亿元，同比下降12.5%。其中，第一产业增加值1.3亿元，增长14.3%；第二产业增加值96.0亿元，下降14.6%；第三产业增加值12.7亿元，增长12.4%。全部财政收入86.15亿元，同比下降9.4%，其中，一般公共预算收入17.0亿元，增长9.6%；一般公共预算支出16.31亿元，同比增长2.5%。拥有规模以上工业企业34家，同比增加6家；规模以上工业营业收入320.47亿元，规模以上工业利润−11.49亿元。社会消费品零售额8.04亿元，同比下降4.4%。服务业营业收入2.6亿元，同比下降4.5%。招商引资签约项目33个，总投资172.28亿元；引进省外资金51.58亿元；实际利用外资405.11万美元。民营经济增加值25.6亿元，同比增长9.4%。认定科技型中小企业28家、科技小巨人3家、市级众创空间1家。2020年河北石家庄循环化工园区在全国601个化工园区综合排名位列第22位，被中国石油和化学工业联合会列为“国家级智慧化工园区”“国家级绿色化工园区”创建单位，获授“中国化工园

石家庄循环化工园区生产区　（付伟　摄）

区 30 强”称号。

【产业项目】 三次产业比例为 1.2∶87.2∶11.6。全年农林牧渔业总产值 2.07 亿元，同比增长 14.2%。粮食播种面积 4103 公顷，总产量 2.55 万吨，平均亩产 413.6 千克。其中，小麦播种面积 2115 公顷，总产量 1.51 万吨，平均亩产 476.7 千克；玉米播种面积 1163 公顷，总产量 7699 吨，平均亩产 441.3 千克。4 家奶牛场实施规模化、标准化、智能化改造。石家庄雅润养殖科技有限公司锦鲤养殖形成规模。新增市级农业科技园区 2 家，分别为：河北粟凝香食品有限公司承建的晒醋农业科技园区、石家庄卓农农业科技中心承建的甘薯脱毒苗农业科技园区。工业投资同比下降 23.3%，规模以上工业增加值同比下降 15.3%，规模以上工业高新技术产业增加值同比增长 5.3%。12 月 29 日，化工园区与中国石化销售股份有限公司河北石油分公司签约合作协议。10 个项目列入省市重点项目，其中，省重点项目 1 个、市重点项目 9 个，前期项目 6 个、计划开工项目 2 个、续建项目 2 个。6 个前期项目：1. 河北云俨科技有限公司河北大数据云计算中心项目，总投资 10 亿元，主要建设机房 8 座，新增机柜 5000 架、交换及存储设备 5000 架，配套建设供电、消防等辅助设施；项目因能耗问题确定不再园区建设。2. 亚士创能保温材料华北综合性制造基地和区域总部项目，总投资 10 亿元，规划用地 13 万平方米。3. 八维 20 万吨离子膜烧碱，总投资 3 亿元，前期手续办结，正在设计院出图。4. 市仁安养老服务有限公司仁安怡园康养中心项目，总投资 3.5 亿元，建设养老公寓（非出售类）6 栋，新建医疗保健设施、特护设施、室外活动设施及给排水、暖通、供电、燃气、绿化、道路、停车场等配套设施，正在施工。5. 循环化工园区公辅一体化（双创中心）项目，总投资 5.02 亿元，建设内容包括园区指挥中心、专家实验楼、产业孵化园、综合科研楼及配套服务设施，正在主体施工。6. 石家庄理想智造工程核心部件智造项目，总投资 10 亿元，总建筑面积 3 万平方米，建设内容包括厂房、仓库、研发中心等；项目备案完成，因自身原因不再建设。2 个计划开工项目：1. 河北医用氧厂异地搬迁升级改造项目，总投资 1.85 亿元，年产液态医用氧 99727 吨，年产液态食品氮 87074 吨，新购置分馏塔、纯化装置、预冷装置、储存装置，增设 SIS 安全仪表系统，新建研发中心、主控楼、空压机车间、仓库、维修车间等；项目主体施工完毕，正在办理试生产手续。2. 汇彩皮毛染剂项目，总投资 1.13 亿元，建设原料库、生产车间、成品库、研发中心等，组建 1 条弱酸性染料生产线、1 条助剂生产线，配套建设给排水、厂区道路等辅助设施，设计年产皮革毛皮专用弱酸性染料及助剂 3000 吨，正在主体施工。2 个续建项目：1. 河北万众热电有限公司燃机热电联产项目，总投资 52 亿元，建设 4×350 兆瓦等级燃气—蒸汽联合循环供热机组，设计年发电量 60 亿千瓦时、年供热量 600 万吨。2. 中宁特种气体项目，总投资 2.1 亿元，设计年产 5 万瓶标准气体、3 万瓶电子工业气体、3 万瓶医疗气体、1 万瓶电光源气体、2 万瓶高纯气体、2000 瓶超纯气体；项目主体施工完毕，正在安装设备。

【科技创新】 高新技术企业申报 18 家（待批）、复审 5 家（待批）。科技型中小企业达到 28 家，其中，新认定科技型中小企业 24 家，复审保留科技型中小企业 4 家。科技小巨人企业达到 3 家，其中，新认定科技小巨人企业 1 家，复审通过科技小巨人企业 2 家。新认定市级创新型企业 2 家、市级众创空间 1 家。新认定区级创业孵化基地 1 家，入驻创业实体 93 户，入驻率 87%。支持企业科技创新，向 43 家企业拨付科技创新补助资金 762 万元，为 5 个改扩建项目提供技改资金 344 万元。争取上级科技创新政策和资金支持，为 14 家企业办理和落实省市支持资金 418 万元，分别为：“2020 年科研专项资金”68 万元、“2020 年高新技术企业奖励性后补助专项资金”70 万元、“省级 2020 年支持市县科技创新和科学普及（高新技术企业奖补）专项资金”40 万元、“第五批高层次科技创新创业人才专项资助经费”200 万元。3 家企业申报“专精特新”企业、4 家企业申报企业技术中心，8 个项目列入省千项技改库。与中国科学院过程工程研究所、中国科学院生态环境研究中心、中国计量科学院、中国军事科学院防化研究院、河北清华发展研究院、西安交通大学、西北工业大学、河北工业大学、河北科技大学等国内科研院所、高校建立合作关系。与中国科学院过程工程研究所合作成立河北绿色制造创新研究院，共同开展化工园区中试基地建设；与中国科学院生态环境研究中心合作成立赛科环保研究院，开展化工园区污水综合解决、生态文明建设与绿色规划研究项目。1 月 16 日，化园区与河北清华发展研究院签署战略合作协议。10 月 16 日，化工园区与京东智联云签署数字经济项目合作协议，共同开展智能生产、智能流通、智能消费等数字基础设施建设领域合作，共建“4 个 1”工程，即落地 1 个数字经济服务主体、建设 1 套新型数字基础设施、实施 1 批数字经济应用示范项目、共建 1 个数字经济产业园。11 月 18 ～ 20

日，由中华环保联合会、石家庄市政府主办，河北石家庄循环化工园区等承办的2020全国挥发性有机物污染防治科技大会在石家庄国际会展中心举行。

【招商引资】 完善招商引资政策，印发《关于进一步推进外资和现代服务业招商引资工作的补充办法（暂行）》。招商引资签约项目33个，总投资172.28亿元和1758万美元。33个签约项目中，登记注册19个，注册率57.6%；开工建设16个，开工率48.5%；引进省外资金51.58亿元；实际利用外资405.11万美元。引进5亿元以上项目10个，分别为：北京首冶新元科技发展有限公司投资18.5亿元的首创欣元科技产业园项目、晶奥量新材料有限公司投资5亿元的晶奥电子显示材料化工园区项目、杭州原创软件有限公司投资5.2亿元的物联网腐蚀控制系统项目、南京安元科技有限公司投资39.7亿元的京津冀（石家庄）安全科技产业园项目、中国科学院过程工程研究所投资7.8亿元的中科纳米绿色环保产业园项目、北京金茂产城科技发展有限公司投资15亿元的金茂中化智慧新城项目（一期）、燕岛环保科技股份有限公司投资23亿元的燕岛庆海静脉科技产业园项目、深圳五方文化旅游投资有限公司投资5亿元的田园野奢民宿群落项目、深圳市安测健康信息技术有限公司投资14亿元的智慧医疗产业园区项目、深圳市铭睿合一投资有限公司投资15亿元的欢乐世界儿童主题乐园项目。12个项目达成投资意向，拟引资额75.2亿元。

【城区建设】 全年启动城区重点建设项目20个，总投资9.98亿元，建设完工8个。出具项目选址意见及初审意见7个。批复安装路由设备22处。核发建设用地规划许可证22件，审批用地面积307580.13平方米；核发建设工程规划许可证13宗，审批建筑面积65872.16平方米；审批市政管线长度19419米；工程项目完成验收8个。建设道路里程12千米，其中，光明横街、化工北路、石炼路升级改造工程建成通车，北炼路、外环一路、阿里山大街、现代农业园内环路等道路工程完工；塔西大街桥板段、纬三路、外环二路正在施工。石炼路、建石南路、清源大街、化工南路绿化完工，现代农业园内环道路工程绿化种植树木28089棵，绿化面积2500亩。开展雨污水管网建设，新建道路、旧路改造实现雨污水分流和雨污水管网全覆盖；投资1899.58万元，实施良村南污水处理厂脱泥提升改造，设备安装调试完毕。实施清洁能源供暖工程，供热主管网“汽改水”改造完成并投入使用，供热智能平台实现省、市、区、企业四级智慧供热平台联通。推进公共设施配套建设，投资2392万元，建设全民健身体育广场投入使用，占地面积80亩。工业博物馆前期可行性研究完成，综合体育馆项目正在完善整体方案；职工文化活动中心项目选址、可行性研究上报省总工会，建设内容包括公共图书馆、公共文化馆、美术馆等。支持创建国家卫生城市，清理占道经营、流动摊点120余家，规范店外经营商铺130余户，拆除各类伞棚40余顶，整治广告牌匾及乱张贴广告等行为1000余起。丘头、西宽亭完成住房棚改任务591套。南乐乡村城中村改造启动，阿里山大街、科技城占地范围住户实行货币化安置3户。实施居民小区改造10个（计划内老旧小区1个、计划外居民小区9个），涉及居民6077户、面积65万平方米。至2020年末，计划内老旧小区改造任务完成，园区8个居民小区实现“红色物业”管理全覆盖。

【社会民生】 农村集体产权制度改革稳步推进，股权证验收、发放完毕，累计发放股权证53233册，分配股份375.51万股。开展就业创业培训，就业技能培训380余人，创业培训31人，企业职工岗前培训48人，新型学徒制培训346人。调解处理农民工欠薪投诉等劳动案件35起，涉及人员190余人，帮助追回欠薪230万元；落实工资保证金政策，收取园区工程项目农民工工资保证金674万元。实施70岁以上老人体检补贴政策，免费为农村老人体检近900人次。推进医养结合项目建设，仁安怡园康养中心项目建设开工。发放低保、特困、高龄、临时救助等民生保障资金400万元，所辖村全部签订分散供养特困人员委托供养服务协议。做好退役军人管理与服务，申报全国示范型服务站5个，为全部新退伍人员制发优待证，办理退役士兵保险接续2人。发放重点优抚对象抚恤补贴资金132.19万。注册社会组织59家。落实企业减费政策，全年减免企业社会保险费835.99万元，养老保险单位缴费由20%比例下降到16%。稳岗返还14家参保企业补贴金额7.36万元。保障企业用工需求，摸底统计园区20家核心区企业、38家乡镇企业、5家建筑企业，建立用工需求清单；帮助6家有用工需求企业解决用工79人；开展园区未就业人员和有就业意愿农村劳动力统计，确定劳动力供给清单344人。拥有学校13所，其中，幼儿园3所，小学8所，初级中学2所；在校生6917人，教职工437人，专任教师360人。接收石炼社区幼儿园，新招聘教师7名。落实小学生营养餐政策，向在校生提供课间奶供应，惠及学生3990余人。1月1日，河北医科大学第一医院循环化工园区医院挂牌。投资2000万元，建设医院体检楼交付使用，新增床位40张。投资100多万元，建设医院核酸检测实验室于5月20日投入使用。落实村医聘用制管理，签约村医58人。实施136种带量药品集中采购，药品价格平均降价53%，单品最高下降幅度达95%。医疗救助2772人次，发放救助金额54.71万元。

河北石家庄循环化工园区

党工委书记、管委会主任：宋同原

党工委副书记：范书青

管委会副主任：范振鹏（5月免）

赵伦

李富兵（5月任）

周建林（5月任）

纪工委书记：王光 （女）

（潘岳荀）

河北自由贸易试验区正定片区

【概况】 中国（河北）自由贸易试验区正定片区（简称河北自由贸易试验区正定片区或者河北自贸区正定片区）包括正定新区、河北正定高新技术产业开发区、临空经济区（含石家庄综合保税区）3个区域。正定新区于2010年10月批准设立，初称滹沱新区，位于石家庄市滹沱河北岸、正定县城东侧，跨正定县和原藁城市（现藁城区）部分区域，起步区规划面积30平方千米。河北正定高新技术产业开发区经河北省政府批准于2014年11月设立，按照省级开发区管理，规划面积29.96平方千米。石家庄综合保税区于2010年10月批准组建，位于河北省省会石家庄北部，是国家级海关特殊监管区和河北省重点打造的省级开发区；与石家庄正定国际机场毗邻，距离石家庄市主城区30千米，距首都北京260千米，距天津新港320千米，距雄安新区150千米；批准面积2.86平方千米，实际围网面积2.49平方千米。2014年9月15日，国务院批复同意设立石家庄综合保税区。2015年11月6日，河北省撤销石家庄空港工业园管理机构，组建石家庄综合保税区党工委、管委会，分别为石家庄市委、市政府派出机构。2016年4月28日，石家庄综合保税区通过国家正式验收，8月31日正式开关运行。2017年2月9日，市委办公厅、市政府办公厅印发《正定县、正定新区“县区合一”管理体制改革实施方案》，确定石家庄综合保税区管理体制不变，委托正定县管理。2019年8月26日，国务院批复设立中国（河北）自由贸易试验区正定片区，地址位于正定县的东部和北部区域，管辖面积33.29平方千米，包括正定新区9.13平方千米、河北正定高新技术产业开发区14.48平方千米、临空经济区9.68平方千米（含石家庄综合保税区2.49平方千米）3个区域，实施范围东至诸福屯西街、河里街、综保区东围网，南至河北大道，西至新元高速、107国道、园博园大街，北至综保区海关巡逻道。2019年8月31日，中国（河北）自由贸易试验区正定片区正式挂牌。2019年10月29日，市委机构编制委员会印发《关于设立中国（河北）自由贸易试验区正定片区管理机构的通知》（石机编〔2019〕44号），批准设立中国（河北）自由贸易试验区正定片区管理委员会，为市政府派出机构，在石家庄综合保税区管理委员会加挂牌子，实行“一套人马、两块牌子”，委托正定县（正定新区）管理。2020年10月8日，国务院办公厅印发《关于同意石家庄综合保税区核减规划面积的复函》（国办函〔2020〕95号），同意石家庄综合保税区核减规划面积，核减后规划面积由2.86平方千米调整为2.49平方千米，管辖范围：东至空港北大街、南至海关巡逻南道、西至机场北大街、北至海关巡逻北路。根据河北自由贸易试验区总体部署，正定片区重点发展临空产业、生物医药、国际物流和高端装备制造等产业，建设航空产业开放发展集聚区、生物医药产业开放创新引领区和综合物流枢纽（也称“两区一枢纽”）。2020年中国（河北）自由贸易试验区正定片区实现进出口贸易额203亿元，其中，出口贸易额187亿元，进口贸易额16亿元，进出口贸易额较2019年增长1.8倍；固定资产投资145.2亿元，首次突破百亿元大关；全部财政收入9756万元，同比增长19%，其中，一般公共预算收入8191万元，增长9.2%；新增市场主体562家，其中外资市场主体11家。2020年石家庄综合保税区完成进出口贸易额29.4亿美元，在全国139家海关特殊监管区排名第55位，较2019年提升6个位次。招商签约内资项目37个，签约额36.28亿元，其中跨境电子商务产业园项目3.5亿元；引进签约国际贸易服务类外资企业36个，签约额11.64亿美元，实际利用外资3.74万美元。2020年石家庄综合保税区经海关总署评估考核，在全省4家综合保税区排名第一，获评B+级海关特殊监管区。

链接：

滹沱新区：2009年12月，市委、市政府成立滹沱新区建设领导小组。2010年6月9日，省机构编制委员会印发《关于组建石家庄滹沱新区管理机构的通知》，批准组建滹沱新区党工委和管委会。2010年9月10日，滹沱新区党工委、管委会领导班子成立。2010年9月17日，滹沱新区正式更名为正定新区。

石家庄空港工业园：2010年5月经河北省政府批准筹建，享受省级开发区政策，规划控制面积124平方千米，起步区面积30平方千米。2010年9月，组建成立石家庄空港工业园党工委、管委会，为市委、市政府派出机构，级别正县级。

【机构设置】 至2020年底，中国（河北）自由贸易试验区正定片区管委会、石家庄综合保税区管委会下设副县级内设机构9个，分别为：综合办公室、工委组织部（人力资源和社会保障局）、财政局、建设环保局、经济发展局（安全生产监督管理局）、口岸服务局、物流发展服务局、自贸制度创新局、自贸协调联络局；所属正科级事业单位2个，分别为：社会保险服务中心和综合执法大队。正定县商务局、正定新区投资招商处、正定高新区招商局加挂中国（河北）自由贸易试验区正定片区工作办公室牌子，负责协调落实所属区域自由贸易工作。石家庄市直部门在石家庄综合保税区设立派出机构4个，分别为：国家税务总局石家庄综合保税区税务局（副县级）、市市场监督管理局综合保税区分局（正科级）、市国土资源局综合保税区分局（正科级）、市城乡规划局园区分局（正科级）。至2020年末，河北自由贸易试验区正定片区、石家庄综合保税区管辖范围无托管乡镇和村居、无城乡居民，区域社会事务管理由正定县（正定新区）负责。

【招商引资】 启动“证照分离”改革。2020年2月，市政府印发《关于在中国（河北）自由贸易试验区正定片区开展“证照分离”改革全覆盖试点工作的实施方案》，确定所有涉企经营许可事项实行清单管理，开展“证照分离”改革全覆盖试点。河北自贸区正定片区实行4种方式分类推进改革，涉企经营许可事项清单管理540项，其中，直接取消审批14项、审批改为备案8项、实行告知承诺62项、优化审批服务456项。推进重点产业高质量发展和创新发展，3月31日，河北自贸区正定片区出台《关于加快推进中国（河北）自由贸易试验区正定片区重点产业高质量发展的若干政策措施（试行）》，从企业注册、产业用地、资金支持、人才引进等方面推出20条扶持政策。克服疫情因素影响，采用“线上＋线下”方式，招商签约内资项目37个，签约额36.28亿元，其中，跨境电子商务产业园项目3.5亿元，占地面积8.2公顷，主要建设跨境电子商务清关查验中心、现代仓储、跨境货物分拨中心、多式联运、包装加工、物流加工、电子商务办公等。引进签约国际贸易服务类外资企业36个，签约额11.64亿美元；实际利用外资3.74万美元，其中，梅雁科技（河北）有限公司3.54万美元，零重力科技0.2万美元。举办线下招商推介活动5场，分别为：石家庄综合保税区政策宣讲及企业座谈会、金融产业发展研讨会、中国（河北）自由贸易试验区正定片区发展高峰论坛、正定片区生物医药健康产业投资合作推介会。参加省市网络项目洽谈会、省自贸区云招商推介会、海外侨商石家庄恳谈会等招商洽谈活动25场。编制完成《中国（河北）自由贸易试验区正定片区生物医药产业开放创新引领区建设实施方案》，佑仁生命健康产业科技创新园、兴顺药业生物医药项目（外资）和上海泰辉生物科技化学发光检测技术平台落地河北自贸区正定片区。国际光电机电产业园引进梅雁科技、岭峰航空、锢岭天航等飞机零部件生产及维修企业，其中梅雁科技建设的鸟禽雷达组装项目投产。

【口岸与物流贸易】 2020年河北自由贸易试验区正定片区实现进出口贸易额203亿元，其中，出口贸易额187亿元，进口贸易额16亿元，进出口贸易额较2019年增长1.8倍。口岸建设。4月26日，河北省产品质量监督检验研究院珠宝玉石实验室搬迁到河北自由贸易试验区正定片区内石家庄综合保税区，开展珠宝玉石、钻石分级、贵金属饰品、饰品有害元素限量等12个大类61项指标检验检测技术服务。9月17日，海关总署批复同意石家庄海关开展金伯利进程证书制度业务，石家庄海关所属正定海关被确定为金伯利进程证书制度下进出口毛坯钻石管理指定主管海关。投资4500万元，建成进境水果、冰鲜水产品、食用水生动物3个指定监管场地项目冷链库及技术用房，配备自动货架、监控系统、管理系统。石家庄国际邮件互换局（兼交换站）项目代建任务全部完成。物流贸易。2020年3月，石家庄空港建设投资有限公司下属全资子公司石家庄空港国际物流有限公司与河北冀中南智能港物流有限公司联合成立石家庄陆港供应链有限公司，主要承接中欧班列集装箱货运业务。2020年石家庄陆港供应链有限公司运输集装箱货柜706件，货值2711万美元。推进物流行业发展，2020年7月，河北自贸区正定片区组建成立河北省现代物流协会自贸区（正定）供应链管理专业委员会，吸引会员单位122家；发挥行业协会作用，及时了解物流行业动态信息和企业诉求，协助制定物流行业发展规划、产业政策等。改善营商服务环境，组建设立“一带一路”国际商事调解中心中国（河北）自由贸易试验区正定片区调解室、河北省（医药）知识产权维权援助中心暨中国（河北）自由贸易试验区正定片区知识产权服务工作站。制度创新。承担《河北自由贸易试验区总体方案》改革试点任务62项，实施50项；承担制度创新清单任务243项（共性192项、个性51项），完成173项。创新形成实践案例5个，分别为：“创新生物医药知识产权维权援助管理服务新模式”“以登记注册便利化改革激活企业活力”“创新企业开办全过程远程指导服务新模式”“推动资金支持政策一门受理、一门兑现”“打造综合服务平台探索商事纠纷‘调解+’新模式”。其中，“推动资金支持政策一门受理、一门兑现”被国务院自由贸易试验区工作部际联席会议简报（2020年第25期）刊发，列入全国和河北省复制推广改革试点经验和最佳实践案例；“以登记注册便利化改革激活企业活力”“创新企业开办全过程远程指导服务新模式”作为最佳实践案例在河北省推广。

【园区建设】 河北自贸区正定片区商品展销中心建成运营，地域位于正定古城东城门广场，占地面积3000平方米，汇集30多个国家、3000多种进口商品，设立保税商品、跨境电商商品展示销售区域，实现“一店三业态”（三业态是指一般销售、一般贸易保税商品销售、跨境电商现场自提）运营模式。编制《河北自贸试验区正定片区A类低空飞行服务站建设方案》完成，正在开展场所建设和设备安装调试。2020年11月，3号、4号标准化保税仓库项目竣工，总投资6996.5万元，建筑面积18293平方米。产业发展孵化基地项目主体完工，总投资1.4亿元，建筑面积30376平方米，主要包括产业孵化建筑4栋、连廊等附属配套设施。续建项目4个。医药展示交易中心项目，建筑面积26667.53平方米，总投资5480万元，2019年11月进场施工，办公楼、展厅主体完工；进口肉类、水果和冰鲜水产品指定监管场地建设项目（一期），建筑面积7946.94平方米，总投资3606万元，2019年8月开工，2020年7月交付使用；圆通速递华北区域管理总部项目，建筑面积66378.66平方米，总投资1.08亿元，2019年4月开工，2020年8月交付使用；9号、10号标准化仓库业务用房项目，建筑面积5981.56平方米，总投资1899万元，2019年10月开工，2020年8月交付使用。全年石家庄综合保税区新开工项目4个，总投资2.75亿元；标准化保税仓库建成投用，石家庄新合纤维、佰利佳电子科技、冀港供应链、河北昂联供应链、河北创达供应链、河北纽兰进出口贸易等近20家公司入驻和办理业务；上海泰辉生物科技化学发光检测技术平台项目洁净厂房改造和设备安装完毕，开始体外诊断试剂样品生产。河北自贸区正定片区政务服务中心升级改造完工并正式启用，办公区由800平方米6个窗口扩充到2000平方米22个服务窗口，整合集中河北自贸区正定片区、正定新区、正定县269项服务事项，建成集咨询服务、智能自助、窗口办件为一体的智慧政务服务中心。养老保险新增参保企业单位24家、职工122人。征缴养老保险费1118.18万元、工伤保险费14.32万元。

中国（河北）自由贸易试验区
正定片区

管委会主任：陈振居
管委会副主任：夏生华
李卫山

石家庄综合保税区

党工委书记、管委会主任：陈振居
管委会副主任：夏生华　李卫山
纪工委书记：邵平

（蔡晓敏）

党政机关

Party and Government Organs

中国共产党石家庄市委员会

【概况】 2020年全市坚持以习近平新时代中国特色社会主义思想为指导，全面贯彻党的十九大和十九届二中、三中、四中、五中全会精神，巩固“不忘初心、牢记使命”主题教育活动成果，增强“四个意识”、坚定“四个自信”、做到“两个维护”，紧密围绕市委十届九次、十次、十一次全会提出的目标任务，坚持稳中求进工作总基调，立足新发展阶段，贯彻新发展理念，构建新发展格局，以满足人民日益增长的美好生活需要为目标，以深化供给侧结构性改革为主线，以改革创新为根本动力，统筹推进疫情防控和经济社会发展，扎实做好“六稳”工作、全面落实“六保”任务，积极开展“三重四创五优化”活动，突出“八聚焦、八提升”战略重点，协调推进改革发展稳定各项工作任务。

学习贯彻习近平新时代中国特色社会主义思想和党的十九届五中全会精神，全面落实党中央重大决策和省委部署要求。筑牢立场信念，增强听党话、跟党走的自觉性和坚定性。全年召开市委常委会会议41次、市委理论学习中心组学习会12次、市委全面深化改革委员会会议5次，举办县处级干部专题培训班4期。市委领导多次带头深入基层宣传宣讲党的十九届五中全会精神，市委组建成立“走基层”宣讲团，举办宣讲活动2000余场次，听众20万余人。把落实习近平总书记对河北工作重要指示批示和省委对石家庄工作要求作为重中之重。习近平总书记作出重要批示指示涉及石家庄市事项39项，全部推进落实；省委书记王东峰对石家庄市工作要求涉及事项307项，完成181项，取得阶段成效且需长期推进107项，正在推进19项。

做好新冠肺炎疫情防控，守护人民群众生命安全和身体健康。加强组织领导，第一时间制定疫情防控应急预案、工作方案，组建成立领导小组。以疫情防控为内容，全年召开市委常委会会议、市政府常务会、领导小组会50余次，建立市领导包联县（市、区）制度，构建形成分工明确、协调联动的防控体系。严格内外联防管理，突出外防输入、内防反弹两个关键，落实常态化防控措施，做好首都机场国际航班经停分流工作，完成106架国际航班、17854人防控处置任务，有效遏制疫情蔓延。做好支援保障服务，全年派出7批122名优秀医护人员驰援湖北省武汉市防疫，全市133家企业列为国家和省医疗物资重点生产企业，顺利完成医疗物资调拨、援助新疆库尔勒市核酸检测任务。推进复工复产和复商复市，把复工复产作为恢复发展、保障民生的关键支撑，召开民营、国有、外贸企业座谈会，出台惠企稳企政策措施，开展“三包四帮六保五到位”活动。提升帮扶企业资金力度，争取抗疫特别国债24亿元，争取专项信贷资金3600亿元、投放3131.02亿元，为企业减税降费57.58亿元。

贯彻新发展理念，推动经济高质量发展。科学统筹疫情防控和经济社会发展，全年多次召开全市性会议及座谈会、专题会，研究部署经济工作。2020年11月起，围绕经济发展短板，市委书记专门召开个别经济指标排名落后县（区）约谈会及地区生产总值、固定资产投资、规模以上工业增加值、社会消费品零售额等专题会议，成立项目联合审批工作专班和土地组卷报批工作专班，解决存在问题，深挖发展潜力。发挥城市和园区带动作用，全年石家庄市区新增税收超亿元楼宇8栋，100家延时服务企业实现夜经济销售额45.97亿元、占全天销售额30.78%。提升开发区能级水平，出台文件支持开发区快速发展，石家庄经济技术开发区和11家开发区分别获批国家、省级新型工业化产业示范基地。推进区域联动发展，打破行政区划限制障碍，建成26个县域特色优势产业集群。加速传统产业改造升级，191个项目列入省千项技改项目，24家企业入选省级绿色工厂。调整农业种植结构，推广种植张杂谷1.11万公顷、中药材8267公顷，粮食生产实现“十六连丰”。

重视招商引资，全年储备5000万元以上项目1611个，总投资15025亿元；新签约亿元以上项目549个，协议引资额3443.1亿元。发行地方政府专项债券318亿元，处置批而未供和闲置土地1.7万亩。至2020年底，全市391项省市重点项目完成投资1220.3亿元。

加强城市规划建设管理，提升省会城市形象品位。以“三创四建五优化”为抓手，加快重点工程建设。中央商务区金融北区开工，规划展示中心建成投用。滹沱河生态修复二期工程完成，三期工程启动实施。石雄城际铁路顺利推进，南绕城高速、津石高速石家庄段、槐安路西二环立交桥建成通车，中华大街北延主体完工，10条城区断头路全部打通。石家庄地铁通车里程达到61.6千米，入选国家公交都市建设示范城市。打造舒适人居环境，获批国家卫生城市，并通过国家文明城市复检。棚户区改造1.8万套、老旧小区改造358个、老旧管网改造4620千米，入选全国“棚户区改造十大激励支持城市”。建成停车位14.8万个、新建提升绿地396万平方米、街旁游园12万平方米。入选中央财政支持住房租赁市场发展试点，获得国家支持资金24亿元。开展市容市貌提效行动，推进中华大街、裕华路及火车站周边景观整治工程，生活垃圾分类“八区一县”实现全覆盖、无害化处理达到100%。县城建设取得新突破，新乐市获批国家卫生城市，正定县、高邑县获批国家卫生县城，正定县被确定为国家新型城镇化建设示范县。农村人居环境持续改善，18个“空心村”治理、22.3万座厕所改造任务完成，正定县获评全国人居环境整治成果明显激励县，藁城区岗上镇杜村获评全国首批村级“乡风文明建设”典型。

深化改革开放，增强发展动力。衔接落实国务院、省政府下放行政审批事项5项，市级下放（委托）行政审批事项31项，指导县级政府向乡镇和街道确权赋权118项，基本建成市、县、乡、村四级贯通的政务服务体系。261个乡镇街道改革工作完成，政务服务事项“一网通办”网上可办率达到99.72%，企业开办“一日办结”。推进经营类事业单位改革，注销事业单位法人51家，直接转企或并入企业集团83家。4065个村集体产权制度改革任务全部完成，农村承包地确权登记颁证到户率达到94.1%。深化与“一带一路”沿线国家经贸合作，冀中南智能港中欧、中亚和海铁联运班列实现常态化运营。推进河北自由贸易试验区正定片区建设，进口商品展销中心开业，口岸医药物流中心、国际邮件互换局主体工程完工，跨境电子商务保税进口业务首单通关，金伯利进程国际证书制度钻石指定口岸获得批复，A类低空飞行服务站、首次进口药品和生物制品口岸等正在建设。加大科技创新投入，省级以上科技创新平台达到340家，高新技术企业达到2499家，科技型中小企业达到13567家。获得河北省科学技术奖115项，其中，河北省自然科学奖9项，河北省技术发明奖2项，河北省科学技术进步奖104项。3人获得河北省科学技术个人奖。支持市域单位与京津高校、科研院所开展产学研合作和科技成果转化，认定登记技术合同6024份，实现技术合同成交总额115亿元。专利申请28676件，专利授权19577件，有效发明专利拥有量9302件，万人发明专利拥有量8.95件。

重视污染防治攻坚，全力改善生态环境。贯彻落实习近平生态文明思想，打造天蓝、地绿、水清的美丽环境。狠抓大气污染治理，调整产业、能源、运输、用地四大结构，完成省下达12.09万户电代煤、气代煤“双代”改造任务，平原地区冬季取暖实现散煤“清零”；严格机动车尾气治理，推广使用新能源汽车，加快充电桩等设施建设；3家污染企业完成退城搬迁，石钢公司产品升级改造项目建成并点火投产。全年二级以上优良天数达到205天，同比增加31天，优良率56%，达到省定52.2%目标值；PM2.5平均浓度58微克/立方米，同比下降8%，空气质量综合指数5.96，同比下降12.1%。河流水质优良率提升到70%，主城区污水处理率达到100%。推进山水林田湖草一体化保护修复，营造林7.66万公顷，森林覆盖率达到42.2%。

保障和改善民生，提高人民群众获得感、幸福感、安全感。坚持把民生福祉作为发展根本目的，重点解决群众最关心、最直接、最现实的利益问题。开展脱贫攻坚行动，落实产业就业扶贫、消费扶贫、易地搬迁扶贫政策，通过国家、省脱贫攻坚任务考核。省20项民心工程、市10件民生实事全部完成，市儿童医院、市人民医院新院区、市图书馆新馆等民生工程建成投用。破解老旧小区管理难题，推广“红色物业”管理模式惠及城区老旧小区1951个，县（市、区）城区“红色物业”管理实现全覆盖。城镇新增就业12.84万人，主城区新改扩建中小学幼儿园23所，183所民办义务教育学校摇号录取改革顺利实施，市职教园区入驻在校生达到3万人。石家庄市获得全国双拥模范城“九连冠”，平山县、正定县获评全国双拥模范县。深入“扫黑除恶”专项行动，2020年全市打掉涉黑涉恶犯罪团伙83个，抓获犯罪嫌疑人862人，破获各类违法犯罪案件564起、查封扣押冻结涉案财产27.52亿元。

坚持全面从严治党，营造良好政治生态环境。发挥总揽全局、协调各方作用。坚持把党的政治建设放在首位，严格执行民主集中制，严肃党内政治生活，严守政治纪律和政治规矩。支持市人大常委会、市政府、市政协和市中级人民法院、市人民检察院履行职能，鼓励各民主党派、工商联、无党派人士参政议政热情，发挥工会、妇联、共青团等群团组织桥梁纽带作用。狠抓领导班子和干部人才队伍建设，2020 年全市招录市县乡三级公务员 1398 名，市委常委会研究市管干部职务任免 26 批次，涉及干部 480 人次，其中，提拔 107 人，进一步使用 60 人，平职调整 200 人，免职及免职退休 105 人，军转安置、挂职等 8 人。25 名党员干部适用容错纠错机制。加强基层组织建设，整顿软弱涣散村党组织 325 个。深化人才绿卡制度，全年发放人才绿卡 A 卡 144 张、B 卡 2810 张、县（市、区）卡 7964 张。加强作风纪律建设，开展“振奋精神、改进作风、加强纪律”活动，查处违反中央八项规定精神问题 135 件、处理 262 人。重视基层减负，全年市级发文减少 28.8%，会议减少 3.8%，督查检查考核减少 7.7%。落实管党治党政治责任，开展十届市委第八、九、十轮巡察，发现问题 680 个，问题线索 86 件。保持惩治腐败高压态势，处置问题线索 6128 件，立案 2006 件，给予党纪政务处分 2581 人，移送检察机关 82 人。至 2020 年底，石家庄市共有中共十九大代表 4 人，分别为：邢国辉（1961 年 3 月出生，省委常委、市委书记）、王红（女，土家族，1972 年 7 月出生，市政府外事办公室主任）、尹计平（1957 年 4 月出生，正定县正定镇塔元庄村党支部书记）、杨普（女，1983 年 1 月出生，共青团河北省委兼职副书记，石家庄常山北明科技股份有限公司恒盛分公司职工）。

链接：

“六稳”：稳就业、稳金融、稳外贸、稳外资、稳投资、稳预期。

“六保”：保居民就业、保基本民生、保市场主体、保粮食能源安全、保产业链供应链稳定、保基层运转。

“三重四创五优化”：“三重”即重大国家战略、重大项目建设、重大民生工程。“四创”即创新，创业，创全国文明城市、国家卫生城市、国家森林城市，创平安河北、法治河北。“五优化”即优化政治生态、优化经济结构、优化自然生态、优化营商环境、优化基层治理。

“八聚焦、八提升”：聚焦创新驱动发展，提升科技创新水平；聚焦经济质量效益，提升产业发展水平；聚焦持续扩大内需，提升市场供给水平；聚焦激发内生动力，提升改革开放水平；聚焦城乡融合发展，提升城镇建设水平；聚焦生态环境改善，提升污染防治水平；聚焦增进民生福祉，提升公共服务水平；聚焦安全和谐稳定，提升社会治理水平。

【中共石家庄市委领导及工作部门组成人员】

市委书记：邢国辉
副 书 记：邓沛然（12 月免）
市委常委：邢国辉
邓沛然（12 月免）
李雪荣　郭运兴
陈玉祥　张业
王韶华　张效春
韩学军　王厚恩
赵文锋（1 月免）
罗利　（10 月任）
市委秘书长：
赵文锋（2 月免）
罗利　（10 月任）
常务副秘书长：
梁立柱（12 月免）
高际永（12 月任）
副秘书长：李兵英（兼）
邵孟强（兼）
任维维（12 月免）
高际永（12 月免）
刘俊起　赵建海
薄力　　窦志刚
付庆文（7 月任，8 月免）

市纪律检查委员会

书　　记：陈玉祥
常务副书记：
李从刚
副 书 记：梁建林
李献军
纪委常委：韩秀华（女）
李正昌　任志晓
苏瑞　（女）
赵晖

市监察委员会

主　　任：陈玉祥
副 主 任：李从刚　梁建林
李献军
监委委员：韩秀华（女）
任志晓　李正昌
张义　　张延军

市委办公室

主　　任：梁立柱（12 月免）
高际永（12 月任）

市委组织部（市公务员局）

部　　长：张效春
常务副部长：
张忠良
副 部 长：李海峰（12 月免）
马建彬　兰国良
刘力
丁紫霞（女，12 月免）
杨少伟（6 月任）

市委宣传部［市精神文明建设委员会办公室、市政府新闻办公室、市新闻出版局（市版权局）］

部　　长：王韶华
常务副部长：
郭纯阳［市新闻出版

（版权局）
局长］

副 部 长：赵俊芳（市文化广电和旅游局党组书记）
王勋涛（市委网信办主任，7月任）
李刚 （市文明办主任）
张惠 （市委网信办主任，7月免）
樊振宇（市政府新闻办主任）
殷斌 （6月任）

市委统战部［市委台湾工作办公室（市政府台湾事务办公室）、市政府侨务办公室］

部　　长：王韶华
常务副部长：
张明其
副 部 长：李西平
李占领（兼）
孙书领（6月免）
龚斌　　李君苍
许燕军

市委政法委

书　　记：郭运兴
常务副书记：
孟建中（5月任）
副 书 记：孟建中（5月免）
李骁　　张庆民
周勇 （2月任）
政治部主任：
刘金龙（5月免）
王存 （5月任）

市委研究室（市委全面深化改革委员会办公室）

主　　任：高际永（12月免）
副 主 任：张素钊（7月免）
郑瑞珊（7月免）
李树行　刘勇

网络安全和信息化委员会办公室（市互联网信息办公室）

主　　任：张惠 （7月免）
王勋涛（7月任）
副 主 任：程立　李建峰
杨伟峰（6月任）
丁春华（11月任）

机构编制委员会办公室

主　　任：李海峰（12月免）
兰国良（12月任）
副 主 任：邓京生（5月免）
郝延平（7月免）
梁猛 （9月任）
来彦龙

市直机关工委

书　　记：赵文锋（2月免）
罗利 （10月任）
常务副书记：
戚阿东
副 书 记：杨继平
赵占辉（兼纪工委书记）
寇彦辰　廖文武

信访局

局　　长：邵孟强
副 局 长：郭树君（5月免）
张春　　刘旗
黄锁成
王建良（5月任）
侯建革（5月任）
刘树贵（11月任）

市委老干部局

局　　长：兰国良（12月免）
张岩 （12月任）
副 局 长：许磊 （6月免）
王树军　李红旗
刘汉华（6月任）

市委保密机要局（市国家保密局、市国家密码管理局）

局　　长：魏俊武（12月免）
丁紫霞（女，12月任）
副 局 长：董寅生
韩洪奎（6月任）
耿军生（11月任）

市委市政府督促检查办公室
主　　任：李兵英
副 主 任：李广民　董瑾科
许书军（4月任）

机关事务管理局

局　　长：窦志刚
副 局 长：李长亭（6月免）
张宏社（6月免）
杨顺 （7月免）
张丙珍　王之顺
董立强（11月任）

【中共石家庄市委全会】 8月5日，中国共产党石家庄市第十届委员会第九次全体会议在市委党校举行。会议由市委常委会主持。出席会议市委委员51名、候补市委委员12名。传达学习中央政治局会议和全省经济工作推进会暨防汛工作会议精神，审议通过《中国共产党石家庄市第十届委员会第九次全体会议决议》。通报上半年全市经济指标和项目建设有关情况，并就《石家庄市大气污染防治强化攻坚措施》《石家庄市2020年招商引资月工作方案》起草情况作说明。通报市纪委监委关于对市委常委会及其成员党内监督情况。市委委员、候补委员，市纪委委员，中共十九大代表、市级党员领导干部对市委常委会及其成员落实党内监督情况举行监督评议。

11月13日，中国共产党石家庄市第十届委员会第十次全体会议在市委党校举行。会议由市委常委会主持。出席会议市委委员49名、候补市委委员11名。听取市委常委会工作报告。传达学习党的十九届五中全会、省委九届十一次全会精神。审议通过《中共石家庄市委关于制定国民经济和社会发展第十四个五年规划和二〇三五年远景目标的建议》《中国共产党石家庄市第十届委员会第十次全体会议决议》。通报《石家庄市强化正向激励容错纠错实施办法》贯彻执行情况，印发市“两办”关于《落实省委主要领导参加省委九届十一次全会第一组讨论时所提要求责任分解方案》的通知、关于市级领导干部包联督导县（市、区）的通知。市纪委通报关于2020年以来查处影响和损害营商环境典型问题。

12月28日，中国共产党石家庄市第十届委员会第十一次全体会议在市委党校举行。会议由市委常委会主持。出席会议市委委员47名、候补市委委员13名。传达学习中央经济工作会议、省委九届十二次全会精神，审议通过《中国共产党石家庄市第十届委员会第十一次全体会议决议》。通报“四种类型经济”发展情况、2021年全市经济社会发展计划初步安排意见、2021年经济重点工作安排意见。市委委员、候补委员对县（市、区）委书记和市管领导班子进行2020年度考核评价。

【市委常委会会议】 1月9日，十届市委常委会第143次（扩大）会议举行。学习贯彻习近平总书记在“不忘初心、牢记使命”主题教育总结大会上的重要讲话精神及中央第八巡回督导组组长杨雄、省委书记王东峰在河北省“不忘初心、牢记使命”主题教育总结大会上的讲话精神，研究全市贯彻落实意见。传达学习全省宗教治理工作会议主要精神，研究全市贯彻落实意见。听取市纪委关于市委常委会及成员落实党内监督书面评议通报、关于调整全市一般公共预算收入目标汇报。

1月17日，十届市委常委会第144次会议举行。传达学习省委书记王东峰参加省十三届人大三次会议石家庄代表团审议时的讲话精神、在全省雄安工作会议上的讲话精神，研究全市贯彻落实意见。研究《关于发展“四种类型经济”的指导意见》《中国（石家庄）跨境电子商务综合试验区实施方案（讨论稿）》《关于做好2020年春节期间工作的若干意见》《关于开展“三创四建”活动　加快建设现代省会经济强市的实施意见》等文件。

1月29日，十届市委常委会第145次（扩大）会议举行。传达学习贯彻习近平总书记重要批示和在中央政治局常委会会议上的重要讲话精神，中共中央《关于加强党的领导、为打赢疫情防控阻击战提供坚强政治保证的通知》，李克强总理批示要求和中央应对新型冠状病毒感染的肺炎疫情工作领导小组第一次全体会议精神及省委常委会扩大会议和省委书记王东峰批示精神。听取市政府党组关于疫情防控工作汇报、关于成立石家庄市应对疫情工作领导小组和建立各级领导干部疫情防控工作联系制度的汇报、市纪委《关于严肃新型冠状病毒感染的肺炎疫情防控工作纪律要求的通知》的汇报。审议《中共石家庄市委关于充分发挥各级党组织和广大党员干部作用、为打赢疫情防控阻击战提供坚强政治保证的通知（讨论稿）》，研究部署全市疫情防控和患者救治工作。

2月10日，十届市委常委会第146次会议举行。学习贯彻习近平总书记在中央政治局常委会会议研究加强新冠肺炎疫情防控工作时的重要讲话精神及省委常委会扩大会议精神，安排部署全市疫情防控工作；传达学习中央、省委领导关于安全生产工作的重要批示及中共中央办公厅、国务院办公厅《关于防范化解和妥善处置群体性事件的意见》主要精神，研究全市贯彻落实意见。听取关于省深化乡镇和街道改革的工作部署及全市贯彻落实意见的汇报。

2月21日，十届市委常委会第147次会议举行。学习贯彻十九届中央纪委四次全会、省纪委九届五次全会主要精神，研究全市贯彻落实意见；传达学习中央和全省政法工作会议、全国和全省扫黑除恶专项斗争视频会议、全国和全省信访局长会议、全国公安厅局长会议和全省公安局长会议、全省法院工作会议、全省检察长会议、全省司法行政工作会议及全省统战部长会议、省应对疫情工作领导小组《关于科学防治精准施策分区分级做好新冠肺炎疫情防控工作的实施意见》主要精神，研究部署全市贯彻落实意见。研究《“抓党建、促脱贫、保小康”活动实施方案》。

2月24日，十届市委常委会第148次（扩大）会议举行。传达学习贯彻中共中央政治局会议精神、习近平总书记在统筹推进新冠肺炎疫情防控和经济社会发展工作部署会议上的重要讲话精神及省委常委会扩大会议精神，研究全市贯彻落实意见。

3月9日，十届市委常委会第149次（扩大）会议举行。传达学习贯彻习近平总书记在中央政治局常务委员会会议、决战决胜脱贫攻坚座谈会上的重要讲话和积极应对新冠肺炎疫情决战决胜脱贫攻坚电视电话会议精神及省委常委会扩大会议、全省决战决胜脱贫攻坚暨春季农业生产工作会议精神，研究全市贯彻落实意见。传达学习全国、全省宣传部长会议精神，全省组织部长会议精神，研究全市贯彻落实意见。听取全市2020年造林绿化和雄安绿博园石家庄园建设进展、2020年城建计划安排情况汇报。

3月20日，十届市委常委会第150次（扩大）会议举行。传达学习贯彻习近平总书记在中共中央政治局常务委员会会议上的重要讲话精神和中央应对新冠肺炎疫情工作领导小组会议精神及省委常委会扩大会议精神，研究全市贯彻落实意见。听取全市“三创四建”活动、森林防火工作情况汇报。

3月27日，十届市委常委会第151次会议举行。研究干部人事问题。

4月3日，十届市委常委会第152次会议举行。研究干部人事问题。

4月9日，十届市委常委会第153次（扩大）会议举行。传达学习贯彻习近平总书记在中共中央政治局常务委员会会议上的讲话精神，研究全市贯彻落实意见。传达学习《中共河北省委关于印发〈河北省开展“不忘初心、牢记使命”主题教育总结报告〉的通知》及全省信访工作会议、全省人大系统“6+1”联动监督动员会主要精神，研究全市贯彻落实意见。听取全市第一季度社会治理工作、绩效考核情况汇报，研究有关机构编制调整事宜。

4月17日，十届市委常委会第154次（扩大）会议举行。传达学习中共中央办公厅《关于持续解决困扰基层的形式主义问题 为决胜全面建成小康社会提供坚强作风保证的通知》精神，研究全市贯彻落实意见。传达学习全省“三创四建”活动推进会议主要精神，听取2019年市人大常委会、市政府、市政协、市中级人民法院、市人民检察院党组工作汇报。研究《关于进一步做好向省委请示报告工作的意见和责任分工》及落实省20项民心工程、2020年春季学期开学、河湖“清四乱”排查整治工作。

5月3日，十届市委常委会第155次（扩大）会议举行。传达学习省委书记、省人大常委会主任王东峰，省委副书记、省长许勤5月1～2日在石家庄市调研检查时的讲话精神，研究全市贯彻落实意见。

5月7日，十届市委常委会第156次会议举行。研究干部人事问题。

5月9日，十届市委常委会第157次（扩大）会议举行。传达学习习近平总书记在中共中央政治局常务委员会会议上的讲话和中央应对新冠肺炎疫情工作领导小组会议精神及省委常委会扩大会议精神，研究全市贯彻落实意见。传达学习习近平总书记在中央纪委十九届四次全会上的讲话精神，通报河北省原副省长李谦严重违纪违法情况，研究全市贯彻落实意见。

5月16日，十届市委常委会第158次（扩大）会议举行。传达学习习近平总书记在中共中央政治局常务委员会会议上的重要讲话精神及省委常委会扩大会议精神，研究全市贯彻落实意见。传达学习全省巡视巡察工作会议精神，听取2019年国家脱贫成效考核反馈问题整改工作进展汇报。

6月1日，十届市委常委会第159次（扩大）会议举行。传达学习习近平总书记在全国“两会”上的重要讲话和全国“两会”主要精神及省委常委会扩大会议、全省传达学习贯彻全国“两会”精神领导干部会议精神，研究全市贯彻落实意见。传达学习全省对台工作会议精神及省委常委、宣传部部长焦彦龙到石家庄市调研时的讲话精神。听取全市重点工作大督查情况汇报。研究《关于加强和改进新时代残疾人工作的实施意见》。

6月17日，十届市委常委会第160次（扩大）会议举行。传达学习贯彻省委常委会扩大会议、全省经济运行暨防汛工作推进会部署要求和省委书记王东峰在石家庄市调研检查时的讲话精神，研究全市贯彻落实意见。听取全市疫情防控工作情况汇报，研究落实保居民就业任务等6个专项工作方案、经济领域治理体系和治理能力现代化、轨道交通建设、滹沱河生态修复三期工程、信访维稳和化解信访积案、第六届市旅游产业发展大会筹备、“烂尾楼”项目整治等工作。

6月20日，十届市委常委会第161次会议举行。研究贯彻落实2020年度河北省关于市、县考核评价体系，听取2019年度河北省对石家庄市绩效考核结果分析的汇报。审查和观看市情宣传片《中国·石家庄》。

6月28日，十届市委常委会第162次会议举行。研究干部人事问题。

7月8日，十届市委常委会第163次会议举行。听取全市贯彻落实省委书记王东峰调研检查时重要指示精神的情况汇报，传达学习省“扫黑除恶”专项斗争领导小组21次会议主要精神，研究全市2020年安全度汛、法治政府建设、市属高校园区建设、与河北师范大学汇华学院合作转设等工作。

7月17日，十届市委常委会第164次会议举行。传达学习全省重点工作大督查汇报会、退役军人信访工作会议精神，研究全市贯彻落实意见。听取2020年上半年全市大气污染防治工作情况汇报。研究《关于支持藁城区加快发展石家庄经济技术开发区的若干意见》《正定数字经济产业园发展规划》《石家庄市完善贫困地区乡村产业体系发展规划》文件及与石家庄铁道大学四方学院合作转设、机构编制调整事项。

8月3日，十届市委常委会第165次（扩大）会议举行。传达学习中共中央政治局会议、省委常委会扩大会议精神，研究全市贯彻落实意见。听取全国文明城市创建工作培训班精神、石家庄市创建国家卫生城市工作进展、上半年市委落实全面从严治党主体责任情况汇报。研究市委十届九次全会事宜。

8月20日，十届市委常委会第166次会议举行。研究干部人事问题。

8月27日，十届市委常委会第167次会议举行。传达学习习近平总书记致全国青联第十三届委员会全体会议和中华全国学生联合会第二十七次代表大会的贺信精神及习近平总书记对制止餐饮浪费行为作出的重要指示，研究全市贯彻落实意见。传达学习全省生态文明建设工作会议精神。研究《关于贯彻落实市委十届九次全会决策部署做好各项重点工作的责任分工方案》《关于支持乡镇（街道）工作的若干意见》《关于加快推进住房租赁市场试点工作的实施意见》《石家庄市全面深化服务贸易创新发展试点实施方案》《关于落实全面加强危险化学品安全生产工作若干措施的意见》及机构编制调整事项，听取搬迁学校、医院旧址处置和石家庄信息工程职业学院建设汇报。

9月7日，十届市委常委会第168次会议举行。传达学习全省重点项目建设暨经济运行调度视频会议精神，研究全市贯彻落实意见。听取省扶贫开发和脱贫工作领导小组会议、省扶贫办主任会议精神及赴温州市、杭州市学习考察市域社会治理经验情况汇报。研究《中共石家庄市委“十四五”规划建议起草工作领导小组》《关于进一步推进从事经营活动事业单位改革工作的实施方案》《关于进一步加大干部交流力度推进干部队伍年轻化的实施意见》。

9月8日，十届市委常委会第169次会议举行。研究干部人事问题。

9月24日，十届市委常委会第170次会议举行。传达学习省委书记王东峰率领河北省援藏工作考察团到西藏学习考察期间的讲话精神，听取市援藏工作考察团到西藏札达县学习考察情况和做好下一步援藏工作意见安排的汇报。听取石家庄市全面建成小康社会和“十三五”规划主要指标完成情况、2020年第三季度经济运行预测情况汇报，研究《石家庄市康养中心规划发展工作方案》及“双问计”活动。

9月27日，市委常委会第171次会议举行。研究干部从事问题。

10月16日，十届市委常委会第172次会议举行。传达全省“扫黑除恶”专项斗争第三次推进会议和全省组织系统贯彻落实新时代党的组织路线电视电话会议主要精神，研究全市贯彻落实意见。听取石家庄市经济普查违纪违法案件整改落实、六个重点领域清理规范、石家庄职业技术学院新校区项目建设方案等工作汇报。

10月23日，十届市委常委会第173次会议举行。研究干部人事问题。

10月29日，十届市委常委会第174次会议举行。听取市援疆工作考察团到新疆库尔勒市学习考察情况和做好下一步对口援疆工作汇报、关于招商引资月督查发现问题整改情况和2020年全市省级以上开发区预测目标调整及项目土地组卷情况汇报、关于全市重点工作大督查近期工作和“双问计”活动开展情况汇报。

11月3日，十届市委常委会第175次会议举行。听取石家庄市关于九届省委第九轮专项巡视工作情况汇报。

11月10日，十届市委常委会第176次（扩大）会议举行。传达学习省委九届十一次全会精神和省委书记王东峰到第一组参加分组讨论时的讲话精神，研究全市贯彻落实意见。听取滹沱河生态修复二期工程完成情况和三期工程进展情况汇报。会议决定，11月13日召开中国共产党石家庄市第十届委员会第十次全体会议。

11月22日，十届市委常委会第177次会议举行。研究干部人事问题。

11月25日，十届市委常委会第178次会议举行。研究干部人事问题。

12月4日，十届市委常委会第179次会议举行。听取全省领导干部政治性警示教育大会、全省村（社区）“两委”换届工作会议、省扶贫开发和脱贫工作领导小组会议精神及省、市脱贫攻坚成效考核开展情况和迎接国家脱贫成效考核准备情况汇报。听取全市大气污染综合治理、2020年前三季度省对石家庄市综合考核和绩效考核指标完成情况汇报。研究市“两会”事项。

12月13日，十届市委常委会第180次（扩大）会议举行。传达学习省委全面依法治省工作会议、平安河北建设工作会议、全省市域社会治理现代化试点工作培训交流会主要精神，研究全市贯彻落实意见。听取石家庄市主要经济指标全年预计完成情况及下一步工作措施、关于对市委常委会及其成员开展党内监督和2020年全市信访工作、党校工作、法治政府建设、食品药品安全、妇女儿童工作情况汇报。

12月21日，十届市委常委会第181次会议举行。传达省纪委监委关于邓沛然因涉嫌严重违纪违法问题并实施留置措施的通知。

12月22日，十届市委常委会第182次会议举行。传达学习中央经济工作会议、12月20日省委常委会会议主要精神，研究全市贯彻落实意见。听取关于全市省级以上开发区主要指标完成情况及支持高新区、石家庄经济技术开发区发展，全市安全生产、大中小学校思想政治工作和教师队伍建设、老干部工作情况汇报。研究市委十届十一次全会事项。

12月31日，十届市委常委会第183次会议举行。研究干部人事问题。

【市委理论学习中心组学习会】 3月22日，市委理论学习中心组学习会议举行。围绕学习贯彻习近平新时代中国特色社会主义思想、落实党中央重大决策和省委部署要求、弘扬“赶考”精神、牢记“两个务必”、抓好疫情防控和经济社会发展，交流学习体会和下一步思路举措，市领导李雪荣、王韶华等作主题发言，司存喜、刘明轩、郭运兴、蒋文红、姜阳作交流发言。

4月3日，市委理论学习中心组学习会举行。集体学习中共中央办公厅印发《党委（党组）落实全面从严治党主体责任规定》。市领导司存喜、刘明轩、李雪荣、郭运兴、陈玉祥、张业、王韶华、张效春等作交流发言。

4月17日，市委理论学习中心组学习会举行。集体学习中共中央办公厅《关于持续困扰基层的形式主义问题 为决胜全面建成小康社会提供坚强作风保证的通知》。

6月1日，市委理论学习中心组学习会举行。集体学习习近平总书记在中央政治局第二十次集体学习时的重要讲话精神、习近平总书记关于全面依法治国重要论述摘编、习近平总书记重要文章《关于全面建成小康社会补短板问题》及《习近平关于力戒形式主义、官僚主义重要论述选编》《习近平论坚持总体国家安全观》和中共中央办公厅、国务院办公厅《关于进一步推进服务业改革开放发展的指导意见》的通知。

6月28日，市委理论学习中心组成员赴西柏坡重温入党誓词并举行市委理论学习中心组学习会。集体学习《习近平论新时代中国共产党的历史使命》，宣读《关于选树表扬新时代乡村振兴“领头羊”、新时代城市治理“排头兵”、双“十佳”党建引领基层治理示范乡镇（街道）、双“十佳”优秀乡镇（街道）党（工）委组织委员的通报》。

7月17日，市委理论学习中心组学习会举行。集体学习习近平总书记在中央政治局第二十一次集体学习时的重要讲话和《习近平谈治国理政（第三卷）》，市领导司存喜、刘明轩、李雪荣、张效春等结合各自工作实际作研讨交流发言。市政府研究室负责人对《关于我市“十四五”时期发展思路和战略举措若干问题的研究和思考》作内容说明。

8月14日，市委理论学习中心组学习会举行。集体学习习近平总书记在企业家座谈会上的重要讲话及《习近平谈治国理政》第三卷有关篇章。传达省委办公厅、省政府办公厅《关于邢台市系列污染环境案和衡水市景县违规征税摊派捐款举债搞迎检办大会等问题有关情况的通报》。市领导刘明轩、李雪荣、王韶华、吴相群等围绕学习主题作交流发言。

9月24日，市委理论学习中心组学习会举行。集体学习习近平总书记在基层代表座谈会、科学家座谈会上的重要讲话及宗教治理有关内容，书面学习《习近平谈治国理政》第三卷有关篇章。传达和学习省“两办”印发《关于深入开展统计造假专项整治工作方案的通知》《防范和惩治统计数据造假弄虚作假重要文件选编》有关内容和《党委理论学习中心组学习参考》等。市领导司存喜、刘明轩、李雪荣、王韶华、张效春等联系思想和工作实际，畅谈学习体会和工作思路。

10月30日，市委理论学习中心组学习会举行。全文学习《中国共产党第十九届中央委员会第五次全体会议公报》。市领导司存喜、刘明轩、郭运兴、姜阳等联系工作实际作交流发言。

11月18日，市委理论学习中心组学习会举行。全文学习习近平总书记在党的十九届五中全会第二次全体会议上的讲话及党的十九届五中全会、省委九届十一次全会通过的《中共河北省委关于制定国民经济和社会发展第十四个五年规划和二〇三五年远景目标的建议》文件。市领导司存喜、刘明轩、李雪荣、郭运兴、陈玉祥、张业、王韶华、张效春、罗利等联系思想和工作实际，畅谈学习体会和工作思路。

12月4日，市委理论学习中心组学习会举行。学习习近平总书记的署名文章《推进全面依法治国，发挥法治在国家治理体系和治理能力现代化中的积极作用》和在中央政治局第二十四次集体学习时的讲话及《中国共产党中央委员会工作条例》。书面学习《习近平谈治国理政》第三卷有关篇章、《中华人民共和国宪法》《中国共产党基层组织选举工作条例》、中共河北省委印发《关于进一步贯彻落实党内谈话制度的实施办法（试行）》。市领导司存喜、刘明轩、郭运兴、张效春、蒋文红、黄三平作交流发言。

12月24日，市委理论学习中心组学习会举行。集体学习习近平总书记署名文章《国家中长期经济社会发展战略若干重大问题》和《习近平谈治国理政》第三卷“推动经济高质量发展”篇章重要论述摘编。书面学习习近平总书记在中央政治局第二十六次集体学习时的重要讲话精神和署名文章《思政课是落实立德树人根本任务的关键课程》及中共中央办公厅、国务院办公厅关于印发《省（自治区、直辖市）污染防治攻坚战成效考核措施》的通知，中共中央办公厅关于印发《纪检监察机关处理检举控告工作规则》的通知和《关于巩固深化“不忘初心、牢记使命”主题教育成果的意见》的通知，《中国共产党机构编制工作条例》。市领导司存喜、刘明轩、李雪荣、郭运兴、陈玉祥、张业、王韶华、张效春、罗利作交流发言。

【市委全面深化改革委员会会议】 3月3日，市委全面深化改革委员会第五次会议举行。学习贯彻中央全面深化改革委员会第十二次会议及省委全面深化改革委员会第七次、第八次会议精神，审议通过《中共石家庄市委贯彻落实〈中共中央关于坚持和完善中国特色社会主义制度、推进国家治理体系和治理能力现代化若干重大问题的决定〉的实施意见重要改革任务责任分工》《中共石家庄市委全面深化改革委员会2019年工作总结报告》《中共石家庄市委全面深化改革委员会2020年工作要点》《进一步深化医药卫生体制改革重点任务》《关于改革完善医疗卫生行业综合监管制度的实施方案》《关于促进3岁以下婴幼儿照护服务发展的实施意见》《关于深化交通运输综合行政执法改革的实施方案》。

7月8日，市委全面深化改革委员会第六次会议举行。学习贯彻中央全面深化改革委员会第十三次、第十四次会议及省委全面深化改革委员会第九次、第十次会议精神，安排部署下一步改革工作。听取经济体制改革专项小组、党的建设和基层基础工作改革专项小组工作情况汇报。审议通过《关于营造更好发展环境支持民营企业改革发展的若干措施》《石家庄市贯彻落实〈关于建立以国家公园为主体的自然保护地体系的指导意见〉的实施方案》。

8月27日，市委全面深化改革委员会第七次会议举行。听取社会事业改革专项小组、文化体制改革专项小组、纪律检查体制改革专项小组情况汇报，审议通过《石家庄市贯彻落实党的十九届四中全会重要改革举措实施规划（2020～2021年）》《关于深化消防执法改革的若干措施》《关于提升政府采购透明度改革方案》《关于方便企业办理破产改革方案》《关于方便提升执行合同质效改革方案》。

11月2日，市委全面深化改革委员会第八次会议举行。学习贯彻中央全面深化改革委员会第十五次会议及省委全面深化改革委员会第十一次会议精神，听取关于司法和社会治理体制改革专项小组、生态文明体制改革专项小组改革情况汇报，审议通过《关于推进“多网合一”构建“5+N”网格体系的实施意见》《石家庄市方便企业开办和注销改革方案》《石家庄市规范工程建设项目招标投标工作改革方案》《关于优化劳动力市场监管改革方案》《关于用水用气报装服务提速增效改革方案》等改革文件。

12月18日，市委全面深化改革委员会第九次会议举行。学习贯彻中央全面深化改革委员会第十六次会议及省委全面深化改革委员会第十二次会议精神。听取农业和农村体制改革专项小组、城市建设管理体制改革专项小组及平山县、鹿泉区改革情况汇报，审议通过《关于深化要素市场化配置改革的若干措施》《关于持续提升办税缴费便利度改革方案》《关于方便企业电力接入改革方案》《关于方便企业不动产登记改革方案》《石家庄市优化建筑许可审批改革方案》。

【参谋文秘服务】 全年市委办公室贯彻落实“办公室要当全市党政机关排头兵”要求，重点围绕市委中心工作，采取强化政治意识、创新服务理念、提升工作标准、转变工作作风举措，圆满完成中央和省、市委交办的各项任务。严密做好九届省委第九轮专项巡视石家庄市开展治理华北大漏斗和地下水超采综合治理、生态环境治理、“去产能”、六个重点领域清理规范“四个专项”和市委十届九次、十次、十一次全会组织、协调、服务、保障工作。发挥参谋助手作用，紧跟市委书记工作思路，围绕全市性重要会议、疫情防控、现代产业、多种类型经济发展、脱贫攻坚等中心工作及中央商务区建设、滹沱河生态修复、创建国家卫生城市、轨道交通建设等重点工作，起草、把关领导讲话、请示报告、会议纪要等文稿1000余篇。开展调查研究，深入基层一线研究解决重点问题，撰写《关于我市夜经济建设工作的调研报告》《关于我市电子商务产业发展情况的调研报告》等20余篇。重视信息服务，全年向中共中央办公厅、省委办公厅报送市委工作信息1000余条。组织开展“双问计”活动，2020年各县（市、区）争取市级以上政府资金545.71亿元（债券253.71亿元），同比增长8.4%；市直部门争取省级以上政府资金433.21亿元（债券410.88亿元），同比增长34.1%；全市争取各类项目8300余个，为省会经济社会发展提供了强大支撑。发挥协助市委“总揽全局、协调各方”职能作用，坚持自我加压，把服务高质量、运转高效率、保障更有利作为工作标准，做到以高度负责、奋发有为的精神状态推动工作落实。会议调研服务。全年协调保障市委常委会会议41次、市委书记专题会33次、市委理论学习中心组学习会12次，服务保障省委书记到石家庄市调研检查16次，市委书记出席会议活动60余次。主动适应市委书记下基层调研要求，做到围绕主题强聚焦、精准选点查实情、抓好细节提水平、轻车简从严要求，全年协助市委书记到市直各部门、各县（市、区）调研服务195次。综合协调。帮助市直各部门、各县（市、区）协调解决工作推进过程中存在的困难和问题，全年市委办公室召开室务会22次，市委常委、秘书长，市委常务副秘书长及副秘书长组织召开工作调度会100余次。协调做好市委书记、市委秘书长包联县（市、区）服务保障任务，主动沟通对接、协调调度、跟踪督办，妥善解决主要经济指标运行、大气污染防治、脱贫攻坚、信访稳定、安全生产、疫情防控等包联工作问题。公文管理。全年办理各级来文1.1万余件，交换传递各类文件、刊物18万余份，重点完成市委全会、市委常委会等重要会议文印保障服务任务。严格公文审核，拟发市委文件严把行文关、政策关、格式关。全年审修文稿460余件，印发文件422件；向省委办公厅报备规范性文件26件，报备率、报备及时率、合法合规率均达100%；接收、审查规范性文件备案188件，纠正或提醒22件，做到“有件必备”“有备必审”“有错必纠”要求。精文减会，全年以市委（含市委办公室）名义印发文件147件，同比减少33.1%；以市委名义举办全市性会议21次，以市委工作部门名义举办全市性会议15次，同比减少16.6%。应急值守。率先在全省建立市、县、乡应急值守视频平台，全年办理值班报告481期，向省委报送突发事件信息19条，办理领导干部外出请假报备482人次。严格保密管理，3次开展机关内部保密工作检查，未发生失泄密事件。加强档案史志管理，检查88个市直部门年度档案，编纂完成4部志书、22部年鉴出版任务。全年群众来信来访和社情民意平台办理市委书记批示群众来信49件、网民留言相关事项1700余件。

（魏润强）

组织工作

【概况】 2020年全市组织系统以党员教育、领导班子和干部管理、党组织建设、人才引进等工作为重点，督促各级党组织和广大党员自觉增强“四个意识”、坚定“四个自信”、做到“两个维护”，突出围绕全面建成小康社会、脱贫攻坚、抗击新冠肺炎疫情、创建国家卫生城等工作履职尽责。发挥党组织和广大党员在疫情防控工作中主力军作用，面对突发新冠肺炎疫情，及时印发《关于充分发挥各级党组织和广大党员干部作用 为打赢疫情防控阻击战提供坚强政治保证的通知》，动员、组织、激励、引导全市党员干部在疫情防控中当先锋、打头阵、作表率。2020年全市18.1万名中共党员奔赴抗击新冠肺炎疫情防控一线，1588名市直单位在职中共党员下沉到726个无物业服务老旧小区开展志愿服务活动，全市中共党员自愿捐款4344.49万元。重视党员教育，注重利用石家庄市独特的红色宝贵资源，培育形成“重走赶考路”“知之深 爱之切”等党性学习教育品牌，鼓励引导全市干部传承红色基因，主动学习习近平总书记在正定工作期间留下的宝贵思想财富、精神财富和实践成果。投入1129万元，建强党校教育培训主阵地功能，创新与市域7个区联合办校方式，推进党校优质教学资源共建共享。严格党员队伍管理，全年新发展党员7362名；至2020年底，全市党员总数达到654481名；建有党的基层组织22869个，其中，党委857个、党总支1316个、党支部20696个。

表9

2016～2020年底石家庄市中共党员数据统计一览表

年度	中共党员总数（名）	新发展中共党员数量（名）
2016	631137	6809
2017	627526	6589
2018	630972	6533
2019	639890	6895
2020	654481	7362

【干部管理】 加强党的创新理论武装，组织各级党组织和干部学习贯彻习近平新时代中国特色社会主义思想，把习近平新时代中国特色社会主义思想作为市、县党校主课和培训第一课。全年举办县处级干部学习贯彻习近平新时代中国特色社会主义思想专题培训班4期、县处级干部学习贯彻党的十九届四中全会精神培训班7期、省管干部1期，县处级干部学习培训实现全覆盖。至2020年底，石家庄市举办市、县干部学习培训205期，参加人数2.1万人次，其中习近平新时代中国特色社会主义思想作为主要党性教育课程占总课时

达到70%。采取供给侧结构性改革思维，优化领导班子和干部队伍，印发《石家庄市2020～2024年干部队伍建设规划纲要》，谋划领导班子建设、优秀年轻干部培养选拔等23项重点任务。重视干部队伍新生力量补充，树立“今天的增量就是明天的存量，抓源头建设就是谋队伍未来”理念，以优秀大学毕业生选调、公务员考录作为补充干部主渠道，敞口招录清华大学、北京大学定向选调生，精准招录国家“双一流”大学定向选调生，按需招录四级联考公务员。全年市、县、乡三级招录公务员1398名，其中，清华大学、北京大学定向选调生37名，其他“双一流”院校定向选调生197名，招录事业单位工作人员4502名。重视干部培养选拔，印发《关于进一步加强领导班子建设的实施意见》，健全常态化、链条式年轻干部选拔使用、培养锻炼、交流任职培养选拔机制，落实“各县（市、区）每年至少选拔2名35岁以下全日制本科以上学历正科级干部、4名30岁以下全日制本科以上学历副科级干部”硬性任务政策，全年配备35岁以下正科级干部45名、30岁以下副科级干部153名。做好结构性干部储备，瞄准县乡领导班子换届，按照不低于1∶2比例做好女干部、党外干部、少数民族干部储备，全年储备县处级女干部225名、党外干部93名、少数民族干部33名，储备乡科级女干部686名、党外干部103名、少数民族干部62名。建立健全市委组织、统战部门推荐非党员身份优秀年轻干部加入民主党派长效机制，全年推荐18名研究生学历选调生加入全市各民主党派。优化干部专业知识结构，建立紧缺急需专业干部需求清单，招录财政金融、城市规划、生物医药、信息技术等专业干部占全市招录总量达20%以上。全年举办城市经济发展、现代产业精准招商、生态经济发展等专题研讨班15期，培训干部2246余人次。发挥干部考核“指挥棒”作用，激励干部拼搏竞进、担当作为，出台与高质量发展相适应县（市、区）、市直部门、市委市政府派出机构领导班子综合考核评价体系、绩效考核评价体系，建立季度考核排队提醒、半年考核评估点评、年度考核激先策后全链条考核机制。根据考核结果，以市委、市政府文件通报表彰优秀领导班子32个、优秀领导干部474人、记三等功57人，发放奖牌32块、奖金79.65万元，选树表彰“人民满意的公务员”10人、“人民满意的公务员集体”10个。加强干部政治监督、履职监督、选任监督、日常监督，印发《关于市委管理领导班子和领导干部开展党内谈话的实施办法（试行）》，县（市、区）和市直部门选拔任用科级干部实行全员预审备案，从源头杜绝违规用人问题发生。严抓干部作风建设，开展“查问题、转作风、鼓干劲、争上游”行动，对照“三思三问三查”，找准问题关键，剖析问题根源，抓好整改提升，建立问题清单、整改台账，逐项落实、逐一销号。开展领导干部个人有关事项、公务员违规从事或参与营利性活动、有效身份证件及因私出国（境）证件统计排查等4个专项整治，结合市委第八、九、十次巡察，专项检查15个单位选人用人工作。落实公务员职务与职级并行制度，率先在全省完成公务员首次职级集中晋升，公务员职务与职级并行形成常态化管理。以公开积分选岗方式妥善安置团职军转干部14名。82名市管企业、学校、医院领导班子副职人员纳入市委管理。建立市县两级干部数据中心，形成“1+3+22”集中管档模式，全年完成17.4万卷干部档案集中管理和数字化制作，建成干部全员信息数据库和干部信息管理系统，干部任免、调配等业务实现在线运行。

【基层组织建设】 发挥党建引领作用，提升基层治理水平。以补短板、强弱项、扬优势、固根基为内容，开展“抓党建、防疫情、促脱贫、保小康”“基层党建质量提升年”活动。乡镇、街道改革。以党建统领、放权赋能、机构重组、力量下沉、健全制度、强化保障为重点，构建简约、高效的基层管理体制，整合重组乡镇、街道原党政机构和事业站所，形成“4办1队1站2中心”基本组织架构。制定《关于加强深化乡镇和街道改革配套制度建设的指导意见》《关于加强乡镇权力运行监督工作的实施意见》，建立审批服务、综合执法等7个方面42项制度，监督乡镇、街道做到依法用权、秉公用权、廉洁用权。保障基层社会治理有责有权有人，推行审批服务事项、行政执法权限、人员编制资源“三个下沉”，至2020年末，全市118项审批服务事项、90项行政处罚权限赋权、1950名编制、1279名人员下沉乡镇和街道。7月19日，全市召开基层工作座谈会，无极县张段固镇、平山县南甸镇、藁城区张家庄镇、新乐市邯邰镇、正定县正定镇、长安区长丰街道办事处、桥西区友谊街道办事处、新华区西苑街道办事处、裕华区裕兴街道办事处、高新区太行街道办事处等乡镇（街道办事处）党委（党工委）书记结合自身思想和工作实际作交流发言；与会基层代表围绕做好基层工作、推进基层减负，提出理顺体制机制、明确职责界限、优化督查考核、加强制度建设、强化干部培训、促进干部交流、改善营商环境等意见建议。乡村党组织建设。增强农村党组织政治生活的庄重性、严肃性、规范性，举办农村党建工作年会，农村党员参与率达到80%，确定2020年全市乡村振兴项目1.7万件。整顿软弱涣散基层党组织，325个后进村党组织全部转化提升。打造乡村振兴“领头羊”队伍，依托河北农业大学，举办农村干部研修班6期，培训农村干部和优秀青年1258名，其中，担任村“两委”正职452人，其余均为村“两委”副职或委员。优化农村干部队伍结构，调整村党组织书记1069人、其他“两委”干部1388人。组织农村党组织书记开展“比忠诚、比干净、比担当，争做新时代乡村振兴领头羊”活动，村党组织书记参加登台打擂、增比进位2800余名。通报表扬新时代乡村振兴“领头羊”100名、“十佳”乡镇党委组织委员10名、“十佳”党建引领基层治理示范乡镇10个。优化农村党员发展结构，树立“今天的党员就是明天的干部”理念，确定201个乡镇、15个涉农街道成立农村青年人才中心及党支部，至2020年底，入库青年42643人，其中6174人列为村“两委”后备干部。2020年全市农村新发展党员45岁以下占比92.5%，高中以上学历占比89.7%。启动农村（社区）“两委”换届，围绕“一肩挑、高学历、年轻化”3个关键指标，抓实“审计收尾、资格联审、排查问题、开展讨论”4个规定动作，聚焦解决“党组织软弱涣散、村（居）民自治、黑恶势力和家族势力、信访案件和群众反映突出问题”4类突出问题，酝酿产生党组织和村（居）委会2套班子换届人选。12月9日，石家庄市在鹿泉区铜冶镇南故邑村召开农村（社区）基层党建工作现场会，推广鹿泉区及南故邑村经验做法。发展村级集体经济，采取土地流转、发展物业经济、盘活资产、荒废土地开发等方式，推进农村集体经济增收。全年893个农村集体经济空白村清零，2万元以下村占比由20%下降到1.59%，5万元以上村占比由59%提高到77.9%。城镇社区规范化建设。新建城镇社区74个，创新建立乡镇（街道）、社区两级党建联席会议和兼职委员制度；37个城镇社区、76个老旧小区登台打擂比试，县（市、区）3013个小区实现“红色物业”全覆盖、500个无人管理小区实现清零。构建共建共治共享城市基层党建格局。2020年全市60个街道、618个社区分别吸纳驻区单位兼职委员523名、3744名，1163个机关企事业单位党组织、65975名在职党员到社区报到，签订共建协议2425份，帮助解决实际问题4188件。打造“红色物业”。1024家物业企业实现党组织工作覆盖，评选市级“金牌红色物业”36家、区级84家；建立“5+3”工作机制和分级分类评价机制，1951个老旧小区实现“红色物业”全覆盖。培育发展“红色社区社会组织”，按照“试点先行、全面推开、巩固提升”思路，全市组建红色社区社会组织5609家，其中，三星社会组织2940个、四星社会组织206个、五星社会组织106个，选树“金牌红色社区社会组织”15个。加强社工队伍建设，招聘全日制本科以上优秀大学毕业生社区工作者284名，49名连续任满6年社区党组织书记纳入事业编制管理。

【人才引进】 突出人才引领城市发展战略作用，围绕“以聚天下英才而用之为靶向、以实现省会高质量发展”目标，主动构建人才友好型城市。推行人才绿卡制度。创新人才绿卡政策，提升人才政策含金量，出台《石家庄市企业引进高层次人才个人所得税奖励实施办法（试行）》。开展“人才政策落实年”活动，采取明察暗访、专项督导、会议调度等方式，加快各项人才政策落地。建立人才绿卡服务“日清周结月回访”制度，打通人才服务“最后一公里”，人才绿卡申领实现全程网办。全年发放市人才绿卡A卡144张、B卡2810张、县（市、区）卡7964张，至2020年底，全市累计发放市人才绿卡A卡860张、B卡8530张、县（市、区）卡23663张。推进市校人才合作。开展“携手名校、才智汇石”市校合作专项行动，与西安交通大学、上海交通大学签署全面战略合作协议，与西北农林科技大学、河北工业大学等6所高校达成合作意向，与清华大学、北

2020年7月3日，石家庄市举行人才公寓入住仪式

京大学药学院等4所高校签署学生社会实践基地共建协议，确定在产业规划研究发展、推进科技成果转化、人才交流培养等六大合作战略领域。开展“秋石行动”，邀请知名高校学生到石实习，举办“高校学子家乡行”活动，吸引高校学子回乡创业、反哺家乡。创新招才引才方式。以“互联网+”思维举办高层次人才云端招聘活动，上线企业2194家，签订入职协议14526人。采取“线下仪式+线上直播”模式，举办2020年高层次人才交流洽谈会，达成引才意向8万余人。开展“进百校入百企”活动，组建23个宣讲组分赴137所国家“双一流”建设高校宣讲人才政策，联合科技、人力资源和社会保障、工业和信息化、金融等部门到1万多家企业送政策、问需求、助引才。海外人才引进。实施“海石计划”，打造海外人才发展沃土、创业乐园，市人才绿卡服务窗口和石家庄人力资源服务产业园高新区分园、桥西区分园、正定新区分园设立海外人才服务站，为海外人才提供出入境和居留、社保医保、住房交通等15项便利化服务。11月5日，石家庄市海外人才之家揭牌成立。至2020年末，全市累计引进海外人才1012名，其中，高层次人才98名、持有B类外国人工作许可证489名、世界排名前500高校回国留学生425名。建立市级人才公寓福利制度。把人才公寓建设作为聚才留才重要措施，采取购买、配建、改建、企业自建等渠道，建成投用各类人才住房7600余套，其中市级人才公寓892套，构建形成多主体供给、多渠道保障、租购补并举的人才住房保障体系。市级人才公寓分配对象：个人在长安区、桥西区、新华区、裕华区、高新区、循环化工园区、正定自贸片区（含综合保税区）工作或办公地点在藁城区、鹿泉区、栾城区、正定县的市属单位，且本人及配偶在上述县区无自住用房、未配租公租房和人才公寓的B卡人才。符合条件的人才以家庭为单位只能申请1套人才公寓。人才公寓只租不售，租金标准按照公共租赁住房租金标准执行。首批市级人才公寓分配。6月18日，首批534套B卡人才公寓全部分配；市级第一批人才公寓共564套，分别设在荣盛华府（长安区体育北大街与和平路交口）和德贤公馆（裕华区建华大街与塔南路交口），其中，德贤公馆设置人才绿卡A卡人才及柔性引进人才公寓30套，B卡人才公寓设置荣盛华府329套、德贤公馆205套。第二批市级人才公寓分配。10月16日，第二批市级人才公寓开始分配；市级第二批人才公寓共515套，其中，荣盛华府181套、德贤公馆39套、盛世御城（桥西区新石中路以南，新石南路以北，西二环以西）295套。荣盛华府和盛世御城公寓面积为58～83平方米，德贤公馆公寓面积为57～92平方米。高质量推进石家庄人力资源服务产业园建设。按照“一园三区”发展模式，建成全省首家省级人力资源服务产业园，全年石家庄人力资源服务产业园引进人力资源服务企业70家，累计达到165家，实现营业收入42.4亿元、税收6197万元，为企事业单位匹配高层次人才41名、大学专科及以上毕业生53260名。营造尊才爱才氛围，宣传支持人才发展政策及优秀人才创新创业事迹，召开人才工作座谈会和人才工作推进会，举办企业界拔尖人才创新能力提升研修班，开展“石家庄人才日”宣传活动，打造良好的人才生态环境。

（陈颖）

【离退休老干部管理】 至2020年底，全市共有离退休干部98787人，其中，离休干部1796人，退休干部96991人。离休干部中，市本级1036人，县（市、区）760人，平均年龄91.4岁；退休干部中，市本级33936人，县（市、区）63055人。离退休干部共有中共党员52483人，设立离退休干部党组织552个。开展“银发人才”遴选，建立市级“银发人才库”，遴选“银发人才”102名。推进“老党员驿站”建设，高标准打造示范性市级“老党员驿站”1个。支持老干部为经济社会发展建言献策，全年收集老干部关于“十四五”规划意见建议30条、“三创四建五优化”意见建议23条。开展“我看脱贫攻坚新成就”专题调研暨征文活动，组织退休干部专业技术人才深入贫困村和田间地头贡献智慧，收到征文120余篇。重视老干部学习活动阵地建设，投资680余万元，实施市老年活动中心青园馆修缮改造工程完工，新增模拟射箭馆、体感运动室、乒乓球单人训练馆等项目，新增活动场地面积1000平方米。举办首届老干部“银龄之声”合唱节，25支老干部合唱团体入选总决赛，线上观看人数12万余人。开展“串百家门、访百家亲”活动，走访离退休干部85510人，离休干部走访实现全覆盖。国庆、中秋双节期间走访慰问市级老领导、老红军及老领导遗属131人，慰问改制破产企业离休干部17人。保障老干部生活待遇，全年为改制破产企业离休干部拨付经费120.22万元，解决7家困难事业单位离休干部取暖费、一次性抚恤金等20余万元，为208名特困离退休干部发放帮扶资金50万元。推广“燕赵红枫”信息管理服务系统，录入离退休干部96836人，录入率98.03%。收集整理老干部工作成果，编辑出版《石家庄老干部工作志》，文字31万字。

（市委老干部局）

宣传工作

【概况】 2020年全市宣传思想文化工作以习近平新时代中国特色社会主义思想、党的十九届五中全会精神为主要学习宣传内容，组织举办市委理论学习中心组学习会12次、研讨交流活动13次，县（处）级以上理论中心组举行学习活动1200余次。统筹疫情防控和经济社会发展，突出抓好政治理论学习、意识形态、社会主义核心价值观教育、思想政治研究等宣传工作，主动为全市经济社会平稳发展提供强有力的思想保证、精神动力和舆论支持。全年各级各单位举办党的十九届五中全会精神宣讲活动2000余场，参与听众20万余人次。重视意识形态领域安全稳定，制定印发《关于加强完善意识形态工作体系和机制的任务落实清单》，组织意识形态重点单位、市属高校、各县（市、区）查找意识形态领域存在的风险点、管理难点及重点管控人员，掌握意识形态斗争主动权；组建成立意识形态工作巡察办公室，专项巡察15个党组织意识形态工作。加强全民国家安全教育，营造“国家安全，人人有责”浓厚氛围。4月15日是第五个全民国家安全教育日，全市开展国家安全宣传教育进机关、进农村、进社区、进学校、进企业、进军营、进网络“七进”活动；依托《石家庄日报》及新媒体平台，举办国家安全知识网络有奖答题活动，创新实践“零接触式”国家安全宣教模式，形成“不聚会了解国家安全，不出门助力国家安全”氛围；企业、社区和火车站、地铁等公共场所及地标建筑设置展板、张贴海报、悬挂宣传主题和横幅标语，并利用出租车、公交车电子显示屏和广场、商业中心户外大屏播放国家安全公益广告片。弘扬社会主旋律，讲好石家庄故事，以“美丽中国”“善美石家庄”为主题，举办2020“美丽中国”微电影盛典。宣传社会正能量，表彰优秀模范人物，开展社会主义核心价值观教育。2020年石家庄市、正定县获评全国文明城市，11个单位入选全国文明单位、13个村镇入选全国文明村镇、4所学校入选全国文明校园、5个家庭获评全国文明家庭，3人获评“中国好人”、19人获评“时代新人·河北好人”。隆重表彰参与抗击新冠肺炎集体和个人，2人获得“全国抗击新冠肺炎疫情先进个人”称号，30个单位获得“河北省抗击新冠肺炎疫情先进集体”称号、45人获得“河北省抗击新冠肺炎疫情先进个人”称号；市委宣传部、市卫生健康委员会联合授予12名援鄂医疗队员“石家庄时代新人”称号、26名医务工作者“石家庄市最美抗疫医务工作者”称号。

【政治理论学习】 全年市委理论学习中心组以习近平新时代中国特色社会主义思想为首要学习内容，举行学习会12次、研讨交流活动11次；县（处）级以上理论中心组举行集中学习1000余次。培育理论学习氛围，创办《党委中心组学习参考》刊物。学习贯彻党的十九届五中全会精神，市委理论学习中心组2次召开专题学习交流会，县（处）级以上理论学习中心组举办学习活动200余次。开展学习宣传党的十九届五中全会精神活动，组建市委宣讲团，市领导参加宣讲活动20余场；组建市委“走基层”宣讲团，选派22名理论专家、宣讲骨干分赴基层，广泛开展党的十九届五中全会精神活动；运用“大喇叭”“小马扎”“红马甲”等方式，全市各级各单位举办党的十九届五中全会精神宣讲活动2000余场，参与听众20万余人次。制作电视栏目《理论之窗》22期，“石时学习”微信公众号推送理论文章240余篇。组建成立习近平生态文明思想实践调研工作领导小组，撰写调研报告获得全国政协副主席夏宝龙，省委常委、宣传部部长焦彦龙批示。举办构建现代产业发展格局和发展多类型经济座谈会，邀请专家交流研讨，撰写形成一批经济发展理论成果，为市委、市政府决策提供了有力支撑和理论服务。“学习强国”石家庄学习平台App、PC端开通。4月16日，“学习强国”石家庄学习平台App开通上线，这也是河北省首个上线的市级学习平台。4月30日，“学习强国”石家庄学习平台PC端开通。“学习强国”石家庄学习平台开设有“推荐”“牢记总书记嘱托”“新时代‘赶考行’”“石家庄要闻”“新发展理念”“文明新风”“民生服务”“风采滹沱”8个栏目，从不同角度，以多种形式，为全市干部党员群众提供权威、准确、丰富、新颖的学习内容，包括人文历史和风土人情。宣传习近平新时代中国特色社会主义思想及党的创新理论、生动实践和先进文化知识，推动全社会形成浓厚的学习氛围。4月30日，市委宣传部通报表扬全市学习强国“学习之星”826名。至2020年末，“学习强国”石家庄学习平台注册下载人数达到150余万人。

【新闻宣传】 以鼓舞士气、宣传典型、激发动力、拼搏争先为理念，围绕新冠肺炎疫情防控、全面小康建设、脱贫攻坚行动、“三创四建五优化”活动、“4+4”现代产业及“四种类型经济”发展、开展“查问题、转作风、鼓干劲、争上游”行动等重点工作，部署开展“奋力夺取双胜利记者走基层”活动，全年在各级各类新闻媒体刊发稿件4万余篇（件）。加大石家庄对外宣传力度，借助中央媒体传播优势，讲好石家庄故事、传递石家庄声音、塑造石家庄形象。以讲好石家庄故事为主题，全年在中央主要新闻媒体刊发稿件1600余篇（件）、在省级主要新闻媒体刊发稿件5000余篇（件）、在全国主要新闻网站推送稿件2万余篇（件）。与中央广播电视总台国际在线网站联合举办“特色产业看石家庄”集中采访活动，中央主要新闻媒体刊播相关稿件100余篇（件）。举办“讲好石家庄故事”征文活动。3月1日至12月1日，市委宣传部、市社会科学院、市委讲师团、市社会科学界联合会联合在全市组织开展“讲好石家庄故事——你所不知道的石家庄”优秀短文征集活动，征集作品350篇。重视城市发展和文化历史宣传，9月30日至10月31日，由市委宣传部、市发展改革委主办的“奋斗新时代——庆祝中华人民共和国成立71周年石家庄发展纪实展”在市人民会堂举行。制作石家庄历史人物和城市名片邮票珍藏册、中山国文化茶器等对外宣传文化用品，拍摄市情宣传片《中国·石家庄》。构建新型新闻宣传阵地，主城区外17个县（市、区）全部建成县级融媒体中心并取得“互联网新闻信息服务许可证”，接入省级“冀云”融媒体平台，培育形成“新闻+政务商务服务”运营模式。石家庄日报App、无线石家庄App平台服务水平提升，实现与各县（市、区）融媒体中心业务对接，建成“报、刊、网、端、微、屏”全媒体形态“融媒体矩阵”，新闻报道实现实时报道、互动协播、直击现场、图文并茂等新业态形式。《最高规格！90辆警务摩托35公里温情护送英雄凯旋！》短视频新闻报道浏览量达到200万余人次。加强新闻应急处置管理，制定舆情处置引导和新闻应急保障措施，修订《石家庄市突发公共事件新闻发布应急预案》。营造社会舆论环境，全年召开新闻发布会50场，稳妥处置多起重大舆情事件。

【社会主义核心价值观教育】 重视爱国主义教育，编印《石家庄市爱国主义教育基地汇编》，举办“五星红旗飘起来”等爱国主义教育活动；开通网上爱国主义教育基地展馆，举办“红色土地，英雄河北——河北革命史”联展、“弘扬照金精神，决胜全面小康”专题宣讲展览。巩固提升全国文明城市创建成果，采取全民动员、全员参与、全力保障方式，顺利完成全国文明城市、省级文明城市复检；制定《创建全国文明城市责任单位任务清单》，开展不文明养犬、共享单车、小广告等专项整治行动，培育形成“城市文明大行动”等品牌活动。2020年石家庄市创建全国文明城市行动在全国省会、副省级城市排名第9位，得到中央文明办通报表扬。加强公民思想道德建设，建成县级新时代文明实践中心7个、乡镇文明实践所70个、村级文明实践站731个。统筹推进文明单位、文明家庭、文明校园、文明村镇创建，11家单位入选全国文明单位、13个村镇入选全国文明村镇、4所学校入选全国文明校园，5个家庭获评全国文明家庭，靳国芳参加全国精神文明建设表彰大会受到习近平总书记的会见。评选“石家庄市文明公民标兵”415人，3人入选“中国好人榜”，19人入选“河北好人”。开展志愿服务活动，组建成立市志愿服务联合会，动员30余万名志愿者投身疫情防控工作，培育形成“鲜花送好人”“党员志愿服务日”“市民公益日”等志愿服务品牌活动。新建“宣传文化示范村”32个，打造基层微宣传阵地156个。举办“知党情，感党恩，跟党走”系列宣讲活动300余场、“百姓故事汇”集中宣讲活动44场。2020“美丽中国”微电影盛典。7月29日至12月8日，由石家庄市委网信办、河北省影视家协会、北京电影家协会、天津市电影家协会联合主办的2020“美丽中国”微电影盛典在石家庄市举行。收到参赛作品400余件。参赛作品以“美丽中国”“善美石家庄”为主题，以互联网为平台，以抗击疫情、脱贫攻坚、迎接建党100周年等重大事件为内容，采用短小精悍的微电影载体，讲述城市、家庭、个人温馨感人的善美故事，展现人民群众开拓创新、互助友爱的人文精神，以平凡善举传递社会真情，以个体善美品格彰显时代精神和“美丽中国”好声音（获奖作品参见类目“信息产业”下“网络安全和信息化”）。

（市委宣传部）

统战工作

【概况】 2020年全市统一战线贯彻落实中央、省、市委统战工作会议精神，紧紧围绕市委中心工作和全市发展大局，主动发挥统一战线广泛联系作用，大力支持各民主党派和党外人士发挥参政议政、凝聚共识、汇聚力量作用，齐心协力为全市经济社会发展贡献力量。推进民族和谐、宗教稳定，维护社会团结。联络联谊海外华人，为祖国统一和石家庄对外交往献计出策。支持民主党派履行参政议政职能，2020年石家庄市各民主党派共有全国人大代表3人、全国政协委员4人，省人大代表19人、省政协委员54人，市人大代表42人、市政协委员199人。打造统战工作齐抓共管格局，围绕党外知识分子和新的社会阶层人士人员数量多、广泛分布于政治、经济、文化、科技、教育等领域特点，制定出台《关于加强党外知识分子和新的社会阶层人士统战工作的实施意见》。支持民营经济发展，开发运用“商汇通”智能App发布工作信息、会员服务、企业商会风采、民企诉求等资讯信息380余条。建立民营经济统战工作联席会议制度，组织开展民营经济营商环境大调研，撰写形成专题调研报告7个。动员和号召民营企业参与“千企帮千村”活动，参与民营企业525家，提供帮扶资金3.6亿元。团结党外知识分子和新的社会阶层人士，印发《“石家庄同心·新力量”工作品牌实施方案》，建成新的社会阶层人士统战工作实践创新基地国家级1个、市级6个、县级15个，并在新的社会阶层人士集中的街道、楼宇、园区建立联络站80处，实现21个县（市、区）全覆盖，联络联谊新的社会阶层代表人士1800余人。创新党外干部管理方式，按照“一人一卷”原则，探索创建以掌握党外干部政治表现为主“同心档案”836卷。提升市委统一战线工作能力，8月10～13日，全市统战部长业务能力提升培训班在市委党校举行。2020年市委统战部被中央统战部评为中国统一战线宣传工作先进单位。

【多党合作与政治协商】 巩固多党合作政治基础，组织全市各民主党派和党外人士学习习近平新时代中国特色社会主义思想和中共十九大及十九届二中、三中、四中、五中全会精神，通报市委十届九次、十次、十一次全会内容。引领民主党派开展“不忘合作初心 继续携手前进”主题教育活动，举办民主党派机关学习日活动5期，多次组织各民主党派成员到塔元庄、石家庄城市馆、中央商务区等地学习考察。邀请各民主党派和党外人士参加“电视问政”节目，现场点评各职能部门领导回答问题，提出意见建议。重视民主党派组织建设，帮助各民主党派市委借鉴中共石家庄市委党建工作经验，建立健全“1+5”制度，各民主党派“五种能力”得到提升。加强与各民主党派协商，印发《关于2020年度中共石家庄市委同市各民主党派、无党派人士政党协商计划的建议》，召开协商会、征求意见会、情况通报会8次；各民主党派围绕贯彻落实市委决策部署，开展调研活动120余次，提出意见建议400余条，其中，省、市重点提案24个，优秀参政议政报告60篇，14篇意见建议获得省、市领导批示。建立党外知识分子和新的社会阶层人士列席市委重要会议制度，邀请6名党外知识分子和新的社会阶层人士列席市委全会3次。8月5日，首次邀请2名党外知识分子和新的社会阶层人士代表列席中共石家庄市委十届九次全会。听取党外人士意见建议。8月6日，市委书记主持召开党外人士情况通报会，通报中共石家庄市委十届九次全会召开情况，并就做好经济社会发展工作，听取各民主党派、市工商联和无党派人士代表的意见建议；民革市委主委范振增，民盟市委主委郭斌，民建市委主委武义青，民进市委主委张运凯，农工党市委驻会副主委程鹏起，九三学社市委主委王志国，市工商联主席吴相君，无党派人士代表邓小梅、肖建科等参会发言。组织各民主党派和党外人士开展“我为‘十四五’规划建一言”活动，征集意见建议142条。

【支持非公经济发展】 重视非公经济人士思想教育，引导非公经济人士把思想和行动统一到中央决策部署上来。2020年市工商联组织商会党支部书记赴延安、井冈山开展“传承红色精神，升华党性修养”主题教育活动，举办党员发展对象培训班、入党积极分子培训班各2期。增强商（协）会党支部书记、党员的荣誉感和归属感，激发商会党组织、党员工作热情，全年市非公有制经济商（协）会党委通报表彰先进商会党支部12个、优秀党支部书记10名、优秀共产党员48名。开展企业家理想信念教育，制定印发《石家庄市工商联非公有制经济人士理想信念教育活动方案》，组织会员企业参加“守法诚信经营，坚定发展信心”理想信念教育实践活动，举办民营企业家理想信念报告会。2020年9月，市非公有制经济商（协）会党委在井冈山干部教育学院举行“学习井冈山精神 坚定理想信念”专题培训班。引导企业家学习习近平新时代中国特色社会主义思想和党的十九大及十九届二中、三中、四中、五中全会精神，举办国家减税降费政策、宏观经济形势、国学与企业管理等企业家培训班、报告会，培训民营企业家及高级管理人员1600人次。帮助民营企业项目解决融资难问题。4月16日，全市召开2020年政银企（民营企业）对接会，9家民营企业与银行签约，意向金额770万元。引导民营经济健康发展，2020年5月底，建成开通“商汇通”智能App，发表工作信息、会员服务、企业商会风采、民企诉求等资讯380余条。建立民营经济统战工作联席会议制度，举办第一次民营经济统战工作联席会议，撰写专题调研报告7个。推荐大学毕业生到民营企业工作，协调民营企业与20所院校签订战略合作协议。

【港澳台侨事务】 6月18日，全市对台工作会议举行，会议印发《2020年对台工作要点》《涉台重大事项报告制度》。10月12日，市委书记主持召开市委对台工作领导小组会议。书面传达学习习近平总书记在《告台湾同胞书》发表40周年纪念会上的重要讲话精神及中共中央政治局常委、全国政协主席汪洋在第十二届海峡论坛上的致辞；审议《市委对台工作领导小组工作规则》《市委对台工作领导小组办公室工作细则》。加强对台交流平台建设，制定出台《石家庄海峡两岸交流基地管理工作意见》；市冀台联文化产业园获评河北省对台交流基地。11 月 15 日，2020 京津冀台中学生教育发展联盟年会暨第四届京津冀台中学生教育发展论坛在河北正定中学举行，采取线上直播与线下研讨相融合方式，分设正定中学、中国台北两个会场，来自京津冀台 40 余所中学 500 余名师生参与交流活动。主动为在石台胞台商排忧解难，全年帮助 8 家台资企业解决困难问题，协调处理台商投诉事项 8 起，解决满意率 100%；帮助 1 名台商子女、4 名台胞子女参加中高考加分。开展温暖台企走访调研活动，新冠肺炎疫情期间为台企协调提供口罩 3.6 万只。2020 年石家庄市对台工作评价获得全省最高分和优秀等次。搭建侨务对话沟通平台，邀请在冀海外侨商共谋发展，推介招商和引资引才引智政策。7 月 16 日，市委、市政府召开海外侨商石家庄恳谈会，30 多位侨商代表参会，俄罗斯 MG 集团、澳大利亚优瑞卡国际集团与中国（河北）自由贸易区正定片区签订战略合作协议。推行侨务事项网上办理，依托河北政务服务网络平台，为 16 名符合条件“四侨”考生办理加分手续，为 34 名归侨办理退休生活补贴，为 2 名华侨协调回国落户，为 7 户家庭困难归侨侨眷资助创业资金。

（吕军辉）

【市台湾同胞联谊会】 市台湾同胞联谊会（简称市台联）于 1999 年 11 月 19 日成立，是居住在石家庄市的台湾各族同胞的爱国民众团体，以团结联络台湾同胞、促进两岸人民交流为己任，为祖国和平统一大业贡献力量，是党和政府联系台湾同胞的桥梁和纽带。至 2020 年底，石家庄市定居台胞共有 74 户、195 人，同比增加 3 人；拥有全国人大代表 1 名：廖海鹰，1960 年 7 月出生，中国台湾地区新竹人，省政协第十二届委员会常委、省台联会长、市台联名誉会长、河北医科大学第二附属医院腺体外科主任医师、教授；省政协委员 2 名：廖海鹰、陈瑛（女）；市政协委员 2 人、区政协委员 1 人。7 月 8 日，市台联五届二次理事（扩大）会举行，会议通过康然芬（女）任市台联第五届理事会秘书长。

石家庄市台湾同胞联谊会

会　长：陈瑛　（女）

副会长：张宇慧（女，高山族）

　　　　洪立江

秘书长：任滏　（7 月免）

　　　　康然芬（女，7 月任）

（市台联）

【市黄埔军校同学会】 2020 年市黄埔军校同学会（简称市黄埔同学会）秉承黄埔同学会宗旨，发挥优势，广泛联络海内外黄埔同学和亲友，为促进祖国统一和石家庄市经济社会发展发挥独特作用。市黄埔同学会采用理事会方式管理，理事会闭会期间，由会长、副会长、秘书长组成办公会议，主持会务。至 2020 年末，市黄埔同学会共有会员 5 名，年龄最长者 97 岁，最小者 90 岁；设会长 1 人、副会长 2 人、秘书长 1 人，秘书长处理日常工作。以重大节日、会员生日、困难救助、大病应急、临终关怀 5 项关爱为重点，多次走访慰问黄埔同学会会员和亲友，听取意见和建议，帮助解决困难和问题。全年走访慰问市黄埔同学和遗属 40 余人次，帮助解决实际困难 10 余件。4 月 22 ～ 23 日，市黄埔同学会领导到藁城区、深泽县等地看望慰问黄埔老同学及遗孀。6 月 12 日，省、市黄埔同学会联合组织石家庄市黄埔同学亲友到河北省涉县一二九师纪念馆参观学习并座谈交流。纪念抗日战争胜利 75 周年，走访慰问黄埔同学会抗战老兵池鹏里。

石家庄市黄埔军校同学会

会　长：张连枝

秘书长：王连重

（市黄埔同学会）

政策研究

【概况】 2020 年市委研究室、市委全面深化改革委员会办公室（简称市委改革办）贯彻落实习近平新时代中国特色社会主义思想和党的十九届五中全会精神，突出围绕市委中心工作，扎实做好调查研究和各项重大改革工作。服务保障市委十届九次、十次、十一次全会，牵头组织全会简报组，记录讨论发言，编发全会简报 12 期。起草《关于市政协十三届四次会议大会发言材料筛选梳理情况及办理意见的报告》，编辑形成大会发言材料摘编。抽调精干力量参加省委巡视组、市委巡察组和“三创四建五优化”活动，圆满完成各项任务。改进信息服务，创新开办《领导参阅》，及时将调研发现的问题建议、上级有关最新政策、外地特别是省会城市的改革动态和经验做法等信息呈报市领导、印发相关市直部门，全年编发《领导参阅》16 期，涉及楼宇党建、新基建、落实“六保”任务、物业治理、老旧小区改造等内容，其中《精准用好消费券措施　切实发挥拉动消费增长作用》得到市委书记批示。全面深化改革，编发《石家庄改革动态》17期82篇，推送“石家庄改革”微信公众号信息463篇，微信公众号阅读量突破100万余人次。2020年石家庄市全面深化改革工作在全省考核中获评优秀。发挥市委机关刊物舆论引导、政策宣传和鼓舞教育作用，主办《石家庄决策》刊物围绕中央、省委、市委重要会议精神和重要工作部署，策划设立“学习贯彻全国‘两会’精神”“学习贯彻市委全会精神”“夺取疫情防控和经济社会发展双胜利”“加强作风纪律建设”等专栏。2020年《石家庄决策》蝉联获得“全国城市十佳党刊”“省会双十佳内资出版物”称号。

【调查研究】 以全市中心工作为重点，主动发挥参谋助手作用，周密做好市委领导调查研究服务，起草完成《大力优化国土空间布局 建设“四高四强”现代化省会城市》调研报告。以市级领导重点调研课题为内容，部署安排重点调研课题通知，编印市级领导重点调研课题调研成果汇编。撰写《小切口 大改观 九项举措助推城市品质提升》《外地拓宽市政项目建设融资渠道相关做法》《关于加强石家庄市老旧小区治理的调研报告》《关于石家庄市电子商务产业发展情况的调研报告》等重点工作调研报告受到市委书记肯定性批示。《关于加强楼宇党建的调查与思考》被市委组织部列为党建立项课题，并获评全国城市党刊优秀论文。7项调研课题入选2020年度市社会科学专家培养项目，其中4项获评优秀等次。综合文稿起草。发挥以文辅政作用，重要文件起草包括2020年市委工作要点、开展“三创四建”活动加快建设现代省会经济强市的实施意见、关于“四种类型经济”发展情况的通报、关于支持乡镇（街道）工作的若干意见等；牵头起草完成《石家庄市“十四五”规划和二〇三五年远景目标建议》。参与起草《正定宣传专题片解说词》。撰写《增强省会意识 抢抓发展机遇 奋力推动高质量发展 决胜全面建成小康社会》以市委、市政府名义在《河北发展》2020年第1期刊发。《习近平总书记在正定工作期间加强党风廉政建设的思考与实践》获得河北省第十七届社会科学成果三等奖。《西柏坡精神与红船精神一脉相承》获得光明日报社、浙江省委宣传部等主办的第三届“红船论坛”征文三等奖。围绕夺取疫情防控和经济社会发展双胜利开展调研，撰写《关于石家庄市疫情期间企业复工复产情况报告》《关于常态化疫情防控时期促进惠民经营活动的调查与建议》。撰写《石家庄市藁城区严防严控战疫情 复工复产促发展》在省委政研室《政研与决策》刊发。

重要调研报告名称

◎关于我市疫情期间企业复工复产情况报告

◎关于我市电子商务产业发展情况的调研报告

◎小切口 大改观 九项举措助推城市品质提升——关于提升我市城市品质的调查与建议

◎关于市政道路建设模式的调研报告

◎关于我市房地产有关政策的情况报告

◎关于加强我市老旧小区治理的调研报告

◎关于“电力环保指数”及应用等情况的报告

◎精准用好消费券措施切实发挥拉动消费增长作用

◎关于常态化疫情防控时期促进惠民经营活动的调查与建议

◎外地拓宽市政项目建设融资渠道相关做法

◎关于陕西临潼等县（区）特色林果产业发展的调查与建议

重要文稿名称

◎强化省会意识 抢抓发展机遇 奋力推动高质量发展决胜全面建成小康社会

◎关于开展“三创四建”活动加快建设现代省会经济强市的实施意见

◎关于印发《中共石家庄市委2020年工作要点》的通知

◎关于支持乡镇（街道）基层工作的若干意见

◎《中共石家庄市委关于制定国民经济和社会发展第十四个五年计划和二〇三五年远景目标的建议》

◎关于“四种类型经济”发展情况的通报

◎关于加快西部山区县特色经济林发展的调查与思考

◎关于开展优化营商环境工作的调查评估报告

◎关于我市村级集体经济发展存在问题的调查与建议

◎灵寿县创设农村青年人才服务中心的调查与思考

【全面深化改革】 全年市委书记主持召开市委全面深化改革委员会会议5次，研究审议改革事项68项。优化全面深化改革推进机制，探索形成学习调研、督察督办、经验推广等10余项工作制度。采取全程跟踪、全程盯办、全程问效方式，提高改革时效性和精准度；完善“石家庄改革管理系统”软件功能，以“亮灯预警”形式推动改革任务按照时间节点完成。加强责任落实，开展改革事项督察20余次，结合年度考核、改革任务“回头看”，向改革任务落实进度慢、效果差的单位发放提示函或整改意见书40余份。召开改革督察问效评审会，创新建立“汇报＋提问＋评分＋反馈”改革督察问效模式。承担全国市域社会治理、全国乡村治理等省级以上改革试点54项（国家级29项、省级25项），其中，新增国家级试点9项、省级试点7项；20项改革试点达到验收条件，34项正在推进。牵头优化营商环境调研和改革方案制定，确定列入2020年全市改革工作要点；成立专项工作组，撰写完成专项调研报告并建立问题清单，形成12个专项改革方案。2020年石家庄市“制定地方标准，规范‘双随机、一公开’监管工作”改革案例被省委改革办推荐报送中央改革办。

（康静）

机构编制

【概况】 2020年市委机构编制委员会办公室（简称市委编办）围绕党政机构改革、事业单位改革、开发区自贸区机构调整、县（市、区）机构改革等工作，创新机构编制管理方式，统筹配置机构编制资源，设立行政内设机构22个、撤销行政内设机构1个、调整行政内设机构29个，设立事业单位3个、撤销事业单位116个、调整事业单位27个，使用行政、事业编制653个，收回行政、事业编制7220个。开展机构编制监督检查，清理市直临时机构和市级议事协调机构。2020年4月，市委编办会同市直有关部门，按照“一撤、二并、三清、四瘦身”（即职能消失的坚决撤销，职能相近的予以合并，撤销机构清人、清房、清经费，保留的机构人、财、房全部“瘦身”）思路，全面清理市直临时机构，撤销临时机构28个，合并7个，调整职能并更名1个，保留160个；压缩财政经费1069.77万元，腾退租用办公用房44间、办公大厅749平方米，清退抽调人员203人，精简撤并市直临时机构任务完成。2020年10月，全市撤销市级议事协调机构24个，合并2个，不再纳入议事协调机构统计范围17个。

【党政机构改革】 市委办公室机构编制调整。3月3日，市委编委印发《关于调整市委办公室机构编制的批复》（石机编〔2020〕2号），同意市委会议办（秘书处）分设为会议处、调研处，增加行政编制5名、科级领导职数1正1副；综合处不再加挂综合调研室牌子。5月25日，市委编办印发《关于调整市委办公室内设机构的批复》（石机编办〔2020〕35号），同意市委办公室增设督办协调处，增加科级职数1名；将档案史志管理处更名为档案管理处、档案史志执法监督处更名为史志管理处。市委组织部机构职责调整。12月14日，市委编办印发《关于调整市委组织部内设机构职责的批复》（石机编办〔2020〕111号），同意市委组织部增加市管骨干企业、市管学校、医院副职有关干部管理职责；调整干部三处、干部四处职责。市委宣传部理论处加挂意识形态工作责任制专项巡察工作办公室牌子。5月25日，市委编办印发《关于市委宣传部理论处加挂意识形态工作责任制专项巡察工作办公室牌子的批复》（石机编办〔2020〕36号），同意市委宣传部理论处加挂意识形态工作责任制专项巡察工作办公室牌子，增加副科级领导职数1名。市委网络安全和信息化委员会办公室机构调整。市委网络安全和信息化委员会办公室设立机关党总支。12月14日，市委编委印发《关于市委网络安全和信息化委员会办公室设立机关党总支的批复》（石机编〔2020〕68号），同意市委网络安全和信息化委员会办公室设立机关党总支，增加机关党总支专职副书记职数1名（正科级）。市委网络安全和信息化委员会办公室网络应急管理和舆情处加挂网络安全应急指挥办公室牌子。12月18日，市委编办印发《关于市委网信办网络应急管理和舆情处加挂网络安全应急指挥办公室牌子的批复》（石机编办〔2020〕121号），同意市委网络安全和信息化委员会办公室网络应急管理和舆情处加挂网络安全应急指挥办公室牌子，明确网络安全应急指挥办公室主任由网络应急管理和舆情处处长兼任，市委网络安全和信息化委员会办公室增加指挥、指导全市突发网络舆情事件应对处置等职责。市委机构编制委员会办公室行政编制调整。12月14日，市委编委印发《关于市委机构编制委员会办公室增加行政编制的批复》（石机编〔2020〕67号），同意市委编办增加行政编制3名。市委市直机关工委科级领导职数增加。12月14日，市委编办印发《关于市委市直机关工委增加科级领导职数的批复》（石机编办〔2020〕112号），同意市委市直机关工委机关增加副科级领导职数2名。市机关事务管理局增设内设机构。12月14日，市委编委印发《关于市机关事务管理局增设内设机构的批复》（石机编〔2020〕66号），同意市机关事务管理局增设项目招标处，增加正科级领导职数1名。市纪委监委机关行政编制调整。12月18日，市委编委印发《关于调整市纪委监委机关行政编制的通知》（石机编〔2020〕80号），将市纪委监委机关使用62名检察院系统政法专项编制调整为行政编制；将市纪委监委派驻市公安局纪检监察组使用17名公安专项编制、派驻市司法局纪检监察组使用4名司法专项编制置换为行政编制。市公安局机构编制调整。规范市公安局市内区分局派出所机构编制。3月12日，市委编委印发《关于规范市公安局市内区分局派出所机构编制事宜的批复》（石机编〔2020〕4号），确定市公安局长安分局、桥西分局、新华分局、裕华分局、井陉矿区分局、公共交通分局、站前分局、循环化工园区分局所属89个副科级派出所所长、指导员由一级警长或二级警长担任；市区110个综合警务服务站领导职数、干部配备按照《关于市公安局设置综合警务服务站的批复》(石编〔2011〕44号）文件执行。市公安局高新区分局珠江综合警务服务站更名。5月25日，市委编办印发《关于市公安局高新区分局珠江综合警务服务站更名的批复》(石机编办〔2020〕34号)，将市公安局高新区分局珠江综合警务服务站更名为天山综合警务服务站。市公安局执法勤务机构调整。7月22日，市委编办印发《关于调整市公安局执法勤务机构事宜的批复》(石机编办〔2020〕60号)，同意市公安局撤销收容教育所，将13名政法专项编制和10名工作人员、1名副科级领导职数划入市拘留所，收回政法专项编制12名、科级领导职数2正1副。成立市公安局驻京工作队，规格为正科级，核定政法专项编制12名、科级领导职数2正1副。森林公安机关管理体制调整。12月14日，市委编办印发《关于调整森林公安机关管理体制的通知》(石机编办〔2020〕100号)，同意市森林公安局（市公安局森林警察支队）更名为市公安局森林警察支队，加挂市公安局森林分局牌子，由市林业局直属行政机构调整为市公安局执法勤务机构，规格仍为正科级，核定政法专项编制15名，科级领导职数2正2副；撤销原市森林公安局小壁派出所、栾城派出所、正定派出所，公安干警整建制划入市公安局森林警察支队（市公安局森林分局）；井陉矿区森林公安局更名为市公安局井陉矿区分局森林警察大队，为市公安局井陉矿区分局执法勤务机构，规格为股级，核定政法专项编制2名，股级领导职数2名，公安干警整建制划转；平山县、井陉县、灵寿县、赞皇县、鹿泉区、元氏县、行唐县7个县（区）森林公安局更名为相应县（区）公安局森林警察大队，由县（区）自然资源和规划局直属行政机构调整为公安局执法勤务机构；长安区、桥西区、新华区、裕华区、藁城区、栾城区、晋州市、新乐市、正定县、深泽县、无极县、赵县、高邑县13个县（市、区）及高新区、循环化工园区森林和草原领域各类违法犯罪行为查处工作职责，交由当地公安局（分局）环境安全保卫大队承担。市公安局轨道交通分局内设机构调整。12月18日，市委编办印发《关于市公安局轨道交通分局调整内设机构的批复》(石机编办〔2020〕123号)，同意市公安局轨道交通分局一号线治安派出所更名为解放广场站治安派出所；增设火炬广场站治安派出所、三教堂站治安派出所，规格均为正科级，核定政法专项编制各15名、科级领导职数各2正2副；单独设立警务保障室，规格为正科级，核定政法专项编制5名、正科级领导职数1名。市公安局警务督察支队设立民警维权办公室。12月18日，市委编办印发《关于市公安局警务督察支队设立民警维权办公室的批复》(石机编办〔2020〕124号)，同意市公安局警务督察支队增设民警维权办公室，规格为正科级，核定政法专项编制8名、科级领导职数1正1副。市公安局国内安全保卫机构更名。12月30日，市委编委印发《关于市公安局及各分局国内安全保卫机构更名的批复》(石机编〔2020〕89号)，将市公安局国内安全保卫支队更名为政治安全保卫支队。明确市农业农村局农村宅基地改革和管理职责。3月27日，市委编委印发《关于明确农村宅基地改革和管理职责等事宜的通知》(石机编〔2020〕6号)，明确市农业农村局负责全市农村宅基地改革和管理，具体工作由农村合作经济处承担。市市场监督管理局机构编制调整。4月14日，市委编委印发《关于深化市场监管综合行政执法改革涉及机构编制事宜的通知》(石机编〔2020〕8号)，同意市市场监督管理局增设综合执法一处、二处、三处、四处及药品执法处，增加科级领导职数5正15副；5月28日，市委编委印发《关于市市场监督管理局增设药品进口备案办公室的批复》(石机编〔2020〕29号)，同意市市场监督管理局增设药品备案管理办公室，增加行政编制4名、科级领导职数1正1副。市内4区农业综合执法队更名。5月9日，市委编办印发《关于长安区农业综合执法队更名等事宜的批复》(石机编办〔2020〕20号)、《关于桥西区农业综合执法队更名等事宜的批复》(石机编办〔2020〕21号)、《关于新华区农业综合执法队更名等事宜的批复》(石机编办〔2020〕22号)、《关于裕华区农业综合执法队更名等事宜的批复》(石机编办〔2020〕23号)，将长安区、桥西区、新华区、裕华区4区原农业综合执法队分别更名为长安区（桥西区、新华区、裕华区）水利综合执法队，规格副科级。市人力资源和社会保障局内设机构职责及名称调整。6月16日，市委编办印发《关于调整市人社局处室职责及名称的批复》(石机编办〔2020〕41号)，同意市人力资源和社会保障局工资福利处更名为工资福利和调配处。市人民防空办公室机构编制和职责调整。7月13日，市委编办印发《关于市人防办设立国有资产管理与财务处的批复》(石机编办〔2020〕59号)，同意市人民防空办公室增设国有资产管理与财务处，增加正科级领导职数1名，核减副科级领导职数

1名。8月21日，市委编办印发《关于调整市人防办机关内设机构职责的批复》(石机编办〔2020〕78号)，同意市人民防空办公室综合处承担的机关及直属单位机构编制、人事管理和教育培训职责调整至机关党委(机关纪委)。市自然资源和规划局人员及机构编制调整。12月14日，市委编委印发《关于调整市自然资源和规划局部分派出机构人员编制的批复》(石机编〔2020〕57号)，同意市自然资源和规划局循环化工园区分局3名事业编制及3名工作人员划入裕华分局，综合保税区分局4名事业编制及4名工作人员、1名副科级职数划入市政监察分局。12月18日，市委编委印发《关于市自然资源和规划局井陉矿区分局增加编制的通知》(石机编〔2020〕85号)，同意市自然资源和规划局井陉矿区分局增加事业编制1名。市林业局机构编制调整。12月14日，市委编委印发《关于调整市林业局机构编制事宜的批复》(石机编〔2020〕58号)，同意市林业局增设火灾预防处，增加行政编制5名、正科级领导职数2名。市应急管理局增加行政编制。12月14日，市委编委印发《关于市应急管理局增加行政编制的通知》(石机编〔2020〕59号)，同意市应急管理局增加行政编制1名。市民族宗教事务局设立机关党总支。12月14日，市委编委印发《关于市民族宗教事务局设立机关党总支的批复》(石机编〔2020〕69号)，同意市民族宗教事务局设立机关党总支，增加机关党总支专职副书记职数1名(正科级)，减少副科级领导职数1名。市生态环境局人事处加挂党组巡察工作领导小组办公室牌子。12月14日，市委编办印发《关于市生态环境局人事处加挂党组巡察工作领导小组办公室牌子的批复》(石机编办〔2020〕114号)，同意市生态环境局人事处(老干部处)加挂党组巡察工作领导小组办公室牌子，增加巡察办专职副主任职数1名(正科级)。市卫生健康委员会机构调整。12月14日，市委编委印发《关于市卫生健康委员会调整内设机构等事宜的批复》(石机编〔2020〕73号)，同意市卫生健康委爱卫处加挂健康石家庄指导处牌子，增设卫生城市创建处，增加正科级领导职数1名，减少副科级领导职数1名。市住房和城乡建设局增设房屋租赁机构。12月18日，市委编委印发《关于市住建局增设房屋租赁工作机构的批复》(石机编〔2020〕78号)，同意市住房和城乡建设局增设住房租赁管理处，增加正科级领导职数1名；市城市建设投资中心(市房屋征收中心)下设市住房租赁服务中心，规格为正科级，核定财政性资金基本保证事业编制9名、科级领导职数1正1副。市司法局政法专项编制调整。12月18日，市委编委印发《关于调整市司法局政法专项编制的通知》(石机编〔2020〕81号)，同意市司法局机关使用15名行政编制调整为司法专项编制。市工业和信息化局增设盐业处。12月30日，市委编委印发《关于市工业和信息化局增设盐业处的批复》(石机编〔2020〕88号)，同意市工业和信息化局增设盐业处，增加正科级领导职数1名，减少副科级领导职数1名。市直部门及事业单位审计机构及职责调整。12月14日，市委编办印发《关于调整市直部门及部分事业单位内部审计机构和职责的通知》(石机编办〔2020〕113号)，5个市直部门财务审计处更名为财务处，原财务审计处承担的内部审计职责交由机关党组织(机关纪委)承担；市中央商务区建设发展中心财务审计处更名为财务处，原财务审计处承担的内部审计职责交由党政办公室承担；24个市直部门办公室或财务处承担的内部审计职责交由机关党组织(机关纪委)承担；31个部门(单位)增加内部审计职责，具体工作由机关党组织(机关纪委)承担；确定11个部门机关党组织(机关纪委)加挂"内部审计处"牌子；明确14个部门(单位)及民革市委、民建市委、民盟市委、民进市委、农工党市委、九三学社市委6个民主党派机关增加内部审计职责。市政协机关行政编制调整。12月8日，市委编委印发《关于市政协机关增加行政编制的批复》(石机编〔2020〕56号)，同意市政协机关增加行政编制3名。

【事业单位机构改革】 经营类事业单位改革。按照中央和省委、市委关于经营类事业单位改革要求，全市从事经营活动事业单位266家(市本级107家、县级159家)全部纳入改革范围，实行转企改制和事企分开改革，市、县分别收回自收自支编制5591名和1459名。五个领域综合行政执法改革。4月14日，根据中央和省委、市委关于五个领域综合行政执法改革精神及事业单位改革要求，整合组建市生态环境综合执法支队、市文化市场综合行政执法局、市农业综合行政执法支队(加挂市动物卫生监督所牌子)、市交通运输综合行政执法支队，撤销市规划监察支队、市经济责任审计中心，将市房产交易中心规格由正县级调整为副县级，将市龙泉湖园林管理处更名为市龙泉湖园林事务中心。调整市第六医院、市儿童医院机构编制及名称排序事宜。5月9日，市委编委印发《关于调整市第六医院和市儿童医院机构编制事宜的批复》(石机编〔2020〕28号)，批准整合组建市儿童医院(挂市妇幼保健院、市第六医院牌子)；12月14日，市委编办印发《关于调整市儿童医院第一名称和第二名称排序的批复》(石机编办〔2020〕102号),将市儿童医院(市妇幼保健院、市第六医院)名称调整为市妇幼保健院(市儿童医院、市第六医院)。调整市第一医院名称。5月22日,市委编办印发《关于调整市第一医院名称的批复》(石机编办〔2020〕24号),将市第一医院(市人民医院、市肿瘤医院、河北省重症肌无力医院、市心血管病医院)调整为市人民医院(市第一医院、市肿瘤医院、河北省重症肌无力医院、市心血管病医院)。规范事业单位名称。7月24日,根据党政机构改革关于规范事业单位名称及事业单位清理规范要求,市委编委印发9个文件,将市建设工程安全生产监督管理站(市建筑施工管理处)更名为市建设工程施工安全服务中心(市建设施工服务中心)、市京昆高速公路京石管理处更名为市京昆高速公路京石运营中心、市公路工程管理处更名为市公路建设发展中心、市公路管理处更名为市公路服务保障中心、排水管理处更名为市排水管护中心、市道桥管理处更名为市道桥设施管护中心、市环境卫生管理处更名为市环境卫生事务中心、市二环路管理处更名为市二环路管护中心、市市政建设管理处更名为市市政建设服务中心、市城市照明管理处更名为市城市照明管护中心、市城市水系管理处更名为市城市水系园林中心、市植物园管理处更名为市植物园、市动物园管理处更名为市动物园、市广场管理处(市东环公园管理处)更名为市广场管护中心(市东环公园)、市人大机关事务管理处更名为市人大机关后勤服务中心、市政协机关事务管理处更名为市政协机关后勤服务中心、市殡葬管理处更名为市殡仪服务中心、市大数据中心更名为市统计数据中心、市普查调查中心(市社情民意调查中心)更名为市普查中心(市社情民意调查中心)、市消费维权中心更名为市消费维权服务中心,批准在市城市建设投资中心挂市房屋征收中心牌子。增设3个事业单位、调整市供热中心规格。8月27日,市委编委印发4个批复,批准设立市土地储备中心、市接待中心、市重点项目建设促进中心3个事业单位,同意市供热中心规格由正科级调整为副县级。调整市疾病预防控制中心、市职业病防治院机构编制事项。9月9日,市委编委印发《关于调整市疾病预防控制中心和市职业病防治院机构编制事项的批复》(石机编〔2020〕52号),为市疾病预防控制中心增加财政性资金基本保证编制89名。石家庄学前教育学校更名。11月5日,市委编委印发《关于石家庄学前教育学校更名等事宜的批复》(石机编〔2020〕54号),将原市艺术学校职能和人员编制从石家庄文化传媒学校剥离,并入石家庄学前教育学校,石家庄学前教育学校更名为市艺术学校。

【开发区、自贸区机构调整】 石家庄经济技术开发区设立市自然资源和规划局经济技术开发区分局、市经济技术开发区自然资源和规划事务服务中心。市自然资源和规划局经济技术开发区分局为市自然资源和规划局派出机构,规格正科级;受市自然资源和规划局委托,全权负责石家庄经济技术开发区自然资源和规划管理及相关工作。市经济技术开发区自然资源和规划事务服务中心为市自然资源和规划局经济技术开发区分局所属事业单位,机构规格正科级;负责石家庄经济技术开发区自然资源和规划领域相关事务性工作。河北石家庄循环化工园区医院加挂河北石家庄循环化工园区疾病预防控制中心牌子,增加疾病预防控制职责,接受市疾病预防控制中心工作指导。中国(河北)自由贸易试验区正定片区管委会自贸协调联络局内增设政务服务管理办公室,负责中国(河北)自由贸易试验区正定片区范围行政审批等政务服务,规格正科级;石家庄综合保税区社会保险服务中心加挂“中国(河北)自由贸易试验区正定片区政务服务中心”牌子,增加负责中国(河北)自由贸易试验区正定片区范围政务服务保障等相关工作职责。设立中国(河北)自由贸易试验区正定片区(石家庄综合保税区)党工委书记兼管委会主任1名(正县级),负责全面工作;管委会副主任2名(正县级),其中,1名分管自贸区相关工作,1名分管综合保税区相关工作;管委会兼职副主任2名(不占职数),分别由正定新区、正定高新区主要负责人兼任。

【县(市、区)机构改革】 调整藁城区、鹿泉区、栾城区自然资源和规划局管理体制。2月16日,市委编委印发《关于调整藁城区、鹿泉区、栾城区自然资源和规划局管理体制的通知》(石机编〔2020〕1号),将藁城区、鹿泉区、栾城区自然资源和规划局调整为市自然资源和规划局藁城、鹿泉、栾城分局。下达9个县(市、区)及高新区行政编制、事业编制。4月17日,市委编委印发《关于深化乡镇和街道改革核增编制的通知》(石机编〔2020〕18～27号),向桥西区、新华区、裕华区、井陉矿区、行唐县、灵寿县、赞皇县、平山县、元氏县9个县(市、区)及高新区下达行政编制41名、全额拨款事业编制221名。赞皇县政协机关增设内设机构。5月25日,市委编办印发《关于赞皇县政协机关增设内设机构的批复》(石机编办〔2020〕33号),同意赞皇县政协机关增设社会和法制委员会,规格为正科级,核定正科级领导职数1名。调整平山县红十字会管理体制。7月13日，市委编办印发《关于理顺平山县红十字会管理体制的批复》(石机编办〔2020〕58号)，将平山县红十字会由县卫生健康局代管事业单位调整为由县政府领导联系群团组织，机构规格仍为正科级。下达7个县区森林草原防灭火专项编制。12月14日，市委编委印发《关于分配行政编制的通知》(石机编〔2020〕60～65号、70号)，向鹿泉区、井陉县、赞皇县、平山县、灵寿县、行唐县、元氏县下达森林草原防灭火专项编制13名。整合组建新乐市科学技术和工业信息化局。12月18日，市委编委印发《关于整合组建新乐市科学技术和工业信息化局的批复》(石机编〔2020〕76号)，将新乐市发展和改革局（科学技术局）承担科学技术管理职能并入新乐市工业和信息化局，组建新乐市科学技术和工业信息化局，新乐市发展和改革局不再加挂新乐市科学技术局牌子。藁城区工业和信息化局更名。12月18日，市委编委印发《关于藁城区工业和信息化局更名的批复》(石机编〔2020〕77号)，将藁城区工业和信息化局（科学技术局）更名为藁城区科学技术和工业信息化局。调整鹿泉区政法专项编制。12月18日，市委编委印发《关于调整鹿泉区司法专项编制的通知》(石机编〔2020〕82号)，将鹿泉区司法局机关使用3名行政编制调整为政法专项编制。调整县（市、区）纪委监委和检察院人员编制。12月18日，市委编委印发《关于调整各县（市、区）行政编制的通知》(石机编〔2020〕83号)，将各县（市、区）纪委监委系统使用332名检察院系统政法专项编制调整为同级纪委监委机关行政编制。县（市、区）公安局国内安全保卫大队更名。12月18日，市委编办印发《关于县（市、区）公安局国内安全保卫大队更名的通知》(石机编办〔2020〕122号)，将16个县（市、区）公安局国内安全保卫大队更名为政治安全保卫大队。

（赵磊）

市直机关工委

【概况】 2020年中共石家庄市委市直机关工作委员会（简称市直机关工委）以市直机关党的建设为重点，围绕全面从严治党、党组织管理、党员学习教育和作风建设等内容，全面推进党建工作。全年市直机关新发展党员729人，17个市直部门完成党组织换届，49个单位调整书记36人、专职副书记31人、副书记12人、委员164人、机关纪委书记24人、机关纪委专职副书记23人。至2020年底，市直机关工委管理市直机关基层党委175个、党总支100个、党支部2229个、党员45639名。加强党组织建设，增强机关党组织战斗堡垒作用，全年举办机关党组织书记、专职副书记、基层党支部书记等培训班4期，参加培训400余人次。提升党员政治理论水平，激发党员学习积极性，举办“全面小康　奋斗有我”——365百姓故事汇群众宣讲、“学党章党规党史、做合格共产党员”知识竞赛、“书香机关　践行梦想”演讲比赛、党员集中过“政治生日”活动及“学习强国”学习平台“先进学习党组织”“学习标兵”评选表彰活动，评选表彰市直机关“五好党支部”100个。鼓励党员争创先进，营造比学赶超氛围。2021年6月25日，市直机关工委通报表彰市直单位2020年度优秀共产党员100名、优秀党务工作者96名、先进基层党组织88个。关心困难党员生活，慰问中华人民共和国成立前老党员120人、生活困难党员368人。严格党员纪律管理，全年9名党员被开除党籍纪律处理。2020年市直机关工委经中央文明办复查继续保留“全国文明单位”称号。

2020年8月26日，市直机关工委举行“全面小康　奋斗有我”——365百姓故事汇群众宣讲活动

表 10

2016 ～ 2020 年市直机关中共党组织建设情况一览表

年度	基层党委（个）	党总支（个）	党支部（个）	党员（名）
2016	176	126	2122	42748
2017	174	116	2104	41295
2018	175	107	2032	43496
2019	179	101	2112	45302
2020	175	100	2229	45639

【党员学习教育】 坚持把党的政治建设摆在首位，督促各级党组织将党员学习和遵守党章作为基础性经常性工作抓严抓实，严肃党组织党内政治生活，开展党的政治纪律和政治规矩学习教育，增强党员绝对忠诚和干事创业的政治自觉、思想自觉，帮助党员培养忠诚干净担当的政治品质。以学习贯彻习近平新时代中国特色社会主义思想作为首要政治任务，采取集中教育与经常性教育相结合、组织培训与个人自学相结合和集中轮训、党组（党委）理论学习中心组学习、理论宣讲、“三会一课”、在线学习培训等方式，引导党员干部学深悟透习近平新时代中国特色社会主义思想。全年举办理论中心组秘书、基层宣讲员、理论骨干、党建信息员培训班 6 期，参加培训 4200 人次。以党的十九届五中全会为学习内容，举办专题宣讲报告会 8 场次；与长城新媒体集团联合举办“网络答题”活动，部署市直机关党组织举行“书记讲党课”、宣讲报告会、专题辅导 200 余场次。激发党员学习兴趣，举办各种学习主题活动。8 月 26 日，举办市直机关“全面小康　奋斗有我”——365 百姓故事汇群众宣讲活动，获奖前 10 名分别为：市卫生健康委李力、市交通运输局范朝、市轨道交通建设有限公司杨雅娜、市市场监督管理局陈天舒、市园林局张雪菊、市机关事务管理局孙兴、西柏坡纪念馆李红杰、市公安局魏佳、市文化广电和旅游局李野、市水利局蔡佳伊。9 月 28 日，举办市直机关“学党章党规党史　做合格共产党员”知识竞赛决赛，国家税务总局石家庄市税务局代表队获得一等奖，市政府办公室、市园林局、西柏坡纪念馆代表队获得二等奖，市委研究室、市人民检察院、市市场监督管理局、市卫生健康委代表队获得三等奖。9 月 18 日，举办市直机关第四届“书香机关　践行梦想”演讲比赛，西柏坡纪念馆申媛丽获得一等奖，市统计局张帆、市轨道交通建设办公室张笑时获得二等奖，市住房和城乡建设局郭月、市市场监督管理局刘瑾、市城市管理综合行政执法局宋紫光获得三等奖。

2020 年 9 月 28 日，市直机关举行“学党章党规党史　做合格共产党员”知识竞赛决赛，市税务局代表队获得一等奖　（陈宏　摄）

【作风纪律建设】 严格落实中央八项规定精神要求，持之以恒纠治“四风”问题。结合“查问题、转作风、鼓干劲、争上游”行动和春节、五一、十一等重要节日及时间节点，采取明察暗访、重点监督方式，开展执纪检查活动。贯彻落实党风廉政建设责任制，举办“学党章、遵党规、守党法”廉政教育活动，组织党员干部到廉政教育基地参观学习，推送廉政微信、廉政短视频宣传，让党规党纪时刻走进党员心中。开展“三创四建五优化”活动，市直机关工委牵头负责行政效能评议、推行公共服务窗口延时错时工作制、市直窗口单位文明城创建等任务，全年组织开展行政效能评议4次、专项督导6次。贯彻落实习近平总书记关于制止餐饮浪费行为指示要求，发起《在厉行节约反对浪费上走在前、作表率》倡议。开展“振奋精神、改进作风、加强纪律”活动，抽调人员组建8个督查组，督导检查市直机关15轮次，发送督办函87份，召开工作讲评会7次。建立作风纪律档案，以“振奋精神、改进作风、加强纪律”活动为契机，对市直机关91个单位全部建立作风纪律档案，做到督导检查发现问题记录在案、整改措施实现台账管理。以作风纪律建设永远在路上为理念，每半年组织作风纪律分析研判、把脉问诊、对症下药，适时启动专项整治行动。加大党员违纪问题线索举报受理、排查、督办和分析力度，全年依纪依规查办市直机关科级党员干部案件17件，开除党籍处分4人。

（张洁）

信　访

【概况】 2020年全市信访系统贯彻落实中央、省、市关于信访工作的决策部署，妥善处理群众反映的热点、难点和困难问题，倾听群众呼声，多方为群众谋事、办事，全力帮助群众解决后顾之忧。以为群众办事、谋幸福为出发点，以实现进京访、进京个体访、进京集体访、赴省集体访、到非接待场所人员访“五个大幅下降”为目标，全年市本级（市群众工作中心）接待群众来访2669批次、6298人次，办理群众信电邮访2654件，群众信访事项办理满意率达到99.4%。推进“六无”县、乡、村考核，3月27日，全市信访稳定暨“六无”创建工作会议举行，表彰奖励2019年“六无”考核先进县（市、区）7个、先进乡镇（街道）50个、先进村（居）100个。2020年9月，全市信访工作“六无”考核纳入市平安建设考核体系。落实信访稳定追责问责制度，根据信访工作责任制规定，与市、县、乡、村层层签订信访工作责任书。2020年市信访局履行改进工作、完善政策、责任追究“三项建议权”职责，向出现信访问题县（市、区）和市直部门下发督办函88件，建议各县（市、区）和市直有关部门问责处理相关责任人263人。做好重大活动、重要节点信访保障服务，研究信访工作出现的新形势新情况新问题，完善预案，加大排查、接访、办案、稳控、值班、备勤等举措，规范进京赴省信访接劝处置程序。全年完成全国“两会”、党的十九届五中全会、北戴河暑期安保、中国奶业大会、全国污染物防治大会、全国人大常委会调研组、省委领导慰问抗战老兵等重要会议、重大活动信访保障任务，实现省、市委提出“六个确保”“五个大幅下降”“三个不发生”信访目标。2020年市信访局获评“河北省人民建议征集工作先进单位”。

【群众信访办理】 全年市本级（市群众工作中心）接待群众来访2669批次、6298人次，办理群众信电邮访2654件；信访事项及时受理率99.97%、责任单位及时受理率98.95%，信访事项按期答复率99.98%、参评率96.90%、满意率99.4%，信访事项重复率22.77%，网上信访占比91.85%。重视群众信访接访，用心用情用力做好信访，以实际行动当好首都政治“护城河”。落实接访、约访、包案督访等制度和各级领导干部特别是党委、政府主要负责人带头解决信访突出问题规定。建立领导干部接访包联制度，每月第一个周三开展市县乡三级干部集中大接访活动。市级党政领导每月到市群众工作中心接访、约访1次，县（市、区）党政主要领导每周公开接访1次，每天做到1名县级领导在本地本部门接访。全国“两会”、党的十九届五中全会召开期间，各县（市、区）党政“一把手”每周做到公开接访1次，市直有关部门每天做到1名县级领导公开接访。5月20日，市委书记到市群众工作中心接访，听取长安区集中化解房地产领域遗留问题情况汇报，与长安区及有关部门负责人研究解决问题办法，并随机选取信访案件，与信访群众面对面交流，倾听诉求，逐一回应。2020年全市开展市县乡三级干部集中大接访活动8次（2～5月因疫情防控未开展），接待群众来访641件、1793人次，当场解决7件，落实领导包案624件。

【信访案件化解】 开展信访积案化解攻坚活动，实行信访项目管理、挂账督办、限期清仓见底要求。2020年市信访部门办理第一批省、市信访积案222件，各个县（市、区）自行梳理县级领导包案2526件，全部按期办结和化解到位，办结率100%、化解率100%。2020年9月，全市启动集中治理重复信访、化解信访积案专项行动，成立以市委主管领导为组长的专项工作领导小组，抽调精干力量，组建工作专班，实行集中办公。2020年中央、河北省交办石家庄市化解信访案件7291件，全部完成目标任务，其中，化解10年以上信访历史积案21件，一批“钉子案”“骨头案”等老大难问题得到妥善解决。分领域梳理21类信访突出问题，制定印发处理方案，确定相关市直部门牵头，成立信访化解专班，推动信访突出问题批量解决。重点处理信访积案有：久拖不决达26年之久南三条烂尾楼拆除，困扰书香华苑业主十几年之久办证难问题解决。排查信访苗头隐患，采取日常排查与重要会议、重大活动、敏感时段节点排查相结合方式，适时开展矛盾纠纷隐患集中大排查活动。全年排查各类突出信访隐患问题3876件，化解3492件，化解率90.1%，其中30余起集体访信息全部在基层化解。探索社会矛盾化解办法，创新完善多元预防调处化解机制，研究制定《信访工作机构律师支持服务规范》《信访工作机构心理支持服务规范》，免费为信访群众提供法律咨询和心理辅导服务，市群众工作中心设立专门律师接待室、心理咨询室，并在全市信访机构推广应用。

（张梦真）

政务督查

【概况】 2020年市委市政府督促检查办公室（简称市委市政府督查室）围绕省市重大项目投产达效、城市规划建设提档升级、大气污染防治和惠民利民、新冠疫情防控、转变干部工作作风等8个方面、896个大项、2305个小项，开展督促检查、实地核查、突击暗访、复查回访等督查活动980余次，查处典型案例143起，追责问责单位党组织6个、个人153人，其中，党纪处分66人、政纪处分29人、通报批评27人、诫勉谈话29人、组织处理2人。以习近平总书记重要指示批示精神落地见效为重点，督查工作事项39项，全部高质量完成。以省委书记王东峰到石家庄市调研时确定的306项重点工作为督办内容，完成或取得阶段性成果296项，正在推进10项。至2020年底，市委市政府督查室督查92项全市重点工作、185项市委全会重点工作、121项市政府重点工作均按照时间节点完成。创新开展“电视问政”，全年在石家庄电视台播出“电视问政”节目60期，70余家单位、600余名领导干部接受现场问政，网络参与量人数达到1800余万人次，解决解答群众关心关注热点难点问题6430余件。8月17日，市委书记率领市级党政领导班子以聚焦民生十件实事为内容参加“电视问政”节目。

【中央和省级政务督查】 全年督办落实党中央、国务院和省委省政府主要领导批示指示90项，省委主要领导赴石家庄市调研检查交办任务306项，省委常委会、专题会议定事项18项，省委省政府重点工作17项，省委督查室《督办通知》3件、涉及办理事项30项。以推动习近平总书记重要指示批示精神落地见效为重点，梳理涉及石家庄市基层党建、退役军人事务管理、古城保护等督查工作39项，逐一建立台账和责任清单，跟踪督办，全部高质量完成。周密部署，顺利完成国务院第七次大督查迎检任务，撰写报送《打出金融“组合拳”助力实体经济发展》经验做法获得国务院通报表扬。承办国务院“互联网＋督查”平台交办问题线索101批次、505条，均按期办结。配合省委督查室、省政府督查室专项督查洁净煤取暖、核酸检测室建设、河道生态补水、提前供暖等工作。以省委书记王东峰到石家庄市调研时确定的管网改造、供暖、养老等306项重点工作为督办内容，全年完成或取得阶段性成果296项，正在推进10项。跟踪督导省委常委会、专题会涉及石家庄市河流污染治理、风险隐患排查等18项重点工作，至2020年底，全部督查整改到位。承担国家审计署、省审计厅交办自然资源资产离任（任中）审计、经济责任审计、2019年度中央预算执行和其他财政收支审计等45批次249件事项，至2020年底，整改完成225件，24项正在推进。

【市级政务督查】 全年承担市委书记批示和调研交办事项86件，其他市领导批示交办事项31件，各类市级会议议定事项740余件。以省、市主要领导批示交办事项为重点，督查重要事项131件。其中，市儿童医院、市人民医院新院区、市图书馆新馆按期交付并投入使用；10月1日，滹沱河生态修复二期工程建成对外开放；2020年10月，石家庄信息工程职业学院新校区提前建成并开学；至2020年底，槐安路西二环立交桥工程通车，石钢公司市区主厂区及井陉矿区新厂区按期关停和开工。以全市重点工作、市委全会重点工作、市政府重点工作、防范化解重大风险、信访稳定等为内容，开展实地督查30余次，至2020年底，92项全市重点工作、185项市委全会重点工作、121项市政府重点工作均按照时间节点完成。以全市经济领域重点工作、重点项目建设、开发区（园区）建设、招商引资等为内容，开展专项督导检查140余次，提出督查建议280余条，获得市级以上领导批示102次，其中市委、市政府主要领导肯定性批示42次。以疫情防控、生态环境治理、教育就业、医疗卫生、文化旅游等为内容，开展实地督查近100次；多次派人深入疫情一线就防控措施落实、密接者隔离、复工复产开展专项督查，筑牢了全市疫情“防控网”“防火墙”。以城市规划建设提档升级为内容，开展集中督查100余次、专项督查60余次，协调解决一大批城市建设中存在的困难和问题，其中，中央商务区建设实现“2020年底项目建设初见成效”目标，县城建设连续3年实现整体水平排名全省前列，棚户区改造获得国务院办公厅通报表扬，耕地保护督察反馈问题全部按照时间节点整改到位，主城区11月1日前启动集中供暖目标按期实现。

（市委市政府督查室）

机关事务管理

【概况】2020年市机关事务管理局以公务用车管理、机关房产管理、公共机构节能、公务接待等为重点，全力做好市委、市政府机关运行后勤和安全保障工作。严格公务用车管理，全年市委、市政府机关车队安全行驶里程51.2万千米，节约用油1.55万升，公务用车出行没有发生1起安全事故。管理党政机关办公用房101处（含借用），占地面积2650亩，建筑面积105.5万平方米；集中统一保管办公用房权属证书182本，审核出具办公用房维修、租用、处置意见书344份。接受并完成公务接待任务208次、3800余人次，接送站（机）280余批次、1490余人次；订购高铁票、飞机票390余张。12月14日，根据市委机构编制委员会《关于市机关事务管理局增设内设机构的批复》（石机编〔2020〕66号），新增项目招标处，级别正科；至2020年底，市机关事务管理局内设机构15个，分别为办公室、人事教育处、财务资产管理处、机关西院管理处、房地产管理处、行政管理处、设备管理处、机关保卫处、公务用车管理处、公共机构节能办公室、接待联络处、接待指导处、直属单位党委（机关纪委）、老干部处、项目招标处；下属单位9个，分别为：市委机关事务服务中心、市政府机关事务服务中心、市接待中心、市机关事务管理局房管东所、市机关事务管理局房管西所、市机关事务管理局高层维护管理中心、市直机关第一幼儿园、市直机关文印中心、市直汽车修理厂。

【公务用车管理】2020年全市党政机关、各县（市、区）、市直各部门、企事业单位共设置车辆编制数量12777辆，实有车辆数量12777辆。除涉及国家安全、侦查办案、特种专业技术用车等保密车辆与特殊需要调研接待、生产经营和业务保障车辆外，全市公务用车全部纳入公务用车信息化管理平台，“三化”率（管理平台化、平台信息化、车辆标识化）均达100%。加强公务用车监督管理，全市公务用车更换新标识5939辆。2020年市委机关车队共有公务用车51辆、驾驶员40人，行驶里程22.27万千米，节约用油6363升；市政府机关车队共有公务用车51辆、驾驶员58名，行驶里程28.93千米，节约用油9103升。全年市委、市政府机关车队保障机关公务用车出行均实现安全无事故目标。

【机关房产管理】2020年全市党政机关办公用房共有101处（含借用），占地面积2650亩，建筑面积105.5万平方米；市直机关行政事业单位租用办公用房13.3万平方米。2020年市机关事务管理局负责管理宿舍区39个院落，建筑面积25.92万平方米。其中，实现“红色物业”管理小区37个，分别为：光华路宿舍、谈西街宿舍、青园小区宿舍、正东路59号院宿舍、正东路73号院宿舍、正东路96号院宿舍、青园街33号院、育才街57号院、和平西路506号院、钟南路4号院、钟南路6号院、永泰中街73号院、民旺里11号院、为公里12号院、中华大街24号院、兴凯路221号院、兴凯路109号院、兴凯路曙光里宿舍、柏林北区宿舍、高柱小区宿舍、柏林南区宿舍、联强小区宿舍、红旗小区宿舍、市庄路平房宿舍、华安街86号院、维明北大街96号院、革新中街20号院、革新中街6-12号院、水源街63号院、西建街10号院、西建街12号院、西建街14号陆军、西建街16号院、师范街9号院、新石中路宿舍、虹光街31号院、中山西路线务段街4号院；正在推进“红色物业”管理小区2个，分别为：中山东路119号院、兴凯路72号院。2020年市机关事务管理局管理宿舍区维修面积18.84万平方米，维修金额62.79万元，主要维修项目包括：中山东路119号院院内亭子维修加顶、华安街86号院2单元补烫房顶110平方米、维明街96号院2单元上水主管道抢修、西建街16号院、虹光街31号院硬化院落路面和更换下水管道、兴凯路221号院安装大门监控、和平西路506号院维修上下水管道及整修路面。加强党政机关办公用房维修管理，8月1日，市机关事务管理局、市财政局、市住房和城乡建设局意联合印发《石家庄市市级党政机关办公用房大中修项目管理办法》（石事管〔2020〕30号），实行市党政机关事业单位办公用房统一维修和管理。全年市机关事务管理局接收各部门移交办公用房权属证书91本，累计集中统一保管办公用房权属证书182本；审核出具办公用房维修、租用、处置意见书344份。

【公共机构节能】2020年市委、市政府机关大院（东院）用电量832.2万千瓦时，其中，高峰期（6～9月）用电量362.71万千瓦时，低峰期（1～5月、10～12月）用电量469.49万千瓦时，总节约用电8.9万千瓦时。全年用水量22.66万吨，节约用水7000余吨；使用蒸汽量103.6万立方米。更换节电设施：市委、市政府两院更换节能灯泡、灯管4506个。更换节水设施：市委、市政府两院更换节水龙头295个、节水小便自动冲洗阀66个；市委机关大院加装节水设施1台，开展废水回收利用，主要用于冲洗厕所、浇花、洗车；市政府机关大院回收蒸汽冷凝水、直饮水尾水，用于冲洗厕所。研究制定《石家庄市2020年度公共机构节能工作考核评价实施方案》（石事管〔2020〕16号），将公共机构节能工作开展情况纳入2020年度市直部门、县（市、区）、市委市政府派出机构绩效考核评价体系。开展节约型机关创建活动，印发《石家庄市节约型机关创建行动实施方案》（石事管〔2020〕15号）、《石家庄市节水型机关建设实施方案》（石事管〔2020〕26号），2020年石家庄市经国家机关事务管理局考核评价验收，11个机关单位获评国家级节约型公共机构示范单位、1个单位获评“能效领跑者”单位。

（韩冰　马腾）

档　案

【概况】 2020年市档案馆贯彻落实“为党管档、为国守史、为民服务”宗旨，以新冠肺炎疫情、脱贫攻坚、“三创四建”活动为档案征集重点，征集各类档案资料38022件，数据量279GB，收藏证书100个。发挥档案资源优势，参与承办石家庄市创建国家森林城市、全国文明城市、国家卫生城市纪实档案展，编发《档案资讯》10期。加快新档案馆建设，2020年市档案馆新馆建设项目列入全市重点建设项目，获得市重点项目建设领导小组办公室发放“石家庄市重点建设项目绿色通道证书”。4月7日，市档案馆新馆建设项目取得建筑工程施工许可证并正式开工；5月28日，市委书记到市档案馆新馆项目建设工地视察指导；10月20日，市档案馆新馆建设项目主体封顶。做好档案查阅服务，网上预约查档开通。2020年市档案馆接待查档5834人，其中，跨馆异地查档1人，外地电话函查9人；出具档案证明材料1万余份。2020年市档案馆档案查阅服务系统接入河北省馆藏红色档案目录查询系统，初步实现革命历史档案目录级跨馆查询。全年接收各类政府公报（含国务院公报、河北省政府公报、石家庄市政府公报）51期、市直单位公开信息584份。推进档案网络信息化建设，周密做好市档案馆局域网日常管理和监控，及时升级局域网服务器、存储阵列、工作站和终端，硬件设备、用户名、登录密码、IP地址等软硬件信息实行动态数据管理。市档案馆于2019年启动馆藏档案数字化项目录入扫描工作完成，档案数字化数据累计导入数据库370145条、6680809幅。档案信息网、微信公众号改版升级，市档案馆门户网站和微信公众号发展成为集档案宣传、档案查询、在线业务指导等功能于一体的档案服务平台。至2020年末，市档案馆馆藏档案全宗459个，档案61万卷（件），图书资料17822册，报纸合订本7115份，声像档案74987盒（张）。12月3日，经中共石家庄市委批准，市档案馆党组撤销。

链接：

市档案馆新馆：地址位于石家庄正定新区商务中心南面的中心湖西侧，北邻市图书馆，占地面积2.6公顷，总建筑面积3.99万平方米，库区面积1.27万平方米，技术用房面积4530.43平方米，展厅（总面积1463.76平方米，其中，常设展厅1个、面积540.33平方米，临时展厅2个、面积598.4平方米）、会议、贵宾接待、查阅等对外服务用房面积9176.03平方米，办公用房面积2504.54平方米；初设批复项目投资34968.3万元。

【档案征集】 2月20日，市档案馆在《石家庄日报》第3版公告关于面向全市社会各界征集与新冠肺炎疫情防控有关的文字、图表、录音、录像、照片、电子、实物等档案资料。内容主要包括：反映社会各界及人民群众抗击疫情的相关资料，反映社会各界及人民群众奉献爱心、捐款捐物全力支援湖北抗击疫情的相关资料，反映疫情防控工作、讴歌一线参战者的日记、请战书、典型事迹材料、宣传片、摄影、书画、音乐、文学作品及手稿；各类媒体形成的纪实资料和宣传资料；各类普及、宣传、解读疫情防控知识的资料、手册、宣传片、视频等；告居民书、出入证、宣传条幅、防护用品等实物；其他反映疫情防控工作、具有永久保存价值或重大教育意义的文字、图表、照片、音像、视频、实物等档案资料。全年市档案馆以新冠肺炎疫情、脱贫攻坚、“三创四建”活动为档案征集重点，征集各类档案资料38022件，数据量279GB，收藏证书100个。其中，抗击新冠疫情档案资料6366件，视频31.5GB，主要包括文件、电子照片、倡议书、请战书、条幅、出入证、书法、绘画、非物质文化遗产、宣传片等；创建全国文明城市、国家卫生城市、国家森林城市资料和电子照片2万余件，数据量185GB；征集市扶贫开发办公室、灵寿县摄影家协会、井陉县档案馆、河北画报社等单位扶贫脱贫专题照片331张，数据量5.2GB。其他档案资料征集活动有：市博物馆的“石”不可挡——抗击疫情见证展电子照片及资料10255件，数据量47.2GB；市住房和城乡建设局评选的石家庄首批历史建筑图片和文件125件，数据量0.5GB；高西平与《黄种歌》口述档案故事；《杨氏家谱》《石家庄历史文化辞典》等图书17册。

【档案宣传】 6月9日是第13个国际档案日，市档案馆围绕“档案见证小康路 聚焦扶贫决胜期”主题，邀请社会各界“走进档案馆、了解档案馆”，采取线上线下方式同步举办石家庄市精准脱贫攻坚掠影展、抗击新冠肺炎疫情档案捐赠仪式暨国际档案日座谈会、网上档案展厅等活动，传播档案文化，宣传档案价值。11月25日至12月21日，由市委、市政府主办，市档案馆、市精神文明建设委员会办公室（简称市文明办）、市创建国家卫生城市指挥部办公室（简称市创卫办）、市林业局承办的石家庄市创建国家森林城市、全国文明城市、国家卫生城市纪实档案展在市博物馆举行。展览围绕“全面创建、全域创建、全民创建、常态创建、共建共享”理念，选取图片335张、文件51份，全方位、多视角展示石家庄市在“三城同创”中取得的突出成绩；接待参观单位100家，观展干部、职工和市民1万余人次，有效激发了市民“住在石家庄、热爱石家庄、建设石家庄”的热情和自豪感。

【档案管理】 开展档案鉴定和划控，成立市档案馆档案开放划控鉴定工作委员会，制定《石家庄市档案馆档案开放划控鉴定工作方案》。按照馆藏永久、长期档案分类，划控档案55574卷（件）。其中，1815卷档案开放1638卷、控制177卷；53759件档案开放43011件、控制10748件。库存文书档案、会计档案、各类专题档案、照片档案、图书资料等档案清点统计工作完成。规范设置档案整理室，开展全宗目录、3个年度3种报刊、人造石油厂600余份人事档案的归类、盖章、编号、归档整理，形成文书、业务、专题等分类数据和综合数据。清点整理完成的档案、图书资料，按照利于存放、便于查档原则，统一摆放整齐。开展档案接收，2020年市档案馆接受中共石家庄市委办公室印章190枚，全部入册登记并入库保管。

石家庄市档案馆

馆　长：祁军英（女）

副馆长：付明华　傅丽娟（女）

曹立波（7月免）

张建伟　崔亚辉

（薛鹏飞）

地方史志

【概况】 2020年全市地方史志编纂贯彻落实《地方志工作条例》《河北省地方志工作规定》《全国地方志事业发展规划纲要（2015～2020年）》《河北省地方志事业发展规划（2016～2020年）》要求，重点开展地方史志、综合年鉴编纂和地情资源开发等工作。二轮修志。石家庄市二轮修志规划编修志书22部，其中，市本级1部、县（市、区）志21部。2019～2020年，石家庄市出版志书7部。其中，2019年10月，《高邑县志》《无极县志》印刷出版；2019年12月，《桥西区志》印刷出版；2020年9月，《石家庄市志》《深泽县志》《新华区志》印刷出版；2020年10月，《灵寿县志》印刷出版。至2020年底，全市22部地方综合志书编纂出版任务全部完成。综合年鉴。按照国务院和河北省部署要求，石家庄市应编纂出版地方综合年鉴22部。至2020年末，石家庄市本级和21个县（市、区）综合年鉴编纂出版全部实现“一年一鉴，公开出版”目标要求。2020年市档案馆编纂完成《石家庄年鉴（2018）》《石家庄年鉴（2019）》《石家庄年鉴（2020）》3本年鉴书编纂出版任务。地情资源开发。以市委、市政府中心工作为导向，以“记录当代、保存历史、传承文明”为方针，适时编纂和出版反映石家庄市经济、社会、文化等方面发展的地情文献，为挖掘地域历史、发挥资政功能、推动精神文明建设做贡献。市档案馆创新完成《石家庄年鉴（2019）》市情概览口袋书、《石家庄年鉴（2020）》市情概览口袋书编纂印刷，正在修编《滹沱河（石家庄段）生态修复志》《石家庄“十三五”大事记》。石家庄所辖各县（市、区）普遍组织编纂乡镇志、村志、社区志等地情书文献。鹿泉区208个行政村全部开展村志修编，140个村132部村志出版，43个村40部村志编写形成初稿，建设村史馆71座、红色文化陈列馆9座。长安区《小屯社区志》、灵寿县《灵寿历史文化撷珍》、藁城区3本地情书出版。裕华区编纂《石家庄文史裕华卷》及《槐底村志》《孙村志》《二十里铺村志》《三教堂村志》形成文字稿。地方志管理体制由政府管理划转到市委、县（市、区）委管理，形成党委统一领导，行政与事业职能分开的管理体制。中共石家庄市委办公室承担全市地方志行政管理与业务指导职能，市档案馆承担市地方志编纂委员会办公室职能、负责《石家庄市志》《石家庄年鉴》编纂，石家庄地域所辖各县（市、区）地方志工作参照市级管理模式执行。

表 11

2020 年石家庄市地方志工作机构统计一览表

行政区域	地方志机构名称	级别	从事地方志工作人员数量（人）	备注
石家庄市	市委办史志管理处	正科	3	专职
石家庄市	石家庄市档案馆	正县	12	档案、地方志合并。内设市志编纂处、年鉴编纂处，级别均为正科级
长安区	长安区档案馆	正科	3	档案、地方志合并
桥西区	档案史志管理股	股级	2	专职
新华区	新华区档案馆	正科	2	档案、地方志合并
裕华区	裕华区委办信息股	股级	1	履行地方志职能，非专职
井陉矿区	井陉矿区档案馆	正科	2	档案、地方志合并
藁城区	藁城区地方志编纂中心	股级	3	专职
鹿泉区	鹿泉区史志编纂委员会办公室	正科	2	党史、地方志合并
栾城区	栾城区党史研究中心	正科	3	党史、地方志合并
井陉县	井陉县档案馆	正科	1	档案、党史、地方志合并
正定县	正定县档案馆	正科	3	档案、党史、地方志合并
行唐县	行唐县地方志编纂中心	正科	8	专职
灵寿县	灵寿县委办档案史志管理科	股级	6	档案、地方志合并
高邑县	高邑县地方志管理监督科	股级	2	专职
深泽县	深泽县地方志编纂委员会办公室	正科	5	专职
赞皇县	赞皇县地方志办公室	股级	2	专职
无极县	无极县地方志编纂中心	股级	5	专职
平山县	平山县地方志服务中心	股级	3	专职
元氏县	元氏县委办档案史志科	股级	2	专职
赵　县	赵县县委办档案史志科	股级	3	专职
晋州市	晋州市地方志编纂中心	副科	4	专职
新乐市	新乐市地方志编纂中心	正科	5	专职

【综合志书】《石家庄市志（1991～2005）》出版发行。2020 年 9 月，《石家庄市志（1991～2005）》出版发行。编纂单位：石家庄市地方志编纂委员会，主编祁军英。出版发行：河北人民出版社。该志采用篇章节结构，全书 4 卷，内设 38 篇、182 章、752 节，文字 322.7 万字，大 16 开印刷，分精装、平装两种。志首设概述、大事记，正文设政区、环境资源、人口、城市建设、城市绿化、交通运输、邮政通信、水利、电力、经济总情、农业、工业、商贸服务业、建筑与房地产业、旅游业、金融业、综合经济管理、政治体制建设、中国共产党、党务工作、人民代表大会、人民政府、综合政务、人民政协、民主党派、人民团体、公检法司、军事、科技、教育、体育、卫生、文化、广播电视、档案地方志、精神文明建设、县（市、区）概况、人物 38 篇，后设要文辑存、索引、后记。该志全面系统记载了石家庄市自然、政治、经济、文化、社会等方面的发展历程，是国内外人士认识石家庄、了解石家庄最权威的历史文献。《深泽县志

（1991～2005）》出版发行。2020年9月，《深泽县志（1991～2005）》出版发行。编纂单位：深泽县地方志编纂委员会。出版发行：河北人民出版社。《深泽县志（1991～2005）》以深泽县2005年行政区划为记述范围，上限起自1991年，下限断至2005年。全书采用述、记、志、传、图、表、录等体裁，以志为主，采用编、章、节、目结构，设立29编、134章、429节，文字111万字。《石家庄市新华区志（1969～2005）》出版发行。2020年9月，《石家庄市新华区志（1969～2005）》出版发行。编纂单位：石家庄市新华区地方志编纂委员会。出版发行：河北人民出版社。《石家庄市新华区志（1969～2005）》以新华区行政区划为记述范围，上限因事而异，适当追溯，下限止于2005年。设置编、章、节、目4个层次，采用述、记、传、图、表、录等体裁，以记述为主，内文28编，文字195万字。全书略古详今，重点记述新华区1969年建区以来的概貌、自然、地理、经济、政治、军事、文化、教育、科技、风俗等的演变过程和取得的建设成就。《灵寿县志（1988～2005）》出版发行。2020年10月，《灵寿县志（1988～2005）》出版发行。编纂单位：灵寿县地方志编纂委员会。出版发行：九州出版社。《灵寿县志（1988～2005）》以灵寿县2005年行政区划为记述范围，上限起自1988年，下限断至2005年。全书采用述、记、志、传、图、表、录等体裁，以志为主，采用编、章、节、目结构，设立33编、162章、529节，文字176.1万字。

【**综合年鉴**】 全年石家庄市域出版综合年鉴22部，其中，市本级1部，21个县（市、区）各1部。石家庄市综合年鉴全部实现“一年一鉴，公开出版”要求。

表12

2020年石家庄市域综合年鉴出版统计一览表

行政区域	年鉴名称	出版发行单位及书号	出版日期	字数（万字）
石家庄市	《石家庄年鉴（2020）》	河北人民出版社 ISBN978-7-202-14964-5	2020年9月	104.1
长安区	《石家庄市长安区年鉴（2020）》	河北人民出版社 ISBN978-7-202-14977-5	2020年9月	48.5
桥西区	《石家庄市桥西区年鉴（2020）》	河北人民出版社 ISBN978-7-202-14992-8	2020年9月	67
新华区	《石家庄市新华区年鉴（2020）》	河北人民出版社 ISBN978-7-202-14993-5	2020年12月	40
裕华区	《石家庄市裕华区年鉴（2020）》	河北人民出版社 ISBN987-7-202-14974-4	2020年9月	50
井陉矿区	《井陉矿区年鉴（2020）》	九州出版社 ISBN978-7-5108-9643-9	2020年10月	44.9
藁城区	《藁城年鉴（2020）》	九州出版社 ISBN978-7-5108-9391-9	2020年8月	86.6
鹿泉区	《鹿泉年鉴（2020）》	河北人民出版社 ISBN978-7-202-14573-9	2020年8月	62.4
栾城区	《栾城年鉴（2020）》	九州出版社 ISBN978-7-5108-9231-8	2020年8月	66
井陉县	《井陉年鉴（2020）》	新华出版社 ISBN978-7-5166-5351-7	2020年10月	59.6
正定县	《正定年鉴（2020）》	河北教育出版社 ISBN978-7-5545-6017-4	2020年10月	86
行唐县	《行唐年鉴（2020）》	河北人民出版社 ISBN978-7-202-14596-8	2020年8月	58.1
灵寿县	《灵寿年鉴（2020）》	河北人民出版社 ISBN978-7-202-14549-4	2020年8月	80
高邑县	《高邑年鉴（2020）》	河北人民出版社 ISBN978-7-202-14970-6	2020年9月	50.9

续表

行政区域	年鉴名称	出版发行单位及书号	出版日期	字数（万字）
深泽县	《深泽年鉴（2020）》	河北人民出版社 ISBN978-7-202-14959-1	2020年9月	83
赞皇县	《赞皇年鉴（2020）》	九州出版社 ISBN978-7-5108-9459-6	2020年8月	79.2
无极县	《无极年鉴（2020）》	河北人民出版社 ISBN978-7-202-14958-4	2020年9月	47.3
平山县	《平山年鉴（2020）》	河北人民出版社 ISBN978-7-202-15005-4	2020年10月	48
元氏县	《元氏年鉴（2020）》	河北人民出版社 ISBN978-7-202-14968-3	2020年9月	44
赵　县	《赵县年鉴（2020）》	九州出版社 ISBN978-7-5108-9577-7	2020年9月	54.8
晋州市	《晋州年鉴（2020）》	河北人民出版社 ISBN978-7-202-14966-9	2020年9月	71.9
新乐市	《新乐年鉴（2020）》	河北人民出版社 ISBN978-7-202-14548-7	2020年8月	84.4

【旧志整理】 **灵寿县**：万历《灵寿县志》重新刊印。2020年初，由灵寿县地方志编纂委员会办公室历时三年整理和校注的万历《灵寿县志》刊印。万历《灵寿县志》由时任知县张照纂修，万历四年（1576）刊印。全书6.2万字，分地理、建置、物产、征赋、官师、选举、人物、祀典、古迹、艺文十卷，是已知存世最早的灵寿县志，国内仅有上海图书馆藏有孤本。全国首轮修志期间，灵寿县地方志编纂委员会办公室选派人员，专程赴上海图书馆将万历《灵寿县志》逐页拍照。全国二轮修志时，《灵寿县志》主编吴和韵、副主编张耀雷再赴上海图书馆，将洗印照片与原书对照辨认。新刊影印本清理了原书中的"麻点""污痕"，将原大32开本扩放为16开本（889毫米×1194毫米）。为方便读者阅读，重新刊印后万历《灵寿县志》分为影印本、校注本两部。**无极县**：整理清康熙《重修无极志》（高必大版）增刻本、清光绪《无极县志》（黄可润版）刻本、清光绪《无极县续志》（曹凤来版）刻本、民国《无极县县志》（耿之光、王桂照版）铅刻本4部旧志，宣纸影印出版《无极旧志集成》；采用文白对照、难字注释、逐段翻译方法，译注出版《无极旧志译注》。**高邑县**：清康熙《高邑县志》刻体校注完毕。

【村志、社区志编纂】 **《获鹿镇五街志》出版发行**。2020年6月，《获鹿镇五街志》出版发行。编纂单位：石家庄市鹿泉区获鹿镇五街志编纂委员会，主编：王中川，出版发行：中国文史出版社。《获鹿镇五街志》于2018年启动编纂，内文上溯不限，下限止于2017年底，部分记述延至2018年。采用章、节、目、图、表结构，以概述、大事记为引领，依次设建置、环境、人口、党政、文化、教育、经济、民俗、古迹、人物、事件等内容，全书文字249万字，大16开印刷。该村志略古详今、以志为主、述而不论，侧重记述中国近代及改革开放以来村庄的发展变化和取得的成就。**《获鹿镇八街志》出版发行**。2020年6月，《获鹿镇八街志》出版发行。编纂单位：石家庄市鹿泉区获鹿镇八街志编纂委员会，主编：鲁印建，出版发行：中国文史出版社。《获鹿镇八街志》于2018年启动编纂，内文上溯不限，下限止于2018年底。以章、节、目为结构，以时间为序，采用述、记、志、传、图、表、录等体裁，以志为主，图、表随文收入，全书文字249万字，大16开印刷。该村志翔实记述了明、清、中华民国、中华人民共和国4个时期村庄的发展历史，采用中华人民共和国成立前后对比手法，侧重记录八街村的发展变化和改革开放取得的成就。**《小屯社区志》印刷出版**。2020年9月，石家庄市长安区《小屯社区志》出版发行。《小屯社区志》由石家庄市长安区小屯社区党委、社区主持编修，主编邢建敏。小屯社区位于石家庄市长安区东北部，滹沱河南岸，隶属南村镇，有790多年历史。该志上限起自宋代宝庆二年（1226），下限止于2017年12月。采用纲目体结构，以事分类，首设概述，次为大事记，中设专志18章，后殿附录、索引、编后记；综合运用述、记、传、图、表、录等体裁形式，以志为主，地图和照片一部分集中于卷首、一部分随文插入相关章节，16 开本，60 万字。主要内容包括建置沿革、自然环境、人口姓氏普析、农业、工业、商贸金融、基础设施、新农村建设、中国共产党村基层组织、村政务、群众团体、军事、教育、卫生体育、文化、风俗宗教、村民生活、人物等。

【地情书出版】 灵寿县、藁城区地情书编纂突出，主要出版地情书有《灵寿历史文化撷珍》《藁城史辑》《石家庄市藁城区革命老区发展史》《石家庄市藁城区非物质文化遗产图典》等。**《灵寿历史文化撷珍》出版发行。**2020 年 1 月，《灵寿历史文化撷珍》出版发行。编纂单位：灵寿县地方志编纂委员会办公室。出版发行：中州古籍出版社。该书一套 4 卷，分别为《古国中山》《沧桑纪事》《人物春秋》《山水名胜》，装帧分精装、简装两种形式，纯文字 95 万字，附插图近千幅。《灵寿历史文化撷珍》历经多年编纂和整理，从不同角度，全景再现了灵寿千年古县及地域历史文化，是外界了解灵寿的重要资料，也是灵寿县开展传统教育的乡土教材。**《藁城史辑》出版。**2020 年 1 月，《藁城史辑》印刷出版。编纂单位：政协石家庄市藁城区委员会，主编：靳乐群。《藁城史辑》于 2016 年启动编纂，上限起自远古时期，下限止于 1949 年中华人民共和国成立前。采用编章节结构，设 4 编 14 章 66 节，文字 40 余万字，彩图及内文配图 200 余幅。内文分设古代藁城的兴起与发展、古代兴盛与繁荣、藁城近代变革、藁城的民俗与宗教四大板块。全书以人类繁衍、历史发展为线索，以藁城发展史为主体，以周边地域史迹为补充和佐证，纵贯古今，系统、客观记述了从古代至 1949 年前藁城的兴衰原因，考证了部分重大历史史实，全面记载每个历史时期的政治、经济、文化、科技、重要事件、典型人物及藁城人民不屈不挠、拼搏奋斗和取得的成就。**《石家庄市藁城区革命老区发展史》出版发行。**2020 年 5 月，《石家庄市藁城区革命老区发展史》出版发行。编纂单位：石家庄市藁城区老区建设促进会，主编：王延平，出版发行：河北人民出版社。《石家庄市藁城区革命老区发展史》于 2017 年 9 月启动编写，上限起自辛亥革命时期、原藁城县建立中国共产党组织前，下限止于“十三五”规划时期。采用编章节结构，按历史阶段和时间顺序谋篇布局，依次分设大革命和土地革命时期、抗日战争时期、解放战争时期、社会主义革命和建设时期、改革开放新时代 5 编 17 章 62 节，文字 30 万字。该书以党史、军史、政协文史、地方志等史料为依据，以革命老区人民的奋斗史为重点，集中展现了藁城老区人民在中国共产党领导下，近百年来的革命、奋斗、发展的光辉历程，客观记述了党的十一届三中全会后藁城人民勠力同心、砥砺前行，铸就“全国综合实力百强区”“全国工业百强区”“全国绿色发展百强区”的辉煌业绩。同时，浓墨重彩地记载了藁城老区涌现出一大批革命先烈、战斗英雄、模范人物和时代楷模。**《石家庄市藁城区非物质文化遗产图典》出版发行。**2020 年 6 月，《石家庄市藁城区非物质文化遗产图典》出版发行。编纂单位：藁城区文化馆、藁城区非物质文化遗产保护中心，主编：李艳锋、李倩，出版发行：河北人民出版社。《石家庄市藁城区非物质文化遗产图典》于 2017 年启动编纂，采用章目体结构，分门别类，设民间文学、传统音乐、传统戏剧、曲艺、传统体育、传统技艺、传统医药、民俗 8 章，记载藁城区国家级、省级、市级、区县级非物质文化遗产保护项目 21 项；文字 28 万字，内附图片 240 余幅。该部图典记述内容翔实，对各级非物质文化遗产项目特征、价值点、价值量及保护要点逐一介绍、分析和研究，也对非物质文化遗产项目传承人简历、技艺生涯、专业贡献等做出小传和总结。全书图文并茂，较为生动、形象、直观地反映了藁城区非物质文化遗产项目挖掘、保护、传承与普及情况。

（薛鹏飞）

社会科学

【概况】 市社会科学院成立于 1993 年 7 月，由原石家庄地委、市委讲师团合并组建。1998 年加挂“石家庄市委讲师团”牌子。2009 年 10 月，中共石家庄市委常委会研究决定，市社会科学界联合会（简称市社科联）并入市社会科学院（市委讲师团），对外加挂 3 块牌子。市社会科学院（市委讲师团、市社科联）是市委直属事业单位，也是社会科学综合研究、理论宣传和社团机构。2020 年市社会科学院申报国家、省、市级社会科学课题 4 项，承担全国党建研究会及河北省思想政治工作研究会重点课题各 1 项；撰写社会科学论文在市级以上刊物发表 12 篇。以市委、市政府中心工作为内容，征集课题 40 余项，发布《2020 年度石家庄市社会科学专家培养项目课题指南》；评审立项 40 项，结项 18 项，其中获得优秀等次成果 6 项。面对突然暴发的新冠肺炎疫情，开展调查研究和知识普及活动 60 余项，形成作品 1300 余件。依法开展社会科学普及活动，以市政府办公室名义印发《2020 年石家庄市社会科学普及工作方案》。提升城市品质和公众人文素养，举办“讲好石家庄故事”征文活动、“石图讲堂”“正定大讲堂”“新时代农民讲习所”等社会文化品牌活动。

【理论宣传普及】 守正创新，构建理论宣讲工作大格局，召开全市“加强和改进县（市、区）党委讲师团工作推进会”。重视基层讲师团队伍建设，举办“2020年石家庄市社会科学骨干、宣讲骨干培训班”、首届“市委讲师团系统理论宣讲大赛”。选调119名授课专家组成市理论宣讲专家库，派遣22位专家、60名宣讲骨干深入基层，以近平新时代中国特色社会主义思想、党的十九届五中全会为重点内容，开展“听党话、感党恩、跟党走”乡村宣讲活动2300多场。利用报纸、广播电视台、网站、“学习强国”App、微信公众平台等媒体传播平台，扩大理论宣讲和社会科学普及覆盖面。打造《理论之窗》电视栏目品牌，邀请省内外理论专家录播节目26期，其中，《学深悟透〈习近平谈治国理政〉（第三卷）》节目视频被“学习强国”平台选用，点击量超过15万人次。9月21日，石家庄市2020社会科学普及月活动启动仪式在灵寿县中山公园广场举行。社会科学普及月期间，参与社会科学工作者近400人，围绕“决胜全面小康、决战脱贫攻坚”主题，采取微视频、微讲座等形式，主要开展习近平新时代中国特色社会主义思想宣传活动、中华优秀传统文化传承发展宣传普及系列活动、加强中国特色社会主义制度自信宣传普及活动、“三创四建”专题宣传普及活动、《民法典》专题宣传普及活动和增强厉行勤俭节约、反对餐饮浪费宣传普及活动6个板块、119项主题活动。

【社会科学研究】 全年申报国家、省、市级社会科学课题4项，承担全国党建研究会及河北省思想政治工作研究会重点课题各1项；撰写社会科学论文在市级以上刊物发表12篇，其中，《推进全面从严治党的政治宣言和行动纲领》纳入《党的建设与思想政治工作优秀成果汇编》，获得2020年度优秀理论成果一等奖。重视文化事业发展，研究撰写《2017～2018年度石家庄文化发展蓝皮书》，参加制定《石家庄市“十四五”时期文化发展规划》。以脱贫攻坚、污染防治、优化营商环境、改善民生福祉、推动经济高质量发展、西柏坡精神课题研究等为内容，开展基层调研问计活动，撰写《绿水青山就是金山银山——习近平生态文明思想在河北赞皇的探索与实践》获得中央、省委领导批示。围绕社会热点难点问题，开展应用对策研究，结项研究成果44项，形成研究报告15篇，在省级以上刊物公开发表研究成果23篇。其中，《关于习近平总书记在正定工作期间对加强党风廉政建设的思考和实践》获得省委书记肯定性批示；7篇调研报告获得市委书记批示。

石家庄市社会科学院

院　长：于燕红（女）

副院长：肖玉良　敦盾

张文舒

（市社会科学院）

党　史

【概况】 2020年市委党史研究室贯彻落实党的十九届五中全会和市委十届九次、十次、十一次全会精神，突出抓好党史编写、党史研究、党史宣传教育等工作。全年编纂印刷和出版主要党史书籍3部，文字62.5万字。普及党史知识、推动党史教育大众化，向社会精选发放“2020年石家庄党史宣传教育丛书”6本。加强党史正面宣传教育和舆论引导，建强党史宣传舆论阵地，及时更新石家庄党史网、石家庄党史微信公众号宣传内容和信息。开展县级党史部门业务指导和工作交流，3月31日，举办部分县（市、区）党史部门会议，8个县（市、区）党史部门负责人参会，共同围绕如何做好新时期党史工作交流经验做法。7月4日，《光明日报》以“石家庄：让‘四史’学习教育鲜活起来”为题，报道市委党史研究室等部门推动“四史”学习教育经验做法。

【党史编纂】 编写辑印《石家庄解放与接管》，主编：李霞，副主编：张亚强、刘顺江、王利利，执行主编：张亚强，执行副主编：侯克辉、何芳、马艳丽、郭毅、荣小雪；文字20余万字。分设五章，第一章“日本投降与石家庄的军政形势”，第二章“实行土地改革　巩固建设解放区”，第三章“石家庄的解放与城市接管、改造和建设”，第四章“发挥城乡优势　支援全国解放战争”，第五章“中共中央工委、中共中央在西柏坡”。编写《石家庄党史故事100讲》出版，主编：李霞，副主编：张亚强、刘顺江、王利利，执行主编：刘顺江，执行副主编：赵一鸣，编者：何芳、张帅、车爱缺；文字20.5万字，2020年12月由河北人民出版社出版发行。全书以不同时期党史人物、典型事例、精彩故事为主干，回顾石家庄地方党组织的伟大历程和辉煌成就，讲述石家庄红色故事，弘扬地方党史，凝聚社会正能量。编写《中国共产党石家庄历史大事记》（2019）出版，主编：李霞、王利利，执行主编：荣小雪、李江江、张帅；文字22万字，2020年12月由河北人民出版社出版发行。该书按照时间顺序记述2019年中共石家庄市委贯彻执行中央和省委部署、领导全市人民进行改革开放和社会主义各项建设中的重大决策、重要工作、重要会议、重大活动、重大举措、重要事件和取得的建设成果。

【党史调研】 7月16日，省委党史研究室主任孙增武到平山县调研石家庄市参加河北革命史陈展大纲编写、史料工作开展、史料搜集整理等工作情况；9月10日，孙增武到井陉县调研基层党史编写、革命遗址遗迹保护利用工作情况，考察了“太行第一渠”绵右渠、挂云山“六壮士跳崖”遗址。9月29日，省委党史研究室、市委党史研究室联合举办“追忆初心、迎庆十一”主题党日活动，参会人员集体考察石家庄滹沱河生态修复工程，参观石家庄城市馆、正定县古迹保护和塔元庄村史馆。弘扬爱国主义精神、传承红色基因，开展革命遗址、党史人物资料征集工作调研。以挖掘石家庄中国共产党党史、革命史和英雄事迹、英烈人物事迹资料为内容，围绕利用红色元素为党史研究开辟新思路、新视角，生动展现石家庄市光辉革命历程，鼓舞和激发广大人民群众热爱石家庄、建设石家庄的热情主题，市委党史研究室启动在全市范围开展革命遗址、党史人物资料补充征集调研工作。2020年10月，市委党史研究室选派人员赴全市各县（市、区）集中开展“走基层”实地调研问计活动，听取基层党史部门工作汇报，了解当地革命遗址、纪念馆等红色资源，并就如何挖掘红色资源、用好红色元素、用党史精品力作向中国共产党成立100周年献礼等主题举行基层问计活动。

中共石家庄市委党史研究室

主　任：李霞

副主任：张亚强　刘顺江

（李江江）

党　校

【概况】 2020年市委党校（石家庄行政学院、市社会主义学院）坚持以习近平新时代中国特色社会主义思想、党的十九届五中全会及市委十届九次、十次、十一次全会精神为重点内容，严格抓好党校教学培训和科研工作。贯彻落实《中国共产党党校（行政学院）工作条例》，围绕“建设全国一流省会城市党校”目标，采取抓规范、抓提升、强效能“两抓一强”教学策略，注重发挥干部教育培训主渠道、主阵地作用和市委、市政府决策咨询思想库作用，全力协助市委组织部门提升干部执政理论水平和实践能力。创新教学管理方式，实行学员封闭式管理；入学时奏唱国歌、重温入党誓词、宪法宣誓，课前唱班歌、诵班训，课前课后问候感谢老师等活动，营造尊师重教和人文氛围；组建设立临时党支部、班委会，组织讨论学习内容和畅谈心得体会，调动学员参与教学活动主动性、积极性。6月15日，全市县处级干部学习贯彻习近平新时代中国特色社会主义思想专题培训班、全市城市经济发展专题研讨班在市委党校开班。2020年市委党校举办教学培训班41期，培训党员干部3638人次；公开发表理论文章108篇，立项课题14项，报送决策咨询报告3篇，出版专著2部。

【教学培训】 面对新冠肺炎疫情防控新形势，采取现场授课、视频直播相结合方式，开展党校教育培训活动，全年举办教学培训班41期，培训党员干部3638人次。完善课程体系，提高教育培训针对性。以习近平新时代中国特色社会主义思想为内容，开设形成由14个专题构成习近平新时代中国特色社会主义思想课程体系。提升新时期领导干部应对能力，把中国共产党党史、新中国史、改革开放史、社会主义发展史、《民法典》、《习近平谈治国理政（第三卷）》等纳入教学培训内容，新设“疫情防控对领导干部战略思维与统筹协调能力的考验”等培训专题。重视教学培训准备，新冠肺炎疫情严重时期，利用线下教学班次少的时机，举办集体备课成果展示会、教学专题研讨会、春季学期校内讲堂、“我爱讲台”五四青年教师演讲比赛等活动，有针对性地磨炼提升教师执教水平。以培育积极向上、斗志昂扬教学激情和传递爱岗敬业、担当奉献精神为主题，4月30日，市委党校举办“我爱讲台”五四青年教师演讲比赛活动，16名青年教师登台讲述与“三尺讲台”的感人故事。优化教学布局，增强教育培训学术性。以服务市委、市政府中心工作为重点，举办巩固脱贫攻坚成果示范、生态经济发展等专题培训班。扩大高端培训覆盖面，拓展教师和学员视野，采取开方办学方式，把专题教学与高峰论坛、干部大讲堂等活动相结合，安排学员参加全市“4+4”现代产业高峰论坛，与樊纲等知名专家互动交流。推行领导干部上讲台制度，邀请市级领导、业务专家、先进典型等240余人次走上党校讲台，为1.1万名干部解疑释惑、传授经验、分享体会。坚持党校姓党，从加强学员党性修养角度出发，把参观“初心与使命”“知之深爱之切”“这里是立规矩的地方”三个主题展室作为主体班次入学教育第一课。总结党校教研改革经验，在栾城区委党校、鹿泉区委党校、井陉县委党校设立“乡村振兴”教研基地、“经济转型升级”教研基地、“红色历史文化”教研基地并挂牌，以现场教学模式增强了时代感染力。

【教学科研】 发挥党校新型智库作

用，主动引导教师围绕重大理论、现实问题及教学需求开展研究。至2020年末，市委党校公开发表理论文章108篇；立项课题14项，其中省级课题5项；报送决策咨询报告3篇，其中2篇获得市委书记批示；出版专著2部。重视市情研究。举办“全校决策咨询选题说明会”，聘请专家辅导教师“如何写好决策咨询报告”。聚焦党委、政府中心工作和重大决策部署，特别是新冠肺炎疫情对石家庄市经济社会带来的影响，组织教师围绕疫情防控下石家庄市经济高质量发展、社区疫情防控、效能革命、石家庄市应急对策等重点课题，开展教学科研并撰写调研报告，其中，《疫情下石家庄市经济高质量发展着力点》《进一步提升石家庄市红色文化资源保护利用水平的建议》获得市委书记肯定性批示。以落实“党委出题党校答题机制”为导向，高质量完成市委、市政府交办的“全市优化营商环境系列改革方案论证”“2019～2020年度石家庄市急需人才调查研究”调研课题。引导教学研究方向，激发教学研究热情，编纂刊发党校《学报》13期。开展地域红色资源研究，参加红地标党校联席会议，与全国各红地标党校联合探讨如何将红色资源与党性教育结合，以红色精神感召、教育党员干部，推动和提升干部教育培训水平。指导县级党校教学科研，组织各县（市、区）党校完成2019年省委党校课题结项和2020年省委党校课题申报，至2020年底，各县（市、区）党校立项课题23项。

中共石家庄市委党校

校（院）长：张效春

常务副校（院）长：

高尘 （12月免）

赵士宗（12月任）

副校（院）长：尹浩　董杰

杨书伟

（贾晓晨）

石家庄市人民代表大会

【概况】 2020年市人民代表大会及其常务委员会坚持以习近平新时代中国特色社会主义思想为指导，贯彻落实党的十九大和十九届二中、三中、四中、五中全会精神及中共河北省委、石家庄市委的决策部署，坚持党的领导、人民当家做主、依法治国有机统一，履行宪法和法律赋予的职责，全面推进民主法治建设。全年召开市人民代表大会会议1次、市人大常委会会议8次，审议议题47项。加强政治理论学习，举办党组理论学习中心组集体学习12次、常委会集中学习6次、辅导讲座8次。推进重点领域立法，制定、修订地方性法规6部，其中，制定地方性法规草案2部，修订并公布施行地方性法规3部，修订形成地方性法规修订草案1部。依法决定重大事项，做出决议决定20项，其中，关于统筹做好新冠肺炎疫情防控和经济社会发展工作的决定、关于持续加强“6+1”各领域问题整改和规范管理的决定、关于加强建筑工地信息公开规范管理的决定、关于将平安公园等8座公园确定为第二批永久性绿地的决定、关于修改《石家庄市供热用热条例》的决定、关于设立“石家庄企业家日”的决定，紧扣全市重点工作，聚焦社会关注热点，回应了群众关切。发挥监督作用，增强监督实效。全年听取和审议市“一府两院”专项工作报告15项，开展集体视察7次、专题询问3次、执法检查10次、满意度测评3次、视察调研30次。重视社会矛盾纠纷化解，办理来信来访389起1154人次。依法做好选举任免工作，全年任免市级国家机关工作人员110名，组织宪法宣誓18人次；加强任后监督，对市审计局、市水利局、市卫生健康委3名政府部门主要负责人和5名法官、5名检察官开展履职评议。发挥人大代表和“家”“站”作用，推进开展“双联”活动，全年市人大常委会组成人员联系市人大代表480多人次，市人大代表联系选民2000多人次，征集意见建议800多条。支持人大代表履职献策，组织市人大代表举行集中视察690余人次。开展“6+1”联动监督，组建人大代表小组283个，全市五级人大代表参与6345名，参与率达37.3%。做好人大代表建议办理，全年交办人大代表建议452件，解决和基本解决321件。至2020年底，全市共有第十三届全国人大代表13人、河北省第十三届人大代表102人、市第十四届人大代表615人。

链接：

“6+1”联动监督：是指违法违规占用土地、违规违建项目、资源能源项目、房地产开发项目、矿山综合治理、地下水超采综合治理6个重点领域清理规范和加强公共卫生管理联动监督。

【市第十四届人大常委会组成人员及各部门负责人】

主　　任：司存喜

副 主 任：楚行宇（满族）

安树国　韩保来

李志宏（女）
王丽君（女）
吴相君（1月任）
秘 书 长：张院生
委　　员：于荣英　马军
王文晔（女）
付黎音（女）
宁淑敏（女）
邢壮
乔茜　（女）
刘国清
刘海云（女）
闫凤利　孙任虎
严晋峰（女）
杜娟　（女）
李卫英
李林青（1月任，12月免）
李美瑄（女）
李晓华（女）
肖荣智（1月任）
杨传英（女）
时洪斌　何景利
汪克宁（4月免）
张玮扬（1月任）
张忠良　张明其
张慧巧（女）
邵新中　武志永
赵洪　（女）
赵利剑（1月任）
赵英涛（1月任）
胡永权　段林国
倪华　（女）
高翠君（女）
郭纯阳
戚阿东（1月任）
梁立柱　程鹏起
解立芳（女）
谭运江　潘卫东
潘明文
常务副秘书长：
赵利剑
副秘书长：潘明文　蒲月英
马兆芹（12月免）
赵文生　王占峰
鲁中欣（12月任）

研究室

主　　任：赵英涛
副 主 任：王万杰
鲁中欣（12月免）

选举任免代表工作委员会

主　　任：马建彬
副 主 任：马军　（12月免）
解立芳（12月任）
李勤　（12月免）

法制工作委员会

主　　任：时洪斌
副 主 任：宋健　（12月免）

监察和司法工作委员会

主　　任：杨传英
副 主 任：程胜利

财政经济工作委员会

主　　任：刘国清
副 主 任：董彦国

农业和农村工作委员会

主　　任：孙任虎（12月免）
侯洪彬（12月任）
副 主 任：崔书冠（5月去世）
原立华（12月任）

城乡建设和环境资源工作委员会

主　　任：倪华
副 主 任：韩建敏

教育科学文化卫生工作委员会

主　　任：严晋峰
副 主 任：李跃辉

民族侨务外事工作委员会

主　　任：解立芳（12月免）
马兆芹（12月任）
副 主 任：王庄丽

社会建设委员会

副主任委员：
谭运江

信访办公室

主　　任：潘明文
副 主 任：原立华（12月免）
张保江

【石家庄市第十三届全国人大代表】

2020年石家庄调离全国人大代表1人。至2020年末，全市共有第十三届全国人大代表13人。石家庄市第十三届全国人大代表分别为（按姓氏笔画排列）：

乞国艳（女）
邓沛然
冯丽朝（女）
冯敬坤（女）
杜彦良　吴相君
张业　　陈春芳
武志永　明海
祝淑钗（女）
靳灵展（女）
魏立华
籍涛　（蒙古族，11月调离）

【石家庄市河北省第十三届人大代表】

2020年全市共有河北省第十三届人大代表102人。石家庄市河北省第十三届人大代表分别为（按姓氏笔画排列）：

于树中　王丹（女，满族）
王华　　王双廷
王东华　王东峰
王永庭　王志臣
王国发　王昕伟
王俊华（女）
王振平　王晓飞
王海侠（女，满族）
王海燕（女）
王景峰　戈江娜（女）
邓沛然　甘金梅（女）
左力鸥　申吉明（女）
田鹏美（女）
白峰　　白会彬（回族）
白冰川（回族）
司存喜　边丽英（女）
邢国辉　戎美书（女）
刘书为　刘江敏
刘丽蓉（女）
刘金国　刘保忠

刘彦朝　刘艳红（女）
刘教民　刘瑞领
刘德进　齐明亮
安忠起　李青（女）
李静　（女）
李文平　李志辉
李拥军　李素敏
李维民　李景辉
李瑜玲（女）
李德进　杨辉素（女）
吴时茂　吴振山
汪克宁　张静　（女）
张霞　（女）
张成锁　张树然
张效春　张惠英（女）
陈士芹（女）
陈日红（蒙古族）
陈玉祥　陈金霞
陈莉娜（女）
陈维旭　陈聪敏（女）
武鸿儒　范京生
范振增　林慧芳（女）
周英　　周爱国
庞连兴　郑建　（女）
孟祥红（女）
赵辉　　赵文海
赵素霞（女）
赵增毅　郝静（女）
荣润　（女）
侯凤梅（女）
侯俊宏　秦志义
贾凤来　高士涛
高云霄（女）
剧慧存　黄建厅
曹娜　（女）
崔雪琴（女）
董晓航　曾爱民
雷宗奎　裴红霞（女）
翟志海　薛儒　（女）
冀泽海　檀英桃（女）
魏倍倍

【市第十四届人大代表】 2020年市第十四届人民代表大会代表（简称市人大代表）减少11人，其中，市人大代表资格终止7人、辞职4人。市第十四届人大代表资格终止7人为：桥西区代表团崔树旺、新乐市代表团李国强2人去世，栾城区代表团张旭、高邑县代表团李渊和解放军代表团刘鸿麟、李林青、路保红5人调离。市第十四届人大代表辞职4人为：晋州市代表团袁永福、井陉县代表团刘力刚、新华区代表团王宝山、解放军代表团王厚恩。至2020年未，全市共有市第十四届人大代表615人。2020年市第十四届人大代表名单为（各代表团均按姓氏笔画排列）：

长安区代表团（42人）

马天妍（女）
马同林　王子彬（女）
王国生　王顺心
邓小梅（女）
刘敬　（女）
刘翾　（女，满族）
刘卓雄（满族）
刘荣秀（女）
刘磊磊　安树国
朱增海　许洛　（女）
邢凌霄（女）
何建立　何景利
宋思凝（女）
张琰　　张文瑛（女）
李广江　李志永
李志勇
李晓华（女，满族）
李鑫东　杜兰萍（女）
杨永君　杨印胜
苏玉峰　谷桂群
武志永　范林生
侯成仁　段海龙
赵志江　凌青利
郭巍　（女）
郭琳娜（女）
高广　　康风雷
黄建厅
穆德英（回族）

桥西区代表团（42人）

马军　　文秀红（女）
牛延君　王罡
王强　　王文晔（女）
王廷良　王素娟（女）
冯建　　卢丙杰
申亮　　任盼志
伍志强　刘东
刘世永　孙建忠（满族）
孙鹏云　师旭
齐秀丽（女）
宋国宏　张峰
张焱　（回族）
张书凯　张继春
李青　（女）
李强　　李卫英
杜娟　（女）
杨振福　汪克宁
肖燕霞（女）
侯典龙　段林国（满族）
胡喜祥　徐丽荣（女）
贾巧秀（女）
郭运兴　高增义
崔树旺（回族，12月去世）
康学富　温颜强
潘卫东　甄勇

新华区代表团（37人）

王强　　王宝山（4月辞）
王阅春（女）
冯素明　卢焱
白海军　白雅平（女）
刘建芳　刘恒义
刘振乾　刘海云（女）
刘谦辉　刘超凡
刘瑞红（女）
吕宝珍（女，朝鲜族）
孙向立（女）
阴亮　　何培强
张韩　（回族）
时洪斌　李民生
李亚卿（女）
李江辉　李美瑄（女）

杨凤林　谷守义
陈玉祥　陈清泉
武晓峰　段记兰
胡永权　袁德海
贾轩　　郭少旭
葛瑞芳（女）
蒋文红　韩新民
暴胜贤

裕华区代表团（36 人）
王云辉　王丽君（女）
王俊奇　任永杰
刘凤清　孙双岐
曲明　　闫凤利
闫志华（回族）
吴文庆　吴亚峰（女）
吴相君　张东凯
张秋英（女）
李云红（女）
李志信
李洪涛（女）
杨传英（女）
杨学红（女）
芦海英（女）
庞建民　范朝
娄春光（女，满族）
赵文锋　赵永梅（女）
班亚东　贾伟宏
高波　　曹景力
强新志（满族）
蒋国庆　谢暖　（女）
窦志刚　管云天
谭运江　魏兵然

井陉矿区代表团（15 人）
刘连一　张宇新（女）
张明其　张院生
李瑞峰　杨香珍（女）
苏建国　邵新中
孟祥红（女）
范拴虎
黄三平　黄永建
戚阿东　梁立柱
谢敬坦（女）

藁城区代表团（46 人）
马双进（回族）
王玉立（女，满族）
王振国　王鹏程
冯亚龙　白建栋（回族）
刘晓春　刘新平
米银联（女）
张旭　（女）
张强　　张鹏
张立刚　张国彬
张聚华　李萍　（女）
李玉柱　李更顺
李宝成　李建志
李素丽（女）
李智勇　杨志乾
邱小捷（女）
周红霞（女）
郑娜娜（女）
姚龙山　赵伟国
赵国辰　赵海奎
赵铁英（女）
倪华　（女）
桑卫安　袁丽华（女）
高玉柱　高新城
康君元　梁丽英（女）
龚九春　龚亚平（女）
韩邦庆　韩银杰
解亚静（女）
鲍俊要
蔡双棉（女）
裴红彦（女）

鹿泉区代表团（25 人）
王安　（女）
王德庆
王慧桥（女）
白岩　　仵风书
刘飒英（女）
邢壮　　张翼　（女，满族）
张双琴　张成锁
张旭午　张效春
李为军　李强
杨国芳　杨彦平（女）
陈君　（女）
陈金端　陈晓明
周育彪　郎金国
赵辉香（女）
梁云凯　梁连忠
韩爱学

栾城区代表团（20 人）
马振峰　王进春
刘明轩　孙秀芝（女）
严晋峰（女）
何俊忠　吴永辉
张华　（女，满族）
张旭　（10 月调离）
张书广　张文学
张军廷　李丛刚
杨葆英（女）
杨辉素（女）
陈长江　聂建华（女）
贾二建
脱彦双（女，蒙古族）
韩峰　　彭勇民

井陉县代表团（22 人）
马宏　　马立宁
王永华　王雪庭
卢建芳（女）
刘力刚（7 月辞）
刘玉渭　吕义青
成凤敏（女）
许会成　邢国辉
齐伟名　李杰
李计东　杨毓庭
苏志超　侯洪彬
郝志刚　栾月琴（女）
贾海云（女）
韩学军　蒲月英（女）
霍浩　（女）

正定县代表团（27 人）
于雷　　于荣英（女）
王军　　王会杰
王明霞（女，回族）
王彦伟（女）
王彦奇　仝立志
白志慧（女）
任海霞（女）
刘东军　刘贵成（回族）

张业　张栓平
李芬（女）
李志宏（女）
李建军　李俊灵（女）
金福中　封庆辉
赵岩　贾凤来
贾玉昌　贾湖浩
崔庆朝　彭新华
潘明文

行唐县代表团（29人）

毛建军　王勇
王冠秀　王彦芳
皮君韬（女）
宇文会娟（女）
米志奇　闫晨霞（女）
宋子辉　张龙
张宏杰　张爱民
李刚　杨阳
杨立中　金瑞强
封娟（女）
胡儒钗　赵青（女）
赵洪（女）
赵三吨　贾茹（女）
高华树　崔晨光
曹振国　程鹏起
韩立娟（女）
韩保来　薛蕾（女）

灵寿县代表团（23人）

卜海燕（女）
马合云　王升
王忠　冯素伟
兰春英（女）
刘卫平（女）
刘振波　宋存汉
张立军　张学勇
李志鹏　苏志杰
周书慧（女）
周立新（女）
屈伟华　林学文
姜阳　胡银山
崔拴才　康雪娜（女）
彭志军　魏勇心

高邑县代表团（19人）

万树军　马文敏（女）
马建彬　王惠武
王雁南（满族）
冯俊杰　司存喜
左力鸥　白利刚
任英丰　刘立敏
邢文阁（女）
吴陈秋（女）
张继军
李渊（2月调离）
肖荣智　陈宏锋
陈增现　郑国强
赵英涛

深泽县代表团（22人）

王辉（女）
王东华　王华平（女）
王韶华　卢明刚
刘玉兰（女）
刘玉田　刘玉龙
张少华　张永生
张英魁　张彦卜
张领民　李向阳
杜国强　陈洪涛（女）
陈铁钢　祝春燕（女）
赵景坡　袁旭光
袁国良　谢艳华（女）

赞皇县代表团（20人）

于明志　马惠彩（女）
王涛　王国军
白峰　冯立业
孙任虎　张玉秀（女）
张玮扬　杜彦玲（女）
肖向升　范焕持
郝俊丽（女）
宫国恩　秦志义
袁远　郭忠亮
商丙乾　焦娇娇（女）
裴晓青

无极县代表团（31人）

马俊改（女）
王勇军　王增飞
宁淑敏（女）
白胜芳（女，回族）
乔茜（女）
刘全江　刘军祥
刘继鑫（满族）
吕智临　孙彦聪（女）
吴战波　张晗
张兰锁
张琳（女，回族）
李白娃　李素芬（女）
李雪荣　杨彦杰
苏永刚　周建敏
苗立军　姚彦社
郭运章　郭建立
崔峰　崔拴杰
崔敬宾　梁玉龙
魏广军　魏云辉

平山县代表团（30人）

马志彬　马雪年（女）
尤军联（女）
王红（女，土家族）
王文忠　王军旗
邓沛然　任建忠
刘国清　刘素军
吕军英　孙伟
曲海云　吴建敏（女）
张兰锁　李伟国
李旭阳　李锡海
李慧明　范花伟
侯思明（女）
赵亚平　赵美书（女）
赵新朝　郭英英（女）
曹向青（女，满族）
梁乃中　焦习军
董晓航　韩玉涛（女）

元氏县代表团（27人）

孔书彦　王云肖（女）
石吉民　任正国
刘占会　吕洪涛
安波　许尽晖（女）
闫素粉（女）
宋志涛　张军卫
张庆志　张丽粉（女）
张忠良　张俊校
张海峰　李成林

李锡恒　杨瑞珍（女）
陈文金　周树仁
郑巍　　胡菊林
耿军林　耿丽艳（女）
高天　（女，满族）
崔哲峰

赵县代表团（34 人）

门立新　马凤改（女）
王克海　王彦坤（女）
刘生彦　刘须华
朱婷　（女）
米伟动　张军立
张建中　张彦巧（女）
张敏周　张梦尧
李伟存　李志磊
李国英　李建英（女）
李素敏　李淑萍（女）
李清波　杜欣　（女）
杜秀珍　赵石磊
赵立中　秦晓辉
贾锐馨（女）
郭夫鱼　郭建柱
顾英辉　高楠
高志远　高翠君（女）
黄云锁　韩杏军

晋州市代表团（34 人）

马玉社　毛全球
王超　　王宇辉
王智森　付黎音（女）
冯彦辉（女）
冯贵全　刘彦辉
刘贵喜　刘爱强
刘瀑　（女）
吕建军　张英肖（女）
张福杰　李月然（女）
李永强　李建辰
李彦涛　李敬绵（女）
杜锁平　杨志辉
陈同钗（女）
袁永福（7 月辞）
郭军考　郭纯阳
郭富余（女）
高立　　游雪立
葛双造　韩占水
楚行宇（满族）
解立芳（女）
潘青凯

新乐市代表团（30 人）

马山红（回族）
马建宾（回族）
尹博晓　王中联（女）
王成波　王春生
王素然（女）
田双来　任会杰
邢书芳　张昕
张晨　（女）
张玉敏（女）
张振领　张素英（女）
张智琦　张慧巧（女）
李娟　（女）
李玉峰　李明政
李国强（9 月去世）
杜振琪　尚吉平
岳振路　赵利剑
赵振良　唐慧琴（女）
郭建亭（女）
焦荣恩（女）
甄忠义

解放军代表团（6 人）

王厚恩（12 月辞）
左智明　刘鸿麟（10 月调离）
吴长军　张东
李林青（1 月选任，12 月调离）
杨山峰　郝大海
姚建华　路保红（10 月调离）

【市第十四届人民代表大会第五次会议】 1 月 15 ～ 18 日，市第十四届人民代表大会第五次会议举行。出席会议市人大代表 588 名。审议通过关于石家庄市人民政府工作报告的决议、关于市“十四五”规划和 2035 年远景目标纲要的决议、关于石家庄市数字经济发展规划（2020 ～ 2025）的决议、关于石家庄市 2019 年国民经济和社会发展计划执行情况与 2020 年国民经济和社会发展计划的决议、关于石家庄市 2019 年预算执行情况和 2020 年预算的决议、关于石家庄市人大常委会工作报告的决议、关于石家庄市中级人民法院工作报告的决议、关于石家庄市人民检察院工作报告的决议。吴相君当选市第十四届人民代表大会常务委员会副主任，李林青、肖荣智、张玮扬、赵利剑、赵英涛、戚阿东当选市第十四届人民代表大会常务委员会委员。投票确定市政府 2020 年为民办实事项目。21 名公民旁听会议。

【市第十四届人大常委会会议】 2 月 18 日，市人大常委会主任司存喜主持召开市第十四届人大常委会第二十五次会议。审议通过《石家庄市人大常委会关于统筹做好新冠肺炎疫情防控和经济社会发展工作的决定》。

4 月 28 ～ 29 日，司存喜主持召开市第十四届人大常委会第二十六次会议。学习习近平总书记在统筹推进新冠肺炎疫情防控和经济社会发展工作部署会议上的讲话。审议通过《石家庄市城市园林绿化条例（修订草案）》。听取和审议关于 2019 年度环境状况和环境保护目标完成情况的报告、关于 2020 年新增政府债券市级预算调整方案（草案）的说明、关于增补市第十四届人民代表大会常务委员会代表资格审查委员会委员的说明及提请任免市中级人民法院、市人民检察院工作人员职务的说明。表决通过关于增补市第十四届人民代表大会常务委员会代表资格审查委员会委员的决定，增补市第十四届人民代表大会常务委员会委员张明其、戚阿东、张玮扬、潘卫东为市第十四届人民代表大会常务委员会代表资格审查委员会委员，同意汪克宁辞去市第十四届人民代表大会常务委员会委员职务，免去赵海奎市第十四届人民代表大会民族侨务外事委员会副主任委员职务。任免和测评部分法官、检察官。

6月22～23日，司存喜主持召开市第十四届人大常委会第二十七次会议。传达学习全国“两会”精神。通报全市“6+1”联动监督工作开展情况。听取关于检查《中华人民共和国传染病防治法》实施情况的报告、关于养老服务工作情况的报告、关于加强市区交通管理保障安全畅通情况的报告、关于动物防疫工作情况的报告、关于2019年度行政事业性国有资产管理情况的报告、市审计局局长裴晓青履职报告及市政府、市中级人民法院、市人民检察院关于提请人事任免事项的说明。表决通过周刚辞去副市长职务请求的决定。

8月26～27日，司存喜主持召开市第十四届人大常委会第二十八次会议。学习《习近平谈治国理政》第三卷。听取和审议关于《石家庄市西柏坡红色旅游区保护与管理条例（草案）》的说明，关于将平安公园等8座公园确定为石家庄市第二批永久性绿地的说明，关于2020年国民经济和社会发展计划1～6月执行情况的报告，关于2020年1～6月预算执行情况的报告、关于2019年市级决算和市总决算情况的报告、关于2020年市级政府性基金预算调整方案（草案）的说明，关于2019年度市本级预算执行和其他财政、财务收支情况的审计工作报告，市水利局局长谷维真履职报告及市人大常委会有关领导作关于持续加强“6+1”各领域问题整改和规范管理的决定（草案）的说明、关于加强建筑工地信息公开规范管理的决定（草案）的说明。表决通过《石家庄市人大常委会关于持续加强“6+1”各领域问题整改和规范管理的决定》《石家庄市人大常委会关于加强建筑工地信息公开规范管理的决定》《石家庄市人大常委会关于将平安公园等8座公园确定为第二批永久性绿地的决定》《石家庄市人大常委会关于批准2019年市本级决算的决议》《石家庄市人大常委会关于批准2020年市级政府性基金预算调整方案的决定》和人事免职事项。

9月25日，司存喜主持召开市第十四届人大常委会第二十九次会议。表决通过关于1名市人大代表采取强制措施的许可事项。

10月28～29日，司存喜主持召开市第十四届人大常委会第三十次会议。学习习近平总书记在纪念中国人民志愿军抗美援朝出国作战70周年大会、深圳经济特区建立40周年庆祝大会、基层代表座谈会、科学家座谈会和企业家座谈会上的讲话。听取和审议关于《石家庄市西柏坡红色旅游区保护与管理条例（草案）》审议结果的报告、关于《石家庄市城市市容和环境卫生管理条例（修订草案）》的说明、关于检查《中华人民共和国野生动物保护法》《全国人民代表大会常务委员会关于全面禁止非法野生动物交易、革除滥食野生动物陋习、切实保障人民群众生命健康安全的决定》《中华人民共和国就业促进法》《河北省实施〈中华人民共和国就业促进法〉办法》实施情况的报告、关于办理市第十四届人大常委会第五次会议代表建议情况的报告、关于2020年十件民生实事项目办理情况的报告、关于“6+1”联动监督各领域问题整改落实情况的报告、关于2020年市级社会保险基金预算调整方案（草案）的说明、关于2020年第二批新增政府债券市级预算调整方案（草案）的说明、市卫生健康委主任王华平履职报告及市政府、市中级人民法院、市人民检察院提请任免工作人员职务的说明。表决通过《石家庄市人大常委会关于批准2020年市级社会保险基金预算调整方案的决定》《石家庄市人大常委会关于批准2020年第二批新增政府债券市级预算调整方案的决定》及相关人事任免事项。

11月20日，司存喜主持召开市第十四届人大常委会第三十一次会议。审议通过市人大常委会关于修改《石家庄市供热用热条例》的决定。

12月30日，司存喜主持召开市第十四届人大常委会第三十二次会议。学习党的十九届五中全会精神。审议通过《石家庄市生活垃圾分类管理条例（草案）》《石家庄市西柏坡红色旅游区保护与管理条例（草案）》《石家庄市城市市容和环境卫生管理条例修订（草案）》。听取和审议关于《2019年度市本级预算执行和其他财政收支的审计工作报告》中有关问题整改情况的报告。审议通过关于设立“石家庄企业家日”的决定。表决通过有关人事任免事项。

【市人大常委会主任会议】 全年市人大常委会召开主任会议21次，研究和讨论议题88项。研究提交市人大常委会会议各项视察报告、调研报告、执法检查情况报告和人事任免事项及市人民代表大会、市人大常委会会议等重要会议会务筹备。传达学习关于贯彻落实《中共河北省委关于进一步加强和做好人大工作的意见》的通知和省人大常委会“6+1”联动监督工作视频调度交流会精神，研究全市贯彻落实意见。听取所属委员会、办公室2019年工作总结和2020年工作谋划、市第十四届人民代表大会第五次会议代表议案和建议批评意见情况、重点代表建议督办情况、关于起草《关于加强建设工程工地规范化管理的决定》进展情况等工作汇报。研究关于省人大常委会开展《河北省各级人民代表大会常务委员会规范性文件备案审查条例》执法检查相关情况的报告、市人大常委会关于统筹做好新冠肺炎疫情防控和经济社会发展工作的决定（草案）、关于持续加强“6+1”各领域问题整改和规范管理的决定（草案）、关于加强建筑工地信息公开规范管理的决定（草案）、关于将平安公园等8座公园确定为第二批永久性绿地的有关事项、市首届人民代表大会历史陈列展布展方案、关于设立“石家庄企业家日”等重要事项。

【人大代表重点建议】 全年14项23件市人大代表建议被确定为2020年重点建议。分别为：1.关于进一步完善司法鉴定管理机制的建议（第9号，领衔代表：李鑫东）。2.关于为生鲜乳、果蔬等产品配送车辆发放绿色通行证的建议（并案），包括关于为鲜活水产、果蔬类产品配货车辆发放绿色通行证的建议（第95号，领衔代表：汪克宁），关于生鲜乳运输车辆办理特别通行证的建议（第247号，领衔代表：陈君）。3.关于石家庄市法院健全完善多元化纠纷解决机制的建议（第263号，领衔代表：王阅春）。4.关于加强对赵县生物医药产业发展支持的建议（第305号，领衔代表：刘须华）。5.关于石家庄市建立政务服务“好差评”制度体系的建议（第401号，领衔代表：赵永梅）。6.关于实施高速两侧绿化，构建绿色长廊的建议（第312号，领衔代表：郝俊丽）。7.关于大力发展绿色建筑的建议（第51号，领衔代表：吴战波）。8.关于推进石家庄市垃圾分类工作的建议（并案），包括关于生活垃圾处理的建议（第107号，领衔代表：张峰），关于稳步推进石家庄市实行垃圾分类制度的建议（第353号、领衔代表：邱小捷）。9.关于加强传染病科普预防控制的建议（第110号，领衔代表：张旭）。10.关于加快主城区公办幼儿园建设，提高普惠园质量的建议（第330号，领衔代表：严晋峰）。11.关于建设智慧校园，助力教育现代化的建议（406号，领衔代表：赵永梅）。12.关于积极推进智慧旅游发展的建议（第288号，领衔代表：梁连忠）。13.关于多措并举提升全市养老工作水平的建议（并案），包括关于大力支持和发展民营养老机构的建议（第11号，领衔代表：李鑫东），关于大力支持企业建设康养项目的建议（第54号，领衔代表：李慧明），关于大力推动全市失能老人居家养老工作的建议（第362号，领衔代表：程鹏起），关于进一步做好居家养老问题的建议（第363号，领衔代表：徐丽荣），关于创新数字化管理水平、推行“时间银行”互助养老的建议（第387号，领衔代表：冯彦辉）。14.关于畅通消防通道的建议（并案），包括关于严禁并彻底清查整顿居民小区堵塞消防通道的建议（第133号，领衔代表：刘荣秀），关于清理占用堵塞消防通道的建议（第432号，领衔代表：白海军），关于小区消防通道禁止停车的建议（第433号，领衔代表：何建立），关于畅通消防通道的建议（第434号，领衔代表：张琰）。

【视察、调研、执法检查活动】 全年听取和审议市“一府两院”专项工作报告15项，开展集体视察7次、专题询问3次、执法检查10次、视察调研30次。聚集“6+1”重点领域，统筹运用执法检查、代表评议、专题询问等监督手段，推动一大批历史遗留问题得到解决。围绕重点工作，集体视察“四种类型经济”发展、第六届和第七届市旅游产业发展大会筹备、基础教育、市人民医院、市儿童医院、市中医院新院区建设、滹沱河生态修复、全国文明城市和国家卫生城市创建等。结合市人大常委会议题，开展市第十四届人民代表大会第五次会议代表建议办理情况、2019年市本级决算和市总决算情况、2020年1～6月计划和预算执行情况、2019年市本级预算及其他财政收支审计情况、2019年环境状况和环境保护目标完成情况、疫情防控、民生实事办理、国有资产管理、养老服务、动物防疫、市区交通管理、轨道交通建设、全民健身、宗教工作、非物质文化遗产保护传承、市中级人民法院信访工作情况、市中级人民法院及市人民检察院多元化解矛盾纠纷和市政府有关部门主要负责人履职评议等专题视察活动。执法检查活动涵盖内容主要有：《中华人民共和国野生动物保护法》《河北省陆生野生动物保护条例》《中华人民共和国传染病防治法》《中华人民共和国就业促进法》《河北省机动车和非道路移动机械排放污染防治条例》《河北省河湖保护和治理条例》等。专题调研活动主要有：侨资企业服务“四种类型经济”发展情况和科技创新三项法规落实、住房公积金使用管理、民办教育和高校发展、长期护理保险实施推广、加强矿产资源管理、城乡生活垃圾分类、农村人居环境整治、畜牧养殖业发展等。

（李勇）

石家庄市人民政府

【概况】2020年石家庄市人民政府以习近平新时代中国特色社会主义思想为指导，贯彻落实党的十九大和十九届二中、三中、四中、五中全会精神及中共河北省委、石家庄市委的决策部署，重点围绕市委十届九次、十次、十一次全会提出的目标任务，坚持稳中求进工作总基调，贯彻新发展理念，构建新发展格局，以改革创新为根本动力，坚持系统观念，扎实做好“六稳”工作、全面落实“六保”任务，积极开展“三重四创五优化”活动，突出“八聚焦、八提升”战略重点，统筹推进疫情防控和经济社会发展，实现脱贫攻坚、全面建成小康社会、“十三五”规划目标等任务圆满完成。

经济运行保持稳定。全年完成地区生产总值5935.1亿元，同比增长3.9%；全部财政收入1191.15亿元，同比增长2.5%，其中，一般公共预算收入632.19亿元，同比增长11.1%；实际利用外资18.3亿美元，同比增长13.1%；进出口总值1341.1亿元，同比增长14.0%，其中，出口总值785.6亿元，同比增长19.9%。财政收入、出口总值排名全省11个设区市第一名。农林牧渔业总产值710.88亿元，同比增长3.8%。粮食播种面积66.49万公顷，同比增加1300公顷；总产量430.78万吨，同比增长2.6%；平均亩产431.9千克。其中，小麦播种面积28.27万公顷，总产量195.98万吨，平均亩产462.2千克；玉米播种面积31.72万公顷，总产量212.5万吨，平均亩产446.7千克。规模以上工业企业1822家，规模以上工业企业总资产6619亿元，营业收入4551.0亿元；利润312.27亿元，同比增加13.35亿元。市区居民消费价格指数同比上涨2.3%，工业生产者出厂价格同比下降2.0%，工业生产者购进价格同比下降2.9%。社会消费品零售总额2279.6亿元，同比下降3.4%。

产业集群优势显现。三次产业结构比例调整为8.4∶29.4∶62.2，第三产业占比提升4.7个百分点。现代产业、各种类型经济支撑作用增强，2020年全市现代产业完成增加值2275.3亿元，同比增长4.4%。其中，新一代信息技术产业完成增加值206.6亿元，增长16.8%；生物医药健康产业完成增加值411.1亿元，增长6.4%。城市经济规模达到3709.4亿元，占全市地区生产总值比重62.5%。培育形成特色产业集群26个，其中营业收入超100亿元6个。实施省市重点项目391个，总投资6673.5亿元，完成投资1220.3亿元，占年度计划133%。

城乡建设快速推进。中央商务区金融北区开工，规划展示中心建成使用。市区解放大街东半幅和平路以北、槐安路西二环立交等道路工程竣工，城区打通断头路10条。实施中华大街、联石丰、火车站周边等重点区域景观整治工程，创建美丽街区27个、精品街道23个，排查整修42条道路30万平方米，建成停车位14.86万个。1月15日，石家庄获得国家“公交都市示范城市”称号。推进棚户区、老旧小区和城中村改造，棚户区改造开工12491套，基本建成12759套；老旧小区改造完成358个，涉及居民7.2万户、住宅楼1403栋、总面积555万平方米。2020年7月，石家庄市入选中央财政支持住房租赁市场发展试点城市。开展农村人居环境整治，改造提升厕所22.3万座，农村生活垃圾收集转运体系覆盖率达到100%，无害化处理达到98%。

生态环境持续好转。电代煤、气代煤“双代”改造完成12.09万户，基本实现平原地区冬季取暖散煤清零目标。重点污染行业超低排放改造36家，整治重点VOCs深度治理企业30家，新排查“散乱污”企业104家，均完成改造提升或取缔。空气二级以上优良天数达到205天，空气优良率56.0%，同比提高8.3个百分点；重污染天数21天，重污染天数比例5.7%，同比下降3.9个百分点；空气质量综合指数为5.96，同比下降0.84。河流水质优良率达到60%。栾城区、赵县土壤污染治理与修复技术应用试点通过验收。

民生事业稳步发展。全年用于社会民生支出839.1亿元，同比增长8.9%，占一般公共预算支出比重达到73.5%。省20项民生工程、市10件民生实事任务完成。严密做好新冠肺炎疫情防控，至2020年底，石家庄市确诊新冠肺炎病例29例、无症状感染者9例，全部治愈，取得确认病例“零死亡”、医务人员“零感染”、输入病例“零扩散”的好成绩。2020年全市城乡居民人均可支配收入30955元，同比增长5.5%。其中，城镇居民人均可支配收入40247元，增长4.4%；农村居民人均可支配收入16947元，增长6.9%。2020年全市居民人均消费支出19411元，同比增长8.5%。其中，城镇居民人均消费支出24867元，增长6.5%；农村居民人均消费支出11186元，增长12.9%。城镇新增就业12.84万人，城镇登记失业率3.75%，农村劳动力转移就业

5.6万人。2020年10月20日，石家庄市连续第9次被命名为“全国双拥模范城”。2020年11月20日，石家庄市在全国精神文明建设表彰大会上获得“全国文明城市”称号。2021年1月6日，全国爱国卫生运动委员会命名石家庄市为2018～2020周期国家卫生城市。

（薛鹏飞）

【市政府领导及工作部门组成人员】

市　　长：邓沛然（12月免）
常务副市长：
　　李雪荣
副 市 长：孟祥红（女）
　　蒋文红　姜阳
　　周刚　（挂职，6月免）
　　黄三平　高玉柱
秘 书 长：郎金国（9月免）
　　苏志超（9月任）
常务副秘书长：
　　王建峰
副秘书长：陈会强　刘建立
　　李君涛（12月免）
　　郭彦军（12月任）
　　魏战略
　　聂群英（2月免）
　　杨文斌　盖明力
　　左晗伟（2月任）

政府办公室

主　　任：郎金国（9月免）
　　苏志超（9月任）

发展和改革委员会（粮食和物资储备局、口岸和物流发展办公室）

主　　任（局长）：
　　苏志超（9月免）
　　赵建林（9月任）
副 主 任：徐龙蛟（1月免）
　　李辉斌（11月免）
　　赵春来　吴书科
　　刘趁通　李云庆
　　傅晓靖　曹建宏

教育局

局　　长：张少华（4月免）
　　赵立芬（女，6月任）
党组副书记：
　　马建国　郝进社
副 局 长：马建国　马力
　　赵立芬（女，6月免）
　　李立水

科学技术局（外国专家局）

局　　长：王雁南
副 局 长：郝金卓　张志敏
　　柯旭　（外国专家局局长）

工业和信息化局（市委军民融合发展委员会办公室）

局　　长：刘生彦
副 局 长：徐东
　　单元林（7月免）
　　邢卫建
　　刘俊德（6月免）
　　侯洪彬（10任，12月免）
　　冯文斌（11月）

民族宗教事务局

局　　长：李占领（女，市委统战部副部长）
副 局 长：林海军（6月免）
　　王洪河
　　褚国成（回族）
　　罗瑞燕（女，7月免）
　　王凤余　熊国平

公安局

局　　长：黄三平（副市长）
常务副局长：
　　张建芬（6月免）
　　王广维（6月任）
副 局 长：王广维（4月任，6月免）
　　武瑞琪（9月免）
　　张科杰
　　李保进（4月任）
　　吴志亭
　　刘子君（4月任）
　　张旭照（9月任）
　　张岐岗（9月任）
政治部主任：
　　刘子君（4月免）
　　陈英　（4月任）
特勤局局长：
　　闫志岿（12月免）
　　崔志强（12月任）
公安交通管理局局长：
　　马立新（12月任）

民政局

局　　长：左力鸥
副 局 长：孟慧贤（6月免）
　　聂群英（11月任）
　　黄少华（7月任）
　　常俊华

司法局

党组书记：刘志魁
局　　长：郑国良
副 局 长：张仲　（4月免）
　　赵成英　王一兵
　　高新展（4月免）
　　张和起
　　赵建勋（6月免）
政治部主任：
　　高新展（4月任）

财政局

局　　长：王东华
副 局 长：邵卫东（1月任）
　　周巧娥（女）
　　周国春（12月免）
　　赵明欣（6月任）

人力资源和社会保障局

局　　长：王德庆（10月免）
　　张忠良（10月任）
副 局 长：徐龙蛟　王建敏
　　温富才　韩春生

自然资源和规划局

党组书记：赵路新
局　　长：李惠林

副 局 长：董志明　杜敏海
李少恒　梁伟
张晓普　滕斌

生态环境局

局　　长：马立宁（12 月免）
李君涛（12 月任）
副 局 长：李朝亮　邢义科
马玉辰　李哲
冀平

住房和城乡建设局

局　　长：赵建林（9 月免）
付庆文（9 月任）
副 局 长：郭彦军（12 月免）
曹新杰（1 月任）
岳新海（4 月任）
王文兴（1 月免）
李智强

城市管理综合行政执法局（城市管理局）

局　　长：任建忠（12 月免）
贾建文（12 月任）
副 局 长：高乃善（4 月免）
李景再　黄久胜
祖桂玉（10 月免）
杨军平（6 月任）
李永青（6 月任）
刘文栋（10 月任）

交通运输局

局　　长：米志奇
副 局 长：闫炳华　张书江
朱增奇　张立欣
张子云（邮政管理局局长）

水利局

局　　长：谷维真
副 局 长：崔文秀（7 月免）
马福恒　张振军
谢晓彤（女，7 月任）

农业农村局

党组书记：左红江（2 月免）
王溪波（2 月任）
局　　长：王溪波
副 局 长：刘军普
贾建平（6 月免）
陈玉山
齐胜平（6 月免）
李茂昌　刘芬玲
陈彦良　徐志峰
高地动

林业局

局　　长：董志明
副 局 长：张振江（11 月免）
刘志刚　贾彬
于海斌　岳杏娟
温连吉（8 月任）

商务局

局　　长：常志卷
副 局 长：刘平
赵磊　（10 月任）
杨文波（7 月免）
苗先国（7 月免）
王松林
杜铁行（10 月任）

投资促进局

局　　长：马千里（女，12 月免）
赵勇　（12 月任）
副 局 长：董民　王黎明
杨会印

文化广电和旅游局（文物局）

党组书记：赵俊芳
局　　长：李波　（12 月免）
副 局 长：刘庆卫　任保山
王谏　孙瑞峰
张蕾　刘寒
张跃新　谢占凯
二级巡视员：
李波　（11 月任）

卫生健康委员会（爱国卫生运动委员会办公室）

主　　任：王华平（女，12 月免）
崔芸　（女，12 月任）
党组副书记：
甄继革
张国军（7 月任）
副 主 任：张国军　王金海
张东生
魏建英（女）
市中医药管理局局长：
施文国
市干部保健局局长：
马战国
市卫生监督局局长
汤国庆（11 月免）
二级巡视员：
王华平（女，11 月任）

退役军人事务局

局　　长：吕军英（12 月免）
李海峰（12 月任）
副 局 长：张岩　（12 月免）
杜士海
李红武（4 月任）
李伟　（11 月任）
二级巡视员：
吕军英（11 月任）

应急管理局（地震局）

党委书记：暴胜贤
局　　长：王云辉
党委副书记：
王云辉　刘军
副 局 长：刘军　赵万里
杨卫东　李天征
宋建昌　扈传淼
安全生产监察支队支队长：
刘英杰

审计局

局　　长：裴晓青
副 局 长：李强平（6 月任）
钱国伟　尹建明

外事办公室

主　　任：栾建英（12 月免）
王红　（女，12 月任）
副 主 任：孟硕　樊为民

李会文（1月免）
范玉龙（3月免）
王小平（1月任）
魏亚钦（6月任）

国有资产监督管理委员会

主　　任：张军卫
党委副书记：
陈海通（3月免）
胡增军（9月任）
习立刚（5月任）
副 主 任：习立刚（5月任）
孟超英（4月免）
林树新　杨建立
刘向东（6月任）
杨剑　（6月任）

市场监督管理局（知识产权局）

党组书记：宋国宏
局　　长：张新峰
副 局 长：谢艳华　孙桂莲
路拴增　尹兵辉
韩秀娟　杜瑞行
杜爱朝　李建
王大林　王振刚
牛学建
黄岩松（5月任）

体育局

局　　长：赵勇　（12月免）
任维维（12月任）
副 局 长：黄增国　吴丽艳
宋连军　赵敏生

统计局

局　　长：金福中
副 局 长：王玉洁　温朝中
穆景彦（6月任）
普查中心主任：
李西林

政府研究室（政府参事室）

主　　任：赵士宗
副 主 任：梁德忠　刘礼英
谷鹏

人民防空办公室

主　　任：尹勃
副 主 任：刘金虎
姜辉　　蔡忠义

扶贫开发办公室

党组书记：顾玉平（6月免）
赵永利（8月任）
主　　任：赵永利
副 主 任：程辉
陈彦虎（4月试任）
吴俊磊（6月试任）

地方金融监督管理局（金融工作办公室）

局　　长：赵东
副 局 长：王晓辉（5月任）
辛裕　　常良
刘建龙（5月试任）

行政审批局（政务服务管理办公室）

党组书记：李雪荣（常务副市长）
局　　长：周树仁
副 局 长：高国欣　王文亭
刘然
刘占中（6月免）
公共资源交易中心主任：
苗杰超

医疗保障局

党组书记：崔芸　（女）
局　　长：邓小梅（女）
副 局 长：李利佳　韩新山
医保中心主任：
王鑫　（4月任）

园林局

局　　长：刘金文
副 局 长：王锡江（6月免）
冉荣珍　赵素校
左晗伟（2月免）
姚斌
崔青凯（6月任）

数据资源管理局

局　　长：陈健敏
副 局 长：廉晓红　王梅林
陈金海

【市政府常务会】 1月13日，市政府第62次常务会议举行。研究关于发展“四种类型经济”的指导意见、中国（石家庄）跨境电子商务综合试验区实施方案、2019年法治政府建设报告、石家庄市空气质量退出全国重点城市后十攻坚行动方案。听取保晋南街项目匹配地块情况、常山北明股份有限公司股东合理持股比例事宜、关于北人集团所属北国商城股份有限公司汽车业务应收账款回收进展情况汇报。

1月21日，市政府第63次常务会议举行。传达学习国家、河北省关于新冠肺炎疫情防控相关会议精神，研究全市贯彻落实意见。部署安排春节期间各项工作。

2月2日，市政府第64次常务会议举行。听取全市疫情防控工作情况汇报，研究并原则通过《石家庄市应对新型冠状病毒感染的肺炎应急预案》《石家庄市应对新型冠状病毒感染的肺炎疫情医疗卫生物资保障工作方案》《石家庄市应对新型冠状病毒感染的肺炎疫情生活必需品市场供应急预案》。围绕春节后开工、交通疏导、生产生活等工作及落实常态化疫情防控措施提出具体要求。

3月1日，市政府第65次常务会议举行。研究《关于抓好“三农”领域重点工作确保如期实现全面小康的实施意见》《2020年度脱贫攻坚工作要点》《2020年城建计划》《关于深化交通运输综合行政执法改革的实施方案》《石家庄市污染源排查整治专项行动工作方案》。听取关于春季农业生产、卫生健康、关于推动石家庄市列入全省重大涉外经贸活动签约项目和洽谈事项落实情况、中央商务区建设、棉五小区改造项目情况汇报。

3月25日，市政府第66次常务会议举行。听取全市经济运行情况汇报、省安全生产巡查组对石家庄市巡查发现问题整改情况、森林防火、关于2020年信息化建设项目计划安排工作情况汇报。研究生态环境保护，听取关于“十四五”国家空气和地表水环境质量监测点位设置情况、关于滹沱河沿线污水处理厂提标改造工程进展情况、关于白洋淀上游流域生态环境治理和保护情况汇报。研究鹿泉区龙凤湖核心景区“山水清音”“天下财富湾”项目生态环境损害和风景名胜资源评估暨项目处置意见，听取鹿泉区《关于龙凤湖核心景区山水清音、天下财富湾生态环境损害和风景名胜资源评估暨项目处置意见的汇报》、市“1+5”专项整治工作专班《关于鹿泉区龙凤湖核心景区“山水清音”“天下财富湾”项目生态环境损害和风景名胜资源评估暨项目处置意见的汇报》。听取关于石家庄市公共交通换乘优惠政策、关于石钢西厂区土地收储政策、关于丰收路39号地块项目情况汇报。书面学习《河北省扬尘污染防治办法》。

4月16日，市政府第67次常务会议举行。专题听取各位副市长关于疫情防控对分管工作的影响、工作对策及对全局工作的意见建议。研究《2020年立法工作安排意见》《石家庄市教育系统2020年春季学期开学工作方案》《石家庄市第一批轨道交通综合开发用地划定方案》《石家庄市2020年焦化去产能工作实施方案》《石家庄市生活垃圾分类片区建设工作实施方案》《石家庄市2020年夜经济建设工作方案》《石家庄市二维码标准地址建设工作方案》。听取生态环境保护、市政道路建设模式、中央商务区建设情况汇报。书面听取关于2019年国家脱贫攻坚成效考核反馈问题整改情况汇报。书面学习《关于加快推进石家庄市经济社会高质量发展的若干策略意见》。

5月15日，市政府第68次常务会议举行。研究《石家庄市2020年确保实现全面建成小康社会目标工作方案》《石家庄市2020年法治政府建设工作要点》《关于营造更好发展环境支持民营企业改革发展的实施意见》《关于支持石家庄经济技术开发区加快发展的若干意见》《滹沱河（京昆高速至中华大街段）建筑渣土清理利用方案》《石家庄市食品安全突发事件应急预案》《石家庄市贯彻落实〈关于建立以国家公园为主体的自然保护地体系的指导意见〉的实施方案》《石家庄市城市二次供水管理办法》。听取关于长安区吴家庄城中村改造项目“占补平衡”地块、关于回购东方时尚驾校考试场、关于市新型智慧城市四星建设试点方案编制、关于中央商务区建设、易地扶贫搬迁情况汇报。

5月30日，市政府第69次常务会议举行。传达学习5月27日全省疫情防控工作例会会议精神和全市强化项目谋划争取资金支持工作领导小组会会议精神。听取大气污染防治、关于支付国控集团垫付资金有关情况、关于石家庄市第七次全国人口普查情况汇报。研究《关于加快解决房地产遗留问题做好不动产登记工作的意见》。

6月11日，市政府第70次常务会议举行。研究《关于认真落实保居民就业任务专项工作方案》等6个专项工作方案。听取关于推进全市经济领域治理体系和治理能力现代化的意见、生态环境保护、关于支持河北高速公路集团有限公司在省会做大做强有关优惠政策、关于新客站回迁楼资产处置事宜、关于滹沱河生态修复三期工程、中国（河北）自由贸易试验区正定片区、关于做好综合保税区发展绩效评估、关于加大光伏扶贫工作力度及近期脱贫攻坚情况汇报。传达全省防汛抗旱工作电视电话会议精神，研究全市贯彻落实意见。

6月16日，市政府第71次常务会议举行。贯彻落实省委书记王东峰在石家庄市调研检查时讲话精神和具体要求，细化分解重点办理事项。研究关于发放石家庄市消费券实施意见。听取关于检查市政府院内各部门工作纪律、关于修订《关于加快新三区与主城区一体化发展的意见》、关于全市新冠肺炎疫情防控情况汇报。

7月8日，市政府第72次常务会议举行。研究石家庄市2020年义务教育招生入学工作实施方案、关于更换石家庄市出租汽车车型的实施意见、关于进一步明确职责分工加强地方金融监管的贯彻落实意见、石家庄市完善贫困地区乡村产业体系发展规划。听取关于石家庄热电厂九期燃机供热补贴事宜、关于对石家庄市限制类焦炭生产企业实施差别电价差别水价事宜、关于裕华区政府有偿收购市第十五中学旧址继续办学事宜、关于中央商务区建设汇报。

7月24日，市政府第73次常务会议举行。研究《石家庄市大气污染综合治理强化攻坚措施》《关于进一步加强招商引资工作的实施意见》《关于上半年经济运行、重点项目建设和县城建设情况的通报》《石家庄市新媒体电商直播示范城市网红人才成长计划（2020～2021）》《石家庄市体育产业发展引导资金管理办法》《石家庄市关于深化消防执法改革的若干措施》《2020年石家庄市创建国家和省级森林城市工作方案》《关于落实省政府“证照分离”改革全覆盖工作实施方案》。听取关于石家庄外国语学校面向主城区招收英语生事宜、关于进一步促进石家庄市足球运动发展、关于划转部分国有资本充实社保基金情况汇报。

8月18日，市政府第74次常务会议举行。专题学习《中华人民共和国土壤污染防治法》。研究《石家庄市西柏坡红色旅游区保护与管理条例

（草案）》《关于提升政府采购透明度改革方案》《石家庄市新媒体电商直播销售员培训评价实施方案》《关于加快推进住房租赁市场试点工作的实施意见》《关于进一步推进从事经营活动事业单位改革工作实施方案》。听取关于落实过紧日子要求压减2020年市级预算一般性支出事宜、关于分配2020年专项债务限额事宜、关于石家庄信息工程职业学院教育设备购置及搬迁经费安排、关于市焦化改造升级项目进展、关于全市省级以上开发区改革发展工作进展、关于第五批引进高层次科技创新创业人才情况汇报。

8月24日，市政府第75次常务会议举行。研究《关于将平安公园等8座公园通过法定程序确定为我市第二批永久性绿地的方案》《石家庄市全面深化服务贸易创新发展试点实施方案》《关于全面加强危险化学品安全生产工作若干措施的落实意见》《石家庄市滹沱河生态补水优化调度及洪水风险分析报告》《石家庄市政务数据资源共享管理规定》《石家庄市政务数据资源共享安全管理规定》《2020年石家庄市社会科学普及工作方案》《石家庄市农村厕所粪污无害化处理利用实施方案（2020～2022年）》《石家庄市畜禽粪污资源化利用专项行动方案（2020～2022年）》。听取关于石家庄市全面建成小康社会和“十三五”规划主要指标完成情况及下一步工作意见汇报。书面听取关于全市脱贫攻坚普查进展情况汇报。

9月22日，市政府第76次常务会议举行。专题学习《中华人民共和国民法典》。研究《关于石家庄职业技术学院新校区项目建设方案》《关于优化劳动力市场监管改革方案》《石家庄市康养中心规划发展工作方案》。听取法治政府建设和地方性法规清理、民心工程和利民惠民实事、关于市属高职院校与独立学院合并转设、关于国务院第七次大督查配合准备、关于解决鹿泉区和藁城区建设项目遗留问题、关于长安区确定南高营地块部分村外地用于棚户区改造匹配用地事宜、关于《石家庄市空气质量退出全国重点城市后十攻坚行动方案》起草及《省委、省政府关于深入贯彻落实习近平总书记重要批示精神认真做好雄安新区防洪排涝和白洋淀生态环境保护治理工作的实施意见》征求意见情况汇报。

10月21日，市政府第77次常务会议举行。听取关于加快推进主城区商业服务业用房去库存、行政审批事项、关于疏导非居民用气销售价格事宜、主城区污泥无害化处置项目采用特许经营模式建设事宜、关于开展作风整顿强化工作措施压实包联责任力促工业增速回升、中央商务区建设汇报。研究《石家庄市城市市容和环境卫生管理条例（修订草案）》《关于用水用气报装服务提速增效改革方案》《石家庄市国资委监管企业投资监督管理办法（试行）》《关于加强和改进新时代统计工作的意见》《关于调整2020年全市省级以上开发区预测目标的工作方案》。书面听取关于全市集中开展决战决胜脱贫攻坚“回头看”工作情况汇报。

11月1日，市政府第78次常务会议举行。研究《石家庄市人民政府规章制定办法》《关于深化要素市场化配置改革的若干措施》《石家庄市加强塑料污染治理工作推进措施》《石家庄市市属国有企业对外担保管理办法（试行）》《关于方便企业电力接入改革方案》。听取关于中央和省级生态环境保护督察及“回头看”反馈意见整改工作进展情况汇报。

11月3日，市政府第79次常务会议举行。听取关于全市去产能工作、关于生态环境治理、治理华北大漏斗和地下水超采综合治理、关于六个重点领域清理规范任务落实情况汇报。

11月12日，市政府第80次常务会议举行。传达学习省委九届十一次全会主要精神和省委书记王东峰到第一组参加分组讨论时的讲话精神。研究《石家庄市2020～2021年秋冬季大气污染综合治理攻坚行动方案》。听取关于取消石家庄市空置房热损费、新客站回迁楼安置剩余房屋处置、关于全市近期疫情防控、市妇幼保健院搬迁后旧址处置、化解市本级政府债务风险情况汇报。

11月18日，市政府第81次常务会议举行。传达学习市委十届十次全会主要精神。研究《石家庄市建设用地使用权转让、出租、抵押二级市场交易管理办法》《关于促进跨境电子商务快速发展的若干政策》《石家庄市主城区非居民用水超定额累进加价实施办法》《关于全面加强新时代大中小学劳动教育的若干措施》《关于持续提升办税缴费便利度改革方案》。听取关于全市安全生产、关于全市消防救援、关于石家庄市2020年全省脱贫成效实地考核情况汇报。

12月9日，市政府第82次常务会议举行。研究《石家庄市优化建筑许可审批改革方案》《关于方便企业不动产登记改革方案》《大力提升重点产业链供应链稳定性和竞争力行动计划（2020～2022年）》《关于进一步加强招商引资若干措施的意见》《滹沱河（京昆高速至中华大街段）建筑渣土处置方案》《关于进一步加强和规范市本级城建收费管理工作的意见》。听取关于对石政函〔2020〕49号文及相关问题进一步明确的意见，关于盘活市人民医院旧址和新京大厦资产，关于正定县、高邑县、赵县、深泽县部分撤乡设镇行政区划调整，关于利用热电一厂地块解决恒润及南花园二期项目用地、全市食品药品安全、关于设立“石家庄企业家日”的情况汇报。

12月16日，市政府第83次常务会议举行。传达学习12月15日全省经济运行视频调度会议精神。听取关于盘活市人民医院旧址资产、关于新客站回迁楼安置剩余住房处置、关于清偿石家庄信息工程职业学院旧校区遗留债务事宜。

12月22日，市政府第84次常务会议举行。研究全市经济社会发展、关于贯彻落实省委主要领导批示精神的实施意见。

【利民惠民10件实事】 1月17日，参加市第十四届人民代表大会第五次会议市人大代表从15项候选项目中，投票确定10项作为市政府2020年民生实事项目。至2020年底，10件利民惠民实事全部完成或超额完成任务目标。

表 13

2020年石家庄市10件利民惠民实事一览表

序号	实事名称	完成情况
1	打通主城区10条道路	至2020年11月底，汇丰路（友谊大街—永壁西街）、永壁西街（汇新路—汇丰路）、友谊大街（汇丰路—汇明路）、东王东街（塔南路—裕凯北路）、南二环立交北向西匝道、汇明路（红旗大街—石铜路）、仓丰路（体育大街—裕宁街）、秦岭中街（绵河道—北二环东延）、南新街（新石北路—华星路）、仓裕路（建华大街—体育大街）10条城区道路全部通车。
2	农村生活污水治理	至10月27日，全市85个村庄生活污水治理工程完工，提前完成全年建成81个村庄目标任务；703个村庄农村生活污水管控任务完成。至2020年底，全市累计1019个村庄实现生活污水治理、2970个村庄实现生活污水管控，全市农村生活污水管控水平大幅提升，部分村庄污水横流现象得到显著改善。
3	市、县、乡三级诊疗信息实现互通共享	至11月11日，市医疗卫生专网覆盖连通全市8所市办医院、31所县办医院和乡镇卫生院、部分社区卫生服务中心，石家庄地域市、县、乡三级医疗机构诊疗信息互通共享建设任务完成。
4	便民市场建设工程	至11月6日，全市新建或改造提升30家便民市场全部完工。
5	推行公交、地铁“一卡通行、一码通行”	至2020年11月底，市区推行公交、地铁“一卡通行、一码通行”工作全部完成，实现公交、地铁出行乘坐九折优惠和换乘优惠。
6	创建30所普惠性幼儿园	至8月31日，全市创建95所普惠性幼儿园，受益幼儿达到2.4万余人，提前完成全年创建30所目标任务。
7	老旧小区改造	至11月15日，主城区4区200个老旧小区改造任务全部完成。
8	新建市儿童医院（市妇幼保健院）项目	5月20日，新建市儿童医院项目完工，6月1日投入使用，占地面积55.8亩，建筑面积12.8万平方米，设置床位1000张。
9	残疾人家庭无障碍改造	至8月31日，全市完成2844户脱贫建档立卡残疾人家庭无障碍改造，提前完成全年目标任务。至2020年底，全市完成2888户脱贫建档立卡残疾人家庭无障碍改造。
10	新建10万平方米街旁特色游园	至10月27日，市园林局在主城区新建元村重阳园、河北师范大学桃李园、紫林湾游园等“口袋公园”8处全部完工并对外开放，总面积12万平方米。

【建议与提案办理】 2020年全市办理人大代表建议、政协委员提案147件，其中，全国政协提案会办件1件，省人大代表建议100件（主办81件、会办19件），省政协提案46件（主办32件、会办14件）。全年人大代表建议、政协委员提案均按时办结，答复函规范化率100%，与人大代表、政协委员沟通走访率100%，满意率100%。2020年市政府系统办理市人大代表建议、政协委员提案895件，其中，市十四届人大五次会议期间人大代表建议443件，市政协十三届四次会议政协委员提案452件，满意、基本满意率达到96%。

【参谋文秘服务】 全年市政府办公室起草、审修文稿2100余篇，文字640万字，其中重要文稿34篇。收集政务信息4199条，编发《政府快报》103期；上报国务院办公厅、省政府办公厅信息1462条，采用179条，获得省领导批示4条。全年核发市政府文件43件，市政府办公室文件63件，发文量减少15件，同比精简文件12.4%。聚焦重点、突破难点，抓好综合协调。围绕中央商务区建设、地铁工程建设、滹沱河生态修复工程建设、六项重点领域清理规范等市委、市政府关心的大事、难事，快速、周密做好协调部署。全程参与卓达房地产、轻易贷、金手指等金融风险处置及新冠肺炎疫情防控，全年市政府办公室举行各类专题会、调度会、协调会1100余次，印发会议纪要131期。加强督办、一盯到底，推动重大决策从快从实落地。全年办理上级交办重点督办事项98件，全部按时办结。整合19个市直部门开设25条政务热线，基本建成“一号对外”“一号响应”“一站式服务”政务热线服务平台。全年政务热线服务平台受理市民诉求来电193.03万人次，受处率98.25%，其中，直接答复113.8万件，转承办单位办理79.23万余件；群众诉求按期反馈率、按期办结率同比分别提高12.99%和14.24%，获得“全国最佳政务热线评选”活动“年度卓越百姓服务奖”。政务运转提速提质。制定出台《关于进一步做好文件运转工作的通知》，建成涵盖办公室工作全流程信息化办公平台，公文运转做到“即收即办、日清日结”，全年累计办理各类公文2.1万件，流转6万件（次）。举办会议600余次，其中以市政府名义召开全市性会议29次。全年协助举行市政府常务会23次、审议议题185个，服务市政府领导调研200余次，接报处置突发公共事件120余件，办理《市政府值班报告》3849期，加盖市政府印章1349个、市政府办公室印章950个。政府信息公开平台升级改版，全市60个县（市、区）政府门户网站和市政府部门网站共享共用市政府网站云平台。全年政府信息公开平台发布信息22456条，依申请公开政务信息111件；公示行政执法事项3729项、行政许可35846件、行政处罚2049件。市本级举办新闻发布会53次、“电视问政”活动25场。协同应对处置省交办舆情33件、自行监测舆情66件，答复网民留言1534件。2020年市政府办公室被人民网评为“2020年人民网网民留言办理工作民心汇聚单位”。

（杨献存）

人力资源和劳动就业

【概况】 2020年全市城镇新增就业12.84万人，完成省下达任务的106.6%；城镇失业人员实现再就业4.52万人，完成省下达任务的109.8%；城镇就业困难人员实现再就业1.85万人，完成省下达任务的110.5%。农村劳动力转移就业5.6万人。全市城镇登记失业率为3.75%，控制在省下达指标4.5%以内。做好人才引进和人力资源服务，全年发放市人才绿卡A卡144张、B卡2810张、县（市、区）卡7964张；引进海外人才1012名。开展人力资源政策宣传和解读，与石家庄广播电视台联合制作电视栏目“人社在线”26期，并在石家庄电视台生活频道播出。发挥专家送技术、送智力、送管理、送信息作用，7月3日，首家专家服务基层示范基地在君乐宝特色生态果蔬产业园建立。11月1日，石家庄人力资源服务产业园在深圳举办的第十六届人力资源服务业高峰论坛上获得“特色产业园”奖，河北诺亚德汇人力资源服务有限公司获得“创新企业奖”“促进就业实践案例奖”。

【创业创新大赛】 5月中旬至7月20日，由市人力资源和社会保障局、市发展改革委、市科技局、市扶贫办、共青团市委、市残联主办，市就业服务中心承办的第四届“中国创翼”创业创新大赛河北选拔赛暨2020年石家庄市创业创新大赛举行。主题为“创响新时代、共圆中国梦”。全市报名参赛项目818个，进入初赛184个，其中，创业项目90个、创新项目90个、创业扶贫专项4个。晋级市级决赛项目60个。评选创业项目和创新项目一等奖各1名、二等奖2名、三等奖3名、优秀奖3名，“绿色催化技术的应用——国际首创固定化酶法生产丙谷二肽”“真空悬坊——未来金属新材料制备的先行者”2个项目分别获得创业项目组和创新项目

10月15日，2020年全国大众创业万众创新活动周河北分会场活动在石家庄高新区科技大市场启动（市发展改革委提供）

组一等奖。16个优秀创业创新项目、1个创业扶贫项目参加第四届“中国创翼”创业创新大赛河北选拔赛。9月7～11日，第四届“中国创翼”创业创新大赛河北选拔赛在石家庄市举行。石家庄市17个项目参赛，获得二等奖1个、三等奖2个、优秀奖5个，其中，“智能安全用电装置”项目获得创业组二等奖，“基于自动图像识别的工业智能坡口机器人”项目获得创新组三等奖，“医疗扶贫自助艾灸星火计划”项目获得专项组三等奖。10月21日，河北省科技厅公布第九届中国创新创业大赛（河北赛区）暨第八届河北省创新创业大赛获奖名单，石家庄市获得一等奖25个、二等奖26个、三等奖42个。

表 14

2020年石家庄市获得第九届中国创新创业大赛（河北赛区）暨第八届河北省创新创业大赛一等奖一览表

序号	企业／团队名称	项目名称	组别
1	河北圣昊光电科技有限公司	SY-9100S 型低温 LD 芯片测试机	企业组
2	石家庄博瑞迪生物技术有限公司	靶向测序基因型鉴定技术	企业组
3	河北惠峰网络科技发展有限公司	机场鸟情预警与智能监控系统	企业组
4	河北金诺康药业有限公司	基于“九蒸九晒”炮制法的酒黄精与熟地黄	企业组
5	河北骏孜科技有限公司	基于军用蜂群技术的商用无人机快递系统	企业组
6	河北德睿健康科技有限公司	基于心音大数据的无创心血管疾病早期诊断项目	企业组
7	河北源润农业科技有限公司	适于大田作物现代化作业的新型灌溉施肥设备	企业组
8	河北骏希科技有限公司	天地一体化全域物联网	企业组
9	河北惟新科技有限公司	显示行业用高性能 ITO 靶材成套工艺技术	企业组
10	石家庄汉卓能源科技有限公司	小型柴汽油发电机终结者——新型 V2G 应急电源“电到家 EPF-6000”	企业组
11	河北仁合益康药业有限公司	新型拟钙剂类药物盐酸西那卡塞及其制剂的产业化开发	企业组
12	河北戴桥医药科技有限公司	促伤口愈合—抗菌—抗疤痕三效合一的2类新药苯妥英银外用制剂的开发	企业组
13	河北物图科技有限公司	支持超大规模场景的 BIM 与 3DGIS 集成系统及产业化应用	企业组
14	河北热点科技股份有限公司	智慧平安社区系统	企业组
15	浩然天泽（河北）科技有限公司	“虎之翼”金属柜产业集群核心技术升级项目	企业组
16	石家庄科林物联网科技有限公司	基于“云管边端”物联网架构的具有边缘计算和边端协同能力的智能配用电系统	企业组
17	非遗传承匠心团队	“互联网＋非物质文化遗产”——匠人文化科技公司	团队组
18	绿农科技	“绿农”农副产品网络交易云平台	团队组
19	爱拼才会赢	“有饭新青年”智慧校园融媒体平台	团队组
20	工院男孩	变直径车轮及其移动平台——因地而变，行者无疆	团队组
21	河北铁大地理信息	城市地下管网管理与暴雨应急决策系统及应用	团队组
22	王晓红张坤创新团队	高铁接触网智能监测助手	团队组
23	骨折智能自动复位器研发团队	骨折智能自动顺势双反牵引复位器的研发及临床应用	团队组
24	巍巍太行	河北省道地中药三级中红外光谱数据库建立及其推广应用	团队组
25	河北宏图大数据	交通大数据挖掘处理可视化系统	团队组

表 15

2020 年石家庄市获得第九届中国创新创业大赛（河北赛区）暨第八届河北省创新创业大赛二等奖一览表

序号	企业 / 团队名称	项目名称	组别
1	河北盛世天昕电子科技有限公司	“爱晖”健康管家	企业组
2	河北爱尔工业互联网科技有限公司	5G 泛工业控制云盒产业化项目	企业组
3	祝康生物科技有限公司	UK-BA-RGDS 纳米靶向溶栓药	企业组
4	河北瑰誉科技有限公司	达尔安生命体征监测仪	企业组
5	河北恒星检测设备科技有限公司	多功能锯齿式籽棉衣分试轧机	企业组
6	河北戴斯特尼科技有限公司	鸿涛阁无人超市系统平台	企业组
7	河北华昌宝能售电有限公司	基于大数据物联网技术的无线测温系统	企业组
8	石家庄鑫富达医药包装有限公司	基于新型环烯烃聚合物材料的疫苗用包装	企业组
9	河北舜邦科技有限公司	物联网智慧消防远程监控系统	企业组
10	河北德冠隆电子科技有限公司	一种基于全方位跟踪检测雷达跟踪定位的四维实景交通路况感知预警监控管理系统	企业组
11	中科恒运股份有限公司	直升机沉浸式飞行模拟系统	企业组
12	河北邦纳科技有限公司	智慧平安社区	企业组
13	河北文始征信服务有限公司	智能政务之“掌上办证照”系列产品	企业组
14	河北婴玉科技有限公司	秸秆综合利用及生物糖产业化的研发生产	企业组
15	石家庄赤潮智能科技有限公司	通用型多关节机器人模块	企业组
16	河北中柔科技有限公司	旋翼机载多参数环境检测系统研究与应用	企业组
17	河北两山环保咨询有限公司	一种低频低功率超声波除藻设备	企业组
18	河北赵掌门农业科技有限公司	一种富含花青素的茶果套餐	企业组
19	河北玖坤新能源科技有限公司	一种可为数万亿传统产业升级换代转型升级的颠覆式技术——新型循环流化床清洁高效燃烧技术	企业组
20	吉派德生物医药科技（河北）有限公司	肿瘤 ctDNA 甲基化修饰检测试剂盒	企业组
21	先创新 再创业 老中青 产学研	不明原因疾病和异常健康事件早期监测预警系统	团队组
22	高校教育信息化创新融合团队	大数据背景下教学综合控制中心建设	团队组
23	奋青	多功能局部放电巡检仪	团队组
24	河北省煤田地质局环境地质调查院	河北省主要矿区关闭煤矿特殊地下空间开发利用研究	团队组
25	河北医科大学干细胞研究中心	间充质干细胞联合诱导多能干细胞治疗脊髓损伤（MISCI-CM）	团队组
26	蓄智模	应用于智能机器人的一体化关节模组产品	团队组

表 16

2020 年石家庄市获得第九届中国创新创业大赛（河北赛区）暨第八届河北省创新创业大赛三等奖一览表

序号	参赛队伍	项目名称	组别
1	河北善泉生物科技有限公司	丙氨酰谷氨酰胺原料药绿色工艺开发与应用	企业组
2	河北高盛药业股份有限公司	畜禽促产多效含氟二氢杨梅素复合维生素 B 溶液	企业组
3	河北博科生物技术有限公司	创新技术精准跟踪新冠病毒（COVID-19）变异为诊断和治疗提供理论和技术支持	企业组
4	石家庄北国电子商务有限公司	大数据应用引导产品升级	企业组
5	河北正雍新材料科技有限公司	电动汽车及高铁用核心部件高导热氮化硅陶瓷基板产业化	企业组
6	河北军云软件有限公司	电子战运筹分析系统	企业组
7	河北迥然科技有限公司	高动态高精度航迹多参数集成控制系统	企业组
8	河北交投智能交通技术有限责任公司	基于毫米波雷达的车路协同技术研究项目	企业组
9	河北宏顺旺吉环保科技有限公司	基于能量高效利用的 VOCs 催化燃烧处理系统	企业组
10	河北佑仁生物科技有限公司	棘突糖蛋白在新型冠状病毒引起肺泡损伤的保护性作用研究	企业组
11	见喜新材料股份有限公司	纳米银离子抗菌新材料及制品	企业组
12	河北新农建节能科技有限公司	农村超低能耗墙体技术及云推广平台	企业组
13	河北欧奇玛克网络科技有限公司	欧盟跨境大数据电商平台一体化项目	企业组
14	河北纬坤电子科技有限公司	全息三维仿真作战试训练应用平台	企业组
15	河北特邈网络科技有限公司	体育大数据综合服务平台体验中心	企业组
16	石家庄陕煤环保科技有限公司	透水砖原料、生产工艺创新	企业组
17	卓信通信股份有限公司	物联网智慧灯杆及综合管理系统	企业组
18	河北华诺联动网络科技有限公司	消防设施设备三维互动培训学习系统（简称 3D-XT 系统）	企业组
19	河北儒布特教育科技有限公司	小盖茨机器人教育	企业组
20	石家庄辰泰环境科技有限公司	新型 VOCs 治理装置——真空负压脱附工艺	企业组
21	河北蓝江生物环保科技有限公司	新型高效混凝剂系列产品	企业组
22	河北高达预应力科技有限公司	一种带除尘装置的智能压浆系统	企业组
23	河北百汇广联科技服务有限公司	远程审方系统	企业组
24	河北科鼎机电科技有限公司	智能测控一体化板闸流量计	企业组
25	河北绿谷信息科技有限公司	中药材质量安全可追溯综合服务平台	企业组
26	青岛世泽智能科技有限公司河北分公司	基于人工智能的机器人靶标系统	企业组
27	汇捷软件科技有限公司	建审业务大数据管理分析平台系统	企业组
28	河北新赫普科技有限责任公司	可控光谱植物农用光源	企业组
29	河北圣源芯科光电有限公司	纳米工艺超精密芯片测试台	企业组
30	河北中经天平科技有限公司	司法区块链电子封条	企业组

续表

序号	参赛队伍	项目名称	组别
31	河北朗慈科技有限公司	一款自主移动底盘的应用：送餐和消毒	企业组
32	零点征程	“油然而生”——油井用可控封堵剂	团队组
33	思维盒子教育	“心灵驿站”青少年儿童思维可视化训练营 ——耍力勇拟像油画 VR 在线体验馆	团队组
34	DWG 电子签章团队	DWG 电子签章	团队组
35	为实领信	电气安全管理系统	团队组
36	Violet 小队	叮咚学话——基于音视频多模态融合的语音辅助训练系统	团队组
37	智能机器人	工程探测机器人	团队组
38	益合创	行李管家	团队组
39	智桥科技——桥梁结构的光纤诊治团队	桥梁结构光纤诊治系统	团队组
40	凌波飞渡	铁路应急抢修浮桥自适应支座系统	团队组
41	指译心声团队	指译心声——智能双向手语翻译系统	团队组
42	自动收放式多功能组合吊顶家具项目团队	自动收放式多功能组合吊顶家具	团队组

【劳动就业服务】 支持企业复工复产，举办“三网同步”线上招聘会、中小企业用工专项招聘会、市县“线上春风行动”招聘活动，实现人员就业 5.85 万人。落实失业保险稳岗返还政策，全年为 8548 家企业发放稳岗返还补贴 3.6 亿元。开展事业单位公开招聘，全年事业单位公开招聘岗位 6410 个，创下历史新高。4 个市直部门公开选调工作人员 18 名。规范劳动聘用人员管理，全年市直部门招聘劳动聘用人员 1022 人。大学生就业服务。10 月 28 日，2020 年河北省高校毕业生专场招聘会暨河北民营企业招才引智大会在市区解放广场举行，参会用人单位 250 家，提供就业岗位 1.2 万个。11 月 13 日，由省会大学生创业孵化园与石家庄青柏文化传播有限公司共建的河北省“淘宝电商直播培训基地”在市国贸大厦揭牌；主要依托淘宝电子商务直播平台，提供主播孵化、图文短视频和直播内容生产、直播货源供应链建设、直播电子商务运营、直播产品标准化品牌化建设、直播培训平台建设等。11 月 13 日至 12 月 4 日，由市人力资源和社会保障局主办，市就业服务中心承办的“2020 年石家庄市创业就业服务高校行”活动举行；主题为“创业就业进校园，精准服务促梦圆”；河北师范大学、河北科技大学、石家庄铁道大学等 15 所驻石高校参与，线下举办创新创业成果展示、创业沙盘推演、创业导师讲座、高端论坛等活动，线上开设“高校行服务专栏”，宣传石家庄市就业创业扶持政策，普及创业理论知识，举办大学生群体问卷调查，了解大学生需求。

【人才引进】 优化人才发展环境，向河北省推荐参评高级职称人才 3993 人，中级职称评审通过 9178 人。为绿卡人才发放购房补贴 2507.2 万元，分配人才公寓 1079 套。按照“一园三区、一区多能”模式，推进石家庄人力资源服务产业园建设；高新、桥西、正定新区 3 个园区获批省级人力资源产业园，入驻国内外机构 152 家。1 月 10 日，石家庄人力资源服务产业园桥西园区在塔坛国际商贸城开园，总面积 4.2 万平方米。8 月 26 日，石家庄新华人力资源服务产业园开园（市级人力资源产业园），总面积 1.15 万平方米，入驻企业 47 家。新华人力资源服务产业园是全市唯一一家依靠社会资本打造的产业园，由省人力资源服务行业协会所属河北天耕企业管理咨询有限公司负责运营管理，地址位于新华区和平西路 481 号。开展人力资源研究和交流，1 月 11 日，“2020 京津冀（石家庄）人力资本发展报告会”在石家庄国际会展中心举行，京津冀参与人员 1000 余人；会议发布《石家庄市场主体人力资源服务需求与高层次人才现状调研报告》。11 月 6 日，“2020 年京津冀人力资本管理论坛”在石家庄人力资源服务产业园桥西园区举行，科锐国际、怡安翰威特、SAP、DDI、中智关爱通、劳达 laboroot 等全球知名人力资源服务机构负责人、世界 500 强及中国 500 强部分企业代表、河北省省属企业及金融行业高管代表、河北省人力资源服务产业园代表、京津冀知名人力资源机构及行业协会代表参加论坛活动，线上＋线下吸引人力资源行业人员30万人次。引进海外人才，7月23日，石家庄市召开海外留学生就业创业座谈会。至2020年末，全市累计引进海外人才1012名，其中，高层次人才98名、持有B类外国人工作许可证489名、世界排名前500高校回国留学生425名。“‘石’在等你”高层次人才“云端”招聘月活动。3月6日至4月6日，由市委组织部、市人力资源和社会保障局联合主办的“‘石’在等你”高层次人才“云端”招聘月活动举行；采取不见面应聘、无缝隙对接形式，从职位选择、简历投递、个人宣讲，到视频面试、录用签约，均实行线上双选、线上宣讲、线上面试、线上签约；1062家企业参与招聘，提供岗位21164个，求职者投递简历23784份，签订入职协议7199人。高层次人才云端交流洽谈会。11月7日，市委组织部、市人力资源和社会保障局联合举行为期3个月“高层次人才云端交流洽谈会”，参与企事业单位473家，发布岗位8857个；至2020年12月底，收取简历11万份，达成签约意向5.2万人。

（杨轲程　孟东）

经济研究

【概况】 2020年市人民政府研究室（简称市政府研究室）主要起草完成2020年石家庄市《政府工作报告》及《石家庄市人民政府关于“十三五”工作总结和“十四五”工作谋划的报告》等文稿。全年调研起草各类综合性文稿21篇，文字100余万字；刊发决策参考14期、专报15期、研究动态45期、《石家庄经济》杂志6期。推进智库建设，参加国务院参事室举办“2020国是论坛”，组织特约研究员撰写报送文章12篇；与省政府参事室共同承办“2020京津冀协同发展参事研讨会”；围绕“自贸区发展”“利用水质净化湿地工程加快河湖综合治理和生态修复建设”等课题，多次组织智库人员开展主题调研活动。

【文稿起草】 全年起草完成2020年石家庄市《政府工作报告》及《石家庄市人民政府关于“十三五”工作总结和“十四五”工作谋划的报告》《石家庄市人民政府关于“十四五”工作谋划和2021年重点工作的报告》。协助做好国务院第七次大督查工作，起草《关于贯彻落实“六稳”“六保”和疫情防控等政策工作开展情况的报告》；撰写《打好金融组合拳》等石家庄市典型经验做法得到国务院通报表扬。组织起草《关于新三区与主城区一体化政策落实情况的调查报告》《全方位提升主城区一体化水平、助推城市经济高质量发展的指导意见》报送市委、市政府。围绕构建“4+4”现代产业发展格局和发展“四种类型经济”，起草《关于我市“四种类型经济”发展情况通报》被市委印发。

【调查研究】 围绕发展区域经济、打破行政区划限制障碍、促进各类要素合理流动和高效集聚主题，撰写《关于推进我市康养休闲产业聚集区建设的对策建议——关于“大力发展区域经济”的研究》，收录编入《石家庄市构建“4+4”现代产业发展格局暨发展“四种类型经济”调研文集》。围绕“落实新发展理念，推动石家庄市高质量发展”主题及新发展理念在数字经济、通道经济、自由贸易区建设、新三区一体化等方面的理解、运用和研究，参与河北自由贸易区正定片区关于人才政策和产业政策制定等工作，撰写《关于加快推进石家庄市经济社会高质量发展的若干策略意见》《关于加快发展数字经济的若干意见》《关于完善自贸区行政管理体制的问题与建议》《关于推动中国（河北）自由贸易试验区正定片区产业区域联动发展的若干政策》《关于推动市域（郊）铁路建设促进新三区与主城区深度融合发展的建议》等调研报告。围绕“十四五”规划问题、“十四五”国内外环境变化及对石家庄市发展影响、“十四五”石家庄市发展阶段性特征及发展主线，开展发展方位、发展路径和重要突破口调查研究，撰写《关于我市“十四五”时期发展思路和战略举措若干问题的研究与思考》《十四五若干重大比例关系》等调研文章。以“新冠肺炎疫情对经济的影响”为主题，撰写《石家庄市新冠肺炎疫情分析研究报告》《新型冠状病毒感染的肺炎疫情对我市经济影响分析及建议》《新冠肺炎疫情对我市服务业影响分析及对策建议》《疫情影响下的石家庄消费市场调查报告》《关于疫情时期对我市物价收入的影响分析》《全市新冠肺炎疫情防控工作情况汇报》《市政府应对疫情经济策略》《关于健全我市公共卫生应急管理体系建设的建议》等调研报告。新冠肺炎疫情控制后，为尽快实现经济复苏，取得疫情防控、经济发展双胜利，撰写《关于加快我市复工复产的建议》《石家庄市疫情之后经济发展政策思考》《疫情之后产业大洗牌分析报告》《关于有效推动农产品上行和解决农产品滞销的建议》《关于疫情期间切实优化政务环境助力民营企业安全有序复工复产的对策建议》《建立与疫情防控相适应的经济社会运行秩序》《后疫情时期石家庄旅游业的思考与建议》《关于发放消费券拉动内需的建议》等调研文章。围绕“推动高新技术产业发展，提升高质量发展水平”主题和石家庄市高新技术产业规模偏小、创新产出低，需要建立高新技术产业现代化体系，培育新兴产业支柱思路，研究分析全国高新技术产业蓬勃发展趋势和高新技术产业发展现状、存在问题，探讨实施产业集群化发展、完善创新资源配置机制、加大研发投入等策略，撰写《关于在园区建设中充分发挥专项债券作用的对策建议》《突出“三化”促转型 推动园区高质量发展》等调研报告。围绕“加快创新推动，增强高质量发展动能”主题，梳理分析石家庄市“卡脖子”技术和高转化价值成果，提出从培育创新主体、突出创新重点、开发创新资源、用好创新外力、营造创新环境等措施，撰写《关于未来15个重点产业发展趋势及招商方向研究报告》《“波士顿模式”对我市生物医药产业发展的建议》《工业原料材价格上涨的分析与建议》等调研报告。围绕“全力打好三大攻坚战”主题，开展“重污染地区”“金融、政府债务、房地产等重大风险点”“冬季取暖、重点行业排放、工业挥发污染、运输排放污染等重大污染源”调研，撰写《关于提升石家庄市金融资源配置能力的对策建议》等调研报告。围绕“抓民生、办实事，提高人民群众获得感、幸福感、安全感”主题，开展安居、就业、教育、医疗、社会保障、健康、文化等“十三五”规划和全面建成小康社会各项定性定量指标分析评估，撰写《关于主要经济指标完成全年目标的测算》《关于我市住宅项目配套教育设施建设资金情况的调查报告》《中国工业化城镇化进程中的农业人口市民化与农村资产货币化问题的研究与探索》等调研报告。围绕“增强省会综合承载能力”主题，开展城市规划、城市建设及城市管理等调研，撰写《科学配置国土空间资源促进我市经济高质量发展的研究报告》《五彩生态路致富幸福人——赞皇县黄家沟村落实绿水青山就是金山银山的实践与探索》《太行山区矿山垂直立面绿化技术可行性方案的建议》等调研报告。围绕“抓改革开放，充分激发高质量发展活力”主题，开展电子商务发展与第一、二、三产业融合中的新趋势、新问题调研，撰写《关于推进石家庄市跨境电商发展的建议》《关于整合利用政务数据促进经济发展的建议》《资本大时代经济内循环条件下我市经济社会高质量发展中要素配置问题的研究与探索》等调研报告。

（唐伟）

行政审批

【概况】 2020年石家庄市衔接省政府对应国务院取消行政许可事项4项，承接下放事项1项；市级实施行政许可事项300项；下放行政许可事项31项。使用行政审批平台（系统）34个，行政审批平台（系统）主要有市“互联网＋政务服务”平台、一窗综合管理平台、市工程建设项目审批监督管理系统等。依托市一体化在线政务服务平台和工程建设项目审批监督管理平台等系统，全年办结各类审批事项201667件，办结率100%，满意率100%。其中，投资项目类314件，商事登记类3976件，市场服务类22924件，社会事务类20198件，交通运输类134031件，环境保护类1071件，城市建设类18974件，农林水务类113件，安全生产类66件。政务服务事项实现“一网通办”，“数据跑路”代替“群众跑腿”，降低了企业和群众办事成本。市直政务服务事项开通网办事项845个，网办比例100%；县（市、区）政务服务事项开通网办事项18750个，网办比例100%。8月3日，市政府印发《关于在全市范围内开展“证照分离”改革全覆盖工作的实施方案》（石政规〔2020〕2号），决定自2020年7月1日起，全市范围所有涉企经营许可事项统一按照直接取消审批、实行告知承诺、优化审批服务方式分类推进改革。支持企业复工复产，批复企业复工复产项目39个、涉及资金127.81亿元。2020年市行政审批局被司法部评为“全国法治政府建设工作先进单位”，被省政府授予“河北省优化营商环境推动高质量发展先进集体”，被省政务服务管理办公室评为全省政务服务系统“争创人民满意的公务员集体”先进集体。

表 17

2020 年石家庄市衔接省政府对应国务院取消行政审批事项一览

序号	事项名称	省行政许可通用目录（2020 年版）行使层级	取消依据
1	典当业特种行业许可证核发	县级公安机关	石政办发〔2020〕14 号
2	乡村兽医登记许可	县级行政审批局	石政办发〔2020〕14 号，改为备案
3	医疗机构设置审批（除三级医院、三级妇幼保健院、急救中心、急救站、临床检验中心、中外合资合作医疗机构、港澳台独资医院外）	市行政审批局	石政办发〔2020〕14 号
4	职业卫生技术服务机构丙级资质认可	市行政审批局	石政办发〔2020〕14 号

表 18

2020 年石家庄市承接省政府对应国务院下放行政许可事项一览表

事项名称	省行政许可通用目录（2020 年版）行使层级	设定依据	省级业务指导部门	市级实施部门	备注
成品油零售经营资格审批	市级	1.《国务院对确需保留的行政审批项目设定行政许可的决定》，依据文号：2016 年 8 月 25 日中华人民共和国国务院令第 671 号公布，条款号：第 183 项； 2.《河北省政府推进政府职能转变和“放管服”改革协调小组办公室关于做好省政府自行下放一批行政许可事项的通知》，依据文号：〔2019〕-6，条款号：附件第 13 项； 3.《国务院关于取消和下放一批行政许可事项的决定》，依据文号：国发〔2020〕13 号，条款号：附件 2 第 2 项	河北省商务厅	市行政审批局	衔接省政府对应国务院下放事项

表 19

2020 年石家庄市实施行政许可事项一览表

序号	事项名称	省行政许可通用目录（2020 年版）行使层级	设定依据	省级业务指导部门	市级实施部门	备注
1	延期向社会开放档案审批	省级、市级	《中华人民共和国档案法实施办法》，依据文号：1990 年 11 月 19 日国家档案局令第 1 号发布，根据 2017 年 3 月 1 日国务院令第 676 号《国务院关于修改和废止部分行政法规的决定》修正，条款号：第十九条	河北省档案局	市委办	
2	华侨回国定居审批	省级	1.《中华人民共和国出境入境管理法》，依据文号：2012 年 6 月 30 日第十一届全国人民代表大会常务委员会第二十七次会议通过，2012 年 6 月 30 日中华人民共和国主席令第 57 号公布，自 2013 年 7 月 1 日起施行，条款号：第十三条； 2.《国务院侨办公安部外交部〈关于印发华侨回国定居办理工作规定〉的通知》，依据文号：国侨发〔2013〕18 号，条款号：第六条； 3.《省侨办 省公安厅关于印发〈河北省华侨回国定居办理实施办法〉的通知》，依据文号：冀政侨字〔2013〕4 号，条款号：第三条	河北省政府侨务办公室	市委统战部	市级初审

续表

序号	事项名称	省行政许可通用目录（2020年版）行使层级	设定依据	省级业务指导部门	市级实施部门	备注
3	筹备设立宗教活动场所审批	省级、市级	《宗教事务条例》，依据文号：2004年11月30日中华人民共和国国务院令第426号公布，2017年6月14日国务院第176次常务会议修订，自2018年2月1日起施行，条款号：第二十一条、第三十三条第二款	河北省宗教事务局	市民族宗教事务局	县级初审
4	在宗教活动场所内改建或者新建建筑物审批	省级、市级、县级	《宗教事务条例》，依据文号：2004年11月30日中华人民共和国国务院令第426号公布，2017年6月14日国务院第176次常务会议修订，自2018年2月1日起施行，条款号：第三十三条第一款	河北省宗教事务局	市民族宗教事务局	
5	举行大型宗教活动审批	市级	《宗教事务条例》，依据文号：2004年11月30日中华人民共和国国务院令第426号公布，2017年6月14日国务院第176次常务会议修订，自2018年2月1日起施行，条款号：第四十二条第一款	河北省宗教事务局	市民族宗教事务局	
6	宗教团体成立、变更、注销前审批	省级、市级、县级	1.《宗教事务条例》，依据文号：2004年11月30日中华人民共和国国务院令第426号公布，2017年6月14日国务院第176次常务会议修订，自2018年2月1日起施行，条款号：第七条第一款； 2.《社会团体登记管理条例》，依据文号：1998年10月25日中华人民共和国国务院令第250号发布，2016年2月6日修正，条款号：第九条、第十八条、第二十一条	河北省宗教事务局	市民族宗教事务局	
7	开展宗教教育培训审批	市级	1.《宗教事务条例》，依据文号：2004年11月30日中华人民共和国国务院令第426号公布，2017年6月14日国务院第176次常务会议修订，自2018年2月1日起施行，条款号：第十八条； 2.《宗教事务部分行政许可项目实施办法》，依据文号：国宗发〔2018〕11号，条款号：第十条	河北省宗教事务局	市民族宗教事务局	
8	宗教团体、宗教院校、宗教活动场所接受境外组织和个人捐赠（超过十万元）审批	省级、市级、县级	《宗教事务条例》，依据文号：2004年11月30日中华人民共和国国务院令第426号公布，2017年6月14日国务院第176次常务会议修订，自2018年2月1日起施行，条款号：第五十七条第二款	河北省宗教事务局	市民族宗教事务局	
9	保安服务公司设立许可	省级	1.《保安服务管理条例》，依据文号：2009年10月13日国务院令第564号，条款号：第九条、第十一条； 2.《公安机关实施保安服务管理条例办法》，依据文号：公安部令第112号，2016年1月14日修正，条款号：第九条、第十条、第十一条、第十三条； 3.《河北省人民政府办公厅关于省政府部门再取消下放一批行政权力事项的通知》，依据文号：冀政办发〔2016〕23号，条款号：附件2第3条	河北省公安厅	市公安局	1. 市级初审 2. 省级权限部分委托市级实施
10	保安服务公司的法定代表人变更审核	省级	1.《保安服务管理条例》，依据文号：2009年10月13日国务院令第564号，条款号：第十二条； 2.《公安机关实施保安服务管理条例办法》，依据文号：公安部令第112号，2016年1月14日修正，条款号：第十六条	河北省公安厅	市公安局	1. 市级初审 2. 省级权限部分委托市级实施
11	设立保安培训单位审批	省级	1.《保安服务管理条例》，依据文号：国务院令第564号，条款号：第三十三条； 2.《河北省人民政府办公厅关于省政府部门再取消下放一批行政权力事项的通知》，依据文号：冀政办发〔2016〕23号，条款号：附件2第4项； 3.《公安机关实施保安服务管理条例办法》，依据文号：公安部令第112号，2016年1月14日修正，条款号：第三十一条、第三十二条	河北省公安厅	市公安局	省级权限委托市级实施
12	民用枪支持枪许可	省级、市级	《中华人民共和国枪支管理法》，依据文号：1996年7月5日主席令第72号，2015年4月24日予以修改，条款号：第六条、第十一条	河北省公安厅	市公安局	
13	枪支、弹药运输许可	省级、市级	《中华人民共和国枪支管理法》，依据文号：1996年7月5日主席令第72号，2015年4月24日予以修改，条款号：第三十条、第三十一条	河北省公安厅	市公安局	

续表

序号	事项名称	省行政许可通用目录（2020 年版）行使层级	设定依据	省级业务指导部门	市级实施部门	备注
14	第一类、第二类易制毒化学品运输许可	市级、县级	《易制毒化学品管理条例》，依据文号：2005 年 8 月 26 日国务院令第 445 号，根据 2018 年 9 月 18 日修正，条款号：第二十条	河北省公安厅	市公安局	
15	爆破作业单位许可	省级、市级	1.《民用爆炸物品安全管理条例》，依据文号：2006 年 5 月 10 日国务院令第 466 号，2014 年 7 月 29 日修正，条款号：第三十二条； 2.《爆破作业单位资质条件和管理要求》，依据文号：（GA990–2012）	河北省公安厅	市公安局	
16	城市、风景名胜区和重要工程设施附近实施爆破作业审批	市级	《民用爆炸物品安全管理条例》，依据文号：2006 年 5 月 10 日中华人民共和国国务院令第 466 号公布，2014 年 7 月 29 日修正，条款号：第三十五条	河北省公安厅	市公安局	
17	爆破作业人员许可	市级	《民用爆炸物品安全管理条例》，依据文号：2006 年 5 月 10 日中华人民共和国国务院令第 466 号公布，2014 年 7 月 29 日修正，条款号：第三十三条	河北省公安厅	市公安局	
18	金融机构营业场所、金库安全防范设施建设方案审批及工程验收	市级	1.《国务院对确需保留的行政审批项目设定行政许可的决定》，依据文号：2016 年 8 月 25 日中华人民共和国国务院令第 671 号，条款号：附件第 41 项； 2.《金融机构营业场所和金库安全防范设施建设许可实施办法》，依据文号：中华人民共和国公安部令第 86 号，条款号：第四条； 3.《关于〈贯彻执行金融机构营业场所和金库安全防范设施建设许可实施办法〉的通知》，依据文号：冀公治〔2006〕76 号	河北省公安厅	市公安局	
19	机动车驾驶证核发	市级、县级	《中华人民共和国道路交通安全法》，依据文号：2003 年 10 月 28 日主席令第 8 号，2011 年 4 月 22 日予以修改，条款号：第十九条	河北省公安厅	市公安局	
20	机动车驾驶证审验	市级、县级	《中华人民共和国道路交通安全法》，依据文号：2003 年 10 月 28 日主席令第 8 号，2011 年 4 月 22 日予以修改，条款号：第二十三条	河北省公安厅	市公安局	
21	机动车禁区通行证核发	市级、县级	1.《中华人民共和国道路交通安全法》，依据文号：2003 年 10 月 28 日主席令第 8 号，2011 年 4 月 22 日予以修改，条款号：第五条、第三十九条； 2.《河北省实施〈中华人民共和国道路交通安全法〉办法》，依据文号：2006 年 11 月 25 日公布，条款号：第二十二条	河北省公安厅	市公安局	
22	机动车登记	市级、县级	《中华人民共和国道路交通安全法》，依据文号：2003 年 10 月 28 日主席令第 8 号，2011 年 4 月 22 日予以修改，条款号：第八条	河北省公安厅	市公安局	
23	机动车检验合格标志核发	市级、县级	《中华人民共和国道路交通安全法》，依据文号：2003 年 10 月 28 日主席令第 8 号，2011 年 4 月 22 日予以修改，条款号：第十三条	河北省公安厅	市公安局	
24	校车驾驶资格许可	市级、县级	《校车安全管理条例》，依据文号：2012 年 4 月 5 日国务院令第 617 号，条款号：第二十三条、第二十四条	河北省公安厅	市公安局	
25	边境管理区通行证（深圳、珠海经济特区除外）核发	市级、县级	1.《国务院对确需保留的行政审批项目设定行政许可的决定》，依据文号：2016 年 8 月 25 日中华人民共和国国务院令第 671 号公布，条款号：附件第 42 项； 2.《中华人民共和国边境管理区通行证管理办法》，依据文号：1999 年 9 月 4 日公安部令第 42 号发布，2014 年 6 月 29 日修订，条款号：第十五条	河北省公安厅	市公安局	

续表

序号	事项名称	省行政许可通用目录（2020年版）行使层级	设定依据	省级业务指导部门	市级实施部门	备注
26	举行集会游行示威许可	省级、市级、县级	1.《中华人民共和国集会游行示威法》，依据文号：主席令第18号，条款号：第六条、第七条； 2.《中华人民共和国集会游行示威法实施条例》，依据文号：公安部令第8号，条款号：第七条	河北省公安厅	市公安局	
27	大型群众性活动安全许可	市级、县级	1.《中华人民共和国消防法》，依据文号：1998年4月29日第九届全国人民代表大会常务委员会第二次会议通过，2008年10月28日中华人民共和国主席令第6号予以修订，条款号：第二十条； 2.《大型群众性活动安全管理条例》，依据文号：国务院令第505号，条款号：第十一条、第十二条	河北省公安厅	市公安局	
28	警车、消防车、救护车、工程救险车的警报器和标志灯具使用证核准	市级	1.《中华人民共和国道路交通安全法》，依据文号：2011年4月22日第十一届全国人民代表大会常务委员会第二十次会议通过，2011年4月22日中华人民共和国主席令第47号公布，自2011年5月1日起施行，条款号：第十五条； 2.《河北省实施〈中华人民共和国道路交通安全法〉办法》，依据文号：公告第67号，条款号：第九条； 3.《河北省人民政府办公厅关于省政府部门再取消下放一批行政权力事项的通知》，依据文号：冀政办发〔2016〕23号，条款号：附件2第5项； 4.《河北省政府推进政府职能转变和“放管服”改革协调小组办公室关于做好省政府自行下放一批行政许可事项的通知》，依据文号：〔2019〕-6，条款号：附件第3条	河北省公安厅	市公安局	
29	保安员证核发	市级	1.《保安服务管理条例》，依据文号：国务院令第564号，条款号：第十六条； 2.《公安机关实施保安服务管理条例办法》，依据文号：2010年2月3日公安部令第112号公布，2016年1月14日修正本，条款号：第二十一条、第二十二条、第二十三条	河北省公安厅	市公安局	县级初审
30	民用枪支、弹药配购许可	省级、市级、县级	《中华人民共和国枪支管理法》，依据文号：1996年7月5日主席令第72号，2015年4月24日予以修改，条款号：第九条、第十条、第四十八条	河北省公安厅	市公安局	
31	运输危险化学品的车辆进入危险化学品运输车辆限制通行区域审批	市级、县级	1.《危险化学品安全管理条例》，依据文号：国务院令第344号，条款号：第四十九条； 2.《中华人民共和国道路交通安全法》，依据文号：2003年10月28日主席令第8号，2011年4月22日予以修改，条款号：第五条、第三十九条； 3.《河北省实施〈中华人民共和国道路交通安全法〉办法》，依据文号：2006年11月25日公布，条款号：第二十二条	河北省公安厅	市公安局	
32	机动车临时通行牌证核发	市级、县级	1.《中华人民共和国道路交通安全法》，依据文号：主席令第8号，2011年4月22日修正，条款号：第五条、第八条； 2.《中华人民共和国道路交通安全法实施条例》，依据文号：国务院令第405号，2017年10月7日修正，条款号：第一百一十三条	河北省公安厅	市公安局	
33	非机动车登记	市级、县级	《中华人民共和国道路交通安全法》，依据文号：主席令第8号，2011年4月22日修正，条款号：第十八条	河北省公安厅	市公安局	
34	普通护照签发	市级、县级	《中华人民共和国护照法》，依据文号：2006年4月29日主席令第50号，条款号：第四条、第五条、第十条、第十一条	河北省公安厅	市公安局	
35	内地居民前往港澳通行证、往来港澳通行证和签注签发	市级、县级	《中国公民因私事往来香港地区或者澳门地区的暂行管理办法》，依据文号：1986年12月3日国务院批准，1986年12月25日公安部公布，条款号：第三条、第六条、第二十二条	河北省公安厅	市公安局	
36	大陆居民往来台湾通行证和签注签发	市级、县级	《中国公民往来台湾地区管理办法》，依据文号：1991年12月17日国务院令第93号，2015年6月14日予以修改，条款号：第三条、第六条、第九条、第二十二条、第二十五条	河北省公安厅	市公安局	
37	台湾居民来往大陆通行证签发	市级、县级	《中国公民往来台湾地区管理办法》，依据文号：1991年12月17日国务院令第93号，2015年6月14日予以修改，条款号：第十三条、第二十三条	河北省公安厅	市公安局	

续表

序号	事项名称	省行政许可通用目录（2020年版）行使层级	设定依据	省级业务指导部门	市级实施部门	备注
38	放射性物品道路运输许可	省级、市级、县级	《放射性物品运输安全管理条例》，依据文号：2009年9月14日国务院令第562号，条款号：第三十八条	河北省公安厅	市公安局	
39	出入境通行证签发	市级、县级	1.《中华人民共和国护照法》，依据文号：2006年4月29日主席令第50号，条款号：第二十四条； 2.《中国公民因私事往来香港地区或者澳门地区的暂行管理办法》，依据文号：1986年12月3日国务院批准，1986年12月25日公安部公布，条款号：第十四条、第二十三条	河北省公安厅	市公安局	
40	外国人永久居留资格审批	省级、市级	1.《中华人民共和国出境入境管理法》，依据文号：2012年6月30日发布，条款号：第四十七条； 2.《外国人在中国永久居留审批管理办法》，依据文号：中华人民共和国公安部、外交部第74号令，条款号：第五条	河北省公安厅	市公安局	市级受理、省级审核、国家审批
41	地名命名、更名审批	省级、市级、县级	《地名管理条例》，依据文号：国发〔1986〕11号2019年7月3日，《地名管理条例》列入民政部2019年立法工作计划（修订），条款号：第四条、第五条、第六条	河北省民政厅	市民政局	具体业务按照上级有关要求办理
42	律师事务所（分所）设立、变更、注销许可	省级	1.《中华人民共和国律师法》，依据文号：1996年5月15日第八届全国人民代表大会常务委员会第十九次会议通过，2017年9月1日第四次修正，条款号：第十八条、第十九条、第二十一条、第二十二条； 2.法律名称：《律师事务所管理办法》，依据文号：2008年7月18日司法部令第111号发布，2016年9月6日修订，条款号：第二十九条	河北省司法厅	市司法局	市级初审
43	律师执业、变更、注销许可	省级	1.《中华人民共和国律师法》，依据文号：1996年5月15日第八届全国人民代表大会常务委员会第十九次会议通过，2017年9月1日第四次修正，条款号：第六条、第十条； 2.《律师执业管理办法》，依据文号：2008年7月18日司法部令第112号发布，2016年9月18日司法部令第134号修订，条款号：第二十条、第二十三条	河北省司法厅	市司法局	市级初审
44	司法鉴定机构及其分支机构设立、变更、注销登记	省级	1.《全国人民代表大会常务委员会关于司法鉴定管理问题的决定》，依据文号：2005年2月28日第十届全国人民代表大会常务委员会第十四次会议通过，2015年4月24日修正，条款号：第六条； 2.《司法鉴定机构登记管理办法》，依据文号：2005年9月29日司法部令第95号公布，自公布之日起施行，条款号：第三条、第二十四条、第二十六条； 3.《河北省司法鉴定管理条例》，依据文号：2002年11月25日河北省第九届人民代表大会常务委员会第三十次会议通过，2015年7月24日修正，条款号：第五条、第八条	河北省司法厅	市司法局	市级初审
45	司法鉴定人执业、变更、注销登记	省级	1.《全国人民代表大会常务委员会关于司法鉴定管理问题的决定》，依据文号：2005年2月28日第十届全国人民代表大会常务委员会第十四次会议通过，2015年4月24日修正，条款号：第四条； 2.《河北省司法鉴定管理条例》，依据文号：2002年11月25日河北省第九届人民代表大会常务委员会第三十次会议通过，2015年7月24日修正，条款号：第十三条； 3.《司法鉴定人登记管理办法》，依据文号：2005年9月29日司法部令第96号公布，自公布之日起施行，条款号：第十六条、第十八条、第十九条； 4.《河北省司法厅关于下放司法鉴定机构管理权的通知》，依据文号：冀司通〔2016〕43号，条款号：第二条	河北省司法厅	市司法局	市级初审
46	基层法律服务所变更、注销许可	市级	《基层法律服务所管理办法》，依据文号：2000年3月30日中华人民共和国司法部令第59号发布，2017年12月25日修订，条款号：第十条、第十二条	河北省司法厅	市司法局	
47	取得国家法律职业资格的台湾居民在大陆申请律师执业审核	省级	《取得国家法律职业资格的台湾居民在大陆从事律师职业管理办法》，依据文号：中华人民共和国司法部令第136号，条款号：第六条	河北省司法厅	市司法局	市级初审

续表

序号	事项名称	省行政许可通用目录（2020年版）行使层级	设定依据	省级业务指导部门	市级实施部门	备注
48	香港、澳门永久性居民中的中国居民申请在内地从事律师执业	省级	《取得内地法律职业资格的香港特别行政区和澳门特别行政区居民在内地从事律师职业管理办法》，依据文号：中华人民共和国司法部令第128号，条款号：第十四条第一款	河北省司法厅	市司法局	市级初审
49	公证员任职审核	省级	1.《中华人民共和国公证法》，依据文号：2005年8月28日第十届全国人民代表大会常务委员会第十七次会议通过，2017年9月1日第二次修正，条款号：第二十一条、第二十四条； 2.《公证员执业管理办法》，依据文号：2006年3月14日司法部令第102号公布，条款号：第十条、第十一条、第十六条	河北省司法厅	市司法局	市级审查，县级初审
50	国有建设用地使用权出让后土地使用权分割转让批准	市级、县级	《中华人民共和国城镇国有土地使用权出让和转让暂行条例》，依据文号：国务院令第55号，条款号：第十条、第二十五条	河北省自然资源厅	市自然资源和规划局	
51	临时用地审批	市级、县级	《中华人民共和国土地管理法》，依据文号：1986年6月25日第六届全国人民代表大会常务委员会第十六次会议通过，根据2019年8月26日第十三届全国人民代表大会常务委员会第十二次会议《关于修改〈中华人民共和国土地管理法〉〈中华人民共和国城市房地产管理法〉的决定》第三次修正，条款号：第五十七条	河北省自然资源厅	市自然资源和规划局	市级权限委托县（市、区）实施，依据：石政办函〔2013〕103号
52	乡（镇）村公共设施、公益事业使用集体建设用地审批	市级、县级	1.《中华人民共和国土地管理法》，依据文号：1986年6月25日第六届全国人民代表大会常务委员会第十六次会议通过，根据2019年8月26日第十三届全国人民代表大会常务委员会第十二次会议《关于修改〈中华人民共和国土地管理法〉〈中华人民共和国城市房地产管理法〉的决定》第三次修正，条款号：第四十四条、第六十一条； 2.《河北省土地管理条例》，依据文号：1987年4月27日河北省第六届人民代表大会第五次会议通过，根据2014年9月26日河北省第十二届人民代表大会常务委员会第十次会议修正，条款号：第四十七条	河北省自然资源厅	市自然资源和规划局	
53	乡（镇）村企业使用集体建设用地审批	市级、县级	1.《中华人民共和国土地管理法》，依据文号：1986年6月25日第六届全国人民代表大会常务委员会第十六次会议通过，根据2019年8月26日第十三届全国人民代表大会常务委员会第十二次会议《关于修改〈中华人民共和国土地管理法〉〈中华人民共和国城市房地产管理法〉的决定》第三次修正，条款号：第四十四条、第六十条； 2.《河北省土地管理条例》，依据文号：1987年4月27日河北省第六届人民代表大会第五次会议通过，根据2014年9月26日河北省第十二届人民代表大会常务委员会第十次会议修正，条款号：第四十七条	河北省自然资源厅	市自然资源和规划局	
54	地图审核	省级、市级	1.《中华人民共和国测绘法》，依据文号：1992年12月28日第七届全国人民代表大会常务委员会第二十九次会议通过，2017年4月27日第十二届全国人民代表大会常务委员会第二十七次会议第二次修订，条款号：第三十八条； 2.《地图管理条例》，依据文号：2015年国务院令第664号，条款号：第十五条、第十八条； 3.《地图审核管理规定》，依据文号：2006年6月23日国土资源部第34号令公布，根据2019年7月16日自然资源部第2次部务会议《自然资源部关于第一批废止和修改的部门规章的决定》修正，中华人民共和国国土资源部令第77号，条款号：第三条、第七条、第八条	河北省自然资源厅	市自然资源和规划局	

续表

序号	事项名称	省行政许可通用目录（2020年版）行使层级	设定依据	省级业务指导部门	市级实施部门	备注
55	建设项目用地预审与选址意见书核发	省级、市级、县级	1.《中华人民共和国土地管理法》，依据文号：1986年6月25日第六届全国人民代表大会常务委员会第十六次会议通过，根据2019年8月26日第十三届全国人民代表大会常务委员会第十二次会议《关于修改〈中华人民共和国土地管理法〉〈中华人民共和国城市房地产管理法〉的决定》第三次修正，条款号：第五十二条； 2.《中华人民共和国城乡规划法》，依据文号：2007年10月28日第十届全国人民代表大会常务委员会第三十次会议通过，根据2019年4月23日第十三届全国人民代表大会常务委员会第十次会议《关于修改〈中华人民共和国建筑法〉等八部法律的决定》第二次修正，条款号：第三十六条； 3.《中华人民共和国土地管理法实施条例》，依据文号：1998年12月27日中华人民共和国国务院令第256号发布，2014年7月29日中华人民共和国国务院令第653号公布，条款号：第二十二条、第二十三条； 4.《国务院关于深化改革严格土地管理的决定》，依据文号：国发〔2004〕28号，条款号：第二条； 5.《建设项目用地预审管理办法》，依据文号：国土资源部令第68号2016年11月25日国土资源部第4次部务会议审议通过，自2017年1月1日起施行； 6.《自然资源部关于以“多规合一”为基础推进规划用地“多审合一、多证合一”改革的通知》，依据文号：自然资规〔2019〕2号； 7.《河北省自然资源厅关于推进规划用地“多审合一、多证合一”改革的实施意见》，依据文号：冀自然资规〔2020〕4号	河北省自然资源厅	市自然资源和规划局	
56	乡村建设规划许可证核发	市级、县级	《中华人民共和国城乡规划法》，依据文号：2007年10月28日第十届全国人民代表大会常务委员会第三十次会议通过，根据2019年4月23日第十三届全国人民代表大会常务委员会第十次会议《关于修改〈中华人民共和国建筑法〉等八部法律的决定》第二次修正，条款号：第四十一条	河北省自然资源厅	市自然资源和规划局	
57	土地开垦区内开发未确定使用权的国有土地从事生产审查	市级、县级	1.《中华人民共和国土地管理法》，依据文号：1986年6月25日第六届全国人民代表大会常务委员会第十六次会议通过，根据2019年8月26日第十三届全国人民代表大会常务委员会第十二次会议《关于修改〈中华人民共和国土地管理法〉、〈中华人民共和国城市房地产管理法〉的决定》第三次修正，条款号：第四十一条； 2.《中华人民共和国土地管理法实施条例》，依据文号：1998年12月27日中华人民共和国国务院令第256号发布，据2014年7月9日国务院第54次常务会议通过，2014年7月29日中华人民共和国国务院令第653号公布，条款号：第十七条； 3.《河北省人民政府办公厅关于做好国务院取消下放行政审批项目和我省2014年第一批取消下放行政审批项目衔接落实工作的通知》，依据文号：冀政办〔2014〕7号，条款号：附件1第3项； 4.《河北省土地管理条例》，依据文号：1987年4月27日河北省第六届人民代表大会第五次会议通过，根据2014年9月26日河北省第十二届人民代表大会常务委员会第十次会议修正，条款号：第三十一条	河北省自然资源厅	市自然资源和规划局	
58	从事测绘活动的单位测绘资质审批	省级	1.《中华人民共和国测绘法》，依据文号：1992年12月28日第七届全国人民代表大会常务委员会第二十九次会议通过，2017年4月27日第十二届全国人民代表大会常务委员会第二十七次会议第二次修订，条款号：第二十七条、第二十八条； 2.《河北省人民政府办公厅关于省政府部门下放一批行政权力事项的通知》，依据文号：冀政办发〔2016〕7号，条款号：附件第45项； 3.《河北省实施〈中华人民共和国测绘法〉办法》，依据文号：2005年5月27日河北省人民代表大会常务委员会公告第42号公布，自2005年9月1日起施行，条款号：第十五条	河北省自然资源厅	市自然资源和规划局	省级权限部分委托市级实施
59	法人或者其他组织需要利用属于国家秘密的基础测绘成果审批	省级、市级、县级	1.《中华人民共和国测绘成果管理条例》，依据文号：2006年5月17日国务院第136次常务会议通过，2006年5月27日中华人民共和国国务院令第469号公布，自2006年9月1日起施行，条款号：第三条、第十七条； 2.《河北省测绘成果管理办法》，依据文号：河北省人民政府令〔2008〕第16号，条款号：第二十二条	河北省自然资源厅	市自然资源和规划局	

续表

序号	事项名称	省行政许可通用目录（2020 年版）行使层级	设定依据	省级业务指导部门	市级实施部门	备注
60	政府投资的地质灾害治理工程竣工验收	省级、市级、县级	《地质灾害防治条例》，依据文号：国务院令第 394 号，条款号：第三十八条	河北省自然资源厅	市自然资源和规划局	
61	划拨土地使用权和地上建筑物及附着物所有权转让、出租、抵押审批	市级、县级	《中华人民共和国城镇国有土地使用权出让和转让暂行条例》，依据文号：国务院令第 55 号，条款号：第四十五条	河北省自然资源厅	市自然资源和规划局	
62	建设用地改变用途审核	市级、县级	《中华人民共和国土地管理法》，依据文号：1986 年 6 月 25 日第六届全国人民代表大会常务委员会第十六次会议通过，根据 2019 年 8 月 26 日第十三届全国人民代表大会常务委员会第十二次会议《关于修改〈中华人民共和国土地管理法〉〈中华人民共和国城市房地产管理法〉的决定》第三次修正，条款号：第五十六条	河北省自然资源厅	市自然资源和规划局	
63	建设用地（含临时用地）规划许可证核发	市级、县级	《中华人民共和国城乡规划法》，依据文号：2007 年 10 月 28 日第十届全国人民代表大会常务委员会第三十次会议通过，根据 2019 年 4 月 23 日第十三届全国人民代表大会常务委员会第十次会议《关于修改〈中华人民共和国建筑法〉等八部法律的决定》第二次修正，条款号：第三十七条、第三十八条、第三十九条、第四十四条	河北省自然资源厅	市自然资源和规划局	
64	城乡规划编制单位资质认定（丙级）	省级	1.《中华人民共和国城乡规划法》，依据文号：2007 年 10 月 28 日第十届全国人民代表大会常务委员会第三十次会议通过 根据 2019 年 4 月 23 日第十三届全国人民代表大会常务委员会第十次会议《关于修改〈中华人民共和国建筑法〉等八部法律的决定》第二次修正，条款号：第二十四条； 2.《城乡规划编制单位资质管理规定》，依据文号：2012 年 7 月 2 日住房和城乡建设部令第 12 号公布 根据 2016 年 9 月 13 日中华人民共和国住房和城乡建设部令第 32 号《住房城乡建设部关于修改〈勘察设计注册工程师管理规定〉等 11 个部门规章的决定》第三次修正，条款号：第九条； 3.《河北省人民政府办公厅关于省政府部门下放一批行政权力事项的通知》，依据文号：冀政办发〔2016〕7 号，条款号：附件第 19 项	河北省自然资源厅	市自然资源和规划局	省级权限委托市级实施
65	在耕地或非耕地上取土审核	市级、县级	《河北省土地管理条例》，依据文号：1987 年 4 月 27 日河北省第六届人民代表大会第五次会议通过，根据 2014 年 9 月 26 日河北省第十二届人民代表大会常务委员会第十次会议修正，条款号：第五十七条	河北省自然资源厅	市自然资源和规划局	
66	建设工程规划类许可证核发	市级、县级	1.《中华人民共和国城乡规划法》，依据文号：2007 年 10 月 28 日第十届全国人民代表大会常务委员会第三十次会议通过，根据 2019 年 4 月 23 日第十三届全国人民代表大会常务委员会第十次会议《关于修改〈中华人民共和国建筑法〉等八部法律的决定》第二次修正，条款号：第四十条； 2.《河北省城乡规划条例》，依据文号：2016 年 5 月 25 日河北省第十二届人民代表大会常务委员会第二十一次会议修订通过，条款号：第三十九条； 3.《历史文化名城名镇名村保护条例》，依据文号：2008 年 4 月 22 日国务院令第 524 号公布，2017 年 10 月 7 日中华人民共和国国务院令第 687 号公布《国务院关于修改部分行政法规的决定》予以修正，条款号：第二十八条、第三十四条、第三十五条； 4.《国务院关于印发清理规范投资项目报建审批事项实施方案的通知》，依据文号：国发〔2016〕29 号； 5.《中共河北省委机构编制委员会办公室关于划转指导建设工程规划许可工作职责的通知》，依据文号：冀机编办〔2019〕68 号	河北省自然资源厅 河北省住房和城乡建设厅	市自然资源和规划局	
67	国家基础测绘成果资料提供、使用审批	省级、市级、县级	《国务院对确需保留的行政审批项目设定行政许可的决定》，依据文号：2004 年 6 月 29 日国务院会议通过《国务院对确需保留的行政审批项目设定行政许可的决定》，2016 年 8 月 25 日国务院发布关于修改《国务院对确需保留的行政审批项目设定行政许可的决定》的决定，条款号：第 453 项	河北省自然资源厅	市自然资源和规划局	

续表

序号	事项名称	省行政许可通用目录（2020年版）行使层级	设定依据	省级业务指导部门	市级实施部门	备注
68	危险废物经营许可	省级、市级、县级	1.《中华人民共和国固体废物污染环境防治法》，依据文号：1995年10月30日第八届全国人民代表大会常务委员会第十六次会议通过，2020年4月29日《中华人民共和国固体废物污染环境防治法》由中华人民共和国第十三届全国人民代表大会常务委员会第十七次会议修订通过，自2020年9月1日起施行，条款号：第八十条； 2.《医疗废物管理条例》，依据文号：2003年6月16日中华人民共和国国务院令第380号公布，根据2011年1月8日《国务院关于废止和修改部分行政法规的决定》修订 ，条款号：第二十二条； 3.《危险废物经营许可证管理办法》，依据文号：2004年5月30日中华人民共和国国务院令第408号公布，根据2016年2月6日发布的国务院令第666号《国务院关于修改部分行政法规的决定》第二次修正，条款号：第二条、第七条、第八条、第十一条、第十三条、第十四条； 4.《国务院关于取消和下放一批行政审批项目的决定》，依据文号：国发〔2013〕44号，条款号：附件第19项	河北省生态环境厅	市生态环境局	
69	江河、湖泊新建、改建或者扩大排污口审核	市级、县级	1.《中华人民共和国水法》，依据文号：1988年1月21日第六届全国人民代表大会常务委员会第二十四次会议通过，根据2016年7月2日第十二届全国人民代表大会常务委员会第二十一次会议《关于修改〈中华人民共和国节约能源法〉等六部法律的决定》第二次修正，条款号：第三十四条； 2.《中华人民共和国水污染防治法》，依据文号：1984年5月11日第六届全国人民代表大会常务委员会第五次会议通过，根据2017年6月27日第十二届全国人民代表大会常务委员会第二十八次会议《关于修改〈中华人民共和国水污染防治法〉的决定》第二次修正，条款号：第十九条； 3.《入河排污口监督管理办法》，依据文号：2004年11月30日水利部令第22号公布，根据2015年12月16日中华人民共和国水利部令第47号《水利部关于废止和修改部分规章的决定》修正，条款号：第二条、第六条； 4.《河北省水利厅关于规范入河排污口监督管理工作的通知》，依据文号：冀水资〔2009〕113号； 5.《关于转发〈关于加强海河流域入河排污口和集中式污水处理设施管理的通知〉的通知》，依据文号：冀环办字函〔2020〕110号	河北省生态环境厅	市生态环境局	依据冀环办字函〔2020〕110号，“入河排污口设置一律由市级审批。”
70	建设工程消防验收	市级、县级	1.《中华人民共和国消防法》，依据文号：1998年4月29日第九届全国人民代表大会常务委员会第二次会议通过，2019年4月23日修订，条款号：十三条； 2.《中央编办关于建设工程消防设计审查验收职责划转核增行政编制的通知》，依据文号：中央编办发〔2018〕169号； 3.《中共中央办公厅国务院办公厅关于调整住房和城乡建设部职责机构编制的通知》，依据文号：厅字〔2018〕85号	河北省住房和城乡建设厅	市住房和城乡建设局	
71	建设工程消防设计审查	市级、县级	1.《中华人民共和国消防法》，依据文号：1998年4月29日第九届全国人民代表大会常务委员会第二次会议通过，2019年4月23日修订，条款号：第十一条； 2.《中央编办关于建设工程消防设计审查验收职责划转核增行政编制的通知》，依据文号：中央编办发〔2018〕169号； 3.《中共中央办公厅国务院办公厅关于调整住房和城乡建设部职责机构编制的通知》，依据文号：厅字〔2018〕85号	河北省住房和城乡建设厅	市住房和城乡建设局	
72	建筑起重机械使用登记	市级、县级	1.《中华人民共和国特种设备安全法》，依据文号：2013年6月29日中华人民共和国主席令第4号，条款号：第三十三条； 2.《特种设备安全监察条例》，依据文号：国务院第549号，条款号：第二十五条； 3.《建筑起重机械安全监督管理规定》，依据文号：2008年1月28日建设部令第166号，条款号：第十七条	河北省住房和城乡建设厅	市住房和城乡建设局	

续表

序号	事项名称	省行政许可通用目录（2020 年版）行使层级	设定依据	省级业务指导部门	市级实施部门	备注
73	停止供水（气）、改（迁、拆）公共供水的审批	市级、县级	1.《城市供水条例》，依据文号：1994 年 7 月 19 日国务院令第 158 号发布，2020 年 3 月 27 日修订，条款号：第二十二条、第三十条； 2.《城镇燃气管理条例》，依据文号：2010 年 10 月 19 日国务院第 129 次常务会议通过，2016 年 2 月 6 日修正，条款号：第二十条	河北省住房和城乡建设厅	市城市管理综合行政执法局	
74	城市公共交通线路运营权特许经营许可	市级、县级	1.《河北省道路运输条例》，依据文号：2017 年 7 月 28 日河北省第十二届人民代表大会常务委员会第三十一次会议通过，条款号：第十七条； 2.《城市公共汽车和电车客运管理规定》，依据文号：交通运输部令 2017 年第 5 号，条款号：第十四条	河北省交通运输厅	市交通运输局	
75	农村集体经济组织修建水库审批	市级、县级	《中华人民共和国水法》，依据文号：1988 年 1 月 21 日主席令第六十一号，2016 年 7 月 2 日予以修改，条款号：第二十五条	河北省水利厅	市水利局	
76	不同行政区域边界水工程批准	省级、市级	《中华人民共和国水法》，依据文号：1988 年 1 月 21 日主席令第六十一号，2016 年 7 月 2 日予以修改，条款号：第四十五条	河北省水利厅	市水利局	
77	城市建设填堵水域、废除围堤审核	市级、县级	《中华人民共和国防洪法》，依据文号：1997 年 8 月 29 日第八届全国人民代表大会常务委员会第二十七次会议通过，2016 年 7 月 2 日修改，条款号：第三十四条	河北省水利厅	市水利局	
78	在大坝管理和保护范围内修建码头、鱼塘许可	省级、市级、县级	《水库大坝安全管理条例》，依据文号：1991 年国务院令第 77 号，2018 年 3 月 19 日予以修改，条款号：第十七条	河北省水利厅	市水利局	
79	采集国家一级保护野生植物（农业类）审批	省级	1.《中华人民共和国野生植物保护条例》，依据文号：1996 年 9 月 30 日国务院令第 204 号，条款号：第十六条； 2.《国务院关于取消和下放一批行政审批项目的决定》，依据文号：国发〔2013〕44 号，条款号：附件第 29 项； 3.《河北省人民政府办公厅关于省政府部门自行取消下放一批行政许可事项的通知》，依据文号：冀政办发〔2018〕1 号，条款号：附件 2 第 33 项	河北省农业农村厅	市农业农村局	省级权限委托市级实施
80	食用菌菌种进出口审批	省级	1.《中华人民共和国种子法》，依据文号：2000 年 7 月 8 日主席令第三十四号，2015 年 11 月 4 日予以修改，条款号：第五十八条； 2.《国务院关于取消和下放一批行政审批项目的决定》，依据文号：国发〔2014〕5 号，条款号：附件第 73 项、第 74 项； 3.《河北省人民政府办公厅关于省政府部门自行取消下放一批行政许可事项的通知》，依据文号：冀政办发〔2018〕1 号，条款号：附件 2 第 29 项	河北省农业农村厅	市农业农村局	省级权限委托市级实施
81	农业植物及其产品调运检疫及植物检疫证书签发	市级、县级	1.《植物检疫条例》，依据文号：1983 年 1 月 3 日国务院发布，2017 年 10 月 7 日修正，条款号：第三条、第七条、第八条； 2.《河北省人民政府办公厅关于做好国务院取消调整行政审批事项和省政府部门 2014 年第二批取消下放行政审批事项衔接落实工作的通知》，依据文号：冀政办〔2014〕17 号，条款号：附件 2（二）第 12 项	河北省农业农村厅	市农业农村局	
82	新选育或引进蚕品种中间试验同意	市级	1.《中华人民共和国畜牧法》，依据文号：2005 年 12 月 29 日主席令第四十五号，2015 年 4 月 24 日予以修改，条款号：第二条、第三十四条； 2.《蚕种管理办法》，依据文号：2006 年 6 月 28 日农业部令第 68 号，条款号：第十四条； 3.《河北省人民政府办公厅关于省政府部门自行取消下放一批行政许可事项的通知》，依据文号：冀政办发〔2018〕1 号，条款号：附件 2 第 35 项	河北省农业农村厅	市农业农村局	县级初审

续表

序号	事项名称	省行政许可通用目录（2020年版）行使层级	设定依据	省级业务指导部门	市级实施部门	备注
83	国家重点保护的天然种质资源的采集、采伐批准	省级	1.《中华人民共和国种子法》，依据文号：2000年7月8日主席令第三十四号，2015年11月4日予以修改，条款号：第八条； 2.《河北省人民政府办公厅关于省政府部门自行取消下放一批行政许可事项的通知》，依据文号：冀政办发〔2018〕1号，条款号：第30项	河北省农业农村厅	市农业农村局	省级权限委托市级实施
84	使用低于国家或地方规定标准的农作物种子审批	省级、市级、县级	《中华人民共和国种子法》，依据文号：2000年7月8日主席令第三十四号，2015年11月4日予以修改，条款号：第五十三条	河北省农业农村厅	市农业农村局	
85	向无规定动物疫病区输入易感动物、动物产品的检疫申报	市级	1.《中华人民共和国动物防疫法》，依据文号：1997年7月3日主席令第八十七号，2015年4月24日予以修改，条款号：第四十五条； 2.《动物检疫管理办法》，依据文号：2010年1月21日原农业部令第6号，条款号：第三十二条； 3.《河北省人民政府办公厅关于省政府部门自行取消下放一批行政许可事项的通知》，依据文号：冀政办发〔2018〕1号，条款号：第21项	河北省农业农村厅	市农业农村局	
86	动物及动物产品检疫合格证核发	市级、县级	1.《中华人民共和国动物防疫法》，依据文号：1997年7月3日主席令第八十七号，2015年4月24日予以修改，条款号：第八条； 2.《河北省人民政府办公厅关于省政府部门自行取消下放一批行政许可事项的通知》，依据文号：冀政办发〔2018〕1号，条款号：附件2第22项	河北省农业农村厅	市农业农村局	
87	向国外申请农业植物新品种权审批	省级	1.《中华人民共和国植物新品种保护条例》，依据文号：1997年3月20日国务院令第213号，2014年7月29日修订，条款号：第二十六条； 2.《河北省人民政府办公厅关于省政府部门自行取消下放一批行政许可事项的通知》，依据文号：冀政办发〔2018〕1号，条款号：附件2第31项	河北省农业农村厅	市农业农村局	省级权限委托市级实施
88	采集、出售、收购国家二级保护野生植物（农业类）审批	省级	1.《中华人民共和国野生植物保护条例》，依据文号：1996年9月30日国务院令第204号，2017年10月7日修正，条款号：第十六条； 2.《河北省人民政府办公厅关于省政府部门自行取消下放一批行政许可事项的通知》，依据文号：冀政办发〔2018〕1号，条款号：附件2第32项	河北省农业农村厅	市农业农村局	省级权限，委托市级实施、县级初审
89	森林高火险期内进入森林高火险区的活动审批	省级、市级、县级	《森林防火条例》，依据文号：2008年11月19日国务院第36次常务会议修订通过、2008年12月1日中华人民共和国国务院令第541号公布、自2009年1月1日起施行的《森林防火条例（2008年修正本）》，条款号：第二十九条	河北省林业和草原局	市林业局	
90	林业植物检疫证书核发	省级、市级、县级	1.《植物检疫条例》，依据文号：1992年5月13日国务院令第98号发布，2017年10月7日修正，条款号：第三条、第七条、第八条； 2.《植物检疫条例实施细则（林业部分）》，依据文号：1994年7月26日林业部令第4号，2011年1月25日国家林业局令第26号修改，条款号：第十二条	河北省林业和草原局	市林业局	
91	省、自治区、直辖市间调运森林植物及其产品的检疫批准	省级	1.《植物检疫条例》，依据文号：1992年5月13日国务院令第98号发布，2017年10月7日修正，条款号：第七条、第十条； 2.《河北省政府推进政府职能转变和“放管服”改革协调小组办公室关于做好省政府自行下放一批行政许可事项的通知》，依据文号：〔2019〕-6，条款号：附件第4项	河北省林业和草原局	市林业局	省级权限部分委托市级实施

续表

序号	事项名称	省行政许可通用目录（2020年版）行使层级	设定依据	省级业务指导部门	市级实施部门	备注
92	省重点保护陆生野生动物人工繁育许可证审批	省级	1.《河北省陆生野生动物保护条例》，依据文号：1993年12月22日河北省第八届人大常委会第五次会议通过，2018年5月31日予以修正，条款号：第二十五条； 2.《河北省政府推进政府职能转变和"放管服"改革协调小组办公室关于做好省政府自行下放一批行政许可事项的通知》，依据文号：〔2019〕-6，条款号：附件第7项	河北省林业和草原局	市林业局	省级权限委托市级实施、县级初审
93	权限内出售、购买、利用国家重点保护陆生野生动物或其制品审批	省级	1.《中华人民共和国野生动物保护法》，依据文号：1988年11月8日主席令第九号，2018年10月26日修正，条款号：第二十七条； 2.《河北省陆生野生动物保护条例》，依据文号：1993年12月22日河北省第八届人大常委会第五次会议通过，2018年5月31日予以修正，条款号：第二十八条； 3. 原《国家林业局公告》，依据文号：2017年第14号	河北省林业和草原局	市林业局	县级初审，市级审核
94	收购、出售、利用省重点保护陆生野生动物或其产品审批	省级	1.《河北省陆生野生动物保护条例》，依据文号：1993年12月22日河北省第八届人大常委会第五次会议通过，2018年5月31日予以修正，条款号：第二十八条； 2.《河北省政府推进政府职能转变和"放管服"改革协调小组办公室关于做好省政府自行下放一批行政许可事项的通知》，依据文号：〔2019〕-6，条款号：附件第8项	河北省林业和草原局	市林业局	省级权限委托市级实施，县级初审
95	货物自动进口许可	省级	1.《中华人民共和国对外贸易法》，依据文号：主席令第五十七号，条款号：第十五条； 2.《机电产品进口管理办法》依据文号：中华人民共和国商务部、中华人民共和国海关总署、国家质量监督检验检疫总局2008年第7号令，条款号：第十六条	河北省商务厅	市商务局	市级初审
96	博物馆处理不够入藏标准、无保存价值的文物或标本审批	省级、市级、县级	1.《国务院对确需保留的行政审批项目设定行政许可的决定》，依据文号：2004年6月29日国务院令第412号，2016年8月25日予以修改，条款号：附件第465项； 2.《博物馆藏品管理办法》，依据文号：原文化部1986年6月19日，文物字〔86〕第730号，条款号：第二十一条	河北省文物局	市文化广电和旅游局	市级权限委托裕华区、桥西区、长安区、新华区实施，依据：石政办函〔2013〕65号
97	文物保护工程资质证书核发（权限内）	省级、市级、县级	1.《中华人民共和国文物保护法实施条例》，依据文号：2003年5月18日中华人民共和国国务院令第377号公布，2017年10月7日修订，条款号：第十七条； 2. 规范性文件名称：《文物保护工程勘察设计资质管理办法（试行）》，依据文号：文物保发〔2014〕13号，条款号：第六条、第十九条； 3.《文物保护工程施工资质管理办法（试行）》，依据文号：文物保发〔2014〕13号，条款号：第五条、第二十一条； 4.《文物保护工程监理资质管理办法（试行）》，依据文号：文物保发〔2014〕13号，条款号：第五条、第二十条	河北省文物局	市文化广电和旅游局	
98	电视剧制作许可证（乙种）审批	省级	1.《广播电视管理条例》，依据文号：中华人民共和国国务院令第228号，2017年3月1日修正，条款号：第三十五条； 2.《广播电视节目制作经营管理规定》，依据文号：国家广播电影电视总局令第34号，2020年10月29日修改，条款号：第十四条； 3.《国务院对确需保留的行政审批项目设定行政许可的决定》，依据文号：2004年6月29日国务院令第412号，2016年8月25日修正，条款号：附件第314项	河北省广播电视局	市文化广电和旅游局	市、县按职责权限进行初审和审核
99	设置卫星电视广播地面接收设施审批	省级	1.《卫星电视广播地面接收设施管理规定》，依据文号：1993年10月5日国务院令第129号，2018年9月18日修正，条款号：第七条； 2.《〈卫星电视广播地面接收设施管理规定〉实施细则》，依据文号：1994年2月3日广电部令第11号，条款号：第五条、第七条	河北省广播电视局	市文化广电和旅游局	市、县按职责权限进行初审和审核

续表

序号	事项名称	省行政许可通用目录（2020年版）行使层级	设定依据	省级业务指导部门	市级实施部门	备注
100	省级行政区域内经营广播电视节目传送业务审批	省级	1.《国务院关于第六批取消和调整行政审批项目的决定》，依据文号国发〔2012〕52号，条款号：附件2第67项； 2.《广播电视节目传送业务管理办法》，依据文号：国家广播电影电视总局令第33号，2020年10月29日修改，条款号：第十条、第十一条、第十三条； 3.《广播电视无线传输覆盖网管理办法》，依据文号：国家广播电影电视总局令第45号，条款号：第八条、第十二条、第十三条、第十四条	河北省广播电视局	市文化广电和旅游局	市、县按职责权限进行初审和审核
101	小功率的无线广播电视发射设备订购证明核发	省级	1.《国务院对确需保留的行政审批项目设定行政许可的决定》，依据文号：2004年6月29日国务院令第412号，2016年8月25日修正，条款号：附件第311项； 2.《国务院关于第六批取消和调整行政审批项目的决定》，依据文号：国发〔2012〕52号，条款号：附件2第66项； 3.《广播电视无线传输覆盖网管理办法》，依据文号：国家广播电影电视总局令第45号，条款号：第三条、第二十三条	河北省广播电视局	市文化广电和旅游局	市、县按职责权限进行初审和审核
102	乡镇设立广播电视站和机关、部队、团体、企业事业单位设立有线广播电视站审批	省级	1.《广播电视管理条例》，依据文号：1997年8月11日国务院令第228号，2017年3月1日修订，条款号：第十五条； 2.《广播电视站审批管理暂行规定》，依据文号：2004年7月6日广电总局令第32号，2020年10月29日修改，条款号：第三条、第五条	河北省广播电视局	市文化广电和旅游局	市、县按职责权限进行初审和审核
103	广播电视视频点播业务许可证（乙种）审批	省级	1.《国务院对确需保留的行政审批项目设定行政许可的决定》，依据文号：2004年6月29日国务院令第412号，2016年8月25日修正，条款号：附件第303项； 2.《广播电视视频点播业务管理办法》，依据文号：2004年7月6日广电总局令第35号，2015年8月28日修正，条款号：第五条、第六条、第十二条	河北省广播电视局	市文化广电和旅游局	市、县按职责权限进行初审和审核
104	区域性有线广播电视传输覆盖网总体规划、建设方案审核	省级、市级、县级	《广播电视管理条例》，依据文号：1997年8月11日国务院令第228号，2017年3月1日修订，条款号：第二十三条	河北省广播电视局	市文化广电和旅游局	市、县按职责权限进行初审和审核
105	卫星电视广播地面接收设施安装许可审批	省级	1.《卫星电视广播地面接收设施管理规定》，依据文号：1993年10月5日国务院令第129号，2018年9月18日国务院令第703号修正，条款号：第三条； 2.《〈卫星电视广播地面接收设施管理规定〉实施细则》，依据文号：广播电影电视部令第11号，条款号：第十条； 3.《卫星电视广播地面接收设施安装服务暂行办法》，依据文号：2009年8月6日广电总局令第60号，2015年8月28日修改，条款号：第四条、第七条、第八条	河北省广播电视局	市文化广电和旅游局	市、县按照职责权限进行初审和审核
106	广播电视专用频段频率使用许可证（乙类）核发	省级	1.《广播电视管理条例》，依据文号：1997年8月11日国务院令第228号，2017年3月1日修订，条款号：第十八条； 2.《广播电视无线传输覆盖网管理办法》，依据文号：广电总局令第45号，条款号：第十三条、第二十一条	河北省广播电视局	市文化广电和旅游局	市、县按照职责权限进行初审和审核
107	广播电视节目制作经营单位设立审批	省级	1.《广播电视管理条例》，依据文号：1997年8月11日国务院令第228号，2017年3月1日修正，条款号：第三十一条； 2.《广播电视节目制作经营管理规定》，依据文号：2004年6月15日通过，2020年10月29日修改，条款号：第四条、第八条、第二十七条	河北省广播电视局	市文化广电和旅游局	市、县按照职责权限进行初审和审核

续表

序号	事项名称	省行政许可通用目录（2020年版）行使层级	设定依据	省级业务指导部门	市级实施部门	备注
108	卫星电视广播地面接收设施进口证明核发初审	省级、市级、县级	《卫星电视广播地面接收设施管理规定》，依据文号：国务院令第129号公布，2018年9月18日修正，条款号：第五条	河北省广播电视局	市文化广电和旅游局	市、县按职责权限进行初审和审核
109	跨省经营广播电视节目传送（无线）业务初审	省级、市级、县级	1.《国务院对确需保留的行政审批项目设定行政许可的决定》，依据文号：2004年6月29日国务院令第412号，2016年8月25日修订，条款号：附件第305项； 2.《广播电视无线传输覆盖网管理办法》，依据文号：2004年11月15日广电总局令第45号，条款号：第十二条、第十四条	河北省广播电视局	市文化广电和旅游局	市、县按职责权限进行初审和审核
110	广播电视专用频段频率使用许可证（甲类）核发初审	省级、市级、县级	1.《广播电视管理条例》，依据文号：1997年8月11日中华人民共和国国务院令第228号发布，2017年3月1日修订，条款号：第十八条； 2.《广播电视无线传输覆盖网管理办法》，依据文号：2004年11月15日广电总局令第45号，条款号：第二十条	河北省广播电视局	市文化广电和旅游局	市、县按职责权限进行初审和审核
111	无线广播电视发射设备（不含小功率无线广播电视发射设备）订购证明核发初审	省级、市级、县级	1.《国务院对确需保留的行政审批项目设定行政许可的决定》，依据文号：国务院令第412号，2009年1月29日第一次修订，2016年8月25日第二次修订，条款号：附件第311项； 2.《广播电视无线传输覆盖网管理办法》，依据文号：2004年11月15日广电总局令第45号，条款号：第二十三条	河北省广播电视局	市文化广电和旅游局	市、县按职责权限进行初审和审核
112	广播电视设施迁建审批初审	省级、市级、县级	1.《广播电视设施保护条例》，依据文号：国务院令第295号，条款号：第十八条； 2.《广播电视无线传输覆盖网管理办法》，依据文号：广电总局令第45号，条款号：第二十八条、第三十条	河北省广播电视局	市文化广电和旅游局	市、县按职责权限进行初审和审核
113	广播电台、电视台设立、终止初审	省级、市级、县级	《广播电视管理条例》，依据文号：1997年8月11日国务院令第228号，2017年3月1日修订，条款号：第十一条、第十四条	河北省广播电视局	市文化广电和旅游局	市、县按职责权限进行初审和审核
114	广播电台、电视台变更台名、台标、节目设置范围或节目套数初审	省级、市级、县级	《广播电视管理条例》，依据文号：1997年8月11日国务院令第228号，2013年12月7日国务院令第645号第一次修订，2017年3月1日国务院令第676号第二次修订，条款号：第十三条	河北省广播电视局	市文化广电和旅游局	市、县按职责权限进行初审和审核
115	付费频道开办、终止和节目设置调整及播出区域、呼号、标识识别号初审	省级、市级	1.《国务院对确需保留的行政审批项目设定行政许可的决定》，依据文号：国务院令第412号，2016年8月25日修订，条款号：附件310项； 2.《广播电视有线数字付费频道业务管理暂行办法》，依据文号：广发办字〔2003〕1190号，条款号：第八条、第十一条、第十四条	河北省广播电视局	市文化广电和旅游局	市级审核转报
116	跨省经营广播电视节目传送（有线）业务初审	省级、市级	1.《国务院对确需保留的行政审批项目设定行政许可的决定》，依据文号：国务院令第412号，2016年8月25日修订，条款号：附件第305项； 2.《国务院关于第六批取消和调整行政审批项目的决定》，依据文号：国发〔2012〕52号，条款号：附件2第67项； 3.《广播电视节目传送业务管理办法》，依据文号：国家广播电影电视总局令第33号，2020年10月29日修改，条款号：第十条	河北省广播电视局	市文化广电和旅游局	市级审核转报

续表

序号	事项名称	省行政许可通用目录（2020年版）行使层级	设定依据	省级业务指导部门	市级实施部门	备注
117	公众聚集场所投入使用、营业前消防安全检查	市级、县级	1.《中华人民共和国消防法》，依据文号：1998年4月29日第九届全国人民代表大会常务委员会第二次会议通过，2019年4月23日修正，条款号：第十五条； 2.《消防监督检查规定》，依据文号：2009年4月30日公安部令第107号发布，2012年7月17日修订，条款号：第三条、第八条； 3.《中华人民共和国应急管理部公告》，依据文号：〔2018〕第12号，条款号：附件1第28、29项	河北省消防救援总队	市消防救援支队	
118	一级注册消防工程师注册审批	省级	1.《中华人民共和国消防法》，依据文号：1998年4月29日第九届全国人民代表大会常务委员会第二次会议通过，2019年4月23日修正，条款号：第三十四条； 2.《注册消防工程师管理规定》，依据文号：公安部第143号令，条款号：第五条、第八条、第九条、第十条、第十二条、第十八条、第十九条、第二十条、第二十四条、第四十二条	河北省消防救援总队	市消防救援支队	市级初审
119	二级注册消防工程师注册审批	省级	1.《中华人民共和国消防法》，依据文号：1998年4月29日第九届全国人民代表大会常务委员会第二次会议通过，2019年4月23日修正，条款号：第三十四条； 2.《注册消防工程师管理规定》，依据文号：公安部第143号令，条款号：第五条、第八条、第九条、第十条、第十二条、第十八条、第十九条、第二十条、第二十四条、第四十二条	河北省消防救援总队	市消防救援支队	市级初审
120	外国企业常驻代表机构登记（设立、变更、注销）	省级、市级	1.《外国企业常驻代表机构登记管理条例》，依据文号：国务院令第584号，2018年9月18修订，条款号：第四条、第五条、第二十六条、第三十四条； 2.《国务院关于取消和下放一批行政审批项目等事项的决定》，依据文号：国发〔2013〕19号，条款号：附件1第84条； 3.《外商投资企业授权登记管理办法》，依据文号：2002年12月10日原国家工商行政管理总局令第4号公布，2016年4月29日修订，条款号：第三条	河北省市场监督管理局	市市场监管局	
121	外国（地区）企业在中国境内从事生产经营活动核准登记	省级、市级	1.《国务院对确需保留的行政审批项目设定行政许可的决定》，依据文号：2016年8月25日中华人民共和国国务院令第671号公布，条款号：附件第237项； 2.《外国（地区）企业在中国境内从事生产经营活动登记管理办法》，依据文号：国家工商行政管理局令第10号，2017年10月27日修订，条款号：第二条、第三条、第十条、第十一条； 3.《国务院关于取消和下放一批行政审批项目等事项的决定》，依据文号：国发〔2013〕19号，条款号：附件1第85项； 4.《外商投资企业授权登记管理办法》，依据文号：2002年12月10日原国家工商行政管理总局令第4号发布，2016年4月29日修正，条款号：第三条	河北省市场监督管理局	市市场监管局	
122	举办健身气功活动及设立站点审批	省级、市级、县级	1.《国务院对确需保留的行政审批项目设定行政许可的决定》，依据文号：国务院令第412号，2016年8月25日修正，条款号：附件第336项； 2.《健身气功管理办法》，依据文号：2006年11月国家体育总局令第9号发布，条款号：第十一条； 3.《国务院关于第五批取消和下放管理层级行政审批项目的决定》，依据文号：国发〔2010〕21号，条款号：附件2第62项	河北省体育局	市体育局	
123	城市地下交通干线及其他地下工程兼顾人民防空需要审查	市级、县级	1.《中华人民共和国人民防空法》，依据文号：1996年10月29日第八届全国人民代表大会常务委员会第二十二次会议通过，2009年8月27日修正，条款号：第十四条； 2.《国务院、中央军委关于进一步推进人民防空事业发展的若干意见》，依据文号：国发〔2008〕4号，条款号：第三条； 3.《河北省人民政府办公厅关于规范全省工程建设项目审批流程推行标准化审批文本的通知》，依据文号：冀政办字〔2020〕107号，条款号：附件1第27项	河北省人民防空办公室	市人民防空办公室	

续表

序号	事项名称	省行政许可通用目录（2020年版）行使层级	设定依据	省级业务指导部门	市级实施部门	备注
124	单独修建的人民防空工程开工报告审批	省级、市级	1.《中华人民共和国人民防空法》依据文号：1996年10月29日第八届全国人民代表大会常务委员会第二十二次会议通过，2009年8月27日修正，条款号：第二十一条； 2.《中华人民共和国建筑法》，依据文号：1997年11月1日第八届全国人民代表大会常务委员会第二十八次会议通过，2011年4月22日修正，条款号：第七条； 3.《国家人民防空办公室关于调整人民防空建设审批事项的通知》，依据文号：国人防〔2014〕235号，条款号：第二条； 4.《河北省人民防空办公室关于调整人民防空建设审批事项的通知》，依据文号：冀人防字〔2015〕19号，条款号：第二条、第三条	河北省人民防空办公室	市人民防空办公室	
125	设立典当行及分支机构审批（设立、变更、注销）	省级	1.《国务院对确需保留的行政审批项目设定行政许可的决定》，依据文号：国务院令第412号，2016年8月25日修正，条款号：附件第181项； 2.《国务院关于第六批取消和调整行政审批项目的决定》，依据文号：国发〔2012〕52号，条款号：附件2第28项； 3.《典当管理办法》，依据文号：商务部、公安部2005年第8号令，条款号：第十五条、第二十二条； 4.《商务部办公厅关于融资租赁公司、商业保理公司和典当行管理职责调整有关事宜的通知》，依据文号：商办流通函〔2018〕165号； 5.《中国银保监会办公厅关于加强典当行监督管理的通知》，依据文号：银保监办发〔2020〕38号	河北省地方金融监督管理局	市地方金融监督管理局	市级初审
126	各类交易场所设立、变更审批	省级	《河北省地方金融监督管理条例》，依据文号：河北省第十二届人民代表大会常务委员会公告第127号，条款号：第十七条、第十九条	河北省地方金融监督管理局	市地方金融监督管理局	市级初审
127	从事出版物、包装装潢印刷品和其他印刷品印刷经营活动企业的设立、变更审批	省级、市级	1.《出版管理条例》，依据文号：2001年12月25日中华人民共和国国务院令第343号公布，根据2016年2月6日国务院令第666号《国务院关于修改部分行政法规的决定》第四次修订，条款号：第三十一条； 2.《印刷业管理条例》，依据文号：2001年8月2日中华人民共和国国务院令第315号公布，根据2017年3月1日国务院令第676号《国务院关于修改和废止部分行政法规的决定》第二次修订，条款号：第十条、第十二条	河北省新闻出版局	市行政审批局	1.“从事其他印刷品印刷经营活动企业的设立、变更审批”下放县（市、区），依据：石政办发〔2011〕42号 2.“从事包装装潢印刷品印刷经营活动企业的设立、变更审批”委托裕华区、新华区、桥西区、长安区，依据：依据：石政办发〔2013〕48号
128	事业单位设立、变更、注销登记	省级、市级、县级	《事业单位登记管理暂行条例》，依据文号：国务院令第252号，2004年6月27日修改，条款号：第三条、第五条、第十条、第十一条、第十三条	河北省机构编制委员会办公室	市行政审批局	

续表

序号	事项名称	省行政许可通用目录（2020 年版）行使层级	设定依据	省级业务指导部门	市级实施部门	备注
129	企业投资项目核准	省级、市级、县级	1.《企业投资项目核准和备案管理办法》，依据文号：国家发展改革委 2017 年第 2 号令，条款号：第四条； 2.《国家发展改革委关于做好扩大对外开放和积极利用外资政策措施贯彻落实工作的通知》，依据文号：发改外资〔2018〕1065 号； 3.《河北省人民政府关于印发河北省企业投资项目核准和备案实施办法的通知》，依据文号：冀政发〔2018〕4 号，条款号：第四条、第七条； 4.《国务院关于发布政府核准的投资项目目录（2016 年本）的通知》，依据文号：国发〔2016〕72 号； 5.《河北省人民政府关于发布河北省政府核准的投资项目目录（2017 年本）的通知》，依据文号：冀政发〔2017〕8 号； 6.《中共中央、国务院关于深化投融资体制改革的意见》，依据文号：中发〔2016〕18 号，条款号：第二条第（二）； 7.《外商投资项目核准和备案管理办法》，依据文号：国家发展改革委 2014 年 12 号令，条款号：第四条； 8.《外商投资准入特别管理措施（负面清单）(2020 年版)》，依据文号：国家发展改革委商务部第 25 号令； 9.《国务院关于投资体制改革的决定》，依据文号：国发〔2004〕20 号； 10.《鼓励外商投资产业目录（2020 年版）》，依据文号：国家发展改革委商务部第 27 号； 11.《企业投资项目核准和备案管理条例》，依据文号：国务院令第 673 号，条款号：第三条； 12.《国家发展改革委关于做好贯彻落实〈政府核准的投资项目目录（2016 年本）〉有关外资工作的通知》发改外资规〔2017〕111 号	河北省发展和改革委员会	市行政审批局	市行政审批局负责企业投资项目核准（内资）市投促局负责指导企业投资项目核准（外资）且已下放，依据：石政办发〔2011〕3 号，附件中“限额以下允许类、鼓励类外商投资项目及变更的核准”
130	节能审查	省级、市级、县级	1.《中华人民共和国节约能源法》，依据文号：中华人民共和国主席令第九十号，条款号：第十五条； 2.《固定资产投资项目节能审查办法》，依据文号：2016 年国家发展改革委令第 44 号，条款号：第五条； 3.《河北省固定资产投资项目节能审查办法》，依据文号：冀政办字〔2017〕37 号，条款号：第四条； 4.《河北省节约能源条例》，依据文号：2006 年 5 月 24 日河北省第十届人民代表大会常务委员会第二十一次会议通过，2017 年 3 月 30 日河北省第十二届人民代表大会常务委员会第二十六次会议修订，条款号：第十四条	河北省发展和改革委员会	市行政审批局	
131	在电力设施周围或电力设施保护区内进行可能危及电力设施安全作业的审批	市级、县级	1.《中华人民共和国电力法》，依据文号：1995 年 12 月 28 日第八届全国人民代表大会常务委员会第十七次会议通过，根据 2018 年 12 月 29 日第十三届全国人民代表大会常务委员会第七次会议《关于修改〈中华人民共和国电力法〉等四部法律的决定》第三次修正，条款号：第五十二条、第五十四条； 2.《电力设施保护条例》，依据文号：2011 年 1 月 8 日中华人民共和国国务院令第 588 号修订，条款号：第十七条； 3.《河北省电力条例》，依据文号：河北省第十二届人民代表大会常务委员会公告第 24 号，条款号：第三章第二十二条； 4.《河北省发展和改革委员会关于开展在电力设施周围或电力设施保护区内进行可能危及电力设施安全作业行政许可工作的通知》，依据文号：冀发改电力〔2020〕1345 号	河北省发展和改革委员会	市行政审批局	
132	粮食收购资格认定	省级、市级、县级	1.《粮食流通管理条例》，依据文号：2004 年 5 月 26 日中华人民共和国国务院令第 407 号公布，2016 年 2 月 6 日第二次修订，条款号：第九条； 2.《河北省粮食流通管理规定》，依据文号：2006 年 1 月 21 日河北省人民政府令〔2006〕第 1 号，2016 年 6 月 14 日第二次修正，条款号：第五条； 3.《河北省政府推进政府职能转变和“放管服”改革协调小组办公室关于做好省政府自行下放一批行政许可事项的通知》，依据文号：〔2019〕-6，条款号：附件第 1 项	河北省粮食和物资储备局	市行政审批局	省级权限委托市级实施

续表

序号	事项名称	省行政许可通用目录（2020 年版）行使层级	设定依据	省级业务指导部门	市级实施部门	备注
133	实施中等及中等以下学历教育、学前教育、自学考试助学及其他文化教育的学校设立、变更和终止审批	省级、市级、县级	1.《中华人民共和国教育法》，依据文号：1995 年 3 月 18 日，第八届全国人民代表大会第三次会议通过，2015 年 12 月 27 日，根据第十二届全国人民代表大会常务委员会第十八次会议《关于修改〈中华人民共和国教育法〉的决定》第二次修正，条款号：第十四条、第二十八条； 2.《中华人民共和国民办教育促进法》，依据文号：2002 年 12 月 28 日第九届全国人民代表大会常务委员会第三十一次会议通过，根据 2018 年 12 月 29 日第十三届全国人民代表大会常务委员会第七次会议《关于修改〈中华人民共和国劳动法〉等七部法律的决定》第三次修，条款号：第十二条、第十四条、第五十三条、第五十四条、第五十五条、第五十六条； 3.《河北省民办教育条例》，依据文号：2001 年 6 月 1 日河北省第九届人民代表大会常务委员会第二十一次会议通过，2015 年 7 月 24 日河北省第十二届人民代表大会常务委员会第十六次会议第二次修正，条款号：第十二条	河北省教育厅	市行政审批局	
134	教师资格认定	省级、市级	1.《中华人民共和国教师法》，依据文号：1993 年 10 月 31 日中华人民共和国主席令第 15 号公布，根据 2009 年 8 月 27 日中华人民共和国主席令第 18 号《全国人民代表大会常务委员会关于修改部分法律的决定》修正，条款号：第十三条； 2.《教师资格条例》，依据文号：1995 年 12 月 12 日国务院令第 188 号，条款号：第十三条； 3.《河北省中小学和幼儿园教师资格认定实施方案》依据文号：冀教师〔2013〕9 号	河北省教育厅	市行政审批局	市级权限由县级初审转报
135	校车使用许可	市级、县级	《校车安全管理条例》，依据文号：2012 年 4 月 5 日国务院令 617 号，条款号：第十五条	河北省教育厅	市行政审批局	
136	新增客船、危险品船投入运营审批	市级	1.《国内水路运输管理条例》，依据文号：国务院令第 625 号，2017 年 3 月 1 日修正，条款号：第八条、第十四条； 2.《国内水路运输管理规定》，依据文号：2014 年 1 月 3 日发布，2016 年 12 月 10 日修正，条款号：第十四条； 3.《国务院对确需保留的行政审批项目设定行政许可的决定》，依据文号：国务院令第 412 号，条款号：第 135 项； 4. 省政府办公厅《关于印发依法实施的行政许可项目的通知》，依据文号：冀政办〔2008〕16 号	河北省交通运输厅	市行政审批局	
137	社会团体成立、变更、注销登记	省级、市级、县级	1.《中华人民共和国慈善法》，依据文号：2016 年 3 月 16 日中华人民共和国第十二届全国人民代表大会第四次会议通过，主席令第 43 号公布实施，条款号：第八条、第十条； 2.《社会团体登记管理条例》，依据文号：1998 年 10 月 25 日国务院令第 250 号公布实施，2016 年 2 月 6 日国务院令第 666 号予以修改，条款号：第六条、第七条、第十条、第十一条、第十二条、第十三条、第十八条、第十九条、第二十一条	河北省民政厅	市行政审批局	
138	社会团体修改章程核准	省级、市级、县级	《社会团体登记管理条例》，依据文号：1998 年 10 月 25 日国务院令第 250 号公布实施，2016 年 2 月 6 日国务院令第 666 号予以修改，条款号：第六条、第十八条	河北省民政厅	市行政审批局	
139	民办非企业单位成立、变更、注销登记	省级、市级、县级	1.《中华人民共和国慈善法》，依据文号：2016 年 3 月 16 日中华人民共和国第十二届全国人民代表大会第四次会议通过，主席令第 43 号公布实施，条款号：第八条、第十条； 2.《民办非企业单位登记管理暂行条例》，依据文号：1998 年 10 月 25 日中华人民共和国国务院令第 251 号公布实施，条款号：第三条、第五条、第六条、第八条、第九条、第十一条、第十二条、第十五条、第十六条、第十七条	河北省民政厅	市行政审批局	
140	民办非企业单位修改章程核准	省级、市级、县级	《民办非企业单位登记管理暂行条例》，依据文号：1998 年 10 月 25 日中华人民共和国国务院令第 251 号公布实施，条款号：第五条、第六条、第十五条	河北省民政厅	市行政审批局	

续表

序号	事项名称	省行政许可通用目录（2020 年版）行使层级	设定依据	省级业务指导部门	市级实施部门	备注
141	建设殡仪馆、火葬场、殡仪服务站、骨灰堂、经营性公墓、农村公益性墓地审批	省级、市级、县级	1.《殡葬管理条例》，依据文号：1997 年 7 月 21 日中华人民共和国国务院令第 225 号发布，2012 年 11 月 9 日中华人民共和国国务院令第 628 号予以修正，条款号：第三条、第八条、第九条； 2.《关于印发〈河北省建设经营性公墓行政许可程序（试行）〉的通知》，依据文号：冀民〔2008〕31 号	河北省民政厅	市行政审批局	1. 经营性公墓审批由市、县级审核，省级审批； 2.“殡仪服务站、骨灰堂”已下放县（市、区），依据：石政办函〔2013〕65 号
142	公开募捐资格审核	省级、市级、县级	《中华人民共和国慈善法》，依据文号：2016 年 3 月 16 日中华人民共和国第十二届全国人民代表大会第四次会议通过，主席令第 43 号公布实施，条款号：第十条、第二十二条	河北省民政厅	市行政审批局	
143	基层法律服务工作者执业、变更、注销许可	市级	《基层法律服务工作者管理办法》，依据文号：2000 年 3 月 30 日中华人民共和国司法部令第 60 号发布，2017 年 12 月 25 日修订，条款号：第九条、第十一条、第十五条、第十六条、第十七条	河北省司法厅	市行政审批局	县级初审
144	中外合作职业技能培训机构设立、分立、合并、变更及终止审批	省级	1.《中华人民共和国中外合作办学条例》，依据文号：国务院令第 372 号，2019 年 3 月 2 日修订，条款号：第十二条、第十五条、第十六条、第十八条、第四十二条、第四十三条、第四十四条、第四十五条、第五十九条、第六十三条； 2.《河北省人民政府办公厅关于省政府部门再取消下放一批行政权力事项的通知》，依据文号：冀政办发〔2016〕23 号，条款号：附件第七项； 3.《中华人民共和国行政许可法》，依据文号：2003 年 8 月 27 日第十届全国人民代表大会常务委员会第四次会议通过，根据 2019 年 4 月 23 日第十三届全国人民代表大会常务委员会第十次会议《关于修改〈中华人民共和国建筑法〉等八部法律的决定》修正，条款号：第五十条	河北省人力资源和社会保障厅	市行政审批局	省级权限委托市级实施
145	人力资源服务许可	省级、市级、县级	1.《中华人民共和国就业促进法》，依据文号：2007 年 8 月 30 日第十届全国人民代表大会常务委员会第二十九次会议通过，2015 年 4 月 24 日修订，条款号：第四十条； 2.《人力资源市场暂行条例》，依据文号：中华人民共和国国务院令第 700 号，2018 年 10 月 1 日起施行，条款号：第十八条、第二十一条、第二十二条； 3.《国务院对确需保留的行政审批项目设定行政许可的决定》，依据文号：中华人民共和国国务院令第 412 号，条款号：第 86 项； 4.《河北省人民政府办公厅关于省政府部门下放一批行政权力事项的通知》，依据文号：冀政办发〔2016〕7 号，条款号：第 13 项； 5.《河北省人民政府办公厅关于省政府部门再取消下放一批行政权力事项的通知》，依据文号：冀政办发〔2016〕23 号，条款号：第 6 项； 6.《人力资源社会保障部关于修改部分规章的决定》，依据文号：中华人民共和国人力资源和社会保障部令第 43 号，条款号：第三条	河北省人力资源和社会保障厅	市行政审批局	市级仅办理在石家庄市级注册登记的外商投资人力资源服务机构的许可
146	劳务派遣经营许可	市级、县级	1.《中华人民共和国劳动合同法》，依据文号：主席令第 65 号 2007 年 6 月 29 日颁布，2012 年 12 月 28 日修正，条款号：第五十七条； 2.《劳务派遣行政许可实施办法》，依据文号：人力资源和社会保障部令第 19 号，条款号：第六条、第十六条、第十七条、第十八条、第十九条、第二十条、第二十六条、第二十七条； 3.《河北省人力资源和社会保障厅关于贯彻落实〈劳务派遣行政许可实施办法〉的实施意见》，依据文号：冀人社字〔2013〕219 号，条款号：第一条； 4.《河北省政府推进政府职能转变和“放管服”改革协调小组办公室关于做好省政府自行下放一批行政许可事项的通知》，依据文号：2019-6，条款号：附件第 3 项	河北省人力资源和社会保障厅	市行政审批局	

续表

序号	事项名称	省行政许可通用目录（2020 年版）行使层级	设定依据	省级业务指导部门	市级实施部门	备注
147	建设项目使用林地及在林业部门管理的自然保护区、沙化土地封禁保护区建设审批（核）	省级	1.《中华人民共和国森林法》，依据文号：1984 年 9 月 20 日第六届全国人民代表大会常务委员会第七次会议通过，2019 年 12 月 28 日修订，自 2020 年 7 月 1 日起施行，条款号：第三十七条； 2.《中华人民共和国森林法实施条例》，依据文号：2000 年 1 月 29 日中华人民共和国国务院令第 278 号发布，2018 年 3 月 19 日第三次修正，条款号：第十六条； 3.《森林和野生动物类型自然保护区管理办法》，依据文号：1985 年 6 月 21 日国务院准，1985 年 7 月 6 日林业部发布，条款号：第十一条； 4.《建设项目使用林地审核审批管理办法》，依据文号：2015 年 3 月 30 日原国家林业局令第 35 号发布，2016 年 9 月 22 日修正，条款号：第九条； 5.《国务院关于印发清理规范投资项目报建审批事项实施方案的通知》，依据文号：国发〔2016〕29 号，条款号：第二条	河北省林业和草原局	市行政审批局	“勘查、开采矿藏和各项建设工程占用或者征收、征用林地审核”由县级初审、市级审核
148	林木采伐许可证核发	省级、县级	1.《中华人民共和国森林法》，依据文号：1984 年 9 月 20 日第六届全国人民代表大会常务委员会第七次会议通过，2019 年 12 月 28 日修订，自 2020 年 7 月 1 日起施行，条款号：第五十六条、第五十七条； 2.《中华人民共和国森林法实施条例》，依据文号：2000 年 1 月 29 日中华人民共和国国务院令第 278 号发布，2018 年 3 月 19 日修正，条款号：第三十二条、第三十三条； 3.《河北省人民政府办公厅关于省政府部门自行取消下放一批行政许可事项的通知》，依据文号：冀政办发〔2018〕1 号，条款号：附件 2 第 40 项	河北省林业和草原局	市行政审批局	省级权限部分委托市级实施
149	收购珍贵树木种子和限制收购林木种子批准	省级	1.《中华人民共和国种子法》，依据文号：2000 年 7 月 8 日第九届全国人民代表大会常务委员会第十六次会议通过，2015 年 11 月 4 日修订，自 2016 年 1 月 1 日起施行，条款号：第三十九条； 2.《林木种子采收管理规定》，依据文号：林场发〔2007〕142 号； 3.《河北省人民政府办公厅关于省政府部门自行取消下放一批行政许可事项的通知》，依据文号：冀政办发〔2018〕1 号，条款号：附件 2 第 38 项	河北省林业和草原局	市行政审批局	省级权限委托市级实施
150	临时占用林地审批	省级、市级、县级	1.《中华人民共和国森林法》，依据文号：1984 年 9 月 20 日第六届全国人民代表大会常务委员会第七次会议通过，2019 年 12 月 28 日修订，自 2020 年 7 月 1 日起施行，条款号：第三十八条； 2.《中华人民共和国森林法实施条例》，依据文号：2000 年 1 月 29 日中华人民共和国国务院令第 278 号发布，2018 年 3 月 19 日第三次修正，条款号：第十七条； 3.《河北省政府推进政府职能转变和“放管服”改革协调小组办公室关于做好省政府自行下放一批行政许可事项的通知》，依据文号：〔2019〕-6，条款号：附件第 5 项	河北省林业和草原局	市行政审批局	
151	修筑直接为林业生产经营服务的工程设施占用林地审批	省级、市级、县级	1.《中华人民共和国森林法实施条例》，依据文号：2000 年 1 月 29 日中华人民共和国国务院令第 278 号发布，2018 年 3 月 19 日第三次修正，条款号：第十八条， 2.《河北省政府推进政府职能转变和“放管服”改革协调小组办公室关于做好省政府自行下放一批行政许可事项的通知》，依据文号：〔2019〕-6，条款号：附件第 6 项	河北省林业和草原局	市行政审批局	
152	草种经营许可证核发	省级、县级	1.《中华人民共和国种子法》，依据文号：2000 年 7 月 8 日第九届全国人民代表大会常务委员会第十六次会议通过，2015 年 11 月 4 日修订，自 2016 年 1 月 1 日起施行，条款号：第三十一条、第九十三条； 2.《草种管理办法》，依据文号：2006 年 1 月 12 日农业部令第 56 号公布，2015 年 4 月 29 日第三次修正，条款号：第二十六条； 3.《河北省人民政府办公厅关于做好国务院取消下放行政审批项目和我省 2014 年第一批取消下放行政审批项目衔接落实工作的通知》，依据文号：冀政办〔2014〕7 号，条款号：附件 2（二）第 9 项	河北省林业和草原局	市行政审批局	省级权限部分委托市级实施

续表

序号	事项名称	省行政许可通用目录（2020 年版）行使层级	设定依据	省级业务指导部门	市级实施部门	备注
153	外国人对省重点保护陆生野生动物进行野外考察、采集标本或者在野外拍摄电影、录像审批	省级	1.《河北省陆生野生动物保护条例》，依据文号：1993 年 12 月 22 日河北省第八届人大常委会第五次会议通过，2018 年 5 月 31 日予以修正，条款号：第三十三条； 2.《河北省人民政府办公厅关于省政府部门自行取消下放一批行政许可事项的通知》，依据文号：冀政办发〔2018〕1 号，条款号：附件 2 第 41 项	河北省林业和草原局	市行政审批局	省级权限委托市级实施
154	从事营利性治沙活动许可	市级、县级	1.《中华人民共和国防沙治沙法》，依据文号：2001 年 8 月 31 日第九届全国人民代表大会常务委员会第二十三次会议通过，2018 年 10 月 26 日修正，条款号：第二十六条； 2.《河北省人民政府办公厅关于省政府部门自行取消下放一批行政许可事项的通知》，依据文号：冀政办发〔2018〕1 号，条款号：附件 2 第 43 项	河北省林业和草原局	市行政审批局	
155	建设项目环境影响评价文件审批	省级、市级、县级	1.《中华人民共和国环境影响评价法》，依据文号：2002 年 10 月 28 日第九届全国人民代表大会常务委员会第三十次会议通过，根据 2018 年 12 月 29 日中华人民共和国主席令第二十四号第十三届全国人民代表大会常务委员会第七次会议《全国人民代表大会常务委员会关于修改〈中华人民共和国劳动法〉等七部法律的决定》第二次修正，2017 年 11 月 5 日起施行，条款号：第二十二条、第二十三条； 2.《中华人民共和国放射性污染防治法》，依据文号：2003 年 6 月 28 日中华人民共和国主席令第 6 号公布，自 2003 年 10 月 1 日起施行，条款号：第二十九条、第三十四条； 3.《建设项目环境保护管理条例》，依据文号：1998 年 11 月 29 日中华人民共和国国务院令第 253 号发布，根据 2017 年 7 月 16 日《国务院关于修改〈建设项目环境保护管理条例〉的决定》修订，条款号：第九条； 4.《河北省人民政府办公厅关于省政府部门自行取消下放一批行政许可事项的通知》，依据文号：冀政办发〔2018〕1 号，条款号：附件 2，二； 5.《河北省生态环境厅公告》，依据文号：2020 年第 1 号	河北省生态环境厅	市行政审批局	
156	排污许可	市级、县级	1.《中华人民共和国环境保护法》，依据文号：1989 年 12 月 26 日第七届全国人民代表大会常务委员会第十一次会议通过，2014 年 4 月 24 日第十二届全国人民代表大会常务委员会第 8 次会议修订，2014 年 4 月 24 日中华人民共和国主席令第 9 号公布，条款号：第四十五条； 2.《排污许可管理办法（试行）》，依据文号：2018 年 1 月 10 日中华人民共和国环境保护部令第 48 号，2019 年 8 月 22 日经《生态环境部关于废止、修改部分规章的决定》（生态环境部令第 7 号）修改，条款号：第六条、第七条、第二十六条、第四十三条、第四十六条、第五十条、第五十一条	河北省生态环境厅	市行政审批局	
157	废弃电器电子产品处理企业资格审批	市级	《废弃电器电子产品回收处理管理条例》，依据文号：2009 年 2 月 25 日中华人民共和国国务院令第 551 号公布，根据 2019 年 3 月 2 日《国务院关于修改部分行政法规的决定》修订，条款号：第六条、第二十四条	河北省生态环境厅	市行政审批局	
158	放射性同位素转让审批	省级、市级	1.《放射性同位素与射线装置安全和防护条例》，依据文号：2005 年 9 月 14 日中华人民共和国国务院令第 449 号公布，根据 2019 年 3 月 2 日《国务院关于修改部分行政法规的决定》第二次修订，条款号：第二条、第二十条； 2.《放射性同位素与射线装置安全许可管理办法》，依据文号：2006 年 1 月 18 日国家环境保护总局令第 31 号公布，2019 年 8 月 22 日经《生态环境部关于废止、修改部分规章的决定》（生态环境部令第 7 号）修改，条款号：第二条、第三十一条、第三十二条； 3.《河北省人民政府办公厅关于做好与省政府第三批公布取消下放行政审批项目衔接落实工作的通知》，依据文号：冀政办〔2013〕41 号，条款号：附件 2（二）第 10 项	河北省生态环境厅	市行政审批局	

续表

序号	事项名称	省行政许可通用目录（2020年版）行使层级	设定依据	省级业务指导部门	市级实施部门	备注
159	辐射安全许可	省级、市级	1.《中华人民共和国放射性污染防治法》，依据文号：2003年6月28日中华人民共和国主席令第6号公布，自2003年10月1日起施行，条款号：第二十八条； 2.《放射性同位素与射线装置安全和防护条例》，依据文号：2005年9月14日中华人民共和国国务院令第449号公布，根据2019年3月2日《国务院关于修改部分行政法规的决定》第二次修订，条款号：第五条、第六条、第十一条、第十二条、第十三条、第十四条； 3.《河北省人民政府办公厅关于做好国务院取消下放行政审批项目和我省2014年第一批取消下放行政审批项目衔接落实工作的通知》，依据文号：冀政办〔2014〕7号，条款号：附件2第3项； 4.《河北省人民政府办公厅关于做好与省政府第二批公布取消下放行政审批项目等事项衔接落实工作的通知》，依据文号：冀政办〔2013〕27号，条款号：附件3（二）第13项	河北省生态环境厅	市行政审批局	
160	商品房预售许可	市级、县级	1.《中华人民共和国城市房地产管理法》，依据文号：2019年8月26日主席令第32号，条款号：第四十五条； 2.《城市商品房预售管理办法》，依据文号：1994年11月15日中华人民共和国建设部令第40号发布，2004年7月20日修改，条款号：第六条	河北省住房和城乡建设厅	市行政审批局	
161	各设区市、扩权县餐厨废弃物处置、收集、运输从业许可	市级、县级	1.《河北省城市市容和环境卫生条例》，依据文号：2008年11月28日河北省第十一届人民代表大会常务委员会第六次会议通过，2017年9月28日修正，条款号：第三条、第四十三条； 2.《河北省餐厨废弃物管理办法》，依据文号：2012年12月11日河北省人民政府第113次常务会议审议通过，2014年1月16日修正，条款号：第十四条、第十九条	河北省住房和城乡建设厅	市行政审批局	1.市级负责全市范围内“处置”许可审批； 2.裕华区、桥西区、长安区、新华区、鹿泉区、栾城区、藁城区的“收集、运输”许可由市级负责审批，其余县（市、区）的“收集、运输”许可由本县（市、区）负责审批，依据：石政办发〔2016〕27号
162	市政设施建设类审批	市级、县级	1.《城市道路管理条例》，依据文号：1996年6月4日国务院令第198号，2017年3月1日第二次修正，条款号：第二十九条、第三十条、第三十三条； 2.《国务院对确需保留的行政审批项目设定行政许可的决定》，依据文号：2004年6月29日国务院令第412号，2016年8月25日修改，条款号：附件109项； 3.《清理规范投资项目报建审批事项实施方案》，依据文号：国发〔2016〕29号	河北省住房和城乡建设厅	市行政审批局	

续表

序号	事项名称	省行政许可通用目录（2020 年版）行使层级	设定依据	省级业务指导部门	市级实施部门	备注
163	工程建设涉及城市绿地、树木审批	市级、县级	1.《城市绿化条例》，依据文号：1992 年 6 月 22 日国务院令第 100 号，2017 年 3 月 1 日予以修改，条款号：第十九条、第二十条、第二十一条、第二十四条； 2.《河北省城市园林绿化管理办法》，依据文号：2011 年 12 月 31 日公布，2017 年 12 月 31 日第三次修正，条款号：第三十条、第三十八条； 3.《国务院关于印发清理规范投资项目报建审批事项实施方案的通知》，依据文号：国发〔2016〕29 号	河北省住房和城乡建设厅	市行政审批局	1.“迁移古树名木审批”由市级审批； 2.“临时占用城市绿化用地审批”已下放，依据：石政办发〔2011〕3 号、石政办发〔2012〕33 号； 3.“砍伐城市树木审批”已下放，依据：石政办发〔2011〕42 号、石政发〔2014〕42 号
164	建筑工程施工许可证核发	市级、县级	1.《中华人民共和国建筑法》，依据文号：1997 年 11 月 1 日主席令第九十一号，2019 年 4 月 23 日予以修正，条款号：第七条； 2.《建筑工程施工许可管理办法》，依据文号：2014 年 6 月 25 日住房和城乡建设部令第 18 号公布，条款号：第二条； 3.《河北省人民政府办公厅关于省政府部门再取消下放一批行政权力事项的通知》，依据号：冀政办发〔2016〕23 号，条款号：附件 2 第 20 项	河北省住房和城乡建设厅	市行政审批局	
165	燃气燃烧器具安装、维修企业资质	市级、县级	1.《中华人民共和国建筑法》，依据文号：1997 年 11 月 1 日主席令第九十一号，2019 年 4 月 23 日予以修正，条款号：第二条、第十三条； 2.《建筑业企业资质管理规定》，依据文号：2015 年 1 月 22 日中华人民共和国住房和城乡建设部令第 22 号发布，2018 年 12 月 22 日修正，条款号：第十一条	河北省住房和城乡建设厅	市行政审批局	
166	施工总承包三级资质（不含铁路、通信工程）、专业承包三级资质（不含铁路方面）及预拌混凝土和模板脚手架专业资质、施工劳务资质审批	市级	1.《建筑业企业资质管理规定》，依据文号：2015 年 1 月 22 日中华人民共和国住房和城乡建设部令第 22 号发布，中华人民共和国住房和城乡建设部令第 45 号修正，2018 年 12 月 22 日起施行，条款号：第三条、第十一条； 2.《中华人民共和国建筑法》，依据文号：1997 年 11 月 1 日主席令第九十一号，2019 年 4 月 23 日予以修正，条款号：第十二条、第十三条	河北省住房和城乡建设厅	市行政审批局	

续表

序号	事项名称	省行政许可通用目录（2020年版）行使层级	设定依据	省级业务指导部门	市级实施部门	备注
167	房地产开发企业资质核定（二级及以下）	省级、市级	1.《中华人民共和国城市房地产管理法》，依据文号：1994年7月5日第八届全国人民代表大会常务委员会第八次会议通过，2019年8月26日第十三届全国人大常委会第十二次会议表决通过关于修改土地管理法、城市房地产管理法的决定，本决定自2020年1月1日起施行，条款号：第三十条； 2.《城市房地产开发经营管理条例》，依据文号：国务院令第248号，2020年3月27日修订，条款号：第八条、第九条； 3.《房地产开发企业资质管理规定》依据文号：2000年3月29日建设部令第77号发布，2015年5月4日住房和城乡建设部令第24号修订，条款号：第三条、第六条、第七条、第十四条、第十五条、第十六条、第十七条； 4.《河北省建设厅关于部分下放行政许可事项审批权限的通知》，依据文号：冀建法〔2008〕502号	河北省住房和城乡建设厅	市行政审批局	
168	二级注册建造师执业资格认定	省级	1.《中华人民共和国建筑法》，依据文号：1997年11月1日主席令第九十一号，2019年4月23日予以修正，条款号：第十四条； 2.《注册建造师管理规定》，依据文号：2006年12月28日原建设部令第153号公布，根据2016年9月13日中华人民共和国住房和城乡建设部令第32号《住房城乡建设部关于修改〈勘察设计注册工程师管理规定〉等11个部门规章的决定》修正，条款号：第九条、第十一条、第十二条、第十三条、第十四条、第十七条、第十九条； 3.河北省住房和城乡建设厅《关于委托下放省级建设类人员执业资格注册审批事项的公告》，依据文号：冀建人教〔2020〕4号	河北省住房和城乡建设厅	市行政审批局	省级权限委托市级实施
169	二级注册结构工程师执业资格认定	省级	1.《中华人民共和国建筑法》，依据文号：1997年11月1日主席令第九十一号，2019年4月23日予以修正，条款号：第十四条； 2.《建设工程勘察设计管理条例》，依据文号：2015年6月12日国务院令第662号公布，根据2017年10月7日中华人民共和国国务院令第687号公布，自公布之日起施行的《国务院关于修改部分行政法规的决定》修正，条款号：第九条； 3.《勘察设计注册工程师管理规定》，依据文号：2005年2月4日建设部令第137号公布，根据2016年9月13日中华人民共和国住房和城乡建设部令第32号《住房城乡建设部关于修改〈勘察设计注册工程师管理规定〉等11个部门规章的决定》修正，条款号：第七条、第九条、第十一条、第十二条、第十三条、第十五条； 4.河北省住房和城乡建设厅《关于委托下放省级建设类人员执业资格注册审批事项的公告》，依据文号：冀建人教〔2020〕4号	河北省住房和城乡建设厅	市行政审批局	省级权限委托市级实施
170	建筑施工企业主要负责人、项目负责人、专职安全生产管理人员安全生产考核	省级	1.《中华人民共和国安全生产法》，依据文号：2002年6月29日主席令第70号，2014年8月31日予以修改，条款号：第二十四条； 2.《建设工程安全生产管理条例》，依据文号：国务院令第393号，条款号：第三十六条； 3.《安全生产许可证条例》，依据文号：2004年1月13日国务院令第397号，中华人民共和国国务院令第653号，2014年7月29日予以修改，条款号：第六条； 4.《建筑施工企业主要负责人、项目负责人和专职安全生产管理人员安全生产管理规定》，依据文号：中华人民共和国住房和城乡建设部令第17号，自2014年9月1日起施行，条款号：第八条、第十条、第十一条； 5.《住房城乡建设部关于印发建筑施工企业主要负责人、项目负责人和专职安全生产管理人员安全生产管理规定实施意见的通知》，依据文号：建质〔2015〕206号，条款号：第九条； 6.《河北省政府推进政府职能转变和“放管服”改革协调小组办公室关于做好省政府自行下放一批行政许可事项的通知》，依据文号：〔2019〕-6，条款号：附件第9项	河北省住房和城乡建设厅	市行政审批局	省级权限委托市级实施

续表

序号	事项名称	省行政许可通用目录（2020年版）行使层级	设定依据	省级业务指导部门	市级实施部门	备注
171	建筑施工特种作业人员操作资格考核	省级	1.《中华人民共和国安全生产法》，依据文号：2002年6月29日主席令第70号，2014年8月31日予以修改，条款号：第二十七条； 2.《中华人民共和国特种设备安全法》，依据文号：2013年6月29日第十二届全国人民代表大会常务委员会第3次会议通过，2013年6月29日中华人民共和国主席令第4号公布，自2014年1月1日起施行，条款号：第十四条； 3.《建设工程安全生产管理条例》，依据文号：2003年11月24日国务院令第393号，条款号：第二十五条； 4.《安全生产许可证条例》，依据文号：2004年1月13日国务院令第397号，中华人民共和国国务院令第653号2014年7月29日予以修改，条款号：第六条； 5.《建筑起重机械安全监督管理规定》，依据文号：2008年1月28日建设部令第166号公布，自2008年6月1日起施行，条款号：第二十五条； 6.《建筑施工特种作业人员管理规定》，依据文号：建质〔2008〕75号，条款号：第二十二条； 7.《河北省政府推进政府职能转变和“放管服”改革协调小组办公室关于做好省政府自行下放一批行政许可事项的通知》，依据文号：〔2019〕-6，条款号：附件第10项	河北省住房和城乡建设厅	市行政审批局	省级权限委托市级实施
172	关闭、闲置、拆除城市环卫设施许可	市级、县级	1.《中华人民共和国固体废物污染环境防治法》，依据文号：1995年10月30日第八届全国人民代表大会常务委员会第十六次会议通过，2020年4月29日《中华人民共和国固体废物污染环境防治法》由中华人民共和国第十三届全国人民代表大会常务委员会第十七次会议修订通过，自2020年9月1日起施行，条款号：第四十四条； 2.《城市市容和环境卫生管理条例》，依据文号：国务院令第101号公布，2017年3月1日国务院令第676号第二次修正，条款号：第二十二条	河北省住房和城乡建设厅	市行政审批局	
173	城市建筑垃圾处置核准	市级、县级	《国务院对确需保留的行政审批项目设定行政许可的决定》，依据文号：2004年6月29日国务院令第412号，2016年8月25日修订，条款号：附件第101项	河北省住房和城乡建设厅	市行政审批局	
174	城镇污水排入排水管网许可	市级、县级	1.《城镇排水与污水处理条例》，依据文号：013年9月18日国务院第24次常务会议通过，2013年9月9日中华人民共和国国务院令第641号公布，自2014年1月1日起施行，条款号：第二十一条； 2.《城镇污水排入排水管网许可管理办法》依据文号：中华人民共和国住房和城乡建设部令第21号，自2015年3月1日起施行，条款号：第三条	河北省住房和城乡建设厅	市行政审批局	
175	因工程建设需要拆除、改动、迁移供水、排水与污水处理设施审核	市级、县级	1.《城镇排水与污水管理条例》，依据文号：2013年9月18日国务院第24次常务会议通过，2013年9月9日中华人民共和国国务院令第641号公布，自2014年1月1日起施行，条款号：第四十三条； 2.《城市供水条例》，依据文号：1994年7月19日国务院令第158号，2020年3月27日中华人民共和国国务院令第726号《国务院关于修改和废止部分行政法规的决定》第二次修订，条款号：第三十条	河北省住房和城乡建设厅	市行政审批局	
176	设置大型户外广告及在城市建筑物、设施上悬挂、张贴宣传品审批	市级、县级	《城市市容和环境卫生管理条例》，依据文号：1992年5月20日国务院第104次常务会议通过，1992年6月28日国务院令第101号发布，根据2017年3月1日《国务院关于废止和修改部分行政法规的决定》第二次修正，条款号：第三条、第四条、第十一条、第十七条	河北省住房和城乡建设厅	市行政审批局	
177	燃气经营许可证核发	省级、市级	1.《城镇燃气管理条例》，依据文号：国务院令第583号公布，2016年2月6日修正，条款号：第十五条； 2.《河北省燃气管理条例》，依据文号：《河北省燃气管理条例》已经河北省第十三届人民代表大会常务委员会第十三次会议于2019年11月29日通过，自2020年4月1日起施行，条款号：第二十条； 3.《关于印发〈河北省燃气经营许可实施办法〉的通知》，依据文号：冀建法改〔2020〕3号，条款号：第十条、第十三条、第十五条	河北省住房和城乡建设厅	市行政审批局	

续表

序号	事项名称	省行政许可通用目录（2020年版）行使层级	设定依据	省级业务指导部门	市级实施部门	备注
178	燃气经营者改动市政燃气设施审批	市级、县级	1.《城镇燃气管理条例》，依据文号：国务院令第583号公布，2016年2月6日修正，条款号：第三十八条； 2.《国务院关于第六批取消和调整行政审批项目的决定》，依据文号：国发〔2012〕52号，条款号：附件2（一）第21项	河北省住房和城乡建设厅	市行政审批局	
179	特殊车辆在城市道路上行驶（包括经过城市桥梁）审批	市级、县级	《城市道路管理条例》，依据文号：1996年6月4日中华人民共和国国务院令第198号发布，根据2017年3月1日《国务院关于修改和废止部分行政法规的决定》第二次修订，条款号：第二十八条	河北省住房和城乡建设厅	市行政审批局	
180	建设工程勘察企业资质认定（部分乙级及以下）	省级、市级	1.《中华人民共和国建筑法》，依据文号：1997年11月1日主席令第九十一号，2019年4月23日予以修正，条款号：第十三条； 2.《建设工程勘察设计管理条例》，依据文号：2000年9月20日国务院第31次常务会议通过，2000年9月25日中华人民共和国国务院令第293号公布施行，根据2017年10月7日中华人民共和国国务院令第687号公布，自公布之日起施行的《国务院关于修改部分行政法规的决定》修正，条款号：第七条； 3.《建设工程勘察设计资质管理规定》，依据文号：中华人民共和国建设部令第160号，2018年12月22日修改，条款号：第三条、第九条、第十二条、第十四条、第十五条、第十八条	河北省住房和城乡建设厅	市行政审批局	
181	建设工程设计企业资质认定（部分乙级及以下）	省级、市级	1.《中华人民共和国建筑法》，依据文号：1997年11月1日主席令第九十一号，2019年4月23日予以修正，条款号：第十三条； 2.《建设工程勘察设计管理条例》，依据文号：2000年9月20日国务院第31次常务会议通过，2000年9月25日中华人民共和国国务院令第293号公布施行，根据2017年10月7日中华人民共和国国务院令第687号公布，自公布之日起施行的《国务院关于修改部分行政法规的决定》修正，条款号：第七条； 3.《建设工程勘察设计资质管理规定》，依据文号：原建设部令第160号，2018年12月22日修改，条款号：第三条、第九条、第十一条、第十二条、第十三条、第十四条、第十五条、第十八条	河北省住房和城乡建设厅	市行政审批局	
182	道路旅客运输经营许可	市级、县级	1.《中华人民共和国道路运输条例》，依据文号：2004年4月30日国务院令第406号，2019年3月2日修订，条款号：第十条、第十一条； 2.《道路旅客运输及客运站管理规定》，依据文号：2005年7月12日交通部发布，2020年7月2日修正，条款号：第十二条； 3.《河北省人民政府办公厅关于衔接落实国务院取消和下放一批行政许可事项的通知》，依据文号：冀政办发〔2019〕1号，条款号：附件2第3项	河北省交通运输厅	市行政审批局	
183	专用航标设置、撤除、位置移动和其他状况改变审批	市级、县级	1.《中华人民共和国航标条例》，依据文号：国务院令第187号，2011年1月8日修正，条款号：第三条、第六条； 2.《河北省人民政府办公厅关于省政府部门自行取消下放一批行政许可事项的通知》，依据文号：冀政办发〔2018〕1号，条款号：第11条	河北省交通运输厅	市行政审批局	
184	公路超限运输许可	省级、市级、县级	1.《中华人民共和国公路法》，依据文号：中华人民共和国主席令第八十一号，2017年11月4日修正，条款号：第五十条； 2.《公路安全保护条例》，依据文号：2011年3月7日国务院令第593号，条款号：第三十五条、第三十六条	河北省交通运输厅	市行政审批局	
185	占用、挖掘公路、公路用地或者使公路改线审批	省级、市级、县级	1.《中华人民共和国公路法》，依据文号：中华人民共和国主席令第八十一号，2017年11月4日修正，条款号：第四十四条； 2.《公路安全保护条例》，依据文号：国务院令第593号，条款号：第二十七条	河北省交通运输厅	市行政审批局	
186	在公路增设或改造平面交叉道口审批	省级、市级、县级	1.《中华人民共和国公路法》，依据文号：中华人民共和国主席令第八十一号，2017年11月4日修正，条款号：第五十五条； 2.《公路安全保护条例》，依据文号：国务院令第593号，条款号：第二十七条	河北省交通运输厅	市行政审批局	

续表

序号	事项名称	省行政许可通用目录（2020年版）行使层级	设定依据	省级业务指导部门	市级实施部门	备注
187	设置非公路标志审批	省级、市级、县级	1.《中华人民共和国公路法》，依据文号：中华人民共和国主席令第八十一号，2017年11月4日修正，条款号：第五十四条； 2.《公路安全保护条例》，依据文号：国务院令第593号，条款号：第二十七条	河北省交通运输厅	市行政审批局	
188	更新采伐护路林审批	省级、市级、县级	《公路安全保护条例》，依据文号：国务院令第593号，条款号：第二十六条	河北省交通运输厅	市行政审批局	
189	公路建设项目施工许可	省级、市级、县级	1.《中华人民共和国公路法》，依据文号：中华人民共和国主席令第八十一号，2017年11月4日修正，条款号：第二十五条； 2.《国务院关于取消和调整一批行政审批项目等事项的决定》，依据文号：国发〔2014〕50号，条款号：第24项	河北省交通运输厅	市行政审批局	
190	国内水路运输经营许可	省级、市级	1.《国内水路运输管理条例》，依据文号：国务院令第625号，条款号：第八条； 2.《国内水路运输管理规定》，依据文号：2014年1月3日由交通运输部发布，2020年2月20日修正，条款号：第十一条、第十二条、第十三条	河北省交通运输厅	市行政审批局	
191	道路货物运输经营许可（普货）	县级	1.《中华人民共和国道路运输条例》，依据文号：2004年4月30日国务院令第406号，2019年3月2日修订，条款号：第二十四条； 2.《道路货物运输及站场管理规定》，依据文号：中华人民共和国交通运输部令2019年第17号，条款号：第八条	河北省交通运输厅	市行政审批局	裕华区、桥西区、长安区、新华区无交通管理部门，由市级审批
192	道路货物运输经营许可（危货）	市级	1.《中华人民共和国道路运输条例》，依据文号：2004年4月30日国务院令第406号，2019年3月2日修订，条款号：第二十四条； 2.《道路货物运输及站场管理规定》，依据文号：中华人民共和国交通运输部令2019年第17号，条款号：第八条	河北省交通运输厅	市行政审批局	
193	道路旅客运输站（场）经营许可	县级	1.《中华人民共和国道路运输条例》，依据文号：2004年4月30日国务院令第406号，2019年3月2日修订，条款号：第三十九条； 2.《道路旅客运输及客运站管理规定》，依据文号：2005年7月12日交通部发布，2020年7月2日修正，条款号：第十六条	河北省交通运输厅	市行政审批局	裕华区、桥西区、长安区、新华区无交通管理部门，由市级审批
194	机动车驾驶员培训许可	县级	《中华人民共和国道路运输条例》，依据文号：2004年4月30日国务院令第406号，2019年3月2日修订，条款号：第三十九条	河北省交通运输厅	市行政审批局	裕华区、桥西区、长安区、新华区无交通管理部门，由市级审批
195	出租汽车经营资格证、车辆运营证和驾驶员客运资格证核发	市级、县级	1.《国务院对确需保留的行政审批项目设定行政许可的决定》，依据文号：2004年6月29日国务院令第412号，2016年8月25日修订，条款号：附件第112项； 2.《巡游出租汽车经营服务管理规定》，依据文号：交通运输部令2014年底16号发布，交通运输部令2016年第64号修正，条款号：第六条、第八条、第十条、第十一条； 3.《网络预约出租汽车经营服务管理暂行办法》，依据文号：中华人民共和国交通运输部令2016年第60号，2019年12月28日修正，条款号：第四条、第六条、第七条、第八条、第九条； 4.《河北省人民政府办公厅关于做好国务院2015年第一批取消和调整行政审批事项衔接落实工作的通知》，依据文号：冀政办发〔2015〕8号，条款号：附件：三、10	河北省交通运输厅	市行政审批局	巡游出租汽车的经营许可、车辆运营证核发由县级审批，其余出租汽车经营许可、车辆运营证和驾驶员客运资格证核发由市级审批。

续表

序号	事项名称	省行政许可通用目录（2020 年版）行使层级	设定依据	省级业务指导部门	市级实施部门	备注
196	公路水运工程建设项目设计文件审批	省级、市级、县级	1.《中华人民共和国航道法》，依据文号：中华人民共和国主席令第十七号，2016 年 7 月 2 日修订，条款号：第五条、第十条； 2.《中华人民共和国港口法》，依据文号：中华人民共和国主席令 2003 年第 5 号，2017 年修订，条款号：第六条； 3.《航道建设管理规定》，依据文号：中华人民共和国交通运输部令 2018 年第 44 号，条款号：第三条、第二十条、二十四条； 4.《建设工程勘察设计管理条例》，依据文号：2000 年国务院令第 293 号，2017 年 10 月修正，条款号：第三十一条、第三十三条； 5.《建设工程质量管理条例》，依据文号：2000 年国务院令第 279 号，2019 年 4 月 23 日修正，条款号：第十一条； 6.《河北省港口条例》，依据文号：河北省第十一届人民代表大会常务委员会公告第 48 号，2011 年 11 月 26 日发布，条款号：第二十一条； 7.《港口工程建设管理规定》（交通运输部令 2019 年第 32 号），依据条文：第十三条； 8.《公路工程设计变更管理办法》，依据文号：交通部令 2005 年第 5 号，条款号：第七条、第十三条； 9.《公路建设市场管理办法》，依据文号：2004 年 12 月 21 日由原交通部发布，2015 年 6 月 26 日修订，条款号：第十八条； 10.《公路建设监督管理办法》，依据文号：原交通部令 2006 年第 6 号，条款号：第八条、第九条； 11.《关于公路工程基本建设项目设计审批有关问题的通知》，依据文号：厅公路字〔2003〕439 号，条款号：第一条； 12.《河北省人民政府办公厅关于做好与省政府第二批公布取消下放行政审批项目等事项衔接落实工作的通知》，依据文号：冀政办〔2013〕27 号，条款号：附件 3（二）第 23 条	河北省交通运输厅	市行政审批局	
197	跨越、穿越公路及在公路用地范围内架设、埋设管线、电缆等设施，或者利用公路桥梁、公路隧道、涵洞铺设电缆等设施许可	省级、市级、县级	1.《中华人民共和国公路法》，依据文号：主席令第 86 号，2017 年 11 月 4 日修正，条款号：第四十五条； 2.《公路安全保护条例》，依据文号：国务院令第 593 号，条款号：第二十七条； 3.《路政管理规定》，依据文号：2003 年 1 月 27 日发布，2016 年 12 月 10 日修正，条款号：第八条	河北省交通运输厅	市行政审批局	
198	公路建筑控制区内埋设管线、电缆等设施许可	省级、市级、县级	1.《中华人民共和国公路法》，依据文号：主席令第 86 号，2017 年 11 月 4 日修改，条款号：第五十六条； 2.《公路安全保护条例》，依据文号：国务院令第 593 号，条款号：第二十七条； 3.《路政管理规定》，依据文号：2003 年 1 月 27 日发布，2016 年 12 月 10 日修正，条款号：第八条	河北省交通运输厅	市行政审批局	
199	放射性物品道路运输经营许可	市级	1.《放射性物品运输安全管理条例》，依据文号：2009 年 9 月 14 日国务院令第 562 号，条款号：第三十一条； 2.《中华人民共和国道路运输条例》，依据文号：2004 年 4 月 30 日国务院令第 406 号，2016 年 2 月 6 日予以修改，条款号：第二十五条； 3.《放射性物品道路运输管理规定》，依据文号：2010 年 10 月 27 日交通运输部发布，2016 年 9 月 2 日修正，条款号：第十条、第十二条	河北省交通运输厅	市行政审批局	
200	船员适任证书核发	市级	1.《中华人民共和国船员条例》，依据文号：国务院令第 494 号，2020 年 3 月 27 日修正，第六条； 2. 省政府办公厅《关于印发依法实施的行政许可项目的通知》，依据文号：冀政办〔2008〕第 16 号，条款号：附件第 163 项	河北省交通运输厅	市行政审批局	

续表

序号	事项名称	省行政许可通用目录（2020年版）行使层级	设定依据	省级业务指导部门	市级实施部门	备注
201	船舶安全检验证书核发（除渔船外）	省级、市级、县级	1.《中华人民共和国海上交通安全法》，依据文号：1983年9月2日第六届全国人民代表大会常务委员会第二次会议通过，2016年11月7日修正，条款号：第四条； 2.《中华人民共和国船舶和海上设施检验条例》，依据文号：1993年国务院令第109号发布，2019年3月2日修正，条款号：第六条； 3.《中华人民共和国内河交通安全管理条例》，依据文号：国务院令第355号，2017年3月1日修正，条款号：第六条	河北省交通运输厅	市行政审批局	
202	船舶国籍证书核发	市级	1.《中华人民共和国海上交通安全法》，依据文号：中华人民共和国主席令第五十七号，2016年11月7日修正，条款号：第五条； 2.《中华人民共和国船舶登记条例》，依据文号：国务院令第155号，条款号：第三条、第八条、第十六条； 3.《河北省人民政府办公厅关于省政府部门自行取消下放一批行政许可事项的通知》，依据文号：冀政办发〔2018〕1号，条款号：第14条	河北省交通运输厅	市行政审批局	
203	通航建筑物运行方案审批	市级	1.《中华人民共和国航道法》，依据文号：中华人民共和国主席令第四十八号，2016年7月2日修正，条款号：第二十五条； 2.《河北省人民政府办公厅关于省政府部门自行取消下放一批行政许可事项的通知》，依据文号：冀政办发〔2018〕1号，条款号：附件2第10项	河北省交通运输厅	市行政审批局	
204	公路建设项目竣工验收	省级、市级、县级	1.《中华人民共和国公路法》，依据文号：中华人民共和国主席令第八十一号，2017年11月4日修正，条款号：第三十三条； 2.《收费公路管理条例》，依据文号：2004年国务院令第417号，条款号：第二十五条； 3.《公路工程竣（交）工验收办法》，依据文号：原交通部令2004年第3号，条款号：第六条	河北省交通运输厅	市行政审批局	
205	非经营性道路危险货物运输许可	市级	1.《中华人民共和国道路运输条例》，依据文号：2004年4月30日国务院令第406号，2019年3月2日修订，条款号：第八十条； 2.《道路危险货物运输管理规定》，依据文号：交通运输部令2013年第2号，2019年11月28日修正，条款号：第十一条	河北省交通运输厅	市行政审批局	
206	大型设施、移动式平台、超限物体水上拖带审批	县级	1.《中华人民共和国海上交通安全法》，依据文号：中华人民共和国主席令第七号，2016年11月7日修正，条款号：第十六条； 2.《中华人民共和国内河交通安全管理条例》，依据文号：国务院令第355号，2011年1月8日修正，条款号：第二十二条； 3.《河北省人民政府办公厅关于省政府部门自行取消下放一批行政许可事项的通知》，依据文号：冀政办发〔2018〕1号，条款号：附件2第12项	河北省交通运输厅	市行政审批局	裕华区、桥西区、长安区、新华区无交通管理部门，由市级负责审批
207	通航水域岸线安全使用和水上水下活动许可	县级	1.《中华人民共和国海上交通安全法》，依据文号：中华人民共和国主席令第五十七号，2016年11月7日修正，条款号：第三条、第二十条； 2.《河北省人民政府办公厅关于省政府部门自行取消下放一批行政许可事项的通知》，依据文号：冀政办发〔2018〕1号，条款号：附件2第16条	河北省交通运输厅	市行政审批局	裕华区、桥西区、长安区、新华区无交通管理部门，由市级负责审批
208	汽车租赁经营许可	市级、县级	《河北省道路运输条例》，依据文号：2017年7月28日河北省第十二届人民代表大会常务委员会第三十一次会议通过，条款号：第二条、第六条、第四十三条	河北省交通运输厅	市行政审批局	

续表

序号	事项名称	省行政许可通用目录（2020 年版）行使层级	设定依据	省级业务指导部门	市级实施部门	备注
209	取水许可	省级、市级、县级	1.《中华人民共和国水法》，依据文号：1988 年 1 月 21 日主席令第六十一号，2016 年 7 月 2 日修改，条款号：第七条； 2.《取水许可和水资源费征收管理条例》，依据文号：2006 年 2 月 21 日中华人民共和国国务院令第 460 号公布，2017 年 3 月 1 日修改，条款号：第二条、第三条、第二十五条、第二十六条； 3.《河北省取水许可管理办法》，依据文号：河北省人民政府令〔2018〕第 3 号，条款号：第十条、第二十一条	河北省水利厅	市行政审批局	
210	水利基建项目初步设计文件审批	省级、市级、县级	1.《国务院对确需保留的行政审批项目设定行政许可的决定》，依据文号：2016 年 8 月 25 日中华人民共和国国务院令第 671 号公布，条款号：附件第 172 项； 2.《河北省人民政府办公厅关于省政府部门下放一批行政权力事项的通知》，依据文号：冀政办发〔2016〕7 号，条款号：第 21 项； 3.《河北省政府推进政府职能转变和“放管服”改革协调小组办公室关于做好省政府自行下放一批行政许可事项的通知》，依据文号：〔2019〕-6，条款号：第 11 项	河北省水利厅	市行政审批局	
211	河道采砂许可	市级、县级	1.《中华人民共和国水法》，依据文号：2002 年 8 月 29 日第九届全国人民代表大会常务委员会第二十九次会议通过，2016 年 7 月 2 日修正，条款号：第三十九条； 2.《中华人民共和国河道管理条例》，依据文号：1988 年 6 月 10 日国务院令第 3 号发布，2018 年 3 月 19 日修改，条款号：第二十五条； 3.《河北省河道采砂管理规定》，依据文号：2008 年 2 月 14 日河北省人民政府令〔2008〕第 3 号公布，2020 年 10 月 31 日修正，条款号：第十一条； 4.《河北省人民政府办公厅关于做好与省政府第三批公布取消下放行政审批项目衔接落实工作的通知》，依据文号：冀政办〔2013〕41 号，条款号：附件 2 第 17 项	河北省水利厅	市行政审批局	
212	河道管理范围内有关活动（不含河道采砂）审批	省级、市级、县级	《中华人民共和国河道管理条例》，依据文号：1988 年 6 月 10 日国务院令第 3 号，2018 年 3 月 19 日国务院 697 号令修改，条款号：第二十五条	河北省水利厅	市行政审批局	
213	生产建设项目水土保持方案审批	省级、市级、县级	1.《中华人民共和国水土保持法》，依据文号：1991 年 6 月 29 日主席令第四十九号，2010 年 12 月 25 日予以修改，条款号：第二十五条、第二十六条； 2.《开发建设项目水土保持方案编报审批管理规定》，依据文号：1995 年 5 月 30 日水利部令第 5 号发布，2017 年 12 月 22 日第二次修正，条款号：第八条	河北省水利厅	市行政审批局	
214	洪水影响评价审批	省级、市级、县级	1.《中华人民共和国水法》，依据文号：1988 年 1 月 21 日主席令第六十一号，2016 年 7 月 2 日修改，条款号：第三十八条； 2.《中华人民共和国防洪法》，依据文号：1997 年 8 月 29 日主席令第八十八号，2016 年 7 月 2 日修改，条款号：第二十七条、三十三条； 3.《中华人民共和国河道管理条例》，依据文号：1988 年 6 月 10 日国务院令第 3 号，2017 年 10 月 7 日修改，条款号：第十一条； 4.《中华人民共和国水文条例》，依据文号：2007 年 4 月 25 日国务院令第 496 号，2016 年 2 月 6 日予以修改，条款号：第十四条、第三十条； 5.《国务院关于印发清理规范投资项目报建审批事项实施方案的通知》国发〔2016〕29 号	河北省水利厅	市行政审批局	

续表

序号	事项名称	省行政许可通用目录（2020 年版）行使层级	设定依据	省级业务指导部门	市级实施部门	备注
215	畜禽定点屠宰厂（场）设置审查	市级	1.《生猪屠宰管理条例》，依据文号：1997 年 12 月 19 日国务院令第 238 号，2016 年 2 月 6 日予以修改，条款号：第六条； 2.《河北省畜禽屠宰管理办法》，依据文号：河北省人民政府令〔2009〕第 3 号，2016 年 6 月 14 日修正，条款号：第十条	河北省农业农村厅	市行政审批局	
216	兽药经营许可证核发	市级、县级	1.《中华人民共和国兽药管理条例》，依据文号：2004 年 4 月 9 日国务院令第 404 号，2020 年 3 月 27 日修订，条款号：第二十二条、第二十四条； 2.《河北省人民政府办公厅关于省政府部门自行取消下放一批行政许可事项的通知》，依据文号：冀政办发〔2018〕1 号，条款号：附件 2 第 36 条	河北省农业农村厅	市行政审批局	
217	食用菌菌种质量检验机构资格认定	省级	1.《中华人民共和国种子法》，依据文号：2000 年 7 月 8 日主席令第三十四号，2015 年 11 月 4 日予以修改，条款号：第四十八条、第九十三条； 2.《国务院关于取消和下放一批行政审批项目的决定》，依据文号：国发〔2014〕5 号，条款号：附件 2 第 78 项、79 项； 3.《河北省人民政府办公厅关于省政府部门自行取消下放一批行政许可事项的通知》，依据文号：冀政办发〔2018〕1 号，条款号：附件 2 第 28 项； 4.《国务院关于取消和下放一批行政许可事项的决定》，依据文号：国发〔2020〕13 号，条款号：附件 1 第 20 项	河北省农业农村厅	市行政审批局	省级权限委托市级实施
218	农药经营许可	省级、市级、县级	1.《农药管理条例》，依据文号：2017 年 3 月 16 日国务院令第 677 号，条款号：第二十四条、第二十五条； 2.《农药经营许可管理办法》，依据文号：2017 年农业部令第 5 号，条款号：第三条、第四条、第十三条、第十五条	河北省农业农村厅	市行政审批局	
219	渔业捕捞许可审批	县级	1.《中华人民共和国渔业法》，依据文号：1986 年 1 月 20 日主席令第三十四号，2013 年 12 月 28 日予以修改，条款号：第二十三条； 2.《中华人民共和国渔业法实施细则》，依据文号：1987 年 10 月 20 日农牧渔业部发布，2020 年 3 月 27 日修正，条款号：第十五条； 3.《河北省人民政府办公厅关于做好与省政府第二批公布取消下放行政审批项目等事项衔接落实工作的通知》，依据文号：冀政办〔2013〕27 号，条款号：附件《我省 2013 年第二批决定取消和下放管理层级的行政许可、非行政许可审批和行政监管事项目录》（二）第 26 项	河北省农业农村厅	市行政审批局	市级仅负责黄壁庄水库渔业捕捞许可，依据：石政办发〔2011〕3 号
220	蜂、蚕种生产、经营许可证核发	市级	1.《中华人民共和国畜牧法》，依据文号：2005 年 12 月 29 日主席令第四十五号，2015 年 4 月 24 日予以修改，条款号：第二条、第二十二条； 2.《蚕种管理办法》，依据文号：2006 年 6 月 28 日农业部令第 68 号，条款号：第十八条； 3.《养蜂管理办法（试行）》，依据文号：2011 年 12 月 13 日农业部公告第 1692 号，条款号：第七条； 4.《河北省人民政府办公厅关于省政府部门自行取消下放一批行政许可事项的通知》，依据文号：冀政办发〔2018〕1 号，条款号：附件 2 第 34 项； 5.《河北省人民政府办公厅关于印发河北省种畜禽生产经营许可证审核发放管理办法的通知》（冀政办字〔2020〕216 号）第六条、第十七条	河北省农业农村厅	市行政审批局	
221	种畜禽生产经营许可	省级、市级、县级	1.《中华人民共和国畜牧法》，依据文号：2005 年 12 月 29 日主席令第四十五号，2015 年 4 月 24 日予以修改，条款号：第二十二条； 2.《家畜遗传材料生产许可办法》，依据文号：农业部令 2015 年第 4 号，条款号：第三条	河北省农业农村厅	市行政审批局	市级权限委托县（市、区）实施，依据：石政办发〔2016〕27 号

续表

序号	事项名称	省行政许可通用目录（2020 年版）行使层级	设定依据	省级业务指导部门	市级实施部门	备注
222	农作物种子生产经营许可证核发	省级、市级、县级	1.《中华人民共和国种子法》(2015 年修订)，依据文号：第 35 号主席令，条款号：第三十一条； 2.《农作物种子生产经营许可管理办法》，依据文号：2016 年农业部令第 5 号，2020 年 7 月 8 日农业农村部令 2020 年第 5 号修订，条款号：第十三条、第十九条	河北省农业农村厅	市行政审批局	市级权限委托县（市、区）实施，依据：石政办发〔2013〕48 号
223	食用菌菌种生产经营许可证核发	省级、市级、县级	1.《中华人民共和国种子法》，依据文号：第 35 号主席令，2015 年 11 月 4 日修正，条款号：第三十一条、第九十三条； 2.《食用菌菌种管理办法》，依据文号：2006 年 3 月 27 日农业部令第 62 号公布，2015 年 4 月 29 日修正，条款号：第十三条、第十四条	河北省农业农村厅	市行政审批局	
224	成品油零售经营资格审批	市级	1.《国务院对确需保留的行政审批项目设定行政许可的决定》，依据文号：2016 年 8 月 25 日中华人民共和国国务院令第 671 号公布，条款号：第 183 项； 2.《河北省政府推进政府职能转变和“放管服”改革协调小组办公室关于做好省政府自行下放一批行政许可事项的通知》，依据文号：〔2019〕-6，条款号：附件第 13 项； 3.《国务院关于取消和下放一批行政许可事项的决定》，依据文号：国发〔2020〕13 号，条款号：附件 2 第 2 项	河北省商务厅	市行政审批局	衔接省政府对应国务院下放事项
225	从事拍卖业务许可	省级	1.《中华人民共和国拍卖法》，依据文号：2004 年 8 月 28 日第十届全国人民代表大会常务委员会第十一次会议通过，2015 年 4 月 24 日修正，条款号：第十一条； 2.《拍卖管理办法》，依据文号：2004 年 11 月 15 日商务部第 14 次部务会议审议通过，2019 年 11 月 30 日第二次修订，条款号：第十二条、第十三条、第十五条	河北省商务厅	市行政审批局	省级权限部分委托市级实施
226	报废机动车回收企业资质认定	省级	1.《报废机动车回收管理办法》，依据文号：2019 年 4 月 22 日中华人民共和国国务院令第 715 号发布，条款号：第六条、第七条； 2.《报废机动车回收管理办法实施细则》，依据文号：商务部令 2020 年第 2 号，条款号：第十条	河北省商务厅	市行政审批局	市级初审，依据：冀商规字〔2020〕3 号
227	对外劳务合作经营资格核准	市级	1.《对外劳务合作管理条例》，依据文号：2012 年 5 月 16 日国务院第 203 次常务会议通过，2012 年 6 月 4 日中华人民共和国国务院令第 620 号公布，自 2012 年 8 月 1 日起施行，条款号：第五条、第六条； 2.《河北省人民政府办公厅关于做好国务院取消下放行政审批项目和我省 2014 年第一批取消下放行政审批项目衔接落实工作的通知》，依据文号：冀政办〔2014〕7 号，条款号：附件 2（二）第 13 项	河北省商务厅	市行政审批局	
228	外商投资旅行社业务许可	市级	1.《旅行社条例》，依据文号：2009 年 2 月 20 日国务院令第 550 号，2016 年 2 月 6 日予以修改，条款号：第二十二条； 2.《国务院关于取消和调整一批行政审批项目等事项的决定》，依据文号：国发〔2014〕27 号，条款号：第 39 项； 3.《河北省人民政府办公厅关于省政府部门自行取消下放一批行政许可事项的通知》，依据文号：冀政办发〔2018〕1 号，条款号：附件 2 第 50 项	河北省文化和旅游厅	市行政审批局	
229	旅行社设立许可	市级	1.《中华人民共和国旅游法》，依据文号：2013 年 4 月 25 日第十二届全国人民代表大会常务委员会第二次会议通过，根据 2018 年 10 月 26 日第十三届全国人民代表大会常务委员会第六次会议《关于修改〈中华人民共和国野生动物保护法〉等十五部法律的决定》第二次修正，条款号：第二十八条； 2.《旅行社条例》，依据文号：2009 年 1 月 21 日国务院第 47 次常务会议通过，根据 2017 年 3 月 1 日国务院令第 676 号公布的《国务院关于修改和废止部分行政法规的决定》第二次修正，条款号：第七条； 3.《河北省人民政府办公厅关于做好国务院取消调整行政审批事项和省政府部门 2014 年第二批取消下放行政审批事项衔接落实工作的通知》，依据文号：冀政办〔2014〕17 号，条款号：附件 2（二）第 32 项； 4. 根据《河北省旅游局关于调整旅行社业务经营许可证审批及有关事项的通知》，依据文号：冀旅办字〔2014〕154 号	河北省文化和旅游厅	市行政审批局	

续表

序号	事项名称	省行政许可通用目录（2020 年版）行使层级	设定依据	省级业务指导部门	市级实施部门	备注
230	导游证核发	市级	1.《中华人民共和国旅游法》，依据文号：2013 年 4 月 25 日第十二届全国人民代表大会常务委员会第二次会议通过，根据 2018 年 10 月 26 日第十三届全国人民代表大会常务委员会第六次会议《关于修改〈中华人民共和国野生动物保护法〉等十五部法律的决定》第二次修正，条款号：第三十七条； 2.《导游人员管理条例》，依据文号：1999 年 5 月 14 日中华人民共和国国务院令第 263 号发布，2017 年 10 月 7 日修正，条款号：第四条； 3.《河北省旅游发展委员会关于下放核发导游证和领队证工作的通知》，依据文号：冀旅办函字〔2016〕78 号	河北省文化和旅游厅	市行政审批局	
231	演出经纪机构从事营业性演出经营活动审批	省级	1.《营业性演出管理条例》，依据文号：2005 年 7 月 7 日中华人民共和国国务院令第 439 号公布，根据 2016 年 2 月 6 日发布的国务院令第 666 号《国务院关于修改部分行政法规的决定》第三次修正，条款号：第六条、第十一条； 2.《河北省人民政府办公厅关于省政府部门下放一批行政权力事项的通知》，依据文号：冀政办发〔2016〕7 号，条款号：附件第 31 项	河北省文化和旅游厅	市行政审批局	省级权限委托市级实施
232	非国有文物收藏单位和其他单位借用国有文物收藏单位馆藏文物审批	省级、市级、县级	《中华人民共和国文物保护法》，依据文号：1982 年 11 月 19 日第五届全国人民代表大会常务委员会第二十五次会议通过，2017 年 11 月 4 日第五次修正，条款号：第四十条	河北省文物局	市行政审批局	市级权限委托裕华区、桥西区、长安区、新华区实施，依据：石政办发〔2013〕48 号
233	文物保护单位及未核定为文物保护单位的不可移动文物修缮许可	省级、市级、县级	1.《中华人民共和国文物保护法》，依据文号：1982 年 11 月 19 日第五届全国人民代表大会常务委员会第二十五次会议通过，2017 年 11 月 4 日第五次修正，条款号：第二十一条； 2.《中华人民共和国文物保护法实施条例》，依据文号：依据文号：2003 年 5 月 18 日中华人民共和国国务院令第 377 号公布，2017 年 3 月 1 日修订，条款号：第十八条； 3.《文物保护工程管理办法》，依据文号：2003 年 3 月 17 日文化部部务会议审议通过，中华人民共和国文化部令第 26 号，条款号：第十条	河北省文物局	市行政审批局	
234	核定为文物保护单位的属于国家所有的纪念建筑物或者古建筑改变用途审批	省级、市级、县级	《中华人民共和国文物保护法》，依据文号：1982 年 11 月 19 日第五届全国人民代表大会常务委员会第二十五次会议通过，2017 年 11 月 4 日第五次修正，条款号：第二十三条	河北省文物局	市行政审批局	省级权限部分委托市级实施

续表

序号	事项名称	省行政许可通用目录（2020年版）行使层级	设定依据	省级业务指导部门	市级实施部门	备注
235	建设工程文物保护和考古许可	省级、市级、县级	1.《中华人民共和国文物保护法》，依据文号：1982年11月19日第五届全国人民代表大会常务委员会第二十五次会议通过，2017年11月4日第五次修正，条款号：第十七条、第十八条、第二十九条； 2.《河北省人民政府办公厅关于做好国务院取消调整行政审批事项和省政府部门2014年第二批取消下放行政审批事项衔接落实工作的通知》，依据文号：冀政办〔2014〕17号，条款号：附件2（二）第33项	河北省文物局	市行政审批局	1.“文物保护单位建设控制地带内建设工程设计方案审核”的市级权限委托裕华区、桥西区、长安区、新华区实施，依据：石政办发〔2013〕48号 2.“在市级文物保护单位的保护范围内进行其他建设工程或者爆破、钻探、挖掘等作业审批”的省级权限委托市级实施
236	文物保护单位原址保护措施审批	省级、市级、县级	《中华人民共和国文物保护法》，依据文号：1982年11月19日第五届全国人民代表大会常务委员会第二十五次会议通过，2017年11月4日第五次修正，条款号：第二十条	河北省文物局	市行政审批局	市级权限委托裕华区、桥西区、长安区、新华区实施，依据：石政办发〔2013〕48号
237	博物馆藏品取样审批	省级	1.《国务院对确需保留的行政审批项目设定行政许可的决定》，依据文号：2004年6月29日国务院令第412号，2016年8月25日予以修改，条款号：附件序号第464项博物馆藏品取样审批，实施部门：国家文物局、省级人民政府文物行政主管部门； 2.《博物馆藏品管理办法》，依据文号：文化部1986年6月19日，文物字〔86〕第730号，条款号：第二十三条； 3.《河北省人民政府办公厅关于省政府部门再取消下放一批行政权力事项的通知》，依据文号：冀政办发〔2016〕23号，条款号：附件2第47项	河北省文物局	市行政审批局	省级权限委托市级实施
238	外国公民、组织和国际组织参观未开放的文物点和考古发掘现场审批	省级	1.《中华人民共和国考古涉外工作管理办法》，依据文号：1991年2月22日国家文物局令第1号发布，2016年2月6日第二次修正，条款号：第十三条； 2.《河北省人民政府办公厅关于省政府部门再取消下放一批行政权力事项的通知》，依据文号：冀政办发〔2016〕23号，条款号：附件2第46项	河北省文物局	市行政审批局	省级权限委托市级实施

续表

序号	事项名称	省行政许可通用目录（2020年版）行使层级	设定依据	省级业务指导部门	市级实施部门	备注
239	境外机构和团体拍摄考古发掘现场审批	省级	1.《国务院对确需保留的行政审批项目设定行政许可的决定》，依据文号：2004年6月29日国务院令第412号，2016年8月25日予以修改，条款号：附件第461项； 2.《国务院关于取消和调整一批行政审批项目等事项的决定》，依据文号：国发〔2014〕27号，条款号：附件1第51项； 3.《河北省人民政府办公厅关于做好国务院取消调整行政审批事项和省政府部门2014年第二批取消下放行政审批事项衔接落实工作的通知》，依据文号：冀政办〔2014〕17号，条款号：附件1（二）第13项； 4.《河北省人民政府办公厅关于省政府部门再取消下放一批行政权力事项的通知》，依据文号：冀政办发〔2016〕23号，条款号：附件2第45项	河北省文物局	市行政审批局	省级权限委托市级实施
240	单采血浆站执业许可	省级	1.《血液制品管理条例》，依据文号：1996年12月30日中华人民共和国国务院令第208号发布，2016年2月6日修正，条款号：第七条； 2.《单采血浆站管理办法》，依据文号：2008年1月4日卫生部令第58号，2016年1月19日修正，条款号：第十三条、第十四条、第十八条、第十九条	河北省卫生健康委员会	市行政审批局	“单采血浆站许可证核发”由“市级审查、县级初审”
241	设置戒毒医疗机构或者医疗机构从事戒毒治疗业务许可	省级、市级	1.《中华人民共和国禁毒法》，依据文号：2007年12月29日主席令第七十九号，条款号：第三十六条； 2.《戒毒医疗服务管理暂行办法》，依据文号：卫医政发〔2010〕2号，条款号：第七条； 3.《关于进一步改革完善医疗机构、医师审批工作的通知》，依据文号：国卫医发〔2018〕19号，条款号：第五条	河北省卫生健康委员会	市行政审批局	
242	医师执业注册	省级、市级、县级	1.《中华人民共和国执业医师法》，依据文号：1998年6月26日主席令第五号，2009年8月27日修正，条款号：第十三条； 2.《医师执业注册管理办法》，依据文号：2017年2月3日国家卫生和计划生育委员会令第13号，条款号：第九条、第十条、第十六条、第十七条、第十八条、第十九条、第二十条； 3.《国家卫生计生委关于加强医疗美容主诊医师管理有关问题的通知》，依据文号：国卫医发〔2017〕16号，条款号：第一条； 3.《河北省政府职能转变和“放管服”改革协调小组办公室关于做好省政府自行下放一批行政许可事项的通知》，依据文号：2019年第6号，条款号：第16项	河北省卫生健康委员会	市行政审批局	省级权限委托市级实施
243	护士执业注册	省级、市级、县级	1.《护士条例》，依据文号：2008年1月31日国务院令第517号，2020年3月27日修正，条款号：第七条、第八条、第十条； 2.《护士执业注册管理办法》，依据文号：2008年5月6日卫生部令第59号，条款号：第八条、第十条、第十二条、第十五条、第十六条、第十七条、第十八条； 3.《河北省政府职能转变和“放管服”改革协调小组办公室关于做好省政府自行下放一批行政许可事项的通知》，依据文号：2019年第6号，条款号：第16项	河北省卫生健康委员会	市行政审批局	省级权限委托市级实施
244	麻醉药品和第一类精神药品购用许可	市级	《麻醉药品和精神药品管理条例》，依据文号：国务院令第442号，条款号：第三十六条	河北省卫生健康委员会	市行政审批局	市级权限委托县（市、区）实施，依据：石政办发〔2013〕48号

续表

序号	事项名称	省行政许可通用目录（2020 年版）行使层级	设定依据	省级业务指导部门	市级实施部门	备注
245	医疗广告审查	省级	1.《中华人民共和国广告法》，依据文号：1994 年 10 月 27 日主席令第三十四号，2015 年 4 月 24 日修订，条款号：第四十六条； 2.《医疗广告管理办法》，依据文号：中华人民共和国卫生部令第 26 号，条款号：第三条、第四条、第五条、第八条、第九条； 3.《河北省人民政府办公厅关于省政府部门自行取消下放一批行政许可事项的通知》，依据文号：冀政办发〔2018〕1 号，条款号：附件 2 第 46 条	河北省卫生健康委员会	市行政审批局	省级权限部分委托市级实施
246	放射源诊疗技术和医用辐射机构许可	省级、市级、县级	1.《放射性同位素与射线装置安全和防护条例》，依据文号：2005 年 9 月 14 日国务院令第 449 号，2019 年 3 月 2 日修订，条款号：第八条； 2.《放射诊疗管理规定》，依据文号：2006 年 1 月 24 日卫生部令第 46 号，2016 年 1 月 19 日修正，条款号：第十一条、第十七条、第十八条； 3.《河北省放射诊疗建设项目卫生审查和放射诊疗许可管理办法》，依据文号：冀卫规〔2017〕1 号，条款号：第二十一条、第二十五条、第二十六条、第二十七条	河北省卫生健康委员会	市行政审批局	市级权限委托县（市、区）实施，依据：石政办发〔2013〕48 号，附件 4“放射诊疗许可”
247	医疗机构放射性职业病危害建设项目预评价报告审核	省级、市级、县级	1.《中华人民共和国职业病防治法》，依据文号：2001 年 10 月 27 日主席令第六十号，2018 年 12 月 29 日修定，条款号：第十七条、第八十六条； 2.《放射诊疗管理规定》，依据文号：2006 年 1 月 24 日卫生部令第 46 号，2016 年 1 月 19 日修订，条款号：第十一条	河北省卫生健康委员会	市行政审批局	市级权限委托县（市、区）实施，依据：石政办发〔2013〕48 号，附件 4“放射诊疗许可”
248	高致病性病原微生物菌（毒）种或样本运输审批	省级	1.《中华人民共和国传染病防治法》，依据文号：1989 年 2 月 21 日主席令第十五号，2013 年 6 月 29 日修订，条款号：第二十六条； 2.《病原微生物实验室生物安全管理条例》，依据文号：2004 年 11 月 12 日国务院令第 424 号，条款号：第十一条； 3.《可感染人类的高致病性病原微生物菌（毒）种或样本运输管理规定》，依据文号：2005 年 12 月 28 日卫生部令第 45 号，条款号：第九条； 4.《河北省人民政府办公厅关于省政府部门自行取消下放一批行政许可事项的通知》，依据文号：冀政办发〔2018〕1 号，条款号：附件 2 第 47 条	河北省卫生健康委员会	市行政审批局	省级权限部分委托市级实施
249	医疗机构放射性职业病危害建设项目竣工验收	省级、市级、县级	1.《中华人民共和国职业病防治法》，依据文号：2001 年 10 月 27 日主席令第六十号，2018 年 12 月 29 日修正，条款号：第十八条； 2.《放射诊疗管理规定》，依据文号：2006 年 1 月 24 日卫生部令第 46 号，2016 年 1 月 19 日，条款号：第三条、第十三条	河北省卫生健康委员会	市行政审批局	市级权限委托县（市、区）实施，依据：石政办发〔2013〕48 号，附件 4“放射诊疗许可”
250	公共场所卫生许可（除饭馆，咖啡馆，酒吧，茶座等）	市级、县级	1.《公共场所卫生管理条例》，依据文号：国发〔1987〕24 号，条款号：第四条； 2.《公共场所卫生管理条例实施细则》，依据文号：2011 年 3 月 10 日卫生部令第 80 号，2017 年 12 月 5 日修正，条款号：第二十二条、第二十七条； 3.《国务院关于第六批取消和调整行政审批项目的决定》，依据文号：国发〔2012〕52 号，条款号：附件《下放管理层级的行政审批项目》第 49 项； 4.《国务院关于整合调整餐饮服务场所的公共场所卫生许可证和食品经营许可证的决定》，依据文号：国发〔2016〕12 号	河北省卫生健康委员会	市行政审批局	

续表

序号	事项名称	省行政许可通用目录（2020年版）行使层级	设定依据	省级业务指导部门	市级实施部门	备注
251	医疗机构设置审批（含港澳台）	省级、市级、县级	1.《医疗机构管理条例》，依据文号：1994年2月26日国务院令第149号，2016年2月6日修正，条款号：第九条、第五十三条； 2.《国务院关于取消和下放50项行政审批项目等事项的决定》，依据文号：国发〔2013〕27号，条款号：附件1第1项； 3.《关于扩大香港和澳门服务提供者在内地设立独资医院地域范围的通知》，依据文号：卫医政发〔2012〕19号； 4.《国家卫生计生委关于调整港澳台服务提供者在内地设置独资医院审批权限的通知》，依据文号：国卫医发〔2013〕37号； 5.《香港和澳门服务提供者在内地设立独资医院管理暂行办法》，依据文号：卫医政发〔2010〕109号，条款号：第十一条、第十二条、第十三条、第十四条； 6.《医疗机构管理条例实施细则》，依据文号：卫生部令第35号，条款号：第十一条； 7.《河北省医疗机构管理实施办法》，依据文号：河北省人民政府令〔1999〕第3号公布，2014年1月16日修正，条款号：第六条； 8.《关于进一步改革完善医疗机构、医师审批工作的通知》，依据文号：国卫医发〔2018〕19号，条款号：第五条； 9.《中外合资、合作医疗机构管理暂行办法》； 10.《卫生部关于调整中外合资合作医疗机构审批权限的通知》； 11.《互联网医院管理办法（试行）》，依据文号：国卫医发〔2018〕25号，条款号：第七条； 12.《河北省互联网医院管理办法实施细则（试行）》，依据文号：冀卫规〔2018〕6号，条款号：第六条	河北省卫生健康委员会	市行政审批局	市级权限委托裕华区、桥西区、长安区、新华区实施，依据：石政办发〔2013〕48号
252	医疗机构执业登记	省级、市级、县级	1.《医疗机构管理条例》，依据文号：1994年2月26日国务院令第149号，2016年2月6日修正，条款号：第十五条、第十七条、第二十条、第二十一条、第二十三条； 2.《医疗机构管理条例实施细则》，依据文号：中华人民共和国卫生部令第35号，2017年2月3日修正，条款号：第二十三条、第二十五条、第二十六条、第二十九条、第三十条、第三十四条、第三十七条； 3.《互联网医院管理办法（试行）》，依据文号：国卫医发〔2018〕25号，条款号：第九条、第十条； 4.《河北省医疗机构管理实施办法》，依据文号：河北省人民政府令〔1999〕第3号公布，2014年1月16日修正，条款号：第六条、第十二条； 5.《河北省互联网医院管理办法实施细则（试行）》，依据文号：冀卫规〔2018〕6号，条款号：第十一条、第十三条； 6.《卫生部关于对医疗机构血液透析室实行执业登记管理的通知》，依据文号：卫医政发〔2010〕32号，条款号：第一条	河北省卫生健康委员会	市行政审批局	市级权限委托裕华区、桥西区、长安区、新华区实施，依据：石政办发〔2013〕48号
253	非煤矿矿山企业安全生产许可证核发	省级、市级	1.《安全生产许可证条例》，依据文号：2004年1月13日国务院令第397号，中华人民共和国国务院令第653号2014年7月29日予以修改，条款号：第二条、第三条、第九条； 2.《非煤矿矿山企业安全生产许可证实施办法》，依据文号：国家安监总局令第20号，条款号：第二条、第三条、第四条、第十九条、第二十条、第二十一条	河北省应急管理厅	市行政审批局	
254	非煤矿矿山建设项目安全设施设计审查	省级、市级、县级	1.《中华人民共和国安全生产法》，依据文号：2002年6月29日主席令第70号，2014年8月31日予以修改，条款号：第三十条； 2.《建设项目安全设施“三同时”监督管理办法》，依据文号：2010年12月14日国家安全生产监督管理总局令第36号，2015年4月2日国家安全生产监督管理总局令第77号修正，条款号：第五条、第七条、第十二条	河北省应急管理厅	市行政审批局	市级权限委托县（市、区）实施，依据：石行审规〔2019〕5号

续表

序号	事项名称	省行政许可通用目录（2020年版）行使层级	设定依据	省级业务指导部门	市级实施部门	备注
255	危险化学品建设项目的安全条件审查	省级、市级	1.《危险化学品安全管理条例》，依据文号：2002年1月26日中华人民共和国国务院令第344号公布，2013年12月7日中华人民共和国国务院令第645号公布，自2013年12月7日起施行的《国务院关于修改部分行政法规的决定》第二次修正，条款号：第十二条； 2.《危险化学品建设项目安全监督管理办法》，依据文号：国家安全监管总局令第45号，条款号：第十条； 3.《河北省人民政府办公厅关于省政府部门下放一批行政权力事项的通知》，依据文号：冀政办发〔2016〕7号，条款号：第38项	河北省应急管理厅	市行政审批局	市级权限下放裕华区、新华区、桥西区、长安区，委托其余县（市、区）实施，依据：石行审规〔2019〕5号
256	危险化学品建设项目的安全设施设计审查	省级、市级	1.《中华人民共和国安全生产法》，依据文号：2002年6月29日主席令第70号，2014年8月31日予以修改，条款号：第三十条； 2.《危险化学品建设项目安全监督管理办法》，依据文号：国家安全监管总局令第45号，2015年5月27日国家安全生产监督管理总局令第79号修正，条款号：第十六条； 3.《河北省人民政府办公厅关于省政府部门下放一批行政权力事项的通知》，依据文号：冀政办发〔2016〕7号，条款号：第37项	河北省应急管理厅	市行政审批局	市级权限下放裕华区、新华区、桥西区、长安区，委托其余县（市、区）实施，依据：石行审规〔2019〕5号
257	生产、储存烟花爆竹建设项目安全设施设计审查	省级、市级、县级	1.《中华人民共和国安全生产法》，依据文号：2002年6月29日主席令第70号，2014年8月31日予以修改，条款号：第三十条； 2.《烟花爆竹安全管理条例》，依据文号：国务院令第445号，2016年2月6日发布的国务院令第666号修正，条款号：第八条； 3.《建设项目安全设施"三同时"监督管理办法》，依据文号：2010年12月14日国家安全生产监督管理总局令第36号，2015年4月2日国家安全生产监督管理总局令第77号修正，条款号：第五条、第七条、第十二条； 4.《河北省安全生产监督管理局关于进一步规范烟花爆竹生产、储存建设项目安全监管工作的通知》，依据文号：冀安监管危化〔2008〕84号	河北省应急管理厅	市行政审批局	
258	金属冶炼建设项目安全设施设计审查	省级、市级	1.《中华人民共和国安全生产法》，依据文号：2002年6月29日主席令第70号，2014年8月31日予以修改，条款号：第三十条； 2.《安全监管部门中央指定地方实施行政审批事项目录》，条款号：第10条	河北省应急管理厅	市行政审批局	
259	危险化学品安全使用许可证核发	市级	1.《危险化学品安全管理条例》，依据文号：2002年1月26日中华人民共和国国务院令第344号公布，根据2013年12月4日国务院第32次常务会议通过，2013年12月7日中华人民共和国国务院令第645号公布，自2013年12月7日起施行的《国务院关于修改部分行政法规的决定》第二次修正，条款号：第二十九条、第三十一条； 2.《危险化学品安全使用许可证实施办法》，依据文号：2012年11月16日国家安全生产监督管理总局令第57号发布，根据2017年3月6日国家安全生产监督管理总局令第89号《国家安全监管总局关于修改和废止部分规章及规范性文件的决定》第二次修正，条款号：第五条、第二十四条、第二十五条、第二十六条、第二十七条	河北省应急管理厅	市行政审批局	
260	危险化学品经营许可	市级、县级	1.《危险化学品安全管理条例》，依据文号：2002年1月26日中华人民共和国国务院令第344号公布，根据2013年12月4日国务院第32次常务会议通过，2013年12月7日中华人民共和国国务院令第645号公布，自2013年12月7日起施行的《国务院关于修改部分行政法规的决定》第二次修正，条款号：第三十三条、第三十五条； 2.《危险化学品经营许可证管理办法》，依据文号：2012年7月17日国家安全生产监督管理总局令第55号发布，根据2015年5月27日原国家安全生产监督管理总局令第79号《国家安全监管总局关于废止和修改危险化学品等领域七部规章的决定》修正，条款号：第三条、第五条、第十四条、第十六条、第十七条、第十八条、第十九条、第二十条	河北省应急管理厅	市行政审批局	市级权限委托县（市）、区实施，依据：石行审规〔2019〕5号

续表

序号	事项名称	省行政许可通用目录（2020 年版）行使层级	设定依据	省级业务指导部门	市级实施部门	备注
261	第一类非药品类易制毒化学品生产许可证核发	省级	1.《易制毒化学品管理条例》，依据文号：2005 年 8 月 26 日国务院令第 445 号公布，根据 2018 年 9 月 18 日国务院令第 703 号《国务院关于修改部分行政法规的决定》修正，条款号：第七条、第八条； 2.《非药品类易制毒化学品生产、经营许可办法》，依据文号：2006 年 4 月 5 日国家安全生产监督管理总局令第 5 号公布，自 2006 年 4 月 15 日起施行，条款号：第三条； 3.《关于省政府部门下放一批行政权力事项的通知》，依据文号：冀政办发〔2016〕7 号，条款号：第 41 项	河北省应急管理厅	市行政审批局	省级权限委托市级实施
262	第一类非药品类易制毒化学品经营许可证核发	省级	1.《易制毒化学品管理条例》，依据文号：2005 年 8 月 26 日国务院令第 445 号公布，根据 2018 年 9 月 18 日国务院令第 703 号《国务院关于修改部分行政法规的决定》修正，条款号：第十条； 2.《非药品类易制毒化学品生产、经营许可办法》，依据文号 2006 年 4 月 5 日国家安全生产监督管理总局令第 5 号公布，自 2006 年 4 月 15 日起施行，条款号：第三条、第十八条； 3.《关于省政府部门下放一批行政权力事项的通知》，依据文号：冀政办发〔2016〕7 号，条款号：第 41 项	河北省应急管理厅	市行政审批局	省级权限委托市级实施
263	特种设备生产单位许可	省级	1.《中华人民共和国特种设备安全法》，依据文号：2013 年 6 月 29 日中华人民共和国主席令第 4 号公布，条款号：第十八条； 2.《特种设备安全监察条例》，依据文号：2009 年 1 月 24 日中华人民共和国国务院令第 549 号公布，条款号：第二条、第十一条、第十四条、第十六条； 3.《国务院关于取消和下放一批行政审批项目的决定》，依据文号：国发〔2014〕5 号，条款号：附件第 80 项； 4.《市场监管总局关于特种设备行政许可有关事项的公告》，依据文号：2019 年第 3 号	河北省市场监督管理局	市行政审批局	省级权限部分委托市级实施，市级仅办理单独申请特种设备（仅锅炉）修理许可
264	气瓶和移动式压力容器充装单位资格许可	省级	1.《中华人民共和国特种设备安全法》，依据文号：2013 年 6 月 29 日中华人民共和国主席令第 4 号公布，条款号：第四十九条； 2.《特种设备安全监察条例》，依据文号：国务院令第 549 号，条款号：第二十二条； 3.《河北省人民政府办公厅关于省政府部门再取消下放一批行政权力事项的通知》，依据文号：冀政办发〔2016〕23 号，条款号：附件 2	河北省市场监督管理局	市行政审批局	省级权限委托市级实施
265	特种设备使用登记	市级	1.《中华人民共和国特种设备安全法》，依据文号：2013 年 6 月 29 日中华人民共和国主席令第 4 号公布，条款号：第五条； 2.《特种设备安全监察条例》，依据文号：国务院令第 549 号，2009 年 1 月 24 日修订，条款号：第二十五条	河北省市场监督管理局	市行政审批局	市级权限部分下放经济技术开发区、自贸试验区正定片区，依据：石政办函〔2019〕44 号、石审政办〔2020〕3 号 市级权限部分委托其余县（市、区）实施
266	重要工业产品生产许可证核发	省级	《中华人民共和国工业产品生产许可证管理条例》，依据文号：2005 年 6 月 29 日国务院第 97 次常务会议通过，现予公布，自 2005 年 9 月 1 日起施行，条款号：第二条、第三条、第六十八条	河北省市场监督管理局	市行政审批局	省级权限部分委托市级实施

续表

序号	事项名称	省行政许可通用目录（2020 年版）行使层级	设定依据	省级业务指导部门	市级实施部门	备注
267	检验检测机构资质认定	省级	1.《中华人民共和国计量法》，依据文号：1985 年 9 月 6 日第六届全国人民代表大会常务委员会第十二次会议通过，2018 年 10 月 26 日第五次修正，条款号：第二十二条； 2.《中华人民共和国食品安全法》，依据文号：2009 年 2 月 28 日第十一届全国人民代表大会常务委员会第七次会议通过，2018 年 12 月 29 修正，条款号：第八十四条； 3.《中华人民共和国产品质量法》依据文号：1993 年 2 月 22 日第七届全国人民代表大会常务委员会第三十次会议通过，2018 年 12 月 29 日第三次修正，条款号：第十九条； 4.《检验检测机构资质认定管理办法》，依据文号：国家质量监督检验检疫总局第 163 号令，第四条、第五条； 5.《中华人民共和国认证认可条例》，依据文号：国务院令第 390 号，条款号：第十六条； 6.《中华人民共和国计量法实施细则》，依据文号：国务院令第 698 号，条款号：第二十九条	河北省市场监督管理局	市行政审批局	省级权限部分委托市级实施
268	食品（含保健食品）生产许可	省级、市级、县级	1.《中华人民共和国食品安全法》，依据文号：主席令第二十二号，2018 年 12 月 29 日修正，条款号：第三十五条； 2.《食品生产许可管理办法》，依据文号：国家市场监督管理总局第 24 号令，2020 年 3 月 1 日实施，条款号：第七条、第三十二条、第三十四条	河北省市场监督管理局	市行政审批局	
269	食品添加剂生产许可	市级	1.《中华人民共和国食品安全法》，依据文号：主席令第二十二号，2018 年 12 月 29 日修正，条款号：第三十五条、第三十九条； 2.《食品生产许可管理办法》，依据文号：国家市场监督管理总局第 24 号令，2020 年 3 月 1 日实施，条款号：条款号：第七条、第三十二条、第四十条	河北省市场监督管理局	市行政审批局	
270	特种设备作业人员资格认定	市级	1.《中华人民共和国特种设备安全法》，依据文号：2013 年 6 月 29 日中华人民共和国主席令第 4 号公布，条款号：第十四条、第五十一条； 2.《特种设备安全监察条例》，依据文号：2009 年 1 月 24 日中华人民共和国国务院令第 549 号，条款号：第三十八条； 3.《国务院对确需保留的行政审批项目设定行政许可的决定》，依据文号：2016 年 8 月 25 日中华人民共和国国务院令第 671 号公布，条款号：附件第 249 项； 4.《国务院关于取消和下放一批行政审批项目的决定》，依据文号：国发〔2014〕5 号，条款号：第 81 项； 5.《河北省人民政府办公厅关于做好国务院取消下放行政审批项目和我省 2014 年第一批取消下放行政宙批项目衔接落实工作的通知》，依据文号：冀政办〔2014〕7 号，条款号：附件 1（二）第 16 项、17 项	河北省市场监督管理局	市行政审批局	
271	企业设立、变更、注销登记	省级、市级、县级	1.《中华人民共和国公司法》，依据文号：1993 年 12 月 29 日第八届全国人民代表大会常务委员会第五次会议通过，2018 年 10 月 26 第四次修正，条款号：第六条； 2.《公司登记管理条例》，依据文号：1994 年 6 月 24 日中华人民共和国国务院令第 156 号发布，2016 年 2 月 6 日第三次修正，条款号：第三条； 3.《中华人民共和国合伙企业法》，依据文号：1997 年 2 月 23 日第八届全国人民代表大会常务委员会第二十四次会议通过，2006 年 8 月 27 日修订，条款号：第九条； 4.《中华人民共和国个人独资企业法》，依据文号：1999 年 8 月 30 日第九届全国人民代表大会常务委员会第十一次会议通过，条款号：第九条； 5.《企业法人登记管理条例》，依据文号：1988 年 5 月 13 日国务院第四次常务会议通过，2016 年 2 月 6 日第三次修正，条款号：第三条； 6.《合伙企业登记管理办法》，依据文号：1997 年 11 月 19 日中华人民共和国国务院令第 236 号发布，2014 年 3 月 1 日第二次修正，条款号：第二条、第四条、第十一条； 7.《中华人民共和国外商投资法》，依据文号：主席令第 26 号，条款号：第三十条； 8.《外商投资法实施条例》，依据文号：国务院令第 723 号，条款号：第三十七条	河北省市场监督管理局	市行政审批局 市市场监督管理局	1. 外资企业设立、变更、注销登记由市市场监管局实施，内资企业设立、变更、注销登记由市审批局实施； 2. 内资股份有限公司设立、变更、注销登记委托高新区、循环化工园区、正定新区、自贸区（正定片区）实施

续表

序号	事项名称	省行政许可通用目录（2020年版）行使层级	设定依据	省级业务指导部门	市级实施部门	备注
272	计量标准器具核准	省级、市级、县级	1.《中华人民共和国计量法》，依据文号：中华人民共和国主席令第十六号，2018年10月26日修正，条款号：第六条、第七条、第八条； 2.《中华人民共和国计量法实施细则》，依据文号：1987年2月1日国家计量局发布，2018年3月19日第三次修正，条款号：第八条、第九条、第十条	河北省市场监督管理局	市行政审批局	
273	承担国家法定计量检定机构任务授权	省级、市级、县级	《中华人民共和国计量法》，依据文号：中华人民共和国主席令第十六号，2018年10月26日修正，条款号：第二十条	河北省市场监督管理局	市行政审批局	
274	广告发布登记	市级、县级	1.《中华人民共和国广告法》，依据文号：1994年10月27日第八届全国人民代表大会常务委员会第十次会议通过，2018年10月26日修正，条款号：第二十九条； 2.《广告发布登记管理规定》，依据文号：2016年11月1日国家工商行政管理总局令第89号发布，条款号：第二条； 3.《关于转发〈工商总局关于做好广告发布登记管理工作的指导意见〉的通知》，依据文号：冀工商办字（2017）5号	河北省市场监督管理局	市行政审批局	
275	医疗机构配制的制剂品种和制剂调剂审批	省级、市级	1.《中华人民共和国药品管理法》，依据文号：1984年9月20日主席令第十八号，2019年8月26日第二次修订，条款号：第七十四条； 2.《医疗机构制剂注册管理办法（试行）》，依据文号：国家食品药品监督管理总局令第20号，条款号：第十五条、第二十五条第一款、第二十七条、第三十条、第三十一条； 3.《河北省〈医疗机构制剂注册管理办法（试行）〉实施细则》，依据文号：冀食药监注〔2016〕8号，条款号：第四条、第二十七条； 4.《河北省人民政府办公厅关于省政府部门下放一批行政权力事项的通知》，依据文号：冀政办发〔2016〕7号，条款号：附件第35项	河北省药品监督管理局	市行政审批局	省级权限部分委托市级实施
276	药品零售企业许可	市级	1.《中华人民共和国药品管理法》，依据文号：1984年9月20日主席令第十八号，2019年8月26日第二次修订，条款号：第五十一条； 2.《药品经营许可证管理办法》，依据文号：2004年2月4日国家食品药品监督管理总局令第6号公布，2017年11月7日修正，条款号：第三条、第十三条、第二十六条、第二十九条	河北省药品监督管理局	市行政审批局	1. 市级权限已下放； 2. 市、县行政审批局共同办理，市级仅负责连锁门店许可审批，其余由县级审批，依据：石政办函〔2013〕103号
277	科研和教学用毒性药品购买审批	省级、市级、县级	《医疗用毒性药品管理办法》，依据文号：1988年11月15日国务院第25次常务会议通过，1988年12月27日中华人民共和国国务院令第23号发布，条款号：第十条	河北省药品监督管理局	市行政审批局	
278	第二类精神药品零售业务审批	市级	《麻醉药品和精神药品管理条例》，依据文号：2005年8月3日中华人民共和国国务院令第442号公布，2016年2月6日第二次修正，条款号：第三十一条	河北省药品监督管理局	市行政审批局	
279	麻醉药品和第一类精神药品运输证明核发	市级	1.《麻醉药品和精神药品管理条例》，依据文号：2005年8月3日中华人民共和国国务院令第442号公布，2016年2月6日第二次修正，条款号：第五十二条； 2.《国务院关于第六批取消和调整行政审批项目的决定》依据文号：国发〔2012〕52号，条款号：附件2第113项	河北省药品监督管理局	市行政审批局	

续表

序号	事项名称	省行政许可通用目录（2020年版）行使层级	设定依据	省级业务指导部门	市级实施部门	备注
280	麻醉药品和精神药品邮寄证明核发	市级	《麻醉药品和精神药品管理条例》，依据文号：2005年8月3日中华人民共和国国务院令第442号公布，2016年2月6日第二次修正，条款号：第五十四条	河北省药品监督管理局	市行政审批局	
281	第三类医疗器械经营许可	市级	1.《医疗器械监督管理条例》，依据文号：2000年1月4日中华人民共和国国务院令第276号公布，2017年5月4日第二次修正，条款号：第三十一条； 2.《医疗器械经营监督管理办法》，依据文号：2014年7月30日国家食品药品监督管理总局令第8号公布，2017年11月7日修正，条款号：第八条、第十六条、第二十二条、第二十五条、第二十七条	河北省药品监督管理局	市行政审批局	
282	药品零售连锁总部行政许可	省级	1.《中华人民共和国药品管理法》，依据文号：1984年9月20日主席令第十八号，2019年8月26日第二次修订，条款号：第五十一条； 2.《中华人民共和国药品管理法实施条例》，依据文号：2002年8月4日国务院令第360号，2016年2月6日修改，条款号：第十二条； 3.《药品经营许可证管理办法》，依据文号：2004年2月4日国家食品药品监督管理总局令第6号公布，2017年11月7日修正，条款号：第三条； 4.《国家药品监督管理局职能配置、内设机构和人员编制规定》，依据文号：厅字〔2018〕53号，条款号：第三条； 5.《河北省人民政府关于同意将部分省级药品监管行政权力事项委托市级实施的批复》，依据文号：冀政字〔2018〕66号； 6.《河北省市场监督管理局、河北省药品监督管理局关于将部分省级药品监管行政权力事项委托市级实施的通知》，依据文号：冀市监发〔2018〕46号，条款号：附件2第1项	河北省药品监督管理局	市行政审批局	省级权限委托市级实施
283	有线广播电视传输覆盖网工程建设及验收审核	省级、市级、县级	《广播电视管理条例》，依据文号：1997年8月11日国务院令第228号，2017年3月1日修订，条款号：第十七条、第二十二条	河北省广播电视局	市行政审批局	
284	人民防空工程监理乙级以下资质审批	省级	1.《国务院对确需保留的行政审批项目设定行政许可的决定》，依据文号：2016年8月25日中华人民共和国国务院令第671号公布，条款号：第500项； 2.《人防工程监理行政许可资质管理办法》，依据文号：国人防〔2013〕227号，条款号：第四条； 3.法律依据增加：《河北省政府推进政府职能转变和“放管服”改革协调小组办公室关于做好省政府自行下放一批行政许可事项的通知》，依据文号：〔2019〕-6，条款号：附件第17项	河北省人民防空办公室	市行政审批局	省级权限委托市级实施
285	人民防空工程设计乙级资质审批	省级	1.《国务院对确需保留的行政审批项目设定行政许可的决定》，依据文号：2016年8月25日中华人民共和国国务院令第671号公布，条款号：第499项； 2.《人防工程设计行政许可资质管理办法》，依据文号：国人防〔2013〕417号，条款号：第四条； 3.法律依据增加：《河北省政府推进政府职能转变和“放管服”改革协调小组办公室关于做好省政府自行下放一批行政许可事项的通知》，依据文号：〔2019〕-6，条款号：附件第18项	河北省人民防空办公室	市行政审批局	省级权限委托市级实施
286	防空地下室建设审批	市级、县级	1.《中华人民共和国人民防空法》，依据文号：1996年10月29日第八届全国人民代表大会常务委员会第二十二次会议通过，2009年8月27日修正，条款号：第二十二条； 2.《河北省实施〈中华人民共和国人民防空法〉办法》，依据文号：1998年12月26日河北省第九届人民代表大会常务委员会第六次会议通过，2010年7月30日第二次修正，条款号：第十二条； 3.《国务院、中央军委关于进一步推进人民防空事业发展的若干意见》，依据文号：国发〔2008〕4号，条款号：第三条； 4.《中共中央、国务院、中央军委关于加强人民防空工作的决定》，依据文号：中发〔2001〕9号，条款号：第三条 5.《河北省人民政府办公厅关于印发依法实施行政许可项目的通知》，依据文号：冀政办〔2009〕23号，条款号：附件《下放设区市、县级实施的行政许可项目目录》第34项	河北省人民防空办公室	市行政审批局	

续表

序号	事项名称	省行政许可通用目录（2020 年版）行使层级	设定依据	省级业务指导部门	市级实施部门	备注
287	在危及人防工程安全范围内埋设管道、修建地面工程审批及人防工程改造、拆除审批	市级、县级	1.《中华人民共和国人民防空法》，依据文号：1996 年 10 月 29 日第八届全国人民代表大会常务委员会第二十二次会议通过，2009 年 8 月 27 日修正，条款号：第二十八条； 2.《河北省人民防空工程维护与使用管理条例》，依据文号：2006 年 5 月 24 日河北省第十届人民代表大会常务委员会第二十一次会议通过，自 2006 年 7 月 1 日起施行，条款号：第十四条； 3.《河北省人民政府办公厅关于印发依法实施行政许可项目的通知》，依据文号：冀政办〔2009〕23 号，条款号：附件《下放设区市、县级实施的行政许可项目目录》第 33 项、第 36 项； 4.《河北省人民政府办公厅关于规范全省工程建设项目审批流程推行标准化审批文本的通知》，依据文号：冀政办字〔2020〕107 号，条款号：附件 1 第 26 项	河北省人民防空办公室	市行政审批局	
288	撤销提供邮政普遍服务的邮政营业场所审批	市级	1.《中华人民共和国邮政法》，依据文号：1986 年 12 月 2 日主席令六届第 47 号公布，2015 年 4 月 24 日主席令第 25 号第二次修正，条款号：第九条； 2.《国家邮政局关于下放邮政普遍服务两项行政审批事项的通知》，依据文号：国邮发〔2015〕7 号	河北省邮政管理局	市邮政局	
289	停止办理或者限制办理邮政普遍服务特殊服务业务审批	市级	1.《中华人民共和国邮政法》，依据文号：1986 年 12 月 2 日主席令六届第 47 号公布，2015 年 4 月 24 日主席令第 25 号第二次修正，条款号：第十五条； 2.《国家邮政局关于下放邮政普遍服务两项行政审批事项的通知》，依据文号：国邮发〔2015〕7 号	河北省邮政管理局	市邮政局	
290	邮政普遍服务营业场所自办转代办审批	市级	1.《河北省邮政条例》，依据文号：2012 年 3 月 28 日河北省第十一届人民代表大会常务委员会第 29 次会议通过，2015 年 7 月 24 日河北省第十二届人民代表大会常务委员会第十六次会议第二次修正，条款号：第三条、第十二条； 2.《河北省人民政府办公厅关于做好国务院取消下放行政审批项目和我省 2014 年第一批取消下放行政审批项目衔接落实工作的通知》，依据文号：冀政办〔2014〕7 号，条款号：附件 2 第 18 项； 3.《关于规范开展邮政普遍服务营业场所自办转代办审批的通知》，依据文号：冀邮管〔2013〕149 号	河北省邮政管理局	市邮政局	
291	烟草专卖品准运证核发	省级、市级	1.《中华人民共和国烟草专卖法》，依据文号：主席令第 26 号 2015 年 4 月 24 日修订，条款号：第二十一条； 2.《中华人民共和国烟草专卖法实施条例》，依据文号：2016 年 2 月 6 日的国务院令第 666 号第二次修订，条款号：第三十二条、第三十三条； 3.《烟草专卖品准运证管理办法》，依据文号：2016 年工业和信息化部令第 36 号，条款号：第二条	河北省烟草专卖局	市烟草专卖局	
292	设立烟叶收购站（点）审批	市级	1.《中华人民共和国烟草专卖法》，依据文号：主席令第 26 号 2015 年 4 月 24 日修订，条款号：第十条； 2.《中华人民共和国烟草专卖法实施条例》，依据文号：2016 年 2 月 6 日的国务院令第 666 号第二次修订，条款号：第十六条	河北省烟草专卖局	市烟草专卖局	
293	无线电台（站）设置、使用许可	省级	1.《中华人民共和国无线电管理条例》，依据文号：国务院、中央军委令 1993 年第 128 号，2016 年 11 月 11 日国务院、中央军委令第 672 号修订，条款号：第十条、第二十七条、第三十条、第三十三条、第三十八条； 2.《中央指定地方实施行政许可事项清单》，条款号：D04019	河北省工业和信息化厅	市无线电管理局	省授权派驻设区的市无线电管理局
294	无线电频率使用许可	省级	1.《中华人民共和国无线电管理条例》，依据文号：国务院、中央军委令 1993 年第 128 号，2016 年 11 月 11 日国务院、中央军委令第 672 号修订，条款号：第十条、第十四条、第十八条； 2.《无线电频率使用许可管理办法》，依据文号：2017 年 7 月 3 日中华人民共和国工业和信息化部令第 40 号发布，自 2017 年 9 月 1 日起施行，条款号：第二条、第十八条、第二十条、第二十一条、第二十六条； 3.《河北省人民政府办公厅关于省政府部门自行取消下放一批行政许可事项的通知》，依据文号：冀政办发〔2018〕1 号，条款号：第 51 项	河北省工业和信息化厅	市无线电管理局	省授权派驻设区的市无线电管理局

续表

序号	事项名称	省行政许可通用目录（2020年版）行使层级	设定依据	省级业务指导部门	市级实施部门	备注
295	无线电台识别码（含呼号）核发	省级	1.《中华人民共和国无线电管理条例》，依据文号：国务院、中央军委令1993年第128号，2016年11月11日国务院、中央军委令第672号修订，条款号：第十条、第二十八条、第二十九条、第三十一条； 2.《河北省人民政府办公厅关于省政府部门自行取消下放一批行政许可事项的通知》依据文号：冀政办发〔2018〕1号，条款号：第52项	河北省工业和信息化厅	市无线电管理局	省授权派驻设区的市无线电管理局
296	雷电防护装置设计审核和竣工验收	省级、市级、县级	1.《气象灾害防御条例》，依据文号：国务院令第570号，2017年修订，条款号：第二十三条； 2.《国务院对确需保留的行政审批项目设定行政许可的决定》，依据文号：国务院令第412号，2016年8月25日，国务院发布关于修改《国务院对确需保留的行政审批项目设定行政许可的决定》的决定，自2016年8月25日起实施，条款号：第378项； 3.《防雷装置设计审核和竣工验收规定》，依据文号：2011年7月22日中国气象局令第21号，2011年9月1日起施行，条款号：第二条、第七条、第十五条	河北省气象局	市气象局	未设气象主管机构的县（市、区），由市级气象主管机构负责审批
297	新建、扩建、改建建设工程避免危害气象探测环境审批	省级	1.《中华人民共和国气象法》，依据文号：中华人民共和国主席令第五十七号，2016年11月7日第三次修正，条款号：第二十一条； 2.《气象设施和气象探测环境保护条例》，依据文号：国务院令第666号，2016年2月6日修订，条款号：第十七条； 3.《新建扩建改建建设工程避免危害气象探测环境行政许可管理办法》，依据文号：中国气象局令第29号，条款号：第四条	河北省气象局	市气象局	市级初审
298	升放无人驾驶自由气球或者系留气球活动审批	市级、县级	1.《通用航空飞行管制条例》，依据文号：国务院、中央军委令第371号，条款号：第三十三条； 2.《国务院关于第六批取消和调整行政审批项目的决定》，依据文号：国发〔2012〕52号，条款号：附件2（一）第79项； 3.《施放气球管理办法》，依据文号：中国气象局第9号令，2004年12月16日发布，条款号：第四条、第十三条	河北省气象局	市气象局	
299	升放无人驾驶自由气球、系留气球单位资质认定	市级	1.《国务院对确需保留的行政审批项目设定行政许可的决定》，依据文号：国务院令第412号，2016年8月25日，国务院发布关于修改《国务院对确需保留的行政审批项目设定行政许可的决定》的决定，自2016年8月25日起实施，条款号：第376项； 2.《施放气球管理办法》，依据文号：中国气象局第9号令，2004年12月16日发布，条款号：第六条、第八条； 3.《河北省气象局关于升放无人驾驶自由气球或者系留气球活动审批等2项行政许可事项下放管理的意见》，依据文号：冀气函〔2008〕32号	河北省气象局	市气象局	
300	涉及国家安全事项的建设项目审批	省级、市级	1.《国务院对确需保留的行政审批项目设定行政许可的决定》，依据文号：国务院令第412号，2016年8月25日修正，条款号：附件第66项； 2.《国家安全法》，依据文号：第29号主席令，条款号：第五十九条	河北省国家安全厅	市国安局	

表 20

2020 年石家庄市已下放行政许可事项一览表

序号	事项名称	省通用目录（2020 年版）行使层级	设定依据	省级业务指导部门	备注
1	内部资料性出版物准印证核发	省级、市级、县级	1.《印刷业管理条例》，依据文号：2001 年 8 月 2 日中华人民共和国国务院令第 315 号公布，根据 2017 年 3 月 1 日国务院令第 676 号《国务院关于修改和废止部分行政法规的决定》第二次修订 ，条款号：第二十条； 2.《内部资料性出版物管理办法》，依据文号：国家新闻出版广电总局令第 2 号 ，条款号：第一条、第二条、第三条、第四条、第五条、第七条、第十条、第十一条	河北省新闻出版局	依据：石政办发〔2011〕3 号
2	焰火燃放许可	市级、县级	《烟花爆竹安全管理条例》，依据文号：2006 年 1 月 21 日国务院令第 455 号，2016 年 2 月 6 日予以修改，条款号：第三条、第三十三条	河北省公安厅	依据：石政办函〔2013〕103 号，附件 4“焰火晚会燃放许可”
3	中介机构从事代理记账业务审批	市级、县级	1.《中华人民共和国会计法》，依据文号：1985 年 1 月 21 日第六届全国人民代表大会常务委员会第九次会议通过，2017 年 11 月 4 日修正，条款号：第三十六条； 2.《代理记账管理办法》，依据文号：2016 年 2 月 16 日财政部令第 80 号公布，2019 年 3 月 14 日财政部令第 98 号予以修改，条款号：第二条、第三条； 3.《河北省财政厅关于代理记账机构审批有关问题的通知》，依据文号：冀财会〔2013〕50 号	河北省财政厅	依据：石政办发〔2013〕48 号，附件 5“代理记账机构设立审批”
4	民办职业培训学校设立、分立、合并、变更及终止审批	省级、市级、县级	1.《中华人民共和国民办教育促进法》，依据文号：主席令第 80 号，2018 年 12 月 29 日第三次修正，条款号：第八条、第十一条、第十二条、第十四条、第十八条、第五十三条、第五十四条、第五十五条、第五十六条、第五十八条、第六十条； 2.《中华人民共和国行政许可法》，依据文号：2003 年 8 月 27 日第十届全国人民代表大会常务委员会第四次会议通过，根据 2019 年 4 月 23 日第十三届全国人民代表大会常务委员会第十次会议《关于修改〈中华人民共和国建筑法〉等八部法律的决定》修正条款号：第五十条	河北省人力资源和社会保障厅	依据：石政办函〔2017〕44 号
5	城市道路两侧和公共场所临时摆设摊点审批	市级、县级	《河北省城市市容和环境卫生条例》，依据文号：2008 年 11 月 28 日河北省第十一届人民代表大会常务委员会第六次会议通过，2017 年 9 月 28 日修正，条款号：第三条、第二十四条	河北省住房和城乡建设厅	同“挖掘城市道路、占用城市道路及道路两侧”下放市内区。依据：石政办函〔2013〕103 号
6	从事生活垃圾（含粪便）经营性清扫、收集、运输、处理服务审批	市级、县级	《国务院对确需保留的行政审批项目设定行政许可的决定》，依据文号：2004 年 6 月 29 日国务院令第 412 号 2016 年 8 月 25 日修订，条款号：附件第 102 项	河北省住房和城乡建设厅	依据：石政办函〔2013〕65 号、石政办函〔2017〕44 号
7	临时性建筑物搭建、堆放物料、占道施工审批	市级、县级	《城市市容和环境卫生管理条例》，依据文号：1992 年 5 月 20 日国务院第 104 次常务会议通过，根据 2017 年 3 月 1 日国务院令第 676 号发布的《国务院关于修改和废止部分行政法规的决定》修正，条款号：第十四条	河北省住房和城乡建设厅	依据：石政办函〔2017〕44 号
8	贮存危险废物超过一年的批准	省级、市级、县级	1.《中华人民共和国固体废物污染环境防治法》，依据文号：1995 年 10 月 30 日第八届全国人民代表大会常务委员会第十六次会议通过，2020 年 4 月 29 日《中华人民共和国固体废物污染环境防治法》由中华人民共和国第十三届全国人民代表大会常务委员会第十七次会议修订通过，自 2020 年 9 月 1 日起施行 ，条款号：第八十一条； 2.《危险废物经营许可证管理办法》，依据文号：2004 年 5 月 30 日中华人民共和国国务院令第 408 号公布，根据 2016 年 2 月 6 日发布的国务院令第 666 号《国务院关于修改部分行政法规的决定》第二次修正，条款号：第四条	河北省生态环境厅	依据：石政办发〔2016〕27 号，附件 2“延长危险废物储存期限的审批”

续表

序号	事项名称	省通用目录（2020 年版）行使层级	设定依据	省级业务指导部门	备注
9	防治污染设施拆除或闲置审批	市级、县级	1.《中华人民共和国环境保护法》，依据文号：1989 年 12 月 26 日第七届全国人民代表大会常务委员会第十一次会议通过，2014 年 4 月 24 日第十二届全国人民代表大会常务委员会第 8 次会议修订，2014 年 4 月 24 日中华人民共和国主席令第 9 号公布，条款号：第四十一条； 2.《中华人民共和国环境噪声污染防治法》，依据文号：1996 年 10 月 29 日第八届全国人民代表大会常务委员会第二十二次会议通过，根据 2018 年 12 月 29 日第十三届全国人民代表大会常务委员会第七次会议《关于修改〈中华人民共和国劳动法〉等七部法律的决定》修正，条款号：第十五条； 3.《中华人民共和国固体废物污染防治法》，依据文号：1995 年 10 月 30 日第八届全国人民代表大会常务委员会第十六次会议通过，2020 年 4 月 29 日第十三届全国人民代表大会常务委员会第十七次会议第二次修订，条款号：第五十五条； 4.《河北省环境保护条例》，依据文号：1994 年 11 月 2 日河北省第八届人民代表大会常务委员会第十次会议通过，根据 2016 年 9 月 22 日河北省第十二届人民代表大会常务委员会第二十三次会议《关于修改〈河北省实施《中华人民共和国水法》办法〉等 10 部法规的决定》修正，条款号：第三十二条	河北省生态环境厅	依据：石政办发〔2011〕3 号
10	渔业船舶及船用产品检验	省级、市级、县级	1.《中华人民共和国渔业法》，依据文号：1986 年 1 月 20 日主席令第三十四号，2013 年 12 月 28 日修正，条款号：第二十六条； 2.《中华人民共和国渔业船舶检验条例》，依据文号：2003 年 6 月 27 日国务院令第 383 号，条款号：第三条、第四条、第九条	河北省交通运输厅	依据：石政办函〔2017〕44 号
11	蓄滞洪区避洪设施建设审批	市级、县级	《国务院对确需保留的行政审批项目设定行政许可的决定》，依据文号：2004 年 6 月 29 日国务院令第 412 号，2016 年 8 月 25 日修改，条款号：附件第 161 项	河北省水利厅	依据：石政办函〔2017〕44 号
12	占用农业灌溉水源、灌排工程设施审批	市级、县级	1.《国务院对确需保留的行政审批项目设定行政许可的决定》，依据文号：2016 年 8 月 25 日中华人民共和国国务院令第 671 号公布，条款号：附件第 170 项； 2.《国务院关于取消和下放一批行政审批项目的决定》，依据文号：国发〔2014〕5 号，条款号：附件第 28 项； 3.《河北省人民政府办公厅关于印发依法实施行政许可项目的通知》，依据文号：冀政办〔2009〕23 号，附件 2 第 11 项	河北省水利厅	依据：石政办函〔2017〕44 号
13	农药广告审查	市级、县级	1.《中华人民共和国广告法》，依据文号：1994 年 10 月 27 日主席令第三十四号，2018 年 10 月 26 日予以修正，条款号：第四十六条； 2.《河北省人民政府办公厅关于做好与省政府第二批公布取消下放行政审批项目等事项衔接落实工作的通知》，依据文号：冀政办〔2013〕27 号，条款号：附件《我省 2013 年第二批决定取消和下放管理层级的行政许可、非行政许可审批和行政监管事项目录》(二) 第 33 项	河北省农业农村厅	依据：石政办发〔2013〕48 号、石政办函〔2017〕44 号
14	渔业船舶船员证书核发	省级、市级、县级	1.《中华人民共和国海上交通安全法》，依据文号：1983 年 9 月 2 日第六届全国人民代表大会常务委员会第二次会议通过，条款号：第七条； 2.《中华人民共和国渔业船员管理办法》，依据文号：2014 年 5 月 23 日农业部令第 4 号，条款号：第三条； 3.《中华人民共和国渔港水域交通安全管理条例》，依据文号：1989 年 7 月 3 日国务院令第 38 号，2011 年 1 月 8 日予以修改，条款号：第十四条； 4.《中华人民共和国船员条例》，依据文号：国务院令第 494 号，条款号：第二条	河北省农业农村厅	依据：石政办函〔2017〕44 号
15	渔业船舶登记	省级、市级、县级	1.《中华人民共和国渔港水域交通安全管理条例》，依据文号：1989 年 7 月 3 日国务院令第 38 号，2011 年 1 月 8 日予以修改，条款号：第十二条； 2.《中华人民共和国渔业船舶登记办法》，依据文号：2012 年 10 月 22 日原农业部令第 8 号，2013 年 12 月 31 日予以修改，条款号：第三条	河北省农业农村厅	依据：石政办函〔2017〕44 号

续表

序号	事项名称	省通用目录（2020年版）行使层级	设定依据	省级业务指导部门	备注
16	动物防疫条件合格证核发	市级、县级	1.《中华人民共和国动物防疫法》，依据文号：1997年7月3日主席令第八十七号，2015年4月24日予以修改，条款号：第二十条； 2.《河北省人民政府办公厅关于省政府部门再取消下放一批行政权力事项的通知》依据文号：冀政办发〔2016〕23号，条款号：附件2第26项	河北省农业农村厅	依据：石政办发〔2016〕63号
17	林木种子生产经营许可证核发	省级、市级、县级	1.《中华人民共和国种子法》，依据文号：2000年7月8日第九届全国人民代表大会常务委员会第十六次会议通过，2015年11月4日修订，自2016年1月1日起施行，条款号：第三十一条； 2.《林木种子生产经营许可证管理办法》，依据文号：国家林业局令第40号，条款号：第九条	河北省林业和草原局	依据：石政办发〔2011〕3号、石政办函〔2017〕44号
18	母婴保健技术服务机构执业许可	省级、市级、县级	1.《中华人民共和国母婴保健法》，依据文号：1994年10月27日主席令第33号，2017年11月4日修订，条款号：第三十二条； 2.《中华人民共和国母婴保健法实施办法》，依据文号：2001年6月20日国务院令第308号，2017年11月17日修订，条款号：第三十五条； 3.《产前诊断技术管理办法》，依据文号：2002年12月13日卫生部令第33号公布，2019年2月28日修订，条款号：第十三条； 4.《母婴保健专项技术服务许可及人员资格管理办法》，依据文号：卫妇发〔1995〕第7号，2019年2月28日修正，条款号：第七条、第十五条	河北省卫生健康委员会	依据：石政办发〔2011〕3号
19	母婴保健服务人员资格认定	省级、市级、县级	1.《中华人民共和国母婴保健法》，依据文号：1994年10月27日主席令第三十三号，2009年8月27日修订，条款号：第三十三条； 2.《中华人民共和国母婴保健法实施办法》，依据文号：2001年6月20日国务院令第308号，2017年11月17日修订，条款号：第三十五条	河北省卫生健康委员会	依据：石政办发〔2011〕3号
20	外籍医师来华短期执业许可台湾地区医师在大陆短期执业许可香港、澳门特别行政区医师在内地短期执业许可	市级	1.《国务院对确需保留的行政审批项目设定行政许可的决定》，依据文号：国务院令第412号，2016年8月25日修正，条款号：第199项； 2.《香港、澳门特别行政区医师在内地短期行医管理规定》，依据文号：原卫生部令第62号，条款号：第三条、第五条； 3.《外国医师来华短期行医暂行管理办法》，依据文号：原卫生部令第24号，2016年1月19日修改，条款号：第三条； 4.《台湾地区医师在大陆短期行医管理规定》，依据文号：2009年1月4日卫生部令第63号，条款号：第三条、第五条	河北省卫生健康委员会	依据：石政办发〔2011〕3号，附件2-2“外籍医师在华短期执业许可”
21	饮用水供水单位卫生许可	市级、县级	1.《中华人民共和国传染病防治法》，依据文号：1989年2月21日第七届全国人民代表大会常务委员会第六次会议通过，2013年6月29日修正，条款号：第二十九条； 2.《生活饮用水卫生监督管理办法》，依据文号：1996年7月9日中华人民共和国原卫生部令第53号公布实施，2016年4月18日修正，条款号：第七条	河北省卫生健康委员会	依据：石政办函〔2013〕1号、石卫字〔2019〕89号
22	烟花爆竹经营（批发）许可	市级	1.《烟花爆竹安全管理条例》，依据文号：2006年1月21日中华人民共和国国务院令第455号公布，根据2016年2月6日发布的国务院令第666号《国务院关于修改部分行政法规的决定》修正，条款号：第十九条； 2.《烟花爆竹经营许可实施办法》，依据文号：2013年9月16日原国家安全生产监督管理总局局长办公会议审议通过，条款号：第五条、第十二条、第十三条、第十四条、第十五条	河北省应急管理厅	依据：石政办发〔2013〕48号
23	第二类非药品类易制毒化学品经营备案证明	市级	1.《易制毒化学品管理条例》，依据文号：2005年8月26日国务院令第445号公布，根据2018年9月18日国务院令第703号《国务院关于修改部分行政法规的决定》修正，条款号：第十三条； 2.《非药品类易制毒化学品生产、经营许可办法》，依据文号：2006年4月5日原国家安全生产监督管理总局令第5号公布，自2006年4月15日起施行，条款号：第三条、第十八条	河北省应急管理厅	依据：石安监管〔2013〕112号

续表

序号	事项名称	省通用目录（2020年版）行使层级	设定依据	省级业务指导部门	备注
24	第二、三类非药品类易制毒化学品生产备案证明	市级	1.《易制毒化学品管理条例》，依据文号：2005年8月26日国务院令第445号公布，根据2018年9月18日国务院令第703号《国务院关于修改部分行政法规的决定》修正，条款号：第十三条； 2.《非药品类易制毒化学品生产、经营许可办法》，依据文号：2006年4月5日原国家安全生产监督管理总局令第5号公布，自2006年4月15日起施行，条款号：第三条、第十八条	河北省应急管理厅	依据：石安监管〔2013〕112号
25	食品（含保健食品）经营许可	市级、县级	1.《中华人民共和国食品安全法》，依据文号：主席令第二十二号，2018年12月29日修正，条款号：第三十五条； 2.《食品经营许可管理办法》，依据文号：2015年8月31日国家食品药品监督管理总局令第17号公布，2017年11月7日修正，条款号：第十条	河北省市场监督管理局	已下放
26	建设项目配套的园林绿化工程设计方案审批	市级、县级	《城市绿化条例》，依据文号：国务院令第676号，2017年3月1日修订，条款号：第十一条	河北省住房和城乡建设厅	已下放城区。依据：石政发〔2014〕42号
27	改变绿化规划、绿化用地的使用性质审批	市级、县级	《国务院对确需保留的行政审批项目设定行政许可的决定》，依据文号：2004年6月29日国务院令第412号，2016年8月25日予以修改，条款号：附件第107项	河北省住房和城乡建设厅	依据：石政办发〔2011〕3号、石政办发〔2012〕33号、石政办函〔2017〕44号
28	人防通信、警报设施拆除、迁移批准	市级、县级	1.《中华人民共和国人民防空法》，依据文号：1996年10月29日第八届全国人民代表大会常务委员会第二十二次会议通过，2009年8月27日修正，条款号：第三十五条； 2.《河北省实施〈中华人民共和国人民防空法〉办法》，依据文号：1998年12月26日河北省第九届人民代表大会常务委员会第六次会议通过，2010年7月30日第二次修正，条款号：第二十条； 3.《河北省人民政府办公厅关于规范全省工程建设项目审批流程推行标准化审批文本的通知》，依据文号：冀政办字〔2020〕107号，条款号：附件1第28项	河北省人民防空办公室	依据：石政办发〔2011〕3号
29	企业实行不定时工作制和综合计算工时工作制审批	市级、县级	1.《中华人民共和国劳动法》，依据文号：1994年7月5日第八届全国人民代表大会常务委员会第八次会议通过，1994年7月5日中华人民共和国主席令第二十八号公布，自1995年1月1日起施行，2018年12月29日修订，条款号：第三十六条、第三十八条、第三十九条； 2.《国务院关于职工工作时间的规定》，依据文号：国务院令174号，条款号：第五条； 3.《关于企业实行不定时工作制和综合计算工时工作制的审批办法》，依据文号：劳部发〔1994〕504号，1994年12月14日发布，1995年1月1日起实行，条款号：第七条； 4.《河北省人民政府办公厅关于省政府部门下放一批行政权力事项的通知》，依据文号：冀政办发〔2016〕7号，条款号：附件第12项	河北省人力资源和社会保障厅	县级实施。依据：石行审规〔2019〕2号
30	经营高危险性体育项目许可	市级、县级	1.《全民健身条例》，依据文号：2009年8月30日国务院令第560号，2016年2月6日予以修改，条款号：第三十二条； 2.《国务院关于取消和下放一批行政审批项目等事项的决定》，依据文号：国发〔2013〕19号，条款号：第91项； 3.《河北省人民政府办公厅于做好与省政府公布取消下放行政审批项目等事项衔接落实工作的通知》，依据文号：冀政办〔2013〕17号，条款号：附件1第20项	河北省体育局	依据：石政规〔2018〕18号
31	烟草专卖零售许可证核发	市级、县级	1.《中华人民共和国烟草专卖法》，依据文号：主席令第26号2015年4月24日修订，条款号：第十六条； 2.《中华人民共和国烟草专卖法实施条例》，依据文号：2016年2月6日的国务院令第666号第二次修订，条款号：第六条； 3.《烟草专卖许可证管理办法》，依据文号：中华人民共和国工业和信息化部令第37号，条款号：第七条、第十条； 4.《烟草专卖许可证管理办法实施细则（试行）》，依据文号：国烟专〔2017〕74号，条款号：第十一条	河北省烟草专卖局	县级实施

【行政审批改革】 市、县两级行政审批系统“审批模式、审批事权、审批标准、审批平台”实现“四个统一”。市、县、乡、村四级贯通政务服务体系建成，全市261个乡镇（街道）、4678个村（社区）建成行政综合服务中心和综合服务站；县级政府向乡镇（街道）确权赋权118项，群众办事做到“就近能办、多点可办”要求。政务服务事项实现“一网通办”，网上可办率达到100%。首批20项行政许可事项试行全流程网上办理。深化商事制度改革，企业开办时间压缩；依托“一窗通”网上服务平台，企业开办实现“一网通办、全程网办、一日办结”。推进“证照分离”改革，方便企业进入市场，全市244项涉企经营许可事项按照直接取消审批、实行告知承诺、优化审批服务方式执行。9月27日，全市签发首张建筑工程（市政）类施工许可电子证照。解决“企业注销难”问题，设立企业注销网上服务专区，推行注销“一网服务”，采取精简文书材料、缩短公示时间及与税务、人力资源和社会保障等部门“信息共享、同步办理”等措施，实现企业注销便利化。实施工程建设项目审批制度改革，优化工程建设项目审批服务，促进早落地、早开工、早见效；依托工程建设项目审批监督管理系统，工程建设项目审批做到全链条管理，审批实现“一个窗口”提供综合服务、“一张表单”整合申报材料、“一套机制”规范审批运行。投资项目审批时限压缩，政府投资类、社会投资核准类、备案类审批时限分别压缩至60个、53个、50个工作日以内，社会投资简易低风险项目审批压减至20个工作日。借助河北政务服务网、全省投资项目在线审批监管平台，实现投资项目网上申报、网上受理、网上审批办理。

【公共资源交易】 2020年全市完成公共资源交易9805宗，交易金额1164.11亿元，节约资金28.1亿元，溢价金额57.56亿元。其中，工程建设交易3753宗，交易金额561.39亿元；政府采购（含医疗设备采购）交易5144宗，交易金额105.43亿元；国有土地出让594宗，交易金额495.68亿元；国有产权交易105宗，交易金额1.38亿元；排污权交易209宗，交易金额0.23亿元。2020年市本级完成公共资源交易3666宗，交易金额629.75亿元，节约资金13.18亿元，溢价金额56.36亿元。其中，工程建设交易1108宗，交易金额212.99亿元；政府采购（含医疗设备采购）交易2096宗，交易金额43.24亿元；国有土地出让176宗，交易金额373.02亿元；国有产权交易77宗，交易金额0.28亿元；排污权交易209宗，交易金额0.23亿元。推进全流程网上交易，初步形成公平、公正、公开的交易环境。优化招投标领域营商环境，制定印发《石家庄市规范工程建设项目招标投标工作改革方案》，出台全程“网上办”、实行招标投标零收费等改革举措9项，有效降低交易成本。规范工程建设项目招标主体行为，开展打击串标专项治理，实现招标投标交易阳光透明。推进交易全流程电子化，建成进口医疗设备电子化交易系统，全市六大类交易实现全流程电子化交易。政府采购推行不见面开标，与省远程异地评标协调系统对接成功，创新探索远程异地评标。藁城区、鹿泉区、栾城区土地出让统一纳入市公共资源交易中心。实施“互联网+交易监督”，市公共资源交易监管平台与省交易平台大数据监管分析系统、市公共信用信息平台对接完成，实现在线网上投诉、“互联网+智慧监管”、“互联网+信用监管”目标。

【市场主体登记】 全年新增市场主体23.25万户，市场主体净增14.11万户。内资市场主体总量达到122.09万户，万人拥有市场主体1176户，市场总量、万人拥有量均居全省首位。市场主体行业分布向现代产业倾斜，企业占市场主体比例达到31.59%，高于全国、全省平均水平0.59个百分点和4.59个百分点。

表21

2020年石家庄市市场主体登记情况一览表

项目名称			2020年新登记	2020年末实有
内资企业	内资企业数量（户）		66258	385710
	注册资本（万元）		34824176.85	297087961.3
	私营企业	户数	63203	360715
		注册资本（万元）	27458216.65	200974666.2

续表

项目名称		2020 年新登记	2020 年末实有
个体工商户	户数	165944	824558
	资金总额（万元）	1619869.92	8315539.44
农民专业合作社	户数	289	10639
	出资总额（万元）	57551.6	2667326.76

【社会团体登记】 全年新增社会团体35家，其中，行业类22家、专业类9家、学术类1家、联合类3家；新增注册资金110万元。社会团体名称变更4家，分别为：市电动自行车销售协会更名为市电动自行车行业协会、市邮政行业协会更名为市邮政快递行业协会、市中介服务商会更名为市企业服务商会、市消防器材销售和维修行业协会更名为市消防器材行业协会。至2020年底，全市登记社会团体总数达到376家。

表 22

2020 年石家庄市社会团体登记情况一览表

序号	信用代码	编号	名称	主管单位	业务范围	许可日期
1	51130100MJ0872879D	石行审社团许决〔2020〕1号	石家庄市见义勇为工作协会	中共石家庄市委政法委员会	政策宣传，协助市委政法委工作，抚恤、救助和慰问，筹集见义勇为基金，表彰、奖励突出贡献的单位或个人，调查研究	2020 年 1 月 6 日
2	51130100MJ0872860G	石行审社团许决〔2020〕2号	石家庄市椒江商会	市工商业联合会	政策宣传、维护会员权益、倡导公益事业、市场调研、业务指导、承办政府部门委托事项	2020 年 1 月 6 日
3	51130100MJ0872852M	石行审社团许决〔2020〕3号	石家庄市安阳商会	市工商业联合会	市场调研、行业交流、提供服务、组织活动	2020 年 1 月 6 日
4	51130100MJ0872916K	石行审社团许决〔2020〕4号	石家庄市郑州商会	市工商业联合会	维护会员权益、加强与政府部门联系、举办活动、组织交流、技术咨询	2020 年 1 月 6 日
5	51130100MJ087708X3	石行审社团许决〔2020〕9号	石家庄市医疗器械行业协会	无	制定行规行约、推进诚信体系建设、咨询服务、市场调研、组织活动、协调争议、推广新品、政府及相关部门委托或交办的其他事项	2020 年 1 月 17 日
6	51130100MJ08759811	石行审社团许决〔2020〕10号	石家庄市辽源商会	市工商业联合会	政治引导、提供服务、反映诉求、维护权益、加强自律、参与社会协同治理	2020 年 1 月 21 日
7	51130100MJ0878090H	石行审社团许决〔2020〕15号	石家庄市爱国拥军志愿者联合会	市退役军人事务管理局	政策宣传，向有关部门提出意见、建议，开展拥军优属活动，理论研究、咨询、交流	2020 年 3 月 25 日
8	51130100MJ0879421B	石行审社团许决〔2020〕18号	石家庄市信用联合会	市行政审批局	宣传社会信用体系建设方针政策，推动社会信用体系建设顶层设计和各行业、各领域信用体系建设；开展信用理论研究、信用学术交流，推进信用大数据应用与创新；提供各类公共信用服务；开展诚信企业穿件活动，推动信用服务经济发展；组织实施社会信用宣传教育，规范信用行业自身建设，维护会员合法权益；承担市政府部门授权和委托的有关工作	2020 年 4 月 3 日
9	51130100MJ08794483	石行审社团许决〔2020〕19号	石家庄市消防器材销售和维修行业协会	无	学术交流、技术普及、贯彻法规政策、规范市场秩序、提供咨询服务	2020 年 4 月 3 日
10	51130100MJ0883383E	石行审社团许决〔2020〕25号	石家庄市文艺评论家协会	市文学艺术界联合会	宣传党的方针政策，引导会员学习艺术理论，开展文艺评论活动，宣传优秀文艺人才和精品力作，维护会员权益	2020 年 4 月 28 日

续表

序号	信用代码	编号	名称	主管单位	业务范围	许可日期
11	51130100MJ088452XB	石行审社团许决〔2020〕27 号	石家庄市大名商会	市工商业联合会	政策宣传、经验交流、业务交流、信息交流、咨询服务	2020 年 4 月 29 日
12	51130100MJ0884538B	石行审社团许决〔2020〕28 号	石家庄市庐山商会	市工商业联合会	政策宣传、提供服务、反映诉求、维护权益、加强自律、参与协会协同治理、完成市工商联和有关部门交办事项	2020 年 4 月 29 日
13	51130100MJ08863065	石行审社团许决〔2020〕32 号	石家庄市校服行业协会	无	政策宣传、行业调研、行业指导、行业推广、技术交流、咨询服务	2020 年 5 月 15 日
14	51130100MJ0888299G	石行审社团许决〔2020〕34 号	石家庄市临海商会	市工商业联合会	参与两地社会经济发展，维护会员合法权益；参与社会公益事业，提供会员间交流互通平台；承办政府有关部门委托事项	2020 年 5 月 29 日
15	51130100MJ0890874Y	石行审社团许决〔2020〕35 号	石家庄市志愿服务联合会	中共石家庄市委宣传部	培育志愿文化，协调志愿服务；发展、孵化、管理志愿服务队伍，维护会员合法权益；开展培训、调研、志愿服务交流与合作；完成有关部门委托、授权的工作；开展符合本会宗旨的其他活动	2020 年 6 月 11 日
16	51130100MJ08931271	石行审社团许决〔2020〕36 号	石家庄市马术运动协会	市体育总会	马术运动的普及、宣传和推广，开展马术专业指导，组织或承办马术比赛；举办教学观摩、加强经验交流	2020 年 6 月 22 日
17	51130100MJ0897208L	石行审社团许决〔2020〕38 号	石家庄市装配式建筑学会	市住房和城乡建设局	学术交流、技术推广，支持科学研究、人才培养，维护会员合法权益，提出科技建议	2020 年 7 月 14 日
18	51130100MJ08997131	石行审社团许决〔2020〕39 号	石家庄市艺术体操协会	市体育总会	行业知识普及与推广，技术、信息交流，咨询服务；受政府相关部门委托、授权、批准的其他工作	2020 年 7 月 29 日
19	51130100MJ09009993	石行审社团许决〔2020〕40 号	石家庄市大城商会	市工商业联合会	政策引导、提供服务、反映诉求、维护权益、加强自律，参与社会协同治理，完成市工商联和有关部门交办事项	2020 年 8 月 5 日
20	51130100MJ09009806	石行审社团许决〔2020〕41 号	石家庄市宽城商会	市工商业联合会	政策宣传、行业知识普及、经验交流、业务指导、咨询服务	2020 年 8 月 5 日
21	51130100MJ09010002	石行审社团许决〔2020〕42 号	石家庄市橄榄球协会	市体育总会	宣传和普及橄榄球运动，橄榄球协会交流，协调、组织橄榄球比赛活动，提供橄榄球运动业务指导	2020 年 8 月 5 日
22	51130100MJ0901019Y	石行审社团许决〔2020〕43 号	石家庄市永康商会	市工商业联合会	政策研究、宣传，经验交流，技术交流，信息交流	2020 年 8 月 5 日
23	51130100MJ0840623L	石行审社团许变决〔2020〕33 号	石家庄市电动自行车行业协会	无	贯彻国家电动自行车行业的方针政策，开展行业调查研究，参与制定行业标准；调查统计；开展学术研讨、论坛、交流、信息发布、义务咨询服务活动；承担政府委托事项	2020 年 8 月 5 日
24	51130100MJ09043322	石行审社团许决〔2020〕44 号	石家庄市街舞运动协会	市体育总会	行业推广，技术咨询，组织比赛及表演活动；受政府相关部门委托、授权、批准的其他工作	2020 年 8 月 21 日
25	51130100MJ09043915	石行审社团许决〔2020〕45 号	石家庄市养生保健服务行业协会	无	行业政策宣传普及、业务交流、信息交流、业务指导、业务咨询、技术咨询，受政府相关部门委托授权的其他事项	2020 年 8 月 21 日
26	51130100MJ0905685Q	石行审社团许决〔2020〕46 号	石家庄市宠物协会	无	政策宣传、行业自律、行业交流、咨询服务	2020 年 8 月 28 日
27	51130100MJ09065065	石行审社团许决〔2020〕47 号	石家庄市工业设计协会	无	政策研究，行业自律，业务咨询，学术交流、对接，行业指导、推广，业务交流；经政府相关部门批准的业务	2020 年 9 月 2 日
28	51130100MJ0910038E	石行审社团许决〔2020〕48 号	石家庄市礼仪服务行业协会	无	礼仪服务行业知识的宣传、普及和推广，礼仪服务行业的合作与交流，礼仪服务行业知识研究、指导、咨询和服务；完成政府和上级主管部门交办的各项工作和任务	2020 年 9 月 23 日

续表

序号	信用代码	编号	名称	主管单位	业务范围	许可日期
29	5113010008942647X5	石行审社团许变决〔2020〕43号	石家庄市邮政快递行业协会	无	政策宣传、业务培训、经验交流、咨询服务	2020年9月28日
30	51130100MJ0912666U	石行审社团许决〔2020〕49号	石家庄市团餐行业协会	无	团餐行业宣传、指导，组织团餐行业之间经验、业务交流	2020年10月15日
31	51130100MJ09134315	石行审社团许决〔2020〕50号	石家庄市网球协会	市体育总会	行业知识普及与推广，技术、信息交流，咨询服务；受政府相关部门委托、授权、批准的其他工作	2020年10月20日
32	51130100MJ0914557N	石行审社团许决〔2020〕51号	石家庄市晋商企业家协会	市工商业联合会	宣传方针政策，行业自律，咨询服务、会员交流活动，维护会员合法权益，参与社会公益活动，加强与当地党和政府的联系，承担其委托的各项事务	2020年10月26日
33	51130100MJ0916245W	石行审社团许决〔2020〕52号	石家庄市山东商会	市工商业联合会	市场调研、交流活动，行业自律，加强与政府部门的联系	2020年11月4日
34	51130100MJ0918240U	石行审社团许决〔2020〕53号	石家庄市空手道协会	市体育总会	宣传和普及，交流与研讨，协调、组合活动，提供业务指导	2020年11月16日
35	51130100MJ0920631J	石行审社团许决〔2020〕54号	石家庄市家政行业协会	无	政策、知识普及和宣传，业务指导和推广，技术咨询服务，信息交流	2020年11月27日
36	51130100MJ0864190J	石行审社团许变决〔2020〕51号	石家庄市企业服务商会	市工商业联合会	政策宣传、业务咨询、组织活动、维护会员权益、政府部门委托的其他事项	2020年11月27日
37	51130100MJ09263043	石行审社团许决〔2020〕55号	石家庄市绍兴商会	市工商业联合会	政策宣传、咨询服务、信息交流	2020年12月23日
38	51130100MJ0929070J	石行审社团许决〔2020〕56号	石家庄市乐亭商会	市工商业联合会	政策和行业知识的研究及宣传，经验、技术、业务和信息的交流及咨询	2020年12月30日

【社会信用管理】 以创建国家社会信用示范城市为目标，全力推进社会信用体系建设。社会信用管理制度基本健全，围绕国家12个信用核心文件，细化落实信用制度914项，信用示范城市指标要求制度落实率达到100%，高于全国省会及副省级城市平均水平。5月11日，市社会信用体系建设领导小组办公室印发《关于建立健全石家庄市个人诚信积分制度的通知》，正式推出个人诚信积分“诚石分”。信用信息“一张网”建设初具规模，市级信用信息共享平台建成，公共信用信息覆盖市级41个部门2000余项行政权力，全年新增信用信息5.2亿条。增加信用应用场景内容，开展重点领域政务失信专项治理，编印《公务员诚信手册》，国家挂号政务失信问题全部清零。市县两级建立守信联合激励和失信联合惩戒措施清单，跨地区、跨行业、跨领域联合奖惩机制建立。推进全国信易贷平台在石家庄市应用，帮助中小企业解决融资难问题，成功授信10笔，金额1900万元。

（李伟男）

中国人民政治协商会议石家庄市委员会

【概况】 2020年中国人民政治协商会石家庄市委员会（简称市政协）坚持以习近平新时代中国特色社会主义思想为指导，贯彻落实党的十九大和十九届二中、三中、四中、五中全会精神，巩固“不忘初心、牢记使命”主题教育活动成果，增强“四个意识”、坚定“四个自信”、做到“两个维护”，紧密围绕市委十届九次、十次、十一次全会提出的目标任务，履行政治协商、民主监督、参政议政职能，发挥协调关系、汇聚力量、建言献策、服务大局作用，为全面建成小康社会、打赢脱贫攻坚战、新冠疫情防控和经济社会发展作出了新贡献。成功举行政协石家庄市第十三届委员会第四次会议，审议通过市政协常委会工作报告及有关决议。全年召开市政协常委会会议6次，审议通过议题38项；召开市政协主席会10次，研究讨论议题65项；联合党派团体开展调研、协商、监督等活动35次，组织引导各民主党派参与大会发言47次，提交集体提案104件、社情民意信息76篇。至2020年12月31日，政协石家庄市第十三届委员会共有政协委员628名，同比减少3名。其中，常务委员109名，增加4名；新增补政协委员16名，免去政协委员19名。

【市政协第十三届常委会组成人员及工作机构负责人】

主　　席：刘明轩

副 主 席：武义青（不驻会）

范振增（不驻会）

葛瑞芳（女）

郭斌　（不驻会）

张运凯（不驻会）

孟胜林　闫纯锴

宋学恭

秘 书 长：赵磊　（11月免）

常务委员：（按姓氏笔画排序）

于民

马千里（女）

马青林　王蔚　（女）

王广策

王书翠（女）

王志臣　王志国

王丽娜（女）

王利军（满族）

王灵增　王溪波

王燕华（女）

尹庆珍（女）

孔令刚（蒙古族）

左红江（6月免）

卢书彦（女）

田庆宝（满族）

田国英　付庆文

付志军　冯摩西

兰云彩（女）

兰国良　邢建辉

仲岩　（女）

刘凡　（女）

刘月欣（女）

刘华光　刘志魁

刘金文　刘荣林

刘俊田

米春蓉（女，回族）

汤炜　许炎周

孙广庆　苏丽　（女）

苏彦英（女）

苏艳霞（女）

杜双庆

杜晓伟（女）

李波　李颖　（女）

李小平

李占领（女，1月任）

李立华

李西平（1月任）

李进飞

李咏梅（女）

李法仓（1月任）

李秋水　李恒伟

李桂玲（女）

杨建秋（1月任）

肖飞　肖建科

余少伟　宋学　（女）

宋辉　（女）

宋成武　张子峰

张军博

张丽红（女）

张佐英

张灵芝（女）

张建立

张建芬（6月免）

张建慧　张美林

张振平

张海霞（女，1月任）

张新峰　陈玉山

陈玉联（女）

陈联记

范玉龙（6月免）

尚晏芝（女）

周书献　郑建　（女）

孟超　（女）

孟凡英（女）

孟建中

赵志英（女）

赵俊芳　赵路新

郝彦忠　钟诚

钟振环（女）

侯俊宏（1月任）

娄延果

秦丽君（女）

贾彬　徐拥政

徐金升　栾建英

黄超

黄向华（女）

曹强　（1月任）

龚树辉　常志卷

崔芸　（女）

阎晓佳　梁建林

梁胜军　董志明

董素平（女）

焦永良　甄墨

甄继革

潘秀昀（女、满族）

魏书江

副秘书长：李法仓　王镇元

王燕华（女）

张世民

谷巧芬（女）

贾朝伟

乔茜　（女，不驻会）

李立华（不驻会）

张海霞（女，不驻会）

张慧巧（女，不驻会）

程鹏起（不驻会）

侯俊宏（不驻会）

焦立志（不驻会）

研究室

主　　任：李振杰（11月任）

副 主 任：李振杰（11月免）

提案委员会

主　　任：赵志英（女）

副 主 任：任佃武

刘金文（不驻会）

郑国良（不驻会）

人口资源环境委员会

主　　任：杨建秋

副 主 任：张守庆

王东刚（不驻会）
王鹏飞（不驻会）
刘金文（不驻会）
赵路新（不驻会）
宿永朝（不驻会，10月免）
李西平（不驻会，6月任）
赵建林（不驻会，6月任）
董志明（不驻会，6月任）

文化文史和学习委员会

主　　任：张丽红（女）
副 主 任：刘军社
于燕红（不驻会，6月任）
李波　（不驻会，6月任）
肖建科（不驻会，6月任）
范文龙（不驻会，6月任）
高尘　（不驻会，6月任）
黄盛兰（女，不驻会，6月任）

财政经济委员会

主　　任：周书献
副 主 任：孙吉忠
付庆文（不驻会）
肖荣智（不驻会，6月免）
宋夕元（不驻会）
陈宝京（不驻会）
赵东　（不驻会）
赵俊芳（不驻会）
曹迎春（女，不驻会）
常志卷（不驻会）

农业和农村委员会

主　　任：苏丽　（女）
副 主 任：康立新
田国英（不驻会，6月任）
谷维真（不驻会，6月任）
张佐英（不驻会，6月任）
陈玉山（不驻会，6月任）
赵永利（不驻会，6月任）
彭晓明（不驻会，6月任）

教科卫体委员会

主　　任：焦永良
副 主 任：吴丽娟（女）
王俊华（不驻会，6月任）
仲岩　（女，不驻会，6月任）
许顺利（不驻会，6月任）
杨澜波（不驻会，6月任）
张国军（不驻会，6月任）
赵勇　（不驻会，6月任）
娄延果（不驻会，6月任）
徐金升（不驻会，6月任）
崔芸　（女，不驻会，6月任）
甄继革（不驻会，6月任）

社会和法制委员会

主　　任：王灵增
副 主 任：胡振民
刘志魁（不驻会）
苏彦英（女，不驻会）
宋成武（不驻会）
张建芬（不驻会）
陈联记（不驻会）
孟建中（不驻会）
梁建林（不驻会）

民族和宗教委员会

主　　任：王灵增
副 主 任：胡振民
丁文仓（不驻会）
邓元富（不驻会）
冯摩西（不驻会）
郭利红（不驻会）
释果通（不驻会，6月免）
释常宏（不驻会，6月任）
褚国成（不驻会）

港澳台侨和外事委员会

主　　任：张建慧
副 主 任：杨建刚（10月免）
王溪波（不驻会）
范玉龙（不驻会，6月免）
胡为民（不驻会）

【石家庄市全国政协委员】 2020年驻石家庄市全国政协委员共有2人。分别为：武义青，1962年9月出生，民建界，民建河北省委会副主任委员、民建石家庄市委员会主任委员，石家庄市政协副主席，河北经贸大学副校长；刘莉沙，女，1965年3月出生，文艺界，河北省石家庄市河北梆子剧团党支部书记、副团长。

【石家庄市河北省政协委员】 2020年驻石家庄市河北省政协委员共有67人。分别为（按姓氏笔画排序）：

丁文元　于民
习伟　（女）
马千里（女）
马红哲（女）

马振清
王一兵（满族）
王升　王旭辉（女，满族）
王志国　王雁南（满族）
王韶华　付庆文
白利刚　冯摩西
宁淑敏（女）
吉朝珑（女）
吕洪涛　刘冰　（女）
刘明轩　刘建华
闫凤利　米晓莉（女）
严臻泉　李幼东（女）
李建军　李炯梅（女）
李辉　李锋
杨冬茹（女）
杨建秋　杨壹名
肖飞　肖荣智
宋征奇　张运凯
张宏繁　张腾飞
张霄云（女）
陆洪兵　陈玉联（女）
陈清泉　周庆
赵力　（女）
赵丽平（女）
赵洪　（女）
赵洪涛　娄延果
袁淑梅（女）
夏建平　徐敏俊
高丽芬（女）
高翠君（女）
郭斌　黄超
曹琴英（女）
寇广平　董跃勇
韩颖　（女）
程鹏起　释慧憨
蒲月英（女）
甄忠义　甄继革
路江　蔡志强
廖海鹰

【市政协第十三届委员会第四次会议】 1月14～17日，政协石家庄市第十三届委员会第四次会议（简称市政协十三届四次会议）举行。审议通过政协石家庄市第十三届委员会第四次会议关于常务委员会工作报告的决议、政协石家庄市第十三届委员会提案委员会关于十三届四次会议提案审查情况的报告、政协石家庄市第十三届委员会第四次会议政治决议。李占领（女）、李西平、李法仓、杨建秋、张海霞（女）、侯俊宏、曹强7人当选政协石家庄市第十三届委员会常务委员。政协石家庄市第十三届委员会第四次会议收到提案552件，经审查，立案461件。其中，委员提案304件，占65.9%；集体提案和联名提案157件，占34.1%。立案提案中，经济建设提案66件，占立案总数14.3%；政治建设提案16件，占3.5%；文化建设提案30件，占6.5%；社会建设提案294件，占63.8%；生态文明建设提案55件，占11.9%。

【市政协第十三届常委会会议】 1月3日，市政协主席刘明轩主持召开政协石家庄市第十三届委员会第十五次常委会会议（简称市政协十三届十五次常委会会议）。市政府主要领导到会通报全市2019年经济社会发展情况，市民族宗教局负责人到会通报全市宗教工作。审议通过市政协十三届四次会议有关文件和人事事项，决定1月14～17日召开市政协第十三届委员会第四次会议。

1月16日，刘明轩主持召开市政协十三届十六次常委会会议。审议通过政协石家庄市第十三届委员会补选常务委员候选人名单（草案），政协石家庄市第十三届委员会第四次会议选举办法（草案）和总监票人、监票人建议名单及政协石家庄市第十三届委员会第四次会议常务委员会工作报告的决议（草案）、政协石家庄市第十三届委员会提案委员会关于十三届四次会议提案审查情况的报告（草案）、政协石家庄市第十三届委员会第四次会议政治决议（草案）。

6月11日，刘明轩以视频会议形式主持召开市政协十三届十七次常委会会议。传达学习习近平总书记在全国“两会”期间的重要讲话和全国“两会”精神。通报全市政协系统开展“聚力量、防疫情、促发展”活动进展情况，观看全市政协系统抗疫情促发展工作纪实视频资料片。听取市政府关于全市疫情防控情况通报。7位市政协常委、委员围绕建立健全全市疫情防控长效机制作大会发言。审议通过人事任免事项。

7月28日，刘明轩以视频会议形式主持召开市政协十三届十八次常委会会议。传达学习全国政协十三届十二次常委会会议精神，听取市政府相关部门关于全市“十四五”规划纲要编制情况汇报。会议收到关于全市“十四五”规划纲要编制方面发言材料48篇，其中，8名市政协常委、委员作口头发言。

10月14日，刘明轩以视频会议形式主持召开市政协十三届十九次常委会会议。传达学习全国政协十三届十三次常委会会议精神，听取市政府关于全市推进城乡融合高质量发展情况通报。审议通过人事任免事项。邀请国防大学联合作战学院王建华教授作《当前国际国内热点问题分析》专题报告。

11月24日，刘明轩以视频会议形式主持召开市政协十三届二十次常委会会议。传达学习中央和省委、市委全会精神及全国政协十三届十四次常委会议精神，部分市政协常委、委员作交流发言。审议通过赵磊辞去政协石家庄市委员会秘书长职务。

【政协委员调整】 1月3日，市政协第十三届委员会第十五次常委会会议审议通过政协委员调整28人。其中，增补政协委员16人，按姓氏笔画排序为：于燕红（女）、尹勃、刘琼、刘春东、李霞（女）、李庆元、张宁、张海霞（女）、陈树旗、陈振居、赵君杰、胡文茹（女）、胡正海、胡建忠、曹强、董建芳（女）；辞去政协委员12人，按姓氏笔画排序为：刘林、刘娜（女）、闫国文、苏军献、李龙江、李林青、肖荣智、张玮扬、钱学斌、郭金岭、戚阿东、崔贞军。6月11日，市政协第十三届委员会第十七次常委会会议审议通过6人辞去政协委员，其中，左红江、范玉龙、张建芬辞去政协石家庄市第十三届委员会常务委员、委员，蒲国良、郭晓卿、肖冰辞去政协石家庄市第十三届委员会委员。10月14日，市政协第十三届委员会第十九次常委会会议审议通过撤销宿永朝政协石家庄市第十三届委员会委员资格。

【重点提案】 市政协十三届四次召开后，全市政协委员提出提案583件，经审查立案473件。2020年市政协遴选确定重点提案22件，分别为：1.关于加快推进5G建设，助力数字经济发展的建议（第435号，提案者：李忠诚）；2.关于进一步促进县域经济发展的建议（第197号，提案者：市民建）；3.关于改善医疗环境和保护医护人员安全的建议（第198号，提案者：钟振环）；4.关于将农村妇女“宫颈癌”筛查列为市政府为民办实事的建议（第317号，提案者：宋学）；5.关于加强传染病防控科普工作的建议（第339号，提案者：韩淑芹）；6.关于加强科技创新要素培育，推动“四种类型经济”高质量发展的建议（第439号，提案者：侯俊宏）；7.关于在职教园区设置24小时医疗站点的建议（第0446号，提案者：市民进）；8.关于进一步推进市区普惠性民办幼儿园的建议（第24号，提案者：杨丽萍）；9.关于开展全民健身工作的建议（第89号，提案者：陈增建）；10.关于加强旅游产业发展的建议（第137号，提案者：市九三学社）；11.关于打破信息孤岛，加快数据有效整合的建议（第25号，提案者：范振增、邢建辉、李铜生、荆爱珍、贾鹏）；12.关于推进会展经济，助推城市经济发展的建议（第95号，提案者：韩淑芹）；13.关于做大做强会展经济，助推城市经济发展的建议（第362号，提案者：市农工党）；14.关于高度重视自贸区建设的建议（第434号，提案者：李秋水）；15.关于以中央商务区建设精神和城市原点文化为基础，打造精神文明建设高地的建议（第300号，提案者：贾鹏）；16.关于推进生活垃圾分类的建议（第75号，提案者：市民革）；17.关于预防贫困人口脱贫后重新返贫的建议（第130号，提案者：市九三学社）；18.关于加快推进学校食堂明厨亮灶+互联网的建议（第135号，提案者：范林）；19.关于促进5G产业发展的建议（第292号，提案者：慈志勇）；20.关于生物医药产业发展的建议（第342号，提案者：市民革）；21.关于加快推进生活垃圾焚烧飞灰安全利用处置工作的建议（第344号，提案者：市民盟）；22.关于深入推进民营经济发展的建议（第408号，提案者：李三军、高强）。

（耿莉云）

纪检监察

【概况】 2020年全市纪检监察系统忠实履行党章和宪法赋予的职责，扎实推进纪检监察体制改革，持之以恒正风肃纪，坚定不移惩贪治腐，深入整治侵害群众利益不正之风和腐败问题。以党的建设为重点，严格党的纪律和政治规矩，深入推进全面从严治党、党风廉政建设和反腐败斗争。全年督促整改问题3196个，向市委、市政府提交专题报告18份、提出建议23条；严肃整治群众身边腐败和作风问题，全市各级纪委监委受理处置问题线索5543件，办结5538件；深化同级监督，开展一对一谈话584人次，约谈领导班子成员、重点岗位人员959人次，查处单位“一把手”114人；整治形式主义、官僚主义，查处不担当不作为、服务群众消极应付等问题54件、处理91人，查处享乐奢靡隐形变异问题81件、处理171人；查处工作不力、作风漂浮等问题，处理99人、处分60人；保持惩治腐败高压态势，查处问题线索6128件、立案2006件、处分2581人。严格党员和领导干部管理，查处违反政治纪律问题19件，处分20人。12月21日，市委常委会召开扩大会议，通报河北省委关于邓沛然涉嫌严重违纪违法立案审查调查的决定；12月28日，全市领导干部政治性警示教育大会在市委党校举行。全年市纪委监委举办现场警示教育活动124次，通报曝光违纪违法典型案例26起40人次。开展重点领域专项整治，办理河北省交办问题155个，整改完成154个。清查整治违建别墅项目112宗，处理51人；督促人防系统整改问题299个，处理47人；严肃查处统计领域违纪违法案件，处分

32 人；督促整改生态环保领域问题 45 件，处理 34 人，减税降费 119.88 亿元。6 月 16 日，市纪委监委廉政教育培训中心更名为市纪检监察工作保障中心。

【党风廉政建设】 贯彻执行党纪问责条例，全年问责党组织 13 个、党员干部 605 人。统筹运用党性教育、政策感召、纪法威慑、监督执纪“四种形态”，批评、教育、帮助和处理违纪党员 8772 人次，其中，第一、二、三、四种形态占比分别为 69.6%、19.6%、4.1%、6.7%，第一、二种形态占比 89.2%。深化同级监督，开展一对一谈话 584 人次，约谈领导班子成员、重点岗位人员 959 人次，查处单位“一把手”114 人。开展处分决定执行情况专项检查，坚决纠正和防止处分决定执行不到位问题。推进检举举报平台、信息化监督平台建设，落实《纪检监察机关处理检举控告工作规则》，检举控告类信访举报件办结率达到 90% 以上。严格党风廉政意见回复关，回复党风廉政意见 2252 人次。落实“三个区分开来”要求，变被动容错为主动纠错，先纠错再容错，贯通融合纪法情理，从轻减轻或免予处分党员 29 人。激励党员干部担当作为，重点在疫情防控、环境保护、项目落地、房地产解决遗留历史问题等工作中涉及的单位和部分干部给予容错。保持惩治腐败高压态势，查处问题线索 6128 件、立案 2006 件、处分 2581 人，其中，市管干部 60 人、移送检察机关 82 人、主动投案 46 人。完善党纪管理制度，采取以案促改、以案促建、以案促治防范腐败措施，制发纪检监察建议书 748 份。注重利用身边人、身边事加强警示教育，拍摄警示教育片《利剑高悬》。开展处分决定宣布现场警示教育 124 次，通报曝光各类典型案例 26 起 40 人。12 月 28 日，全市领导干部政治性警示教育大会在市委党校举行。会议以网络视频会议形式召开。市委党校设立主会场，各县（市、区）设分会场。市委书记、市人大常委会主任、市政协主席及省第一督查组组长等领导出席会议。市委常委，市人大常委会、市政府、市政协领导成员，市法检“两长”，各县（市、区）党政主要负责人，市直各单位主要负责人，市管企业、市属高校、驻石金融机构党委主要负责人，市纪委监委领导班子成员，各巡察组组长等参加会议。通报 2020 年以来市纪委监委查处部分典型案例，播放警示教育片《利剑高悬》，元氏县委、市自然资源和规划局党组、赞皇县纪委监委主要负责人作交流发言。

【违反中央八项规定和“四风”问题查处】 整治形式主义、官僚主义，开展“基层减负年”活动，落实改进文风会风、调研检查、督查考核等规定，全年市级文件同比减少 28.8%、会议同比减少 3.8%、督查检查考核同比减少 12.7%。严肃查处违反中央八项规定和“四风”问题，全年查处不担当不作为、服务群众消极应付等问题 54 件、处理 91 人，查处享乐奢靡隐形变异问题 81 件、处理 171 人。2020 年 1 月，市纪委监委通报 4 起违反中央八项规定精神问题典型案例。1. 长安区西兆通镇党委书记陈 ×，西兆通镇党委委员、武装部长赵 × 安接受管理服务对象宴请和旅游安排问题。2017 年 2 月，陈 ×、赵 × 安到山东省临沂市考察。期间，违规接受某置业公司安排宴请和旅游活动。陈 × 还存在其他违纪问题。2019 年 10 月，陈 × 受到党内严重警告处分、赵 × 安受到党内警告处分。2. 灵寿县人民法院党组成员、执行局局长、审判委员会委员尹 × 江违规操办儿子婚宴问题。2019 年 9 月，尹 × 江分 2 次为儿子操办婚宴，违规收受亲属以外人员礼金 1.26 万元。尹 × 江还存在其他违纪问题。2019 年 11 月，尹 × 江受到党内严重警告处分。违纪资金退回。3. 元氏县政协原副主席、总工会原主席张 × 志违规占用两处办公用房问题。2011 年 7 月，元氏县时任政协副主席张 × 志在占用县政协机关一间面积 22 平方米办公用房情况下，又违规占用县总工会一间面积 23 平方米办公用房，直至 2018 年 4 月张 × 志退休后才将两间办公用房腾退。张 × 志还存在其他违纪问题。2019 年 10 月，张 × 志受到党内严重警告处分。4. 无极县应急管理局专职消防队代理队长魏 × 磊私车公养问题。2016 年 1 月至 2019 年 8 月，魏 × 磊利用单位公务加油卡先后 10 次为自己私家车加油，金额 1689.44 元。2019 年 10 月，魏 × 磊受到党内严重警告处分。违纪款项上交。2020 年 6 月，市纪委监委通报 3 起违反中央八项规定和“四风”典型问题。1. 藁城区公安局廉州派出所指导员顾 × 伟超标准使用办公用房问题。2020 年 4 月，顾 × 伟受到党内严重警告处分。2. 赵县水利局违规借用下属单位车辆问题。2018 年 10 月至 2019 年 12 月，由赵县水利局党组成员李 × 坤决定，赵县水利局违规借用下属单位车辆用于日常公务使用。2020 年 4 月，李 × 坤受到党内严重警告处分。3. 晋州市疾病预防控制中心党支部副书记、主任赵 × 平违规发放福利、奖金问题。2018 年赵 × 平主持晋州市疾病预防控制中心工作期间，违规为 18 名职工发放节日慰问品。赵 × 平还存在其他违纪问题。2020 年 3 月，赵 × 平受到党内严重警告处分，违纪资金退回。2020 年 10 月，市纪委监委查处 2 起违反中央八项规定精神问题典型案例。

1. 桥西区房屋征收中心主任于 × 刚接受管理和服务对象礼品、接受宴请问题。于 × 刚任桥西区房屋征收管理办公室主任期间，违规收受某房地产公司礼品，接受该公司宴请。2020 年 10 月，于 × 刚受到党内严重警告处分，违纪所得收缴。2. 赞皇县黄北坪乡川房村党支部原书记李 × 芳违规举办乔迁宴问题。2020 年 10 月 26 日，李 × 芳在某饭店违规举办乔迁宴，收受礼金 4400 元。2020 年 10 月，李 × 芳受到党内严重警告处分，违纪所得收缴。2020 年 12 月，市纪委监委查处 1 起违反中央八项规定精神问题典型案例。市科技合作与创新平台中心原主任于 × 海超标准配备、使用办公用房及公车私用等问题。于 × 海任市科技合作与创新平台中心主任期间，长期超标准占用 2 间办公用房；违规借用下属公司车辆归本人使用。于 × 海还存在其他违纪违法问题。2020 年 12 月，于 × 海受到撤销党内职务、政务撤职处分。

【影响营商环境问题查处】 重视营商环境监督，发现问题 90 个，督促整改 55 个，协调解决职责不清审批事项 23 项，查处损害营商环境问题 31 件，处分 22 人、移送司法机关 4 人。2020 年 7 月，市纪委监委通报 2 起破坏营商环境典型问题。1. 灵寿县谭庄乡党委书记樊 × 志、副乡长程 × 录违规向辖区企业收取费用问题。2018 ～ 2019 年，经樊 × 志、程 × 录商议决定，该乡向辖区企业违规收取费用 19.4 万元，造成不良影响。2020 年 1 月，樊 × 志、程 × 录分别受到政务警告处分。2. 石家庄市公安局长安分局育才街派出所民警徐 × 军违规使用查封措施问题。2020 年 4 月，徐 × 军在辖区某公司检查消防安全时，发现该公司存在使用明火等安全隐患，在未经请示且没有临时查封权的情况下，将该公司相关场所张贴封条查封，造成不良影响。2020 年 6 月，徐 × 军受到党内警告处分。2020 年 11 月，市纪委监委通报 2 起影响和损害营商环境问题典型案例。1. 裕华区市场监督管理局方村市场监督管理所工作人员高 × 迅违规向管理服务对象索要钱款、接受管理对象提供服务问题。2019 年 7 月至 2020 年 4 月，高 × 迅在裕华区市场监督管理局裕兴市场监督管理所、方村市场监督管理所工作期间，利用职务上的便利和影响，违规向管理服务对象索要钱款，多次违规接受管理对象提供服务。2020 年 7 月，高 × 迅受到党内严重警告处分、政务记过处分，违纪资金收缴。2. 市生态环境局灵寿县分局综合执法大队第四中队原中队长王 × 峰向企业索取、收受财物问题。2019 年 3 月至 2020 年 5 月，王 × 峰利用职务便利，在企业经营等方面为他人谋取利益，索取、收受财物共计 11.55 万元。王 × 峰还存在其他违纪行为。2020 年 6 月，王 × 峰受到开除党籍处分、开除公职处分，涉嫌犯罪问题移交检察机关依法审查起诉。

【整治损害群众利益突出问题】 全年各级纪委监委对涉及群众利益的腐败和作风问题决不手软，累计受理涉及群众利益问题线索 5543 件，办结 5538 件。以脱贫工作绩效、脱贫政策连续性稳定性、脱贫摘帽后“四个不摘”政策落实等为重点，开展专项监督 3 次，整改脱贫相关问题 136 个。深化扶贫领域腐败和作风问题专项治理，查处问题 82 件，处分 31 人。支持“扫黑除恶”专项行动，采取“一案三查”方式，查处涉黑涉恶腐败和“保护伞”问题 123 件，处分 290 人，移送司法机关 18 人。围绕教育、医疗、环境保护、社会保障、劳动就业等民生领域群众反映强烈的问题，督促职能部门开展专项整治，帮助群众解决困难和问题 194 个。加强房地产管理监督，督促解决房地产开发遗留问题 309 个，化解署名重复信访举报事项 165 件，解决“多年多层多头”重复举报问题 30 件。

【巡察监督】 全年市委部署安排巡察监督 3 次，常规巡察、巡察“回头看”有关党组织 25 个，发现问题 680 个，问题线索 86 件。配合省委巡视开展“四个专项”巡察，发现问题 47 个，市、县两级供销合作社系统专项巡察发现问题 390 个。加强统筹巡察管理，修订完善统筹巡察工作实施办法，全年统筹巡察县（市、区）直单位、乡镇（街道）、村（社区）党组织 514 个。采取“重点一批、延伸一批、专项一批”方式，巡察村（社区）2489 个，覆盖率 90.43%。5 月 21 日，全市巡察工作会议暨十届市委第八轮巡察县级统筹巡察动员部署会举行。市委书记到会讲话。省第三巡察指导督导组组长、副组长到会指导。市委常委、市纪委书记、市监委主任、市委巡察工作领导小组常务副组长传达全省巡视巡察工作会议精神。会议公布十届市委第八轮巡察派出市委巡察组 6 个，确定利用 1 个月时间常规巡察市直部门党组织 6 个，分别为：市市场监督管理局、市应急管理局、市委网信办、市数据资源管理局、市文化广电和旅游局、市退役军人事务局；开展市直部门党组织巡察“回头看”1 个：市社会科学院；主要受理反映被巡察单位党组织领导班子及成员、下一级党组织主要负责人和其他重要岗位负责人问题的来信来电来访，重点是违反政治纪律、组织纪律、廉洁纪律、群众纪律、工作纪律、生活纪律等。会议确定同步开展县级统筹巡察，范围包括 21 个县（市、区）及高新区 66 个县（市、区）直部门、乡镇（街道）。7 月 27 日，十届市委第九轮巡察县级统筹巡察工作部署会暨巡前集体谈话会举行。会议确定派出市委巡察组 6 个，常规巡察党组织 9 个，分别为：市农业农村局、市司法局、市中央商务区建设发展中心、石家庄国控投资集团有限责任公司、市交通投资开发有限公司、市城市建设投资控股集团有限公司、市住房开发建设集团有限责任公司、石家庄市地产集团有限公司、石家庄文化旅游投资集团有限公司；开展党组织巡察“回头看”3 个，分别为：市行政审批局、市中级人民法院、市公共交通总公司；同步组建统筹巡察组 22 个，专项巡察各县（市、区）涉农、民生部门和部分乡镇（街道）“三农”领域。11 月 4 日，十届市委第十轮巡察县级统筹巡察工作部署会暨巡前集体谈话会举行。会议确定派出市委巡察组 1 个，开展 3 个市管国有企业党组织巡察“回头看”，分别为：宝德投资集团、水务集团、轨道交通有限责任公司；另派出市委巡察组 1 个，对应省委专项巡视组上下联动开展专项巡察，包括涉及专项巡察任务 3 个市直部门党组织开展巡察“回头看”，分别为：市发展改革委、市自然资源和规划局、市水利局。组建 28 个统筹巡察组，开展 21 个县（市、区）及高新区 243 个党组织巡察。各县（市、区）结合当地实际，组建各自巡察组，开展村（社区）党组织巡察。严格巡视、巡察反馈意见整改，中央巡视反馈问题和移交线索全部办结；省委巡视反馈问题整改 599 个，办结问题线索 725 件；十届市委第八轮巡察及统筹巡察反馈问题整改完成，问题线索全部办结，十届市委第九、十轮巡察正在推进。

（丁晓琳）

民主党派和工商联

【概况】 2020 年全市各民主党派和工商联以习近平新时代中国特色社会主义思想为指导，坚持中国共产党领导的多党合作和政治协商制度，执行“长期共存、互相监督、肝胆相照、荣辱与共”的基本方针，履行参政议政职能。发挥民主党派监督作用，组织开展民主协商，全年中共石家庄市委邀请各民主党派市委、市工商联负责人和无党派人士代表、市有关人民团体负责人参加各类协商会、征求意见会、情况通报会 8 次，各民主党派提出意见建议 400 余条。加强组织建设，严把发展成员标准，以年龄结构、文化层次、人员培训等环节为重点，提升基层支部活力，增强凝聚力和战斗力。2020 年民革市委发展党员 50 人，拥有基层支部 38 个，累计党员 987 名；民盟市委发展盟员 55 名，拥有基层委员会 9 个、基层支部 47 个、小组 2 个，累计盟员 1361 名；民建市委发展会员 73 人，拥有基层委员会 4 个、支部 48 个、专门委员会 7 个、京津冀（石）协同发展研究小组 1 个，累计会员 1254 人；民进市委发展会员 49 名，拥有基层支部 45 个，累计会员 1184 名；农工党市委发展党员 32 名，拥有基层支部 28 个，累计党员 1120 名；九三学社市委发展社员 32 名，拥有基层组织 39 个，其中，基层委员会 7 个，支社（小组）32 个，累计社员 824 名；市工商联管理直属商会 87 家，其中，行业商会 14 家，异地商会 71 家，其他商会 2 家，拥有直属会员 167 家，累计会员数量 20987 个。2020 年全市各民主党派和工商联围绕市委、市政府中心工作，聚焦全面建成小康社会、脱贫攻坚行动、抗击新冠肺炎疫情、经济社会发展等问题开展调研和建言献策活动，撰写具有较大影响的调研报告有《关于新冠疫情下我市蔬菜生产存在问题及管理建议》《关于把生物医药健康产业打造成为我市“一号产业”的建议》《建立以“绿色全要素生产率”为导向的高质量发展治理机制的建议》《关于推进农村宅基地改革的建议》等。

【民主党派和工商联领导成员】

民革石家庄市委员会

主　　委：范振增
副 主 委：胡永权
乔茜（女）
米晓莉（女）
邢建辉

民盟石家庄市委员会

主　　委：郭斌
副 主 委：祝淑钗（女）
武志永
吴国英（女）
蒲月英（女）
李立华

民建石家庄市委员会

主　　委：武义青
副 主 委：黄超
宋磊珍（女）
赵力（女）
付黎音（女）
张海霞（女）

民进石家庄市委员会

主　　委：张运凯
副 主 委：李立水
寇学臣（满族）

王志臣
陈玉联（女）
张慧巧（女）

农工党石家庄市委员会

主　　委：王宝山
副 主 委：程鹏起　陈志强
李拥军　郭毅
宋学　（女）

九三学社石家庄市委员会

主　　委：王志国
副 主 委：闫凤利　王德松
李文平　杨晓飞
侯俊宏

工商业联合会

党组书记：李西平
主　　席：吴相君
常务副主席：
门立新
副 主 席：焦立志　贾建勇
张端树　杨晓东

【中国国民党革命委员会石家庄市委员会】 中国国民党革命委员会石家庄市委员会（简称民革市委或市民革）成立于1958年9月20日。全年民革市委发展新党员50人，其中，博士2人、硕士14人，副高级以上职称10人，省级人才工程1人。至2020年底，民革市委共有基层支部38个，党员987名。拥有河北省人大代表6人，分别为范振增、翟志海、葛杨、董志平（女）、王娟（女，满族）、曹娜（女）；河北省政协委员9人，分别是为刘秋祺、米晓莉、陈清泉、刘志超、程彦培、路江、习伟、马胜祥、李幼东。全年民革市委提案被省政协采纳8篇，其中《关于加强我省南繁基地建设的建议》列为省政协十二届三次会议书面发言。向市政协十三届四次会议提交大会发言9篇、集体提案23篇，全部采纳，其中，《关于推进生活垃圾分类的建议》列为会议口头发言，《推进石家庄市应急志愿者队伍建设的建议》列为市政协十三届十七次常委会会议书面发言，《关于加强疾病预防控制体系建设的建议》列为市政协十三届十八次常委会会议口头发言。向市委统战部报送关于“十四五”规划调研报告3篇。3篇社情民意信息被民革中央采用，1篇社情民意信息被省政协《社情民意内刊》刊载。2020年民革市委获评民革河北省参政议政（提案、协商报告、反映社情民意信息）工作先进集体及社会服务工作先进集体，民革市委精英集团支部、桥西一支部获得民革河北省抗击新冠肺炎疫情先进集体。

（文雯）

【中国民主同盟石家庄市委员会】 中国民主同盟石家庄市委员会（简称民盟市委或市民盟）于1958年9月13日成立，主要由石家庄市教育、文化、医疗卫生及科技领域的高中级知识分子组成。2020年民盟市委发展盟员55名，平均年龄37.2岁。其中，硕士及以上学历18人，占发展总数32.7%；高等教育界17人，占30.91%；基础教育界5人，占9.09%；科学技术界9人，占16.36%；医药卫生界1人，占1.82%；文化艺术界4人，占7.27%；出版传媒界2人，占3.64%；公有制经济界5人，占9.09%；新的社会阶层人士6人，占10.91%；政府机关6人，占10.91%。至2020年底，民盟市委下设基层委员会9个、支部47个、小组2个，累计盟员1361名。盟员中，全国人大代表2人，省人大代表2人，省政协委员8人，市人大代表9人，市政协委员28人，县区人大代表11人，县区政协委员71人。围绕市情，履行参政议政职能。民盟市委《关于新冠疫情下我市蔬菜生产存在问题及管理建议》获得市委书记批示。民盟市委参加市政协十三届四次会议提交集体提案20件，其中《关于加快推进生活垃圾焚烧飞灰安全利用处置工作的建议》等3件提案列为优秀提案。《平安时期更应提高警惕，加强传染病可能爆发的早期预警和信息播报》等3篇建议在市政协常委会会议发言。全年民盟市委向民盟省委、市政协、市委统战部报送信息60余篇次，其中，《关于推进高压氧医学学科发展的建议》《建立公共卫生应急体系安全冗余机制》《关于尽快恢复特殊教育学校教学的建议》等信息和建议被民盟中央、民盟省委采用，《大数据战大“疫”》被中央统战部《零讯》采用。2020年民盟中央授予民盟市委“抗击新冠肺炎疫情先进集体”称号、长安区第一基层委员会二支部“盟务工作先进基层组织”称号。

（王志鹏）

【中国民主建国会石家庄市委员会】 中国民主建国会石家庄市委员会（简称民建市委或市民建）于1955年11月27日成立，主要由经济界人士组成。全年民建市委发展会员73人。其中，公有制经济人士10人、非公有制人士12人、新的社会阶层人士44人、教育界4人、政府机关3人；大学专科6人、大学本科55人、硕士研究生12人；中级职称13人、副高职称3人。12月18日，民建市委高新支部成立。12月25日，民建市委青年委员会成立。至2020年末，民建市委共有基层委员会4个、支部48个、专门委员会7个、京津冀（石）协同发展研究小组1个，累计会员1254人。民建会员中，各级人大代表34人、政协委员165人。其中，全国政协委员1人（武义青），省人大代表1人（马仁会）；省政协委员4人，分别为：黄超、赵力

（女）、康君元、臧海萍（女）。经济界人士及相关专家学者占比民建会员总数 94.58%。履行参政议政职能，围绕疫情防控、复工复产、稳定经济等主题撰写并提出 80 余篇有针对性、前瞻性的意见和建议，其中，省委常委、市委书记等市领导批示 4 篇，民建省委采用 9 篇，市政协《社情民意》采用 10 余篇。《关于把生物医药健康产业打造成为我市“一号产业”的建议》得到省委常委、市委书记和多位市领导批示。向民建中央、省委及中共市委统战部报送社情民意信息 260 余篇次，向中共市委统战部报送“三创四建”问计建议 11 篇、采纳 4 篇。民建市委主委武义青撰写《建立以“绿色全要素生产率”为导向的高质量发展治理机制的建议》得到省委、省政府领导的批示和肯定，撰写《加强重点平台建设 提升承接能力水平》在《河北日报》署名发表。2020 年民建中央授予民建市委主委武义青“民建全国优秀会员”称号、民建栾城区支部“民建全国先进集体”称号。

（武义青　张海霞　李建光）

【中国民主促进会石家庄市委员会】

中国民主促进会石家庄市委员会（简称民进市委或市民进）成立于 1958 年。2020 年民进市委发展会员 49 名，其中，硕士研究生及以上学历 17 名，占比 34.7%，中高级职称 23 名，占比 47%；新成立支部 2 个、撤销支部 1 个。7 月 23 日，民进市委鹿泉区支部成立；8 月 24 日，民进市委河北科技大学支部成立；9 月 23 日，民进市委直属一支部撤销。至 2020 年底，民进市委共有基层支部 45 个、民进会员 1184 名。民进会员中，河北省人大代表 4 人，分别为：安波、李青（女）、王志臣、林慧芳（女）；河北省政协委员 10 人，分别为：张运凯、寇学臣（满族）、陈玉联（女）、吉朝珑（女）、钱金平、王一兵（满族）、潘秀昀（女，满族）、曹秀玲（女，满族）、苏小云（女）、刘苏；市人大代表 9 名、市政协委员 44 名。履行参政议政职能，提升社会服务能力和水平。全年民进市委向省、市政协及市委统战部报送调研报告和提交意见建议多篇。3 篇被省政协十二届三次会议作为大会发言，《优化环境 把握机遇 加快我省数字经济发展》选为口头发言；4 篇列入省政协十二届三次会议集体提案；《关于大力发展节水农业，破解地下水压采与粮食生产矛盾难题的建议》被省政协十二届十五次常委会作为书面发言。9 篇被市政协十三届四次会议作为大会发言，《关于加快数字经济建设 助力新一代信息技术产业发展》选为口头发言；提交集体提案 11 篇，《关于在职教园区设置 24 小时医疗站点的建议》列为重点提案；5 篇被市政协十三届十七次常委会作为大会发言，《加强运用现代信息技术 支撑应急疫情防控体系》选为口头发言；2 篇被市政协十三届十八次常委会作为大会发言，《关于推动引领产业融合，加快发展数字经济的建议》选为口头发言；4 篇被市政协十三届十九次常委会作为大会发言。10 篇关于“三创四建”专题建议被市委统战部采用。撰写并报送疫情防控信息 20 余篇，其中《警惕污水管道泄露导致肺炎病毒污染地下水源》《关于将我市公共场所消杀措施常态化、科学化的建议》被市政协采用。2020 年民进市委获评民进全国履职能力建设先进集体、民进河北省委参政议政工作先进单位、民进河北省委社情民意信息工作先进单位、民进河北省委参政党理论研究工作先进单位和石家庄市抗击疫情先进单位。

（冯晓冉）

【中国农工民主党石家庄市委员会】

中国农工民主党石家庄市委员会（简称农工党市委或市农工党）成立于 1982 年 12 月。2020 年农工党市委发展党员 32 名，其中，中高级职称占比 56.3%，硕士以上学历 17 人，平均年龄 38.7 岁。至 2020 年底，农工党市委共有基层支委会 28 个、党员 1120 人。医药卫生界 604 人，人口资源和生态环境界 48 人，教育界与科技界从事医药卫生、人口资源和生态环境专业 171 人，主界别人员占比 73.48%；党员平均年龄 53.1 岁；在职人员 776 人；中级以上职称 798 人，占比 71.3%；硕士及以上学历 281 人，占比 25.1%。农工党党员中，全国人大代表 1 人：乞国艳；全国政协委员 3 人，分别为：王宝山、徐英、韩爱丽；省人大代表 4 人，分别为：李拥军、孟祥红、宋水山、孙日华；省政协委员 17 人，分别为：王宝山、经顺波、张祥建、郭毅、崔建升、程鹏起、马红哲、严臻泉、马瑞、王玲、史永红、薛晓英、李海平、郭炜、陆洪兵、姚艳、宋征奇；市人大代表 5 人、市政协委员 30 人。参与新冠肺炎疫情防控和救治，农工党 148 名医护人员坚守抗疫一线，56 名医疗专家、22 名专家组成员战斗在抗疫最前沿。疫情期间，全市农工党党员捐款捐物价值 172.56 万元（捐款 23.43 万元，捐赠物资价值 149.13 万元），捐赠口罩 1500 个、隔离服 1000 套、消毒液 13.5 吨。履行参政议政职能，提升社会服务能力和水平。全国“两会”期间，全国政协委员、河北省政协副主席、农工党省委主委、石家庄市委主委王宝山提交“以乡村卫生一体化助推健康中国建设”等建议。参加石家庄市“两会”，农工党市委提交《关于做大做强我市会展经济，助推城市经济发展的建议》等大会发言 7 篇、集体提案

19件。确定重点调研课题2个，分别为《关于进一步提高我市公共卫生突发事件应急能力的建议》《充分发挥商协会作用，助力我市中小企业尽快走出因疫情所造成的困境》。为市政府决策服务，推荐5名成员担任市政府咨询顾问。为抗击新冠肺炎献计献策，提交《关于建立石家庄市公共卫生中心的建议》被市政协常委会作为集体发言材料。撰写调研报告、社情民意信息53篇。向市委统战部报送党外人士建言28条。参与“三创四建”专题问计活动，报送《关于深入开展三创四建活动，打造一流营商环境的建议》等信息5篇。2020年农工党市委河北科技大学支委会、河北省中医药科学院支委会、桥东支委会、新华第二支委会被农工党河北省委评为优秀基层组织，59人获授农工党优秀党员称号。

（农工党市委）

【九三学社石家庄市委员会】 九三学社石家庄市委员会（简称九三学社市委或市九三学社）社员主要由从事科学技术工作以及高等教育、医药卫生等方面的高、中级知识分子组成。1956年9月，九三学社石家庄直属小组建立；1958年10月，九三学社石家庄分社成立；1985年7月，九三学社石家庄分社改为九三学社石家庄市委员会。2020年九三学社市委发展社员32名，其中，高等教育界14名，医药卫生界7名，科技界6名，博士12名、硕士15名。至2020年底，九三学社市委共有基层组织39个，其中，基层委员会7个，支社（小组）32个；累计社员824名，其中，科技界159名，占比19.3%，高等教育界328名，占比39.8%，医药卫生界195名，占比23.7%，高、中级技术职称774名，占比93.9%。九三学社社员中，河北省人大代表3名，分别为：王丹（女，满族）、李文平、侯俊宏；省政协常委3名，分别为：马春玲（女）、王志国、张丹参（女）；省政协委员6名，分别为：马春玲（女）、王志国、王德松、闫凤利、张丹参（女）、陈安国；九三学社河北省委副主任委员1名：张丹参（女）；市人大常委会委员2名、市人大代表5名，市政协常委6名、市政协委员27名。32个基层组织换届任务完成。新组建“社员之家”4个，分别为：河北医科大学第三医院支社、河北医科大学第四医院支社、河北中医学院支社、石家庄市鹿泉区支社；“社员之家”累计达到14个。履行参政议政职能，撰写调研报告、提案、建议、社情民意216件。其中，赵淑芹撰写《关于推进农村宅基地改革的建议》获得省长许勤批示；九三学社市委提出“加大科技投入力度 提高科技支出占预算支出的比重”“建立健全知识产权体系 推进自贸区正定片区建设”“加强地理标志保护”获得市委书记批示；王越撰写《关于推进大数据增值应用 加快我市现代化经济体系建设的建议》，郭立甫撰写《关于借鉴国际自贸区智力支持经验 完善正定自贸区高等职业教育体系的建议》，秦玉变撰写《关于进一步提升民心河综合治理水平的建议》，马春玲、李淑瑾、李文平撰写《加快我市“充电桩”建设》，侯俊宏撰写《关于建设我市公共卫生中心》，王东欣撰写《关于加快推进我市创新型城市建设的建议》列入市委统战部“三创四建”专题问计成果汇编，获得市委书记等市领导批示。政协提案：九三学社市委《关于进一步提升行政审批效能的建议》列为省政协十二届三次会议重点提案，九三学社市委《完善我省自贸区试验区高等教育体系 集聚教育和知识资源》《汲取优秀传统文化精髓 打造民营企业文化》《关于企业复产复工后 加强家庭未成年子女教育和陪护的建议》及范林提出《关于我省产业园区创新发展的建议》列为省政协十二届三次会议召开后集体提案。九三学社市委提出《关于推进我市大数据增值应用的建议》《关于预防贫困人口脱贫后重新返贫的建议》，侯俊宏提出《关于加强科技创新要素培育，推动“四种类型经济”高质量发展的建议》，杨晓飞提出《关于尽快取消居民供暖空置房“热损费”的建议》，张灵芝提出《关于加大大气污染治理力度，力争早日退出“全国倒十”的建议》，范林提出《关于加快推进学校食堂“明厨亮灶＋互联网”的建议》列为市政协十三届四次会议召开后优秀提案。调研报告：张宝春撰写《关于提升乡村旅游餐饮文化和服务水平的建议》，赵淑芹撰写《关于推进我省农村宅基地改革的建议》作为省政协十二届十五次常委会会议发言；范林撰写《关于加强我省自贸区知识产权建设的建议》、郭立甫撰写《完善我省自贸区试验区高等教育体系 集聚教育和知识资源》入选省政协自贸区专题协商会发言；柴艳兵撰写《关于河北省奶业振兴的建议》作为省政协十二届十六次常委会会议发言。九三学社市委提出《关于全面深化“放管服”改革 提升行政审批效能的建议》、张灵芝撰写《关于加大大气污染治理力度 力争早日退出“全国倒十”的建议》列为市政协十三届四次会议口头发言；侯俊宏撰写《关于建设我市公共卫生中心的建议》列为市政协十三届十七次常委会会议口头发言；九三学社市委提出《关于加大科技投入 为科技创新提供坚强有力的保障的建议》列为市政协十三届十八次常委会会议口头发言；盛婵娟撰写《强化农业科技支撑 推进现代农业产业高质量发展》、张艺琳撰写《关于促进我市农村产业融合发展的建议》、杨亚洁撰写《关于破解乡村发展生态环境保护和环境污染治理问题的建议》列为市政协十三届十九次常委会会议发言。社情民意：王利军撰写《推广农村金融联结 助力脱贫攻坚》被《人民政协报》《团结报》采用，张文丽撰写《健康管理师专业队伍亟待加强》被《团结报》采用，王越撰写《关于建立“2019-nCoV疫情主动监管系统”的建议》被九三学社中央采用，赵淑芹撰写《关于推进农村宅基地改革的建议》、丁渠撰写《关于完善我省河长制的建议》被河北省政协采用。2020年九三学社中央授予九三学社市委“抗击新冠肺炎疫情先进集体”、九三学社河北医科大学委员会“全国优秀基层组织”，范秀霞“湖北抗疫一线优秀社员”称号、周俊英“九三学社先进个人”称号；九三学社河北省委授予九三学社河北医科大学委员会、九三学社市第一医院支社、九三学社鹿泉区支社、九三学社新华区委员会、九三学社长安区委员会5个基层组织“九三学社抗击新冠肺炎疫情先进集体”，丁俊琴、王丹、冯彩霞、史敏、史健、吕焕举、杜义敏、李宏、李铭、苏家、张莹、张炜、张瑛琪、陈会强、陈伟、孟文格、尚丽乔、赵莉、郝彦忠、郭丽萍、崔丽娟、褚伟伟、甄强、翟冬梅、樊丽丽、黎玮26人“九三学社抗击新冠肺炎疫情先进个人”。

（党大志）

【市工商业联合会】 全年市工商业联合会（简称市工商联）新建异地石家庄商会14家，联系省、市域外友好商会36家。至2020年底，市工商联管理直属商会87家，其中，行业商会14家，异地商会71家，其他商会2家；拥有直属会员167家，累计会员数量20987个。以“党的组织应建必建、党的工作覆盖到位”为总目标，推进市工商联所属商（协）会党建管理。注重从商（协）会领导班子、骨干力量、青年企业家优秀分子中发展党员，全年发展新党员60人，管理党员总数达到237人；设立党支部达到60个。展现优秀企业家形象，市工商联、河北广播电视台联合举办《新冀商传奇》《对话·石家庄名企》访谈节目，邀请石家庄市9位优秀企业家参加访谈活动。选拔推荐民营企业先进典型，3位企业家获评第六届河北省优秀中国特色社会主义事业建设者，河北东旭集团、河北诚信集团有限公司、君乐宝乳业、以岭药业、石家庄四药公司5家企业36名员工获评河北省新时代“冀青之星”。支持非公经济发展，举办《关于支持民营经济高质量发展的政策措施》宣讲解读会12场次。助力企业复工复产，开展“访名企、拜名师、进名校”“银企对接”等活动，线上“商汇通”App开通。推荐大学毕业生到民营企业工作，协调民营企业与20所院校签订战略合作协议。帮助民营企业解决困难问题，市工商联研究确定以优化营商环境为重点课题，结合“双问计”“三创四建”等活动，多次派人深入企业征求意见，向市委、市政府反馈企业意见建议近100条。开展“千企帮千村”精准扶贫活动，525家市工商联直属商会及企业会员单位提供帮扶资金总额3.6亿元，其中，产业扶贫资金3.4亿元，公益捐赠资金1683.75万元，就业帮扶资金313.5万元，技能帮扶资金6万元。支持抗击新冠肺炎疫情，市工商联组织会员企业、商会组织1000余家，捐款捐物价值1.5亿元，其中，君乐宝乳业、以岭药业、石家庄市甘肃商会、石家庄市温州商会等单位及商会组织受到全国工商联表彰。

（林岚）

群众团体

Mass Organizations

【群众团体领导成员】

总工会

主　　席：安树国（12 月免）
　　　　　李志宏（12 月任）
常务副主席：
　　　　　高翠君（12 月免）
　　　　　田志　（12 月任）
副 主 席：张宝山
　　　　　张瑞红（12 月任）
　　　　　吴丽娟（女，12 月任）
　　　　　宋成武（6 月免）
　　　　　左建停（12 月免）
　　　　　高威　（12 月免）

共青团石家庄市委员会

书　　记：张玮扬
副 书 记：谢姣蕊（女）
　　　　　殷实　　曹晶（女）
　　　　　宋建卫（挂职，3 月免）
　　　　　张婷　（女，3 月任，挂职）
　　　　　王立强（兼职）

妇女联合会

主　　席：宁淑敏（女）
副 主 席：房景新　范鸿雁
　　　　　郑建　　王晓娣

文学艺术界联合会

党组书记：林春山
主　　席：肖建科
副 主 席：张桂珍　韩梅玉

科学技术协会

主　　席：杨澜波
副 主 席：冯卫和　刘保军

归国华侨联合会

主　　席：王强
副 主 席：许立　　胡为民

残疾人联合会

理 事 长：盛庆功
副理事长：张爱艳　郝根群
　　　　　陈继东（2 月任）

红十字会

常务副会长：
　　　　　王鹏飞
副 会 长：崔胜明　张玉安

消费者权益保护委员会

秘 书 长：马臣堂
副秘书长：朱庆敏　王世民

石家庄市总工会

【概况】 2020 年市总工会围绕做好职工思想教育、职工建功立业、职工维权服务等工作，全力推进新时期产业工人队伍建设改革和工会改革。开展爱岗敬业教育，举办省会“十大工匠”“省会十大最美职工”评选及“鲜花送劳模”等活动，组织召开企业家和劳模代表座谈会、全国劳模和先进工作者座谈会。11 月 24 日，2020 年全国劳动模范和先进工作者表彰大会在北京人民大会堂举行，石家庄市 9 人获得“全国劳动模范”称号，4 人获得“全国先进工作者”称号。2020 年石家庄市授予 76 个集体“工人先锋号”称号。加强职工教育阵地建设，建成国家级职工书屋示范点 4 个、省级职工书屋示范点 6 个、市级职工书屋示范点 10 个。拓展网络宣传阵地，网上基层工会服务平台入驻基层工会组织 2300 家，认证会员 14.83 万人；举办网上职工诵读活动，精选 10 个优秀作品在无线石家庄 App、“石工惠”公众号、市总工会网站等平台展播，其中 3 个优秀作品被推荐到“学习强国”河北平台。划拨资金 224 万元，帮助企业复工复产。制定小微企业工会经费返还政策，向 216 家小微企业返还工会经费 470 万元。参与制定《关于发放石家庄消费券的实施意见》，发放定向消费券 1023 万元。筹措资金 1425.81 万元，用于慰问新冠肺炎疫情防控一线职工。号召劳动模范和职工参与抗疫志愿服务活动 5219 人。至 2020 年底，全市共有工会组织 1.7 万余个，登记会员 165 万余人。

【劳动竞赛】 开展市级重点劳动竞赛项目 14 个，环太行山高速建设、地铁建设、常山“云数据中心”建设 3 个劳动竞赛项目入列省级重点劳动竞赛项目。举办职工职业技能竞赛活动，涵盖工种13个，参赛人员15万余人。参加省级职工职业技能大赛15项，夺得团体第一名5项。3项创新成果入围全国职工优秀技能创新成果大赛，1项创新成果获得全国职工优秀技能创新成果大赛二等奖。5项创新成果参加省总工会、省科学技术厅、省工业和信息化厅、省人力资源和社会保障厅联合开展的2020河北省职工优秀技术创新成果交流活动暨职工创新大赛，获得一等奖1项、二等奖3项、三等奖1项。

表 23

2020 年全国职工优秀技能创新成果大赛二等奖

项目名称	完成单位	主要完成人
大容积钢制无缝气瓶及其储运设备	石家庄安瑞科气体机械有限公司	王红霞　王会赏　刘玉红　李书磊　王兆斌　贾春莉　张淑敏　马广青　邹建立　齐虎斌

表 24

2020 年河北省职工创新大赛一等奖

项目名称	完成单位	主要完成人
大容积钢制无缝气瓶及其储运设备	石家庄安瑞科气体机械有限公司	王红霞　王会赏　刘玉红　李书磊　王兆斌　贾春莉　张淑敏　马广青　邹建立　齐虎斌

表 25

2020 年河北省职工创新大赛二等奖

序号	项目名称	完成单位	主要完成人
1	直立式聚丙烯输液关键技术开发及产业化	石家庄四药有限公司	夏国龙　于洲　王晖　李志会　杨俊免　朱树杰　刘苗　杨义　安志远　刘清萍
2	汽车用高品质Mn-Cr系齿轮钢研发应用及效益证明	石家庄钢铁有限责任公司	容晨光　马玉强　李世琪　丁志军　司焕庆　祖衡　赵兰兰　郭军兴　秦影　张延
3	切丝段新控制系统的研制	河北白沙烟草有限责任公司	杨桓　张进鸿　杨静　郝青　张东宁　李红京　张建林

表 26

2020 年河北省职工创新大赛三等奖

项目名称	完成单位	主要完成人
电热油汀智能制造模式研究与应用	石家庄格力电器小家电有限公司	周波　成凤玲　李志远　李克宁　李超峰　孙涛　徐艳归　房忠明　李伟　李亚军

【职工创新】 创建全国示范性劳模和工匠人才创新工作室2家，分别为：卜建立创新工作室（所在单位：白沙烟草）、葛文君创新工作室（所在单位：常山纺织）。创建第七批河北省劳模和工匠人才创新工作室9家，分别为：宿增寿创新工作室（所在单位：河北航天技术有限公司）、刘志彬创新工作室（所在单位：中车石家庄车辆有限公司）、于慧卿创新工作室（所在单位：市中医院）、环境气象创新工作室（所在单位：市气象局）、杨瑛娣炉窑创新工作室（所在单位：河冶科技股份有限公司）、张彦君创新工作室（所在单位：际华三五零二职业装有限公司）、武云峰创新工作室（所在单位：中国石油化工股份有限公司石家庄炼化分公司）、荣晨光创新工作室（所在单位：石家庄钢铁有限责任公司）、聚思创新工作室（所在单位：河北省电力有限公司石家庄供电分公司变电运维室）。创建第十一批石家庄市劳模和工匠人才创新工作室32家，分别

为：国网石家庄供电公司博众创新工作室、际华三五零二职业装有限公司衬布创新工作室、中建二局河北分公司赵川创新工作室、市中医院王强创新工作室、中国石油化工股份有限公司石家庄炼化分公司杜巨平创新工作室、河冶科技股份有限公司孔伟洲精快锻创新工作室、河北高达电子科技有限公司人防预警装备创新工作室、市洗染行业工会联合会梁丽君创新工作室、市公共交通总公司刘玉林创新工作室、中国人民解放军第三三〇二工厂马力民创新工作室、石家庄市矿区丰旺机械有限公司李建强创新工作室、河北冀联人力资源服务集团有限公司纪静伟创新工作室、华北制药股份有限公司北元分厂边鹤创新工作室、赞皇县蕊源蜂业有限公司王岳森创新工作室、石家庄煤矿机械有限责任公司侯力强创新工作室、石钢公司信息物流中心张麟信息智能制造创新工作室、河北华电石家庄热电有限公司刘少云创新工作室、国网石家庄供电公司信息通信分公司E字节创新工作室、市道桥设施管护中心桥涵所创新工作室、市油漆厂田立辉创新工作室、石家庄通合电子科技股份有限公司徐卫东创新工作室、中农金瑞肥业有限公司丁生龙创新工作室、石家庄诚峰热电有限公司诚峰创新工作室、石家庄洛杉奇食品有限公司代振宇创新工作室、河北马家麦坊食品有限公司马二刚创新工作室、广骏新材料科技有限公司广骏建材创新工作室、敬业钢铁有限公司周跃波创新工作室、河北兴柏药业集团有限公司程曦创新工作室、中国黄金集团石湖矿业有限公司付书建创新工作室、河北易水石砚台有限公司河北易砚大师工作室、河北字白文化传播有限公司时光抽屉木艺园工作室、河北华秀文化旅游有限公司范云鹏创新工作室。研究制定产业工人队伍建设改革任务目标18项，确定首批先行试点单位10个，常山纺织集团、通合电子2家企业经验在《工人日报》《河北工人报》等媒体报道。

【创建和谐劳动关系】 推进企业职工代表大会制度建设，市总工会、市国资委等部门联合制定出台《关于进一步加强企业职工代表大会制度建设的意见》及三年工作方案，主动引导受疫情影响企业与职工采取调整薪酬、轮岗轮休、缩短工时等方式稳定职工岗位。健全各级工会干部联系引导民营企业民主管理工作制度，结对帮扶百人以上民营企业45家，百人以上建会非公企业民主管理制度规范化率达到70%。开展职工工资集体协商活动，770家企业参与集体协商“百日行动”，受益职工20.2万人。劳动关系监测企业样本扩大到125家，石家庄双鸽食品有限责任公司、河北常山生化药业股份有限公司、河北精彩无限音像连锁集团有限公司、河北诚信集团有限公司4家企业获得省级劳动关系和谐企业。提供法律援助服务，全市70%建会企业建立工会劳动法律监督组织。开展农民工维权法律服务专项行动、“遵法守法·携手筑梦”服务农民工法治宣传和公益法律服务，全年职工法律援助团受理援助案件47件，结案63件，挽回经济损失278.9万元。城市困难职工解困脱困任务完成，建档管理397户全国级困难职工家庭全部达到解困脱困标准；拨付扶资金759万元，采取大病医疗、子女助学、基本生活3项救助措施帮扶职工解困脱困。开展常态化送温暖慰问活动，全年各级工会投入送温暖资金434.6万元，慰问困难职工、劳动模范和一线职工1.5万人次，走访企事业单位186家。开展技能培训促就业行动，申请省总工会培训补助资金98.26万元，采用开发订单、定向、定岗培训项目及试行线上培训、“互联网+”等模式帮助职工返岗就业。利用“春风行动”“民营企业招聘周”等平台，举办线上线下招聘会149场。通过生产资料扶持等方式，扶持困难职工创业项目19个。22家县级职工服务中心推出健康讲堂、婚恋交友、子女托管等“一县一品”职工服务项目，桥西区、藁城区职工服务中心获认省级模范职工服务中心。新建户外劳动者驿站109个、“爱心妈妈小屋”30个。重视职工互助活动，全年42.2万名职工参加职工互助活动，筹集资金2539万元，救助7851人，发放救助金1350.33万元。“石惠卡”职工住院补贴团体保险项目覆盖46万人，补贴5837人，发放补贴资金270.41万元。

【工会组织建设】 开展百人以上非公企业建会专项行动，组建非公企业工会133家，吸收会员1.5万人。中国邮政、顺丰快递、“四通一达”（申通快递、圆通速递、中通快递、百世汇通、韵达快递）等大型快递企业均在石家庄市建立工会组织，占全市快递行业业务总量90%以上。促进新业态、新模式、新领域“三新”企业建会，解决农民工、城市灵活就业人员及“八大员”（物流货车司机、快递员、护工护理员、家政服务员、商场信息员、网约送餐员、房产中介员、保安员）等新业态职工入会难、会籍管理难、权益保障难等问题，创新组建“石家庄新业态职工工会联合会”“永辉超市促销员工会联合会”等新型工会组织。全年工会组织为基层提供工会社会工作岗位230个，石家庄市社工工作获评全省第一。12月11～12日，石家庄市工会第十九次代表大会举行，李志宏当选为市总工会第十九届委员会主席，田志当选为常务副主席，张宝山、张瑞红、吴丽娟、王蔚（兼职）、刘志彬（兼职）、苏彦斌（兼职）、杨建立（兼职）、孟宪明（兼职）、顾之全（兼职）当选为副主席，鲍云鹏当选为秘书长，郭世华当选为经费审查委员会主任。推进县域总工会建设，所辖县（市、区）总工会全部达到县级工会规范化建设创优标准，优秀率达到85.7%；11个乡镇、5个街道办事处、2个开发区、2个农业园区工会获评省级规范化建设优秀单位，8家基层工会获评全国模范职工之家和职工小家。

（李玉晖）

中国共产主义青年团石家庄市委员会

【概况】2020年中国共产主义青年团石家庄市委员会（简称共青团市委）以服务青少年为主体，组织开展青少年思想教育、青春建功实践、青年志愿服务等活动，引导青少年弘扬社会主义核心价值观，宣传爱国主义、集体主义思想，鼓励青少年团结拼搏、立志成才，争取为城市精神文明建设、创建国家卫生城市当好优秀志愿服务者和社会文明传播者。支持青年建功立业，国网石家庄供电公司输电电缆运检高级工郭康、石家庄印钞有限公司设备员刘学进、市职业技术教育中心学生史昌冉获得第20届“全国青年岗位能手”称号。全年新发展共青团员2.9万名，至2020年末，全市拥有共青团领导机关21个、团委739个、团工委59个、团总支443个、团支部2.31万个，共青团员总数达到57.2万名。5月20日，共青团石家庄市第十六届委员会第六次全体会议以视频形式举行。传达学习习近平总书记五四寄语精神、共青团十八届四中全会、共青团河北省十五届四次全会精神及市委书记五四前夕调研基层青年工作讲话精神，总结2019年度工作，研究部署2020年工作任务，向2019年度全市共青团工作先进集体和优秀个人颁发奖牌及证书；审议并通过《共青团石家庄市第十六届委员会第六次全体会议关于团市委委员、候补委员卸职递补确认案（草案）》《共青团石家庄市第十六届委员会专门委员会成员名单（草案）》。4名个人、3个单位获得共青团中央表彰。其中，1人获授全国优秀共青团员称号（耿子豪，石家庄信息工程职业学院酒店管理系2017级旅游管理专业3班学生）；3人获授全国优秀共青团干部（王立强，冀中装备石家庄煤矿机械有限责任公司机加分厂团支部书记；王宁，女，石家庄市长安区少先队总辅导员；张溪涌，共青团市委干部、驻平山县孟家庄镇顺草沟村第一书记）；2个单位获授全国五四红旗团委（国家电网石家庄供电公司团委、市第二中学团委）；1个单位获授全国五四红旗团支部（市市容管理考评中心团支部）。2020年共青团市委获得第九届中国（河北）青年创业创新大赛优秀组织奖，石家庄市文明单位、创建文明城市先进集体、法治宣传教育先进单位等荣誉，并蝉联全省少先队辅导员大赛团体金奖；“石家庄共青团”微信公众号入选“河北省政务十佳”公众号；“相约省会、牵手人生”服务青年婚恋交友获评团中央评优秀案例，“高质量服务青年发展”改革案例获评石家庄市深化改革优秀案例。

表27

2016～2020年底石家庄市共青团员数据统计一览表

单位：万名

年度	共青团员总数	新发展共青团员数量
2016	59.2	4.2
2017	47.1	2.9
2018	46.7	2.9
2019	53.3	2.5
2020	57.2	2.9

【青少年思想教育】发挥“青年讲师团”作用，举办党的十九届五中全会精神宣传等线上线下宣讲活动，组织团员、青年参加“青年大学习”网上主题团课学习。联合市农业农村局、市国资委、市民政局，率先在全省举

办“青马工程”（全称为青年马克思主义者培养工程）培训班，得到共青团中央的肯定。利用3月5日“学雷锋纪念日”、五四青年节、六一儿童节等节日时机，组织全市青少年参加“学雷锋、助战疫”“绽放战疫青春、坚定制度自信”“致敬抗疫先锋、争做新时代好队员”等主题教育实践活动。选择树立青年五四奖章获得者、向上向善好青年、冀青之星等千名优秀青年典型，作为青少年学习的榜样。10月26日，石家庄市119人获评“向上向善好青年”、673人获评“冀青之星”。利用网络，线上举办“我和我的祖国”石家庄青春榜样故事分享会12期，号召全市各个行业优秀青年代表讲述敬业拼搏、崇德奉献的感人故事，传播青年成长进步过程。2020年共青团市委安排讲述青春故事优秀青年代表、青年集体主要有：西柏坡纪念馆讲解员赵钊、哈喽优行网约车青年突击队队长倪庆德、石家庄二中实验学校办公室副主任栗乾、河北省“百人计划”创新人才杜鹏飞及“执勤岗位练兵先进中队”、河北省消防总队“先进基层中队”中华南大街消防救援站等。

【青少年志愿服务】 至2020年末，全市“志愿汇”注册志愿者人数达到185万人，青年志愿服务组织达到2700个。比较有名气的志愿服务组织有：哈喽优行网约车青年突击队、关爱一线人员家庭志愿服务队、蓝天救援队、石家庄心语社会工作服务中心等。石家庄所辖21个县（市、区）全部成立共青团志愿服务、创新创业、文化体育三类青年社会组织。新冠肺炎疫情发生后，全市500余家青年文明号集体坚持奋战抗疫一线，200余支青年突击队战斗在物资生产、应急保障、交通运输等防疫岗位，青年志愿者参与疫情防控志愿服务1900余场次、人员7.8万余人次，捐款540万元。支持脱贫攻坚行动，开展脱贫攻坚青年志愿服务、希望工程助学助教等活动；以农民创业者为主体会员，举办创业培训班，并在平山县、灵寿县、行唐县、赞皇县4个贫困县域建立“青年创业者联盟”；以“共青团助力脱贫攻坚行动”为主题，开展“我为家乡农产品代言”活动。2020年共青团市委被省民政厅授予“2020年社会组织助力脱贫攻坚优秀单位”。实施“青年志愿者行动合作伙伴计划”，引导2400余家商家入驻“志愿汇”；建成“小青星”青年志愿服务驿站100余家。开展“寸草心”爱老敬老志愿服务1000余场，文明出行、环保宣传、垃圾分类、敬老助残等青年志愿服务发展形成常态化。

【青少年权益保护】 重视青年保护规划，首次编制青年发展规划内容，石家庄市“十四五”发展规划专门设立“打造青年友好型城市”专章。率先在石家庄信息工程学院、市第一中学、市轨道公司等行业单位开展青年规划试点建设。加强共青团组织与人大代表、政协委员面对面工作机制，围绕青少年关切议题开展协商，推动出台青少年保护政策、措施。关注青少年成长，撰写提交《激活青年参与有效载体 确保基层治理良好运转》专题报告。打造石家庄市“12355”青少年综合服务平台，关心关爱重点青少年群体，开展中高考减压、青少年自我防护教育等活动。参加预防青少年违法犯罪工作联席会，以长安区、新乐市为试点，推进未成年人保护社会体系建设。增强青少年法治意识，开展普法教育、“青春红丝带”大学生预防艾滋病宣传教育等活动。以服务重点青少年为主体，推进新华区“双零社区”国家级试点、平山县“童心港湾”国家级试点建设。发挥“冀青筹”公益平台作用，筹集资金资助受疫情影响较大的青少年学生。关爱贫困地区农村留守儿童，做好贫困学生救助工作，扶持援建希望小学。全年共青团市委投入资金34万元，建设希望小学1所（灵寿县润江孙家庄明德希望小学），至2020年底，全市建成希望工程学校114所。

（武朋林）

石家庄市妇女联合会

【概况】 2020年，市妇女联合会（简称市妇联）以巾帼心向党、巾帼建新功、巾帼新力量、巾帼新风尚、巾帼暖人心“五大巾帼行动”为重点，带领全市妇女发挥“半边天”作用。推进妇联改革，2020年全市在非公经济组织、社会组织成立妇联组织108个，建立“网格型+功能型”妇女小组16846个，机关事业单位妇委会改建妇联113个，培养和树立女性社会团体267个，建成省级示范“妇女之家”81个、市级示范“妇女之家”121个、县级示范“妇女之家”1077个、“妇女微家”3480个。开展县级妇联星级管理，17个县（市、区）妇联达到四星级标准，13个县（市、区）妇联达到五星级标准。利用网络平台，举办乡镇（街道）妇联组织区域化建设“擂台赛”，3个乡镇（街道）获评河北省优胜单位。推进美丽庭院创建活动，印发

《石家庄市农村人居环境整治 美丽庭院创建专项行动推进方案》。全年创建美丽庭院12万户，完成任务目标118%；创建精品庭院3.4万户，完成任务目标108%。至2020年底，全市创建美丽庭院90万户，其中精品美丽庭院19万户。围绕家庭传统阵地和优势领域，开展评选“文明家庭”“五好家庭”“最美家庭”等活动，推动形成家庭文明新风尚。2020年全市获评全国文明家庭5个、全国和河北省五好家庭14个、全国和河北省最美家庭13个、全国和河北省抗疫最美家庭6个、河北省绿色最美家庭5个；评选市级最美家庭223个。

【巾帼脱贫行动】 实施巾帼现代农业、巾帼家庭手工业、巾帼家政、巾帼乡村旅游四大巾帼脱贫工程，开展创建巾帼家政示范基地、评选“暖心姐”活动。命名市级巾帼家政示范基地11个，获评省级巾帼家政示范基地1个；评选“暖心姐”53名，获评“河北福嫂”1人。至2020年末，全市累计命名巾帼基地达到100余个。全年举办巾帼家政宣讲活动57场，受益妇女2000余人；巾帼家政技能培训10场，培训妇女1000余人；家政大赛26场，参与妇女4000余人。围绕“网上购物”“云端消费”“直播带货”，采取线上教学+线下实际操作模式，举办市巾帼脱贫大讲堂——“云”销售技能培训，参与巾帼企业4家，参训妇女30万余人次。举办“助脱贫攻坚 暖千家万户”石家庄“暖心姐”大赛，参赛22支代表队、66名选手，网络观看直播4.6万人。开展贫困户户容户貌提升行动，帮助4个贫困县、40个贫困村、500余户家庭改善和提升家庭环境面貌。

【关爱妇女儿童】 关心儿童健康成长，举办儿童友好家园创建工作观摩交流会暨儿童保护与服务培训会，支持儿童友好家园开展“携手过六一、亲子一起嗨”线上特别活动，参与人数3万余人。开展“把爱带回家、温暖送万家”“筑伟大梦想、做大国少年”及朗读竞赛、劳动教育、垃圾分类等亲子实践活动，引导少年儿童听党话、跟党走。关爱保护留守、困境儿童，开展慰问困难儿童家庭活动。争取价值80万元奶粉，定向捐赠抗“疫”人员家庭和困难家庭。资助妇女“两癌”检查12万余人，为41名贫困“两癌”妇女发放救助金32万元。维权妇女儿童合法权益，组建以女法官、女检察官、女律师为成员的“木兰有约”普法宣讲团，采取“妇联搭台，协会唱戏”运行模式，开展普法宣传讲座活动80余场，录制普法小视频30余部。加大反家庭暴力和妇女儿童权益保护力度，举办反家庭暴力专项工作协商座谈会，讨论通过《石家庄市反家暴工作联席会议制度》，并与市人民检察院联合出台《关于建立保护妇女儿童权益工作合作机制的十六条意见》。开展婚姻家庭矛盾纠纷调解和咨询，建立婚姻家庭纠纷品牌调解室50家，调解婚姻家庭纠纷案件1300件次，成功调解200余件。

【“文明家庭”“五好家庭”“最美家庭”】 2020年全市获评全国文明家庭5个、全国五好家庭4个、全国最美家庭3个、全国抗疫最美家庭2个、河北省五好家庭10个、河北省最美家庭10个、河北省抗疫最美家庭4个、河北省绿色最美家庭5个（名单参见《石家庄年鉴（2021）》“附录”下“光荣榜”）。全年评选市级最美家庭223个。最美家庭评选类别主要为热心公益、乐于奉献、科学教子、传承文化、绿色环保、见义勇为、创业致富、家庭和睦、移风易俗、夫妻和睦等。

（杨志国）

石家庄市文学艺术界联合会

【概况】 2020年市文学艺术界联合会（简称市文联）坚持“二为”方向、“双百”方针和“三贴近”原则，编排创作一大批讴歌党、讴歌祖国、讴歌人民、讴歌英雄的优秀作品。以讲好石家庄故事、弘扬主旋律、传播正能量为理念，突出石家庄市的厚重历史底蕴、红色基因传承、“新中国从这里走来”等题材元素，组织创作电视剧《白毛女》等具有地域特色文艺精品。坚持以人民为中心，举办“春联送万家”“我们的中国梦 民间文化进万家”“文艺志愿者在行动”及文艺讲座、书画大讲堂、摄影全家福、非物质文化遗产进社区等“送文化”到基层活动。扩大文艺队伍，组建成立市文艺志愿服务协会及11个文艺家协会志愿服务队，高邑县、藁城区乡镇文联实现全覆盖。庆祝市文联成立七十周年，总结市文联成立七十年发展脉络和重要经验，以翔实资料编纂《石家庄文艺通史》（当代卷），并创作纪录片《我们文艺的春天》。12月16日，纪念市文联成立70周年座谈会举行。至2020年末，市文联下辖事业单位1个（市文艺创作中心）、协会12个（作家协会、书法家协会、美术家协会、摄影家协会、民间文艺家协会、音乐家协会、舞蹈家协会、影视家协会、戏剧家协会、曲艺家协会、文艺评论家协会、文艺志愿者协会），累计市级以上会员1万余人。

【文艺创作】 长篇报告文学《给流浪儿童一个家》完稿待出版。中篇小说《暖窝》《亲爱的武汉》、报告文学《高铁穿越八达岭》、散文《沃土白杨》《西柏坡：一首不朽的歌》、诗歌《赏梅》（外二首）、文艺评论《乡村题材网络小说的叙事与改编》等文艺作品在《中国作家》《小说选刊》《新华文摘》《人民日报》《中国艺术报》《中国文化报》等全国性报刊发表。网络小说《浩荡》获得首届天马文学奖。原创剧本《李子敬你不能死》获得第十五届“夏衍杯”优秀电影剧本奖。评剧电影《安娥》获得第33届中国电影金鸡奖提名。摄影《城市安，云端上的村庄》《大地之殇》等33件作品在第25届河北省摄影艺术展获奖。快板《我劝爸爸改陋习》《逆行者》《异乡见闻》《说三道四》4件作品参加京津冀快板邀请赛暨十一届北京快板邀请赛获奖。《百年中国儿童诗歌史略》获得第十七届河北省社会科学优秀成果奖等。“万众一心抗击疫情”主题创作活动。2020年初，石家庄市发生新冠肺炎疫情后，两个月内全市文艺界以鼓舞斗志、提振信心为目标，创作各种形式文艺作品8000余件，并在国家级、省级、市级媒体平台集中推出；举办“中国速度 中国加油”抗击疫情网络曲艺演唱会、“以艺抗疫”京津冀书法交流展、“礼赞英雄 致敬白衣天使”送全家福活动等“抗疫”主题活动20余项；利用微信公众平台，举办抗疫文艺专题300余期，并在《太行文学》刊发专号、《滹沱艺评》开设专版。“决战脱贫攻坚 决胜全面小康”主题创作。以脱贫攻坚行动、全面小康建设为主题，制作长篇电视剧《我的幸福我当家》在湖北省拍摄；根据长篇小说《天天都有大太阳》改编电影在正定县塔元庄开机；根据长篇小说《日头日头照着我》改编电视剧在上海电视台东方影视频道播出；创作《扶贫礼赞——河北省脱贫攻坚纪实》交付花山文艺出版社出版；《太行山里有个车谷砣村》《树石村里情依依》等10余件报告文学在《人民日报》发表；国画《山乡戏韵》等30幅美术作品入选河北省“决战脱贫攻坚 决胜全面小康”主题文艺创作美术摄影作品展览。

【第十六届石家庄市文艺繁荣奖获奖作品】 6月10日，市文联公布第十六届石家庄市文艺繁荣奖获奖作品40件，其中，特别奖8件，繁荣奖32件。作品评审年限为2018年1月1日至2019年12月31日。

表28

第十六届石家庄市文艺繁荣奖特别奖

序号	作品	作者	推荐单位
1	小戏曲《村官三把手》	郭虹伶	市群艺馆
2	网络文艺评论《娱乐功能视阈下网络文艺网感与美感的现实融合》	庄会茹	石家庄日报社
3	网络文艺评论《网络剧创作传播中对现实的虚化与聚焦》	王文静	市评协
4	文学评论《从此师徒是路人——评刘建东中篇小说集〈黑眼睛〉》	王文静	市评协
5	剧本《拉花人家》	张树林	井陉县文联
6	历史纪录片《中山国》	石家庄广播电视台	石家庄广播电视台
7	电视剧《区小队》	东方视野文化传播股份有限公司	市影视协
8	河北梆子《吕建江》	石家庄市河北梆子剧团	市剧协

表 29

第十六届石家庄市文艺繁荣奖

序号	作品	作者	推荐单位
1	丝弦《大唐魏徵》	石家庄市丝弦剧团	市剧协
2	河北梆子《西柏坡故事》	平山县西柏坡河北梆子演艺有限公司	平山县文联
3	话剧《幸福国际庄》	河北天明传媒有限公司	市剧协
4	评剧《磨盘谣》	石家庄市评剧院青年评剧院	市剧协
5	舞蹈《乐婆婆的心事》	邢令果	市舞协
6	舞蹈《盼》	邢曼　张娜	市群艺馆
7	舞蹈《广陵绝响》	王宁	市艺术学校
8	纪录片《滹沱潮涌》	石家庄广播电视台	石家庄广播电视台
9	短视频《刘金国》	张拴军	行唐县文联
10	篆书《观书、处世对联》	平保龙	市书协
11	篆刻《直隶燕云堂篆刻近作》	李国良	市书协
12	隶书《项穆〈书法雅言·书统〉》	杨素梅	正定县文联
13	篆书《张彦远〈论顾陆张吴用笔〉》	张建辉	晋州市文联
14	国画《寒塬雪暖》	刘丽	市美协
15	国画《灯火璀璨是我家》	刘智勇	市美协
16	国画《山村雨后》	魏亚楠	晋州市文联
17	摄影《房·车》	黄旭	市摄协
18	山东快书《追大巴》	姚建新	市曲协
19	数来宝《该怨谁》	李佳	市曲协
20	民间文艺类图书《羲皇圣里的传说》	贯梅琪	新乐市文联
21	蛋雕《魅力河北》	张晓贺	市民协
22	剪纸《中国红枣文化之乡——行唐民间故事传说》	张瑞玲	行唐县文联
23	民间文艺类图书《敬业集团旅游文化丛书》(《黄金寨传奇》《话说王母山》《历史的铁证》)	平山县旅游协会	平山县文联
24	歌曲《永不下线的爱》	武惠安	市音协
25	歌曲《我的步伐我的城》	马佶	井陉县文联
26	歌曲《金山银山看看平山》	王会君	平山县文联
27	歌曲《站起来》	刘鸣利	行唐县文联
28	文学评论图书《百年中国儿童诗歌史略》	袁增欣	市作协
29	美术评论《别开新面有双雄》	刘小平	无极县文联

【首届贾大山文学奖】 9月25日，由市委宣传部、市文学艺术界联合会主办的首届贾大山文学奖颁奖典礼在石家庄广播电视台举行。7件作品获得贾大山文学特别奖，10件作品获得贾大山文学奖，2名作者（潘幸泉、王子龙）获得新人奖。

表 30

首届贾大山文学特别奖

序号	作品	作者
1	中篇小说《花开时节》	虽然
2	散文集《一个人的工地》	蒲素平
3	短篇小说《月光大道》	张敦
4	短篇报告文学《坚持——全国优秀人民警察吕建江纪事》	杨辉素
5	诗歌集《微甜》	白庆国
6	长篇小说《我的幸福谁当家》	周喜俊
7	长篇报告文学《新中国外交官的摇篮——中央外事学校》	孟玉

表 31

首届贾大山文学奖

序号	作品	作者
1	中篇小说《麦香，麦香》	康志刚
2	长篇小说《浩荡》	何常在
3	中篇小说《影印伤》	清寒
4	中篇小说《黑姑》	石夫
5	散文集《遇见生命》	刘厦
6	散文集《我为我的心》	闫荣霞
7	诗歌《韩文戈作品》（近作10首）	韩文戈
8	诗歌《雄安诗魂》（组诗）	孟醒石
9	短篇报告文学《逐梦伶仃洋》	刘世芬
10	短篇报告文学《"天路"壮歌》	柴卫华　裴建素　杨惠玲

（齐志民）

石家庄市科学技术协会

【概况】 市科学技术协会（简称市科协）是由市级学会（研究会）、各县（市、区）科协和各企（事）业科协组成的全市科学技术工作者群众组织，是中国共产党石家庄市委员会领导下的人民团体，是党和政府联系科学技术工作者的桥梁和纽带。落实《全民科学素质行动计划纲要》《2020年石家庄市全民科学素质行动工作要点》，表彰先进单位12个、先进县（市、区）全民科学素质工作领导小组12个、先进集体31个、先进个人

38名。新认定市域河北省首批科普示范基地28家，占全省总数27.5%。1月3日，石家庄市文化、科技、卫生“三下乡”集中服务活动在平山县启动；市科技下乡服务队接受群众科技咨询，并发放大众科普知识读本、农业实用技术、核桃栽培等科普图书及科技政策宣传资料。8月23～29日，2020年石家庄市科技活动周以线上宣传方式举行；主题为“科技战疫、创新强国”；宣传内容包括“科普讲堂”“科技抗疫”“科技扶贫”“科技惠民”“科普服务”“科普示范基地风采”六大版块；科技活动周期间，线上访问量11.2万余人次，参与有奖知识问答7800余人，发放各类科普图书等宣传资料1万余册。开展2019年度全市科普统计，确定专人负责科普数据的收集、审查、整理、汇总、分析等工作；科普统计涉及全市497家单位（包含县级以下级单位），统计范围包括科普人员、科普场地、科普经费、科普传媒、科普活动、创新创业中的科普6个方面124项指标。推荐4人和栾城区科协参加河北省第二届“全国创新争先奖”评选，宋建立（石家庄奥祥医药工程有限公司）获得河北省第二届“全国创新争先奖”。推选袁雅冬（女，河北医科大学第二医院）参评中共河北省委宣传部、河北省科学技术协会、河北省科学技术厅、河北省科学院、中共河北省委军民融合发展委员会办公室举办的2020年“最美科技工作者”评选，获得河北省“最美科技工作者”称号。至2020年底，市科协下设事业单位1个（市科学普及中心）、企业1个（市科技咨询服务中心），市全民科学素质工作领导小组办公室设在市科协；管理市级学会（研究会）24个，县（市、区）科协21个，企（事）业科协、院校科协、园区科协88个。

【科普活动】 以“决胜全面小康，践行科技为民”为主题，策划和举办石家庄市全国科普日活动启动仪式暨主场活动、科普惠农志愿行动、社区科普益民行动、校园科普行动、科普阵地联合行动、科普阅读伴我成长、科普日网络活动七大科普活动。2020年全市举办科普日活动69项，其中线上活动19项。9月18日，石家庄市全国科普日活动启动仪式暨主场活动在行唐县文体中心广场举行，河北广播电视台冀时客户端线上直播，7.7万人在云端观摩展览活动。3个单位获评“2020年全国科普日活动优秀组织单位”，分别为：市科协、新乐市科协、长安区科协。2个项目获评“2020年全国科普日优秀活动”，分别为：行唐县全国科普日主场暨线上直播活动（行唐县科协）、“强身健体报国家、强军科普筑国防”（栾城区宏远路小学）。11个单位获评“2020年河北省全国科普日优秀组织单位”，分别为：正定县科技馆、市科协、新乐市科协、长安区科协、桥西区科协、栾城区科协、鹿泉区科协、新华区科协、市动物园、市植物园、河北荣鼎金座商业管理有限公司（萌宠奇缘城市自然生态科普乐园）。7项活动获评“2020年河北省全国科普日优秀活动”，分别为：“行唐县全国科普日主场暨线上直播活动”（行唐县科协）、“强身健体报国家、强军科普筑国防”（栾城区宏远路小学）、市中山路小学科学嘉年华活动（线下活动，市中山路小学）、立足健康科普·护航学生成长（长安区教育局）、2020年河北省甘薯产业新品种与高效绿色生产技术现场观摩会（元氏县科协）、“筑梦蓝天、飞向未来”航空国防科普主题活动（石家庄工程职业学院）、利用多媒体为科普宣传营造良好氛围（中共石家庄市鹿泉区委宣传部）。

【青少年科技竞赛】 5月16日，由河北省科协、河北省教育厅、河北省科技厅、河北省生态环境厅、河北省体育局、共青团河北省委、省妇联共同主办的第35届河北省青少年科技创新大赛结果公布；石家庄市参赛作品获得青少年科学DV项目一等奖、二等奖、三等奖各1个，青少年科技创意竞赛项目一等奖5个、二等奖3个、三等奖1个，青少年竞赛项目一等奖30个、二等奖44个、三等奖20个，优秀科学幻想画一等奖9个、二等奖24个、三等奖45个，优秀科技实践活动项目一等奖1个（栾城区宏远路小学申报的“栾城区首届校园航空博览会”）、二等奖1个、三等奖6个；石家庄外国语学校获得“十佳科技教育创新学校”奖，市维明路小学、市第27中学获得“优秀科技创新学校”奖，市科协、桥西局教育局、裕华区教育局、长安区教育局获得“优秀组织单位”奖。10月24日，由河北省科协主办、市科协承办的第12届河北省青少年机器人竞赛石家庄分赛在市第44中学举行；主题为“创新伴我成长，科技创造未来”；比赛采取“云端连线、线下竞技、远程监控”方式，设立云端赛务管理中心，实行智能化仲裁；竞赛项目包括VEX机器人工程挑战赛、机器人综合技能比赛、机器人创意比赛、教育机器人工程创新赛、WRO常规赛五大赛项，全市409支队伍、1006名选手晋级省赛。

表 32

2020 年石家庄市获得第 35 届河北省青少年科技创新大赛青少年科学 DV 项目一等奖

作品名称	申报者	所在学校
甲醛吸附哪家强？	苏禹诺　李金益　刘拓煦	石家庄瀚林学校

表 33

2020 年石家庄市获得第 35 届河北省青少年科技创新大赛科技创意竞赛项目一等奖

序号	作品名称	学科	申报者	所在学校
1	高中生喜爱的运动项目调查及问题分析	行为和社会科学	李坤圻	石家庄外国语学校
2	方便收纳的课桌	工程学	郭宇航	石家庄二中润德学校
3	河北省经济发展与旅游业复合函数关系	行为和社会科学	赵俊达	石家庄二中实验学校
4	电子分类垃圾箱	环境科学与工程	丁曼曼	市第 27 中学
5	提高室内无线定位精度的算法研究	计算机科学	韩可桢	市第二中学

表 34

2020 年石家庄市获得第 35 届河北省青少年科技创新大赛青少年竞赛项目一等奖

序号	作品名称	学科	申报者	所在学校
1	对奇妙植物“捕蝇草”的观察与研究	植物学	杨宸铭	市中山路小学
2	创意保温箱	工程学	乔嘉琦	市草场街小学
3	神奇的蛋白质	生物化学与分子生物	孟德文	市北翟营小学
4	不规则物体在水中浮力与本身质量的比较	物理与天文学	冉木泽	市北翟营小学
5	关于我校小学学生参加课外辅导班现状的调查报告	行为和社会科学	申晨皓 强奕霖	北京师范大学石家庄附属学校
6	爱国主义情怀调查报告	行为和社会科学	李亦涵	北京师范大学石家庄附属学校
7	放飞花季——青少年犯罪分析及预防	行为和社会科学	孙仪菲	河北师范大学附属实验中学
8	物理学习用小孔成像模拟装置设计	物理与天文学	张家睿	石家庄新世纪外国语学校
9	自动黑板擦	工程学	高晓雅	市第 27 中学
10	碳点（CDs）纳米材料制备及碳点－柠檬酸铁（CDs-FAC）合成	化学	盖书禾	石家庄二中实验学校
11	等离子污染物净化装置	环境科学与工程	吕铭浩	石家庄二中实验学校
12	公交车自动伸缩台阶	工程学	李钰茏	石家庄二中实验学校
13	太阳能板自动清洗器	物理与天文学	郝若颖	石家庄二中实验学校
14	手机语音控制平衡车	计算机科学	马浩凯	石家庄二中实验学校
15	数形结合思想的推广应用	数学	乔天语	石家庄二中实验学校
16	一种除湿智能风扇	工程学	刘泓远	石家庄二中实验学校

续表

序号	作品名称	学科	申报者	所在学校
17	节能低碳是我们生活的必由之路——节能低碳生活调查	环境科学与工程	李天然	市第一中学
18	绿头鸭传染性喉气管炎病毒的分离与鉴定	微生物学	郭子琪	市第二中学
19	一种柔性七穴位足底按摩器	医学与健康学	白沛洁	市第二中学
20	可降解材料的垃圾袋制作	化学	程睦钦	石家庄二中润德学校
21	自动排污控制系统的研制及应用	计算机科学	崔能西	石家庄精英中学
22	一种体育课学生运动防护装置	工程学	刘懿萱	石家庄精英中学
23	国有商业银行服务质量与客户满意度关系研究	行为和社会科学	崔世勇	高邑县第一中学
24	负重的“蜡烛”	行为和社会科学	田雨暄	石家庄外国语学校
25	初探宇宙射线	物理与天文学	刁宇凡 王子璇	市第一中学
26	关于正定乡土地理的调查与研究	行为和社会科学	曹泽奕 王祎曼 刘佳琦	市第一中学
27	城市地下立体式综合空间发展设想研究	工程学	于浛露 白劲松	市第二中学
28	市售鲜蛋中 4 种四环素类抗生素残留检测和比较	生物化学与分子生物	马天泽 许可	石家庄外国语学校
29	拟南芥质膜水通道蛋白 PIP2; 3 和 PIP2; 6 在种子萌发中的作用	植物学	郑子和	市第一中学
30	光对拟南芥高温胁迫响应的调控机制探究	植物学	胡浩睿	市第一中学

表 35

2020 年石家庄市获得第 35 届河北省青少年科技创新大赛优秀科学幻想画一等奖

序号	作品名称	申报者	所在学校
1	未来之家	孟思楠	新华区田家庄学校
2	未来环保太空城	程子娴	栾城区中心路小学
3	天空之城	李林瑄	市合作路小学
4	未来的联想	孙姊依	市北高营小学
5	垃圾分类机	杨佳奕	市维明路小学
6	翱翔外太空	黄钰媛	市建设北大街小学
7	新型抢险救援机	韩波通	井陉矿区贾庄学区北寨学校
8	《美妙的星空梦境》	王晨洁	市长征街小学
9	空间城市	邢雅琪	桥西区西岗头小学

【科普知识宣传】 以代表性科普场馆为主要对象，推选经典科普旅游路线 8 条。分别为：1. 河北省科技馆（长安区）—河北荣鼎金座商业管理有限公司（萌宠奇缘城市自然生态科普乐园、新华区）—河北省血液中心（无偿献血科普馆、新华区）；2. 市动物园（昆虫世界暨科普馆、鹿泉区）—石家庄紫藤农业技术开发有限公司

（紫藤葡萄文化科普馆、鹿泉区）—石家庄旭亚现代农业发展有限公司科普教育基地（鹿泉区）；3. 市植物园（植物科学馆、鹿泉区）—石家庄元龙生态农业发展有限公司（龙山蜡像馆、鹿泉区）—石家庄亚光速科技有限公司（航空航天馆、新华区）；4. 正定县科技馆—河北一然生物科技有限公司（“微·来”——微生物科普馆、正定县）—石家庄肥晶国农业科技有限公司科普示范基地（肥晶国庄园、藁城区）；5. 河北美术学院（新乐市）—河北三元食品有限公司（新乐市）—行唐县神树湾生态农业开发科普示范基地；6. 赞皇县养蜂协会（蜜蜂博物馆）—石家庄君乐宝乳业有限公司（奶牛科普馆、鹿泉区）—河北翰思安全技术咨询有限公司（石家庄公共安全体验馆、桥西区）；7. 赵州桥科技馆（赵县）—中航通飞华北飞机工业有限公司（航空科普教育实践基地、栾城区）—栾城区草莓科技馆；8. 段家楼（科学素质教育基地、井陉矿区）—井陉矿区万人坑纪念馆（科学素质教育基地）—井陉矿区公安消防大队（消防科普教育馆）。

（雷杨　刘佳栋）

石家庄市归国华侨联合会

【概况】 2020年市归国华侨联合会（简称市侨联）紧密团结归侨侨眷，广泛联系海外侨胞，凝聚侨心、汇聚侨智、发挥侨、维护侨益，主动为石家庄经济社会建设发挥侨联独特作用。支持招商引资，主动向海外侨社团、侨商会介绍石家庄市经贸洽谈活动，拓展寻找双方合作机遇。支持侨商、侨企发展，以当好侨商、侨企发展领路人和服务员为理念，7月16日，由市委、市政府主办，市侨联等单位承办的“海外侨商石家庄恳谈会”举行，7名侨商代表建言献策。扩大侨界影响，2020年9月，市侨联、市教育局联合组织石家庄市2400多名中小学生参加由中国侨联、全国台联、人民日报海外版、快乐作文杂志等单位主办的第二十一届“世界华人学生作文大赛”，市第二中学赵艺霖获得特等奖，22名学生获得一等奖，83名学生获得二等奖，144名学生获得三等奖，市侨联获得优秀组织奖。响应中国侨联、省侨联援建“华侨冬奥冰雪博物馆”号召，市侨界人士2600余人参加捐赠活动，捐款爱心资金24.4万元。2020年市侨联、栾城区侨联获得全国侨联系统抗击新冠肺炎疫情先进集体，刘思源获得全国侨联系统抗击新冠肺炎疫情先进个人，侨企河北百孚新能源科技有限公司获得全国侨联系统助力脱贫攻坚先进集体。

【组织建设】 贯彻落实《河北省侨联关于新时代加强基层侨联建设的实施意见》，扩大基层侨联组织覆盖面。支持基层侨联组织及“侨胞之家”“新侨工作站”建设，争取财政经费15.5万元。7个县（区）侨联组织换届完毕。12个单位命名为市级“侨胞之家”，河北外国语学院、栾城区隆安社区命名为省级“侨胞之家”。12月2日，全市基层侨联组织能力提升工作会议在鹿泉区举行；中国侨联兼职副主席、省侨联党组书记、主席包东，市委常委、宣传部长、统战部长王韶华，各县（市、区）委常委、统战部长及基层侨联负责人60余人参会。至2020年底，市侨联共有全国人大代表1人（武志永，1967年10月出生，省市侨联及市民盟推荐）；省人大代表3人，分别为：李青（女）、郑建（女）、王志臣；省政协委员3人，分别为：白利刚、余良祺、周晓辉（女）；市人大代表17人、市政协委员15人。

【联络联谊】 扩大交流交往，重视与境外同乡会、商会、留学生团体等华人社团组织联络联系，推送《致石家庄市在境外华侨华人的温馨提示》及石家庄市境外人员疫情防控相关规定，密切与俄罗斯河北商会、英国河北会、美国华人专家会等14个国家、23个海外侨团联系，协助省侨联紧急采购口罩2万只，帮助巴拿马、美国、加拿大等6个国家30名海外留学生和华侨寄送“侨爱心防疫包”。协助河北省侨商会、侨企筹措价值26万元抗疫物资运往意大利、美国、澳大利亚及加拿大、西班牙等海外侨团。栾城区侨联向德国海外留学生、华侨捐赠抗疫医用口罩2万只。新冠肺炎疫情期间，全市侨界人士为抗击疫情捐赠防疫物资价值661万元，捐款548万元。5月15日至7月29日，由中国侨联主办，河北省侨联、市侨联承办的“亲情中华，为你讲故事”网上夏令营石家庄营举行，来自巴拿马、英国、德国、西班牙等国家437名海外华裔青少年参加夏令营活动。搭建侨联交流合作平台。10月12～14日，市侨联与江苏省连云港市联合在石家庄市举行“创业中华——2020港城侨商河北行”座谈会。11月13～14日，南宁市侨联党组书记陈章雄一行4人到石家庄市学习交流“侨胞之家”建设及基层组织建设。2020年10月，正定古城入选第八批中国华侨国际文化交流基地。至 2020 年末，全市共用中国华侨国际文化交流基地 3 家（另 2 家为西柏坡纪念馆、李家庄中共中央统战部旧址）。

（市侨联）

石家庄市残疾人联合会

【概况】 2020 年市残疾人联合会（简称市残联）围绕“全省领先、全国一流”目标，大力构建残联主导、全社会参与的残疾人工作格局。全年为 11393 名残疾人提供基本康复服务，为 2092 名贫困残疾人提供托养服务补贴并发放补助资金 313.8 万元，办理残疾人家庭医生签约服务 34750 人，发放 500 户残疾人家庭康复体育器材 500 户、残疾人适配辅具 5315 人。至 2020 年末，全市享受困难残疾人生活补贴和最低生活保障 59701 人，同比增长 42%；享受重度残疾人护理补贴 71392 人，同比增长 20%；残疾人家庭纳入廉租住房保障 1141 户。争取国家和河北省残疾人事业专项彩票公益金助学资金，4 个学前教育机构、133 名残疾学前儿童获得教育助学补助，资助资金 39.9 万元；为 115 名全市符合资助条件贫困残疾学生及贫困残疾人家庭子女发放资助金 35.5 万元。帮助残疾人开展法律维权，全年以信访方式接待残疾人 298 人次，办理法律援助案件 7 件；办理省级热线“12385”转办残疾人函 28 件、市长热线“12345”转办函 25 件、人大代表建议件 1 件。全年残疾人家庭无障碍改造 2888 户，超额完成市政府确定“利民惠民”10 件实事任务。支持无障碍市县村镇创建，正定县、行唐县被住房和城乡建设部、工业和信息化部、民政部等五部门表彰为全国无障碍环境示范市县村镇。“十三五”期间，全市 14.3 万残疾人享受困难残疾人生活补贴和重度残疾人护理补贴，6.6 万就业年龄段残疾人实现就业，为 6.8 万残疾人提供基本康复服务，为 1.9 万残疾人提供辅具适配服务，7864 户残疾人家庭实施无障碍改造，17673 名建档立卡贫困残疾人全部脱贫。

【残疾人康复服务】 以实施残疾人基本康复服务为重点，按照设定目录为残疾人提供医疗康复、康复训练、康复随访等服务。至 2020 年底，全市共为 11393 名残疾人提供基本康复服务。稳步推进残疾人家庭医生签约服务，办理残疾人家庭医生签约服务 34750 人。重视做好残疾人辅具适配发放，及时登记、统计、核实残疾人需求，全年发放残疾人适配辅具 5315 人，任务完成率 111%。12 月 18 日，“凤凰健康助残”项目启动暨“石家庄市残疾人康复器具展示服务中心”落成揭牌仪式举行。“凤凰健康助残”项目是由中国残疾人福利基金会和上海凤凰集团共同发起，上海凤凰租赁有限公司提供捐助；市残疾人康复器具展示服务中心位于市区谈固东街 155 号，残疾人在此购买辅助器具可享受一定的政府补贴优惠政策。

【残疾人就业援助】 开展农村残疾人实用技术培训、残疾人青壮年文盲扫盲行动，农村贫困残疾人实用技术培训 3696 人，补助资金 184.8 万元；农村残疾人青壮年文盲扫盲培训 109 人，补助资金 10.9 万元。拓宽贫困残疾人就业渠道，筹集资金 589.7 万元，免费职业技能培训就业年龄段残疾人 2140 名。推荐用人单位 82 家，向残疾人提供就业岗位 1260 个。举办残疾人招聘会 9 场，帮助登记残疾失业人员实现就业 64 人，帮助残疾人享受专项扶持政策 76 人。支持省残联举办全省第 14 届残疾人就业洽谈会暨第三届全省残疾人互联网视频招聘会，市残联联系参与线上企业 90 家、线下企业 50 家，并帮助 500 余名残疾人参加线下应聘活动。协调财政、税务、人力资源和社会保障局等市直部门征收残疾人就业保障金，推动按比例安排残疾人就业，全年帮助残疾人实现就业 67043 人，其中，按比例就业 3659 人，集中就业 1607 人，个体就业 2170 人，公益性岗位就业 249 人，辅助性就业 310 人，灵活就业（含社区、居家就业）8798 人，从事农业种养 44799 人。

【残疾人文化体育活动】 激发残疾人生活热情，开展“走基层送演出”活动，安排残疾人艺术团到学校、社区举办文艺演出活动 11 场，鼓励残疾人参加石家庄市第四届省会“阅读达人”“城市读书季”活动。10 月 12～25 日，市残联组织残疾人参加河北省第三届残疾人文化节，石家庄市推荐残疾人作品获得一等奖、二等奖各 3 个，三等奖 13 个，创作奖 3 个。推进实施残疾人“五个一”（每年读一本书、看一次电影、游一次园、参观一次展览、参加一次文化活动）文化进家庭工程，制定“五个一”文化进家庭计划，落实每户 500 元补贴标准，下拨补贴资金 3.5 万元，帮助残疾人家庭 70 户。注重选拔和培养残疾人体育人才，与市特殊教育学校签订体育人才选拔培养基地合作意向。普及和开展残疾人冰雪运动，宣传冬季残疾人奥运会及冰雪运动知识，举办万名残疾人冰雪活动。推进残疾人“自强健身工程”，新建残疾人省级体育健身活动示范点15个，选派健身指导员160余人帮助残疾人提升健身技能。实施残疾人“康复体育进家庭”项目，全年为500户残疾人家庭提供康复体育服务。

（陈磊）

石家庄市红十字会

【概况】 2020年市红十字会新发展红十字医疗会员单位3个，分别为：石家庄京冀康复医院、石家庄圣祥中西医结合医院、正定县职业技术教育中心；新建立红十字社区5个，分别为：井陉矿区南纬路社区、桥西区玉村村委会、新华区虹光街社区、裕华区南岭社区、长安区名门华都社区。深化红十字会改革，制定印发《石家庄市红十字会关于推进基层组织建设的实施意见》《关于推进红十字会深化改革工作的提醒函》，16个县（市、区）印发红十字会改革方案，13个县（市、区）红十字会成立党组织。2020年市、县红十字会接受社会捐赠资金3627.06万元，其中，市红十字会接受捐赠资金1083.02万元，县级红十字会接受捐赠资金2544.04万元，拨付使用3564.78万元；接受社会捐赠物资价值3117.4万元，其中，市红十字会接受社会捐赠物资价值991.04万元，县级红十字会接受社会捐赠物资价值2126.36万元，分配使用社会捐赠物资价值3117.4万元。举办“红十字博爱送万家”活动，资助困难群众20314人。开展“小天使基金”“天使阳光基金”救助，救助“小天使”36人，发放救助金101万元。救助捐献血浆新冠肺炎康复患者1名，发放救助金3000元。2020年市红十字志愿服务工作委员会被中央宣传部、中央文明办等部门评为全国学雷锋志愿服务最佳志愿服务组织，市红十字会报送的《大力提升生命健康教育水平，为青少年健康成长保驾护航》被中国红十字会总会编入《“十三五”红十字生命健康安全教育项目经验文集》；市红十字会参加河北省红十字会设区市红十字会核心能力评估获得第一名。

【红十字宣传与服务】 争取财政资金35万余元，举办“5·8”世界红十字日宣传纪念活动，并在火车站、公交站、报纸、微信朋友圈等地点和媒介投放红十字公益广告。利用微信公众号举办“红十字知识答题”2次，答题人数6600余人次；投入资金在市第十七中学建立红十字生命安全体验教室，组织4500名中学生分别在市第九中学、市第十七中学、河北正定中学开展生命安全体验活动；举办市第二届中学生生命健康知识大赛，参赛学校33所，登录注册生命健康学习平台学生数量达到1.5万名，网络直播浏览量突破11万人次。开展红十字志愿服务，2020年市、县红十字会组织志愿者346批12905人次参与新冠肺炎疫情联防联控活动，志愿服务36109.5工时。以“志愿石家庄”平台为基础，开发设计“志愿红十字”模块；举办“志愿红十字”模块上线仪式暨培训会，全市22个红十字志愿服务工作委员会、50个志愿服务组织、1.3万余名志愿者参加培训并在“志愿红十字”注册。

【器官、造血干细胞捐献】 加大器官捐献、造血干细胞捐献（石家庄市党政机构改革后，献血改由市卫生健康委负责）宣传，2020年全市接受器官捐献65例，捐献大器官182个，挽救生命180条。至2020年底，全市累计接受器官捐献185例，捐献大器官524个，挽救生命507条。2020年全市造血干细胞血样采集1138例，成功实施造血干细胞捐献21人，分别为：孙江北、侯丽段、李鑫、张朋、李新龙、李峰、何立佳、刘亚龙、王新华、田在前、王力勇、夏奇迎、张沛晨、马江非、曹军华、李强、李向波、刘国华、刘将华、郝志伍、封利虎。至2020年底，全市4.8万名志愿者加入中华骨髓库，占全省库容总数三分之一；累计实施造血干细胞捐献137例。

（张玉安　戎怡）

石家庄市消费者权益保护委员会

【概况】 2020年市消费者权益保护委员会（简称市消保委）受理消费者投诉2932起，解决2369件，解决率80.8%，为消费者挽回损失127.89万元。举办“3·15”国际消费者权益日活动，受新冠肺炎疫情影响，2020

年“3·15”国际消费者权益日活动以网络方式举行；印发《关于开展2020年“3·15”国际消费者权益日纪念活动的安排》通知、宣传提纲及“凝聚你我力量”消费维权年主题倡议书，利用各类网络平台举办线上“3·15”国际消费者权益日活动45场次，参与消费者人数150万人次。运用法律法规和维权知识，引导消费者树立正确消费观念，编印《消费者权益保护法》《消费维权知识手册》。加强消费教育，举办“凝聚你我力量 让消费更温暖”公益活动，制定印发《关于在全市开展“凝聚你我力量 让消费更温暖”大型社会公益活动实施方案》，向全体经营者发起“诚信经营、创新发展”倡议，鼓励和引导经营者保价格、保质量、保安全、保供应，号召经营者坚持消费者至上理念、诚信规范经营、创新驱动发展、践行社会责任。同时，向广大消费者发起“主动消费、共克时艰”倡议，引导消费者树立主动消费、科学理性、互相尊重、文明健康的消费理念。创建消费教育示范基地，以典型示范、全面推进为思路，创建流通领域“信誉楼消费教育基地”、生产企业领域“君乐宝消费教育基地”。至2020年末，石家庄所辖县（市、区）初步建立消费教育基地达到60个。

【消费监督】 开展城市消费者满意度测评，范围包括长安区、桥西区、新华区、裕华区、藁城区、鹿泉区、栾城区7个区；通报城市消费者满意度测评数据分析报告，公开得分差距、短板弱项、提升措施等材料。根据中国中央电视台“3·15”晚会报道“宝骏560”汽车变速箱反复出现质量问题及汽车4S店处理不当情况，7月30日，市市场监督管理局、市消保委召开“全市家用汽车销售及维修企业代表诚信经营约谈会”，通报2019年以来全市家用汽车消费领域投诉举报受理情况和石家庄市汽车消费领域侵害消费者合法权益的典型问题，发布家用汽车消费领域典型案例及整治五项举措，16家家用汽车销售及维修企业代表参会。推进化妆品生产经营企业落实主体责任，保障消费者使用化妆品安全。以全国护肤日为契机，开展化妆品宣传周活动，采取进社区、进商超、进农村、进讲堂、进网络“五进”形式，发放化妆品宣传材料，解答化妆品安全问题；举办化妆品经营企业代表会议，畅谈交流发言、宣读《倡议书》、通报典型案例等。开展商品质量比较实验，2020年6月，市消保委对120批次儿童玩具的可溶性重金属、邻苯二甲酸酯、多环芳烃举行质量比较试验，2020年8月向社会公布试验结果。加强消费维权志愿者队伍建设，核实确认消费维权志愿者身份信息879名。

【消费维权】 运用媒体曝光手段，连续在《燕赵晚报》《石家庄日报》客户端等媒介平台刊登《恼！房子刚装好 门把手一拉 掉了》《饭店美容院理发店 储值时需谨慎 水卡汽车卡健身卡 预付后退费难》《一万多纹对儿“运势眉” 花钱添堵》《销售藏三种乱象 维修当心俩大“坑”》《泳池乱象多 游泳太闹心》等“黑榜”报道，发布侵害消费者权益“黑榜”名单，促进形成震慑消费侵权行为氛围。消费者群体投诉调解。2020年7月，石家庄市王某等投诉某房地产交房房屋质量问题，涉及消费者1900余人，经市消保委两次协调，房地产企业一直不作正面答复，调解无效；根据国家相关法律法规，市消保委引导和支持消费者提起诉讼，最终房地产纠纷得到解决。2020年11月，15名消费者投诉石家庄某眼科医院抽奖活动奖金折抵手术费虚假承诺，经市消保委协调，石家庄某眼科医院认识到自己的失误，主动与消费者解释、沟通和协商，确定向消费者增加一定优惠补偿和采取赠送“礼品”形式，解决消费纠纷。提升消费维权水平，组建消费侵权案件专班，从快处置重大典型消费侵权案件，重点对社会舆论反映强烈的突发性消费侵权事件做出快速反应，研究和形成消费维权范例。创新消费维权新模式，探索建成“投诉调解、行政保护、投诉曝光、支持诉讼”多元化处置投诉机制，受到中国消费者协会、省消保委的肯定。

（于淑洁）

法　治

Governed by Law

人大立法

【概况】 2020年市人大机关围绕法治社会建设主题，制定、修订地方性法规6部。制定地方性法规草案2部，分别为《石家庄市西柏坡红色旅游区保护与管理条例（草案）》《石家庄市生活垃圾分类管理条例（草案）》，其中《石家庄市西柏坡红色旅游区保护与管理条例（草案）》填补石家庄市关于革命遗址保护与红色旅游协调发展地方立法空白。修订地方性法规4部。其中，修订并公布施行地方性法规3部，分别为《石家庄市河道管理条例》《石家庄市城市园林绿化管理条例》《石家庄市供热用热条例》；修订形成地方性法规修订草案1部：《石家庄市城市市容和环境卫生管理条例》。创新开展立法评估活动，首次引入第三方参与城市供水用水管理条例立法后评估。推进基层立法联系点建设，正定县正定镇“人大代表之家”被确定为全国人大常委会法工委基层立法联系点，新华区革新街道天骄社区被确定为省人大常委会基层立法联系点。加强规范性文件备案审查，按照标准、网络、内容、数据“四统一”要求，完成规范性文件备案审查信息平台建设，全年备案审查规范性文件41件。

【制定地方性法规2部】 2020年市人大机关制定地方性法规2部，分别为《石家庄市生活垃圾分类管理条例》《石家庄市西柏坡红色旅游区保护与管理条例》。《石家庄市生活垃圾分类管理条例（草案）》制定。2019年12月30日，市第十四届人大常委会第二十四次会议举行《石家庄市生活垃圾分类管理条例（草案）》第一次审议；2020年12月1～10日，《石家庄市生活垃圾分类管理条例（草案）》向社会公布并征求意见和建议。《石家庄市生活垃圾分类管理条例（草案）》共8章60条。《石家庄市西柏坡红色旅游区保护与管理条例（草案）》制定。10月28日，市第十四届人大常委会第三十次会议举行《石家庄市西柏坡红色旅游区保护与管理条例（草案）》第二次审议；12月1～10日，《石家庄市西柏坡红色旅游区保护与管理条例（草案）》向社会公布并征求意见和建议。《石家庄市西柏坡红色旅游区保护与管理条例（草案）》共5章39条。

【修订地方性法规4部】 2020年市人大机关修订地方性法规4部，其中，修订并公布施行地方性法规3部，修订形成地方性法规草案1部。修订并公布施行3部地方性法规分别为《石家庄市河道管理条例》《石家庄市城市园林绿化管理条例》《石家庄市供热用热条例》。《石家庄市河道管理条例》修订施行。2001年12月26日石家庄市第十届人民代表大会常务委员会第二十四次会议通过，2002年5月24日河北省第九届人民代表大会常务委员会第二十七次会议批准；2018年8月29日石家庄市第十四届人民代表大会常务委员会第十三次会议修正，2018年11月23日河北省第十三届人民代表大会常务委员会第七次会议批准；2019年12月30日石家庄市第十四届人民代表大会常务委员会第二十四次会议修订，2020年3月27日河北省第十三届人民代表大会常务委员会第十六次会议批准；2020年3月31日石家庄市人民代表大会常务委员会公布，自2020年5月1日起施行。《石家庄市河道管理条例》共设5章51条，主要内容包括总则、规划与治理、保护与利用、河长制、法律责任等。《石家庄市城市园林绿化管理条例》修订施行。1994年8月25日石家庄市第九届人民代表大会常务委员会第七次会议通过，1994年11月2日河北省第八届人民代表大会常务委员会第十次会议批准；1997年4月24日石家庄市第九届人民代表大会常务委员会第二十四次会议修正，1997年9月3日河北省第八届人民代表大会常务委员会第二十八次会议批准；2003年10月30日石家庄市第十一届人民代表大会常务委员会第五次会议修正，2004年5月28日河北省第十届人民代表大会常务委员会第九次会议批准；2015年12月28日石家庄市第十三届人民代表大会常务委员会第二十二次会议修订，2016年3月29日河北省第十二届人民代表大会常务委员会第二十次会议批准；2020年4月28日石家庄市第十四届人民代表大会常务委员会第二十六次会议修订，2020年7月30日河北省第十三届人民代表大会常务委员会第十八次会议批准，2020年8月4日石家庄市人民代表大会常务委员会公布，自2020年9月1日起施行。《石家庄市城市园林绿化管理条例》共设6章67条，主要内容包括总则、规划和建设、管理和保护、监督和检查、法律责任、附则等。《石家庄市供热用热条例》修订施行。2012年6月28日石家庄市第十二届人民代表大会常务委员会第三十六次会议通过，2013年5月30日河北省第十二届人民代表大会常务委员会第二次会议批准；2020年11月20日石家庄市第十四届人民代表大会常务委员会第三十一次会议修正，2020年11月27日河北省第十三届人民代表大会常务委员会第二十次会议批准；2020年11月28日石家庄市人大常委会公布，自公布之日起施行。《石家庄市供热用热条例》共设7章55条，主要内容包括总则、规划与建设、供热管理和服务、用热和热费管理、设施管理、法律责任、附则等。修订形成1部地方性法规修订草案为《石家庄市城市市容和环境卫生管理条例》。10月28日，市第十四届人大常委会第三十次会议举行《石家庄市城市市容和环境卫生管理条例（修订草案）》第一次审议；11月25日至12月10日，《石家庄市生活垃圾分类管理条例（修订草案）》向社会公布并征求意见和建议。《石家庄市生活垃圾分类管理条例（修订草案）》共7章64条。

（李勇）

政　法　委

【概况】 2020年全市政法机关以维护社会稳定为职责，推进开展平安省会建设、“扫黑除恶”专项斗争、服务经济社会发展等重点工作。重视依法治市，2次召开市委依法治市委员会会议。加强社会治安综合治理，制定出台《关于推进社会治理现代化开创平安省会建设新局面若干措施》《全国市域社会治理现代化试点重点项目实施方案》等社会综合治理文件。维护社会稳定，办理涉法涉诉信访案件252件，结案率100%，息诉率98%；接收办理国家、省信访局交办涉法涉诉重复信访案件1161件，均确定包联领导和包联责任。2020年全市排查矛盾纠纷11086起，成功化解10871起，化解率98.1%，其中化解涉疫情矛盾纠纷1246起。开展“扫黑除恶”专项斗争，打掉涉黑涉恶犯罪团伙263个，抓获犯罪嫌疑人2792人。严格执法监督，全年评查政法部门案件540余件。重视“智慧政法”建设，投入4.3亿元，实施政法网升级扩容改造完工。新冠疫情发生后，市县两级公、检、法机关投入2300余万元，利用15天时间，建成135套远程视频提讯平台，做到疫情防控和执法办案“两不误”。3月9日，市政法机关远程视频提讯平台投入使用。评选“最美政法干警”10人、“最美政法委员”2人。构建主体、平台、手段多元矛盾纠纷化解体系，基层调解组织实现全覆盖。至2020年末，全市共有各类调解组织7000多个、专（兼）职调解员5.1万余名。5月29日，中央政法委确定石家庄市为全国市域社会治理现代化试点城市。

【维护社会稳定】 坚持把维护政治安全放在突出位置，建立健全疫情期间政治安全工作协调联动机制，全年没有发生危害政治安全事件。开展重点行业、领域、区域矛盾纠纷排查整治，统筹推进涉众、涉军、涉房、涉企等利益诉求群体维护稳定工作，化解并处置规模聚集、集体信访107起，妥善处理“卓达”“轻易贷”等经济案件和集资群体信访问题。以实现县（市、区）重大刑事命案和“民转刑”命案“零发案”、乡镇（街道）刑事命案“零发案”、村居（社区）刑事案件“零发案”为目标，开展“三零”创建活动；完善分类排查分级管控多元化解、特殊人群管控、全民常态化普法等工作机制，建立刑事命案评议研判制度；加大考核问责力度，实现刑事命案连续3年明显下降。支持疫情防控，依法打击囤积居奇、哄抬物价等扰乱市场经济秩序违法犯罪行为400余件。推进社会矛盾纠纷化解，全年排查各类矛盾纠纷11086起，化解10871起，化解率98.1%。

【平安建设】 6月20日，市平安建设工作领导小组第一次会议举行。传达学习贯彻平安中国建设协调小组第一次会议和河北省平安建设领导小组第一次会议精神，审议通过《关于加快推进社会治理现代化开创平安省会建设新局面的若干措施》和石家庄市平安建设工作领导小组有关文件。9月22日，市平安建设工作领导小组第二次会议举行。学习贯彻习近平总书记关于平安建设的重要论述，听取正定县、高邑县、桥西区、新华区、藁城区、鹿泉区社会治理现代化综合试点情况汇报，研究部署市域社会治理重点工作。加强平安建设考核，起草印发《2020年度县（市、区）平安建设考核评价实施细则》《2020年度市直部门（单位）平安建设考核评价实施细则》。搭建平安建设综合指挥和信息化网络平台，在全市261个乡镇（街道）组建综合行政执法队，促进平安建设资源、力量、管理、服务向基层乡村和社区下移。启动全国市域社会治理现代化试点工作，制定印发《关于推进社会治理现代化开创平安省会建设新局面若干措施》《全国市域社会治理现代化试点重点项目实施方案》《石家庄市推进市域社会治理现代化试点工作专项督查方案》等文件，健全和完善平安建设协调机制、社会协同联动机制、群众参与动员机制，明确总体框架和实施重点项目。组织市平安建设成员单位围绕构建共建、共治、共享市域社会治理现代化格局，开展体制创新、机制完善和制度建设，建立形成协调联动、考评奖惩、目标管理、责任督导等制度体系。10月21日，石家庄市在中央政法委举办第一次全国市域社会治理现代化试点工作交流会作经验交流。

【“扫黑除恶”专项斗争】 落实“依法严惩、深挖根治、长效常治”部署要求，采取“打伞破网”“打财断血”“一案三查”及综合治理等方式，保持严打高压态势。至2020年底，全市打掉涉黑涉恶犯罪团伙263个，其中，打掉黑社会性质犯罪组织30个、恶势力犯罪团伙233个；抓获犯罪嫌疑人2792人，破获案件2102起，查封、扣押、冻结涉黑涉恶团伙财产63.8亿元；对涉黑涉恶犯罪团伙提起公诉223个2262人，一审判决171个1872人。按照省委开展“六清”行动统一部署，石家庄市聚焦问题查漏项、补短板，在全省21项量化指标排名中，17项指标位居全省第一。以“扫黑除恶”专项斗争为主线，深入推进严打整治专项行动，查处政法干警存在涉黑涉恶、“保护伞”违纪违法行为499人，社会治安形势实现持续好转。至2020年末，全市刑事案件立案同比下降4.7%，治安案件立案同比下降14.4%，八类严重暴力案件同比下降4.4%，人民群众安全感满意度提升。

【矛盾纠纷化解】 围绕构建平安省会和法治石家庄目标，探索矛盾纠纷排查化解源头治理和依法治理模式，构建主体、平台、手段多元矛盾纠纷化解体系。织密调解组织网络，扩大调解主体队伍，基层调解组织实现全覆盖。至2020年末，全市共有各类调解组织7000多个、专（兼）职调解员5.1万余名；全市4636个村（社区）全部建立人民调解委员会（简称调委会）和调解室，所有县（市、区）建立行政调解中心，24个市直部门及乡镇（街道）建立行政调解室；企（事）业单位调解组织普遍建立，全市大中型企业建立调委会或调解室达到685个。统筹运用调解、仲裁、行政裁决、复议、诉讼等多元手段化解矛盾纠纷。利用社会调解资源，市级成立仲裁委，采取吸纳部门人员、聘请律师和行业人士担任仲裁员方式，提高第三方调解成效。各县（市、区）普遍采用政府购买服务方式聘用专职调解员，增强调解力量。市法院系统建立特邀调解员制度，邀请具有调解职能组织作为特邀调解组织，邀请具备调解能力且适合调解工作的个人担任特邀调解员。推动婚姻家庭、交通事故、医疗卫生等矛盾多发行业和领域建立行业性、专业性调解组织，市级建成行业性、专业性调委会18个，县、乡两级建立行业性、专业性调解组织694个，全市培育形成品牌调解室200家。率先在全省成立市总商会调委会，全市61家商会设立调解工作室或联络站。规范化解行政争议，县级行政争议协调化解中心实现全覆盖。支持工会、妇联、共青团及人大、政协、法学会、律师协会和其他社会组织等第三方力量参与矛盾纠纷化解，建立和形成矛盾纠纷多元化解机制。推进人民调解、行政调解、司法调解有机衔接和快速流转，打造矛盾综合化解“三大平台”。建立市、县、乡“三调联动”指挥中心，实行行政区域内各类疑难矛盾纠纷分流交办和指定办理。市级建立行业性、专业性疑难纠纷多元化解中心，各县（市、区）对接市级模式，全部建立疑难矛盾调解中心，2020年全市261个乡镇（街道）、6个工业园区全部成立大调解中心。建立诉调对接中心，减少矛盾纠纷诉累。2020年市、县两级诉调对接中心年均调解、分流矛盾纠纷3000余件。开展涉疫情矛盾纠纷集中排查化解专项行动，2020年6月起，以10类涉疫矛盾纠纷为排查化解重点，排查化解各类涉疫情矛盾纠纷3800余件。

（申思佳　刘志强）

法治政府建设

【概况】 2020年全市围绕依法治市和法治政府建设目标，2次召开市委全面依法治市委员会会议，2次召开市委常委会听取法治政府建设。首次开展全市法治政府建设督察，并将法治政府建设纳入《石家庄市委2020年工作要点》。2020年市政府领导班子开展专题学法5次，市政府常务会议研究法治政府建设议题7次。8月18日，市政府邀请河北科技大学环境科学与工程学院教授周保华作《中华人民共和国土壤污染防治法》讲座。深化“放管服”改革，2020年石家庄市衔接落实国务院、省政府取消下放行政审批事项5项，向高新区、河北自由贸易试验区正定片区下放市级行政审批事项31项。动态调整市政府部门权力清单1798项，编制“五级四同”实施清单19203项，动态调整中介服务事项清单63项。公布“最多跑一次”政务服务事项清单728项，开通网办事项17913项，整体网办率达到99.38%，80%以上政务服务事项实现“一窗”分类受理，企业开办实现1日办结。全年办理告知承诺事项1548件，优化服务事项3374件，惠及企业4613户。率先在全省制定《政府部门“双随机、一公开”监管工作规范》，全年开展“双随机”抽查464次，抽查各类市场主体2.1万户。加快社会信用体系建设，出台守信联合激励和失信联合惩戒措施清单，建成市级信用信息共享平台，覆盖行政权力2000余项，归集数据5.2亿条。重视行政复议与行政应诉制度建设，出台《“一案三推动”行政复议及行政应诉案件工作制度》等规定，全年办理行政复议案件253件，撤销、责令履行、确认违法行政行为20件；推进行政机关参加行政应诉，出台《石家庄市人民政府行政机关负责人出庭应诉规定》，全年办理行政应诉案件204件，撤销、纠正行政行为11件。

（市司法局）

【全面依法治市委员会会议】 3月3日，市委全面依法治市委员会第三次会议举行。传达学习贯彻习近平总书记在中央全面依法治国委员会第三次会议上的讲话精神及省委书记王东峰在省委全面依法治省委员会第四次会议上的讲话精神，研究全市贯彻落实意见。总结2019年全面依法治市工作，部署2020年重点任务。审议并原则通过《中共石家庄市委全面依法治市委员会关于依法防控新型冠状病毒感染肺炎疫情 切实保障人民群众生命健康安全的实施意见》《中共石家庄市委全面依法治市委员会2019年工作情况报告》《中共石家庄市委全面依法治市委员会2020年工作要点》。11月2日，市委全面依法治市委员会第四次会议举行。学习贯彻省委全面依法治省委员会第五次会议精神。听取市自然资源和规划局、市城市管理综合行政执法局、市市场监督管理局，正定县、赵县党政主要负责人履行推进法治建设第一责任人职责及法治政府建设汇报。

（申思佳　刘志强）

【行政立法】 制定印发《2020年市政府立法工作安排意见》，审修完成《石家庄市西柏坡红色旅游区保护与管理条例》《石家庄市城市市容和环境卫生管理条例》地方性法规草案，提交市人大常委会审议。开展市政府规章立法评估，拓宽公众参与立法途径和方式，确定基层立法联系点27个。开展《民法典》涉及地方性法规、行政规章清理工作，向市人大常委会提交专题报告。《石家庄市人民政府规章制定办法》以政府令公布施行。11月1日，市政府第78次常务会议讨论通过《石家庄市人民政府规章制定办法》；11月6日，《石家庄市人民政府规章制定办法》以“石家庄市人民政府令第198号”公布，自2021年1月1日起施行。《石家庄市人民政府规章制定办法》共设7章41条，主要内容包括总则，立项，起草，审查，决定、公布和备案，解释、评估、清理和其他，附则等。

【依法决策】 出台《石家庄市重大行政决策程序实施细则》。建立决策跟踪机制，开展决策后评估工作。2020年市司法部门提交市政府常务会研究议题、决策及合同文件等192件，全部通过合法性审查。加强规范性文件监督管理，新出台相关制度3项；全年市政府制定规范性文件5件，全部按时向省政府、市人大机关备案。印发《关于规范性文件清理结果的通知》，废止规范性文件12件，失效31件，待修改9件，延期使用5件。开展公平竞争审查，审查政策文件185件，废止8件。评估县（市、区）报备规范性文件30件。

【行政执法】 贯彻落实综合行政执法体制改革要求，市场监管、生态环境保护、文化市场、交通运输、农业、城市管理六大领域和乡镇（街道）综合行政执法改革全部完成。修订行政执法“三个办法”，印发《行政执法公示网上巡查制度》，纠正问题340余项。监督行政执法行为，开展案卷评查，抽取各县（市、区）和19个市行政执法部门行政执法案卷124卷。加强行政执法人员培训，全年4085名行政执法人员参加培训不少于40学时。依法开展新冠肺炎疫情防控，制定《新型冠状病毒感染肺炎疫情防控工作总体工作方案》等制度，在全市确定定点医院21家、发热门诊56家，设置隔离留观床位567张；成立市级医疗救治专家组，组建市级ECMO治疗团队3个。社会治安执法：以防控新冠肺炎疫情为内容，确定13个打击重点，典型案件被公安部、省公安厅通报表彰。开展“亮剑2020”打击整治专项行动，查处各类涉黄涉赌案件422起。安全生产执法：率先在全省出台《市委市政府领导班子成员安全生产和消防工作职责清单》，建成安全风险电子地图系统。开展安全生产执法质量提升行动，全年实施经济处罚2566.86万元，责令停产停业826家，采取强制措施70家。食品药品执法：修订《石家庄市食品安全突发事件应急预案》，开展创建食品安全示范活动，2146家食品超市（店）达到全省“百千万”食品安全管理示范超市（店）创建标准，15家超市获授省级“放心肉菜示范超市”称号，46家超市获授市级“放心肉菜示范超市”称号。2259家食品小作坊实现“一坊一档”。开展打击非法渠道购销药品专项整治行动，监督检查药品零售连锁总部39家、零售药店4831家（次）、医疗机构及诊所2420家（次），发现问题均整改到位。生态环境保护执法：组建生态环境、公安部门联合执法专班，检查各类企业794家，发现问题637个，移交犯罪线索141条。2020年全市生态环境保护执法立案处罚3213件，罚款10342.63万元，办理环保法配套办法案件115件。探索包容审慎监管机制，实行柔性监管模式，编制《“三新经济”市场主体轻微违法违规经营行为免罚清单》90项，适用案件133件；建立“生态环境监督执法正面清单”，减少现场执法检查频次，至2020年末，全市涉及执法正面清单企业498家，全部做到“无事不扰、有事帮扶”执法要求。

（市司法局）

公　安

【概况】 2020年全市公安系统以建设平安省会为目标，突出抓好新冠肺炎疫情防控、刑事侦查、治安管理、交通管理和法制公安建设等工作。全力保障打好新冠疫情防控阻击战，全年因抗击疫情检查车辆342.1万辆次、人员2871.85万人次，精准确定与全国确诊或疑似病例密切接触人员7895人。2020年全市破获刑事案件6968起，侦办犯罪嫌疑人1.02万名，破获现行命案63起、命案积案58起；打掉黑恶犯罪团伙86个，抓获涉黑涉恶犯罪嫌疑人826名，破获各类违法犯罪案件574起，查封、扣押、冻结涉黑涉恶财产26.7亿元；破获环境污染类刑事案件538起，刑事拘留1275人，批捕437人。至2020年底，全市机动车保有量达到314.21万辆，同比增加15万辆；机动车驾驶人保有量达到383.36万人，同比增加16.19万人。2020年全市发生道路交通事故492起，死亡271人，均与2019年持平；受伤306人，同比减少2人；造成经济损失141.22万元；重点车辆亡人交通责任事故、死亡人数较2019年分别下降14.86%和9.35%，连续7年出现下降趋势。推进公安基础设施建设，6月30日，市公安局合成作战中心业务技术用房建成投入使用，占地面积22亩，建筑面积3.43万平方米，总投

2020年12月23日，市公安局经侦情报导侦联勤中心业务技术用房建成投用

资1.76亿元；2020年10月，市公安局经济犯罪侦查支队新办公用房投入使用，总投资2079.55万元，建筑面积7044.2平方米；12月23日，市公安局经侦情报导侦联勤中心业务技术用房建成投入使用，总投资1383.34万元，建筑面积1038平方米；12月28日，市公安局吕建江先进事迹展室建成完工，总投资66万元，建筑面积48平方米。11月20日，市公安局交通管理局被中央文明委授予“全国文明单位”称号。

【抗击新冠肺炎疫情】 1月24日，全市新冠肺炎疫情重大突发公共卫生事件一级响应启动后，市公安部门及时向社会发布《石家庄市公安局关于严厉打击疫情防控期间违法犯罪人员公告》，向全市公安机关印发《疫情防控期间公安机关现场执法操作指引》。交通通道管控。1月27日，全市公安系统启动三道防线查控勤务；疫情严重时期，全市设置137个检查站点，形成环省、环市、环县域严密防线。至2020年12月31日，全市“三道防线”检查站出动警力7.76万人次、医务人员4.33万人次；检查车辆342.1万辆（次）、人员2871.86万人次，发现发热人员464人，其中，现场移交医务人员462人，2人因持有医院证明确诊其他疾病放行；核查入境人员754人，其中，408人结束医学隔离观察或规定期内无国外旅居史登记后放行，346人移交属地卫生健康管理部门；抓获在逃人员5人、吸贩毒人员6人。人员摸排管控。2020年全市排查确认重点疫区（湖北省、武汉市、北京市、大连市）来石人员3.45万人，精准确定与全国确诊或疑似病例密切接触人员7895人，梳理核对武汉来石人员7532名、在石家庄市落脚外省市人员725名、经停石家庄市后离开外省市人员1.69万名；查控从湖北省和武汉市返石冀A号牌车辆739辆、司乘人员1194人；全市摸排3944个自然村、5864个居民小区、4798户、1092万人，其中摸排流动人口106.62万人，核查与确诊或疑似患者密切接触人员667人。以“零容忍”态度严厉打击恶意制造传播涉疫谣言、制假售假、哄抬物价、影响复工复产等违法犯罪行为。2020年全市公安系统侦办涉疫案件315起，打击处理涉嫌疫情违法犯罪人员280人，行政处理186人，采取刑事强制措施94人；核查涉疫网络谣言等有害信息993条，处理357人，其中行政拘留27人、罚款8人；顺利完成106架次（普通航班86架次、小型商务包机20架次）1.53万名旅客经停正定国际航班和商务包机分流处置任务。9月27日，市公安局指挥部被公安部授予全国公安系统抗击新冠肺炎疫情先进集体，正定县公安局新城铺派出所所长贾越、市公安局交通管理局环城大队裕华东综合警务服务站副主任李亮2名个人被公安部授予全国公安系统抗击新冠肺炎疫情先进个人。

【刑事侦查】 开展“亮剑2020”打击整治专项行动，全年打掉黑恶犯罪团伙86个，抓获涉黑涉恶犯罪嫌疑人826名，破获各类违法犯罪案件574起，查封、扣押、冻结涉黑涉恶财产26.7亿元，22名在册逃犯全部抓获到案。2020年全市侦办恶势力犯罪集团案件、黑社会性质组织犯罪案件数量在全国省会城市和计划单列市分别位列第3名和第9名。现行命案全部破案，全年发生命案63起，破案率100%。命案积案侦破排名全省首位，全市侦破命案积案58起，其中，20年以上命案积案21起，15年以上命案积案12起，10年以上命案积案9起，10年以下命案积案16起；破获部督命案积案1起、省督命案积案13起；抓获命案逃犯60名。利用DNA、指纹、人像技术破获命案积案16起。打击网络贩枪犯罪行为，全年破获网络贩枪案36起，其中，重大网络贩枪案10起，部督网络贩枪案件1起；抓获网络贩枪犯罪嫌疑人551名，占全省抓获总数73.1%；收缴各类枪支847支，占全省收缴总数74.1%。重点办理部督“4·14”特大网络贩枪案，组建70余个核查小组分赴全国12个省（市、区）开展两批次集中收网行动，核查涉枪线索2661条，抓获网络贩枪涉案人员602人，收缴火药动力枪支784支。打击电信网络诈骗犯罪行为，全年破获电信网络诈骗犯罪案件3043起，抓获犯罪嫌疑人2284名；侦破部督特大“杀猪盘类电信网络诈骗案”、省督“3·15”特大贩卖银行卡案等重大案件，抓获相关人员1100名，采取强制措施834名；开展“断卡”行动，梳理“两卡”（手机卡、银行卡）违法犯罪线索，整治违规开办“两卡”单位和机构，打掉“两卡”违法犯罪团伙226个，抓获犯罪嫌疑人1232名，扣押涉案“两卡”2414张，接收涉及“两卡”线索842条，处理人员819名。“盗抢骗”等传统侵财案件发案明显下降，全年“盗抢骗”侵财案件发案率14.3%，其中，“两抢”案件（抢夺案、抢劫案）发案同比下降45.1%，盗窃案件发案同比下降34.3%；“盗抢骗”等传统侵财案件破案率同比上升16.7%；全年起诉“四类”（盗窃、抢夺、诈骗、销赃）侵财犯罪嫌疑人2045名，同比增长7.12%，“四类”侵财犯罪判决重刑率19.9%，同比上升2.8%。打击民族资产解冻类诈骗犯罪行为，全年侦破“5·11”“7·16”民族资产解冻类诈骗专案，逮捕犯罪嫌疑人8名，移送起诉犯罪嫌疑人26名。打击涉拐和文物犯罪行为，全年破获涉拐案件11起，起诉涉拐犯罪嫌疑人10名，解救被拐妇女、儿童29名，利用打拐DNA库血样采集比中22人；破获文物案件5起，抓获犯罪嫌疑人24名，缴获文物28件。跨区域案件提升，全年上报跨区域线索257条，涉案人员322人，案件4367起。其中跨省线索232条，涉案人员284人，案件4153起；跨市线索25条，涉案人员38人，案件214起。抓获大批在逃人员，全年刑侦部门上网追逃3883名，日均上网11名，抓获网上在逃人员4635名，日均抓获13名；抓获历年逃犯554名，其中，抓获本地上网历年逃犯376名、外地历年逃犯178名，全市逃犯库存减少444名，同比下降53.1%。创新刑事办案模式，与滴滴、美团、顺丰等38家互联网企业合作，建立多领域、全方位、深层次“互联网+警务”“大数据警务”信息平台。建立打击犯罪作战平台，23个县级反电诈中心、打击犯罪实战平台全部建成。推进智慧刑事侦查技术建设，2020年全市刑事技术部门现场勘查率61%，物证提取率80.7%，DNA、指纹、足迹等传统数据采集率分别达到100%、86.9%、78.4%，声纹、虹膜等新型数据采集率达到70.6%、99.3%；重视实验室建设，全市23个智能化物证室建设全部完成，刑事技术大队实验室通过国家认可委员实验室复评认可。

【治安管理】 建立影响治安管理重点人员动态监测机制，2020年全市摸排掌握影响治安重点人员1.73万名，全部落实管控和教育政策。其中，刑满释放不满五年人员1.09万名，管控1.07万名，管控率98.8%；肇事肇祸等严重精神障碍患者1008名；非法信访重点人员4673名；其他重点人员776名。预释放人员核查管控。全年接收省公安厅下发刑满预释放人员1275名，逐人核实信息核实，更正错误户籍地址信息52条、身份信息68条；落实管控措施1260名，管控率98.8%。完善影响治安管理重点人员数据。全年新增录入影响治安管理人员129名，补充和完善信息1227项，清除不合格数据93条。矛盾纠纷排查化解。全年排查矛盾纠纷1.33万起，其中发现并及时化解涉疫情矛盾纠纷3起。安全保卫任务。2020年全市完成大型安全保卫活动任务62项、661场（次），其中万人以上活动10项；下发执勤通知110次，制定安保方案40余份；出动警力10万人次，保障群众安全110万人次。派出所建设。优化派出所设置，全部完成有名无实派出所整改，重点推进农村地区中心派出所建设；至2020年末，全市派出所民警占县级公安机关总警力达到46.8%，社区民警占派出所总警力达到44.9%，3人派出所、市区和县公安局城区5人派出所全部消除；加强派出所装备保障，全年配备移动警务终端3386部、执法记录仪3439部、移动图传设备213台，配备编制内车辆662台、租用车辆40台，各派出所全部实现民警人均1部移动警务终端和执法记录仪；投入资金9800万元，修缮改造派出所161个，新增休息用房240间、床位810张，实现“乡镇一间房，城区一张床”标准。推进智慧派出所和智慧安防社区建设，全年建成智慧派出所57个、达标型智慧社区1212个。推进治安保卫委员会（简称治保会）建设，至2020年末，全市设立治保会4379个，其中3827个治保会主任或副主任由公安辅警兼任。养犬管理。修订《石家庄市养犬管理条例》。全年纠正不文明养犬行为2380起，收容流浪犬86只，新办理犬证3414个，年检犬证1.15万个。净化社会治安环境。全年以打击黄赌、跨境赌博、“三假”、“假警服”、“假军服”、拒不支付劳动报酬、扫黄打非等违法犯罪为重点，查处涉黄涉赌案件458起，其中，刑事案件240起，刑事拘留877人，行政案件218起，行政拘留2164人，破获公安部挂牌督办案件3起、省公安厅督办案件6起；破获涉“三假”（假证件、假公文、假印章）案件84起，刑事拘留376人，行政拘留76人；破获野生动物资源犯罪案件44起，刑事拘留66人；查处非法制售警服案件32起，刑事拘留43人；抓获网上在逃人员2105人。危险爆炸物品管理。开展打击整治枪爆违法犯罪专项行动，全年破获涉危涉爆案件916起，查处违法犯罪嫌疑人865人，捣毁涉枪涉爆窝点24个，收缴枪支978支、子弹2.8万余发、雷管208枚、烟花5568件、鞭炮5373万头、管制刀具280把、弩6支。2020年全市抽查、检查危爆物品从业单位2271家（次），处罚易制爆企业4家、罚款2000元；整改隐患1283处。2020年全市执行搜排爆任务80场次，现场处置警情2起，处置战争遗留航弹31枚、迫击炮弹14枚、手榴弹16枚、导火索类903米。2020年全市未发生公安系统职责范围内打响、炸响案事件。行业经营场所治安秩序管理。回应群众反映强烈和热点问题，保持娱乐服务场所高压整治态势，全年检查各类娱乐服务场所1.26万家（次），查处问题场所366家（次），整改治安隐患860余处，责令停业整顿132家，取缔违法违规场所93家。探索新业态“网约房”管理。全年录入治安管理系统“网约房”183家、客房2127间，上传住客信息2.85万条，发现影响治安重点人员37名，查办吸毒人员3名。加强寄递物流管理，全年市公安局、市交通运输局、市邮政管理局等主管部门联合检查寄递物流企业 2100 余家（次），治安处罚寄递企业 320 余家（次），核查处置涉及敏感地区敏感物品寄件线索 7 起。信息采集录入及动态维护管理。至 2020 年底，全市采集录入标准地址信息 663.31 万条、人口信息 1158.73 万条、房屋信息 436.73 条、单位信息 226.67 万条、从业人员信息 70.52 万条；建立市级智慧安防小区管控系统，汇集数据 130 万条；采集旅店信息 2165 家，上传旅客数据 1.8 亿条；采集歌舞娱乐场所信息 354 家，制发从业人员身份信息 IC 卡 2.2 万余张，上传数据 450 万条；采集机修企业信息 1602 家，上传数据 2 万余条；采集公章刻制企业信息 159 家，上传数据 176 万条；采集典当企业信息 131 家，上传数据 122 万条。校园、幼儿园治安管理。2020 年全市 3421 所中小学校、幼儿园封闭化管理 100%，配备专职保安员中小学校、幼儿园达到 2968 所，配备率 86.76%；一键报警、视频监控与属地公安部门联网校园 2809 所，联网率 82.11%。治安管理技术防范。至 2020 年底，全市安装监控摄像头 21.46 万个、报警探头 2.28 万个，监控单位部位 2.84 万处；重点单位和要害部位技术防范设施安装率达到 100%，居民小区技术防范设施安装率达到 98%，农村技术防范设施安装率达到 80%。

【交通管理】 至 2020 年底，全市机动车保有量达到 314.21 万辆，同比增加 15 万辆；机动车驾驶人保有量达到 383.36 万人，同比增加 16.19 万人。2020 年全市发生道路交通事故 492 起，死亡 271 人，均与 2019 年持平；受伤 306 人，同比减少 2 人；造成经济损失 141.22 万元；因酒后驾驶机动车被处罚后再次饮酒后驾驶机动车被行政拘留 379 人，同比下降 35 人；酒后驾驶营运车辆被行政拘留 80 人，同比下降 70 人；醉酒驾驶机动车被刑事拘留 830 人，同比下降 846 人；重点车辆亡人交通责任事故、死亡人数较 2019 年分别下降 14.86% 和 9.35%，连续 7 年出现下降趋势；校车连续 7 年未发生伤亡事故。11 月 20 日，中央文明委授予市公安交通管理局“全国文明单位”称号。推进城市道路交通管理改革，优化整改路口路段 149 处。严格交通管理执法，处罚行人、非机动车 23.5 万余人次，查扣“三车”332 辆，拖离僵尸车 162 辆。落实黄牌货车管控措施，查处黄牌货车闯禁行 5.84 万辆次。规范停车位管理，为 81 个老旧小区施画公共停车位及夜间限时（潮汐）停车泊位 1256 个；严厉打击私设停车场非法收费等违法行为，取缔非法收费停车位 2635 个、取消违规占道泊位 1142 个，处罚 111 人。加强运输企业和驾驶人管理，全市 2434 家重点运输企业、14.02 万重点车辆和 13.3 万名驾驶人纳入监管范围。全年查处酒驾 6203 起、醉驾 5330 起，查办车辆假套牌案件 1041 起。2020 年市公安交通管理部门自主办理刑事案件 979 起，涉案 978 人，其中，危险驾驶案 948 起，其他刑事案件 31 起，刑事拘留 40 人，移送起诉 696 起；办理行政案件 45 起，涉案 63 人，处罚 47 人。2020 年全市公安交通管理部门受理处置警情 16.93 万起，通过视频巡视发现处置警情 9588 起，开辟紧急绿色通道救助危重病人 785 人次。

【法制建设】 服务疫情防控，制定《石家庄市公安局关于公安机关办理涉及新型冠状病毒感染肺炎疫情案件执法指引》《疫情防控期间公安机关现场执法操作指引》，指导一线民警依法惩治妨害疫情防控违法犯罪活动；发布《石家庄市公安局关于依法严厉打击新型冠状病毒疫情防控期间违法犯罪通告》《石家庄市公安局关于进一步加强重点疫区到石家庄市人员如实上报有关事项通告》《石家庄市市场监督管理局、石家庄市公安局关于严厉打击疫情防控期间价格违法犯罪行为通告》，引导广大群众自觉遵守疫情防控有关规定；全年审核涉疫刑事案件 95 起、行政案件 179 起。服务大案侦办。全程参与卓达案件、轻易贷案件侦办处置工作，选派业务骨干，对侦查取证、强制措施、司法审计、资产追缴、舆情引导等进行全链条法律指导和审核把关，确保案件侦办以审判为中心，经得起历史和法律检验，提高诉讼效率。服务专项行动，围绕“扫黑除恶”专项斗争、“亮剑 2020”打击整治专项行动、打击非法集资犯罪专项行动、蓝天保卫战、“630 专项行动”等重点工作，与刑侦、经侦、国保、环安、食药、人口等警种部门及各县级公安机关通力协作，依法打击重点地区、重点行业、重点领域滋生违法犯罪活动，全力维护政治安全和社会稳定。全年研究指导疑难、复杂、敏感案（事）件 455 起，会商重大疑难案件 11 起；审核经济犯罪案件事项 57 起；协调处理案件管辖争议 67 起，指定管辖案件 21 起。开展“亮剑 2020”打击整治专项行动执法检查，随机抽查案件 138 起、执法全流程记录资料 100 段，通报晾晒、督促整改全部存在执法问题。推进执法办案中心建设，开展实地督导检查 4 次。5 月 12 日，全国人大常委会委员、全国人大监察和司法委员会领导一行 13 人到石家庄市专题调研公安执法规范化建设，并实地视察市公安局试点鹿泉区公安局执法办案管理中心。开展执法质量考评，全年检查公安基层所队 125 个、基层执法办案场所 100 个、涉案财物管理中心25个，模拟警情检查现场执法执勤50次，抽查执法案卷1500余册，抽查执法全流程记录资料1000余段，查找和督促整改公安执法问题8类183处。落实群众上门报案“三个当场”制度，组织推动全市公安机关470个接报案场所统一悬挂公示标牌，细化工作要求，完善监督机制，解决接案不登记、材料不接、回执不出等群众反映强烈执法突出问题。开展受立案常态化监督，分4轮抽取全市1000起警情，通过同步比对，纠正应受未受、该立不立、接处警登记不规范、视音频录制不规范、受案后不履行职责等问题376个。提升案件办理效率和质量，落实刑事案件“两统一”工作机制，2020年市、县公安部门经与检察、法院对接沟通案情，提请逮捕5624人次，移送审查起诉1.28万人次。推广执法“远程视频提讯平台”应用，制定《石家庄市政法机关远程视频提讯工作管理规定（试行）》。2020年全市公安机关投入资金886.7万余元，建设“远程视频提讯平台”55套，覆盖所有县级公安机关和看守所；疫情防控期间，做到办案人对嫌疑人“零接触”讯问，保障了律师、嫌疑人诉讼权利和执法安全，实现执法办案、疫情防控“两不误”。研发试行自助报案终端，缩短基层单位接报案时间，群众上门报案实现自助登记、自助提交证据材料、自动获取报案回执。研发试行“无犯罪记录证明自助机”，在市公安局新华分局试点后在市区全部安装完毕，提高了便民服务效率。推进“互联网＋政务”服务，梳理形成涉及指挥、交管、治安、出入境、网安、禁毒、经文保等警种部门政务服务事项目录115项，其中，行政许可事项31项、公共服务事项78项、其他政务服务事项6项。2020年全市公安系统办理行政复议案件221起（2020年收到行政复议申请193起，2019年结余28起），审结182起，其中，维持86起，驳回57起，撤销19起，终止17起，调解2起，责令履行职责1起，37起正在审理；发送行政复议建议书和意见书35份；行政诉讼案件应诉75起，其中，一审50起、二审25起；法院审结62起，其中，驳回原告诉讼请求56起，原告撤诉2起，撤销4起；受理国家赔偿复议申请8起，维持不予受理决定2起，责令作出赔偿决定2起，维持驳回赔偿申请1起，作出不予赔偿1起，2起正在审理；受理刑事不予立案复核案件57起，全部办结。

（王金山）

检 察

【概况】 2020年全市检察系统批准逮捕涉黑涉恶案件犯罪嫌疑人438人，提起公诉745人，监督查封、扣押、冻结涉案财产28.4亿元；批准逮捕刑事犯罪嫌疑人5825人，提起公诉12822人，作出不批捕1771人、不起诉2151人；办理民事生效裁判监督案件710件，提出抗诉17件，提请省检察院抗诉65件；办理行政生效裁判监督案件79件，提请省检察院抗诉3件；办理侵害未成年人权益犯罪376人、未成年人刑事犯罪343人，作出依法不捕86人、不起诉和附条件不起诉118人。倡导领导干部带头办案，全年市、县两级检察院领导承办案件6651件，检察长（副检察长）列席同级法院审判委员会93次。贯彻落实战“疫”与履职“两手抓”、防控与工作“两不误”要求，依法从严从快办理妨害新冠肺炎疫情防控犯罪案件46件，其中，监督办理米某强、米某乐杀害防疫检查人员案入选最高人民检察院“妨害新冠肺炎疫情防控犯罪典型案例”。推行“非接触”式办案方式，率先在全省建成联通检察机关和17个看守所远程视频提讯平台，全年远程提讯犯罪嫌疑人3194人次。以案件质量作为检察办案生命线，突出落实“案一件比”核心评价指标，2020年市检察院“案一件比”由2019年的1.71下降为1.23。推行认罪认罚从宽制度，全年适用13308人，适用率88.7%；提出确定刑量刑建议8515人，法院采纳8140人，采纳率95.6%。推进“两法衔接”，全年审查行政处罚案件16628件，监督纠正有案不移、有案不立、以罚代刑等违法违规行为15件。开展检务公开，接受社会监督，增强检察透明度，提升检察公信力；举办“检察官走进人大代表之家活动”，推进检察官与人大代表、政协委员和社会各界保持常态化联络，全年邀请社会人士参加观摩听证、检察开放日等活动1068人次；坚持“应公开尽公开”原则，全年公开程序性案件信息19465件、重要案件信息1426件、法律文书9568份。2020年市人民检察院获得“全国基层检察院建设组织奖”，桥西区检察院获评“全国先进基层检察院”，55个集体、109名个人获得市级以上表彰奖励。

【维护社会稳定】 履行检察职责，制定出台《服务“六稳”“六保”依法保障疫情防控常态化条件下经济社会发展的工作措施》。支持防范化解金融风险，严厉打击破坏金融管理秩序和危害营商环境犯罪，全年起诉“卓达”“轻易贷”“金手指”等经济类犯罪嫌疑人1576人，起诉假冒“稻香村”注册商标等侵犯知识产权犯罪嫌疑人99人。助力民营经济发展，让民营企业家放心投资、安心经营，全年作出不批准逮捕涉案民营企业人员323人，不捕率30.3%；不起诉391人，不诉率16.2%。推进社会治理现代化建设，贯彻最高人民检察院“1～5号检察建议”要求，围绕未成年人司法保护、民事公告送达、金融监管、窨井盖管理、防范与制裁虚假诉讼等工作，向相关职能部门发出检察建议106件，全部落实。坚持司法公正，全年办理司法救助案件72件，向生活困难当事人发放救助金170万元。落实审查案件听证工作规定，全年检察系统举办公开听证会291次，市、县两级检察院公开听证实现全覆盖。坚持以人民为中心，落实最高人民检察院“群众来信件件有回复”要求，全年受理群众来信来访3648件次，全部做到7日内程序回复、3个月内办理过程或结果答复。开展涉检信访积案清理专项活动，32件积案全部化解。

【“扫黑除恶”】 设立由检察长任组长“扫黑除恶”工作专班。加强涉黑涉恶案件指挥调度，逐案建立台账、明确时间表、责任人，挂图作战、按图要账。全年批准逮捕涉黑涉恶案件犯罪嫌疑人438人，提起公诉745人，起诉率100%；监督查封、扣押、冻结涉案财产28.4亿元，向纪委监委移送涉黑涉恶“保护伞”线索106件。2020年市检察院办理刘吉平涉黑案、张国安涉黑案被省检察院评为典型案例，经验做法在全省检察系统推广。

【检察监督】 刑事检察。依法加强刑事诉讼和执行活动监督，全年批准逮捕各类刑事犯罪嫌疑人5825人，提起公诉12822人；不批捕1771人，不捕率23.31%，不起诉2151人，不诉率14.34%；监督侦查机关立案85人、撤案122人，纠正漏捕108人、漏诉215人，提出抗诉51件；纠正刑事执行活动违法违规560件，纠正减刑、假释、暂予监外执行不当525件。落实《社区矫正法》，开展社区矫正巡回检察，发出检察建议56份，督促整改问题30个。与纪委监委协作配合，提前介入职务犯罪案件74件，决定逮捕49人，提起公诉81人，立案办理司法工作人员职务犯罪13人，重点办理吉林省检察院原检察长杨克勤贪污受贿案。民事检察。贯彻《民法典》，开展民事诉讼活动监督。全年办理民事生效裁判监督案件710件，提出抗诉17件，同比增长54.5%；提请省检察院抗诉65件；发出再审检察建议38件，法院采纳27件，采纳率71.1%；针对审判程序和执行活动违法情形提出检察建议235件，法院采纳228件，采纳率97%。开展虚假诉讼监督专项活动，全年办理虚假诉讼监督案件21件，维护司法权威和当事人合法权益。行政检察。全年办理行政生效裁判监督案件79件，提请省检察院抗诉3件；针对行政审判活动违法和执行不当提出检察建议139件，法院采纳131件，采纳率94.2%。开展行政争议实质性化解专项监督活动，综合运用公开听证、释法说理、司法救助等方式，化解行政争议案件23件，实现案结事了政和检察效果。未成年人案件检察。全年办理侵害未成年人权益犯罪376人、未成年人刑事犯罪343人，对犯罪情节轻微且有悔罪表现未成年人，依法不捕86人、不起诉和附条件不起诉118人。以未成年人为对象，全年举办法治宣讲活动452场（次），受教育学生13万人次。2020年市人民检察院、行唐县人民检察院、栾城区人民检察院获评“河北省维护妇女儿童权益先进集体”，1名干警获评“法治进校园全国巡讲活动突出个人”。

【公益诉讼】 落实市人大常委会《关于加强检察机关公益诉讼工作的决议》，围绕污染防治、疫情防控、食品药品安全等重点工作，利用综合指挥调度平台、“手机随手拍”举报平台、动态电子地图、快速检测实验室、无人机等科技手段，全年立案办理公益诉讼案件1721件，履行诉前程序1410件，提起诉讼53件。全年以公益诉讼方式恢复损毁林地、耕地1628.5亩，清理违法堆放垃圾、废物3.8万吨，督促行政机关整治2504家餐饮企业和39家小区直饮水公司，为国家挽回经济损失1.23亿元。2020年7月18日，市人民检察院办理督促市税务局依法追缴环保退税案入选“全国2019年度检察公益诉讼十大典型案例”；2021年2月，市人民检察院办理的“护航南水北调供水安全”公益诉讼专项活动入选河北省“2020年度十大法治成果”。

石家庄市人民检察院

检　察　长：陈晓明

常务副检察长：何军恒（6月任）

副 检 察 长：苏风雷　兰志伟（女）

李彦平（女，2月免）

崔少波

李芳栋（10月任）

冀中南地区检察院检察长：

李芳栋（10月免）

高鲁民（10月任）

纪 检 组 长：刘文平

政治部主任：王峥

（董成武）

法 院

【概况】2020年全市法院系统收案209706件，审执结193806件，其中，市中级人民法院收案26431件，审执结24104件。受理涉黑涉恶案件588件，结案率100%。审结民事案件40952件，其中，赡养、继承、婚姻家庭等案件13386件，教育、医疗、消费者权益保护、劳动争议等民生案件3032件。开展涉法涉诉突出问题攻坚行动和集中治理重复信访、化解信访积案专项行动，受理信访案件1070件、群众来信1539件。服务经济和社会发展，全年审结商事案件60656件、金融借款案件7365件、污染环境刑事案件81件、知识产权案件2310件、行政案件2877件。落实依法惩治妨害新冠肺炎疫情防控违法犯罪行为，审结涉疫情犯罪案件39件；梳理形成涉疫情违法犯罪行为19种；解决涉疫情防控企业查封问题9起，58家企业暂缓执行强制措施，54件民商事案件采取“活封”“活扣”给予保全。推进一站式多元调解纠纷和诉讼服务体系建设，与市司法局签约《关于开展律师调解工作实施方案（试行）》，与仲裁委、总工会、公证处、医院等10余个单位建立对接关系，2020年市、县两级法院多元调解纠纷诉调对接中心运行，桥西区法院获评全国法院一站式多元调解纠纷和诉讼服务体系建设先进单位。参与市域社会治理现代化建设，推进“一乡一庭两委员”建设和乡镇法庭与政法委员、村委员对接机制，全年利用法庭调解案件28390件。开展网上办案，全年网上立案106589件，网上缴费48555次，网上开庭5092次，网上调解73824次。至2020年末，全市法官人均结案260件，13个法院、40个集体、290名个人获得市级以上表彰和奖励。

【刑事审判】全年审结刑事案件10371件。落实“扫黑除恶”专项斗争精神要求，全年受理涉黑涉恶案件588件，结案率100%；移送涉黑涉恶犯罪及保护伞线索116条，执行涉黑涉恶财产2.45亿元，发出司法建议216份，实现“案件清结”“黑财清底”“行业清源”审结目标。依法严惩职务犯罪，审结贪污贿赂、渎职等案件59件，完成吉林省检察院原党组书记、检察长杨克勤受贿案开庭审理任务。落实认罪认罚从宽制度，适用认罪认罚从宽制度审结刑事案件7730件，适用率74.53%。

【民事审判】坚持司法服务和保障民生，全年依法审结民事案件40952件。推进家事审判方式和工作机制改革，审结赡养、继承、婚姻家庭等案件13386件。依法审结涉及教育、医疗、消费者权益保护、劳动争议等民生案件3032件。开展涉法涉诉突出问题攻坚行动和集中治理重复信访、化解信访积案专项行动，办理信访案件1070件、群众来信1539件。开展司法救助，全年减缓免诉讼费909.9万元，发放司法救助金987.8万元。

【商事审判】服务经济发展，全年审结商事案件60656件。助力优化营商环境，制定出台《关于方便企业办理破产改革方案》《关于提升执行合同质效改革方案》。支持产业结构调整，制定出台《石家庄市建立“僵尸企业”破产工作统一协调机制的工作意见》，率先在全省法院系统研发启用破产案件资金管理系统平台，审结破产案件54件。防范化解金融风险，依法审结金融借款案件7365件。保护生态环境，依法审结污染环境刑事案件81件，141名污染环境犯罪分子、3家单位判处刑罚；审结环境公益诉讼案件7件，判决支付环境污染修复费用718.2万元。服务创新发展战略，加大知识产权司法保护力度，落实《中国（河北）自由贸易区试验区正定片区知识产权执法协作机制合作备忘录》，审结知识产权案件2310件。开展虚假诉讼专项整治，28件涉嫌虚假诉讼案件启动再审，2件涉嫌虚假诉讼案件移送公安机关侦查。

【行政审判】履行司法审查职能，审结行政案件2877件。推进行政争议诉前化解中心实体化运行，156件行政争议案件在诉前实现化解。建立“府院联动”“裁执分离”审判工作机制，办理非诉行政执行案件997件。深化行政审判与行政执法、行政复议联席会议制度，反馈行政执法情况，连续7年发布《行政审判白皮书》。推进落实行政机关负责人出庭应诉制度，2020年全市行政机关负责人出庭应诉率达到78.57%，同比提升54.22个百分点。

【审判执行】巩固“基本解决执行难”成果，常态化开展“民生先行、积案清零”拉网式集中执行活动，全年执结案件68075件，执行到位金额132.09亿元。推进智慧执行建设，在全国首家试点并推广使用“执行集约化智能辅助办案系统”，执行完毕率、执行到位率均较2019年提升5个百分点。支持社会诚信体系建设，落实失信被执行人联合惩戒机制，公开曝光失信被执行人信息24799条，限制高消费45068人次。

【司法改革】 司法责任制改革。落实员额法官办案制度，全年市法院系统院长、庭长审理案件97091件，占比46.3%。发挥专业法官会议作用，组织召开法官会议1213次，研究案件2261件。重视“四类案件”监管平台实践应用，全年采用系统自动识别监督案件11131件。完善分调裁审改革，全年两级法院系统全部落实案件繁简分流审判模式，实现“简案快审、繁案精审、轻重分离、快慢分道”要求。建立法院外部评查监督制度，依托律师、检察官、法律学者，全部评查省法院指令再审、市中级法院提起再审、检察院抗诉案件；全年评查案件2887件，依法改判11件。审判管理机制改革。坚持问题导向，升级改造庭审直播系统和文书公开系统，率先在全省法院实现文书自动公开和庭审自动直播，2020年市中级人民法院案件直播数量位居全省法院系统第一、全国法院系统第三，获评“全国优秀庭审直播法院”。审执事务改革。制定《审判执行辅助事务集约化管理社会化服务管理办法》，研发审执辅助事务管理平台，卷宗流转、案件归档等辅助事务效率提升。解决二审送达周期长问题，与中国邮政集团有限公司石家庄市分公司签订“集约送达＋延伸服务”战略合作协议，变委托基层法院送达为统一由市中级人民法院集中打印、集中送达，全年判后文书送达平均时长缩短7天。

石家庄市中级人民法院

院　　长：白峰
副 院 长：尹新民　贾巧秀（女）
　　　　　刘生吉　张保江
　　　　　李惊涛　杨爱军
　　　　　钱建军（5月任）
纪检组长：李占存（4月免）
　　　　　吉玉刚（6月任）
政治部主任：刘喜奎（8月免）
执行局局长：钱建军（5月免）
　　　　　李勇　（5月任）
审判委员会专职委员：
　　　　　李勇　王海强
　　　　　高春虎

（冯晓静）

司法行政

【概况】 2020年全市司法行政部门发挥法律服务、法治宣传、法律保障等职能优势，组织开展人民调解、社区矫正、法律援助等工作。全年各级公共法律服务中心接待来访咨询7350人次、受理热线电话11.7万余次，组织法律服务工作者为企业复工复产开展“法治体检”600余场，“企航民营企业法律服务中心”为企业优惠、减免费用近300万元，“律师顾问、公证顾问”网络平台新增在线签约4.5万余人，群众评价满意率达到98.9%。深化矛盾纠纷多元化解机制建设，全市21个县（市、区）和市直24个重点部门行政调解共化解矛盾纠纷4500余件。各级调解组织共排查化解各类矛盾纠纷67256起，排查化解涉疫纠纷3800起。全年向中小微企业提供法律咨询服务435件，受理涉法涉诉案件220余件，优惠、减免费用近300万元。全年组织办理1.5万余件法律援助案件，帮助农民工追讨工资金额4100万元。办理公证案7.9万余件，比去年同期减少25.54%。建立司法鉴定机构和鉴定人诚信档案，推行红黑名单诚信分级管理，全市35家鉴定机构和476名鉴定人诚信档案实现全覆盖。2020年，全市司法鉴定机构共出具鉴定意见书2.4万件，实现全年投诉“零”目标；全年办理行政许可初审事项42

2020年11月10日，“一带一路”国际商事调解中心中国（河北）自由贸易试验区正定片区调解室揭牌成立

项。2020年石家庄市法律职业资格客观题考试实际参考5073人，成绩合格1947人（含放宽合格191人），通过率约为38.4%。石家庄市加强司法行政戒毒场所和人员管理，警戒护卫大队被省戒毒管理局评为目前全省唯一一家“警戒护卫机构一级达标单位”。市司法局被司法部表彰为“全国公共法律服务先进集体”，被河北省人民政府表彰为“2020年河北省优化营商环境推动高质量发展先进集体”。石家庄市法律援助中心被司法部表彰为“全国法律援助工作先进集体”。“企航民营企业法律服务中心”助力民营企业健康发展入选河北省2020年度“十大法治成果”。

【人民调解】 深化矛盾纠纷多元化解机制建设，出台《关于坚持发展新时代“枫桥经验”健全完善矛盾纠纷多元化解机制意见》，推动各县（市、区）矛盾纠纷多元化解中心建设。深入推进行政调解工作，召开全市行政调解工作会议，印发指导意见，规范调解文书，建立“一体系、两机制、三制度”行政调解工作框架。全市21个县（市、区）和市直24个重点部门分别成立行政调解中心、行政调解室，通过行政调解共化解矛盾纠纷4500件。律师调解制度改革取得成效，全市成立律师调解室46个，调解各类纠纷1200起。加强人民调解组织和队伍建设，新增个人品牌调解室5家，联合市妇联选取50家品牌调解室拓展婚姻家庭纠纷调解业务，为人民群众化解婚姻家庭纠纷提供便捷渠道。至2020年底，全市人民调解员2.85万人。开展涉疫涉企矛盾纠纷排查化解，常态化组织人民调解、行政调解、律师调解、行业性专业性调解等资源深入企业排查矛盾纠纷，协助企业做好预警预防工作，累计排查企业2.8万余家，化解一批因疫情引起合同履约纠纷。2020年全市各级调解组织共排查化解各类矛盾纠纷67256起，排查化解涉疫纠纷3800起，其中涉疫合同履约纠纷113起。市医调委被中央政法委、国家卫健委等十部委评为2018～2019年度全国平安医院工作表现突出集体。市司法局被中华全国人民调解员协会评为先进单位。石家庄市婚姻家庭纠纷人民调解委员会、鹿泉区宜安镇新寨村人民调解委员会被司法部评为全国模范调解委员会；晋州市疑难纠纷调解委员会李正波、元氏县黑水河乡佃户营村人民调解委员会王建立、藁城区增村镇人民调解委员会赵岩亮、平山县疑难纠纷人民调解委员会李玉峰、赞皇县张楞乡葛沟村人民调解委员会郭彩彬、栾城区栾城镇人民调解委员会周淑婷、新乐市华宝社区人民调解委员会董平香被评为全国模范调解员。

【社区矫正及安置帮教】 贯彻落实《社区矫正法》，健全完善“四个清单”，开展“五个一”宣传周活动，采取线上线下相给合方式组织司法行政干警学习考试，成立石家庄市社区矫正委员会，成立县、乡社区矫正委员会276个。探索社区矫正心理健康服务，在栾城区召开全市司法行政系统心理服务体系现场观摩会；加强社区矫正和安置帮教对象管理教育，落实疫情防控要求，对刑满释放人员做到无缝衔接、全程接送、严格隔离，采取线上“云课堂”形式，组织学习政策法规、文化道德和心理健康等知识，全市5800名社区矫正人员和2万余名安置帮教对象安全稳定；推进社区矫正信息化体系建设，实现信息互通、资源共享，提升社区矫正工作智能化运行和信息化管理水平。

【律师服务】 推动市企航民营企业法律服务中心拓展服务范围，在14个县（市、区）成立工作站，构建“一中心、多站点”服务格局，全年向中小微企业提供法律咨询服务435件，受理涉法涉诉案件220余件，优惠、减免费用近300万元。企航民营企业法律服务中心助力民营企业健康发展入选河北省2020年度“十大法治成果”。组织律师公益法律服务团队深入企业开展“法治体检”活动。开展律所规范化调研检查，开展违规兼职等行为专项清理，强化律师办理重大敏感案件监督指导，规范执业行为，确保律师行业健康发展。全面落实全国律协关于办理涉黑涉恶犯罪案“六不得”规定，加强对刑辩律师教育培训，编写《律师办理涉黑涉恶刑事案件执业风险提示书》，为全市200余名刑辩律师进行扫黑除恶专项斗争专题讲座，提升律师政策水平和辩护能力。2020年度新增律师337人，新增律师事务所7家；至2020年底，全市共有律师3550人，律师事务所263家。

【法律援助】 持续关注未成年人、残疾人、农民工、老年人等特殊群体和军人军属、退役军人合法权益，做到应援尽援，共组织办理1.5万余件法律援助案件，帮助农民工追讨工资金额4100万元。“12348公共法律服务热线”全天候服务不打烊，解答各类法律咨询7万余人次；全市法律援助机构共接待来访咨询7350人次。“律师顾问、公证顾问”网络平台持续受到群众青睐，全年新增在线签约4.5万余人，律师、公证员在线服务4.1万余人次，评价满意率达98.7%。

【公证办理】 服务自贸区正定片区建设，组建公证专家团队，公布41项公证“最多跑一次”清单，提供延时服务、延伸服务、预约服务、加急服务等，重点推进公证服务提质增效。

服务疫情防控和企业复工复产，开辟“绿色通道”，为企业及员工办理因不可抗力、用于免责商事声明等公证事项330余件，对受疫情影响较大企业实施减免收费和缓缴费政策。探索公证服务知识产权工作，创新设立“知识产权公证服务中心”示范点。推进公证参与人民法院司法辅助事务，市司法局、市中级人民法院联合印发《关于开展公证参与人民法院司法辅助事务工作的通知》。至2020年末，全市共有公证机构21个，其中，市直4个，县级17个；办理公证案件79033件，同比下降25.54%，其中，市直公证处办理公证58759件，县（市）公证部门办理公证20274件。2020年市直4个公证处办理公证案件均出现下降，其中，燕赵公证处办理公证21859件，同比下降23.2%；平安公证处办理公证15138件，同比下降31.4%；太行公证处办理公证12380件，同比下降20.4%；国信公证处办理公证9382件，同比下降37.8%。

【司法鉴定】 开展司法鉴定机构和鉴定人清理整顿工作，清除缓注鉴定机构，注销不符合条件执业项目，促进行业规范有序发展。建立司法鉴定机构和鉴定人诚信档案，推行红黑名单诚信分级管理，全市35家鉴定机构和476名鉴定人诚信档案实现全覆盖。推动鉴定机构进驻公共法律服务中心，全市20个开展司法鉴定业务县（市、区）全部实现司法鉴定机构进驻公共法律服务中心，相关经验被省司法厅推广。2020年全市司法鉴定机构出具鉴定意见书2.4万余件，实现“零”投诉目标；办理行政许可初审事项42项。至2020年底，全市共有经省司法厅登记执业司法鉴定机构36家，执业鉴定人477人；新增鉴定机构1家：河北华清环境科技集团股份有限公司环境损害司法鉴定所。

【宪法活动周】 11月30日至12月6日，石家庄市“宪法活动周”举行。主题为“深入学习宣传习近平法治思想，大力弘扬宪法精神”。重点宣传内容：习近平法治思想及关于宪法的重要论述、党的十九届五中全会精神、《中华人民共和国宪法》、《中华人民共和国民法典》、疫情防控等法律法规、“七五”普法工作成就展示。宣传方式：不集中组织大型线下宣传活动，不在法治公园搞集中宣传日活动，以开展网上直播宣传为主；落实“谁执法谁普法”普法责任制，区分不同对象、不同行业，开展主题宣传活动9个。“宪法活动周”期间，全市组织法官、检察官、行政执法人员开展以案普法，突出弘扬宪法和法治精神；组织律师、公证员、村（居）法律顾问深入基层开展法律服务。举办“1+9”专项活动。“1”是在石家庄广播电视台演播厅举行一场以网络直播为主要内容的线上活动，内容包括领导致辞，主持人领衔宣讲，教授解读宪法、党的十九届五中全会精神、习近平法治思想，律师解答网民关于《民法典》知识问答，网红律师、公证员、人民调解员发表感言，部门专业工作人员回答观众热点提问等；“9”是开展宪法进企业、进农村、进机关、进校园、进社区、进军营、进网络、进景区、进市场“九进”活动。市区西清法治公园设置宣传展板40块，供群众自愿参观学习；市区街道大屏、商业综合体、地铁站、公交电子站牌、出租车、医院电视墙、过街天桥和立交桥、银行网点、通讯网点、沿街商店、集贸市场和商业超市、宾馆、行政机关办事业务大厅的电视大屏和LED屏、天气预报背景和新农村大喇叭等场所播放宣传主题、宣传口号和法律常识。

（市司法局）

仲　裁

【概况】 2020年石家庄仲裁委员会（简称仲裁委）受理各类民商事案件1483件，涉及争议标额37.6亿元，法院撤销和不予执行率为0.2%。案件类型涵盖建筑、施工、租赁、金融、保险、买卖等40余类。其中，受理施工、劳务分包、装饰装修案件131件，标额14.57亿元；受理房产、物业、土地纠纷案件411件，标额1.78亿元；受理金融纠纷案件803件，标额10.7亿元；受理其他类型案件161件，标额4.5亿元；受理涉外案件5件，涉及争议标额1亿元；受理调解案件1317件，涉及争议标额16.24亿元。分类别开展仲裁推行和宣传工作。运用自媒体平台宣传，官方网站和微信公众平台报道各类活动64次，发布仲裁新闻动态及各类文章680余篇；成立机动车维修行业仲裁服务中心、中国服务贸易协会供应链金融委员会联合成立供应链金融仲裁服务中心；制定法律风险防范措施，强化合同监控，完善法律风险防范体系建设。

【建筑争议仲裁】 2020年全市受理施工、劳务分包、装饰装修案件131件，标额14.57亿元。其中施工案件117件，标额14.36亿元；劳务分包案件3件，标额1844.39万元；装饰装修案件11件，标额247.39万元。加强与省建筑业协会、省建设工程造价管理协会、省房地产协会、省物业管理协会、省招投标协会、市房地产协会、市物业管理协会等行业协会合作，分系统联合召开会员企业仲裁工作会议，推行仲裁法律制度，提高会员企业依法维护自身权益水平。走访中建一局集团第六建筑有限公司、省四建、市建工集团等建筑集团。于北京参加常设中国建设工程法律论坛2020年成员及观察员大会，于广西南宁参加2020年中国建设工程法律与争议解决论坛。

【房地产争议仲裁】 2020年全市受理房产、物业、土地纠纷案件411件，标额1.78亿元。其中房地产买卖案件273件，标额1.40亿元；房地产租赁案件96件，标额2674.64万元；物业案件41件，标额85.73万元；土地纠纷案件1件，标额1000万元。走访河北省房地产协会、石家庄市房地产协会、河北省物业管理协会、石家庄市物业管理协会、河北省招投标协会等重点推行协会，在其协会会员单位中推广仲裁制度，为会员单位提供优质仲裁法律服务。石家庄市住房租赁服务市场于9月1日正式启动运行，设立住房租赁仲裁服务中心。

【金融争议仲裁】 2020年全市受理金融纠纷案件803件，标额10.7亿元。保险合同争议案件133件，涉及争议标1269万，借款合同争议案件221件，标9.24亿，其他案件329件，标1.66亿。坚持以各类银行和非银金融机构、规模以上保险公司等为主，兼顾经营新形式金融保险类业务企业，融平台上线后，线上线下两套平台并行推进工作思路。金融领域方面，先后召开座谈会、培训会、协调会10余场，介绍仲裁特点和优势，进行仲裁实务培训，让广大银行类金融机构解仲裁、相信仲裁、使用仲裁。与各大非银类金融机构或持牌合规金融公司进行业务对接，扩展仲裁业务范围和地域范围。已与省中行信用卡分期业务、省人保助贷险、廊坊银行房抵贷、西藏信托、国民信托、海南宜信小额贷款、汇创融资租赁、青岛联信汽车融资租赁等规范仲裁条款，并咨询立案。保险领域方面，到太平财产保险公司、亚太财产保险公司、鼎和财产保险公司、天安财产保险公司等保险公司进行推行宣传工作，重对线上平台进行系统的介绍。与河北省金融市场协会、中国服务贸易协会供应链金融委员会合作，成立仲裁服务中心；省人保公司、平安保险公司、中华联合财保公司、阳光保险、太平保险等保险公司在保险业务合同已增加仲裁条款。推进互联网仲裁（金融）平台建设，向工商银行、中国银行、中国建设银行、华夏银行、河北银行、国家开发银行、兴业银行、平安银行等银行，介绍互联网仲裁（金融）平台办案流程及优势，均表示将在部分个贷业务中加入仲裁条款。召开互联网仲裁（金融）专家咨询会，针对个别问题进行深入探讨；受律所邀请，围绕“仲裁如何化解非银金融机构不良风险”主题，进行仲裁制度及仲裁法律知识宣讲工作，回答参会非银金融机构或金融企业提问，打开仲裁在上述企业中纠纷方式选择新思路。

【其他争议仲裁】 2020年全市受理其他类型案件161件，标额4.5亿元。其中审理买卖合同纠纷73件，服务合同21件，代理合同11件，广告合同纠纷4件。继续加强与石家庄市医药行业协会联系，解医药企业需求，并与国药河北乐仁堂医药有限公司相关人员座谈，协助规范买卖合同文本。与河北省广告协会联合举办河北省广告行业法律培训会，向与会人员介绍仲裁特点及仲裁程序，并在会员单位中深入开展仲裁制度宣传和推广，为会员单位提供优质法律服务。与石家庄市机动车维修协会签订《合作框架协议》成立石家庄市机动车维修协会仲裁服务中心，利用协会自身会员资源优势，深入宣传仲裁法律制度，提高会员企业仲裁意识，指导和协助会员企业规范各类民商事合同文本，指导会员企业订立选择仲裁条款。与河北省建设机械协会、河北省高新企业协会、河北省青年企业家协会相关负责人进行座谈，探讨如何更好指导会员单位更好适用法律处理民事纠纷，利用仲裁优势提高维权意识。到北京德和衡（石家庄）律师事务所、北京嘉润律师事务所石家庄分所、国浩（石家庄）律师事务所、泰和泰律师事务所进行走访调研，解律师顾问单位合同规范仲裁条款情况及代理合同规范情况，在弄清产生律师代理合同纠纷成因基础上，提出纠纷应对策略，完善律师代理合同，以减少律师尴尬，提高律师事务所管理水平。

【国际仲裁】 2020年全市受理涉外案件5件，涉及争议标额1亿元。主动与省、市涉外商贸协会建立联系，走访省归国华侨联合会、省侨商会、省企业家协会、省跨境电子商务协会、市工商联潮汕商会、市投资服务协会等；与省侨联下属省国际华商联合会签署合作框架协议，确定500余家会员企业在合同文体中约定争议解决方式由石家庄仲裁委仲裁，合同类型包括买卖、租赁、委托等。新冠肺炎疫情期间，举行《疫情下侨资侨属企业法律风险调查问卷》，收回问卷300余份，为侨资侨企解答仲裁事项

20余次。与涉外企业建立常态化沟通机制，联系走访包括博深工具股份有限公司、石药集团、以岭药业、友邦（香港）保险有限公司石家庄分公司、河北远征药业有限公司等30家大中型涉外企业，送达仲裁宣传材料，并根据企业贸易特点，帮助规范合同文本和仲裁条款。加强与律师事务所联系，走访河北尚高律师事务所、河北金龙律师事务所、北京德恒（石家庄）律师事务所等京冀律师事务所20余家，重点以律师办理涉外案件为内容，询问和了解律师、企业在涉外案件中遇到的困难及问题，做好针对性仲裁宣传和推广。提高仲裁业务能力，举办国际商事仲裁实务研习讲座4期，参加第9届亚太ADR线上论坛、上海交通大学凯原法学院国际仲裁实务专题讲座、廊坊仲裁委国际商事仲裁模拟庭及ICC仲裁院主办的2021《国际商会仲裁规则》中文线上发布会，推进石家庄仲裁国际化进程。

【仲裁调解】 2020年全市受理仲裁调解案件1317件，涉及争议标额16.24亿元。调解成功399件，涉及争议标额6.87亿元，其中，出具仲裁调解书61件，出具法院调解书63件，和解未出具法律文书275件，调解率35.8%。做好知识产权保护仲裁调解服务，参加河北省市场监督管理局举办的“贯彻落实知识产权保护意见座谈会”；落实知识产权仲裁调解机构能力建设试点工作任务，全国知识产权宣传周期间，受邀参加中国（河北）知识产权保护中心线上知识产权微讲堂录制，围绕知识产权仲裁和调解及知识产权案例授课；整理和准备知识产权仲裁调解机构能力建设试点项目验收材料，编写关于生物医药产业知识产权保护图书编纂工作方案，编纂形成《石家庄仲裁委员会知识产权纠纷调解典型案例汇编》试点成果；与市市场监督管理局、市中级人民法院、市公安局、市司法局共同签署《中国（河北）自由贸易区试验区正定片区知识产权执法协作机制合作备忘录》，建立正定片区知识产权执法协作、人才培训、宣传推广、协同研究及沟通协调机制；参加国家知识产权局举办的“知识产权仲裁调解机构能力建设培训班”，学习知识产权纠纷调解法律知识及相关政策文件等内容；与河北省知识产权保护中心、张家口市市场监督管理局、张家口市中级人民法院、张家口市崇礼区人民法院签署《关于建立知识产权纠纷多元化解机制合作备忘录》，参加冬奥会知识产权保护工作研讨会。重视仲裁调解宣传，石家庄仲裁委驻市司法局多元化解中心仲裁工作室参与录制石家庄电视台调和栏目拍摄宣传片。参加市多元化解中心举办金融消费相关法律知识培训，主要内容包括消费者权益保护及银行监管、信用卡基本知识及纠纷处置等。选派人员参加河北省人民调解员协会所属河北省知识产权纠纷人民调解委员会。走访律师事务所、大中型企业，采取发放宣传材料、座谈交流等方式，宣传仲裁调解知识。与市律师协会签订合作备忘录，共同设立仲裁调解工作站，开展线上线下宣传、培训和研讨等活动。

石家庄仲裁委员会

秘　书　长：刘建立

副 秘 书 长：常宏磊（12月免）

于涛

行政部部长：赵林

（石家庄仲裁委）

军事·外事

Military & Foreign Affairs

石家庄警备区

【概况】 2020年石家庄警备区党委坚持以习近平强军思想为指导，贯彻落实中央军委和上级党委决策部署，突出围绕“当窗口、创一流”目标，团结带领广大官兵拼搏奋进、攻坚克难、开拓创新，实现部队全面建设持续向上向好。组织官兵深入学习习近平新时代中国特色社会主义思想和习近平强军思想，坚决铸牢听党话、跟党走的思想政治根基。以“传承红色基因、担当强军重任”为主题，弘扬抗美援朝精神，组织官兵观看《八佰》《夺冠》等主旋律电影，激发敢打必胜的血性和胆气。重视意识形态工作，制定《进一步加强新闻舆论工作的措施》，全年在军队主流媒体刊发稿件38篇、其他媒体刊稿259篇。率先建成全国省会城市第一家革命军事馆，受到军地领导的好评。加强军队党的建设，开展师级以上干部待遇专项清理整顿，核查593人，发现并整改问题77个。重视纪律教育、警示教育，处理违规违纪人员28人。加强军队住房管理，清退违规多占多购住房109套。推进基层武装部、干休所建设。贯彻落实《军队基层建设纲要》，重点抓好正定县、平山县人武部建设，鹿泉区、裕华区、平山县人武部被河北省军区表彰为“四铁”先进单位；落实省军区《干休所规范化建设意见》，以“三个中心”为内容，聚力攻坚，有效解决第3干休所、第16干休所住房改造遗留问题，第14干休所被河北省军区表彰为“四铁”先进单位。开展“优秀退役军人”“最美双拥人物”评选和“关爱部队基层万里行”活动，建成全国首个市级退役军人主题公园。2020年石家庄市连续第9次获得“全国双拥模范城”称号，正定县、平山县获得“全国双拥模范县”称号。

【市委议军会议】 7月31日，2020年市委议军会议暨党管武装述职会议以视频会议形式在市民兵训练基地举行。市委书记、石家庄警备区党委第一书记，市人大常委会主任、市政协主席等市领导出席会议。石家庄警备区司令员渠延军传达习近平主席关于国防和军队建设的重要指示精神和省委议军会议主要精神。市委常委、石家庄警备区政委王厚恩部署全市党管武装工作，并就提交会议研究议题作说明。井陉矿区、桥西区、新华区、裕华区、藁城区、栾城区人民武装部（简称人武部）党委第一书记作党管武装工作述职，其他县（市、区）人武部党委第一书记作书面述职。

【国防备战】 狠抓首长机关训练和指挥演练，高效指挥处置平山县山火扑救和不明空情。举办“守护—2020”系列演练、军地联合防汛勘察、市领导“军事日”活动。完善信息化辅助决策系统，投入300多万元，升级改造警备区作战值勤室。提升战备规范化水平，投入50万元，改造战备器材库，实现战备物资管理箱组化、托盘化、模块化、信息化。重视国防后备力量建设。军地沟通，共同承担民兵整组任务；调整完善民兵整组工作领导机构；细化任务，压实责任，形成“党委统揽、领导主抓、机关合力、逐级负责”的工作机制。4月3日，2020年全市民兵组织整顿工作任务部署会议举行。推进民兵队伍建设，提升民兵应对突发险情能力，举办民兵防汛应急演练。7月31日，全市100多名民兵在市民兵训练基地参加“防汛应急演练”，主要内容包括水上营救、装运沙袋、封堵决口等。深化民兵调整改革，民兵编组完成“5个100%”目标，石家庄警备区综合成绩排名全省第二，新华区人武部排名全省第一。重视民兵训练基地建设，军地联合召开县级民兵训练基地建设推进会，全市累计投入民兵训练基地建设资金4.3亿元，其中，石家庄市、元氏县2个民兵训练基地建设获评全省标杆。

【国防动员与教育】 组织40个军地职能部门开展国防潜力统计调查，审核更新八大类35.92万条数据。采集退役军人数据信息，完成电子档案扫描归档。主动对接部队任务需求，规范编建三大类9支820人专业保障队伍。开展人民防空、国防教育等重点领域“十三五”规划落实情况自查评估，得到中央军委国防动员部好评。1月16日，石家庄市召开2020年度征兵工作电视电话会议，传达2020年起实行一年两次征兵两次退役工作部署要求。顺利完成义务兵、直招士官征召任务，男兵大学生比例达到92.7%，大学毕业生比例达到38.75%。重视国防法律法规和国防知识宣传，增强全民国防观念和国防意识。9月19日，石家庄市在长安区荣景园社区广场举行全民国防教育日宣传活动，讲解由勿忘国耻、今日长城、现代武备、心系国防4个部分组成的国防教育展板内容，普及《国防教育法》等法律法规和国防知识，发放《国防教育法》、折页、国防教育字帖等书籍、宣传品2000余份。

【双拥共建】 支援地方抗击新冠肺炎疫情。发布抗击新冠肺炎疫情《动员令》《倡议书》，组织官兵向武汉市捐款112万元。建立拥军支前军地协调机制，紧急筹措防疫物资慰问援鄂军队医疗人员家属。支持地方开建新冠肺炎隔离场所任务，清理腾空宿舍楼23栋、房间6610个、床位42635张，打包、封装、搬运编织袋82873个，铺设床位14562张，分发生活用品7万余件。参与石家庄市脱贫攻坚行动，投入和协调资金2000多万元，帮助5个贫困村实施基础设施建设、发展致富项目。协调安置转业干部和退役士官，为277名军人子女办理中高考优惠待遇，帮助85名随军家属安置进入机关事业单位，处理涉军维权案件28起，石家庄警备区政治工作处被中部战区表彰为“维护国防利益和军人军属合法权益先进单位”。

（石家庄警备区）

人民防空

【概况】 2020年市人民防空办公室（简称市人防办）贯彻落实《人民防空法》《人防工程建设管理规定》等法律法规，坚持“长期准备、重点建设、平战结合”建设方针，突出围绕“战时防空、平时服务、应急支援”目标要求，以服务经济建设为主线，以提升应战应急能力为抓手，主动作为，积极创新，全面落实人民防空发展规划和人防工程管理、监督职责。以人员防护、目标防护、专业力量、组织指挥、支撑保障为五大建设内容，采取以战领建、融合发展、依法治理方式，推进人防工程项目建设。全年审批人防工程结建项目近500项，面积170余万平方米，其中，新竣工人防工程项目60余项，建筑面积30余万平方米；利用人防工程安排就业人员36278人，提供车位75746个；收取防空地下室易地建设费8569.5万元。至2020年末，石家庄市人防工程总面积位居全省第一名，人均防护面积超过国家人防重点城市要求。

【人防工程】 理顺人防工程建设对接流程，与市自然资源和规划局沟通协调，建立市人防办先设计、市规划部门再发规划证程序。2020年全市审批人防工程结建项目近500项，面积170余万平方米，其中，新竣工人防工程项目60余项，建筑面积30余万平方米；收取防空地下室易地建设费8569.5万元。开设10个人防工程兼做地震应急避难场所，总面积9.23万平方米；开辟7个人防工程用作避暑纳凉场所，总面积11.38万平方米。至2020年底，全市利用人防工程安排就业人员36278人，提供车位75746个。重视人防工程安全检查，针对石家庄市人防工程布局广、体量大，多数修建在人口密集、商业繁华区域特点，全年组织开展人防工程监督检查近300次，其中，全市性检查5次，内部联合检查2次。2020年全市人防工程未发生安全等级以上事故。

【组织指挥】 落实战时人防指挥部实名制要求，调整完善市政府分管市领导为指挥长、警备区相关领导及市直有关部门为成员的人防指挥部，实名确定“一中心、三部门”组成人员。增强市民国防观念和忧患意识，推进城市防空警报体系建设，顺利完成清明节、“9·18”警报试鸣活动，警报音响覆盖率达到98%。受新冠肺炎疫情影响，2020年全市普通高等学校招生考试时间调整为7月7～8日，与防空警报试鸣日时间重合；7月1日，市政府决定2020年防空警报试鸣时间由7月7日调整为9月18日。9月18日10时至10时23分，石家庄主城区及各县（市、区）城区实施防空警报试鸣活动，依次发出预先警报、空袭警报、解除警报3种信号，每种信号时长3分钟、间隔7分钟。提高组织指挥能力，部署召开市人防指挥部演练会议；以“9·18”警报试鸣为防空背景，举行“石防—2020”人防指挥部演练。加强人防专业队伍整组训练，市级整组人防专业队伍5000余人，开展指挥通信各要素联络训练120余次、京津冀协同训练10次。8月24～26日，市人防办应急通信分队在保定市涞源县参加全省人防指挥平台应急拉动演练；9 月 28 日，市人防办与山西省阳泉市人防办联合举行人防指挥通信系统跨区拉动训练。检验人防战备，提高城市居民防空袭快速行动能力，12 月 10 日，市人防办、栾城区政府共同举办“铸盾 2020（A）”防空袭紧急疏散演练。创新人防工作思路，探索开展交通枢纽类重要经济目标防护研究。推进人防指挥信息化建设，加强人防数据采集、更新，完善人防数据库建设。

【宣传教育】 以“纪念新中国人民防空创立 70 周年”为主线，开展人防宣传教育“五进”活动。结合防灾减灾日、警报试鸣暨人民防空训练日、人民防空创立日、宪法宣传日等重要时机，编印发放人防宣传资料，制作公益宣传短片，宣传防空防灾知识，扩大人防宣传教育覆盖面。8 月 21 日至 10 月 20 日，市人防办、石家庄广播电视台联合举办《庆祝新中国人民防空创立 70 周年——石家庄市 2020 年人防知识竞赛》，有效收视人数达到 30 万次，被《中国国防报》《中国人民防空》《河北人防》刊发。利用“学习强国”App，举办人防知识答题活动。全年组织举办人防宣传活动 50 余次，受教育人数 50 万人次，发放宣传材料 10 万余份；全市人防部门在国家级、省级新闻媒体刊发稿件 76 篇，其中，国家级 26 篇、省级 50 篇。12 月 4 日，市人防部门举办国家宪法日暨社区居民紧急疏散掩蔽演练宣传活动。至 2020 年末，市人防部门注册大学生志愿者 500 人。

（于刚　王立明）

外　事

【概况】 2020 年全市外事工作贯彻落实国家对外政策和方针要求，重点围绕扩大对外开放和经济、人文合作交流，全力推进石家庄市与“一带一路”沿线国家开展贸易交往。受新冠肺炎疫情影响，全年石家庄市批准执行援外任务出国 1 人，没有其他人员出访；接待到石访问外国人员 4 个批次。3 月 30 日，市委书记主持召开市委外事工作委员会第三次会议，传达学习省委外事工作委员会会议精神，研究部署 2020 年全市外事工作，审议通过《市委外事工作委员会 2020 年工作要点》《2020 年石家庄市因公临时出国计划》《2020 年对美交往合作的实施意见》《2020 年度石家庄市国际友城工作要点》等文件。开展对外经贸合作，组织全市 21 家外贸、旅游企业参加省外办举办的中国（河北）—埃塞俄比亚交流合作推介会；2020 年 12 月，美国驻华使馆经济官员裴靖宇及经济处中方职员李烨到石家庄市访问，参观以岭药业、河北跃迪新能源科技集团有限公司，并与石家庄高新区管委会工作人员会谈。

【对外交往】 人员出访。受疫情影响，1 月 27 日，市外办根据省外办通知要求，向各县（市、区）和市直有关部门印发《关于疫情期间暂停因公出国（境）的通知》，确定已经批准的团组取消或推迟对外出访。全年石家庄市除市第三医院 1 人按照上级要求赴尼泊尔执行援外任务外，无其他人员出访。4 月 28 日，按照省外办通知，由市外办牵头，与市委组织部、市财政局等部门联合印发《关于进一步加强因公临时出国事中事后监督管理工作实施细则》。到石交流。2020 年 7 月，比利时东弗兰德省驻华代表张弛到石家庄访问；芬兰驻华大使肃海岚一行 3 人到石家庄访问，参观考察河北燕岛环保科技公司垃圾处理项目，双方协商在环境保护、工业设计、冰雪运动等领域交流合作，同时推动石家庄市与芬兰有关城市建立友好城市关系。搭建对日交流合作新平台，8 月 28 日，由日本自治体国际化协会北京事务所所长宫本贵章、日本驻华大使馆参赞水谷准率领的日本 8 个县市驻华事务所代表一行 12 人到石家庄市访问。2020 年 11 月，古巴驻华大使佩雷拉一行 7 人到石家庄市访问。

【友好城市】 重视友好城市交往关系，梳理石家庄市与 10 个国际友城交流合作情况，编辑国际友城交往大事记，制定国际友城“一城一策”。与国际友好城市保持联系，向美国得梅因市、意大利帕尔马市等疫情较为严重的国际友好城市捐赠抗疫口罩 7 万个、医用隔离衣 2500 套；2020 年 4 月，朴商敦当选韩国天安市市长，石家庄市以友好城市身份发去贺信。联络日本长野市、乌克兰赫梅利尼茨基市、美国得梅因市参加第二届河北省与国际友好城市交流线上展览会，利用云视频系统，与日本长野市、美国得梅因市等国际友好城市开展视频对话和交流互动。深化友好城市间友谊，乌克兰赫梅利尼茨基市举办城市节之际，发去祝贺视频。2020 年 11 月，石家庄市与美国得梅因市联合举行结好 35 周年线上庆祝活动。至 2020 年底，石家庄市共与世界各国缔结友好城市 10 个。

表 36

石家庄市与世界各国缔结友好城市一览表

序号	友好城市名称	所属国家	所属地区
1	长野市	日本	亚洲
2	天安市	韩国	亚洲
3	奥什市	吉尔吉斯斯坦	亚洲
4	德雷达瓦市	埃塞俄比亚	非洲
5	得梅因市	美国	北美洲
6	萨斯卡通市	加拿大	北美洲
7	克雷塔罗市	墨西哥	南美洲
8	考比市	英国	欧洲
9	帕尔马市	意大利	欧洲
10	瑙吉考尼饶市	匈牙利	欧洲

【外事服务】 提高外事管理风险防范意识，与市发展改革委、市商务局、市投资促进局等部门对接和协商，督促按照责任分工防范外事风险。每月起草外部环境变化和防范化解重大风险汇报，汇总建立外事工作台账，全年处置涉外事件10起。保障外事沟通协调畅通，印发《石家庄市维护海外利益安全工作协调机制》《石家庄市“一带一路”境外安保协调机制》。支持企业“走出去”开展经贸交流合作，及时出台因公临时出国政策文件，帮助企业做好境外安保，维护海外利益，印发《石家庄市“一带一路”安全保障2020年工作方案》。举办“石家庄市APEC商务旅行卡推介暨企业‘走出去’防范化解风险维护海外利益培训会”，邀请省外办领导专题宣传辅导APEC商务旅行卡政策，印发《APEC商务旅行卡知识手册》，全市企业代表和各县（市、区）外事负责人参会110余人。至2020年末，全市60家企业168人办理APEC商务旅行卡。

（王浩辰）

农业农村

Agriculture & Rural Areas

综　述

2020年全市农业农村工作以实施乡村振兴战略为抓手，以推进农业供给侧结构性改革为主线，以实现农业农村现代化为目标，聚焦粮食安全、农业高质量发展、乡村治理能力提升三大重点任务，突出抓好粮食生产、重要农产品有效供给、加快农业结构调整、推进现代农业发展、实施乡村建设行动、深化农村改革六项重点工作，连续实现粮食生产“十七连丰”。2020年全市农林牧渔业总产值710.88亿元，同比增长3.8%。其中，农业产值331.44亿元，占比46.62%；林业产值22.76亿元，占比3.2%；牧业产值294.34亿元，占比41.41%；渔业产值3.19亿元，占比0.45%；农林牧渔服务业产值59.15亿元，占比8.32%。农业产值中，中药材产值17.11亿元，同比增加9.43亿元。

2020年全市粮食播种面积66.49万公顷，同比增加1300公顷；总产量430.78万吨，同比增长2.6%；平均亩产431.9千克。其中，小麦播种面积28.27万公顷，总产量195.98万吨，平均亩产462.2千克；玉米播种面积31.72万公顷，总产量212.5万吨，平均亩产446.7千克；谷子播种面积1.26万公顷，总产量3.85万吨，平均亩产204.0千克。蔬菜及食用菌种植面积6.4万公顷，同比增加2400公顷；总产量483.24万吨，同比增长2.37%。西瓜种植面积2309公顷，总产量13.77万吨。薯类种植面积1.69万公顷，总产量47.77万吨。花生种植面积2.62万公顷，总产量8.53万吨。果园面积7.53万公顷，其中，苹果园6965公顷，梨园5.46万公顷，桃园2897公顷，葡萄园3272公顷；园林水果（不含果用瓜）总产量172.68万吨，其中，苹果14.49万吨（红富士11.52万吨），梨122.99万吨（雪花梨24万吨、鸭梨40.97万吨），桃4万吨，葡萄8.61万吨，红枣18.92万吨。食用坚果总产量5.23万吨，同比减少0.21万吨。

至2020年末，全市牛、奶牛、马、驴、骡、猪、羊、家禽、蛋鸡、兔分别存栏42.22万头、21.07万头、4325匹、1.32万头、150只、196.16万头、66.22万只、6593.1万只、5770.15万只、6.6万只。肉类总产量47.97万吨，同比增长0.37%。其中，猪肉产量28.5万吨，增长0.21%；牛肉产量7.61万吨，增长0.2%；羊肉产量1.52万吨，增长2.83%；家禽肉产量10.22万吨，增长0.95%；驴肉产量1103吨，下降4.67%；兔肉产量137吨，下降73.75%。水产品养殖面积894公顷，同比下降1.0%；总产量1.75万吨，同比增长0.26%。蜂蜜总产量3289吨，同比增长41.1%。

发展绿色高效农业，实施节水节肥节药行动，应用推广小麦农艺节水节本高产、蔬菜绿色发展、化肥减施增效、添加助剂协同农药减量增效、防灾减灾等集成技术。全年17家企业35个产品获得国家绿色食品证书，全市绿色食品认证总数达到177个，农业标准化生产覆盖率达到71.8%。实施规模养殖场粪污处理设施提档升级，至2020年末，全市畜禽规模养殖场粪污处理设施装备配套率达到100%，畜禽粪污综合利用率达到94%。

加强农产品质量安全管理，开展农产品质量安全追溯试点建设和省级农产品质量安全县创建活动，做好非洲猪瘟、“瘦肉精”、草地贪夜蛾等疫病及害虫防控。2020年全市农产品质量安全县创建活动实现全覆盖，农产品二维码追溯试点达到357家。2020年全市农产品监测总量6.6万批次，其中市级监测7700批次；农产品抽检合格率达到99.9%。开展农药包装废弃物回收处置，落实《土壤污染防治法》规定要求，建立农药包装废弃物乡镇回收点236个；全年回收农药包装废弃物59.92吨，实施无害化处置59.2吨。全年未发生重大农产品质量安全事故，重大动植物疫病处于清净状态。

严格农业综合执法，4月20日，市委编办批复成立市农业综合行政执法支队，加挂“市动物卫生监督所”牌子，隶属市农业农村局管理；5月8

日，市农业综合行政执法支队挂牌。2020年全市农业综合执法办理行政处罚案件325件，罚没金额120万元。5个案卷获评全省优秀案卷。2020年市农业综合执法支队办理的“假兽药案”“种子生产经营档案案”2个案卷获评全省优秀执法案卷，“经营的种子未按规定备案案”“经营假兽药案”和平山县动物卫生监督所办理的“经营应当检疫而未经检疫的动物案”3个案卷获评全省农业行政处罚优秀案卷。11月7日，市农业综合执法支队获评第二批全国农业综合行政执法示范窗口和全国农业综合行政执法示范单位。

至2020年底，全市共有市级以上农业产业化重点龙头企业315家，其中，国家级6家，省级75家；现代农业园区285家，其中，国家级1家，省级园区23个，市级园区90个；农业产业化联合体106家，其中新认定59家；家庭农场615家，其中新增156家；示范合作社425家，其中新增123家。鹿泉区现代农业产业园获批国家级现代产业园。全年土地流转面积300.21万亩，同比增长5.97%；土地流转率46.2%。农村集体产权制度改革整市推进试点通过国家验收。2020年全市拥有农业机械总动力1175.8万千瓦，同比增长0.2%；农业综合机械化水平达到81%，高于全国平均水平12个百分点。2020年藁城区、正定县、栾城区、赵县、高邑县、深泽县、行唐县获评全国全程机械化示范县。

（薛鹏飞　张连亭　于翔）

种　植　业

【概况】 2020年全市粮食播种面积66.49万公顷，同比增加1300公顷；总产量430.78万吨，同比增长2.6%；平均亩产431.9千克。其中，小麦播种面积28.27万公顷，总产量195.98万吨，平均亩产462.2千克；玉米播种面积31.72万公顷，总产量212.5万吨，平均亩产446.7千克；谷子播种面积1.26万公顷，总产量3.85万吨，平均亩产204.0千克。夏粮播种面积28.39万公顷，总产量196.6万吨，平均亩产461.8千克；秋粮播种面积38.1万公顷，总产量234.16万吨，平均亩产409.7千克。2020年赵县粮食播种面积、总产量、平均亩产均位列石家庄市第一名。豆类播种面积3.52万公顷，总产量8.74万吨，其中，大豆播种面积3.45万公顷，总产量8.64万吨。薯类种植面积1.69万公顷，总产量47.77万吨。油料播种面积3.03万公顷，总产量9.56万吨，其中，花生播种面积2.62万公顷，总产量8.53万吨。棉花播种面积294公顷，总产量233吨。蔬菜及食用菌种植面积6.4万公顷，同比增加2400公顷；总产量483.24万吨，同比增长2.37%。瓜类种植面积4824公顷，总产量23.62万吨，其中，西瓜种植面积2309公顷，总产量13.77万吨。果园面积7.53万公顷，其中，苹果园6965公顷，梨园5.46万公顷，桃园2897公顷，葡萄园3272公顷；园林水果（不含果用瓜）总产量172.68万吨，其中，苹果14.49万吨（红富士11.52万吨），梨122.99万吨（雪花梨24万吨、鸭梨40.97万吨），桃4万吨，葡萄8.61万吨，红枣18.92万吨。

【粮菜种植】 全年粮食播种面积66.49万公顷，同比增加1300公顷；总产量430.78万吨，同比增长2.6%。小麦播种面积28.27万公顷，同比减少1.15万公顷；总产量195.98万吨，同比下降0.53%。玉米播种面积31.72万公顷，同比增加132公顷；总产量212.5万吨，同比增长2.57%。按照县域划分，粮食主产区为赵县、藁城区、元氏县、新乐市、无极县、行唐县、晋州市等，小麦主产区为赵县、藁城区、无极县、晋州市、元氏县、新乐市等，玉米主产区为赵县、藁城区、行唐县、元氏县、新乐市、晋州市等，谷子主产区为藁城区、栾城区、高邑县、无极县、平山县、行唐县等；赵县的粮食、小麦、玉米平均亩产全市第一，谷子平均亩产全市第一为藁城区。豆类主产区为藁城区、无极县、栾城区、正定县等。薯类主产区为元氏县、新乐市、灵寿县、正定县、赞皇县、行唐县等。油料作物主产区为行唐县、无极县、新乐市、赞皇县、正定县、平山县、晋州市等。推进高标准农田建设，立项2020年度高标准农田建设项目24个，总投资4.61亿元，建设高标准农田32.78万亩（高效节水灌溉面积14.86万亩），涉及藁城区、鹿泉区、栾城区、井陉县、正定县、行唐县、灵寿县、高邑县、深泽县、赞皇县、无极县、平山县、元氏县、赵县、晋州市、新乐市16个县（市、区）。采取土地平整、土壤改良、节水灌溉、农田防护等举措，示范推广绿色高产高效关键技术，新增高标准农田1.75万公顷。调整农业种植业结构，围绕“作物品种、空间布局、产业组织”三大调整主线，按照调宽发展空间、调长产业链条、调高品牌效益、调出全新业态思路，突出发展“科技农业、绿色农业、品牌农业、质量农业”布局。全年调减非生产功能区高耗低质低效农作物2.97万公顷，增加优质小麦、张杂谷等优质高效粮食作物3.55万公顷，扩种高效经济作物1.55万公顷，其中，推广种植张杂谷1.11万公顷，同比增长107.5%。建立农业结构调整示范片92个，其中，万亩以上示范片12个，1000亩以上示范片39个，500亩以上示范片41个。滹沱河高效观光农业产业园项目建设完成，滹沱河沿线藁城区、晋州市、无极县、深泽县4个县（市、区）调整种植面积1.06万亩，建成豆蔻年华、稻谷飘香、春色满园等9个连片生态休闲农业示范区。11个生态休闲农业示范区、8个农业节水和规模种植示范区列入省“四个一百工程”。农业种植结构调整直接增加效益7.5亿元。6月8日，高邑县、赵县等地开始小麦收割作业。全年灵寿县灵寿镇胡庄村种植水稻500亩，10月中旬获得丰收。2020年全市蔬菜及食用菌种植面积6.4万公顷，同比增加2400公顷；总产量483.24万吨，同比增长2.37%。蔬菜主产区为正定县、无极县、藁城区、鹿泉区、新乐市、高邑县等，食用菌主产区为灵寿县、藁城区、赞皇县、平山县、新乐市等。灵寿县食用菌产量全市第一，总产量达到15.05万吨，同比增加1.15万吨。

【果品产业】 全年果园种植面积7.53万公顷，同比增长32.8%。其中，苹果园6965公顷，增长0.3%；梨园5.46万公顷，增长92.9%；桃园2897公顷，增长15.3%；葡萄园3272公顷，下降2.9%。园林水果（不含果用瓜）总产量172.68万吨，同比下降7.2%。其中，苹果14.49万吨（红富士11.52万吨），增长13.9%；梨122.99万吨（雪花梨24万吨、鸭梨40.97万吨），下降13%；桃4万吨，增长22%；葡萄8.61万吨，增长2.4%；红枣18.92万吨，增长11.2%。食用坚果总产量5.23万吨，同比下降3.9%。瓜果种植面积4824公顷，同比增长20%；总产量23.62万吨，同比增长17.6%。其中，西瓜种植面积2309公顷，总产量13.77万吨。果品种植区为藁城区、晋州市、赵县、行唐县、深泽县等，主产区为晋州市、赵县、行唐县、赞皇县、深泽县、藁城区等。其中，苹果主产区为深泽县、行唐县、晋州市、井陉县、平山县等；梨主产区为晋州市、赵县、藁城区、深泽县等；桃主产区为行唐县、晋州市、正定县、平山县等；葡萄主产区为晋州市、深泽县、鹿泉区、藁城区等；红枣主产区为赞皇县、行唐县等；西瓜主产区为新乐市、正定县、无极县等。晋州鸭梨获评中国特色农产品优势区，晋州鸭梨、赵县雪花梨、行唐大枣、赞皇大枣、新乐西瓜获评省级特色农产品优势区。晋州鸭梨、赵县雪花梨种植久负盛名，赵县雪花梨、鸭梨产量位列全市第一，晋州市鸭梨、雪花梨产量排名全市第二。

【中药材】 制定《石家庄市做大做强中药材产业实施方案》，建设太行山区、滹沱河沿岸“两大中药材产业带”和行唐县、灵寿县、平山县、井陉县、元氏县、赞皇县、正定县、藁城区、无极县、深泽县“十大中药材产业基地”，打造连翘、丹参、黄芩、黄芪、防风、知母、山药、金银花、酸枣仁、柴胡“十大道地药材品种”。全年中药材种植面积8267公顷，同比增长106.7%；总产量6.2万吨，同比增长148%；总产值17.11亿元，同比增加9.43亿元。至2020年末，全市药用植物资源达到230余种。

（张连亭　于翔）

畜牧水产业

【概况】 2020年全市牧业产值294.34亿元，占农林牧渔服务业产值41.41%；渔业产值3.19亿元，占农林牧渔服务业产值0.45%。牧业产值中，牛饲养产值44.41亿元，羊饲养产值12.91亿元，奶产品产值26.68亿元，猪饲养产值119.34亿元，家禽饲养产值65.32亿元。至2020年末，全市牛存栏42.22万头，同比增加0.45万头；奶牛存栏21.07万头，同比增加2.06万头；马存栏4325匹，同比增加1961匹；驴存栏1.32万头，同比增加1100头；骡存栏150只，同比减少41只；猪196.16万头，同比增加23.64万头；羊存栏66.22万只，同比增加2.63万只；家禽存栏6593.1万只，同比增加16.59万只；蛋鸡存栏5770.15万只；兔存栏6.6万只，同比减少19.98万只。至2020年末，全市猪出栏350.51万头，同比下降1.21%；牛出栏47.71万头，同比增长0.74%；羊出栏114.76万只，同比增长2.27%；鸡出栏7968.14万只，同比增长1.76%。肉类总产量47.97万吨，同比增长0.37%。其中，猪肉产量28.5万吨，增长0.21%；牛肉产量7.61万吨，增长0.2%；羊肉产量1.52万吨，增长2.83%；家禽肉产量10.22万吨，增长0.95%；驴肉产量1103吨，下降4.67%；兔肉产量137吨，下降73.75%。牛奶总产量76.74万吨，同比增长12.89%。禽蛋总产量69.77

万吨，同比增长3.27%，其中，鸡蛋产量62.41万吨，增长4.11%。水产品养殖面积894公顷，同比下降1.0%；总产量1.75万吨，同比增长0.26%。蜂蜜总产量3289吨，同比增长41.1%。9月9日，石家庄市代表队参加“河北省第三届牛人工授精技术大比武”获得团体第一名。

【畜牧生产】 2020年全市牛主养区分别为行唐县、无极县、新乐市、正定县，其中奶牛主养区为行唐县、新乐市、正定县、藁城区；马主养区为无极县、循环化工园区、藁城区；驴主养区为藁城区、行唐县、元氏县、赵县、循环化工园区、无极县；骡主养区为行唐县、深泽县、赵县、新乐市；猪主养区为正定县、藁城区、晋州市、新乐市、灵寿县；羊主养区为行唐县、平山县、无极县、元氏县、井陉县、藁城区；家禽主养区为藁城区、行唐县、无极县、新乐市、正定县；兔主养区为新乐市、藁城区、深泽县。2020年全市猪肉主产区为藁城区、正定县、晋州市、新乐市，牛肉主产区为行唐县、赞皇县、正定县、无极县、元氏县，羊肉主产区为元氏县、藁城区、无极县、平山县、深泽县、行唐县，家禽肉主产区为藁城区、正定县、元氏县、平山县、新乐市、行唐县，驴肉主产区为藁城区、行唐县、无极县、赵县，兔肉主产区为新乐市、藁城区、无极县、行唐县、深泽县。2020年全市牛奶主产区为行唐县、新乐市、正定县、无极县、鹿泉区，禽蛋主产区为藁城区、正定县、无极县、新乐市、行唐县、晋州市，蜂蜜主产区为赞皇县、新乐市、平山县。全年新建生猪规模养殖场38家，扩建生猪规模养殖场55家。2020年全市共有国家生猪调出大县4个，分别为藁城区、正定县、新乐市、晋州市。加快奶牛场智能化建设，打造优质奶源基地。2020年全国首家全智能化未来家庭示范牧场在赞皇县开工建设，至2020年末，赞皇县完成奶牛场智能化改造66家，累计建成智能化牧场137家，占全市总数76%。奶牛场智能化改造后，奶业生产实现挤奶自动计量、奶量自动读取、奶牛发情自动提示、全混合日粮饲喂自动监控、环境自动监测5项自动信息管理功能。

【渔业养殖】 2020年全市引进鱼苗1.77亿尾，其中，草鱼1.6亿尾，鲤鱼200万尾，花白鲢1000万尾，鮰鱼水花30万尾，红鲫鱼410万尾，锦鲤100万尾。观赏鱼孵化4200万尾。引进新品种鲈鱼6万尾、彩虹鲷3万尾、福瑞鲤400万尾。投放鱼种560吨，其中，草鱼210吨，鲫鱼23吨，鲢鱼、鳙鱼60吨，大鳞鲃11吨，鲤鱼55吨，中华鳖101吨，鲟鱼3吨，青鱼25吨，鮰鱼8吨，鲈鱼4吨，罗非鱼60吨。2020年全市水产品养殖面积894公顷，同比下降1.0%；总产量1.75万吨，同比增长0.26%。2020年全市水产品主养区为鹿泉区、灵寿县、平山县，水产品主产区为平山县、灵寿县、鹿泉区。12月7日，平山县风龙养殖场、平山县金海旅游开发有限公司、赞皇县天台湖水产养殖基地3个养殖单位获得第四批“河北省休闲渔业示范基地”称号。12月29日，鹿泉区大柳树家庭农场、鹿泉区鹿河家庭农场、鹿泉区西小壁天润渔场、石家庄渔福水产养殖场、深泽县河北寿元生物科技有限公司、平山县盈玉家庭农场、平山县鑫浩农业专业合作社、晋州市迪载农业观光服务有限公司8个养殖单位获得第十五批“国家级水产健康养殖示范场”称号。

【畜渔产品安全检测】 落实畜产品质量安全监测计划。至2020年底，全市畜产品抽检样品16734项次。其中，部级抽样检测625批；省级抽样检测938批、日常检测1735项次；市级抽样检测1210批、日常检测12326项次（畜产品9193项次，生鲜乳3049项次，饲料49项次，兽药65批）。发现问题样品8批，主要为：鸡蛋中存在氟苯尼考（3批）、氟喹诺酮类（5批）药物残留。提升基层检测技术人员操作水平，7月28～29日，石家庄市举行检测技术大比武及能力比对、猪尿中克伦特罗检测能力验证。水产品病害防控。设定水产品重点养殖区域病害测报点17个，完成水生动物病情预测预报8期，监测抽取重点疫病样品51份。开展水产品养殖基层技术人员培训，举办技术培训班2期，培训基层人员156人次，发放技术资料540份；20名技术人员获得官方兽医（渔业）资格。

（张连亭　于翔）

林　业

【概况】 2020年全市林业产值22.76亿元，占农林牧渔业总产值3.2%，其中，林木培育和种植产值19.16亿元，林产品采集及其他产值3.58亿元。2020年全市造林面积114.95万亩，完成年度目标任务103.6%，其中，人工造林25.57万亩，封山育林36.99万亩，森林抚育52.39万亩。开展国家和省级森林城市创建活动，启动编制市级《森林城市建设总体规划（2021～2030年）》，正定县、平山县、井陉县、元氏县创建“国家森林城市”总体规划通过省级专家组评审；石家庄市继续保留“国家森林城市”称号，正定县、平山县获得“河北省森林城市”称号，井陉县、元氏县、晋州市、赞皇县、灵寿县、高邑县、藁城区、赵县、深泽县、新乐市、栾城区、无极县12个县（市、区）完成创建省级森林城市备案，22个行政村获评“全国生态文化村”或“国家森林乡村”，101个行政村获评“省级森林乡村”。全年参加义务植树活动400万余人次，栽植树木1200万株。至2020年末，全市森林覆盖率由2019年的41.5%提高到42.2%。落实省委、省政府关于雄安新区绿博园建设要求，加快石家庄林、石家庄展园项目建设。石家庄林完成造林绿化面积836亩，栽植苗木34345株；石家庄展园占地面积22亩，其中主楼占地面积3.15亩，设置配楼2座、总面积8600平方米，主建18.85亩“红色经典”主题公园正在施工。加强涉林整改，编制自然保护地整合优化预案，完成漫山生态休闲服务区项目破坏生态问题整改销号、“西美金山湖”项目整改“回头看”、禁食陆生野生动物处置和补偿等工作。2020年3月开始，组织全市21个县（市、区）开展涉林违规违建项目摸底排查。全年排查认定涉林违规违建项目8个，分别为：平山县2个（王坡乡王母山景区旅游改造升级项目、盘口村益康泉桶装水项目），井陉县1个（河北森源农林房屋），行唐县1个（王某某私营企业厂房），赞皇县4个（信佳建材有限公司、旭光学校、汇洋工贸、红豆杉养殖场）；涉及林地面积24821平方米；罚款31.77万元；刑事立案2件，行政立案5件，追究刑事责任2人，涉林违规违建项目全部整改到位。探索林业管理改革，平山县开展林长制试点，赞皇县国家集体林业综合改革试验区通过国家林业和草原局验收评估，县属6个国有林场和市滹沱河国有林场均确定为公益性事业单位。推进生态公益林和经济林建设，2020年全市拥有国家级生态公益林152.81万亩、省级生态公益林25.65万亩；经济林面积281.79万亩，经济林总产量167.87万吨，年产值56亿元。花椒种植面积6.8万亩，主栽品种为大红袍、黄金椒、大青椒等，主要种植花椒县（区）有井陉县、平山县、灵寿县、井陉矿区、鹿泉区等。商品材产量25501立方米，其中，原木19643立方米、薪材5858立方米。人造板产量200.27万立方米。全年森林旅游与休闲产业年接待旅游人数725.6万人次，实现旅游收入22.81亿元。2020年全市林业建设完成投资9.53亿元，其中，财政投资8.9亿元（中央预算内基本建设资金0.34亿元、中央财政资金0.55亿元、地方财政资金8.0亿元），自筹资金0.56亿元。至2020年末，全市林业三次产业总产值达到174.23亿元，其中，第一产业产值83.39亿元，第二产业产值65.42亿元，第三产业产值25.43亿元。2020年市林业局经复查确认继续保留省级文明单位称号。

【造林绿化】 2020年全市造林面积114.95万亩，完成年度目标任务103.6%，其中，人工造林25.57万亩，封山育林36.99万亩，森林抚育52.39万亩。2020年全市春季造林面积90.27万亩，雨季造林面积6.82万亩，秋冬季造林面积17.86万亩。至2020年末，全市林地总面积达到831.34万亩。实施造林绿化工程8项，分别为：太行山高速生态经济景观带建设工程、北部京石高铁及京昆高速公路两侧绿化工程、市旅游产业发展大会线路两侧绿化工程、滹沱河生态修复二期绿化工程（藁城—深泽段）、经济林建设工程、空心村绿化美化工程、封山育林工程、森林抚育工程。太行山高速生态经济景观带建设工程，规划长度117.8千米，安排造林绿化任务4.24万亩；主要在太行高速两侧各500米范围可人工造林区域开展绿化彩化，合理搭配常青、观花、观叶树种，从内到外形成花、灌、乔、经济林4层立体生态经济景观带。北部京石高铁、京昆高速公路两侧绿化工程，安排造林绿化任务1.77万亩。其中，京石高铁规划长度83千米，安排造林绿化任务0.27万亩；京昆高速公路规划长度75千米，安排造林绿化任务1.5万亩。市旅游产业大会线路两侧绿化工程，绿化长度98千米，安排造林绿化任务1.2万亩；旅游产业大会观摩线路两侧各建设500米宽内低外高、内花中彩外经济林生态景观经济林带。滹沱河生态修复二期绿化工程（藁城—深泽段），规划长度100千米，安排造林绿化任务1.1万亩；滹沱河主河槽两侧各150米范围可绿化区域全部绿化彩化；按照绿化与美化相结合、美化不影响泄洪原则，打造滹沱河两岸集休闲、观光于一体生态风景带。经济林建设工程，培育5个高标准、高质量经济林生产基地22万亩，其中，平山县、井陉县建设花椒基地5万亩，赞皇县、行唐县建设冬枣基地5万亩，元氏县石榴基地由原来2万扩展至5万亩，鹿泉区、栾城区改换核桃树种5万亩，正定县建设桑树基地2万亩。空心村绿化美化工程，以打造生态优美、人居环境舒适美丽乡村为目标，以“绿”“利”双赢为理念，利用空心村腾退空地在春、秋两季栽植经济林、花灌木等观花观叶树种，做到四季常绿、三季有花。封山育林工程，安排封山育林任务 36 万亩；落实《河北省封山育林条例》规定，在生态位置重要、符合封育条件区域实施封山育林工程；以政府名义发布封山育林公告，封山育林区域涉及的村庄、道路两侧等地设置封山禁牧宣传标语；严格封山育林管理，设立专职护林人员，严禁人员上山、放牧。森林抚育工程，安排森林抚育任务 50 万亩，其中，平山县 9 万亩、赞皇县 7.5 万亩、灵寿县 6.5 万亩、井陉县 6.5 万亩、行唐县 5 万亩、元氏县 4 万亩、鹿泉区 4 万亩、井陉矿区 0.2 万亩、藁城区 1.5 万亩、栾城区 1 万亩、晋州市 0.6 万亩、高邑县 0.5 万亩、赵县 0.6 万亩、正定县 1 万亩、无极县 0.7 万亩、新乐市 0.8 万亩、深泽县 0.6 万亩。2020 年全市参加义务植树活动 400 万余人次，栽植树木 1200 万株。市领导 2 次参加义务植树活动。3 月 12 日，市四大班子领导、机关干部及驻石部队官兵等 1000 余人在藁城区廉州镇北营村东世纪大道南侧参加全民义务植树活动，栽植大叶女贞、栾树等 1 万余株；11 月 25 日，市四大班子领导、市直机关干部及鹿泉区干部、群众等 200 余人在鹿泉区滹沱河综合整治三期工程（小壁林区滨河槐树林）参加义务植树活动，栽植油松、侧柏等 2000 余株。2016 ～ 2020 年，全市完成营造林任务 566.25 万亩，林木覆盖率由 2015 年底的 37.2% 提高到 42.2%。

【古树名木】 至 2020 年底，石家庄市共有古树名木 35773 株，其中古树 35769 株、名木 4 株。共有一级古树 592 株（一千年以上的古树 221 株），二级古树 1436 株，三级古树 33741 株；有古树群 235 个，共 34017 株。这些古树隶属 25 科、41 属、56 种（变种）。从区域看，分布在 21 个县（市、区），主要分布在赵县、晋州市、新乐市、鹿泉市、赞皇县、行唐县、平山县、灵寿县等 8 个县（市、区）；从具体分布看，既有上千株的集中分布，又有单株或多株的零星遗存，树种主要是国槐、侧柏、梨树等乡土树种，尤其是银杏、青檀、少脉雀梅藤、蜡梅、楸树、鹅耳枥、紫藤等均有存活，弥足珍贵。按照全国绿化委员会《古树名木复壮养护技术和保护管理办法》和《河北省绿化条例》中的保护法规、养护技术标准，组织林业技术人员深入研究古树名木的保护、复壮技术，聘请有关专家进行技术指导，对古树名木做好抢救复壮工作。全市古树名木 100% 进行挂牌；主要对一、二级古树进行围栏保护，设置保护围栏比例 90%；抢救濒危古树株数 12 株，复壮衰弱古树 85 株。

链接：

古树名木：是指在人类历史发展过程中保存下来年代久远或具有重要科研、历史、文化价值的树木。古树是指树龄在 100 年以上，其中，100 ～ 299 年属三级古树，300 ～ 499 年属二级古树，500 年以上属一级古树。名木是指在历史上或社会上有重大影响的中外名人、领袖人物所植或者是具有重要历史、文化、景观与科学价值和具有重要纪念意义的树木。

【花卉生产】 至 2020 年底，全市共有花卉市场 26 个、花卉企业 120 家、花农 1479 户；花卉从业人员 8538 人，其中专业技术人员 424 人。2020 年全市花卉种植面积达到 7.3 万亩，年产值 4.2 亿元；主要花卉品种有月季、仙客来、红掌、凤梨、蝴蝶兰、一品红、君子兰等，地方名优特色花卉品种有月季、仙客来、红掌，其中月季为石家庄市花。

【有害生物防治】 2020 年全市林业有害生物主要防治对象为美国白蛾、杨扇舟蛾、杨小舟蛾、松毛虫、松阿扁叶蜂等，主要病虫害测报覆盖率达到 100%。2020 年全市林业有害生物发生面积 64.47 万亩，主要采取大面积飞机喷药防治，出动飞行防治飞机 520 架次、飞防面积 31.2 万亩，地面防治 24.9 万亩，释放周氏啮小蜂 3.6 亿只。以没有发生美国白蛾虫害县（市、区）为对象，开展有害生物查防活动，经核查，没有出现新的疫村疫点。防范松材线虫病传入，组织开展松材线虫病疫木检疫执法专项行动，严密排查违法违规运输、加工、经营、使用疫木及其制品行为，全力消除传播扩散隐患。2020 年 4 ～ 6 月、11 ～ 12 月，全市两次开展松材线虫病普查，发现部分枯死树木均为过火或其他原因造成，无松材线虫病致死现象，全年未发生松材线虫病疫情。防范松褐天牛虫害，采取监测点调查和诱捕器诱捕方法，未发现松褐天牛虫害。林业有害生物防治措施。疫情监测：开展定点监测和疫情调查，采取专业调查、乡村查防员调查和群众举报相结合方式，做到及时发现、及时上报、及时除治灭疫。检疫监管：落实《植物检疫条例》，严格检疫监管和疫情封锁，加强产地检疫和复检；发挥森林植物检疫检查站、木材检查站、道路联合检查站作用，从疫区调出森林植物及其产品、包装材料、运载工具等全部做到除害处理。虫害防治：采取人工物理防治，主要有剪除网幕、草把诱集、灯光诱杀、挖蛹等做法；采取天敌防治，利用美国白蛾老熟幼虫期和化蛹初期，以虫口 3 倍数量分两次施放周氏啮小蜂，达到稳定控制美国白蛾虫害目标；采取药剂防治，选择对生态环境影响小和安全性高的药剂，主要有除虫脲、灭幼脲Ⅲ号、美国白蛾病毒、

BT、烟参碱、森得保等仿生、生物药剂和植物性杀虫剂，采取地面喷药与飞机喷药防治相结合方式，严格农药使用手册规范，防止造成生态环境污染和人、畜伤害。2020年全市林业有害生物防治达到预期目标，没有发生大的疫情灾害，成灾率全市为0。

（李鹏　陆景琨　朱荣雨）

【林果技术推广】 林业技术培训。全年举办林业技术指导培训50余次，培训林果农2200余人次，发放技术宣传资料3500余份。建立林业市级科技示范点8个，选派24名林果专家组成8个技术团队到林果生产一线指导使用栽植技术。发挥微信和广播版“林果科技大讲堂”栏目作用，直接或间接培训果农20万人次。开展“科技服务月”活动，选派技术人员深入赞皇县、灵寿县、行唐县、平山县等全市11个县（市、区）举办林果技术指导服务26次，培训林果农760余人，发放技术宣传资料1000余份。林果管理关键期，市林业部门选派技术人员在灵寿县、井陉县、元氏县、鹿泉区、赞皇县举办特色林果春季综合管理现场实训活动5次，培训农民技术骨干240余名，发放特色林果实用技术手册300余份。2020年全市举办林业技术培训活动主要有：果品提质增效新技术及市场开拓培训交流会、特色林果灾后管理及产业发展培训恳谈会、设施枣栽培管理技术现场培训会、特色林果综合管理技术培训等。帮助林果农灾后自救。4月22日和23日，石家庄市突发霜冻灾害天气后，市林业部门及时组织专家下沉到鹿泉区、平山县等受灾较重的一线乡村，实地了解和掌握林果受灾情况；开展灾后技术指导服务，编制印发《果树幼树受冻后补救措施》，并在林果科技大讲堂微信公众号发布。宣传林果专业技术，组织实践经验丰富的林果专家定期录播时令果树管理技术，并采用收音机、手机、计算机等形式传播。其中，网络版以微信公众号录播林果技术视频课件45期，推送林果管理技术、病虫害防治、林果健康、花卉养护等技术信息200余条；广播版利用石家庄农村广播FM91.5、蜻蜓App录播核桃、板栗、花椒等林果防冻、修剪、嫁接、病虫害防治等林果管理技术242期。结合林果生产实际，重点推广花椒高标准基地建设技术、花椒幼树早果早丰技术、花椒低产树改造技术等新型实用技术16项。2020年全市推广花椒基地建设、幼树早丰、低产改造等技术面积5200余亩，枣树改良、设施栽培技术2000余亩，核桃丰产技术示范面积5400余亩，板栗、石榴、连翘、皂角等其他林果技术面积8000余亩。

【森林防火】 完善森林防火制度，印发《石家庄市森林防灭火工作启动追责问责办法十二条》《石家庄市森林防火工作实施细则》《石家庄市森林火灾应急处置预案》等文件。全年森林防火实现清明节、五一国际劳动节、中秋节、国庆节及全国“两会”等重点时期零火情、零事故、零伤亡工作目标。创新森林防火宣传模式，利用广播、电视、通信、网络等现代传媒及标语、黑板报、明白纸等传统手段，开展正反两方面典型案例宣传，形成“铺天盖地、家喻户晓”森林防火宣传氛围。落实县长、林业局长、乡（镇）长、林长、景区负责人“五长”防火责任，层层签订责任状，做到“林有人看、山有人护、责有人担”要求。围绕重点时段、重点部位、重点地区、重点人员，开展火源巡查及管控，排查和消除火灾隐患。提升森林防火能力，建成综合性森林防火指挥中心1座、森林防火视频监控系统633套、大型卫星地面接收站和小型卫星接收站各1座，配备8架中、小型无人机及附属设备，设立6个飞机临时起降点和14个空中灭火取水点，设置森林防火检查站75个；全市9支专业消防队伍、851名队员全部集中备勤，实现军事化管理；73个固定防火检查站、85个瞭望哨、633个森林防火视频监视系统全部启用；防火物资全部上车，确保遇有火情，能够及时拉动。至2020年末，全市森林防火视频监控完成省下达“重点林区覆盖率达到85%以上、一般林区覆盖率达到80%”任务目标。2020年全市森林火灾受害率控制在0.3‰以下。

【生态公益林】 至2020年底，全市共有国家级生态公益林152.81万亩、省级生态公益林25.65万亩。国家级生态公益林：国有生态公益林48.42万亩、集体生态公益林87.78万亩、个人生态公益林16.61万亩。全市生态公益林主要分布在8个县（区）。平山县：国家级生态公益林60.73万亩，其中，国有12.96万亩、集体47.38万亩、个人0.39万亩；省级生态公益林4.65万亩。井陉县：国家级生态公益林38.33万亩，其中，国有17.67万亩、集体10.2万亩、个人10.46万亩；省级生态公益林20万亩。赞皇县：国家级生态公益林19.35万亩，其中，国有2.39万亩、集体12.47万亩、个人4.49万亩。灵寿县：国家级生态公益林20.23万亩，其中，国有3.52万亩、集体16.34万亩、个人0.37万亩；省级生态公益林1万亩。行唐县：国家级生态公益林0.9万亩，为个人生态公益林。元氏县：国家级生态公益林11.39万亩，其中，国有11万亩、集体0.39万亩。鹿泉区：国家级生态公益林1.27万亩，其中，国有0.88万亩、集体0.39万亩。井陉矿区：

国家级生态公益林0.61万亩，为集体生态公益林。

（李鹏　朱荣雨　刘亚飞）

【自然保护地】 至2020年底，全市共有5大类40个自然保护地。自然保护区4个，其中，国家级自然保护区1个，省级自然保护区3个。森林公园21个，其中，国家级森林公园3个，省级森林公园18个。湿地公园4个，全部为省级湿地公园。地质公园2个，其中，国家级地质公园1个，省级地质公园1个。风景名胜区9个，其中，国家级风景名胜区3个，省级风景名胜区6个。

表37

2020年石家庄市自然保护地一览表

序号	名称	类型	级别	批建时间（年）	面积（公顷）	行政区域
1	河北驼梁国家级自然保护区	自然保护区	国家级	2001	21352.38	平山县
2	河北漫山省级自然保护区	自然保护区	省级	2001	12384.98	灵寿县
3	河北嶂石岩省级自然保护区	自然保护区	省级	2005	21115.2	赞皇县
4	河北南寺掌省级自然保护区	自然保护区	省级	2011	3055.09	井陉县
5	河北五岳寨国家森林公园	森林公园	国家级	2000	4423.7	灵寿县
6	河北驼梁山国家森林公园	森林公园	国家级	2006	15759.09	平山县
7	河北仙台山国家森林公园	森林公园	国家级	2008	1867.18	井陉县
8	河北南寺掌省级森林公园	森林公园	省级	1993	806.31	井陉县
9	河北藏龙山省级森林公园	森林公园	省级	2007	1027.17	井陉县
10	河北洞阳坡省级森林公园	森林公园	省级	2009	681.73	井陉县
11	河北陉山省级森林公园	森林公园	省级	2016	632.14	井陉县
12	新乐市森林公园	森林公园	省级	1995	779.28	新乐市
13	河北西柏坡省级森林公园	森林公园	省级	1996	1893.79	平山县
14	河北沕沕水省级森林公园	森林公园	省级	2008	513.48	平山县
15	河北高山寨省级森林公园	森林公园	省级	2011	809.49	平山县
16	河北佛光山省级森林公园	森林公园	省级	2012	332.65	平山县
17	河北鹤龙山省级森林公园	森林公园	省级	2012	701.7	平山县
18	河北九陀山省级森林公园	森林公园	省级	2012	781.55	平山县
19	河北黑山大峡谷省级森林公园	森林公园	省级	2014	994.19	平山县
20	河北大吾川生态谷省级森林公园	森林公园	省级	2014	25.62	平山县
21	行唐县龙洲湖省级森林公园	森林公园	省级	1996	2005.65	行唐县
22	赞皇县棋盘山省级森林公园	森林公园	省级	2007	2095.47	赞皇县
23	河北海山岭省级森林公园	森林公园	省级	2008	100	鹿泉区
24	河北封龙山省级森林公园	森林公园	省级	2009	725	元氏县
25	河北松鼠岩省级森林公园	森林公园	省级	2011	867	元氏县
26	河北清凉湾省级湿地公园	湿地公园	省级	2009	38.28	井陉矿区

续表

序号	名称	类型	级别	批建时间（年）	面积（公顷）	行政区域
27	河北冶河省级湿地公园	湿地公园	省级	2009	4585.53	平山县
28	河北井陉静港省级湿地公园	湿地公园	省级	2013	374.03	井陉县
29	河北平山县东胜大吾川省级湿地公园	湿地公园	省级	2015	25.62	平山县
30	河北赞皇嶂石岩国家地质公园	地质公园	国家级	2003	4535.32	赞皇县
31	河北五岳寨省级地质公园	地质公园	省级	2003	10021.49	灵寿县
32	苍岩山国家级风景名胜区	风景名胜区	国家级	1979	6337.83	井陉县
33	嶂石岩国家级风景名胜区	风景名胜区	国家级	1994	10662.48	赞皇县
34	西柏坡—天桂山风景名胜区	风景名胜区	国家级	2002	24433.95	平山县
35	封龙山风景名胜区	风景名胜区	省级	1992	6044.2	鹿泉区 元氏县
36	藤龙山风景名胜区	风景名胜区	省级	2006	793.15	平山县
37	黑山大峡谷风景名胜区	风景名胜区	省级	2007	1004.45	平山县
38	清凉山风景名胜区	风景名胜区	省级	2011	1616.35	井陉矿区
39	棋盘山风景名胜区	风景名胜区	省级	2011	2095.47	赞皇县
40	赵州桥—柏林禅寺风景名胜区	风景名胜区	省级	2012	68.29	赵县

【野生动物保护】 印发《关于划定陆生野生动物禁猎区和规定禁猎期的通知》(〔2020〕-73)，划定石家庄市行政区域范围内为陆生野生动物禁猎区，规定全年365天为禁猎期；依托石家庄市动物园、荣鼎萌宠动物乐园和华北环境前线3个野生动物救护站，及时救助受伤、病危野生动物。全年救助野生动物2600余头（只），其中国家一级保护动物25只、国家二级保护动物420余只、省重点保护动物20余只、“三有”保护动物2000余只。贯彻落实《全国人大常委会关于全面禁止非法野生动物交易、革除滥食野生动物陋习、切实保障人民群众生命健康安全的决定》精神，开展全面禁食陆生野生动物工作，全市存在处置和补偿任务的地域有平山、井陉、赞皇、元氏、井陉矿区、新乐、晋州、赵县8个县（市、区）、15家养殖户，涉及蓝孔雀、果子狸、斑鸠、眼镜蛇四类共计77027头（只）野生动物全部完成处置。上述8个县（市、区）将3259.09万元陆生野生动物补偿资金全部兑付给养殖户，禁食陆生野生动物处置和补偿任务圆满完成。

【森林公安执法】 打击破坏野生动物资源违法犯罪，从源头切断野生动物疫源传播途径。按照省森林公安局《关于依法严厉打击非法猎捕交易野生动物违法犯罪的紧急通知》要求，1月25日起，市森林公安局在全市范围开展依法严厉打击破坏野生动物资源违法犯罪专项行动。以打击非法猎捕、收购、出售、经营、加工野生动物及其制品违法犯罪行为为内容，全面清查各类野生动物经营场所。全年出动车辆1307台次，人员4457人次，其中公安民警2243人次；检查野生动物活动区域1217处、集贸市场等场所486处、野生动物人工繁育场所697家、餐饮场所334家；清理野生动物网上违法信息60余条；查处刑事案件34起，抓获犯罪嫌疑人34人，查获野生动物214头（只）；收缴鸟网21件、410米，夹子20个。开展“昆仑—亮剑2020”5号专项行动。根据省公安厅森林警察总队《“昆仑—亮剑2020”5号专项行动实施方案》安排部署，2020年5月起，全市开展严厉打击破坏森林资源违法犯罪“昆仑—亮剑2020”5号专项行动；检查野生动物活动区域2396处、重点市场场所619处、野生动物人工繁育场所664家，清理野生动物网上违法信息58条；侦破森林及野生动物刑事案件87起，其中野生动物案件79起，抓获犯罪嫌疑人79人。配合“昆仑—亮剑2020”5号专项行动，同步开展以打击破坏鸟类等野生动物资源为内容“2020金网行动”，查处涉野生动物刑事案件29起，其中涉鸟类案件16起；查获野生动物86头（只），其中鸟类68只；缴获猎具31件。7月3日，协调联合华北环境前线志愿者在石家庄市新华区南高基工业园现场查获4张、140余米长捕鸟粘网，拆除鸟网并查获鸟类活体、死体25只。2020年8月下旬，市森林公安局接到承德市森林公安局移交“在石家庄市有人利用驯化的苍鹰非法猎捕野生动物”线索后，破获1起非法猎捕野生动物团伙，涉及6名犯罪嫌疑人全部抓获。

（李鹏　李天娇）

水　利

【概况】 2020年石家庄市域主要有行洪河道7条，分属海河流域大清河水系和子牙河水系，其中，北部的沙河、磁河木刀沟属大清河水系，中南部的滹沱河、洨河、槐河、泲河、冶河属子牙河水系。至2020年末，全市共有各类水库239座，其中，大型水库4座、中型水库8座、小型水库227座；总库容37.62亿立方米，其中大中型水库库容36.22亿立方米，占总库容96%。2020年全市投入水利建设资金51.57亿元，其中中央预算补助资金4.56亿元。实施水土保持治理项目，全年治理水土流失面积114平方千米。开展地下水超采综合治理，全年向滹沱河、沙河、槐河、泲河、洨河、午河6条河道生态补水7.3亿立方米，完成江水消纳4.49亿立方米，实现地下水压采量1亿立方米。2020年全市推广小麦节水品种及配套技术91.58万亩，建设高标准农田节水灌溉工程面积13.3万亩。实施大中型灌区改造，行唐县磁左灌区和群众灌区、鹿泉区计三灌区3个中型灌区节水配套改造项目建设完工，总投资5461万元，恢复改善灌溉面积9.51万亩。冶河灌区续建配套与现代化改造规划列入国家“十四五”规划。2020年全市农田灌溉水有效利用系数达到0.721，全市22条万亩以上灌区春灌累计引水3亿立方米，实灌农田面积达到125万亩次。重视农村饮水安全，争取资金2295万元，分3批实施农村饮水工程项目，维修养护全市17个县（市、区）48个水厂、278个村、794处工程，受益人口172.37万人；至2020年末，全市农村自来水普及率、集中供水率均达到95.62%。开展节水宣传，3月22～28日（3月22日是第二十八届“世界水日”，3月22～28日是第三十三届“中国水周”），全市举行“世界水日”“中国水周”宣传活动，主题为“坚持节水优先，建设幸福河湖”。严格水利行政执法，启动修订《石家庄市水土保持条例》；5月1日，新修订《石家庄市河道管理条例》正式施行。开展河湖“清四乱”专项行动，清理整治河湖“四乱”问题663个。鹿泉区水库管理获评河北省唯一全国深化小型水库管理体制改革样板县。推进水利单位改制，9月30日，市水利水电勘测设计研究院转制改企、市滹滏水利工程有限公司由原市水利水电工程服务中心转制改为企业、市横山岭水电站改制完成并退出。2020年全市水电行业发电量9400万千瓦时，连续27年实现安全生产零事故，秘家会水电站、十里坪水电站获评“全国绿色小水电示范电站”。

【水生态治理修复】 河流生态修复。2020年8月底，滹沱河生态修复二期工程完工，完成概算总投资34.68亿元，其中中央预算内补助资金4.56亿元；生态补水3.34亿立方米，形成水面467.54公顷。投资3.83亿元，实施鹿泉区水系连通（古运河）项目；4月23日，鹿泉区水系连通（古运河）项目入选水利部、财政部水系连通及农村水系综合整治试点县，争取中央投资1.5亿元；至2020年末，鹿泉区水系连通（古运河）项目完成投资2.76亿元。生态补水蓄水。以回补地下水、逐步恢复主要河道生态功能为理念，全年向滹沱河、沙河、槐河、泲河、洨河、午河6条河道生态补水7.3亿立方米，形成水面2840万平方米。地下水超采综合治理。投资2.4亿元，实施地下水超采综合治理农村灌溉（生活）水源置换项目，改善灌溉面积10.23万亩，25万农村人口喝上长江水；开展外调水替换，依托南水北调中线干渠和石津干渠，通过16条输水管线、22座水厂，向市区及沿线12个县供水，受水区面积6754平方千米，全年消纳江水4.49亿立方米；实施供水管网建设和老旧管网改造，2020年石家庄市主城区新建供水管网11千米，供水老旧管网改造8.9千米，县级城市供水老旧管网改造12.93千米；实施企业引江水直供项目，2020年河北华电石家庄热电有限公司长江水直供工程完成，增加江水消纳能力1600万立方米；推进农村集中供水水源替换，2020年石家庄市4个县（区）实施农村生活水源置换项目，总投资0.84亿元，122个村25.36万人喝上长江水，年消纳长江水590万立方米。水土流失治理。争取中央、河北省水利发展资金4960万元，在井陉县、元氏县、赞皇县、平山县、灵寿县、行唐县6个国家水土保持重点治理县实施水土流失治理项目11个，完成水土流失治理面积114平方千米；至2020年末，全市水土流失治理累计完成投资5266余万元。加强重点取用水大户水量计量监控，2020年全市新建取水在线计量监控点454处，基本实现超采区年取水量1万立方米以上非农取水户取水量在线监控全覆盖。

【滹沱河生态修复工程】 滹沱河是石家庄的母亲河，发源于山西省繁峙县，西从平山县入境，流经平山县、鹿泉区、灵寿县、正定县、石家庄市主城区、藁城区、晋州市、无极县、深泽县一城8县市区，横贯石家庄中部区域，向东经衡水、沧州汇入渤海湾。2017年9月，石家庄市启动实施滹沱河生态修复工程，范围为黄壁庄水库至深泽东界，全长109千米，总投资209亿元。工程分为三期建设，一期工程为主城区中华大街至藁城东42千米；二期工程为藁城东至深泽东界，长度43千米；三期工程为黄壁庄水库至主城区中华大街，长度24千米。2019年8月底，滹沱河生态修复一期工程完工，形成水面1680公顷，建成绿地5199公顷、生态绿道203千米，完成投资119.85亿元。滹沱河生态修复二期工程。2020年2月17日，滹沱河生态修复二期工程在藁城区、无极县、晋州市、深泽县同时开工。2020年8月底，滹沱河生态修复二期工程完工，形成水面467.54公顷，建成生态绿化面积2966.72公顷、滨河景观路106.3千米、景观驿站20座，完成概算总投资34.68亿元。滹沱河生态修复三期工程。2020年8月28日，滹沱河生态修复三期工程开工。滹沱河生态修复三期工程围绕“大河湿地、百鸟家园、绿洲繁英、休闲田园”理念，以自然河道为基础，以提升滹沱河防洪能力、水环境质量和打造水美林丰、水源涵养、生态保育的湿地河流和滹沱河景观生态长廊为目标，概算总投资42.31亿元，总体布局为一河三湿地、两湖两区多节点。其中，一河为滹沱河生态廊道；三湿地为疏林湿地、溪流湿地、蓄滞湿地；两湖两区为中山湖生态区、定西湖生态区；多节点包括沿线建设白虹飞鹭、万亩琼林、芳甸林汀、清溪十里、西湖草海5个生态修复区和9处景观。建设内容主要包括水利工程、生态绿化与道路工程和建筑渣土利用工程。水利工程包括主槽防洪工程、水生态治理工程，主要对主槽按照10年一遇标准扩挖疏浚，对主槽顶冲部位实施防护，并对溪流、湖泊、湿地等水体生态修复，新建两大湖区和三大湿地，整治主河槽2071公顷，形成水域面积533公顷。生态绿化与道路工程主要新建南北两岸一级景观路66.15千米和景观驿站14个，对主槽内岸坡、滩地、沙洲、浅水区及主槽外100米至150米范围绿化，打造9处景观节点，新建生态区面积140.08千米、主槽外100米至150米绿化带618.3公顷、主槽内绿化面积1994.2公顷。建筑渣土利用工程主要是将河道内建筑渣土运至石津高速（无极段）建设现场填筑路基，清运建筑渣土840万立方米。至2020年底，滹沱河生态修复三期工程正在建设。2020年10月1日，滹沱河生态修复一期、二期工程（西起市区中华大街、东至深泽县东界，全长85千米）正式向游人开放。2019年滹沱河石家庄市区段获得河北“秀美河湖”称号，2020年太平河鹿泉段获得河北“秀美河湖”称号。2020年6月29日，《光明日报》以《石家庄：水碧城绿映繁华》为题，报道石家庄市生态文明建设和滹沱河生态修复工程。

【防汛抗旱】 履行预测预警、水工程调度、抢险技术支撑三大职能，牢固树立防大汛、抗大旱、抢大险、救大灾理念。保障山洪灾害监测预警信息及时发布，在全市山洪灾害易发区88个乡（镇）、1029个村建立自动雨水情监测站点380处、简易雨量站点1224处、预警广播站点1452处，全市227座小型水库和受洪水威胁60个重点村庄全部配备卫星电话、手摇警报器、铜锣等预警设施；在227座小型水库溢洪道位置全部安装视频监控设备，依据上游来水和水库溢流情况，适时发布避险转移预警信息。落实大中小型水库行政、技术、巡查“三个责任人”及山洪灾害易发村县、乡、村三级责任人管理要求，全年启动山洪灾害4级气象预警9次、3级气象预警1次，指导全市各地有效应对强降雨过程10次，没有出现人员伤亡事故。做好防汛物资储备。全年水利部门储备防汛物资价值2400多万元，其中，市本级新增防汛物资价值135.69万元，累计达到1000多万元，并全部登记造册。举办防汛培训和演练，大中型水库闸门启闭设备和备用电源在汛期前落实试运行检查要求；全年举办防汛培训34次，培训县、乡、村防汛人员2189人；开展市、县、乡和重点村防汛抢险和避险转移演练，提高险情及时排除、灾情有效应对指挥能力，帮助群众熟知安全撤出路线。

【水资源管理】 水资源税水量核定。水资源税改革后，征收水资源费由水利部门改为税务部门，用水单位取用水量实行按月核定。2020年全市非农水量核定3.86亿立方米，农业水量核定10.52亿立方米，每月核定率均达100%。计划用水管理。开展各县（市、区）地表水、地下水可利用情况调研分析，向省水利厅反映基层实际并提出合理化建议和方案。遵循不超计划总量前提下，灵活调整和分解计划用水指标，提高用水管理可操作性。节约用水。指导井陉县、行唐县、晋州市、新乐市等县（市）开展节水型社会试点建设，并通过省水利厅验收。创新出台《石家庄市推进全社会节水十二项举措》，被全国节约用水办公室推广。加强节约用水宣传，利用“世界水日”“中国水周”等时机，印制节水宣传手册，向全社会发放。推进高校节约用水，支持河北师范大学建设能耗监测系统，实现所有楼宇、楼层水电消耗实时监测。关停取水井313眼。开展3244个取水许可证比对，注销关停自备井和两年未取水用户。取水井清理排查和电子标识认证任务按期完成。全年将取水井清理排查、电子标识认证及取水井关停列为水利行业重点工作，2020年8月，全市取水井清理排查和电子标识认证任务完成，累计摸排绑定机井151527眼，同步完成二维码安装、数据上传、坐标采集等管理事项，基本摸清全市取水井实情。2020年石家庄市藁城区、鹿泉区、栾城区入选水利部第三批节水型社会建设达标县（区）。

【**河长制管理**】 2020年6月，石家庄市市级总河长、主要河道市级河长调整，其中，市级总河长为市委书记、市长。以构建“河道全覆盖”和市、县、乡、村四级河长管理体系为目标，在全市设立河长3331名，形成河长统筹协调、属地政府负责、部门协同配合、群众广泛参与、“一级抓一级，层层抓落实”河道管理格局。完善河长制长效机制，印发《石家庄市落实河长制考核问责制度》；修订完善《石家庄市河道管理条例》，将河长制编入该条例。坚持考核奖惩，制定出台《石家庄市落实河长制考核问责制度》，建立行政考核与第三方评估相结合、年度考核与日常评估相结合考核体系。2020年全市开展河长制督导检查2次，下发督办函27份，召开约谈会5次。引导公众参与河道生态保护管理，在全市开展范围“最美基层河长”评选活动，评选最美村级河长24名、最美乡级河长5名。

表38

2020年石家庄市主要河道市级河长一览表

市级河长	河道名称	起止点及长度
李雪荣	滹沱河	滹沱河晋冀界至深泽县大兴村（206.6千米）
孟祥红	洨河	赞皇县大石门村至高邑县南陈庄村（46.5千米）
	槐河	赞皇县嶂石岩槐泉寺至赵县南南冯村（88千米）
蒋文红	冶河	甘陶河、棉河汇流口至黄壁庄水库库区（36.1千米）
	汪洋沟	藁城区北席村至赵县高庄村（49.18千米）
姜阳	洨河	鹿泉区梁庄村至赵县沟岸村（64千米）
	石津干渠	鹿泉区黄壁庄公路桥至 晋州市南彭庄村（马兰桥上游）(87.96千米）
黄三平	沙河	行唐县东安太庄村至新乐市小吴村（48.3千米）
	磁河（木刀沟）	灵寿县草房子村至深泽县段庄村（165.1千米）
高玉柱	民心河	环线（45.21千米）
	环城水系	鹿泉五支渠与南三环交叉口至正定县西塔口村（31千米）
	总退水渠	裕华区总退水渠和民心河交汇处至栾城区汪家庄村（10.45千米）

【**水利行政执法**】 打击河道非法采砂行为，开展“飓风行动”，市水利局、市公安局、市自然资源和规划局、市交通运输局联合印发《关于深入开展打击河道非法采砂“飓风行动”的通知》，全年查处河道非法采砂案件217起，罚款及没收违法所得272万元。27人以在河道非法采矿罪判处有期徒刑，处罚金92.4万元，没收违法所得198.6万元，赔偿修复河道治理费18万元，河道非法采砂现象得到有效遏制。推进水利行业“扫黑

除恶”专项整治，制定印发《石家庄市扫黑除恶专项斗争水利行业专项整治方案》《水利系统扫黑除恶长效机制》。完善河道采砂行业准入机制，建立健全行业准入和黑名单制度。开展涉黑涉恶线索摸排，向公安部门移交河道采砂涉黑涉恶线索3条。

（张双龙）

农业机械

【概况】 2020年全市拥有农业机械总动力1175.8万千瓦，同比增长0.2%，农业机械总动力在全省占比达到14%。其中，拖拉机13.6万台，配套机具18.4万部，免耕播种机（玉米）23266台，精量播种机（小麦）20774台，小麦联合收获机19201台，玉米联合收获机9628台，青饲料收获机2001台。2020年全市农业综合机械化水平达到81%，高于全国平均水平12个百分点。其中，小麦作物综合机械化水平达到99.8%，高于全国平均水平4.4个百分点；玉米作物综合机械化水平达到95%，高于全国平均水平10个百分点。区域优势作物综合机械化水平为：大豆38%，谷子40%，花生35%。特色产业综合机械化水平为：设施农业33%，畜牧业36%，林果业21%，渔业19%，农产品初加工22%。2020年全市农机机耕面积47.5万公顷，机械播种面积68.2万公顷，机械收获面积63.9万公顷。至2020年末，全市共有农机企业155家，其中，生产企业33家，经销企业105家，维修服务企业17家。代表性农机企业有河北苹乐面粉机械有限公司、河北中农博远农业装备有限公司、河北农哈哈机械集团有限公司、石家庄美迪机械有限公司、石家庄天人农业机械装备有限公司、石家庄聚力特机械有限公司。加快农业机械化推广，至2020年末，全市建成农机示范社288个，其中，全国农机示范社5个，省级农示范社18个；培育形成农机专业合作社典型3个：赵县光辉农业机械服务专业合作社、藁城区丰可得农机种植专业合作社、栾城区天亮农机服务专业合作社。

【农机作业及服务】 2010年全市主要在15个农业县实施农机深耕深松作业项目，深松每亩补贴30元，深耕每亩补贴40元。2020年全市15个农业县全部完成省下达深耕深松作业任务，其中，深松作业面积57万亩，深耕作业面积19万亩，均通过第三方质量检查。2020年全市“三夏”“三秋”农机作业投入农机机具28.5万台（套），同比增加0.1台（套）。至2020年末，全市审核登记拖拉机驾驶员42862人、联合收获机驾驶员11569人、“两证合一”驾驶员3027人；拥有农机维修人员8375人，其中持证维修人员2515人。2020年全市农机服务收入达到37.88亿元，农机作业收入达到29.77亿元。落实农机补贴政策，以河北省农机补贴目录为准，补贴标准为单台农机售价30%左右。2020年全市16个县承担农机补贴任务，累计完成农村补贴金额19026万元，占下达任务167%，补贴农机具11868台，受益农户8614户。2020年全市12个县上报农机报废回收更新实施方案，并确定县级农机报废回收拆解企业。2020年平山县、元氏县、新乐市、正定县获评全国平安农机示范县，鹿泉区获评河北省平安农机示范县。

【农机推广】 提升农业机械化、智能化水平，藁城区、正定县、行唐县3个县（区）完成农机全程机械化示范项目，晋州市、新乐市完成农机智能改造提升建设项目，建设差分基站6个，安装智能设备440台；赵县、藁城区、无极县、深泽县、行唐县5个县6个农机生产企业完成新机具新技术研发项目中期评估。智能农机装备田间日活动。6月11日，农业农村部农机鉴定总站、农机推广总站在赵县举办2020年智能农机装备田间日活动暨农机化新技术培训班；主题：“智能农机·无人农业”；汇集农机化科研推广成果13个集成模式、20多家农机企业、70多台（套）机具和众多智能装备举行现场作业演示，集中展示智能农机耕、种、收、管全程无人化作业技术、物联网技术、大数据技术、人工智能技术的融合发展水平，包括农用无人机植保、精量直播、农田测绘作业及蔬菜、红薯、马铃薯、花生等经济作物机械化生产等技术与装备，开展深松作业质量检测、免耕播种作业质量检测、小麦机收作业质量检测等判定农业机械安全性、适用性、可靠性的农机鉴定推广专业化田间示范教学；全国13个省（市、自治区）农机部门代表和赵县农机合作社、农民代表等300余人参加智能农机装备田间日活动。9月24日，全市谷子生产机械化技术培训与演示会在藁城区举行；主要解决谷子生产全程机械化瓶颈环节，全面推广谷子生产全程机械化。10月21日，河北省山区丘陵果园农机推广“田间日”活动在石家庄市举行；主题：“聚焦全程机械化、推进果品产业化”；主要展示水肥一体化作业机、无人植保机、果园碎草机、开沟施肥机、果林喷雾机、枝条粉碎机、采摘平台、轨道运输车等新技术设备。2020年藁城区、正定县、栾城区、赵县、高邑县、深泽县、行唐县获评全国全程机械化示范县。

（张连亭　于翔）

农业科技

【概况】 2020年全市农业科技争取省科技厅项目54项，资金2295万元。其中，省农业科技成果转化项目16项，经费800万元；关键共性技术攻关项目25项，资金945万元；种业创新专项11项，资金450万元；农业科技园区提档升级专项2项，经费100万元。2020年全市围绕动植物种植资源创新、新品种选育、种养殖业高效生产关键技术、主要农产品安全生产关键技术、农机装备、农业信息化、农产品加工、新型农业投入品研制、农业生态环境保护等领域，实施市级重点研发计划“现代农业创新专项”项目41个，安排经费990万元；实施科技特派员专项项目4个，安排经费100万元；实施“星创天地”项目4个，安排经费200万元。2020年石家庄市申报国家、省、市三级农业科技项目55项，获得市级以上项目立项44项，在研农业科技项目88项；主持省级科技项目14项，数量占全省地市级科研院所立项总数52%，位居全省首位。提升农业科技服务质量，坚持“科研创新”“科技服务”并举，采取承担科技项目、设立“三区人才”及科技服务专项、选派科技特派员等方式，在全市建立农业示范服务基地67个，辐射所辖县（市、区）16个。全年农业科技推广科技成果及技术50余项，推广应用面积1000余万亩；新建农业科技创新示范基地5个，示范推广集成技术7项。秉承“立足省会、服务河北”理念，在石家庄市以外省内区域建立技术对接服务基地46个。支持农业清洁生产，以藁城区、鹿泉区农业清洁生产示范区为重点，开展农村洁净煤推广、农膜回收利用、土壤污染防治、农作物秸秆综合利用等专项行动。2020年全市推广农村洁净型煤用户25.3万户38.4万吨，11个承担污染耕地治理任务县（市、区）基本完成耕地治理任务，全市农作物秸秆综合利用率达到100%。2020年全市新认定市级农业科技园区24家，总数达到83家；新认定省级农业科技园区1家，总数达到15家；新增省级“星创天地”8家，总数达到72家；新增省级农业科技小巨人企业39家，总数达到215家。

【农业科技园区】 全年将农业科技园区建设作为推进乡村振兴和脱贫攻坚的重要举措，重点打造现代农业科技示范基地、农业科技成果转化基地、农村科技创新创业基地、农村人才培养基地。加快市级农业科技园区建设，开展2020年市级农业科技园区认定，受理申报农业科技园区项目28个，经专家评审，新认定市级农业科技园区24家；至2020年末，全市市级农业科技园区达到83家。深泽农业科技园区新认定为省级农业科技园区，获得奖励资金100万元；至2020年末，全市省级农业科技园区达到15家。石家庄藁城国家农业科技园区通过科技部开展的国家农业科技园区中期评估，获评优秀等级。2020年全市2家省级农业科技园区评估获评优秀等级，获得奖励资金200万元。

【“星创天地”】 2020年全市新增“星创天地”8家，均为省级“星创天地”。至2020年末，全市共有省级以上“星创天地”72家，其中，国家级14家，省级58家。

表39

2016～2020年石家庄市“星创天地”统计数据一览表

序号	名称	建设单位	所在区域	级别	认定年份
1	无极县耕天下星创天地	石家庄广威农牧公司	无极县	国家级	2016
2	无极县极峰星创天地	无极极峰农业有限公司	无极县	省级	2016
3	元氏县槐阳农科星创天地	元氏县省级农业科技园区	元氏县	省级	2016
4	元氏县启明薯业星创天地	元氏启明农业合作社	元氏县	国家级	2016

续表

序号	名称	建设单位	所在区域	级别	认定年份
5	石家庄市鹿泉区紫藤葡萄星创天地	石家庄紫藤农业有限公司	鹿泉区	省级	2016
6	石家庄市藁城区科园星创天地	藁城国家农业科技园区	藁城区	国家级	2016
7	石家庄市藁城区强筋麦星创天地	藁城区农科所	藁城区	省级	2016
8	平山县葫芦峪星创天地	平山葫芦峪生态农业公司	平山县	省级	2016
9	正定县时和年丰星创天地	正定慧聪塔元省级农业科技园区	正定县	国家级	2016
10	赵县农业科技园区星创天地	市农林科学院	赵　县	国家级	2016
11	赵县大喇叭星创天地	石家庄广众科技公司	长安区	省级	2016
12	灵寿县幸福小镇星创天地	河北海燕农牧公司	灵寿县	省级	2016
13	赞皇县华润星创天地	赞皇华润农副产品开发公司	赞皇县	省级	2016
14	栾城禾泽秀星创天地	栾城禾泽秀农业科技公司	栾城区	国家级	2016
15	赞皇县科盛星创天地	河北科盛农业科技开发有限公司	赞皇县	国家级	2017
16	赞皇县蕊源蜜蜂产业星创天地	赞皇县蕊源蜂业有限公司	赞皇县	省级	2017
17	石家庄市鹿泉区奶业星创天地	石家庄天泉良种奶牛有限公司	鹿泉区	省级	2017
18	石家庄市裕华区神州星创天地	市神州花卉研究所有限公司	裕华区	省级	2017
19	晋州市甘薯产业星创天地	晋州市丰源薯业专业合作社	晋州市	国家级	2017
20	石家庄高新区统帅星创天地	河北宏瑞种业有限公司	高新区	省级	2017
21	元氏县乡绿星创天地	河北乡伴食品有限公司	元氏县	省级	2017
22	元氏县白石灵峰星创天地	元氏县科宝生态农业开发有限公司	元氏县	省级	2017
23	石家庄市新华区果蔬之家星创天地	河北双星种业股份有限公司	新华区	国家级	2017
24	石家庄市新华区家裕星创天地	市牧工商开发总公司	新华区	省级	2017
25	行唐县团山红农业科技星创天地	河北团山红农业开发有限公司	行唐县	省级	2017
26	灵寿县木佛农业星创天地	灵寿县多丰种植有限公司	灵寿县	省级	2018
27	赞皇县冀凤太行山星创天地	赞皇县天然农产品开发有限公司	赞皇县	省级	2018
28	行唐县恩硕星创天地	河北鹰睦科技有限公司	行唐县	省级	2018
29	平山县善福家庭农场星创天地	石家庄善福家庭农场	平山县	省级	2018
30	元氏县林外林星创天地	河北林外林农业科技开发有限公司	元氏县	省级	2018
31	元氏县轩鑫生态园星创天地	元氏县轩鑫农业生态园有限公司	元氏县	省级	2018
32	元氏县康丰星创天地	河北康丰牧业有限公司	元氏县	省级	2018
33	井陉县静港生命科技星创天地	河北静港文化旅游开发集团有限公司	井陉县	省级	2018
34	石家庄市长安区“雨合”星创天地	河北盛祥市政园林工程有限公司	长安区	国家级	2018
35	无极县绿蔬种植星创天地	无极县绿蔬种植中心	无极县	省级	2018
36	深泽县森海田园星创天地	深泽县森海粮食种植专业合作社	深泽县	省级	2018

续表

序号	名称	建设单位	所在区域	级别	认定年份
37	石家庄市藁城区康怡乐星创天地	石家庄博正农业科技有限公司	藁城区	省级	2018
38	石家庄市开发区康利牧乐星创天地	河北康利动物药业有限公司	藁城区	国家级	2018
39	石家庄市新华区飞龙赋能星创天地	石家庄飞龙饲料有限公司	新华区	国家级	2018
40	石家庄市桥西区智慧农人园星创天地	河北天农副食果品贸易有限公司	桥西区	国家级	2018
41	石家庄市裕华区万丰锐康星创天地	市万丰种业有限公司	裕华区	省级	2018
42	石家庄市高新区绿谷智慧星创天地	河北绿谷信息科技有限公司	高新区	省级	2018
43	石家庄市开发区冀农星创天地	河北冀农种业有限责任公司	裕华区	国家级	2018
44	元氏县慧典星创天地	元氏县慧典农业科技有限公司	元氏县	省级	2018（第 2 批）
45	西岭果业星创天地	元氏县西岭底核桃专业合作社	元氏县	省级	2019
46	彬汇农业星创天地	石家庄彬汇农业科技有限公司	元氏县	省级	2019
47	石家庄市栾城区马家麦坊星创天地	河北马家麦坊食品有限公司	栾城县	省级	2019
48	民悦农业科技园星创天地	河北民悦农业开发有限公司	循环化工园区	省级	2019
49	洛丰科技星创天地	石家庄洛丰农业科技有限公司	藁城区	省级	2019
50	晋州市甜玉米产业星创天地	河北鹏达食品有限公司	晋州市	省级	2019
51	庄稼主生态农业科技示范园星创天地	新乐庄稼主农业科技有限公司	新乐市	省级	2019
52	军创原野星创天地	石家庄总森农业科技有限公司	深泽县	省级	2019
53	惜康农业星创天地	河北惜康农业科技有限公司	藁城区	省级	2019
54	雨养节水—润垚智慧农业星创天地	河北润垚种业有限公司	裕华区	省级	2019
55	赞皇县农业机械技术开发星创天地	赞皇县中天面粉机械制造有限公司	赞皇县	省级	2019
56	河北盛滨农业生态园星创天地	河北盛滨农业发展股份有限公司	平山县	省级	2019（第 2 批）
57	平山县华耀农业星创天地	河北华耀农业科技开发有限公司	平山县	省级	2019（第 2 批）
58	平山县冀兴水产养殖专业合作社	平山县冀兴水产养殖专业合作社	平山县	省级	2019（第 2 批）
59	众林农业星创天地	河北众林农业科技有限公司	高邑县	省级	2019（第 2 批）
60	晋州市蔬菜产业星创天地	石家庄丛青果蔬种植有限公司	晋州市	省级	2019（第 2 批）
61	中元现代农业园区星创天地	中元牧业有限公司	新乐市	省级	2019（第 2 批）
62	河北玉桥食品有限公司	河北玉桥食品有限公司	赵　县	省级	2019（第 2 批）
63	河北华泉食品有限公司	河北华泉食品有限公司	栾城区	省级	2019（第 2 批）
64	石家庄市鹿泉区科润星创天地	河北科润农业技术研究所	鹿泉区	省级	2019（第 2 批）
65	河北石家庄循环化工园区星创天地	石家庄恩健生物科技有限公司	循环化工园区	省级	2020
66	元氏县联兴佳垚星创天地	河北联兴佳垚农业科技有限公司	元氏县	省级	2020

续表

序号	名称	建设单位	所在区域	级别	认定年份
67	晋州市鲜梨产业星创天地	河北长城果品股份有限公司	晋州市	省级	2020
68	晋州市丰业食用菌产业星创天地	晋州市丰业种植专业合作社	晋州市	省级	2020
69	石家庄市鹿泉区金丰益牧星创天地	河北金丰动物药业有限公司	鹿泉区	省级	2020
70	石家庄市栾城区同福健康产业星创天地	河北同福健康产业有限公司	栾城区	省级	2020
71	灵寿县虎吟潭星创天地	石家庄虎吟潭荒山开发股份有限公司	灵寿县	省级	2020
72	深泽县吉胜农业星创天地	河北吉胜果业有限公司	深泽县	省级	2020

（高少轩　李永丹）

链接：

“星创天地”：是以农业高新技术产业示范区、农业科技园区、高校及农业科研院所、农业科技型企业等为载体，整合科技、人才、信息、金融等资源，面向科技特派员、大学生、返乡农民工、职业农民等创新创业主体，集中打造融合科技示范、技术集成、成果转化、融资孵化、创新创业、平台服务为一体的众创空间。

【第一届中国·北方农业（蔬菜）科技创新发展大会】 6月6～7日，由石家庄市政府、北京市农林科学院、天津市农业科学院主办的第一届中国·北方农业（蔬菜）科技创新发展大会在石家庄市农林科学研究院（简称市农科院）赵县基地举行。大会展示品种包括北京、天津、河北、山西、山东、内蒙古、新疆、湖北8个省（市、自治区）65个供种单位提供的叶菜类、茄果类、瓜类、花菜类等蔬菜品种（组合）861个，其中石家庄市蔬菜品种400余个；邀请中国工程院院士赵春江、国家西甜瓜产业技术体系首席科学家许勇研究员、天津市蔬菜产业技术体系首席专家杜胜利研究员围绕推动农业信息化、农业（蔬菜）产业发展等作专题报告。6月6日，“国家蔬菜工程技术研究中心石家庄创新示范基地”“国家农业信息化工程技术研究中心石家庄创新示范基地”在市农科院赵县基地揭牌。

【农业信息化】 利用农业科技网络，以农业政策解读、农技知识、名优产品、实时信息为主要内容，全年发布农业信息1万余条。2020年市农业农村局“一站一号”访问量突破100万人次，达到105.8万人次，同比增长39%。其中，网站访问量70万人次，增长15%；微信公众号访问量35.8万人次，增长130%。发展智慧农业，举办“5G+智慧农业”、农产品电子商务、网络农技教学等培训，推送农产品短视频直播节目。8月27日，全市举办“5G+智慧农业”培训班。2020年全市参加农产品电子商务“网课培训”学员2654人，其中，农业产业化龙头企业、专业合作组织、家庭农场、种植养殖大户等新型农业经营主体学员占比58.9%，农村大喇叭服务站、乡村农技推广站等基层农村人员占比16.9%，县、乡、村干部占比24.2%。开展农业实用技术网络教学，设立基础班、提高班、运营技巧班3个层次，实行实名制注册、实名制学习管理。2020年全市报名参加农业实用技术网络培训学员2523名，全部完成既定科目学习，培训学员数量超过年度计划任务1.5倍，其中，新型经营主体从业人员占比60%，乡村干部参加培训542人、占比21%。

【农业人才队伍】 整合农业科研院所、涉农院校、农业龙头企业等资源，实施高素质农民培育计划。完善城市人才下乡服务管理机制，梳理、收集、整理管理期内全市在职国家、省、市政府津贴专家及“三三三人才工程”一、二层次人选265名，全部纳入扶贫专家范围。建立农村专业人才队伍数据库，2020年市农民教育培训信息管理系统入库培训教育对象3350人，入库师资1061人。建成农民工返乡创业园6家，带动返乡农民工就业2268名。发挥农业科技人才作用，以“科技助力产业扶贫、推动乡村振兴发展”为主题，选派100名“三区”科技人才和313名自然人农业科技特派员、30名法人单位科技特派员到农村基层开展科技服务。

（张连亭　于翔）

农业产业化

【概况】 2020年全市农业产业化以乡村振兴发展为主题，以育龙头、抓联合、促加工、推休闲、招大商、争项目为重点，加快构建现代农业生产经营体系，主动培育农业农村新产业、新业态，倾力打造农村产业融合发展新载体、新模式。2020年全市实施高标准农田建设项目24个，总投资46062.5万元，建设高标准农田32.78万亩（同步建设高效节水灌溉面积14.86万亩）。实施特色产业精品工程。2020年全市承担全国首批优势特色产业集群项目3个，分别为：晋州市和赵县承担梨优势特色产业集群项目、平山县承担食用菌优势特色产业集群项目；承担河北省特色农业精品示范基地项目5个，其中，“大而精”精品示范基地2个，分别为：井陉矿区苹果精品示范基地、赵县雪花梨精品示范基地，“小而特”精品示范基地3个，分别为：元氏县芽球菊苣基地、藁城区精品黄瓜示范基地、灵寿县丹参中药材基地。全年争取省级以上特色产业项目资金5240万元，其中，梨优势特色产业集群项目资金3200万元，占全省32%。发展绿色高效农业，全年梳理市级农业地方标准100项，修订制定市级以上农业地方标准33项，新申报绿色食品19家60个产品；17家企业35个产品获得国家绿色食品证书，全市绿色食品认证总数达到177个，农业标准化生产覆盖率达到71.8%。2020年藁城区获批第二批省级农业绿色发展先行区。推进农产品产销对接和产品销售，组织企业参加河北省首届梨电子商务大会、第五届河北省中药材产业大会、第五届京津冀蔬菜食用菌产销对接大会、农民丰收节、上海蔬菜博览会等展会，集中展示全市特色产业最新发展成果，3个产品获得河北省梨王称号，5个产品获得河北省梨金奖，2个蔬菜产品入选“十大菜王”。争取农业生产社会化服务项目，2020年藁城区、晋州市、行唐县、元氏县承担中央财政农业生产社会化服务项目涉及资金2300万元，服务面积62万亩；4个县（市）争取到省级农业社会化服务项目，分别为：赵县、新乐市、高邑县、平山县，涉及项目资金785万元。培育农业产业化龙头企业、现代农业园区和农业产业化联合体。至2020年底，全市共有市级以上农业产业化重点龙头企业315家，其中，国家级6家，省级75家；现代农业园区285家，其中，国家级1家，省级园区23个，市级园区90个；农业产业化联合体106家，其中新认定59家；家庭农场615家，其中新增156家；示范合作社425家，其中新增123家。鹿泉区现代农业产业园获批国家级现代产业园。12月22日，农业农村部、财政部印发《关于认定第三批国家现代农业产业园通知》(农规发〔2020〕15号)，鹿泉区现代农业产业园（主导产业：奶业）被认定为国家现代农业产业园，成为河北省第2家，石家庄市唯一国家级现代农业产业园。2020年全市农业产业化经营主体辐射带动农户90余万户，农业产业化实现经营收入700亿余元。2020年全市农业招商签约项目15个，投资总额116.92亿元。9月22日，石家庄市2020年中国农民丰收节庆祝活动在正定县塔元庄同福乡村振兴示范园举行。

【生态休闲农业】 围绕乡村振兴战略，发展生态休闲农业，打造“现代农业＋美丽乡村＋休闲观光＋绿色生态”产村共建的生态休闲农业示范区（点）。制定印发《关于做好2020年河北省生态休闲农业示范区申报工作的通知》《关于做好生态休闲农业示范区创建工作的通知》《石家庄市生态休闲农业示范区创建工作方案》等文件，组建市级推进领导小组，明确总体要求、任务目标和措施。以建设都市型农业园区为重点，打造一批集都市文明、田园风光、休闲娱乐、康养保健等为一体乡村生态旅游示范基地。投资400万元，谋划实施滹沱河高效观光农业产业园项目；确定工作方案，绘制规划引导图；指导农户加强田间管理，在营造大地景观同时确保农户增产增收。2020年滹沱河高效观光农业产业园项目调整土地面积1.06万亩，集中种植规模连片示范区9个，营造形成花田草海、大地景观、乡野田园风貌。至2020年末，全市共有省级以上休闲农业与乡村旅游星级企业77家，其中，国家级27家、省级20家；建成省级生态休闲示范区11个，其中，省级休闲农业与乡村旅游示范县4个、省级休闲农业示范点7家；创建省级美丽休闲乡村4个；推介休闲旅游精品线路10条。扩大生态休闲农业宣传，制作拍摄《跨越都市，享受田园——石家庄市休闲农业宣传片》。2020年赞皇县、藁城区、正定县亲子采摘休闲农业游入选农业农村部休闲农业和乡村旅游（春、夏）精品景点线路，平山县红色山水农业游线路入选省农业农村厅休闲农业和乡村旅游精品景点线路。2020年全市生态休闲农业接待游客300万人次，实现综合收入2

亿元。

【农产品加工产业集群】 落实农产品加工产业集群3年工作推进方案，按照“三个一批”（规范提升一批、创建培优一批、衍生发展一批）要求，采用典型带动方式，推进形成以规模大、集中度高、带动能力强、产业链条配套、产业发展成效突出为特色的农产品加工产业集群。晋州梨果产业集群获得省级资金200万元。至2020年末，晋州梨果产业集群项目建设完工，带动农户3800户、安排就业1.2万人，注册形成“晋州鸭梨”“沃尔旺”“翠玉”“东冠”“魏征”等国内著名商标和“芙润仕”“i-fruit”等国际商标，品牌覆盖率达到80%。至2020年末，全市培育形成藁城区优质麦、宫米，栾城区、赵县粮食，晋州市、赵县梨果，鹿泉区、行唐县、新乐市乳品9个农产品加工产业集群。

【农业产业化项目】 13个项目获批省农业产业化重点项目。至2020年末，全市农业产业化重点项目完成投资额27.16亿元。其中，河北同福城食品有限公司（同福大健康食品城项目）、市惠康食品有限公司（中央厨房主食加工项目）、中元牧业有限公司（现代农牧业产业园项目）、深泽县新希望六和养殖有限公司（出栏50万头生猪养殖项目）4个项目建成投产，完成投资额20.78亿元；河北君乐宝君诚乳业有限公司（年产5万吨婴幼儿配方奶粉项目）、石家庄依欣蛋鸭养殖有限公司（蛋鸭养殖项目）等4个项目开工，年度完成投资额6.38亿元。农业产业化联合体项目。2020年省级农业产业化联合体项目下拨石家庄市资金620万元，至2020年末，全部落实到位，补贴联合体8个，带动农户9.1万户，带动经营主体85个，拉动自筹资金2536.2万元。产业强镇项目。2020年2月，平山县苏家庄乡承担产业强镇项目建设；至2020年末，平山县苏家庄乡建成高标准示范温室，购置安装滴灌设备、自走式打药机、新型核桃榨油机、新型桃仁色选机等设备，建成加工车间、简易仓库、低温库7000平方米。“一村一品”建设。2020年11月，高邑县中韩乡岗头村（鲜桃）成功申报全国第十批“一村一品”示范村镇。2020年全市农民参与主导产业达到27万人，农民参与主导产业相关经营总人数占全村劳动力比值达到69%，“一村一品”主导产业生产规模占村生产规模比值达到82%，农民从事主导产业收入占农民整体收入比值达到79%，“一村一品”特色农产品专业村主导产业生产产值占村生产总值比值达到82%。至2020年末，全市共有全国“一村一品”示范村12个。

【农民合作社】 贯彻落实《关于推进全省家庭农场和农民合作社高质量发展指导意见》《关于扎实开展农民合作社示范创建活动通知》，组织开展国家级整县推进试点（赵县）和30家省级合作社规范化建设。2020年全市新增市级以上农民合作社示范社123家，新认定省级规范提升农民合作社30家、省级农民合作社示范社32家，推荐申报国家级农民合作社示范社12家。至2020年末，全市拥有市级以上农民合作社示范社425家，其中，国家级37家、省级139家；省级农民合作社示范社占全省总数10%。赵县率先在全省建立农民专业合作社监管平台，鹿泉区绿康无公害蔬菜种植专业合作社获评省“十佳”农民合作社。2018～2020年省农业农村厅连续3年开展“十佳”农民合作社评选活动，石家庄市上榜4家。至2020年末，全市正常运营农民合作社总量达到7558家。开展农民合作社风险排查专项行动，至2020年末，全市排查农民合作社12975家，其中，正常运营农民合作社7558家，空壳社4410家，撤销1家，注销920家，吊销86家。注销、吊销总数占全省11.87%。举办农民合作社负责人、辅导员业务培训2期，参加培训523人。

【市级“菜篮子工程”建设】 围绕“10+10+1”工作布局，打造10个设施装备先进、蔬菜品种优良、高效模式集成、产品质量安全、品牌知名度高、产销对接突出的市级高端蔬菜示范园；创建10个区域优势突出，具有一定种植规模、生产管理和技术措施规范，在增加产品产量和提高产品质量上有示范带动作用的市级优质水果标准园；打造1个设施集中度高、品种高端、质量安全、销售顺畅，在新品种、新技术方面接受能力强的高端蔬菜示范基地。至2020年末，全市示范区引进试验示范果菜新品种88个，应用新技术15项，平均亩节本增效10%以上，产品检测合格率达到100%。

（张连亭　于翔）

农村工作

【概况】 2020年全市围绕实施乡村振兴战略，以乡村振兴示范区创建为载体，贯彻落实《中国共产党农村工作条例》，统筹推进“三农”领域各项重点工作。全年组织召开全市决战决胜脱贫攻坚暨春季农业生产工作会议、首届中国（正定塔元庄）乡村振兴高峰论坛等大型会议4次，配合省级以上领导调研督导乡村振兴工作5次，编发《石家庄市三农工作要情》26期，创建市级以上乡村振兴示范区13个，其中省级乡村振兴示范区3个。推广农业生产托管服务，落实《河北省农业生产托管服务规范》《农业生产托管服务合同式样（试行）》等文件要求。评选省级农业生产托管服务示范组织和托管服务品牌组织，全市33家合作社获评河北省托管服务示范组织，7家农业生产托管服务组织获评河北省品牌组织。至2020年末，全市农业托管服务组织达到3000家，占全省10%，农业托管服务面积达到3355万亩，占全省16%。2020年石家庄市栾城区天亮种植专业合作社农业生产托管案例入选农业农村部第二批全国农业社会化服务典型案例。开展农村人居环境综合整治行动，改造提升厕所22.3万座，农村生活垃圾收集转运体系覆盖率达到100%，无害化处理率达到98%；完成生活污水治理村85个，总数达到1019个。2020年全市完成村庄清洁行动村3984个，创建村庄清洁行动示范乡镇101个、示范村1512个，17个涉农县（市、区）全部达到示范县标准。1月3日，全市在平山县市民文化广场举行2020年全市“三下乡”集中示范服务活动，42家单位为平山县谋划帮扶资金、物资、项目总额价值1.16亿元，信贷额度12.86亿元，均创下历年新高。至2020年末，全市完成农村土地承包确权村3618个，占应确权村98%，颁证到户率达到94.1%。

【农村集体产权制度改革】 石家庄市是全国农村集体产权制度改革试点市，建有统一的农村产权交易市场和农村产权交易中心，确定包括农户承包土地经营权等13个品类进场流转交易，其中100万元以上农村集体资金采购项目等在市级产权交易平台交易。2020年4月，鹿泉区曲寨村小区采暖给水管道改造工程招标项目以602.04万元在市农村产权交易中心成交，比原预算节省9.78万元，成为石家庄市首例市级农村集体产权招标项目。2020年全市农村集体产权制度改革采取巩固全国试点工作成果与抓农村集体经济股份合作社发展相结合方式，基本形成村“两委”与村集体经济合作社“三驾马车”共同运行机制。至2020年末，全市农村集体产权制度改革整市推进试点通过国家验收；农村集体产权制度改革完成验收4065个村，创建农村集体产权制度改革分账管理试点48个、村级集体经济股份合作社示范试点63个；制定分账管理试点创建标准25项，培育形成典型发展模式7大类22个，入选省推进统分结合典型案例4个。

【农村土地承包】 按照“全面覆盖、突出重点”原则，开展农村土地承包经营纠纷专项整治活动。建立农村土地承包经营调解仲裁机构，加强县、乡两级土地流转管理服务中心建设，推行农村土地承包经营权流转规范管理，有序推进承包地经营权确权登记颁证工作。2020年全市16个（除新乐市外）涉农县（市、区）均设立农村土地承包经营调解仲裁机构，乡村调解室全部建立；行唐县、灵寿县、赞皇县、新乐市、鹿泉区、栾城区6个县（市、区）开展承包地经营权贷款业务，深泽县开通试运行承包地股权流转交易业务。至2020年末，全市土地流转面积300.21万亩，同比增长5.97%；土地流转率46.2%；完成农村承包地确权村3618个，占应确权村98%，颁证到户率达到94.1%。

【农村人居环境整治】 2020年是石家庄市农村人居环境整治三年行动收官之年。全年贯彻落实《2020年河北省村庄清洁行动专项工作方案》要求，以“干干净净迎小康”为主题，以“五清三建一改”为内容，以清理农村卫生死角盲区、实施厕所改造、垃圾污水处理和村容村貌整治为重点，全面完成农村人居环境综合整治行动各项部署任务。2020年全市完成厕所改造提升22.3万座，超额完成年度任务目标，其中一类县、二类县无害化卫生厕所普及率分别达到90%和85%以上。至2020年末，全市农村生活垃圾收集转运体系覆盖率达到100%，无害化处理率达到98%；完成生活污水治理村85个，总数达到1019个；全市完成村庄清洁行动村3984个，创建村庄清洁行动示范乡镇101个、示范村1512个，17个涉农县（市、区）全部达到示范县标准。2020年鹿泉区、井陉县、栾城区获评河北省村庄清洁行动先进县区，正定县入选全国农村人居环境整治成效明显先进激励县，获得中央财政激励支持资金2000万元。

【乡村治理与振兴】 制定印发《关于加强和改进乡村治理实施方案》《石家庄市乡村治理体系建设试点工作方案》，建立由市涉农22个部门为成员单位联席会议制度。宣传鹿泉区、藁城区乡村治理典型经验。6月5日，全市召开乡风文明优秀典型案例视频宣讲会，收看全国乡村治理体系建设首批试点单位鹿泉区和首批全国村级“乡风文明建设”优秀典型案例藁城区岗上镇杜村村宣传片，收听鹿泉区区、乡（镇）、村三级典型发言及藁城区杜村典型发言。7月9日，全市乡村治理体系建设现场观摩会在鹿泉区举行，组织各县（市、区）参观鹿泉区“三治融合”乡村治理6个典型村。2020年河北省公布2019年乡村振兴考核名次，石家庄市位列全省设区市第二名，栾城区、藁城区、井陉矿区、晋州市、鹿泉区5个县（市、区）入选全省前30强；正定滹沱河沿岸乡村振兴示范区获批省级乡村振兴示范区，获得奖励资金2000万元。2020年藁城区岗上镇杜村被评为全国首批、全省唯一村级“乡风文明建设”典型。

【宅基地改革与管理】 印发《关于明确农村宅基地改革和管理职责等事宜的通知》，确定市农业农村局负责全市农村宅基地改革和管理工作。建立健全宅基地管理市县乡村四级责任体系，开展农村宅基地情况摸底统计，举办农村宅基地管理培训，指导县（市、区）落实宅基地改革和管理职责，市、县、乡、村四级宅基地管理机制初步建立。至2020年底，全市17个县（市、区）、196个乡镇（街道）实行农村宅基地正常管理，覆盖行政村3922个。宅基地管理由部门联审联办乡镇达到174个，由农业农村部门牵头管理乡镇146个；受理申请数量10件，审批2件；3947个村建立协管员制度，协管员人数达到4541人。防范和化解农村宅基地信访问题，制定出台《农村宅基地信访问题专项整治工作方案》。2020年行唐县被省农业农村厅确定为省级宅基地改革试点县。

（张连亭　于翔）

工 业

Industry

综 述

2020年全市共有规模以上工业企业1822家，同比增加22家。其中，大中型企业214家，国有及国有控股企业112家；按经济类型划分，国有企业10家，集体企业6家，有限责任公司263家，私营企业1413家，其他企业130家。年从业人员平均人数30万人，总资产6619亿元，资产负债率为62.7%。规模以上工业投资同比下降24.4%，工业技术改造投资同比下降33.1%，高新技术产业投资同比下降30.7%。规模以上工业增加值同比增长1.7%，较年初回升6.2个百分点，其中，轻工业增加值增长3.8%，重工业增加值增长0.4%；规模以上工业高新技术产业增加值同比增长10.4%，高于规模以上工业增速8.7个百分点，较2019年规模以上工业高新技术产业增加值提升1.6个百分点。2020年全市规模以上工业企业营业务收入4551.0亿元，同比增加101.5亿元；利润总额312.27亿元，同比增加13.35亿元；工业企业营业收入利润率为6.7%。规模以上大中型企业营业收入3219.4亿元，同比下降1.4%；利润总额247.3亿元，同比下降0.3%。规模以上国有及国有控股企业营业收入1398.8亿元，同比下降8.1%；利润总额39.0亿元，同比增长0.8%。规模以上工业亏损企业340家，同比增长24.5%；亏损总额56.0亿元，同比增长63.5%。

2020年石家庄市共有工业产品3600余种，按统计目录划分，全市共有128个工业产品大品种。全年在41个国民经济工业行业中，石家庄市有37个行业（营业收入在2000万元以下不在统计行列），无石油及天然气开采业、开采专业及辅助性活动、煤炭开采和洗选业、其他采矿业4个行业。按照大行业划分（为对照分析，依据实际情况对全市现有37个工业门类进行划分），医药、食品、装备制造（含电子信息）、纺织服装、石油化工、冶金、建材行业为全市工业主要行业。

七大主导行业营业收入3577.0亿元，占全市规模以上工业营业收入的78.6%；实现利润244.6亿元，占全市规模以上工业利润总额78.3%。分行业看，医药工业有规模以上企业96家，营业收入571.3亿元，同比增长14.4%；利润106.9亿元，同比增长13.3%。食品行业有规模以上企业168家，营业收入552.9亿元，同比增长9.5%；利润13.0亿元，同比下降23.1%。装备制造业有规模以上企业500家，营业收入541.5亿元，同比下降15.5%；利润5.7亿元，同比下降83.3%。纺织服装皮革行业有规模以上企业291家，营业收入203.0亿元，同比下降43.3%；利润1.0亿元，同比下降89.5%。石化行业有规模以上企业334家，营业收入804.9亿元，同比下降11.8%；利润52.4亿元，同比增长57.3%。冶金行业有规模以上企业32家，营业收入662.0亿元，同比下降4.6%；利润41.5亿元，同比下降21.6%。建材行业有规模以上企业201家，营业收入260.6亿元，同比增长2.6%；利润24.8亿元，同比增长16.0%。

六大高耗能行业利润总额122.8亿元，同比下降1.8%。其中，石油、煤炭及其他燃料加工业利润-3.4亿元，同比下降165.4%；化学原料及化学制品制造业利润36.4亿元，同比增长39.6%；非金属矿物制品业利润24.8亿元，同比增长16.7%；黑色金属冶炼及压延加工业利润40.7亿元，同比下降22.1%；电力、热力的生产和供应业利润24.3亿元，同比增长19.5%（六大高耗能行业中，石家庄市无煤炭开采和洗选业）。

21个县（市、区）和高新区、循环化工园区中，营业务收入达到100亿元以上有13个，分别是：藁城区707.34亿元、平山县703.97亿元、鹿泉区439.92亿元、高新区415.0亿元、循环化工园区320.47亿元、晋州市179.84亿元、井陉矿区179.76亿元、栾城区172.17亿元、长安区154.14亿元、元氏县147.69亿元、正定县134.66亿元、新乐市114.34亿元、赵县104.94亿元。鹿泉区、藁城区、栾城区入选省食品产业强区。9

月27日，无极县获评河北省工业转型升级试点示范县。至2020年底，全市县域工业发展形成一批具有一定规模和竞争优势的块状产业集群。其中，东部地区重点发展皮革、纺织、日化、建陶等产业，主要有无极的皮革、晋州的纺织、深泽的日化、高邑的建陶和鞋业等；中部地区重点发展电子信息、生物医药、装备制造、板材家具等产业，主要有高新区、藁城区、栾城区的生物医药，藁城的宫灯，正定的板材家具，鹿泉的电子信息产业等；西部地区重点发展钢铁、建材、钙镁、农副产品深加工等产业，主要有平山的金属制品、井陉的钙镁、井陉矿区的特钢、灵寿的新型建材等。

工业企业技术创新。滚动实施工业重点技改项目107个，191个项目列为2020年省工业企业重点技术改造项目。26家企业获评省制造业单项冠军企业。新增绿色制造体系建设单位35家。5月27日，石家庄安瑞科气体机械有限公司、河北威远生物化工有限公司、河北白沙烟草有限责任公司、石家庄曲寨水泥有限公司、石家庄市长安育才建材有限公司、际华三五一四制革制鞋有限公司等12家企业入选第二批省级绿色制造企业，石家庄经济技术开发区入选省级绿色园区，石家庄君乐宝乳业有限公司、格力电器（石家庄）有限公司、河北金隅鼎鑫水泥有限公司3家企业入选省级绿色供应链管理示范企业。申报国家级、省级技术创新示范企业12家，新增省级工业设计中心8家，创建市级工业设计中心10家，新增企业研发机构204家。加快“互联网+制造”发展，4个项目申报工业和信息化部试点示范，5家企业通过国家贯标评定，13个项目入选省试点示范项目；推动“企业上云”1000家，科林电气入选工业和信息化部上云典型案例；8个企业车间、2家企业被认定为省数字化车间和智能制造标杆企业。新增省级“工业诊所”18家，累计达到22家。11家纺织服装企业入围省十大服装品牌和个性化定制试点企业，君乐宝乳业获得“中国工业大奖表彰奖”，以岭药业连花清瘟药品在近20个国家和地区获得注册批文。

中小企业发展。重视培育“专精特新”中小企业，15家企业获评工业和信息化部专精特新“小巨人”企业，107家企业获评省“专精特新”中小企业；至2020年末，全市共有国家专精特新“小巨人”企业17家。推进创建小型微型企业创业创新基地，认定小型微型企业创业创新基地45家，其中，新认定省级小型微型企业创业创新示范基地2家、市级小型微型企业创业创新基地14家、市级小型微型企业创业创新示范基地8家。2家企业获评国家级中小企业公共服务示范平台，6家企业获评省级中小企业公共服务示范平台。2020年石家庄四药集团董事局主席曲继广、敬业集团总经理李慧明获得中国企业联合会、中国企业家协会组织评选的2019～2020年度全国优秀企业家称号。

2家企业入选“2020中国企业500强”，4家企业入选“2020中国制造业企业500强”，1家企业入选“2020中国战略性新兴产业领军企业100强”。9月28日，中国企业联合会、中国企业家协会在2020中国500强企业高峰论坛上公布“2020中国企业500强”名单，由市企业联合会、市企业家协会推荐的河北敬业集团有限公司、石药控股集团有限公司2家企业入选，分别名列中国企业500强第166位、第495位（参见“市情概览”下“国民经济与社会发展”）；敬业集团有限公司、石药控股集团有限公司、河北诚信集团有限公司、石家庄君乐宝乳业有限公司4家企业入选“2020中国制造业企业500强”；石药控股集团有限公司入选“2020中国战略性新兴产业领军企业100强”。

表40

2020年石家庄市主要工业产品产量及其增长速度一览表

序号	产品名称	产量	同比增速（%）
1	化学药品原药	91777.4吨	11.4
2	中成药	12760.5吨	10.5
3	乳制品	69.52万吨	−0.7
4	乳粉	62904吨	2.9
5	饮料	54.43万吨	−15.3
6	卷烟	225.54亿支	1.4

续表

序号	产品名称	产量	同比增速（%）
7	钢结构	177963.9 吨	38.1
8	集成电路	4529.8 块	940.3
9	程控交换机	48.23 万台	26.3
10	环境监测专用仪器仪表	34.49 万台	42.5
11	新能源汽车	25 辆	−90.5
12	电动机	393.31 万千瓦	−13.0
13	交流电动机	172.3 万千瓦	−9.6
14	电力电缆	26225.3 千米	−60.8
15	光缆	30.01 万芯千米	−39.0
16	房间空气调节器	276.9 万台	−25.1
17	家用电风扇	106.12 万台	−47.5
18	纱	17.82 万吨	−22.4
19	布	38512 万米	−14.8
20	服装	2215 万件	−14.8
21	化学纤维	12.63 万吨	−4.3
22	鞋	1112.9 万双	37.9
23	人造板	27.08 万立方米	−13.3
24	家具	74.01 万件	194.0
25	硫酸（折 100%）	73.73 万吨	−1.1
26	烧碱（折 100%）	97985.7 吨	−9.2
27	纯苯	14.15 万吨	32.4
28	精甲醇	72202.2 吨	−43.9
29	合成氨（无水氨）	32.9 万吨	−16.2
30	农用氮、磷、钾化学肥料（折纯）	24.74 万吨	15.9
31	涂料	66197.2 吨	9.2
32	合成洗涤剂	36433 吨	7.1
33	塑料制品	14.53 万吨	−12.7
34	生铁	1161.01 万吨	5.4
35	粗钢	1274.15 万吨	3.2
36	钢材	1136.7 万吨	6.7
37	硅酸盐水泥熟料	1952.3 万吨	27.1
38	水泥	1466.9 万吨	13.2

续表

序号	产品名称	产量	同比增速（%）
39	瓷质砖	17599.94 万平方米	1.8
40	天然大理石建筑板材	72967.6 平方米	−48.8
41	沥青和改性沥青防水卷材	880.92 万平方米	18.3
42	平板玻璃	1245.81 万重量箱	−0.9
43	自来水生产量	24965.6 万立方米	4.7

表 41

2020 年石家庄市七大主导工业行业主要指标一览表

七大工业产业	营业收入			利润		
	金额（亿元）	同比增长（%）	占全市比重（%）	金额（亿元）	同比增长（%）	占全市比重（%）
医药工业	571.3	14.4	12.6	106.9	13.3	34.2
食品工业	552.9	9.5	12.1	13.0	−23.1	4.2
装备制造业	541.5	−15.5	11.9	5.7	−83.3	1.8
纺织服装业	203.0	−43.3	4.5	1.0	−89.5	0.3
石化工业	804.9	−11.8	17.7	52.4	57.3	16.8
冶金工业	662.0	−4.6	14.5	41.5	−21.6	13.3
建材工业	260.6	2.6	5.7	24.8	16.0	7.9

表 42

2020 年石家庄市入选国家第二批专精特新“小巨人”企业一览表

序号	企业名称	序号	企业名称
1	河北新大地机电制造有限公司	8	河北爱尔海泰制药有限公司
2	石家庄龙泽制药股份有限公司	9	河北大安制药有限公司
3	耐力股份有限公司	10	石家庄中汇药品包装有限公司
4	河北橡一医药科技股份有限公司	11	河北安泰富源安全设备制造有限公司
5	河北威远药业有限公司	12	石家庄华燕交通科技有限公司
6	石家庄辰泰滤纸有限公司	13	河北高达电子科技有限公司
7	河北兰升生物科技有限公司	14	河北德容塑料包装制品股份有限公司

表 43

2020 年石家庄市入选河北省第五批“专精特新”中小企业一览表

序号	企业名称	序号	企业名称
1	河北普兴电子科技股份有限公司	32	河北万博电器有限公司
2	新乐华宝医疗用品有限公司	33	河北华通科技股份有限公司
3	卓信通信股份有限公司	34	河北中瓷电子科技股份有限公司
4	石家庄英利奥塑胶制品有限公司	35	河北东同光电科技有限公司
5	河北冠宇环保设备股份有限公司	36	河北云坚万盾安全技术有限公司
6	石家庄五龙制动器股份有限公司	37	河北正态环境检测有限公司
7	河北海力香料股份有限公司	38	石家庄宇清环保科技有限公司
8	河北德海电子科技有限公司	39	赞皇县蕊源蜂业有限公司
9	市宏达专用汽车制造有限公司	40	石特阀门股份有限公司
10	石家庄中利锌业有限公司	41	河北珈瑚科技有限公司
11	河北润农欣生物科技有限公司	42	建业电缆集团有限公司
12	石家庄喜高科技有限责任公司	43	赵县强能电源有限公司
13	石家庄奥祥医药工程有限公司	44	河北中科朗博环保科技有限公司
14	河北晶禾电子技术股份有限公司	45	河北工大科雅能源科技股份有限公司
15	河北石阀机械设备有限公司	46	石家庄金硕电子科技有限公司
16	河北象大合众生物科技有限公司	47	石家庄泛安科技开发有限公司
17	石家庄奥非特医疗器械有限公司	48	石家庄新华能源环保科技股份有限公司
18	河北一然生物科技有限公司	49	石家庄世纪森诺通讯股份有限公司
19	石家庄锐创电子科技有限公司	50	河北协同水处理技术有限公司
20	河北工大晟珂工程科技有限公司	51	河北中废通网络技术有限公司
21	天俱时工程科技集团有限公司	52	石家庄常宏建筑装饰工程有限公司
22	石家庄海山航空电子科技有限公司	53	河北汇能欣源电子技术有限公司
23	河北中电科航检测技术服务有限公司	54	河北牧赞宠物食品有限公司
24	石家庄中吉化肥有限公司	55	河北双星种业股份有限公司
25	河北优利科电气有限公司	56	河北德创检测服务有限公司
26	石家庄市赵龙食品有限责任公司	57	河北汇锐管业有限公司
27	华北制药华坤河北生物技术有限公司	58	河北众智环境检测技术有限公司
28	石家庄通业电气制造有限公司	59	石家庄联合石化有限公司
29	石家庄太行科工有限公司	60	河北拓达精密机械制造有限公司
30	快乐沃克人力资源股份有限公司	61	河北沃德丰药业有限公司
31	河北威尼盛护林设备制造有限公司	62	河北汉佳电子科技有限公司

续表

序号	企业名称	序号	企业名称
63	石家庄星海高科非金属矿业材料有限责任公司	86	河北众帮天成医疗器械科技有限公司
64	石家庄新合纤维科技股份有限公司	87	元氏县绿元农业有限公司
65	河北科星药业有限公司	88	河北华运鸿业化工有限公司
66	河北冀联人力资源服务集团有限公司	89	河北敬业增材制造科技有限公司
67	河北鑫隆安全技术有限公司	90	石家庄双剑工具有限公司
68	河北利华药业有限公司	91	石家庄康卫仕医疗器械有限公司
69	市中嘉化肥有限公司	92	石家庄金博翔金属制品有限公司
70	河北德普环境监测有限公司	93	石家庄华泰电力工具有限公司
71	石家庄墨隆煤矿设备有限公司	94	河北天龙环保科技有限公司
72	市科恒电子有限公司	95	石家庄康益包装有限公司
73	河北佰斯特药业有限公司	96	河北丰源智控科技股份有限公司
74	河北华正信息工程有限公司	97	河北泽宏科技股份有限公司
75	石家庄阀门一厂股份有限公司	98	河北马家麦坊食品有限公司
76	河北旭辉电气股份有限公司	99	河北五星电力设备有限公司
77	河北恒天汽车零部件有限公司	100	河北锦泰达化工有限公司
78	河北为信电子科技股份有限公司	101	高邑汇德陶瓷有限公司
79	河北粟神种子科技有限公司	102	赞皇县光森中药材有限公司
80	石家庄星泉管业有限公司	103	河北龙之养饮料有限公司
81	河北润垚种业有限公司	104	石家庄步沐电子有限公司
82	河北维尔利动物药业集团有限公司	105	石家庄盛和建筑装饰有限公司
83	河北金石开源电气有限公司	106	河北宁宇化工有限公司
84	求实科技集团有限公司	107	河北弘盛源科技有限公司
85	河北新华北集成电路有限公司		

（王现省　阎志勇　何建红）

医药工业

【概况】 2020年全市医药工业共有规模以上工业企业96家，同比减少9家；营业收入571.3亿元，同比增长14.4%，营业收入占全市规模以上工业比重12.6%；实现利润106.9亿元，同比增长13.3%，利润占全市规模以上工业比重34.2%；规模以上医药工业增加值同比增长19.1%，高于全市工业增加值增速17.4个百分点，规模以上医药工业增加值占全市工业增加值比重19.1%。全年化学药品原药产量9.18万吨，同比增长11.4%；中成药产量1.28万吨，同比增长10.5%。至2020年末，全市建成高新区高端医药产业园、石家庄经济技术开发区生物医药产业园、栾城现代中药产业园、赵县生物发酵产业园、深泽生物产业园、以岭健康城等生物医药产业园区，形成以化学原料药、中成药、生化与生物技术药物、新型药物制剂为主体，以石药集团、华药集团为代表特大医药企业集团，以神威药业、以岭药业为代表现代中药企业群，以金坦生物、常山生化为代表生物制药企业群，以河北医科大学生物工程中心、石家庄亿生堂为代表生物医学工程企业群，以柏奇药业、龙泽制药为代表医药中间体企业群，生产产品包括原料药、化学制剂、中成药、生物制品、大健康产品、农兽药及抗生素、半合成抗生素、维生素原料药、软胶囊、中药颗粒剂、中药注射液、大输液等生物医药产品。加快生物医药产业发展，印发《加快培育和发展战略性新兴产业十条政策》《加快生物医药产业发展的实施意见》《加快养老及康复辅助器具产业发展的若干政策措施》等文件。多家医药企业入选全国知名医药企业。3月18日，石药集团、以岭药业、石家庄四药3家医药企业入选胡润研究院首次发布的《2020胡润中国百强大健康民营企业》，分别以价值1000亿元、190亿元、180亿元位列榜单第10位、77位和83位。7月22日，石家庄市5家医药企业入选中国医药工业百强系列榜单，其中，石药集团、华药集团、石家庄四药3家企业入选“中国化药企业TOP100排行榜”，以岭药业、神威药业2家企业入选“中国中药企业TOP100排行榜”。2020年8月30日，石药控股集团有限公司、华北制药集团有限责任公司、石家庄以岭药业股份有限公司、石家庄四药有限公司、神威药业集团有限公司5家制药企业入选中国医药工业信息中心组织评选的2019年度中国医药工业百强榜，5家企业分别位列第13位、第27位、第57位、第67位和第92位，其中，石家庄以岭药业股份有限公司位次上升10位，石家庄四药有限公司上升8位，神威药业集团有限公司上升3位。8月30日，石家庄四药有限公司、石药控股集团有限公司获评2020年中国医药研发产品线最佳工业企业。10月13日，工业和信息化部、民政部、国家卫生健康委员会发布《智慧健康养老产品及服务推广目录（2020年版）》，石家庄渡康医疗器械有限公司产品入围国家《智慧健康养老产品及服务推广目录（2020年版）》。

【石药集团】 石药控股集团有限公司（简称石药集团）是一家在香港上市的中国医药龙头企业，拥有创新药、普药、原料药三大业务板块，主要从事医药及相关产品的开发、生产和销售，成药产品主要包括抗生素、心脑血管用药、解热镇痛用药、消化系统用药、抗肿瘤用药和中成药等产品。抗肿瘤新药“注射用多西他赛”（白蛋白结合型）获得中美两国临床试验批准。5月19日，石药集团中奇制药技术（石家庄）有限公司开发的抗肿瘤新药“注射用多西他赛”（白蛋白结合型）获得国家药品监督管理局批准，在内地开展临床试验；9月17日，“注射用多西他赛”（白蛋白结合型）获得美国食品药品监督管理局批准，在美国开展临床试验。2020年石药集团累计营业收入403.56亿元，同比增长10.7%，营业收入排名石家庄市企业第3名；石药集团恩必普药业有限公司纳税15.1亿元，同比增长38%，纳税金额排名石家庄市企业第5位；石药集团欧意药业有限公司纳税8.37亿元，同比增长33.7%，纳税金额排名石家庄市企业第10位。11月13日，石药集团恩必普药业有限公司被工业和信息化部授予国家第四批制造业单项冠军示范企业，这也是河北省唯一一家制造业单项冠军示范企业。2020年石药集团位列“2020中国企业500强”第495位、“中国医药工业百强榜”第13位，入选“2020中国制造业企业500强”和“2020中国战略性新兴产业领军企业100强”。

（李园园）

【华药集团】 华北制药集团有限责任公司（简称华药集团）位于石家庄市和平东路388号。华药集团前身为华北制药厂，1953年筹建，1958年建成投产，1992年重组设立华北制药股份有限公司，1994年在上海证券交易所挂牌上市（股票名称：华北制药，股票代码：600812）。1996年华北制药厂改制为国有独资公司。2009年冀中能源集团接收重组华药集团。2020年华药集团拥有40多家子（分）公司，主要产品涉及化学制剂药、生物药、原料药、农兽药、健康消费品五大板块近1000个品种规格，治疗领域涵盖抗感染类、心脑血管类、血液系统病、抗肿瘤及免疫调节类等，主要生产单元的工艺路线、生产布局均按照欧美现行版、中国新版GMP标准设计实施，拥有国际领先水平现代化制药生产平台，产品远销100多个国家和地区；建成市级以上创新平台18家，其中国家级创新平台3家（微生物药物国家工程研究中心、抗体药物研制国家重点实验室、抗生素酶催化与结晶技术工程实验室）；申请发明专利37项，授权发明专利41项；新增享受国务院特殊津贴专家1人。4月7日，华药集团自主研发一类新药“重组人源抗狂犬病毒单抗注射液”Ⅲ期临床试验完成并取得临床试验报告。“重组人源抗狂犬病毒单抗注射液”于2004年立项。Ⅲ期临床试验结论为：“重组人源抗狂犬病毒单抗注射液”联合人用狂犬病疫苗对Ⅲ级疑似狂犬病毒暴露人群暴露后预防达到主要疗效和次要疗效终点，安全性良好，实现

华药集团金坦公司生物医药生产基地厂区

方案设定目标；试验药物“重组人源抗狂犬病毒单抗注射液”（rhRIG）安全、有效。2020年“重组人源抗狂犬病毒单抗注射液”产品的制备方法、检测用抗体分别获授国家发明专利。推进仿制药开发，2020年华药集团盐酸二甲双胍片（0.5g）、阿莫西林胶囊（0.25g/0.5g）、头孢氨苄胶囊（0.125g）、安灭菌片（阿莫西林克拉维酸钾片0.375g）通过仿制药质量和疗效一致性评价，其中安灭菌片（阿莫西林克拉维酸钾片0.375g）属国内首家通过评价；至2020年末，华药集团共有8个品种12个品种规格通过仿制药质量和疗效一致性评价。2020年华药集团营业收入123.36亿元，同比增长3.11%，营业收入排名石家庄市企业第12名；华药集团河北华民药业有限责任公司纳税1.22亿元，同比下降19.4%；华北制药股份有限公司纳税1.2亿元，同比下降30.4%；华药集团金坦生物技术股份有限公司纳税1.18亿元，同比增长36.3%。2020年华药集团入选“中国医药工业百强榜”“中国化药企业TOP100排行榜”，其中“中国医药工业百强榜”位列第27位。12月31日，华药集团旗下华北制药股份有限公司、华恒公司、金坦公司、新药公司、先泰公司、华民公司被认定或复认为高新技术企业；至2020年末，华药集团旗下11家企业被认定为高新技术企业，先泰公司、金坦公司、爱诺公司、华民公司4家企业获授“国家绿色工厂示范单位”称号。

（长安区）

【以岭药业】 石家庄以岭药业股份有限公司（简称以岭药业）是中国工程院院士吴以岭采用“理论、临床、科研、产业、教学”五位一体运营模式，以中医络病理论为指导创建设立的新药研发企业。2001年8月28日，公司注册成立，地址为石家庄高新区天山大街238号。2011年7月28日，以岭药业在深圳证券交易所挂牌上市，股票代码002603。以岭药业主要医药产品有通心络胶囊、参松养心胶囊、芪苈强心胶囊、连花清瘟胶囊、连花清咳片等，设有中药分院、化学药分院、生物药分院、健康分院、安评中心、临床中心、国内注册中心和国际注册中心，中药新品种研发涵盖心血管系统、神经系统、呼吸系统、内分泌代谢系统、妇科、儿科、消化系统等领域。2020年以岭药业营业收入87.82亿元，同比增长50.76%，营业收入排名石家庄市企业第14名；实现利润15.7亿元，同比增长184%；纳税9.55亿元，同比增长72.6%，纳税金额排名石家庄市企业第7位。推进药品研发，治疗急性气管、支气管炎专利新药“连花清咳片”获得国家药品监督管理局（简称国家药监局）药品注册批件，纳入2020版国家医保药品目录；化学药品“苯胺洛芬注射液”完成二期临床研究，正在开展三期临床研究。4月12日，以岭药业及全资子公司北京以岭药业有限公司获得国家药监局核发“药品补充申请批件”，批准连花清瘟胶囊（颗粒）处方药说明书“功能主治”项增加“治疗新型冠状病毒性肺炎相关功能及用法用量”；至2020年底，连花清瘟胶囊（颗粒）在中国香港、中国澳门和泰国、巴西、印度尼西亚、加拿大、莫桑比克、罗马尼亚分别以“中成药”“药品”“植物药”“天然健康产品”等身份注册获得上市许可。2020年以岭药业通过“国家绿色工厂”复核，入选“中国医药工业百强榜”“中国中药企业TOP100排行榜”，其中，“中国医药工业百强榜”位列第57位，位次排名上升10位。

（高新区）

【神威药业】 神威药业集团有限公司（简称神威药业）是一家以现代中药为主业的大型综合性企业集团，业务涵盖中药制剂、中药配方颗粒、中药饮片、保健品、生物制药、神威大药房、神威中医堂等上中下游产业链，是现代中药注射液、软胶囊、颗粒剂专业制造商。建有“中药制剂先进工艺集成及生产过程自动控制高技术产业化示范工程”“中药注射液质量标准化示范工程”等国家高技术产业化示范项目，设有国家认定企业技术中

神威药业厂区一角

心、院士工作站、博士后科研工作站，是国家 863 成果产业化基地、国家中药制剂高技术产业化示范基地、国家知识产权试点单位。神威药业综合运用指纹图谱、超临界萃取、超微粉碎等新技术，建成中药动态逆流提取、注射液洗灌封联动生产线、软胶囊全自动包装线等领先工艺设备，实现中药生产标准化、中药剂型现代化、质量控制规范化、生产装备自动化，中药产品达到“安全、有效、稳定、可控”标准。2003 年 12 月 30 日，公司注册成立，地址为石家庄市栾城区石栾大道 168 号。2004 年 12 月 2 日，神威药业股票在香港上市，发行总股本 50 亿股。神威药业以中老年用药、儿童用药、抗病毒用药等为市场，发展形成现代中药注射液、现代中药软胶囊、现代中药颗粒剂、中药配方颗粒四大特色剂型；公司生产的神威藿香正气软胶囊、神威参麦注射液、神威清开灵软胶囊、神威舒血宁注射液、神苗小儿清肺化痰颗粒等产品入选国家中药保护品种，五福心脑清软胶囊、小儿清肺化痰颗粒等药品畅销全国。2020 年神威药业营业收入 37.53 亿元，同比下降 6.64%，营业收入排名石家庄市企业第 23 名；实现利润 5.6 亿元，同比增长 6.5%；纳税 2.08 亿元，同比下降 5.7%，纳税金额排名石家庄市企业第 44 位。12 月 28 日，神威药业 2 个独家创新中药——旨可平降脂通络软胶囊、神威丹灯通脑软胶囊入选《国家医保药品谈判目录（2020 版）》。至 2020 年末，神威药业纳入国家医保药品目录独家品种 11 个、国家医保药品目录产品 80 个。2020 年神威药业入选“中国医药工业百强榜”“中国中药企业 TOP100 排行榜”，其中，“中国医药工业百强榜”位列第 92 位，同比上升 3 位。

（栾城区）

【石家庄四药】 石家庄四药有限公司（简称石家庄四药）始建于 1948 年，是一家以生产大输液为主导，兼顾片剂、颗粒剂、口服液、胶囊、水针等多种剂型及原料药、生物制剂、医用包材等新型产业为一体的大型综合制药企业。地址位于石家庄市高新区珠江大道 288 号。2007 年 3 月 27 日，石家庄四药有限公司与香港主板上市企业利君国际医药控股公司签署协议借壳上市，股票代码为 02005.HK。1983 年正式启用石家庄第四制药厂厂名，2003 年被认定为河北省高新技术企业，2006 年跻身中国医药工业百强企业，2015 年建立药物研究院和博士后工作站，2016 年经国家发展改革委批准设立化学药品注射剂质量控制国家地方联合工程实验室，2017 年设立院士工作站。主导大输液产品主要有：10% 葡萄糖注射液、甲硝唑葡萄糖注射液、己酮可可碱注射液、甲硝唑注射液、乳酸环丙沙星注射液、替硝唑注射液、诺氟沙星葡萄糖注射液、5% 葡萄糖注射液、0.9% 氯化钠注射液、葡萄糖氯化钠注射液、复方

石家庄四药药物研究院

氯化钠注射液、木糖醇注射液（PP）、乳酸钠林格注射液（PP）、复方乳酸钠葡萄糖注射液、甘露醇注射液等。医用药品药材涵盖大小容量注射剂、胶囊剂、口服液、颗粒剂、片剂、分散片、干混悬剂、原料药、消毒巾和湿巾等。重视新药研发投入和技术创新，投资建设输液高新技术产业园；确立输液制剂、中成药两大产品定位，创新利用PP塑料瓶、非PVC多层共挤膜输液技术。与天津大学、北京大学、中国药科大学、河北科技大学等高校及科研院所合作，研制开发出盐酸阿比朵尔胶囊、山荷口服液、乳酸加替沙星葡萄糖（氯化钠）注射液、乳酸左氧氟沙星注射液、盐酸氨溴索葡萄糖注射液、氟尿嘧啶氯化钠注射液、盐酸昂丹司琼氯化钠注射液、阿奇霉素分散片等一批具有市场发展潜力的中西药产品。2020年石家庄四药营业收入50.36亿元，同比下降11.32%，营业收入排名石家庄市企业第19名；实现利润7.39亿元，同比下降39.92%；对外出口额3005万美元，同比增长53.46%；纳税2.29元，同比下降27.8%，纳税金额排名石家庄市企业第38位。2020年石家庄四药获评中国医药研发产品线最佳工业企业，入选“中国医药工业百强榜”“中国化药企业TOP100排行榜”，其中，“中国医药工业百强榜”位列第67位，同比上升8位。

（高新区）

【常山生化】 河北常山生化药业股份有限公司（简称常山生化）成立于2000年9月，2011年8月常山生化在深圳证券交易所创业板上市，注册资本9.35亿元，总资产40亿元，拥有4个生产基地、10家子公司、2家境外公司、2家合资公司，是一家集生产、研发、进出口贸易为一体的生化制药企业，也是肝素领域唯一从肝素粗品到低分子注射液产品、具备完整产业链的国家级重点高新技术企业。建有“多糖类药物生产工艺技术国家地方联合工程实验室”，主要产品有肝素钠、肝素钙、依诺肝素钠、达肝素、透明质酸等原料药和肝素钠注射液、低分子量肝素钙注射液及其他系列肝素衍生产品，产品销往德国、法国、意大利、西班牙、俄罗斯、美国、印度、韩国、日本等国家。2020年常山生化营业收入23.64亿元，同比增长14.15%，营业收入排名石家庄市企业第30名；实现利润2.68亿元，同比增长17.3%；纳税1.89亿元，同比增长10.8%，纳税金额排名石家庄市企业第50位。推进医药研究，注册药品批件3个，分别为：达肝素钠注射液（0.3ml：7500AXaIU）、肝素钠注射液（5ml：500单位）、肝素钠注射液（5ml：50单位）；那屈肝素钙注射液BE补充申请（0.4ml：4100AXaIU、0.6ml：6150AXaIU）获得临床批件；依诺肝素钠注射液的三次一次性进口申报、苯磺酸氨氯地平塞来昔布片的一次性进口申报获得批件4个；依诺肝素钠、西地那非原料药延长效期申请获得批件2个；低分子量肝素钙注射液、益海堂保健食品、肝素钠注射液等再注册获得批件31个。取得专利授权2项，分别为：“一种去除粗品肝素钠中蛋白质和核酸等杂质的装置”（实用新型）、“阿哌沙班原料药中残留溶剂的气相色谱检测方法”（发明专利）。玻利维亚肝素钠注射液注册证、委内瑞拉依诺肝素钠注射液卫生进口许可证获批，依诺肝素钠原料药通过土耳其认证。“磺达肝癸钠生产工艺的研发”项目通过省人力资源和社会保障厅百人计划专项验收，“长效胰岛素的技术研究”通过省外国专家局省级引智项目验收；“苯磺酸氨氯地平塞来昔布片的成果转化”项目、“膜分离制备依诺肝素钠的产业化”项目签订石家庄市项目任务书。2020年常山生化排名河北省制造业民营企业100强第84位，获授河北省医药工业十强企业称号。

（赵强）

食品工业

【概况】 2020年全市食品工业共有规模以上工业企业168家，同比减少1家。其中，农副食品加工业114家，增加9家；食品制造业37家，减少7家；酒、饮料和精制茶制造业16家，减少3家；烟草制品业1家，与2019年相同。2020年全市规模以上食品工业营业收入552.9亿元，同比增长9.5%，营业收入占全市规模以上工业比重12.1%；实现利润13.0亿元，同比下降23.1%，利润占全市规模以上工业比重4.2%；规模以上食品工业增加同比增长4.5%，较2019年提高0.1个百分点。食品工业主要产品产量：乳制品产量69.52万吨，同比下降0.7%；乳粉产量6.29万吨，同比增长2.9%；饮料产量54.43万吨，同比下降15.3%；卷烟产量225.54万支，同比增长1.4%。食品工业企业主要分布在藁城区、栾城区、鹿泉区、正定县、行唐县、赵县、高新区等区域，主要优势食品工业企业有君乐宝乳业、河北三元、益海粮油（石家庄）、双鸽食品、洛杉

市惠康食品有限公司生产车间

奇食品、中粮可口可乐饮料（河北）有限公司等。9月6日，市惠康食品有限公司新工厂在中国（河北）自由贸易试验区正定片区揭牌，占地面积12万平方米；市惠康食品有限公司新工厂是集冷冻预制菜、速食产品、进口高档冰鲜牛肉分割等加工、销售、仓储、配送于一体的现代化食品加工基地；同日，总投资4.5亿元一期项目在新工厂建成运营，日产速冻料理包、冷冻预制菜、速食、牛肉加工等产品160吨。2020年鹿泉区获得河北省创建型食品产业强区，藁城区、栾城区获得培育型食品产业强区。

【君乐宝乳业】 石家庄君乐宝乳业有限公司（简称君乐宝乳业）成立于1995年，地址位于鹿泉区铜冶镇石铜路36号。主营业务包括婴幼儿奶粉、低温液态奶、常温液态奶、牧业四大主业，是河北省最大的乳制品加工企业，也是国家高新技术企业和国家乳品研发技术分中心。公司君乐宝商标为中国驰名商标。2013年君乐宝工业旅游景区开工建设，2015年7月对外开放，景区建有放牧区、饲喂体验区、奶牛文化馆、挤奶参观厅、游客中心等，采用声、光、电等现代科技手段，向游客展现饲草种植、奶牛饲养、挤奶等全过程，获评国家4A级旅游景区和河北省工业旅游示范点。2020年君乐宝乳业营业收入144.68亿元，同比增长14.77%，营业收入排名石家庄市企业第9位，较2019年提升1位；实现利润5.8亿元，同比增长51.1%；纳税6.36亿元，同比增长26.9%，纳税金额排名石家庄市企业第12位。2020年君乐宝乳业入选“2020中国制造业民营企业500强”，获评“年度影响力企业”“河北省优秀民营企业”，获授“卓越制造创新企业奖”“创新领军企业奖”“全国商业质量奖”等荣誉；君乐宝品牌在2020年第十八届中国国际农产品交易会暨第二十届中国西部（重庆）国际农产品交易会上获得“乳品类优秀企业品牌”，在网易·新能量乳制品行业峰会上获得“年度最具影响力品牌”，君乐宝优萃有机奶粉获得“年度有机奶粉金奖”“年度最具影响力品牌奖”两项国际大奖，君乐

君乐宝乳业君源奶粉厂厂区

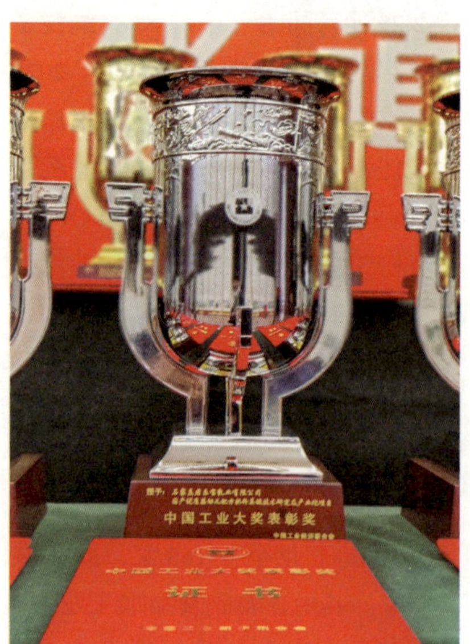

2020年12月27日，君乐宝乳业“国产优质婴幼儿配方奶粉关键技术研究及产业化项目”在第六届中国工业大奖发布会上获得“中国工业大奖表彰奖”

宝“涨芝士啦”芝士风味酸牛奶、纯享酸奶及常温牛奶白小纯获得“世界品质评鉴大会”金奖；君乐宝乳业董事长、总裁魏立华获得“河北省优秀民营企业家”称号。

（魏俊杰）

【河北三元食品有限公司】 河北三元食品有限公司于2008年12月10日注册成立，是一家集畜牧科技研究、新产品开发、乳与乳制品加工及销售于一体的大型乳业企业，是北京三元食品股份有限公司的全资子公司，隶属北京首都农业集团。地址位于新乐市三元路6号。2016年5月16日，北京三元食品公司在新乐市投资建设三元河北工业园，占地面积600余亩，总投资18亿元，设计年产婴幼儿配方乳粉4万吨、各类液奶25万吨。2020年河北三元食品有限公司营业收入13.53亿元，同比增长0.7%，营业收入排名石家庄市企业第47位。

【河北双鸽食品股份有限公司】 河北双鸽食品股份有限公司是一家集生猪良种繁育、屠宰分割、肉制品深加工、冷冻冷藏、连锁销售为一体的现代化食品加工企业。年出栏无公害生猪18万头，年屠宰加工能力150万头，生产肉制品5万吨，冷冻冷藏容量8万吨，形成遍布石家庄周边县（市）连锁销售网络。公司管理通过ISO9001、ISO22000管理体系认证。以发展名牌为战略，围绕农副产品深加工产业，建成河北省最大的生猪良种繁育基地和国内一流鲜猪肉预冷分割线，肉产品获评河北省首家“无公害农产品”“绿色产品”和河北省自主品牌建设重点培育品牌、河北省著名商标、河北省名牌产品，拥有“奥开”冷鲜肉及“双鸽”熟肉食品100多个品种，在石家庄市设立“双鸽·奥开”连锁销售网络店300余家。公司旗下双鸽冰鲜食品交易中心具有3万吨冷库存储设施和铁路专用线，是河北省最大的肉类食品集散地。2020年河北双鸽食品股份有限公司营业收入7.55亿元，同比增长32%，营业收入排名石家庄市企业第75位。

（李勇）

【市制酒厂有限公司】 市制酒厂有限公司（简称石酒公司）始建于1947年，是新中国白酒工业的开创者、公营酿酒开国第一家、共和国白酒工业长子、中央驻西柏坡时期招待用酒和解放战争战地医疗物资生产厂、开国大典国宴用酒生产厂、红星二锅头发源地。石酒公司前身为晋察冀边区石家庄市公营酿酒厂，曾隶属晋察冀边区政府、华北人民政府、华北税务总局、中央人民政府财政部、中央人民政府轻工业部、河北省工业厅、市工业局、市国资委，现为市国资委监管企业——市国有资本经营集团有限公司全资子公司。石酒公司是国家高粱改良中心河北成果转化基地、河北科技大学产学研基地、河北省酿酒工业协会理事单位，获授燕赵老字号企业，酿造技艺获评市非物质文化遗产。地址位于石家庄市长安区北二环西路19号。主营核心产品：天下第一庄（石家庄大曲）、鹿泉春等系列，曾获得中华人民共和国轻工业部优质产品、中国酒业明星产品、第一届曼谷国际名酒博览会特别金奖、河北名酒、河北历史文化名酒等荣誉。公司酒产品采用传统纯粮固态混蒸混烧老五甑蒸馏蒸粮工艺，地下泥池老窖发酵，陶坛储存原酒老熟，馥雅香气浑然天成；白酒年生产能力1.2万吨，黄酒年生产能力100吨。2020年“石酒文化博览馆”以打造红色旅游、工业旅游和青少年研学游为主题，接待游客10万余人次。至2020年底，石酒公司注册资金1486万元，资产总额1.38亿元，缴纳税金942万元。2020年8月，石酒公司酒产品在首届中国酒业精品白酒品鉴会上获得“中国酒业精品白酒产品”称号，职工侯翼飞在中国酒业工匠论坛暨工匠之星颁奖盛典上获得“中国酒业工匠之星”称号。

（刘毅）

装备制造业

【概况】 2020年全市装备制造业按国民经济分类包括8个大类，分别为：金属制品业，通用设备制造业，专用设备制造业，汽车制造业，铁路、船舶、航空航天和其他运输设备制造业，电气机械和器材制造业，计算机、通信和其他电子设备制造业，仪器仪表制造业；细分51个中类、132个小类，主要产品有43种。至2020年末，全市装备制造业共有规模以上工业企业500家，同比减少14家。其中，金属制品工业企业102家，减少9家；通用设备制造业96家，减少6家；电气机械和器材制造业93家，减少3家。2020年全市规模以上装备制造业营业收入541.5亿元，同比下降15.5%，营业收入占全市规模以上工业比重11.9%；实现利润5.7亿元，同比下降83.3%，利润占全市规模以上工业比重1.8%；规模以上装备制造业工业增加值同比下降

6.3%，较 2019 年下降 4.1 个百分点。金属制品业：钢结构产量 17.8 万吨，同比增长 38.1%；金属门窗及类似制品产量 23.8 万吨，同比增长 20.6%；钢丝产量 260.2 吨，同比增长 15.7%；锻件产量 9079 吨，同比增长 12.3%。通用设备制造业：减速机产量 3275 台，同比增长 32.1%；风机产量 1449 台，同比增长 11.9%；滚动轴承产量 861 万件，同比增长 7.5%。专业设备制造业：医疗仪器设备及器械产量 2735 台，同比增长 63%；农产品初加工机械产量 1350 台，同比增长 59.4%；炼油、化工生产专用设备产量 3372.9 吨，同比增长 5.7%；塑料加工专用设备产量 19259 台，同比增长 4.6%；石油钻井设备产量 15 台，同比增长 15.4%。电气机械和器材制造业：交流电动机产量 172.3 万千瓦，同比下降 9.6%；房间空气调节器产量 276.9 万台，同比下降 25.1%。计算机、通信及电子设备制造业：集成电路产量 4529.8 万块，同比增长 940.3%；程控交换机产量 482300 台，同比增长 26.3%。仪器仪表制造业：环境监测专用仪器仪表 344902 台，同比增长 42.5%。金属制品工业企业主要代表企业有：金环建设集团、市宏森熔炼铸造、博深工具股份有限公司、冀凯装备制造股份有限公司等；通用设备制造业企业主要代表企业有：石家庄国祥运输设备有限公司、河北汇金机电股份有限公司等；电气机械和器材制造业主要代表企业有格力电器（石家庄）有限公司、河北旭辉电气股份有限公司等。推进智能制造，依托石家庄装备制造基地和中车石家庄车辆有限公司、中航通飞华北飞机工业有限公司、格力电器（石家庄）有限公司等优势企业，推进新能源汽车、轨道交通运输装备、整车及配套产品、通用航空等产业发展。支持装备制造业企业立足行业特点，培育和建设省级数字化车间、省级智能制造标杆企业等智能制造项目，8 家企业车间被认定为河北省数字化车间，冀凯河北机电科技有限公司、中车石家庄车辆有限公司 2 家企业被认定为河北省智能制造标杆企业。16 家企业 25 个产品入选《河北省重点领域首台（套）重大技术装备产品公告目录（2020 年版）》。加快新能源汽车产业发展，8 月 26 日，河北跃迪集团与徐工汽车制造有限公司、秦欧控股集团举行合作签约仪式。2020 年全市推广新能源汽车 7648 辆，折合标准车 10911 辆，超额完成省下达推广 4000 辆标准车任务。2020 年河北石家庄装备制造产业园营业收入 419.3 亿元，同比增长 25.5%；上缴税收 16.1 亿元，同比增长 13.8%；实际利用外资 1.47 亿美元。2020 年敬业集团有限公司、石药控股集团有限公司、河北诚信集团有限公司、石家庄君乐宝乳业有限公司入选“2020 中国制造业企业 500 强”。

（李勇　王京涛　张洁）

【格力电器（石家庄）有限公司】 格力电器（石家庄）有限公司成立于 2011 年 5 月 23 日，是中国知名家电企业——珠海格力电器股份有限公司独资子公司，注册资本 1 亿元。地址位于石家庄高新区珠江大道 252 号，即珠江大道和环城水系交叉口石家庄家电产业园，占地面积 3000 余亩，建筑面积 65.7 万平方米，总投资 200 亿元。主营家用、商用空调器、压缩机、模具及配套产品的生产、销售，是中国北方最大的专业化空调生产基地。2020 年格力电器（石家庄）有限公司营业收入 55.84 亿元，同比下降 36.18%，营业收入排名石家庄市企业第 18 位；实现利润 2 亿元；纳税 1.98 亿元，同比下降 59.2%，纳税金额排名石家庄市企业第 45 位。2020 年公司研发引进空调新品 150 余款，包括凉之夏、清柔风、凉之悦、凉之韵等多款新国标系列产品，均属变频机型，同等级能效较原标准提升 10% 以上。3 月 21 日，格力电器（石家庄）有限公司钣金 800T 三次元项目动工，9 月 26 日建成投产，建设周期创下珠海格力电器公司同类线体最短周期。

【中车石家庄车辆有限公司】 中车石家庄车辆有限公司始建于 1905 年，是中国中车货车业务重组后成立的中车齐车集团有限公司成员企业，也是

中国石家庄车辆有限公司

中车石家庄车辆有限公司生产的蓄冷式智能冷链装备

国家级高新技术企业和国内铁路货车检修龙头企业。地址位于石家庄市装备制造产业园区，占地面积 2000 亩。主营业务包括铁路货车、轨道装备空调、城市轨道车辆、新能源汽车、环保新材料等。2020 年中车齐车集团石家庄公司“基于先进相变蓄冷技术公铁联运冷链装备系统”获评“2020 储能技术创新典范 TOP10”。蓄冷式智能冷链装备系统集成先进相变材料、蓄冷释冷系统应用、物联网能源管控等技术，由蓄冷式智能温控装备、充冷装备及中车芯冷云平台组成，具有全程无源释冷不断链、恒温控温品质好、绿色节能成本低、安全可靠易维护、信息监控易追溯、场景丰富构生态等特点；应用先进复合相变材料，具有焓值大、热导率高、安全环保、稳定性好等优点；芯冷云平台首创冷量智能算法及能量管理技术，发挥北斗 +5G 物联网技术作用，实现冷链装备全程状态和全寿命周期能源管理及装备管理；该系统初芯 A25 系列蓄冷式智能保温箱，首创并采用前置充冷、无源释冷系统解决方案，达到制冷能耗成本低、一次充冷可连续保温 120 小时。蓄冷式智能冷链装备通过多工况试验及系统验证，已在公路、铁路、公铁联运等运输路线运营达到 40 余万千米。2020 年中车石家庄车辆有限公司营业收入 25.93 亿元，同比下降 7.56%，营业收入排名石家庄市企业第 25 位。

（王京涛）

【博深股份有限公司】 博深股份有限公司于 1994 年 9 月创建成立，是一家以五金工具类（金刚石工具、电动工具、合金工具）、涂附磨具类和轨道交通装备类为主营业务的集团化跨国公司，总部位于石家庄高新区长江大道 289 号，注册资本 4.38 亿元，总资产 25 亿元；建有石家庄、常州、上海、泰国、加拿大 5 个生产基地；下辖 8 家全资子公司，分别位于美国、加拿大、泰国、韩国及中国常州、上海。2009 年 8 月 21 日，公司股票在深圳证券交易所挂牌上市，股票名称博深工具，后改为博深股份，股票代码 002282，首次发行量 4340 万股，募集资金净额 46972.67 万元。博深股份有限公司被评为国家火炬计划重点高新技术企业和河北省高新技术企业，设有河北省金刚石工具工程研究中心，企业主导产品均通过德国 MPA 质量安全认证和欧盟 EN 安全认证，电动工具通过欧盟 CE 认证，300 ～ 350 千米 / 小时及以上动车组粉末冶金闸片（非燕尾型）通过 CRCC 认证及 IRIS 认证；产品销售国内及美洲、欧洲、东南亚、中东、北非等海外市场；公司“博深”品牌是中国金刚石工具行业知名品牌。推进产品研发及认证，CRH5 闸片完成新标准、新场地双认证；CRH380B 闸片完成新 307 标准、新场地 CRCC 认证升级；CRH380A 闸片、CR400（标动 350）闸片完成开发设计及认证，获得 CRCC 试用证书（新 307 标准）。2020 年公司营业收入 12.92 亿元，同比增长 10.62%；实现利润 1.62 亿元，同比增长 77.32%；归属上市公司股东净利润 1.33 亿元，同比增长 84.12%。

（高新区）

【石家庄煤矿机械有限公司】 石家庄煤矿机械有限公司（简称石煤机公司）是专业从事煤矿采掘运及支护设备、工程钻探设备、随车起重设备研发、生产和销售的大型机电装备制造企业。公司始建于 1939 年，1957 年从吉林省通化市迁到石家庄市，1959 年更名为石家庄煤矿机械厂，1998 年开始改制，1999 年 4 月 29 日公司注册成立。2007 年经河北省政府国资委批准，石煤机公司成为冀中能源、中煤能源集团各持股 50% 的国有合资公司，注册资本 2.4 亿元。主要产品有煤机装备、专用车装备、勘探装备三大板块。其中，煤机装备主要包括采掘设备、井下辅助运输设备、支护设备、坑道钻机等；专用车装备主要包括随车起重机和环卫车辆，随车起重机产品主要有直臂、折臂系列随车起重机、船载、非开挖、抓木、特种作业液压起重机等，环卫车辆主要包括道路清扫类、垃圾收集及转运类、清洗抑尘类三大系列；勘探装备主要包

石煤机公司生产的煤矿用防爆柴油机齿轨机车最大牵引力达到300千牛，最大爬坡能力达到30度

括工程钻机、石油钻机、水源钻机及配套泥浆泵等。37项产品填补国内空白，18项产品获省部级科技进步奖，110项产品和技术获得国家专利；随车起重运输车、齿轮油泵、掘进机等产品获得“河北省名牌产品”称号。2020年7月，石煤机公司自主研发、可替代进口大功率防爆柴油机单轨吊机车获得国家矿用产品安全标志中心颁发“矿用产品安全标志证书”；2020年首台大功率单轨吊在安徽省应用，最大功率160kN，最大牵引力280kN，成为国家矿用产品安全标志中心认证的国产最大牵引力单轨吊机车。2020年石煤机公司营业收入9.03亿元，同比增长0.2%，营业收入排名石家庄市企业第64位。

（市档案馆）

【中航通飞华北飞机工业有限公司】中航通飞华北飞机工业有限公司（简称中航通飞华北公司）是2012年9月由河北省政府与中国航空工业集团在石家庄飞机工业有限责任公司基础上共同出资组建的航空制造业公司，是中国航空工业集团有限公司下属成员单位和核心骨干企业，注册资本15亿元。地址位于石家庄市栾城区衡井路99号。占地面积1091亩，建筑面积14万平方米，拥有1200米跑道2B级通航机场（A1类机场）1座，职工1500余人。中航通飞华北公司是国内以研制生产通用飞机为主的专业化主机厂，具备机械加工、钣金、钳焊、铆接、复合材料加工及飞机部装、总装、试飞等综合能力和通用飞机研发、制造管理、适航取证、持续适航等航空制造管理经验，是河北省高新技术企业，建有省级企业技术中心，旗下有河北中航通航公司、内蒙古通航公司、河北中航机场管理公司、石家庄爱飞客航空俱乐部等通航运营与服务公司。主要产品有：运五B飞机及运五B无人机、小鹰500飞机及小鹰500无人机、赛斯纳208B飞机、国王350飞机等。其中，运五B系列飞机是国内生产量最大、销售量最大、市场保有量最大和年飞行作业量最大的通用飞机机型；小鹰500飞机拥有完全的自主知识产权，填补国内4～5座轻型多用途飞机生产领域空白；海鸥300水陆两栖飞机填补国内5吨级以下水陆两栖飞机研制空白。加快航空设备研发和更新改造，AG600项目投水舱门试验件、防冰除雨试验件、中机身灭火系统制造完成，小鹰500飞机换装CD-155发动机审定合格并试飞，海鸥300轻型水陆两栖飞机取得陆上和水上TIA，Y5B飞机换装涡桨发动机，旗下石家庄中航机电装备制造有限公司取得轻型乳化液马达、煤矿用单轨吊轨道构件等发明专利。2020年中航通飞华北公司营业收入4.21亿元，同比增长20.77%；完成工业总产值3.21亿元，同比增长42.09%；交付各型整机生产飞机15架。

（栾城区）

纺织服装业

【概况】2020年石家庄市纺织服装皮革行业共有规模以上工业企业291家，同比增加31家。其中，纺织业130家，减少14家；纺织服装、服饰业39家，减少10家；皮革、毛皮、羽毛及其制品和制鞋业107家，增加57家；化学纤维制造业15家，减少2家。2020年全市规模以上纺织服装业营业收入203.0亿元，同比下降43.3%，占全市规模以上工业营业务收入比重4.5%；实现利润1.0亿元，同比下降89.5%，占全市规模以上工业利润比重0.3%。规模以上纺织服装业增加值同比下降23.3%，低于规模以上工业增加值增速25个百分点，占全市规模以上工业增加值比重4.3%。主要产品产量：纱17.82万吨，同比下降22.4%；布3.85亿米，同比下降14.8%；服装2215万件，同比下降14.8%；鞋1112.9万双，同比增长37.9%；化学纤维12.63万吨，同比下降4.3%。石家庄市纺织服装皮革业基础较好，无极县皮革加工在全国有名，牛皮沙发革产量占全国70%；晋州市是中国北方最大的白坯布交易集散地；际华三五零二职业装有限公司是中国现有最大的职业装、军需被装装备产品研发、生产、服务基地；行唐县京津冀服装产业园正在建设，占地面积3800亩，总投资102亿元，主要建设智能制造生产园区、服装设计创意园区、生活宜居配套园区“三大园区”和服装设计研发中心、品牌服装会展中心、行业信息交流中心、服装人才培养中心、服装文化展览中心、智能制造生产中心“六个中心”。纺织服装皮革业代表企业主要有石家庄常山纺织集团有限责任公司、际华三五零二职业装有限公司、际华三五一四制革制鞋有限公司、石家庄常山恒新纺织有限公司、河北吉藁化纤有限责任公司等。9月11日，河北圣悦进出口有限公司、河北鑫威服装有限公司入选2020年河北省消费品工业个性化定制试点企业。10月5日，2020年河北省十大服装品牌、十佳服装设计师评选结果公布，赞皇县雪芹棉产品开发有限公司“原村”、河北唯帅服饰有限公司“唯帅”、河北夺标狼服饰有限公司“夺标狼”获得“河北省十大服装品牌”，河北省女子职业技术学院李金琮、河北圣悦进出口有限公司谢凤荣获得“河北省优秀服装设计师”称号。

（何欢）

【口罩及防护服生产】 1月29日，石家庄市组建成立应对新型冠状病毒感染的肺炎疫情工作领导小组医疗卫生物资保障组，分别从市发展改革委、市工业和信息化局、市财政局、市交通运输局、市商务局、市卫生健康委、市应急管理局、市市场监督管理局、中国铁路北京局集团有限公司石家庄办事处、河北机场管理集团有限公司、正定海关11个部门和单位抽调42人集中办公，办公室设在市工业和信息化局。安排资金300万元，专项用于新冠肺炎疫情应急医疗物资收储、调用；全市133家企业被工业和信息化部、省政府列入“疫情防控重点物资生产企业名单”并享受扶持政策。其中，位于元氏县河北汇康日用品有限公司建成口罩生产线20条，日产防护口罩数量最多达到80万只；石家庄四药有限公司生产的盐酸阿比多尔、盐酸莫西沙星氯化钠注射液、阿奇霉素、乳酸左氧氟沙星注射液、碳酸氢钠注射液、灭菌注射用水6种产品被12个省列入抗击新冠肺炎疫情药品储备目录；新乐华宝医疗用品有限公司日产隔离衣6万件、防护服400件。2月3～20日，际华三五零二职业装有限公司日产医用防护服从2000套（件）增至3万套（件）。2月27日，位于藁城区中国兵器工业集团凌云集团河北太行机械工业有限公司成功研制开发出首台“TH-KZJ-I型全自动口罩机”下线，设计产能每分钟生产口罩60～120只。3月9日，际华三五零二职业装有限公司10万级洁净车间平面口罩生产线正式试生产，2条生产线设计日产能达到24万只。至2020年末，市医疗卫生物资保障组累计调拨各类口罩5000余万只、防护服2万余件、隔离衣14万件；10月15日，省委、省政府授予市工业和信息化局消费品工业处“河北省抗击新冠肺炎疫情先进集体”，徐东、赵建明“河北省抗击新冠肺炎疫情先进个人”称号。

【服装服饰类十大优秀工业设计产品概念奖】 9月22日，由市工业和信息化局、新华区政府主办，金指数品牌服装广场承办，河北工业设计创新中心、河北朗图工业设计有限公司、河北省品牌服装流通商会、市服装产业联盟协办的第三届河北国际工业设计周石家庄分会场——第三届石家庄“金指数杯”十大优秀工业设计产品（服装服饰）概念奖颁奖暨2020服装采购节在新华区启动。评选工业设计产品（服装服饰）金奖1名、银奖3名、优秀奖6名，其中，际华三五零二职业装有限公司设计师刘海梅设计的《多功能雨衣》获得金奖，高捡平设计的《知其白，守其黑》、际华三五零二职业装有限公司李慧峰设计的《智能穿戴多功能救援服装》、郭立妍设计的《感官蒙太奇》获得银奖；6个优秀奖分别为：智元设计的《记忆碎片》、河北科技大学郝晓雨设计的《概念工装》、石家庄食草堂文化饰品有限公司刘奎英设计的《揽众》、壹名服装服饰装备科技集团有限公司陈伟平设计的《繁荫》、际华三五一四制革制鞋有限公司陈经娜设计的《足尖上的音符》、孟之琳设计的《水调歌头》。

（常学岐　李勇）

【常山纺织集团】 石家庄常山纺织集团有限责任公司（简称常山纺织集团）是一家成立于1991年的国有独资公司，1996年经河北省政府批准授权经营石家庄市属纺织企业国有资产。2000年7月24日，常山纺织集团在深圳证券交易所上市。2004年常山纺织集团在石家庄高新区投资建设占地380亩河北省高新技术企业——石家庄常山恒新纺织有限公司，2008年在正定县建设占地1300亩常山纺织工业园，2012年正式启动主城区老厂停产搬迁。2015年7月，常山纺织集团以定向增资扩股方式，收购民营高科技企业北明软件100%股权，形成国有企业常山集团为第一大股东、民营企业北明软件为第二大股东的混合所有制架构。至2020年末，常山纺织集团拥有全资子公司11家、上市公司1家，在册员工5600人，注册资金12.54亿元，总资产156亿元，发展形成纺织和软件双主业，主导产品主要有纱、布、服装、家纺、软件开发等。全年3家全资企业向公司治理模式转型，12家所属企业向属地政府整体移交社会化管理退休人员31605人、退休人员档案22402份；年租赁收入5435万元；处置废旧设备2242台，变现收入906.46万元。软件业与腾讯、华为等公司合作，研发软件产品80余项，完成石家庄市和河北省等省“健康码”、工业和信息化部疫情防控重点物资保障平台等疫情防控小程序开发任务。ODR在线矛盾纠纷多元化解平台在全国20余个省份落地应用。智慧城市建设项目在北京、广东等10余个省市落地实施。舞钢智慧城市云平台、数据中心、智慧政务建成，电子政府一体化平台、信用舞钢、智慧舞钢门户上线试运行。常山云数据中心项目一期工程2214架机柜年租金收入达到2000万元，腾讯、阿里、今日头条及中国联通、中国移动、中国电信三大运营商正式入驻。谋划启动3项重点项目：常山云数据中心二期项目、智能冷链物流项目、棉一纺织博物馆文化创意产业园项目。2020年常山纺织集团营业收入104.97亿元，同比增长4.94%，营业收入排名石家庄市企业第13位；实现利润1.12亿元，同比增长19%。2020常山纺织集团获得中国棉纺织行业竞争力百强企业、石家庄百强企业称号。

（王国正）

【际华三五零二职业装有限公司】 际华三五零二职业装有限公司始建于1928年，1955年由天津市迁至河北省井陉县，公司前身为中国人民解放军第三五零二工厂，2006年11月改制为际华三五零二职业装有限公司，隶属国务院国资委直属世界500强企业新兴际华集团。2011年公司被国家发展改革委、科技部、财政部、海关总署、国家税务局总局认定为国家级企业技术中心，2013年被认定为国家级工业设计中心，2014年被认定为高新技术企业，建有全国省级职业装设计工艺工程技术研究中心和全国职业装专业研究院，公司“3502”商标被认定为中国驰名商标。2020年3月，际华三五零二职业装有限公司石家庄生产基地2条10万级平面口罩生产线、1条N95口罩生产线投产，平面口罩日产能力达24万只，N95口罩日产能力达6万只。2020年际华三五零二职业装有限公司营业收入11.64亿元，同比增长16.17%，营业收入排名石家庄市企业第53位。

【际华三五一四制革制鞋有限公司】

际华三五一四制革制鞋有限公司（原石家庄三五一四皮革皮鞋总厂、中国人民解放军第三五一四工厂）于1958年4月建成投产，先后隶属中国人民解放军总后勤部军需生产部、中国新兴（集团）总公司、新兴铸管集团有限公司。1987年4月24日，注册成立公司。2006年11月，企业完成改制，变更注册为有限责任公司，地址位于石家庄市鹿泉区上庄镇，总占地面积40.48万平方米。公司主要从事各种天然皮革、毛皮和皮鞋、皮衣、皮件等皮革制品的制造与销售，生产双密度、胶粘、模压、线缝、固特异等各种结构皮鞋，包括双密度作战靴、05军官常服皮鞋、舰艇毛皮鞋、02女皮鞋、高腰作训鞋等，公司生产的“神行太保”牌皮鞋获评“河北省用户满意产品”，“神行太保”商标获评“河北省著名商标”。公司具备年生产皮革10万张、毛皮15万张、各类皮鞋130万双、各种皮服皮件等装具100万套（件）生产能力，是中国华北地区最大的制革、制鞋企业。2020年际华三五一四制革制鞋有限公司营业收入8.28亿元，同比下降2.0%，营业收入排名石家庄市企业第69位。

（市档案馆）

【无极皮革业】 2002年无极皮革业被石家庄市委、市政府认定为“石家庄市十大特色产业”，2013年无极皮革园区获批“省级循环经济示范园区”，2019年无极皮革业列入“河北省107个特色产业集群”“石家庄市9个特色产业集群”。无极皮革业重点项目主要为：中信环境技术投资（中国）有限公司无极县废弃物资源化处置中心项目。重点企业主要有：日本世联汽车内饰（河北）、石家庄军城皮革有限公司、无极县金马皮革有限公司、河北齐盛皮革有限公司、无极海森皮革有限公司、无极卡森实业有限公司、无极县新长兴皮革有限公司、石家庄市福瑞得皮革工业有限公司、无极县景森皮革制品有限公司、无极县隆发皮革有限公司、无极县开源皮革有限公司、无极县嘉泰皮革制品有限公司等。2020年无极县48家皮革后整企业升级改造完成，29家皮革企业签订入驻中信皮革后整产业园协议；6家制革企业实施污水处理设施技术改造。至2020年末，无极县皮革业共有规模以上企业89家，皮革总产量3872万平方米，产值达到300亿元。其中，规模以上皮革行业产值75亿元，同比下降20.9%；规模以上皮革行业利润总额1.2亿元，同比下降73.4%。主要生产皮革产品有沙发革、汽车座套革、箱包革、皮鞋革等。

（无极县）

石化工业

【概况】 2020年全市石化工业共有规模以上工业企业334家，同比减少14家。其中，化学原料和化学制品制造业237家，减少7家；石油加工、炼焦和核燃料加工业11家，与2019年数量不变；橡胶和塑料制品业86家，减少7家。2020年全市规模以上石化工业营业收入804.9亿元，同比下降11.8%，占全市规模以上工业营业务收入比重17.7%；实现利润52.4亿元，同比增长57.3%，占全市规模以上工业利润比重16.8%。规模以上石化工业增加值同比下降3.1%，低于规模以上工业增加值增速4.8个百分点，占全市规模以上工业增加值比重18.8%。石化工业产品产量：硫酸（折100%）73.73万吨，同比下降1.1%；烧碱（折100%）9.8万吨，同比下降9.2%；纯苯14.15万吨，同比增长32.4%；精甲醇7.22万吨，同比下降43.9%；合成氨（无水氨）32.9万吨，同比下降16.2%；农用氮、磷、钾化学肥料（折纯）24.74万吨，同比增长15.9%；涂料6.62万吨，同比增长9.2%；合成洗涤剂3.64万吨，同比增长7.1%。石家庄市石化工业专门设有河北石家庄循环化工园区，是河北省首批省级工业聚集区和循环经济示范园区，形成以千万吨炼油和40万吨己内酰胺项目为产业龙头，以石油化工为主、石油化工与煤化工有机结合、氯碱化工为有益补充的“三化合一”特色循环经济产业集群。石油、煤炭及其他燃料加工业代表企业有中国石化石家庄炼化公司等，化学原料和化学制品制造业代表企业有晋煤金石化工公司、石家庄白龙化工股份有限公司、河北诚信集团有限公司等，橡胶和塑料制品业代表企业有河北橡一医药科技股份有限公司等。

【石家庄炼化分公司】 中国石油化工股份有限公司石家庄炼化分公司（简称石家庄炼化分公司）位于河北石家庄循环化工园区，公司前身为石家庄炼油厂，始建于1978年；1997年采用局部改制方式，募集发起设立石家庄炼油化工股份有限公司，并筹集资金成立石家庄化纤有限责任公司（简称石化纤），建设5万吨/年己内酰胺工程；2006年注销石家庄炼油厂，注册成立中国石化集团资产经营管理有限公司石家庄分公司，2007年12月26日转换体制注册成立中国石油化工股份有限公司石家庄炼化分公司；2009年5月，公司实施“一企一制”整合，将石化纤整体、石家庄资产分公司部分资产和人员并入石家庄炼化分公司。2020年石家庄炼化分公司原油加工能力800万吨/年，己内酰胺生产能力20万吨/年，拥有常减压、催化裂化、蜡油加氢、渣油加氢、连续重整、柴油加氢等28套炼油生产装置及双氧水、氨肟化等11套己内酰胺生产线装置，主要产品涵盖汽油、柴油、航空煤油、聚丙烯、液化气、己内酰胺、聚酰胺切片等30多个品种和牌号。公司聚丙烯装置生产能力达到20万吨/年，可生产多种用于食品级（餐盒）、医用（注射器、婴儿用具、纺粘无纺布原料）绿色产品；2月29日，公司成功生产高熔指口罩熔喷布基料Y450（熔喷布可用作医疗卫生口罩、防护服制作原料），并实现规模化批量生产，成为国内首套生产熔融指数达到450g/10min聚丙烯粉料装置。7月23日，石家庄炼化分公司在原产AH-70号重交通道路石油沥青产品基础上，成功试产70B号道路沥青产品。11月20日，石家庄炼化分公司首批98号国六标准汽油出厂，结束了河北省无自产98号汽油的历史。2020年石家庄炼化分公司营业收入232.61亿元，同比下降30.9%，营业收入排名石家庄市企业第6名；纳税71.73亿元，同比下降12.8%，纳税金额位居石家庄市第一名。

【河北诚信集团有限公司】 河北诚信集团有限公司始建于1990年，1994年改制为有限责任公司，是一家集技术研发、生产加工、销售服务、物流运输于一体的大型精细化学品制造企业，也是全国规模最大的氢氰酸及其衍生物生产企业，是中国民营500强、中国石油和化工500强、中国精细化工百强企业及河北省百强企业、石家庄市百强企业；公司下辖全资子公司8家（石家庄4家，沧州1家，邢台1家，四川广安1家，内蒙古阿拉善1家）。地址位于元氏县火车站东元赵公路南，占地面积2700余亩。主要产品有氰化钠、黄血盐钠、三聚氯氰、苯乙氰、苯乙酸（钠、钾）、丙二酸酯系列产品、EDTA螯合剂系列产品等100多种，产品销售国内30多个省市、自治区及欧美60多个国家和地区，被评为中国黄金行业最佳服务商、中国农药行业优秀原药与中间体供应商。氰化钠年生产能力25万吨，丙酯系列产品年生产能力4.5万吨。重视企业技术创新，公司技术中心被认定为国家级企业技术中心，参与制定“工业氰化钠”“氰化钠安全规程”“工业六氰合铁酸四钠”“工业用羟基乙腈”等行业标准多项。

2020年河北诚信集团有限公司营业收入310.57亿元，同比增长3%，营业收入排名石家庄市企业第4名；纳税4.38亿元，同比下降10.1%，纳税排名石家庄市第18位。2020年“诚信”品牌位列中国品牌价值评价榜“能源化工”类第3位。10月20日，河北诚信集团有限公司再度入围“2020中国石油和化工企业500强”榜单，位列第65位。

（张鑫涛）

【晋煤金石化工公司】 石家庄晋煤金石化工公司前身为河北省石家庄化肥厂（原址在石家庄市丰收路65号），始建于1957年，1964年投产，是中国第一家自行设计、制造、安装的水溶液全循环法尿素生产样板厂，也是中国首家研制成功并工业化生产多孔粒状硝酸铵企业。2004年9月，河北省石家庄化肥厂与山西晋城无烟煤矿业集团有限责任公司（简称晋煤集团）合资合作成立石家庄金石化肥有限责任公司；2009年9月，公司更名为晋煤金石化工投资集团有限公司（简称晋煤金石化工公司）。晋煤金石化工公司是晋煤集团的控股子公司，也是中国化工企业500强，获得河北省“最具影响力和最具成长性企业”和石家庄市百强企业等荣誉。企业并购重组后，石家庄晋煤金石化工公司搬迁到河北石家庄循环化工园区，总占地面积849亩，总氨年生产能力60万吨。该项目与河北省重点项目——石炼化800万吨炼油改造工程配套实施，为炼油改造、己内酰胺、环乙酮、氨基乙酸等项目提供氢气、氮气、液氨、甲醇等产品。晋煤金石化工公司生产化肥化工产品20多种，主要产品有尿素、硝酸铵、甲醇、碳酸氢铵、稀硝酸、硝酸钠、亚硝酸钠、甲醛、二甲醚、双氧水、复合肥、液体二氧化碳、编织袋等，“太行山”牌硝酸铵、尿素被认定为河北省著名商标。2020年晋煤金石化工公司注册资金9.53亿元，营业收入68.1亿元，营业收入排名石家庄市企业第16位。

【河北威远生物化工股份有限公司】 河北威远生物化工股份有限公司（简称威远生化）是河北省首家上市公司，是集农药原料药及制剂研发、生产和销售于一体的现代化企业，也是国家农药定点生产企业。地址位于河北石家庄循环化工园区化工中路6号。公司原名河北威远建材股份有限公司，由石家庄地区建筑材料一厂、二厂和石家庄地区高压开关厂发起组建成立，1992年6月25日公司更名为河北威远实物股份有限公司，1992年7月14日注册成立；1994年1月3日在上海证券交易所上市，股票名称河北威化，后改为威远生化，股票代码600803；1999年3月公司改名为河北威远生物化工股份有限公司。2004年5月新奥集团股份有限公司（简称新奥集团，股票名称新奥股份，股票代码600803）收购威远生化80%股权，成为河北威远生物化工股份有限公司控股股东。公司参与制定国家及行业农药产品标准10余项，生产产品有杀虫剂、杀菌剂、除草剂三大系列300多个农药产品，主导产品有阿维菌素、甲氨基阿维菌素、草铵膦、嘧菌酯、吡蚜酮、噻唑膦、呋虫胺、除虫脲等，培育形成蓝锐、福蝶、禾媄等多个制剂知名品牌，产品销售国内1200多个县级行政区域及亚洲、欧洲、澳洲、非洲和美洲等80多个国家和地区。2020年河北威远生物化工股份有限公司营业收入22.07亿元，同比增长13.18%，营业收入排名石家庄市企业第32位。2020年河北威远生物化工股份有限公司入选“2020全国农药行业销售TOP100”第26名，生产产品“威远锦腾”获得“2020年全国值保市场杀虫剂畅销品牌产品”。

（李勇）

冶金工业

【概况】 2020年全市冶金行业共有规模以上工业企业32家，同比增加5家。其中，黑色金属冶炼和压延加工业企业16家，增加2家；有色金属冶炼和压延加工业企业16家，增加3家。2020年全市规模以上冶金行业营业收入662亿元，同比下降4.6%，占全市规模以上工业营业务收入比重14.5%；实现利润41.5亿元，同比下降21.6%，占全市规模以上工业利润比重13.3%。规模以上冶金工业增加值同比增长7.6%，高于规模以上工业增加值增速5.9个百分点，占全市规模以上工业增加值比重12.3%。2020年全市规模以上钢铁行业营业收入642.8亿元，占全市规模以上工业营业务收入比重14.8%；实现利润40.7亿元，同比下降22.1%，占全市规模以上工业利润比重13.9%。冶金行业主要产品产量：生铁1161.0万吨，同比增长5.4%；粗钢1274.15万吨，同比增长3.2%；钢材1136.7万吨，同比增长6.7%。黑色金属冶炼和压延加工业代表企业有河北敬业集团、河钢集团石家庄钢铁有限责任公司。

（林永军）

【**敬业集团有限公司**】敬业集团有限公司（简称敬业集团）于1990年成立，是一家以钢铁为主业，下辖总部钢铁、乌兰浩特钢铁、英国钢铁公司和兼营钢材深加工、增材制造3D打印、国际贸易、旅游、酒店等为一体的大型跨国企业集团。主要产品有螺纹钢、中厚板、热卷板、冷轧板、镀锌板、彩涂板、圆钢、异型钢、型钢、线材、钢轨，是全球大型螺纹钢生产基地，国家高强钢筋生产示范企业、国家高新技术企业。地址位于平山县南甸镇。公司钢铁产品通过ISO9001、ISO14001认证和4国船级社认证、欧盟CE认证、锅炉压力容器板系列认证，螺纹钢产品、中厚板产品获得中国钢铁工业协会冶金产品实物质量认定（金杯奖），螺纹钢拥有精轧、韩标、美标、英标、澳标、马标等10多个国家标准生产资质，产品覆盖400、500、600强度级别，规格覆盖直径6～40毫米，产品出口80多个国家和地区，被北京大兴国际机场、世博会中国馆、三峡工程、南水北调、石家庄地铁、呼和浩特市地铁、雄安市民服务中心、文莱跨海大桥等国内外重点项目工程选用，被中国中铁、中国电建、中国路桥、中国建筑等央企列为优秀供应商。3月9日，敬业集团收购英国第二大钢铁企业——英国钢铁公司交割仪式在英国斯肯索普英钢会议中心举行；9月11日，敬业集团收购广东泰都钢铁实业股份有限公司交接仪式在广东省揭阳市空港经济区举行。1450冷轧工程酸连轧机组第一成品卷投产。敬业集团1450冷轧工程于2019年2月15日启动，2020年5月31日，敬业集团1450冷轧工程酸连轧机组第一成品卷投产下线；敬业集团1450冷轧工程项目是河北省重点项目，占地面积344亩，设计产能120万吨/年，建有酸轧机组1条、连续退火机组1条、连续镀锌机组2条、彩涂机组1条。5月28日，敬业集团新建60兆瓦超高温超高压发电机组成功并网发电，年发电量5.25亿千瓦时，比采用等量煤气高温高压发电机组多发电1.16亿千瓦时；该项目于2019年7月15日开始施工，总投资1.9亿元。8月26日，河北敬业增材制造科技有限公司水气联合雾化项目投产，该项目采用高压水和惰性气体做喷射介质击碎金属液体流，可制成组织均匀细小、性能优异的合金材料，产品主要用于电子信息工程、生物医疗器械、汽车、机械、钟表业、3C及智能穿戴等领域。8月5日，由世界品牌实验室主办的第十七届“世界品牌大会”在北京举行，会上发布2020年《中国500最具价值品牌》分析报告，敬业集团排名第137位，品牌价值505.68亿元。2020年敬业集团有限公司营业收入2244.45亿元，同比增长76.17%，营业收入位居石家庄市企业第1名；2020年敬业钢铁有限公司纳税7.68亿元，同比下降53.6%，纳税金额排名石家庄市第11位。9月28日，敬业集团有限公司入选“2020中国企业500强”，排名第166位，较2019年提升51位次。

【**河钢集团石钢公司**】河钢集团石家庄钢铁有限责任公司（简称石钢公司）是中国重点大中型钢铁联合企业，前身为石家庄钢铁厂。1994年石家庄钢铁厂改制为石家庄钢铁股份有限公司，1996年改制为石家庄钢铁有限责任公司。2000年石钢公司钢产量102万吨，钢材产量83万吨，钢产量突破100万吨；2004年石钢公司钢产量207万吨，钢材产量178万吨，钢产量突破200万吨。2006年6月，中信泰富集团收购石钢公司80%股权，石钢公司改制为中外合资企业；2010年3月，河北钢铁集团（简称河钢集团）回购石钢公司股权，石钢公司成为河北钢铁集团全资子公司。主要产品有：优质碳钢、合金结构钢、轴承钢。主导产品齿轮钢、轴承钢、弹簧钢、易切削非调质钢、合金结构钢等广泛用于汽车、工程机械、轨道交通、能源工程、军工等领域，部分高端产品市场占有率排名全国特殊钢棒材细分市场应用领域单项冠军。2008年12月，“石钢”牌圆钢获评河北省名牌产品。石钢公司生产的高端弹条钢60Si2Mn、汽车齿轮用渗碳钢8620RH、非调质机械结构圆钢HL610/HL740、轿车用轮

2020年10月29日，位于井陉矿区河钢集团石钢公司新厂区建成投产

毂轴承钢SAE1055达到国际同类产品实物质量水平，获评“金杯优质产品”；高铁轨道弹条钢60Si2Mn达到国际先进实物质量水平，被认定为冶金产品实物质量标杆并授予“特优质量产品”。2020年10月29日，位于井陉矿区石钢公司环保搬迁产品升级改造项目建成投产。新建石钢公司厂区，炼钢、连铸、轧钢、后部处理等工序从废钢原料区由北到南呈“一线形”布置，设计紧凑、流程更短、效率更高，形成年产钢200万吨、特钢192万吨生产能力。石钢公司新厂区应用国际国内领先或先进智能制造技术80多项，拥有高线、小棒、中棒、大棒4条轧线，可生产直径5～260毫米不同规格特钢产品。2020年河钢集团石家庄钢铁有限责任公司营业收入135.58亿元，同比下降10.98%，营业收入排名石家庄市企业第10位；纳税1.87亿元，同比下降24.8%，纳税金额排名石家庄市第53位。

（林永军）

建材工业

【概况】 2020年全市建材行业共有规模以上工业企业201家，同比增加9家。其中，非金属矿物采选业企业2家，与2019年数量相同；非金属矿物制品业企业199家，增加9家。2020年全市规模以上建材行业营业收入260.6亿元，同比增长2.6%，占全市规模以上工业营业务收入比重5.7%；实现利润24.8亿元，同比增长16.0%，占全市规模以上工业利润比重7.9%。规模以上建材工业增加值同比增长4.5%，高于规模以上工业增加值增速2.8个百分点，占全市规模以上工业增加值比重6.3%。主要产品大类包括：硅酸盐水泥熟料、水泥、瓷质砖、建筑板材、防水卷材、平板玻璃等。主要产品产量：硅酸盐水泥熟料1952.3万吨，同比增长27.1%；水泥1466.9万吨，同比增长13.2%；瓷质砖17599.94万平方米，同比增长1.8%；天然大理石建筑板材7.3万平方米，同比下降48.8%；沥青和改性沥青防水卷材880.92万平方米，同比增长18.3%；平板玻璃1245.81万重量箱，同比下降0.9%。非金属矿物制品业代表企业有河北曲寨集团有限公司、河北金隅鼎鑫水泥有限公司、高邑县力马建陶有限公司、石家庄玉晶玻璃有限公司等。10月16日至11月底，由工业和信息化部工业文化发展中心、中国水泥协会主办，河北省工业文化协会承办的“金隅鼎鑫杯”全国水泥雕塑艺术大赛在河北金隅鼎鑫水泥有限公司举行，这也是首次以水泥为材料的全国艺术大赛。

（靳少辉）

【河北曲寨集团有限公司】 河北曲寨集团有限公司（简称河北曲寨集团）于1996年组建成立，是一家以水泥、建材为龙头产业，精密铸钢、造纸为主业，兼营建筑、服务、商贸、资本经营等产业和集工、农、商、贸、建筑、服务为一体的全民股份制企业集团。地址位于石家庄市鹿泉区大河镇曲寨村。集团所属各企业分布在石家庄、天津、保定、廊坊等地，下辖石家庄市曲寨水泥有限公司、河北曲寨矿峰水泥股份有限公司、河北鼎星水泥有限公司、石家庄曲寨建材有限公司、顺平县曲寨水泥有限公司、天津市金晟华水泥股份有限公司、廊坊曲寨水泥有限公司、河北曲寨装配式建筑材料有限公司、曲寨服务公司、石家庄市鹿泉区曲寨房地产开发有限公司等企业，发展形成鹿泉区北部曲寨工业区和井陉矿区工业区两大工业园区。主导产品“曲寨”“抱犊寨”水泥通过多项管理体系认证，销往北京、天津、山西和保定、廊坊、沧州及石家庄周边地区，被“北京奥运会”“青银高速”“石家庄地铁”等国家重点工程选用，获得“国家免检产品”“全国建材行业质量可信产品”“环渤海地区知名品牌”“河北省名牌产品”“河北省优质产品”及“河北省百强民营企业”等荣誉称号。2020年河北曲寨集团所属石家庄市曲寨水泥有限公司营业收入15.6亿元，同比增长0.45%，营业收入排名石家庄市企业第41位；纳税2.6亿元，同比增长12.1%，纳税金额排名石家庄市第28位。2020年河北曲寨集团所属河北曲寨矿峰水泥股份有限公司营业收入9.42亿元，营业收入排名石家庄市企业第62位；纳税1.19亿元，同比增长32.7%，纳税金额排名石家庄市第100位。

（市档案馆）

【河北金隅鼎鑫水泥有限公司】 河北金隅鼎鑫水泥有限公司（简称河北金隅鼎鑫公司）于2000年建厂，主营水泥、熟料生产和销售业务。2007年3月，河北金隅鼎鑫有限公司由北京金隅集团股份有限公司控股。河北金隅鼎鑫公司是水泥行业率先通过六位一体管理体系认证企业，也是河北省唯一一家入选“国家重点支持60家水泥工业结构调整大型企业”。2017年8月，河北金隅鼎鑫公司被工业和信息化部授予“国家绿色工厂”，综合评分排名全国12家首批“国家绿色工厂”第一名；公司生产产品“鼎鑫”牌水泥获得“中国驰名商标”“河北省名牌产品”等荣誉，“鼎鑫”牌优质高标号普通水泥及特种水泥产品被河北省重点工程市场广泛选用。至2020年末，公司总资产达到35亿元，拥有2条日产2000吨、3条日产4000吨新型干法熟料水泥生产线，年熟料生产能力484万吨、优质高强度等级水泥及特种水泥产能600万吨，其中，特种水泥包括六大类19个品种。2020年河北金隅鼎鑫公司采取物理方法，以疏、堵、收方式治理跑冒滴漏，以廊道负压运行方式解决熟料库底放料扬尘现象；引进和创新使用低氮分级燃烧、超低排放控制污染治理技术，实现粉尘颗粒物、二氧化硫近零排放；助力城市生态环境建设，投资建成利用水泥窑协同日处置500吨综合固废项目，并自主研发储料大棚微雾抑尘、道路自动喷淋抑尘技术、矿山爆破水幕抑尘技术等。实施“工业＋旅游”战略，实施“工业＋智能”战略，集成运用移动通信技术、现场视频监控信号，成功开发手机控制洒水喷淋系统，实现矿山道路喷淋抑尘精准控制；以多点监控、云计算数据分析为基础，建成SAP一体化信息管控平台，实现管控一体化、决策数字化、供应协同化、生产智能化。以现代先进工艺为依托，以“工艺流程参观、环保科技应用、生态文化创意”为主题，与解读水泥发展史相结合，建设中国水泥活态博物院。8月14日，河北金隅鼎鑫水泥有限公司被人力资源和社会保障部、中国建筑材料联合会授予全国建材行业先进集体。2020年河北金隅鼎鑫公司熟料产量526万吨，同比增长16%；水泥产量550万吨，同比增长8.6%；水泥熟料销量792.8万吨，同比增长32%，其中，水泥销量550万吨，同比增长9%。2020年河北金隅鼎鑫水泥有限公司营业收入24.86亿元，同比增长5.47%，营业收入排名石家庄市企业第26位；实现利润5.86亿元，同比增长2%；纳税2.45亿元，同比增长2.5%，纳税金额排名石家庄市第34位。

（靳少辉）

【赞皇金隅水泥有限公司】 赞皇金隅水泥有限公司于2008年2月20日成立，是北京金隅集团股份有限公司全资子公司。地址位于河北赞皇经济开发区，占地面积48公顷，注册资金7亿元，总资产16.24亿元。2017年5月14日，赞皇金隅水泥有限公司“利用水泥窑协同处置生活垃圾和污泥项目”开工，这也是石家庄市第一家利用水泥窑无害化处置生活垃圾和生活污泥项目，总投资1.25亿元，设计日处理生活垃圾能力300吨、日处理生活污泥200吨。拥有日产2000吨水泥熟料生产线2条，日产4000吨熟料生产线1条，15兆瓦和6兆瓦纯低温余热发电系统各1条，年产100万吨的水泥粉磨系统3条，年产高标号低碱优质水泥330万吨。至2020年末，公司取得实用新型专利43项、发明专利1项。2020年赞皇金隅水泥有限公司营业收入11.51亿元，同比下降7.48%，营业收入排名石家庄市企业第54位；纳税1.65亿元，同比下降15.7%，纳税金额排名石家庄市第69位。

（赞皇县）

【高邑力马建陶有限公司】 高邑力马建陶有限公司成立于2000年6月20日，是一家集科研、开发、制造、销售为一体的河北省重点建陶生产企业。地址位于高邑县凤凰山工业区。2012年11月公司通过国家清洁化生产审核验收，2015年度获评石家庄市五大建陶著名品牌，2016年被市政府评为石家庄市十大名牌产品，并入选2016年、2017年中国建材行业500强，2018年2月获得中国驰名商标，2018年11月获评国家高新技术企业。至2020年末，公司总资产达到13.7亿元，建有1个陶瓷厂和河北力马燃气有限公司，设有石家庄市唯一建陶技术研发中心专业机构；拥有4条生产线，地板砖年生产能力2600万平方米。2020年公司地板砖产量2500万平方米，产品主要为抛光砖，包含十大系列、3个规格、几百个花色品种，产品销往西北、东北、华北、华南等20多个省（市、自治区）。2020年高邑力马建陶有限公司营业收入6.5亿元，同比增长28.71%，营业收入排名石家庄市企业第86位。

（高邑县）

【石家庄玉晶玻璃有限公司】 石家庄玉晶玻璃有限公司于2009年4月28日成立，是一家以优质玻璃生产、销售及深加工为一体的大型民营企业，是河北迎新玻璃集团有限公司全资子公司。地址位于河北行唐经济开发区，占地面积1000余亩。2014年3月，公司首条离线low-E玻璃生产线投产。2020年6月，建成第2条离线Low-E镀膜玻璃生产线，单条线产量达1200万平方米，成为国内最大的低辐射镀膜生产线。至2020年底，公司注册资本2.4亿元，总资产达到20亿元；拥有4条优质玻璃生产线，玻璃年产量1400万重量箱，年余热发电8900万千瓦时。石家庄玉晶玻璃有限公司是河北省百强民营企业、石家庄市工业50强企业。2020年受疫情因素影响公司营业收入1.06亿元，同比下降87.53%；实现利润3755万元，纳税金额3032万元。

（行唐县）

电力工业

【概况】 2020年国家电网石家庄供电公司在石家庄市域共有35千伏及以上变电站415座、变电总容量3735.98万千伏安，输电线路长度10318.76千米。其中，2020年新投产35千伏及以上变电站35座、变电总容量161万千伏安；新建输电线路长度433.4千米。2020年国家电网石家庄供电公司售电总量452.6亿千瓦时，同比增长0.6%。至2020年底，全市电力生产装机总容量1181.13万千瓦，同比增长9.35%；发电量405.37亿千瓦时，同比下降6.18%；输入电量69.73亿千瓦时，同比增长51.76%。10月27日，市政府与国家电网河北省电力有限公司签署战略合作框架协议，双方确定在能源互联网建设开展合作。提升供电能力，220千伏灵寿二站、220千伏无极东站变电站建成投运，110千伏塔谈站变电站主体完工。2016～2020年，全市贫困地区农村电网建设改造投资达到15亿元，新增变电容量900兆伏安，新建改造线路6000千米；累计接网光伏扶贫电站279座，惠及贫困村232个、贫困户13594户，累计拨付扶贫光伏资金1.45亿元，平均每个贫困户收益10630元。至2020年末，平山县、赞皇县、行唐县、灵寿县4个县2667个自然村全部实现通动力电，户均配变容量达2.2千伏安。

【电力生产】 至2020年底，全市电力生产装机总容量1181.13万千瓦，同比增长9.35%。其中，火电装机容量854.9万千瓦，单机30万千瓦及以上装机容量790万千瓦（含燃机90万千瓦）；水电110.33万千瓦；光伏196.95万千瓦；生物质18.95万千瓦。至2020年底，石家庄电网共有500千伏变电站5座，总容量1200万千伏安；220千伏变电站54座，总容量1900.9万千伏安；110千伏变电站205座，总容量1923万千伏安。火电装机容量较大的电厂有：华能上安电厂装机256万千瓦、西柏坡电厂装机252万千瓦、鹿华热电厂装机66万千瓦、裕华热电厂装机60万千瓦和良村热电厂装机66万千瓦。2020年全市发电量405.37亿千瓦时，同比下降6.18%；输入电量69.73亿千瓦时，同比增长51.76%。

【光伏发电】 全年光伏发电装机总容量196.95万千瓦。批复平价光伏发电项目8个，规模70.8万千瓦；竞价光伏发电项目10个，规模87.5万千瓦。10个普通光伏电站项目入选2020年河北省竞价光伏发电项目，占全省光伏发电项目27.8%；总装机容量82.5万千瓦。10个普通光伏电站项目分别为：行唐县国威100兆瓦光伏竞价发电项目、河北华电石家庄赞皇250兆瓦光伏复合项目、赞皇县白璧100兆瓦高效农光互补光伏发电项目、灵寿县绿光科技有限公司50兆瓦光电互补项目、平山县30兆瓦光伏发电项目（平山县特晟新能源科技有限公司）、中核平山县温塘镇一期40兆瓦竞价光伏发电项目、赞皇县国顺150兆瓦农光互补光伏发电项目、平山县30兆瓦光伏发电项目（平山县伏威光伏发电有限公司）、新乐市德胜100兆瓦农光互补光伏发电项目、灵寿县燕川乡25兆瓦光伏发电项目。

【社会用电】 2020年石家庄市全社会用电量475.1亿千瓦时，同比下降0.61%。其中，第一产业用电量4.04亿千瓦时，同比增长15.3%，增速提升6.47个百分点；第二产业用电量273.39亿千瓦时，同比下降1.62%，增速下降0.1个百分点；第三产业用电量120.3亿千瓦时，同比下降1.61%，增速下降10.96个百分点；居民生活用电量77.36亿千瓦时，同比增长4.07%，增速下降3.48个百分点。2020年石家庄市工业用电量267.17亿千瓦时，同比下降1.51%，增速提升0.04个百分点。其中，纺织工业用电量17.71亿千瓦时，同比下降11.09%，增速下降11.78个百分点；石化工业用电量31.31亿千瓦时，同比增长4.6%，增速提升15.61个百分点；医药工业用电量15.98亿千瓦时，同比下降3.34%，增速下降0.46个百分点；非金属工业生产用电量36.01亿千瓦时，同比增长12.43%，增速提升5.09个百分点；黑色金属工业生产用电量32.55亿千瓦时，同比下降5.74%，增速下降5.12个百分点；装备制造业用电量25.5亿千瓦时，同比下降1.15%，增速下降0.5个百分点。

【清洁绿色用能】 9月30日，2020年石家庄“煤改电”配套电网工程建设全部完成，主要涉及元氏县、新乐市、井陉县、灵寿县、高邑县、晋州市、无极县等县（市），覆盖居民5.7万户，包含单体工程298个，新增配变设备504台，新建改造10千伏线路264.31千米、0.4千伏线路574.28千米。以“煤改电”保供电任务为重点，建立“33324”工作机制（建立省市县3级保障体系、做到3小时恢复“煤改电”停电用户供电、形成30分钟抢修服务圈、实现24小时内完成煤改电停电客户走访)。至2020年底，石家庄市完成“煤改电”户数27.5万户，占河北省南部地区25%；电代煤供热面积达到2200万平方米；完成电能替代项目2765个，实现替代压减燃煤276万吨，减少二氧化碳排放量917.24万吨。首创“电力环保指数”应用，选取全市重点关注96家污染企业开展用电数据分析，为科学治霾、精准治霾提供决策支撑。推进“火电围城”整改，统筹考虑“火电围城”能源形势，采取增加外供电能和压减火电产能方式，争取特高压尽快引入。2020年全市煤电行业完成去产能任务15.3万千瓦，高新热电、藁城天意热电、石热公司(七期)均按规定要求完成发电机组拆除任务。

国家电网石家庄供电公司

总 经 理：周爱国(9月免)
　　　　　赵宁　(9月任)
副总经理：陈楷　(9月任)
　　　　　张强　(5月任)
　　　　　李承辉　王向东
　　　　　刘玉璞　齐全定
　　　　　段志国

(睢鹏)

城乡建设

Urban and Rural Construction

综 述

2020年全市城乡建设围绕打造生态宜居和现代化、国际化美丽省会城市目标，以创建“园林城、森林城、卫生城、洁净城、文明城”为突破口，对标国内先进城市发展，完善城市功能、提升城市品质、优化城市环境，加快补齐基础设施短板，全面提升城市综合承载能力。开展县城和村镇建设，综合整治农村卫生环境；实施民生工程，落实保障性住房政策和措施；加强城市精细化管理，加快新型城镇化建设进程，统筹推进城乡一体化发展。

国土空间规划 2020年全市受理报建项目1322项次，其中，办理建设用地预审意见12件，出具压履矿证明11件，土地估价备案3件，办理用地证报建项目109项次，核发“建设用地规划许可证”109个；建筑类报建项目377项次，核发“建设工程规划许可证”163个；市政类报建项目229项次，核发“建设工程规划许可证”216个；受理竣工核实类报建项目47项次，核发“竣工验收合格函”47份。2020年石家庄市各县（市、区）申领乡村规划许可证、选址意见书、用地规划许可证、建设工程规划许可证2283个。

城乡基础设施建设 以推进城市基础设施建设和增强城市承载能力为目标，实施和打通市区道路10条，建成停车位14.86万个。加快城中村改造，列入城中村改造任务33个村全部开工。县城建设。2020年全市18个县（市、区）完成市政设施和公共服务设施建设项目553个，总投资288亿元；启动改造城中村19个，整治老旧小区80个；提升改造道路138条，创建美丽街区、精品街道35个；植树102万株，新增园林绿地429公顷，创建省级园林式街道、单位、小区16个，创建四星级、五星级公园28个，建设滹沱河生态廊道106千米，形成灵寿松阳河、鹿泉太平河等一大批风光秀丽的沿河景观带；新建或改造星级公厕151座，建成停车位11220个，有效缓解县城“停车难”问题。村镇建设。突出解决农村住房安全问题，2020年全市核查农村住房质量175万户，核验建档立卡户住房安全5380户，动态新增农村危房改造任务175户。推进特色小城镇建设，2020年5月，鹿泉区铜冶镇在河北省重点培育100个特色小城镇建设评估中位居全省第一。加强传统村落保护，至2020年末，全市共有“中国传统村落”53个，其中，井陉县44个、平山县4个、井陉矿区2个、鹿泉区2个、赞皇县1个。2个县区获评“河北省洁净城市”。2020年11月，无极县、藁城区获评河北省洁净城市。至2020年底，石家庄市共有12个县（市、区）获评“河北省洁净城市”（其他10个为高邑县、晋州市、正定县、新乐市、鹿泉区、元氏县、赞皇具、平山县、赵县、灵寿县）。

住房保障和房地产业 2020年石家庄市列入国家建设计划公共租赁住房项目309个78308套，分配304个78088套，分配率99.7%；在建项目5个220套。其中，政府产权公租房247个68692套，分配242个68472套，分配率99.7%；企业产权公租房项目62个9616套，全部分配入住。2020年石家庄市发放公租房租赁补贴886户，完成省下达任务110.8%；发放补贴资金264.25万元。6月18日，市区第一批公共保障房公开摇号分配；10月23日，市区第二批公共保障房公开摇号分配。2020年市区两次公开摇号分配保障房5557套，至2020年底，市区累计分配入住保障房小区83个53962套，改善住房条件居民达到17万人。2020年7月，石家庄市入选2020年中央财政支持住房租赁市场发展试点城市，3年获得住房租赁补助资金24亿元。

城市管理 2020年全市以建设美丽省会、创建国家卫生城市和全国文明城市复检为目标，深化城市精细管理，推进智慧城市建设。加大城市管理综合执法力度，全年市本级查处各类违章案件333起，规范督导市政工地、户外广告、建筑垃圾运输车辆5890起，督察案件1216件；全市查处供排水违法问题94个，整改“未取得施工许可擅自施工”等违规违建项目93个，西美金山湖违建问题“回头看”整治完毕。重视城区环卫保洁，道路抑尘形成常态化管理，主城区机械化清扫率达到90%以上，主街主路清扫率达到100%。开展生活垃圾分类，制定出台《石家庄市生活垃圾分类工作实施方案（2018～2020年）》《石家庄市生活垃圾分类运输分类处置工作实施方案》《石家庄市生活垃圾分类考评办法》等文件。至2020年底，石家庄市长安区、桥西区、新华区、裕华区、高新区、藁城区、鹿泉区、栾城区、正定县城区实现生活垃圾分类全覆盖。

园林绿化 2020年石家庄市区新增绿地396万平方米，栽植乔灌木265万株，累计栽植月季345万株、国槐29万株；养护管理绿化道路483条（段）。至2020年底，石家庄市建成区（含主城区、藁城区、鹿泉区、栾城区、井陉矿区）绿地面积达到12207公顷，绿地率达到39.14%，绿化覆盖率达到42.85%，人均公园绿地面积14.87平方米。2020年石家庄市域命名省级四星级公园5个、三星级公园7个、四星级游园1个、三星级游园3个，省级园林式单位2个、居住小区6个、街道8条（段），市级园林式单位11个、居住小区24个、街道15条（段）。至2020年，石家庄市累计创建河北省园林式单位362个、小区131个、街道102条（段）、三星级游园40个、四星级游园1个。2020年1月，正定县、晋州市获得“国家园林县城”称号。至2020年底，石家庄市共有3个县（市）获得“国家园林县城”称号（另1个为高邑县）；全部县（市、区）获评“河北省园林县城”。

国土空间规划

【概况】 2020年全市受理报建项目1322项次，其中，办理建设用地预审意见12件，出具压履矿证明11件，土地估价备案3件，办理用地证报建项目109项次，核发建设用地规划许可证109个；建筑类报建项目377项次，核发建设工程规划许可证163个；市政类报建项目229项次，核发建设工程规划许可证216个；受理竣工核实类报建项目47项次，核发竣工验收合格函47份。2020年石家庄市各县（市、区）申领乡村规划许可证、选址意见书、用地规划许可证、建设工程规划许可证2283个。落实控制性规划动态维护程序，2020年全市开展控制性规划动态维护81项，其中，市中心城区67项，涉及用地面积803.81公顷，增加公园绿地10.8公顷、文化设施用地0.94公顷、中小学校用地16.35公顷、体育用地1.4公顷、社会福利用地0.87公顷。鹿泉区、藁城区开展控制性规划动态维护项目14项，涉及用地面积526.57公顷，增加公园绿地17.41公顷、文化设施用地0.76公顷、中小学校用地10.75公顷、体育用地0.65公顷、社会福利用地0.25公顷。2020年石家庄市召开市国土空间规划委员会会议2次、专题会议9次，审议议题62项；开展专题专项规划49个，均完成阶段性成果，其中，国土空间规划专题研究16个、专项规划33个。2020年石家庄市获得中国城市规划协会举办“2019年度优秀城市规划设计奖”三等奖3项，分别为《石家庄市总体城市设计战略》《石家庄市历史遗存保护规划（2018～2035年）》《石家庄都市区交通发展战略规划》。2020年石家庄市获得河北省城市规划协会举办“2019年度优秀城市规划设计奖”一等奖3项、二等奖5项、三等奖6项、表扬奖4项，其中，一等奖为：《石家庄都市区交通发展战略规划》《石家庄市总体城市设计战略》《石家庄市滹沱河（黄壁庄至深泽界）生态修复工程规划（暨沿线地区综合提升规划）》。

【国土空间规划委员会会议】 国土空间规划委员会会议。2月19日，市国土空间规划委员会第二次会议举行。审议通过《石家庄市国土空间规划委员会议事规则》《石家庄中心城区部分街坊控制性详细规划动态维护方案》《正定县国土空间总体规划（2019～2035）》《栾城区冶河镇总体规划（2014～2030）2019修改》《栾城区冶河镇镇区控制性详细规划》等。

4月28日，市国土空间规划委员会第三次会议举行。审议《石家庄生态保护红线评估报告》《石家庄市通风廊道划定及管控规划研究》《石家庄市产业发展空间布局规划》等，征求规划专家、公众代表意见和建议。

国土空间规划委员会专题会议。1月21日，市国土空间规划委员会第一次专题会议举行。审议并原则通过栾城区冶河镇镇区控制性详细规划、南高营预留用地维护方案2个议题。栾城区冶河镇镇区控制性详细规划按照镇区、控制单元、生活圈3个层次布设公共服务设施，确定居住用地容积率小于等于2.0，镇区建筑限高控制在45米以下。南高营预留用地位于市区北二环路以北、建华大街以东、玉清路以南、新月街两侧，用地面积16.23公顷。其中，1.49公顷二类居住用地调整为商业服务业设施用地；规划幼儿园1处，用地面积3780平方米；规划小学1个，用地面积1.3公顷；商业服务业设施用地东侧与居住用地间增加通道1条，减少机动车对居住和小学用地干扰。

3月13日，市国土空间规划委员会第二次专题会议举行。审议并原则通过河北翠屏山迎宾馆地块控制性详细规划、大经街东区二期C地块规划设计方案调整、贾村城中村改造项目（二期）规划设计、东兆通城中村改造项目详细规划4个议题。贾村城中村改造项目（二期）位于老城区东南部裕华区内，方盛路南侧、体育大街东侧，主要由5个住宅地块、3个配套用地组成；东兆通城中村改造项目位于长安区，东至秦岭中街、南至洨河大道站、西至天山大街、北至绵河道，拟建居住建筑面积176.6万平方米、商业建筑面积12.4万平方米、教育建筑面积4.9万平方米。

4月26日，市国土空间规划委员会第三次专题会议举行。审议并原则通过河北省骨科生物材料与技术创新研究院拟建地块控制性规划动态维护方案、石家庄综合保税区03单元停车场地块控制性规划动态维护及新选址停车场控制性详细规划方案、石家庄经济技术开发区部分地块控制性规划动态维护方案、鹿泉区中心城区部分地块控制性规划动态维护方案、鹿泉区上庄镇SZ-08-02地块高度控制研究、石家庄中央商务区交通及市政工程规划、石家庄都泰商务广场项目规划设计方案、市天利合老年福利设施项目规划设计方案、国赫天玺项目方案规划设计方案调整、国赫控股大厦建筑高度调整及规划设计方案、悦城北区19号地块商务办公楼规划设计方案、东风小区三期商业地块控制性规划动态维护及可行性方案、棉五小区改造项目一期规划建筑设计方案、石家庄中央商务区居住区车辆厂前街东地块及西地块项目规划设计方案、中国铁建花语城规划设计方案、正定县人民法院审判法庭用房规划设计方案、正定县中医院规划设计方案等议题。其中，棉五小区改造项目一期位于长安区，北侧为光华路、南侧为和平东路、东侧为建设大街、西侧为长征街，规划建筑面积36.65万平方米，其中，地上建筑面积27.15万平方米，地下建筑面积9.5万平方米，包括3个住宅用地和1个公建用地。

5月8日，市国土空间规划委员会第四次专题会议举行。审议并原则通过市区槐安路与西二环互通立交方案、正定县城乡总体规划（2014～2030）修改方案、井陉矿区城乡总体规划（2016～2030）修改方案3个议题。

6月11日，市国土空间规划委员会第五次专题会议举行。审议并原则通过市中心城区南栗村区域控制性规划动态维护方案，正定新区部分地块控制性规划动态维护方案，藁城区北邑村、北席村、南席村城中村改造项目地块控制性规划动态维护，石家庄铁道大学学生公寓规划设计方案，金地盛世御城三区项目规划设计方案调整，肖家营城中村改造项目高远森霖城（三区）规划设计方案调整6个议题。南栗村项目位于市区建设大街以东、仓丰路以南、裕翔街以西、仓盛路以北，总用地107.71公顷。石家庄铁道大学学生公寓项目西临市区解放大街、北临第二干休所、东临260医院，新建学生公寓位于校区西南侧，总建筑面积8.11万平方米。

7月31日，市国土空间规划委员会第六次专题会议举行。审议并原则通过审议并原则通过鹿泉区、藁城区、栾城区3区城市居住用地容积率调整方案，市中心城区控制性规划动态维护方案，藁城区部分地块控制性规划动态维护方案，张营村城中村改造项目规划设计方案，石家庄留村（龙湖天璞）项目规划设计方案，金地阅未来商业项目规划设计方案，河北国际人才港项目规划设计方案，正定新区95号、96号、99号地熙园商务中心项目规划设计方案，正定万科62号、63号地块项目规划设计方案9个议题。张营城中村改造项目西临石太铁路，南临石家庄职业技术学院，总用地面积41.97公顷，其中，居住用地23.7公顷，商业服务业设施用地0.89公顷，公用建筑设施用地2.93公顷。河北国际人才港项目位于正定新区中部，西侧为新城大街，南临弘文路，东侧为白朴街，北侧为弘义路，以商务办公和街区商业功能为主。

9月9日，市国土空间规划委员会第七次专题会议举行。审议并原则通过市中心城区控制性规划动态维护方案，23分区03单元石家庄高新区低碳供能示范园控制性规划动态维护方案，鹿泉区中心城区20单元（河北省中医药博物馆地块）控制性详细规划动态维护方案，藁城区GC-10、13、14单元部分地块控制性规划动态维护方案，正定新区控制性详细规划动态维护方案，东良厢城中村改造项目规划设计方案和控制性规划动态维护方案，中国铁建·花语城二期项目规划设计方案，正定新区217号地块项目规划设计方案8个议题。东良厢城中村改造项目位于桥西区，西临西三环、东临汇明路及规划中地铁4号线，总用地面积103.7公顷，总建筑面积157.44万平方米。中国铁建·花语城项目位于正定新区核心区东南部、滹沱河北岸。

11月17日，市国土空间规划委员会第八次专题会议举行。审议并原则通过市中心城区控制性规划动态维护方案，正定新区C-4B、27A、171、C-28、258地块控制性规划动态维护方案，京州国际产业园项目规划设计方案，石家庄丰收路39号项目规划设计方案，石家庄职业技术学院项目规划设计方案，河北北正云鼎数字经济产业园项目规划设计方案6个议题。京州国际产业园项目位于桥西区，东临西二环，北临新石北路，西侧为玉中路，规划总建筑面积25.65万平方米。石家庄职业技术学院项目为正定大学园区一期启动项目，位于高校园区西南部，规划用地90.28公顷，总建筑面积49.9万平方米。

12月17日，市国土空间规划委员会第九次专题会议举行。审议并原则通过市中心城区控制性规划动态维护方案，石家庄信息工程职业学院南、北校区地块控制性规划动态维护方案，保晋南街项目（居住）地块规划设计方案3个议题。

【规划研究与编制】 坚持市、县、乡、村规划“四级联动、压茬推进”原则，开展专题专项规划49个，均完成阶段性成果，其中，国土空间规划专题研究16个、专项规划33个。至2020年末，市国土空间总体规划阶段性方案基本编写完成，并6次向省政府上报修改完善规划成果，正在按照技术审查意见补充和完善。本次编制市国土空间总体规划主要涉及城市发展定位、三条控制线、资源底线约束、国土空间格局、基础设施体系、历史文化保护等内容。开展土地资源、水资源、人口结构、矿产资源、生态保护红线、耕地保有量、人均村庄建设用地等底数及城中村、棚户区、产业园区、闲置土地、空心村、村庄搬迁等各类存量用地排查，对标雄安新区，突出教育、医疗、文化、体育及水、道路、燃气等公共设施，列出现状指标和设施清单，编辑形成基础资料汇编。开展“三条控制线”划定，生态保护红线调整成果履行市、县签字程序，上报自然资源部；城镇开发边界试划方案、永久基本农田初步试划方案编制完成，其中城镇开发边界试划方案上报省自然资源厅、自然资源部。市通风廊道划定及管控规划研究、市产业发展空间布局规划通过市国土空间规划委员会审议，形成规划成果，与市国土空间总体规划实现衔接。启动编写石家庄市总体城市设计战略、石家庄都市区交通发展战略规划、石家庄市滹沱河（黄壁庄—深泽界）生态修复工程规划（暨沿线地区综合提升规划），编制形成《石家庄市总体城市设计战略》《石家庄市历史遗存保护规划（2018～2035年）》《石家庄都市区交通发展战略规划》及中国城市地图集——《石家庄地图编制》《石家庄市城市地图集》。2020年石家庄市主城区外各县（市）及井陉矿区完成县（市、区）国土空间规划阶段性规划成果并上报省自然资源厅，“三条控制线”划定工作形成初步方案。11月19日，由市自然资源和规划局全额出资全民所有制企业“石家庄市国土空间规划设计研究院”注册成立；12月18日，市城乡规划设计院注销。

【城市建筑风貌设计】 修订《石家庄市建筑风貌控制管理技术导则（试行）》。以《石家庄市居住区规划形态及空间结构研究》等规划研究为基础，吸取成都市、南京市、广州市、天津市、郑州市等先进城市经验及雄安新区城市设计理念，创新提出以“街坊”为基本单元实行建筑高度、体量、色彩、风格等方面管控，形成2～4公顷，成组成团、特色鲜明的城市规划布局。研究起草《石家庄市居住区建筑风貌与容积率联动创新办法》，首次确定将项目建设强度与建筑风貌品质挂钩。开展城市风貌具有重要影响因素研究，以城市重要背景建筑、城市整体景观风貌为对象，利用建筑风貌容积率指标，引导建设单位、设计单体提升规划设计和施工水平。完善顶层设计，严格重点项目规划审核。发挥市国土空间规划委员会平台作用，全年主要审议大经街东区二期C地块规划设计方案、东兆通城中村改造、国赫控股大厦、河北国际人才港、正定新区熙园商务中心、京洲国际产业园、丰收路39号等重点建设项目。

【规划审批与动态维护】 2020年石家庄市受理报建项目1322项次，其中，办理建设用地预审意见12件，出具压覆矿证明11件，土地估价备案3件，办理用地证报建项目109项次，核发建设用地规划许可证109个；建筑类报建项目377项，核发建设工程规划许可证163个；市政类报建项目229项次，核发《建设工程规划许可证》216个；受理竣工核实类报建项目47项次，核发竣工验收合格函47份。市域各县区分局申领乡村规划许可证、选址意见书、用地规划许可证、建设工程规划许可证2283个。2020年正定新区9个项目出具用地预审意见，22个项目核发建设项目选址意见书（函），15个项目核发规划条件，21个项目核发建设用地规划许可证，29个项目（建筑面积189.83万平方米）核发建设工程规划许可证；核发市政项目建设工程规划许可证80个，其中，道路及综合管廊项目26个、管线工程30个、接户及开口24个，建设道路及综合管廊61千米、管线工程39千米。依据市区发展需要，及时组织控制性规划动态维护。2020年石家庄市区开展控制性规划动态维护项目81项。其中，市中心城区67项，涉及用地面积803.81公顷，调整增加公园绿地10.8公顷、文化设施用地0.94公顷、中小学校用地16.35公顷、体育用地1.4公顷、社会福利用地0.87公顷；鹿泉区、藁城区开展控制性规划动态维护14项，涉及用地面积526.57公顷，调整增加公园绿地17.41公顷、文化设施用地0.76公顷、中小学校用地10.75公顷、体育用地0.65公顷、社会福利用地0.25公顷。

（张跃彬）

城乡基础设施建设

【概况】 2020年全市以推进城市基础设施建设和增强城市承载能力为目标，重点实施市区道路工程、停车场、地下综合管廊、县城建设、村镇建设等城乡建设项目。全年市级城市建设完成投资60亿元，实施和打通市区道路10条，建成停车位14.86万个。加快城中村改造，列入城中村改造任务33个村全部开工。至2020年底，全市建成地下综合管廊项目24个，总长度65.5千米，累计入廊各类市政管线达到227千米。县城建设。开展以提升县城规划设计、居住质量、市政设施、公共设施、五城同创、精细管理为重点“品质提升六大行动”。2020年全市18个县（市、区）完成市政设施和公共服务设施建设项目553个，总投资288亿元；启动改造城中村19个，整治老旧小区80个，221万平方米既有居住建筑节能三年改造任务超额完成；提升改造道路138条，创建美丽街区、精品街道35个；植树102万株，新增园林绿地429公顷，创建省级园林式街道、单位、小区16个，创建四星级、五星级公园28个，建设滹沱河生态廊道106千米，形成灵寿松阳河、鹿泉太平河等一大批风光秀丽的沿河景观带；新建或改造星级公厕151座，建成停车位11220个，有效缓解县城“停车难”问题。村镇建设。突出解决农村住房安全问题，2020年全市核查农村住房质量175万户，核验建档立卡户住房安全5380户，动态新增农村危房改造任务175户，开工农村房屋抗震改造940户。开展违规项目清理，全年排查建设项目45322个，审核确认违规违建项目1840个，纳入河北省台账359个“三难”“烂尾楼”问题全部解决。推进传统村落保护、利用和发展，打造形成以井陉县为主传统村落集中连片保护区。至2020年末，全市共有“中国传统村落”53个，其中，井陉县44个、平山县4个、井陉矿区2个、鹿泉区2个、赞皇县1个。加强历史文化名城、历史文化街区和历史建筑保护。2020年石家庄市第一批11处历史建筑挂牌，分别为：石家庄老火车站、石家庄解放纪念碑、京汉铁路售票厅旧址、华北制药厂储粮塔、石家庄铁道大学开元楼、燕春饭店、长安公园三亭桥、长安公园工农兵塑像、张营梁氏宅院1、张营梁氏宅院2、河北装潢机械厂车间和办公楼。推进特色小城镇建设，2020年5月，鹿泉区铜冶镇在河北省重点培育100个特色小城镇建设评估中位居全省第一。加快新型城镇化与城乡统筹示范区建设，出台《石家庄市2020年新型城镇化与城乡统筹示范区建设工作方案》《关于落实河北省高质量推进新型城镇化与城乡统筹示范区建设实施方案的意见》，申报省级“新型城镇化建设示范市县”“城乡融合发展试点市县”。2020年正定县列入国家级新型城镇化建设示范县，石家庄市、正定县列入省级新型城镇化示范市县，高邑县列入省级城乡融合发展试点县。2个县区获评“河北省洁净城市”。2020年11月，无极县、藁城区获评河北省洁净城市。至2020年底，石家庄市共有12个县（市、区）获评“河北省洁净城市”（其他10个为高邑县、晋州市、正定县、新乐市、鹿泉区、元氏县、赞皇县、平山县、赵县、灵寿县）。

（陈涛　沈艳扬）

链接：

石家庄市历史建筑：是指经市人民政府公布的具有一定保护价值，能够反映城乡历史风貌、地方和民族特色，或具有较高的科学技术、建筑艺术价值，未公布为文物保护单位，也未登记为不可移动文物的建（构）筑物。

【城市道路设施建设】 2020年石家庄市区打通南二环立交北向西匝道、东王东街（塔南路—裕凯北路）、南新街（新石北路—华星路）、仓裕路（建华大街—体育大街）、仓丰路（体育大街—裕宁街）、秦岭中街（绵河道—北二环东延）、永壁西街（汇新路—汇丰路）、友谊大街（汇丰路—汇明路）、汇丰路（友谊大街—永壁西街）、汇明路（红旗大街—石铜路）10条城区道路，支路网加密实施

石家庄火车站区域南二环匝道

金水街、南茵东街、霞光大戏院南侧规划路等道路工程建成通车。南二环立交北向西匝道工程。该工程是新客站南二环立交工程的一部分，属于铁路拆迁遗留项目；2019年12月8日开工，2020年3月10日建成通车试运行；匝道长125米，红线宽8.5米，工程费用1200万元，建设内容包括桩基、承台、墩柱、盖梁、T梁等。东王东街（塔南路—裕凯北路）工程。该工程属东王东街续建项目，4月1日开工，8月1日完工；道路长405米，红线宽20米，工程投资450万元，建设内容包括道路、排水、照明、交通设施、绿化等。南新街（新石北路—华星路）工程。该工程为新建项目，4月7月开工，7月31日完工；道路长220米，红线宽25米，工程投资719万元，建设内容包括道路、照明、交通设施、绿化等。仓裕路（建华大街—体育大街）工程。该工程属续建项目和城市次干道，4月1日开工，7月30日完工；道路长1100米，红线宽45米，工程投资7412万元，建设内容包括道路、排水、照明、交通设施、绿化等。仓丰路（体育大街—裕宁街）工程。该工程属续建项目和城市主干路，2017年5月16日开工，2020年11月建成通车；道路长1480米，红线宽50米，设计双向6车道、时速每小时50千米，工程投资8000万元（总投资4.96亿元），建设内容包括道路、排水、照明、绿化、交通设施等。秦岭中街（绵河道—北二环东延）工程。该工程属续建项目和城市次干道，10月15日开工，2020年11月底建成通车；道路长2534.3米，红线宽40米，工程投资5186.66万元（总投资22256万元），其中兆通南路、洨河大道交口两个路口投资1350万元；建设内容包括道路工程、排水工程、综合管网、照明工程、交通工程、绿化工程、中水工程等。永壁西街（汇新路—汇丰路）工程。该工程属新建项目，2020年3月开工，2020年5月完工；道路长450米，红线宽35米，工程投资3880万元，建设内容包括道路、排水、照明、绿化、海绵城市等。友谊大街（汇丰路—汇明路）工程。该工程属新建项目和城市次干道，2020年3月开工，2020年7月完工；道路长252米，红线宽45米，设计双向6车道，工程投资2292万元，建设内容包括道路、排水、照明、绿化、海绵城市等。汇丰路（友谊大街—永壁西街）工程。该工程属新建项目，2020年3月开工，2020年5月完工；道路长144.5米，红线宽30米，设计双向4车道，工程投资1420万元，建设内容包括道路、排水、照明、绿化、海绵城市等。汇明路（红旗大街—石铜路）工程。该工程属新建项目，3月8日开工，5月31日通车；道路长2280米，红线宽50米，设计双向6车道，工程投资5293.7万元，建设内容包括道路、排水、照明、绿化、海绵城市等。金水街（东垣东路—延沱路）工程，道路长1330米，红线宽20米；南茵东街（塔南路—南二环），道路长475米，红线宽25米；霞光大戏院南侧规划路（南茵东街—东王东街），道路长202米，红线宽15米。槐安路与西二环互通立交桥工程开工。8月21日，市区槐安路与西二环互通立交桥一期工程开工；新建槐安路与西

槐安路西二环互通立交一期工程

二环互通立交东向南、东向北匝道，两条匝道全长1481米，其中，东向南匝道长961米，东向北匝道长520米，两条匝道标准段总宽8.5米，均为单向车道。推进停车场建设，全年建成停车位14.86万个。2020年12月，市区民心广场地下空间停车场建成投用；地址位于裕华路与维明大街交叉口民心广场东侧，占地面积5922.2平方米，建筑面积19357.39平方米，共有地下5层，设立停车位619个。其中，地下一层为普通停车，设立停车位26个；地下2～5层为全自动智能立体停车，设立停车位593个。

（张剑阁）

【地下综合管廊】 以管廊运营为重点，发挥地下管廊国家试点城市示范引领作用，完善形成"市住房和城乡建设局—总控中心—管廊公司"三级运营管理体系。加快管线入廊项目进度，组织行业专家、管线单位、管廊运营单位采取现场踏勘、召开协调会和座谈会、外地考察学习等方式，研究各类管线入廊和迁改措施及方法。保障管廊正常运行，建立管廊绩效考核制度，实行管廊运营统一管理、统一标准、统一调度；修订和完善收费标准，组织市住房和城乡建设局、市财政局、市发展改革委等相关市直部门开展管廊收费标准实施后评估，并报市政府同意，确定全市管廊《收费参考标准》延长有效期5年。培养管廊运行维护专业队伍，举办综合管廊运行维护管理业务培训2期，培养技术管理人员50名。2020年全市在建地下综合管廊项目7个，长度10.63千米，主要项目包括主城区仓丰路、中央商务区及正定新区安济路、晋州市晋生路等，其中新开工洨河大道、建华大街南延等管廊项目3.24千米。6月16日，石家庄市获得地下综合管廊试点城市建设中央财政奖励资金6000万元；2020年7月，石家庄市获得中央财政奖励第二批地下综合管廊试点城市建设资金1.2亿元。至2020年底，全市建成地下综合管廊项目24个，总长度65.5千米，累计入廊各类市政管线达到227千米。

表44

2013～2020年石家庄市建成地下综合管廊项目一览表

序号	项目名称	起止范围	长度（千米）	建成年份
1	太行北大街	安济路—恒阳路	3.32	2013
2	园博园大街	安济路—西临济街	3.52	2013
3	迎旭路	西临济街—太行北大街	3.89	2013
4	新城大街	安济路—恒阳路	3.42	2018
5	隆兴路	东临济街—新城大街	2	2018
6	汇明路	槐安路—清水街	7.28	2019
7	仓丰路	裕翔街—建华大街	1.93	2019
8	塔北路	建设南大街—东二环	6.03	2019
9	迎旭路东延	太行北大街—天泽大街	0.9	2019
10	顺平大街2017	崇因路—迎旭路	1.2	2019
11	顺平大街2016	弘文路—河阳路	1	2019
12	尉佗街	崇因路—隆兴路	4.1	2019
13	永宁路	西临济街—天泽大街	4.1	2019
14	天泽大街	崇因路—恒阳路	4.06	2019
15	文正大街	河阳路—崇因路	4.5	2019
16	园博园大街北延	安济路—崇因路	0.9	2019

续表

序号	项目名称	起止范围	长度（千米）	建成年份
17	奥体街	华阳路—恒阳路	2.1	2019
18	恒阳路东延	恭顺大街—文正大街	0.8	2019
19	隆兴路东延	太行北大街—天泽大街	0.9	2019
20	华阳路	太行北大街—天泽大街	0.8	2019
21	隆兴路延伸	天泽大街—文正大街	1.23	2019
22	天宁路	新城大街—太行北大街	1.17	2019
23	朱河街	迎旭路—崇因路	3.1	2019
24	山前大道	石井乡政府—鹿泉一中	3.25	2020

（郝莹　梁昱）

【县城建设】 全年围绕创建“园林城、森林城、卫生城、洁净城、文明城”目标，组织开展以提升县城规划设计、居住质量、市政设施、公共设施、五城同创、精细管理为重点“品质提升六大行动”。发挥县城建设示范带动作用，制作县城建设纪实片；4月16日至5月20日，全市4次举办南部、西部、中部、东部片区县城建设现场观摩会。帮助县（市、区）协调解决县城建设难题，连续5年实行市人大常委会、市政协领导分包机制。加强县城建设指导和考核，全年13个市直相关部门按期落实“月指导、季通报、半年观摩、年度考评”制度，市住房和城乡建设局、市委市政府督查室以问题为导向多次联合开展县城建设专项督查活动。2020年全市18个县（市、区）完成市政设施和公共服务设施建设项目553个，总投资288亿元；启动改造城中村19个，整治老旧小区80个，221万平方米既有居住建筑节能三年改造任务超额完成；提升改造道路138条，创建美丽街区、精品街道35个；植树102万株，新增园林绿地429公顷，创建省级园林式街道、单位、小区16个，创建四星级、五星级公园28个，建设滹沱河生态廊道106千米，形成灵寿松阳河、鹿泉太平河等一大批风光秀丽的沿河景观带；县城市政排水雨污合流制管道基本“清零”，新建或改造星级公厕151座，建成停车位11220个，有效缓解县城“停车难”问题。“十三五”期间，全市18个县（市、区）累计实施重大城建工程项目2326个，完成投资1395亿元，投资规模、实施项目数量创下历史新高。7月29日，全国爱国卫生运动委员会命名正定县城、高邑县城为2017～2019周期国家卫生县城。

（吴朝建　贾运良）

【村镇建设】 突出解决农村住房安全问题，2020年全市核查农村住房质量175万户，核验建档立卡户住房安全5380户，动态新增农村危房改造任务175户，开工农村房屋抗震改造940户。开展农村房屋安全隐患排查，排查农村房屋25万户，完成经营性自建房7.7万户。农村生活垃圾收集转运体系基本实现全覆盖，3859个村庄生活垃圾达到日产日清，全市194个非正规生活垃圾堆放点全部整治核查完毕。2020年鹿泉区、栾城区农村生活垃圾治理受到国家考核组肯定。特色小城镇建设。2020年5月，鹿泉区铜冶镇在河北省重点培育100个特色小城镇建设评估中位居全省第一；至2020年末，石家庄市13个特色小城镇平均供水普及率达到91.88%，高于全省特色小城镇平均水平10个百分点。全年19个重点镇污水处理设施全部建成。空心村治理。结合开展人居环境整治、美丽乡村建设行动，采取小范围拆旧、建新、修缮等方式，盘活农村闲置土地资源，重点建设小广场、小游园、小菜园等。2020年河北省下达石家庄市“空心村”治理任务18个，涉及6个县（市、区），其中，平山县7个、井陉县4个、正定县3个、藁城区2个、灵寿县1个、鹿泉区1个。至2020年底，全市152个农宅空置率30%以上“空心村”治理全部完成，其中，治理农宅空置率50%以上“空心村”18个，治理农宅空置率30%～50%“空心村”134个。2020年全市乡村人均道路面积达到13.3平方米，高于全省平均水平3.6平方米。2020年石家庄清洁能源试点城市农村既有建筑节能改造任务完成，原计划利用3年改造1.5万户、180万平方米任务仅半年时间完工。

（高小明　王宁）

【城市建设档案管理】全年以“验收、服务、安全”为核心，完成建设工程档案验收项目106个、单体建筑482栋、建筑面积981.7万平方米；完成园林绿化工程档案验收项目59个；接收审核各类城市建设档案10252卷，其中，民用建筑类8201卷、市政园林绿化工程271卷、轨道交通1257卷、声像档案523卷；电子档案同步接收总量达到2.5TB；接收并保管正定新区建设档案项目4个、690卷；提供查阅利用服务1200余人次，调阅档案2100余卷，复印文件图纸2.11万余张。开展城建档案业务指导，现场指导工程120余项，培训资料员1500余人。2020年市住房和城乡建设部门重点完成滹沱河生态景观、荣盛华府等城建项目档案指导及石家庄地铁2号线一期工程14个标段、4项解决遗留房地产问题工程档案验收。

（李会明）

政府投资代建项目

【概况】2020年市政府投资项目代建中心（简称市代建中心）实施2019年结转在建工程和2020年新纳入代建工程22项。其中，建成竣工投用8个；正在建设14个。8个竣工项目中，重点建设项目2个，分别为：新建市儿童医院（市妇幼保健院）项目、市人民医院赵卜口院区项目；总投资21.57亿元，其中，新建市儿童医院（市妇幼保健院）项目投资10.77亿元，市人民医院赵卜口院区项目投资10.8亿元。14个未完工项目中，亿元以上代建项目2个，分别为：石家庄学院实训基地项目、市殡仪馆基础设施修缮项目。2020年市代建中心建设市人民医院赵卜口院区项目获得“河北省结构优质工程奖”。

【竣工项目】全年完工项目8个。新建市儿童医院（市妇幼保健院）项目。该项目是全市重大民生工程和民心工程，列入2020年全市惠民利民十件实事和市旧城改造提升“十大工程”。地址位于桥西区友谊南大街396号（友谊大街与汇丰路交叉口西北角），占地面积40亩，建筑面积12.8万平方米（地上建筑面积8.4万平方米，地下建筑4.4万平方米），设计床位1000张，工程概算投资10.77亿元；规划建成一所集医疗、教学、科研、预防保健、康复、急救于一体的现代化三级儿童医院和妇幼保健院，主要建设包含门诊、医技、妇产、儿童中心等功能于一体的门诊医技综合楼1栋；2019年7月开工建设，2020年5月竣工，6月1日开诊运营。市人民医院赵卜口院区项目。市人民医院赵卜口院区项目列入2020年市旧城改造提升“十大工程”，地址位于石家庄市仓丰路以北，建华大街以东，用地面积130亩（实际占地面积94亩），总建筑面积21.63万平方米（地上建筑面积15.36万平方米，地下建筑面积6.27万平方米），设计床位1500张，工程概算投资10.8亿元；规划建成一所集医疗、康复、保健、教学、科研为一体，专科特色突出三级甲等综合性医院，建设内容主要包括门急诊医技楼、病房楼、科研及综合服务楼、地下车库及公用工程等；2017年6月开工建设，2017年12月市代建中心从市国控集团、市发展改革委原行政事业单位项目建设管理中心（代建单位）接手代建，2020年6月竣工，6月26日开诊运营。市第二中学整体改造三期工程。总投资1.17亿元，建筑面积1.74万平方米；建设内容包含科技楼1栋（地上5层），体育馆1栋（地下1层，地上2层），图书馆1栋（地下1层，地上3层），配套建设与一期工程综合楼联通连廊；2018年10月开工建设，2010年9月竣工并交付使用。市老年大学（市老干部活动中心）世纪校区配建配电室、冷热站及管道工程。地址位于市区体育南大街269号，总投资1350万元；2020年4月开工建设，2020年7月竣工。石家庄革命军事馆项目。总投资2300万元，项目内容为国防教育展馆装修布展；建设内容：对市民兵训练基地内原民兵教学楼拆除、维修加固和装修，建筑面积2300平方米，拆除墙（地）面4000平方米，加固梁24根、柱6根，增加室内消火栓8套、空调设备4套，装饰展墙6800平方米，喷涂外墙2000平方米，设立雕塑30多尊、浮雕60平方米、油画7幅、多媒体音视频24段，设置场景复原8处等。9月9日开工建设，9月29日竣工，用时21天完工。石家庄城市馆（市规划馆正定新区新馆）布展。地址位于石家庄正定新区隆兴路与安业街交叉口东南角，总投资14844.09万元，布展面积1.92万平方米，主要包括：陈列布展、基础装修、多媒体系统工程、专业灯光购置、数字虚拟展览及土建阶段预留毛坯空间的空调、电、暖、消防、智能化控制等设施；2019年2月开工，2020年9月竣工。市人力资源和社会保障局“五险一金”业务用房维修改造。地址位于市区方北路和育才街交叉口西南角，总投资4880.35万元；改造内容：宿舍楼、教学楼、办公楼、淋浴间、水泵房、公共卫生间等，建筑面积14370.8平方米；2020年7月开工建设，2020年11月底竣工并交付使用。市公安局轨道交通分局业务技术用房。地址位于石家庄市北二环西路35号，总投资12970.03万元，建设规模21900.4平方米（含地下人防工程面积5978.88平方米），包括地下一层、地上六层，总高度23.99米，主体为框架结构。2018年12月开工建设，2020年12月竣工。

【在建项目】 全年未完成施工、正在建设项目14个。市妇女儿童活动中心改造项目。地址位于市区和平西路506号，建筑面积3500平方米，总投资556.6万元。市第二中学整体改造四期工程。地址位于石家庄市新华区新开路87号（市第二中学校院内），建筑面积14272.46平方米，总投资7790万元。市第一中学新建教研综合楼项目。地址位于市区平安北大街1号，建筑面积6000平方米，总投资3500万元。市第一中学新建音体美教学综合楼项目。地址位于市区平安北大街1号，建筑面积6547.72平方米，总投资4286.5万元。石家庄学院实训基地项目。地址位于石家庄市裕华区珠峰大街288号，建筑面积34199.93平方米，总投资13721.69万元。市机关西院办公用房维修改造项目。地址位于石家庄市新华区兴凯路70号市委西院和兴凯路219号市政府西院院内，总修缮面积31122平方米，总投资5191.86万元。原市军队离退休干部培训中心服务楼装修改造项目。地址位于石家庄市桥西区槐中路97号，建筑面积2584平方米，总投资298.22万元。市军队离退休干部文化活动中心项目。地址位于石家庄市桥西区吉恒街9号A座办公楼1单元501室至804室，建筑面积2997.2平方米，总投资498.37万元。市殡仪馆基础设施修缮项目。地址位于石家庄市桥西区红旗南大街869号市殡仪馆院内，新建建筑面积7733.93平方米，改造建筑面积7684.59平方米，总投资10684.02万元。市第八医院医技综合楼建设暨服务能力提升项目。地址位于石家庄市桥西区新华路620号市第八医院院内，建筑面积6195.74平方米，总投资4788.33万元。市人民医院救治能力提升工程项目。地址位于市区建华南大街365号市人民医院赵卜口院区院内，改造面积363.21平方米，总投资29688.72万元（代建范围造价633.72万元）。市人民医院重大疫情救治基地项目。地址位于市区建华南大街365号，仓丰路以北，建华大街以东，市人民医院赵卜口院区内，改扩建面积19800平方米，总投资16499.79万元（代建范围造价9063.5万元）。市人民医院中心院区诊治能力及诊治环境提升工程项目。地址位于石家庄市长安区方北路9号市人民医院中心院区院内，提升改造面积30675平方米，总投资9233.82万元（代建范围造价2720.82万元）。市人民医院新院区二期手术室改造项目。地址位于市区建华南大街365号市人民医院赵卜口院区院内，改造面积396.3平方米，总投资1257.6万元。

石家庄市政府投资项目代建中心

主　任：贾建文（12月免）

　　　　刘宗奇（12月任）

副主任：樊风波　鲍国林

　　　　李彦辉

（董俊锋　许佳帅）

建 筑 业

【概况】 至2020年底，全市共有建筑施工企业2769家。其中，总承包企业1044家，专业承包1293家，劳务分包432家。从业人数14.11万人，同比下降16.23%；实现建筑业总产值1756.25亿元，同比增长11.15%；实现利润25.77亿元，同比下降8.42%；产值利润率1.47%，同比下降17.61%。2020年全市共有建筑工地710个，其中，房屋建筑工程674个，地铁工程标段19个，市政工程17个；资质等级以上建筑业企业施工面积7034.7万平方米，同比下降3.4%；房屋竣工面积1188.7万平方米，同比下降11.7%。2020年全市竣工绿色建筑面积572.87万平方米，绿色建筑占比90.98%；9个项目获得绿色建筑评价标识，总建筑面积112.35万平方米。至2020年底，全市累计获得绿色建筑评价标识项目94个，总建筑面积977.24万平方米。开拓省外建筑市场，158家施工企业在省外施工，总产值663.38亿元，占建筑业总产值37.77%，同比增长18.23%。11家企业开拓海外市场，实现国外总产值17.16亿元，同比下降45.19%。加强工程勘察设计行业监管，至2020年末，全市共有工程勘察设计企业310家，同比增加26家。其中，甲级企业106家，乙级企业175家，丙级29家；以工程设计类资质为主的企业283家，以工程勘察资质为主的企业27家，涉及17

个行业25个门类。2020年全市在册工程造价咨询企业120家，其中，甲级资质70家，乙级资质50家，从业人员4905人。拥有审图机构8家。保护建筑工人合法权益，执行建筑领域农民工工资保证金监管制度，2020年全市建筑领域返还农民工工资保证金117笔6000余万元，解冻预储金账户5个。河北建工集团有限公司、市住宅开发建设公司施工的中共石家庄市委党校迁建工程项目获评2020年度鲁班奖工程，市住宅开发建设公司施工的正定新区青少年宫工程获评2020年度国家优质工程奖。2020年全市21家企业35项工程获得“安济杯”(省优)工程，44家企业98项工程获得“兴石杯”(市优)工程。

(董成檩　周分清　王文晖)

【工程质量监管】 加强建筑工程规范管理，制定印发《关于开展房屋建筑和市政基础设施工程招标投标改革试点的通知》。开展建筑市场招投标改革，全年实行全流程电子招标工程项目1501项。落实招标人首要责任，建立评标定标分离制度，全年实行评定分离工程项目1175项。推进建设工程高质量发展，推行EPC工程总承包发包模式，全年实行工程总承包项目195项。开展深化工程质量提升专项行动，建立工程质量终身责任制度。执行建筑工人实名制管理办法，2020年全市建筑工人实名制管理平台覆盖工程793个，注册参建单位779个，注册人员14.65万人，正在施工项目实名制落实比例及更新率达到100%。2020年全市建设领域接受省住房和城乡建设厅建设工程质量巡查、结构优检查和易地扶贫搬迁项目质量检查各2次，节能检查、检测、监理专项检查各1次；受理申报创建结构优质工程568项，其中新申报236项，经审核上报省住房和城乡建设厅43项。2020年全市监督市政基础设施建设工程90项，书写记录监督执法过程475份，下发整改通知书38份。2020年全市建设领域受理消防验收项目86项，出具消防验收合格文书65项，不合格文书21项；受理消防验收备案项目50项，按时办结率100%。严格城市轨道交通工程质量监管，开展轨道交通工程质量监督交底4次，填写监督记录220余份，下发建设工程质量整改通知书10份；开展轨道交通工程质量巡查2次，检测混凝土强度及抽查原材料质量30余次；石家庄地铁2号线一期工程14个车站、16个区间和1座车辆段验收完毕。落实建筑业监管行政审批改革，6月1日，市住房和城乡建设局承接建筑工程材料设备使用备案职责；7月24日，市住房和城乡建设局下放建设工程消防验收备案、抽查职能至县级建设主管部门负责。推广优质建筑工程，2020年9月，全市分6批组织各县(市、区)建设部门主管人员及行政区域建设项目有关责任主体技术人员700余人在循环化工园区万科新都会住宅工程项目地举行质量现场观摩和技术交流活动。

(任春歌)

【建筑工地管理】 2020年全市共有建筑工地710个，建筑面积7000万平方米，其中，房建工程674个，地铁工程19个标段，市政工程17个。全年督导检查建筑工地5000余个(次)，下发安全隐患限期整改通知书1180份、停工通知书167份、执法建议书3份；作出处罚64起、罚款105.79万元；推荐申报省级文明工地84个，评定市级文明工地8个；开展建筑施工机械设备租赁企业安全生产标准化信用评价20家，接受相关事项咨询300余次；开展安全生产管理人员考核27批、考核人员13434人、合格8779余人，开展特种作业人员考核7批、考核人员1450人、合格1223人。提升建筑工地管理水平，举办建筑工地安全生产、扬尘治理及智慧工地推广现场观摩会和河北省建筑工地“标准化、规范化、智能化、人性化”管理现场会。加大建筑工地扬尘治理力度，全年下发督导整改通知单1015份，作出停工整改决定176份；处罚233项、罚款金额455万元；编制并向各县(市)区下发PM10监测数据周分析报告38期、监控月通报7期；建立短信提醒平台，实行重污染天气发布预警，累计发送短信3万余条；打造样板工地，评定扬尘治理五星级工地25个，评定规范化、标准化、信息化、人性化建设示范工地120个；建立远程扬尘监控平台及PM10监测平台，安装高清视频监控5173个、扬尘监测设备648个，建筑工地实现实时动态监控。

(任春歌　解国春)

【建筑科技与节能】 发展绿色建筑，推进建筑节能和新技术应用，城镇新建居住建筑执行75%节能标准，新建公共建筑执行65%节能标准。落实《河北省促进绿色建筑发展条例》，出台《石家庄市绿色建筑创建行动实施方案》，执行绿色建筑标准管理，确定政府投资或以政府投资为主、建筑面积大于2万平方米大型公共建筑、建筑面积大于10万平方米住宅小区按照高于最低等级绿色建筑标准建设。利用金融扶持政策支持绿色建筑销售，明确使用住房公积金购买高于最低等级绿色建筑标准的新建自住住房人员，最高贷款额度上浮至70万元。2020年全市竣工绿色建筑面积572.87万平方米，绿色建筑占比90.98%；9个项目获得绿色建筑评价标识，总建筑面积112.35万平方米。至2020年底，全市累计获得绿色建筑评价标识项目94个，总建筑面积977.24万平方米，绿色建筑占比93.37%。开展建筑节能降耗，推动被动式超低能耗建筑和装配式建筑发展。重视向社会普及被动房知识，8月28日，举办河北省被动式超低能耗建筑现场展示和网络直播活动。2020年全市新开工被动房项目9个，建筑面积44.42万平方米；竣工被动房项目8个，建筑面积5.15万平方米；在建被动房项目38个，建筑面积239.35万平方米。谋划实施装配式建筑项目，培育建设装配式建筑产业基地。2020年全市90个装配式建筑项目通过设计阶段专家评审会，建筑面积345万平方米；2个装配式建筑项目通过竣工阶段专家评审会，建筑面积26.31万平方米。2020年河北建工集团有限责任公司、河北安能绿色建筑科技有限公司入选第二批国家装配式建筑产业基地，中铁建华北建筑科技有限公司、河北曲寨装配式建筑材料有限公司新建成预制混凝土构件生产线各1条。至2020年末，全市共有装配式建筑产业基地7个，其中，国家级基地5个、省级基地2个；建成预制混凝土构建生产线12条，年设计产能63万立方米。推广建筑保温与结构一体化技术和建筑节能技术，2020年由市住房和城乡建设局申报的济南城通保温工程有限公司、石家庄晶达建筑体系有限公司、廊坊厚德科技有限公司、河北深科建筑材料有限公司、广骏新材料科技有限公司、河北众灿建材科技有限公司6家企业被省住房和城乡建设厅认定为建筑保温与结构一体化技术企业。开展冬季清洁取暖试点城市既有居住建筑节能改造，2020年全市完成既有居住建筑节能改造总建筑面积1015万平方米，涉及413个小区、2154栋建筑，受益居民8.25万户，超额完成全年目标任务。推进建筑领域研究和应用，2020年全市申报并列入省第26批建筑业新技术应用示范工程项目41项、省建设科技示范工程计划项目19项、省建设科技研究项目指令性计划课题项目7个、省建设科技研究项目指导性计划课题项目16个。

（王哲　梁耀龙）

【2019～2020年度建筑业诚信企业】

2020年市建筑业协会评选2019～2020年度石家庄市建筑业（3A级）诚信企业98家，其中，建筑施工企业55家，建筑门窗企业5家，预拌混凝土企业8家，工程监理企业16家，招标代理企业14家。

表45

2019～2020年度石家庄市建筑业诚信企业名单

企业类型	序号	企业名称	企业类型	序号	企业名称
建筑施工企业（55家）	1	石家庄一建建设集团有限公司	建筑施工企业（55家）	15	中通建工城建集团有限公司
	2	石家庄三建建业集团有限公司		16	中土城联工程建设有限公司
	3	石家庄建设集团有限公司		17	天俱时工程科技集团有限公司
	4	河北天森建工集团有限公司		18	河北盛达建筑有限公司
	5	河北科工建设集团有限公司		19	河北标航公路工程有限公司
	6	河北辛建建设集团有限公司		20	河北大力岩土工程有限公司
	7	河北中建工程有限公司		21	河北冠欧消防检测技术服务有限公司
	8	石家庄常宏建筑装饰工程有限公司		22	河北海鹰环境安全科技股份有限公司
	9	诚业工程科技集团有限公司		23	河北华菲装饰设计工程有限公司
	10	河北华信投资集团有限公司		24	河北杰安建筑安装工程有限公司
	11	浙江宝业建设集团有限公司		25	河北科原工程技术有限公司
	12	浙江城建建设集团有限公司		26	河北丽都建筑装饰工程有限公司
	13	中京建设集团有限公司		27	河北鹿铭建筑工程劳务分包有限公司
	14	中庆建设有限责任公司		28	河北鹿鑫建筑工程有限公司

续表

企业类型	序号	企业名称	企业类型	序号	企业名称
建筑施工企业（55家）	29	河北明亮消防工程有限公司	预拌混凝土企业（8家）	61	石家庄市胜利混凝土有限公司
	30	河北浦仁安全技术工程有限公司		62	石家庄市矿区宏源混凝土搅拌有限公司
	31	河北浦升安全技术工程有限公司		63	石家庄市中诚凯达预拌混凝土制品有限公司
	32	河北荣威电力工程有限公司		64	石家庄市曲寨砼业有限公司
	33	河北神栾建筑工程有限公司		65	石家庄中瑞预拌混凝土有限公司
	34	河北双维集团有限公司		66	石家庄凯嘉预拌混凝土有限公司
	35	河北四海航通安全技术工程有限公司		67	正定县恒通混凝土有限公司
	36	河北四维消防工程有限公司		68	河北长泰预拌混凝土有限公司
	37	河北同发铁路工程集团有限公司	工程监理企业（16家）	69	河北裕华工程项目管理有限责任公司
	38	河北威泰消防安全工程有限责任公司		70	河北三元建设监理有限责任公司
	39	河北鑫隆安全技术有限公司		71	河北泰旭投资管理有限公司
	40	河北雪龙建筑园林工程有限公司		72	河北华博工程建设监理有限公司
	41	河北益通建设工程有限公司		73	石家庄天元工程建设监理有限公司
	42	河北永瑞建筑安装工程有限公司		74	中建安工程管理有限公司
	43	河北筑能工程技术有限公司		75	河北电力工程监理有限公司
	44	灵寿县东巨建筑装饰工程有限公司		76	河北金正科信建设工程项目管理有限公司
	45	庞展建设工程有限公司		77	河北顺诚工程建设项目管理有限公司
	46	求实科技集团有限公司		78	河北华腾项目管理有限公司
	47	石家庄春龙建筑工程有限公司		79	河北工程建设监理有限公司
	48	永通建设工程有限公司		80	河北博大工程项目管理有限公司
	49	宇安建设工程有限公司		81	河北冀科工程项目管理有限公司
	50	中佳勘察设计有限公司		82	石家庄东方工程监理有限公司
	51	卓信通信股份有限公司		83	河北中原工程项目管理有限公司
	52	河北城建建设工程有限公司		84	中电科工程建设有限公司
	53	中海外交通建设有限公司	招标代理企业（14家）	85	瑞和安惠项目管理集团有限公司
	54	河北太行宏业建设集团有限公司		86	中建安工程管理有限公司
	55	江苏省苏中建设集团股份有限公司		87	河北华腾项目管理有限公司
建筑门窗企业（5家）	56	石家庄盛和建筑装饰有限公司		88	中大宇辰项目管理有限公司
	57	石家庄捷成门窗有限公司		89	河北昌建工程项目管理有限公司
	58	石家庄昱泰门窗有限公司		90	河北安达投资咨询有限公司
	59	河北可利幕墙有限公司		91	河北博鳌项目管理有限公司
	60	石家庄恒发钢化玻璃有限公司		92	河北省成套招标有限公司

续表

企业类型	序号	企业名称	企业类型	序号	企业名称
招标代理企业（14 家）	93	河北华业招标有限公司	招标代理企业（14 家）	96	国网河北招标有限公司
	94	河北光大一诺项目管理有限公司		97	河北中机咨询有限公司
	95	河北宏信招标有限公司		98	河北冀科工程项目管理有限公司

【2020 年度建筑业先进企业】 2020 年市建筑业协会评选 2020 年度石家庄市建筑业先进企业 124 家，其中，建筑施工先进企业 78 家，建筑门窗十强企业 10 家，预拌混凝土企业 10 家，工程监理先进企业 10 家，招标代理先进企业 16 家。

表 46

2020 年度石家庄市建筑业先进企业名单

企业类型	序号	企业名称	企业类型	序号	企业名称
建筑施工先进企业（78 家）	1	河北建工集团有限责任公司	建筑施工先进企业（78 家）	22	河北省水利工程局
	2	石家庄一建建设集团有限公司		23	河北楷彤园林绿化工程集团有限公司
	3	石家庄建工集团有限公司		24	石家庄市市政建设总公司
	4	石家庄三建建业集团有限公司		25	河北建翔建筑工程有限公司
	5	石家庄建设集团有限公司		26	京宏鹏远建设工程有限公司
	6	石家庄市住宅开发建设公司		27	大鑫建设工程有限公司
	7	河北恒山建设集团有限公司		28	河北宏远建筑安装有限公司
	8	河北中瑞建设集团有限公司		29	河北海鹰环境安全科技股份有限公司
	9	河北天山实业集团建筑工程有限公司		30	石家庄辉建建筑工程有限公司
	10	京鑫建设集团有限公司		31	中铁六局集团石家庄铁路建设有限公司
	11	河北天森建工集团有限公司		32	中土大地国际建筑设计有限公司
	12	河北省第四建筑工程有限公司		33	中通建工城建集团有限公司
	13	河北省第二建筑工程有限公司		34	河北空调工程安装有限公司
	14	河北省安装工程有限公司		35	河北中北建筑装饰工程有限公司
	15	河北科工建设集团有限公司		36	河北神兴建筑工程有限公司
	16	河北辛建建设集团有限公司		37	河北鹏力建设工程有限公司
	17	金秋建设集团有限公司		38	河北佳明消防工程有限公司
	18	中土城联工程建设有限公司		39	河北华菲装饰设计工程有限公司
	19	江苏南通二建集团有限公司		40	河北方圆建筑工程有限公司
	20	浙江宝业建设集团有限公司		41	京铁建设集团有限公司
	21	石家庄常宏建筑装饰工程有限公司		42	河北大力岩土工程有限公司

续表

企业类型	序号	企业名称	企业类型	序号	企业名称
建筑施工先进企业（78家）	43	河北华研卓筑加固工程集团有限公司	建筑施工先进企业（78家）	74	河北城建建设工程有限公司
	44	石家庄春龙建筑工程有限公司		75	河北杰安建筑安装工程有限公司
	45	中铁三局集团第二工程有限公司		76	中京建设集团有限公司
	46	新中原建筑装饰工程有限公司		77	河北太行宏业建设集团有限公司
	47	河北军鼎实业发展有限公司		78	江苏省苏中建设集团股份有限公司
	48	中石化工建设有限公司	建筑门窗十强企业（10家）	79	中兆海山建筑装饰工程有限公司
	49	中海外交通建设有限公司		80	河北天山建材科技有限公司
	50	河北双维集团有限公司		81	石家庄盛和建筑装饰有限公司
	51	河北中建工程有限公司		82	河北建工集团装饰工程有限公司
	52	河北雪龙建筑园林工程有限公司		83	河北海益建筑装饰工程有限公司
	53	河北神栾建筑工程有限公司		84	河北可利幕墙有限公司
	54	河北华信投资集团有限公司		85	石家庄捷成门窗有限公司
	55	中建八局第二建设有限公司		86	石家庄昱泰门窗有限公司
	56	永通建设工程有限公司		87	河北四站装饰工程有限公司
	57	河北中核岩土工程有限责任公司		88	河北奥意新型建材有限公司
	58	中佳勘察设计有限公司	预拌混凝土先进企业（10家）	89	河北锐驰预拌混凝土有限公司
	59	河北中创安装有限公司		90	河北大山建材有限公司
	60	石家庄金盾安全技术工程有限公司		91	河北长泰预拌混凝土有限公司
	61	中庆建设有限责任公司		92	石家庄市胜利混凝土有限公司
	62	河北盛达建筑有限公司		93	河北贮昊混凝土有限公司
	63	庞展建设工程有限公司		94	石家庄市福牛预拌混凝土有限公司
	64	河北冠欧消防检测技术服务有限公司		95	河北益百预拌混凝土有限公司
	65	天俱时工程科技集团有限公司		96	石家庄金隅混凝土有限公司
	66	河北鹿铭建筑工程劳务分包有限公司		97	河北福威建材有限公司
	67	河北坦途路桥工程有限公司		98	河北民安预拌混凝土有限公司
	68	诚业工程科技集团有限公司	工程监理先进企业（10家）	99	河北顺诚工程建设项目管理有限公司
	69	石家庄泛安科技开发有限公司		100	河北冀科工程项目管理有限公司
	70	河北浦仁安全技术工程有限公司		101	中建安工程管理有限公司
	71	河北蓝天通信有限责任公司		102	河北冀通工程建设监理有限公司
	72	河北明亮消防工程有限公司		103	建信项目管理有限公司
	73	河北标航公路工程有限公司		104	河北裕华工程项目管理有限责任公司

续表

企业类型	序号	企业名称	企业类型	序号	企业名称
工程监理先进企业（10 家）	105	河北三元建设监理有限责任公司	招标代理先进企业（16 家）	115	河北安达投资咨询有限公司
	106	河北省冀咨工程监理有限责任公司		116	河北中原工程项目管理有限公司
	107	方舟工程管理有限公司		117	河北冀科工程项目管理有限公司
	108	河北中原工程项目管理有限公司		118	河北博鳌项目管理有限公司
招标代理先进企业（16 家）	109	河北省成套招标有限公司		119	中和冀润工程管理有限公司
	110	瑞和安惠项目管理集团有限公司		120	中交远洲招标咨询有限公司
	111	中建安工程管理有限公司		121	河北宏信招标有限公司
	112	河北华腾项目管理有限公司		122	国网河北招标有限公司
	113	石家庄轩硕工程项目管理有限公司		123	河北中机咨询有限公司
	114	中大宇辰项目管理有限公司		124	河北永恒泰招标有限公司

（市建筑业协会）

住房保障和房地产业

【概况】 2020 年全市贯彻落实中央、河北省关于住房保障和房地产政策要求，坚持“房子是用来住的、不是用来炒的”基本定位，继续落实“限购”“限贷”“限售”政策。推进房地产市场平稳有序发展，印发《石家庄市落实房地产市场平稳健康发展城市主体责任制工作方案》。加强新建商品房预售和物业管理，印发《石家庄市新建商品房预售资金监管办法》《石家庄市物业管理专家管理规定》《关于使用住宅专项维修资金实行分期付款的通知》。至 2020 年底，石家庄市累计备案房地产开发企业 1335 家，其中，国家和河北省审批三级以上资质企业 163 家（一级资质 7 家、二级资质 49 家、三级资质 107 家），石家庄市审批备案四级、暂定级资质企业 1172 家（四级资质 531 家、暂定级资质 641 家）。扩大公共保障房供应，实施棚户区改造，保持房价适度稳定。2020 年石家庄市列入国家建设计划公共租赁住房项目 309 个 78308 套，分配 304 个 78088 套；在建项目 5 个 220 套。其中，政府产权公租房 247 个 68692 套，分配 242 个 68472 套；企业产权公租房项目 62 个 9616 套，全部分配入住。2020 年石家庄市发放公租房租赁补贴 886 户，发放补贴资金 264.25 万元。2020 年市区两次公开摇号分配保障房 5557 套，至 2020 年底，市区累计分配入住保障房小区 83 个 53962 套，改善住房条件居民达到 17 万人。2020 年全市棚户区改造开工 12491 套，基本建成 12759 套，超额完成河北省下达任务目标。2020 年市区商品房上市面积 1046.8 万平方米，同比增长 36.1%；成交面积 805.4 万平方米，同比增长 30.2%；成交均价 11052 元 / 平方米，同比下降 4.95%。2020 年市区存量房成交面积 256.5 万平方米，同比下降 3.2%；成交均价 13174 元 / 平方米，同比下降 3.8%。2020 年市区商品房库存 1579 万平方米，同比增长 17.2%。其中，商品住房 785 万平方米，消化周期 15 个月；商业办公用房 474 万平方米，消化周期 42 个月。2020 年依据国家统计局公布全国 70 个大中城市房价指数数据，石家庄市房价涨跌幅度处于中等偏下水平。加强房地产市场监管，印发《石家庄市关于治理房地产开发领域违法建设 建立健全长效机制的实施意见》。2020 年全市列入房地产开发治理“三难”问题项目 309 个、“烂尾楼”问题项目 50 个、未按规划建设或未正常移交非经营性公建配套设施问题项目 97 个；至 2020 年末，全市 64 个存在违法违规问题未处理到位项目全部整改完毕。

（苑志杰）

【保障性安居工程】 2020 年石家庄市列入国家建设计划公共租赁住房项目 309 个 78308 套，分配 304 个 78088 套，分配率 99.7%；在建项目 5 个 220 套。其中，政府产权公租房 247 个 68692 套，分配 242 个 68472 套，分配率 99.7%；企业产权公租房项目 62 个 9616 套，全部分配入住。2020 年石家庄市发放公租房租赁补贴 886 户，完成省下达任务 110.8%；发放补贴资金 264.25 万元。2020 年市区保障性住房全部采取计算机摇号分配，并按照保障家庭情况分设“优先批”“轮后批”“普通批” 3 个批次；配租残疾人、65 周岁以上老人和人口较多的家庭，优先照顾楼层和户型；住房分配过程邀请纪检监察部门、保障家庭代表、新闻媒体、公证处、人大代表、政协委员全程现场监督。6 月 18 日，市区第一批公共保障房公开摇号分配；10 月 23 日，市区第二批公共保障房公开摇号分配。2020 年市区两次公开摇号分配保障房 5557 套，至 2020 年底，市区累计分配入住保障房小区 83 个 53962 套，改善住房条件居民达到 17 万人。住房保障低收入和中等偏下收入家庭界定标准调整。2020 年市住房和城乡建设局依据市统计局公布的 2019 年城镇人均可支配收入数据，确定城镇低收入家庭界定标准由 2371 元 / 月提高到 2570 元 / 月、城镇中等偏下收入家庭收入界定标准由 2964 元 / 月提高到 3213 元 / 月。

（冯建磊）

【棚户区与老旧小区改造】 棚户区改造。详细分解河北省下达石家庄市棚户区改造任务，市政府与各县（市、区）政府签订目标责任状，明确棚户区改造建设时间节点和任务目标。2020 年全市争取上级补助资金 10188 万元，棚户区改造专项债券 10.4 亿元。2020 年全市棚户区改造开工 12491 套，基本建成 12759 套，超额完成河北省下达任务目标。2020 年 5 月 5 日，根据国务院办公厅印发《关于对 2019 年落实有关重大政策措施真抓实干成效明显地方予以督查激励的通报》，石家庄市入选 2019 年度全国“棚户区改造十大激励支持城市”，这是自 2008 年棚户区改造工作开展以来河北省唯一入选城市。老旧小区改造。2020 年全市改造完成老旧小区 358 个，超出河北省下达任务 65 个；建成楼房 1403 栋、建筑面积 555 万平方米；完成总投资 17 亿元，惠及居民 7.2 万户。

（李树勇　耿鹏涛）

【房地产市场交易】 商品住房上市面积、成交面积同比上升。2020 年市区商品房上市面积 1046.8 万平方米，同比增长 36.1%。其中，商品住房面积 857 万平方米，增长 52.2%；商业营业用房面积 32.2 万平方米，下降 42.6%；办公楼面积 59.8 万平方米，下降 24.9%。2020 年市区商品房成交面积 805.4 万平方米，同比增长 30.2%。其中，商品住房成交面积 621.7 万平方米，增长 31.1%；商业营业用房成交面积 55.4 万平方米，下降 20.9%；办公楼成交面积 80.5 万平方米，增长 24.2%。商品住房成交均价同比下降。2020 年市区商品房成交均价 11052 元 / 平方米，同比下降 4.95%。其中，商品住房成交均价 11131 元 / 平方米，下降 1.8%；商业营业用房成交均价 13242 元 / 平方米，下降 14.4%；办公楼成交均价 12241 元 / 平方米，增长 6.4%。存量房成交面积、价格同比下降。2020 年市区存量房成交面积 256.5 万平方米，同比下降 3.2%，其中，存量住房成交面积 238.2 万平方米，下降 2.2%。2020 年市区存量房成交均价 13174 元 / 平方米，同比下降 3.8%，其中，存量住房成交均价 13821 元 / 平方米，下降 4.4%。本地居民购房比例继续上升。2020 年石家庄本地居民购买房产比例达到 86.7%，其中，城区占比 67.9%，郊县占比 18.8%；非本地居民购买房产比例占比 13.3%。2020 年石家庄本地居民购买房产比例同比上升 0.1%，其中城区居民购买上升 0.3%。商品住房库存面积同比上升。2020 年市区商品房库存面积 1579 万平方米，同比增长 17.2%。其中，商品住房库存面积 785 万平方米，消化周期 15 个月；商业办公用房库存面积 474 万平方米，消化周期 42 个月，商业办公用房库存面积中包含商业营业用房面积 254 万平方米、办公楼面积 220 万平方米；其他住房库存面积 320 万平方米。2020 年全市办理商品房合同网签备案 7.3 万套、698 万平方米，存量房网签备案 3.04 万件、258 万平方米，抵押合同备案 8.3 万件、938 万平方米，住房租赁合同备案 1361 套；监管商品房资金 135.73 亿元、存量房资金 19.6 亿元；提供房产档案查询 9.8 万件；协助司法类案件执行 1.3 万件。开展房地产中介机构和在建在售房地产开发项目巡查，4 月 15 日，全市启动为期 7 个月房地产中介机构集中整治行动；落实《关于开展商品房违规销售专项整治行动的通知》要求，整治和巡查市内 4 区 33 家房地产中介公司和 57 个在建在售房地产项目。2020 年市房产交易中心率先在全省完成“一窗受理”接口开发，实现网办业务与河北政务服务网系统 100% 对接。

（付超群）

【物业管理】 加强物业信息化管理，启用河北省物业服务行业管理信息系统。开展“物业管理提升年”活动，2020 年全市办理物业企业基本信息备案 143 项、物业服务项目备案 208 个、企业信息和项目变更 111 个。推进“红色物业”建设，制定印发《关于加强和推进“红色物业”工作的实施意见》等文件，出台 3 批 31 条“红色物业”扶持政策。以打造“四强一高”（党建设强、社会责任强、经营管理强、服务能力强、群众满意度高）“红色物业”为目标，探索实行“5+3”物业管理模式（垃圾当日清、违建全拆除、安全有保障、停车有秩序、维修要及时及突出党建引领、凝聚道德力量、涵养社区文化），重点推进物业企业党建工作和城市基层治理体系建设。评选确定市级“金牌红色物业”两批25家。4月29日，市委组织部、市住房和城乡建设局公布10个物业服务项目获评市级第二届“金牌红色物业”。长安区（3家）：石家庄市天滋物业服务有限公司棉三生活区项目部（棉三生活区）、石家庄市东胜物业服务有限公司棉四生活区项目部（棉四生活区）、石家庄鸿磊物业服务有限公司建明小区项目部（建明小区）。新华区（2家）：河北慧家物业服务有限公司安居园项目部（安居园）、石家庄市新华区物业管理公司新苑小区项目部（新苑小区）。桥西区（2家）：河北绿雅物业服务有限公司裕华西路93号项目部（市一药三生活区、市公路处宿舍）、石家庄明珠物业服务有限公司市新石北路336号院项目部（新石北路336号院）。裕华区（2家）：成都乐居物业管理有限公司石家庄分公司槐东小区项目部（槐东小区）、石家庄市东胜物业服务有限公司纺器厂宿舍项目部（纺器厂宿舍）。高新区（1家）：河北三水物业服务有限公司大江山小区项目部（大江山小区）。7月3日，市委组织部、市住房和城乡建设局公布15个物业服务项目获评市级第三批“金牌红色物业”。长安区（4家）：河北林洁物业服务有限公司新阳小区项目部（新阳小区）、石家庄金德物业服务有限公司华平苑项目部（华平苑）、河北静佳物业服务有限公司园东园小区北区项目部（园东园小区北区）、石家庄源美物业服务有限公司桃李巷生活区项目部（桃李巷生活区）。桥西区（4家）：河北宜和物业服务有限公司四中路68号院项目部（四中路68号院）、石家庄新西物业服务有限公司长青路片区项目部（棉麻供销社宿舍、手表厂宿舍）、河北永旭物业服务有限公司西城支行项目部（西城支行宿舍、文教局宿舍）、石家庄恒达物业服务有限公司十中宿舍项目部（十中宿舍）。新华区（4家）：天山科洁物业服务有限公司柏林北区项目部（柏林北区）、想象住区物业服务有限公司太行生活区项目部（太行生活区）、石家庄诚宇物业服务有限公司合心苑小区项目部（合心苑小区）、石家庄市恒信物业服务有限公司华泰家园项目部（华泰家园）。裕华区（3家）：河北金和物业服务有限公司农业厅宿舍项目部（省农业厅宿舍）、石家庄金世纪物业服务有限公司金鹏花园项目部（金鹏花园）、石家庄惠众联行物业服务有限公司槐南路140号院项目部（槐安路140号院）。2020年全市物业服务企业以“红色物业”管理模式承接老旧小区1361个，受惠居民90余万人。2020年市级落实“金牌红色物业”奖励资金605万元、“开荒资金”1785万余元、物业服务补贴资金1422万余元。

（苑志杰　耿鹏涛）

【住房租赁与维修】 坚持“房住不炒”定位，落实多主体供给、多渠道保障、租购并举住房管理制度。2020年7月，石家庄市入选2020年中央财政支持住房租赁市场发展试点城市，3年获得国家住房租赁补助资金24亿元。9月1日，市住房租赁服务市场启用，地址位于石家庄市长安区北二环东路78号金石街北段天洲国际中心三、四层，业务涵盖房源查询、租赁、购买、网签、备案、仲裁等功能需求，可提供租、卖、购“一站式”安家置业服务。至2020年末，市住房租赁服务市场进驻品牌房地产开发企业和住房租赁企业达到20余家。落实住宅专项维修资金归集管理和核准使用规定，市内4区实行商品房、拆迁房、经济适用房、危改房维修资金缴存统一标准。2020年市区住宅专项维修资金归集5.4亿元，增值利息收益1400余万元；核准使用维修资金项目737个，拨付资金1826.67万元；办理房屋灭失资金返还1402户、金额142.56万元。

（付超群　王永　赵现锋）

住房公积金管理

【概况】 2020年石家庄住房公积金管理中心新开户单位2798个、职工93597人，归集住房公积金122.13亿元，同比增长9.91%；提取住房公积金81.08亿元，同比增长12.11%；发放住房公积金贷款58.26亿元，同比增长1.39%；实现增值收益6.84亿元，同比增长30.04%，超额完成全年目标任务。至2020年12月底，石家庄住房公积金累计缴存897.25亿元，累计提取463.94亿元，累计发放个人贷款16.25万户482.59亿元，归集余额433.31亿元，个人贷款余额295.32亿元。执行住房公积金管理政策，2020年石家庄住房公积金管理中心对违反《住房公积金管理条例》及相关法规行为人员依法落实行政处罚，其中，缴纳行政罚款 18 人 24230 元，申请人民法院强制执行 11 人。加快住房公积金管理“放管服”改革，全力推进住房公积金信息化建设，创新实现全市住房公积金缴存及购房、租房提取业务“全程网办”；至 2020 年 12 月底，全市 8 个“跨省通办”服务事项中，个人住房公积金缴存贷款等信息查询、提前还清住房公积金贷款、正常退休提取住房公积金、住房公积金单位及个人缴存信息变更、住房公积金单位登记开户 5 个事项实现全程网上办理。2020 年全市住房公积金业务办理由柜台拓展至中心网上大厅、手机公积金、微信公众号、支付宝城市服务、冀时办 App 等渠道。至 2020 年末，全市 7489 家住房公积金缴存单位开通网上缴存业务，55.9 万职工下载注册住房公积金手机 App，30.9 万职工关注石家庄住房公积金微信公众号，47 项住房公积金业务办理达到“一次办结”服务目标。2020 年石家庄住房公积金管理中心获授“河北省文明单位”称号。

【住房公积金缴存与提取】 住房公积金缴存基数政策。2020 年石家庄住房公积金月缴存基数最高不超过 2019 年职工月平均工资的 3 倍，最低不低于 2019 年职工月平均工资的 60%。依据省统计局公布的 2019 年石家庄（不含辛集）城镇非私营单位就业人员年平均工资 76980 元测算，2020 年石家庄住房公积金缴存基数最高为 19245 元，最低为 3849 元。单位和职工住房公积金缴存比例均不得低于 5%，最高不得超过 12%。住房公积金缴存单位可在 5% ～ 12% 区间内自主确定单位和个人住房公积金缴存比例，单位和个人缴存比例应当一致。2020 年石家庄职工住房公积金账户存款利率按照一年期定期存款基准利率 1.5% 执行。灵活就业人员缴存住房公积金政策。3 月 27 日，石家庄住房公积金管理委员会出台《石家庄灵活就业人员自愿缴存住房公积金管理办法（试行）》，确定在石家庄住房公积金管理中心设立集中缴存管理账户，灵活就业人员可在集中缴存管理账户下开设个人账户，实行集中管理。异地个人住房贷款、异地购房提取政策。12 月 1 日，石家庄住房公积金管理委员会出台《关于进一步做好住房公积金异地个人住房贷款、异地购房提取相关工作的通知》，明确职工购买石家庄市行政区域外自住住房，未取得不动产权证书的，可提供经房地产主管部门登记备案的购房合同及售房单位签章的购房款发票，向石家庄住房公积金管理中心申请提取购房当月之前（含当月）职工账户余额。

表 47

2020 年石家庄住房公积金提取条件一览表

序号	提取条件	序号	提取条件
1	职工本人及配偶在本市无自有住房且租赁住房	8	死亡或已宣告死亡
2	购买、建造、翻建、大修自住住房	9	出境定居
3	未配备电梯，老旧住宅小区自住住房加装电梯	10	完全丧失劳动能力，并与单位终止劳动关系
4	偿还购房贷款本息	11	参军、上学，并与单位终止劳动关系
5	被纳入本市城镇居民最低生活保障范围	12	被判处刑罚，并与单位终止劳动关系
6	遇有突发事件，造成家庭生活严重困难	13	职工与单位解除或终止劳动关系满半年未继续缴存
7	退休		

【住房公积金贷款】 住房公积金贷款申请条件。2020 年石家庄市个人住房公积金贷款申请条件参见表格。住房公积金贷款期限。2020 年石家庄市个人住房公积金贷款期限最长 30 年，且不超过借款人法定离退休年龄后 5 个自然年度（男不超过 65 周岁，女不超过 60 周岁）；购买二手房的，除满足上述条件外，贷款期限还不得超过房屋剩余使用年限。住房公积金贷款额度。2020 年石家庄市个人住房公积金贷款额度最高 60 万元，具体贷款额度结合申请人及配偶的公积金缴存、还贷能力、负债情况、贷款期限及所购房屋价值等因素综合确定。9 月 30 日，市住房和城乡建设局印发《石家庄市绿色建筑创建行动实施方案》（石住建办〔2020〕41 号）；石家庄住房公积金管理中心依据《石家庄市绿色建筑创建行动实施方案》，确定使用住房公积金购买高于最低等级

绿色建筑标准的新建绿色建筑自住住房的贷款最高额度上浮至70万元。住房公积金贷款利率。2020年住房公积金个人贷款利率执行中国人民银行公布的个人住房公积金贷款利率。购买家庭首套住房的个人住房公积金贷款利率为：1～5年期（含）年利率2.75%，6～30年期年利率3.25%。购买家庭第二套住房的个人住房公积金贷款利率为同期首套个人住房公积金贷款利率的1.1倍，即：1～5年期（含）年利率3.025%，6～30年期年利率3.575%。住房合同签订日至贷款发放日期间遇中国人民银行调整利率，放款时按照中国人民银行调整后的利率执行。合同履行期间，法定贷款利率调整时，贷款期限在1年（含1年）以下的，执行合同利率；贷款期限在1年以上的，自利率调整之日的次年1月1日开始，按调整后的利率执行（如利率在一个日历年度内经过两次或两次以上调整的，执行该日历年度内最后一次调整的利率）。省直住房资金管理中心缴存职工、灵活就业人员、异地个人住房贷款办理规定。8月6日起，河北省省直住房资金管理中心缴存职工在石家庄住房公积金管理中心申请贷款时，河北省省直住房资金管理中心缴存证明不再作为申请要件，缴存情况存疑的，可要求提供缴存明细等相应辅助证明材料。依据3月27日石家庄住房公积金管理委员会出台的《石家庄灵活就业人员自愿缴存住房公积金管理办法（试行）》规定，石家庄住房公积金管理中心开办自由职业者缴存使用住房公积金业务，申请集中缴存管理的灵活就业人员，连续足额缴存住房公积金满6个月后，在石家庄市行政区域内购买自住住房，可申请住房公积金贷款，最高贷款额度60万元；申请住房公积金贷款的灵活就业人员，贷款发放后，借款人应继续履行缴存义务，按期足额偿还住房公积金贷款本息，逾期不还的，石家庄住房公积金中心有权提前终止合同，收回已发放的住房公积金贷款。依据12月1日石家庄住房公积金管理委员会出台的《关于进一步做好住房公积金异地个人住房贷款、异地购房提取相关工作的通知》，自12月15日起，石家庄住房公积金管理中心开办住房公积金异地个人住房贷款业务。

表48

2020年石家庄住房公积金申请贷款条件一览表

序号	申请贷款条件
1	贷款申请人应具有完全民事行为能力
2	设立公积金账户并连续足额缴存住房公积金6个月以上（自主择业军队转业干部应将原来部队一次性发给服现役期间的住房公积金，补缴至正常公积金账户）
3	使用公积金贷款次数应符合国家相关规定
4	具有偿还贷款本息能力，信用良好
5	所购住房为合法住房并能够为此笔贷款提供担保或抵押
6	已付房款不低于规定比例
7	法律、法规及政策规定的其他条件

石家庄住房公积金管理中心
主　任：穆增科
副主任：王书刚　耿占合　董海林
曹元华（10月免）

（宋陈）

城市管理

【概况】2020年石家庄城市管理以建设美丽省会、创建国家卫生城市和全国文明城市复检为目标，深化实施城市精细管理，全力推进智慧城市建设。开展城市环卫保洁，清理整治城中村、城乡接合部各类积存垃圾35万余立方米。扩大生活垃圾分类覆盖范围，至2020年底，石家庄市长安区、桥西区、新华区、裕华区、高新区、藁城区、鹿泉区、栾城区、正定县城区实现生活垃圾分类全覆盖。加强市政设施维护，改造市政老旧管网539.3千米，维修道路61万平方米，城区道路设施完好率保持95%以上；疏通排水管道1500千米，掏挖收检井10万座（次）；城市排水管网雨污分流改造完成172千米，主城区市政排水雨污合流管道基本“清零”。加快海绵城市建设，超额完成国家确定达到建成区面积20%以上海绵城市建设目标。严格城市管理执法，2020年市城管部门查处各类城市管理违章案件333起，规范管理市政工地、户外广告、建筑垃圾运输车辆5890起，督察案件1216件；全市查处供排水违法问题94个，整改“未取得施工许可擅自施工”等违规违建项目93个，西美金山湖违建问题“回头看”整治完毕。推进数字城管建设，城市管理“市民通”App开通，全年收到市民反映问题1205件，办结率达到85%。提升供水、供热、供气等城市公用事业保障能力。供水。2020年市水务集团累计产水20479.94万立方米，其中，南水北调引江水16244.7万立方米，水库水3424.39万立方米，地下水810.85万立方米；主城区供水水质合格率达到100%。供热。2020～2021年采暖季石家庄市城镇供热总面积2.77亿平方米，供热居民小区5511个，设有热力站3400座。其中，主城区供热总面积1.93亿平方米，热力站2233个；其他县（市、区）供热总面积8423万平方米，供热居民小区2413个，热力站1167座，2020年石家庄市集中供热和清洁能源供热率均达100%。供气。至2020年末，市内8区和循环化工园区燃气管网总长度达到1.75万千米，主城区4区燃气管网长度达到6215.52千米；市内8区和循环化工园区拥有天然气用户211.5万户、液化石油气用户13.5万户，主城区4区拥有天然气居民用户160.3万户、液化石油气居民用户10万户。2020年石家庄市域天然气总用量达到27.6亿立方米，主城区天然气总用量达到12.48亿立方米。2020年市城市管理综合行政执行局复查确认继续保留全国文明单位称号。

【环境卫生保洁】 提升城区环境卫生标准，建立全链条环卫作业、垃圾处置管理制度。开展春秋两季“洁城行动”，严格“以克论净”考核。实行“作业时间、作业模式、作业标准”三统一和“扫、冲、洗、保”四位一体集中作业模式，道路抑尘形成常态化管理，主城区机械化清扫率达到90%以上，主街主路清扫率达到100%。全年城区新建及改造公厕164座。开展城中村、城乡接合部环卫集中整治行动，清理整治各类积存垃圾35万余立方米。破解垃圾处理短板，建设垃圾焚烧项目全部投用，2020年石家庄市日处理垃圾能力达到1万吨以上，城市建成区实现原生垃圾零填埋，无害化处理率达到100%。生活垃圾分类。制定出台《石家庄市生活垃圾分类工作实施方案（2018～2020年）》《石家庄市生活垃圾分类运输分类处置工作实施方案》《石家庄市生活垃圾分类考评办法》等文件。至2020年底，石家庄市长安区、桥西区、新华区、裕华区、高新区、藁城区、鹿泉区、栾城区、正定县城区实现生活垃圾分类全覆盖。加快垃圾分类进度，全市3691个小区163.3万户、1039个公共机构、426所学校、990个公共清扫区域完成垃圾分类基础设施布设。11月11日，石家庄市长安区生活垃圾分类分拣中心揭牌运营；该分拣中心位于长安区南村镇，占地面积6700平方米，总投资2000万元，日均处理垃圾回收量80余吨，这也是石家庄市首家大型综合性生活垃圾示范分拣中心；具有分拣减容、转运仓储、智能数据分析及教育宣讲四大功能区，其中转运仓储区设有有害垃圾、大件垃圾、织物、金属、玻璃、塑料、纸类、电子8个区域，可集中分拣废纸张、废塑料、废织物、废金属等可回收物。2020年市医疗废物处置中心收集处理医疗机构医疗废物达到1400余家，日处理医疗垃圾能力达到20吨。至2020年末，全市建成餐厨垃圾处理设施14座、可回收分拣中心15座、垃圾焚烧设施10座，每日1万余吨生活垃圾全部做到焚烧处理。

【市政设施维护】 全年改造市政老旧管网539.3千米，超额完成任务量169.8千米；维修道路61万平方米，冲洗桥梁设施68万平方米，城区道路设施完好率保持95%以上；疏通排水管道1500千米，掏挖收检井10万座（次）；城市排水管网雨污分流改造完成172千米，主城区市政排水雨污合流管道基本“清零”。道路隐患检测长度1100千米。市区破损道路大修工程、南二环河北师范大学北门人行天桥工程完工。全年市区整修路便道42条30万平方米，集中维修和施工市区范围主要路口42个，整体盖被13万平方米。民心河补充地表水、中水3800万立方米。城区排水和防汛。完善城区北部肖家营及东部白佛区域排水设施，改造滨华路等易积水区域排水管网4处、地道桥泵站14座，新建道路雨污水管网7条。城市照明。全年更换各类照明灯具1.6万个，更换开关、镇流器、触发器等1.5万个，更换各类线缆7.6万米，处理单灯及线路故障1880处，亮灯率达100%；整修及补装杆门1766个，整修及补装电缆井、井盖3653个，维护保洁灯杆13.5万杆次。节约用电，拆除建设年限较长、破损严重、不适宜继续运行84栋楼宇7.8万套夜景灯饰，拆除大功率、高能耗灯具36盏；公益夜景亮灯时间由原来每周二、五、六晚间亮灯调整为每周五、六晚间，每晚亮灯时间减少1小时，亮灯范围调整为市区一环内及新客站周边，每周节约电费1.2万元。营造节日气氛，春节和国庆节悬挂小红灯笼5.6万个，开启楼宇夜景538栋。

【城市综合治理】 2020年市城管部门查处各类城市管理违章案件333起，规范管理市政工地、户外广告、建筑垃圾运输车辆5890起，督察案件1216件。2020年全市查处供排水违法问题94个，整改“未取得施工许可擅自施工”等违规违建项目93个，西美金山湖违建问题“回头看”整治完毕。加强市容管理，开展市容秩序集中整治活动，整治工地围挡367处，清理市区二环内各类棚亭、地锁、地桩等2.9万个，拆除门店牌匾广告1883处，扣缴违规停放共享单车12.5万辆，清理占道经营5.7万处。建立和完善“红黑榜、路街长、门前三包”制度和网格化管理机制，应用智能视频识别、“市民通”App等新技术，创新徒步巡查城市管理模式，做到用脚步丈量大街小巷、用行动破解城市管理难题。提升省会城市形象和品位，实施中华大街、裕华路景观整治工程，开展美丽街区、精品街道创建活动，升级改造市区二环路沿线景观。促进惠民经营活动，落实“一区一特色、一街一风貌”策略，实施分行业、分类别管理，快速复苏省会城市“烟火气”。推进数字城管建设，2020年市城市管理综合服务平台与国家、省城市管理综合服务平台实现联通；主城区二环外、藁城区、鹿泉区、栾城区、高新区、正定县数字城管信息采集上报案卷110余万件，结案率达到99.6%；市区槐安大桥结构监测系统、民心河雨水闸门远程控制及监控系统、“12319”热线系统、智慧供热系统升级改造完成；城市管理“市民通”App开通，收到市民反映问题1205件，办结率达到85%。

【供水及污水处理】 2020年市水务集团累计产水20479.94万立方米，其中，南水北调引江水16244.7万立方米，水库水3424.39万立方米，地下水810.85万立方米；主城区供水水质合格率达到100%。主城区8.9千米老旧供水管网改造和35眼自备井连通任务完工。2020年石家庄主城区居民用水价格为每立方米5.23元，执行居民价格的非居民用水价格为每立方米5.66元，非居民用水价格为每立方米8.94元，特殊行业用水价格为每立方米49.73元。提升污水污泥处置能力，实施桥东、桥西、西北污水处理厂提标改造项目，污水处理厂出水水质由一级A标准提高到子牙河流域排放限值。推进实施西兆通再生水厂和地上公园项目、桥西污水处理厂三期项目。全年主城区处理污水量3.1亿吨，污水处理率100%，污泥均实现无害化处理。

【供热】 2020～2021年采暖季石家庄市城镇供热总面积2.77亿平方米，供热居民小区5511个，设有热力站3400座。其中，主城区供热总面积1.93亿平方米，热力站2233个，由24家供热企业（央企2家、市属国有企业1家、私营企业21家）承担；其他县（市、区）供热总面积8423万平方米，供热居民小区2413个，热力站1167座，由当地供热管理机构负责。2020年主城区热源主要包括西柏坡、上安、鹿华、裕华、良村、石热6个热电厂，185个分布式燃气锅炉房，循环化工园区、桥西污水厂、桥东污水厂3个工业余热供热系统，主城区与县（市、区）集中供热和清洁能源供热率均达100%。2020年全市完成供热老旧管网改造一次网151.7千米、二次网363.45千米。其中，主城区改造一次网110.7千米、二次网363.45千米；其他县（市、区）改造一次网41千米。推进热源热网建设，西柏坡电厂废热入市首站新建加热器、废热回收热泵设施7台；新华热电厂旧址新建供热能力2000万平方米供热大温差热泵设施；石热九期安装燃气机组2台，实现九期燃气热源替代七期燃煤热源；西柏坡电厂废热替代石热八期燃煤热源工程开工；至2020～2021年采暖季，石家庄市主城区三环以内仅剩石热八期燃煤热源1座，其余供热基本实现无煤化。加强供热运行管理，完善《石家庄市供热服务标准》，出台《石家庄市供热冬病夏治导则》，实施供热设施“冬病夏治”改造项目3547项。供热季运行期间，实行每月考核排名后5名供热企业公开约谈，并在媒体曝光。2020～2021年采暖季，主城区主力热源出现故障2次，一次网出现故障5次，小区热力站或二次管网出现故障364次，故障数均较2019～2020年采暖季减少。以摸清底数、保障温度、盯住末梢、管网改造、动态监管、严格处罚等为内容，总结形成石家庄市冬季供热运行管理模式，并被省住房和城乡建设厅在全省推广。创新智慧供热管理，编制《石家庄市智慧供热管理平台工作导则》，增加应急处置、工程管理和舆情监测模块，主城区及县（市、区）居民集中供热小区、供热企业智能监测实现全覆盖。因气温下降，经市委、市政府研究决定，2020年春季供暖石家庄主城区延长至4月6日

24时。11月24日，市发展改革委、市城市管理综合行政执法局、市财政局联合印发《关于主城区居民住宅暂不用热空置房不收取采暖费的通知》，决定自2020年至2021年采暖季起，居民住宅采暖季暂不用热空置房不再收取采暖费。

【供气】 2020年全市完成老旧燃气市政管网改造3.9千米。至2020年底，市内8区和循环化工园区燃气管网总长度达到1.75万千米；主城区4区燃气管网长度达到6215.52千米，其中，市政管网2282.68千米，庭院管网3932.84千米；主城区燃气普及率达到100%。2020年市内8区和循环化工园区共有燃气经营企业122家（管道燃气18家），设立各类燃气站133个；拥有天然气用户211.5万户、液化石油气用户13.5万户。2020年主城区4区共有燃气经营企业46家（管道燃气5家），设立各类燃气站62座；拥有天然气居民用户160.3万户、液化石油气居民用户10万户。2020年石家庄市域天然气总用量达到27.6亿立方米，其中，管道天然气用量26.38亿立方米，压缩天然气用量1.22亿立方米，液化石油气用量3.12万吨；主城区天然气总用量12.48亿立方米，其中，管道天然气用量11.8亿立方米，压缩天然气用量0.68亿立方米，液化石油气用量1.76万吨。2020年市液化气总公司销售供应液化石油气1.16万吨、天然气327万立方米。2020年石家庄市一级燃气公司与上游气源公司签订全年合同气量26亿立方米，实际用气量24.9亿立方米，其中，城镇居民3.47亿立方米，煤改气8.96亿立方米，集中供热3.78亿立方米，公服车用2.1亿立方米，工商业6.59亿立方米。2020年全市天然气实行阶梯气价，第一阶梯：年用气量240立方米以内，单价每立方米2.68元；第二阶梯：年用气量480立方米以内，单价每立方米2.88元；第三阶梯：年用气量480立方米以上，单价每立方米3.3元。低保户及特困职工凭有效证件，执行优惠燃气单价每立方米2.48元，超出第一阶梯基础气量部分不优惠。2020年全市非居民用户天然气价格每立方米3.02元，压缩天然气价格每立方米4.2元；液化石油气民用气价格每千克6.6元，商业用气价格为每千克6元，其中，商业用气属议价气，随行就市，浮动收费，最低价每千克5元，最高价每千克7元，全年浮动区间为每千克5.5～6元。

（高金）

园林绿化

【概况】 2020年石家庄市区新增绿地396万平方米，栽植乔灌木265万株，累计栽植月季345万株、国槐29万株；养护管理绿化道路483条（段）。至2020年底，石家庄市建成区（含主城区、藁城区、鹿泉区、栾城区、井陉矿区）绿地面积达到12207公顷，绿地率达到39.14%，绿化覆盖率达到42.85%，人均公园绿地面积14.87平方米。2020年石家庄市区新建公园3个、街旁游园8个，提升改造游园7个。至2020年末，全市公园广场总数达到214个。2020年石家庄市域命名省级四星级公园5个、三星级公园7个、四星级游园1个、三星级游园3个，省级园林式单位2个、居住小区6个、街道8条（段），市级园林式单位11个、居住小区24个、街道15条（段）。至2020年，石家庄市累计创建河北省园林式单位362个、小区131个、街道102条（段）、三星级游园40个、四星级游园1个。2020年1月，正定县、晋州市获得“国家园林县城”称号。至2020年底，石家庄市3个县（市）获得“国家园林县城”称号（另1个为高邑县）；全部县（市、区）获评河北省园林县城。9月1日，《石家庄市城市园林绿化管理条例》正式施行。

【公园游园】 2020年石家庄市区新建公园3个，分别为民俗公园（12.1万平方米）、体育公园二期（11万平方米）、河北师范大学桃李园（5.6万平方米）；新建街旁游园8个，分别为松石园、际华游园、柏林庄游园、元村游园、师大桃李园、华园、玉村游园、紫林湾游园，总面积12.47万平方米，超额建成10万平方米游园民生实事任务；提升改造游园7个。改造游园突出“多彩化、艺术化、特色化”主题，其中，松石园位于市区中华大街与裕华西路交口，以松石文化为特色；雅园位于市区槐安路与桥头街交口，以传统书画文化为主题；静园位于市区胜利大街与裕华东路交口，以造型植物为主题；梨园位于市区裕华路与建设大街交口，以“梨园春色”为主题。裕园、御景阁游园开工。裕园位于市区裕华西路与民心河西线交界东北角，总面积6000平方米，以打造古典游园为主，以中国江南园林为范本，嵌入仿古建筑、假山、流水、庭园植被等要素；御景阁游园位于长安区绵河道以北，高营大街以西，御景阁小区以东，总面积

2.7公顷。昆仑公园建成开放。2019年5月，昆仑公园开始建设，2020年7月建成对外开放；昆仑公园位于高新区祁连街以东、闽江道以南、昆仑大街以西、珠江大道以北，地处高新区中心位置，濒临多条主干道，占地面积20公顷，种植乔木9442株，灌木2672株，灌木篱3777平方米，地被17万平方米。至2020年末，全市公园广场总数达到214个。8月27日，第二批永久性绿地公园公布，分别为平安公园、元南公园、东环公园、柏林公园、紫晶公园、赵佗公园、石刻园、希望绿洲公园，总面积43.5公顷。

表49

2020年石家庄市区新建游园一览表

序号	名称	位置	面积（公顷）
1	松石园	中华大街裕华路东北角	1.3
2	际华游园	新华路以南、际华怡园3502厂北门以北、新奥加气站以西、三五零二生活区以东	0.5
3	柏林庄游园	联盟路与北新东街交口南行300米路东	1
4	元村游园	东风路北、元北家兴宿舍南、元瑞路东、华基君程以东	0.3
5	师大桃李园	南二环南侧、裕翔街以西、师大东门以北	4.6
6	华园	中华北大街与北二环西路交口西北角	1.17
7	玉村游园	新石南路以北、玉村小学以南、南二环以东、玉龙小区以西	1
8	紫林湾游园	北二环东延线北、济河道南、天山大街西	2.6

表50

2020年石家庄市第二批列入永久性绿地公园一览表

序号	名称	地址	建成时间（年）	四至边界	面积（平方米）
1	平安公园	平安大街28号	1979	东至现状公园边界，西至平安大街，南至裕华路，北至四中路	26392
2	元南公园	建胜路与普园街交口西南角	1999	东至普园街，西至规划路，南至现状公园边界，北至建胜路	25847
3	东环公园	南二环以北、塔南路以南、东二环以西、谈固东街以东	2008	西至谈固东街，南至南二环，北至塔南路	160913
4	柏林公园	北二环与红星街交口西行200米	2008	东至北新东街，西至北新街，南至化纤路，北至北二环	47503
5	紫晶公园	翟营大街与丰雅路交口西北角	2013	东至翟营北大街，西至煤机街，南至雅铭路，北至翟西路	25383
6	赵佗公园	赵佗路28号	2005	东至现状公园东边界，西至中华大街，南至现状公园南边界，北至赵佗路	37956
7	石刻园	友谊大街与新石南路交口西北角	2000	东至友谊大街，西至石铜路，南至新石南路，北至现状公园边界	15997
8	希望绿洲公园	塔北路与谈固东街交口	2006	东至谈固东街，西至雅清街，南至塔北路，北至绿洲路	95393

【城市景观绿化】 城区道路绿化。按照“一街一特色”要求，绿化打造特色街道7条。其中，南二环东延以藤本月季、美国红枫等为主，营造多彩景观；南二环西延注重运用造型和常绿植物，构建高低错落、季相变化搭配景色；建设大街以栽植阔叶常绿的大叶女贞和夏花大乔木合欢为主；胜利大街精品段以种植大型观花乔木巨紫荆和月季花带为主；中华大街精品段以栽植银红槭、大叶女贞为主，地铁站口种植具有特色造型的油松；城

市北部交通大动脉联石丰道路以大叶女贞、高秆樱花为主，塑造四季常绿、春花绚烂景色；建胜路突出栽植阔叶常绿、株型优美的大叶女贞。提升城市园林艺术品位和档次，改善和优化城市环境，打造“北方花城”。2020年市园林部门在裕西公园、民心广场等公园广场和裕华路、中山路等重要道路采取地被种植、摆放花箱花架、桥体挂花等形式，开展时令花卉增植，累计种植各类花卉1100万株，桥体悬挂花箱4万余个，在道路沿线摆放和设置各具特色大型立体花坛8座、在公园广场摆放节日花坛48座。滹沱河生态区绿化。2020年滹沱河生态修复工程绿化累计完成湖体开挖70万平方米，栽植乔灌木350万株，地被900万平方米，新建广场园路320万平方米。依据滹沱河生态修复工程整体规划，按照城市公园标准，开展滹沱河生态区景观节点分区域命名，确定建设以7个公园、32个特色景点为主体的绿地体系。以“景融滹沱、光润古今”为主题，打造南北呼应、山水联动“光影水秀”景观。2020年9月，滹沱河生态区景点实现常态化运营，全年累计接待游客突破200万人次，成为石家庄市一道夜景观光旅游新名片。重视人文景观建设，新建五泉溯源、故园古韵、滹沱塔影等景观节点，增设大型雕塑、地雕16组。县城绿化。以园林城创建和复查为重点，推进县城园林绿化建设提档升级，行唐县、无极县、赞皇县取得国家园林城初验资格，行唐县通过省级园林县城复查。行唐县承泽苑公园、无极县木刀沟森林公园提升、新乐市迎宾公园、元氏县常乐公园、赵县机场路绿化等园林项目建成完工。2020年1月，正定县、晋州市获得“国家园林县城”称号。至2020年底，石家庄市共有“国家园林县城”3个：高邑县（2015年）、正定县（2019年）、晋州市（2019年）；省级园林县城11个：井陉县（2010年）、元氏县（2013年）、平山县（2013年）、井陉矿区（2013年）、新乐市（2014年）、行唐县（2016年）、无极县（2017年）、深泽县（2017年）、赞皇县（2017年）、赵县（2018年）、灵寿县（2018年）。

【园林管护】 完善《城市园林绿化管护考核办法》，制定《石家庄市毁绿占绿行为举报办法》，明确毁绿行为定义、举报方式、受理流程等内容。完善《绿地移交管理办法》，将需移交绿地确定为新建、管护招标、审批占地三大类，理顺移交前期事项、责任主体、移交资料、移交程序等内容。全年新接收绿地41处、160万平方米。实施道路补植行动，范围为全市市域主次道路及民心河、太平河沿线，重点消除行道树空坑、绿篱缺苗断垅、绿地草坪斑秃和分车带“断头”现象。2020年全市累计补植乔灌木3.7万株、绿篱5.3万延米，草坪地被90.8万平方米，干枯枝、死树危树及设施破损全部整改处置。制定《老旧小区绿化养护管理标准及考核办法》，组织各区园林部门开展老旧小区树木整治、制度优化、行业培训、月度考核等活动。2020年市区累计清理或修剪163个小区6240株存在安全隐患树木，小区绿化考核802个。9月16日至11月28日，参加河北省第四届（邯郸）园林博览会，建成以藁城宫灯为主题“石家庄园”，获得“造园艺术综合奖”金奖。

【星级公园（游园）评定】 2020年石家庄市获评河北省星级公园（游园）16个。获评河北省星级公园12个。其中，四星级公园5个：鹿泉区石柏公园、栾城区樱花公园、正定县云居湖公园、晋州市时代公园、无极县无极公园；三星级公园7个：藁城区兴华公园、高新区体育公园、深泽县北极台公园、赞皇县坛山公园、行唐县时雨公园、新乐市体育公园、正定县潭园公园。获评河北省星级游园4个。其中，四星级游园1个：石家庄市谈固园；三星级游园3个：裕华区南焦绿地游园、灵寿县牌楼公园、赞皇县唐相主题公园。

【省级园林式单位、小区、街道命名】

2020年石家庄市获批命名河北省星级园林式单位、小区、街道16个（条）。其中，命名河北省园林式单位2个：新乐市人民法院、元氏县机关事务服务中心；命名河北省园林式居住区6个：栾城区盛紫公园居住小区、正定县华府名邸居住小区、井陉县金湾居住小区、行唐县西悦华庭居住小区、高邑县御花苑居住小区、井陉矿区凤庭华府；命名河北省园林式街道8条：藁城区尚东街（工业路—育英路）、鹿泉区石柏大街（北外环口—和平路）、深泽县南苑路（西苑街—西环路）、平山县冶河西路（供销大楼—孟贤壁村）、灵寿县城西街（共建路—南环路）、赵县国柏路（东环路—308国道）、赞皇县石臼山路（县标—嶂石岩路）、河北石家庄循环化工园区石炼路（石炼地道桥—工业西街）。

【市级园林式单位、居住区、街道命名】 2020年石家庄市命名市级园林式单位、居住区、街道50个（条）。命名市级园林式单位11个。其中，桥西区1个：省直房地产服务中心师范街管理科；新乐市1个：新乐市博林中学；正定县2个：正定县赵云庙管理处、正定县光荣院；井陉县1个：井陉县第一小学；无极县2个：无极县城市管理综合行政执法局、无极县综合服务中心；赵县1个：赵县教育局；元氏县1个：元氏县常山路小学；井陉矿区1个：河北德瑞特电器有限公司；石家庄循环化工园区1个：中国石油化工股份有限公司石家庄炼化分公司。命名市级园林式居住区24个。其中，长安区3个：瑞府小区、紫晶悦城、荣盛华府；桥西区2个：荣熙苑、东胜紫御府弘苑；新华区2个：西美花盛园、顺通福邸；裕华区2个：时光城、德贤公馆；藁城区1个：璟华苑；鹿泉区2个：水岸华苑、厚德福城；栾城区2个：智高常春藤、福美馨园；高新区2个：天山熙湖、天山听澜；新乐市1个：格林公馆；行唐县4个：九都水岸新城、玉城新村、衡阳福居、盛景颍泽园；元氏县1个：水韵佳诚；高邑县1个：祥云凤凰福邸；石家庄循环化工园区1个：紫宸院。命名市级园林式街道15条。其中，裕华区2条：塔北路（翟营大街—东二环）、塔南路（汇通路—东二环）；藁城区1条：东城街（高铁站—世纪大道）；鹿泉区1条：环抱路（岸寨路—卧龙路）；正定县3条：成德南街（河北大道—镇远路）、河北大道（107国道—城东街）、广惠路（恒州南街—旺泉南街）；行唐县1条：开元大街（唐尧大道县城段—升仙桥南路）；灵寿县1条：滨河道（城东街—新开街）；平山县2条：滨河东路（高速冶河大桥—商代遗址公园）、滨河西路（高速冶河大桥—冶河旧桥头西）；赞皇县1条：坛山路（通府街—京赞路）；井陉矿区2条：红房街（文兴路—凤中路）、金川路（平涉路—贾凤路）；石家庄循环化工园区1条：化工中路（石炼中街—工业大街）。

【市动物园】 市动物园始建于1947年，最初地址为石家庄市人民公园（今河北省会儿童少年活动中心）。1983年市动物园实施第一次搬迁，由市人民公园搬迁至西郊动物园（今石家庄市裕西公园）。2005年市动物园第二次搬迁至鹿泉区杜家庄西北侧向阳南大街，距离石家庄主城区17.5千米，总占地面积222.75万平方米。2006年5月，市动物园新园建成并正式对外开放。2017年9月至2018年5月，实施整体提升改造，主要建设羊驼观赏区、猴山北区和污水处理系统；2018年3月，整修占地面积2400多平方米大熊猫馆。市动物园采用非对称式景观布局，以山势奔腾起伏的隐风山为背景，重点突出和打造野生动物原生态栖息地。2007年市动物园获评省会城市名片，并被命名为石家庄市百年十大精品园林建筑；2009年获评五星级公园；2015年获授“全国科普教育基地”称号。2020年市动物园新增动物品种12种，繁殖动物52种271只，其中白虎首次人工繁育取得成功。至2020年底，市动物园饲养和展出有大熊猫、火烈鸟、金丝猴、东北虎、亚洲象、黑猩猩、白虎、长颈鹿等动物242种3986只（头）。2020年市动物园接待游客119万余人次。

【市植物园】 市植物园始建于1998年4月25日，地址位于新华区植物园街60号，是一个以植物观赏为主，集科研科普、游览观光、休闲娱乐、社会生产等多功能为一体的大型综合性公园。2020年市植物园总占地面积167.1公顷，其中，水体面积38.7公顷，湖岸线长1.5万米，蓄水量64万立方米。市植物园建有波澄湖景区、盆景艺术馆、热带植物观赏厅、科普馆、玫瑰艺术剧场、廊桥水榭、湖心岛、荷花萍等植物景点及松柏园、木兰园、芍药园、竹园、蔷薇月季园、樱花园、碧桃园、海棠园、丁香园等植物专类园，汇集各种植物种类745种、34万株，种植草坪14.2万平方米。2020年市植物园引进室外植物品种14种，栽植荷花、月季等植物2600余株；引进室内品种30种，植物种类达到129种，栽

市动物园

市植物园一角

植梅花、山茶、金花茶，杜鹃山茶、榕树、榔榆、金弹子、罗汉松及沙漠植物、竹芋等植物1000余株。6月5日，京津冀古树名木种质资源展示园在市植物园开园。占地面积1120平方米，设置科普区、北京古树展区、河北古树展区3个部分；北京古树区展示重点古树名木40种，河北古树区展示重点古树名木58种，主要包括古树的树种、树龄、大小等信息及古树的传说故事和历史典故。2020年市植物园举办科普公益活动10场，接待游客27万余人次。

（邢亚旭）

生态环境

Ecological Environment

综 述

2020年石家庄市环境空气质量一级优良天数31天，二级良好天数174天，三级轻度污染天数114天，四级中度污染天数26天，五级重度污染天数19天，六级严重污染天数2天；空气优良天数达到205天，空气优良率56%，同比提高8.3个百分点；重污染天数21天，重污染天数比例5.7%，同比下降3.9个百分点。2020年石家庄市环境空气质量综合指数为5.96，同比下降0.84；空气污染贡献率由高至低依次为臭氧（O_3）129天，细颗粒物（PM2.5）110天，可吸入颗粒物（PM10）77天，二氧化氮（NO_2）10天，颗粒物［可吸入颗粒物（PM10）和细颗粒物（PM2.5）］4天，可吸入颗粒物和二氧化氮2天，可吸入颗粒物和臭氧1天。石家庄市是国家环境监测网络监测京津冀地区重要城市之一，2020年石家庄市主城区正常运行国控环境空气质量自动监测点位8个，各县（市、区）设置省控自动监测点位40个，大气降水监测点4个，主城区布设降尘和硫酸盐化速率监测点各11个。1月1日起，全市乡镇站监测项目在原来4个参数（可吸入颗粒物、细颗粒物、二氧化硫、二氧化氮）基础上增加一氧化碳、臭氧两项监测参数，乡镇站环境空气质量监测网实现6项监测参数全覆盖。

空气污染状况 2020年石家庄市影响空气环境质量6项污染物中，除二氧化硫年均值达到国家二级标准外，其余可吸入颗粒物、细颗粒物、二氧化氮、一氧化碳、臭氧5项污染物均出现超标。其中，可吸入颗粒物：年均值为101微克/立方米，未达到国家二级标准，全年日均值超标率为21.5%；细颗粒物：年均值为58微克/立方米，未达到国家二级标准，全年日均值超标率为22.1%；二氧化硫：年均值为12微克/立方米，达到国家二级标准，全年日均值超标率为0；二氧化氮：年日均值为41微克/立方米，未达到国家二级标准，全年日均值超标率为5.2%；一氧化碳：日均浓度范围为0.2毫克/立方米至4.7毫克/立方米，超标率为0.3%；臭氧：日最大8小时滑动平均浓度范围为6微克/立方米至247微克/立方米，超标率为19.9%。2020年石家庄城市空气环境污染物主要为颗粒物（PM2.5和PM10），其次为臭氧（O_3）。

水环境质量 2020年石家庄市域主要河流水质全部达到水功能区划要求，河流水质优良率为70%。5个国家地表水考核河流中，绵（冶）河、滹沱河上游、石津干渠3条河流水质达到或优于地表水Ⅲ类标准，洨河、滹沱河达到地表Ⅴ类水要求。10个国省考核断面中，下槐镇、平山桥、兆通、枣营、南白滩桥、岩峰、韩村7个断面水质达到地表Ⅲ类以上，大石桥、高庄2个断面水质达到地表Ⅴ类水标准，伍仁桥断面断流无水。2020年石家庄市地表河流主要污染为高锰酸盐、化学需氧量、总磷、阴离子洗涤剂、氨氮等。2020年岗南水库、黄壁庄水库监测项目数值均达到地表水Ⅱ类水质，达标率100%。2020年石家庄市在土贤庄、黄壁庄、西五里村3个地下水考核点位开展地下水水质监测，所测项目数值均符合地下水Ⅲ类标准，达标率100%。

声环境质量 石家庄市噪声监测包括功能区噪声、道路交通噪声和区域环境噪声。2020年石家庄市区功能区噪声1类区（居民、文教、医疗、科研、行政区）年平均等效声级昼间49.5分贝，达标率100%，夜间42.9分贝，达标率83.3%；2类区（居民、商业、工业混合区）年平均等效声级昼间52.8分贝、夜间46.2分贝，昼间达标率、夜间达标率均为100%；3类区（工业区）年平均等效声级昼间57.0分贝、夜间49.1分贝，昼间达标率、夜间达标率均为100%；4类区（交通干线两侧区域）年平均等效声级昼间62.9分贝，达标率100%，夜间55.4分贝，达标率56.2%。2020年石家庄城市道路交通噪声昼间平均等效声级值67.3分贝，强度等级一级，道路交通噪声状况较2019年变差。2020年石家庄城市区域环境噪声昼间平均等效声级值53.7分贝，城市区域环境噪声总体水平等级为二级，与2019年相比呈下降趋势。2020年石家庄城市噪声主要来源为社会生活（93.3%）、交通（6.3%）和建筑施工（0.3%）。

生态治理与保护 2020年全市办理生态环境保护行政处罚案件3429件，罚款11295.75万元。开展土壤污染治理与修复技术应用试点，栾城区土壤治理与修复试点项目、赵县重点区域耕地污染治理与修复项目按期完工并通过验收。开展危险废物排查，全市涉危企业登记造册任务完成，登记造册企业3143家，其中，工业企业2311家，危险废物经营企业28家，非工业企业804家。开展“散乱污”企业整治，全面复核2017年以来完成清理整治的全部“散乱污”企业，排查新发现“散乱污”企业113家，关停取缔112家，整改提升类1家。加大重点行业超低排放改造，11家水泥企业、29家陶瓷企业改造完毕。加强锅炉污染治理，90台生物质锅炉提标改造、61台燃油（醇基）锅炉治理、888台燃气锅炉氮氧化物治理、47台非重点行业工业炉窑改造治理完成。49家企业完成重点项目VOCs深度治理。2020年石家庄主城区年处理污水量3.1亿吨，污水处理率100%。至2020年末，大气环境PM2.5平均浓度达到省考年度目标要求，空气质量综合指数同比下降12.4%，空气优良天数同比增加31天，水环境及辖区主要河流水质全部达到水功能区划要求，河流水质无劣Ⅴ类水体。2020年《河北省石家庄市第二次全国污染源普查数据分析报告》获得全国一等奖。

（侯沛东）

空气环境质量

【概况】 2020年石家庄城市环境空气质量一级优良天数31天，同比增加14天，占总天数8.5%；二级良好天数174天，同比增加17天，占总天数47.5%；三级轻度污染天数114天，同比增加1天，占总天数31.1%；四级中度污染天数26天，同比减少17天，占总天数7.1%；五级重度污染天数19天，同比减少10天，占总天数5.2%；六级严重污染天数2天，同比减少4天，占总天数0.5%。2020年石家庄城市空气优良天数达到205天，空气优良率56%，同比提高8.3个百分点；重污染天数21天，重污染天数占总数比例5.7%，同比下降3.9个百分点。2020年石家庄城市环境空气质量综合指数为5.96，同比下降0.84，其中，可吸入颗粒物、细颗粒物、二氧化硫、二氧化氮、一氧化碳、臭氧6项空气主要污染物质量指数分别为1.44、1.66、0.2、1.02、0.52、1.02。2020年石家庄城市空气污染物中，可吸入颗粒物（PM10）平均浓度为101微克/立方米，细颗粒物（PM2.5）平均浓度为58微克/立方米，二氧化硫（SO_2）浓度为12微克/立方米，二氧化氮（NO_2）浓度为41微克/立方米，一氧化碳日均值第95百分位［CO（95%）］浓度为2.1毫克/立方米，臭氧日最大8小时滑动平均第90百分位［O_3-8h（90%）］浓度为180微克/立方米。2020年石家庄城市77天首要污染物为可吸入颗粒物，110天首要污染物为细颗粒物，10天首要污染物为二氧化氮，129天首要污染物为臭氧，4天首要污染物为可吸入颗粒物和细颗粒物，2天首要污染物为可吸入颗粒物和二氧化氮，1天首要污染物为可吸入颗粒物和臭氧。按照各项污染物分担率评价，2020年石家庄市可吸入颗粒物（PM10）污染分担率为24%，细颗粒物（PM2.5）污染物分担率为27.7%，二氧化硫（SO_2）污染物分担率为3.3%，二氧化氮（NO_2）污染物分担率为17.2%，一氧化碳［CO（95%）］污染物分担率为8.8%，臭

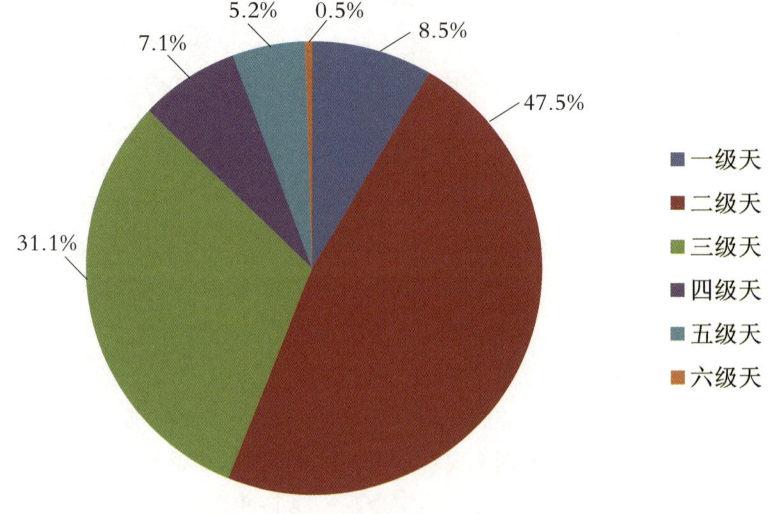

2020年石家庄市各级天数占比示意图

氧［O_3-8h（90%）］污染物分担率为18.9%。2020年石家庄城市空气环境污染物主要为颗粒物（PM2.5和PM10），其次为臭氧（O_3）。总体看，2020年石家庄城市空气环境质量明显好转。

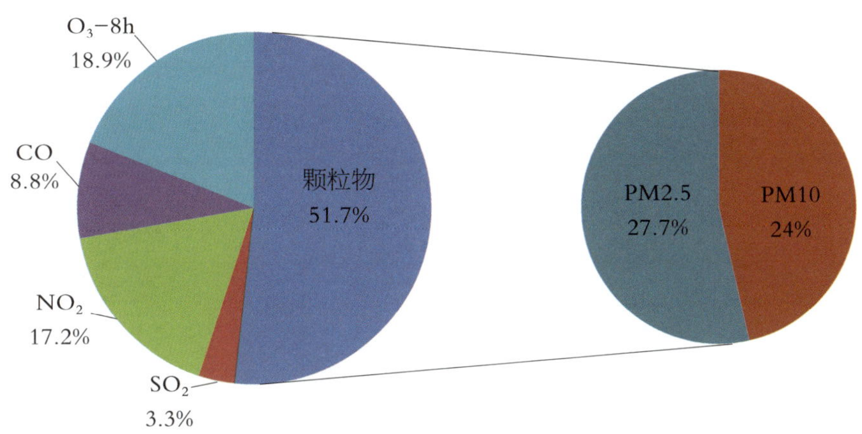

2020年石家庄市空气环境六项污染物分担率

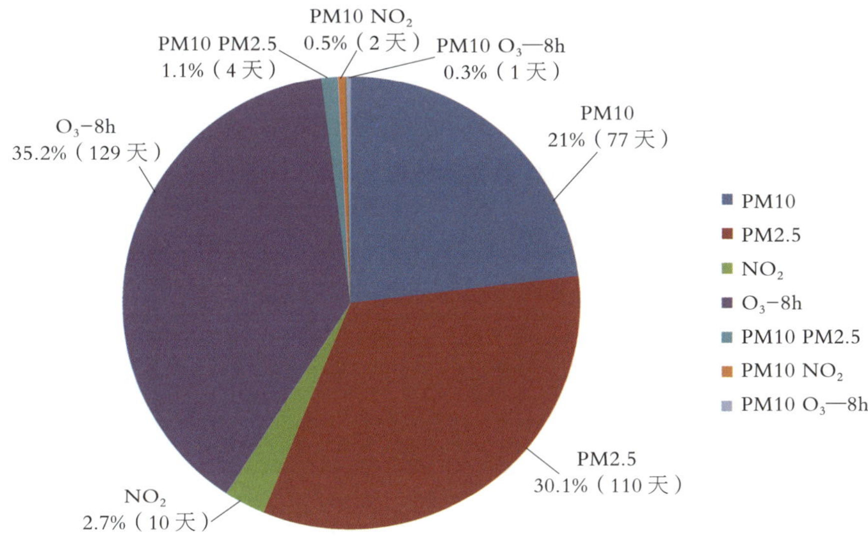

2020年石家庄市空气首要污染物天数分布示意图

【空气污染物状况】 2020年石家庄城市空气污染物中，可吸入颗粒物（PM10）平均浓度为101微克/立方米，同比下降17微克/立方米；细颗粒物（PM2.5）平均浓度为58微克/立方米，同比下降5微克/立方米；二氧化硫（SO_2）浓度为12微克/立方米，同比下降4微克/立方米；二氧化氮（NO_2）浓度为41微克/立方米，同比下降5微克/立方米；一氧化碳日均值第95百分位［CO（95%）］浓度为2.1毫克/立方米，同比下降0.3毫克/立方米；臭氧日最大8小时滑动平均第90百分位［O_3-8h（90%）］浓度为180微克/立方米，同比下降26微克/立方米。2020年石家庄市影响空气环境质量6项污染物中，除二氧化硫年均值达到国家二级标准外，其余可吸入颗粒物、细颗粒物、二氧化氮、一氧化碳、臭氧5项污染物均出现超标。

可吸入颗粒物 2020年石家庄城市环境空气中可吸入颗粒物年均值为101微克/立方米，未达到国家二级标准，全年日均值超标率为21.5%。2020年石家庄城区可吸入颗粒物污染程度由高到低排序为：一季度>四季度>二季度>三季度。

细颗粒物 2020年石家庄城市环境空气中细颗粒物年均值为58微克/立方米，未达到国家二级标准，全年日均值超标率为22.1%。2020年石家庄城区细颗粒物浓度由高到低排序为：一季度>四季度>二季度/三季度。

二氧化硫 2020年石家庄城市环境空气中二氧化硫年均值为12微克/立方米，达到国家二级标准，全年日均值超标率为0。2020年石家庄城区二氧化硫污染程度由高到低季节排序为：四季度>一季度>二季度>三季度。

二氧化氮 2020年石家庄城市环境空气中二氧化氮年日均值为41微克/立方米，未达到国家二级标准，全年日均值超标率为5.2%。2020年石家庄城区二氧化氮污染程度由高到低季度排序为：四季度/一季度>二季度>三季度。

一氧化碳 2020年石家庄城市环境空气中一氧化碳日均浓度范围为0.2毫克/立方米至4.7毫克/立方米，超标率为0.3%。2020年石家庄城区一氧化碳污染程度按照日均值第95百分位浓度排序为：一季度>四季度>三季度>二季度。

臭氧 2020年石家庄城市环境空气中臭氧日最大8小时滑动平均浓度范围为6微克/立方米至247微克/立方米，超标率为19.9%。2020年石家庄城区臭氧污染程度按照日最大8小时滑动平均第90百分位浓度排序为：二季度>三季度>一季度>四季度。

【空气环境监测站点】 至2020年末，石家庄市环境空气质量自动监测站点位设置覆盖全部县（市、区）。其中，国控环境空气质量自动监测点位8个，县（市、区）设置省控自动监测点位 40 个；大气降水监测点位 4 个；降尘、硫酸盐化速率监测点位各 11 个；乡镇设立监测点位 261 个，实现环境空气质量自动监测网络全覆盖。监测项目为：可吸入颗粒物（PM10）、细颗粒物（PM2.5）、二氧化硫（SO_2）、二氧化氮（NO_2）、一氧化碳（CO）、臭氧（O_3）、硫酸盐化速率、降尘和降水参数。

表 51

2020 年石家庄市环境空气监测项目和点位一览表

监测项目		监测点名称	监测时间及频次
SO_2、NO_2、PM10 CO、O_3、PM2.5		国控点 8 个：22 中南校区、职工医院、人民会堂、西北水源、高新区、西南高教、世纪公园、封龙山（对照点）；省控点：40 个；乡镇点 261 个	自动连续监测
降尘、硫酸盐化速率		化工学校、职工医院、平安电站、西北水源、高新区、西南高教、监测中心、高新区水厂、植物园、人民会堂、封龙山（对照点）	每月一次，每次 30±2 天
降水	降水量、pH 值、电导率	监测中心、职工医院、西南高教、封龙山（对照点）	逢降水必测
	Cl^-、SO_4^{2-}、NO_3^-、NH^{4+}、K^+、Na^+、Ca^{2+}、Mg^{2+}、F^-		每月至少 1 次

【县（市、区）空气质量】 2020 年石家庄市所辖各县（市、区）环境空气综合污染指数区间为 5.78 ～ 6.26，环境空气综合污染指数最大的为赵县，可吸入颗粒物污染最重的为元氏县，细颗粒物污染最重的为无极县、赵县，二氧化硫污染最重的为井陉矿区，二氧化氮污染最重的为新华区、桥西区，一氧化碳污染最重的为灵寿县，臭氧污染最重的为鹿泉区。

表 52

2020 年石家庄市各县（市、区）环境空气质量监测数据一览表

序号	行政区域	PM10（微克 / 立方米）	PM2.5（微克 / 立方米）	SO_2（微克 / 立方米）	NO_2（微克 / 立方米）	CO 95per（毫克 / 立方米）	O_3−8h 90per（微克 / 立方米）	综合指数
1	裕华区	96	55	12	45	2.3	178	5.78
2	赞皇县	101	54	17	35	2.3	186	5.8
3	深泽县	104	60	12	37	2.2	180	5.89
4	高新区	98	58	13	45	2	176	5.9
5	井陉县	98	55	17	40	2	188	5.93
6	灵寿县	105	58	11	41	2.6	178	5.95
7	鹿泉区	108	55	14	43	2.1	189	5.99
8	新乐市	109	59	9	40	2.2	180	5.99
9	平山县	106	56	14	42	2.5	182	6.0
9	正定县	106	56	11	46	2.2	182	6.0
11	藁城区	106	59	14	39	2.2	177	6.01
12	晋州市	107	60	11	41	2.4	178	6.01
13	新华区	103	59	10	47	2	182	6.02
14	高邑县	106	56	17	40	2.2	178	6.03

续表

序号	行政区域	PM10（微克/立方米）	PM2.5（微克/立方米）	SO_2（微克/立方米）	NO_2（微克/立方米）	CO 95per（毫克/立方米）	O_3-8h 90per（微克/立方米）	综合指数
15	元氏县	116	60	14	35	2	170	6.04
16	桥西区	102	58	12	49	2.1	184	6.04
17	行唐县	113	59	11	38	2.4	184	6.05
18	长安区	102	59	13	44	2.1	186	6.05
19	栾城县	110	60	13	43	2.1	180	6.06
20	井陉矿区	107	54	18	42	2.3	180	6.07
21	无极县	108	63	13	36	2.4	178	6.12
22	赵　县	115	63	16	39	2.2	179	6.26

（侯沛东）

水环境质量

【概况】 2020年石家庄市域主要河流水质全部达到水功能区划要求，河流水质优良率为70%。5个国家地表水考核河流中，绵（冶）河、滹沱河上游、石津干渠3条河流水质达到或优于地表水Ⅲ类标准，洨河、滹沱河达到地表水Ⅴ类要求。10个国省考核断面中，下槐镇、平山桥、兆通、枣营、南白滩桥、岩峰、韩村7个断面水质达到地表水Ⅲ类以上，大石桥、高庄2个断面水质达到地表Ⅴ类水标准，伍仁桥断面断流无水。2020年岗南水库、黄壁庄水库监测项目数值均达到地表水Ⅱ类水质，达标率100%。其中，岗南水库入口、中心、出口水质均为Ⅰ类水质；黄壁庄水库入口水质为Ⅱ类，中心、出口均为Ⅰ类水质。2020年岗南水库入口、中心、出口及黄壁庄水库水质综合营养状态指数值[TLI（Σ）]位于30～50之间，均为中营养类型。2020年石家庄市地下水质监控面积160平方千米，监测区内地下水类型属潜水—微承压水，为第Ⅱ含水层，也是工农业及居民生活用水的主要开采层。2020年石家庄市在土贤庄、黄壁庄、西五里村3个地下水考核点位开展地下水水质监测，所测项目数值均符合地下水Ⅲ类标准，达标率100%。

【河流水环境质量】 2020年石家庄市地表河流水体属Ⅱ类至Ⅴ类水质，其中水质状况为优河段占60%，轻度污染和中度污染河段分别占20%。主要污染为高锰酸盐、化学需氧量、总磷、阴离子洗涤剂、氨氮等。

绵河—冶河　2020年绵河—冶河水体为Ⅱ类水质，水质状况为优，河流水质指数为4.4094。岩峰和平山桥两个断面，均为Ⅱ类水质，水质状况均为优。

洨河　2020年洨河设置大石桥1个监测断面，为Ⅳ类水质，水质状况为轻度污染，河流水质指数为8.2872，主要污染指标及超标倍数依次为总磷（0.18）、氨氮（0.14）、化学需氧量（0.08）。

石津总干渠　2020年石津总干渠水体Ⅰ～Ⅱ类占比为100%，水质状况为优，河流水质指数为3.5837。黄壁庄桥断面为Ⅰ类水质，水质状况为优；杜北、兆通、南白滩桥和运河桥断面均为Ⅱ类水质，水质状况均为优。

滹沱河　2020年滹沱河水体为Ⅱ类水质，水质状况为优，河流水质指数为4.4459。下槐镇断面为Ⅱ类水质，水质状况为优；枣营断面为Ⅲ类水质，水质状况为良好。

汪洋沟　2020年汪洋沟设置高庄1个监测断面，为Ⅴ类水质，水质状况为中度污染，河流水质指数为10.792，主要污染指标及超标倍数依次为高锰酸盐指数（1.23）、化学需氧量（0.82）、阴离子表面活性剂（0.15）。

表 53

2020 年石家庄市河流水质监测断面评价一览表

河流名称	监测断面	水质评价	水质状况
绵河—冶河	岩峰	Ⅱ类	优
	平山桥	Ⅱ类	
滹沱河	下槐镇	Ⅱ类	优
	枣营	Ⅲ类	
洨河	大石桥	Ⅳ类	轻度污染
石津总干渠	黄壁庄桥	Ⅰ类	优
	杜北	Ⅱ类	
	兆通	Ⅱ类	
	南白滩桥	Ⅱ类	
	运河桥	Ⅱ类	
汪洋沟	高庄	Ⅴ类	中度污染

【地下水环境质量】 石家庄市地下水总的分布规律是由西北向东南，由浅变深，西北部边缘地带及山前、滹沱河上游地带水位埋深较浅，一般小于 15 米；中部滹沱河流域埋深较上游增大；石家庄市区因集中开采原因形成漏斗区及元氏县、赵县南部、高邑县南部一带埋深最大，一般大于 30 米。地下水水量变化主要受开采量和大气降水量影响，平原地区地下水开采量以农业为主，占总开采量 70%～80%；工业开采量以市区为主，市区工业开采量占石家庄市域工业开采量 70%，并呈现逐年上升趋势；生活用水占比较小，占地下水总开采量 5%。2020 年石家庄市地下水质监控面积 160 平方千米，监测区内地下水类型属潜水—微承压水，为第Ⅱ含水层，也是工农业及居民生活用水的主要开采层。石家庄市地下水质监测原设监测井位 25 眼，受地下水井关闭影响，现仅剩 10 眼。2020 年石家庄市在土贤庄、黄壁庄、西五里村 3 个地下水考核点位开展地下水水质监测，所测项目数值均符合地下水Ⅲ类标准，达标率 100%。

表 54

2020 年石家庄市地下水水质监测结果一览表

监测项目	土贤庄	黄壁庄	西五里村
色（铂钴色度单位）	5L	5L	5L
嗅和味	0	0	0
浑浊度 /NTU	0.5L	0.5L	0.5L
肉眼可见物	0	0	0
pH 值	7.52	7.38	7.6
总硬度（以 $CaCO_3$ 计）/（毫克 / 升）	326	422	148
溶解性总固体（毫克 / 升）	488	605	184
硫酸盐（毫克 / 升）	107	204	35.8

续表

监测项目	土贤庄	黄壁庄	西五里村
氯化物（毫克/升）	37	50.5	21.1
铁（毫克/升）	0.007595	0.01369	0.00806
锰（毫克/升）	0.000185	0.0014	0.003175
铜（毫克/升）	0.000065	0.000275	0.000865
锌（毫克/升）	0.00067L	0.005505	0.003315
铝（毫克/升）	0.0009075	0.0012675	0.1185
挥发性酚类（以苯酚计）/（毫克/升）	0.0003L	0.0003L	0.0003L
阴离子表面活性剂/（毫克/升）	0.0425	0.05L	0.05L
耗氧量（CODmn 法，以 O_2 计）/（毫克/升）	0.5L	0.5L	1
氨氮（以 N 计）/（毫克/升）	0.025L	0.02125	0.025L
硫化物（毫克/升）	0.005L	0.005L	0.005L
钠（毫克/升）	25.5	40.55	9.46
总大肠菌群（MPN/100 毫升或 CFU/100 毫升）	1.25	2	1.0L
菌落总数（CFU/毫升）	38	12.5	1L
亚硝酸盐（以 N 计）/（毫克/升）	0.006L	0.006L	0.006L
硝酸盐（以 N 计）/（毫克/升）	6.795	4.915	1.004
氰化物（毫克/升）	0.002L	0.002L	0.002L
氟化物（毫克/升）	0.359	0.366	0.2435
汞（毫克/升）	0.00004L	0.00004L	0.00004L
砷（毫克/升）	0.00044	0.00018	0.00059
硒（毫克/升）	0.00876	0.0018	0.000455
镉（毫克/升）	0.00005L	0.00005L	0.00005L
铬（六价）/（毫克/升）	0.004L	0.004L	0.004L
铅（毫克/升）	0.00009L	0.00009L	0.0001175
三氯甲烷（微克/升）	2.85	1.4L	23.25
四氯化碳（微克/升）	1.225	1.5L	1.5L
苯（微克/升）	1.4L	1.4L	1.4L
甲苯（微克/升）	1.4L	1.4L	1.4L
水质类别	Ⅲ类	Ⅲ类	Ⅲ类

（侯沛东）

声环境质量

【概况】 2020年石家庄市依据《环境噪声监测技术规范城市声环境常规监测》(HJ640-2012)、《声环境质量标准》(GB3096-2008)，主要监测噪声项目包括功能区噪声、道路交通噪声和区域环境噪声。全市噪声功能区总面积405.88平方千米，按照区域功能不同划分为1～4类区域，功能区噪声1类区年平均等效声级昼间达标率100%，夜间达标率83.3%；2类区年平均等效声级昼间达标率100%，夜间达标率100%；3类区年平均等效声级昼间达标率100%，夜间达标率100%；4类区年平均等效声级昼间达标率100%，夜间达标率56.2%。2020年石家庄市道路交通噪声昼间噪声值平均等效声级67.3分贝，强度等级一级，道路交通噪声状况较2019年变差。2020年石家庄城市区域环境噪声昼间平均等效声级值53.7分贝，城市区域环境噪声总体水平等级为二级，与2019年相比呈下降趋势。

【功能区噪声】 石家庄市噪声功能区总面积405.88平方千米，按照区域功能不同划分为1～4类区域。其中，1类区面积315.2平方千米，占功能区总面积的77.7%；2类区面积59.4平方千米，占功能区总面积的14.6%；3类区面积24.3平方千米，占功能区总面积的6.0%；4类区面积6.98平方千米，占功能区总面积的1.7%。全年选择12个代表性点分别代表以上4类标准适用区，实行24小时连续监测，每季度监测1次。功能区噪声1类区年平均等效声级昼间49.5分贝，达标率100%，夜间42.9分贝，达标率83.3%；2类区年平均等效声级昼间52.8分贝，达标率100%，夜间46.2分贝，达标率100%；3类区年平均等效声级昼间57.0分贝，达标率100%，夜间49.1分贝，达标率100%；4类区年平均等效声级昼间62.9分贝，达标率100%，夜间55.4分贝，达标率56.2%。与2019年相比，全市噪声功能区1～4类区昼、夜间噪声值均有所下降，昼、夜间达标率均呈上升趋势。

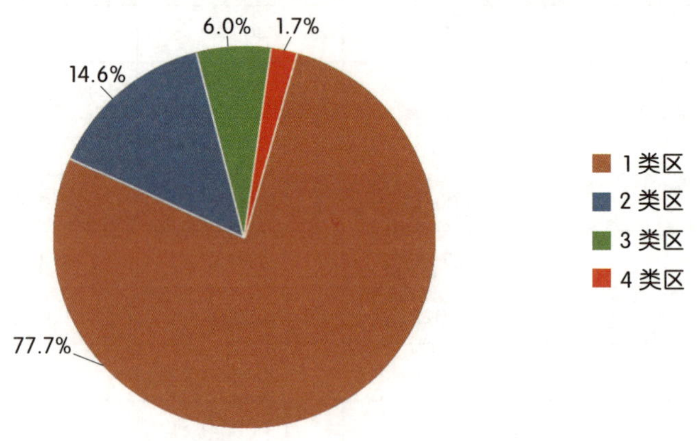

2020年石家庄市噪声各功能区面积比例分布图

表55

2016～2020年石家庄市各功能区噪声平均等效声级数值一览表

年度 \ 功能区	1类区（分贝）		2类区（分贝）		3类区（分贝）		4类区（分贝）	
	Ld	Ln	Ld	Ln	Ld	Ln	Ld	Ln
2016	50.5	44.3	54.6	48.7	62.6	57.8	66.9	64.5
2017	50.2	45.0	54.4	50.5	62.5	57.3	66.0	61.8
2018	51.4	46.0	54.4	49.9	61.2	56.6	65.6	60.9
2019	50.6	42.8	53.7	48.0	58.5	51.9	64.0	57.4
2020	49.5	42.9	52.8	46.2	57.0	49.1	62.9	55.4

备注：Ld为昼间等效声级，Ln为夜间等效声级。

【道路交通噪声】 2020年石家庄市在市区44条城市快速路、108条主干路、114条次干路、102条其他道路，总长399.25千米道路上布设道路交通噪声监测点位368个。监测数据显示，全市道路交通噪声昼间噪声值60.3～73.9分贝，平均等效声级67.3分贝，强度等级一级，道路交通噪声状况较2019年变差。

表56

2016～2020年石家庄城市道路交通噪声平均值一览表

年度 噪声数值	2016	2017	2018	2019	2020
年平均值（分贝）	65.8	67.0	67.3	66.9	67.3

【区域环境噪声】按照1000米×1000米网格布测点法，将石家庄市主城区区域划分为400个网格进行监测，获得有效数据400个。监测数据显示，2020年石家庄城市区域环境噪声昼间42.5～59.9分贝，平均等效声级值53.7分贝，城市区域环境噪声总体水平等级为二级，与2019年相比呈下降趋势。2020年石家庄城市区域环境噪声按照噪声源不同分为交通噪声、工业企业噪声、建筑施工噪声、社会生活噪声和其他类噪声，各类噪声占比参见“2020年石家庄城市声源构成比例一览表”。

表57

2016～2020年石家庄城市区域环境噪声平均等效声级值一览表

年度 噪声数值	2016	2017	2018	2019	2020
平均等效值（分贝）	54.4	54.4	56.0	54.9	53.7

表58

2020年石家庄城市声源构成比例一览表

噪声源类别	交通	工业企业	建筑施工	社会生活	其他
占比（%）	6.3	/	0.3	93.3	0.1

（侯沛东）

生态治理与保护

【概况】2020年全市以保护生态环境为主题，按照“全覆盖、零容忍、严执法、重实效”总体要求，组建成立生态环境、公安等部门联合执法专班。突出重点区域、重点行业、重点企业、重点时段，采取污染源双在线系统、红外视频、“无人机”巡查、远程执法等手段，开展大气环境、扬尘管控检查、臭氧污染防控、异味排查整治、在线监控比对、挥发性有机物污染防治、排名靠后县区排查等生态环境执法检查行动，2020年全市办理生态环境保护行政处罚案件3429件，罚款11295.75万元。开展土壤污染治理与修复技术应用试点，栾城区土壤治理与修复试点项目、赵县重点区域耕地污染治理与修复项目按期完工并通过验收。开展危险废物排查，全市涉危企业登记造册任务完成，登记造册企业3143家，其中，工业企业2311家，危险废物经营企业28家，非工业企业804家。开展“散乱污”企业整治，全面复核2017年以来完成清理整治的全部“散乱污”企业，排查新发现“散乱污”企业113家，关停取缔112家，整改提升1家。加大重点行业超低排放改造，11家水泥企业、29家陶瓷企业改造完毕。加强锅炉污染治理，90台生物质锅炉提标改造、61台燃油（醇基）锅炉治理、888台燃气锅炉氮氧化物治理、47台非重点行业工业炉窑改造治理完成。49家企业完成重点项目VOCs深度治理。2020年石家庄主城区年处理污水量3.1亿吨，污水处理率100%。至2020年末，大气环境PM2.5平均浓度达到省考年度目标要求，空气质量综合指数同比下降12.4%，空气优良天数同比增加31天。市域主要河流水质全部达到水功能区划要求，河流水质优良率70%，无劣Ⅴ类水体；5个国家考核河流断面中，绵（冶）河、滹沱河上游、石津干渠3条河流水质达到或优于地表水Ⅲ类标准，洨河、滹沱河下游达到地表Ⅴ类水标准。开展国家级生态文明示范县和“绿水青山就是金山银山”创新示范基地创建，10月10日，井陉县被生态环境部命名为第四批“绿水青山就是金山银山”创新示范基地。2020年市环境预测预报中心杨会珠获评“美丽河北·最美蓝天卫士”，市环境保护宣传教育中心郭运洲、市机动车排污管理中心郭建涛获评“美丽河北·优秀蓝天卫士”。

【大气环境治理】 实施重点行业超低排放改造，11家水泥企业、29家陶瓷企业改造完毕。加强锅炉污染治理，90台生物质锅炉提标改造、61台燃油（醇基）锅炉治理、888台燃气锅炉氮氧化物治理、47台非重点行业工业炉窑改造治理完成。推进挥发性有机化合物（VOCs）企业治理，49家企业重点项目完成VOCs治理任务，236家家具板材、包装印刷等行业企业设施提升改造，59家石化、焦化、医药、化工等重点行业实施泄漏检测与修复。支持农村清洁取暖，制定出台《2020年农村地区冬季清洁取暖工作方案》，确定农村地区清洁取暖财政补助政策与2019年保持相同。至2020年末，空气环境PM2.5平均浓度降至58微克/立方米，达到2020年河北省考核目标要求；空气质量综合指数5.96，同比下降0.84，较2019年下降12.4%；空气优良天数205天，同比增加31天，优良率56%，空气优良率较2019年提高8.3个百分点。

【水环境保护】 制定《2020年石家庄市水污染防治工作方案》，实施“千吨万人”饮用水水源地保护区划分；至2020年末，全市9个县（市、区）33个“千吨万人”饮用水水源地保护区划分通过省政府审批。开展涉水重点排污单位达标排放专项整治，综合运用科技等手段，排查确定超标排放涉水单位216家。加强入河排污口监管，审批设置入河排污口33个，并按规定向各入河排污口设置申请单位下发准予行政许可决定书。农村生活污水治理。2018年石家庄市启动农村生活污水治理工作三年行动计划，2020年市委、市政府将农村生活污水治理作为10件利民惠民实事和20项“民心工程”事项。农村生活污水治理主要采取3种模式：临近建成区村庄铺设管网，纳入城镇污水处理厂处理；离城镇较远、常住人口密集、经济较发达的村庄，铺设污水收集管网，建设集中式污水处理设施；居住分散、人口少、地形条件复杂、污水不易集中收集的村庄，采用三格式化粪池、净化沼气池、小型净化槽等方式分散处理。2020年全市85个村庄生活污水治理工程完工，超额完成全年建成81个村庄目标任务；至2020年末，全市累计1019个村庄完成生活污水治理，其中，357个村采取纳入城镇管网模式，274个村采取建设集中污水处理设施治理模式，388个村采取结合改厕分散治理模式。2020年全市完成703个村庄农村生活污水管控任务，至2020年末，全市累计2970个村庄实现生活污水管控。通过治理和管控等手段，石家庄市农村生活污水管理水平提升，部分村庄污水横流现象得到改善。2020年石家庄市在全国333个地级以上城市水环境质量考核排名第216名，较2019年提升22名次。

【土壤污染修复】 开展土壤污染治理与修复技术应用试点，栾城区土壤治理与修复试点项目、赵县重点区域耕地污染治理与修复项目完工并通过验收，转交市农业农村部门管理。栾城土壤污染综合防治先行区建设正在实施。开展土壤污染状况详细调查，“高风险区域农用地土壤污染调查与风险管控”项目验收及重点行业企业用地调查采样完成。开展土壤污染防治重点监管单位自行监测，66个重点监管单位全部完成采样监测并通过专家评审。做好全国污染地块信息管理系统信息维护管理，梳理地块信息，查漏补缺。2020年全市共有210个地块列入污染地块信息系统，184个地块信息调查完毕。市生态环境局、市自然资源和规划局联合完成126个地块土壤污染状况调查报告评审。至2020年末，全市土壤污染防治试点通过验收，土壤污染地块安全利用率、受污染耕地安全利用率达到目标要求，受污染耕地安全利用率、污染地块建设用地安全利用率达到100%。

【污染监测及企业监管】 落实每日空气质量会商分析、每日大气污染热点网格遥感监控分析、大气超级站管控建议提示管理制度，全力提高生态环境监测预报准确率。全年在线监控企业853家，移送分析超标（异常）数据6600余条；82家企业实施氨逃逸自动监控、76家重点单位实施门禁大车视频监控、114个污染源站房实施门禁管理；49家企业45米以上高架源安装质量控制设备103套。推进滹沱河、白洋淀上游污水处理厂动态管控，两条河流沿线8个县区13家污水处理厂在线设备安装参数管控仪。企业污染生态环境监管。开展危险废物排查，按照全面排查、台账造册、整改处置百分百原则，完成石家庄市涉危企业登记造册任务，全市登记造册企业3143家，其中，工业企业2311家，危险废物经营企业28家，非工业企业804家。开展企业生态环境绩效评级，涉及47个环保类别5335家企业，210家企业评定为B级以上和绩效引领企业，504家企业及重点工程纳入生态环境正面清单管理。

【污染源普查】 至2020年末，石家庄市第二次全国污染源普查工作完成。污染源普查包括工业污染源、农业污染源、生活污染源、集中式污染治理设施、移动源五大类40余个行业。采取全面摸底普查方式，建立形成污染源档案和污染源信息数据库。8个单位33名个人获得国务院第二次全国污染源普查领导小组办公室表彰，其中，市生态环境局、市财政局、市第二次全国污染源普查领导小组办公室、市生态环境局栾城区分局、市生态环境局深泽县分局、市生态环境局桥西区分局、裕华区政府东苑办事处、正定县南牛乡政府8个单位获得表现突出集体荣誉，33人获得表现突出个人荣誉称号。《河北省石家庄市第二次全国污染源普查数据分析报告》获得全国一等奖。

（侯沛东）

交通运输·邮政

Transportation & Postal Service

铁 路

【概况】2020年石家庄市域共有京广高铁、石太客运专线、石济客运专线、京广、石太、石德6条铁路干线和新井、凤山2条支线；铁路营业总里程556.6千米（2020年石家庄市域铁路统计类型和数据调整），其中，高速铁路营业里程119.6千米，铁路客运专线营业里程148.95千米，普通铁路营业里程288.05千米。石家庄站管辖京广高铁涿州东、高碑店东、保定东、定州东、正定机场、高邑西、邢台东、邯郸东8个沿线中间站及石济客运专线石家庄东站。2020年石家庄市域铁路完成客运量1896.12万人次，同比下降62.7%；货运量6436.35万吨，同比增长1.54%。其中，石家庄站旅客发送量1648.99万人，实现收入19.8亿元；石家庄北站旅客发送量222.83万人，实现收入1.75亿元；石家庄南站货物发送量424.45万吨，日均装车192.8车，日办理车23992辆；石家庄货运中心装车92.2万车，卸车74万车，发送货物6011.9万吨，实现收入53.87亿元。2020年中国铁路北京局集团有限公司在石家庄的派出机构有石家庄铁路办事处，石家庄地域铁路主要运输单位有石家庄站、石家庄南站、石家庄客运段、石家庄电力机务段、石家庄工务段、石家庄供电段、石家庄电务段、石家庄车辆段、石家庄货运中心，非生产单位有河北冀铁集团、石家庄铁路专业技术服务中心、石家庄建筑段、石家庄铁路疾病预防控制所。

【铁路运营区间】2020年石家庄市域京广高铁、石太客运专线、石济客运专线、京广、石太、石德6条铁路干线和新井、凤山2条支线分别起止：京广高铁K215+527—K335+129（定州东正定机场站间—高邑西邢台东站间）119.602千米，石太客运专线K0—K59+970（石家庄北站—井陉北阳泉北站间）59.97千米，石济客运专线K0—K88+982（石家庄东站—辛集站南衡水北站间）88.982千米，京广线K207+900—K321+300（寨西店承安铺站间—高邑鸭鸽营站间）113.4千米，石太线K0+K70+100（石家庄直通场—南裕娘子关站间）70.1千米，石德线K0—K85+250（石工站—束新王家井站间）85.25千米；新井支线K0—K11+735（井陉站—新井站）11.735千米，凤山线K0—K7+560（南张村站—凤山站）7.56千米。铁路营业总里程556.6千米。

【铁路运输机构】2020年中国铁路北京局集团有限公司在石家庄派出机构石家庄车辆段主要担负京广、京九、石德、石太、邯长、邯济等铁路干线及合资铁路朔黄线货物列车的定期检修及日常维修任务。石家庄工务段主要担负京广线、石太线、石太客运专线、石济客运专线、石德线桥梁、隧道等设备大、中、维修及保养任务。石家庄客运段担当74对旅客列车客运乘务任务。石家庄电力机务段担当石太线石家庄至榆次，阳大线阳泉北至阳泉东，石德线石家庄至德州（长庄），京广线石家庄至北京西，京九线衡水至聊城、衡水至南仓，京沪线德州至徐州，德州至沧州，津保线徐水至天津，石太客运专线石家庄至太原，石济客运专线石家庄至济南东（西）等区段客货列车机车值乘任务及石家庄、阳泉、衡水、保定4个区域调车机、调度机、小运转机车值乘任务。石家庄供电段担负京广线、京广高铁、石太客专、石太线、邯长线、阳大线牵引供电和生产生活供水电任务，沙午线、马磁线供水、供电及设备更新、改造、维修养护任务。石家庄电务段担负京广线、京九线、石德线、石太线、邯长线、石太客运专线、石济客运专线、京广高速线、石家庄西环线、沙午、马磁等24条支（矿）线1989.03千米信号设备维修维护任务。石家庄站位于京广高铁、京广、石德、石太、石太客运专线、石济客运专线交会点，车站等级为特等站，业务性质为客运站。石家庄站所辖石家庄北站为二等站，管辖石济客运专线石家庄东站、京广高铁沿线涿州东站、高碑店东站、徐水东站（非营业站）、保定东站、定州东站、正定机场站、高邑西站、邢台东站、邯郸东站9个客运站及北降壁、和平2个线路所。石家庄南站位于京广、石德、石太3条干线交会点，主要担负南北京广、石德、石太4个方向货物列车到发和运输组织工作。石家庄建筑段承担京广线（高碑店—柏庄）、京九线（霸州—临西）、石太线（石家庄—赛鱼）、石德线（石家庄—八里庄）、邯长线（邯郸—北舍）5条干线，新井、凤山、白荫、马磁、沙午、西矿、保满、满神、新峰、涉县联、石南、石西环、阳大13条支线，京广高铁（涿州东—邯郸东）、石太客专（石家庄—太原）区间四电房屋和石济客专（石家庄—景州）、津保铁路（徐水—胜芳）、京雄城际（霸州北—雄安）房屋建筑设备日常维修保养和运营维护，管理范围共有车站164个，线路里程长度2515千米。石家庄货运中心管辖西起石太线赛鱼站，东至石德线八里庄站，京九线北自霸州站，南至清河城站货运业务，区域跨及723千米，辐射晋、冀、鲁3省，担负晋煤外运、电煤输送和军运、粮食、油料等重点物资及其他零散货物运输任务。河北冀铁集团主要经营业务：综合物流服务、大宗商贸购销、资产置业及租赁管理、酒店运营等，经营范围涵盖河北、山西、山东、海南等省及石家庄、邯郸、邢台等10余个城市。

【铁路车站客货运输】 2020年石家庄市域铁路完成客运量1896.12万人次，同比下降62.7%；货运量6436.35万吨，同比增长1.54%。其中，石家庄站旅客发送量1648.99万人，实现收入19.8亿元；石家庄北站旅客发送量222.83万人，实现收入1.75亿元；石家庄东站旅客发送量24.3万人，实现收入1700万元；石家庄南站货物发送量424.45万吨，日均装车192.8车，日办理车23992辆；石家庄货运中心装车92.2万车，卸车74万车，发送货物6011.9万吨，实现收入53.87亿元。2020年石家庄站春运期间（1月10至2月18日）发送旅客134.2万人，十一国庆节期间（9月28日至10月8日），发送旅客80.24万人；石家庄北站春运期间发送旅客23.56万人，十一国庆节期间发送旅客10.97万人；石家庄东站春运期间发送旅客2.17万人，十一国庆节期间发送旅客1.14万人。

（宋利红）

公　路

【概况】 2020年全市公路通车总里程达到20639.8千米，路网密度140.7千米/百平方千米。其中，高速公路12条，分别是绕城高速、黄石高速、青银高速、京港澳高速、京昆高速、张石高速公路北出口支线、西柏坡高速、新元高速、阜林高速、石赞高速、津石高速、南绕城高速，总里程854.46千米；国道9条，分别是G107、G207、G307、G308、G230、G234、G338、G339、G515，总里程968.11千米；省道33条914.66千米；县道43条1544.23千米；乡道5086.78千米；专用公路268.96千米；村道11035.61千米。2020年全市公路建设完成投资64.37亿元。高速公路完成投资35.22亿元，建成里程72.5千米；农村公路完成投资5.53亿元，建成里程427千米。市区市政基础设施建设开工6项，完成投资6亿元，其中，和平西路开泰街至石柏大街段、高营大街北二环至古城西路段、西三环红旗大街线外侨拓宽、石环公路辅路SL91良村至西古城段、胜利大街南二环至南三环段、三环路桥梁景观提升工程分别完成投资10000万元、2598万元、2776万元、21965万元、22600万元、42.6万元。枢纽场站完成投资6.66亿元，行唐客运站、无极客运站、正定公交停保场分别完成年度投资100%、66%、75%。实施物流园项目4项，完成投资6.35亿元。2020年全市共有经营性道路运输车辆21.86万辆，同比增加900万辆；公路客运量2.14亿人次，同比下降57.5%；公路货运量5.06亿吨，同比下降3.4%。2020年石家庄市区共有公交车辆4153辆，运营线路246条，公交线路总长度4293.85千米，公交营运总里程1.44亿千米，客运总量1.78亿人次。9月4日，石家庄市获批命名为"国家公交都市建设示范城市"。

【高速公路】 全年高速公路开工建设2项，完成投资35.22亿元，建成里程72.5千米。其中，津石高速公路完成投资29.6亿元；南绕城高速公路项完成投资5.62亿元，2020年建成东段里程23千米（2019年12月31日南绕城高速公路西段30千米建成通车）。南绕城高速公路运营。11月16日，南绕城高速公路开通运营。主线全长52.96千米，连通石太、平赞、青银、平赞支线、京港澳等高速公路，穿越井陉县、鹿泉区、栾城区、高新区、化工园区、藁城区6个县区，概算投资129.95亿元。起点为石太高速井陉互通，终点至京港澳高速。全线设互通立交12处、大桥37座、中桥25座、隧道2座，桥梁总长度15千米、隧道总长度10.65千米；设服务区3处、收费站4处。南绕城高速公路西段30千米于2019年12月31日建成通车，2020年南绕城高速公路东段建设里程总长23千米。南绕城高速公路开通运营后，与南三环、青银高速、京昆高速、北绕城高速、新元高速等形成环石家庄市120千米高速外环通道。津石高速公路全线通车。12月22日，津石高速公路全线通车运营。石家庄市至天津市高速公路通行时间由4小时缩短至3小时，改变了两地高速公路需要绕行保定市或沧州市的历史。津石高速公路由天津段与河北段组成，路线总长233.5千米，总投资355.33亿元。其中，天津段12.5千米，总投资31.6亿元；河北段221千米，由津冀界至保石界段和石家庄段组成，总投资323.73亿元，采用PPP投融资模式建设。津石高速公路起自天津市静海区，东起胡辛庄互通立交，途径大城县、文安县、任丘市、高阳县、蠡县、博野县、安国市、定州市、深泽县、无极县、藁城区、正定县，止于新元高速拐角铺枢纽互通，与石家庄绕城高速北环顺接。全线采用双向6车道高速公路标准，设计时速120千米，路基宽33.5米，设匝道收费站16处、服务区5处。津石高速公路石家庄段起自深泽县西内堡村北石家庄与保定市界，途经深泽县、无极县、藁城区、正定县，在正定拐角铺枢纽互通与石家庄绕城高速公路北环顺接，主线全长49.51千米，采用双向6车道高速公路标准建设，设计时速120千米，总投资84.48亿元。

【干线公路】 全年干线公路开工建设9项，完成投资2.89亿元，重点实施省道西柏坡至驼梁公路、107国道（南二环至南位段）、正繁公路等干线公路项目建设。省道S233（东回舍至白塔坡段）、省道S247（藁城至赵县段）、石环公路辅道SL91（国道307高营大街至国道 G107段）3.8千米建成通车。国道G107石保界至正定段、国道G107南二环至南位段、国道G307晋州绕城段、省道S247藁城至赵县段、省道S233东回舍至白塔坡段、省道S234赵户村至东罗尚村段、省道S249贾村至灵寿县城南环段、省道S542元氏至赞皇段、石环公路辅路SL91良村至西古城段分别完成公路建设投资1620万元、6500万元、2380万元、2883万元、5000万元、1000万元、3000万元、600万元、500万元。

【农村公路】 全年农村公路及基础设施建设完成投资6.54亿元，占年度计划217.95%；至2020年末，全市农村公路总里程达到1.79万千米。2020年全市农村公路建设完成投资5.53亿元，建成里程427千米，占年度计划186%；农村公路桥梁改造建设完成投资7270万元、安全防护工程建设完成投资2773万元，均超额完成省下达计划任务。2020年元氏县、井陉县获评“四好农村路”省级示范县，平山县滹沱河生态走廊、元氏县红旗大街南延、井陉矿区西环旅游路、井陉县太行天路东线、藁城区会五线、灵寿县磁河大道6条路段获评河北省美丽农村精品示范路。2020年末全市所有县乡及建制村硬化路覆盖率达到100%。

【公路养护】 全年公路养护完成投资7.06亿元。高速公路养护完成投资3.3亿元，其中，京昆高速京石段、京昆高速石太段、西柏坡高速、平赞高速、西阜高速养护分别完成投资7567.94万元、6312万元、11078.67万元、5976万元、2037万元。干线公路养护完成投资3.76亿元。其中，干线

2020年12月22日，津石高速全线通车。此图为石家庄段跨市区太行大街处

公路大中修8项，完成投资8290.65万元；干线公路建设服务设施7项，完成投资416万元；干线公路小修养护完成投资11929万元；桥梁维修加固3项，完成投资974万元；安防工程3项，完成投资4549万元；三环路养护完成投资11455.57万元。

【**运输市场管理**】 2020年全市共有经营性道路运输车辆21.86万辆，同比增加900万辆，其中，客运车辆2970辆，城市公交车4153辆，出租汽车10408辆，普通货运车辆19.5万辆，危险化学品货运车辆6065辆。2020年全市完成公路客运量2.14亿人次，同比下降57.5%。其中，二级以上客运站完成客运量0.11亿人次；公路客运周转量7.82亿人千米。2020年全市完成公路货运量5.06亿吨，同比下降3.4%；公路货运周转量1967.18亿吨千米。推进公交都市建设，打造以轨道交通为骨架，常规公交为主体，出租汽车、网约车为补充，慢行交通为延伸的公共交通出行体系。至2020年末，石家庄主城区公共交通站点500米覆盖率达到100%，实现500米上车、5分钟换乘；城市公共交通乘客满意度达到86.9%。推进更换出租汽车车型，印发《石家庄市更换主城区出租汽车车型实施意见》。治理非法营运车辆，查处各类违章车辆500余辆。开展危险货物运输检查整治，检查货运企业165家，责令整改179家，处罚1家，注销1家，暂停营运2家。加快国三标准及以下排放营运柴油货车淘汰速度，淘汰营运柴油货车31816辆，完成目标任务104.63%。实施城市绿色配送示范工程建设，大型商贸企业共同配送比例达到50%以上。推进“互联网＋便捷交通”建设，搭建网约巴士平台，开通固定线路73条，全年载客量达到9.1万人次。1月13日，“石家庄市包车客运网上执法服务平台”上线运行，市民利用手机软件可在线选择安全、合法的客运包车，实现数字交通网上综合执法、社会化服务、客运企业管理“三位一体”管理和服务。整合公共交通票务管理运营模式，12月20日，石家庄市区公交、地铁实现“一卡通行”“一码通行”，并可在全国“交通联合”范围内285个城市使用。2020年石家庄市2家物流园（服务区）入选省第三批“司机之家”建设试点，15家企业获得网络货运经营许可证。

（张龙）

民用航空

【**概况**】 2020年7月2日，河北机场管理集团有限公司（简称河北机场集团）与邢台市政府签署《委托管理邢台机场合作协议》。至2020年底，河北机场集团下辖石家庄正定国际机场（简称石家庄机场）、秦皇岛北戴河机场、张家口宁远机场、承德普宁机场、邢台机场5个机场。2020年河北机场集团完成旅客吞吐量937.64万人次，同比下降28.7%；完成货邮吞吐量8.68万吨，同比增长61.7%。2020年石家庄机场新增通航城市8个，累计通航城市93个；新增航线60条，累计航线224条；完成旅客吞吐量820.4万人次，同比下降31.19%；货邮吞吐量8.64万吨，同比增长62.3%，货邮吞吐量增速在全国千万级以上机场位列第一。机场集聚辐射能力增强，空铁联运、中转联程、空巴联程年均增速46.67%、157.89%、13.47%。5月8日，石家庄机场至德国法兰克福机场定期国际货运航线开通，这也是石家庄至欧洲开通的首条定期全货机航线。全年石家庄机场平均放行正常率达到89.5%，同比提升11.75个百分点；各支线机场放行正常率保持90%以上。2020年石家庄机场保障经停分流国际航班和入境包机86架次，保障入境人员1.77万人次，实现旅客新冠肺炎疫情防控零失误、员工防控零感染、紧急运输零投诉目标。2020年石家庄机场获得500万～1500万量级亚太区最佳机场、中国民用机场服务质量评价航空公司满意优秀奖，ACI旅客总体满意度4.95，在全球排名第23位。

链接：

河北机场管理集团有限公司（简称河北机场集团）前身为民航河北省管理局，2004年1月8日注册成立，是河北省政府授权的行业性国有资产经营和航空运输服务保障大型企业。2015年5月20日，河北省国资委与首都机场集团公司签订《河北机场管理集团有限公司委托首都机场集团公司管理协议书》，河北机场集团正式纳入首都机场集团公司管理。

表 59

2020 年石家庄机场新增航线一览表

月份	新增航线（条）	航线名称
1	3	石家庄—西安、石家庄—甲米、石家庄—比什凯克
3	1	石家庄—深圳（货运）
4	1	石家庄—哈尔滨（货运）
5	22	石家庄—法兰克福（货运）、大连—石家庄—乌鲁木齐、杭州—石家庄—乌鲁木齐、南通—石家庄—银川、上海—石家庄—乌兰浩特、石家庄—沈阳、石家庄—大连、石家庄—合肥—北海、石家庄—呼和浩特—呼伦贝尔、石家庄—揭阳—海口、石家庄—连云港—海口、石家庄—绵阳—温州、石家庄—南昌、石家庄—南京、石家庄—泉州、石家庄—唐山、石家庄—西安—北海、石家庄—银川—成都、石家庄—榆林、石家庄 长沙—北海、石家庄—遵义—海口
6	6	鄂尔多斯—石家庄—珠海、丽江—石家庄—沈阳、石家庄—兰州—拉萨、石家庄—贵阳、石家庄—西安（货运）、石家庄—马尼拉（货运）
7	9	石家庄—呼伦贝尔、石家庄—桂林—海口、石家庄—黄山—揭阳、拉萨—石家庄—沈阳、秦皇岛—石家庄—厦门、石家庄—通辽、石家庄—满洲里、石家庄—俄斯特拉发、石家庄—叶卡捷琳堡
8	3	石家庄—基希讷乌、石家庄—列日、石家庄—莫斯科
9	2	石家庄—唐山—乌海、石家庄—阿克托别（货运）
10	11	石家庄—宁波—三亚、石家庄—十堰—佛山、石家庄—威海—哈尔滨、石家庄—宜昌—广州、石家庄—岳阳—厦门、成都—石家庄—承德、广州—石家庄—呼和浩特、海口—石家庄—营口、深圳—石家庄—通辽、深圳—石家庄—长春、沈阳—石家庄—重庆
11	2	石家庄—阿姆斯特丹、石家庄—伦敦

表 60

2020 年石家庄机场通航城市一览表

运输方式	通航城市（个）	城市名称
客运航班	81	包头、长春、成都、承德、大连、鄂尔多斯、广州、哈尔滨、海口、杭州、呼和浩特、昆明、三亚、上海、沈阳、北海、大理、福州、广元、贵阳、桂林、泉州、淮安、温州、库尔勒、兰州、丽江、绵阳、南昌、湛江、南京、南宁、南通、宁波、秦皇岛、博鳌、深圳、十堰、乌鲁木齐、五大连池、西安、厦门、盐城、义乌、银川、张家口、中卫、重庆、遵义、泸州、烟台、珠海、扬州、普吉、曼谷、连云港、首尔、芭堤雅、芽庄、暹粒、岘港、台北、香港、甲米、长沙、揭阳、乌兰浩特、合肥、海拉尔、唐山、榆林、拉萨、黄山、满洲里、通辽、乌海、佛山、威海、宜昌、岳阳、营口
货运航班	12	郑州、比什凯克、法兰克福、马尼拉、俄斯特拉发、叶卡捷琳堡、基希讷乌、列日、莫斯科、阿克托别、阿姆斯特丹、伦敦

【航空安全】 围绕空防安全、运行安全、消防安全、公共安全“四个底线”，推进平安机场建设，实现机场安全形势保持平稳。坚持“安全隐患零容忍”理念，全年安全隐患整改完成率达到97.54%，机场运行安全保障能力综合评价保持绿色区域。空防安全管理。建立常态化安保测试机制，确定测试项目24个，累计开展安保测试90余次。开展空防安全专项整治、货邮安检职业作风建设专项活动，完成2018～2020年安全隐患整改情况“回头看”核查。运行安全管理。引入鸟击防范管理系统和激光驱鸟器等新技术、新设备，成立机坪管理委员会，实行机坪“5S管理”。提升机坪管制员业务能力，建立机坪管制员岗位放单工作程序，率先在省

内建成管制模拟机室（含机长模拟室）和空管培训教室。消防安全管理。开展机场超消防保障等级运行专项整治，印发《河北机场集团机场专职消防队实战大练兵三年工作方案》，举办机场应急救援能力演练。公共安全管理。开展“平安民航”建设，自查自审和年度达标考核任务完成。2020年11月，石家庄机场2号航站楼行李装卸可视化系统投入使用。加强净空管理，协调市、县政府发布通告，明确机场净空保护区禁飞“低慢小”飞行器及其他升空物。落实航空运营疫情管控措施，坚持外防输入、内防反弹原则，做好重点地区、重点场所、重点人群防控闭环管理。2020年石家庄机场保障经停分流国际航班和入境包机86架次，保障入境人员1.77万人次，实现旅客疫情防控零失误、员工防控零感染、紧急运输零投诉目标。

【生产经营】 深化机场与航空公司战略合作关系，协同推进航线网络、市场策略、资源共享、联合营销等运营模式，全力打造“一核四网”航线布局。完善干支衔接航线网络及中转、“航空＋旅游”运营产品，增强机场集聚辐射能力，实现空铁联运、中转联程、空巴联程分别较2019年增长46.67%、157.89%、13.47%。推进智慧运行服务体系建设，提升航班放行率，全年机场放行正常率达到89.5%。坚持真情服务理念，倡导“首见负责”主动服务文化，打造“从家飞”服务品牌。11月12日，石家庄机场“从家飞”旅客服务平台上线。2020年石家庄机场ACI旅客总体满意度4.95，全球排名第23名。2020年国庆、中秋节假日期间（10月1～8日），石家庄机场运送旅客26.2万人次，同比增加2.2万人次，客流主要集中在上海、成都、三亚、昆明等地，客座率均超过90%。2020年石家庄机场获评500万～1500万量级亚太区最佳机场、中国民用机场服务质量评价航空公司满意优秀奖。

河北机场管理集团有限公司

总　经　理：张玉志

副总经理：郭峰　　马越

　　　　　高立新　罗晓广

党委副书记：

　　　　　郭峰　　尤颖鸿

（李孟夏）

城市轨道交通

【概况】 市轨道交通集团有限责任公司（简称市轨道交通公司）成立于2010年4月14日，为市政府直属国有独资企业，主要负责项目前期运作、资金筹措、工程建设、运营管理、开发和经营等工作；公司原名为市轨道交通有限责任公司，2020年12月14日更名为市轨道交通集团有限责任公司。下设分公司3个，分别为建设分公司、运营分公司、物业分公司。其中，建设分公司负责工程前期工作、工程管理、装修管理和工程验收等；运营分公司负责运营管理及地铁线路广告、通信、商业经营管理等；物业分公司负责物业管理和后勤服务。设立子公司2个，分别为资源开发公司、实业公司，其中，资源开发公司负责土地和房地产开发，实业公司负责对外投资。拥有正式职工4554人，聘用劳务派遣人员130人。12月3日，市轨道交通建设办公室党委撤销，改设党组。2020年石家庄地铁运送乘客7171.23万人次，同比下降18.14%，单日最

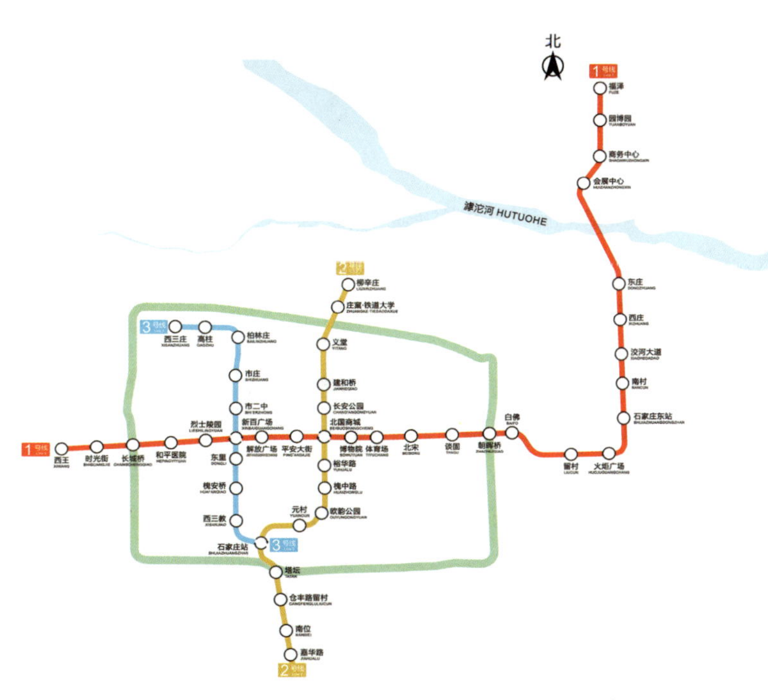

石家庄地铁通车线路图

高客流量48万人次，再创历史新高；实现票务收入1.06亿元，同比下降40.45%。全年开行列车19.57万列次，列车正点率99.96%，运行图兑现率99.99%。2020年石家庄地铁建设完成投资62.9亿元，累计完成投资468.4亿元。1月20日，地铁3号线一期北段开通运营，线路全长5.4千米。8月26日，石家庄地铁2号线一期工程开通运营，全长15.5千米。至2020年底，石家庄地铁1、2、3号线三条骨干线初步建成，营运总里程达到61.6千米，同比增加20.9千米。2020年石家庄地铁1号线工程获得2020～2021年度国家优质工程奖，地铁1号线二期工程获得河北省建设工程安济杯奖。

【地铁运营线路】 1月20日，地铁3号线一期北段开通运营，线路全长5.4千米。至此，石家庄地铁3号线通车里程达到11.8千米。地铁3号线一期北段于2016年3月开工，从市二中站向北，沿中华大街、联盟路敷设，设车站4座，分别为：市庄站、柏林庄站、水上公园站、西三庄站。8月26日，石家庄地铁2号线一期工程开通运营，全长15.5千米。至此，石家庄地铁1、2、3号线三条骨干线初步建成。石家庄地铁2号线是石家庄市区一条南北向轨道交通线网，一期工程于2016年9月开工，南起嘉华路站，北至柳辛庄站，设车站15座，分别为：嘉华路站、南位站、仓丰路留村站、塔坛站、石家庄站、元村站、欧韵公园站、槐中路站、裕华路站、北国商城站、长安公园站、建和桥站、义堂站、庄窠·铁道大学站、柳辛庄站，全部为地下站。全线设置嘉华车辆段1处，在北国商城站与地铁1号线换乘，在石家庄站与地铁3号线换乘。至2020年底，石家庄地铁通车里程达到61.6千米。其中，地铁1号线开通里程34.3千米；地铁2号线开通里程15.5千米；地铁3号线开通里程11.8千米。

【地铁在建工程】 全年地铁在建工程为地铁3号线一期工程东段（石家庄站—东二环南路站）及二期工程，全长14.9千米，设立车站12座，分别为：汇通路站、孙村站、塔冢站、东王站、南王站、位同站、东二环南路站、西仰陵站、中仰陵站、南豆站、太行南大街站、乐乡站。5月6日，地铁3号线二期工程隧道全线贯通；9月15日，地铁3号线二期工程实现“轨通”。至2020年底，地铁3号线车站主体和区间建设全部完工。

石家庄市轨道交通建设办公室

主　　任：郭少旭（7月免）
　　　　　陈宝京（9月任）
副 主 任：郭京晶　李晓刚
　　　　　肖卫洲
　　　　　吴拥军（7月免）
　　　　　张龙

石家庄市轨道交通集团有限责任公司

董 事 长：付庆文（7月免）
　　　　　郭少旭（7月任）
总 经 理：韩春素（4月免）
副总经理：张兴文　谷树才
　　　　　付朝立　张晓辉

（卢扬逸）

城市公共交通

【概况】 2020年石家庄市区共有公交车辆4153辆，运营线路246条，公交线路总长度4293.85千米，公交营运总里程1.44亿千米，客运总量1.78亿人次；实现运营总收入2.94亿元。至2020年末，市公共交通总公司下辖运营公司9个，分别为一公司、二公司、三公司、四公司、五公司、六公司、藁城公司、鹿泉公司、正定公司，其中六公司为旅游出租包车公司；直属单位6个，分别为保修公司、物资供销公司、行政基建处、教育培训中心、票务结算中心、监察大队；管理运营石家庄智慧泊车服务有限公司、市云巴科技有限公司；拥有公交停保场108个，其中，国有18个，租借90个；在职员工11935人。2020年市公共交通总公司在主城区运营公交线路111条，3区1县运营公交线路135条（鹿泉区56条、藁城区34条、栾城区14条、正定县31条）。

【公交都市建设】 以石家庄市获批“国家公交都市建设示范城市”为契机，改革优化公交运营模式，开辟公交线路6条，优化调整12条，公交线路与地铁接驳线路达到124条。2020年市区公交发车准点率达到96%，同比提升16%；首末车准点率达到100%。公交运营速度提升，全天平均运速20.98千米/小时，同比提高1.38千米/小时，提升7%；高峰段平均运速19.71千米/小时，同比提高1.48千米/小时，提升8%。2020年7月，高德地图、国家信息中心大数据发展部、清华大学戴姆勒可持续交通联合研究中心等机构共同发布《2020第二季度中国主要城市交通分析报告》，以社会车辆与公交车速比、全天运速波动率、公交全天运营速度3项指标评测，石家庄市第二季度地面公交出行幸福指数全国第一，达到78.43%。12月20日，市区公交、地铁实现“一卡通行、一码通行”，市民可享受现行公交、地铁刷卡9折优惠，并可在全国纳入“交通联合”范围内285个城市使用。至2020年末，全市公共交通机动化出行分担率达到54.27%，城市公共交通乘客满意度达到86.9%，主城区公共交通站点500米覆盖率达到100%。

2020年8月28日，市公共交通总公司正定微公交纯电动汽车交付仪式在中车石家庄车辆有限公司举行 （中车石家庄车辆有限公司提供）

【公共交通设施】 推广使用新能源汽车，购置新能源纯电动公交车262辆，停驶国三标准柴油公交车106辆。11月20日，市区238辆新能源公交车投入运营。至2020年末，市区运营纯电动公交车达到2382辆。2020年石家庄市入选河北省新能源公交车推广应用试点城市和省优先发展公共交通示范城市第一批创建城市。推进公交设施建设，建成鹿泉海山公交停保场、市人民医院智能化停车场。拓宽公交车电子支付方式，公交车银联二维码支付系统升级改造完成。支持绿色出行，与支付宝联合推出“五折乘公交”“双十二免费乘车”等优惠活动。开展农村公交客运资源整合，全市县城20千米范围内农村客运班线公交化运行率达到94%，农村客运线路公交化改造乡镇比率达到77.55%，全部乡镇和建制村通客车率达到100%。2020年晋州市创建“全国城乡交通运输一体化示范县”完成验收。

（张龙）

邮　政

【概况】 2020年全市邮政行业累计完成业务总量253.76亿元，同比增长56.44%；实现业务收入（不包括邮政储蓄银行营业收入）110.75亿元，同比增长23.76%。2020年全市快递服务企业完成业务量113498.15万件，同比增长65.59%；实现业务收入87.66亿元，同比增长28.05%。2020年全市共有邮政普遍服务网点298个、村邮乐购邮政网点3713个，快递许可企业55家、分支机构509家、末端网点2268个。布设智能快

市区快递电动车

丰巢快递柜

件箱2111组、标准化网点380个，网点标准化率100%。设立快递下乡网点2435家，乡镇覆盖率100%，建制村快递服务覆盖率达到80%。加强邮政行业管理，印发《关于深化交通运输与邮政快递融合推进农村物流高质量发展若干措施通知》《关于推进邮政业服务乡村振兴实施意见》《关于促进快递业与制造业深度融合发展实施意见》《关于加快推进智能快件箱（信包箱）建设通知》等文件。全年邮政行业开展专项检查5次，检查企业240家次；做出行政处罚决定14个，下达责令整改21份，下发检查通报2份，约谈邮政企业1次；办理末端网点备案2268个，分支机构变更164个。2020年中国邮政集团有限公司石家庄市分公司实现业务收入16.02亿元，同比增长10.68%，收入规模位列全省行业首位。

【业务经营】 2020年全市邮政行业累计完成业务总量253.76亿元，同比增长56.44%；实现业务收入（不包括邮政储蓄银行营业收入）110.75亿元，同比增长23.76%。2020年全市邮政服务业务实现收入31.83亿元，同比增长13.29%。2020年全市邮政寄递完成业务量24321.15万件，同比增长9.88%；实现服务业务收入44735.21万元，同比增长12.63%。邮政函件完成业务量1441.21万件，同比下降29.61%；包裹业务完成业务量62.36万件，同比增长23.49%；报纸业务完成业务量11008.34万份，同比下降7.09%；杂志业务完成业务量470.41万份，同比下降3.3%；汇兑业务完成业务量6.45万笔，同比下降9.79%。2020年全市快递服务企业完成业务量113498.15万件，同比增长65.59%；实现业务收入87.66亿元，同比增长28.05%。其中，同城业务量完成12196.07万件，同比增长51.91%；异地业务量完成101124.92万件，同比增长67.61%；国际/港澳台业务量完成177.16万件，同比下降1.5%。2020年快递服务企业新建服务站500个，新增智能快件箱500组、格口1万个。支持疫情防控，向湖北省寄递防疫物资41.27万件。2020年全市办理邮政运输黄牌车通行证2000余个、电动三轮车通行证4000余个，为邮政快递车辆签发疫情运输通行证960个。

【快递园区】 规划建设四大快递园区，分别为鹿泉片区快递园区、正定机场片区快递园区、藁城片区快递园区、栾城片区快递园区。正定机场片区快递园区：7月31日，总投资10亿元“圆通速递华北区域管理总部基地项目”投入运营；总投资2亿元“石家庄国际邮件互换局项目”、总投资5亿元“石家庄中通快递电子商务产业园项目”正在建设；石家庄邮区中心局外迁项目与正定县签订协议；顺丰快递石家庄电子商务产业园部分项目、京东智慧物流中心项目初步确定落户正定县。藁城片区快递园区：顺丰快递石家庄电子商务产业园、苏宁快递分拨、韵达快递省分拨中心、韵达快递市分拨中心、市邮区中心局分拨中心在藁城区正式运营。栾城片区快递园区：申通快递数字电子商务智慧产业园项目开工，优速、宅急送快递分拨建成运营。鹿泉片区快递园区：京东、百世快递分拨正式运营。2020年韵达快递河北（晋州）电子商务总部基地项目开工。至2020年底，全市快递分拨场地面积超5000平方米达到10个，拥有全自动分拣流水线10条。

（姚欣）

【中国邮政集团石家庄市分公司】 2020年中国邮政集团有限公司石家庄市分公司（简称中国邮政集团石家庄市分公司）实现业务收入16.02亿元，同比增长10.68%，收入规模位列全省首位。2020年公司寄递业务实现收入6.02亿元，同比增长20.2%。特快收寄及时率达到96.02%，省内互寄次日寄到率达到94.28%，及时妥投率达到91.94%；快包收寄及时率达到92.6%，及时妥投率达到96.43%。提升寄递效率，特快件全程平均时长减少11小时，快包件全程平均时长减少2小时。重视邮政业务渠道建设，全年公司乡镇网点覆盖率、建制村直接通邮率、县及县以上城市党政机关《人民日报》当日见报率3项政府监管重点指标均达100%。代理金融业务，实现金融业务收入7.21亿元，同比增长6.95%。全年新增保费23亿元、长期期缴保费5.25亿元、中邮期缴保费1.8亿元，新增业务商户3.37万户、代发金融业务客户5.86万户。发展农村电子商务，全年实现农村电子商务收入1.1亿元，完成年度目标100.47%，其中，分销收入9609.49万元，同比增长15.14%。创新“进社区、进校园、进乡镇”模式，“进社区”建成社区便民服务站235个，“进校园”与11所院校签署合作协议，“进乡镇”在全市296个邮政营业网点、2101个村邮乐购站开通邮政快递“家邮栈”系统。

石家庄市邮政管理局

局　长：张子云

副局长：张惠荣

中国邮政集团公司石家庄市分公司

总 经 理：王强　（2月免）

　　　　　李伟　（2月任）

副总经理：苏巍　孙莉

　　　　　郝志辉　王泉

（张海霞）

信息产业

Information Industry

综　述

2020年全市信息产业围绕做大做强光电显示、通信设备等技术，培育形成卫星导航、集成电路、大数据等新的增长点和高新区、鹿泉区（石家庄信息产业基地）两大产业集聚区。发挥驻石中国电子科技集团第五十四所、中国电子科技集团第十三所作用，助力形成诚志永华、远东通信、普兴电子、中瓷电子等电子信息产品制造业骨干企业和诚志永华公司液晶显示材料、远东通信公司恒温晶振产品、国祥运输设备列车用空调机组等信息产业特色产品。落实《国家大数据综合试验区建设总体方案》部署，引导行业骨干企业推进大数据项目、京津冀大数据应用示范区建设等，培育形成神玥软件、科林电气、通合电子等大数据业务骨干企业，主要涉及政务、民政、节能环保、住房公积金、呼叫中心等应用。导航通信产业聚集重点企业主要有远东通信、电科导航、神舟卫通、北斗星通、晶禾电子等，生产产品主要应用于通信网络、卫星导航、空间信息应用、应急通信、公共安全、轨道交通等领域。2020年2月，远东通信“LTE宽带数字集群无线通信系统”“TETRA无线统一调度互联系统”技术取得河北省科技成果转化服务中心科技成果评价报告，被认定达到国际先进水平。细分行业形成一批特色企业和产品。诚志永华生产产品达到270多个系列2300余个品种，涵盖国内LCD厂家液晶材料全部需求，年销售量位居全国首位、世界第5位；LED行业形成从芯片制造到封装及照明产品生产较为完整的半导体产业链；科林电气、通合电子、旭辉电气在全国电力电子领域地位突出。高新区信息产业发展形成以生产液晶显示材料、液晶玻璃基板等为代表优势特色产品。鹿泉区依托石家庄信息产业基地、中电科54所、中电科13所，信息产业聚集度提升，集群化发展突出，初步形成以光电、导航通信为核心两大主导产业，聚集重点企业主要有中瓷电子、普兴电子、美泰电子、博威公司等，微电子、光电子、微机电系统（MEMS）、传感器微系统等领域形成特色优势。12月3日，海康威视石家庄科技园项目在鹿泉区开工，占地面积5.32公顷。

诚志永华

推进电子信息技术应用。2020年全市争取省级新一代信息技术研发及产业化项目5个、第二批省级信息消费体验中心2个、第三批省级信息消费体验中心1个，2家企业获得软件企业CMMI5级认证补助，9家企业获得数据管理能力成熟度评估（DCMM）资金支持。加快信息化与工业化融合（也称两化融合），以智能制造为核心，以“数字化、网络化、智能化”为发展方向，以“互联网+”制造业项目为策略，全力推进传统产业改造升级。2020年全市600余家企业参加“两化融合”整体性评估，企业上云数量达到1000余家。至2020年末，全市新一代信息技术产业营业收入246.2亿元，其中，规模以上工业新一代信息技术产业营业收入151.5亿元，同比下降6.4%，软件及信息技术服务业营业收入94.7亿元，同比增长25.9%；完成增加值206.6亿元，同比增长4.4%。2020年中国电子科技集团第五十四所营业收入158.47亿元，同比增长13.61%。2020年中国电子科技集团第十三所营业收入85亿元，同比增长13.84%；实现利润12亿元，同比增长38.65%。

支持三大电信企业运营发展，2020年中国移动石家庄分公司新入网用户103万户，累计用户达到660万户，其中，5G用户131万户，4G用户350万户；宽带用户121.5万户；IPTV用户数77万户；建成5G基站2526个。2020年中国联通石家庄市分公司移动网络在网用户达到370.37万户，其中，5G网络在网用户24.94万户，4G网络在网用户278.94万户；宽带网络用户达到124.33万户，IPTV用户达到65.71万户。2020年中国电信石家庄分公司移动过网用户达到356.9万户，市场份额占比29%，其中5G网络用户113.4万户；宽带用户达到155万户，同比净增13万户，用户市场份额占比38.72%；实现业务收入24.36亿元，市场份额占比28.06%。

（任晓冬　董立峰）

电子信息产业

【概况】2020年全市电子信息产业围绕做大做强光电显示、通信设备等技术，培育形成卫星导航、集成电路、大数据等新的增长点。发挥驻石中国电子科技集团第五十四所、中国电子科技集团第十三所作用，助力形成诚志永华、远东通信、普兴电子、中瓷电子等电子信息产品制造业骨干企业和诚志永华公司液晶显示材料、远东通信公司恒温晶振产品、国祥运输设备列车用空调机组等信息产业特色产品。重视LED产业发展，建立和形成从芯片制造到封装及照明产品生产较为完整的半导体产业链。落实《国家大数据综合试验区建设总体方案》部署，引导行业骨干企业推进大数据项目、京津冀大数据应用示范区建设等，培育形成神玥软件、科林电气、通合电子等大数据业务骨干企业，主要涉及政务、民政、节能环保、住房公积金、呼叫中心等应用。2020年全市新一代信息技术产业营业收入246.2亿元，其中，规模以上工业新一代信息技术产业营业收入151.5亿元，同比下降6.4%，软件及信息技术服务业营业收入94.7亿元，同比增长25.9%；完成增加值206.6亿元，同比增长4.4%。2020年全市新一代信息技术产业固定资产投资同比下降40.7%，信息传输、软件和信息技术服务业固定资产投资同比下降15.8%。2020年全市规模以上高新技术产业中，电子信息产业增加值同比下降7.8%，固定资产投资同比下降29.5%。至2020年末，全市共有信息传输、软件和信息技术服务业企业113家，营业收入318.35亿元，同比增长9.22%，其中，软件产品收入21.19亿元，信息技术服务收入67.74亿元；从业人员1.58万人，其中，软件研发人员4565人，硕士学位以上人员715人。全年信息传输、软件和信息技术服务业企业中，营业收入超亿元企业18家；从产业聚集看，主要分布在高新区、鹿泉区、长安区、正定县等区域。

科林电气高端装备制造基地

【中电科第五十四研究所】中国电子科技集团第五十四研究所（简称中电科第五十四研究所或54所）始建于1952年，隶属中国电子科技集团有限公司（简称中国电科），是新中国成立的第一个电子信息技术研究所。

54所主持或参与“两弹一星”“载人航天”“探月工程”“北斗卫星导航系统”“500米口径球面射电望远镜（天眼工程）”等百项国家和国防重大工程建设，是中国电子信息领域专业覆盖面最宽、综合性最强的骨干研究所，也是国家授权电子工程专业承包壹级资质单位、电子工程甲级咨询单位和设计单位。旗下拥有远东通信、中华通信等多家高科技企业，业务覆盖网络通信、空间应用、智慧与安全等领域，产品销往10余个国家和地区。54所本部位于石家庄主城区西部，工作区占地面积1944.3亩。2020年54所共有从业人员10342人，其中，科技人员5446人，中国工程院院士1人，研究员级高工299人，高级工程师2045人，博士、硕士研究生3162人，国家级突出贡献专家1人，享受政府特殊津贴人员78人，国家“百千万人才工程”专家3人，河北省“三三三人才工程”专家95人，中国电科首席科学家6人、首席专家3人；设有重点实验室6个，其中国家级重点实验室1个；建有通信软件与专用集成电路设计国家工程研究中心、国家通信导航设备质量检验中心（含国家级商检实验室）3个国家级研究开发和检验认证中心及国内首家卫星导航产品认证中心。2020年54所实现营业收入158.47亿元，同比增长13.61%；申请专利596项，获得专利授权285项；获得河北省科学技术进步奖一等奖2项、二等奖1项、三等奖2项，北京市科学技术进步奖二等奖1项，中国电子科技集团科技进步奖一等奖3项、二等奖2项、三等奖2项、专利奖金奖1项，中国电子学会科技进步奖二等奖1项；夏立创新工作室、混合多址创新工作室获得“河北省创新工作室”称号。2020年54所获评“河北省文明单位”，并获得“河北省政府质量奖”。

（东英宝　杨涛）

【中电科第十三研究所】 中国电子科技集团第十三研究所（简称中电科第十三研究所或13所）于1956在北京成立，1963年迁至石家庄市，主营微电子、光电子和微机械电子系统，是中国成立最早、规模最大、技术力量雄厚、专业结构配套的综合性半导体研究所。13所拥有中瓷公司、博威公司、普兴公司、同辉公司、新华北集成公司等电子科技公司，参与新一代载人飞船试验船首飞、北斗三号全球组网、“嫦娥五号”奔月取壤、天问一号火星探测、长征八号首飞等重点工程配套大量关键芯片、组件和传感器，获授“中国航天突出贡献供应商”称号。2020年13所营业收入85亿元，同比增长13.84%；完成经济增加值10.22亿元，同比增长58.81%；实现利润12亿元，同比增长38.65%。2020年13所立项项目105项，签订合同经费10亿余元，获得科研经费5亿余元；获授省部级奖励17项，其中太赫兹技术获得中国电子学会技术发明奖一等奖；发表论文137篇；取得授权专利86项，其中国际专利2项；完成成果鉴定17项，其中，3项达到国际领先水平、14项达到国际先进水平。加强技术交流和合作，与西安电子科技大学、西安交通大学签订战略合作协议，与北京大学、清华大学、中国科学技术大学、浙江大学、东南大学等国内知名高校开展技术协同攻关合作。重视培养高层次专业技术人才，全年13所新增中国电科首席科学家1人、科技领军人才1人、青年拔尖人才1人，河北省“三三三人才工程”第二层次人选2人、第三层次人选10人；招聘硕士学位以上高校毕业生204人。“微波射频通信、电子陶瓷封装、电力电子新能源、传感器”民品产业架构基本建成。5G宏基站射频氮化镓芯片/器件、100G/200G/400G光模块用外壳、微波射频通信板、电子陶瓷封装、电力电子新能源、传感器技术研究取得重大突破。5G基站GaN产业实现爆发式裂变增长，博威公司5G GaN射频芯片、器件新签合同20亿余元，供货4000万余只，产量跃居世界第二位，并销往海外；2020年博威公司营业收入8.64亿元，同比增长325%；实现利润2亿余元。以电子陶瓷封装为主业中瓷电子挂牌上市准备完成。电力电子新能源率先在国内实现SiC工艺线由4英寸向6英寸升级，6英寸SiC二极管系列销售达到百万只，6英寸1200V SiC MOSFET研制成功并实现小批量生产。推进传感器技术研究，筹划组建上海传感器公司；与华为公司签署战略合作协议，围绕智能传感器、鲲鹏等产业联合打造新发展业务；2020年13所传感器营业收入突破8亿元，获得上海汽车集团股份有限公司新能源“智己汽车”量产项目L3级别自动驾驶独家定点。开发民品塑封高可靠全自主GaAs低噪声工艺平台，通过华为公司验证，新华北集成公司2款产品在华为公司发布。2020年13所民品产业营业收入32.36亿元，同比增长12.74%；新签合同41.54亿元，同比增长46.29%；争取省部级产业化民品项目50多项，经费1.54亿元。

（中电科第十三研究所）

【正定数字经济产业园】 推动建立正定数字经济产业园，印发《正定数字经济产业园发展规划（2021～2025年）》，打造五大百亿级产业集群和“三区”“三核”“多组团”产业空间布局。正定数字经济产业园位于正定高新区南区划片以北，新元高速以东、义慧路以北、文正大街以西、环城快速路以南，总用地面积10平方千米。五大百亿级产业集群为数字健康及智能硬件、人工智能与软件信息服务、数字基础产品、数字会展和跨境电子商务、数字创意产业集群。“三区”：以主要交通连接线为基底，从西向东打造数字新产业示范区、数字经济核心区、数字硬科技创新区；“三核”：塑造区块核心功能，打造文化核、金融核、创新核；“多组团”：以产业社区形式（园中园模式），打造金融、总部与平台经济等功能集聚组团和多产业主题组团。

（任晓冬）

城市信息化建设

【概况】 2020年全市以打造“智慧城市”为目标，以智能制造为核心，以“数字化、网络化、智能化”为发展方向，以物联网、云计算、大数据等新一代信息技术为支撑，加快推进城市通信网络、政务信息化应用、智慧城市、数据资源开发利用、安全保障、信息化与工业化融合、“互联网+”等信息化项目建设，城市信息化整体水平大幅提升。支持工业互联网平台、信息化与工业化融合培育项目、企业上云等信息化建设，印发《2020年石家庄市两化融合工作要点》。助力5G产业发展，印发《关于加快5G发展的实施方案》《关于加快推进5G网络规划建设工作的实施意见》等文件。编制通信规划和5G网络站址规划，建成5G基站4400个。实施“5G通信基站用低噪声放大器芯片产业化”等4项市级科技计划项目，“5G通信用半导体材料和电子陶瓷材料关键技术”等3个项目列入省级科技计划项目，2个5G制造项目、3个5G应用示范项目纳入省战略性新兴产业专项资金支持范围。5月1日，由河北广电网络集团联合中兴通讯布设的河北省首个广电5G基站在正定县城长乐门、阳和楼区域开通，主要向用户提供5G融合网络覆盖和终端服务。6月10日，市政府与中国移动通信集团河北有限公司签署“5G+数字石家庄”战略合作框架协议，确定在信息基础设施提升、数据中心建设、5G融合创新等领域开展合作。2020年石家庄市、鹿泉区入选省发展改革委、省委网信办公布的河北省第一批新型智慧城市建设市级和县（市、区）级试点。

【信息化工业化融合】 利用新一代信息产业技术，推进工业互联网平台建设、信息化与工业化融合培育项目、企业上云等信息化发展。石家庄科林电气股份有限公司“基于混合云模式下的管理信息化与智能服务综合应用”项目入选工业和信息化部企业上云典型案例，该项目由企业管理信息化子系统平台、分布式光伏发电监控运维子系统平台两部分组成，建成混合云模式下管理信息化与智能服务综合应用系统，达到规范业务流程、降低物资采购仓储成本、提高审批和沟通效率及人、财、物、产、供、销精细化管理目标。敬业集团、石钢公司、常宏建筑、河冶科技、石家庄高达科技有限公司5家企业“两化融合”管理体系通过工业和信息化部贯彻标准（简称贯标）评定，石家庄科林电气股份有限公司13个电力行业、工业互联网平台项目列入2020年河北省工业互联网创新发展试点示范项目。至2020年末，全市70家企业参加工业互联网评估调查，200余家企业参加“5G+”工业互联网培训，600余家企业参加“两化融合”整体性评估，全市企业上云数量达到1000余家。

【数据中心】 常山云数据中心。由石家庄常山北明科技股份有限公司投资建设，地址位于正定高新区常山纺织工业园内，是河北省战略性新兴产业重点项目；投资规模50亿元，占地面积280亩，建筑面积19万平方米，规划部署标准机柜2.4万架，分4期建设；至2020年底，一期工程2214架机柜建成交付运营并接入中国移动、中国联通、中国电信三大运营商宽带网络系统，互联网出口采用双链路设计，出口带宽可达100G，还可利用双出口实现动态流量分担，总出口带宽达到T级。中国移动（河北石家庄）数据中心。地址位于石家庄市鹿泉区，占地面积174亩，建筑面积13万平方米，规划建设单体建筑10栋，分3期实施；一期两栋数据中心、1栋动力中心正在建设。至2020年底，中国移动石家庄分公司共有自建数据中心机房3个，分别为高新区数据中心、青园街政务云专属数据中心和中国移动（河北石家庄）数据中心。

【信息网络平台】 跨境电子商务综合公共服务平台开通。8月13日，中国（石家庄）跨境电子商务综合公共服务平台上线运行。该平台依托河北电子口岸，实现多部门“信息互通、监管互认、执法互助”，形成集通关、税务、外汇、支付、信用、商务、物流、大数据等服务于一体，为跨境电子商务企业提供“一站式”进出口业务服务平台。创建高校学生招聘网络，8月16日，由市人力资源和社会保障局建设的石家庄高校毕业生公共招聘网正式运行。石家庄机场“从家飞”旅客服务平台上线。11月12日，石家庄机场“从家飞”旅客服务平台上线；该平台由石家庄国际机场官方微信公众号、石家庄国际机场官网及智能终端大屏、迎宾机器人4个系统组成，实行后台统一管理、信息统一发布。

（董立峰）

网络安全和信息化

【概况】 2020年全市网络安全和信息化（简称网信）工作围绕提升网络安全监管和保障能力，重点推进基层“一中心一站”[县（市、区）和乡镇（街道）建设综合指挥和信息化网络中心，行政村（社区）建设网络信息工作服务站]建设。至6月9日，石家庄市21个县（市、区）261个乡镇（街道）全部建成综合指挥和信息化网络中心，均达到“六有”(有机构、有编制、有人员、有经费、有办公场所、有交通工具）要求；所有行政村（社区）网络信息工作服务站全部建成。突出做好新冠肺炎疫情期间网络安全和技术服务，疫情发生后，主动发挥网信数据和平台优势，全力加强市级医疗机构网站和信息系统监测预警，梳理掌握石家庄市各应用系统、App软件采集个人信息情况，及时面向公众发布云服务产品清单。统筹推进全市信息化建设，建立石家庄市2020年信息化重点工作台账，明确年度目标和责任单位。加快互联网IPv6规模部署和应用，市政府、石家庄广播电视台、石家庄新闻网等重点网站率先完成IPv6升级改造任务。推进新型智慧城市和数字乡村建设，石家庄市、鹿泉区入选河北省首批新型智慧城市建设试点，栾城区、高邑县入选河北省第一批数字乡村建设试点。2020年石家庄市信息化发展水平评价排名全省第一。防范化解网络安全风险，提升网络安全监管和保障能力。全年石家庄市以320多家重点网站为对象，开展实时监测预警，下发《网络安全事件整改通知书》162份。2020年石家庄市在河北省网络安全专项检查中总分排名第一。

【互联网宣传】 指导制作“众志成城抗击疫情——石家庄在行动”等互联网宣传专题专栏，收集转载石家庄市抗疫宣传报道稿件1370余篇，转发中央和省级媒体新闻报道3300余篇，组织创作新媒体原创作品90余部，多部作品被人民网、新华网、“学习强国”等主流媒体转载转发。向人民网、新华网、央视网等中央重点新闻网站推送宣传以反映石家庄市疫情防控举措和推进经济社会发展成效为内容优秀稿件2万余篇。制作抖音短视频《最高礼遇接英雄回家》，总浏览量达到2000万人次，点赞量超过350万人次。制作短视频《石家庄电视塔点亮夜空为武汉应援》被人民网、河北网络广播电视台、冀时客户端等媒体和平台转发。《冬日渐暖vlog——深泽抗疫日记》《复工小雅的一天》获评全省抗击新冠肺炎疫情新媒体优秀引导作品。2020“美丽中国”微电影盛典。7月29日至12月8日，由石家庄市委网信办、河北省影视家协会、北京电影家协会、天津市电影家协会联合主办的2020“美丽中国”微电影盛典在石家庄市举行，收到参赛作品400余件；参赛作品以互联网为平台，采用短小精悍的微电影载体，讲述城市、家庭、个人温馨感人的善美故事；设置奖项10个，分别为：特别奖、微电影奖、微纪录片奖、微视频奖、导演奖、编剧奖、摄影奖、男演员奖、女演员奖、优秀组织奖；62部网络作品获奖，5个单位获得优秀组织奖。9月14日，石家庄市2020年国家网络安全宣传周启动仪式在裕华区希望绿洲公园举行，主题为“网络安全为人民，网络安全靠人民”。9月23日，由市网络文化协会主办的“V看石家庄·助力名企行”活动举行，邀请央视网、国际在线、长城网、石家庄新闻网、一点资讯、网易、石家庄本地通、庄里微、哈石家庄等媒体20余名记者和自媒体大V组成采风团，实地参观市制酒厂有限公司、天下同福大健康城项目、神威药业集团有限公司、中航通飞华北飞机工业有限公司，详细了解健康食品、生物医药、先进装备制造等现代产业建设和发展情况。

表 61

2020“美丽中国”微电影盛典特别奖

序号	作品名称	奖项类别
1	滹沱筑梦	善美类
2	辽道背	扶贫类
3	爱洒雷神山	抗疫类
4	四世同堂	迎接中国共产党成立 100 周年

表 62

2020“美丽中国”微电影盛典微电影奖（剧情类）

序号	片名	制作单位或个人	奖项
1	大碗飘香	北京尚美博文化传媒有限责任公司	最佳
2	主动走向你	上海医映网络科技有限公司	最佳
3	妈妈的夜班车	天津志玲影视投资有限公司	最佳
4	一路有你	石家庄市建华南大街 100 号河北广播电视台	最佳
5	师傅的传家宝	国网浙江瑞安市供电有限责任公司	最佳
6	春风	山西景辰未来影视传媒有限公司	优秀
7	甜	个人	优秀
8	春耕	深泽县文学艺术界联合会	优秀
9	五四精神 代代相传	共青团邯郸市委 邯郸市少工委	优秀
10	我是你的眼	华夏太禾集团有限公司	优秀
11	暮雪瑶	个人	优秀
12	六公里	攀枝花协会	优秀
13	奶奶的药箱	宁波思华年影视文化传媒有限公司	优秀
14	多吉的夏天	成都理工大学传播科学与艺术学院	优秀
15	运河妈妈	个人	优秀
16	一封信	台州皇家影视发展有限公司	好作品
17	装作	河北电影制片厂	好作品
18	小小的愿望	成都喜开文化传媒有限公司	好作品
19	钱·罩	石家庄市中级人民法院	好作品
20	土灶炖土鸡	山东电影制片厂 / 山东大择文化传媒有限公司	好作品
21	田果	辽宁省沈阳市皇姑区三江街	好作品
22	归还	武汉念念不忘影视科技有限公司	好作品
23	初心如初	四川星光无限文化传媒有限公司	好作品
24	转身	安徽星灿文化传播有限公司	好作品

续表

序号	片名	制作单位或个人	奖项
25	路上	河北有座山文化传媒有限公司	好作品
26	民警老魏	河北电影电视剧制作中心（河北电影制片厂）	好作品
27	因材施教	宁夏微电影协会	好作品
28	黄薇薇的阵地	河北省卫生健康委员会健康河北指导中心	好作品
29	抗疫先锋	河北九龙盛世文化传媒有限公司	好作品
30	种山下	湖北省电影家协会	好作品
31	丁凡的谎言	学苑映画文化传播有限公司	好作品
32	老杨的盛夏	德州市发展和改革委员会	好作品

表 63

2020“美丽中国”微电影盛典微纪录片奖

序号	片名	制作单位或个人	奖项
1	致敬！我们的战“疫”英雄 3 部	河北广播电视台	最佳
2	谁持彩练当空舞	河北省影视家协会	最佳
3	寻找逝去的契丹	承德广播电视台	最佳
4	颜真卿	山东省电影家协会	优秀
5	仙之所向 居此为安	浙江高蒙文化传播有限公司	优秀
6	寻石记	河北传媒学院 北京师范大学	优秀
7	燕山深处·才墨之薮	承德广播电视台	优秀
8	醉美油茶	桂林市文艺演出有限责任公司	优秀
9	一滴水的未来	浙江高蒙文化传播有限公司	好作品
10	花开太行	河北搏能文化传播有限公司 石家庄广播电视台	好作品
11	百年星火传承	张家口领衔文化艺术发展有限公司	好作品
12	冬奥 崇礼 印象《建》	张家口领衔文化艺术发展有限公司	好作品
13	人民英雄纪念碑——背后的故事	青岛建国文化传媒有限公司	好作品
14	生态富民 决胜小康—— 当好“两山”理论守护人	北京英田影视文化股份有限公司	好作品

表 64

2020“美丽中国”微电影盛典微视频奖

序号	片名	制作单位或个人	奖项
1	志愿	江苏省南京市江宁区	最佳
2	怎能没有你	北京英田影视文化股份有限公司	最佳

续表

序号	片名	制作单位或个人	奖项
3	春信已至	河北电影制片厂	优秀
4	幸福的样子	河北广播电视台	优秀
5	你好春天	河北华鼎文化传媒有限公司	优秀
6	遇见上海的美	上海立达学院	优秀
7	向逆行者致敬	个人	好作品
8	冬日渐暖深泽抗疫日记	深泽县委网信办	好作品
9	让我看看你的脸庞	北京英田影视文化股份有限公司	好作品
10	寻找《中华儿女》王成的原型——杨春增	中共沙河市委组织部	好作品
11	让爱传递	河北省卫生健康委员会健康河北指导中心	好作品
12	多彩正定	正定县融媒体中心	好作品

表 65

2020“美丽中国”微电影盛典导演奖 / 编剧奖 / 摄影奖

序号	作品	姓名	类别	奖项
1	滹沱筑梦	苏彦国	导演奖	最佳
2	妈妈的夜班车	郭彤		优秀
3	辽道背	陈伟义		优秀
4	装作	刘冬立	编剧奖	最佳
5	春风	李心丽		优秀
6	六公里	左为　史爽　罗世瑶		优秀
7	仙之所向 居此为安	马迅	摄影奖	最佳
8	奶奶的药箱	何锋		优秀
9	多吉的夏天	黄灿		优秀

表 66

2020“美丽中国”微电影盛典男演员奖 / 女演员奖

序号	作品	角色	演员	类别	奖项
1	大碗飘香	王子	马翰	男演员奖	最佳
2	民警老魏	魏爱民	张路生		优秀
3	主动走向你	张旭东	李天烨		优秀
4	民警老魏	马大娘	翟秀	女演员奖	最佳
5	土灶炖土鸡	悠悠	马依多纳		优秀

【网络综合治理】 制定印发《石家庄市关于加快建立网络综合治理体系工作方案》《石家庄市网络综合治理指标体系及实施方案（试行）》等文件，明确属地和新闻网站主体责任，构建形成党委领导、政府管理、企业履责、社会监督、网民自律等多主体参与综合治网格局。加强互联网企业党的建设，9月28日，组建市互联网行业党委，选举产生第一届委员会；指导河北信通、贝壳找房、美团等8家互联网企业成立党支部，协调同方知网等2个党支部整建制划转至市互联网行业党委，2020年末市互联网行业党委下设党支部10个；推进互联网企业党建示范点建设，盘古网络科技、神玥软件、天行健3家互联网企业党支部获批河北省首批党建示范点。维护网络意识形态安全，设立互联网舆情信息中心、信息安全测评中心，及时做好网络舆情应急处置和网上举报辟谣。创新网络内容表现形式，提升传播效果；培养全媒体人才，扩大网络优质内容产能；举办县级融媒体中心新媒体技能演练，“在线训练营”获得省委网信办公室颁发证书。至2020年末，全市17个县级融媒体中心、2个市级重点新闻网站获得互联网新闻信息服务许可。

（张婧）

数据资源管理

【概况】 2020年全市数据资源管理部门围绕建设“大平台、大数据、大系统”要求，重点推进智慧城市建设、数据资源共享和政务信息化建设。全力发展数字经济，持续加快智慧城市建设，9月27日，石家庄市获批河北省第一批新型智慧城市建设试点。扩大数据资源共享，全年向15个省、市部门提供业务平台数据共享服务，累计提供共享接口3.5万次，共享数据量22.6亿条。利用大数据、互联网等技术，搭建“数字防疫”平台，实现市核酸检测系统（核酸检测分指挥部）与“河北健康码”系统对接。加强财政资金投资信息化建设项目管理，全年市级财政投资新建、续建信息化建设项目55个，投资总额2亿元。2020年全市政务办公系统下发常务会议纪要81期、公文4218件、通知43211件；接收县（市、区）和部门上报请求报告5435件、信息5435条。2020年市政府门户网站发布信息22670条，上传图片3634张、附件852个；市政府门户网站“政府信箱”收到网民有效留言27706条，处理答复率达到100%。

【数据归集与共享】 按照政务数据“应收尽收”、民生数据“能收则收”原则，全年累计归集25个部门政务数据58亿余条，形成共享数据41个大类35亿余条。推进数据资源共享，制定出台《石家庄市政务数据资源共享管理规定》《石家庄市政务数据资源共享安全管理规定》及相关标准规范。全年市级政务平台与4个县（市、区）政务平台实现数据对接和政务数据推送。至2020年末，市数据资源管理部门共向15个省、市部门提供业务平台数据共享服务，累计提供共享接口3.5万次，共享数据量22.6亿条。

【电子政务】 落实省政府办公厅印发《关于推进河北省电子政务外网互联网协议第六版（IPv6）改造工作通知》要求，制定《石家庄市电子政务外网互联网协议第六版（IPv6）升级改造方案》；2020年11月，市电子政务外网互联网协议第六版（IPv6）升级改造完成。以网络互联、数据互通、用户统一、业务协同为目标，加快部门业务专网系统对接，重点解决垂直系统数据共享难、业务对接难及基层“专网林立”“二次录入”问题。2020年市级一体化平台与河北经济户籍管理系统、河北省劳务派遣信息管理系统、河北省药品经营（零售）事项行政审批系统、河北卫生健康监督执法信息平台、河北省小作坊小餐饮小摊点登记备案系统、河北省政务服务“好差评”系统、国家电子营业执照系统、市信用信息平台等对接工作完成，实现市级多平台在国家、省平台备案及跨部门、跨层级互信互任。推进100项民生服务事项在“冀时办”平台上线，覆盖教育、住房公积金、社会保险、医疗保险等领域。完善政务办公系统，开发政府办公室值班室业务、手机收发通知等功能，市委机关内网实行升级改造。2020年全市通过政务办公系统下发常务会议纪要81期、公文4218件、通知43211件；接收县（市、区）和部门上报请求报告5435件、信息5435条。加强电子政务网络安全管理工作，按照公安部发布《信息安全技术网络安全等级保护基本要求》规定，完成市政务云平台网络安全三级等级测评，并获得公安机关正式备案。

【门户网站管理】 实施政府网站集约化建设，2020年9月，市政府网站集约化建设任务完成，市政府部门网站和60个县（市、区）政府门户网站实现共享共用市政府网站云平台，形成统一标准体系、统一安全防护、统一运行维护监管机制，达到网站资源优化融合、数据互认共享、管理统筹规范、服务便捷高效要求。市政府门户网站升级改版后，网站智慧搜索、智能问答等功能得到优化，网站页面实现自适应不同规格移动终端。适应互联网发展变化和公众使用习惯，市政府门户网站开设手机 App。2020 年市政府门户网站发布信息 22670 条，上传图片 3634 张、附件 852 个。依托市政府网站云平台，创新建立石家庄市统一政民互动平台系统，做到以政府信箱、意见征集、网上调查等形式，提供听民意、解民愿、聚民智、应民声服务。全年市政府门户网站常见咨询类留言做到 1 个工作日内答复、一般留言 5 个工作日内答复。至 2020 年末，市政府门户网站“政府信箱”收到网民有效留言 27706 条，处理答复 27706 条，处理答复率达到 100%。

【信息化建设项目】 2020 年全市 29 个部门申报信息化建设项目 152 个，经专家评审、论证，60 个项目列入 2020 年度信息化建设项目计划；3 月 25 日，市政府常务会审议通过，预算总金额 2 亿元，其中，5 个项目年内未开工建设，市财政部门收回项目资金。落实市政府第 75 次常务会关于数字化项目达效督导要求，全市组织开展在建信息化项目督导检查，主要包括：是否完成既定建设内容、是否实现预期建设效果、数据资源是否共享利用等。检查结论：2020 年全市合理利用有限信息化建设专项资金额度，保证了市委、市政府及上级文件要求实施项目、基础支撑性应用平台项目和部分业务急需、民生服务项目需求，基本实现信息化建设目标，达到预期效果。

表 67

2020 年石家庄市级政府投资信息化建设项目一览表

序号	项目名称	序号	项目名称
1	西柏坡智慧景区及管理系统	19	未成年人（留守儿童）保护服务平台
2	市地表水环境自动监测与预警综合管理系统（一期）	20	民政服务智能识别系统
3	环境应急管理数据库	21	政法机关内网办公系统
4	农村科技信息服务村村通工程	22	市交易平台辅助应用系统
5	市农产品质量安全二维码追溯体系项目	23	全面深化改革工作管理系统升级改造项目
6	智慧机关事务管理系统	24	市督查信息化平台二期
7	外事管理系统升级改造	25	市住房和城乡建设局数据应用平台
8	市政府值班平台信息化系统	26	燃气行业综合监管平台
9	档案数字化建设	27	数字化城市管理拓展提升项目
10	公文智能交换管理系统	28	市级智慧供热平台升级扩容建设项目
11	双控智能系统升级	29	政务服务回访项目
12	应急管理信息化综合应用平台	30	市行政审批局一窗综合管理平台
13	安全服务提升项目 + 贷款业务配套设备采购项目	31	智能审判系统
14	综合经济工作电视电话会议系统	32	网络场景式远程审讯系统
15	市发展改革委数字信息化协同办公系统	33	市第一看守所“智慧磐石”
16	与省教育厅视频会议联网及机房升级改造项目	34	交通综合运行协调与应急指挥中心 Tocc
17	教育资源公共服务平台	35	特种设备运行监测大厅
18	城市社区管理工作信息系统	36	武警“智慧磐石”

续表

序号	项目名称	序号	项目名称
37	“智慧人大”综合平台建设（含规范性文件备案审查信息平台及人大机关高清网络视频监控）	47	全民健康信息平台互联互通项目
38	国土空间基础信息平台及国土空间规划一张图实施监督信息系统	48	市财政数据中心运营管理建设项目
39	自然资源和规划业务一体化平台（含数据交换共享平台）	49	网络安全体系建设（网络性能监控及防病毒系统建设）
40	市不动产登记信息化建设	50	人社业务一体化平台
41	市政府东院园区主干光纤改造建设	51	“最多跑一次”改革（政务数据归集和应用，续建）
42	市政府东院楼内综合布线系统	52	石家庄时空大数据平台及应用项目（续建）
43	IPV6 升级改造	53	市土地二级市场系统（二期，续建）
44	信息化项目管理系统	54	政法信息化三维实战平台（续建）
45	智慧办案办公一体化平台	55	公共资源中心应用系统改造（续建）
46	远程提审系统		

【获批省第一批新型智慧城市建设试点】 2020 年 3 月，省发展改革委、省委网信办联合印发《关于开展河北省第一批新型智慧城市建设试点通知》，确定在全省范围选择 3 个左右市、10 个左右县（市、区）开展新型智慧城市建设试点。2020 年市数据资源管理局结合全市实际，编撰形成《石家庄市新型智慧城市四星建设试点方案》，经市政府批准上报省发展改革委、省委网信办；方案包括概要、发展现状与建设需求、总体设计、建设方案、保障措施 5 个部分，提出到 2022 年 9 月底，石家庄市新型智慧城市建设基本建成“惠民服务一站式”“城市治理一盘棋”智慧管理服务新体系，初步形成基础设施智能完善、信息资源有效共享、政府决策科学精准、城市管理精细智能、城市服务主动个性、数字生活优质便捷、产业经济高效低碳新格局。9 月 27 日，省发展改革委、省委网信办联合印发《关于公布河北省第一批新型智慧城市建设试点名单通知》，石家庄市获批河北省第一批新型智慧城市建设试点。

（任剑锋）

无线电管理

【概况】 2020 年全市办理无线电管理行政许可事项 41 件，其中，频率许可 15 件，台站许可 26 件；审批频率 41 个，审批台站 764 部；核发、换发电台执照 342 张，撤销台网 18 个，停用电台 363 部；举办业余电台操作证考试 1 次，通过考试 82 人；指配业余电台呼号 69 个。做好无线电安全保障，完成高考、中考及国家、省、市、县、乡招录公务员考试等无线电安全保障 15 次，未发现 1 起作弊信号。开展涉军无线电干扰查处，为某部队排查机场干扰 1 起。提升无线电安全保障能力，石家庄无线电管理局、黄碧庄水库管理局联合在黄碧庄水库举行汛期无线电通信应急演练 1 次。2020 年石家庄无线电管理局收取频占费 81.12 万元，实现增收 6.76 万元。

【5G 频率协调】 按照国家和河北省关于 5G 干扰协调部署要求，2020 年 9 月，石家庄无线电管理局完成辖区 5G 干扰协调任务，签订 5G 基站干扰协调协议 95 份，技术改造无线电台站 124 座，受影响台站协调率达到 100%。推进 5G 网络建设，至 2020 年末，全市建成 5G 基站 5142 座，其中，中国移动 2525 座，中国联通 1311 座，中国电信 1306 座。

【无线电监测】 2020 年全市采用闭路测试方式检测各类无线发射设备 100 部，其中，雷达设备 1 部，广播发射设备 1 部，公网基站设备 39 部，专网设备 59 部；出具检测报告 100 份。全年监测无线电时长 289677 小时，分析信号 1052 个。开展广播、电视、民航、宽带数字集群、5G 频段监测比对，累计监测34898小时，比对信号5551个。全年编制无线电监测报告25份，其中，“黑广播”监测技术报告16份，航空铁路干扰监测技术报告6份，5G干扰监测技术报告1份，台站监管监测技术报告1份，GPS类干扰监测报告1份。开展治理“黑广播”“伪基站”专项行动，查处“黑广播”案件17起，查获“黑广播”设备17台（套）。打击安装无线电干扰器、手机信号放大器和其他非法设台行为，查获干扰器1台、信号放大器39台；查处无线网桥案件3起，收缴设备5套；整理形成无线电管理行政处罚案卷6件。

河北省石家庄无线电管理局

局　长：李卫东

副局长：姚彬　（女）

（李沛瑶）

电　信

中国移动通信集团河北有限公司石家庄分公司

【概况】 2020年中国移动通信集团河北有限公司石家庄分公司（简称中国移动石家庄分公司）共有员工2400余人，办公地址位于石家庄市桥西区东风路128号。至2020年末，公司新入网用户103万户，累计用户达到660万户。其中，5G用户131万户，4G用户350万户；宽带用户121.5万户；IPTV用户数77万户；建成5G基站2526个。提升通信服务质量，实行服务全过程管控，率先在全省制定《5G服务规范》《贬损客户关系修复制度》，承诺践行服务品质标准56项。实施投诉处理“红、黑点”机制，无线热点投诉小区累积问题解决率保持80%以上，家庭宽带高投诉小区数量同比下降73.1%。加强风险管控，推行清单化管理，整改安全隐患442处，整改率达80.5%；全年未发生安全生产责任事故。2020年中国移动石家庄分公司复查确认继续保留“全国文明单位”称号，并获评市保护消费者权益先进单位。

【网络建设】 优化4G/5G网络，建成5G基站2526个，无线网络质量满意度达到91.5%。打造端到端精品家庭宽带网络，建成双千兆标杆小区100个；落实爱家行动，家庭宽带网络质量满意度达到80.96%，同比提升3.78百分点。2020年公司无线网络质量满意度、家庭宽带网络质量满意度在省内和行业排名首位。政企网络响应提速，微网格点亮率较年初提升65.5百分点，达到77.4%。互联网专线开通时长缩短至5天，故障处理平均时长缩短1.3小时。提升网络安全能力，PTN接入大环、长链占比改善，均排名全省第一。聚焦重点项目26项，细化市县层级措施164项。提升资产效益指标，全年节省网络维护费、电费120.5万元，节省通信铁塔费用3813万元。

【业务经营】 以5G业务为龙头，加快推进信息化发展。2020年公司与市政府及13个县（市、区）政府、79家重点龙头企业签订5G战略合作协议，5G项目签约额接近6000万元；探索5G垂直行业创新应用，打造5G业务标杆示范项目，石钢公司5G智慧工厂、河北医科大学附属第一医院5G智慧医疗被省发展改革委评选为省级创新孵化项目。以高质量发展为主线，采取融合营销、商机营销等方式，保持和拓展重点客户达到165万户，拍照客户保有率达到90.96%。以“连接＋应用＋权益”为营销手段，开展价值经营，全年新入网客户户均折后收入154元，同比提升30元。客户结构改善，100元及以上高价值客户占比7%。围绕执法和工业能源行业，推行移动云项目29个。重视小微企业市场，拓展聚类场景，互联网数据中心（简称IDC）增收超过2亿元，政企宽带增收324万元。开展家庭决胜、千兆专项攻坚行动，2020年公司宽带客户净增20万户，市场份额达到30.6%，较2019年提升3.1百分点。构建以大屏及智能硬件为基础数字家庭生态，电视用户净增11.2万户，大屏增值率69.5%，增值业务渗透率12.7%，电视增值业务收入同比增长215%。开展智能硬件体系化运营、体验式营销，家庭泛智能终端销量达到25万户，较2019年提升7.4倍。

中国移动通信集团

河北有限公司石家庄分公司

总 经 理：高广

副总经理：何青伟

段飞　（7月免）

李飒　（女，7月任）

刘鹏　　刘磊

（张星）

中国联合网络通信有限公司石家庄市分公司

【概况】 2020年中国联合网络通信

有限公司石家庄市分公司（简称中国联通石家庄市分公司）共有合同制员工2465人，办公地址位于石家庄市长安区中山东路117号。至2020年末，公司移动网络在网用户达到370.37万户，其中，5G网络在网用户24.94万户，4G网络在网用户278.94万户；宽带网络用户达到124.33万户，IPTV用户达到65.71万户。提升客户服务运营能力，以客户为中心，以问题为导向、强化网络服务协同运营机制，建立以服务、投诉为牵引的服务分析制度；聚焦校园、商务楼宇密集区和住宅小区，增强大数据分析能力、投诉工单集约化处理能力，分析客户不满意关键因素，全力提升客户满意度。实行公司管理改革，落实员工能进能出、薪酬能多能少、干部能上能下制度。有序推进划小改革，将划小改革作为激发主体活力的重要抓手，持续优化划小单元；更新CEO后备人才库，实行“契约化”管理，明确任务目标；以清单、协议等形式，确定相应的责、权、利，实现划小单元效益提升。2020年中国联通石家庄市分公司获授“全国文明单位”称号，下辖栾城区分公司获授“河北省文明单位”称号；高娅娅获评中国联通公司“好员工”，苗真获评中国联通公司“劳动模范”。

【网络建设】 5G网络。至2020年末，公司5G网络站址达到1311个，市区、县城及县区主要干道、重点区域实现连续覆盖。4G网络。采取网络优化、宏站建设、室分建设、室分整治等通信手段，有效解决网络覆盖盲点问题，网络覆盖质量提升。至2020年末，公司4G网络完成宏站工程投诉站点建设204个、室分工程站点396个。推进网络共建和资源共享，公司网络承建区5G基站达到1141个，与中国电信石家庄分公司全部开通共享模式，5G基站总规模累计达到2366个；4G共建共享网点1830个，其中，宏站基站569个，室分共享网点494个，2020年末公司与中国电信石家庄分公司累计开通4G共享小区达到4778个，总规模排名全省第一。网络运行成本下降，2020年公司设备减网退网节省462万元，铁塔及三方租金电费管控节省1827万元，机房整合腾退减少费用270万元，共建共享减少费用1300万元。

【业务经营】 开展沃进社区营销活动，举办沃进社区活动2355场（次），重点业务发展客户54606户，存量客户同比增加3.09万户。深化存增一体并进发展模式，存量市场做到精耕细作，增量市场加大规模拓展。以网络数字化转型为主线，以双千兆为引领，采取振兴农村市场、建强直销能力等措施，持续提升差异化竞争实力，实现基础业务收入稳步提升。政企领域业务发展和贡献度增强，2020年公司政企业务在重大项目上实现多项突破，承接全省首个智慧农业项目——行唐智慧果园、全省首个产业互联网自研产品项目——石家庄“智慧人大”，异网获得河北师范大学WiFi覆盖项目、森林防火综合治理项目、全省首单云盾自主产品——石家庄市新华区后勤机关服务中心网络安全项目。采取传统业务与创新业务双轮驱动策略，突出价值经营，推进自研产品和标准化产品业务发展。

中国联合网络通信有限公司

石家庄市分公司

总 经 理：韩洪江

副总经理：白福柱 周进

于建伟 郭广根

张锋

（边赛）

中国电信集团有限公司石家庄分公司

【概况】 2020年中国电信集团有限公司石家庄分公司（另名中国电信股份有限公司石家庄分公司，简称中国电信石家庄分公司）5G网络建成基站1367个、室分站点99个；以共建共享模式，与中国联通石家庄市分公司共建共享5G网络站点2788个。至2020年末，中国电信石家庄分公司移动过网用户达到356.9万户，市场份额占比29%，其中5G网络用户113.4万户；宽带用户达到155万户，同比净增13万户，用户市场份额占比38.72%；实现业务收入24.36亿元，市场份额占比28.06%，较2019年提升0.29个百分点。提升服务质量，以问题为导向，采取服务前置、服务监测、投诉管理等措施，暗访检查营销、交付、服务各个环节；开展客户视角体验和感知评测，建立“客户说算”评价机制。开展“全员服务在行动”“总经理抓服务”“倾听客户声音”等活动，全年发现整改省、市级单位网络问题94项，解决管理类问题33项，完善业务流程33项，问题解决率达到91%。防范网络欺诈行为，依靠数据模型关停风险号码1.4万个。

【网络建设】 5G网络。2020年公司5G网络建成基站1367个、室分站点99个；以共建共享模式，与中国联通石家庄市分公司共建共享5G网络站点2788个，实现市区三环室外、县城城区主干道5G网络全覆盖，其中，市区为NSA/SA双模5G覆盖，县城除藁城区为NSA外，其余区域均为SA覆盖。至2020年末，公司在石家庄市区二环内5G网络覆盖时长占比提升达到97.7%，测试覆盖率提升达到95%，平均下行网速超过 700Mbps。4G 网络。2020 年公司开通 4G 网络共享站点 1195 个，与中国联通石家庄市分公司共享站点达到 1232 个。全年采取 4G 网络站点共享模式，节约宏站投资 4917.4 万元，节省室分投资 2500 万元，有效解决 350 余个自然村、80 余个住宅小区网络覆盖盲点问题，其中，石家庄地铁 2 号线推行全量共享，节省投资 268 万元，节省成本 129 万元。全年完成 3G 网络用户退频 5948 个，退频比例达 87%，市区二环外全部清频。开展 L800 兆频段深耕和优化，完成比例 71%，扩频区域带宽提升 52%，下行用户体验速率提升 66%。改造市区千兆网络，建成开放 1000 兆极速宽带。专线电路开通 8064 条，同比增长 34.2%；专线电路建设平均开通时长 2.4 天，同比下降 28%；专线电路单位造价 3323 元 / 条，同比下降 40%。城域网出口达到 3200G，IDC 出口扩容达到 5200G。2020 年公司新建核心、汇聚层光缆 78.82 千米，新建管道 119.81 千米，新选机房 3 处，OLT 双 10G 上行完成部署 736 套；千兆小区安装板卡 596 块，千兆小区实现市区全覆盖。

【业务经营】 千兆网络覆盖用户达到 149 万户，市场占比达到 86%。光纤宽带新增用户 25.1 万户，累计覆盖用户 465.96 万户。扩大 5G 用户服务，上线欧了出行、滴滴出行、检车无忧、联联周边游等 5G 专属权益产品。至 2020 年末，公司 5G 用户达到 113.4 万户，用户份额占比达到 41%。扩大网络服务项目，2020 年 8 月，公司极致融合套餐上市，客户在原资费基础上，新增基础套餐内容，叠加全屋 WiFi、天翼看家等智家设备，实现用户不增通信费用情况下享受更多权益。推进智能宽带业务，创建全屋 WiFi、智能看家、智能门锁等现代家庭智能产品。提供携号转网服务，公司 109 个自有营业厅全部开放携号转网权限，受益用户 3 万余人。

中国电信集团有限公司
石家庄分公司

总 经 理：孙玉胜
副总经理：马巨福　魏雅丽
　　　　　李山　（4 月任）
　　　　　岐剑
　　　　　冯林　（7 月任）
　　　　　秦士良（7 月免）

（李娜）

商业·旅游

Business & Tourism

商贸流通

【概况】2020年全市实现社会消费品零售总额2279.6亿元，同比下降3.4%。其中，城镇1980.1亿元，下降1.8%；乡村299.4亿元，下降12.6%。限额以上企业（单位）消费品零售额757.6亿元，同比下降9.7%。其中，城镇754.9亿元，下降9.7%；乡村2.7亿元，增长10.0%。限额以上批发零售业商品零售额734.2亿元，同比下降9.6%。其中，粮油食品类93.1亿元，增长4.4%；饮料类10.4亿元，下降2.3%；烟酒类13.6亿元，增长35.9%；服装鞋帽针纺织品类86.5亿元，下降12.0%；日用品类23.4亿元，增长1.2%；家用电器和音像器材类33.5亿元，下降18.7%；中西药品类42.7亿元，下降8.2%；通信器材类14.6亿元，增长0.5%；石油及制品类71.6亿元，下降27.7%；汽车类271.1亿元，下降8.9%。2020年全市实施重点商贸项目42个，其中，市重点商贸项目27个，县域重点商贸项目15个；总投资639.49亿元，实际完成投资105.9亿元。推进特色商圈、特色街区建设，建成商业街区18条，其中，改造提升商业街区12条，县域新建商业街区6条。激发商贸活力，促进市场消费，支持举办各类商贸营销经营活动。1月10～24日，由中国商业联合会主办，市商业联合会、新华区商务局、新华区市场管理服务中心承办的“2020年第十届全国（石家庄·民族路步行街）年货节”举行；4月9日至6月30日，由市商务局指导，河北省汽车流通行业协会主办的“石车秀”石家庄线上购车节举行；10月30日至11月1日，2020年石家庄美食文化节在市区民族路步行街举行。提振消费信心，推动夜经济向商、旅、文、体等业态融合发展。4月15至10月31日，全市100家夜经济参与企业实现夜间销售额45.97亿元，占全天销售额30.78%。建设卫生整洁、设计规范的市场营销环境，全年新建、改建便民市场40余家，其中，市民生活服务中心10家，每个市民生活服务中心面积不少于2000平方米。6月5日，市区北宋路市民生活服务中心开业，总占地面积5000平方米，这是石家庄市建成的首家市民生活服务中心；9月19日，新华区泰华市民生活服务中心投用，建筑面积1万平方米，该中心为石家庄市建成的第二家市民生活服务中心。2020年9月16日，石家庄北国人百集团有限责任公司、河北叁陆伍网络科技集团有限公司2家企业入选2019年度中国零售百强，分别位列第27位和第68位。

【重点商贸项目】全年实施重点商贸项目42个，其中，市重点商贸项目27个，县域重点商贸项目15个；总投资639.49亿元。全年重点商贸项目计划完成投资113.57亿元，实际完成投资105.9亿元。市重点商贸项目。全年实施市重点商贸项目27个，总投资573.9亿元，完成投资86.59亿元。其中，中房广场项目、旭辉长安商业广场、鹿泉泰华中心、民族路商业步行街、悦城北区19号地块5个项目开工建设；中房元泰广场、长安万达广场、龙泉古镇项目（二期）、荣盛御府项目4个项目竣工；众美定制广场、恒大中央广场、荣盛广场东区、中冶德贤盛世广场、藁城旺洋国际商业广场等18个项目在建。县域重点商贸项目。全年实施县域重点商贸项目15个，总投资65.59亿元，完成投资19.40亿元。其中，河北宾馆及康养小镇、晋州冷链物流及技术中心、高邑县喆啡酒店、井陉县购旺生活广场项目实现当年开工当年竣工；井陉矿区横北综合楼项目开工；中和商务酒店、赞皇枣林民俗街、无极县咕咕奇幻岛儿童乐园、灵寿县记忆一条街、正定滹沱河艺术生态岛、新乐维多利亚广场6个项目竣工；正定医药展示交易中心、赵县金桥商业广场、平山县侨商总部基地信誉楼百货、深泽县颐高新经济产业园4个项目在建。

【中央商务区建设】石家庄中央商务区建设于2019年3月26日正式

启动，总面积2.6平方千米，分为核心区、风貌提升区、拓展区3个部分，范围为和平路、解放大街、裕华路、站前街、南大街和车辆厂前街围合区域，自北向南分别设置：商务金融北区、文化旅游中区、商务金融南区。率先启动核心区位于石家庄老火车站和百年广场区域，总占地面积1.08平方千米。2020年石家庄中央商务区建设涉及私产部分及中车石家庄车辆有限公司原车辆厂区域、如家酒店、幼儿园、邮政大楼、公交枢纽等地块原有建筑拆除完毕，中央商务区规划展示中心、中央商务区北区地下公共空间等8个地块正在建设施工，总建筑面积50余万平方米。7月22日，石家庄中央商务区展示中心建成开馆，地址位于市区中山路与公里街交口东北角，占地面积11亩，建筑面积4200平方米，建筑高度16.23米，共两层，主要用于中央商务区规划展示、城市原点文化展示及时尚发布等。石家庄中央商务区地下空间项目建筑面积14万平方米，整体设置地下2层，局部设置地下3层，其中，地下一层为商业，地下二层为车库兼人防工程，局部为设备用房，地下三层为轨道交通预留空间。至2020年末，中央商务区北区地下空间工程完成土方作业，正在主体施工。

石家庄市裕华区火车头步行街夜市

【夜经济】 以活跃夜间市场消费、提振消费信心为重点，加大特色商圈和特色街区建设，推动夜经济向商、旅、文、体等业态融合发展。4月15日晚，石家庄市2020年夜经济活动启动仪式在北国商城举行。这也是石家庄市连续第11年举办夜经济活动。主题为“繁荣夜经济、活力石家庄”。启动仪式上，市夜经济建设工作领导小组办公室向夜经济“十大商圈”“十大商街”“十大深夜食堂”“十大人气打卡地”等40个特色品牌单位颁奖授牌；首次推选10人为“夜经济代言人”；参与商业、文化、体育、旅游等业态门店710家。夜经济活动期间，采取政府推动、部门协调、协会参与、企业主导、市场运作模式，组织商业、文化、旅游、体育等经营单位以异业互动、业态融合、线上线下结合等形式，开展夜食、夜购、夜娱、夜健、夜读、夜展、夜游等夜间休闲消费主题活动，主要有百家美食大联展、京津冀美食文化节、夜间体育健身免费培训、夜间体育赛事群众性健身、“一月一名剧”“彩色周末”夜间演出、读书会、诗会等活动，图书馆、美术馆、曲艺社、剧场、影院等场所延长夜间营业时间。夜经济建设主要打造12条夜经济品牌示范商业街区，重点是中山路繁华商业大道、民族路步行街；围绕华润万象城、北国商城等商业繁华区，打造12个区域性消费商圈。按照一街一特色、一店一风格原则，提升街区形象和购物环境；发挥商业综合体核心带动作用，建设布局合理、功能完善、特色突出的区域夜间消费中心；依托山前大道、滹沱河，打造2个山、水特色夜间休闲消费带。繁荣夜经济，提振消费信心。4月15～30日，全市分5次向市民派发夜经济惠民红包50万元，面额分为10元、20元、50元3种，分5个时段派发，分别是4月15日19时30分和20时30分、4月17日19时30分、4月24日19时30分、4月30日19时30分发放，红包消费使用有效期为4月15日至5月15日。4月15至10月31日，全市100家夜经济参与企业实现夜间销售额45.97亿元，占全天销售额的30.78%。夜经济期间，全市举办商业、文化、娱乐等活动3647场，夜间客流量达到3548万人次。2020年石家庄市被瞭望智库、腾讯评为“2020年中国城市夜经济影响力创新城市”。

【惠民肉菜补贴销售】 1月14～23日，石家庄市举行省级惠民肉菜补贴销售活动。参与范围从主城区（长安区、桥西区、新华区、裕华区、高新区）拓展至藁城区、鹿泉区、正定县。肉类补贴销售品种为鲜猪肉、鲜牛（羊）肉，其中，猪肉每千克补贴销售价格低于当地市场平均零售价3元以上，牛（羊）肉每千克补贴销售价格低于当地市场平均零售价4元以上。蔬菜补贴销售品种以白菜、萝卜、洋葱、土豆为主，以蒜薹、豆角、青椒、尖椒、韭菜、芹菜、西红柿、黄瓜等为辅，蔬菜补贴销售价格低于当地市场平均零售价20%以上。参与门店56家，其中，北国商城股份有限公司门店33家，河北永辉超市有限公司门店14家，河北保龙仓家乐福商业有限公司门店4家，另外5家门店为石家庄玉琢信誉楼百货有限公司、石家庄玉华信誉楼百货有限公司、河北祥隆泰超市有限公司新华店、石家庄信誉楼百货有限公司、河北瑞天经贸有限公司。1月15～23日，市级惠民猪肉补贴销售活动举行，在省级惠民肉菜补贴销售活动范围基础上，新增河北双鸽泽瀚商贸有限公司20家门店，累计承担销售任务门店达到76家；市级惠民补贴品种为鲜猪肉，每千克补贴销售价格低于当地市场平均零售价6元以上；参加省级惠民肉菜补贴销售企业享受省级财政每千克补贴3元、市财政每千克补贴3元，没有参加省级惠民肉菜补贴销售企业，享受市财政每千克补贴6元。1月17～21日，市商务局组织市公益性农产品批发市场开展公益蔬菜投放活动，确定石家庄市长安区、桥西区、新华区、裕华区、高新区、鹿泉区29家社区生鲜超市作为销售网点，投放品种有大白菜、白萝卜、西红柿和黄瓜，累计供应150吨，零售价格低于当地市场平均价20%以上。1月21～25日，省、市两级向石家庄市场累计投放储备猪肉1500吨。其中，省级储备猪肉向石家庄市投放活猪500吨、冻猪肉280吨；市级储备猪肉投放冻猪肉720吨（石家庄双鸽圣蕴食品有限公司投放320吨，石家庄市太行食品有限责任公司投放200吨，河北厚朴冷链物流有限公司投放200吨）。2020年春节期间，省级肉菜惠民补贴在石家庄主城区销售猪肉456.3吨、牛羊肉54.3吨、蔬菜622.2吨。15家超市（单位）入选2020年省级“放心肉菜示范超市”，分别为：河北北国先天下广场有限责任公司、石家庄玉琢信誉楼百货有限公司、北国商城股份有限公司超市裕华店、北国商城股份有限公司超市建华店、河北保龙仓家乐福商业有限公司中山路店、北国商场股份有限公司、石家庄信誉楼百货有限公司、北国商城股份有限公司超市天河店、河北永辉超市有限公司汇君城分公司、北国商城股份有限公司超市光华店、永辉超市北辰店、赵县信誉楼百货有限公司、永辉超市同祥城店、北国商城股份有限公司益友百货分公司、晋州信誉楼百货有限公司。

【“石家庄消费券”发放】 激发消费活力，以“惠民”“助企”为主题，围绕商场超市（简称商超）、餐饮、家电、汽车、医药、电子商务、外贸等领域，举办线上购物节等商贸活动，创新发放消费券、家电惠民补贴、惠民红包等举措。全年参与消费券优惠企业300余家、门店1000余家。2020年市政府陆续发放“石家庄消费券”1.1亿元，带动消费20.2亿元。5月28日至6月3日，“石家庄商圈乐活周”活动举行，阿里巴巴生活平台向石家庄地域市民发放消费红包1000万元，饿了么、口碑平台分别向石家庄地域发放消费红包500万元。6月21日至7月30日，“石家庄消费券”发放。总金额1.1亿元，其中，普惠型消费券1亿元、定向型消费券1000万元。“石家庄消费券”分为普惠型消费券和定向型消费券，普惠型消费券包含商场消费券、餐饮消费券、超市（便利店）消费券、汽车消费券四大类，定向型消费券面向工会会员发放。商场消费券、餐饮消费券、超市（便利店）消费券分两期发放，第一期，6月21日9时发放，有效期至6月30日24时；第二期，7月4日20时发放，有效期至7月30日24时。汽车消费券6月21日9时发放，领取时间截至7月30日24时，核销时间截至9月30日。商场消费券设置50元券、100元券、150元券，超市（便利店）消费券设置10元券、20元券，餐饮消费券设置20元券、40元券、80元券，汽车消费券设置500元、1000元、2000元加油券。“石家庄消费券”发放实行先到先得，领完即止；消费者须按照1∶4比例配套使用，实际消费金额须满足消费券面值4倍及以上才能核销，逾期未使用消费券收回。9月15～30日，市政府安排专项补贴资金2000万元，按照政府补贴、企业配比、品牌让利形式，在全市开展家电惠民补贴大型促销活动，参与活动30家企业同步匹配2000万元资金让利消费者，30家参与活动门店累计销售家电商品3.36万台，实现销售额1.8亿元。11月29日，“暖冬欢购、助商惠民”2020石家庄冬季促销月活动启动，市政府向社会发放促消费“惠民红包”300万元。此次促消费“惠民红包”选择市商务局“庄尚商务”微信公众号发放，红包面额：20元、30元、50元3种；发放时间和方式：11月29日至12月3日每天18时30分开抢；使用时间：11月29日至12月20日。使用规则：消费者在报名参与的“惠民红包”商家抵现消费，不设任何消费门槛，可叠加使用；不兑换现金，不找零；如产生退货，只退现金部分，红包不退；红包只能使用一次，核销后即失效。

【特色商业街区】 2020年石家庄市建成特色商业街18条，其中，改造提升商业街区12条，新建县域商业街区6条；举办活动1300余次，客流量达到3700万人次。集中力量打造新华区民族路步行街商业街区。2020 年 7 月，民族路步行街列入商务部第二批“步行街改造提升试点”。组建成立市民族路步行街改造提升试点工作领导小组、市民族路步行街改造提升工作指导专班。提高民族路步行街人气和知名度，举办河北省出口转内销展会、“七夕汉服舞蹈大赛”、2020 年石家庄美食文化节等活动。以民族路步行街为示范样板，推动全市建立更多的特色商业街区。2020 年 9 月，民族路步行街、火车头步行街、勒泰庄里街 3 条街区列入“河北省商业步行街改造提升试点”。

【“石字号”餐饮品牌】 培育地域饮食文化，打造“石字号”特色餐饮品牌。9 月 10 日，市商务局、市委宣传部、市市场监督管理局等部门联合启动评选具有一定影响力、创新性、代表性“石字号”十大餐饮品牌、十大县域餐饮品牌、2020 年度石家庄十大人气餐饮店活动。2020 年度石家庄“石字号”十大餐饮品牌为：世贸广场酒店、河北宾馆、世纪大饭店、国际大厦、渝乡辣婆婆、光明渔港、峨嵋小镇、孙大厨鸽子馆、釜洋斋、老酒川菜坊。2020 年度石家庄“石字号”十大县域餐饮品牌为：君思港湾富强店、西贝海鲜汇槐安路店、火社平安大街店、杨麻子大饼翟营店、一品渝香干锅鸭头辣欢天店、鱼酷裕华万达店、成老灶火锅鸡红旗大街店、天府小吃荟、呷哺呷哺北国店、电台巷火锅勒泰店。2020 年度石家庄十大人气餐饮店为：井陉宾馆、赵县特好特、正定县华阳假日酒店、平山县柏坡汇源、无极县北苏袁家饸饹、新乐城·羲宴蒸碗、元氏县因村顺路驴肉、栾城县古栾家宴、晋州市魏征家宴、正定县真定百老顺。推行国家餐饮行业标准，开展绿色餐饮创建活动，2020 年全市创建中国绿色餐饮企业（绿色饭店）、国家钻级酒店 7 家，累计达到 37 家。

表 68

2020 年石家庄市域中国绿色餐饮企业（绿色饭店）和国家钻级酒店一览表

序号	企业名称	评定等级	
1	石家庄光明渔港饮食有限公司	白金五钻	五叶
2	石家庄高新区凯旋门大酒店有限公司	五钻	五叶
3	河北众诚假日酒店有限公司	五钻	五叶
4	河北国山宾馆有限公司	五钻	五叶
5	河北中鸿记餐饮管理有限公司石家庄振头店	五钻	五叶
6	石家庄市海星餐饮有限公司建设大街全聚德烤鸭店	五钻	五叶
7	河北玉兰香保定会馆饮食有限公司裕华店	五钻	四叶
8	国御温泉度假小镇股份有限公司	五钻	四叶
9	新华区光明渔港中华店	四钻	四叶
10	石家庄晴耕雨读酒店有限公司	四钻	四叶
11	裕华梁氏饭店	四钻	四叶
12	高新区梁氏饭店	四钻	四叶
13	河北中鸿记餐饮管理有限公司热河食府中山店	四钻	四叶
14	河北中鸿记餐饮管理有限公司石家庄大经街正太分公司	四钻	四叶
15	石家庄清顺八旗有限公司桥西区振岗路店	四钻	四叶
16	长安区聚香阁食府	四钻	四叶
17	石家庄市海星餐饮有限公司体育大街全聚德烤鸭店	四钻	四叶
18	河北玉兰香保定会馆饮食有限公司红旗店	四钻	四叶

续表

序号	企业名称	评定等级	
19	河北汇文大酒店	四钻	四叶
20	正定县回真楼饭店	四钻	四叶
21	平山县柏坡汇源酒店	四钻	四叶
22	新华区小皇饭饭店	四钻	四叶
23	桥西区清之顺饭店	四钻	四叶
24	河北荣旭房地产开发有限公司鹿泉荣逸时光酒店	四钻	四叶
25	晋州市西苑餐饮有限公司	四钻	四叶
26	石家庄市渝乡辣婆婆酒店	三钻	四叶
27	石家庄市海星餐饮有限公司嘉和全聚德烤鸭店	三钻	四叶
28	栾城区田一润小江南菜馆	三钻	三叶
29	石家庄市燕园酒店管理有限公司	三钻	三叶
30	裕华百川渝乡辣婆婆饭店	三钻	三叶
31	河北中鸿记餐饮管理有限公司杨麻子大饼平安店	三钻	三叶
32	石家庄瑞特渝乡辣婆婆酒店	三钻	三叶
33	石家庄笨悦餐饮服务有限公司（海悦天地店）	三钻	三叶
34	石家庄那溪那山餐饮服务有限公司（东胜广场店）	三钻	三叶
35	河北彩珥餐饮服务有限公司（乐汇城店）	三钻	三叶
36	正定正顺饸饹馆	三钻	三叶
37	元氏县向博酒店服务有限公司	三钻	三叶

【北国人百集团有限责任公司】 石家庄北国人百集团有限责任公司（简称北人集团）是经石家庄市政府批准，于2000年3月21日由石家庄北国商城和石家庄人百集团有限责任公司合并注册成立的国有独资商贸企业。2008年3月，北人集团完成国有企业股份改制，成为一家集百货连锁、超市连锁、家电连锁、珠宝连锁、餐饮娱乐、租赁会展、仓储配送等为一体的跨区域、多业态大型连锁商业企业集团。北人集团曾获评“全国商业服务业年度十佳企业”“全国和谐商业企业”“全国商业服务业顾客满意企业”“全国五一劳动奖状”等荣誉。至2020年底，石家庄北人集团拥有控股子公司2家（北国商城股份有限公司、石家庄饮食有限责任公司），全资子公司3家（石家庄国际科技博览活动中心有限公司、石家庄市华都大厦、石家庄北国春天房地产开发有限公司），分公司2家（针纺织品分公司和华远商贸分公司）；企业经营面积达到208万平方米，拥有北国商城股份有限公司大型门店74家，水乐园1家，大型配送中心1家，高科技物流园1家，珠宝分行144家，便利店22家，大型仓储2家，会展中心1个，电子商务公司1家、冀通支付公司1家。集团控股子公司石家庄饮食有限公司拥有门店26家。北人集团经营网点达到300余个，遍布北京、天津、河北、河南、山东、山西等地域。2020年北人集团销售收入241亿元，同比下降23.2%；营业收入160.07亿元，营业收入排名石家庄市企业第8名；实现利润4.52亿元。2020年北人集团旗下北国商城股份有限公司纳税2.6亿元，排名石家庄市纳税单位第31名；石家庄饮食有限责任公司实现利润1200万元，同比增长18.8%。9月28日，石家庄北国人百集团有限责任公司入选“2020中国服务业企业500强”。

（北人集团）

电子商务

【概况】2020年全市电子商务注册企业7028家、电子商务平台及各类网店8.2万家，实现电子商务交易额1078亿元，形成河钢云商、中废通、御芝林、君乐宝、以岭健康城、掌尚北国等10家知名电子商务交易平台。培育省级以上电子商务示范企业23家、省级以上电子商务示范基地13个，评选石家庄市电子商务优秀示范平台20家、优秀示范网络旗舰店17家、新媒体电子商务直播优秀示范基地37家、新媒体电子商务直播优秀示范应用企业14家。7月6日，河北省首家阿里巴巴淘宝直播基地在石家庄市365（中国）智慧谷数字经济产业园揭牌。开展“双11”线上企业促销活动，实现电子商务交易额32.5亿元。2020年赞皇县被商务部确定为电子商务进农村综合示范县。至2020年底，全市培育跨境电子商务企业达到700余家，获评国家电子商务进农村综合示范县5个县，拥有淘宝镇38个、淘宝村100个。2020年全市农村电子商务实现交易额24.67亿元。

【电子商务平台发展】发挥优秀电子商务平台示范作用，2020年全市培育省级以上电子商务示范企业23家、省级以上电子商务示范基地13个；评选石家庄市电子商务优秀示范平台20家、优秀示范网络旗舰店17家（5A级5家、4A级8家、3A级4家）、新媒体电子商务直播优秀示范基地37家（4A级8家、3A级29家）、新媒体电子商务直播优秀示范应用企业14家（5A级5家、4A级3家、3A级6家）。受电子信息技术发展和新冠肺炎疫情影响，城市综合体、购物中心等大型商业模式开始设立“云购物”平台，专业市场、连锁超市、便利店、餐饮等业态快速转型，普遍利用网络渠道，提供线上购物体验功能。3月8～31日，“石家庄市线上购物节”活动举行；主题为“抗疫稳供促发展 线上消费大升级”；主会场设在市商务局“庄尚商务”微信平台，下设“云逛街”“云批发”“云便利”“云送餐”四大板块和企业分会场平台；上线企业149家企业、门店1800多家；采用网上购物、直播带货、短视频、微店、微信群等非接触交易形式，销售业态覆盖主城区专业市场、城市综合体、购物中心、百货商场、超市、便利店连锁企业、餐饮企业、商业街等，实现线上销售额1.55亿元，较2019年增长2.3倍。4月28日至5月10日，君乐宝乳业、以岭健康城2家电子商务企业参加由商务部、工业和信息化部、国家邮政局与中国消费者协会共同举办的第二届“双品网购节”。其中，君乐宝乳业在天猫销售部3个旗舰店销售额达到1018万元，较2019年增长341%；以岭健康城6个店铺、34个优质品牌及特色产品销售额较2019年增长5%，整体客单提高2%。5月19日至6月23日，全市194家电子商务、商贸流通、生活服务等线上线下企业参加河北省“网购狂欢节”活动，线上下单量、线上销售额均增长30%以上，线上线下促销总额12亿元，其中，网络交易额10.64亿元，网络零售额8.64亿元；举办直播带货活动1.2万场次（大型活动20场次），成交单总量2117万单，成交金额7.2亿元。6月9日，抖音“产业带商家百亿扶持计划”石家庄站发布会暨河北创盟直播电商产业基地揭牌仪式在新华区恒大城市广场举行，字节跳动抖音、北国商城、乐汇城及来自县域50余家线上线下企业参加活动；河北创盟直播电商产业基地主要构建“一网站六中心”电商公共服务体系，即围绕“云”电商信息网，构建大数据展示中心、产品供应链中心、溯源服务中心、直播人才培训学校、新媒体孵化中心、跨境体验中心，融合商贸、邮政、供销、快递、金融、政务等资源，全方位、多维度为电子商务主体服务。9月20～21日，河北省服装电商大会暨中国服装供应链（河北）峰会举行，国内知名钡特商学院、抖音、快手、阿里巴巴全球速卖通、淘宝及河北省服装产业集群管委会与石家庄市企业开展电子商务资源对接。11月11日，“双11”电子商务销售额大增。2020年“双11”当天，石家庄市企业实现网上销售额32.5亿元。其中，蕊姐、陈先生、辰辰搭配等大牌网红表现突出，蕊姐个人销售额1.38亿元，辰辰搭配销售额过8000万元；北人集团品类专题商品销售同比增长367%，访问量同比增长108%；君乐宝乳业在天猫超市同比增长300%，在京东旗舰店同比增长136%，销售额达到2亿余元；以岭药业第一小时超越2019年“双11”全天销售，销售总额同比增长300%以上；老字号洛杉奇销售量同比增长52%。创建全国新媒体电商直播示范城市，制定出台《石家庄市新媒体电商直播示范城市行动方案（2020～2022年）》《新媒体电商直播示范城市网红人才成长计划（2020～2021年）》。加强电子商务与网红直播基础培训，2020年全市参加新媒体直播基础普及培训2.3万人次、直播专业人才培训2000人、高级直播人才培训50人。

【跨境电子商务】开展跨境电子商务综合试验区建设，印发《关于促进跨境电子商务快速发展的若干措施》，出台21条措施支持和鼓励企业开展跨境电子商务业务。至2020年末，全市培育省级跨境电子商务示范企业24家、省级跨境电子商务平台7个、省级跨境电子商务园区2个、省级跨境电子商务公共海外仓10个、省级跨境电子商务外贸综合服务试点企业3家。重视发展跨境电子商务平台载体建设，形成河北自由贸易试验区正定片区、跨境电子商务综合试验区、跨境电子商务进口试点、综合保税区、保税物流中心（A、B）、国际快件监管中心、国际邮件互换局、指定进口口岸（钻石、药品）等平台，开通石家庄至俄罗斯、德国、菲律宾等国际货运定期航线11条、中欧（亚）班列4条。

【农村电子商务】至2020年底，全市5个县获评国家电子商务进农村综合示范县，分别为正定县、行唐县、赞皇县、平山县、灵寿县，共争取国家财政支持资金1.1亿元。其中，赞皇县2020年被商务部确定为电子商务进农村综合示范县，获得专项资金1000万元；灵寿县完成电子商务进农村综合示范项目验收和绩效评价，获得电子商务进农村综合示范项目追加支持资金500万元。2020年市、县两级商务部门培训农村电子商务人员1.53万人次，带动就业645人。16个农村县（市、区）依托电子商务进农村综合示范县项目或农村电子商务骨干企业，新增挖掘整理当地农产品56种，累计达到1138个；实现农产品销售额2703.41万元，其中，帮助建档立卡贫困户销售97.59万元，实现增收22.76万元。2020年全市农村电子商务实现交易额24.67亿元，建成淘宝镇38个、淘宝村100个，打造形成赞皇县“大美赞煌”、平山县“柏坡湖”、井陉县“秦皇古驿道”、行唐县“行棠红”、灵寿县“灵山秀水 常来长寿”5个农产品县域公共品牌。

（市商务局）

【电子商务监管】至2020年底，石家庄市共有电子网络交易平台企业4家，分别为：北国电子商务有限公司、中追码购电子商务有限公司、广电易买石家庄电子商务有限公司、三条购网络科技有限公司；平台注册经营者769家；年平台交易额5300余万元。2020年石家庄市入驻其他地区电子商务平台企业和网店经营者81802家，其中，淘宝网80101家。2020年市市场监管部门对全市20家电子商务平台经营企业和全部电子商务经营者监管达到全覆盖，全年监测平台、网站、网店3万余次，组织专项检查573项，发现违法线索8件，协查和处理违法线索11起。6月12日，市电子商务平台共治联盟成立。

（市市场监督管理局）

会 展 业

【概况】2020年全市各类市场主体举办会展活动108场（次），展览总面积90万平方米，其中，1万平方米以上展会活动38个，吸引客商96万余人次。2020年石家庄国际会展中心承办各类会展活动65场（次），接待观众35.17万人次，实现收入4843.48万元。其中，展览13场（次），展览总面积481.6万平方米，接待观众32万人次；会议活动42场（次），接待参会人员1.8万人次。石家庄国际会展中心地处石家庄市正定新区，总建筑面积35.9万平方米，总投资45亿元，是一个集展览、会议、活动、餐饮、观光于一体的大型城市综合性场馆，也是全国第一座达到绿色三星级会展中心。2020年石家庄国际会展中心获得“新世纪20年最具影响力会展中心金手指奖”“2020年度金五星优秀会展场馆”“2020会奖之星——中国最具品牌价值国际会展中心”3项大奖。8月18～20日，由中国建筑卫生陶瓷协会、高邑县陶瓷行业协会主办的首届河北·高邑（国际）陶瓷博览交易会在高邑县冀中南智能港举行，参观人数5万余人次，现场签订产品购销协议金额15.6亿元。10月26～28日，第十四届中国石家庄国际医药博览会在石家庄国际会展中心举行；展览面积1.2万平方米，设置生物制药、制药机械、医疗器械、大健康、中医理疗、防疫物资6个主题展区；首次采用“线上＋线下”新模式举办，观众可随时在线观展，线上展示时间一年；参展企业1000余家。11月13～16日，由中共河北省委宣传部指导，中共石家庄市委、石家庄市人民政府、市动漫产业发展领导小组主办，精英集团和河北天明传媒有限公司承办，中国动画产业网、京津冀文化产业协同发展中心、市文化产业协会、市动漫协会协办的“2020中国·石家庄第十五届国际动漫博览交易会云展会”在线上举行，主题为

"动漫＋文创，打破次元壁"，线上参观游客70万余人次。

【首届河北·高邑（国际）陶瓷博览交易会】 8月18～20日，由中国建筑卫生陶瓷协会、高邑县陶瓷行业协会主办的首届河北·高邑（国际）陶瓷博览交易会在高邑县冀中南智能港举行。主题为"绿色陶瓷，品牌高邑"。本届陶瓷博览交易会集建陶精品展示、经贸洽谈、文化交流为一体，设置展示面积4万余平方米、固定展馆50余个、临时展位200个，集中展示建陶领域优秀产品、先进技术及创新应用，涵盖建筑陶瓷、艺术陶瓷、日用陶瓷、古建、西瓦、陶瓷化工机械装备等，展示产品包括岩板、大板、中板、通体大理石、仿古砖、透水砖等产品。参展国内外优质陶瓷及配套企业200余家、陶瓷新品1000余款。参观人数5万余人次，现场签订产品购销协议金额15.6亿元。

【2020第十三届中国·石家庄（正定）国际小商品博览会】 9月26～28日，由省政府和中国商业联合会主办，市政府和省商务厅承办，正定县政府为执行单位的2020第十三届中国·石家庄（正定）国际小商品博览会在石家庄国际会展中心举行。本届展会采取线上线下同步方式举行，线上商品展设置网上展馆和"网上直播间"。线下展馆展览面积4.5万平方米，包括商品展主展馆和医疗器械展分展馆。主展馆设特装展位39个、普通展位500个，展览面积2.25万平方米，分为特装展示区、境外商品展区、出口精品专区、国内精品展区、河北特色商品展区、老字号精品专区、石家庄及正定旅游特色商品展区、家具家居展区等；分展馆同期举办第28届河北（石家庄）国际医疗器械展览会暨第二届京津冀国际健康大会、石家庄第十六届印刷博览会、2020正定汽车运动文化表演赛等，其中，由市印刷协会主办、河北天龙创鑫科技有限公司承办的石家庄第十六届印刷博览会参展企业26家，签订成交合同或意向合约金额2350万元。展会期间，组织举办中国（河北）自由贸易试验区正定片区发展高峰论坛、发展全域旅游——正定峰会、石家庄投资合作洽谈（推介）会和项目签约仪式、河北桑蚕经济发展推进会议等活动。2020第十三届中国·石家庄（正定）国际小商品博览会签约招商项目12个，总投资额53.75亿元。

【第十一届中国奶业大会暨2020中国奶业展览会】 10月11～13日，由中国奶业协会主办，石家庄君乐宝乳业有限公司协办的第十一届中国奶业大会暨2020中国奶业展览会在石家庄国际会展中心举行。主题为"科学饮奶 品质消费 全面小康 践行健康中国战略"。2020中国奶业展览会设置面积7万平方米，参展商500余家，特设中国优质品牌乳品展区、中国奶业20强展区和6个国家展区，美国、新西兰、澳大利亚、荷兰、加拿大、西班牙等国家展览团及40家纯外资企业参展，涵盖奶牛养殖、环境保护、牧草饲料、动物保健、遗传物质、乳品加工、包装材料、奶业机械等奶业产业链各个环节。展会期间，发布《2020中国奶业质量报告》《中国奶业20强企业"赋能产业链供应链稳定性和竞争力"三年行动计划（2021～2023年）》，举办16个专题高端论坛和"大爱播希望 责任铸未来"活动、"好品牌 中国造"行动、"品质消费 我助力"活动等，中国奶业协会与多家行业协会共同发起"促进乳品消费升级 践行健康中国战略"联合倡议，支持国内品牌美誉度高、社会责任感强的乳品企业启动开展"中国乳品消费节"（10月12～18日）活动。

【第三届国际动漫游戏产业博览会】 10月23～25日，由河北省文化和旅游厅、省贸易促进会、通用国际展览有限公司、正定县委县政府共同主办的第三届国际动漫游戏产业博览会在石家庄国际会展中心举行。采用"线下会展""线上直播"形式，来自美国、法国、日本、韩国及国内知名游戏动漫公司、企业、厂商工作室等200余家参展，设立展览面积1.5万平方米，举办包括展览展示、专题活动、现场表演、平台互动直播、电子游戏竞技等动漫游戏行业全产业链活动。设置特装展位18个，包括美国暴雪、美国AMD超微、美国金士顿，日本中央创作发展集团、日本街霸等境外知名公司及抖音、穿越火线、腾讯动漫、Actoys（模玩网）、北京艾漫、多益、轻语、游民星空、华硕、技嘉等国内知名企业大型IP、网络平台、3C硬件IP参展。同期举办电子竞技类、桌游类、痛车展及动漫服饰走秀、宅歌宅舞大赛等表演类现场体验活动。

【2020全国挥发性有机物（VOCs）污染防治科技大会暨技术装备博览会】 11月18～20日，由中华环保联合会、石家庄市政府共同主办，中华环保联合会VOCs污染防治专业委员会、河北石家庄循环化工园区管理委员会、河北科技大学、市生态环境局、河北环保联合会、中国空气净化行业联盟联合承办的2020全国挥发性有机物（VOCs）污染防治科技大会暨技术装备博览会在石家庄国际会展中心举行。主题为："打赢蓝天保卫战，深化VOCs污染防治——精准、科学、依法治污"。邀请环境科学院、环境保护高校和相关企业等国

内外VOCs减排控制领域管理人员、专家、学者近200人作主题演讲和专题报告。参会国内外VOCs治理技术、工业、材料和装备等企业300多家，展品涵盖环境监测、环保监管、通风收集、智慧环保、物联网技术等14个板块。

（市商务局）

对外贸易

【概况】2020年全市实现对外贸易进出口总值1341.1亿元，同比增长14.0%。其中，出口总值785.6亿元，增长19.9%；进口总值555.5亿元，增长6.7%。对外贸易进出口总值、出口总值均排名全省设区市第一名，分别占全省比重30.4%和31.2%；对外贸易进出口增速高于全省平均水平3.8个百分点，出口增速高于全省平均水平13.5个百分点。贸易顺差230.1亿元，比2019年增加110.8亿元。2020年全市对外投资总额27.81亿美元，同比增长638.07%，其中，中方投资额完成12.35亿美元，同比增长307%。2020年河北自由贸易区正定片区实现对外贸易进出口总额203亿元，位列河北自由贸易区4个片区第一名。

【国际贸易】 外贸经营主体壮大。2020年全市新增外贸经营备案企业1490家，同比增加23家；有进出口实绩企业3551家，同比增加268家。累计出口超1000万美元企业125家，其中11家企业出口超1亿美元。民营企业出口较2019年增长50.5%，占全市出口比重77.3%，同比提高11.5个百分点。出口市场呈现多元化。企业出口偏好欧美等传统市场，全年对欧盟、美国出口同比分别增长30.7%、33.2%，较2019年出现较大反弹。开拓新兴市场，全市对东盟出口同比增长46%；对“一带一路”沿线市场出口同比增长27.5%，占全市出口比量36.5%，拉动全市出口增长9.9个百分点。2020年全市机电、高新技术、医药、服装、纺织、农产品、钢材七大类商品出口占全市出口比量80%，其中，机电产品出口拉动出口增速11.8个百分点，服装类出口同比增长39.6%。医疗防疫物资出口成为外贸增长新亮点，10家企业列入国家防疫物资出口白名单，2020年全市医疗防疫物资出口规模快速扩大到8.2亿元，同比增长263.6%。支持企业利用云平台开展出口贸易。5月8日，由市政府、市商务局牵头，与中国机电进出口商会、中国国际电子商务中心、河北省进出口商会等共同打造的“2020年石家庄网上出口商品交易会”启动，全市2795家外贸企业参加交易会活动，220家外贸企业在网上开设云展厅平台。

【对外投资】 执行对外投资合规性审查措施，由商务部门依法开展境外投资企业项目审查，全年没有出现1起违规对外投资备案企业。2020年石家庄市备案（核准）非金融类对外投资企业23家，同比减少7家，下降23.3%，占全省备案企业总数22.33%。2020年全市对外投资总额27.81亿美元，同比增长638.07%，其中，中方投资额完成12.35亿美元，同比增长307%；钢铁、能源投资项目在全市对外投资总额中起到明显拉动作用。投资区域分布在亚洲13家、欧洲4家、北美洲4家、非洲3家，亚洲仍是石家庄对外投资聚集区；投资行业分别涉及制造业、建筑业、批发和零售业、电力热力燃气及水生产和供应业、租赁和商务服务业5个行业。行业分布数据显示，制造业、批发和零售业仍是石家庄企业对外投资主要方向，其中，9家企业投资批发和零售业，8家企业投资制造业，3家企业投资建筑业，2家企业投资电力、热力、燃气及水生产和供应业。2020年全市20家对外投资境内主体企业中，除河北省国控商贸集团有限公司、河钢集团有限公司、新天绿色能源股份有限公司、河北建设投资集团有限责任公司4家企业为省属国有企业外，其余16家均为民营企业。2020年全市民营企业在“走出去”过程中担当主要角色，成为石家庄市对外投资的主力军。

【境外经贸合作园区】 根据商务部“走出去”公共服务平台数据显示，全国通过商务部、财政部考核确认为国家级境外园区共有20个。至2020年底，河北省备案境外经贸合作区项目7个，石家庄市没有通过国家级或省级确认考核或备案境外经贸合作区。2020年石家庄市正在建设境外经贸合作园区2个，分别为：河钢集团在塞尔维亚投资建设中塞友好（河北）工业园、嘉禾农业有限公司在澳大利亚新南威尔士州和昆士兰州投资农业项目。其中，河钢集团投资建设中塞友好（河北）工业园被列为河北省重点推进重大项目，制定完成园区发展规划纲要，省国资委、省发展改革委、省商务厅完成在塞尔维亚设立园区开发公司审批程序，设立公司事项获得塞尔维亚经济部批文，正在推进园区开发公司注册和注资；嘉禾农业有限公司在澳大利亚新南威尔士州和昆士兰州项目累计完成投资10367万美元，购买农场6处，总面积4万公顷，主要从事畜牧养殖、农业种植及农产品生产和开发。

【服务外包业】 至2020年末，石家庄市在“商务部省商务厅服务外包信息管理分析系统”新注册登记企业111家，企业总数达到523家，同比增加110家。2020年全市服务外包企业签订合同总数6489笔，同比增长80.5%；合同总额37299.27万美元，同比增长40.31%；合同执行总金额22059.17万美元，同比增长39.24%。2020年全市服务外包企业签订在岸合同4850笔，同比增长94.7%；在岸合同金额30284.27万美元，同比增长66.65%；在岸合同执行金额15753.48万美元，同比增长40.13%。2020年全市服务外包企业签订离岸合同1639笔，同比增长49.27%；离岸合同金额7015.01万美元，同比下降12.48%；离岸合同执行金额6305.69万美元，同比增长47.99%。8月2日，国务院批复石家庄市为全面深化服务贸易创新发展试点城市（国函〔2020〕111号），期限3年。

【对外劳务】 受新冠肺炎疫情影响，对外承包和劳务项目明显下降。2020年石家庄市共有9家省级对外承包工程企业涉及对外承包工程业务，新签定对外承包合同金额31829万美元，同比下降14.8%，完成营业额31976万美元，同比增长39.7%；派出人员722人，同比下降64.1%。至2020年末，全市对外承包工程企业在外人员992人，同比下降77.2%。2020年全市共有对外劳务合作经营资格企业6家，同比减少1家；新备案外派劳务项目2个，同比减少21个；外派人员13人，同比减少309人；劳务合作项目主要分布在日本、新西兰等国家。

（陈洁）

招商引资

【概况】 2020年全市实际利用外资18.3亿美元，同比增长13.1%，高于全省增速5.8个百分点，其中，外商直接投资18.12亿美元，同比增长12.7%，高于全省增速2.5个百分点。实际利用外资、外商直接投资均位列全省设区市第二名。实行简化外商投资设立程序，落实外商投资准入前国民待遇和负面清单管理制度。全年新签约亿元以上项目549个，协议引资额3443.1亿元，其中，现代产业项目363个，协议引资额2136.97亿元。提升外商投资便利化水平，落实外商投资准入前国民待遇加负面清单管理制度，实行外商投资信息报告制度，简化外商投资企业设立程序。4月2日，石家庄市印发《关于做好利用外资工作实施意见》，明确外商投资促进相关政策。2020年全市新设外商投资企业60家，新增合同外资8.4亿美元；9家外商投资企业在石家庄市增资扩股、扩大投资。至2020年底，全市外商投资企业总数达到1886户，其中，法人企业493户，分支机构1378户，外国（地区）企业常驻代表机构15户；外商投资企业注册资本总额395.51亿美元，投资总额904.58亿美元。2020年石家庄市签约北京招商引资项目372个，拟引资额1526.85亿元；签约天津招商引资项目41个，拟引资额76.62亿元。8月19日，北京大学经济学院石家庄教科研基地项目在无极县科教园区开工，总投资6.5亿元，占地面积270亩。2020年石家庄市支持京津项目53项，投入经费4487万元；吸纳京津科技成果1073项，合同成交额52.87亿元。

【投资招商活动】 2020年市投资促进部门举办线上线下投资促进活动20余场次，各县（市、区）党政主要负责人参加外出招商197人次。3月3日，全市重点招商项目网络签约会以视频在线方式举行，签约项目59个，总投资283.2亿元，协议引资额268.7亿元。3月30日，石家庄市参加河北省招商引资重大项目（云）签约仪式，签约项目7个（内资项目6个、外资项目1个），总投资148.15亿元。5月18～20日，由商务部、河北省政府主办的“2020中国·廊坊国际经济贸易洽谈会”以网络在线方式举行，石家庄市24家企业线上参展，签约项目88个。其中，外资项目5个，总投资2亿美元，协议引资9821万美元；内资项目83个，总投资689.2亿元，协议引资674.7亿元。签约项目中，现代产业项目65个，总投资465.0亿元；10亿元以上项目24个，总投资494.2亿元。8月21日，石家庄市举行战略性新兴产业重点合作项目签约仪式，来自上海市、北京市、浙江省、安徽省、海南省等地16位国内客商代表参加会谈，签约生物医药、健康医疗、先进装备制造、新一代信息技术等重点合作项目16个，总投资172.2亿元，协议引资额161.2亿元。8月27日，2020

石家庄市（深圳）数字产业合作对接会在深圳市举行，签约重点合作项目5个。

【中国（河北）自由贸易试验区正定片区建设】 完善中国（河北）自由贸易试验区正定片区口岸功能，搭建开放平台，获批设立石家庄国际邮件互换局（兼交换站）、跨境电子商务综合试验区、跨境电商零售进口试点城市。石家庄综合保税区跨境电商1210业务（保税进口）首单通关，成为石家庄地域外贸企业重要跨境通关平台。1月13日，河北省（医药）知识产权维权援助中心、中国（河北）自由贸易试验区正定片区知识产权服务工作站在正定片区政务服务中心揭牌。6月9日，中国（河北）自由贸易试验区正定片区商品展销中心投入运营，地址位于正定县城东门广场，占地面积3000平方米，汇集来自30多个国家3000余种商品，涵盖奢侈品、服饰、日化、食品、家居家电等类别。支持高端饰品及珠宝加工产业转型升级，打造钻石进口到设计、加工、认证、物流仓储、珠宝展览产业链条。引进贵金属和珠宝玉石检测中心。2020年4月，河北省产品质量监督检验研究院珠宝玉石实验室搬迁入驻石家庄综合保税区，主要为中国（河北）自由贸易试验区正定片区提供钻石口岸检测服务，检验范围涵盖珠宝玉石鉴定、钻石分级、贵金属材料及饰品。位于河北自贸区正定片区（石家庄综合保税区）正定海关获批金伯利钻石指定口岸。9月17日，海关总署批复同意石家庄海关开展金伯利进程证书制度业务，正定海关被确定为金伯利进程证书制度指定管理进出口毛坯钻石主管海关。2020年河北自贸区正定片区“以登记注册便利化改革激活企业活力”“创新企业开办全过程远程指导服务新模式”2项举措入选中国（河北）自由贸易试验区“政府职能转变”领域创新案例。

【开发区管理】 至2020年底，全市共有21个省级以上开发区、1个国家级海关特殊监管区、1个自由贸易实验区。其中，1个国家级高新技术产业开发区（石家庄高新技术产业开发区），1个国家级经济技术开发区（石家庄经济技术开发区），18个省级经济开发区（河北石家庄循环化工园区、河北石家庄装备制造产业园、河北平山西柏坡经济开发区、河北鹿泉经济开发区、河北石家庄长安国际服务外包经济开发区、河北藁城经济开发区、河北晋州经济开发区、河北新乐经济开发区、河北井陉经济开发区、河北行唐经济开发区、河北灵寿经济开发区、河北高邑经济开发区、河北深泽经济开发区、河北赞皇经济开发区、河北无极经济开发区、河北元氏经济开发区、河北赵县经济开发区、河北石家庄矿区工业园区），1个省级高新技术产业开发区（河北正定高新技术产业开发区）；1个国家级海关特殊监管区——石家庄综合保税区；1个自由贸易实验区——中国（河北）自由贸易试验区正定片区。除主城区桥西区、新华区、裕华区以外，每个县（市、区）至少有1个省级以上开发区。至2020年底，全市千亿级开发区达到4个，分别为：石家庄高新技术产业开发区、石家庄经济技术开发区、河北石家庄循环化工园区、河北平山西柏坡经济开发区，其中，河北平山西柏坡经济开发区为2020年首次进入千亿级开发区行列；500亿级～1000亿级开发区2个，分别为：河北鹿泉经济开发区、河北正定高新技术产业开发区。促进开发区发展活力，实施开发区管理体制、领导体制、人事薪酬制度、行政审批制度、财税制度、统计制度6项重点改革任务。提升开发区承载能力，开展开发区基础设施提升行动，全年开发区基础设施建设完成投资94.6亿元。创新土地收储政策，推行“先做土地、后做项目”“事前定标准、事后管达标、亩产论英雄”理念，形成地块“等”项目、拿地“即”开工、项目“快”收益建设局面。支持产业链招商，引导开发区瞄准国内外500强企业、行业龙头企业、知名央企、研发机构和“补链”终端产品企业，建立产业招商路线图，开展产业链精准招商。至2020年末，全市省级以上开发区开工（开业）项目370余个，拟引资额达到1000亿余元。2020年石家庄经济技术开发区获评国家级新型工业化示范基地，石家庄高新区、石家庄经济技术开发区获评省能级提升综合示范开发区。

（续宇晨）

供销合作商业

【概况】 2020年全市供销合作系统完成商品总购进431.5亿元，同比增长6.64%；商品总销售470.75亿元，同比增长7.31%；实现利润5.09亿元，同比增长17.15%。至2020年末，市供销合作总社（简称市供销社）共有直属单位19家；其中，事业单位2家，分别为：市再生资源回收服务中心、市城区供销合作社；企业 17 家，分别为：市第二棉麻有限公司、市土产日杂有限责任公司、市土畜产有限责任公司、市物资回收有限责任公司、河北中山日化股份有限公司、东区供销有限公司、市第一棉麻总公司、市农业生产资料总公司、市供销社贸易中心、河北省茶叶公司、市盐业专营公司、市副食盐业总公司、郄马供销社、市兴合资产管理中心、市农村产权交易有限公司（市农村产权交易中心）、市供销合作总社安全统筹公司、石家庄合宏商贸中心。

【为农供销服务】 实施农业社会化服务惠农工程，围绕耕、种、管、收、加、销等农业生产环节，开展土地托管服务。2020 年全市供销社系统托管土地面 81.6 万亩，建立农业生产服务中心 7 家、庄稼医院 29 家，初步建成“农村产权交易中心 + 乡镇服务站 + 村级服务点”农村产权交易市场三级服务体系。支持农村集体产权制度改革，增加农村集体收入。2020 年全市供销社系统建成乡镇服务站 172 个，占乡镇总数 86%；村级服务点 2732 个，占村庄总数 68.49%。全年办理农村产权交易业务 984 笔，交易土地面积 2.28 万亩，交易总额 3.24 亿元，为村集体增收 728.28 万元。为城市金融资源下乡进村提供代办场所，依法依规开展银行、保险代理业务。与中国建设银行石家庄分行合作，在正定县、无极县、晋州市、井陉县 4 个县 10 个网点开展“供销社 · 裕农通”乡村综合服务站建设试点。助力脱贫攻坚，帮助平山县、行唐县、灵寿县、赞皇县 4 个贫困县销售农副产品 1.38 亿元；协助贫困县农产品与中华全国供销总社“832”扶贫平台对接，全年 4 个贫困县 28 家企业农产品入驻“832”扶贫平台。加强绿色农产品宣传，采取组织“粉丝”到所售农产品产地体验、采摘等方式，推进农产品销售。加快农产品直采直销体系建设，推进优质农产品走出乡村、直接进入市民家中，打通农村田间地头和城乡居民餐桌 2 个“最后一公里”。支持农产品走出去销售，2020 年全市向京津及武汉市场销售优质农产品 2 万吨，销售金额 1.5 亿元。

【供销社经营管理】 转换经营模式和思路，在传统经营网络基础上，建设中山日化电子商务平台、专属 App“中山优购”、微商服务号等电子商务平台，汇集整合商品采购、销售品种达到 1 万余种。2020 年全市供销社系统网络销售总额达到 6.93 亿元，同比增长 5.23%。依托市级微商销售平台——石门特产汇，建立各县（市、区）农产品特色馆，把各县（市、区）具有代表性 240 余种特色农产品汇集上线销售；各县（市、区）供销社采用“实体店 + 电子商务”模式，普遍设立农产品销售网点。市供销社所属东区供销有限公司创新社区团购新模式，采用线上平台团购下单、线下集中配送方式，收集社区居民批量订单后，当天或次日统一备货，最短时间内集中配送至市民手中。推进冷链物流建设，利用国家启动“农产品仓储保鲜冷链物流设施建设工程”机遇，建成冷库 2 个。其中，河北瑞天经贸有限公司冷库容量 2400 立方米，中温冷库 480 立方米，投资总额 68 万元；元氏县供销农产品物流配送有限公司冷库容量 3000 立方米，总投资 860 万元。提升供销社基层组织数量、发展质量和服务能力，实施“供销合作社培育壮大工程”。推进“四个一批”建设，坚持做强一批、巩固一批、提升一批、新建一批基层社，加快基层社提升改造。2020 年市供销社系统创建标杆基层社 10 家，改造提升薄弱基层社 26 家，建成村级社 23 家。推动基层社与农民合作社“两社融合”发展，领办创办农民合作社和农民合作社联合社，至 2020 年末，全市“两社融合”基本实现乡镇服务全覆盖。实施村级“供销社超市”项目建设，2020 年全市供销系统争取供销社超市建设项目 18 家，正定县瑞天超市 3 家村级超市建成开业。推进县级社改革，加快县级社治理机制创新，提升县级社带动基层社发展能力，全年正定、无极、栾城县级社片区和行唐、灵寿县级社片区建设任务完成。发展现代物流体系，至 2020 年末，全市供销社系统形成“城区有分销商、专卖店，乡镇有惠农合作商连锁店，村有服务便利店”三级日用品一体化连锁销售服务网络体系。

【市盐业专营公司】 2020 年市盐业专营公司商品购进总额 1412 万元，销售收入总额 2019 万元。2020 年全市食盐总购进 16800 吨，其中盐业专营公司购进 5760 吨；全市食盐销售 15690 吨，其中市盐业专营公司销售 5150 吨。严格食盐质量管理，严把进货、储存、出库等环节，规范食盐入库、出库、保管、盘点等操作流程。倡导科学食盐理念，提升消费者保护意识；宣传“海晶”食盐品牌，在北国超市、永辉超市、果蔬佳门店设立食盐专柜。保障食盐安全稳定供应，利用食盐供应链系统，实时监测各大超市销售量，及时做好信息反馈；新冠肺炎疫情期间，实施全天候配送服务，深入各类超市开展实地调查，准确掌握市场销量和价格。提高食盐市场应急能力，完善《食盐储备应急预案》，至 2020 年末，公司储备省市级食盐储备达到 3000 吨。

【河北中山日化股份有限公司】 河北

中山日化股份有限公司（简称中山日化）于2005年由市供销社所属市工业品总公司改制成立，注册资金1018万元，资产总额3.96亿元，其中，石家庄新合作供销集团有限公司出资216万元，股份占比21.22%。坚持聚焦主责主业发展，丰富产品种类，维持"中山日化"品牌优势，重整宝洁、联合利华、李锦记调味品等品牌阵容。开展市场调研，推进多元化品牌发展，引进欧舒丹国际护肤、贝纯洗涤及日本、澳大利亚食品等新品牌系列。扩大市场宣传，携手名优厂商开展进社区、进校园等活动，采取产品促销和设立李锦记外卖、菜市场下沉铺货等方式，巩固稳定专营阵地，争创市场竞争优势。加快新零售业态转型，加入"预售＋自提"兴盛优选、美团优选等平台。推进主业数字化发展，提升中山优购等电子商务平台及中山日化官方网站等线上营销服务功能，在淘宝、拼多多、京东等电子商务平台开设直销网店，同时开通"云直播"平台，实现线上下单、线下"无接触配送"销售模式。至2020年末，中山日化完成商品总购进10.61亿元，同比增加0.53亿元；总销售收入11.06亿元，同比增加0.59亿元；实现利润260万元；纳税499万元。

石家庄市供销合作总社

理 事 会 主 任：张佐英

理事会副主任：史国士　张志强

闫亚宁　张立朝

监事会副主任：丁根起　王彦生

康璞

（刘辰生　贡丽凯）

烟草专卖管理

【概况】 2020年全市烟草专卖系统围绕"稳运行、促改革、优结构、育品牌、强基础、防风险"要求，创新货源投放方式、提高投放精准性，坚持平稳投放节奏、保持市场供需均衡。推进诚信体系建设，建立"政府综合治理、行业推动、客户主动参与、信用社会共享"综合信用体系，重新组建诚信互助小组3217组，覆盖率达到100%。完善终端销售管理机制，细化终端管理措施，出台客户识别标准，建成终端信息化管理系统。主动协调银行为零售客户提供优惠专属金融产品，全年为客户解决资金4.9亿元。至2020年底，市烟草专卖局（公司）管理县级烟草专卖局（营销部、公司）21个，拥有总资产29.86亿元，资产负债率20.11%，从业人员1031人；直属业务机构有：1个营销中心，1个配送中心，22个专卖稽查机构（1个稽查支队、21个稽查大队），3个烟叶机构（1个烟叶管理科、2个烟叶公司）；烟农户数76户，烟农实现总收入1874.69万元；零售客户数量35374户，零售客户销售毛利率达到13.92%。

【市场综合整治】 2020年全市查处涉烟销售案件1016起，查获非法卷烟2272.25万支，实物案值1929.45万元；办结一级案件1起、三级案件2起，正在批捕、判刑一级案件1起，处于收网阶段网络案件5起；刑拘嫌疑人45人，逮捕18人，判刑21人。开展"金叶使命""利剑"及电子烟市场专项整治行动，查办案件47起，查获卷烟539.61万支，实物案值587.05万元。2020年市烟草专卖局法治烟草建设获评"河北省优秀案卷"。推进政务服务，落实"放管服""不见面审批"改革，政务服务获得客户好评率100%。

【企业管理】 加强质量管理，开展业务对标活动，全年14项对标指标全部优于全省平均水平，11项指标位列全省前3名，6项指标位列全省第一。规范卷烟市场流通秩序，促进卷烟零售户诚信守法经营，出台《石家庄市卷烟零售客户信用分类管理办法》，共六章、22条，主要包括信用积分及等级、信用评价及确认、信用信息应用、信用修复管理等。发挥财务审计管理职能，完善财务内控制度和预算定额标准体系，降低财务风险，实现定额标准全覆盖，2020年市烟草专卖局货币资金收益同比增长11.82%。开展同级审计、项目跟踪审计，推进国家局审计查出问题整改。推进现代物流建设，独创二次升级改造异型烟分拣设备，分拣效率增长1倍。推进信息化建设，研发"互联网＋送货、设备"信息化平台获得国家局二等奖。2020年市烟草专卖局档案管理获得4A级认定，3人入选河北省档案人才专家库。

石家庄市烟草专卖局（公司）

局长（经理）：贾立业

副局长：陈冉

副经理：安志发

李鲁平（4月免）

李晓刚（4月任）

（王瑜红）

成品油供应

【概况】 2020年石家庄市共有储油库8座（向社会开放经营储油库7座），分别为：中国石化销售有限公司华北分公司中石化国家储备库（属国家储备库，不对外经营）、中国石化销售股份有限公司河北石家庄高庄分公司、中国石油天然气股份有限公司河北石家庄高庄分公司、河北亿丰石油化工有限公司、河北振东石化有限公司、石家庄中信石化有限公司、河北石油集团石化销售有限公司、河北常青成品油销售有限公司。至2020年底，全市共有加油站（点）1357座，其中，加油站919座，加油点438座。2020年石家庄市储油库、加油站（点）全部供应国六标准车用汽、柴油，其中，汽油销售97万吨，柴油销售62万吨。

【中国石化石家庄石油分公司】 2020年中国石化销售股份有限公司河北石家庄石油分公司（简称中国石化石家庄石油分公司）销售成油品总量73.29万吨，同比下降19.11%。其中，以批代零6.55万吨，增长68%；直销批发15.86万吨，下降24%；天然气销售0.1万吨，下降46.5%。2020年公司非油品基础品类营业额2.8亿元，同比增长2%；全口径费用较计划节支4588万元，实现吨油费用476元。2020年公司成品油差价收入3.67亿元，报表利润−0.84亿元，同比减亏1.29亿元。落实降本控费措施，严格预算管理。2020年公司运营费用同比下降4617万元。其中，委托顺丰速运代收款并协调押运公司降低收费节约费用232万元；推广电子发票，年节约费用20万元；出租资产6项，实现租金收入401万元；清理诉讼积案，追回执行款41万元。优化经营思路，调整高庄油库汽油仓储包装，实行边输边出运营，提升汽油月接卸能力5000吨。

【成品油调价】 2020年全市成品油价格受国内油价影响，呈现先跌后涨走势。全年成品油调价25次，呈现“八涨五跌十二搁浅”格局，其中，汽油价格每吨同比下调1295元，柴油价格每吨同比下调1250元，汽、柴油价格均较年初明显下降。1月14日，因调价金额每吨不足50元，本次国内汽、柴油价格（标准品）未作调整。2月4日24时起，全市汽、柴油价格下调。89号汽油最高零售价格由每吨8670元下调为8250元，0号车用柴油最高零售价格由每吨7675元下调为7270元。调整后，98号汽油每升7.84元，95号汽油每升7.02元，92号汽油每升6.64元，每升分别下调0.36元、0.36元、0.34元；负10号车用柴油每升6.66元，每升下调0.37元。1月28日24时起，全市汽、柴油价格下调。89号汽油最高零售价格由每吨8250元下调至7835元，0号车用柴油最高零售价格由每吨7270元下调至6870元。调整后，89号汽油每升5.85元，92号汽油每升6.31元，95号汽油每升6.66元；0号车用柴油每升5.93元，负10号车用柴油每升6.29元，负20号车用柴油每升6.59元。3月3日，汽、柴油价格调整搁浅。3月17日24时起，全市汽、柴油价下调。89号汽油最高零售价格由每吨7835元调整为6820元，0号车用柴油最高零售价格由每吨6870元调整为5895元。调整后，89号汽油每升5.09元，92号汽油每升5.49元，95号汽油每升5.8元；0号车用柴油每升5.09元，负10号车用柴油每升5.4元。3月31日至6月11日，成品油价格因触及“地板价”，出现连续6次调价搁浅局面，即3月31日、4月15日、4月28日、5月14日、5月28日、6月11日开启的调价窗口均因汽、柴油价格触发保护机制未作调整。6月28日24时，全市汽、柴油价格首次年内上调，每吨分别上涨120元、110元。调整后，92号汽油每升5.59元，95号汽油每升5.9元；0号车用柴油价格5.19元；汽、柴油价格每升均上涨0.1元。7月10日24时起，全市汽、柴油价格上市。89号汽油最高零售限价由每吨6940元升至7040元，0号车用柴油最高零售限价由每吨6005元升至6105元。调整后，89号汽油每升5.26元，92号汽油每升5.67元，95号汽油每升5.99元；0号车用柴油每升5.27元。7月24日、8月7日两轮油价调整均告搁浅。8月21日24时起，全市汽、柴油价格上调。89号汽油最高零售价格由每吨7040元升至7125元，每吨提高85元；0号车用柴油最高零售价格由每吨6105元升至6185元，每吨提高80元。调整后，89号汽油每升5.32元，92号汽油每升5.74元，95号汽油每升6.06元，98号汽油每升6.88元；0号车用柴油每升5.34元，5号车用柴油每升5.24元，负10号车用柴油每升5.66元。9月4日，油价调整搁浅。9月18日24时起，全市汽、柴油价格下调，每吨分别下调315元、300元。调整后，89号汽油每升5.08元，92号汽油每升5.48元，95号汽油每升5.79元；0号车用柴油每升

5.08元。10月9日，油价调整搁浅，属年内第十二次搁浅，也是年内最后一次搁浅。10月22日24时起，全市汽、柴油价格上调。89号汽油最高零售价格由每吨6810元升至6890元，0号车用柴油最高零售价格由每吨5885元升至5955元。调整后，89号汽油每升5.14元，92号汽油每升5.55元，95号汽油每升5.86元，98号汽油每升6.68元；0号车用柴油每升5.14元，5号车用柴油每升5.04元，负10号车用柴油每升5.45元。11月5日24时起，全市汽、柴油价格下调，也是年内最后一次下调。89号汽油最高零售价格由每吨6890元下调为6730元，0号车用柴油最高零售价格由每吨5955元下调为5805元。调整后，89号汽油每升5.02元，92号汽油每升5.42元，95号汽油每升5.72元，98号汽油每升6.54元；0号车用柴油每升5.01元。11月19日24时起，全市汽、柴油价格上调，每吨分别上调150元、145元。调整后，92号汽油每升5.54元，95号汽油每升5.85元，98号汽油每升6.67元；0号车用柴油每升5.14元，5号车用柴油每升5.04元，负10号车用柴油每升5.45元。12月3日24时起，全市汽、柴油价格上调。89号汽油最高零售价格由每吨6880元升至7130元，0号车用柴油最高零售价格由每吨5950元升至6190元。调整后，98号汽油每升6.89元，95号汽油每升6.07元，92号汽油每升5.74元；负10号车用柴油每升5.67元。12月17日24时起，全市汽、柴油价格上调。89号汽油最高零售价格由每吨7130元升至7285元，0号车用柴油最高零售价格由每吨6190元升至6340元。调整后，89号汽油每升5.44元，92号汽油每升5.86元，95号汽油每升6.2元；0号车用柴油每升5.48元，5号车用柴油每升5.37元，负10号车用柴油每升5.81元。12月31日，全市汽、柴油价格上调，每吨分别上调90元、85元，这是年内第25次调价并以“四连涨”收官。89号汽油最高零售价格由每吨7285元升至7375元，0号车用柴油最高零售价格由每吨6340元调升至6425元。调整后，95号汽油每升6.27元，92号汽油每升5.94元，89号汽油每升5.51元，每升分别上涨0.07元、0.08元、0.07元；0号车用柴油每升5.55元，负10号车用柴油每升5.88元，负20号车用柴油每升6.16元，每升分别上涨0.07元、0.07元、0.08元。

【成品油市场整治】 制定印发《关于开展成品油市场整治暨黑加油站（点、车）查处取缔“回头看”的通知》《石家庄市成品油市场整治暨黑加油站（点、车）查处取缔工作方案》《关于加强成品油市场整治工作的通知》《石家庄市黑加油问题清理取缔暨成品油市场整治工作方案》《关于对县（市、区）黑加油问题清理取缔暨成品油市场整治实施包联督导的通知》等成品油管理文件。组织全市21个县（市、区）政府及高新区、循环化工园区管委会打击黑加油站（点、车）违法违规行为。2020年全市查处黑加油站（点）34个、黑加油车14个、收缴加油机10台，查扣油品6吨，依法拘留2人。

【成品油质量监管】 2020年市市场监督管理局抽检车用汽柴油1172个批次，其中，车用乙醇汽油587批次、车用柴油585批次；不合格48批次，其中，车用乙醇汽油29批次、车用柴油19批次；油品合格率95.9%，其中，车用乙醇汽油合格率95.1%、车用柴油合格率96.7%。11月18日，市市场监督管理局开展成品油现场抽检活动，突击检查加油站车用乙醇汽油和车用柴油各项指标；经检查，河北壳牌石油销售有限公司石家庄石津东路等部分加油站存在乙醇含量不达标问题，执法人员当场封存不合格油品。

中国石化销售股份有限公司
河北石家庄石油分公司

党委书记：纪良英
经　　理：程杰
副 经 理：廉金来
　　　　　肖立金　陈军鹏
纪委书记：于海涛

（剧柏含　张建恩）

旅　游

【概况】 2020年受疫情因素影响，全市接待海内外游客6230.22万人次，同比下降49.35%；实现旅游业总收入684.15亿元，同比增长53.74%。至2020年底，全市共有旅行社302家，其中，出境社42家、一般社260家；建有旅行社分社48家、服务网点400余家；导游及旅游从业人员1.1万余人（具有导游资格证），其中持证人员7696人（持有电子证）；星级饭店61家。至2020年末，全市共有A级以上旅游景区（点）34家，其中，5A级景区1处，4A级景区25处，3A级景区5处，2A级景区3处。推动全域旅游发展，平山县、正定县、鹿泉区列入河北省全域旅游示范区名单，平山县申报创建国家级全域旅游示范区。赞皇县以生态旅游为基础，打造“智慧旅游”“研学旅游”“体验旅游”新业态；利用5G技术，集中展示嶂石岩、棋盘山、天台山等景点，推出精品旅游观摩点10个。灵寿县花溪谷房车露营地入选全国4C级自驾车旅居车营地。打造乡村旅游重点村，井陉县吕家村、灵寿县车谷坨村、晋州市周家庄乡第九生产队获评第二批全国乡村旅游重点村。全年建设旅游厕所114座，任务完成率118%，旅游厕所百度电子地图上线率100%。开展旅游市场专项整治，全年旅游部门受理案件32起，举报、投诉2000余件，为游客挽回损失142余万元。推进旅游市场智慧监管平台建设，2020年12月底，市旅游智慧监管平台上线运行。3月16日，河北敬业酒店有限公司评定为全国五星级旅游饭店。至此，全市五星级饭店达到5家，另4家分别为：河北世纪大饭店、石家庄世贸广场酒店有限公司、石家庄中茂海悦酒店、石家庄万达洲际酒店。11月8日，石家庄市推选作品“燕赵云宝城市形象动漫IP设计及文创衍生品”获得2020中国旅游商品大赛铜奖。2020年石家庄市获得中国高铁旅游名城、美丽中国首选旅游目的地、新时代中国最具文旅投资价值城市等称号。12月25日，石家庄市入选第一批国家文化和旅游消费试点城市。

表69

2020年石家庄市A级以上旅游景区一览表

景区名称	评定等级	景区地址
西柏坡	5A	平山县西柏坡镇
天桂山	4A	平山县北冶乡天桂山景区
驼梁	4A	平山县合河口乡前大地村
黑山大峡谷	4A	平山县营里乡黑山关村
白鹿温泉	4A	平山县温塘镇
西苑温泉度假村	4A	平山县温塘镇
藤龙山	4A	平山县王坡乡湾子村
东方巨龟苑	4A	平山县东冶村
沕沕水	4A	平山县北冶乡沕沕水村
佛光山	4A	平山县北冶乡柏树庄村
紫云山	4A	平山县北冶乡南冶东沟村
五岳寨	4A	灵寿县南营乡
秋山	4A	灵寿县陈庄镇长峪村草坡庄
水泉溪	4A	灵寿县南营乡木佛塔村
嶂石岩	4A	赞皇县嶂石岩乡嶂石岩村
棋盘山	4A	赞皇县黄北坪乡上段村
隆兴寺	4A	正定县中山东路109号
荣国府	4A	正定县兴荣路51号
抱犊寨	4A	鹿泉区抱犊寨
双凤山	4A	鹿泉区上庄镇台头村

续表

景区名称	评定等级	景区地址
苍岩山	4A	井陉县苍岩山镇
国御温泉度假小镇	4A	藁城区藁新路 6 号
华北军区烈士陵园	4A	市区中山西路 343 号
赵州桥	4A	赵县赵州镇大石桥村
君乐宝乳业工业旅游区	4A	鹿泉区石铜路 36 号
天山海世界	4A	高新区天山大街 116 号
于家石头村	3A	井陉县于家乡于家村
勒泰中心	3A	长安区中山东路 39 号
伏羲台	3A	新乐市区北郊 2 千米何家庄村东
周家庄农业特色观光园	3A	晋州市周家庄乡第九生产队
仙台山	3A	井陉县辛庄乡小寺村
神树湾田园生态旅游区	2A	行唐县上闫庄村北
清凉山	2A	井陉矿区西岗头村
赵云庙	2A	正定县城兴荣东路

【第六届石家庄市旅游产业发展大会】 6 月 28 ～ 29 日，由市委、市政府主办，元氏县承办的第六届石家庄市旅游产业发展大会在元氏县举行。主题：打造文化生态、运动休闲新高地。宣传口号：圆（元）满之旅势（氏）在必行。代言吉祥物：小飞龙。采取线上线下相结合方式，邀请参会嘉宾 278 人。开发智慧会务平台，创建智慧会务手机小程序，提供信息查询、资讯阅览、信息通知等服务。设立主会场 1 个、分会场 5 个、观摩线路 4 条、观摩点 16 个。旅游产业大会期间，以“旅游 + 赛事 + 康养”为主题，举办包括开幕式、文化旅游项目观摩、旅游工作推进会等活动，同期举行文化旅游产品大集、元氏县农产品展销、华夏幸福工业品展示会、惠民文化展演等活动；各观摩点举办主题活动有槐河人家风筝音乐节、万花山自行车赛、昊和汽车文化节、殷村特色小镇美食节、蟠龙湖水上嘉年华、国际隶书邀请展等。元氏县以举办旅游产业大会为契机，依托秀美山川自然资源，重点推进元氏县“龙兴山水风景大道”旅游环线和十大特色旅游片区建设，构建“一环十区”全域旅游产业发展新布局。其中，“元氏龙兴山水风景大道”旅游环线工程总长 86 千米，连接全县主要旅游景点项目；十大特色旅游片区分别为：蟠龙湖片区、封龙山片区、元氏汉街景区、槐河湿地景区、槐河人家片区、万花山片区、殷村特色小镇片区、铁屯乡村振兴示范片区、马村产城融合示范片区、龙河新区。围

2020 年 6 月 28 ～ 29 日，第六届石家庄市旅游产业发展大会在元氏县举行

绕“一环十区”全域旅游产业发展布局实施多个重大项目建设工程，政府资金投资超过10亿元，撬动社会资本投资30亿余元，带动10个乡镇191个村旅游发展，覆盖率达到92%。新建改建道路209千米，建成龙兴山水风景大道；实施槐河、潴龙河、北沙河生态修复项目，整治河道51千米，沿岸新增绿地40余万平方米，生态补水2600万立方米；完成万花山植树绿化2万余亩，建成万亩森林公园。

（杨夕群）

【第七届石家庄市旅游产业发展大会】 9月15～16日，由市委、市政府主办，赞皇县承办的第七届石家庄市旅游产业发展大会在赞皇县举行。主题：守护绿水青山　打造乡村旅居康养目的地。国务院港澳事务办公室副主任、党组副书记张晓明，原成都军区副司令员石香元中将等国家部委、军队及省、市领导出席开幕式，省直有关部门、省外重点客源地和石家庄市友好城市、重点旅行社及旅游投资企业负责人，赞皇籍知名人士及在赞皇投资企业代表，各县（市、区）、市旅游工作领导小组成员单位主要负责人等400余人参加大会。本届旅游产业大会以打造生态休闲乡村旅游为目的，坚持“全民参与、全民共享、群众受益、精彩别致”原则，采取“全域联动、全时产品、全业融合、全域景观、全方保障”模式及“区域整合、品牌塑造、业态创新、服务升级、环境优化”途径，重点挖掘生态优势和山域特色旅游。宣传口号：“赞山赞水赞赞皇”“唐相故里　美哉赞皇”“太行山最美最绿的地方”“生态强县　大美赞皇”。代言吉祥物：“桃妹”“枣娃”。围绕“一核、两区、百点”旅游产业发展思路，打造以槐河景观带为中心，嶂石岩景区、大枣园区为纽带，119个特色区域为支撑的全域旅游新格局。以嶂石岩、棋盘山旅游开发为圆心，发展“十山”（嶂石岩、棋盘山、五马山、赞皇山、石柱山、窦家寨、云顶草原、中台山、云锁山、簸箕楼）、“三水”（锁云湖、天台湖、平泉湖）、“两基地”（黄北坪太行山一分区旧址红色基地、中马峪红色法制教育基地）、“一故里”（许亭村唐朝六宰相故里）特色旅游，形成“十六大景区带动百点互动旅游圈”。实施旅游景区景点提档升级工程，按照5A级景区标准改造提升嶂石岩槐泉寺景点、嶂石岩游客中心；投资15亿元建成唐相文化康养旅游小镇，投资9000余万元建成原村土布文化旅游产业园。发展乡村游、生态游、采摘游、文化游、红色游，推动文化与旅游、科技与旅游、生态与旅游融合跨越发展，高标准打造秦家庄、鲍家滩、三六沟等乡村旅游示范村，重点培育嶂石岩景区、鲍家滩樱桃采摘、山花节、原村土布等旅游品牌。利用5G技术，集中展示嶂石岩、棋盘山、天台山等景区地貌，创新开展“智慧旅游”“研学旅游”“体验旅游”新业态。设立观摩点10个，分别为：嶂石岩回音壁景区、嶂石岩峡谷漂流、嶂石岩户外运动基地、松会葡萄园、原村土布文化产业园、德裕古镇、大枣园区观景台、蜜蜂博物馆、文体中心、丝弦中心。以举办旅游产业发展大会为契机，赞皇县投资42.11亿元，实施13个重点项目建设，分别为：滨河路改扩建工程、平赞高速连接线工程、槐河景观带工程、槐河两岸夜景亮化工程、赞皇丝弦中心项目、文体中心提升改造工程、商贸综合体（含酒店）、唐相文化康养小镇、大枣园区观景台、原村非遗文化产业园、嶂石岩漂流、嶂石岩自驾车房车营地、嶂石岩回音壁景观打造。第七届石家庄市旅游产业发展大会期间，赞皇县客流量达到24.53万人次，较平常增加2.4倍；实现旅游收入1.36亿元，达到“强旅游、促发展、惠民生”多重效益。

（冯建林　耿建彩）

2020年9月15～16日，石家庄市第七届旅游产业发展大会在赞皇县举行

【文创和旅游商品大赛】 首届石家庄市文创和旅游商品大赛。2019年11月4日至2020年1月2日，由市文化广电和旅游局主办，石家庄文化旅游投资集团、市旅游协会、石家庄各县（市、区）文化广电体育和旅游局

承办的首届石家庄市文创和旅游商品大赛在市制酒厂（市区北二环西路19号）举行。主题为“创意石家庄·游礼新生活”。作品征集范围包括石家庄印象、红色传承、绿色发展、文物古迹、非物质文化遗产、旅游融合、动漫游戏和品牌LOGO设计8个题材。征集参赛作品797件，入围决赛优秀作品100件；评选金奖2名，分别为“燕赵云宝”城市形象动漫IP设计及文创衍生品、双翼神兽工艺品；银奖4名，分别为红色西柏坡、多彩石家庄工艺纸雕宫灯，“最美石家庄”紫砂壶，“古村一角”烙画，“石市名胜组合”浮雕画；铜奖6名，分别为石家庄大曲（号外）、有容茶具、节节高升茶具套组、石家庄新年画国礼典藏、正席八大碗、皇家御品——青竹宫面。大赛还评选最具石家庄特色奖10名、最佳创意设计奖10名、最佳成果转化奖10名、最具才华奖6名、最佳组织奖16名、特别贡献奖7名。第二届市文创和旅游商品大赛。9月16日，由市文化广电和旅游局主办，石家庄文化旅游投资集团、市旅游协会、赞皇县文化广电体育和旅游局、河北瑞堂文化发展公司承办的第二届市文创和旅游商品大赛作品展及颁奖仪式在赞皇县举行。此次大赛于2020年7月启动，以“平台引领创新·创意赋能产业”为主题，评选金奖3名，银奖6名，铜奖9名，最具商品价值奖8名，网络人气奖10名，优秀作品奖41名，特别贡献奖6名。

【河北旅游百大人气目的地】 8月25日，由河北省文化和旅游厅策划的大型网络评选活动——2020年“河北旅游百大人气目的地”评选结果公布，石家庄市15处景区入选。按照主题分类，自然深呼吸：沕沕水生态风景区、驼梁自然风景区、漫山花溪谷风景区、五岳寨风景区；文化漫步者：西柏坡博物馆、正定古城、于家石头村、赵州桥；潮流畅玩家：天山海世界文化旅游城、北国水世界；京畿不夜城：正定古城、土门关驿道小镇；美食行动派：勒泰庄里街；康养微度假：西部长青度假区、白鹿温泉。

【特色旅游精品线路】 8月29日，石家庄市十大特色旅游精品线路公布。红色圣地赶考游：华北烈士陵园—中国人民银行旧址—正定古城—正定游客中心—塔元庄村—南白店驿站—滚龙沟—沕沕水—李家庄村（中央统战部旧址）—西柏坡；古城古韵自在游：正定古城（四塔）—阳和楼—荣国府—隆兴寺—开元寺—临济寺—赵云庙—南城门；青山绿水康养游：抱犊寨—漫山花溪谷—五岳寨—驼梁—东方巨龟苑—天桂山—红崖谷—白鹿温泉（水上乐园）—黄金寨—嶂石岩；太行天路古村游：贾庄古镇—段家楼—南横口陶瓷水镇—太行天路—于家石头村—大梁江古村落—吕家剧境艺术村—秦皇古驿道—苍岩山；清凉消夏避暑游：天山海世界—北国奥莱欢乐小镇—北国水世界—金凤工业园—君乐宝优致牧场—东方巨龟苑—白鹿温泉；诗意乡村采摘游：谷家峪美丽乡村—岸下石窑小镇—赵县梨园—佐美庄园—范台生态园—派尔理想国—周家庄特色观光园；文化遗产古迹游：灵寿大观园—伏羲台—正定古城—龙泉古镇—毗卢寺—河北博物院—封龙书院—赵州桥—柏林禅寺；欢乐亲子研学游：塔元庄乡村振兴示范园—君乐宝优致牧场—龙泉湖湿地—南横口陶瓷水镇—吕家剧境艺术村—段家楼；漫享购物休闲游：勒泰中心—土门关驿道小镇—食草堂艺术小镇—君乐宝优致牧场—金凤工业园—北国奥莱欢乐小镇—杰明云顶野奢营地；滹沱河生态走廊游：正定南城门—塔元庄—趣那主题公园—南白店驿站—灵寿大观园—平山中山古城考古遗址公园—李家庄村（中央统战部旧址）—西柏坡。2020年石家庄市旅游部门重点推荐特色旅游线路2条，分别为：生态走廊初心游、太行“天路”古村游。其中，生态走廊初心游沿滹沱河生态走廊把正定县、灵寿县、平山县连点成串，涵盖中山文化、革命元素、绿色生态等内容，形成红色、生态、古文化、新业态四大系列，旅游路线：正定游客中心—塔元庄村—趣那主题公园—野槐林—西里寨沙洲湾—灵寿松滹湾文化园—大观园—平山中山古城考古遗址公园—李家庄村（中央统战部旧址）—西柏坡景区—从西柏坡高速返回石家庄市区；太行“天路”古村游沿太行崇山峻岭，途经“井陉天路”及大梁江、于家村等26个古村，把鹿泉区、井陉县、井陉矿区、平山县连为一体，形成省会西部旅游大环线，景点包括抱犊寨、苍岩山等自然景观和古村落、段家楼等历史人文印记，“百里画卷”美景尽收眼中，旅游线路：鹿泉抱犊寨景区—岸下村—君乐宝优质牧场—井陉大梁江、于家等26个古村落—苍岩山景区—井陉矿区段家楼—从平山县返回石家庄市区。

【工业旅游】 支持重点工业旅游示范点基础设施升级改造，申请市级工业旅游发展专项资金8万元。全年举办工业旅游主题活动主要有：藁城区的宫酒工业游、栾城区中航通飞华北飞机工业有限公司的“邀您看航空”“走进青少年课堂”“航空科普进校园”等、中粮（河北）可口可乐有限公司的“美丽工厂 亲子探知”等。至2020年末，全市共有工业旅游示范点22个。其中，省级工业旅游示范点8个：藁城区宫灯博物馆、栾城区河北味道府酒业有限责任公司、市区华北制药、井陉矿区段家楼、鹿泉区食草堂文化饰品有限公司、藁城区青岛啤酒（石家庄）有限公司、鹿泉区君乐宝乳业有限公司、平山县敬业集团有限公司；市级工业旅游示范点14个：石家庄君乐宝乳业有限公司（鹿泉区）、青岛啤酒（石家庄）有限公司（藁城区）、河钢集团石家庄钢铁有限责任公司（市区）、石家庄米莎贝尔饮食食品有限公司（元氏县）、河北绿诺食品有限公司（赵县）、石家庄百年巧匠木制品有限公司（市区）、中航通飞华北飞机工业有限公司（栾城区）、石家庄洛杉奇食品有限公司（鹿泉区）、中粮可口可乐（河北）有限公司（藁城区）、石家庄以岭药业有限公司（高新区）、中车石家庄车辆有限公司（栾城区）、河北三元食品有限公司（新乐市）、神威药业集团有限公司（栾城区）、稻香村河北食品总部基地有限公司（鹿泉区）。2020年全市22个省市级工业旅游示范点实施升级改造项目35个，完成工业旅游建设投入资金3000万余元。

【乡村旅游】 围绕乡村旅游主题，推出“生态走廊初心游”“太行天路古村游”2条乡村旅游特色线路和乡村旅游特色产品，吸引游客走入乡村。开展“百村示范、千村创建”活动，井陉县南障城镇吕家村、晋州市周家庄乡第九生产队、灵寿县南营乡车谷砣村入选第二批全国乡村旅游重点村名录。正定县新安镇吴兴村、平山县西柏坡镇西柏坡村、鹿泉区白鹿泉乡东土门村、井陉县于家乡高家坡村、赞皇县土门乡秦家庄村5个村入选第二批河北省乡村旅游重点村名录。河北太陉旅游开发有限公司董事长付谭松、平山县岗南镇李家庄村党支部书记刘立宁获评2020年度乡村文化和旅游能人。

（姜小青）

金 融

Finance

综 述

2020年全市金融业围绕建设京津冀区域性金融中心总要求，统筹推进疫情防控和金融发展，全力做好金融支持稳企业保就业、防范化解金融风险、深化金融改革等工作。2月26日，市政府与中国建设银行河北省分行签署战略合作协议；3月3～4日，市政府与中国工商银行河北省分行、国家开发银行河北省分行、中国银行河北省分行、中国农业银行河北省分行、交通银行河北省分行签署战略合作协议；3月12日，市政府与中国农业发展银行河北省分行签署战略合作协议。2020年石家庄争取专项信贷资金3600亿元，投放3131.02亿元。驻地7家银行为石家庄市提供专项金融支持额度3300亿元，其中，中国建设银行河北省分行500亿元、中国工商银行河北省分行300亿元、国家开发银行河北省分行800亿元、中国银行河北省分行600亿元、中国农业银行河北省分行300亿元、交通银行河北省分行300亿元、中国农业发展银行河北省分行各500亿元。2020年全市金融业完成增加值719.7亿元，同比增长8.7%，对全市经济增长贡献率达到12.1%。

银行 至2020年末，全市金融机构本外币各项存款余额16611.03亿元，同比增长10.36%，比年初增加1498.55亿元，其中，住户存款余额8819.72亿元，同比增长14.97%，比年初增加1134.28亿元。至2020年末，全市金融机构本外币各项贷款余额13154.71亿元，同比增长15.31%，比年初增加1720.94亿元，其中，住户本外币贷款余额4549.29亿元，同比增长18.63%，比年初增加697.46亿元。全年金融机构本外币存、贷款余额均位列全省第一。至2020年12月末，全市金融机构人民币各项存款余额16488.28亿元，较年初增加1473.12亿元。至2020年12月末，全市金融机构人民币各项贷款余额13075.27亿元，较年初增加1706.36亿元。

保险 至2020年12月底，全市共有省级保险公司91家，其中，财产险省级公司43家，人身险省级公司48家；各财产险公司为石家庄市提供保险额度14.73万亿元，各人身险公司为石家庄市提供保险额度11.05万亿元。至2020年12月底，全市43家财产险公司累计实现保费收入150.27亿元，同比下降1.6%；累计赔款支出79.17亿元。至2020年12月底，全市48家人身险公司累计实现保费收入353.66亿元，同比增长16.7%；累计赔款及给付支出91.87亿元。2020年全市财产险、人身险公司合计缴纳及代收代缴税费26.02亿元，为石家庄市提供就业岗位8.97万个（数据来源河北省保险行业协会数据平台系统）。

证券 2020年石家庄市新增企业挂牌上市33家，其中，上海证券交易所上市企业1家，新三板挂牌企业2家，石家庄股权交易所（简称石交所）挂牌企业30家。至2020年末，全市企业累计多层次资本市场挂牌上市达到255家，其中，沪、深交易所上市企业18家，境外上市挂牌企业19家，新三板挂牌企业81家，石交所主板挂牌企业137家。石家庄市挂牌上市企业数量位居全省第一名。

融资担保与典当 至2020年底，全市共有融资担保机构（取得经营许可证）59家，其中，政府性融资担保机构4家，民营融资担保机构55家（含外省市融资担保机构分公司1家）；在册小额贷款公司62家。2020年全市企业累计发行债券融资总额603.5亿元，同比减少136.6亿元。至2020年底，全市共有典当行96家，其中，法人机构61家，分支机构35家。2020年全市典当行完成典当总额138.35亿元，同比增长22.88%；年末典当余额17.93亿元，同比增长20.17%。

银 行

【概况】2020年全市共有银行业金融机构72家，其中，开发性金融机构1家，政策性银行2家，国有大型商业银行6家，股份制商业银行10家，城市商业银行9家，农村商业银行7家，农村合作银行1家，农村信用社11家，村镇银行11家，外资银行1家，农村资金互助社1家，信托公司1家，金融租赁公司2家，企业集团财务公司4家，消费金融公司1家，金融资产管理公司4家。统筹推进疫情防控和金融发展，全力做好金融支持稳企业保就业和防范化解金融风险等工作。全年金融机构本外币各项存款余额同比增长10.36%，各项贷款余额同比增长15.31%，银行业存款、贷款业务保持健康稳定态势。人民币各项存款平稳增长，存款余额位居全省首位，非银行业金融机构存款同比增加明显。至2020年12月末，全市金融机构人民币各项存款余额16488.28亿元，较年初增加1473.12亿元。住户存款余额8774.58亿元，较年初增加1132.89亿元。其中，活期存款2454.21亿元，较年初增加175.82亿元；定期及其他存款6320.37亿元，较年初增加957.07亿元。非金融企业存款余额4499.44亿元，较年初增加402.68亿元。其中，非金融企业活期存款余额1525.32亿元，较年初增加19.51亿元；非金融企业定期及其他存款余额2974.12亿元，较年初增加383.16亿元。机关团体存款余额2583.95亿元，较年初减少220.15亿元。财政性存款余额241.32亿元，较年初增加17.78亿元。非银行业金融机构存款余额386.77亿元，较年初增加139.93亿元。人民币各项贷款平稳增长，贷款余额、年增量位居全省首位，住户经营贷款同比增加明显。至2020年12月末，全市金融机构人民币各项贷款余额13075.27亿元，较年初增加1706.36亿元。住户贷款余额4549.17亿元，较年初增加697.57亿元。住户短期贷款余额800.94亿元，较年初增加200.19亿元，其中，消费贷款余额383.86亿元，较年初增加114.06亿元，经营贷款余额417.08亿元，较年初增加86.13亿元。住户中长期贷款余额3748.23亿元，较年初增加497.39亿元，其中，消费贷款余额3331.62亿元，较年初增加449.53亿元，经营贷款余额416.62亿元，较年初增加47.85亿元。企（事）业单位贷款余额8517.1亿元，较年初增加1004.8亿元。其中，短期贷款余额2948.92亿元，较年初增加584.41亿元；中长期贷款余额4499.92亿元，较年初增加472.91亿元；票据融资余额503.25亿元，较年初减少12.35亿元，同比下降明显；融资租赁余额560.91亿元，较年初减少33.3亿元，同比下降明显。非银行业金融机构贷款余额3亿元，较年初增加3亿元。

【中国人民银行石家庄中心支行】发挥货币政策执行委员会平台作用，加强经济金融形势分析研判，合理引导商业银行信贷投放，全力营造适宜金融环境。开通财政防疫资金紧急拨付“绿色通道”，放开小额支付系统业务限额，保证抗疫资金及时划拨到位；做好疫情防控期间征信服务，引导市场主体通过网银、互联网、自助机具等获得征信报告。做好企业金融服务，出台《关于做好金融支持稳企业保就业工作实施意见》等政策文件。推动政银企合作对接，探索开发“企业融资对接监测分析系统”，全年向金融机构推介重点企业1.94万家，帮助9141家企业获得银行授信。加强金融机构防范风险和在线监测，做好银行业风险监测预警评估，按季度开展275家法人银行机构央行评级。密切关注高风险机构风险状况，全年约见谈话银行机构86次，做出风险提示49次。实施跨国公司跨境资金集中运营改革，备案跨国公司12家，累计集中外债额度336.89亿美元。推进外汇“放管服”改革，推广使用政务服务网上办理系统、“互联网+监管系统”，搭建“汇银企”对接平台，方便企业办理外汇业务。严格外汇领域执法检查，严防跨境资金流动风险，全年查处违法违规外汇交易案件31起，收缴罚款398.2万元。加强反洗钱调查、协查，配合做好“扫黑除恶”专项斗争及其他打击涉及银行业犯罪专项行动。支持个人所得税汇算清缴退税工作，组织代理支库上线国库会计数据集中系统。完善征信救济，指导接入机构为2.7万受疫情影响四类人员、6400家暂时失去收入来源企业修改征信记录。

表 70

2020年石家庄辖区金融机构人民币信贷收支一览表

来源项目名称	金额（亿元）	运用项目名称	金额（亿元）
一、各项存款	16488.28	一、各项贷款	13075.27
（一）境内存款	16486.07	（一）境内贷款	13069.27
1. 住户存款	8774.58	1. 住户贷款	4549.17
（1）活期存款	2454.21	（1）短期贷款	800.94
（2）定期及其他存款	6320.37	消费贷款	383.86
2. 非金融企业存款	4499.44	经营贷款	417.08
（1）活期存款	1525.32	（2）中长期贷款	3748.23
（2）定期及其他存款	2974.12	消费贷款	3331.62
3. 机关团体存款	2583.95	经营贷款	416.62
4. 财政性存款	241.32	2. 企（事）业单位贷款	8517.1
5. 非银行业金融机构存款	386.77	（1）短期贷款	2948.92
（二）境外存款	2.21	（2）中长期贷款	4499.92
二、金融债券	64.0	（3）票据融资	503.25
三、卖出回购资产	19.94	（4）融资租赁	560.91
四、借款及非银行业金融机构拆入	33.69	（5）各项垫款	4.11
五、应付及暂收款	427.62	3. 非银行业金融机构贷款	3.0
六、各项准备	360.75	（二）境外贷款	6.0
七、所有者权益	642.53	二、债券投资	425.69
实收资本	328.98	三、股权及其他投资	183.76
八、其他	−238.86	四、买入返售资产	101.0
		五、存放非银行业金融机构款项	0.1
		六、联行往来（净）	3813.17
		境内存放二级准备金	49.64
		七、应收及预付款	106.71
		八、投资性房地产	0.48
		九、固定资产	91.77
资金来源总计	17797.95	资金运用总计	17797.95

备注：本表机构包括中国人民银行、银行业存款类金融机构、银行业非存款类金融机构。

表 71

2020年石家庄辖区全部金融机构外汇信贷收支一览表

来源项目名称	金额（亿元）	运用项目名称	金额（亿元）
一、各项存款	18.81	一、各项贷款	12.17
（一）境内存款	18.33	（一）境内贷款	8.81
1. 住户存款	6.92	1. 住户贷款	0.02
（1）活期存款	4.0	（1）短期贷款	0.02
（2）定期及其他存款	2.92	消费贷款	0.02
2. 非金融企业存款	11.06	经营贷款	0
（1）活期存款	8.38	（2）中长期贷款	0
（2）定期及其他存款	2.68	2. 企（事）业单位贷款	8.79
3. 机关团体存款	0.31	（1）短期贷款	3.75
4. 非银行业金融机构存款	0.05	（2）中长期贷款	5.04
（二）境外存款	0.48	（二）境外贷款	3.36
二、借款及非银行业金融机构拆入	1.35	二、联行往来（净）	8.35
三、应付及暂收款	0.1	三、应收及预付款	0.14
四、各项准备	0.47		
五、所有者权益	0.14		
实收资本	0.07		
六、其他	−0.21		
资金来源总计	20.66	资金运用总计	20.66

备注：本表机构包括中国人民银行、银行业存款类金融机构、银行业非存款类金融机构。

中国人民银行石家庄中心支行
行　长：陈建华（兼国家外汇管理局河北省分局局长，5月免）
　　　　贺同宝（兼国家外汇管理局河北省分局局长，7月任）
副行长：卢钦　（兼任国家外汇管理局河北省分局副局长）
　　　　尹清伟　文洪武（11月免）
　　　　王京辉（8月免）
　　　　卜又春（5月任）
　　　　李双锁（8月任）

（裴剑平）

【中国农业发展银行河北省分行营业部】 至2020年末，中国农业发展银行河北省分行营业部各项贷款余额206.32亿元，较年初增加4.11亿元；各项存款余额72.81亿元，同比下降10.85亿元；实现FTP利润2.52亿元，利润额完成河北省分行下达任务134.9%。2020年分行营业部累计发放贷款74.07亿元，累计收回贷款69.95亿元，分别占全省农业发展银行系统15.62%和21.9%，均位列全省系统第一名。支持企业复工复产，发放企业复工复产专项贷款39.77亿元、疫情防控专项贷款15.93亿元。为“药瓶子”“奶瓶子”“面袋子”供应企业提供资金保障，向华药集团、石药集团、君乐宝乳业、冀粮集团等疫情防控重点企业发放应急贷款18.05亿元。助力脱贫攻坚，全年发放精准扶贫贷款13.28亿元，完成省分行下达任务295.11%。至2020年末，分行营业部扶贫贷款余额32.78亿元，较年初增加6.36亿元。以粮油收储和专项储备业务为重点，发放粮油贷款34.09亿元，年末粮油贷款余额68.46亿元，较年初增加6.37亿元；全年粮油贷款累计发放额、贷款余额和净增额均为全省农发行系统第一。发放秋粮收购贷款16.51亿元，完成省分行下达任务236%；发放夏粮收购贷款9.88亿元，收购市场份额81.65%，高出省分行下达任务31个百分点。助力春耕化肥保供稳价，发放化肥专项储备贷款6.14亿元。开展银政、银企合作，向“宽带乡村建设”、生态环境建设等重大民生项目发放贷款18.54亿元。办理国际结算7219万美元，完成省分行任务190%。中间业务收入59.63万元。加强风险管理与合规管控，推进亏损行“清零工程”。赞皇县支行减亏116.28万元。3个支行历史遗留问题得到解决，清收表外欠息277.27万元。

中国农业发展银行河北省分行营业部

总 经 理：张健民（9月免）

齐亮　（9月任）

副总经理：张建国　李艳　（女）

史建博

（白江丰）

【中国工商银行石家庄分行】 2020年中国工商银行股份有限公司石家庄分行（简称中国工商银行石家庄分行）投放贷款634.77亿元，其中投放大、中型公司贷款404.16亿元，同比增加81.52亿元，创下历史新高。至2020年末，分行各项贷款余额达到1419亿元，突破1400亿元大关，同比增加242亿元。其中，普惠人民银行口径增量13.95亿元，任务完成率111%；普惠银监口径增量13.69亿元，任务完成率105%。助力企业复工复产，向医药、民生保障领域8家大中型企业投放贷款34.4亿元。支持石钢公司搬迁、中央商务区、正定棚改、轨道交通等省市重点项目，发放贷款21笔、贷款金额210亿元。民营企业贷款余额突破100亿元，达到105.13亿元。制造业企业贷款同比增加41.52亿元。住房按揭贷款投放达到103.74亿元，信用卡贷款余额达到51.69亿元。支持脱贫攻坚行动，全年发放扶贫贷款6.68亿元，同比增加5.56亿元。办理票据贴现156.36亿元，票据余额达到51亿元。2020年分行向地方缴纳各项税款3.11亿元。

中国工商银行股份有限公司

石家庄分行

行　长：张志勇

副行长：田峰　　王国强

王印

刘剑英（8月免）

李克美　苌志敏

赵峰　（7月任）

（冯龙）

【中国建设银行石家庄分行】 至2020年末，中国建设银行股份有限公司石家庄分行（简称中国建设银行石家庄分行）各项存款时点余额达到1893.74亿元，同比新增183.2亿元；各项贷款时点余额达到1345.86亿元，同比新增171.04亿元；拥有营业网点129个。全年存款时点余额日均新增287亿元，市场占比达到62%。其中，对公存款时点新增25亿元，日均新增142亿元；个人存款时点新增158亿元，市场占比33%，日均新增145亿元，市场占比30%。推进普惠金融，助力小微企业发展，全年普惠金融贷款新增、授信户数排名全省第一，“小微快贷”授信户数成为全省首个达到万户二级分行。住房租赁创新形成集中式存房模式，全年集中式存房落地项目6个，存入房源1028套（间），完成公租房全流程服务2093笔。建设全省首家智慧餐饮系统上线，与7家部队客户签订线上“军建安鑫”系统服务协议。支持乡村振兴，“裕农快贷”授信客户达到7386户，授信金额20091万元；“地押云贷”授信客户93户，授信金额4377万元；“裕农通”上线企业616户，平台场景实现全覆盖。助力地方经济发展，协助中国建设银行河北省分行与市政府签订《金融支持“抗疫情　稳增长　惠民生”战略合作协议》《助力石家庄市实施乡村振兴战略合作协议》，授信额度800亿元，全年实际投放900亿余元。开立省级社保基金专户及市县医保账户19个，归集资金490亿元。承接政府债129亿元，项目主体开户97户、资金承接方开户106户。协助中国建设银行河北省分行与石家庄北国人百集团有限责任公司签订战略合作协议，全年收单交易额30亿元。加强风险管控，全年处置不良资金12.57亿元。

中国建设银行股份有限公司

石家庄分行

行　长：王东　（省分行副行长）

党委副书记：

许晓明（11月免）

黄亮　（12月任）

副行长：许晓明（11月免）

张洁

王赞祥（12月免）

刘郡萌（8月免）

刘少飞（12月任）

闫超　（12月任）

（安鹏飞　默迪）

【中国农业银行石家庄分行】 至2020年末，中国农业银行股份有限公司石家庄分行（简称中国农业银行石家庄分行）各项存款余额达到1726亿元，较年初增加80亿元；各项贷款余额达到1207亿元，较年初增加179.2亿元；中间收入9.23亿元，同比增加0.55亿元；营业收入48.18亿元，同比增加3.48亿元；实现净利润21.04亿元。全年投放贷款467.48亿元，至2020年末，分行投放高速公路贷款116亿元、城市轨道交通贷款43亿元、电力贷款40.6亿元、燃气管道运输贷款5亿元、天然气供应贷款4亿元。支持棚户区改造和优质房地产开发项目，投放房地产贷款9.5亿元，其中棚户区贷款6亿元，重点支持永安街片区、北豆村、肖家营城中村改造；向全国性房地产企业建设项目发放贷款3.4亿元。助力脱贫攻坚，为平山县、赞皇县、灵寿县、行唐县增加贷款5.53亿元，累计贷款余额达到63.12亿元；2020年末分行精准扶贫贷款余额达到27.76亿元，较年初增加10.2亿元，产业精准扶贫贷款余额达到21.67亿元，较年初增加9.13亿元。服务乡村振兴，至2020年末，分行县域贷款余额达到328.09亿元，较年初增加53.77亿元，同比增长19.6%，其中，涉农贷款余额198.59亿元，较年初增加42.96亿元。支持重大水利、垃圾发电、城乡一体化开发等项目，全年城镇化贷款新增3.85亿元，累计余额达到22.59亿元。突出扶持乡村产业发展，为10家农业产业化龙头企业提供信贷10亿元，为新型农业经营主体贷款余额达到4.51亿元；审批生猪项目贷款5.45亿元，发放贷款2亿元。支持地方疫情防控和企业复工复产，为27个防疫企业授信44亿元，其中向13家企业投放贷款12.5亿元；为企业新增稳产保供贷款2.17亿元，累计达到4.67亿元。开展普惠金融服务，至2020年末，分行为小微企业法人贷款余额达到25.54亿元，较年初增加13亿元；有贷客户达到2548户，较年初增加928户。新开乡镇网点3个，平山县、行唐县新设乡镇金融便利店各1个。至2020年末，分行营业网点累计达到158个，其中，县域人工网点87个，自助网点59个。2020年分行石家庄西城支行营业室被中国银行业协会评为2020年银行业文明规范服务全国千佳网点。

中国农业银行股份有限公司
石家庄分行

行　　长：崔金涛（省分行副行长）
副 行 长：刘炳午　吕海慧
　　　　　付建明　赵宗显
纪委书记：王增辉

（白楠）

【中国银行石家庄分行】 10月10日，中国银行石家庄分行揭牌成立。至2020年末，中国银行石家庄分行金融资产达到1149亿元，同比增长5.03%，其中，对公金融资产总额459亿元，对私金融资产总额690亿元；本外币各项贷款余额708亿元，同比增加123.2亿元，其中，公司贷款余额332亿元，增加56.3亿元，个人贷款余额362亿元，增加57.4亿元。支持疫情防控，为防疫重点企业投放贷款11.3亿元。发展分期金融业务，全年实现银行卡分期交易额17.5亿元，同比增长25.11%；汽车分期业务实现交易额16.9亿元，同比增长30.31%；优质客户分期业务投放5.65亿元，同比增长33.38%。加强风险管控，不良资产较年初下降3.02亿元，占比较年初下降0.6个百分点。

中国银行石家庄分行

行　　长：郑磊　（9月任）
副 行 长：靳会轻
　　　　　韩蔚　（10月任）
　　　　　袁新义（12月免）
　　　　　谷立威（11月任）
　　　　　石云青　王力波
纪委书记：包乃玉

（刘志辉　陈清源）

【交通银行河北省分行】 至2020年末，交通银行股份有限公司河北省分行（简称交通银行河北省分行）各项存款时点余额1345.52亿元，较年初增加6.12元，增长0.46%，其中，储蓄存款余额增加73.27亿元；各项贷款余额1124.98亿元，突破千亿元大关，较年初增加142.65亿元，增量创下历史新高。全年低成本存款、活期存款日均余额占比分别较年初提高0.31个百分点、0.63个百分点；各项存款平均成本率2.34%，较年初下降5个基点；网点平均存款较年初增加1.29亿元，网点转型达标率80.23%。贷款结构优化，零售贷款占比21.13%，较年初提高2.1个百分点。2020年分行实现经营利润24.73元，同比增长24.95%；实现经济利

2020年10月10日，中国银行石家庄分行揭牌成立

润 14.17 亿元，同比增长 52.12%；实现净经营收入 34.85 亿元，同比增长 12.67%。全年成本收入比 27.52%，同比下降 6.79 个百分点，高于境内分行平均水平 0.83 个百分点。对公达标客户 2.22 万户，净增 9254 户。私人银行客户市场占比提升 43 个百分点。加强风险管控，处置高风险资产 9.37 亿元，其中，实质性清收 4.79 亿元，核销 4.58 亿元。至 2020 年末，分行在石家庄市域共有全功能营业网点 29 家。

交通银行股份有限公司

河北省分行

行　　长：刘清军

副 行 长：王国成　曹栓利

刘洪涛　罗彦辉

徐志弘

纪委书记：王道远

（苏媛媛）

【中信银行石家庄分行】 至 2020 年末，中信银行股份有限公司石家庄分行（简称中信银行石家庄分行）资产总额达到 923.18 亿元，较年初增加 163.44 亿元，增长 21.51%，同比提高 16.7 个百分点；各项负债余额 912.24 亿元，较年初增加 159.7 亿元，增长 21.22%，同比提高 18.56 个百分点；实现未分配利润 2.22 亿元，同比增加 3.61 亿元。2020 年分行营业收入 22.67 亿元，同比增加 0.45 亿元。其中，利息净收入 18.84 亿元，减少 2.09 亿元；手续费及佣金净收入 3.04 亿元，减少 0.45 亿元；其他业务收入 0.8 亿元，增加 2.98 亿元。2020 年分行营业支出 19.01 亿元，同比增加 5.02 亿元。至 2020 年末，分行实现净利润 2.22 亿元，同比增加 3.61 亿元。4 月 26 日，分行为某企业办理 1 笔对公网银电子单证电汇汇款业务，金额 11.01 万美元。至此，分行成为河北省首家成功办理电子单证电汇汇款业务银行。

中信银行股份有限公司

石家庄分行

行　长：刘志华

副行长：杨桂玲　高珊

常辉锋

王莹　（5 月任）

（韩旭）

【华夏银行石家庄分行】 至 2020 年末，华夏银行股份有限公司石家庄分行（简称华夏银行石家庄分行）总资产 712.05 亿元，总负债 724.49 亿元；各项存款余额 708.42 亿元，同比增加 99.82 亿元，其中，一般性存款日均余额 643.6 亿元，较年初增加 28.4 亿元，增长 50.04%；表内外信贷资产余额 792.63 亿元，较年初增加 40.21 亿元，增长 45.8%，其中，表内余额 512.98 亿元，较年初增加 3.24 亿元，增长 0.55%；实现拨备前利润 13.97 亿元，较年初增加 1.2 亿元，增长 11.67%；不良贷款 42.67 亿元，不良贷款率 8%；逾欠贷款较年初下降 28.9 亿元，不良贷款偏离度 76%，较年初下降 7.5 个百分点。2020 年分行贯彻落实“以结构调整为主线、以经营转型为导向、以效益提升为目标、以资产质量攻坚为重点、以精细化管理为抓手”经营方针，推行“投行 + 商行”发展战略，推进零售业务和网点转型，优化存款和客户占比。调整信贷结构，严格授信全流程管控，加快存量问题贷款处置，制定三年资产质量管控规划，分类施策、一户多策、逐户制定问题贷款清收化解和处置方案。2020 年分行获评河北省外汇管理局银行外汇业务合规与审慎经营评价 A 类银行。

华夏银行股份有限公司

石家庄分行

行　　长：张景辉（4 月任）

副 行 长：赵秀玲　王茜

王志勇

纪委书记：杨振宇（5 月任）

（刘子烨）

【中国民生银行石家庄分行】 至 2020 年末，中国民生银行股份有限公司石家庄分行（简称中国民生银行石家庄分行）资产总额 1022.9 亿元，同比增加 99.16 亿元；各项存款余额 951.2 亿元，同比增加 91.92 亿元；各项贷款余额 533.93 亿元，同比增加 78.23 亿元。2020 年分行审批京津冀项目授信额度 503.87 亿元，投放金额 161.09 亿元；制造业贷款余额 102.62 亿元；绿色贷款余额 11.98 亿元。贯彻落实“民营企业的银行”发展战略，至 2020 年末，分行拥有战略客户 36 家，较年初增加 6 家，累计为民营百强企业审批授信 143.95 亿元。6 月 17 日，分行与石家庄北国人百集团有限责任公司签约联合发行“民生北国卡”。7 月 31 日，分行与石家庄高新区签署战略合作协议，举行“凝心聚力、合作共赢”专场银企对接会暨民生银行石家庄高新区科技支行更名授牌仪式。全年服务零售客户 464 万户，管理个人客户金融资产 750 亿元。支持小微企业发展，创新开通“云快贷”“纳税网乐贷”“超值贷”等融资产品。至 2020 年末，分行累计为 3675 户小微企业发放贷款 52.71 亿元，平均贷款利率同比下降 1.46 个百分点；累计为 2316 户小微企业办理延期还本付息，涉及金额 27.9 亿元；累计为 180 户企业减免利息罚息，涉及金额 1526.69 万元。至 2020 年末，分行在石家庄、邯郸、沧州、衡水、秦皇岛、唐山、张家口、保定 8 个地级市设立标准支行 69 家、社区支行67家。

中国民生银行股份有限公司
石家庄分行

行　　长：刘国忠
副 行 长：宋立新　张振国
　　　　　余建业（11月免）
　　　　　陈风云
　　　　　郑晓红（7月任）
行长助理：王晶晶

（孙旭旭）

【中国光大银行石家庄分行】 至2020年末，中国光大银行股份有限公司石家庄分行（简称中国光大银行石家庄分行）一般存款时点余额948.53亿元，较年初增加60.51亿元，增长6.81%，其中，一般存款日均余额913.12亿元，较年初增加60.39亿元，增长7.08%；贷款时点余额822.54亿元，较年初增加74.12亿元，增长9.9%，其中，贷款日均余额797.43亿元，较年初增加68.45亿元，增长9.39%；实现净营业收入37.37亿元，同比增加2.83亿元，增长8.18%。3月5日，分行与中国进出口银行河北省分行签署战略合作协议。至2020年末，分行制造业贷款余额204.57亿元，较年初增加44.36亿元；中长期制造业贷款余额98.17亿元，较年初增加51.11亿元；普惠贷款余额59.5亿元，较年初增加8.82亿元，增长17.4%。支持企业复工复产，为102户医用物资、生活物资生产企业提供信贷融资59.38亿元。落实减费让利政策，制造业贷款加权平均利率4.8%，较年初下降0.6%；制造业中长期贷款加权平均利率4.85%，较年初下降0.78%。加强风险管控，全年新增首次授信261笔、金额287.17亿元，追加授信88笔、金额224.66亿元，没有发生不良贷款问题。

中国光大银行股份有限公司
石家庄分行

行　　长：蔡雪峰
副 行 长：陈雷　（8月任）
　　　　　王志刚　王智慧
　　　　　王旭
纪委书记：许健

（韩冲）

【中国邮政储蓄银行石家庄市分行】 至2020年末，中国邮政储蓄银行股份有限公司石家庄市分行（简称中国邮政储蓄银行石家庄市分行）资产规模总额达到860.31亿元，同比增长11.23%；各项存款余额788.28亿元，同比增长10.26%；各项贷款余额664.05亿元，同比增长8.36%。资产规模、存款余额、贷款余额均位列国有商业银行第5位。个人金融。设立邮政社保卡综合服务点，为客户提供一站式“社保＋金融”便民服务。至2020年末，分行服务个人客户241万余人，储蓄存款时点净增15.84亿元，日均存款余额151.34亿元；新增手机银行激活客户9.29万户，手机银行注册客户规模达到87.22万户；新增快捷支付绑卡客户13.55万户，绑卡客户规模达到91.2万户；新增收单商户6029户，服务收单商户1.5万余户；新增无实体介质账户2.29万户；信用卡新增发卡4.81万张，累计发卡30.61万张。零售贷款。2020年分行投放城乡种养殖户、个体工商户小额贷款60.3亿元，净增6.37亿元，贷款结余46.18亿元；投放小企业客户群体贷款17.84亿元，贷款结余16.59亿元；居民消费贷款净增35.03亿元，贷款结余329.09亿元。至2020年末，普惠型小微企业贷款余额52.65亿元，涉农贷款余额154.55亿元，精准扶贫贷款余额7.35亿元，绿色信贷结余2.8亿元。公司金融。2020年分行投放公司贷款33.85亿元，贷款规模累计达到245.14亿元，公司存款净增27.68亿元，贷款结余171.4亿元。为企业办理国际结算1.23亿美元，直贴业务24.32亿元，签发票据承兑1.62亿元，票据大管家入池2.97亿元，开立国内信用证10亿元，实现贸易融资业务净增5.53亿元，结余24亿元；福费廷净增15.37亿元，结余40.70亿元。推进“公司＋互联网”转型，全年开立开放式缴费平台客

2020年9月8日，中国邮政储蓄银行石家庄市分行邮政社会保障卡综合服务网点揭牌运营

户56户，缴费金额19.02亿元；新增签约企业网银用户2763户。2020年分行复查确认保留“全国文明单位”“省级文明单位”称号，15名员工获评共青团省委“冀青之星”。

中国邮政储蓄银行股份有限公司
石家庄市分行
行　长：耿学军
副行长：薛彦军　段坤
石滨逢　陈慧芝
（张圆圆）

【河北银行石家庄分行】 至2020年末，河北银行股份有限公司石家庄分行（简称河北银行石家庄分行）资产总额1601亿元，较年初增加209亿元；各项存款余额1540亿元，较年初增加175亿元；各项贷款余额654亿元，较年初增加50亿元。公司业务。至2020年末，对公存款余额772亿元，较年初增加43亿元；对公客户融资额290亿元，较年初增加44亿元；对公基础客户数量3160户，较年初增加480户。支持企业复工复产，全年为君乐宝乳业、河钢集团石刚公司分别授信5亿元。零售业务。至2020年末，储蓄存款余额768亿元，较年初增加132亿元；个人贷款余额218亿元，较年初增加20亿元；中高端客户数量32万户，较年初增加3.7万户。小微业务。至2020年末，小微贷款余额130亿元，较年初增加10亿元；小微户数1.12万户。至2020年末，分行在石家庄市共有营业网点（营业部）89家，除平山县、深泽县、元氏县外，覆盖石家庄市域各县（市、区）。2020年分行获评“全国文明单位”称号。

河北银行股份有限公司
石家庄分行
行　　长：李建树
副 行 长：吕媛媛（4月免）
魏金超　薛志军
吕涛　（4月免）
秦燕　（4月任）
纪委书记：吕涛　（4月任）
（韩晓东）

【河北农村信用社石家庄审计中心】 至2020年末，河北省农村信用社联合社石家庄审计中心（简称河北农村信用社石家庄审计中心）共有农村商业银行8家，农村合作银行1家，信用联社股份有限公司7家，农村信用合作联社3家，网点596个，其中，营业部19家、信用社（支行）449家、分社（分理处）120家、储蓄所8家；资产总额2305亿元，较年初增加221亿元；所有者权益171.88亿元，较年初增加7.71亿元；各项存款余额1973.4亿元，较年初增加194.25亿元；各项贷款余额1298.78亿元，较年初增加130.38亿元；涉农贷款494.33亿元，较年初增加55.94亿元；小微企业贷款847.43亿元，较年初增加123.6亿元；实现考核利润33.32亿元，同比下降2.09亿元。全年新型收单活跃商户10.49万户，电子银行交易占比92.53%，市场拓展业务收入6945.16万元。支持企业复工复产，为企业办理无还本续贷金额44.32亿元，办理展期金额136.97亿元，实施临时性延期还款本金173.83亿元，普惠小微企业延期还本付息金额38.54亿元。2020年全辖小微企业贷款平均利率较年初下降0.81个百分点，普惠小微企业贷款利率下降0.83个百分点，贷款利率控制在8%以内；办理小微企业信用贷款7.82亿元，其中普惠小微企业信用贷款6.47亿元。发放再贷款、再贴现资金32.96亿元，涉及小微企业、农户、个体工商户等400余户。创新金融服务方式，全年利用网络快捷支付239.65万户，交易笔数9547.74万笔，交易金额466.04亿元。拓展“农信E缴费”及聚合支付业务，2020年全辖发展“农信E缴费”用户148户，累计交易笔数15.76万笔、金额13719.2万元，聚合商户14.95万户。至2020年末，河北农村信用社石家庄审计中心在县域挂牌农商行8家，分别为：正定县、井陉县、晋州市、辛集市、平山县、元氏县、灵寿县、鹿泉区；高风险机构1家：藁城区农村信用合作联社。

河北省农村信用合作社联合社
石家庄审计中心
主　任：郭满平
副主任：刘宏峰　王树良
刘俊荣（女）
（梁宁）

【浦发银行石家庄分行】 至2020年末，上海浦东发展银行股份有限公司石家庄分行（简称浦发银行石家庄分行）本外币一般性存款余额达到412.6亿元，较年初减少25.92亿元；各项贷款余额达到595.26亿元，较年初增加103.74亿元。下辖营业机构32家，其中，石家庄11家、邯郸4家、唐山6家、保定4家、沧州3家、廊坊2家、衡水2家。全年确定河北省及雄安新区重点项目客户100余户，完成中长期贷款立项34个，贷款金额245.94亿元；新增贷款客户98户，发放贷款金额63.65亿元；发放河北省企业中长期贷款36.22亿元。向金融市场投放资金31.2亿元，办理绿色信贷金额17.31亿元。支持冀中能源发行债券，累计为冀中能源发放贷款76.56亿元，在公开市场以余额包销模式发行债务90亿元，其中分行包销72.3亿元。至2020年12月末，分行对公贷款余额349.11亿元，较年初增加 70.61 亿元。2020 年分行复评保留河北省文明单位称号。

上海浦东发展银行股份有限公司
石家庄分行

行　长：王起
副行长：李伟
　　　　崔振声（3 月免）
　　　　赵英辉（12 月免）
　　　　于舸

（万硕）

【北京银行石家庄分行】 至 2020 年末，北京银行股份有限公司石家庄分行（简称北京银行石家庄分行）本外币资产达到 358.76 亿元；本外币存款总额 136.08 亿元，较年初减少 16.06 亿元；本外币贷款总额 359.2 亿元，较年初增加 27.04 亿元；分行营业收入 6.77 亿元，较年初减少 0.78 亿元。开发机构业务，入选河北省社会保险费征缴全省域金融结算机构；8 月 17 日，分行与石家庄股权交易所签署战略合作协议。支持小微企业发展，创新普惠业务产品经营模式，转变普惠经营策略，成立普惠业务专营团队和普惠审批中心。支持京津冀协同发展、雄安新区建设、非首都功能疏解、京津冀"菜篮子工程"等重大项目，为京企外迁河北新发地农副产品物流园项目、雄安新区河北绿源地热能开发有限公司、河北高速公路集团有限公司、河北曲港高速公路开发有限公司等提供授信。至 2020 年末，分行管理营业机构 15 家。其中，分行营业部 2 家，分别为：石家庄分行营业部、保定分行营业部；综合性支行 10 家，分别为：石家庄鹿泉支行、石家庄高新区科技支行、石家庄谈固大街支行、石家庄西美花街支行、石家庄体育南大街支行、保定莲池支行、涿州支行、定州支行、白沟支行、保定钟楼支行；社区支行 3 家，分别为：石家庄西美五洲社区支行、石家庄中基礼域社区支行、石家庄紫晶悦城社区支行。

北京银行股份有限公司
石家庄分行

行　　长：林京良
副 行 长：许连夕（4 月免）
纪委书记：许连夕（4 月任）
行长助理：牟红亮（6 月免）
　　　　　王海峰　郝明
　　　　　苗振华（12 月任）

（辛英慧）

2020 年 8 月 17 日，北京银行石家庄分行与石家庄股权交交易所签署战略合作协议

【天津银行石家庄分行】 至 2020 年末，天津银行股份有限公司石家庄分行（简称天津银行石家庄分行）各项存款总额 139.56 亿元，较年初增加 23.77 亿元，增长 20.53%。其中，储蓄存款 30.73 亿元，较年初增加 9.75 亿元，增长 46.49%；对公存款 108.78 亿元，较年初增加 14.73 亿元，增长 15.66%。日均存款 103.96 亿元，同比下降 2.37 亿元。至 2020 年末，分行各项贷款总额 259.98 亿元，较年初增加 30.60 亿元，增长 13.34%。其中，公司贷款 162.52 亿元，较年初减少 17.21 亿元，下降 9.58%；个人贷款 97.46 亿元，较年初增加 47.81 亿元，增长 96.29%。全年实现营业净收入 8.12 亿元，其中，中间业务收入 2.21 亿元，占营业收入 27.24%；拨备前利润 5.31 亿元，账面利润 −1.26 亿元，考核净利润 −16.81 亿元。受唐山分行风险暴露及影响，提取专项准备 21.39 亿元。6 月 19 日，石家庄中山路支行揭牌开业。至 2020 年末，分行总资产达到 275.86 亿元，较年初增加 31.91 亿元，增长 13.08%；总负债 275.13 亿元，较年初增加 34.79 亿元，增长 14.47%。2020 年分行获得"河北省文明单位""河北省守合同重信用企业"称号，分行营业部获评全国银行业"千佳网点"。

天津银行股份有限公司
石家庄分行

行　　长：韩文全
副 行 长：焦风川　李淑芸
　　　　　李全胜（11 月任）
纪委书记：罗英

（白熠）

【渤海银行石家庄分行】 渤海银行股份有限公司石家庄分行（简称渤海银行石家庄分行）于 2012 年 10 月 24

日批准设立，2012年12月6日正式对外营业，地址位于桥西区中华南大街18号保艺大厦1～3层。以“存款立行”为理念，以“上规模、增存款、展客户、控风险”为发展思路，把握京津冀协同发展、雄安新区建设、北京冬季奥林匹克运动会筹办等机遇，服务国家重大战略，全力支持城市基础设施、公共事业、产业集聚区、城区和村镇拆迁改造及配套基础设施、棚户区改造等项目建设。加大交通领域营销力度，与沧州市交通运输局、廊坊市高速公路管理处、唐山市通顺交通投资开发责任有限公司达成金融合作协议。至2020年末，各项存款余额174.72亿元，较年初增加38.94亿元；各项贷款余额290.33亿元，较年初增加103.68亿元；实现营业收入7.41亿元、利润5.15亿元。至2020年末，分行在石家庄市域共有支行7家。其中，同城支行2家，分别为：营业部、广安街支行；小微支行5家，分别为：天山支行、万达支行、新石中路支行、维明街支行、新华集贸支行。

渤海银行股份有限公司

石家庄分行

行　　长：王兵　（11月免）

张秀山（11月任）

副 行 长：郑纯元

纪委书记：孙涵　（兼行长助理）

（雷靖）

【平安银行石家庄分行】 平安银行股份有限公司石家庄分行（简称平安银行石家庄分行）于2015年4月16日正式营业，地址位于新华区新华路78号。至2020年末，各项存款余额172.35亿元，同比增加25.54亿元；各项贷款余额293.45亿元，同比减少19.25亿元；营业收入10.01亿元，同比减少0.52亿元；利润亏损0.79亿元，同比减少4.59亿元。支持京津冀协同发展，审批项目93笔，授信金额1217.16亿元，批复敞口852.21亿元。英大汇通商业保理有限公司50亿元再保理项目获批。票据池新增放款资金81.15亿元。2020年6月，托管河北建投保债计划项目，总规模20亿元，首期规模4亿元。扶持钢铁、水泥、化工等传统制造业转型升级和并购整合，至2020年末，投放制造业贷款110亿元，贷款利率同比下降0.3%。支持小微企业发展，至2020年末，税金贷业务审核通过1830户，授信额度6.94亿元，贷款余额4.57亿元；小微企业信用贷款余额35.9亿元，占小微企业贷款余额53.73%。加强风险管控，处置不良信贷资产3.48亿元，核销不良非信贷资产4.62亿元；贷款不良率2.09%。至2020年末，分行共有营业网点16家，其中，营业部1家、支行15家。

平安银行股份有限公司

石家庄分行

行　　长：冯少英

副 行 长：周焕　（6月任）

纪委书记：张玉涛

（胡延广）

【广发银行石家庄分行】 广发银行股份有限公司石家庄分行（简称广发银行石家庄分行）于2015年11月10日正式营业。2020年12月1日，广发银行石家庄分行搬迁新址，由长安区广安大街86号财富大厦3层搬迁至桥西区自强路118号中交财富中心1号楼20～23层。至2020年末，分行存、贷款余额均突破200亿元；各项存款余额231亿元，日均存款167亿元，存款市场份额在河北省股份制银行占比4.2%；各项贷款余额208亿元，日均贷款178亿元，贷款市场份额在河北省股份制银行占比4.3%；不良贷款占比0.01%。支持企业复工复产，为疫情防控企业提供信贷资金13.11亿元，减免手续费301万元，帮助受疫情影响企业办理贷款展期2.18亿元。开展跨境金融服务，为13家外贸企业提供融资19.91亿元。服务实体经济，为制造业企业发放贷款27.8亿元。践行普惠金融理念，投放小微企业贷款3亿元，为民营企业提供信贷41.4亿元。至2020年末，分行公司类存款日均余额148.7亿元，贷款日均余额192.68亿元；开立国内信用证、办理国内信用证福费廷及即时转卖业务55.11亿元；国际结算量3.86亿美元。投行业务落地2笔首单业务，分别为：北京金融资产交易所疫情防控债3亿元、债券承销业务5亿元。资产托管规模达到196亿元。新增同业负债类客户20户，同业客户达到90余户。至2020年末，分行个人存款余额20.8亿元，日均余额17.9亿元，较年初增加5.4亿元，增长41.4%；零售客户33万余人，信用卡持卡客户近135万人；个人按揭贷款投放5.3亿元，消费类贷款授信达到1亿元。12月7日，分行获得河北省产业投资引导基金托管资格，成为河北省独家托管行，至2020年末，分行落地托管基金37亿元。12月3日，河北省银保监局批复同意筹建雄安分行、广安大街支行；12月15日，河北省银保监局批复同意筹建唐山分行。至2020年末，分行共有营业网点6个，其中，二级分行1家（廊坊分行），石家庄市区支行4家、社区支行1家。

广发银行股份有限公司

石家庄分行

行　　长：毛锦　（4月免）

王树青（9月任）

副 行 长：张建军　崔华伟

纪委书记：史忠诚（2月任）

（常国宝）

【邯郸银行石家庄分行】 至2020年末，邯郸银行股份有限公司石家庄分行（简称邯郸银行石家庄分行）各项存款余额达到306.46亿元，突破300亿元大关；各项贷款余额达到102.21亿元，突破100亿元大关。秉承“夙夜在公、日夜守望”理念，实现“夜市银行”服务品牌安全运行7周年。建设“免费银行”，实行“邯银卡免费刷，邯银网免费上，票单证免费用”3项全免费政策。优化授信投向和信贷结构，重点选择汽车制造、医药制造、批发零售、燃气生产和供应、教育、电力及热电供应、交通运输及仓储服务、租赁和商业服务、文化产业、农产品加工等国家支持领域。坚持“中小企业银行”市场定位，利用有限信贷规模满足中、小、微、涉农企业资金需求。统筹网点分布，迁址支行1家。至2020年末，分行网点达到33家，其中，“夜市银行”1家，县域网点4家，网点主要分布在石家庄市8个区、4个县。2020年分行获得2018～2020年省、市文明单位称号。

邯郸银行股份有限公司

石家庄分行

党委书记：张海红

行　　长：常志英

副 行 长：王永梅

（冯春雨）

【廊坊银行石家庄分行】 至2020年末，廊坊银行股份有限公司石家庄分行（简称廊坊银行石家庄分行）各项存款余额351.31亿元，同比增加0.8亿元，增长0.23%，其中，个人存款余额298.72亿元，增加32.04亿元，增长12.01%；各项贷款余额235.13亿元，同比增加123.26亿元，增长110.19%；账面利润总额8.37亿元，同比增加5.35亿元，增长158.23%。资产总额达到370.28亿元，同比增加4.41亿元，增长1.2%。服务实体经济，贷款资金投向批发零售业、采矿业、制造业、建筑业、住宿餐饮业、生产加工业等行业近70亿元。支持小微企业发展，至2020年末，分行普惠型小微企业贷款余额56.25亿元，较年初增加45.85亿元，增长4.5倍；获得贷款小微企业户数23.7万户，较年初增加21.82万户；小微企业信用贷款余额26.72亿元，较年初增加23.09亿元。2020年分行获得2018～2020年省、市文明单位称号。

廊坊银行股份有限公司

石家庄分行

行　　长：何新

副 行 长：李一兵　盛春龙

付增滨

行长助理：杨泽辉

（赵粉娥）

【张家口银行石家庄分行】 至2020年末，张家口银行股份有限公司石家庄分行（简称张家口银行石家庄分行）各项存款余额达到248.45亿元，其中，对公存款91.01亿元，对公日均91.95亿元，同比增加11.36亿元；储蓄存款157.44亿元，同比增加32.56亿元，日均存款138.19亿元，同比增加33.96亿元，其中，活期储蓄存款21.77亿元，占比13.83%，定期存款余额127.7亿元，占比81.11%，人均储蓄2348万元；自营贷款37.32亿元。至2020年末，分行借记卡存量53.73万张，较年初新增9.06万张；卡内余额39.83亿元，较年初新增12.88亿元；理财发行93.04亿元，存量资金20.95亿元；信用卡存量3.84万张，较年初增加1.42万张；聚合支付存量商户1.47万户，存量有效商户占比33.22%；代发工资总额20.23亿元；“黄金100”资源管理平台录入数据1万条，人均录入35条；云闪付有效户数18648户；微信公众号粉丝达到46万个。2020年分行实现利息收入11.74亿元，同比增加2.61亿元，增长28.62%，其中，贷款利息收入2.99亿元，贴现利息收入324万元，机构间往来利息收入8.71亿元，手续费收入186万元。2020年分行利息净收入4.3亿元，实现自营考核利润3.96亿元，账面利润17785万元，同比增加9618万元，增长117.77%；纳税4730万元。至2020年末，分行全辖共有网点42家，其中，一级支行31家，二级支行8家，小微支行3家；一级支行在石家庄市区15家、县域16家，基本实现石家庄市域功能性支行全覆盖。

张家口银行股份有限公司

石家庄分行

行　　长：白春

党委副书记：武燕荣

副 行 长：李东海　李强

（王珊）

【保定银行石家庄分行】 保定银行股份有限公司石家庄分行（简称保定银行石家庄分行）成立于2016年6月22日，是保定银行在域外设立首家分行。至2020年末，分行各项存款余额79.4亿元，较年初增加27.4亿元，增长52.6%，人均存款1.32亿元，其中，储蓄存款余额53.7亿元，增长107.3%，对公存款余额25.6亿元；各项贷款余额46.2亿元，存贷比58.2%。全年发放贷款19.97亿元，同比增长122%；实现利润总额3847万元，同比增长418.5%。2020年分行各项存款、储蓄存款、对公存款3项总量及利润总额连续3年均位居保定银行全辖分支机构第一名。至2020年末，分行资产总额达到81.1亿元，同比增长52.4%。

保定银行股份有限公司

石家庄分行

行长：阴亮

（金灿）

【沧州银行石家庄分行】 至2020年末，沧州银行股份有限公司石家庄分行（简称沧州银行石家庄分行）各项存款余额56.8亿元，较年初增加13.85亿元，其中，储蓄存款余额17.37亿元，占存款总量31%，对公存款39.43亿元，占存款总量69%；各项贷款余额76.79亿元，较年初增加30.53亿元，其中，企业类贷款余额75.67亿元，占比98.54%，个人类客户贷款余额1.12亿元，占比1.46%。全年实现利润3719.56万元。至2020年末，分行下辖营业网点3家，分别为：分行营业部、合作路支行、辛集支行。

沧州银行股份有限公司

石家庄分行

行　长：胡长春

副行长：蒋海英　解瑾

狄燕军（5月任）

杨学刚

（贾婉璐）

【承德银行石家庄分行】 承德银行股份有限公司石家庄分行（简称承德银行石家庄分行）于2017年12月18日正式营业，地址位于石家庄市桥西区中山西路88号。至2020年末，分行各项存款余额16.75亿元，较年初增加3.02亿元；各项贷款余额5.85亿元，较年初减少7.61亿元。全年分行发放授信资金9.37亿元。开展普惠金融服务，利用再贷款、转贷款政策为24户普惠型小微企业发放贷款0.87亿元；采取续贷、延期还本付息、免除罚息等方式，减轻19家贷款企业融资成本，贷款本金0.45亿元；全年普惠型小微企业贷款较年初增加9376万元。7月30日，河北省银保监局批准分行翟营南大街支行开业；8月15日，翟营南大街支行正式对外营业。至2020年末，分行共有营业网点2家，分别为营业部、翟营南大街支行。

承德银行股份有限公司

石家庄分行

行　长：赵亚军

副行长：粟艳阳（女）

张爱萍

（赵海霞）

证　券

【概况】 2020年石家庄市新增企业挂牌上市33家，其中，上海证券交易所上市企业1家，新三板挂牌企业2家，石家庄股权交易所（简称石交所）挂牌企业30家。至2020年末，全市企业累计多层次资本市场挂牌上市达到255家，其中，沪、深交易所上市企业18家，境外上市挂牌企业19家，新三板挂牌企业81家，石交所主板挂牌企业137家。石家庄市挂牌上市企业数量位居全省第一名。至2020年底，全市共有证券法人机构1家，证券投资类法人公司1家，分公司24家，营业部71家，期货法人公司1家、分公司5家、营业部10家。

表72

2020年石家庄市沪深证券交易所上市企业情况一览表

企业名称	注册地址	股票简称	股票代码	上市地点	上市时间
新天绿色能源股份有限公司	桥西区	新天绿能	600956	上海主板	2020年6月29日

表73

2020年石家庄市新三板挂牌上市企业情况一览表

序号	企业名称	注册地址	股票简称	股票代码	上市时间
1	河北方大包装股份有限公司	元氏县	方大股份	838163	2020年7月27日
2	河北华友文化遗产保护股份有限公司	裕华区	华友文保	873520	2020年12月17日

表 74

2020 年石家庄股权交易所挂牌上市企业情况一览表

序号	企业名称	股票简称	股票代码	注册地点	上市时间	总股本（万股）	总资产（万元）	总收入（万元）
1	河北热点科技股份有限公司	热点科技	660641	高新区	2020 年 3 月 9 日	300	285.24	348.41
2	河北宇斯电子科技股份有限公司	宇斯电子	660642	高新区	2020 年 3 月 18 日	300	300	18
3	河北驰然科技股份有限公司	驰然科技	660643	高新区	2020 年 3 月 18 日	501	544	13
4	石家庄冀航农业科技股份有限公司	冀航农业	660644	高新区	2020 年 4 月 14 日	300	374.77	203.1
5	石家庄唐聚贸易股份有限公司	唐聚贸易	660645	长安区	2020 年 4 月 14 日	1000	832	7758
6	河北紫辰建筑装饰工程股份有限公司	紫辰地坪	660646	高新区	2020 年 4 月 14 日	1000	1688.37	2822.41
7	河北省长城果品股份有限公司	长城果品	660652	晋州市	2020 年 11 月 10 日	2000	13227.35	8329.43
8	河北鑫达能源股份有限公司	鑫达能源 A	660653	长安区	2020 年 11 月 10 日	500	1463	1257
9	河北沃姆斯节能科技股份有限公司	沃姆斯	660657	藁城区	2020 年 11 月 16 日	1000	1742.7	1237.74
10	英问科技河北股份有限公司	英问科技	660661	高新区	2020 年 12 月 2 日	505	571	73
11	河北鼎力食品股份有限公司	鼎立食品	660662	晋州市	2020 年 12 月 2 日	500	4709.28	3948
12	河北兆业新能源科技股份有限公司	兆业科技	660667	高新区	2020 年 12 月 10 日	500	500	6
13	石家庄艾文尔生物股份有限公司	艾文尔	660669	高新区	2020 年 12 月 10 日	1000	365	3572
14	河北华嘉电子科技股份有限公司	华嘉电子	660670	高新区	2020 年 12 月 10 日	500	580	147
15	河北旭威建筑装饰工程股份有限公司	旭威装饰	660674	高新区	2020 年 12 月 16 日	901	1802.82	1586.66
16	河北利安驾驶员培训股份有限公司	利安股份	660678	井陉县	2020 年 12 月 16 日	1160	7387	4641
17	河北华之创新能源科技股份有限公司	华之创	660682	平山县	2020 年 12 月 17 日	500	504.08	325.39
18	河北先见软件科技股份有限公司	先见软件	660684	桥西区	2020 年 12 月 17 日	300	930	1030
19	辰雨河北食品股份有限公司	辰雨食品	660685	正定县	2020 年 12 月 17 日	300	711.94	2696.03
20	河北润初电力设备股份有限公司	润初电力	660686	鹿泉区	2020 年 12 月 17 日	3500	3870	1265
21	河北特美特国际贸易股份有限公司	特美特	660688	新华区	2020 年 12 月 21 日	5000	6295.01	8106.64
22	河北润石珠宝饰品股份有限公司	润石国际	660689	新华区	2020 年 12 月 21 日	1000	4221	10332
23	河北技艺轩变压器股份有限公司	技艺轩	660694	藁城区	2020 年 12 月 30 日	300	710.94	1118.17
24	河北康邦药业股份有限公司	康邦药业	660725	晋州市	2020 年 12 月 31 日	3000	9021	37293
25	冀信实业（河北）股份有限公司	冀信实业	660727	长安区	2020 年 12 月 31 日	5005	12295.76	7648.54
26	河北众凯汽车贸易股份有限公司	众凯汽车	660728	长安区	2020 年 12 月 31 日	1000	26789	98221

续表

序号	企业名称	股票简称	股票代码	注册地点	上市时间	总股本（万股）	总资产（万元）	总收入（万元）
27	河北慧益纺织股份有限公司	慧益纺织	660730	灵寿县	2020年12月31日	300	775	67
28	河北妙洁纺织股份有限公司	妙洁纺织	660731	灵寿县	2020年12月31日	300	580	80
29	石家庄德众制药装备股份有限公司	德众装备	660732	高新区	2020年12月31日	500	2005.7	2189.45
30	石家庄鼎威化工装备工程股份有限公司	鼎威装备	660733	高新区	2020年12月31日	5200	8691.91	5498.17

【新天绿能主板挂牌上市】 新天绿色能源股份有限公司（简称新天绿能）成立于2010年2月9日，由河北建设投资集团有限责任公司与河北建投水务投资有限公司发起设立，2010年10月13日公司在香港联合交易所主板上市，注册地址位于石家庄市桥西区裕华西路9号。主营业务为风力、光伏发电及天然气销售，是河北省主要天然气分销商之一，业务涵盖中游批发、下游城市燃气、CNG/LNG销售，还从事风电场规划、开发、运营和风电项目投资。6月29日，新天绿色能源公司在上海证券交易所（简称沪市）主板上市，公开发行股票13475万股，发行价格3.18元/股，首发募集资金总额42850.5万元，发行后总股本384991.04万股。至2020年底，新天绿能总资产572.58亿元，净资产166.95亿元，总收入125.11亿元，净利润19.33亿元。至2020年底，全市沪、深挂牌上市企业达到18家（另外17家企业参见《石家庄年鉴（2020）》“金融”）

【2家企业新三板挂牌】 2020年全市2家企业在新三板（全称为全国中小企业股份转让系统）挂牌上市，分别为：河北方大包装股份有限公司、河北华友文化遗产保护股份有限公司。7月27日，河北方大包装股份有限公司（简称方大股份）在新三板挂牌上市，主营业务为物流快递包装生产、销售及胶黏材料研发，注册地址为河北省元氏县元氏大街405号，首发融资1.27亿元，总股本12600万股。2020年方大股份总资产4.64亿元，营业收入2.97亿元，净资产3.74亿元，净利润4708万元。12月17日，河北华友文化遗产保护股份有限公司（简称华友文保）在新三板挂牌上市，主营业务为文化遗产预防性保护，提供文化遗产安全防护系统、防雷系统、消防系统综合解决方案，注册地址为石家庄市裕华区东岗路75号世纪花园东区20-901室，总股本4860万股。2020年华友文保总资产2.14亿元，营业收入1.18亿元，净资产1.65亿元，净利润2000万元。至2020年底，全市在新三板挂牌上市企业达到81家（另外79家企业参见《石家庄年鉴2020》“金融”）。

【石交所挂牌上市企业】 2020年石家庄市在石家庄股权交易所挂牌上市企业30家，其中石家庄高新区12家。至2020年末，全市在石交所挂牌企业达到137家（数据来源石交所，不含退市企业）。3月9日，河北热点科技股份有限公司在石交所上市，主营业务为网络技术研发、计算机软硬件及技术开发、技术转让、技术咨询、技术服务，注册地址为石家庄高新区黄河大道136号石家庄科技中心2号楼3层345室；2020年公司总收入348.41万元，净资产227.09万元，净利润81.34万元。3月18日，河北宇斯电子科技股份有限公司在石交所上市，主营业务为电子产品、计算机软硬件、通信设备、网络技术研发及销售，注册地址为石家庄高新区天山南大街585号日中天总部大楼1701-26号；2020年公司总收入18万元，净资产282万元，净利润1600元。3月18日，河北驰然科技股份有限公司在石交所上市，主营业务为电子产品、计算机软硬件、通信设备的技术研发、技术服务、技术转让及销售，注册地址为石家庄高新区天山大街245号中仰陵商贸城A座商办楼1605室；2020年公司总收入13万元，净资产517万元，净利润1600元。4月14日，石家庄冀航农业科技股份有限公司在石交所上市，主营业务为农业技术、无人机技术研发、推广、服务，农业机械租赁及服务，林业有害生物防治服务；注册地址为石家庄高新区海河道9号博深文创园3号厂房接力棒空间101室；2020年公司总收入203.1万元，净资产311.68万元，净利润4.69万元。4月14日，石家庄唐聚贸易股份有限公司在石交所上市，主营业务为针纺织品的批发、零售，注册地址为石家庄市长安区中山东路508号东胜广场B2308室；2020年公司总收入7758万元，净资产1049万元，净利润46万元。4月14日，河北紫辰建筑装饰工程股份有限公司在石交所上市，主营业务为室内外装饰工程、地坪工程、土木工程、钢结构工程、园林景观工程等设计与施工，注册地址为石家庄高新区祁连街88号润都盛和广场E座803室；2020年公司总收入2822.41万元，净资产1042.77万元，亏损24万元。11月10日，河北省长城果品股份有限公司在石交所上市，主营业务为水果、蔬菜、农副产品、土特产品种植、加工，注册地址为晋州市马于镇开发区；2020年公司总收入8329.43万元，净资产8597.35万元，净利润735.26万元。11月10日，河北鑫达能源股份有限公司在石交所上市，主营业务为润滑油、润滑脂、制动液、防冻液及汽车养护用品的生产、研发、销售，注册地址为石家庄市长安区古城东路38号；2020年公司总收入1257万元，净资产519万元，亏损56万元。11月16日，河北沃姆斯节能科技股份有限公司在石交所上市，主营业务为环保节能设备、常压煤气发生炉、高温热泵、低温热泵等的生产及销售，注册地址为石家庄经济技术开发区金沙路8号（藁城区）；2020年公司总收入1237.74万元，净资产1282.95万元，净利润4.21万元。12月2日，英问科技河北股份有限公司在石交所上市，主营业务为网络技术研发、计算机软硬件及技术开发、技术转让、技术咨询、技术服务，注册地址为石家庄高新区黄河大道98号澳怡大厦812室；2020年公司总收入73万元，净资产510万元，净利润1万元。12月2日，河北鼎力食品股份有限公司在石交所上市，主营业务为饮料、罐头生产销售、货物进出口、技术进出口，注册地址为晋州市循环经济工业园区；2020年公司总收入3948万元，净资产708.23万元，净利润130.67万元。12月10日，河北兆业新能源科技股份有限公司在石交所上市，主营业务为新能源技术开发及销售，光伏产品、光伏支架及配件、新能源汽车、电子产品销售；注册地址为石家庄高新区长江大道9号筑业高新国际A座二层201-17号；2020年公司总收入6万元，净资产315万元，亏损8400元。12月10日，石家庄艾文尔生物股份有限公司在石交所上市，主营业务为生物技术开发、技术咨询、技术转让、技术服务，农药、化工产品销售；注册地址为石家庄高新区祁连街95号润江慧谷大厦2单元1106室；2020年公司总收入3572万元，净资产365万元，净利润48万元。12月10日，河北华嘉电子科技股份有限公司在石交所上市，主营业务为电子产品技术研发、销售及软件开发，注册地址为石家庄高新区长江大道9号筑业高新国际A座二层1～14号；2020年公司总收入147万元，净资产544万元，净利润9200元。12月16日，河北旭威建筑装饰工程股份有限公司在石交所上市，主营业务为建筑装饰装修工程设计、施工及技术服务，注册地址为石家庄高新区长江道310号长江道壹号C座707室；2020年公司总收入1586.66万元，净资产1337.29万元，净利润88万元。12月16日，河北利安驾驶员培训股份有限公司在石交所上市，主营业务为普通机动车驾驶员培训、机动车驾驶员业务咨询服务等，注册地址为井陉县微矿路38号；2020年公司总收入4641万元，净资产1936万元，净利润7元。12月17日，河北华之创新能源科技股份有限公司在石交所上市，主营业务为太阳能光伏节能技术开发，中央空调、空气能热水器、空气能热泵等批发与零售；注册地址为平山县平山镇冶河西路冶河明珠6区32号商铺；2020年公司总收入325.39万元，净资产474.47万元，亏损25.42万元。12月17日，河北先见软件科技股份有限公司在石交所上市，主营业务为计算机硬件、计算机网络设备、计算机技术咨询与技术服务，注册地址为石家庄市桥西区槐安西路100号紫金大厦2411室；2020年公司总收入1030万元，净资产493万元，净利润85万元。12月17日，辰雨河北食品股份有限公司在石交所上市，主营业务为速冻食品、肉制品加工，预包装食品、未经加工的初级食用农产品销售；注册地址为正定县新安镇南王庄村新权东路16号；2020年公司总收入2696.03万元，净资产317.12万元，净利润15.23万元。12月17日，河北润初电力设备股份有限公司在石交所上市，主营业务为电力供应，高中低压成套集控保护设备、箱式变电站、电气自动化控制设备及相关产品的研发、生产、销售、安装；注册地址为石家庄市鹿泉区海山大街东侧；2020年公司总收入1265万元，净资产3568万元，净利润68万元。12月21日，河北特美特国际贸易股份有限公司在石交所上市，主营业务为货物或技术进出口，食品（食盐批发除外）、化工原料及产品等批发和零售；注册地址为石家庄市新华区新华路351号；2020年公司总收入8106.64万元，净资产5129.06万元，净利润61.9万元。12月21日，河北润石珠宝饰品股份有限公司在石交所上市，主营业务为珠宝饰品加工，珠宝首饰、工艺美术品（金银制品除外）批发零售；注册地址为石家庄市新华区和平西路662号；2020年公司总收入10332万元，净资产1853万元，净利润227万元。12月30日，河北技艺轩变压器股份有限公司在石交所上市，主营业务为变压器及变压器铁芯、变压器线圈、变压器壳体及配件生产、销售，注册地址为石家庄市藁城区常安镇柳树寨村（常安棉油厂院内）；2020年公司总收入1118.17万元，净资产19.33万元，净利润8.41万元。12月31日，河北康邦药业股份有限公司在石交所上市，主营业务为医药中间体、农药中间体加工销售，兽药、饲料及饲料添加剂销售；注册地址为晋州市经济开发区（吕家营村北）；2020年公司总收入37293万元，净资产3415万元，净利润310万元。12月31日，冀信实业（河北）股份有限公司在石交所上市，主营业务为机械设备租赁、道路货物运输（凭许可证经营），注册地址为石家庄市长安区光华路中金商务7楼721室；2020年公司总收入7648.54万元，净资产5068.16万元，净利润61.7万元。12月31日，河北众凯汽车贸易股份有限公司在石交所上市，主营业务为汽车、汽车配件、汽车饰品、机械设备等批发、零售，注册地址为石家庄市长安区北外环8号；2020年公司总收入98221万元，净资产1579万元，净利润298万元。12月31日，河北慧益纺织股份有限公司在石交所上市，主营业务为纺织品加工、销售，自营和代理本企业商品进出口业务；注册地址为灵寿县南寨乡北寨村；2020年公司总收入67万元，净资产298万元，亏损9万元。12月31日，河北妙洁纺织股份有限公司在石交所上市，主营业务为纺织品加工、销售，自营和代理本企业各类商品及技术进出口业务；注册地址为灵寿县灵寿镇相托村；2020年公司总收入80万元，净资产329万元，亏损1万元。12月31日，石家庄德众制药装备股份有限公司在石交所上市，主营业务为制药专用设备、食品专用设备、化工专用设备、化妆品专用设备等销售、维修，注册地址为石家庄高新区天山大街266号3-313号；2020年公司总收入2189.45万元，净资产727.59万元，净利润73.5万元。12月31日，石家庄鼎威化工装备工程股份有限公司在石交所上市，主营业务为化工设备设计、研发、生产、销售、安装、调试、技术咨询，注册地址为石家庄高新区天山大街266号方大科技园10-1201号；2020年公司总收入5498.17万元，净资产5502.31万元，净利润66.6万元。

（市地方金融监督管理局）

保 险

【概况】 至2020年底，全市共有省级保险公司91家，其中，财产保险公司43家，人寿保险公司48家。至2020年12月底，全市43家财产保险公司累计实现保费收入150.27亿元，同比下降1.6%；累计赔款支出79.17亿元。至2020年12月底，全市48家人寿保险公司累计实现保费收入353.66亿元，同比增长16.7%；累计赔款及给付支出91.87亿元。2020年全市财产保险公司、人寿保险公司累计缴纳及代收代缴税费26.02亿元，为全市提供就业岗位8.97万个。全年新增省级保险公司1家，1月15日，华贵人寿保险股份有限公司河北分公司批复设立。2020年石家庄市域财产险市级机构为全市提供保险额度14.73万亿元，寿险市级机构为全市提供保险额度11.05亿元（数据来源河北省保险行业协会数据统计平台）。落实车险改革政策，9月19日，全市车险综合改革政策施行。改革后，交强险责任限额从12.2万元提高到20万元，其中，死亡伤残赔偿限额从11万元提高到18万元，医疗费用赔偿限额从1万元提高到1.8万元，财产损失赔偿限额维持0.2万元不变；车险保险责任更加全面，车损险主险保险责任增加机动车全车盗抢、地震及次生灾害、玻璃单独破碎、自燃、发动机涉水等保险责任，删除事故责任免赔率、无法找到第三方免赔率等免赔约定和容易引发理赔争议免责条款。

（市地方金融监督管理局）

【中国人寿保险石家庄分公司】 2020年中国人寿保险股份有限公司石家庄分公司（简称中国人寿保险石家庄分公司）实现总保费收入55.97亿元，同比增长1.99%；占比市场份额15.83%，拥有销售人员1.11万人。适应市场变化，发展传统寿险、长期健康险、短期健康险业务，同比分别增长5.01%、2.71%、21.09%，鑫福临门、鑫享至尊、康悦系列、国寿福系列、鑫禧宝等保险产品受到市场欢迎。压缩分红险业务，同比减少8.42%。落实省公司“大期交、大短险、大协同”布局，长期险续期保费、短期险保费同比分别增长4.96%、17.83%；首年期交、续期保费保持较高占比，10年期保障型保费、康悦保费等高价值业务占比提高。个险渠道、团险渠道总保费同比分别增长26.3%、17.71%。银邮渠道因公司经营策略调整，理财队伍迁移至其他渠道，趸交、发展期交停止，渠道保费规模下降。电销渠道业务调整归入个险渠道。2020年公司总保费、首年期交、续期，标保等保费贡献度均排名中国人寿保险河北省寿险系统第一名。推进智能化服务，智慧柜员机由2台增加到19台。理赔e化率达到98%，无纸投保率、保全自动审核率、保全e化率达到或接近100%。业务处理时效提高，保全处理平均时长1天，理赔处理时长1.05天。长短险有效客户达到222.45万人。2020年公司赔给付支出总额11.45亿元，其中，赔款支出4.71亿元，死伤医疗给付1.82亿元，年金给付1.37亿元，满期给付3.55亿元。拓宽政府保险服务领域，承办城乡居民大病保险、长期护理保险等政府保险类服务项目10个，承保人数685.56万人；全年为13.87万人次提供支付服务，支付金额3.02亿元。

表 75

2020年中国人寿保险石家庄分公司保费收入（含集团）情况一览表

项目			保费收入（万元）	同比增长（%）
险种	长险	首年保费	95649.05	-15.4
		续期保费	402178.8	4.95
	短险		61920.81	17.83
渠道	个险		470147.11	26.3
	团险		44910.41	17.71
	银邮		44691.14	-53.06
总保费			559748.66	1.99

备注：数据来自中国人寿保险股份有限公司统计信息系统，河北省银保监局口径。

表 76

2020年中国人寿保险石家庄分公司赔付情况一览表

类别	决赔		赔款	
	笔数（笔）	同比增长（%）	金额（万元）	同比增长（%）
赔款支出	42137	-39.62	47090.79	3.1
基金险支出	15458	-91.1	8426.54	-45.72
死伤医疗给付	6972	-47.07	18239.27	11.31

中国人寿保险股份有限公司
石家庄分公司
总 经 理：李庆元
副总经理：刘强　　任少川
田晓农
晋英伟（8月免）
尹华岭（8月任）

（阎媛敏）

【中国人民财产保险石家庄市分公司】
2020年中国人民财产保险股份有限公司石家庄市分公司（简称中国人民财产保险石家庄市分公司）实现保费收

2020年5月19日，中国人民财产保险石家庄市分公司与省公安厅交通管理局、市文明办、市公安局交通管理局联合举行“一盔一带”安全守护行动暨人保财险客户节“警保联动”系列活动启动仪式

入39.02亿元，同比下降2.03%。其中，车险保费收入26.34亿元，下降4.01%；商业性非车险保费收入5.24亿元，下降1.61%；社保业务保费收入4.24亿元，下降2.65%；农险保费收入3.21亿元，同比增长18.12%。社保业务保费收入中，社保非大病业务保费收入1.01亿元，同比增长132.47%。以“安全、便捷、高效、温暖”为理念，开通95518全天候服务专线、4001234567电话销售专线、“中国人保”App、河北人保财险微信公众平台，推出在线查勘、科技定损、快速理赔、“心服务站”、“理赔夜市”等“保险+科技+服务”高效服务模式，附带优惠检车、车辆安全检测等增值服务。创新设立“警保联动”服务模式，全年协助公安交通管理部门处理交通事故7000余笔。“车驾管”服务实现市域县（市、区）全覆盖，建成“农村交通安全劝导站”38家。2020年公司赔付保险金额24.03亿元，同比增长44.41%。其中，车险赔付14.93亿元，社保赔付5.33亿元，农险赔付1.32亿元。

表77

2020年中国人民财产保险石家庄市分公司保费收入情况一览表

险种	保费收入（万元）	同比增长（%）
车险	263350.82	−4.01
商业性非车险	52378.46	−1.61
企财险	11015.71	41.93
家财险	2622.11	10.14
工程险	1941.83	−7.88
特险	2610.90	82.9
责任险	18976.40	−1.18
信用险	151.64	1313.1
保证险	1908.70	−81.17
货运险	2560.02	−3.27
意外险	5234.28	34.78
健康险	5356.87	45.75
社保	42427.71	−2.65
农险	32051.87	18.12
合计	390208.86	−2.03

表78

2020年中国人民财产保险石家庄市分公司赔付情况一览表

险种	赔款（万元）	险种	赔款（万元）
车险	149323.49	船货险	552.18
财产险	7729.95	意健险	2692.17
责任险	7955.71	社保	53261.56
信用保证险	5591.23	农险	13237.42
合计	240343.72		

中国人民财产保险股份有限公司
石家庄市分公司
总 经 理：王翔
副总经理：王大为　李文钢
周永喜　尹亮
安红波　崔军
罗喜军

（石林）

【太平洋人寿保险石家庄中心支公司】

2020年中国太平洋人寿保险股份有限公司石家庄中心支公司（简称太平洋人寿保险石家庄中心支公司）实现保费收入16.36亿元，同比增长5.64%。其中，传统营销保费收入9.44亿元，顾问营销保费收入4.92亿元，服务营销保险收入1.45亿元。承担石家庄市工伤认定勘验服务，全年完成调查案件2618件，其中，撤销案件202件，发现造假嫌疑案件2件，重大案件（死亡案件）86件。2020年11月，公司承接正定县城乡居民基本医保村级代办服务和长期护理保险业务。2020年太平洋人寿保险石家庄中心支公司理赔保险19516件，赔付金额11698万元；满期给付5958件，支付金额25107.67万元；正定长护项目理赔14638人次，支付金额963.28万元。

表 79

2020年太平洋人寿保险石家庄中心支公司保费收入情况一览表

类别	保费收入（万元）	类别	保费收入（万元）
传统营销	94354.96	团体业务	5540.42
顾问营销	49200	服务营销	14538.7
合计	163634		

中国太平洋人寿保险股份有限公司
石家庄中心支公司
总 经 理：张进武（8月免）
常洪峰（9月任）
副总经理：赵显峰（11月免）
柳伟
王少炎（9月任）

（薛艳凤）

【太平洋财产保险石家庄中心支公司】

2020年中国太平洋财产保险股份有限公司石家庄中心支公司（简称太平洋财产保险石家庄中心支公司）实现保费收入9.3亿元，同比增长15.48%。其中，车险保费收入4.81亿元，非车非农险保险收入3.02亿元，农险保费收入1.46亿元。改善非车险业务结构，降低健康险占比。创新险种，保险人意外险、老年人意外险、手术意外险、药物临床试验责任险、高标准农田IDI项目险等首单签约。农险业务实现线上投保，创新新设肉牛保险、设施大棚保险、梨树保险等保险品种。提升理赔服务质量和效率，打造形成车险“太好赔”、非车险“专享赔”、农险“e农险”等业务品牌。车险“太好赔”实现“一声召唤，全程包办”，推出“极速、极易、极暖”客户体验，做到赔款实时同步到账。非车险“专享赔”实现网上自助理赔超过70%，1万元以下理赔案件支付周期降至1.53天。2020年太平洋财产保险石家庄中心支公司赔付保险金额5.01亿元，同比增长22.12%。其中，车险赔付2.51亿元，非车非农险赔付1.79亿元。

表 80

2020年太平洋财产保险石家庄中心支公司保费收入情况一览表

类别	保费收入（万元）	同比增长（%）
车险	48118.14	−3.22
非车非农险	30246.52	39.79
农险	14619.18	59.54
合计	92983.84	15.48

表 81

2020 年太平洋财产保险石家庄中心支公司赔付情况一览表

类别	赔款（万元）	同比增长（%）
车险	25070.97	12.95
非车非农险	17861.26	32.3
农险	7123.64	34.62
合计	50055.87	22.12

中国太平洋财产保险股份有限公司
石家庄中心支公司
总 经 理：（空缺）
副总经理：孔秀敏（主持工作）
副总经理：李凯勇

（谭珊珊）

【平安人寿保险河北分公司】 2020 年中国平安人寿保险股份有限公司河北分公司（简称平安人寿保险河北分公司）总保费收入 39.23 亿元，同比下降 2.02%。其中，长险续期保费收入 29.82 亿元，增长 5.44%，成为全年保费收入主要产品；健康保险保费收入 11.35 亿元，增长 7.63%；银邮代理渠道保费收入 1.5 亿元，增长 7.89%。2020 年公司赔款支出 3864.14 万元，同比增长 5.21%。2020 年公司给付支出 4.87 亿元，同比增长 1.3%。其中，死伤医疗给付 2.63 亿元，增长 11.57%；满期给付 1.82 亿元，增长 2.07%。

表 82

2020 年平安人寿保险石家庄市域保费收入情况一览表

类别			金额（万元）	增加额（万元）	同比增长（%）
险种	人寿保险		265391.53	−15148.94	−5.4
	意外保险		13438.77	−998.86	−6.92
	健康保险		113478.5	8044.17	7.63
渠道	个人代理		341169.57	−8967.88	−2.56
	公司直销		36092.68	−252394	−0.7
	银邮代理		15028.94	1099.58	7.89
保费期限	长险	首年保费	74840.88	−20883.73	−21.82
		续期保费	298221.59	15394.28	5.44
	短险		19246.33	−2614.18	−11.96
总保费			392308.8	−8103.63	−2.02

表 83

2020 年平安人寿保险石家庄市域赔退付情况一览表

类别		金额（万元）	增加额（万元）	同比增长（%）
赔款		3864.14	201.33	5.21
给付	满期	18194.63	376.96	2.07
	年金	4272.49	−2792.44	−65.36
	死伤医疗	26275.51	3039.58	11.57
	合计	48742.63	624.1	1.3

中国平安人寿保险股份有限公司
河北分公司
总 经 理：赵津
副总经理：王润风　吴晓刚
郭军升　胡云亚
武会治　尹斌
（刘雨萌）

【平安财产保险石家庄中心支公司】2020年中国平安财产保险股份有限公司石家庄中心支公司（简称平安财产保险石家庄中心支公司）实现保费收入22.71亿元，同比下降0.31%。其中，车险保费收入19.41亿元，下降6.63%；财产险保费收入2.06亿元，增长86.02%；意健险保费收入1.24亿元，增长40.49%。公司保费市场占有率排名石家庄市产险市场第二名，财产险大幅增长。支持石家庄市域小微企业复工复产，免费为6000家小微企业提供保额60亿余元。打造“平安好车主”App平台，注册用户77万余户，绑定车辆66万余辆，月均活跃用户21万户；设立“车保险、车服务、车生活”一站式平台服务，2020年石家庄市域使用“平安好车主”App平台用户达到37万人次，其中，5.3万人次体验年鉴代办和道路救援服务，34万人次使用查保单等保单类服务。推进非车险业务发展，独家承保河北野人体育文化发展有限公司重大赛事（包括徒步、马拉松等项目）5场，保障运动员及观众人数10万人次，提供保额1650万元。2020年公司理赔支出金额11.98亿元，同比增长5.5%，其中，车险理赔报案13.4万件，理赔金额10.8亿元。

表84

2020年平安财产保险石家庄中心支公司保费收入情况一览表

类别	保费收入（亿元）	同比增长（%）
车险	19.41	−6.63
财产险	2.06	86.02
意健险	1.24	40.49
总保费	22.71	−0.31

中国平安财产保险股份有限公司
石家庄中心支公司
总 经 理：聂光辉
副总经理：杨程屹（11月任）
（姚叶）

【新华人寿保险石家庄中心支公司】2020年新华人寿保险股份有限公司石家庄中心支公司（简称新华人寿保险石家庄中心支公司）实现保费收入15.51亿元，同比增长9.29%，其中，长险续期保费收入11.3亿元，增长13.44%；长险首年保费收入3.45亿元，下降0.32%；个险渠道保费收入12.93亿元，增长13.31%。落实“回归寿险本源”理念，实现健康险保费收入8.25亿元。至2020年末，公司人力规模达到1.2万人。创新保险产品，打造形成重大疾病多倍保障保险及健康无忧系列、惠金生年金保险、乐途无忧两全保险、金利终身寿险等产品。提升服务时效，承保保全时效1.12天，申请结案时效0.5天，出险支付时效51.22天。2020年公司承保保险业务63982件，赔付18459件，同比减少12件；理赔金额9947.51万元，同比增长4.11%。

表85

2020年新华人寿保险石家庄中心支公司保费收入情况一览表

类别			保费收入（万元）	同比增长（%）
险种	长险	总额	147542.71	9.89
		首年保费	34495.94	−0.32
		续期保费	113046.77	13.44
	短险		7600.44	−1.13

续表

类别			保费收入（万元）	同比增长（%）
渠道	个险渠道		129349.3	13.31
	团险渠道		14491.17	−11.65
	代理	总额	11302.68	−0.77
		银邮	11026.08	6.75
		电销及其他	276.6	−73.92
总保费			155143.15	9.29

（张然）

【富德生命人寿保险石家庄中心支公司】 2020年富德生命人寿保险股份有限公司石家庄中心支公司（简称富德生命人寿保险石家庄中心支公司）实现保费收入5.34亿元，同比下降74.72%，其中，普通寿险保费收入1.48亿元，健康险保费收入2.09亿元，分红险保费收入1.31亿元，意外险保费收入4462.28亿元，万能险保费收入66.34万元。2020年公司赔付支出3.94亿元，其中，满期给付3.58亿元，赔款支出770.16万元，死伤医疗给付2843.48万元。

富德生命人寿保险股份有限公司
石家庄中心支公司
总 经 理：赵颖毅
副总经理：王洪斌

（王佳琪）

综合经济管理

Comprehensive Economic Management

发展和改革

【概况】2020年石家庄市完成地区生产总值为5935.1亿元，同比增长3.9%。其中，第一产业增加值498.6亿元，增长3.5%；第二产业增加值1745.5亿元，增长3.1%；第三产业增加值3691.0亿元，增长4.3%。三次产业结构比例由2019年的7.4∶28.9∶63.7调整为8.4∶29.4∶62.2。2020年石家庄市地区生产总值位列河北省11个设区市第二名。2020年石家庄市地区生产总值排名前4位的县（市、区）依次为桥西区、长安区、新华区、藁城区。2020年全市新一代信息技术产业营业收入246.2亿元，其中，规模以上工业新一代信息技术产业营业收入151.5亿元，同比下降6.4%，软件及信息技术服务业营业收入94.7亿元，同比增长25.9%；生物医药产业营业收入657.4亿元，同比增长12.1%；先进装备制造业营业收入541.5亿元，同比下降15.5%。2020年全市新一代信息技术产业完成增加值206.6亿元，同比增长16.8%；生物医药产业完成增加值411.1亿元，同比增长6.4%；先进装备制造业完成增加值130.0亿元，同比下降6.3%。2020年全市旅游业总收入684.2亿元，同比下降53.7%；金融业完成增加值719.7亿元，同比增长8.7%。2020年全市固定资产投资同比下降19.9%，其中，第一产业投资下降13.3%，第二产业投资下降24.5%，第三产业投资下降18.2%；工业投资同比下降24.4%，工业技改投资同比下降33.1%；高新技术产业投资同比下降30.7%。2020年全市规模以上工业增加值同比增长1.7%，其中，轻工业增加值增长3.8%，重工业增加值增长0.4%；规模以上高新技术产业增加值同比增长10.4%；规模以上工业增加值能耗同比下降4.6%；规模以上工业利润总额292.58亿元，同比下降6.5%。粮食生产实现“十七连丰”。2020年全市粮食播种面积66.49万公顷，同比增加1300公顷；总产量430.78万吨，同比增长2.6%；平均亩产431.9千克。2020年全市实现社会消费品零售总额2279.6亿元，同比下降3.4%。其中，城镇1980.1亿元，下降1.8%；乡村299.4亿元，下降12.6%。2020年全市实现对外贸易进出口总值1341.1亿元，同比增长14.0%。其中，出口总值785.6亿元，增长19.9%；进口总值555.5亿元，增长6.7%。对外贸易进出口总值、出口总值均排名全省设区市第一名。2020年全市实际利用外资18.3亿美元，同比增长13.1%，高于全省增速5.8个百分点，其中，外商直接投资18.12亿美元，同比增长12.7%，高于全省增速2.5个百分点。居民消费价格（CPI）同比上涨2.3%。工业生产者出厂价格（PPI）同比下降2.0%，工业生产者购进价格（IPI）同比下降3.4%。支持企业复工复产，制定出台“降成本、保运营”措施，全年新增减税降费260亿元，减免各类房租1.4亿元；向疫情防控重点保障21家企业提供贴息贷款19.6亿元。推进失业保险稳岗返还，累计发放补贴2.84亿元，惠及61.89万人。城镇新增就业12.84万人，城镇登记失业率控制在3.75%以内。中欧班列实现双向和图定化运行。正定海关获批进口钻石指定口岸。地铁运营里程达到61.6千米，津石高速、南绕城高速开通运营，石家庄市获批国家公交都市建设示范城市。实施战略性新兴产业项目155项，总投资1547亿元。2020年高新区生物医药产业示范基地发展形成从生物医药新药研发专心致志S—孵化—产业化—销售及服务为一体的完整产业链条，片剂、胶囊、粉针、软胶囊、中药注射剂、大输液等制剂产品生产能力位居全国领先地位；鹿泉区光电与导航产业示范基地发展形成微电子、光电子、微机电系统（MEMS）、传感器等产业优势，卫星导航、应急通信、公共安全、轨道交通等领域具有优势地位；栾城区通用航空示范基地发展形成科技研发、通航制造、通航服务、通航运营、会展旅游、航空文化、航空小镇七大板块及全链条通用航空产业。2020年石家庄高新区生物医药产业示范基地、鹿泉经济开发区光电与导航产业示范基地被省发展改革委、省财政厅评价为全省优秀战略性新兴产业示范基地，分别排名全省第一位和第四位；栾城经济开发区通用航空示范基地获得全省合格评价。至2020年底，石家庄市实现4个贫困县摘帽、585个贫困村出列、20.7万建档立卡贫困人口脱贫目标，全市贫困发生率由2016年的5.4%降为0。支持国家“一带一路”建设战略部署，成立市推进“一带一路”建设工作领导小组，明确工作机制和任务分工，组织各县（市、区）政府工作人员及企业参加“一带一路”建设相关国际知识学习，帮助企业从政治、金融、法律、税收等方面掌握和了解境外投资存在的潜在风险，增强国际合作风险防范意识和能力。2020年全市万元GDP能耗同比下降4.23%，超额完成省要求下降3.3%目标任务。2020年全市确定经济发展指标31项，其中，22项指标完成目标任务，9项指标未能达到任务目标。2020年市发展改革委张鹏被国家粮食和物资储备局评为全国粮食和物资储备系统抗击新冠肺炎疫情先进个人，范新宇被评为河北省优化营商环境推动高质量发展先进工作者。

【重点项目】 2020年全市安排省市重点项目391项，总投资6673.5亿元，年度计划投资915.5亿元。其中，计划开工项目131项，总投资1327.5亿元，当年计划投资364.4亿元；续建项目140项，总投资2554.5亿元，当年计划投资551.1亿元；前期项目120项，总投资2791.4亿元。至2020年底，全市391个省市重点项目完成投资1220.3亿元，占年度计划投资的133.3%。其中，计划开工项目130个开工，完成投资446.4亿元，占年度计划投资的122.5%；140个续建项目完成投资760.3亿元，占年度计划投资的138%，65个项目竣工或部分竣工；120个前期项目提前开工10个，完成投资13.6亿元。全年组织重点项目集中开工活动4次。3月2日，全市春季重点项目集中开工活动在高新区举行，252个项目集中开工，总投资1624.2亿元。6月10日，全市二季度重点项目集中开工活动在栾城区举行，开工项目244个，总投资1154.76亿元。10月27日，全市第四季度重点项目集中开工活动在元氏经济开发区举行，集中开工项目261个，总投资632.6亿元。12月3日，全市第四次重点项目集中开工活动在鹿泉区海康威视石家庄科技园举行，集中开工项目165项，总投资455.4亿元。

【重点产业】 2020年全市列入重点项目管理系统亿元以上产业项目达到896项，总投资10392.4亿元，年度计划投资1089.6亿元。其中，计划开工项目260项，总投资2080亿元，年度计划投资455.8亿元；续建项目258项，总投资3988亿元，年度计划投资633.8亿元；前期项目378项，总投资4324.5亿元。2020年石家庄市重点产业实现增加值2275.3亿元，同比增长4.4%，高于GDP增速0.5个百分点；占GDP比重38.3%，较2019年下降1.7个百分点。新一代信息技术产业。2020年全市新一代信息技术产业营业收入246.2亿元，其中，规模以上工业新一代信息技术产业营业收入151.5亿元，同比下降6.4%，软件及信息技术服务业营业收入94.7亿元，同比增长25.9%。2020年全市新一代信息技术产业实现增加值206.6亿元，同比增长16.8%。通信设备及系统应用、半导体、新型显示三大产业链初步形成。依托中电科13所、54所等科研院所，创新建成卫星导航系统与装备国家工程实验室等省级以上创新平台。生物医药产业。2020年全市生物医药产业营业收入657.4亿元，同比增长12.1%；实现增加值411.1亿元，同比增长6.4%。以生物医药为特色，以生物制造、生物技术服务为一体的生物产业体系形成。生物医药多项产品被列入全省重大新药产业化国际化和仿制药质量提升、制剂国际化、三类医疗器械产业化创新专项。先进装备制造业。2020年全市先进装备制造业营业收入541.5亿元，同比下降15.5%；实现增加值130.0亿元，同比下降6.3%。初步形成轨道交通装备、通用飞机、电力装备等150多个类近2000种产品产业体系。中航通飞小鹰-500飞机居全国领先地位，中集安瑞科抗氢致开裂实验系统为国内首创，高压容器在全国市场占有率达到70%以上。其他五大产业。2020年全市现代商贸物流业实现增加值360.3亿元，同比增长2.9%；旅游业实现增加值138.0亿元，同比下降17.6%；金融业实现增加值719.7亿元，同比增长8.7%；科技服务与文化创意产业实现增加值345.5亿元，同比增长4.4%；节能环保产业实现增加值34.1亿元，同比下降8.9%。

【经济体制改革】 印发《新时代加快完善社会主义市场经济体制重点任务分工方案》，加快市场化改革，扩大高水平开放，促进经济高质量发展。推进战略性新兴产业发展，印发《战略性新兴产业发展三年行动计划2020年工作方案》。发展数字经济，成立市数字经济发展领导小组，印发《石家庄市数字经济发展规划（2020～2025）》，打造“中国数字新城”。申报先进制造业和现代服务业融合发展试点，君乐宝乳业入选国家级试点，石药集团等13家企业列入2020年、2021年省级试点。推进重点行业去产能，印发《关于下达2020年煤电行业去产能目标任务的通知》《关于做好2020年钢铁去产能工作的通知》《石家庄市2020年钢铁去产能工作方案》，全年完成煤电行业去产能任务15.3万千瓦，敬业集团1座588立方米高炉和1座80吨转炉关停，省下达去产能目标任务完成。完善营商环境政策体系，成立市优化营商环境领导小组，统筹推进一流营商环境体系建设；加快打造市场化、法治化、国际化营商环境，印发《关于复制借鉴北京上海优化营商环境改革举措实施方案》《关于2020年深入推进一流营商环境体系建设实施方案》，聚焦行政审批制度改革、政务环境、市场环境等6个方面，破解影响营商环境“痛点、难点、堵点”问题。推进石保廊创新改革试验区建设，印发《石家庄市深入推进石保廊创新改革试验工作的实施意见任务分工方案》《石家庄市推广国家第三批支持创新相关改革举措工作方案》。推进生产经营活动事业单位改革，成立全市经营类事业单位改革工作专班，出台《关于推进从事经营活动事业单位改革工作实施方案》；9月30日，印发《关于市公路桥梁建设集团等55家从事经营活动事业单位改革方案的批复》，其中，注销事业单位法人14家，直接转企或并入企业集团41家，均按河北省要求完成改革任务。健全城乡融合发展体制机制，统筹城乡一体化发展，出台《石家庄市2020年新型城镇化与城乡统筹示范区建设工作方案》《关于落实河北省高质量推进新型城镇化与城乡统筹示范区建设实施方案的意见》；申报省级“新型城镇化建设示范市县”“城乡融合发展试点市县”，正定县列入国家级新型城镇化建设示范县，石家庄市、正定县列入省级新型城镇化建设示范市县，高邑县列入省级城乡融合发展试点县。加强经济运行调节，出台“支持企业发展16条”及《确保一季度实现良好开局的意见》《上半年实现“双过半”的若干措施》《落实“六稳”“六保”任务工作方案》《做好四季度经济工作若干措施》等，实现经济平稳健康发展。

【能源保障】 优化能源结构，印发《石家庄市推动能源高质量发展的重要举措》，明确“减煤、提效、纳新、优电、增气”5项措施。保障能源供应，新冠肺炎疫情暴发期间，建立煤炭供应日报制度，实时掌握全市各燃煤电厂煤炭库存可用天数，及时协调煤炭企业加大电煤供应；安排型煤生产企业应急储备型煤2万余吨，基本保障疫情期间洁净煤取暖居民应急需求。组织燃气公司准确预测用气需求量，协调上游气源企业加大气源保障，签订采暖季供气合同19.67亿立方米。完善储气调峰设施，建成储气设施13座，储气容量54045万立方米，储气调峰能力达到3242.7万立方米，能够满足全市5天用气需求。加快能源项目建设，华电石热九期燃机热电联产项目建设完工，电力送出工程正在施工。推进充电设施建设，充电桩建设形成国家级高速公路服务区全覆盖、中心城区网格化分布局势。培育氢能产业，确定以安瑞科、河钢集团等企业为重点，探索加快能源转型。压减火电产能，稳步推进“火电围城”整改，统筹考虑“火电围城”和冀东南能源发展。至2020年底，全市发电装机总容量1181.13万千瓦，其中，火电装机容量854.9万千瓦，水电装机容量110.33万千瓦，光伏发电装机容量196.95万千瓦，生物质发电装机容量18.95万千瓦。2020年全市发电量405.37亿千瓦时，同比下降6.18%；输入电量69.73亿千瓦时，同比增长51.76%。2020年石家庄市全社会用电量475.1亿千瓦时，同比下降0.61%。2020年石家庄市一级燃气公司与上游气源公司签订年度天然气合同气量26亿立方米，实际用气量24.9亿立方米。至2020年末，全市能源利用发展形成垃圾发电、天然气分布式能源、光伏发电与分布式能源、风电、生物质发电、地热源、污水源、空气源等多样化能源发展利用格局。

【粮油购销】 2020年全市收购粮食250.4万吨，其中，小麦128.5万吨，玉米121.4万吨。夏秋粮收购。面对疫情和农民惜售等因素影响，及时组织中储粮直属企业、省粮食产业集团企业和市县企业做好市场对接，主动作为，提早谋划，抓实抓细抓好各项收购准备，支持粮食经营企业创新收购方式。敞开收购农民余粮，多途径引导各类市场主体入市收购。落实保护性小麦最低价收购政策，全市在最低保护价收购期间，准备收储库点16家，可利用完好仓容达到22万吨。2020年因市场收购价格一直高于国家最低保护价水平，全市未启动小麦最低收购价收购。市级储备粮管理。提升粮食应急保障能力，加大资金投入，逐年增加市、县级储备粮规模。2020年全市新增市级储备小麦6.5万吨、面粉0.86万吨，新增县级储备小麦1万吨。至2020年底，全市市级储备小麦达到21.5万吨、应急储备面粉2.45万吨、食用植物油1.1万吨，主城区居民口粮和食用油应急保障天数提升到175天和134天；所辖17个县（市、区）全部建立县级粮食储备库，规模达到14.73万吨。粮食应急管理。修订印发《石家庄市粮食应急预案》。至2020年末，全市建成45家加工企业、27个配送网点、29家储运企业、1家主食加工企业、340家供应网点组成粮油应急供应网络，实现城乡全覆盖。提高粮食应急能力，重新修订《石家庄市粮食应急供应网点管理办法（试行）》，并与应急供应网点签订《粮食应急供应保障协议》。粮食企业最低库存量核定完毕。按照省级相关部门要求，石家庄市组织市、县粮食和物资储备工作人员及时到辖区粮食经营、加工企业讲解核定政策，引导企业承担社会储备责任。至2020末，全市332家企业核定粮食企业最低库存达到43.61万吨。

【民营经济】 2020年全市完成民营经济增加值3117.7亿元，同比增长3.5%，占地区生产总值比重达到56.6%。至2020年底，全市累计共有私营企业360715户，其中新增私营企业63203户，累计注册资本金额20097.47亿元，其中新增注册资本金额2745.82亿元；累计共有个体工商户824558户，其中新增个体工商户165944户，累计注册资本金额831.55亿元，其中新增注册资本金额161.99亿元；累计共有农民专业合作社10639户，其中新增农民专业合作社289户，累计出资金额266.73亿元，其中新增出资金额5.76亿元。2020年全市民营经济增加值达到200亿元以上县（市、区）6个，分别为：桥西区351.3亿元、长安区292.7亿元、高新区246.4亿元、新华区245.1亿元、藁城区204.1亿元、裕华区202.5亿元。引导民营经济健康发展，2020年5月底，建成开通“商汇通”智能App，发表工作信息、会员服务、企业商会风采、民企诉求等资讯380余条。举办2020年政银企（民营企业）对接会，帮助9家民营企业与银行签约协议金额770万元。开展“千企帮千村”精准扶贫活动，全年525家市工商联直属商会及企业会员单位提供帮扶资金总额3.6亿元。推荐大学毕业生到民营企业工作，协调民营企业与20所院校签订战略合作协议。2020年石家庄市在全省民营经济发展考核中位列第一名，获评民营经济发展先进市。

【服务业】 2020年全市新增规模以上服务业企业单位269家，规模以上服务业企业单位累计达到1474家，同比增长22.3%。2020年全市完成规模以上服务业营业收入1258.1亿元，同比增长1.2%。其中，交通运输、仓储和邮政业284.71亿元，增长2.02%；信息传输、软件和信息技术服务业318.35亿元，增长9.22%；房地产业（物业管理和房地产中介服务）39.08亿元，增长0.31%；租赁和商务服务业242.14亿元，下降7.08%；科学研究和技术服务业141.02亿元，增长5.97%；水利、环境和公共设施管理业15.76亿元，增长23.61%；居民服务、修理和其他服务业8.68亿元，下降2.36%；教育服务业1.44亿元，下降23.4%；卫生和社会工作服务业11.83亿元，增长13.42%；文化、体育和娱乐业31.0亿元，下降17.42%。2020年全市服务业营业收入前3名县（市、区）为：高新区313.2亿元，同比增长8.0%；桥西区261.4亿元，同比下降0.8%；裕华区213.8亿元，同比增长8.6%。2020年全市服务业完成增加值3588.9亿元，同比增长4.3%，占地区生产总值比重达到62.2%，创下历史新高，服务业增加值总量、增速均位居全省第一名。服务业行业投资普遍下降，卫生和社会工作服务业投产大幅增长。其中，交通运输、仓储和邮政业投资下降14.9%；信息传输、软件和信息技术服务业下降15.8%；房地产业（物业管理和房地产中介服务）增长0.1%；租赁和商务服务业下降53.5%；科学研究和技术服务业下降48.5%；水利、环境和公共设施管理业下降38.9%；居民服务、修理和其他服务业下降43.8%；教育服务业下降15.4%；卫生和社会工作服务业增长81.4%；文化、体育和娱乐业下降6.8%。帮扶重点服务业企业1168家。42家企业入选河北省百强服务业，22家企业入选河北服务业创新领先企业50强，入选数量均位列全省第一。

【口岸与物流管理】 2020年高邑县冀中南智能港开行中欧班列105列，发运标准集装箱1万余个，运送商品8万多吨，价值17亿元；开行量较2019年提升708%，首次年运营列数突破100列。至2020年末，冀中南智能港开通国际线路3条，联通亚欧大陆10多个国家和地区，成为河北省中欧班列核心陆港。石家庄高邑无水港揭牌。12月30日，石家庄高邑无水港揭牌仪式在冀中南智能港举行。石家庄高邑无水港由亿博冀中南智能港与沧州港务集团联合打造，是黄骅港在河北省设立的第一个内陆无水港，也是冀中南智能港打通石家庄国际铁路运输通道后，推动“向东出海”又一贸易通道出口。石家庄高邑无水港以冀中南智能港为依托，创新发展“东行”海铁班列运输，构建具有口岸、货物集散等功能于一体现代物流平台，实现石家庄与黄骅港无缝对接和互为延伸；拓展海铁联运业务范围，扩大日韩商品经黄骅港入境，由冀中南智能港中欧班列运抵欧亚大陆。

（王宁）

财　政

【概况】 2020年全市财政工作克服新冠肺炎疫情、减税降费等因素影响，严格做到应减尽减、应收尽收、应缴尽缴要求，实现一般公共预算收入和增速均排名全省设区市第一名的好成绩。2020年全市财政收入1191.15亿元，同比增长2.5%，其中，一般公共预算收入632.19亿元，增长11.1%。2020年全市一般公共预算支出1142.23亿元，同比增长8.6%。2020年全市财政收入达到百亿元以上县（市、区）3个，分别为：桥西区186.66亿元、长安区129.85亿元、藁城区114.9亿元。2020年全市财政支出达到50亿元以上县（市、区）2个，分别为：正定县78.83亿元、鹿泉区50.88亿元。2020年市级国有资本经营预算收入8923万元，同比增长7.7%；市级国有资本经营预算支出4656万元，同比增长15.7%，调出资金1.1亿元，共计支出1.6亿元。加强预算管理，公开预算项目2271个，预算项目公开实现全覆盖。按照“政府过紧日子”要求，2020年市级各预算部门专项公用经费较2019年平均减少5%以上。全年争取上级疫情防控、复工达产、重点工作、政府债券等支持资金74.2亿元，争取资金规模位列全省设区市第一。

【财政收入】 2020年全市财政收入1191.15亿元，同比增长2.5%，其中，一般公共预算收入632.19亿元，同比增长11.1%。税收收入392.5亿元，其中，增值税130.87亿元，企业所得税34.52亿元，城市维护建设税32.66亿元，城镇土地使用税21.54亿元，土地增值税47.18亿元，耕地占用税21.88亿元，契税52.84亿元。非税收入239.69亿元，其中，专项收入72.54亿元，行政性事业性收费收入25.17亿元，罚没收入20.14亿元，国有资源（资产）有偿使用收入71.84亿元，其他收入43.73亿元。

【财政支出】 2020年全市一般公共预算支出1142.23亿元，同比增长8.6%。其中，一般公共服务支出119.87亿元，公共安全支出57.78亿元，教育支出218.53亿元，科学技术支出15.28亿元，文化旅游体育与传媒支出16.89亿元，社会保障和就业支出134.98亿元，卫生健康支出101.01亿元，节能环保支出68.54亿元，城乡社区支出125.08亿元，农林水支出103.13亿元。2020年石家庄市财政用于民生支出839.1亿元，占公共预算支出比重达到78.6%，同比提升0.7个百分点。

【基金与债券】 政府性基金。2020年全市政府性基金预算收入588.2亿元，同比下降1%，其中，市级预算收入232.1亿元，增长23.7%。2020年全市政府性基金预算支出840.8亿元，同比增长22.7%，其中，市级预算支出278亿元，增长34.2%。社会保险基金。2020年全市社会保险基金预算收入255.5亿元，同比下降12.7%，其中，市级预算收入127.5亿元，下降5.6%。2020年全市社会保险基金预算支出221.5亿元，同比下降14.5%，其中，市级预算支出115.2亿元，增长1.8%。地方政府债券。2020年河北省代发石家庄市地方政府债券318.1亿元，同比增加87.5亿元，其中，市级98.6亿元、县级219.5亿元。地方政府债券主要用于支持滹沱河生态修复、收费公路、中央商务区、高校园区、市儿童医院等重点项目建设及提升市属医院防疫能力等。

【民生支出】 全年用于民生事项支出839.1亿元，同比增长8.9%，占一般公共预算支出比重73.5%。统筹拨付资金19.3亿元，应对突发新冠肺炎疫情。开通资金拨付和政府采购绿色通道，落实减轻患者救治费用负担、提高疫情防治人员待遇、保障疫情防控物资供应等政策措施“跑”在疫情前面。卫生健康支出101.0亿元。补齐公共卫生领域短板，提升基层疫情防控能力，加快建设公共卫生应急体系，所有县域定点医院均建立核酸检测试验室；支持公共卫生服务均等化，人均财政补助标准由原来69元提高到74元。教育支出218.5亿元，同比增长1.9%，其中，市本级支出32.6亿元，增长5.4%。教育投入做到“两个只增不减”。推进学前教育、义务教育、职业教育、高等教育均衡发展，足额落实学前和高中阶段生均公用经费、城乡义务教育保障机制、高校生均拨款等投入政策；落实教育资助政策，确保14.4万名家庭困难学生不因贫困失学辍学；把民办普惠幼儿园保教费纳入预算保障，下大力解决入园难、入园贵问题；筹措资金，支持市职教园区和石家庄信息工程学院新校区建设等重点教育项目。社会保障和就业支出135.0亿元。促复工、保就业，稳岗返还标准提高到企业及职工2019年度缴纳失业保险费100%，拨付资金3.6亿元，稳定职工岗位57万个。扩大就业创业补贴范围，高校毕业生、退役军人、农民工等重点群体给予创业补贴，保障补贴政策资金足额到位。城乡社区支出68.5亿元。落实困难群众生活保障救助资金7.53亿元，健全城乡低保标准调整机制，城市低保标准由每人每月671元提高到766元，农村低保标准由每人每年4842元提高到5760元。下达资金853万元；落实省、市两级财政养老服务体系建设资金1.3亿元，“六类”老人享受政府购买居家养老服务。保障脱贫攻坚行动，全年投入扶贫专项资金9.8亿元，同比增长18.1%；“十三五”规划期间，全市投入扶贫资金累计达到51.6亿元，年均增长39.4%。改善农村人居环境，重点支持美丽乡村建设、农村厕所革命等工作，全年主城区外17个县（市、区）新建改造厕所67.1万座。保护生态环境，支持打好蓝天、碧水、净土保卫战，全年各级财政投入资金111.5亿元，主要用于农村地区清洁取暖、农村环境综合整治、滹沱河生态修复工程建设及环省会经济林、绿色通道建设等。实施文化惠民工程，筹措资金支持市图书馆新馆、市公共滑冰馆建设；安排财政资金2980万元，发行文化惠民卡4.5万张。

【经济发展支出】 全年农林水支出103.1亿元，用于支持现代农业、绿色农业、安全农业发展资金33.9亿元。落实疫情防控减税降费政策，新增政策减税降费260亿元。为21家疫情防控重点保障企业提供贴息支持，获得银行贷款19.7亿元，有效缓解企业融资难融资贵问题。降低小微企业创业担保贷款申请条件，新发放创业担保贷款9376万元；兑现规模以上企业和挂牌上市企业奖励资金5420万元。商业服务业等支出5.5亿元，发放消费券资金1亿元。科学技术支出15.28亿元。落实科技专项资金3.3亿元，用于科技研发、引进人才、创新创业。文化旅游体育与传媒支出16.9亿元。全年拨付市级旅游产业发展大会补助资金1亿元，支持元氏县、赞皇县举办市第六、第七届旅游产业发展大会；落实文化产业发展资金4000万元，重点支持全市特色文化产业项目建设。

【财政改革与管理】 稳步推进财政事权和支出责任划分改革，制定出台生态环境、公共文化、国防、应急救援、自然资源5个领域财政事权和支出责任划分改革方案。深化开发区财政改革，研究并落实促进国家级开发区发展、支持藁城区加快发展石家庄经济技术开发区财政政策；坚持兼顾当前利益和长远发展理念，提出藁城区和循环化工园区财政体制划转基数意见。推进标准科学预算制度建设，搜集市属预算单位执法办案经费、文件资料印刷费等6个专项预算数据，反复测算，初步核定定额标准；至2020年末，全市专项项目建立标准定额10项。完成2020年预算编制，涵盖一般公共预算等4本全口径预算，并按《预算法》规定时限批复部门预算。妥善应对新冠肺炎疫情冲击，把过紧日子作为财政管理方针，坚持勤俭办事，当好“铁公鸡”，打好“铁算盘”，全力保障财政收支平衡。盘活存量资金，对结余资金和2年以上结转资金一律收回；压减非急需非刚性支出，在年初预算一律压减5%基础上，进一步压减日常公用经费，收回因疫情影响不再实施项目资金，确保财政资金用在刀刃上。推进全过程绩效管理，选择9个重点预算项目开展事前绩效评估，核减资金7000万余元；首次实现绩效目标监控全覆盖，其中，部门自行监控项目4835个，财政部门重点监控项目74个；通过绩效监控，停止执行项目50个。深化政府采购管理制度改革，推进政府采购电子化，实现市内4区及高新区采购项目备案审核网上运行；2020年市本级政府采购完成58亿元，同比下降4.6%，资金节约率3.7%。防范化解政府债务风险，制定出台《2020年市本级防范化解政府债务和隐性债务工作方案》《新增政府债券项目和资金绩效管理办法》等；落实政府债务风险化解规划，妥善化解债务存量。加强政府投资评审，全年审核资金146.1亿元，审减金额12.8亿元，审减率8.4%。接受社会监督，推进预决算信息公开，采取随机抽取方式，核查预决算信息公开部门451个。

（刘铭严）

税　务

【概况】 2020年全市累计完成各项税费收入1402.34亿元，同比减少113.14亿元，下降7.5%。其中，税收收入957.32亿元，同比下降1.4%，税收收入总量位居全省第一，增速高于全省平均增速3.8个百分点；市、县级税收382.49亿元，同比增长3.5%，市、县级税收增速高于全省平均增速4.6个百分点，位列全省第二；出口退税57.26亿元，同比增加7.23亿元，增长14.4%；社保费收入374.09亿元，同比减少99.56亿

2020 年 8 月 20 日，市打击涉税违法犯罪数据化合成作战中心在市税务局挂牌成立 （马一川 摄）

元，下降 21%；其他收入入库 70.93 亿元，同比增加 1765 万元，增长 0.2%（“税务”数据统计口径为国家税务局系统口径，与市统计局口径不同）。打造一流营商环境，以桥西区、长安区为试点，建设“智能办税”服务厅；部分偏远乡镇和纳税人集中度高的地区建立“智能办税”服务室。拓展全程网上办、线下自助办等 211 项“非接触式”办税项目，现场办税平均等候时间缩短至 10 分钟以内。扩大税务发票免费邮寄范围，全年为 3.82 万户纳税人邮寄发票 583 万份，邮寄订单占全省 39%。建立市级“12366”纳税服务热线，日均接听电话量达到 700 人次，人工接通率达到 98.63%。实行多税种合并申报，主附税种一体化申报、城镇土地使用税和房产税实现合并。压缩一般退抵税办理周期，误收多缴类退税由 30 日缩短至 10 日。优化不动产交易管理系统，率先在全省推行“不动产交易一体化”市域联网，实现纸质资料零报送、业务办理零跑动目标。2020 年石家庄市纳税人满意度排名全国省会城市第五名，市税务局复查确认继续保留全国文明单位称号。

【减税降费】 全年市税务系统新增减税降费 143.12 亿元。应对突发新冠肺炎疫情，为 40 户重点疫情保障物资生产企业办理留抵退税 7743 万元，为 6 万户复工复产企业减免增值税 8.6 亿元。保障劳动就业和社会民生，减免个人所得税 31.83 亿元，惠及 298 万人。支持外贸外资企业发展，推出便捷退税服务，全年为出口企业办理退税 39.06 亿元。制作减税降费实操讲解系列短视频，直播 17 期，发布视频点播 55 期。举办纳税人学堂培训 403 场，参训人员 14.5 万余人。设置咨询专岗和咨询专线，第一时间解决纳税人涉税问题。利用金三税务系统筛选、定位应享受优惠政策纳税人，做到“点对点”短信提醒、“一对一”政策辅导和应享尽享。制定出台减税降费政策。2020 年市财政局、市税务局联合出台 10 多项减税降费政策，主要内容包括：3 月 1 日至 5 月底，小规模纳税人增值税征收率由 3% 降至 1%。受疫情影响较大的交通运输、餐饮、住宿、旅游（指旅行社及相关服务、游览景区管理两类）四大类困难行业企业，2020 年发生的亏损，最长结转年限由 5 年延长至 8 年。纳税人运输疫情防控重点保障物资、提供公共交通运输服务、生活服务及快递收派服务取得的收入，免征增值税；疫情防控重点保障物资生产企业为扩大产能新购进的设备，允许一次性计入当期成本费用在企业所得税税前扣除；企业和个人通过公益性社会组织或县级以上政府等国家机关，捐赠用于应对疫情的现金和物品，允许在计算应纳税所得额时全额扣除。参加疫情防治工作的医务人员和防疫工作者按照政府规定标准取得的临时性工作补助和奖金，免征个人所得税；企业因疫情防控取得的政府补助，符合条件的可作为不征税收入；取得非营利组织免税资格的企业，接受捐赠收入可作为免税收入。

【征收管理】 推进实名信息采集，已达起征点纳税人采集率达到 99.89%。推广电子税务局，纳税人注册率达到 98.9%，网上办理率达到 86.07%。规范纳税人清税注销流程，简化注销程序，全年采取容缺方式办理注销 1250 户。统筹开展税收征管质量 5C 监控评价，梳理征收类指标 12 个，验证数据 60 万余条。创新实行增值税专票电子化改革，建成并网上运行增值税专票系统。10 月 13 日，石家庄市开出全省首张电子专票；10 月 26 日，河北省税务局将石家庄市做法扩大到全省。做好油价调控风险准备金征收方式调整工作，走访调研成品油消费税生产企业 45 户。

【税收法治】 以优化税务执法方式为主题，全链条构建税收法治体系。落实执法“三项制度”（行政执法公示制度、执法全过程记录制度、重大执法决定法制审核制度），全年采集审核发布执法信息 3.6 万条，上传音像记录 7176 条，对 597 项重大执法决定实行法制审核，84 件重大案件审理完毕。更新执法“两个清单”，开展规范性文件清理3轮次，编制公布202个单位清单事项2.1万余条。开展土地出让风险疑点、房地产开发企业少缴税款疑点、城建税教育费附加少缴疑点、生物医药健康行业风险疑点等14项风险分析，全部落实核查要求。推进“四室一包”（税务稽查指挥会商室、稽查询问室、案件查账室、检举接待室和办案工具包）建设，实现国家税务总局、省税务局、市税务局端口互联互通。创新税警合作方式，联合成立全国省会城市首家打击涉税违法犯罪数据化合成作战中心。8月20日，市打击涉税违法犯罪数据化合成作战中心在市税务局挂牌成立。2020年全市累计检查纳税人1079户，查补入库税款达到8.68亿元。

国家税务总局石家庄市税务局

局　长：张颖悟（3月任）

　　　　李渊　（3月免）

副局长：和建英（女，8月任）

　　　　张兆斌（6月任，7月免）

　　　　陈震　（4月免）

　　　　张铁真（8月免）

　　　　李亚　（8月免）

　　　　刘国进（8月免）

　　　　葛旭鸿

　　　　赵建平（8月免）

　　　　高国利（8月免）

　　　　郭文辉（挂职，6月任）

　　　　段瑞亮（10月任）

　　　　孙玉英（10月任）

（刘同亮）

统　计

【概况】 2020年全市统计系统以“生产高质量统计数据、拓展高质量发展统计监测、提供高质量统计服务”为中心，研判宏观经济走势和微观经济波动，分时段撰写经济运行情况专报，提出针对性对策建议，及时为市政府决策提供支持。全力做好第七次全国人口普查。以“大国点名，没你不行”为主题，开展第七次全国人口普查宣传活动，形成立体式人口普查宣传网络；组织人口普查摸底，选派人员分赴全市21个县（市、区）及高新区、循环化工园区督导检查各地人口普查工作；采取听汇报、座谈了解、查阅资料等方式，重点掌握乡村两级普查机构、人员、工作机制及普查经费、“两员”（普查指导员、普查员）补贴落实情况；抓好人口统计数据质量管理，组建统计督察自查自纠工作专班，建立统计数据质量控制、统计数据发布、统计信息共享等制度；重点解决人口普查登记存在数据质量隐患问题，突出检查表登记、比对复查和县（市、区）人口普查登记工作。组建成立“四种类型经济”统计监测工作组，明确工作步骤、时间节点、任务要求等；采取专家座谈、部门问计方式，确立形成《“四种类型经济”统计监测工作方案（试行）》。跟踪主要经济指标变化和经济运行数据，2020年全市统计部门撰写报送统计分析信息328篇；新编《领导咨询手册》《石家庄统计局2020年“双问计”“双过半”调研活动之县区行》《石家庄统计局2020年“双问计”“双过半”调研活动之部门行》等系列统计产品。推进基层统计标准化、精细化、系统化管理，制定印发《石家庄市统计调查对象统计台账建设工作方案》，做到统计数据有据可依、有据可查。2020年市统计局开展“居民就业状况网络调查、企业复工复产和疫情影响情况”快速调查，撰写形成《新冠肺炎疫情对企业生产经营影响调查》专报。

【第七次全国人口普查】 7月15日，石家庄市第七次全国人口普查综合试点在鹿泉区南新城村启动。11月1日，石家庄市第七次全国人口普查正式入户登记。普查目的：全面查清石家庄市人口数量、结构、分布等方面最新情况，为制定和完善人口就业、教育、医疗、养老等政策措施提供统计信息支持。普查对象：2020年11月1日零时在石家庄市行政区域内的自然人及户籍登记地在石家庄市、现在市外居住的自然人。普查内容：调查人口的基本情况，包括姓名、身份证号码、性别、年龄、学历等情况。普查方式：采用全面调查的方法，由普查员入户询问、当场填报或由普查对象自主填报等方式开展，按照现住地登记原则，以户为单位登记，普查对象不在户口登记地居住的人口，户口登记地登记相应的信息。石家庄市第七次全国人口普查分为三个阶段，普查准备阶段：2019年10月至2020年10月，组建各级普查机构，制定普查方案和工作计划，落实普查经费和物资，开展普查试点、宣传、区域划分和制图、户口整顿、摸底，选聘培训普查指导员和普查员等；普查登记阶段：2020年11～12月，普查员入户登记，比对复查，开展数据质量抽查等；数据汇总和发布阶段：2020年12月至2022年12月，数据处理、评估、汇总，发布主要数据公报，普查资料开发利用等。组建5426个普查机构，选聘近8万名普查人员，在全市范围内逐门逐户逐项开展普查登

2020年11月5日，市委常委、常务副市长李雪荣（正面左2）与第七次全国人口普查工作人员一起入户开展登记调查活动

记。采用电子化数据采集方式，实时直接报送数据。至2020年末，全市发布石家庄市第七次全国人口普查公报6个。

【统计数据质量管理】 完善统计制度。制定出台《关于加强和改进新时代统计工作的意见》《2020年全市统计法治建设要点》《防范和惩治统计造假弄虚作假提高统计数据质量的实施办法》《统计数据质量审核评估管理办法》《数据质量控制工作规程》等文件，利用统计制度保障统计数据质量。严格项目入库。成立项目入库工作专班，按照"实事求是、保质保量、依法入库"原则，梳理项目入库新要求新流程，把好项目入库第一关；举办新入库人员培训，对接市直有关部门和县（市、区），做到超前组织、提前预审，把握时间节点，做到项目有序入库和数据高质量入库。开展统计业务指导。制定印发《关于开展统计业务指导工作的通知》，明确市统计局各专业指导县（市、区）统计工作重点和要求，全年统计人员深入21个县（市、区）及高新区、循环化工园区100余个重点企业和项目现场，指导新增入统、项目入库等统计具体问题。严格数据质量核查。制定印发《关于开展全市统计数据质量核查工作的通知》《关于开展全市统计数据质量核查专项行动的通知》，采取企业自查、县（市、区）核查、市统计局重点抽查等方式，做到数据质量核查全覆盖，重点解决统计瞒报、漏报、虚报、错报等问题。

（陈丽）

审　计

【概况】 2020年全市审计系统完成审计单位232个，经济责任审计97人；出具审计报告和专项审计调查报告331篇；查出主要问题金额185.58亿元，促进增收节支3.77亿元；提出并被采纳审计建议620条，促进被审计单位制定整改措施和建立健全规章制度109项，提交并被采用审计信息373篇；移送处理事项53件，涉及金额1.1亿元。加强党对审计工作领导，落实县级审计机关主要负责人向市级审计部门党组述职制度。3月30日，市委审计委员会第三次会议举行。落实全国审计工作会议、省委审计委员会第三次会议要求，总结石家庄市2019年审计工作，部署2020年重点任务；审议《中共石家庄市委审计委员会关于进一步加强审计整改的实施意见》等文件。8月6日，市委审计委员会第四次会议举行。落实省委审计委员会第四次会议要求，审议《石家庄市关于加强自然资源资产离任（任中）审计的实施意见》等文件，研究部署下阶段重点工作。全年审计结果报告得到市委、市政府主要领导批示50余次。严格经济责任审计，以规范权力运行和责任落实为内容，开展43个单位50名领导干部经济责任审计、领导干部自然资源资产离任审计暨生态环境保护及污染防治审计。开展投资审计，监督、促进建设项目管理，实施中央商务区、滹沱河生态修复工程、轨道交通、石家庄信息工程学院、市儿童医院等重点建设项目审计。开展19家市属国有企业经营管理风险审计调查，发现问题50个，提出建议45条；实施石家庄某公司资产负债损益审计，移送重大案件线索9个。加强审计整改，以市委审计委员会名义印发《关于进一步加强审计整改的实施意见》，建立审计整改监督检查、结果公开、约谈、统一协调、结果运用5项管理机制。2020年市审计局获授省市文明单位、全省审计系统十佳"人民满意公务员集体”“计算机审计先进集体”称号。

【政策审计】 统筹开展政策跟踪审计，首次完成县级政策跟踪直接审计任务。全年抽审单位638家，抽审金额96.4亿元；抽查项目529个，涉及资金27.9亿元，发现问题132个。开展新增财政资金直达市（县、区）基层直接惠企利民审计，综合协调市、县两级审计力量，成立审计组24个，涉及项目资金县（市、区）审计发现问题51个，均全部整改。

【财政审计】 开展财政预算执行和决算草案审计，采取“1+N+N+N”审计思路，采集和分析全市99家一级预算部门数据；全年审计一级预算部门22个、二级预算单位53家；根据12类59项审计思路，审计核实市直部门和单位33个。2020年市本级财政管理和决算草案审计发现问题3类，部门预算执行审计发现问题4类。8月26日，市第十四届人大常委会第二十八次会议审议通过市审计局局长代市政府所作《石家庄市人民政府关于2019年度市本级预算执行和其他财政收支情况的审计工作报告》。

【专项审计】 开展应对新冠肺炎疫情防控资金和捐赠款物专项审计，成立审计组27个，选派审计人员107名，分别核查不同领域财政资金和捐款捐物等情况，审计涵盖3大类部门和机构。开展扶贫政策落实和资金管理审计，全年审计行唐县、灵寿县、赞皇县3个国家确定贫困县和12个非贫困县扶贫政策落实和扶贫资金管理使用情况，抽查资金金额5.56亿元、项目245个、乡镇118个、行政村448个，入户调查947户。开展农村地区冬季安全清洁取暖政策措施落实审计，涉及13个县（市、区）14.51万户，重点抽查审计2.7万户。

（刘曼曼）

市场监督管理

2020年全市市场监督管理系统以巩固国家食品安全示范城市建设为目标，以产品质量监督、食品药品监管、专利和知识产权保护、物价监督管理、外资登记管理为重点，全力保障市场平稳运行。开展企业质量对标活动，发布对标产品964项、技术方案63项，全市249家企业引入先进质量管理模式。严格产品质量监管，全年接受国家产品质量监督抽查150批次，不合格10批次，不合格发现率6.7%；接受省级产品质量监督抽查967批次，不合格35批次，不合格发现率3.6%；开展市级监督抽查产品质量1109批次，不合格51批次，不合格发现率4.6%。推进标准化建设，2020年全市企事业单位主持参与和完成国际、国家、行业标准制定修订87项，省地方标准11项。2020年全市开展食品抽检48749批次，发现不合格（问题）样品1024批次，不合格（问题）样品发现率2.1%，不合格（问题）样品处置率100%。开展“百千万”示范食品超市（店）创建，全市1967家食品超市（店）参与“百千万”示范食品超市（店）创建活动，1796家超市（店）达到河北省食品销售质量提升标准，至2020年末，全市共有河北省食品销售质量提升单位3328家。以食品、肉菜为重点，全市参与放心肉菜示范超市（品质食品管理示范超市）创建活动超市64家，其中，49家超市达到“石家庄市品质食品管理示范超市”评价标准，46家超市命名为市级“放心肉菜示范超市”，15家获评命名为省级“放心肉菜示范超市”。2020年全市监督检查药品生产及销售连锁总部41家、零售药店8977家（次）、医疗机构及诊所4664家（次），责令整改635家，查办案件374起，其中，中药饮片专项整治检查药品经营企业3012家、医疗使用单位1998家，责令整改75家，约谈16家。至2020年末，全市1789家单体药店全部入网并实现数据上传。加强药品和医疗器械不良反应监测，2020年全市药品不良反应报告19003份，同比增长241.7%；医疗器械不良事件报告7401份，同比增长410.4%；化妆品不良反应报告2091份，同比增长152.2%。2020年全市专利申请量28676件，专利授权量19577件，有效发明专利拥有量9302件，万人发明专利拥有量8.95件。2020年全市新增注册商标39723件，注册商标数量突破21万件，累计达到217045件；新认定中国驰名商标2件，累计达到59件；新增地理标志商标13件，总量达到41件；新增国际商标71件，总量达到192件。2020年石家庄市区居民消费价格指数（CPI）呈现高开低走态势，全年居民消费价格指数为2.3%，完成年初设定居民消费价格指数涨幅不超过3.5%目标要求。2020年全市新登记外资企业115户，新增注册资本114.56亿美元。至2020年末，全市登记外资企业总数达到1871户，同比减少15户；累计注册资本395.51亿美元。2020年全市共有外国企业常驻代表机构15户，外资企业累计投资总额达到904.58

亿美元。2020年市市场监督管理局机构设置调整，内设处室同比增加6个，分别为：综合执法一处、综合执法二处、综合执法三处、综合执法四处、药品执法处、药品进口备案办公室；下辖直属单位调整为9个，分别为：市市场监督管理局综合保税区分局、市消费维权服务中心、市市场监督管理局信息中心、市市场监督管理局机关服务中心、市个体私营经济发展促进中心、市市场开发服务中心、市纤维检验所、市特种设备技术检查中心、市食品药品检验中心。

（赵航）

质量技术监督

【概况】 2020年全市围绕贯彻“质量强市”战略，重点抓好产品质量监管、标准化建设、认证认可监管和计量管理等工作。推进质量强市建设，9月1日，“2020年石家庄市质量月”活动启动，主题为“建设质量强市，决胜全面小康”；同日，市工业和信息化局、市市场监督管理局、市公安交通管理局联合发布《致全市电动自行车经营者和广大市民的倡议书》，倡议市民不销售、不购买不符合国家标准的电动自行车。组织企业开展质量对标活动，发布对标产品964项、技术方案63项，全市249家企业引入先进质量管理模式。严格产品质量监管，至2020年末，全市接受国家产品质量监督抽查150批次，不合格10批次，不合格发现率6.7%；接受省级产品质量监督抽查967批次，不合格35批次，不合格发现率3.6%；开展市级监督抽查产品质量1109批次，不合格51批次，不合格发现率4.6%。推进标准化建设，2020年全市企事业单位主持参与和完成国际、国家、行业标准制定修订87项，省地方标准11项；征集省地方标准制定修订项目46项，立项10项；围绕传统产业升级、乡村振兴、生态文明、现代服务业等领域，申报市地方标准95项，立项57项，发布并在地方标准信息服务平台备案36项。加强企业认证认可监管，2020年石家庄市获得认证证书企业5258家，证书16169张，涉及认证机构258家。完善计量治理体系，2020年全市新建、提升、改造心电图机及数字压力计等县级社会公用计量标准15项，检定和强检计量器具54.34万台（件）。2020年11月16日，石家庄市8家单位、4名个人获得2019年河北省政府质量奖，3家企业、1名个人获得2019年河北省政府质量奖提名奖。2021年9月22日，石家庄市2家企业获得2020年省政府质量奖组织奖，1名个人获得2020年省政府质量奖个人奖。

【产品质量安全监管】 以保春耕为目标，开展“春雷”行动，重点监督抽查化肥、农机、农膜、潜水电泵等农资产品质量。以保供应为目标，开展“护童”行动，重点监督抽查儿童服装、纸尿裤、学生用具等产品。以促规范为目标，开展“铸底”行动，重点监督抽查电线电缆、危险化学品、危险包装等许可证管理产品。至2020年末，全市接受国家产品质量监督抽查150批次，不合格10批次，不合格发现率6.7%；接受省级产品质量监督抽查967批次，不合格35批次，不合格发现率3.6%；开展市级监督抽查产品质量1109批次，不合格51批次，不合格发现率4.6%；监督抽查产品包括危险化学品、化肥、毛巾、服装、家用电器、儿童和学生用品等。开展化肥、水泥、危险化学品及危险包装、电线电缆获证企业产品质量专项检查。全年检查化肥获证企业63家，发现问题企业40家，查处超范围生产企业1家，罚没款7万元；检查水泥获证企业30家，发现整改问题128项，下达责令改正通知书21张，立案查处2起，罚款11.9万元；采取隐患排查、监督检查相结合方式，检查全市危险化学品获证企业48家、危险包装获证企业15家，监督抽查危险化学品产品41批次，危险包装产品2批次，全部合格；检查电线电缆获证企业47家，发现问题企业10家。以群众关心、媒体关注的学生校服、床上用品、婴儿服装及直接接触皮肤毛巾、内衣、内裤、衬衣等产品为重点，开展甲醛含量、pH值、染色牢度、可分解致癌芳香染料等危害人体健康等指标项目检查，发现问题企业18家，监督抽检产品68批次，不合格5批次，立案查处1起，罚款4000元。开展再加工纤维质量专项监督检查，采取地毯式摸排方式，监督检查辖区内所有纤维制品生产、销售企业，摸清生产者、销售者底数，完善形成再加工纤维制品生产、销售企业档案。以儿童口罩、学生文具、儿童玩具、儿童家具等为重点，开展“学得安心”儿童和学生用品安全守护行动；5月29日，市市场监督管理局、长安区政府联合在市区北国超市益中店举行“儿童和学生用品安全守护行动”启动仪式；全年监督检查抽查超市、批发市场儿童和学生用品69批次，不合格2批次，不合格发现率3%。

【省政府质量奖】 完善争创中国质量奖、省政府质量奖培育名单，确定培育10家企业争创中国质量奖、54家企业争创省政府质量奖。2020年11月16日，石家庄市8家单位、4名个人获得2019年河北省政府质量奖，3家企业、1名个人获得2019年河北省政府质量奖提名奖。其中，中国电子科技集团公司第五十四研究所、华北制药金坦生物技术股份有限公司、石家庄北国人百集团有限责任公司、国网河北省电力有限公司石家庄供电分公司4家单位新评获得省政府质量奖组织奖，神威药业集团有限公司、石家庄君乐宝乳业有限公司、石家庄四药有限公司、河冶科技股份有限公司4家企业复评获得省政府质量奖组织奖；河北建工集团有限责任公司总经理张天平、盛淼科技集团股份有限公司总工程师赵楠、中宏检验认证集团有限公司董事长李根3名个人首次获得省政府质量奖个人奖，藁城区宫灯研制开发中心有限公司董事长张风军复评获得省政府质量奖个人奖；中车石家庄车辆有限公司、际华三五零二职业装有限公司、天俱时工程科技集团有限公司3家企业和河北陆源科技有限公司总经理张士华获得2019年省政府质量奖提名奖。至2020年末，全市共有有效期内省政府质量奖组织奖单位14家，占全省28%；省政府质量奖个人奖17人，占全省34%。2020年石家庄市获得全国优秀质量管理小组4个，同比增加1个；获得河北省优秀质量管理小组301个，同比增长19%。12月1～3日，第45届国际质量管理小组大会（ICQCC）在孟加拉国达卡举行，河北中烟石家庄卷烟厂筑梦QC小组发布的《工控系统动态数据监控平台的研发》课题获得国际QC铂金奖。

2021年9月22日，2020年河北省政府质量奖公布，石家庄市2家企业获得省政府质量奖组织奖，其中，石家庄洛杉奇食品有限公司新评获得省政府质量奖组织奖，石药控股集团有限公司复评获得省政府质量奖组织奖；中车石家庄车辆有限公司工艺技术部电焊工刘志彬获得省政府质量奖个人奖。

表86

2016～2020年石家庄市获得河北省政府质量奖一览表

年度	组织奖	个人奖
2016	河北先河环保科技股份有限公司	河北金隅鼎鑫水泥有限公司总经理魏卫东
	石家庄钢铁有限责任公司	河北省电力勘测设计研究院院长邵卫东
	中建路桥集团有限公司	河北建设勘察研究院有限公司董事长韩立君
2017	河北诚信有限责任公司	石家庄君乐宝乳业有限公司总经理魏立华
	河北建设勘察研究院有限公司	神威药业有限公司董事长、总裁李振江
	河北省电力勘测设计研究院（复评）	石家庄藏诺生物股份有限公司董事长王智森
	河北省安装工程有限公司（复评）	华北制药金坦生物技术股份有限公司首席技师齐名
2018	石家庄市科林电气股份有限公司	河北诚信集团有限公司董事长褚现英
	格力电器（石家庄）有限公司	石家庄君乐宝乳业有限公司质量中心总经理柴艳兵
		河北旅投世纪物业发展有限公司董事长张垣
		中国电子科技集团公司第五十四研究所总设计师马万权
2019	中国电子科技集团公司第五十四研究所	河北省儿童医院党委书记尤殿平
	华北制药金坦生物技术股份有限公司	河北建工集团有限责任公司总经理张天平
	石家庄北国人百集团有限责任公司	盛淼科技集团股份有限公司总工程师赵楠
	国网河北省电力有限公司石家庄供电分公司	中宏检验认证集团有限公司董事长李根
	神威药业集团有限公司（复评）	石家庄市藁城区宫灯研制开发中心有限公司董事长张风军（复评）
	石家庄君乐宝乳业有限公司（复评）	
	石家庄四药有限公司（复评）	
	河冶科技股份有限公司（复评）	
2020	石家庄洛杉奇食品有限公司	中车石家庄车辆有限公司工艺技术部电焊工刘志彬
	石药控股集团有限公司（复评）	

【标准化建设】 标准修订。2020年全市企事业单位主持参与和完成国际、国家、行业标准制定修订87项，省地方标准11项；征集省地方标准制定修订项目46项，立项10项；围绕传统产业升级、乡村振兴、生态文明、现代服务业等领域，申报市地方标准95项，立项57项，发布并在地方标准信息服务平台备案36项。企业标准化。2020年全市22家企业生产的23项产品审核通过采用国际标准及国外先进标准，获得“采用国际标准认可证书”“采用国际标准产品标志证书”。至2020年末，全市共有3172家企业上报标准20819项，涵盖产品38890种，其中，国家标准1734个，行业标准864个，地方标准88个，企业标准18122个。工业标准化。开展百城千业万企对标达标提升专项行动，全市参与企业331家，涉及电线电缆、乳胶涂料、家具板材、高低压电器、洗涤产品等25项类别，发布对标结果自我声明964项、对标技术方案63项，优标达标比例排名全国140个对标城市第11位，城市排名第18位。组织企业申报标准“领跑者”，征集企业标准“领跑者”重点领域11项，涉及芯片检测、机械制造、生物农药等；征集申报省级企业标准“领跑者”29项，筛选上报10项。开展淘汰过剩产能、大气污染防治、污染物排放、物流快递包装、塑料污染治理、食品药品安全、公共交通安全、消防设施、疫情防护用品等强制性国家标准监督检查，全市检查企业570家，不符合标准要求22家，均依法责令整改。农业标准化。开展河北省无公害西甜瓜生产标准化示范区、河北省樱桃生产标准化示范区建设，搜集整理相关国家标准、行业标准、地方标准，构建形成涵盖产前、产中、产后标准体系并通过省考核评估。国家级标准化试点示范。2020年河北天山健身服务有限公司、国药乐仁堂医药物流有限公司2家国家级服务业标准化试点和石家庄创普科技有限公司国家级标准化服务业试点历经3年创建，完成试点任务并通过考核评估；河北冠卓检测科技有限公司、石药集团中诚医药物流有限公司分别承担国家高新技术产业标准化试点和国家级服务业标准化试点完成实施方案建设任务。科技成果转化为标准研究。7月29日，石家庄科技成果转化为标准研究中心在高新区揭牌成立，这也是河北省首家科技成果转化为标准研究中心；至2020年末，石家庄科技成果转化为标准研究中心免费为企业制作发放《标准化科普手册》1500余份，发布标准化科普短片8个，更新标准化前沿动态109条，累计服务企业参与国家、行业标准及制定团体、企业标准40余项。

【认证认可管理】 严格认证认可监管，印发《2020年度资质认定检验检测机构专项监督检查工作方案》《关于开展2020年强制性产品认证监督检查工作的通知》《关于深入开展“认证乱象”专项整治活动的通知》等文件。开展防疫用品认证活动专项整治行动，聚焦出口医用口罩等5类疫情防控医疗器械生产企业，围绕法人主体、资质资格、认证情况等14项内容，举行排查和摸底，建立一企一档，制作形成《防疫用品生产企业档案资料目录》；以获得出口认证13家生产企业为整治核查重点，突出认证协议、认证费用支付等重点认证资料，严肃查处虚假认证、买证卖证等违法行为。全年排查整治口罩、防护服等防疫用品企业52家。认证证书企业监管。2020年石家庄市获得认证证书企业5258家，证书16169张，涉及认证机构258家。利用“认证认可综合业务监管平台”，掌握认证活动动态，采取电话通知提醒、下达检查通知函等形式，指导县（市、区）现场检查认证认可活动428家（次），其中强制性产品认证活动55家（次）。跟踪检查23家企业3C认证、工业产品认证、食用农产品认证活动，突出检查降低认证标准、关键环节走过场、不能保障认证时间、审查人员不到现场等问题。针对强制性认证产品重点区域，省、市市场监督管理局联合威凯认证检测有限公司在新乐市开展电热毯及配件强制性产品认证专项整治行动，暂停证书4张；在晋州市检查32家电线电缆、6家低压电器、11家消防产品地水源热泵热水器等强制性认证企业；立案调查10件，处罚28万元。规范认证活动，落实“谁发证、谁负责”认证主体责任，立案查处石家庄启恒企业管理咨询有限公司、石家庄嘉诚认证咨询有限公司买卖认证证书及华信创（北京）认证中心有限公司在石家庄市域标星铁塔检测技术河北有限公司、中标联合（北京）认证有限公司在石家庄市域河北森牟通用设备有限公司开展认证活动时涉嫌减少、遗漏认证规范和认证规则规定程序等问题。

【计量管理与服务】 完善计量治理体系，2020年全市新建、提升、改造心电图机及数字压力计等县级社会公用计量标准15项，检定和强检计量器具54.34万台（件）。计量监督。2020年各县（市、区）市场监督管理部门检查集贸市场、商场超市、餐饮企业及加油、加气站点436家，检查计量器具2905台（件），查处不合格计量器具94台（件）。2020年全市检查576家眼镜制配单位焦度计（屈光度计）、验光仪、验光镜片组1996台（件），监督554家眼镜制配单位检定计量器具1825台（件）；检查医疗卫生机构强检计量器具165家2905

台（件），查处医疗卫生机构计量器具超期未检案件15起，罚款1.5万元，补检计量器具36台（件）；排查检查全市936座加油站点3550余台加油机，查处违法案件3起，罚款2.6万余元，随机抽查115座加油站230台加油机，抽查结果全部合格。民用3表备案。2020年全市备案电能表41163台（件）、水表2986台（件）、燃气表77885台（件）。服务疫情防控，协调省计量院为全市单位疫情防控用测温设备提供免费检定和校准服务；指导正确测温，做好体温筛查，组织全市计量人员为市域内车站、高速公路口、超市、医院、社区等3000多个疫情防控站点发放“红外额温计正确使用明白纸”5000张。11月17日，石家庄市代表队参加全省计量技术机构电子计价秤检定技术比武竞赛获得团体第一名。

（赵航）

食品药品监督管理

【概况】 2020年全市开展食品抽检48749批次，发现不合格（问题）样品1024批次，不合格（问题）样品发现率2.1%，不合格（问题）样品处置率100%。开展“百千万”示范食品超市（店）创建，全市1967家食品超市（店）参与“百千万”示范食品超市（店）创建活动，1796家超市（店）达到河北省食品销售质量提升标准，至2020年末，全市共有河北省食品销售质量提升单位3328家。开展“品质食品管理示范超市”创建，以食品、肉菜为重点，全市参与放心肉菜示范超市（品质食品管理示范超市）创建活动超市64家，其中，49家超市达到“石家庄市品质食品管理示范超市”评价标准，46家超市命名为市级“放心肉菜示范超市”；至2020年底，全市获评省级“放心肉菜示范超市”15家，数量排名全省第一。推进HACCP体系认证，2020年全市35家食品生产企业通过HACCP体系认证，其中，规模以上食品生产企业通过HACCP体系认证14家，规模以下食品生产企业通过HACCP体系认证21家。2020年全市监督检查药品生产及销售连锁总部41家、零售药店8977家（次）、医疗机构及诊所4664家（次），责令整改635家，查办案件374起，其中，中药饮片专项整治检查药品经营企业3012家、医疗使用单位1998家，责令整改75家，约谈16家。至2020年末，全市1789家单体药店全部入网并实现数据上传。加强药品和医疗器械不良反应监测，2020年全市药品不良反应报告19003份，同比增长241.7%；医疗器械不良事件报告7401份，同比增长410.4%；化妆品不良反应报告2091份，同比增长152.2%。9月22日，市食品药品检验中心（市药品不良反应监测中心）揭牌成立，累计检验食品药品参数（方法）达到2133个。推进食品经营许可电子化改革，12月20日起，石家庄市长安区、桥西区、裕华区试点食品经营许可电子证启用。

【食品安全监管】 “百千万”示范食品超市（店）创建。2020年全市1967家食品超市（店）参与“百千万”示范食品超市（店）创建活动，1796家超市（店）达到河北省食品销售质量提升标准，其中，大型超市27家，中型超市81家，小型超市（店）1688家。至2020年末，全市达到河北省食品销售质量提升单位共有3328家。“品质食品管理示范超市”创建。以食品、肉菜为重点，全市参与放心肉菜示范超市（品质食品管理示范超市）创建活动超市达到64家，其中，49家超市达到“石家庄市品质食品管理示范超市”评价标准，46家超市命名为市级“放心肉菜示范超市”。选取13家超市参加2020年省级放心肉菜示范超市评选，通过评审并获得省级“放心肉菜示范超市”命名5家；10家2019年省级“放心肉菜示范超市”参加复评全部通过复核。至2020年底，全市获评省级“放心肉菜示范超市”达到15家，占全省总量16%，数量排名全省第一。引导食品小摊点进入政府划定区域经营。2020年石家庄市辖8个区食品小摊点进入政府划定区域比例达到93.7%，其他县（市）食品小摊点进入政府划定区域比例达到85.5%，均完成河北省下达任务目标。HACCP体系认证。2020年全市规模以上食品生产企业通过HACCP体系认证14家，规模以下食品生产企业通过HACCP体系认证21家。至2020年末，全市1089家获证食品生产企业培训合格率、自查报告率、质量授权人履职报告率、食品安全管理人员参加抽查考核成绩合格率、抽查考核覆盖率均达100%；粮食加工品、食用油、肉制品、酒类、饮料、糕点、调味品7大类833家重点产品企业全部建立风险隐患排查台账；94家规模以上企业建立HACCP体系认证；食用植物油、肉制品、白酒、小麦粉4大类279家食品生产企业纳入追溯平台。乳制品质量安全。组织专家检查4家企业婴幼儿配方乳粉生产过程体系，飞行检查4家液奶生产企业；检查项目包括：食品生产许可条件保持、厂区环境、厂房和车间、设施设备、卫生管理、生产过程食品安全控制、记录文件管理、检验能力、产品贮存运输、产品追溯与召回等13项内容；监督乳制品企业落实自查报告制度、原辅材料管控、企业过程控制、产品出厂检验、产品冷链储运管理及完善质量安全追溯体系、产品召回制度等。整治保健食品欺诈和虚假宣传，严厉查处传销和违规直销活动。2020年全市各级市场监督管理部门围绕保健食品宣传欺诈及传销、违规直销等内容，检查食品生产经营单位5426家（次），排查安全隐患153个，整改153个；收到群众投诉举报4件，根据举报查处问题3个；停播广播电视虚假广告节目9个；立案5起，罚款20.76万元；公安机关立案侦办涉嫌传销案件1起。因严格落实保健食品市场监管规定和要求，2020年全市未监测到违法违规保健食品广告行为。校园食品质量安全。推进省、市级校园食品安全标准食堂建设，落实学校食堂“明厨亮灶＋互联网”管理要求。2020年全市中小学校、幼儿园食堂“明厨亮灶＋互联网”达到全覆盖，99%以上学校（含幼儿园）食堂食品安全等级达到良好以上，其中优秀等级达到41.3%；评选推荐39家优秀食堂参加省级校园食品安全标准食堂评选，累计评选确定省、市级校园食品安全标准食堂100家。校园及周边相关食品安全风险防控。以校园周边200米内主要面向学生经营食品（杂）店、小超市、食品小摊点等食品经营单位为重点场所，以儿童食品、麻辣食品、膨化食品、乳制品、肉制品及地方特色食品为重点品种，全年检查校园周边食品销售单位6704户（次），下达整改通知书138份，收缴不合格食品83千克。“山寨”食品专项整治行动。2020年全市以“山寨”食品整治为重点，检查食品生产经营场所24842个，组织执法6058次，查办省内“山寨”食品案件160起，罚没入库201.98万元。集中供餐单位和其他餐饮单位食品安全。全面排查和整治辖区内学校（含幼儿园）、养老院、医院、机关和企事业单位食堂及餐饮业、宾馆饭店食品安全隐患，2020年全市检查学校（含幼儿园）、养老机构、医院、机关和企事业单位食堂3223家、其他餐饮单位（含小餐饮）4076家，其中宾馆饭店298家，发现食品安全风险隐患563起，均整改纠正。“三小”经营治理。突出农村及城乡接合部、学校周边、旅游景区、车站周边重点区域，重点查处无证无卡从事食品经营行为。2020年全市检查“三小”经营业态34873家（次），发现问题隐患3213个，整改3212个；监督抽检997批次，不合格14批次，快检494批次，不合格1批次；清理无卡经营主体330家，吊销小摊点备案卡1张；查处“三小”食品违法案件287起，查扣问题食品365.4千克，罚款65.15万元，其中，小作坊案件26起、罚款16.5万元，小餐饮256起、罚款35.05万元，小摊点14起、罚款8万元。至2020年末，全市2259家食品生产加工小作坊全部建立档案，建档率100%。销售环节散装食品专项整治。6月1日起，全市开展为期6个月散装食品专项整治行动；检查食品经营主体18681户（次），监督抽检1371批次，不合格15批次，发现存在问题经营主体456户，均责令整改；立案查处16件，罚没金额11.55万元，查扣问题食品66.4千克；通报深泽县益佳悦商超存在食品安全问题。散装食品抽检。2020年8月，全市以食品批发市场、集贸市场、农村集市、食品仓库为重点场所，以连锁经营食品店、小超市、小食品店、小摊点为重点对象，开展粮食加工品、食用植物油、肉制品、蔬菜制品、糕点、豆制品、薯类和膨化食品7类散装食品监督抽检和风险监测；抽检126批次，总体合格率96.83%；不合格4批次，不合格散装食品为：豆制品2批次、糕点1批次、食用植物油1批次，均为食品添加剂超标。月饼专项监督抽检，全市抽检30批次，全部合格，主要抽检品种有稻香村、米莎贝尔、洛杉奇等品牌及国际大厦、希尔顿等酒店蛋糕房生产的月饼，主要检测项目包括山梨酸、苯甲酸、糖精钠、丙酸及钠盐、钙盐等。元宵、汤圆专项监督抽检，全市抽检29批次，全部合格，检测内容包括食品氧化值（以脂肪计）、铅（以Pb计）、糖精钠（以糖精计）等项目。食品生产集中区治理。以藁城区为重点，3月26日，全市在藁城区举行“2020年食品生产集中区治理提升工作部署会”，专门为18家食品生产企业、20家食品小作坊负责人作专题讲解；5月12～14日，开展食品生产集中区（宫面）生产企业专项监督检查暨“回头看”活动，以18家宫面生产企业为对象，列举人员管理、设备管理、物料管理、管理制度、环境卫生管理、监管公示6类问题清单；编写印发《宫面生产企业质量管理制度汇编》40册，与宫面生产企业签订《食品安全承诺书》。选拔68名餐饮服务监管业务骨干组建重大活动食品安全保障队伍，完成省、市食品安全重点保障任务17次，安全保障就餐6万余人次。

【药品安全监管】 应对新冠肺炎疫情。2020年初新冠肺炎疫情发生后，市市场监督管理局快速指导河北汇康日用品有限公司、际华三五零二职业装有限公司、新乐华宝医疗用品有限公司3家企业增产或应急转产疫情防控急需医疗器械，其中医用防护服生产实现零突破。2020年全市共有生产口罩企业22家，日产量315万只；生产防护服企业4家，日产量7万件。药品和医疗器械不良反应。2020年全市药品不良反应报告19003份，同比增长241.7%；医疗器械不良事件报告7401份，同比增长410.4%；化妆品不良反应报告2091份，同比增长152.2%。督导医疗器械生产企业和使用单位加强不良事件监测，医疗器械生产企业入网率、二级以上医疗机构不良反应监测覆盖率均达100%。药品流通追溯体系建设。2020年4月底，全市1789家单体药店入网率达到100%；9月15日，石家庄市药品零售企业全部入网并开展数据上传，药品流通实现来源可查、去向可追、全程可控管理目标。完善医疗机构药品安全信用体系，建立医疗机构药品安全信用档案管理制度，明确信用档案建档、采集、录入及评定标准等规定。药品生产环节监管。2020年全市日常监管生产药品企业98家，发现一般性问题158次，均全部整改。药品领域专项整治。以城乡接合部、农村地区药店、诊所为重点区域和重点对象，发挥追溯体系大数据作用，开展非法渠道购销药品专项整治行动，重点检查药品购销渠道及储存条件。药包材生产企业专项整治。全年药包材生产企业检查覆盖面100%，重点检查企业生产、检验能力、影响产品高风险点、产品安全性评估体系、人员构成、学习培训等，抽样检查药包材16批次，现场检查医疗机构制剂室换证10家，发现缺陷问题63项，均监督整改完毕。中药饮片专项整治。全年检查中药饮片生产企业14家，覆盖率100%；检查中药饮片专营（批发）企业3家、连锁总部41家、中药饮片经营范围零售药店3012家、医疗机构使用单位1998家，覆盖率100%；责令整改75家，约谈16家；发现1家企业法定代表人变更，及时组织该企业法定代表人和相关人员学习《药品管理法》《药品质量管理规范》等法律、法规；中药饮片经营专项整治重点检查药品经营企业出租出借证照、非法分装、从非法渠道购进、虚开票据及设立“库外库”等违法违规行为和中药饮片经营使用单位是否按照规定清理药斗，是否按照规定建立并执行进货检查验收制度、中药饮片保管制度等。以网络销售经营备案医疗器械企业和县级以上医疗机构为重点，全年检查网络销售医疗器械经营企业680家、使用单位85家，责令整改18家。2020年全市监督检查药品生产及销售连锁总部41家、零售药店8977家（次）、医疗机构及诊所4664家（次），责令整改635家，查办案件374起，发现处方药与非处方药未分开摆放、供货商资质过期等问题均全部整改完毕。

（赵航）

专利和知识产权保护

【概况】 2020年全市围绕建设国家知识产权运营服务体系重点城市和国家知识产权侵权纠纷检验鉴定建设试点、国家电子商务民营企业知识产权保护试点、省专利侵权纠纷行政裁决示范建设试点3项任务，组织开展知识产权质量提升、管理提升、运营提升、服务提升四大工程，重点完成高价值专利培育、专利产业化项目、专利导航计划、商标品牌培育、知识产权聚集区建设及知识产权贯标、托管、质押融资等20项工作。推进知识产权运营服务体系建设，印发《石家庄市知识产权运营服务体系建设实施方案（2019～2021年）》，制定知识产权运营服务专项资金管理办法、聚集区建设指导意见、项目管理细则等措施；以高新区聚集区建设为重点，实施高价值专利组合培育、商标品牌培育、专利导航计划等项目。1月13日，河北省（医药）知识产权维权援助中心、中国（河北）自由贸易试验区正定片区知识产权服务工作站在正定片区揭牌。建立健全知识产权保护体制和工作机制，制定出台《石家庄市强化知识产权保护分工方案》，设立“国家知识产权侵权纠纷检验鉴定石家庄中心”。2020年全市专利申请量28676件，专利授权量19577件，有效发明专利拥有量9302件，万人发明专利拥有量8.95件。2020年全市新增注册商标39723件，注册商标数量突破21万件，累计达到217045件；新认定中国驰名商标2件，累计达到59件；新增地理标志商标13件，总量达到41件；新增国际商标71件，总量达到192件；注册商标、驰名商标、地理标志商标、国际商标新增量及总量保持全省第一。2020年全市知识产权贯标认证企业达到144家，知识产权托管企业达到1800家，知识产权质押融资额达到4.99亿元。

表87

2020年石家庄市新认定中国驰名商标一览表

序号	县（市、区）	商标名称	商标权人
1	元氏县	诚信 CHENGXIN 及图	河北诚信集团有限公司
2	桥西区	荷花香烟及图	河北中烟工业有限责任公司

表 88

2020 年石家庄市新认定地理标志商标一览表

序号	商标名称	注册人 / 所有人
1	赞皇苹果	赞皇县农产品协会
2	藁城宫米	藁城区地方特产推广服务中心
3	平山黄芩	平山县富农中药材协会
4	行唐防风	行唐县农村专业技术协会
5	无极豆腐	无极县特色产品推广协会
6	晋州甜玉米	晋州市农林协会
7	赞皇红薯粉条	赞皇县农产品协会
8	平山苹果	平山县元坊林果协会
9	平山黑木耳	平山食用菌产业协会
10	赞皇雪花梨	赞皇县农产品协会
11	正定桑叶	正定县特色产品推广协会
12	平山连翘	平山县富农中药材协会
13	井陉黑猪肉	井陉县特色产品服务中心

【专利申请与保护】 2020 年全市专利申请量 28676 件，专利授权量 19577 件，有效发明专利拥有量 9302 件，万人发明专利拥有量 8.95 件。发挥专利申请量和授权量奖励激励作用，全年小微首件奖励企业 24 家 12 万元，发明专利量增加奖励企业 3 家 30 万元。7 月 15 日，石家庄市 3 项专利获得第二十一届中国专利奖。其中，石家庄东旭光电科技股份有限公司与郑州旭飞光电科技有限公司联合申报的“一种液晶玻璃基板的生产方法”专利获得发明专利金奖；神威药业集团有限公司申报的“一种心脑清缓释软胶囊及其制备方法”专利和格力电器（石家庄）有限公司与珠海格力电器股份有限公司联合申报的“空调器及其控制方法、装置、存储介质和处理器”专利获得专利优秀奖。2020 年市市场监督管理局办理专利案件 858 件，其中，侵权类案件 436 件，电子商务类案件 330 件，纠纷类案件 92 件；组织专利侵权鉴定 20 件。

【商标与地理标志产品管理】 2020 年全市新增注册商标 39723 件，注册商标数量突破 21 万件，累计达到 217045 件，占全省注册商标总量的 25.9%；新认定中国驰名商标 2 件，累计达到 59 件，占全省驰名商标总量 16.5%；新增地理标志商标 13 件，总量达到 41 件，占全省地理标志商标 18.1%；新增国际商标 71 件，总量达到 192 件，数量同比增长 85%；注册商标、驰名商标、地理标志商标、国际商标新增量及总量保持全省第一。地理标志商标“晋州鸭梨”入选首批中欧地理标志协定保护名录。至 2020 年末，全市共有地理标志产品 8 个，分别为：晋州鸭梨、赵县雪花梨、鹿泉香椿、正定马家卤鸡、藁城宫面、新乐花生、新乐西瓜、赞皇大枣；新申报地理标志产品 4 家，其中，新乐香瓜完成国家管理部门审查修改，栾城羊羔酒获得国家管理部门受理、进入评审修改阶段，行唐大枣（2020 年 6 月失效）获得国家管理部门再受理，井陉苹果正在制定标准和申报。至 2020 年底，世界知识产权组织在石家庄市设立技术与创新支持中心 2 家。

（赵航）

物价监督管理

【概况】 2020 年全市价格监督管理以涉企收费和民生领域为重点，开展价格监督检查行动。支持企业复工复产，帮助企业减轻经营成本，阶段性降低非居民用电、用气、用水销售价格，印发《关于阶段性降低企业用电成本支持企业复工复产的通知》《关于阶段性降低非居民用管道天然气销售价格支持企业复工复产的通知》《关于阶段性降低主城区非居民用水销售价格支持企业复工复产的通知》。服务民生，减轻市民负担，出台居民住宅暂不用热空置房不再收取采暖费政策。11月24日，由市发展改革委、市城市管理综合行政执法局、市财政局联合印发《关于主城区居民住宅暂不用热空置房不收取采暖费的通知》，决定自2020～2021年采暖季起，暂不用热空置房不再收取采暖费。加强新建商品房销售价格申报和明码标价审核监管，全年审核284家房地产企业申报新建商品房价格3600余册，备案房源25万余套。落实国家降价降费政策，开展转供电环节电价专项整治行动。2020年全市立案转供电违规行为为176件，查实违规金额6617.49万元，清退多收金额6595.89万元，罚没款1113.42万元。2020年市物价监管“12315”热线受理信息21.33万件，同比增加11.34万件，增长213.56%。其中，咨询12.48万件，同比增加5.82万件，增长187.38%；投诉4.67万件，同比增加2.29万件，增长196.58%；举报4.19万件，同比增加3.23万件，增长438.63%；咨询答复率100%；投诉办结3.85万件，办结率82.37%；举报办结3.94万件，办结率94.13%。

（赵航）

【价格管理】 2020年石家庄市区居民消费价格指数（CPI）呈现高开低走态势，全年居民消费价格指数为2.3%，完成年初设定居民消费价格指数涨幅不超过3.5%目标要求。做好民生领域价格保障，落实社会救助和保障标准与物价上涨挂钩联动机制，市发展改革委、市财政局、市民政局、市人力资源和社会保障局、市退役军人事务局、国家统计局石家庄调查队联合启动价格补贴联动管理机制，在全市范围向困难群体发放价格临时补贴。2020年1～9月，全市发放临时价格补贴1.91亿元，惠及困难群众184万人次，其中，3～6月，全市发放阶段性价格临时补贴1.24亿元，惠及困难群众105万人次。开展价格监测，落实国家和河北省价格监测报告制度。2020年石家庄市向国家和河北省报送各类价格监测报表2200余份、数据9万余条，涉及商品品种700余种。做好价格应急监测。元旦节、春节、清明节、五一国际劳动节、端午节、十一国庆节期间，实行超市和农贸市场重要商品价格监测“日报告”管理，及时掌握节假日重要生活消费品价格动态；开展节假日、重要时节农贸市场、大型商超市场价格巡视和暗访活动，撰写价格巡视报告6篇。2020年石家庄市向国家和河北省报送应急价格监测数据270期、数据6.3万余条。提升价格分析预警能力，围绕水果、蔬菜、生猪、生活必需品、主要工业生产资料、房地产市场等价格组织专题调研，撰写形成重要商品价格动态分析100篇、分析报告88篇、专题调研报告5篇。正确引导社会价格舆论，利用政府门户网站公布重要商品价格行情和价格动态信息。2020年全市发布超市食品类、农贸市场食品类价格各50期，发布37种生活必需品零售价格、19种主要农产品和农资价格各49期，发布超市日用品类、连锁药店药品类各12期。农业成本调查和成本监审。2020年全市完成11个县194个调查户17项农业成本调查任务及供热、污水处理2项成本监审任务。其中，市区4家供热企业2017～2019年成本监审上报总成本79.13亿元，审核核定总成本62.95亿元，审减不合理成本16.18亿元；市区2家污水处理企业2017～2019年成本监审上报总成本16.61亿元，核定总成本10.83亿元，审减不合理成本5.78亿元。

【价格改革】 阶段性降低非居民用电价格。2月1日至12月31日，全市实行阶段性降低企业用电成本政策，降价范围除高耗能行业用户外，包括执行一般工商业及其他电价、大工业电价电力用户，计收电费按原到户电价水平95%结算，惠及全市38万余户，节约企业用电成本5.68亿元。两次阶段性降低非居民用气价格。2月22日至3月31日，全市非居民用管道天然气价格阶段性下调，由3.45元/立方米下调为3.3元/立方米；4月1日至6月30日，非居民用管道天然气销售价格再次下调为2.86元/立方米。11月1日，全市非居民用管道天然气销售价格恢复到3.45元/立方米。全年阶段性降低非居民用气价格为企业节约用气成本1.2亿元。阶段性降低非居民用水价格。4月1日至6月30日，全市非居民用水销售价格下调。其中，非居民用水销售价格由8.94元/立方米调整为8.56元/立方米，下调0.38元/立方米；特种行业用水销售价格由49.73元/立方米调整为47.31元/立方米，下调2.42元/立方米。7月1日起，非居民用水销售价格恢复原价。全年阶段性降低非居民用水价格为企业节约用水成本600万元。

【价格服务】 发挥价格杠杆作用，淘汰落后产能，实行焦炭生产企业差别电价、差别水价政策。根据《石家庄市2020年焦化去产能工作实施方案》要求，经市政府批准，7月14日，市发展改革委、市工业和信息化局、市财政局联合印发《关于对石家庄市焦炭生产企业实施差别电价差别水价的通知》，决定自2020年7月1日起，对河北力马燃气有限公司、河北鑫跃焦化有限公司、河北新晶焦化有限责任公司、河北常恒能源技术开发有限公司、石家庄市藁城区金鑫焦化有限公司5家焦炭生产企业实行差别电价、差别水价政策。加价标准：7月1日至9月30日，生产用电价格在政府规定价格基础上，加价0.2元/千瓦时；生产用水价格在政府规定价格基础上，加价2元/立方米。10月1日起，生产用电价格在政府规定价格基础上，加价0.6元/千瓦时；生产用水价格在政府规定价格基础上，加价4元/立方米。以灵活反映天然气市场供求变化、疏解价格矛盾为目标，建立健全非居民用管道天然气上下游价格联动机制。根据《河北省管道燃气配气价格管理办法的通知》，按照“补偿成本、合理收益、持续发展、保障供气”原则，9月15日，印发《关于建立主城区非居民用管道天然气销售价格联动机制的通知》，决定自发布之日起试行3年；主城区非居民用管道天然气配气价格确定为0.85元/立方米；价格联动机制内容包括：联动条件、联动周期、联动公式、联动程序等；联动公式为：非居民用管道天然气销售价格＝上期销售价格±联动调整额，联动调整额＝（当期非居民用天然气综合购进价格－上期非居民用天然气综合购进价格）/（1－供销差率）。加强水资源管理，促进节约用水。11月20日，市发展改革委、市城市管理综合行政执法局、市水利局联合印发《石家庄市主城区非居民用水超定额累进加价实施办法（试行）的通知》，决定自2021年1月1日起试行3年；主要内容包括：非居民用水超定额累进加价实施范围、相关部门管理职责、定额水量核定原则、分档水量和加价标准、加价项目和计费周期、收费资金使用等。

（王宁）

外资登记管理

【概况】 2020年全市新登记外资企业115户，新增注册资本114.56亿美元。至2020年末，全市登记外资企业总数达到1871户，同比减少15户；累计注册资本395.51亿美元。2020年全市登记外资企业中，法人企业493户，分支机构1378户；外国企业常驻代表机构15户；外资企业累计投资总额达到904.58亿美元。至2020年末，全市5个区域市场监督管理部门具有外资企业注册职能，分别是正定县、藁城区、综合保税区、无极县、井陉县。

【外资登记】 全年外资登记管理按照减环节、压时间、降成本要求，推行“网上办、即时办、一日办、联合办”工作模式，实现登记办理时限压缩至0.5个工作日。优化外资营商环境，助力招商引资重点项目快速落地，全年共为包括轩竹生物科技有限公司（注册资本14.66亿元）、立邦新型材料（河北）有限公司（注册资本7000万元）等5户外商投资企业提供特事特办服务。至2020年末，全年累计办理各类外资登记注册业务848件。其中，设立登记109件，变更登记485件，备案登记75件，迁移登记62件，注销登记88件，其他登记业务29件。

（赵航）

【外资利用与引进】 扩大对外开放，保护外商投资合法权益，简化外商投资企业设立程序，实施外商投资便利化改革。4月2日，市政府印发《关于进一步做好利用外资工作的实施意见》。建立市、县两级外商投资企业分包服务和联系服务机制，成立专门帮扶组；指导外资企业开展数据直报，定期分析和研判，协调解决外资企业防疫用品短缺、物流运输、复工复产等困难及问题，2020年第一季度全市外资企业全部实现开工复产。统筹推进金融聚集区建设，依托河北自由贸易试验正定片区、桥西金融创新开发区、中央商务区等重点区域，重点引进外资和总部型金融机构。2020年全市实际利用外资18.3亿美元，同比增长13.1%，增速高于全省5.8个百分点，其中，外商直接投资18.12亿美元，同比增长12.7%，增速高于全省2.5个百分点。2020年全市外资企业新增合同外资额8.3亿美元，同比增长22.6%。

（王宁）

国有资产监督管理

【概况】 2020年市国有资产监督管理委员会（简称市国资委）监管国有企业13户。其中，国有独资企业11户，分别为：石家庄常山纺织集团有限责任公司、石家庄文化旅游投资集团有限公司、市建设投资集团有限责任公司、石家庄宝德投资集团有限公司、市地产集团有限公司、市建筑设计院、市国有资本经营集团有限公司、石家庄能源投资集团有限公司、石家庄保安服务集团有限公司、市星泽企业管理服务有限责任公司、石家庄国丰企业管理有限公司；国有控股企业1户：石家庄北国人百集团有限责任公司；国有参股企业1户：石家庄白龙化工股份有限公司。至2020年底，市国资委监管企业资产总额733.8亿元，排名前3位企业为地产

2020 年 11 月 23 日，石保集团举行鹿泉基地奠基仪式　　（市国资委提供）

集团、常山纺织集团、北人集团；营业收入 284.3 亿元，排名前 3 位企业分别为北人集团、常山纺织集团、保安服务集团；实现利润 10.1 亿元，排名前 3 位企业分别为北人集团、常山纺织集团、保安服务集团。加强国有企业资产处置管理，完成处置资产评估项目 4 个，净资产评估值 556.59 万元。2020 市国资委监管企业北人集团排名中国连锁百强第 22 位、全国零售百强第 27 位，常山纺织集团排名全国棉纺织行业竞争力百强企业第 22 位；常山纺织集团恒盛分公司织造车间、常山恒新公司魏倍倍创新工作室技术攻关组被命名为“全国纺织行业创新型班组”，常山恒新公司魏佳力技术工作室获评第六批河北省劳模和工匠人才创新工作室。

【国企改革】 开展监管企业二级及以下企业公司制改革，绿炬种子机械厂、宏达科技公司、市燃料公司 3 家企业公司制改革工作完成。推进经营类事业单位改革，6 家经营类事业单位列入改革范围；指导涉及经营类事业单位制定改革方案，确定改革时间表、路线图，全部按时注销事业单位法人，并妥善解决人员安置、社会保障衔接、党组织设置、党员组织关系衔接等问题。至 2020 年底，全市剥离国有企业办社会职能收尾基本完成，涉及“三供一业”（供水、供电、供热和物业管理）改造任务量 36.47 万户次，维修改造施工率达到 100%，其中，完工 34.1 万户次，完工率达到 93.5%。移交国有企业退休人员社会化管理工作完成，全市 21 个县（市、区）及高新区、循环化工园区累计接收驻石国有企业（央企、省企、市企）移交属地实行社会化管理退休人员 17.3 万人。推进市级经营性国有资产集中统一监管，采取问计省直部门、问计外地市、借鉴先进经验等方法，起草完成《石家庄市级经营性国有资产集中统一监管改革实施方案》。市建筑设计院划转市国资委监管，成为一级监管企业。落实市委常委会会议和全市经营类事业单位改革总结推进会提出要求，市建筑设计院完成经营类事业单位转企改制后，100% 国有产权无偿划转至市国资委，由市国资委履行出资人职责。12 月 31 日，市国资委向市建筑设计院下发《关于石家庄市建筑设计院无偿划转至市国资委监管有关事项通知》（石国资〔2020〕251 号），并办理国有产权登记。

【国资监管】 推进国有资本管理制度化、规范化，监督国有企业依法合规经营。完善和充实“1+N”政策监管体系，制定出台《石家庄市国资委监管企业投资监督管理办法》《石家庄市属国有企业对外担保管理办法（试行）》《石家庄市国资委监管企业投资监督责任追究管理办法》《石家庄国资监管企业违规经营投资责任追究实施办法（试行）》等规范性文件。优化国资监管效能，制定印发《监管企业违规经营投资问题和线索委内移送办理工作规则》《国资监管提示函工作规则》《国资监管通报工作规则》等 9 个文件。争取金融政策和资金支持，帮助市国有企业与驻石银行机构开展银企战略性合作，协调省国资委与 28 家银行及多家金融机构签署《省国资委监管企业与银行金融机构战略合作公约》延伸至石家庄市监管企业。加强工资决定机制监管，首次组织中介机构开展 2019 年国有企业工资总额清算和 2018 年薪酬兑现情况专项审计。

【重点项目建设】 2020 年市国资委监管企业在建重点项目 16 个，其中，续建项目 10 个，新增项目 6 个（4 个建设项目、2 个投资项目）。2020 年市国资委监管企业 4 个新建建设项目分别为：石家庄文化旅游投资集团有限公司（简称文旅集团）叶子广场提升改造及滹沱河两岸环线配套设施及 4、5 号水面提升项目，地产集团民心广场地下空间改建停车场项目，石保集团上庄基地建设项目，国丰公司平山温塘培训基地建设项目。2020 年市国资委监管企业 2 个新增股权投资项目分别为：文旅集团滹沱河景区公司收购项目、石保集团安保职业教育培训项目。2020 年市国资委监管企业全部建设项目总投资85.04亿元，年度计划投资11.3亿元，实际完成投资7.08亿元，其中，新增项目年度计划投资2.62亿元，实际完成投资2.1亿元。2020年常山纺织集团云数据中心一期项目投入使用，出租率接近50%，二期项目建设正在准备；北人集团高科技物流园一期投入使用，二期规划方案确定；地产集团民心广场地下空间改建停车场项目主体验收完毕，正在设备调试；石保集团上庄基地建设项目开工。

（市国资委）

自然资源管理

【概况】 2020年石家庄市辖区收储土地8153.81亩，其中市内4区收储4497.87亩。2020年全市供应土地面积2712.06公顷，其中，出让土地面积1685.38公顷，出让价款523.05亿元；市内4区出让土地价款315.77亿元，土地出让收入收缴入库356亿元。开展耕地占补平衡，补充耕地面积2.1万亩，库存耕地占补平衡指标1.9万亩。加强不动产登记管理，2020年全市发放不动产权证书、不动产登记证明20万本，其中，首次登记2500件，转移登记12.7万件，抵押登记7.5万件，注销登记5.7万件，变更登记2300余件，更正登记1800余件，预告登记600余件，查封登记5600余件，解封登记1800余件。自然资源和规划管理机构调整。2020年2月，市自然资源和规划局接收鹿泉区、藁城区、栾城区自然资源和规划局为派出机构，并更名为市自然资源和规划局鹿泉分局、藁城分局、栾城分局；2020年3月，整合原正定新区规划管理处、正定新区国土资源管理处职责及机构，组建市自然资源和规划局重点区域分局为派出机构；2020年8月，市自然资源和规划局所属事业单位市建设用地服务中心、市地产交易市场划转至市土地储备中心，将市土地储备中心机构规格由正科级调整为副县级；2020年11月，设立市自然资源和规划局经济技术开发区分局为局派出机构。至2020年末，市自然资源和规划局共有直属分局13个、直属事业单位8个。

【土地储备与供应】 2020年石家庄市辖区（市内4区及高新区、藁城区、鹿泉区、栾城区、循环化工园区）收储土地8153.81亩，其中，市内4区收储4497.87亩，高新区收储300.386亩，鹿泉区收储2116.66亩，藁城区收储253.84亩，栾城区收储933.9亩，循环化工园区收储51.15亩。2020年全市供应土地1308宗，面积2712.06公顷。其中，划拨土地604宗，面积975.22公顷；出让土地699宗，面积1685.38公顷，出让价款523.05亿元；租赁5宗，面积51.46公顷，租金3519.35万元。推行土地要素跟随项目原则，全年安排用地计划指标12128亩。优化征地报批流程，成立专班，实行集中办公和并联审批；全年受理用地报卷3.34万亩，上报省自然资源厅3.14万亩，新增土地指标同比增加4680亩；盘活低效用地2万余亩。3月25日，石家庄棉五社区改造项目地块经过241轮出价，以20.04亿元被石家庄乾丽房地产开发有限公司摘得，控股股东为东胜房地产开发集团有限公司；棉五社区改造项目位于市区光华路以南、栗康街以西、和平路以北、长征街以东，土地面积89101.55平方米，土地用途为住宅、商业服务、教育用地。加强用地要素管理，做好城乡建设用地增减挂钩工作，全年受理高邑县、正定新区、鹿泉区、元氏县、新乐市、栾城区、行唐县、井陉县、赵县9个县（区）增减挂钩建设用地审批卷2371.8亩。2020年正定新区建设供地总面积2474亩，实现土地收益44.08亿元。

【耕地保护】 耕地占补平衡。结合全市土地后备资源情况，全年下达各县（市、区）补充耕地任务2万亩；制定补充耕地工作方案，落实具体项目、责任到人、明确完成时限。想方设法多渠道补充耕地，全年除开发未利用地补充耕地外，还挖潜残次园林地、废弃砖瓦窑等适宜开发土地资源，开展耕地占补平衡和自主开发项目。2020年全市耕地占补平衡立项项目117个，完成项目验收80个，新增耕地面积2.1万亩。以统筹补充耕地指标为核心，采取多种措施，全力保障各类项目占补平衡需求。2020年全市统筹安排项目占补指标6345.75亩，征地挂钩使用占补平衡指标25760亩，基本保障了项目占补平衡需求。永久基本农田保护。启动永久基本农田核实整改，按照自然资源部、农业农村部《关于加强和改进永久基本农田保护工作的通知》（自然资规〔2019〕1号）和中共河北省委办公厅、河北省人民政府办公厅《关于在国土空间规划中统筹划定落实三条控制线的若干措施》（〔2020〕2号）等文件要求，制定印发《关于全面开展永久基本农田核实整改的通知》，启动全市永久基本农田核实整改工作，要求各县（市、区）自然资源主管部门会同农业农村主管部门运用卫星遥感和信息化技术手段，全面核实辖区永久基本农田划定成果，找准划定不实、违法占用、严重污染等问题，梳理问题清单，按照“永久基本农田面积不减、质量提升、布局稳定”原则，提出分类处置意见。至2020年末，石家庄市各县级行政区域编制完成整改补划方案，并形成永久基本农田评估自查报告。

2020年8月，鹿泉区采石场土地生态修复后呈现山中美景

【土地生态修复】 矿山生态修复及治理。根据《河北省露天矿山污染持续整治三年计划》，河北省下达石家庄市2020年责任主体灭失矿山迹地综合治理任务279处、总面积12053.98亩；下达历史遗留废弃露天矿山生态修复治理任务100处、总面积10313.7亩；至2020年12月底，全市矿山生态修复治理任务完成并通过验收。根据《河北省自然资源厅关于印发〈经济责任审计土地复垦专项整改方案〉的通知》要求，省级审批2017年到期未复垦土地涉及石家庄市生产建设项目8个；按照省级部门要求，石家庄市及时督导各县（市、区）自然资源和规划部门联系生产建设单位，开展土地复垦和验收。2020年全市共有缴纳矿山地质环境恢复治理保证金矿山178个，金额1.29亿元；至2020年12月底，全市返还矿山保证金32个，返还金额4271.61万元。实施土地及矿山综合治理，全面清理和规范违法违规圈占土地及矿山行为。2020年全市整改限期整改类图斑面积7816.31亩、持续整改类图斑面积13312.93亩，处置批而未供土地1.69万亩，盘活闲置地898亩；关闭取缔矿山50个，整合重组矿山8个，修复绿化矿山迹地279处。2020年全市土地及矿山综合治理目标任务全部完成。地热井整改。2020年市自然资源和规划局、市水利局联合转发省自然资源厅《关于严格管控抽采地热水的通知》《关于严格管控地热水管理的通知》文件，指导涉及地热井整改相关县（市、区）制定关闭取缔地热井工作方案；至2020年末，全市88眼地热井中，12眼手续齐全地热井按照要求取得不适宜回灌论证，76眼地热井关停或取缔通过市级验收，正在销号。

2018年5月，鹿泉区采石场未治理时自然面貌

【不动产确权登记】 2020年全市发放不动产权证书、不动产登记证明20万本，其中，首次登记2500件，转移登记12.7万件，抵押登记7.5万件，注销登记5.7万件，变更登记2300余件，更正登记1800余件，预告登记600余件，查封登记5600余件，解封登记1800余件。2020年全市办理集体土地所有权登记34宗，集体建设用地使用权登记3宗；土地信息入库141宗，房产落宗220宗；出让土地转让5宗，划拨土地转出让5宗；整理各类登记档案27万余

卷。不动产登记时效提升，全年一般登记、抵押登记业务办理时间压缩至3个工作日以内；私产现房抵押权首次登记、转移登记、变更登记、注销登记，单位产权土地抵押登记办结时限压缩至1.5个工作日；企业买卖房屋综合服务窗口办理时限压缩至1个工作日。抵押登记线上办理范围扩大，2020年市“不动产抵押登记远程申请系统”延伸至10余家银行机构，全年线上办理不动产抵押、注销登记1.2万余件。率先在全省推出线上缴费及自助打证服务，全年自助打证3.2万余本。9月1日起，市不动产登记中心推行不动产权证书、不动产登记证明由中国邮政速递物流免费邮寄服务；全年免费邮寄证书（证明）900件；提供免费继承（受遗赠）公证服务，全年出具《服务交接单》1500余份，办理继承业务1100件。

【地理信息测绘】 推进县级数字城市建设，2020年10月，“数字平山地理空间框架建设项目”通过省自然资源厅竣工验收；至此，石家庄市所辖各县（市、区）数字城市地理空间框架建设项目全部完成。开展地形图修补测，主城区基本比例尺地形图修补测范围达到90平方千米。做好数字城市运行维护及应用推广，更新入库市区基础地理信息数据库100平方千米数据。推进石家庄时空大数据平台及应用建设，2020年10月，石家庄时空大数据平台完成自然资源部项目设计书评审。至2020年末，0.1米正射影像图制作基本完成。服务城市建设，打造勘测品牌。2020年中国城市地图集系列——《石家庄市城市地图集》获得中国测绘学会优秀地图作品裴秀奖铜奖、石家庄市2018年1∶500数字地形图修补测项目获得2020年河北省地理信息产业优秀工程银奖、石家庄市2017年1∶1000数字地形图修补测获得河北省优秀地理信息工程一等奖、《石家庄地图编制》获得河北省测绘学会科学技术奖二等奖。

【地质灾害防治】 制定地质灾害防治方案，划定危险区域。全年448处地质灾害隐患点全部落实防治单位、责任人、监测人。举办地质灾害防治人员培训，涉及鹿泉区、灵寿县、井陉县、赞皇县等7个县区，培训人员400人次。开展主汛期地质灾害巡查监测活动，掌握地质灾害隐患点变化；组建地质灾害应对技术小组6支19人，派往石家庄市8个山区县。做好地质灾害防治宣传，印发地质灾害防治知识宣传扑克牌2000副、宣传材料3200份，录制地质灾害宣传动画片6部。

表89

2020年石家庄市地质灾害高易发区一览表

市域分布	县域分布	灾害面积（平方千米）	地质灾害隐患点数量（处）	地质环境	地质灾害易发类别
西北部中低山区	平山县西部、灵寿县西北部、行唐县西北部等地区	1882	182	该区主要出露新太古界变质岩，岩体风化强烈；南部区域出露少量奥陶系碳酸盐岩、寒武系碳酸盐岩、长城系石英砂岩、白云岩、泥灰岩等	滑坡44处、泥石流98处、崩塌40处
西南部中低山区	赞皇县西部、元氏县西部、井陉县南部等地区	587	76	该区主要出露太古界赞皇群片麻岩、变粒岩、石英砂岩、大理岩及斜长角闪岩，风化、剥蚀强烈	滑坡22处、泥石流42处、崩塌12处

（张跃彬）

科学技术

Science & Technology

综　述

2020年石家庄市域单位获得国家科学技术奖6项，均为国家科学技术进步奖二等奖，其中，主持完成获奖项目1项，参与完成获奖项目5项。2020年石家庄市域单位获得河北省科学技术奖115项，其中，河北省自然科学奖9项（一等奖2项、二等奖4项、三等奖3项），河北省技术发明奖2项（二等奖2项），河北省科学技术进步奖104项（一等奖17项、二等奖39项、三等奖48项）。3人获得河北省科学技术个人奖。其中，东旭集团有限公司李青获得河北省科学技术突出贡献奖；2人获得河北省科学技术合作奖，分别为瑞士苏黎世大学罗夫·辛克纳吉、上海大学陈立群。2020年石家庄市争取河北省科技计划项目222项，争取支持资金19610万元；市级财政安排应用技术研究与开发专项资金（研发资金）13547.74万元。2020年石家庄市实施科学技术研究与发展计划（指令计划）1批、科技项目273项，下达科学技术研究与发展自筹资金计划项目1批、科技项目109项。2020年石家庄市实施科技计划项目取得一批自主知识产权成果，专利申请563件，其中发明专利申请232件，专利授权333件，其中发明专利授权58件。2020年全市认定登记技术合同6024份，实现技术合同成交总额115亿元。

科技创新　2020年全市新增高新技术企业699家、科技型中小企业1596家、市级创新型企业32家，至2020年底，全市共有高新技术企业2499家、科技型中小企业13567家、创新型（试点）企业265家。全年新增省级新型研发机构10家，总数达到31家。重视科技创新平台建设，新增省级科技创新平台88家，省级以上科技创新平台达到340家。其中，新增省级技术创新中心44家，总数达到206家；新增省级学科重点实验室20家，总数达到82家；新增省级企业重点实验室14家，总数达到28家；新增省级产业技术研究院10家，总数达到24家。新建市级技术创新中心31家，市级技术创新中心总数达到243家；新认定市级科技企业孵化器6家，总数达到38家；新增市级众创空间11家，总数达到127家。评选认定第五批引进高层次科技创新创业人才5名和第六届科技领军人物15名、科技创新团队15个。

科技合作　建设国际科技合作基地，搭建国际科技合作平台，重点推动市域单位与国外高校、科研院所、技术转移机构及高科技企业开展科研合作。9家单位认定为河北省国际科技合作基地。至2020年末，全市共有国际科技合作基地61家，其中，国家级国际科技合作基地9家、省级国际科技合作基地57家、市级国际科技合作基地35家。深化国内外引智合作，依托市级引智工作站，邀请外国高端专家人才参加国际科技交流与合作活动，主动为企业搭建科技交流合作平台。全年邀请各国专家85人次，举办对接交流及培训活动94场，线上线下参与31万人次，签约合作项目18个。加强外国专家来石工作许可制度管理，全年受理350笔，核验发放工作许可证74张。认定11家国（境）外引才引智机构、17家境内引才引智机构为“石家庄市2020年度引智工作站”。争取国家重点引智项目1个、省级重点引智项目30个。

科技成果转化　采用线上线下相结合方式，开展科技成果发布和对接活动，举办京津成果转化活动27场。培育省级常设技术市场4家，省级以上各类技术转移服务机构达到57家；建设省级技术转移人才培养基地2家，培养技术经纪人、技术经理人等专业化人才505人。新建藁城区、鹿泉区、晋州市、赵县4家科技成果转化工作站，县域科技成果转化工作站达到8家。围绕供给侧结构性改革，突出新一代信息技术、医药健康、节能环保、智能装备、新能源、新材料、现代农业等领域，设立市级重大科技成果转化专项，重点支持创新水平高、行业带动力强、能够形成经济增长点的京津尖端科技成果转化项目和石家庄市重要“杀手锏”技术成果转化项目10项，支持经费1000万元。19个项目获得省重大科技成果转化专项立项，争取经费6400万元。支持市域相关单位与京津高校、科研院所开展产学研合作和科技成果转化项目53项，支持经费4487万元。

（梁斐　檀静娴　侯彦波）

科学技术研究与发展计划

【**概况**】 2020年全市科研计划项目主要实施重大科技专项、重点研发计划、创新能力提升、技术创新引导四类科技计划。根据突发新冠肺炎疫情，及时新增防治新冠肺炎科技计划专项项目。重大科技专项计划聚焦全市产业发展的重大技术需求和重大战略产品、重大产业化目标，集中力量在设定时限内开展集成式协同攻关，解决全市产业结构调整和转型升级关键核心问题。重点研发计划以提升产业竞争力、企业自主创新能力为核心，加强跨部门、跨行业、跨区域研发布局和协同创新，促进全市产业结构调整和经济发展方式转变。创新能力提升计划以提升科技服务能力为核心，加快技术创新中心等科技创新平台建设，发挥创新人才团队、科技特派员等科技人员才智作用，全力提高全市科技创新整体保障能力。技术创新引导计划以促进科技成果资本化、产业化为核心，利用财政资金杠杆作用，采取政策引导及建立转化基金、引导基金、风险补偿基金等方式，聚集社会资本，重点培育壮大科技型中小企业和行业领军企业。2020年石家庄市争取河北省科技计划项目222项，争取支持资金19610万元；市级财政安排应用技术研究与开发专项资金（研发资金）13547.74万元。2020年石家庄市实施科学技术研究与发展计划（指令计划）1批、科技项目273项，下达科学技术研究与发展自筹资金计划项目1批、科技项目109项。

【**科研经费安排**】 2020年石家庄市级财政安排应用技术研究与开发专项资金（研发资金）13547.74万元，其中，高层次科技创新创业人才引进1103.13万元，企业孵化专项经费200万元，科技孵化载体奖励资金624万元，市科技型中小企业创新资金800万元，引智资金1000万元，科技大市场运行及活动经费192.61万元，科学技术研究与发展计划（指令计划）项目资金6578万元（含防治新冠肺炎专项资金500万元），大众创业万众创新专项资金3050万元。实施科学技术研究与发展计划（指令计划）项目273项。全部科技计划项目中，重大科技专项项目10项，经费1000万元；重点研发计划项目182项，经费4323万元；创新能力提升计划项目62项，经费755万元；防治新冠肺炎专项子项目19项，经费500万元。按照科技计划类别区分，科技支撑项目192项，经费5535万元；科技成果推广项目13项，经费302万元；软科学项目10项，经费55万元；国际科技合作项目2项，经费51万元；科技创新平台建设项目26项，经费260万元；科技领军人物及创新团队项目30项，经费375万元。按照承担单位性质区分，企业承担项目228项，经费5867万元；科研院所项目17项，经费299万元；高等院校项目7项，经费71万元。全部273项科技项目中，七大科技专项项目244项，经费5078万元；产学研项目104项，经费2573万元。

【**科技计划实施效果**】 引进和吸纳一批高层次人才，项目参加人员中，引进院士3人，享受政府津贴专家5人，省、市管专家38人；吸引市外人才172人、省外人才79人（京津人才36人），培养研究生149人。获得一批创新性成果，取得新产品、新材料179个，新工艺、新装置110个，计算机软件112个，新技术108项，发表论文217篇（SCI、EI收录论文24篇），出版著作10部，形成标准113项。获得一批自主知识产权成果：专利申请563件，其中发明专利申请232件，专利授权333件，其中发明专利授权58件。关键技术研究取得重要突破，开发和形成一批具有应用价值的技术成果：新增销售收入13.2亿元，新增利税5.11亿元，出口创汇2170.79万美元；培育农作物新品种6个，新品种推广面积4.08万亩，畜禽推广数量60万头（只），年总收入2144.5万元。节能减排成效显著，节煤100吨，节电84.59万度，节水29.58万吨，减排废气961.08万立方米，减排废水2.96万吨。

（徐秀芳）

工业科技与高新技术

【概况】 2020年全市以加快战略性新兴产业发展为突破口，重点支持新一代电子信息技术、先进装备制造、新材料等工业科技和高新技术研发。起草《关于大力提升全市科技创新能力的考核办法》，落实高新技术企业2018年市级奖励资金4000万元、2019年省级奖励资金5070万元。组织推荐21家企业申报2020年度河北省科技领军企业，石家庄诚志永华显示材料有限公司、石家庄科林电气股份有限公司等14家企业获评“河北省科技领军企业”，占全省科技领军企业总数41%。落实科技特派员制度，支持科技特派员向企业提供精准科技服务，全年推荐选派科技特派员302人，建立科技特派员工作站33个。2020年全市新增高新技术企业699家、科技型中小企业1596家、市级创新型企业32家，至2020年底，全市共有高新技术企业2499家、科技型中小企业13567家、创新型（试点）企业265家。“十三五”期间，全市科技型中小企业由3850家增加到13567家。全年新增省级新型研发机构10家，总数达到31家。

2020年6月11日，市科技局直通新华区政策助企面对面专场会举行

【科技企业孵化器】 至2020年底，石家庄市国家级孵化载体达到9家，占河北省国家级孵化总数27.27%，位列全省第一；省级以上科技孵化载体达到87家，其中，科技企业孵化器25家、众创空间62家。至2020年末，全市市级以上科技企业孵化载体达到165家。其中，新认定市级科技企业孵化器6家，总数达到38家；新增市级众创空间11家，总数达到127家。推进孵化器建设，制定出台《石家庄市市级众创空间年度绩效评价办法（试行）》《石家庄市科技企业加速器认定管理办法（试行）》，举办2020年“双创”能力提升及政策解读培训会，参加培训人员200人。2020年12月，市科技创新服务中心（简称市科技中心）以优秀（A类）成绩通过科技部火炬中心国家级科技企业孵化器2019年度评价，成为河北省唯一连续7年获得A类成绩孵化器。

【科技创新平台】 新增省级科技创新平台88家，同比增长86.9%，省级以上科技创新平台达到340家。其中，新增省级技术创新中心44家，占全省总数19.3%，省级以上技术创新中心总数达到206家；新增省级学科重点实验室20家，占全省总数41.7%，省级以上学科重点实验室总数达到82家；新增省级企业重点实验室14家，占全省总数48.3%，省级以上企业重点实验室总数达到28家；新增省级产业技术研究院10家，占全省总数19.2%，省级以上产业技术研究院总数达到24家。申报河北省新型研发机构20家，审核通过10家，占全省新认定新型研发机构20%，省级新型研发机构总数达到31家。

【企业技术中心】 新建市级技术创新中心31家，市级技术创新中心总数达到243家。11家企业新认定为省级企业技术中心，分别为石家庄常宏建筑装饰工程有限公司、河北晶禾电子技术股份有限公司、河北安防报警网络有限公司、河北鑫乐医疗器械科技股份有限公司、石家庄昊普化工有限公司、石家庄市惠康食品有限公司、沈兴线缆集团有限公司、中国兵器工业北方勘察设计研究院有限公司、河北山姆士药业有限公司、河北萌帮水溶肥料股份有限公司、河北金环模具有限公司。至2020年末，全市共有省级以上企业技术中心147家，其中，国家级企业技术中心14家、省级企业技术中心133家。

（何新会）

社会发展领域科技进步

【概况】 2020年全市实施生物医药关键技术研发项目11项，投入资金315万元；开展生态环境保护和节能减排研究项目18项，投入资金475万元；支持防灾减灾、公共安全、城市管理等研发项目7项，投入资金180万元。新增防治新型冠状病毒感染的肺炎疫情应急科技攻关项目15项，投入500万元。重视医疗卫生技术创新，以重大疾病防治研究、公共卫生与公众健康研究、中医临床研究、常见病等疾病防治和公众健康为内容，安排市科学技术研究与发展自筹计划项目74项，研究形成一批重大疾病及常见病临床诊疗技术及方案。2020年石家庄市实施民生科技、生物医药、资源与环境、科技冬季奥林匹克运动会等专项科技研发项目争取河北省科技计划项目45项，获得支持资金2303万元。

【疫情防控科技攻关】 支持新冠肺炎疫情防控，紧急启动“防治新型冠状病毒感染专项”研究，1月26日印发《关于开展防治新型冠状病毒感染的肺炎疫情应急科技攻关的紧急通知》，2月10日印发《关于发布“防治新型冠状病毒感染专项”应急科研项目申报指南的通知》，部署安排相关单位申报科研项目，重点围绕“新型冠状病毒感染的肺炎疫情相关药物”“快速检测试剂盒、防护用品及设备”“涉及流行病学、临床救治策略研究与应用、互联网+综合应用”3个方面，筛选15项疫情防控科技攻关项目列入科研专项，提供支持资金500万元。

【生物医药技术创新】 全年实施生物医药关键技术研发项目11项，投入资金315万元，重点支持创新药物研发、高端医疗器械及新型健康产品研发、生物技术药物关键技术研发、现代中药组分研究及质量控制技术、中药材规范化种植关键技术与示范等项目。生物医药关键技术研发项目分别为：石药控股集团有限公司的“乙磺酸尼达尼布原料及软胶囊”、石药集团新诺威制药股份有限公司的“咖啡因中间体连续化工艺的研究与开发”、石家庄高新区博欣医药科技开发有限公司的“新型拟钙剂类药物盐酸西那卡塞的开发”、河北智恒医药科技股份有限公司的“蛋白琥珀酸铁原料及其制剂的研究开发”、河北大安制药有限公司的“人凝血酶原复合物分离纯化技术研究”、河北精硕生物科技有限公司的“一种抗缪勒氏管激素的近红外荧光层析免疫定量检测试剂盒”、河北瑞鹤医疗器械有限公司的“骨小梁髋臼杯增材制造技术研究”、石家庄渡康医疗器械有限公司的“经颅直流电刺激仪的研发与应用”、河北兰格医疗设备有限公司的“激光磁电综合治疗系统”、河北时光射频技术有限公司的“数字化医用射频激励源”、河北冀德远健医疗器械科技有限公司的“基于云的生命体征长期中央监护系统”等。

【节能环保技术创新】 围绕大气污染防治、节能降耗、控污减排、新能源开发、资源综合利用等关键技术，安排节能环保科研项目18项，投入资金475万元。节能环保技术研发项目分别为：石家庄迪飞科技有限公司的“高效节能VOCs处理技术的研发与示范”、河北思达环境科技有限公司的“高酚废水技术处理创新性研究”、市环境预测预报中心的“石家庄反应性挥发有机物来源与转化生成臭氧机制解析”、石家庄兆荣科技有限公司的“VOCs在线监测系统（GC-FID法）”、市桥西污水处理厂的“污水厂磷形态特征及总磷达标关键技术开发与示范”、石家庄给源环保科技有限公司的“利用余热实现焦化工业废水的‘零排放’技术研究”、石家庄学院的“生化—超声/固定床催化氧化处理综合废水技术研究”、中惠科银河北科技发展有限公司的“基于AO干法脱硫脱硝协同技术的中小型锅炉用烟气净化器”、河北华药环境保护研究所有限公司的“污泥超高温好氧堆肥关键技术研发与应用”、石家庄鼎威化工设备工程有限公司的“聚甲氧基二甲醚污水回收技术及回收装置的研发”、河北协同水处理技术有限公司的“焦化废水预处理技术开发及应用示范”、河北丽建丽筑集成房屋有限公司的“全装配预制混凝土模块化建筑体系”、河北绿色永续环保科技有限公司的“城市生活垃圾分类管理系统的研发”、河北天龙环保科技有限公司的“大型二氯甲烷尾气高效回收技术及装备研发”、石家庄圣宏达热能工程技术股份有限公司的“一种低碳排放隔焰煅烧石灰窑的研发与应用”、石家庄工大化工设备有限公司的“民用甲醇燃料采暖设备的研发与推广”、石家庄贝克密封科技股份有限公司的“汽车用氢燃料电池的电堆垫片研究”、煜环环境科技有限公司的“石油类污染场地土壤和地下水联合修复技术的应用研究”等。

【民生服务科技创新】 围绕保障公共安全、提高社会公共服务水平，开展科技强警、食品安全、城市管理、重大灾害监测及应急救援、安全生产与劳动保护等民生领域关键技术攻关，重点支持民生领域科技研发项目主要有：河北冀科工程项目管理有限公司的“敏感环境下深大基坑开挖与紧邻既有建筑相互影响分析”、河北国昊电力科技有限公司的“可穿戴式全回路自检数显直流验电器的研究”、北方工程设计研究院有限公司的“城市更新背景下的建筑抗震韧性关键技术研究”、石家庄大为生物技术有限公司的“食品多功能快速检测仪”、河北英茂生物科技有限公司的“基于功能性纳米材料的动物源性食品中诺氟沙星快速检测技术的开发与应用”、河北省金泰科技开发有限公司的“区域隔离主动灭火消防系统研发”、河北恒源水务科技有限公司的“水资源税取用水信息管理系统”等。

（张宏燕）

科技合作与交流

【概况】 2020年全市科技合作与交流围绕建设国际科技合作基地、搭建国际科技合作平台、举办科技交流活动等内容，重点推动市域单位与国外高校、科研院所、技术转移机构及高科技企业开展科研合作。9家单位认定为河北省国际科技合作基地。至2020年末，全市共有国际科技合作基地61家，其中，国家级国际科技合作基地9家、省级国际科技合作基地57家、市级国际科技合作基地35家。获批省科技厅国际科技合作基地建设专项项目9项，获得支持资金420万元。实施市级国际科技合作计划项目2项。深化国内外引智合作，依托市级引智工作站，邀请外国高端专家人才参加国际科技交流与合作活动，主动为企业搭建科技交流合作平台。全年邀请各国专家85人次，举办对接交流及培训活动94场，线上线下参与人次31万人次，签约合作项目18个。认定11家国（境）外引才引智机构、17家境内引才引智机构为“石家庄市2020年度引智工作站”。争取国家重点引智项目1个、省级重点引智项目30个。以经费支持方式实施市级引智项目44个。2020年市农林科学研究院围绕马铃薯、蔬菜、玉米等4个学科领域，与国外科研机构开展农业科技创新和合作；石家庄以岭药业股份有限公司生产的连花清瘟胶囊在加拿大、俄罗斯、菲律宾、科威特等近20个国家和地区获得上市批准许可。

【国际科技合作基地】 搭建国际合作平台，签署国际合作协议，拓宽国际科技合作领域和国际技术转移渠道。河北博海生物工程开发有限公司与中美多家医疗机构开展“肿瘤多靶点诊疗整体解决方案国际合作多中心研究”。河北常山生化药业股份有限公司与美国公司签订“艾本那肽Ⅲ期临床研究项目”战略合作协议，共同开展临床研究试验。10月26日，市科技创新服务中心与太库以色列创新中心签署共建“中以创新联合（河北）孵化器”协议。石药集团围绕5个医疗领域重点疾病在海外设立研发和临床中心4个。日中天康复辅助器具国际创新园聚集河北德华医疗器械有限公司等40余家康复辅助器具企业，与德国、韩国、加拿大、以色列等国家开展国际科技合作，打造集群化、专业化、国际化康复辅助器具国际创新园。

【国际科技合作项目】 河北博海生物工程开发有限公司与英国曼彻斯特大学合作，开发出新型冠状病毒IgM/IgG抗体快速检测试纸。石家庄君乐宝乳业有限公司参与政府间国际科技创新合作项目“功能性乳基配料加工关键技术研究及产品创新开发”子课题，解决了制约乳品配料依赖进口技术瓶颈。市神州花卉研究所自1998年起承担中国与比利时国际政府间合作项目“高山杜鹃品种引进及配套栽培技术研究”，实现“高山杜鹃野生古树桩在平原石家庄盛开”。华北制药集团新药开发有限责任公司与美国MTTI公司合作研发出重组人源抗狂犬病毒单抗注射液，这也是中国第一个具有自主知识产权的重组人源抗体药物。石家庄市长安育才建材有限公司与澳大利亚莫纳什大学开展新型绿色混凝土引气剂的制备及其对混凝土性能影响研究，开发出新型混凝土引气剂。石家庄盛华企业集团有限公司与德国布斯特精密铸造有限公司联合开展汽车零部件轻量化精密铸造技术联合研发项目，解决了复杂结构陶瓷型芯成型、自动模具设计等技术瓶颈问题。

【科技合作交流活动】 全年组织市域企业及科研院所参加第二十三届中国北京国际科技产业博览会、走进中科院——河北科技合作对接会、河北国际技术直通车——数字技术成果发布暨项目路演对接会等展览和洽谈活动。河北诺亚海创人才资源服务有限公司围绕生物医药、节能环保两大领域，举办“石家庄大洋洲生物医药科技创新发展云端高峰论坛”“环保技术交流——德国环保领域先进项目推介会”“中英国际生物医药尖端项目对接峰会”等9场国际交流活动。石家庄以岭药业股份有限公司、石药控股集团有限公司、华北制药集团新药研究开发有限责任公司、河北德路通生物科技有限公司等9家企业参加“第二十三届中国北京国际科技产业博览会”河北展区展览，石家庄亿生堂医用品有限公司、石家庄市神州花卉研究所有限公司、天俱时工程科技集团有限公司等11家企业创新项目在河北展区大屏幕宣传播放，接待洽谈200人次，达成合作意向3项。6月25日，石家庄市与西安交通大学签署《石家庄市政府——西安交通大学全面战略合作协议》《中共石家庄市委组织部——西安交通大学社会实践基地共建协议》《石家庄市人民医院——西安交通大学医学部合作协议》，确定在智库合作交流、科技成果转化、共建科技研发平台、联合开展关键技术研究、加强人才实践教学培养及课程建设合作、加强对石家庄学院发展的指导支持、加强人才交流培养合作、共同培养博士后高端人才、鼓励毕业生到石家庄工作创业、开展卫生医药领域合作10个方面建立全面合作关系，双方确定在石家庄市共建“西安交通大学学生社会实践石家庄市基地”、在石家庄市人民医院挂牌西安交通大学医学部附属医院。31个高新技术招商项目入选《河北省高新技术项目推介册》并参加10月14～16日由河北省科技厅、中国科学院科技创新发展中心主办，河北省协同创新中心、中国科学院北京国家技术转移中心承办的“走进中科院——河北科技合作对接会”。11月19日，硅谷（石家庄）创新中心、市科技创新服务中心联合举办国际科技创新合作暨国际创新资源对接会，发布国外先进技术项目25个。

（姚培龙　李智）

科学技术奖励

【概况】 2020年石家庄市域单位获得国家科学技术奖6项，均为国家科技进步奖二等奖，其中，主持完成获奖项目1项，参与完成获奖项目5项。2020年石家庄市域单位获得河北省科学技术奖115项，其中，河北省自然科学奖9项（一等奖2项、二等奖4项、三等奖3项），河北省技术发明奖2项（二等奖2项），河北省科学技术进步奖104项（一等奖17项、二等奖39项、三等奖48项）。3人获得河北省科学技术个人奖。其中，东旭集团有限公司李青获得河北省科学技术突出贡献奖；2人获得河北省科学技术合作奖，分别为瑞士苏黎世大学罗夫·辛克纳吉（合作单位为河北佑仁生物科技有限公司）、上海大学陈立群（合作单位为石家庄铁道大学）。

【国家科学技术奖】 2021年11月3日，国家科学技术奖励大会在北京举行，公布和表彰2020年度国家科学技术奖项目和人员。2020年石家庄市域单位获得国家科学技术奖项目6项，均为国家科技进步奖二等奖，其中，主持完成获奖项目1项，参与完成获奖项目5项。

表90

2020年度石家庄市域单位主持完成国家科学技术进步奖二等奖

项目名称	完成单位	主要完成人
轨道交通大型工程机械施工安全关键技术及应用	石家庄铁道大学 中铁工程装备集团有限公司 秦皇岛天业通联重工科技有限公司 中国铁建大桥工程局集团有限公司 中铁一局集团城市轨道交通工程有限公司	杨绍普　郭京波　潘存治 郭文武　卓普周　王金祥 纪尊众　王江卡　郝如江 魏福祥

表 91

2020 年度石家庄市域单位参与完成国家科学技术进步奖二等奖

序号	项目名称	完成单位	主要完成人
1	奶牛高发病防治系列新兽药创制与应用	河北远征药业有限公司等	贾国宾（第 9 完成人）
2	钢材热轧过程氧化行为控制技术开发及应用	河钢集团有限公司等	齐建军（第 3 完成人） 许斌　（第 8 完成人）
3	聚乙二醇定点修饰重组蛋白药物关键技术体系建立及产业化	石药集团中奇制药技术（石家庄）有限公司 石药控股集团有限公司等	惠希武（第 8 完成人）
4	缺血性心脏病细胞治疗关键技术创新及临床转化	河北医科大学第一医院等	刘刚　（第 7 完成人）
5	钢铁行业多工序多污染物超低排放控制技术与应用	河钢集团有限公司等	于勇　（第 2 完成人） 李建新（第 6 完成人） 田欣　（第 7 完成人） 卢建光（第 8 完成人）

【河北省科学技术奖】 2020 年石家庄市域单位获得河北省科学技术奖 115 项，其中，河北省自然科学奖 9 项（一等奖 2 项、二等奖 4 项、三等奖 3 项），河北省技术发明奖 2 项（二等奖 2 项），河北省科学技术进步奖 104 项（一等奖 17 项、二等奖 39 项、三等奖 48 项）。

表 92

2020 年度石家庄市域单位获得河北省自然科学奖一等奖

序号	项目名称	完成单位	主要完成人
1	油菜素内酯信号传导及其调控植物生长发育的分子机制	河北师范大学	汤文强　孙颖　孙玉 王瑞菊　张宝文
2	血管重构机制及心血管保护新靶点的研究	河北医科大学 石家庄市第四医院	韩梅　董丽华　吕品 苗穗兵　张凡

表 93

2020 年度石家庄市域单位获得河北省自然科学奖二等奖

序号	项目名称	完成单位	主要完成人
1	多体量子纠缠的研究	河北师范大学 河北地质大学 华北科技学院	闫凤利　高亭　宏艳 何英秋　丁东
2	高性能结构色材料的组装及应用	河北师范大学 中国地质大学（武汉） 中国科学院化学研究所	周金明　黄羽　宋延林 魏雨
3	复杂工况下重型汽车—道路耦合系统动力学研究	石家庄铁道大学 上海大学	李韶华　丁虎　路永婕 陈立群
4	气候变化下农业高效用水调控机理及节水途径	中国科学院遗传与发育生物学研究所农业资源研究中心 北京师范大学	沈彦俊　王会肖　孙宏勇 刘昌明　陈素英

表 94

2020 年度石家庄市域单位获得河北省自然科学奖三等奖

序号	项目名称	完成单位	主要完成人
1	作物生产对气候变化的响应过程与适应机制研究	河北省科学院地理科学研究所	肖登攀
2	富碳恒星证认及恒星元素丰度的分解研究	河北师范大学	崔文元 张波 张江 李宏杰 牛萍
3	光及两种植物内源信号分子调节气孔运动的机制	河北师范大学 福建农林大学	陈玉玲 尚忠林 张春广 李建华 王巍

表 95

2020 年度石家庄市域单位获得河北省技术发明奖二等奖

序号	项目名称	完成单位	主要完成人
1	高导电率硬铝导线制备技术及工艺创新	国网河北省电力有限公司电力科学研究院 华北电力大学 远东电缆有限公司	冯砚厅 徐雪霞 王庆 李文彬 刘东雨 徐静
2	新能源电力系统宽频振荡多机协同增强阻尼控制技术	国网河北省电力有限公司电力科学研究院 华北电力大学	梁纪峰 马燕峰 赵书强 李晓明 高本锋 刘翔宇

表 96

2020 年度石家庄市域单位获得河北省科学技术进步奖一等奖

序号	项目名称	完成单位	主要完成人
1	高比例新能源发电“源网荷”协同互动消纳关键技术与装备	国网河北省电力有限公司 华北电力大学 石家庄科林电气股份有限公司 国网冀北电力有限公司 北京清软创新科技股份有限公司	王飞 王铁强 常生强 米增强 时珉 王东升 孙辰军 梅华威 赵宏杰 刘梅
2	基于氧化物冶金的大线能量焊接船体钢关键技术开发与应用	河北科技大学 华北理工大学 邯郸钢铁集团有限责任公司	朱立光 张彩军 李玉谦 刘增勋 成慧梅 韩毅华 王雁 王波 王彦杰 孙立根
3	超低能耗建筑全产业链关键技术与规模化应用	河北省建筑科学研究院有限公司 河北奥润顺达窗业有限公司 华北电力大学 中亨新型材料科技有限公司	强万明 倪守强 高军 刘志坚 郝翠彩 句德胜 倪海琼 刘士龙 魏贺东 刘少亮
4	河北省渤海粮仓科技示范工程技术体系构建与应用	河北省农林科学院 中国科学院遗传与发育生物学研究所农业资源研究中心 河北省农业技术推广总站 沧州市农林科学院 邢台市农业科学研究院	王慧军 刘小京 李科江 徐玉鹏 王树林 贾良良 王亚楠 李文治 徐俊杰 米换房
5	感染性疾病病原体分子诊断关键技术创新与应用	河北省人民医院 河北省儿童医院 中国疾病预防控制中心病毒病预防控制所	冯志山 李贵霞 马学军 王乐 赵梦川 申辛欣 王佶 孙素真 郭巍巍 杨硕
6	中药连花清瘟治疗新型冠状病毒性肺炎研究及应用	河北省中西医结合医药研究院 河北以岭医药研究院有限公司	贾振华 高学东 韩硕龙 常丽萍 杨立波 侯云龙 杜彦侠 刘克剑 王宏涛 李向军

续表

序号	项目名称	完成单位	主要完成人
7	离子通道作为新型治疗靶标的确认和药物研发	河北医科大学 石家庄四药有限公司	张海林 杜肖娜 祁金龙 贾庆忠 黄东阳 关兵才 郝瀚 苏学军 孙立杰 李彪
8	新型冠状病毒感染潜在粪口传播途径及消化道疾病的综合防控	河北医科大学第二医院	冯志杰 齐威 刘学臣 杜宏伟 田慧 纪晨光 赵东强
9	腹腔镜胰十二指肠切除术临床应用研究	河北医科大学第二医院	刘建华 王文斌 吕海涛 秦建章 冯峰 刘学青 边伟 刘润田 邢中强 段佳悦
10	髋臼骨折三柱分型和精准治疗体系的建立及临床应用	河北医科大学第三医院 河北医科大学	侯志勇 马利杰 张利萍 张瑞鹏 尹英超 金霖 吴涛 郭家良 田思宇 林哲
11	婴幼儿配方奶粉安全控制关键技术及产业化	石家庄君乐宝乳业有限公司 河北科技大学 旗帜婴儿乳品股份有限公司 河北乐源牧业有限公司	魏立华 王世杰 柴艳兵 贾晓江 侯新峰 张耀广 张彦辉 刘建光 陈建行
12	交通基础设施加筋土挡墙服役性能与调控关键技术	石家庄铁道大学 青岛旭域土工材料股份有限公司 河北省交通规划设计院 河北锐驰交通工程咨询有限公司	杨广庆 王志杰 王贺 吕鹏 刘伟超 周诗广 夏飞 王子鹏 蒲昌瑜
13	碳青霉烯类药物产业化关键技术研究	石药集团中奇制药技术有限公司 石药集团欧意药业有限公司 石药集团中诺药业有限公司	周付刚 白敏 陈玉洁 赫玉霞 刘洋 李世成 王金良 刘春玲 刘晓争 徐永龙
14	空间信息应用资源调度与服务关键技术	中国电子科技集团公司第五十四研究所	陈金勇 冯阳 李峰 孙康 王士成 刘晓丽 颜博 陈勇 王敏 邢莹
15	高分卫星任务规划与调度系统关键技术及应用	中国电子科技集团公司第五十四研究所	马万权 霍国清 刘让国 孔庆玲 白晶 赵伟 王向前 张栋 韩续 赵超
16	电子产品静电和雷电防护性能测试与设计关键技术及应用	中国人民解放军陆军工程大学石家庄校区 中国电子科技集团公司第十三研究所 北京东方计量测试研究所 石家庄科林电气股份有限公司	陈亚洲 胡小锋 杨洁 彭浩 原青云 季启政 王强 万浩江 满梦华 张权

备注：华北制药集团新药研究开发有限责任公司获得企业技术创新奖（等同于科技进步一等奖）。

表 97

2020 年度石家庄市域单位获得河北省科学技术进步奖二等奖

序号	项目名称	完成单位	主要完成人
1	电力通信专网智能量测、建模与优化关键技术及应用	国网河北省电力有限公司信息通信分公司 国网冀北电力有限公司信息通信分公司 北京邮电大学 南京南瑞信息通信科技有限公司 国网福建省电力有限公司信息通信分公司	杨会峰 纪雨彤 徐思雅 魏勇 全燊 赵炜 钟成 尚立 赵阳 张益辉

续表

序号	项目名称	完成单位	主要完成人
2	农田土壤墒情遥感监测关键技术创新与应用	河北地质大学 中国农业科学院农业资源与农业区划研究所 河北省耕地质量监测保护中心	尚国琲　冷佩　高懋芳 吕英华　张霞　郑小坡 张里占　段四波　韩晓静
3	基于大数据云平台的风电集群智慧调控与高效消纳技术及应用	河北建投新能源有限公司 国网冀北电力有限公司 国能日新科技股份有限公司 河北工业大学 华北电力科学研究院有限责任公司	曹欣　徐海翔　雍正 梅春晓　梁涛　谭建鑫 陈璨　王靖然　向婕 井延伟
4	高强铝合金先进焊接技术与工程应用	河北科技大学 中船黄埔文冲船舶有限公司 唐山松下产业机器有限公司	梁志敏　汪殿龙　闫德俊 王立伟　饶宇中　王伟 陈红亮　王洪波
5	基于《禁止化学武器公约》监控化学品清洁生产技术	河北科技大学 河北诚信集团有限公司 河北威远生物化工有限公司 保定加合精细化工有限公司	孙凤霞　胡永琪　申银山 李立华　程丽华　李超 范立攀　景永帅　孙玉娟 王云肖
6	母婴乳品开发关键技术创新及产业化	河北三元食品有限公司 北京大学 东北农业大学 北京三元食品股份有限公司 北京市食品安全监控和风险评估中心（北京市食品检验所）	陈历俊　姜毓君　张玉梅 刘继超　穆同娜　李朝旭 赵军英　乔为仓　刘艳琴 房新平
7	河北省崩滑流规律探究及危险性评价关键技术研究	河北省地质环境监测院 河北地质大学	侯军亮　曹洪洋　王欣宝 孙超　马百衡　王昕洲 谷明旭　王林英　韩冲 曹颐
8	原子荧光光度计量值传递溯源体系和关键技术的研究与应用	河北省计量监督检测研究院 中国计量科学研究院 中国地质科学院地球物理地球化学勘查研究所	冯金森　宋增良　崔彦杰 郝静坤　张勤　李可 杨雪
9	新型钢混组合结构桥梁建造关键技术与产业化应用	河北省交通规划设计院 东南大学 邢台路桥建设总公司	何勇海　万水　朱冀军 闫涛　马骅　赵文忠 李志聪　苏立超　张国清 刘桂满
10	锂离子电池关键材料开发及应用	河北省科学院能源研究所 中国科学院过程工程研究所 石家庄圣泰化工有限公司	何蕊　谭强强　刘鹏 张利辉　刘振法　徐宇兴 魏爱佳　白薛　李晓辉 梅银平
11	基于农业有机废弃物资源化利用的微生物肥料创制及其产业化	河北省科学院生物研究所 河北科技大学 中国农业科学院农业环境与可持续发展研究所 沧州旺发生物技术研究所有限公司 秦皇岛禾苗生物技术有限公司	黄亚丽　宋水山　贾振华 朱昌雄　黄媛媛　张旺林 宋聪　魏新燕　叶婧 韩丽丽
12	黑粒小麦种质创新与食药两用新品种培育及利用	河北省农林科学院粮油作物研究所 中国农业科学院作物科学研究所	李杏普　兰素缺　张业伦 孟雅宁　李立会　刘玉平 李子千　古东月　牛振华 吕亮杰
13	糖脂代谢异常对多器官功能的影响及治疗策略研究	河北省人民医院 承德医学院附属医院 中国医学科学院北京协和医院	陈树春　任路平　魏立民 于贤　齐翠娟　陈金虎 马博清　平凡　高宇 肖新华
14	坡改梯与高效农业种植关键技术研究与示范	河北省水利科学研究院 河北省水土保持工作总站 河北省水资源研究与水利技术试验推广中心	贾立海　魏飒　贾志军 侯克　郭泽忠　周辉 李军　杨昆平　张建国 王淮亮

续表

序号	项目名称	完成单位	主要完成人
15	互联网＋人工智能新技术在新冠肺炎防控中的应用	河北省胸科医院 天启慧眼（北京）信息技术有限公司 河北咱家健康软件科技有限公司	吴树才 杨永辉 许云海 章志华 白洪忠 王新举 纪俊雨 耿广 曹捷 范海涛
16	荷斯坦牛种质创新与选育技术研究与应用	河北省畜牧良种工作总站 中国农业大学 河北省农林科学院粮油作物研究所 石家庄天泉良种奶牛有限公司 石家庄君乐宝乳业有限公司	倪俊卿 孙东晓 马亚宾 褚素乔 王昆 顾文源 蒋桂娥 张胜利 佘文莉 张艳舫
17	河北省中药材质量标准规范化研究	河北省药品医疗器械检验研究院	刘永利 王立云 冯丽 段吉平 李建晨 赵振霞 雷蓉 袁浩 苏建 郭雄伟
18	益肾通络方药治疗膜性肾病的临床疗效评价及机制研究	河北省中医院	檀金川 杨凤文 任美芳 袁国栋 张倩 陈素枝 陈文军 孔怡然
19	TXNIP/NLRP3 在糖尿病肾病中的作用及干预的系列研究	河北医科大学	史永红 杜春阳 宋珊 吴海江 吴明 韦金英 段惠军
20	雄激素在阿尔茨海默病早期识别和干预中的作用及其机制研究	河北医科大学 河北医科大学第二医院	崔慧先 李莎 康林 张沂洲 杜鹃 刘晓云 王畅 王磊 苏玉红 耿丹丹
21	麻醉与手术对脆弱脑功能的影响和围术期管理策略	河北医科大学第二医院 河北北方学院附属第一医院	黄立宁 李旭泽 薄立军 高艳 康荣田 蒋素芳 段晓丰 张培 董振明
22	心房颤动综合治疗策略及机制系列研究	河北医科大学第二医院 华中科技大学同济医学院附属同济医院	谢瑞芹 尤玲 尹洪宁 赵春霞 尹广利 崔炜 姚丽霞 吴敬兰 杨颖 靳丽丽
23	基于色谱技术的中药活性成分快速辨识与绿色质量控制研究	河北医科大学第二医院 澳门大学 广东东阳光药业有限公司 河北医科大学第一医院 河北医科大学第三医院	李德强 杨秀岭 赵静 钱正明 郑旭光 段坤峰
24	新型冠状病毒快速检测方法的研发与临床流行病学研究	河北医科大学第二医院 河北省疾病预防控制中心 河北精硕生物科技有限公司	阎锡新 李琦 蔡志刚 晁灵善 齐顺祥 陈庆全 李丽满
25	终末期肝病的基础与临床转化研究	河北医科大学第三医院 中国人民解放军总医院第七医学中心 中国人民解放军军事科学院军事医学研究院	赵彩彦 王亚东 申川 韩聚强 徐小洁 刘文鹏 李子月 于伟燕 张莉 马路园
26	锁定加压接骨板治疗桡骨远端 Die-punch 骨折及远期疗效	河北医科大学第三医院	张冰 白江博 杨宗酉 周彦青 孔令德 胡春鹤 徐屹 于昆仑 田德虎 张雄
27	紫杉醇化疗诱发神经病理性痛的新机制及临床防治策略	河北医科大学第三医院	王秀丽 刘朋 郭跃先 杨淑红 闫彩珍 刘飞飞 王亮
28	肿瘤抗原 MAGE-A 家族在恶性肿瘤诊断和免疫治疗中的作用	河北医科大学第四医院 河北省卫生健康委员会综合监督服务中心 邢台市人民医院	单保恩 桑梅香 国丽茹 刘胜辉 连易水 陈欣然 张小冲 谷丽娜 刘飞 孟令娇

续表

序号	项目名称	完成单位	主要完成人
29	肿瘤分子影像基础与临床的系列研究	河北医科大学第四医院	赵新明 张敬勉 张召奇 韩静雅 王建方 王娜 赵妍 王颖晨 戴萌 刘亚丽
30	骨与软组织恶性肿瘤的分子标志物应用和临床诊治技术推广	河北医科大学第四医院 河北大学附属医院	冯和林 吴宏增 侯煜 许建发 赵祎 张进明 刁玉巧
31	结直肠癌的病因、机制及抗肿瘤新靶点的研究	河北医科大学第四医院 河北医科大学第二医院	李秉慧 刘亚彬 谢肖立 陈荣 孔德贤 刘彬
32	食管鳞癌基因与临床特征在治疗模式优化和预后判断中的研究与应用	河北医科大学第四医院	左静 王玉栋 张难 范志松 金辉 贺宇彤 刘亮 韩晶
33	氧化应激参与阿尔茨海默病发病的分子机制及应用研究	河北医科大学第一医院 华中科技大学 石家庄市第二医院	许顺江 刘赞朝 张睿 谢冰 田青 崔锡铭 周慧敏 姜磊 史中立 夏文祯
34	肿瘤营养重要技术及其推广应用	河北医科大学第一医院 首都医科大学附属北京世纪坛医院 中国人民解放军陆军特色医学中心	李增宁 骆彬 杜红珍 谢颖 胡环宇 石汉平 许红霞
35	基于浊毒理论新冠肺炎中医药防治策略的构建及应用	河北中医学院 河北省中医院	梅建强 李佃贵 刘小发 陈分乔 许文忠 武蕾 耿少怡 董旭 吴丽娟
36	新冠肺炎临床流行病学特征及中西医结合治疗体系的建立与应用	石家庄市第五医院	王瑜玲 许尊贵 高会霞 赵磊 冯彩霞 郑欢伟 刘洪德 王海宾 邢卫红 李力
37	优质专用冬小麦新品种石优 20 的选育及应用	石家庄市农林科学研究院 河北省小麦工程技术研究中心 河北大地种业有限公司	刘彦军 史占良 郭家宝 李彩华 孟小莽 班进福 武金燚 郭进考 何明琦 杨红军
38	环境友好建筑工程净化与防护功能涂料研究关键技术及应用	石家庄铁道大学 河北晨阳工贸集团有限公司 河北省建筑科学研究院有限公司 河北广锐德工程有限公司 衡水中铁建土工材料制造有限公司	肖凤娟 李慕英 程璐 高辉 毕士君 李藏哲 郑齐 吴湘锋 李心昕 杜永刚
39	FAST 工程馈源支撑系统馈源舱	中国电子科技集团公司第五十四研究所 中国科学院国家天文台	李建军 姚蕊 王宇哲 朱文白 付强 孙京海 李庆伟 金超 李辉 张海燕

表 98

2020 年度石家庄市域单位获得河北省科学技术进步奖三等奖

序号	项目名称	完成单位	主要完成人
1	农田镉污染防控关键技术研究	国家半干旱农业工程技术研究中心 中国农业科学院农业资源与农业区划研究所	赵会薇 李菊梅 马义兵 耿艳楼 刘伊明 杨凤霞 杨京 李悦有 秦焱 韦东普
2	基于多信息融合的高压断路器机构状态检修关键技术及通用仪器设备	国网河北省电力有限公司检修分公司 华北电力大学 保定市斯德尔电气设备制造有限公司 山东泰开电器机构有限公司	尹子会 赵书涛 万书亭 李建鹏 付炜平 张惠山 王昭雷 孟延辉 牛为华 梁传涛

续表

序号	项目名称	完成单位	主要完成人
3	智能电网信息物理仿真培训技术研究与应用	国网河北省电力有限公司培训中心 北京科东电力控制系统有限责任公司	郝雪 田青 林昌年 毕会静 祝晓辉 林春龙 赵晓波 高峰 耿立卓
4	新型冠状病毒（2019-nCoV）双亚类抗体快速检测试剂	河北博海生物工程开发有限公司	李彬 李素娟 彭兵 王建敏 耿会珍
5	交通隧道纤维混凝土衬砌承载机理及动力稳定性控制关键技术研究	河北交通职业技术学院 北方工业大学 中铁十六局集团第四工程有限公司 衡水中铁建工程橡胶有限责任公司	王道远 崔光耀 杨彦岭 许海亮 常杰 金家康 闫红强 田小路 杨长春 席小武
6	多矿种不同类型矿山地质环境治理关键技术与应用	河北省地矿局国土资源勘查中心	南贵军 郜洪强 李予红 付永社 张兆长 刘彦林 夏华宗 郭睿 田占良 刘文涛
7	依据肺与大肠相表里理论采用中西医结合治疗重症肺炎系列研究	河北省儿童医院 河北医科大学第二医院	张英谦 李涛 郝京霞 李博 段素娴 冯东灵 牛红雷
8	防病促生解淀粉芽孢杆菌制剂的研制及应用	河北省科学院生物研究所 河北百奥生物制品有限公司 石家庄市希星肥业科技有限公司	刘洪伟 尹淑丽 张丽萍 程辉彩 张飞燕 王雅娜 梁然 崔慧霄 习彦花 张若曦
9	萱草、鸢尾等宿根花卉种质创制与新品种选育及繁育技术创新	河北省林业和草原科学研究院	储博彦 赵玉芬 张全锋 李金霞 尹新彦 刘满光 张丽荣 张炜 刘寅喆 李国松
10	鲜食甘薯系列品种选育及应用	河北省农林科学院粮油作物研究所 江苏徐州甘薯研究中心	刘兰服 唐忠厚 张松树 胡亚亚 韩美坤 马志民 靳容 刘明 丁丽娟 焦伟静
11	哮喘和 COPD 疾病高影响天气预报技术研究	河北省气象服务中心	付桂琴 刘华悦 张成伟 张杏敏 田亚芹 贾俊妹 蒋艳峰
12	京津冀一体化陆上交通保障精细化气象预报技术及应用	河北省气象服务中心	曲晓黎 郭蕊 张娣 王洁 张金满 吴丹 李飞 张彦恒 杨琳晗
13	河北省云的微物理过程和人工增雨技术研究	河北省人工影响天气办公室	杨文霞 杨洋 崔晓冬 范皓 王丛梅 王磊 张立霞 耿培培 匡顺四
14	环境细颗粒物（PM2.5）致肺损伤防治及其机制研究	河北省人民医院	平芬 韩书芝 李萍 张凤蕊 林桦 曹磊
15	新型冠状病毒 COVID-19 IgG/IgM 抗体试剂盒的研发	河北省人民医院 保定市疾病预防控制中心 石家庄卢米特生物科技有限公司	帖彦清 赵培 赵明 谭鹤 崔立周 张永强 姚洪涛
16	重症新冠肺炎病人管理及并发症的防治	河北省人民医院	赵鹤龄 龙玲 郝贵珍 赵浩天 张之阳
17	中药注射剂成品输液稳定性研究及其临床安全应用技术平台建设	河北省人民医院	董占军 支旭然 安静 吴茵 王祁民 李宵 白万军
18	特殊医学用途配方食品生产许可审查技术研究	河北省食品检验研究院 北京市营养源研究所	史国华 张兰天 吴磊 崔亚娟 刘玉峰 刘东 张斌 郭美娟 张雷雷 张雅伦

续表

序号	项目名称	完成单位	主要完成人
19	河北省海洋环境遥感业务化监测关键技术研究与应用	河北省水文工程地质勘查院 国家卫星海洋应用中心	田力 徐雯佳 安文韬 许志辉 谷延群 杨斌 韩笑
20	滚筒式球磨机低速大转矩永磁电机传动技术	河北新四达电机股份有限公司 沈阳工业大学 河北科技大学 邯郸金隅太行水泥有限责任公司	李建军 李莹 李争 张炳义 牛英力 王东书 赵小云 李东
21	氧化应激在环境污染物毒性中的作用机制及干预研究	河北医科大学	张荣 牛玉杰 赵春芳 王茜 郭会彩 刘诣
22	白内障手术散光矫正的基础研究与临床应用	河北医科大学第二医院	刘丹岩 张斌 杜颖华 郭从容 刘晓丽 崔月先 杨欣
23	青蒿琥酯抑制恶性血液病肿瘤机制的研究	河北医科大学第二医院 保定市第一医院 深圳市龙华区中心医院	王颖 成志勇 王素云 张学军 梁文同 潘峻 乔淑凯 韩玉祥 牛志云 陈浩
24	放射抗性、中子内照及精准照射在食管癌放疗的临床应用和基础研究	河北医科大学第二医院 河北医科大学第四医院	薛晓英 周欢娣 盖晓惠 肖志清 张萍 张歌 郭晗 常晓静 田哲森 周志国
25	肝硬化的分子机制及并发症研究	河北医科大学第二医院	姜慧卿 陈雷 王妍 马俊骥
26	遗传性骨骼肌、周围神经病系列研究	河北医科大学第三医院	胡静 赵哲 沈宏锐 郦琪 李楠
27	以双血浆法为金标准比较几种测定 GFR 方法在慢性肾脏病的适用性	河北医科大学第三医院 河北省人民医院	解朋 黄建敏 曲雁 李焕丽 魏玲格 高建青 吴炜杰
28	靶向 COX-2 对肺癌生物学行为的影响及机制	河北医科大学第三医院	陈刚 王东昌 赵云霞 赵志芳 郎哲 陈玉琴
29	口腔黏膜癌前病变癌变过程的基础和临床研究	河北医科大学第四医院 石家庄市第二医院	刘铁军 仇永乐 刘远航 李昆珊 许彦枝
30	抗肿瘤药物致心脏毒性作用研究及临床评估干预	河北医科大学第四医院	马景涛 孙芳毅 姚铁柱 张冬霞 刘敬 郭丽敏
31	辛凉清透法抗流感病毒的理论溯源、综合应用及机制研究	河北医科大学第四医院 河北中医学院	霍炳杰 常靓 李梅 刘羽 刘亚娴
32	重症患者多脏器功能损伤的临床与基础研究	河北医科大学第四医院	胡振杰 陈玉红 武新慧 刘丽霞 朱桂军 霍焱 张坤
33	膜联蛋白 A7 对胃癌生物学特性影响机制的研究	河北医科大学第四医院	袁虎方 叶卫华 郝英杰 李勇 张志栋 檀碧波 范立侨 赵群 王冬 贾楠
34	蒙卡算法和 Msi1 基因在盆腔肿瘤精准放疗中的基础应用研究	河北医科大学第四医院 沧州市人民医院 河北医科大学	高超 刘丹 苗明昌 俞敞逶 杨健 张若辉 刘辉 张翼 丁博月 李魁秀
35	基于多模态脑影像及血药浓度监测等技术的精神疾病精准诊疗	河北医科大学第一医院 天津市安定医院 北京大学第六医院	周春华 禚传君 于静 岳伟华 王玲娇 王建欣
36	TETRA 无线统一调度互联系统	河北远东通信系统工程有限公司	李鹏 罗情平 左旭涛 王健 康琙 张成斌 范林涛 王艳超 田双彪 封超

续表

序号	项目名称	完成单位	主要完成人
37	阻塞性睡眠呼吸暂停继发高血压的机制探讨及中医药防治应用	河北中医学院	吉恩生 杨胜昌 郭秋红 赵亚硕 郭亚净 李杰茹 李文雅 王娜
38	“肾主骨”药引子主动寻靶信号转导机制研究	河北中医学院 河北医科大学第一医院 石家庄市长安区胜北社区卫生服务中心	武密山 任立中 赵素芝 王茹 韩红伟
39	基于方证相应补肾活血方治疗血管性痴呆临床研究及机制探讨	河北中医学院	于文涛 高维娟 方朝义 王玮 李强 马小顺 赵润生
40	极地船舶关键材料与制造技术开发及推广应用	河钢集团有限公司 舞阳钢铁有限责任公司	李杰 龙杰 张朋 庞辉勇 王九清 赵喜伟 刘洪波 罗应明 肖春江 莫德敏
41	青霉素高产菌选育及产业化	华北制药股份有限公司	段志钢 尹贵超 萧泛舟 王成 王新辉 穆军明 王淑琳 王佳玉 王云 张军剪
42	两性霉素B的绿色制造关键技术开发及产业化	华北制药集团新药研究开发有限责任公司 华北制药股份有限公司	仲伟潭 刘英华 李敏 张娴 郭月玲 王昂 赵静 时蕾 赵辉 王崔岩
43	畜禽新兽药与制剂研发创制及在动物健康养殖中的应用	石家庄学院 石家庄市兽药监察所 河北维尔利动物药业集团有限公司 石家庄市动物卫生监督所 石家庄市动物园管理处	韩爱云 左晓磊 郭永红 张文龙 邱伟 王志永 郗艳菊 王迈 李华声 闫哲
44	咖啡因系列产品关键技术研究与产业化	石药集团新诺威制药股份有限公司	韩峰 冯志军 周英壮 谢丽莎 郭少卿 袁斌 李小宋
45	铁路漏斗车研制与关键技术研究及应用	中车石家庄车辆有限公司	武进雄 许秀峰 万涛 孙瑞林 姚利敏 李裕飞 张宝山 刘涛 高云丽 吕华
46	面向复杂环境的宽带无线接入关键技术	中国电子科技集团公司第五十四研究所	宋志群 王荆宁 郎磊 李勇 卢泳兵 石玉景 贾倩 罗亚赛 吴新华 路雯
47	卫星通信低噪声大功率射频收发信机	中国电子科技集团公司第五十四研究所	胡丽格 王雷 寇阳 李新 牛旭 王斌 李硕 卫少卿 薛腾 崔平
48	阻断传染性气溶胶雾化吸入装置的制备及其在新冠疫情中的应用	中国人民解放军联勤保障部队第九八〇医院 中国人民解放军中部战区总医院 中国人民解放军32152部队保障部	孙殿兴 王超臣 王君平 黄礼群 张倍 谭先健 谢霖 王琴 何威 熊楚梅

【市辖单位获授河北省科学技术奖项目】 2020年石家庄市辖单位主持、参与科技研究项目获得河北省科学技术奖励22项。全部由市辖单位主持、参与完成获奖项目8项。其中，河北省科学技术进步奖一等奖1项，项目名称为“碳青霉烯类药物产业化关键技术研究”；河北省科学技术进步奖二等奖2项，项目名称为“新冠肺炎临床流行病学特征及中西医结合治疗体系的建立与应用”“优质专用冬小麦新品种石优20的选育及应用”；河北省科学技术进步奖三等奖5项，项目名称为“TETRA无线统一调度互联系统”“青霉素高产菌选育及产业化”“两性霉素B的绿色制造关键技术开发及产业化”“畜禽新兽药与制剂研发创制及在动物健康养殖中的应

用”“咖啡因系列产品关键技术研究与产业化”。市辖单位作为第一完成单位获奖项目2项。其中，河北省科学技术进步奖一等奖1项，项目名称为“婴幼儿配方奶粉安全控制关键技术及产业化”；河北省科学技术进步奖二等奖1项，项目名称为“母婴乳品开发关键技术创新及产业化”。全部由市辖单位主持、参与完成获奖项目和市辖单位作为第一完成单位获奖项目中，生物医药4项、现代食品生产3项、新一代电子信息技术1项、卫生医疗1项、种子选育1项。

（姚培龙　张文涛）

科技成果转化推广与管理

【概况】 2020年全市采用线上线下相结合方式，举办科技成果发布、对接及京津成果转化活动25场，发布推介创新能力强、发展前景好的优秀项目及成果200余项。培育省级常设技术市场4家，省级以上各类技术转移服务机构达到57家；建设省级技术转移人才培养基地2家，培养技术经纪人、技术经理人等专业化人才505人。新建藁城区、鹿泉区、晋州市、赵县4家科技成果转化工作站，县域科技成果转化工作站达到8家。设立市级重大科技成果转化专项项目10项，支持经费1000万元。19个项目获得省重大科技成果转化专项立项，争取经费6400万元。支持市域单位与京津高校、科研院所开展产学研合作和科技成果转化项目53项，支持经费4487万元。全年认定登记技术合同6024份，实现技术合同成交总额115亿元。10月22日，市科技局获得第十届中国技术市场协会金桥奖集体优秀奖，这是市科技局连续第10次获得中国技术市场协会金桥奖。

【科技成果转化】 围绕供给侧结构性改革，突出新一代信息技术、医药健康、节能环保、智能装备、新能源、新材料、现代农业等领域，设立市级重大科技成果转化专项，重点支持创新水平高、行业带动力强、能够形成经济增长点的京津尖端科技成果转化项目和石家庄市重要“杀手锏”技术成果转化项目10项，支持经费1000万元。19个项目获得省重大科技成果转化专项立项，占全省项目数量28.35%；争取支持经费6400万元，占全省重大科技成果转化专项经费32%。支持京津冀科技协同创新，市科技计划设立京津冀协同创新专项，引导市域单位与京津高校、科研院所开展产学研合作和关键技术攻关，支持石家庄市与京津科技成果转化项目53项，支持经费4487万元。发挥国家重点打造的科技成果转化服务品牌“科技成果直通车”作用，搭建高校、科研院所与企业开展高水平科技成果精准对接绿色通道，解决科技成果转化“供给质量不高、受众企业不优、对接渠道不畅”等问题。全年举办“河北·2020科技成果直通车（石家庄站）”“河北·2020科技成果直通车（石家庄高新区站）”科技成果直通车系列活动10场次。5月19日，组织企业参加河北省科技厅举办的“河北国际技术直通车——数字技术成果发布暨项目路演对接会”。9月28日，组织企业参加由国家半干旱农业工程技术研究中心、行唐县政府、市科技局主办的河北·2020科技成果直通车（行唐站）农业科技扶贫专场，发布农业科技成果6项。推进石家庄高新区河北·京南国家科技成果转移转化示范区建设，制定印发《河北·京南国家科技成果转移转化示范区石家庄高新区建设任务落实方案（2018～2020年）》。新建藁城区、鹿泉区、晋州市、赵县4家科技成果转化工作站，县域科技成果转化工作站达到8家。征集抗击新冠肺炎先进技术成果41项。宣传推介国际先进数字技术成果，挖掘和整理企业技术需求，推荐40余家企业与国际先进技术成果实现云端对接。

【科技创新服务】 市科技创新服务中心是一家集科技企业孵化器、云创空间、科技创新创业公共服务平台、科技大市场等创新创业服务于一体的科技服务中心。在孵企业141家，新增入驻企业45家，毕业及退出企业32家；高新技术企业38家，国家级科技型中小企业46家，省级科技型中小企业103家（新认定20家）；后备高新技术企业培育累计入库603家，其中新增143家；企业员工4471人，其中吸纳新就业大学毕业生153人；企业营业收入9.1亿元，研发投入9800万元，纳税总额4316.5万元；拥有有效知识产权194件，其中，发明专利22件，实用新型专利技术74件，软件著作权98件。全年向企业推介发布以色列高端项目90项、美国硅谷创新资源25项、韩国高端技术产品13项，推介新一代信息技术、高端装备制造等领域国际项目55项。审核省科技创新券申请27个，发放创新券金额168.3万元；审核市科技创新券申请29个，发放创新券金额85万元。审核科技创新主体注册28家。2020年市科技创新服务中心通过科技部火炬中心组织的国家级科技企业孵化器考核并获评优秀（A类）国家级科技企业孵化器。云创空间。云创空间累计注册企业171家，企业员工738人，吸纳应届毕业生109人；拥有知识产权143项，其中，发明专利10项，软件著作权151项；新认定国家级科技型中小企业1家、河北省科技型中小企业18家；入驻企业营业收入2411.8万元，研发投入1265.7万元，纳税131.5万元。服务平台。石家庄国际生物医药技术服务平台服务客户93家，出具检测报告532份、3000余项。其中，石家庄中药现代化技术公共服务平台首次被认定为“国家级科技型中小企业”；石家庄市大型仪器设备共享平台整合高校、科研院所、企事业单位大型仪器设备6807台（套），包括石家庄地域3657台（套），入网专家1600余名，完成测试服务1万余次。知识产权公共服务平台服务企业60多家，免费向企业、孵化企业提供知识产权咨询服务500余次，举办线上线下知识产权专题讲座10余次。京石软件质量检测公共服务平台完成测试项目23个，为6家本地企业提供专业的科技验收项目软件检测服务和软件质量保障咨询服务。市健康产业公共服务平台为用户提供线上问诊1000余人次，为156名企业人员及家属提供健康服务；新增合作医疗资源2家、体检合作机构4家。新媒体微电子商务创业服务平台服务企业38家、创业项目5个，孵化初创企业6家，新增电子商务销售额100余万元。科技金融服务平台新增合作金融机构5个，新增注册用户85个。科技大市场。全年征集科技成果90余项，举办专场对接活动5次，涵盖新一代电子信息技术、新材料、节能环保等领域，重点推介优秀项目近30项。与北京技术交易促进中心联合举办“首都科技条件平台京津冀创新券政策宣讲暨供需对接会（能源环保和新材料领域）”，发布节能环保和新材料领域优质项目10余项。与北京中关村天合科技成果转化促进中心共建技术转移服务平台，全年举办远程在线活动20余次，促成在谈及意向对接项目10余项，精准对接企业需求40余项。2020年科技大市场新增技术合同登记注册企业33家，备案技术合同136份（技术开发合同100份、技术转让合同16份、技术服务合同20份），实现技术合同成交额2亿元、技术交易额1.5亿元。

（张文涛　李智　李欣欣）

教 育

Education

综 述

2020年全市共有各级各类学校3814所（不含高等教育学校），在校生202.89万人，教职工14.11万人，专任教师11.68万人。其中，幼儿园1862所，在园幼儿32.41万人，教职工3.18万人，专任教师1.78万人；小学1392所，在校生92.59万人，教职工4.66万人，专任教师4.88万人；中学400所（初级中学191所、高级中学59所、九年一贯制学校85所、完全中学53所、十二年一贯制学校12所），在校初中生35.88万人、普通高中生18.09万人，教职工5.01万人，初中专任教师2.57万人，普通高中专任教师1.44万人；特教学校23所，在校生2399人，教职工523人，专任教师444人；中等职业学校137所，在校生23.68万人，教职工1.31万人，专任教师9660人。全年新建市级普惠性民办幼儿园95所，新增普惠学位2.4万余个，至2020年末，全市普惠性民办幼儿园达到735所，累计提供普惠学位12.21万个；公办幼儿园在园幼儿占比达到51.5%，普惠性幼儿园覆盖率达到86.5%。2020年全市共有各级各类民办学校1346所，在校生51.13万人，占全市在校生25.2%。中考报名104035人，同比增加7635人；高考报名98956人，同比增加12254人。2020年全市共有市属高校5所，其中，本科高校1所（石家庄学院），高职高专院校4所（石家庄职业技术学院、石家庄信息工程职业学院、石家庄科技工程职业学院、石家庄幼儿师范高等专科学校）。石家庄学院在校大学生16841人，教职工1295人，其中，正高级职称124人、博士204人、副高级职称401人，硕士836人，“双师双能型”教师529人。石家庄职业技术学院在校大学生12861人，教职工900余人，其中，正高级职称59人、副高级职称239人，博士27人、硕士542人。石家庄信息工程职业学院在校大学生18373人，教职工1284人，其中，正高级职称39人、副高级职称229人，博士2人、全日制硕士研究生165人。石家庄科技工程职业学院在校大学生6862人，教职工300余人，其中，副高级以上职称72人，研究生以上知识层次教师156人。石家庄幼儿师范高等专科学校在校大学生5977人，教职工419人，其中，教授18人、副教授88人，博士、硕士206人。2020年市教育局复查确认保留“全国文明单位”称号。

教育设施 3所中学教育设施建设完工。其中，市第一中学音体美综合楼项目投资3500万元，建筑面积2.14万平方米；市第二中学整体改造三期工程投资7135万元，建筑面积1.7万平方米；石家庄第二实验中学男生宿舍楼主体建设工程投资800万元，建筑面积6724.73平方米。推进实施教育现代化工程，涉及藁城区、晋州市、正定县等6个县（市、区），总投资1.74亿元，建筑面积7.84万平方米；至2020年底，项目完工3个，主体完工2个，正在建设施工5个。以旧城改造提升“十大工程”为契机，各县（市、区）主动作为，实施教育建设项目23个，全部完工，总投资6.3亿元，增加学位1.96万个，其中10个教育项目投用。开展学校厕所改造，新改扩建主城区外16个县（市、区）学校厕所651所，总投资5345.69万元，改厕面积6.45万平方米。

教育管理 贯彻落实省委、市委决策部署，稳妥推进中小学校党政“一肩挑”改革，全市中小学校党政“一肩挑”比例由72.76%提升到85.07%，2343所公办中小学实现党组织和党的工作全覆盖。全年创建市级党建示范校51所，培育市属高校党建工作示范院（系）10个、党建工作样板支部30个，8所中小学校党建工作入选“河北省中小学校党建工作优秀案例”。推进普通高中育人方式改革，2020年石家庄市获批普通高中新课程新教材实施国家级示范区（全国21个、河北省1个），市第一中学、石家庄外国语学校、鹿泉区第一中学3所学校获批普通高中新课程新教材实施国家级示范校。突出立德树人目标，促进学生德智体美劳全面发展。加强思想政治和法治教育，确定思想政治课为立德树人关键课程。推进德育共同体建设，开设思政大讲堂3期，培育市级德育共同体学校19所。抓好素质教育和学校卫生，举办全市校园足球联赛、第二届校园冰雪运动会和冰雪艺术节，培育北京2022年冬奥会奥林匹克教育示范学校33所、校园冰雪运动特色学校21所。2020年12月30日至2021年1月2日，由市教育局、市体育局共同举办的“校园冰雪 飞扬青春——石家庄市第二届校园冰雪运动会暨校园冰雪文化节”举行，来自全市各县（市、区）教育局和市直属校22支代表队500名运动员参赛，比赛项目包括滑冰、轮滑、旱地冰壶3项，其中，轮滑、旱地冰壶项目比赛在新华区柏林庄小学举行，滑冰项目赛在市滑冰馆举行。树立以美育人理念，创新开展劳动教育活动，构建以体力劳动为主、手脑并用的全方位劳动教育体系。关注学生心理健康，开通疫情防控心理支持热线，建立中考、高考后学生心理健康教育志愿服务队，启动实施大中小学生心理援助工程。2020年全市教育事业发展形成涵盖学前教育、基础教育、职业教育、成人教育、特殊教育、高等教育完整的教育体系，中央文明委确定保留市教育局全国文明单位称号，市教育局牵头编写《石家庄市教育事业改革和发展“十四五”规划编制》任务完成。

教师队伍 创新教师管理机制，率先在全省启动教师“县管校聘”管理改革。制定出台《石家庄市关于推进义务教育学校教师“县管校聘”管理体制改革的实施方案（试行）》，建立义务教育学校教师管理、流动、聘用、退出工作机制。发挥名师示范引领作用，实施百千万名师培养工程收官，培育第一层次教育家型名师215名（河北省骨干校长185人、石家庄市十大知名校长30名），第二层次省特级教师、学科名师、骨干教师1001名（河北省特级教师362名、学科名师124名、骨干教师515名），第三层次市级学科名师、骨干教师11277名（市级学科名师2616名、骨干教师8661名）。修改完善教师激励措施，率先在全省设立班主任和思政课教师专项岗位津贴，惠及班主任和思政课教师4.1万余名。实施中小学校和教师减负改革，制定中小学教师减负措施、清单，开展中小学教师减负专项督查。加强师德师风建设，树立教师潜心教书育人理念，专项治理在职教师有偿补课，查处在职教师有偿补课案例2起。重视思想政治课教师队伍建设，全市配备中小学专职思想政治课教师2723名、兼职思想政治课教师7230名。开展“三支队伍”培训，采用政府采购方式，举办市级培训项目29个，参加培训校长、教师、教育行政干部4.2万人次，投入经费315万元。落实省、市委援藏援疆部署，成立市教育援藏援疆人才专家咨询团。优化教师队伍结构，引进公费师范生22名，培养小学全科教师90名，招聘国家级、市级特岗教师870名，市直属学校自主招聘教师40名，安排教育类公开招聘计划3762个。重视引进教育人才，全年引进博士、硕士研究生123人，引进“双一流”高校、世界排名前500名国（境）外院校优秀毕业生39名，发放教育人才绿卡105张，27人通过高层次人才、省市拔尖人才考核。

教育交流与合作 开展教育对外交流项目，成立省教育文化国际交流与合作协会基础教育分会，遴选优秀师生赴新加坡、俄罗斯、中国香港、中国澳门等地工作学习。2020年石家庄学院师生赴俄罗斯、马来西亚、柬埔寨、秘鲁等国家学习和工作，与韩国又石大学协商确定合作办学项目；桥西区与新西兰、芬兰等国家友好学校之间搭建云课堂、举办云班会；河北正定中学向罗马尼亚马克·吐温国际学校、斯洛伐克米库拉萨科瓦卡双语学校捐赠疫情防护口罩2800只；承办“中学生实践创新素养的培养策略与途径”2020（第四届）京津冀台中学生教育发展联盟年会。引进京津优质教育资源，采取在石家庄开办分校方式，开展特色专业共建活动，支持和推进北京师范大学石家庄附属学校、首都师范大学石家庄附属学校、北京外国语大学附属石家庄外国语学校建设。

特殊教育 2020年全市共有特教学校23所，与2019年数量相同；在校生2399人，同比增加388人；教职工523人，同比增加3人；专任教师444人，同比增加8人。巩固发展石家庄市国家特殊教育改革实验区成果，保障残疾儿童少年受教育权利，构建以随班就读为主体、以特殊教育学校为骨干、以特殊教育资源中心（教室）为支撑、以送教上门为补充的“四位一体”特殊教育模式，实现残疾儿童少年义务教育“零拒绝、全覆盖”管理目标。创新特殊教育方式，制定印发《石家庄市送教上门工作手册》，被省教育厅在全省推广。落实国家关于“残疾儿童少年义务教育入学率达到95%”要求，建立残疾儿童少年入学监测系统，动态监测和督导各县（市、区）及时调整数据。安置适龄残疾儿童少年入学，发挥残疾人教育专家委员会作用，制定《石家庄市教育局关于落实好残疾人教育专家鉴定工作的通知》，开展残疾儿童少年鉴定、建档立卡未入学残疾儿童少年核查，逐一核实和安置残疾人103人。2020年石家庄市义务教育残疾儿童少年安置率达到100%。开展第二届石家庄市融合教育教学成果案例征集活动，评选特殊教育优秀案例 173 篇。

民办教育　2020 年全市共有各级各类民办学校 1346 所，同比增加 193 所。其中，幼儿园 1113 所，特教学校 2 所，小学 81 所，中学 86 所（初级中学 13 所、九年一贯制学校 33 所、完全中学 17 所、高级中学 15 所、十二年一贯制学校 8 所），中等职业学校 64 所；在校生 51.13 万人，同比增加 4.38 万人，在校生占全市总数 25.2%；教职工 47358 人，同比增加 6711 人；专任教师 30861 人，同比增加 4477 人。实施民办义务教育招生改革，创新“深化民办义务教育学校招生制度改革，推进教育公平公正”获评石家庄市“十佳改革创新经验”。严格校外培训机构线下培训管理，核查验收校外培训机构 1254 个。开展校外培训机构从教人员授课内容清查整治，县级教育行政部门抽查校外培训机构 929 个，查阅从教人员授课内容总件数 27733 件。市教育局成立 3 个专项检查组，抽查主城区及藁城区、鹿泉区、栾城区培训机构集中区域，公布白名单 960 个，同比增加 75 个，黑名单 181 个，同比减少 37 个。加强民办学校管理，全年民办高中学校评定优秀 5 所、合格 26 所、不合格 2 所。

（王素军）

学前教育

【概况】 2020 年全市共有幼儿园 1862 所，同比增加 174 所；在园幼儿 32.41 万人，同比增加 2.15 万人；教职工 3.18 万人，同比增加 3797 人；专任教师 1.78 万人，同比增加 2029 人。实施学前教育普惠工程，推进公办幼儿园、普惠性民办幼儿园同步发展，全年拨付普惠性民办幼儿园奖补资金 1006 万元。采取“政府买服务、幼儿享补助、园所得扶持”举措，经过申报初审、复核认定、公示通报等环节，全年新建普惠园 336 个，其中，市级普惠园 95 所、县级普惠园 241 所；新增普惠学位 5.04 万个，其中，市级普惠学位 2.4 万余个、县级普惠学位 2.64 万余个。至 2020 年末，全市普惠性民办幼儿园达到 735 所，累计提供普惠学位 12.21 万个；公办幼儿园在园幼儿占比达到 51.5%，普惠性幼儿园覆盖率达到 86.5%，两项指标均超过国家、河北省确定目标。

【普惠幼儿园建设】 实施优质园创建工程，确立“定期培育、分年收获、总量增加”目标；扩充“名园+”资源，发挥和释放优质幼儿园品牌效应。2020 年全市创建省级示范幼儿园 8 所、市级优质幼儿园达到 50 所。实施幼儿园安心工程，落实幼儿园常规检查标准，组织 9 部门综合治理无证幼儿园。全年颁发办园许可 341 所，取缔（含自然消亡）1013 所，无证幼儿园综合治理任务完成。关注群众反映学前教育热点、难点问题，2 次参加电视台效能问政和广播行风热线，及时解答幼儿教育政策。制定印发学前教育规范性文件 10 个，回复政府信件 45 封、热线电话 220 余次，回复人大代表建议、政协委员提案 8 件，重点提案 2 个。实施农村学前教育全覆盖工程，选择学前教育资源短缺乡村集中新建和改扩建一批布局合理、方便就近、安全适用、办园规范的普惠性幼儿园，乡镇公办中心园实现全覆盖目标。全年新改扩建农村公办幼儿园 29 所，总投资 7200 万元，增加学位 4935 个。重视师资队伍建设，实施师资提升工程，开展科学保教、环境创设、游戏化课程、卫生保健等专题素质提升培训。幼儿教师培训纳入中小学继续教育规划管理，全年培训幼儿教师 7.35 万人次，参与园长、骨干教师 5000 余人。实施保教提优工程，以防止幼儿园“小学化”倾向为重点，举办幼小衔接案例征集活动，石家庄市幼小衔接做法受到省教育厅肯定。推行幼儿园集团化管理模式，建立幼儿园结对帮扶制度，采取名园帮弱园、老园带新园、城市园结对农村园，优质公办园引领民办园等措施，帮助落后幼儿园健康有序发展。

【幼儿园收费调整】 3 月 19 日起，全市公办幼儿园收费项目和收费标准调整，有效期 3 年；旧收费标准同时废止。调整后，石家庄市区（桥西区、新华区、长安区、裕华区、高新区）幼儿园，每月每位学生保教费标准为：省级示范园 470 元、一类园 430 元、二类园 350 元、三类园 310 元、注册园 290 元；企事业单位和街道、村集体等幼儿园，由幼儿园根据上级补贴（或拨款）情况，向同级价格、财政、教育主管部门提出申请，经三部门审核同意后，按照最高不超过本级别收费标准的 40% 加收。增加幼儿园延时收费（幼儿园下班时间延后半个小时免费，超过半个小时可收取此费），每生每天 3 元。实行寒暑假的公办幼儿园，寒暑假期间保教费收费标准可在原收费标准基础上适当上浮，最高上浮幅度不得超过 30%，浮动幅度由幼儿园确定后，报所在辖区发展改革部门备案。

（王素军）

基础教育

【概况】2020年全市共有小学1392所，同比增加21所；中学400所（初级中学191所、高级中学59所、九年一贯制学校85所、完全中学53所、十二年一贯制学校12所），同比增加10所。小学在校生92.59万人，同比增加3.1万人；初中在校生35.88万人，同比增加1.61万人；普通高中在校生18.09万人，同比增加6869人。普通小学招生16.45万人，同比增加1626人；普通初中招生13万人，同比增加1.79万人；普通高中招生6.55万人，同比增加3966人。普通小学毕业生13.31万人，同比增加2.11万人；普通初中毕业生11.44万人，同比增加8367人；普通高中毕业生5.84万人，同比增加1578人。普通小学教职工4.66万人，同比增加803人；普通中学教职工5.01万人，同比增加1777人。普通小学专任教师4.88万人（含九年一贯制学校初中专任教师），同比增加1040人；普通中学专任教师4.01万人，同比增加1549人，其中，初中专任教师2.57万人，高中专任教师1.44万人。小学专任教师中，研究生毕业1089人，本科毕业3.05万人；初中专任教师中，研究生毕业1427人，本科毕业2.18万人；高中专任教师中，研究生毕业1589人，本科毕业1.27万人。开展“一师一优课、一课一名师”评比活动，全年5.15万名教师参加国家平台“晒课”，参与课例数11.6万节，占全省晒课总数的31.7%，其中，140节获评省级“优课”，占全省“优课”的14%；市级评选“优课”1066节，其中，一等奖519节、二等奖547节。中考报名104035人，同比增加7635人；高考报名98956人，同比增加12254人。2020年河北正定中学复查确认保留“全国文明单位”称号，市第二中学、市第十七中学、市神兴小学、市裕东小学获评“全国文明校园”，市第四十二中学获评“全国未成年人思想道德建设工作先进单位”。

【义务教育招生】完善公办学校招生改革制度，推行和实施阳光招生，公布义务教育学校招生地图。简化义务教育招生入学手续，取消没有法律法规依据、能够通过其他方式核查证明事项。打造“一站式”网上招生平台，扩大和完善义务教育招生平台服务对象、范围，简化优化随迁子女入学流程，实现随迁子女入学采用计算机或手机便可实现网上报名、入学分配。2020年全市5.8万名适龄儿童、少年通过网络平台报名入学，义务教育招生举措得到学生家长及社会各界普遍认可。推进民办义务教育招生改革，全年招生报名51282人，计算机随机派位录取35719人，67个民办学校完成网上招生任务。

【中考招生】中考招生政策。征求中考招生意见，邀请人大代表、政协委员、新闻媒体、学生家长等社会各界参加座谈会协商。结合全市中学和学生实际，制定印发《石家庄市2020年初中毕业与升学考试和普通高中招生工作实施方案》。妥善应对突发新冠肺炎疫情，调整升学文化课考试时间和成绩分值，暂停执行普通高中自主招生改革试点。推进新三区（藁城区、鹿泉区、栾城区）与主城区招生一体化发展，落实《关于加快新三区与主城区一体化发展的实施意见》，采取试点先行、稳步推进原则，选择主城区市第一中学、市第二中学、二中西校区、市第十五中学、市第二十四中学5所直属高中学校，在不减少主城区初中毕业生招生计划基础上，探索实行涵盖藁城区、栾城区、鹿泉区初中毕业生招生计划单列政策，并在新三区统筹使用招生名额。缓解主城区普通高中入学压力，调剂驻县河北正定中学、辛集中学（归石家庄市教育局管理）、石家庄实验中学、石家庄第二实验中学4所直属高中招生计划和招生指标，允许主城区初中毕业生报考入学。规范民办高中跨市域招生管理，实行民办高中以审批地范围招生为主，优先满足审批地初中毕业生就学愿望和需求前提下，可招收部分审批地以外（省内）学生，审批地以外招生比例不高于当年招生计划数量的40%，并逐年减少；民办高中学校享有与公办高中学校同等招生权利，与公办高中学校同期招生。中考照顾奖励政策。军人子女照顾奖励3种，分别按照中考录取最低控制分数线10%、5%的标准和10分照顾录取；公安烈士子女照顾20分，在职期间被认定为公安英模和因公牺牲、一级至四级因工伤残的公安民警子女照顾10分；驻石消防救援人员子女按照录取最低控制分数线10%的标准照顾录取；归侨、归侨子女、华侨子女、台湾籍青年及侨眷高级知识分子子女照顾10分；农村户口独生子女照顾8分（主城区参加中考除外）；少数民族考生照顾8分。中考分数、科目设置和考试日期。2020年全市中考总成绩610分，包括文化课考试成绩600分、学生专门性发展素质评价10分（信息技术考试满分 10 分），体育、物理、化学、生物实验操作科目考试不再组织。 初中毕业生升入“3+4 本科”、五年制大专（含“3+2”）、普通中专和其他职业教育类学校升学总成绩 600 分（文化课考试成绩）。文化课考试使用省统一命题、统一制定评分标准、统一印制的中考试卷，考试时间为 7 月 18 ～ 19 日，5 个科目考试时间各 120 分钟，语文、数学、外语、理科综合为全闭卷考试，文科综合为全开卷考试，外语除试卷考试外还有听力测试。中考报名。2020 年石家庄市中考报名 104035 人，同比增加 7635 人。中考报名人数首次超过 10 万人。其中，综合类 95021 人，同比增加 6762 人；美术类 4482 人，同比增加 61 人；音乐类 1408 人，同比增加 144 人；书法类 952 人，同比增加 99 人；体育类 1987 人，同比增加 644 人；外地类 185 人，同比减少 75 人。长安区、桥西区、新华区、裕华区、高新区等主城区中考报名 30759 人，同比增加 4172 人；非主城区中考报名 73276 人，同比增加 3463 人。中考录取。7 月 28 日，2020 年石家庄市中考招生录取最低控制分数线公布。市区普通高中录取最低控制分数线为 415 分，音乐、美术、书法特长生最低文化控制分数线为 332 分，体育特长生最低文化控制分数线为 208 分；最低专业控制分数线为：音乐专业成绩 43 分，美术专业成绩 112 分，书法专业成绩 127 分。河北正定中学、石家庄实验中学、石家庄第二实验中学录取最低控制分数线为 527 分，音乐、美术、书法特长生最低文化控制分数线为 422 分，体育特长生最低文化控制分数线为 264 分；最低专业控制分数线与市区相同。

【高考招生】 2020 年石家庄市高考报名 98956 人，同比增加 12254 人，其中，高等职业院校高考前单招录取 28679 人，实际参加全国普通高校招生文化考试和对口考试 70277 人。2020 年高考政策确定：2016 年 1 月 1 日（含）以后出生的农村户口独生子女参加高考，不再享受加分优惠政策。2020 年高考全市本科一批上线人数 1.83 万人，同比增加 1600 人，上线率 38.1%，超省平均水平 11 个百分点；保送生 130 人，占全省总数 92.2%，其中保送清华大学、北京大学 10 人，占全省总数的 47.6%。高考录取控制分数线。7 月 22 日，高考录取控制分数线公布。2020 年全市高水平运动队考生高考文化成绩要求：文史 465 分，理工 415 分；少数体育专项测试成绩特别突出的高水平运动队考生文化成绩要求：文史 302 分，理工 269 分。

表 99

2020 年石家庄市高考文史、理工类录取控制分数线

科类	本科批	专科批
文史	465	220
理工	415	200

表 100

2020 年石家庄市高考艺术统考类录取控制分数线

科类	艺术本科（文化 / 专业）	艺术专科（文化 / 专业）
声乐统考	291/128	140/110
器乐统考	291/115	140/110
舞蹈统考	291/120	140/95
美术统考	291/180（两门科目各不低于 60 分）	140/160

表 101

2020 年石家庄市高考艺术校际联考类录取控制分数线

科类	艺术本科（文化 / 专业）	艺术专科（文化 / 专业）
戏剧与影视学类校际联考	291/60	140/60
书法学校际联考	291/74	140/74
播音与主持艺术校际联考	291/105	140/105
服装设计与表演类校际联考	291/70	140/60

表 102

2020 年石家庄市高考艺术校考类录取控制分数线

科类	艺术本科（文化 / 专业）	艺术专科（文化 / 专业）
声乐校考	291/110	—
器乐校考	291/110	—
舞蹈校考	291/95	—
美术校考	291/180（两门科目各不低于 60 分）	—
统考未涉及的校考	291/—	140/—

表 103

2020 年石家庄市高考体育类录取控制分数线

科类		体育本科（文化 / 专业）	体育专科（文化 / 专业）
体育	文科	305/270	140/240
	理科	215/270	140/240

表 104

2020 年石家庄市高考对口各类专业院校录取控制分数线

序号	科类	本科	专科	序号	科类	本科	专科
1	旅游	579	180	6	计算机	570	180
2	学前教育	584		7	建筑	471	
3	财经	516		8	农林	540	
4	机械	537		9	畜牧兽医	522	
5	电子电工	503		10	医学	472	

【优质均衡教育】 主城区持续推行学区管理制改革、集团化办学模式改革。学区管理制试点范围扩大，新增试点学区 1 个，新增参与学校 8 所；至 2020 年底，主城区学区管理制试点学区达到 45 个，参与学校 139 所，参与学校占主城区公办义务教育阶段学校比例达到 64%。整合优化义务教育资源，推动优质教育资源共建、共享；支持优质学校与薄弱学校组建教育集团，采取兼并重组、协作型、混合型、引进式合作、特色联盟等方

式，主城区组建各种类型教育集团55个，参与学校178所，一批基础相对薄弱组团学校快速崛起，实现义务教育学生在家门口就可以到优质学校学习，缓解了热点学校入学压力。县域实施城乡义务教育一体化改革，重点开展消除大班额专项行动。采取制定招生政策、召开专题会议、查看学籍管理系统、组织过程性检查等方式，严格控制县（市、区）起始年级大班额出现。2020年全市义务教育阶段学校超大班额同比下降0.29%，超大班额全部消除；大班额占比0.61%，同比下降3.39%。2020年全市普通高中学校超大班额同比下降0.86%，超大班额全部消除；大班额占比0.46%，同比下降10.05%。

【普通高中教育】 普通高中新课程新教材国家级示范区建设。贯彻落实《国务院办公厅关于新时代推进普通高中育人方式改革的指导意见》《教育部关于做好普通高中新课程新教材实施工作的指导意见》要求，参与和申报普通高中新课程新教材国家级示范区遴选活动。2020年7月，石家庄市获批普通高中新课程新教材国家级示范区，成为河北省唯一一个国家级示范区。对照教育部关于普通高中教育任务和目标，分析梳理石家庄市普通高中教育优势与特色，拟定普通高中新课程新教材国家级示范区三年建设方案和2020年工作方案；根据《河北省教育厅关于印发河北省示范性普通高中评估认定管理办法的通知》要求，设立4个市级复核评估小组，以《河北省示范性普通高中评估标准（试行）》为依据，围绕办学目标、办学特色、规章制度、领导班子、教师队伍、教育教学、教研科研、学生管理、校园校舍、设施设备等内容，开展2019年之前评估认定42所河北省示范性普通高中和新申报4所学校市级复核评估。2020年全市认定省级示范性高中学校4所，总数达到54所。推进特色高中建设，开展第四批特色高中评审认定，认定特色高中项目学校3所；举办普通高中特色发展典型案例征集活动，引导特色高中学校开展特色课程创建和课程基地建设，评选确定特色高中学校优秀典型案例10个。落实《深化普职融通育人模式改革工作的意见》，扩大普通高中与中等职业教育融通学校范围，增加普职学生互转互通试点学校数量，2020年末全市普职融通试点学校达到45所。开展新课程新高考改革实践研究，推荐确定28所普通高中为新课程新高考改革实践研究协作校。

【小学生校内课后服务】 受新冠肺炎疫情影响，春季暂停小学生校内课后服务；秋季开学后，按照不跨年级、不跨班级、每个班级相对独立、不举行室外课后服务活动原则要求，启动小学生校内课后服务项目，同时将参与防疫工作人员子女纳入服务范围。2020年全市共有1751所小学（含小学教学点）开展校内课后服务，同比增加512所，占小学数量的76.8%。50万小学生参加校内课后服务项目，同比增加10.3万人，占全市小学生总数的54%。其中，主城区256所小学提供小学生校内课后服务，同比增加13所；参加小学生12万名，占主城区小学生总数的41.7%。

【义务教育“控辍保学”】 利用“石家庄市义务教育控辍保学监测平台”，开展全市义务教育阶段学生失学辍学情况动态监测和全程监督，为每一名疑似辍学、辍学学生建立台账，实行辍学学生台账化管理。根据市义务教育控辍保学监测平台数据，至2020年底，全市共有义务教育阶段在校生126.8万人，其中建档立卡贫困户子女22927人，疑似辍学学生为0。完善县、乡、村、校“控辍保学”4本台账，以新学期开学为重点时段，“拉网式”摸排适龄儿童、少年辍学及建档立卡贫困家庭适龄儿童、少年入学情况，建立准确数据台账，实行台账化管理，增强劝返针对性。2020年全市21个县（市、区）及高新区、循环化工园区均建立县、乡、村、校4本台账，其中，建档立卡户17693户、学生23936人，非建档立卡户625190户、学生838899人，失学辍学学生为0。

（王素军）

【市第一中学】 市第一中学是石家庄市建立的第一所城市中学，1953年被省政府命名为河北省首批重点中学。地址位于石家庄市长安区平安北大街1号，占地面积75亩，建筑面积6万平方米。现有正高级教师6人，特级教师8人，高级教师117人，研究生学历76人；全国劳动模范2人，“全国先进工作者”1人，享受国务院特殊津贴3人，“全国模范教师”2人；教师获得省市级“劳动模范”“师德标兵”“最美教师”等称号30多名；命名省、市名师工作室6个。曾获授“全国精神文明建设工作先进单位”“全国教育科研先进单位”“全国校园文化建设示范校”“全国中小学思想道德建设活动先进单位”“全国红十字模范校”“全国数字校园示范校”等荣誉称号。办学理念：“生命的教育”。校训：“上善若水，厚德载物”。教学研究。省级规划课题结题2项，分别为：《互联网环境下“课内翻转课堂”研究与实践》《基于学校文化的高中生成长呵护体系的构建与实践》；省级课题立项2项，分别为：《信息技术支持下的教师绩效考核评价与专业发展机制的研究与应用》《大数据背景下基于微课的校本资源库建设》；申报市级个人课题8项。高考成绩。2020年高考理科本科一批上线率99.9%，文科本科一批上线率99.8%，高考文科生在全市保持领先优势，文科640分以上18人，600分以上109人。其中，文科王子文669分，位居石家庄市第一名；李旭哲666分，排名石家庄市第三名；理科690分以上17人，670分以上113人，630分以上434人，600分以上665人；“985”高校上线率60%，“211”高校上线率85%。体育艺术。学校田径队参加2020年河北省青少年田径锦标赛获得11枚金牌、7枚银牌，马鑫然、曹清扬、侯鸿森入选省签约赞助优秀运动员；健美操队参加2020年河北省青少年健美操锦标赛，获得高中组团体冠军，刘畅获得高中组男子单人操冠军，刘畅、冯美琪获得高中组混合双人操冠军。邹振宣参加市音乐教师基本功大赛获得一等奖，王帅千参加市体育教师基本功大赛获得一等奖，韩小静制作教研微课获得市级一等奖，梁玉剑参加市第一届冰雪文化节获得绘画类一等奖；梁玉剑获得市美术评优课一等奖；冯逸凡考入清华大学，谢欣怡考入中央美术学院，李澄玥考入中央美术学院，王楚寒考入天津美术学院，王润嫣考入天津大学，刘嘉亮、邢介辰考入四川大学，刘旭冉考入江南大学，赵菁菁被南京理工大学录取，尉正奇考入南京艺术学院，许原哲考入安徽大学。全年编印校报《薪火一中》6期、校刊《教育新视野》6期、宣传彩页《印象一中》等10期。印制高考喜报80张、中考喜报50张。

（刘春英　李强　娄延果）

【市第二中学】 市第二中学始建于1948年9月，是河北省实验中学。地址位于石家庄市新华区兴凯路187号。至2020年末，市第二中学发展形成一校7区、12年基础教育全覆盖办学模式。本校占地面积64470平方米，建筑面积65732平方米。高考成绩。2020年市第二中学学生参加高考张庭硕717分，位列石家庄市第一名，河北省第五名；刘宇扬712分，位列石家庄市第二名，河北省并列第八名；张子初711分，位列石家庄市第三名，河北省并列第九名。石家庄市高考成绩前10名（含并列共15人）中，市第二中学有11人。清华大学、北京大学保送和预录取学生24名。航空实验班录取人数、录取率创下历史新高，41名学生被空军航空航天大学录取。8月16日，石家庄二中航空实验班空军飞行学员录取通知书颁发仪式举行，中部战区空军政治工作部领导出席活动并为学生颁发录取通知书，市第二中学校长赵洪获颁“突出贡献奖”。2020年市教育局授予市第二中学石家庄市高中教学先进单位称号，数学、语文、外语、理综、文综高考备课组获评高中教学先进备课组。体育比赛。11月8日，石家庄二中男女篮球队参加2020年河北省中学生篮球排球锦标赛，双双获得冠军；12月22日，石家庄二中男女篮球队参加2020～2021中国高中篮球联赛河北赛区比赛，再次双双夺冠。奥林匹克竞赛。5个学科具备优势。3人入选国家集训队，21人入选河北省代表队；参加全国奥林匹克竞赛决赛，获得金牌7枚、银牌9枚、铜牌3枚，123人获得省级一等奖。至2020年底，市第二中学累计获得17枚国际奥林匹克竞赛金牌，24枚国际奥林匹克竞赛奖牌，金牌数位列全省第一。改善教学环境，9月30日，校园整体改造三期工程项目体育馆、图书馆、科技楼3栋建筑竣工投用。12月12日，由河北省物理学会主办、市第二中学承办的河北省物理学会九届六次常务理事会会议暨第二届燕赵物理发展论坛举行，人民教育出版社物理室编审、课程教材研究所研究员谷雅慧作“物理教学中科学思维的培养”报告，加拿大工程院院士、南方科技大学于明教授作“虽未相见，世界因你而改变——电磁场与微波技术介绍”讲座，还举办“新课标指导下的高中物理课堂教学实践研究”学术论坛及科普大篷车、创新作品展、自制教具展科技嘉年华活动。11月20日，市第二中学获授“全国文明校园”称号。2020年市第二中学获授“河北省教育系统先进集体”“石家庄市教育系统实绩突出单位”称号，市第二中学团委获授“全国五四红旗团委”称号。

（市第二中学）

【河北正定中学】 河北正定中学是石家庄市教育局直属管理的省级示范性高中，坐落在国家级历史文化名城——正定。学校创建于清光绪二十八年（1902年），由当时的正定府学和恒阳书院（均源于五代时期）改设而成，始名正定府中学堂，后曾更名为直隶省立第七中学、河北省第七中学、河北省立正定中学、晋察冀边区正定联合中学、晋察冀边区第四中学、河北正定第一中学，1979年定名河北正定中学。占地面积160亩。校训：“明德、笃学、强身、报国”。2020年学校共有在校生3057人，教职工257人，专任教师248人，其中，特级教师11人，正高职称教师7人。重视教学科研活动，立项课题11项，发表文章182篇，著书52本；教师获得市级以上奖励112人次。高考成绩提升，本科一批上线率100%，“985”院校上线率30%，“211”院校上线率超60%。开展国际教育与交流，国际教育增设“雅思中学”选修课，19名学生被世界名校录取。11

月15日，2020京津冀台中学生教育发展联盟年会暨第四届京津冀台中学生教育发展论坛在河北正定中学举行，来自京津冀台40余所中学500余名师生参与交流活动。2020年河北正定中学复查确认保留“全国文明单位”称号，获评河北省文明校园、河北省国际教育交流先进集体、石家庄市文明校园等荣誉。

（河北正定中学）

【石家庄外国语教育集团】 石家庄外国语教育集团由石家庄外国语学校、石家庄第二外国语学校、石家庄外国语小学、石家庄第二外国语学校附属幼儿园4所学校组成。石家庄外国语教育集团前身为市第四十三中学，始建于1994年，是市政府投资兴建的一所公办完全中学，1995年率先在河北省启动办学模式改革，开始走向外语特色办学之路；1996年经河北省教育厅批准开始首届高中试办高校外语预科班；1997年经市机构编制委员会办公室批准，学校更名为石家庄外国语学校，成为河北省第一所外国语学校；1999年学校被河北省委、省政府命名为省级重点中学；2000年率先在河北省探索办学体制改革，与河北怀特集团公司合作办学，发展形成幼、小、初、高一条龙外语特色集团化办学格局；2004年被教育部批准为全国普通高校招生保送资格学校；2010年学校与石家庄第二外国语学校、石家庄外国语小学、石家庄外国语幼儿园3所民办学校合并，组建成立石家庄外国语教育集团；2014年赞皇县、平山县、灵寿县、行唐县、井陉县、元氏县6个山区县12所中小学纳入外国语教育集团统一管理，创新探索城乡教育均衡发展和山区教育扶贫之路；2014年集团倡议组建全球基础教育研究联盟，吸引16个国家119所会员学校加盟，并每年举行一次国际教育论坛。2020年石家庄外国语教育集团共有在校生10856人，教职工1045人，其中，正高级职称4人，高级职称201人，特级教师3人；享受国务院津贴专家1人、河北省津贴专家2人；河北省突出贡献中青年专家2人，河北省名师骨干11人。教学研究。课题立项22项，其中，省级课题3项、市级课题16项、区级课题3项；“教育均衡发展中山区教育扶贫实践模式研究”课题结题，获得河北省基础教育教学成果一等奖；3篇论文分别在《河北师范大学学报》《新时代的奋斗者理论与实践研究》《新时代领导力理论与实践研究》发表。2020年7月，入选普通高中新课程新教材国家级示范校。创新人才培养模式，推进“四自主·四环节”教育模式。全年组织“四环节”公开课1268节，示范观摩课88节，示范主题班团队课42节。启动“质量提升三学年行动计划”，以办学思想、办学理念、队伍素质、教育教学、管理水平等为内容，提出“人人要有新目标、事事要有新抓手、工作要有新思路、管理要有新举措、评价要有新标准、提升要有新目标”要求。中考高考。2020年中考5名学生进入全市前10名，61名学生进入全市前100名。2020年高考2名学生进入全市理科前6名，李骥翔凭借全国数学奥林匹克竞赛金牌成绩成为河北省唯一被清华大学丘成桐实验班录取学生（全国27人）；清华大学、北京大学录取率3.5%，“985”大学录取率32.7%，“211”大学录取率58.3%；127名学生取得全国重点大学保送录取资格，占全省保送生90%；71名学生被美国康奈尔大学和芝加哥大学、英国伦敦大学学院、加拿大多伦多大学、澳大利亚新南威尔士大学等世界知名大学录取。体育艺术。田径队获得市体育传统项目学校田径锦标赛初中团体第一名，参加省中学生田径锦标赛获得7枚金牌、6枚银牌。羽毛球队参加全国U12-15羽毛球比赛总决赛获得全国男子双打冠军、男子单打第三名；参加市中小学生羽毛球选拔赛获得初中组男子团体第一名、第二名，女子团体第一名，包揽初中男女全部单项冠军。足球队参加市校园足球比赛获得初中组第三名、高中组第二名。武术队参加市中小学武术套路选拔赛获得3个单项冠军、2个第二名、1个第三名。乒乓球队参加市中小学生乒乓球选拔赛获得中学组女子团体冠军、男子团体亚军。航模科技获得市第八届中小学机器人大赛一等奖、初中组时空穿越无人机赛一等奖、二等奖。民乐团琵琶演奏“忆长安”获得市大中小艺术节活动一等奖。山区教育扶贫。2020年石家庄外国语教育集团帮扶石家庄市6个山区县6所初中毕业生5538名，其中，1956人升入职业高中就读，占初中毕业生的35.3%。全年教师送教下乡380人次、教学送课230节，邀请山区教师到学校观摩教学教育活动300余人次；为山区学校捐赠图书4.57万册，慰问山区贫困生430人。至2020年，集团教育帮扶单位由最初石家庄市12所山区学校扩大到云南省芒市、雄安新区安州中学、承德市六道河中学、邢台市沙河分校、山西省兴县120师学校、新疆库尔勒市第二十三中学等20个帮扶学校或单位。石家庄外国语教育集团曾获“全国文明单位”“全国首届文明校园”“全国未成年人思想道德建设工作先进单位”“全国教育系统先进集体”“全国中小学心理健康教育特色学校”“全国青少年校园足球特色学校”“全国艺术教育先进单位”“全国群众体育工作先进单位”“全国外国专家工作先进单位”“全国先进孔子课堂”“全国五四红旗团委”“全国脱贫攻坚奖组织创新奖”等国家级荣誉。2021年2月25日，石家庄外国语教育集团在全国脱贫攻坚总结表彰大会上获授2020年度“全国脱贫攻坚先进集体”称号。2021年3月10日，集团支教教师王雅莉获得2020年度石家庄市“感动省城”十大人物。

（孔维景　段军　刘晓　王苗）

【石家庄精英中学】 石家庄精英中学是教育实业家翟志海于1993年创办的一所全寄宿制完全中学。2003年被省教育厅评定为河北省示范性高级中学，2017年12月获得“中国高中教育50强”，2017～2020年获评“清华大学生源中学”。2020年石家庄精英中学共有4个校区，在校师生1.7万余人。校本部（高中、小学）位于石家庄高新区学苑路25号，占地面积150亩；北校区（初中）位于石家庄市学府路196号，占地面积150亩；2017年石家庄精英中学应邢台市政府邀请入驻邢台市，设立石家庄精英中学邢台校区（高中、初中），总规划面积400余亩，其中一期占地面积220亩，2018年9月建成开学；2020年5月24日，石家庄精英中学海南校区（高中、初中、小学）揭牌，地址位于海南省陵水县清水湾大道英赤路93号，占地面积170亩。高考成绩。2020年高考张浵茼、解佳琦、冯武祎、张轩汇、郭一定、杨心晴、高敬迪、李战江、杨永哲、韩绍辉10名学生考入清华大学和北京大学，其中，张浵茼以行健书院排名前百分之六的成绩，经清华大学专家组3位院士测试与认定，入选清华大学钱学森力学班。学科竞赛。2020年盖德旺参加第37届全国中学生物理竞赛获得省级赛区一等奖，徐梓博、王梦杨、王一凡、康乐孜、潘思嘉、宋霖、张振昊、胡德谞、苗林涛、王冬暄10名同学参加全国中学生物理竞赛获得省级赛区二等奖；邢德参加第34届中学生化学竞赛获得河北省一等奖。

（王丽巧　孙军良）

中等职业教育

【概况】 2020年全市共有中等职业学校（简称中职学校）137所，同比增加2所，其中，市属96所、省属41所；在校生23.68万人，同比增加2.21万人；招生8.75万人，同比增加1.28万人；毕业生6.95万人，同比增加9388人；教职工1.31万人，同比增加847人；专任教师9660人，同比增加496人。2020年全市共有公办中职业学校62所，在校生7.68万人，教职工6729人，专任教师5523人；民办中职业学校64所，在校生12.03万人，教职工4893人，专任教师3169人。2020年全市中等职业学校招生录取“3+4”本科专业录取最低控制分数线为424分，“3+4”本科休闲体育服务与管理专业文化录取最低控制分数线为292分。2020年3月，石家庄医学高等专科学校与英国拉纳克郡新学院申请合作举办的护理专业高等专科项目获得教育部备案批准。落实职业教育提质培优行动计划，推进中等职业教育高质量发展，组织中职学校申报国家优质校、国家优质专业。规划实施中职学校标准化建设工程，制定标准化建设工程实施方案，确定2020～2022年完成省级标准化学校验收。重视中等职业教育质量提升工程项目学校建设，组织11所项目学校、拟递补入围15所学校撰写办学成果和项目建设绩效报告；经省教育厅评定，全市11所项目学校均保留“120项目学校”资格，其中，装备制造学校入选名牌学校第一档第一名，财经商贸学校递补入围“120项目学校”；至2020年底，全市等职业教育质量提升工程项目学校达到12所。开展“1+X”证书试点，参与试点中职学校15所、专业46种，申报初级、中级、高级证书62个，参加培训及考试中职学生8814名。落实国家中职学生资助政策，依托“全国学生资助管理信息系统”，全年办理中职学生减免学费122096人，获得国家助学金16486人。

【职教园区】 市职教园区自2016年6月启动建设，2019年8月建成投用。占地面积2376亩，建筑面积90万平方米，总投资56.8亿元。现有装备制造学校、文化传媒学校、电子信息学校、交通运输学校、财经商贸学校、现代农业学校、艺术学校、城市建设学校、学前教育学校、旅游学校、特殊教育学校、石家庄高级技工学校12所中等职业学校及图书信息中心、艺术中心、会议中心、体育馆、游泳馆、公共实训基地和技能鉴定中心、双创科技园等共享设施。扩大园区招生，印发《关于入驻职教园区学校切实做好春季招生工作的通知》《关于切实做好职教园区招生工作的通知》，制定招生任务目标，主动组织园区学校到山区6县宣传，引导学生到园区学校就读。2020年职教园区招生15807人，在校生规模31708人。调整优化园区学校专业结构，做优做强骨干（特色）专业，制定印发《关于职教园区中等职业学校专业结构优化调整的实施方案的通知》。邀请省市职业教育专家参与园区学校专业调整方案论证，至2020年底，职教园区学校开设各类专业122个，其中，保留专业92个，新增专业30个，撤销专业22个，合并专业1个，涵盖专业大类15个。提升园区学校办学层次，推进中等职业教育、高等职业教育（简称中高职）“3+2”分段培养衔接（也称中高职贯通培养），实现全部学校具备中高职“3+2”分段培养资质目标。牵头职教园区学校与部分高等职业院校举行中高职衔接工作对接会，搭建交流合作平台。5月18日，省教育厅、省发展改革委、省人力资源和社会保障厅印发《关于公布河北省中高职“3+2”分段培养中职学校名单的通知》，石家庄市22学校、51个专业入选，其中职教园区学校全部入选。

【职业技能比赛】 全年中等职业教育学生获得各种奖励154人。2020年11月，2020年全市中职学校学生技能大赛举行，全市15个县（市、区）、10所市直中职学校314个代表队、1330名学生参加10个大类24个项目比赛。组织10个县（市、区）、10所市属中职学校教师和学生参加省级、国家级技能大赛，获奖251人，其中，获得国家级奖励学生21名，省级奖励教师118人、学生112人。选拔18个教学团队参加省教学能力比赛，12个团队获得奖项。参加省首届职业院校班主任能力大赛，10名班主任参与中职组比赛，7人获奖，其中，一等奖1人、二等奖1人、三等奖5人。

【社会人员培训】 全年12个县（市、区）、6所市属中职学校承担各类社会培训任务，培训内容包括建筑、旅游餐饮服务、特种作业、机械、礼仪、市场营销、电子商务、计算机、财税会计、种植养殖、农村经济管理等17类专业技能，参训就业创业农民工129人次，新型职业农民2585人次，农村劳动力转移2769人次，农村实用技术564人次，残疾人35人次，中小企业员工2024人次，大学生再就业180人次，其他培训804人次，累计培训总人数9090人。开展社区教育、社区老年教育，印发《关于构建社区老年大学教育网络体系的通知》。至2020年末，全市挂牌社区老年教育机构市级2个、县级26个、乡镇（街道）214个、行政村（社区）1423个。

（王素军）

高等教育

【概况】 2020年全市共有市属高校5所，其中，本科高校1所（石家庄学院），高职高专院校4所（石家庄职业技术学院、石家庄信息工程职业学院、石家庄科技工程职业学院、石家庄幼儿师范高等专科学校）；在校大学生6.25万人；教职工4300人，专任教师2600人。石家庄学院在校大学生16841人，教职工1295人，其中，正高级职称124人、博士204人、副高级职称401人，硕士836人，“双师双能型”教师529人。石家庄职业技术学院在校大学生12861人，教职工900余人，其中，正高级职称59人、副高级职称239人，博士27人、硕士542人。石家庄信息工程职业学院在校大学生18373人，教职工1284人，其中，正高级职称39人、副高级职称229人，博士2人、全日制硕士研究生165人。石家庄科技工程职业学院在校大学生6862人，教职工300余人，其中，副高级以上职称72人，研究生学位以上教师156人。石家庄幼儿师范高等专科学校在校大学生5977人，教职工419人，其中，教授18人、副教授88人，博士、硕士206人。以培养高层次技术技能人才为导向，实施高等教育改革，推进石家庄职业技术学院、石家庄信息工程职业学院与省属2所独立学院合并转设改革。围绕产业结构调整和战略性新兴产业、现代服务业发展，优化调整高校学科专业结构，组建设立高等教育专业220个，其中市级骨干专业16个。结合高等教育实际，确定30门课程为市级精品资源共享课程。石家庄学院获批河北省本科高校转型发展试点学校，打造重点专业集群5个，立项建设示范性应用型课程61门，入选教育部学校规划建设发展中心“互联网+中国制造2025”产教融合促进计划试点院校。推进市属高校开展校企合作，引导高校立足服务区域经济社会发展，以区域代表性企业为主，选择技术水平领先、管理模式先进、人才需求旺盛的企事业单位签订校企合作协议。至2020年底，市属高校建立校内外实习实训基地1500余家、技术服务和产品研发中心47个，其中，中央财政支持实训基地2个，河北省财政支持实训基地1个，签订校企合作单位600余家。重视师资队伍建设，授予50名骨干教师市级“双师型”骨干教师称号；选拔70余名专业领域具有一定知名度和影响力、且能对专业建设和发展起带头作用的专业带头人开展高校内涵建设；培养和打造特色鲜明优秀教学科研团队19支，其中省级团队3支。4所高等职业院校40个项目参加“京津冀”创新创业大赛，获得特等奖2项、一等奖10项、二等奖7项、三等奖9项。2020年石家庄市五年制和“3+2”高等职业教育学校（不含艺术、体育类专业）录取最低控制分数线为200分，五年制和“3+2”高等职业教育学校艺术、体育类专业最低控制分数线为140分。2020年石家庄职业技术学院建筑工程系教工党支部书记工作室获批第二批全国高校“双带头人”教师党支部书记工作室培育创建单位，实现市属高校党建“国字号”品牌零的突破；石家庄职业技术学院、石家庄幼儿师范高等专科学校入选全国高职高专院校满意度排行榜前10名。

（王素军　张志刚　赵立芬）

【石家庄学院】 石家庄学院是经教育部批准建立的国有全日制普通本科院校。地处石家庄高新技术产业开发区，由南北两个校区组成。学校始建于1958年，原名石家庄专区师范学院，1959年更名为石家庄师范专科学校。1996年3月经河北省人民政府批准，石家庄师范专科学校、石家庄地区教育学院与石家庄市教育学院合并，更名为“石家庄师范专科学校”。2004年5月经教育部批准，石家庄师范专科学校升格为石家庄学院。占地面积1221亩，建筑面积40.76万平方米。建有14个实验实训中心，448个教学、科研实验室，教学科研仪器设备价值2.35亿元。图书馆藏书120万余册，连通中外文数据库17个，保存电子图书343万余册、各类纸质报刊525种。设有党政管理机构14个、学院17个、本专科专业82个（本科专业65个），涵盖法学、教育学、文学、史学、理学、工学、管理学、艺术学8个学科门类。拥有国家级特色专业建设点2个、省级品牌特色专业4个、省级本科教育创新高地2个、省级专业综合改革试点2个、省级一流本科专业建设点7个、河北省高等学校教学团队2个、省级实验教学示范中心4个、省级教学名师3人，开设省级精品课程（资源共享、在线开放）8门、省级一流本科课程5门，打造形成“信息技术专业群、化工制药专业群、机电工程专业群、文化传媒专业群、教师教育专业群”五大特色专业集群。建有校外实践教学基地448个，其中“石家庄学院以岭药业实践教育基地”被确定为河北省首批大学生校外实践教育基地。国家动漫产业发展（石家庄）基地人才培养中心、河北省知识产权培训基地、河北省服务外包培训基地、河北省高校毕业生就业（创业）服务基地、河北省中国特色社会主义理论体系石家庄学院农村发展研究基地、石家庄市特殊教育资源中心、石家庄市基础教育改革与发展研究中心在学院挂牌，河北省儿童心理教育学会、中国教育技术学会师范院校专业委员会挂靠学院。主要学术研究机构有：河北省物联网智能感知与应用技术创新中心、“互联网＋中国制造2025”产教融合创新基地、河北省物联网区块链融合重点实验室、河北省物联网安全与传感器检测工程研究中心、河北省高校微生物制药应用技术研发中心、河北省建陶工程技术研究中心、河北省麻醉药技术创新中心、河北省动物源性肽类生化药物技术创新中心、河北省纤维材料技术创新中心、河北省非物质文化遗产研究基地、河北省灰霾在线监测实验室、高邑县得利达纺织有限公司院士工作站（共建单位）、石家庄市食品工程技术研究中心、石家庄市锌业工程技术研究中心、石家庄市绿色装饰工程技术研究中心、石家庄市化学纤维技术创新中心、石家庄市高分子基复合材料技术创新中心、石家庄市水溶性肥料工程技术研究中心、西柏坡文化研究中心等。在校大学生16841人，毕业生就业率95.94%；在校大学生获得省部级以上成果和奖励160项。教职工1295人，其中，正高级职称124人、博士204人、副高级职称401人，硕士836人，“双师双能型”教师529人；新引进博士16人。结合地方经济社会发展需求，新增物联网工程、工业设计2个本科专业。培育特色学科，重点建设生物医药、电子信息、教育3个学科。加大科研创新，获批课题立项91项，其中，教育部人文社会科学项目1项、省级项目24项；承担横向协作与委托项目107项，引进课题经费1027万元，累计引进课题经费达到1190.82万元。出版著作12部。获授权发明专利28项，3个专利项目实现成果转化，1项成果获得河北省科学技术进步奖三等奖。建成省级科研平台13个，其中，“河北省物联网区块链融合重点实验室”获批首个省级学科重点实验室，“物联网安全与传感器检测工程研究中心”被省发展改革委列入省级工程研究中心建设计划。研究西柏坡红色文化，编写出版专著《开国兴邦》。支持食用菌产业技术升级，独创液体菌种替代传统固体菌种技术。保障食品安全，研究禽蛋快速检测苏丹红残留方法，获得省、市推广应用。加强国际合作交流，与亚洲、美洲、欧洲、大洋洲13个国家和地区56所高校建立友好合作关系。开展留学生教育，引入河北纽乐教育科技有限公司，以校企合作模式共建纽乐国际学院，首次招收来自东帝汶、秘鲁留学生，实现留学生教育零的突破。推进与国外合作院校在专业领域联合科研攻关，首次申报河北省国际科技合作基地，应邀参加中芬线上学术研讨会。开展中外合作办学，与韩国又石大学联合设立制药工程专业本科合作办学项目，连续三年完成招生任务；与意大利、新西兰等国家洽谈艺术类合作办学，拟定教学大纲。2020年学院获评河北省国际教育交流先进集体。

（李艺潇　王旭辉　刘建军）

【石家庄职业技术学院】 石家庄职业技术学院始建于1984年9月，原名“石家庄大学”，是经教育部批准、石家庄市政府主办的一所全日制普通高等院校，是河北省首批设立的11所高等职业院校之一，也是石家庄市第一所全日制职业大学。学院办学形成全日制高等职业教育、广播电视教育（开放教育）、社区教育为主体，多种形式并存办学格局，获批国家优质高等职业院校、国家现代学徒制试点单位，入选“中国特色高水平高职学校和专业建设计划”高水平专业群建设单位。设有建筑工程系、电气与电子工程系、机电工程系、管理系、信息工程系、经济贸易系、食品与药品工程系、艺术设计系、动画学院、软件学院、社会科学部、继续教育学院、公共外语部、公共体育部和教学部，形成以智能制造类专业集群为核心，电子信息类、现代服务类、文化创意类、电子商务类、食品药品类专业集群协调发展专业格局。开设国家级骨干专业5个、国家级精品资源共享课程2门、省级精品在线开放课10门、市级精品资源共享课程4门、院级精品在线开放课程60门。建有校企共建二级学院5个，牵头成立河北省软件与服务外包、河北省文化创意2个省级职业教育集团；与石家庄奥祥医药工程有限公司、石家庄数英电子有限公司共建院士工作站2个。搭建社区普法教育平台，成立全国首家“社区税务教育学院”“社区宪法教育学院”。拥有覆盖全校有线无线一体化网络、现代化教学平台和信息交流平台，图书馆藏书达到100万余册，拥有图书检索系统、电子阅览室；建有功能教学楼2个、技能实训楼2个、校内实训基地69个、校外实习基地180个、校企共建研发中心（工作室）30多个及大学生公寓、球类馆、游泳健身中心和高标准综合体育中心。设有国家职业技能鉴定所、河北省高职院校首家应用型教师发展中心平台和校播文化众创空间、栖渡众创空间2个河北省大学生创新创业示范基地。3门课程获认省级精品在线开放课程，29门课程通过第二届河北省精品在线开放课程评选初审。5个团队立项院级教师教学创新团队，软件技术教学团队获批省级职业教育教师创新团队。全日制在校大学生12861人，成人教育本专科在籍生10000余人，面向河北、河南、湖北、湖南等17省招生，毕业生就业率达到96%。2020年学院计划招生4600人，实际报到4461人，报到率97%，专科批理工类录取最低分数414分，文史类录取最低分数438分。教职工900余人，其中，正高级职称59人、副高级职称239人，博士27人、硕士542人；国家级、省级教学名师各1人，省突出贡献中青年专家2人，省“三三三人才工程”第二层次人选1人，省优秀教师2人，省优秀教育工作者1人，省级教学团队2个，省教育系统先进集体2个。重视师资队伍建设，公开招聘教师4名，以柔性引进方式聘任（续签）专业带头人或客座教授7名，利用“名校英才入石”计划引进博士5人，专业技术人员增聘125人。实施河北省教师素质提升计划接培项目，培训校外学员121名。23名教师参加国家培训项目。教师参加河北省教学能力大赛，获得一等奖3项、二等奖2项、三等奖1项。开展各类社会服务培训66批次，培训学员6822人次；创建市社区老年教育四级网络体系，建成区（县）及社区老年教育大学40个、社区老年教育中心206个、社区老年教育学校1391个；联合国教科文“城市社区学习中心（CLC）能力建设项目”通过中期验收。立结项市级及以上课题108项，获得河北省科学技术进步奖三等奖1项、河北省社会科学优秀成果三等奖1项；思想政治教学获得市级思想政治教学成果奖一等奖2项、二等奖1项、三等奖1项。2020年学院获评“河北省职业教育先进单位”“河北省大中专毕业生就业工作先进集体”“河北省普通高校示范性就业指导中心”称号。

（高霞　庞荣申　王升）

【石家庄信息工程职业学院】 石家庄信息工程职业学院是经河北省人民政府批准、教育部备案、面向全国招生的公办全日制高等职业院校。始建于1963年，原校名为“石家庄专员公署商业职业学校”，隶属石家庄专员公署商业局。1993年7月，石家庄地市合并后更名为“石家庄市财经学校”，隶属石家庄市财政局。2002年5月24日，根据《河北省人民政府关于同意建立河北交通职业技术学院等7所高等学校的批复》，石家庄市财经学校改建为“石家庄信息工程职业学院”。2020年10月1日，石家庄信息工程职业学院新校区启用，地址由石家庄高新区搬迁到藁城区天祥大街81号、82号（藁城区张家庄镇蔡家岗村南），设东、西2个校区，总投资39亿元，占地面积1501.5亩，建筑面积47.3万平方米。建有图书信息中心（图书馆）、公共教学中心、教学办公楼、实训楼、学生宿舍楼、操场（体育馆）、食堂、运动场、球场等教学设施。设有9系4部1学院，分别为：传媒艺术系、软件工程系、计算机应用系、网络与通信工程系、机电工程系、经济贸易系、管理系、会计系、农林牧医系、基础部、体育部、外语教育培训部、继续教育部、马克思主义学院。校内实训基地101个，校外实习实训基地112个。录取新生7864人，报到率95.75%；在校大学生18373人；毕业生5277人，毕业生就业率96.47%。教职工1284人，其中，正高级职称39人、副高级职称229人，博士2人、全日制硕士研究生165人；新引进硕士研究生教师28名。开设专业47个，其中，电子信息类15个、财经商贸类11个、文化艺术类5个、装备制造类6个、农林牧渔类3个、旅游类2个、轻工纺织类1个、公共管理与服务类3个、新闻传播类1个。与东软集团、新迈尔科技有限公司等13家规模以上企业签订《校企共建合作协议》，共建专业17个。2个专业、1个实训基地获得中央财政支持，4个专业获得省财政支持；拥有省级骨干专业1个、市级骨干专业4个、市级重点专业3个。设立精品课程、资源共享课程、在线开放课程169门，专业英语（软件技术）、数据结构、企业会计核算、数据库原理与应用、基站系统工程、创业项目策划、物流优化技术、形势与政策8门课程确定为2020年度院级精品在线开放课程。课题立项39项，课题结项11项；与企业签订横向科研项目4项；承担省级以上科研项目3项。获得省部级以上科研成果奖1项。教师发表核心期刊论文6篇，出版教材6部；21名教师获批河北省首批科技特派员，10名教师入选市社会科学专家库。

（李建民　高芳）

【石家庄科技工程职业学院】 石家庄科技工程职业学院是经教育部批准，石家庄市政府主办的一所全日制国办普通高等职业院校，面向全国招生。坐落于国家级历史文化名城——正定。学院创建于1924年，始称“直隶第八师范学校”，1933年以地名命名改称“河北省立正定师范学校”，1953年更名为“河北正定师范学校”，1999年开始培养大专生，2004年更名为“石家庄学院正定分院”，2007年改建为“石家庄科技工程职业学院”，是教育部现代学徒制第二批试点建设单位、中国轮滑示范学校、河北省现代学徒制高职“面向企业在职员工”招生试点院校、石家庄市教师三支队伍（教师、学校管理者、教育管理行政人员）培训基地。占地面积23.07万平方米，校舍建筑面积14.92万平方米，主要教学设施有多功能图书馆、教学楼群、实训楼、体育馆、艺术楼、实验楼、礼堂、学生宿舍楼群、餐厅、塑胶田径场、标准化篮排球场等。建有校内实践教学基地112个、“教、学、做”一体化实训场地2.75万平方米，校外实训基地123个。教职工300余人，副高级以上职称72人，研究生以上知识层次教师156人；国家督学1人，教育部职业院校教学（教育）指导委员会委员、教育部职业院校信息化教学指导委员会委员1人；河北省“三三三人才工程”三层次人才3人，省级优秀教师3人。7名教师入选高校“双师型”骨干教师，1人获评市级优秀教师，1人获评市级优秀教育工作者。以先进制造业、现代服务业、师范教育3个领域为重点，开设有管理工程系、经济贸易系、机电工程系、信息工程系、艺术与建筑工程系、护理学院6个教学系（院）和3个公共教学部。招生专业29个。其中，酒店管理为教育部第二批现代学徒制试点专业；工程造价为国家级骨干专业；小学教育为省级骨干专业；计算机应用技术、数控技术为市级重点专业；会计、市场营销、建筑室内设计、学前教育、移动通信技术、汽车检测与维修技术、计算机网络技术、空中乘务为院级重点专业。优化专业布局，申报语文、数学、艺术、英语、体育、学前教育（两年）6个教育类专业。5门课程初选为第二届省职业院校在线精品课程，12门课程立项为院级在线精品课程。全年师生参加各级各类比赛60人次，获得团体及个人一等奖4项、二等奖8项、三等奖12项。市级以上科研课题立项26项，院级课题立项40项，课题结项24项。科研论文获奖4篇。全日制专科在校生6862人，专科层次成人学历教育学生909人。招生录取2647人，其中，单招、统招2425人，扩招222人。毕业生就业率96.34%。

（石家庄科技工程职业学院）

【石家庄幼儿师范高等专科学校】 石家庄幼儿师范高等专科学校是2011年经教育部批准设立的国办普通高等学校，也是河北省第一所幼儿师范高等专科学校。地址位于石家庄市区西部，占地面积500.73亩，建筑面积17.56万平方米。校训：“崇德、善学、博爱”。校风：“为人为学，为师为范”。教风：“修身治学，乐业善教”。学风：“诚朴砺学，精修师艺”。学校曾获得“全国艺术教育特色单位”“全国大学生艺术展演活动优秀组织单位”“全国大学生心理健康教育先进集体”“全国优秀知识分子先进集体”“全国巾帼文明示范单位”等称号，2020年获评教育部学信网“2020河北高校满意度排行榜”本专科院校第一名、石家庄市“文明校园”。全日制在校大学生5977人。教职工419人，其中，教授18人、副教授88人，博士、硕士206人。优化教学科研管理，统筹整合原有12

个教学科研机构，培训中心更名为继续教育中心（系），文科基础教学部、理科基础教学部、体育教学部整合为基础教学部，科研部、学前教育研究中心整合为科研部（学前教育研究中心），组建应用技术系、马克思主义教学部、质量评价中心，形成新的12个教学科研机构。提升办学条件，建成书法工作室、羊毛毡工作室、教工活动室。招生范围覆盖24个省（市、自治区），招生方式涵盖普通高招、单招、对口招生等多种渠道，统招文理科分数均居全省专科院校第一名；学前教育类对口升学录取分数线581分，为全省最高。打造“智慧就业”网络平台和招生就业服务微信平台，665家用人单位参与注册，提供岗位14696个。毕业生95%以上在京津冀地区城市就业，北京、天津就业超过25%。学生参加河北省高职院校学前教育专业学生教育技能大赛，获得团体一等奖；参加“挑战杯”中国大学生创业计划竞赛，获得河北省一等奖；参加河北省第九届舞蹈比赛暨第十届华北五省区市舞蹈大赛选拔赛，获得一等奖3个。重视教师队伍建设，公开招考引进全日制硕士7人；利用“英才入石”项目计划引进人才15人，报名530人，初审合格29人；出台教师《学历进修管理办法》，支持6人攻读博士，2人攻读硕士。教师参加河北省教师教学能力比赛，获得一等奖3个。增强教学科研能力和水平，立项部级课题1项、厅级课题13项、市级课题5项，校外课题结项21项，校级课题结项49项。《百年中国儿童诗歌史略》《老游戏　大科学》2项教学成果获得省社会科学优秀成果三等奖。主办刊物《幼教研究》获得14个奖项，创下历年之最。

（常凡　郑郁　杨凤勇）

文 化

Culture

文化艺术

【概况】 至2020年末，全市共有艺术表演团体20个，艺术表演场馆（剧院、剧场）13个，文化馆23个，市县属博物馆（含纪念馆）20个，公共图书馆24个，乡镇综合文化站207个、街道文化中心57个，广播电视播出机构（含广播电视台）17个，市、县、乡、村四级公共文化设施基本实现全覆盖。重视县城文化设施建设，石家庄所辖21个县（市、区）及高新区全部建立公共图书馆和文化馆。9月30日，位于正定新区市图书馆新馆建设局部开放试运行。推进非国有博物馆发展，印发《石家庄市非国有博物馆扶持办法》；全年新增备案登记非国有博物馆6家，累计总数达到20家。2020年市图书馆藏书总量160万册，年借阅总量61.3万册次，年接待读者30多万人次；市博物馆馆藏文物总数4535件（套），其中，一级文物20件（套），二级文物219件（套），三级文物1435件（套）；市美术馆收藏作品1024件（套），其中2020年新增收藏作品7件（套）。举办送戏下基层演出2433场，公益电影放映48096场。广播、电视节目综合人口覆盖率均达100%。作家冯建拴的原创小说《疏烟淡梦》改编电影《远方有多远》播映。作家周喜俊的长篇小说《我的幸福谁当家》改编电视剧《我的幸福我当家》开拍。由市评剧院一团创排、中国戏剧家协会支持拍摄的戏曲电影《安娥》入围第33届中国电影金鸡奖最佳戏曲片提名奖，并获得第三届中国戏曲电影展优秀戏曲电影奖。评选第十六届石家庄市文艺繁荣奖获奖作品40件，其中，特别奖8件、繁荣奖32件。评选贾大山文学奖作品10件，7件作品获得贾大山文学奖特别奖。保护和传承非物质文化遗产。评选公布石家庄市第八批市级非物质文化遗产代表性项目66个。至2020年末，全市公布市级非物质文化遗产代表性项目8批360项、市级非物质文化遗产代表性传承人7批313人，140个项目入选省级非物质文化遗产项目名录、125人入选省级非物质文化遗产代表性传承人名录，12个项目入选国家级非物质文化遗产项目名录、18人入选国家级非物质文化遗产代表性传承人名录。文物管理。至2020年底，全市拥有全国重点文物保护单位40处、省级文物保护单位107处、县级文物保护单位213处，不可移动文物4640处；41个国有文物收藏单位（不包括省级）馆藏文物总量28264件（套），其中，一级文物107件，二级文物536件（套），三级文物2722件（套）。大型历史文献书籍《石家庄市志（1991～2005）》《石家庄年鉴（2020）》由市档案馆编纂出版。支持文化产业发展，至2020年末，全市共有国家级文化产业示范基地1家、省级文化产业示范基地20家、市级文化产业示范基地13家，省级文化产业示范园区5家、市级文化产业示范园区5家，国家部委认定动漫企业20家。

【文艺创作】 以讲好石家庄故事、弘扬主旋律、传播正能量为理念，创作电影《吕建江》、电视剧《白毛女》、纪录片《滹沱筑梦》、现代京剧《挂云山》、广播剧《天路长歌》等具有地域特色影视作品。纪录片《滹沱筑梦》由市委宣传部牵头、石家庄广播电视台负责拍摄制作，该片立足石家庄市新时代生态文明建设，从政治、经济、文化、社会、历史、地理等多重角度，挖掘提炼“母亲河”丰厚的历史文化精髓，全景呈现滹沱河生态修复工程实现“水清、岸绿、河畅、景美”建设成果，该片分设3集拍摄，10月26日在石家庄广播电视台播出。现代京剧《挂云山》由市京剧团创排，属军事历史题材剧目，该剧以井陉县“挂云山六壮士”之一吕秀兰的成长为原型，深入挖掘、以京剧艺术形式呈现主人公从一个乡村底层、地位卑微的“童养媳”成长为一名共产党员、革命战士和抗日英烈的心路历程，展现追求“解放”、向往革命、投身抗战的感人故事，展示了抗日战争期间晋察冀边区妇女英勇顽强、舍生忘死的抗战精神。广播剧

《天路长歌》围绕全面建成小康社会、庆祝中国共产党建党100周年两个主题，挖掘和展示河北省建设小康社会先进典型和攻坚克难、自力更生、艰苦奋斗的作风，讴歌党员心系群众、服务人民的为民情怀及苦干实干、干事创业的责任担当，凝聚形成井陉"天路精神"，2020年12月该剧审听版录制完毕。由市评剧院一团创排、中国戏剧家协会支持拍摄的戏曲电影《安娥》入围第33届中国电影金鸡奖最佳戏曲片提名奖，并获得第三届中国戏曲电影展优秀戏曲电影奖；原创评剧《安娥》主要讲述石家庄文化名人安娥作为作家、诗人和社会活动家，从追求独立自由的民国才女成长为爱国抗战人士的人生经历。作家冯建拴的原创小说《疏烟淡梦》改编电影《远方有多远》播映。作家周喜俊的长篇小说《我的幸福谁当家》改编电视剧《我的幸福我当家》开拍。10月30日，作家章云天（无极县人）的长篇小说《故乡的泥土》改编电视剧《早春原野》在北京举行启动仪式；《故乡的泥土》由作家出版社于2020年初出版，全书以众多人物的悲欢离合讴歌抗战老兵的忠诚。市青年评剧团以"帮大哥"高瑞奎为原型，创排现代评剧《家长里短》。市评剧院新创改编剧目《新包公赔情》。长篇报告文学《给流浪儿童一个家》交付河北人民出版社出版。中篇小说《暖窝》《亲爱的武汉》、报告文学《高铁穿越八达岭》、散文《沃土白杨》《西柏坡：一首不朽的歌》、诗歌《赏梅》(外二首)、文艺评论《乡村题材网络小说的叙事与改编》等作品在全国性刊物发表。2020年全市社会各界创作文艺作品达到200余件。其中，以抗击疫情为主题创作舞蹈《天使逆行者》、歌曲《最美的色彩》《因为有你》、戏剧《出征时刻》《春耕》《除夕夜》《一箱口罩》《老豆的微笑》《一个口罩两个妈》《那么近，那么远》等；以扶贫为题材，创作小戏曲《两个母亲两个儿》《村民》《一个也不能少》《认亲》《一个人的课堂》、河北梆子《打赢脱贫攻坚战》、评剧现代戏《山楂恋歌》等；还创作励志小品《最美的笑》，新编历史剧《痴姨》等。评选第十六届石家庄市文艺繁荣奖获奖作品40件，其中，特别奖8件、繁荣奖32件。评选贾大山文学奖作品10件，7件作品获得贾大山文学奖特别奖。网络小说《浩荡》获得首届天马文学奖。原创剧本《李子敬你不能死》获得第十五届"夏衍杯"优秀电影剧本奖。小品《最美的笑》获得河北省第三届残疾人文化节戏剧类一等奖，抗疫快板《克毒制胜敢亮剑》获得河北省"众志成城 共克时艰"文艺作品征集活动优秀作品奖。

【文艺演出】 全年举办送戏下基层演出2433场，公益电影放映48096场；创新举办"进景区走基层惠民演出"活动856场。4月27日，市歌舞团青年演员张丽静获得"曲苑繁花——首届鱼龙百戏杯全国曲艺人才电视展演"总冠军，张丽静在比赛中主要表演西河大鼓《玲珑塔》《花唱绕口令》《大闹天宫》等。疫情期间，举办"线上演出"活动，推出石家庄高雅艺术"云"剧场线上直播、"戏曲艺术赏析"、"宅在家里看大戏"等栏目。6月5日，市演艺有限公司启动石家庄·云剧场在线营业。7月18日，由市委宣传部、省艺术中心联合主办的惠民云剧场开业。以培养儿童真善美为主题，10月24～25日，由市歌舞团和石家庄蓝天小天使艺术团联合创排的儿童舞台剧《森林运动会》在石家庄大剧院演出。10月27～29日，石家庄市"纪念奚啸伯先生诞辰110周年"专场演出活动在石家庄大剧院举行，演出《白帝城》《范进中举》《龙凤呈祥》3出经典剧目。引进高雅艺术演出活动，10月30日晚，由天津人民艺术剧院编排的话剧《雷雨》在市人民会堂演出。举办第四届省会校园戏剧节，邀请和演出俄罗斯芭蕾舞团《天鹅湖》等高雅艺术活动12场。11人入选省委宣传部、省文化和旅游厅、河北广播电视台主办，河北广播电视台农民频率、省戏剧家协会、市演艺集团承办的2020年河北省戏曲中青年演员推广工程名单，分别为：市河北梆子剧团张莉英、魏雪利、赵贞海，市评剧院一团杨海娟、冉梦寒、葛佳佳，市京剧团李丹宁，市丝弦剧团张淑改、郭鹏，石家庄伏羲演艺有限公司陈泓兆，藁城区文化馆樊红霞。

【文化展览】 市博物馆举行"石不可挡——石家庄市抗击疫情见证展""石家庄市创建国家森林城市、全国文明城市、国家卫生城市纪实档案展""旗迹——中国传统服饰文化展"等主题展览活动10项。市美术馆举行"岁月如歌——石家庄市美术馆建馆十周年馆藏精品展""童梦童画——第八届石家庄市青少年美术作品展""方向的意义——一个时代与区域的油画艺术"等展览18场次。市民间工艺博物馆举行"2020年迎新春民间年画精品展""石家庄民间工艺创意精品展""晋韵陉风·金石拓片展""民俗民风立体缩影展"。市图书馆举行"脱贫攻坚奔小康 砥砺奋进谱新章——中国减贫成就展""把酒赏菊倍思亲——重阳节文化民俗展"。9月30日至10月31日，由市委宣传部、市发展改革委联合主办的"奋斗新时代——庆祝中华人民共和国成立71周年石家庄发展纪实展"在石家庄人民会堂举行，展览分设：序篇、对接服务国家重大战略、经济建设、城市建设、社会建设、文化建设、生态文明建设、民主法治建设、党的建设9个部分，展出图片650余张、展品32件，设置多媒体展项12项。

【全民阅读活动】 以推动建设学习型社会和文化强市为目标，以“书香省会　全民阅读”为主题，落实“贴近实际、贴近生活、贴近群众”要求，重点培养全民“爱读书、读好书、善读书”阅读习惯。采取创新形式、内容、方法等途径，开展全民阅读“七进”（进农村、进社区、进企业、进军营、进机关、进学校、进家庭）活动。4月23日，市全民阅读促进委员会办公室向全体市民发出“全民阅读倡议书”，主要倡议内容包括“让阅读成为个人习惯”“以阅读濡养善美家风”“让阅读涵育城市文明”。以4月23日“世界读书日”、9月28日“孔子诞辰纪念日”为契机，4月全市开展“全民阅读月”活动，突出“全民战‘疫’奔小康，共克时艰伴书香”主题，举办优秀图书线上书展、公益直播阅读分享、“我见证，中国力量”朗读等活动；9月全市开展“中华经典诵读月”活动，引导市民诵读经典诗文，弘扬优秀传统文化。打造全民共读新模式，依托“喜马拉雅”App平台，面向社会各界开展有声阅读和推荐优秀书目活动，收集参赛作品1511个，参赛作品播放量120.96万人次；举办线下读书活动13场，参与人数635人，现场观摩人数2000余人。9月18日，第四届“书香机关　践行梦想”主题演讲比赛举行，该活动历时3个多月，参与机关干部职工2.9万余名。各级工会组织以培育职工“爱读书、读好书、善读书”阅读习惯为目标，采取开办“大学习”课堂形式，建立职工读书小组467个。2020年10月，启动第四届寻找省会“阅读达人”活动，参与报名市民和学生1.7万名。学校读书活动。全市各学校围绕5大主题推出系列品牌读书活动。第27届“辉煌七十年　奋进新时代”爱国主义读书教育活动，参与中小学生70万人，收到网上参赛作品1862部，其中，征文作品1300余篇，讲故事视频460余部，演讲视频100余部。第八届“阅・知・行”读书教育活动，以引导学生学习中华优秀文化、增强中华文化认同和自信为主题，参与中小学生35万人。第十四届青少年读书节中小学生听说读写大赛，以“明德立德　做时代新人”为主题，参加中小学校261所，主城区参与学生24.4万人。“我和祖国共成长”省会高校全民阅读活动，参与大学生近10万人，举办读书文化活动近100场，28名高校大学生获得首届省会高校全民阅读活动“阅读之星”“阅读推广大使”称号。培养青少年阅读习惯，引导青少年形成爱读书、读好书、善读书的良好风尚。11月29日，由市全民阅读促进委员会办公室、市教育局主办，市新华书店等承办的“声动石家庄”——2020年青少年朗读大赛决赛在石家庄图书大厦举行，参与选手500人，晋级决赛50人。开展讲好中国故事、讲好中国共产党故事、讲好新时代中国特色社会主义故事活动，打造青少年爱国主义读书教育活动品牌。12月30日，由市委宣传部、市教育局、共青团市委、市妇联联合举办的第二十八届石家庄市青少年爱国主义读书教育活动在市青少年社会综合实践学校启动，主题为“百年光辉历程　全面建成小康”；读书活动期间，举办中小学征文、小学生讲故事、中学生演讲、网上知识问答4项全国性活动。开展社区“文明社区漫书香”读书活动，采取线上线下方式，举办社区淘书节、诗歌朗诵会、读书演讲比赛等读书活动。开展农村“新时代・新乡村・新阅读”主题活动，为农业农村从业人员举办养殖种植技术培训。依托农家书屋，举办“我的书屋・我的梦”农村少儿阅读实践活动，征集文章、绘画、手抄报、书法作品600余件。2020年市图书馆推出书香战“疫”线上阅读活动，“石图读吧”朗诵活动推送朗读篇目114篇、“悦・读动力”美篇图书推荐阅读文章120余篇，参与阅读3万余人次。

【非物质文化遗产】 12月14日，市政府公布《第八批市级非物质文化遗产代表性项目名录》66项。开展全市非物质文化遗产基础数据统计，编纂《石家庄非物质文化遗产保护资料汇编》。至2020年末，全市公布市级非物质文化遗产代表性项目8批360项、市级非物质文化遗产代表性传承人7批313人，140个项目入选省级非物质文化遗产项目名录、125人入选省级非物质文化遗产代表性传承人名录，12个项目入选国家级非物质文化遗产项目名录、18人入选国家级非物质文化遗产代表性传承人名录。

表 105

2020 年石家庄市第八批市级非物质文化遗产代表性项目名录

类别	序号	项目名称	申报地区或单位
民间文学（3 项）	1	凌透村名传说	长安区
	2	杏庵民间故事	行唐县
	3	羲皇圣里的传说	新乐市
传统音乐（2 项）	4	白佛花钹	长安区
	5	平山吹歌	平山县
传统舞蹈（5 项）	6	正定二贵摔跤	正定县
	7	龙鼓（井陉矿区）	井陉矿区
	8	井陉拉花（东南正拉花、井陉矿区拉花）	井陉县、井陉矿区
	9	花杆舞	高新区
	10	蔡庄龟驮碑	井陉县
传统戏剧（3 项）	11	正定秧歌戏	正定县
	12	杨家庄坠子戏	赵县
	13	石家庄丝弦（高邑丝弦、高家坡丝弦、正定后塔底丝弦）	高邑县、井陉县、正定县
曲艺（1 项）	14	京东大鼓	长安区
传统体育、游艺与杂技（15 项）	15	南古庄武术	藁城区
	16	形意拳（黄老庆支系）	鹿泉区
	17	西苑武术（骑枪）	鹿泉区
	18	杨氏太极拳（井陉矿区）	井陉矿区
	19	人祖门自然派武术	裕华区
	20	随缠手	裕华区
	21	功夫跤	裕华区
	22	洪传陈式太极拳	桥西区
	23	凤凰剑	桥西区
	24	程派曹式八卦掌	桥西区
	25	小寨飞叉	井陉县
	26	常胜岭截杀术	井陉县
	27	平山田兴武术会	平山县
	28	平山猴拳	平山县
	29	西汶洋仁合会太祖拳	赵县

续表

类别	序号	项目名称	申报地区或单位
传统美术（6项）	30	剪纸（井陉康氏剪纸、晋州张氏剪纸）	井陉县、晋州市
	31	泥塑（正定定韵坊泥塑）	正定县
	32	根雕（平山根雕）	平山县
	33	面塑（深泽面塑）	深泽县
	34	铜雕（新乐铜雕）	新乐市
	35	燕赵插花艺术	市园林局
传统技艺（24项）	36	传统金工冷锻造技艺	正定县
	37	刺绣（藁城曹氏刺绣）	藁城区
	38	木雕（赞皇张氏木雕、井陉矿区木雕）	赞皇县、井陉矿区
	39	古兵器研磨修复技艺	新华区
	40	传统服饰手工技艺	新华区
	41	锔瓷镶嵌技艺	裕华区
	42	布艺（井陉长峪传统布艺）	井陉县
	43	拉花“老管”制作技艺	井陉县
	44	石碾石磨制作技艺	井陉县
	45	平山康氏传统家具制作技艺	平山县
	46	瓮窑烧制技艺	高邑县
	47	高邑县刻瓷技艺	高邑县
	48	正定曹状元烧饼制作技艺	正定县
	49	正定梁家排骨制作技艺	正定县
	50	回真楼木火铁锅炖菜制作技艺	正定县
	51	古栾绿豆煎饼制作技艺	栾城区
	52	真清轩包子制作技艺	鹿泉区
	53	水渣沟腌肉制作技艺	平山县
	54	平山红薯黑艾抿尖制作技艺	平山县
	55	南纪城卤肉制作技艺	灵寿县
	56	九丰石磨豆腐传统制作技艺	晋州市
	57	晋州大刀杠子面传统制作技艺	晋州市
	58	新乐城·義宴蒸碗制作技艺	新乐市
	59	无极古法酿酒技艺	无极县
传统医药（2项）	60	谢氏中医骨病特色疗法	裕华区
	61	郑氏中医蜂疗法	市红十字会

续表

类别	序号	项目名称	申报地区或单位
民俗（5项）	62	社火（井陉矿区社火）	井陉矿区
	63	大尖山翔龙灯	井陉县
	64	井陉小峪瘟神祭典	井陉县
	65	常信水祠娘娘祭典	赵县
	66	高邑马村玉皇庙会	高邑县

【文化产业】 培育和建成国家级文化产业示范基地1家（金大陆文化产业集团有限公司）、省级文化产业示范基地20家、市级文化产业示范基地13家，省级文化产业示范园区5家（河北出版传媒集团数字印刷产业园、河北美术学院东方文化创意产业基地、石家庄国家动漫产业发展基地创业孵化园、高新区国家软件开发产业园、众创梦工厂）、市级文化产业示范园区5家（天山海世界文旅城文创园区、博深文化创意产业园、石家庄仓澜文化创意产业园、乘渡文化旅游产业园、市广和元美食文化产业园）。新增国家级动漫企业3家。5月22日，石家庄市3家动漫企业通过文化和旅游部、财政部、国家税务总局认定，分别为：河北昀昭文化传播有限公司、河北铸梦文化传播有限公司、河北数字光元影视制作有限公司。10家文化企业当选省级文化企业30强，3名企业家当选省级十佳文化企业家。5个园区13家企业获得市文化旅游产业园区（基地）称号。至2020年末，全市共有重点动漫企业44家、国家部委认定动漫企业20家，设有动漫专业大中专院校27家，涵盖漫画、插画、动画片制作等领域。精英动漫制作《精灵梦叶罗丽》系列出品达到第七季，并在腾讯视频、优酷、爱奇艺等媒体平台播出，衍生品叶罗丽娃娃线上销售超过芭比娃娃。2020年7月至9月16日，由市文化广电和旅游局主办，市文化旅游投资集团公司、市旅游协会、赞皇县文化广电和旅游局、河北瑞堂文化发展公司承办的第二届石家庄市文创和旅游商品大赛举行，“庄上故事”“正定南门香礼套盒”“宝相莲花茶盘套组——毗卢寺文创作品”获得最具河北特色奖。10月23～25日，由河北省文化和旅游厅、省贸易促进会、通用国际展览有限公司、正定县委县政府共同主办的第三届国际动漫游戏产业博览会在石家庄国际会展中心举行，参展国外和国内知名游戏动漫公司、企业、厂商工作室等200余家。新增新三板上市文化企业1家（华友文化遗产保护股份有限公司）。参加2020中国特色旅游商品大赛，石家庄市报送作品“欧姿芳·河北正定园博园定制臻享礼盒”获得金奖；参加2020中国旅游商品大赛，石家庄市报送作品“燕赵云宝”获得铜奖。12个产品入围“全国文化和旅游创意产品开发机构及展示活动”名单。龙泉古镇项目一期、《精灵梦叶罗丽》动画系列片项目获评2020年河北省“十大文化产业项目”。

【第二届石家庄市文创和旅游商品大赛】 9月16日，由市文化广电和旅游局主办，市文化旅游投资集团公司、市旅游协会、赞皇县文化广电和旅游局、河北瑞堂文化发展公司承办的第二届石家庄市文创和旅游商品大赛作品展及颁奖暨项目签约仪式在赞皇县举行。主题为“平台引领创新，创意赋能产业”。第二届石家庄市文创和旅游商品大赛于2020年7月启动，作品征集范围包括石家庄风景名胜、历史文化、城市地标、文博珍藏、民俗非遗、特色产业、地方美食、动漫游戏8个题材，收到参赛作品近900件。经初赛和决赛，评选金奖3名、银奖6名、铜奖9名、最具商品价值奖8名、网络人气奖10名、优秀作品奖41名。

【2020中国·石家庄第十五届国际动漫博览交易会云展会】 11月13～16日，由中共河北省委宣传部指导，中共石家庄市委、石家庄市人民政府、石家庄市动漫产业发展领导小组主办，精英集团和河北天明传媒有限公司承办，中国动画产业网、京津冀文化产业协同发展中心、市文化产业协会、市动漫协会协办的“2020中国·石家庄第十五届国际动漫博览交易会云展会”（简称动博会）在线上举行。主题为“动漫＋文创，打破次元壁”。线上参观游客70万余人次。本届动博会采取在线直播、云上漫游等技术手段，搭建起全新交流、合作、发展平台；突出“5G+动漫”产业发展、人工智能、VR等科技元素，在线展示和传播石家庄“文化之城，动漫之城”美好形象。动博会期间，同期举办“魅力京津冀”2020京津冀

文化产业协同发展合作研讨暨项目推介活动石家庄站活动，探讨文创产业与动漫产业如何破壁和融合。

【文化市场管理】 严格新冠肺炎疫情期间文化市场管控，印发《关于停止举办大型聚集性群众文化旅游活动等事宜的紧急通知》《关于剧院等演出场所、上网服务场所和娱乐场所开放的通知》等。8月2日，全市演出场所、上网服务场所、娱乐场所因疫情关闭后重新开放对外营业。文化市场综合执法改革任务完成。4月14日，市委编办印发《关于整合组建文化市场综合行政执法局批复》。5月8日，市文化市场综合行政执法局挂牌成立；6月19日，平山县文化市场综合行政执法局揭牌。至此，全市市、县两级文化市场综合行政执法局全部挂牌。市文化市场综合行政执法局是在整合市文化市场行政执法大队、市旅游行政执法大队及长安区、桥西区、新华区、裕华区文化市场行政执法队基础上组建，主要承担文化、文物、新闻出版、广播电视、电影、旅游和体育等市场领域执法职能和“扫黄打非”任务。开展文化市场执法巡查，出动执法人员2900余人次，督导检查各类经营单位2800余家（次），行政处罚15起。加强新闻出版管理，开展“清源”“固边”“秋风”“净网”等“扫黄打非”专项行动，查办“涉黄涉非”刑事案件66起，行政处罚19起，查处非法出版物2.2万余册。

【市图书馆】 市图书馆成立于1958年，地址位于石家庄长安区建设北大街18号，建筑面积1.62万平方米，拥有各种座席1008个、分馆23个。设有总服务台、普通图书、报纸杂志、历史文献、数字资源、少儿阅览、盲文阅读、参考咨询、市民大书、悦书房、读者自习报告厅等15个服务窗口。建有数字图书馆、手机移动书馆、微信公众服务平台、大数据服务平台及集朗读练习、录制、演讲训练、悦读为一体的物联网设备——朗读亭。馆内安装LED大屏幕检索机、智能自还机、电子书借阅机、电子读报机、点读机等现代化设备，能全年为读者提供借书、还书无线上网等服务。市图书馆是国务院公布的“全国古籍重点保护单位”，古籍藏量16.18万册，独家收藏有明弘治四年罗氏竹坪书堂刻本《周易传义大全》二十四卷、《[康熙]邢台县志》和抄本《璧山县志》、明万历刻本《湟中牍》七卷、《家食藁》一卷等珍贵古籍。9月30日，位于石家庄正定新区市图书馆新馆建成部分开放，占地面积2.4公顷、总建筑面积5.5万平方米，由4个半圆形建筑单体构成，分别为A馆、B馆、C馆和D馆；开放区域有A馆一层共享空间、数字体验区、自助借阅区、盲人借阅区和展厅，B馆一层幼儿借阅区，D馆报告厅、多功能厅。至2020年末，市图书馆馆藏书总量160万册，年借阅总量61.3万册次，年接待读者30多万人次，其中市图书馆新馆接待读者17万人次。

【市博物馆】 市博物馆位于石家庄市长安区建设北大街11号，占地面积5860平方米，总建筑面积6292平方米，总投资408万元，1991年11月12日石家庄解放44周年纪念日开馆。市博物馆分为三层，内设7个展厅。一层为办公区、文物保管区和《农耕与民俗展》《践行社会主义核心价值观——道德模范事迹展》展馆，二、三层共有6个展厅，展厅面积2890平方米。一层《农耕与民俗展》于2018年5月投入使用，展馆面积700平方米，以农耕器和文化生活为主轴，主要为参观者还原和展示石家庄市乡村民俗风貌，配设展品300多件；二层设有《文物数字展》《毗卢寺壁画摹本展》、少儿陪伴成长大讲堂和201临展展厅，其中，《文物数字展》依托馆藏文物精品，采用数字博物馆方式，为参观者展示市博物馆馆藏文物150件（套）；三层设为常设展览《石家庄历史文化陈列》《石家庄历史发展成就展》。2019年1月24日，市博物馆全息文物数字展厅开放，这也是全省建成的第一个全息文物数字展厅。至2020年末，市博物馆馆藏文物总数4535件（套），其中，一级文物20件（套），二级文物219件（套），三级文物1435件（套）。

【市群众艺术馆】 市群众艺术馆（简称市群艺馆）建于1947年12月，最初命名为市民众教育馆，后更名为市文化馆，1973年更名为市群众艺术馆，1993年8月与石家庄地区群艺馆合并。市群艺馆主要负责全市群众文化活动、群众文化培训、群众业余文艺创作、群众文艺理论研究和民间艺术挖掘整理等。2002年市群艺馆新馆落成，当年9月迁入，地址位于市区中山西路62号，馆舍主体设施面积9030平方米，分为地下一层，地上八层，建有多功能活动厅，多功能展厅、舞蹈排练厅、少儿活动厅、老年活动厅、音乐教室、演艺厅等13个具有现代化设施业务活动厅（室）。2020年市群艺馆举办文艺培训授课活动40期，参加培训人员2.4万人（次）；举办省会第27届“彩色周末”慰问农民工公益演出活动6场；新冠肺炎疫情期间，面向社会征集抗击疫情文艺作品870余件。

【市美术馆】 市美术馆位于市区裕西公园内，2010年12月18日建成并向市民免费开放；占地面积14

亩，总建筑面积1.2万平方米，主展区为上、下两层建筑，拥有10个200～600平方米现代化专业展厅，是石家庄市标志性文化设施。2020年市美术馆举办各类展览18场次，参展观众2.1万人次；10月13日至11月11日，7位画家作品入围参加“河北省第三届青年美术家作品展”，其中，高君炜雕塑作品《丝路掠影》、王龙油画作品《好日子》、段静媛国画作品《建设者》获得优秀奖。至2020年末，市美术馆收藏作品1024件（套），其中2020年新增收藏作品7件（套）。

（姜小青）

报业传媒

【概况】 2020年石家庄日报社（传媒集团）围绕新闻宣传、媒体融合、深化改革、产业发展、项目建设5项重点工作，设立宣传专栏31个，采编撰写重点报道1000多篇。2020年石家庄日报社旗下《石家庄日报》《燕赵晚报》《燕赵老年报》《精品导报》《老字号品牌营销》专刊发行总量近20万份，其中，《石家庄日报》发行24598期，发行量达到7.6万份。全年石家庄日报社（传媒集团）在石家庄新闻网客户端及微博、微信、头条号、腾讯号、网易号等平台发布各类新闻稿件12.5万余篇。以石家庄市支援湖北医疗队122位成员故事为内容，编辑出版纪实文学《援鄂冀忆——向最美逆行者致敬》抗疫特别图书。推进媒体融合，设立石家庄日报App、“学习强国”石家庄学习平台2个客户端。10月20日，石家庄报业传媒集团与河北师范大学新闻传播学院举行战略合作签约仪式，双方确定在媒体课题研究、新媒体项目立项、大学生新闻实践、新闻理论应用、新媒体研究等方面全面合作。至2020年末，石家庄报业传媒集团主办有《石家庄日报》《燕赵晚报》《燕赵老年报》《精品导报》《老字号品牌营销》专刊及石家庄新闻网、石家庄日报客户端、“学习强国”石家庄学习平台、ZAKER石家庄等媒体平台，形成报纸网络、客户端、“两微”、新媒体账号等全媒体矩阵。2020年石家庄日报社（传媒集团）获授“宣传石家庄特别贡献奖”“精品级报纸”奖。

【新闻报道】 全年设立宣传专栏31个，采编撰写重点报道1000多篇。“滹沱夜话”时评专栏以高质量发展、项目建设、扶贫攻坚等为内容，刊发稿件152篇。“问政石家庄”栏目聚焦群众反映强烈的民生等问题，发布《民心河绿化带冒出个“小型停车场”》等20个融媒作品。创新推出疫情防控和复工复产宣传报道，各媒体设立专版900个，发布相关报道5.64万篇，编辑制作视频、抗疫主题开屏、H5、长图等融媒体作品600多个，各类新闻报道点击量突破10亿人次，点赞量、转发量超过3000万人次。做好对外宣传，全年在中央媒体发稿819篇、新华社发稿460篇，其中，《人民日报》《光明日报》《经济日报》发稿359篇；《石家庄：让“四史”学习教育鲜活起来》（作者：耿建扩 陈元秋 赵元君）、《“咱当过兵，心里那股正气不能丢”——记第七届全国道德模范、河北石家庄无极县退伍军人吕保民》（作者：耿建扩 陈元秋 赵元君 石梓鲜）被《光明日报》头版刊发。发布抖音作品《敬礼！最高礼遇迎接“白衣天团”回家》，总浏览量高达1.2亿人次，点赞量超过1000万个。“追寻先烈足迹”短视频《八路军总政治部前线记者雷烨》被中共中央宣传部、中央网信办等部门评为“机构类优秀作品奖”，并被中国人民革命军事博物馆永久收藏。

2020年4月16日，“学习强国”石家庄学习平台App上线运行

【媒体融合】 创新媒体平台，发展形成《石家庄日报》《燕赵晚报》《燕赵老年报》《精品导报》及石家庄新闻

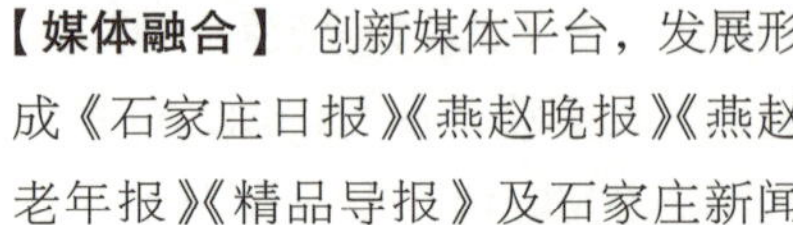

网、石家庄日报客户端、“学习强国”石家庄学习平台、ZAKER石家庄等四报一刊一网两端全媒体矩阵，拥有官方微博6个、微信公众号6个。石家庄日报客户端开设官方微博、微信、人民号、头条号、百家号、企鹅号等新媒体账号12个，各平台稿件日推送最多达到70篇。12月25日，“石家庄日报”学习强国号上线，当日点击量超过35万人次。石家庄新闻网注册用户规模达到648.9万人，位列全省地市级新闻网站之首。2020年石家庄新闻网主站及微博、微信、头条号、腾讯号、网易号等平台发布各类新闻稿件12.5万余篇，其中，发布原创新闻稿件2.8万余篇、原创视频320余部，被人民网、新华网、河北新闻网等省级以上媒体转发新闻网稿件5.5万余篇（次），总浏览量超过10.5亿人次。石家庄日报社（传媒集团）与资讯客户端ZAKER联手打造ZAKER石家庄在河北省用户下载量达到629万人次，日活跃度51.6万人次；在石家庄市域用户下载量达到156万人次，日活跃度13.1万人次。

【宣传平台】 2020年报社旗下《石家庄日报》《燕赵晚报》《燕赵老年报》《精品导报》《老字号品牌营销》专刊发行总量近20万份。《石家庄日报》创刊于1947年11月18日，初期名称为《新石门日报》；至2020年底发行24598期，发行量达到7.6万份。《燕赵晚报》创刊1992年1月1日，设立时政要闻、社会新闻、燕赵新闻、文娱版、体育版等10余个板块；至2020年底，发行11532期，发行量7万份。《燕赵老年报》创刊于2004年6月16日，以“关爱老年人，服务老年人”为办报理念，是河北省唯一一家老年类报纸；至2020年底，发行2431期，发行量3万份。《精品导报》创刊于1998年10月1日，是河北省首家都市时尚生活周报，2018年改版后，立足“城市生活美学引领”，整合纸媒、新媒体平台，打通线上线下资源，运用新思维、新技术、新手法，推出系列主题策划专刊，并与微信、微博、抖音等平台共同发力；至2020年底，发行1012期，发行量1万份。《老字号品牌营销》专刊于2011年创刊，每月出版，由石家庄报业传媒集团主管主办，办刊理念为：提纯中华老字号成长基因，探寻中华老字号发展方向；至2020年底，出版121期。1月20日，石家庄日报App正式上线。石家庄日报App是一家集党媒宣传与“新闻＋政务服务商务”于一体的综合性服务平台，聚合本地媒体、政务、服务资源，发挥移动新媒体优势，以信息量最大、发布速度最快、全媒体呈现为目标，力争第一时间将党的声音传播出去；创新开设网络问政节目“问政石家庄”、品牌栏目“新闻观荐词”等新媒体产品，成为具有石家庄地方特色、新闻时效性强、社会影响力较大的新闻客户端。至2020年末，石家庄日报App下载用户达到150万人次，发布信息近8万条，单篇单平台最高浏览量超过190万人次，各类新闻产品总浏览量超过1亿人次。4月16日，“学习强国”石家庄学习平台App开通上线，这也是河北省首个开通上线地市级学习平台。至2020年末，“学习强国”石家庄学习平台注册用户量超160万户，总发稿5233篇，其中，省平台选用稿件1358篇，总平台选用稿件432篇；单篇稿件最高阅读量突破1300万人次，点赞突破8万余个。根据河北省委宣传部通报“学习强国”学习平台稿件采用统计数据，2020年“学习强国”石家庄学习平台以总积分3185分排名全省第一。12月25日，“石家庄日报”学习强国号上线。“石家庄日报”学习强国号开设“头条推荐”“要闻关注”“石报视频”“绿水青山”“滹沱夜话”“品读石家庄”等栏目，主要聚焦改革创新实践，展现新时代石家庄发展变迁，彰显石家庄政治经济新特色、新亮点。

石家庄日报社（传媒集团）

社　　长：范文龙

总 编 辑、副社长：王海刚

副 社 长：张振江（4月免）
李永林

副总编辑：魏宪亮　崔立卿
张明星
王建永（6月任）

石家庄报业传媒集团董事长：
范文龙

石家庄报业传媒集团副总经理：
常剑波　谷志伟

（陈南南）

广播影视

【概况】 至2020年底，全市共有广播电视播出机构（含广播电视台）17家，其中，市级1家，县级16家；广播电视站5家；“信息网络传播视听节目许可证”持证机构1家。2020年全市新增广播电视节目制作经营机构65家，总数达到283家。至2020年底，石家庄广播电视台拥有新闻综合、娱乐、生活、都市4个电视频道和新闻、经济、音乐、农村、交通5个广播频率，1个新媒体中心，承担市全媒体运营指挥中心运营。广播自办节目53个，电视自办节目32个，拥有《石家庄新闻》《新闻882》《民生关注》《小吴帮忙》《天天说交通》《946早高峰》等品牌节目。广播调频、电视播控机房基本实现数字化、高清化、智能化，新闻综合频道在全省各地市率先实现全面高清化。2020年广播频率全天市场份额保持在39.4%以上，电视频道全天市场份额保持在4.27%以上，广播、电视节目人口综合覆盖率均达100%。

【广播影视管理】 石家庄广播电视台《新闻882》《交通946》《民生关注》《天天说交通》等频道、频率和品牌栏目探索市场改革，扩大移动端平台播出，重大主题宣传报道均做到媒体融合传播。无线石家庄App改版升级，下载量突破100万人次。石家庄广播电视台受邀成为中国（京津冀）广播电视媒体融合发展创新中心共建单位。加强广播电视行业监督管理，全年查缴非法卫星地面接收设施50台、接收机35台、高频头21台。开展广播电视节目监测监听监看，全年监听监看广播节目呼号不规范问题4次，查处广播电视广告违规问题9次，处理违规视听节目网站3家。2020年石家庄广播电视台实现广告收入9932万元。公益电影放映48096场。

【主题宣传】 以滹沱河生态修复工程为主题，全景展示滹沱沿岸历史人文和滹沱河沧桑巨变，创作播出纪录片《滹沱筑梦》。10月26～28日晚，由石家庄广播电视台制作的3集大型电视纪录片《滹沱筑梦》在石家庄广播电视台新闻综合频道播出。创作广播剧《天路长歌》、纪录片《复兴路上》影视作品。以“美丽中国”“善美石家庄”为主题，举办2020“美丽中国”微电影盛典。由市委宣传部牵头，联合拍摄公安英模题材电影《吕建江》11月27日在全国院线上映。扶贫题材电影《我不是葫芦瓢》拍摄完毕，正在发行。与市委宣传部联合摄制电视剧《一路繁花开》《绝境铸剑》制作完成并播出、电视剧《白毛女》收尾。拍摄电影《追梦起航》获得“2020国防万映”特别表彰奖，电视剧《绝境铸剑》《可爱的中国》获得第32届电视剧“飞天奖”。2020年石家庄广播电视台获得中国广播电视大奖1项、河北省以上奖项23项。

石家庄广播电视台

台　　长：王勋涛（7月免）
　　　　　张惠　（女，7月任）
副 台 长：商业南（兼总编辑）
　　　　　罗爱山　白贵敏
　　　　　左荣发
副总编辑：张云山　李旭亮
　　　　　骆旭龙

（刘勋）

文　物

【概况】 至2020年底，石家庄市共有全国重点文物保护单位40处，省级文物保护单位107处，县级文物保护单位213处，不可移动文物4640处；国家历史文化名城1座（正定）。2020年全市共有国有文物收藏单位（不包括省级部门）41个，馆藏文物总量28264件（套），其中，一级文物107件，二级文物536件（套），三级文物2722件（套）。加强考古研究与保护，行唐故郡考古发掘完成面积800平方米。11月20日，河北省文物局组织专家对行唐故郡遗址四号车实验室考古发掘清理验收完毕。支持河北省文物考古研究院开展栾城区周家庄商代贵族墓地、高邑县房子城战国遗址抢救性考古发掘。鹿泉开发区汉墓、滹沱河晋州段宋墓、正定县韩家楼唐墓、藁城区委党校工地汉墓、新华区红星街汉墓、深泽县北留村宋墓等抢救性考古发掘与保护任务完成，出土陶器、瓷器、钱币等文物100余件。2020年由市文物保护研究所编辑的《石家庄出土文物》正式出版，该书以历史发展和文物类别为序，遴选全市出土文物珍品198件，客观展现了石家庄市域的历史发展脉络和灿烂的古代文明。

【正定古城保护】 1994年正定被列为国家历史文化名城。2019年10月1日，《石家庄市正定古城保护条例》施行，2020年《石家庄市正定古城保护条例》获得第六届河北省“十大法治成果”奖。围绕有效恢复“千年古郡、北方雄镇”历史风貌和打造“登得上城楼、望得见古塔、记得住乡愁”理念，编制《正定县（正定新区）总体规划及古城风貌恢复提升规划与实施》。隆兴寺文物保护。4月20日，隆兴寺石质文物保护工程启动实施，保护修复隆兴寺内47通碑刻、经幢等石质文物，施工单位为中国文化遗产研究院，工期2年；2020年5～9月，实施隆兴寺摩尼殿修缮工程，主要施工项目为摩尼殿局部瓦顶揭瓦、墙体剔补、揭墁月台和散水等。天宁寺修缮。2020年4～7月，实施天宁寺凌霄塔修缮工程，主要对凌霄塔1～9层瓦顶和塔内木构件检修及塔基、塔身酥碱墙体剔补等。2020年正定古城保护建设受到住房和城乡建设部、国家文物局通报表彰，实施24项古城保护重点工程全部完工。至2020年末，正定县共有国家级文物保护单位10处、省级文物保护单位5处、县级文物保护单位23处，馆藏文物7672件；重点保护对象有古城墙、隆兴寺、开元寺、阳和楼等。

【第二批革命文物保护利用片区】 2020年6月，石家庄市13个县（市、区）列入中共中央宣传部、财政部、文化和旅游部、国家文物局公布的第二批革命文物保护利用片区晋察冀边区。第二批革命文物保护利用片区以抗日战争时期的抗日根据地为主体、以革命史实为基础、以党史权威文献和中共党史研究最新成果为参考、以革命文物为依据确定。石家庄市13个县（市、区）分别为：井陉矿区、藁城区、鹿泉区、井陉县、正定县、行唐县、灵寿县、高邑县、深泽县、无极县、平山县、赵县、新乐市。

【行唐故郡遗址考古】 行唐故郡遗址位于行唐县南桥镇故郡村北，地处太行山东麓山前地带，东依大沙河，南距行唐县城10千米，探明遗址中心区域面积超50万平方米，主体年代为东周时期，自春秋晚期延续至战国中期，主要为鲜虞—中山国文化。2015年行唐故郡遗址开始考古发掘，2017年入选“中国考古六大新发现”。2020年河北省文物考古研究院、中国社会科学院考古研究所、市文物研究所、行唐县文物保护管理所联合开展行唐故郡遗址考古，发掘面积800平方米，清理春秋晚期土坑墓2座、水井1眼，战国早期积石墓4座，杂殉坑1座，车马坑2座，战国中期水井17眼、灰坑21座，城址南环壕东部1段，出土铜器、铁器、骨器、陶器等完整或可复原文物70余件（套），完成二号车马坑四号车清理与保护。经考古发掘，行唐故郡遗址战国早期墓葬范围和格局为成组分布，由西向东墓葬时代越来越晚，南北墓葬时代相近；遗址南侧环壕走向确定，年代不晚于战国中期；二号车马坑东侧遗迹为杂殉坑，属“王”级墓M58陪葬坑之一，整体平面呈“凸”字形，通长10.7米、宽1.35～2.8米，东侧坑内葬两驾独辀马车1辆，西侧坑两侧壁底有木板及纵向龙骨痕，西部木箱内随葬有灰陶罐、铜卡扣及兽骨、鱼骨等；12号车马坑由西侧车马坑和东侧殉牲坑组成，两者之间沟槽相通，坑上半部分及西侧遭受破坏，中部一辆马车保存尚好，马匹仅有马头，不见马身。

【栾城周家庄墓地考古】 栾城周家庄墓地位于栾城区西营乡周家庄村南200米。2020年河北省文物考古研究院、市文物保护研究所、栾城区文化广电体育和旅游局联合开展栾城周家庄墓地考古发掘，清理墓葬23座，发掘遗址面积300平方米，勘探40万平方米。经考古发掘，确定墓地主体区域面积1500平方米，发现墓葬21座，其中商代15座，主体区外发现商代小型墓葬2座；墓地主体年代为晚商时期，文化内涵为商代，墓地与遗址并存，墓地是商代晚期具有一定规格的贵族墓葬群。栾城周家庄墓地考古发掘填补冀中南地区商代考古发现空白，为研究商代历史、地理交通、文化格局发展演变等提供了重要实物资料。

（姜小青）

西柏坡纪念馆

【概况】 西柏坡位于石家庄市平山县中部，距离石家庄市主城区80千米，总面积16440平方米，是中国解放战争时期中央工委、中共中央和解放军总部所在地。1947年5月，刘少奇、朱德率中央工委进驻西柏坡。1948年5月，毛泽东、周恩来、任弼时率中央前委和解放军总部到达西柏坡与中央工委会合。在西柏坡，毛泽东等中国老一辈领导人组织召开了全国土地会议，通过《中国土地法大纲》，以实现耕者有其田；指挥辽沈、淮海、平津三大战役，决定了中国命运；召开中国共产党七届二中全会，描绘出新中国宏伟蓝图。1949年3月23日，中共中央和解放军总部离开西柏坡，前往北京建国。后人称“新中国从这里走来”，即由此而起。

1955年，河北省博物馆联合建屏县政府（1958年建屏县并入平山县）建立西柏坡纪念馆筹备处。1982年3月11日，国务院公布西柏坡中共中央旧址为全国重点文物保护单位。1987年5月1日，建立文物保护区碑1座，划定文物保护区39.18万平方米、自然保护区133.32万平方米。1976年10月，西柏坡陈列展览馆开工。1978年5月26日，在纪念中共中央和解放军总部移驻西柏坡30周年时，西柏坡陈列展览馆与中共中央旧址同时对外开放。主题陈列“新中国从这里走来”于1993年、1996年、1998年、2003年、2009年修改完善，获评“1998年度全国十大精品陈列”“第六届全国十大陈列展览特别奖”（2003～2004年）。1992年起，西柏坡纪念馆先后修建西柏坡石刻园（2011年扩建改名西柏坡丰碑林）、西柏坡雕塑园、五大书记铜铸像、西柏坡纪念碑、周恩来评语碑、西柏坡国家安全教育馆、西柏坡文物保护碑、西柏坡青少年文明园、西柏坡廉政教育馆等革命传统教育系列工程，丰富了西柏坡纪念馆教育内容。

西柏坡纪念馆建馆以来，党和国家领导人江泽民、胡锦涛、习近平等先后到西柏坡参观学习。江泽民题词：“牢记两个务必，建设有中国特色的社会主义”。胡锦涛发表重要讲话：要求全党同志继承和发扬西柏坡时期毛泽东提出的“两个务必”精神。习近平指出：毛泽东同志当年提出的“两个务必”，包含着对我国几千年历史治乱规律的深刻借鉴，包含着对我们党艰苦卓绝奋斗历程的深刻总结，包含着对胜利了的政党永葆先进性和纯洁性、对即将诞生的人民政权实现长治久安的深刻忧思，思想意义和历史意义十分深远。

1995年，西柏坡纪念馆被国家文物局评为“全国优秀社会教育基地”；1996年，被国家教委、民政部、文化部、文物局、共青团中央和解放军总政治部联合公布为“百个全国中小学爱国主义教育基地”；1997年，被中共中央宣传部命名为“全国百个爱国主义教育示范基地”；2002年10月，被全国精神文明建设指导委员会评为“全国精神文明建设工作先进单位”；2002年11月，被国家旅游局评为4A级旅游景区；2008年5月，被国家文物局命名为首批“国家一级博物馆”；2009年12月，被解放军总部命名为“国防教育示范基地”；2010年5月，被中央纪委监察部命名为首批“全国廉政教育基地”；2011年，被国家旅游局评为5A级旅游景区；2012年9月，被中共中央宣传部、国家文化部、国家广电总局、国家新闻出版总署评为“全国文化体制改革先进单位”。

2020年西柏坡纪念馆以传承红色基因、讲好西柏坡故事、全面提升西柏坡知名度、美誉度为主题，组织开展西柏坡精神研究，举办《红色土地 英雄河北》等展览活动。全年接待社会各界人士560万余人次、省部级以上学习考察领导110余人次，编纂出版西柏坡精神研究书籍5本。

【学习考察活动】 国家机关学习考察活动。5月26日，中央组织部常务副部长蒋信治等到西柏坡纪念馆学习考察；9月9日，全国人大常委会副委员长艾力更·依明巴海等到西柏坡纪念馆学习考察；10月27日，中央国家机关工委副书记吴汉圣等到西柏坡纪念馆学习考察；11月22日，民政部部长李纪恒等到西柏坡纪念馆学习考察。河北省领导学习考察活动。3月23日，省委书记、省人大常委会主任王东峰在西柏坡九月会议会址主持召开省委理论学习中心组学习会议，许勤、赵一德、叶冬松等省领导参会并作发言。石家庄市领导学习考察活动。3月22日，市委理论学习中心组成员、市直有关部门负责人到西柏坡纪念馆参加《牢记两个务必 走好新时代赶考路》图片展；6月28日，市委书记带领市委理论学习中心组成员赴西柏坡重温入党誓词并主持召开学习会议。外地党政领导学习考察活动。9月22日，贵州省政协副主席蒙启良等11人到西柏坡纪念馆学习考察；10月30日，北京市政协副主席牛青山等到西柏坡纪念馆学习考察。军队领导学习考察活动。7月14日，中国人民武装警察部队指挥学院西柏坡纪念馆共建实践教学基地揭牌仪式在西柏坡纪念馆举行；武警指挥学院政委宋晶少将、副政委苟春燕少将参加揭牌仪式并到西柏坡陈列展览馆、中共中央旧址学习考察。国际人士参观考察活动。11月28日，“一带一路”绿色发展国际联盟咨询委员会委员、中国环境与发展国际合作委员会副主席、世界资源研究所高级顾问埃里克·索尔海姆等参观考察西柏坡纪念馆和中共中央旧址。

【理论研究及展览】 编纂和出版《中国共产党全国土地会议实录》《西柏坡研究五》《西柏坡记忆六、七》《西柏坡口述历史》《西柏坡文物》第二卷。做好西柏坡精神宣传，撰写西柏坡精神研究文章在《中国纪检监察报》《中国档案报》《石家庄职业技术学院学报》等期刊发表。编排“《新中国从这里走来》”主题情景讲述剧，并到平山县下口镇六岭关村、石滩村，大吾乡郑坊村、韩庄村、西盘石村、石盆沟村等地举行演出活动。制作推出《红色土地 英雄河北》展览。以庆祝中国共产党成立100周年为契机，联合上海市历史博物馆（上海革命历史博物馆）、中共一大会址纪念馆、首都博物馆、河北博物院共同主办《不忘初心 伟大征程——从建党到建国红色文物史料展》，8月21日在上海市首展。

西柏坡纪念馆

党委书记：王红　（12月免）

　　　　　金立兴（12月任）

副 馆 长：段彦峰　张振国

　　　　　李春林

（赵春伟）

卫生·体育

Public Health & Sports

卫　生

【概况】 至2020年底，全市共有各级各类医疗卫生机构（含诊所）8369个，其中，医院306个，乡镇卫生院217个，疾病预防控制中心（防疫站）23个，妇幼保健院（所、站）24个，社区卫生服务中心（站）229个，门诊部231个，诊所（医务室）3309个，村卫生室3963个。开放床位64426张。在岗职工113077人，其中，卫生技术人员91286人，执业（助理）医师41804人，注册护士36820人。平均每千人拥有床位6.2张、卫生技术人员8.78人、医生4.02人、注册护士3.54人。加强医院基础设施建设，市财政投资21.57亿元，启动建设市儿童医院项目和市人民医院新院区。6月1日，市儿童医院建成开诊，地址位于桥西区友谊南大街396号，占地面积40亩，建筑面积12.8万平方米，编制床位300张。6月26日，市人民医院建华院区建成开诊，地址位于裕华区建华南大街365号，占地面积93.91亩，建筑面积21.63万平方米，编制床位1200张。率先在全省实现市、县、乡三级诊疗信息互通共享，至2020年末，8家市办医院、31家县办医院（含中医院）、321家基层医疗卫生机构与市级诊疗信息平台实现对接。落实生育政策，2020年全市登记第一个子女生育夫妻30009对、第二个子女生育夫妻36563对。创建国家卫生城市，石家庄市、新乐市获批命名为国家卫生城市（2018～2020周期），正定县城、高邑县城获批命名为国家卫生县城（2017～2019周期）。重视医学重点学科建设和人才培养，与北京市卫生健康委协商沟通，选派20名医疗学科骨干赴北京研修学习，邀请50位京津医疗专家到石家庄市出诊教学。开展医养结合和安宁疗护服务，6个机构确定为省级医养结合优质服务单位，7个机构确定为市级医养结合示范机构，裕华区裕翔社区卫生服务中心确定为全市首家社区医养结合中心；21个县（市、区）和高新区全部完成安宁疗护服务试点建设，3家医院确定为省级安宁疗护服务试点单位。

【医疗卫生体制改革】 推进医院管理改革，37家市、县两级政府办公立医院实现现代医院管理制度全覆盖，市第二医院、市中医院、高邑县医院、新乐市医院获批命名为“2020年度市级现代医院管理制度建设样板”。加快县级公立医院“管理、运行、人事、分配、评价”等体制机制深层次改革，开展县级公立医院示范县创建活动，遴选推荐新乐市、高邑县、平山县、无极县、藁城区5个县（市、区）参加省级2020～2021年度县级公立医院综合改革示范创建活动。扩大优质医疗资源有序下沉，支持建设医疗联合体（简称医联体）、医疗集团、医疗服务共同体（简称医共体）。至12月31日，全市建成医联体31个，分别为：桥西医疗集团、井陉县医院医共体、井陉县中医院医共体、灵寿县医院医共体、灵寿县中西结合医院医共体、鹿泉区医共体、新乐市医院医共体、新乐市中医医院医共体、新乐市中心医院医共体、元氏县医院医共体、元氏县中医院医共体、元氏县妇幼院医共体、赞皇县医院医共体、赞皇县中医医院医共体、正定县人民医院医共体、晋州市中医院医共体、晋州市人民医院医共体、裕华城市医疗集团、平山县人民医院医共体、平山县中医院医共体、平山县妇幼保健院医共体、无极县医共体、赵县县域医共体、高邑县医共体、行唐县人民医院医共体、行唐县中医医院医共体、栾城区医共体、深泽县医院医共体、新华医疗集团、长安区城市医疗集团、高新区城市医疗集团。加快乡村卫生健康服务一体化改革，195个乡镇卫生院实现“十统一”管理。开展基层医疗卫生机构提档升级，99所乡镇卫生院和社区卫生服务机构达到优质服务基础标准，13所乡镇卫生院和社区卫生服务机构达到推荐标准。

【创建国家卫生城市】 2018年3月31日，市委、市政府启动国家卫生城市创建工作。2019年6月，石家庄市通过创建国家卫生城市省级审核验收；2019年9月，石家庄市通过创建国家卫生城市暗访检查。2020年市委、市政府、市人大常委会、市政协四大班子领导全员参与，由市卫生健康委牵头抓总，按照“属地管理、部门联动、条块结合、全民参与”原则，协调20余个市直部门和10个区，突出围绕老旧小区整治、市场建设、食品安全、公共场所管理、环境卫生清扫等8项重点任务，采取超常举措，落实每月“一考核、一排名、一通报、一奖惩”制度，同时，组建督导组100余个，全力督导、全面攻坚、务求必胜；整治老旧小区891个、城中村194个，改建农贸市场101家，清理占道经营87万处，拆除违建设施272.7万平方米，量化分级公共场所8591户，清理垃圾300余万立方米，卫生消杀重点部位3000多万平方米，主城区外17个县（市、区）新建改造厕所67.1万座。2020年4月，市爱国卫生运动委员会办公室（简称市爱卫办）、市文明办联合向全市人民群众发起“爱国卫生运动倡议书”，主要倡议内容包括“疫情防控人人有责、爱国卫生人人受益”“爱国爱家、守望相助”“摒弃陋习、预防疾病”“健康生活、幸福未来”。重视健康石家庄建设，2020年5～10月，市创建健康城市工作领导小组办公室、市创建国家卫生城市指挥部办公室联合在全市举行2020全民创卫健康风采大赛活动，主要包括“健康家庭评选”“控烟在行动”“中小学健康促进行动”“健康生活社区”4项内容。居民健身参与度提高，全市经常参加体育锻炼人数比例达到42.4%，每千人拥有社会体育指导员2.7名。引导全社会控烟禁烟，打造无烟党政机关单位。8月14日，全市无烟党政机关示范单位试点启动，6家党政机关确定为“无烟党政机关示范单位”，分别为：省总工会、省体育局、市机关事务管理局、市公安局、裕华区裕东街道办事处、鹿泉区教育局。至2020年底，全市人均寿命达到78.12岁，居民健康素养达到20.4%；城市社区健身路径实现全覆盖；城区机械化清扫率达到91.68%；建成区生活垃圾无害化处理率达到100%，生活污水集中处理率达到98%；城市道路装灯率100%、亮灯率99.25%；农贸市场标准化率达到85.1%，基本无占道经营、店外经营、露天烧烤等现象。12月7日，国家技术评估组确定石家庄市正式通过创建国家卫生城市综合评审。2021年1月6日，石家庄市、新乐市获批命名为国家卫生城市（2018～2020周期）；2020年7月29日，正定县城、高邑县城获批命名为国家卫生县城（2017～2019周期）。2021年8月，河北省爱卫办命名石家庄市11个乡镇为“河北省卫生乡镇”，分别为：赵县南柏舍镇、赵县新寨店镇、高邑县富村镇、正定县西平乐乡、正定县新城铺镇、井陉矿区横涧乡、井陉县秀林镇、无极县张段固镇、赞皇县嶂石岩镇、元氏县北褚镇、元氏县殷村镇。

【公共卫生服务】 做好居民健康档案、老年人健康管理。2020年全市建立居民电子健康档案835.76万份，电子健康档案建档率81.02%；管理65岁以上老年人126.49万人，老年人健康管理率66.78%。慢性病综合防控。平山县、元氏县获评省级慢性病综合防控示范区，至2020年末，全市建成慢性病综合防控示范区12个。其中，国家级慢性病综合防控示范区5个，分别为长安区、桥西区、鹿泉区、新华区、井陉矿区；省级慢性病综合防控示范区7个，分别为裕华区、藁城区、栾城区、正定县、赵县、元氏县、平山县。增强疾病预防力量，调整疾病预防控制机构，市职业病防治院并入市疾病预防控制中心，2020年市疾病预防控制中心人员编制达到312人。肺结核防治。2020年全市报告肺结核临床诊断或确诊病例3120例，登记管理3039例，登记管理率97.4%；按照首管理统计，病原学阳性率55.2%，按照首诊断统计，全病原学阳性率54.8%；全年全疗程治疗3508例，治疗成功3455例，治疗成功率98.5%。传染病监测。2020年石家庄市报告法定乙、丙类传染病24种41165例，死亡24例，报告发病率373.17/10万，死亡率0.22/10万，报告发病数居前5位病种依次为：其他感染性腹泻病、流行性感冒、乙肝、肺结核、丙肝。2020年全市报告严重精神障碍患者41739人，报告患病率4.05‰，管理率94.23%，规范管理率90.32%，面访率93.09%，服药率88.05%，规律服药率75.9%，社区康复参与率65.48%。建成78家示范性、375家规范化预防接种门诊，疫苗接种实现信息化全程追溯。2020年全市免疫规划疫苗接种281.90万人（剂）次，以乡为单位报告接种率达到99.31%，以县（市、区）为单位报告接种率达到96.22%；2020年全市接种非免疫规划疫苗30种210.5万人（剂）次。4所医疗机构达到康复医疗机构标准，2所医院达到二级康复医院标准。基本公共卫生人均补助标准提高到74元。3800余家企业尘肺病患者随访和现状调查完成。投放艾滋病干预、检测、宣传“三合一”自助一体机工作经验在全国推广。获批县级公共卫生防控救治能力建设项目10个，总投资2.22亿元；申报抗击新冠肺炎疫情特别国债和地方政府专项债券项目32个，总投资66.15亿元。

【中医药管理】 实施国家中医药传承创新项目，印发《石家庄市促进中医药传承创新发展的若干措施》，开展县级中医院传染病防治能力、县域中医医共体、标准化康复科、中医药健康养老及22个乡镇卫生院国医堂建设，争取财政支持资金2644万元。市中医院引进中国工程院院士、国医大师石学敏和全国名老中医庞国明2个名中医工作室，国家区域中医内分泌诊疗中心临床研究基地在市中医院挂牌。组织25名省、市级名中医开展集中收徒授业活动，参加拜师临床中医骨干50人。

【妇幼保健】 全年免费婚前医学检查57609人，婚检率81.96%；免费筛检孕产妇、新生儿17.6万人，孕产妇死亡率10.73/10万，婴儿死亡率2.46‰，5岁以下儿童死亡率为3.34‰，新生儿出生缺陷发生率下降至万分之10；免费新生儿遗传代谢疾病筛查92997人，筛查率102.4%；新生儿听力障碍筛查86292人，筛查率95.04%。继续实施贫困地区农村妇女宫颈癌、乳腺癌筛查项目，全市“两癌”筛查项目覆盖18个县（市、区）。2020年市妇幼保健院“人工智能宫颈癌筛查实验室”覆盖范围达到1县3区，分别为行唐县、井陉矿区、藁城区、栾城区。启动3岁以下婴幼儿照护工作，6个机构获评婴幼儿照护省级试点单位。创新儿童健康管理，构建市、县、社区、托幼机构、学校、家长为一体的儿童健康管理和网络服务体系，石家庄市做法在全国推广。

（刘伟）

【市疾病预防控制中心】 市疾病预防控制中心于2006年10月13日组建成立，前身为1952年始建的原石家庄市卫生防疫站，是全市实施疾病预防控制与公共卫生技术管理和服务的公益事业单位，也是疾病预防控制技术指导中心，直属市卫生健康委员会，地址位于长安区栗康街3号。2020年石家庄市报告法定乙、丙类传染病24种，41165例，死亡24例，报告发病率373.17/10万，死亡率0.22/10万；报告发病人数位列前5位病种依次为：其他感染性腹泻病、流行性感冒、乙肝、肺结核、丙肝。其中，乙类传染病报告17种，12427例，死亡24例，报告发病率112.65/10万，同比下降25.23%，死亡率0.22/10万，同比下降29.92%；丙类传染病报告7种，28738例，死亡0例，报告发病率260.52/10万，同比下降40.46%，死亡率0.22/10万，同比下降29.92%。开展新冠肺炎防控，查清29例确诊病例、9例无症状感染者传播链条；核酸检测20万人次，准确率100%。规范处置新冠肺炎疫情引起突发公共卫生事件18起，其中，桥西区4起，裕华区4起，长安区3起，新华区、正定县各2起，藁城区、赵县、高邑县各1起。2020年9月，河北医科大学第二医院报告疑似霍乱病例1例，部署完成流行病学调查与处置。重视艾滋病防治，石家庄市列入国家第四轮艾滋病综合防治示范区。疫苗接种实现信息化全程追溯，疫苗扫码出入库率、扫码接种率、账物相符率、溯源准确率均达100%。2020年全市免疫规划疫苗接种281.90万人（剂）次，以乡为单位报告接种率达到99.31%，以县（市、区）为单位报告接种率达到96.22%。其中，接种基础免疫乙肝疫苗30.04万人（剂）次，报告接种率99.66%；卡介苗8.83万人（剂）次，报告接种率99.69%；脊髓灰质炎疫苗32.02万人（剂）次，报告接种率99.37%；百白破类疫苗（DPT类）32.77万人（剂）次，报告接种率99.49%；麻疹类疫苗（MV类）11.11万人（剂）次，报告接种率99.51%；乙脑减毒活疫苗29.44万人（剂）次，报告接种率99.31%；流脑疫苗（A群）11.31万人（剂）次，报告接种率99.1%；甲肝疫苗接种22.25万人（剂）次，报告接种率98.65%。2020年全市免疫接种脊髓灰质炎疫苗16.96万人（剂）次，报告接种率99.01%；DPT类12.06万人（剂）次，报告接种率99.26%；MV类13.75万人（剂）次，报告接种率99.43%；白破疫苗18.04万人（剂）次，报告接种率99.27%；流脑疫苗（Men AC群）34.06万人（剂）次，报告接种率99.28%。2020年全市接种非免疫规划疫苗30种210.5万人（剂）次。市第42中学、新华区柏林南路小学开展创建国家级“营养校园”试点，长安区小学开展学生营养膳食与减盐干预活动，学生眼睛近视监测首次实现“全覆盖”。城乡居民健康素养水平达到20.4%，高于全国健康素养平均水平1.23个百分点。创建无烟党政机关典型样板单位6家。建有省级医学重点发展学科1个（流行病学科）、市级重点学科5个（媒介生物控制学科、环境卫生学科、职业病学科、放射卫生学科、预防医学与卫生学其他学科），市化学毒物检测及风险预警技术创新中心成立，微生物实验室获批河北省疑难细菌研究重点实验室，理化实验室生活饮用水检测能力达106项；获批国家级课题2项，省级课题4项，市级课题2项；发表论文27篇，其中SCI论文3篇；获得河北医学科技奖10项，其中一等奖8项。2020年市疾病预防控制中心获评“全国农村饮用水监测十年成绩突出集体”“中国死因登记报告先进集体”，赵川获评“全国抗击新冠肺炎疫情先进个人”；市疾病预防控制中心微生物检验所获评“河北省抗击新冠肺炎疫情先进集体”。

石家庄市疾病预防控制中心

主　任：赵川　（11月免）

　　　　芦飞　（11月任）

副主任：王冬玉

（市疾病预防控制中心）

【市人民医院】 市人民医院（市第一医院）始建于1938年，是一所集医疗、教学、科研、保健、急救、康复为一体的三级甲等综合医院，是河北医科大学附属医院、西安交通大学医学部附属医院。拥有院区2个（建华院区、方北路院区），总建筑面积29.73万平方米，编制床位3400张，开放床位2700张。在岗职工3832人，其中，高级职称733名、博士44名、硕士853名，博士生导师5名、硕士生导师100名，教授51名、副教授26名，享受国务院特殊津贴专家2人、省政府特殊津贴专家2人、市政府特殊津贴专家5人，入选“三三三人才”8名、省管优秀专家1名，市级“高层次人才支持计划”、市拔尖人才、“十百千工程”人才30余名。河北省重症肌无力医院、市肿瘤医院、市第一眼科医院、市脑血管病医院、市心血管病医院在市人民医院挂牌。建有河北省博士后创新实践基地，是河北省住院医师规范化培训基地、河北省高等医学院校本（专科）临床教学基地、国家级综合医院中医示范单位。拥有13个省级重点学科（专科）、14个市级临床重点专科、22个市级专业质控中心、9个国家级住院规范化培训基地，是国家脑卒中防治工程委员会高级卒中中心认证单位、中国胸痛中心认证单位、中国房颤中心认证单位和中国健康促进基金会“血栓防治基地”、“全球超声无创治疗良恶性肿瘤技术临床示范基地”、中国—中东欧国家医院合作联盟成员、中国地市级医院急诊专科医联体常务理事单位。2020年市人民医院实现业务收入18.0亿元，同比增长3.21%，其中，医疗收入12.11亿元，增长4.76%；药占比32.7%，同比下降1.07个百分点；百元医疗收入消耗30.4元，同比下降1.29元；门急诊量118.56万人次，同比下降3.3%；出院患者7.47万人次，同比下降3.6%；住院手术2.31万例，同比增长2.2%；平均住院日9.2天，与2019年持平。6月26日，市人民医院建华院区建成开诊，地址位于裕华区建华南大街365号，占地面积93.91亩，建筑面积21.63万平方米，编制床位1200张。选派18名医护人员支援武汉抗击新冠肺炎疫情、16名医疗骨干市第五医院，至2020年末，市人民医院开展核酸检测22.29万人次、抗体检测1.39万人次，发热门诊就诊1.1万人次，隔离病房收治人员2246人次，接收入境隔离患者42人次。与北京阜外医院冠心病诊治中心主任、冠心病2病区主任乔树宾教授合作成立专家工作室，与西安交通大学医学部第二附属医院合作共建国家呼吸区域医疗中心。选送33名骨干医师赴京津合作医院进修，京津知名专家来院坐诊627次，指导手术109次，服务患者3980人次，远程会诊22例。拓展远程会诊范围，与新疆库尔勒市第二人民医院、新疆生产建设兵团农业建设第二师医院及西藏札达县人民医院建立远程会诊合作关系，与京津医院远程会诊4例，与石家庄市所辖县、市级医院远程会诊65例。对口支援和帮扶5县4乡及雄安新区，选派43名医务人员支援县医院、19名医务人员支援乡镇卫生院、1名眼科人员支援雄县中医院；接收对口支援单位人员免费进修4人。引进急需人才192人，其中，博士5名、硕士63名、高级职称人员5名；引进18名专家担任相关科室主任、学科带头人。入选“2020年国务院特殊津贴专家”2人、“市管拔尖人才”2人、“2019年三三三人才工程三层次”4人、“2020年度河北省三三三人才工程三层次”7人、人才绿卡6人、“2020年度优秀专家出国培训”2人。2020年市人民医院医护人员发表学术论文146篇，其中，SCI论文30篇、中华系列论文2篇、中文核心期刊论文9篇、科技核心期刊论文97篇，出版著作2部；获得河北医学科学技术奖21项（一等奖4项、二等奖8项、三等奖9项）、河北省中医药学会科学技术奖二等奖1项；重症肌无力专业成功申报“河北省重症肌无力研究重点实验室”“河北省重症肌无力临床医学研究中心”，承担京津冀基础合作项目获得中国中西医结合学会科学技术奖、河北省科学技术进步奖二等奖。

石家庄市人民医院

党委书记：曹琴英

院　　长：赵玉斌（10月任）

党委副书记：张新元　张继卫

　　　　迟秀梅（兼纪委书记，10月免）

常务副院长：张继卫

副 院 长：张进忠（11月任）

　　　　赵永壮　张振平

　　　　严臻泉

　　　　聂建刚（4月免）

　　　　迟秀梅（10月任）

　　　　李立新　赵会颖

　　　　刘富德（11月免）

　　　　许峰　史万英

　　　　孙朝晖　苏玉国

　　　　安雄彪

（市人民医院）

【市第二医院】 市第二医院（市糖尿

病医院）始建于1952年，是一所集医疗、教学、科研、健康教育、预防保健、康复医学及院前急救为一体的综合医院，是科技部和河北省科技厅项目申请依托单位、国家自然科学基金项目单位、全国综合医院中医药工作示范单位、国家全科医生临床培养基地、国家糖尿病健康教育管理认证单位、全国住院血糖优质护理示范单位、省级中医重点专科建设单位、河北省综合医院中西医临床协作试点单位、河北省急救医学会理事长单位，院内建有河北省糖尿病基础医学研究重点实验室、石家庄市糖尿病精准诊疗技术创新中心。至2020年末，医院设有临床科室42个、医技科室18个，开设专业57个，开放床位950张；服务门诊患者459949人次，出院患者22014人次；总收入4.97亿元，业务收入4.6亿元；总资产6.56亿元，净资产4.32亿元。2020年医院因受新冠肺炎疫情影响，门诊量、出院病人量、手术量、医疗收入同比下降。推进糖尿病住院临床路径管理，实施住院临床路径2474例，入组率84.76%，完成率91.19%。发挥糖尿病综合诊区多学科联合诊疗优势，实现糖尿病患者健康教育与诊疗管理一体化。糖尿病基因检测实验室通过河北省临床检验中心室间质量评定。34161名患者纳入糖尿病管理中心数据库。11月13日，举办第五届石家庄市“降糖之星”评选活动，参与网络投票和访问人数62万人次，参选糖友209位。严格抗菌药物使用，住院患者抗菌药物使用率45.75%。重点实验室。院内河北省糖尿病基础医学研究重点实验室通过省科技厅验收。承担国家自然科学基金项目3项、省级科研课题5项（省级重大研发项目1项）。与法国尼斯大学、澳大利亚悉尼大学、以色列Rambam大学合作开展课题研究。2020年医院成为中国研究型医院学会生物样本库分会京津冀协作单位。学科建设。优化特殊类型糖尿病科，整合糖尿病运动医学科，组建糖尿病神经病变科、糖尿病脂肪肝科，重组糖尿病中医科。口腔科开展全口咬合精准重建、软组织移植、数字化矫治等复杂性精准性技术项目。重症医学科组织召开全市重症病例讨论会，提升危重患者救治能力。发挥中医药治疗独特作用，推进使用雷火灸、督灸、脐灸等灸法、熏蒸、水疗适宜技术。人才队伍。引进专业人才115名，其中硕士及以上学位44名。完成省市继续教育项目17项，举办院内线上及线下讲座培训80余场、技能提升活动2场，选派19名业务骨干赴京津等地进修学习。医疗科研。获得省市科研奖项12项、省科学技术成果8项，取得实用新型专利7项，获批省市科研项目19项。其中，“应激参与阿尔茨海默病发病的分子机制及应用研究”获得省科学技术进步奖二等奖；“口腔黏膜癌前病变癌变过程的基础和临床研究”获得省科学技术进步奖三等奖。发表SCI论文3篇、核心期刊论文30篇。与法国尼斯大学牙学院合作完成英文文章《便携式光生物调解治疗糖尿病足溃烂：一种新的管理方法》并在英国期刊《医学病例报告》发表。药物临床试验机构和医疗器械临床试验机构通过国家备案和河北省药监局能力评估，开展试验项目3项。护理工作。每季度评选“优质护理标准化病房”2个、“健康教育特色科室”2个、“护理服务之星”15个。44名护士通过分层进阶考核。选派3名护士外出进修。市新华医疗集团。55家基层医疗机构纳入集团一体化管理，建立专家坐诊点21个；专家团队每周开展基层坐诊、技术指导。线上开播糖尿病、呼吸、消化专业教学视频44个，远程会诊65场。畅通双向转诊，全年转诊患者937人次，回转率90%。医联体建设。深化与战略支援部队特色医学中心（原解放军第306医院）“军民融合医疗联合体”、与北京大学人民医院医联体建设，参与北京大学人民医院研究项目3个。至2020年末，石家庄市糖尿病专病医联体共有成员单位206家、首席专家工作室29个、普通专家坐诊点8个。推进智慧医院建设，医院微信公众号医疗服务平台上线运行，调整优化耳鼻喉、眼科门诊布局和就医流程。落实惠民政策，为患者优惠减免就医费用31万余元。2020年医院核酸检测5万余例，9名

2020年11月13日，举办第五届石家庄市“降糖之星”颁奖盛典

医护骨干分3批驰援武汉市，援鄂医疗队获授“河北省抗击新冠肺炎疫情先进集体”称号。

石家庄市第二医院

党委书记：赵增毅

院长：赵哲

党委副书记、纪委书记：

陈彦彬（5月免）

党委副书记：吕延令（7月任）

副院长：贾建峰　王建生

李然芬（6月免）

冯红　（6月免）

王彦民　胡庆山

纪委书记：胡莉芳（7月任）

（娄薇　姚一涵）

【市第三医院】 2020年市第三医院实现总收入82454万元，同比增长2.9%，其中，医疗收入76045万元，增长4.37%；门急诊532278人次，同比下降10.19%；出院27350人次，同比增长1.15%；床位使用率96.2%，同比下降3.4%；出院患者平均住院日11.61天，同比下降0.09天；手术20809例，同比增长366例。提高实验室核酸检测能力，4月30日，首批PCR核酸检测实验室投入使用；12月15日，日检测1万例以上核酸检测实验室建成。全年医院核酸检测总量103861人份，其中，院内检测量102868人份，院外检测量993人份。支援湖北省抗击新冠肺炎疫情，选派15名医护人员（检验科和CT室医师3人、护士12人）分4批参加河北省医疗救援队，分别支援武汉市第七医院、武昌方舱医院、武汉中南医院、雷神山医院、武汉金银潭医院；选派7名医师、8名护士支援市第五医院新冠肺炎救治。全年采购医疗设备207台（套），总价值4700万余元。推行门诊电子病历，就诊患者可通过互联网查看检查影像结果；与市人民医院签订“大型医疗设备共享协议”，实现医疗资源共享。推进医联体建设，成立医联体财务中心、资源共享中心和管理中心，出台双向转诊标准，理顺转诊流程；与棉二职工医院开展医疗合作，服务患者1500余人次；太行社区卫生服务中心、高新区妇幼保健计划生育服务中心接诊9650人次，预防接种23279人次，新开设床位20张，做到24小时接诊就医。深化与京津冀医院协作，与北京大学人民医院合作创建市创伤救治中心；与合作医院开展新技术研究项目19项，完成疑难复杂手术50余例，邀请专家远程技术指导180余次，受益群众1500余人。重视人才培养及学科建设，公开招录护理人员27名，招聘紧缺人才20人，选送3名青年骨干医师赴京研修学习；关节外二科副主任梁斌参加河北省第13批援外队员赴尼泊尔执行援助医疗任务。风湿病科通过市中医重点专科复核。课题立项40项，科研项目结题21项，发表核心期刊论文33篇，申报河北省自然科学基金项目3项。开展脑卒中高危人群筛查，院外筛查4061例，院内筛查1605例。参与红十字会人道医疗救助与伤残等级评定，救助贫困拇外翻手术患者40人，评定主城区伤残人员等级481人次。2020年市第三医院获评“河北省抗击新冠肺炎疫情先进集体”称号。

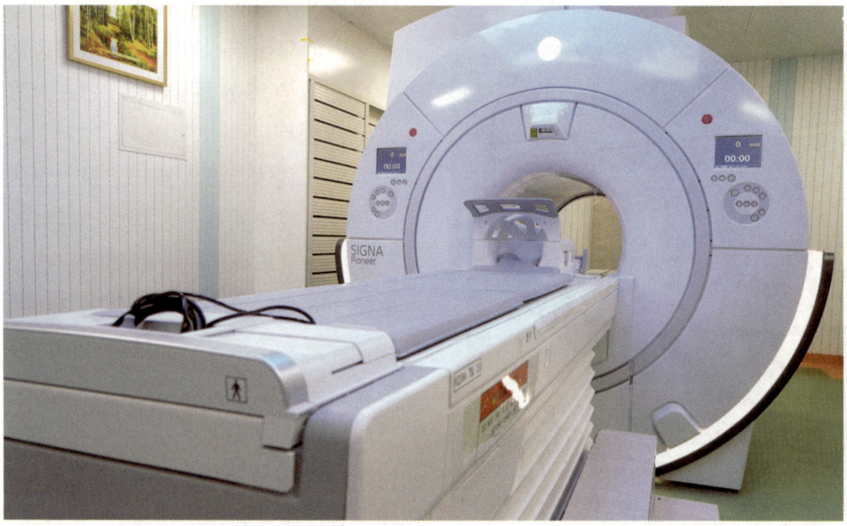

2020年7月1日，市第三医院Pioneer 3.0T新核磁设备投用

石家庄市第三医院

党委书记：李锋

院长：李锋　（11月免）

王瑜玲（11月任）

党委副书记、纪委书记：

洪耀辉

副院长：习志强（11月免）

郭恒信

王延峰（11月任）

郝兰婕

江平　（11月免）

冯建书

（邵振水　郭宁）

【市第四医院】 市第四医院（市妇产医院）始建于1956年，是一所以妇科、产科、产前诊断、生殖医学、新生儿科等为主体，集医疗、预防、保健、教学、科研为一体的三级甲等妇产医院，是河北医科大学附属医院、河北中医学院附属医院。建有河北省院士工作站、博士后创新实践基地，拥有9个医学中心、12个省市医学重点（发展）学科，4个省市临床重点（培育）专科、4个专业省级

培训基地，是河北省妇产科质量管理与控制中心，石家庄市妇产科、新生儿科质量管理与控制中心，河北省危急重症孕产妇救治专业委员会主任委员单位。至2020年末，市第四医院共有职工2207人，其中，高级职称人员226名，硕士382名、博士23名，省管优秀专家1名、河北省青年拔尖人才1名、河北省“三三三人才”10名，市管拔尖人才1名、市突出贡献中青年专家2名、市政府特殊津贴专家3名、“十百千人才”12名、人才绿卡（B卡）12名；拥有谈固院区、中山院区、高新院区3个院区，编制床位1496张（谈固院区800张、中山院区416张、高新院区280张），开放床位977张。2020年市第四医院门急诊量103.84万人次，同比下降10.2%；治疗出院4.53万人次，同比下降6.8%；分娩量2.65万例，同比下降29%；手术量1.69万例，同比下降3.4%；患者年平均住院日5.44天。至2020年末，医院总收入8.66亿元，同比下降12.9%；业务收入8.33亿元，同比下降10.7%。其中，医疗收入8.32亿元，药品收入1.18亿元；药占比14.2%，同比上升0.7%。总资产20.97亿元，同比增长7.59%，其中，固定资产6.08亿元，同比增长49.32%；资产负债率21.39%。医联体建设。市妇产新生儿医联体成员单位扩展到142家，新签订双向转诊协议42份，与22家医联体成员单位建立远程会诊平台。人才队伍。引进急需紧缺岗位人才29人，其中，硕士研究生19人，中级职称4人；选派18名医护骨干到北京协和医院、天津医科大学等医疗机构进修学习；推荐攻读硕士研究生3人、博士研究生5人；申报河北省“三三三人才工程”选拔及资助项目、河北省引进留学人员资助项目、2020年优秀专家出国培训、“科技卓越计划”等人才培养项目5项。专业（学科）建设。产科通过国家级助产士规范化培训基地、第三批国家孕产期保健特色专科评审，实现医院国家级特色专科“零”突破。妇科在全省首开“经自然通道单孔腹腔镜全子宫及双附件手术切除术”，高强度聚焦超声消融治疗术（HIFU）通过专家论证，填补医院妇科微无创技术空白。生殖中心运行胚胎植入前遗传学检测（PGD）技术通过国家评审验收，填补河北省第三代试管婴儿技术空白。开展生殖健康及重大出生缺陷防控研究，完善出生缺陷样本库，通过PCR及II级生物安全实验室验收。中医科通过市级中医重点专科复核及评审。新生儿复苏团队获得2020年河北省新生儿复苏技能竞赛第一名和中华医学会围产医学分会举办的2020年全国产科手术操作及缝合技能大赛河北赛区个人二等奖、三等奖。设立河北省唯一宫颈癌预防接种门诊（HPV疫苗接种门诊），提供宫颈疾病从预防、筛查到治疗链条式服务。改善早产儿健康状况，建立省会首家母乳库，智慧产房实现产妇分娩全流程智慧化管理，“智慧产房研究及应用”项目获得“2020数字中国创新大赛智慧医疗赛道暨第四届智慧医疗创新大赛”河北赛区一等奖，“智慧医疗在产房中的应用”案例获得2020年全国医院擂台赛（城市类）铜奖。医疗科研。科研立项45项，包括省级科研项目4项（省自然基金项目2项、省科学技术厅项目2项）、省市级引智项目3项、省卫生健康委项目19项、跟踪项目2项、省中医药管理局项目9项、市科技局项目7项、县级适宜技术推广项目1项。获批研究成果13项、实用新型专利7项；获得奖项4项，其中，河北医学科技奖一等奖2项，被省卫生健康委推荐申报河北省科学技术奖二等奖1项、三等奖1项。争取科研项目经费99.5万元、省市级重点学科经费94万元。发表论文82篇，其中，SCI文章20篇、中文核心期刊26篇、科技核心20篇，其他期刊16篇。发挥质量管理与控制中心作用，举办“中国妇幼保健协会首届降低产后出血发生率项目培训班”“第五届母胎医学大会暨第八届全国促进自然分娩研讨会”“河北省产科质控中心培训会暨第三届产科重症综合管理学习班”“助产技能培训与产科模拟演练培训班及第八届河北省助产技术培

2020年12月1日，全市首家母乳库在市第四医院挂牌启用

训班”“河北省危重新生儿救治最新进展学习班”等专题学术会议30余次，妇产科、新生儿科专业质量管理与控制获得国家产科质控中心2020年优秀省级质控中心称号。院内感染发生率0.21%，同比下降0.22个百分点。监测各类手术切口13355例，其中，I类手术切口379例，1例切口感染，感染率0.26%，同比下降0.46个百分点。提高妇幼护理服务质量，医院急诊科“守护圈”、产房“安生圈”获得2020中国医院质量管理最佳实践案例分享大会大赛一等奖，手术室“手护圈”获得三等奖；急诊科“降低急诊患者转运不安全率”获得第五届亚洲质量功能展开与创新研讨会暨第五届亚洲质量改进与创新案例大赛三等奖；4个品管圈获得第八届全国医院品管圈大赛优秀奖。普及妇幼健康教育知识，举办千名孕妈秀瑜伽、三八女神节、母乳喂养日等主题体验活动8场，受益人群近7000人。利用医院微博开通“妈咪直播课堂”，举办线上健康科普宣传教育活动65场，包括自然分娩、母乳喂养、孕期保健、产后康复、新生儿护理、不孕不育、妇科调理等课程131节，浏览13.2万人次。为藁城区岗上镇杜村、廉州镇系井村、南营镇、梅花镇等农村妇女开展“两癌”筛查7次，筛查人数1500人次。加强对外合作交流，入选中国医学影像技术研究会超声分会妇产专业委员会常委单位；对接京津名医院特色专科，加入北京大学人民医院盆底疾病专病联盟，与北京大学第一医院、北京大学公共卫生学院合作开展课题研究。支持新冠肺炎疫情防控，选派8名医护人员支援武汉抗疫，10名医护人员到市第五医院、市急救中心参加疫情救治；核酸检测8.7万人次。2020年市第四医院35人次获得全国抗击新冠肺炎疫情先进个人、石家庄市最美抗疫医务工作者等荣誉，医院党委书记赵川获得“全国抗击新冠肺炎疫情先进个人”称号。

石家庄市第四医院

党委书记：王文举（9月免）
赵川　（10月任）
院　　长：郭清
党委副书记、副院长：
树怀友
副 院 长：刁志强（11月任）
智利彩
段虎军（11月免）
邵亚平　刘荣军
葛军

（孟丹天）

【市第五医院】 市第五医院于1949年成立，地址位于裕华区塔南路42号，是河北省首家集传染病诊断、治疗、急救、科研、教学、预防、保健及重大公共卫生事件救治为一体的三级传染病专科医院。占地面积56.63亩，建筑面积6.9万平方米，编制床位850张，开放床位777张。拥有职工766人，其中，专业技术人员708人，高级专业技术职称155人、中级专业技术职称238人，获得“省政府特殊津贴专家”“省三三三人才”“河北省名中医”“市管拔尖人才”“市级优秀科技标兵”荣誉32人。市第五医院建有国家级重点专科1个（中医传染病专业），省级临床重点专科建设单位1个（传染病科）、省级中医重点专科建设单位1个（肝病科）、省级临床重点专科培育单位1个（检验科）、市重点中医专科1个（中医肝病科），省医学重点学科1个（肝病专业）、市医学重点学科4个（结核病专业、实验诊断学、医学影像学、传染病学）。2020年市第五医院业务收入2.61亿元，同比下降24.78%，其中，医疗收入2.41亿元，下降24.45%；门急诊量22.75万人次，同比下降24.67%；出院患者9507人次，同比下降31.6%；药占比44.1%，同比下降0.15%；患者平均住院日17.49天，同比减少0.38天。新冠肺炎救治。1月17日，市第五医院被确定为石家庄市新冠肺炎医疗救治定点医院、入境人员定点救治医院、秋冬季新冠肺炎定点医院；2020年市第五医院共有716人次、21批次医护人员投身新冠肺炎一线救治工作。组建医疗救治、综合协调、后勤保障等7个专业小组，设置发热患者独立院区、新冠肺炎重症病区（ICU）、确诊病例病区、无症状感染者病区、发热留观病区，建立24小时预检分诊点和核酸检测门诊，实现预检分诊、发热门诊、发热病区一体化闭环管理。落实新冠肺炎确诊患者“一人一团队、一人一方案、一人一策略、一人一专班”医疗救治措施，重视发挥中医药防治传染病优势，自主研制可预防和治疗新冠肺炎“清热抗毒口服液”“兰香解毒口服液”中药制剂。至2020年末，市第五医院收治新冠肺炎确诊病例21例，其中，危重症1例、重症4例、普通型16例，患者年龄最小的4岁、最长者70多岁；完成航班接诊保障90架次，收治入境疑似症状患者951人，取得患者“零死亡”、医务人员“零感染”、输入病例“零扩散”的好成绩。人才培养。引进外科、麻醉、内科等专业紧缺人才26名，药剂科主任冯彩霞获评省“三三三人才工程”第三层次人才，手术麻醉科主任张贤亮选拔为“省优秀专家出国培训人选”，功能科副主任李振燕获评“援助西藏包虫病综合防治先进个人”，临床药学室副主任杜婧获得“中国药学会优秀药师”称号，推荐3人申报“市政府特殊津贴专家”，选派1名检验专业骨干出国学习。医疗科研。承办第六届国际肝病及感染病治疗方法新进展学术研讨会、中国疫苗行业协会狂犬病防控年会、省艾滋病诊疗专家研讨会等大型学术会议 6 场。与中国人民解放军总医院第五医学中心、北京佑安医院、上海复旦大学中山医院等 15 家医疗机构合作开展新冠肺炎防控应急、肝脏血流动力学临床专业、中西医结合治疗肝衰竭等国家科技重大专项、科技基础资源调查专项项目研究，获批省卫生健康委医学适用技术跟踪项目 1 项、科研课题 2 项，省中医药管理局课题 1 项，省、市级新冠肺炎专项课题 6 项；发表学术论文 28 篇，其中，SCI 论文 9 篇、中文核心期刊论文 3 篇；获得省科学技术进步奖二等奖 1 项、省医学科技奖二等奖 2 项、三等奖 1 项，省中医药学会科技奖二等奖 1 项。2020 年市第五医院获批“国家卫生健康委能力建设和继续教育中心检验医学进修与培训基地”“省急救医学会出血急救介入治疗联盟石家庄地区区域中心单位”，传染病学、结核病学专业分别位列中国医院科技量值排行榜第 56 位、第 69 位。10 月 15 日，河北省委、省政府授予市第五医院“河北省抗击新冠肺炎疫情先进集体”称号，市第五医院副院长王瑜玲（女）获授“河北省抗击新冠肺炎疫情先进个人”称号。

石家庄市第五医院

党 委 书 记：许尊贵

院　　长：许尊贵（11 月免）

江平　（11 月任）

党委副书记、副院长：

张娟娟

冯爱东（10 月免）

副 院 长：张进忠（11 月免）

段虎军（11 月任）

戴二黑　杜丽辉

刘春堂

郑欢伟（11 月免）

王瑜玲（11 月免）

冯爱东（10 月任）

路毓峰

（市第五医院）

【市妇幼保健院】 市妇幼保健院（市儿童医院、市第六医院）始建于 1951 年，最初为市妇幼保健工作总站，1992 年 8 月改为现名，为独立法人差额拨款事业单位，隶属市卫生健康委管理。2019 年 7 月 14 日，市妇幼保健院（市儿童医院）新院区建设开工，总投资 10.77 亿元，地址位于桥西区友谊南大街 396 号（友谊大街与汇丰路交叉口西北角），占地面积 37206 平方米，建筑面积 12.8 万平方米，设有妇科、妇女保健科、儿科、小儿外科、儿童保健科等 24 个科室，编制床位 300 张；2020 年 6 月 1 日，市妇幼保健院（市儿童医院）新院区建成开诊；7 月 27 日，新华路院区搬迁到新院区。市妇幼保健院（市儿童医院）新院区投入使用后，结束了石家庄市没有市级儿童专科医院的历史。至 2020 年底，市妇幼保健院（市儿童医院）共有 4 个院区。另外 3 个院区为：建国路儿童医院位于桥西区建国路 9 号，占地面积 5994 平方米，建筑面积 7589 平方米；石铜路院区位于桥西区石铜路 39 号，占地面积 6527 平方米，建筑面积 1997 平方米；西王庄院区位于桥西区西王南街 8 号，占地面积 2878.8 平方米，建筑面积 1859.02 平方米，由市第八医院租赁使用。2020 年市妇幼保健院（市儿童医院）共有职工 1290 人，其中，专业技术人员 1180 人，卫生技术人员 1046 人，医生 411 人，护士 513 人；卫生技术人员中，高级职称 128 人、中级职称 279 人，博士 4 人、硕士 125 人；设置病区 19 个、临床科室 50 个、医技室和职能科室 27 个。2020 年医院门急诊量 47 万人次，同比下降 18.99%；住院患者 20361 人次，同比下降 26.48%；平均住院日 6.36，同比下降 2.45%；床位使用率 90.6%，同比下降 8.4%；分娩量 8904 人次，同比下降 26.54%；剖宫产率 47.15%，同比下降 2%；手术 6581 例，同比下降 18.78%。人才队伍。引进急需紧缺适宜人才 69 人，其中，卫生技术人员 57 人（硕士 21 人）；外派进修医护人员 146 人。医疗科研。开展国内外学术交流，举办河北省产科危重症救治培训班、河北省产后康复暨新生保健培训研讨会等学术活动 28 次，123 名国内外专家学者受邀参加授课活动。立项课题 17 项，其中，省卫生健康委立项 12 项、省中医药管理局立项 1 项、市科技局立项 4 项；参与国际合作项目 2 项、国家级合作项目 1 项；发表论文 29 篇，其中，SCI 论文 2 篇、核心期刊论文 23 篇；获得河北省医学会二等奖 2 项、河北省中医药学会科学技术奖二等奖 1 项、河北省中医药学会科学技术奖三等奖 1 项、河北省科学技术成果 3 项、河北省中医药管理局成果 3 项。支持新冠肺炎疫情防控，选派 2 名护理人员参加河北援鄂医疗队。新生儿预防接种 8117 人次，新生儿疫苗接种信息系统录入准确率达 100%，“两苗”及时接种率达 95% 以上；开展传染病和死亡病例监测，各类传染病例录入国家疫情网 1183 例，其中死亡病例 3 例；监测筛查艾滋病 20995 人，无阳性病例；监测梅毒 20923 例，双阳 54 例、单阳 194 例；监测结核病 1 例；慢病管理监测上报肿瘤 83 例，录入系统 8352 例；高血压监测 24813 例。拓展出生缺陷项目，启动新生儿先天性心脏病筛查，提高新生儿 48 种疾病筛查覆盖率和乙肝母婴阻断成功率，推广先天性耳聋基因监测项目和体表小畸形诊治项目。开展 0 ～ 6 岁儿童近视预防，建立以宣传教育、保健、筛查、诊断、治疗、随访为主眼保健和视力综合服务模式，形成0～6岁儿童近视“病因预防、主动干预、积极控制”三级预防体系。实施0～6岁儿童孤独症管理，开展儿童心理行为发育问题早期干预、早期治疗。促进妇女保健治疗多元化发展，推广无创聚焦超声技术（海扶技术）在妇科保健临床应用，推动妇科治疗向微创无创理念转变。做好贫困地区农村妇女“两癌”筛查，将人工智能自动细胞诊断技术运用于宫颈癌筛查，提高筛查质量和筛查效率。妇幼管理。至2020年12月31日，全市孕产妇活产数84526人，孕13周前建册人数77761人，早孕建册率92%；孕产妇健康管理人数79487人，孕产妇健康管理率94.04%；产后访视人数80128人，产后访视率94.8%；0～6岁儿童健康管理77.21万人，儿童健康管理率96.22%；新生儿访视80741人，新生儿访视率94.38%。公共卫生项目。增补叶酸预防神经管畸形项目：至2020年12月底，全市发放叶酸534054瓶，增补111579人，完成率121.04%；叶酸增补目标人群知晓率96.21%，服用率95.77%，服用人群依从率85.69%%。预防艾滋病、梅毒和乙肝母婴传播项目：至2020年12月底，孕产妇HIV检测人数94312人，完成年度任务75.91%；艾滋检测率100%，梅毒检测率100%，乙肝检测率100%，艾滋孕期检测率99.47%，梅毒孕期检测率99.46%，乙肝孕期检测率99.23%；艾滋感染者13例，已娩10例；梅毒感染者88例，已娩67例；新生儿高效价免疫球蛋白注射率99.77%。出生缺陷干预工程：2020年全市孕前优生计划怀孕夫妇70020人，其中，农村61102人、城镇8918人；检查66932人，其中，男性33382人、女性33550人；具有风险因素人数5019人，其中，男性1192人、女性3827人；早孕随访人次12957人，妊娠结局随访人次3843人，检查覆盖率95.59%，高风险率7.5%。2020年全市婚前医学检查57190人，婚前医学检查异常7294人，检出疾病1138人，疾病检出率19.9‰。三网监测。至2020年12月底，石家庄市三网监测县（市、区）孕妇活产数29907人，出生缺陷505例。儿童死亡监测：至2020年12月底，石家庄市监测儿童活产数7751人，5岁以下儿童死亡22例，其中，婴儿死亡15例，新生儿死亡10例。孕产妇死亡监测：至2020年12月底，石家庄市监测孕产妇活产数42166人，孕产妇死亡5例。危重孕产妇监测：石家庄市共有全国危重孕产妇监测医疗保健机构6家，分别为：省人民医院、河北医科大学附属第二医院、市第一医院、市妇幼保健院（市儿童医院）、鹿泉区人民医院、鹿泉区妇幼保健院；2020年全市参加全国危重孕产妇监测6所医院上报孕产妇个案15772个，其中孕产妇个案合并症、并发症9787个，发生率62.05%，孕产妇个案达到危重程度43个，危重孕产妇发生率平均万分之27.26。出生医学证明。2020年全市申领出生医学证明13万张，至12月31日，签发出生医学证明100496张，首次签发证明97183张，换发证明1153张，补发证明1708张，废证118张；废证率0.12%，当年出生首次签发率97.28%。市妇幼保健院（市儿童医院）是国家级爱婴医院、全国妇幼保健中医药工作示范单位、全国针灸临床研究中心石家庄分中心，也是中国妇幼保健协会无创聚焦超声技术项目推广委员会、河北省妇幼保健协会妇女保健委员会、河北省急救医学会妇幼健康专业委员会、石家庄市医学会围产医学委员会主任委员单位，曾获得全国妇幼健康服务先进集体和基层预防艾滋病、梅毒、乙肝母婴传播工作优秀集体等荣誉称号。2020年市妇幼保健院（市儿童医院）获评河北省0～6岁儿童近视防控示范单位、河北省住院医师规范化培训基地师资培训资质和市“两癌”防控技术培训基地，市第六医院援鄂医疗队获得“河北省抗击新冠肺炎疫情先进集体”称号。

市妇幼保健院

党委书记：高海生
院长：王建军（6月任）
党委副书记：刘建章（7月免）
副院长：李聪捷（9月免）
吴荣芹　莫中福
苏学艳
高辉　（9月任）
刘彦霞（12月任）

（张涛　李晓敏　陈珂昕）

【市中医院】 市中医院于1955年1月开始筹建，起初名为河北省中医院，地址为石家庄市原长安路2号；1956年10月9日，医院正式建成开诊；1958年3月，与河北省中医学校合并，改称河北省中医学校附属医院；1958年划归石家庄地区领导，改称河北省石家庄地区中医学校附属医院；1961年迁入中山西路233号，更名为石家庄市中医院，隶属石家庄市卫生行政部门管理。1993年市中医院通过国家评审，成为一所集医疗、教学、科研、保健、产业、文化等为一体的现代化三级甲等中医院。市中医院建有本部、东院2个院区。市中医院本部占地面积4万余平方米，建筑总面积10万平方米，总编制床位1100张。市中医院东院区由市中医院、首都医科大学附属北京中医医院联合建设，2016年11月4日开工，总投资1.87亿元，地址位于长安区建华大街138号，占地面积5万平方米，设置科室16个、床位500张；2019年6月9日，东院区开诊运营。2020年市中医院实现总收入10.19亿元，同比增长21.76%；业务收入7.88亿元，同比增长1.68%，其中，医疗收入7.7亿元，增长0.9%；药品收入4.03亿元，同比增长0.15%，其中，中药收入1.02亿元，增长1.22%；门急诊量81.7万人次，出院人数3.5万人次。争取资金1.67亿元，实施"国家中医药传承创新项目""中医药诊疗服务能力提升改造建设项目"。推进中医治疗技术合作，"冀港澳"技术协作签约启动，与开封市中医院达成战略合作协议；"国家区域中医内分泌诊疗中心临床研究基地""庞国明传承工作室""国医大师石学敏院士传承工作室"在市中医院揭牌，"纯中药治疗Ⅱ型糖尿病""醒脑开窍针法"成为特色品牌。至2020年末，市中医院建成国医大师传承工作室4个、国家级名中医传承工作室7个、省级名中医传承工作室6个。牵头举办省会名中医拜师仪式，25名省、市名中医收徒50名。中医科研。4项国家自然科学基金项目通过国家审查，获得省部级科技奖1项、省中医药学会科学技术奖11项（包括一等奖1项、二等奖2项），3种预防新冠肺炎清瘟中药制剂获得省药监部门紧急备案，发表论文268篇，3项专利取到授权。新增院内自研制剂品种6个，总数达到65种，其中，26种院内制剂纳入省医保目录、55种院内制剂在医疗集团内部调剂使用。支持抗击新冠肺炎疫情，14名医务人员支援武汉市、4名医务人员援助市第五医院；全年核酸检测7.1万人次，为市民免费发放"芦药防瘟汤"2.5万余副、避瘟香囊2500余个，向新冠肺炎疫情隔离人员免费提供"五个一"中医药防治产品607套。2020年市中医院在全国三级公立中医院指标考评位列A级，跻身"全国公立中医院百强"；入选"省级现代医院管理制度建设试点单位""河北省中医药健康旅游示范基地"，并获得"河北省抗击新冠肺炎疫情先进集体"称号。

石家庄市中医院

党委副书记、副院长：
吴海明

院　　长：赵玉斌（10月免）
郑欢伟（11月任）

党委副书记、纪委书记：
冯涛　（工会主席）

副 院 长：王延峰（11月免）
刘燕珍　高晓玲
赵凤琴　张文清
刘富德（11月任）

（市中医院）

【市第八医院】 市第八医院（市精神卫生中心）是全市唯一一所市属公立精神疾病专科医院，医院前身为中国人民解放军总后勤部四零二工厂职工医院，始建于1957年10月，2002年7月整体移交市政府后隶属原市卫生局管理。2011年6月，石家庄市整合市属医院精神卫生资源，将市第八医院转型为市精神疾病专科医院，加挂市精神卫生中心牌子，主要承担全市精神卫生的预防、治疗、康复、科研、教学等任务，是市基本公共卫生服务项目重性精神疾病管理机构、市精神残疾鉴定专业机构、市儿童孤独症康复中心、市心理危机干预中心。医院占地面积19.03亩，建筑面积17752平方米；现有职工441人；编制床位395张，实际开放床位670张；设有重症精神科、儿童康复科、临床心理科、睡眠医学科等主要临床科室及内科、外科等保障科室。2020年市第八医院总收入1.8亿元，同比增长9%，其中，医疗收入1.28亿元，增长4.9%；总支出1.67亿元，同比增长15.17%；总资产1.85亿元，总负债3017.07万元，资产负债率16.31%，净资产1.55亿元；门急诊量78076人次，同比增长2.31%；住院6524人次，出院6412人次，床位使用率97.7%，患者平均住院35.9天。心理危机干预。应对新冠肺炎疫情，成立市级心理危机干预指导专家组和市、县两级心理救援队伍，培训心理干预骨干队员和热线员228名，编写出版《新型冠状病毒感染的肺炎心理防护指南》。全年提供心理危机干预服务2100余人次，1名心理专家进驻新冠肺炎定点救治医院市第五医院开展心理危机干预工作。2月5日，全市应对新冠肺炎疫情心理援助热线"68052995"开通；热线电话设在市第八医院（市精神卫生中心），开通座席2个，提供24小时免费心理咨询服务。3月1日，全市启动1700余名疫情防控一线医务人员心理援助工作，安排心理专业人员9名，主要为全市工作在发热门诊、定点救治医院、120负压急救转运车、疾控流调部门及援鄂医务人员提供线上心理评估和24小时"一对一"心理援助服务。与市教育局合作，开展疫情期间和复学后青少年心理援助服务，录制复学心理健康第一课系列视频。精神障碍管理。2020年全市报告精神障碍患病率4.05‰，管理率94.23%，规范管理率90.32%，服药率88.05%，规律服药率75.9%；新增精神障碍危险评估≥3级8人。为15名患者提供长效针剂免费治疗，救助贫困精神障碍患者1500名，9名患者、7名贫困严重精神障碍患者办理住院治疗。开展严重精神障碍管理治疗项目，建立和形成市、县、乡、村四级防治网络和医院、社区一体化服务模式，向每位患者免费提供随访及建立健康档案、健康体检、服药指导、便捷转诊等公共卫生服务。全年回访出院患者 5587 人次，回访率 100%；回访门诊患者 70566 人，回访率 92%；患者满意度达到 98.6%。心理健康教育。与河北电视台联合录制《我们在一起》系列节目 14 期，与石家庄电视台联合录制《坚决打赢疫情防控阻击战——共同战"疫"面对面》《坚决打赢疫情防控阻击战——加强心理疏导 理性应对疫情》等特别节目 22 期。以家庭、学校、农村、机关单位、社区等不同人群为对象，举办"绿丝带心灵课堂"活动 101 场。普及心理健康知识，帮助市民正确认识心理疾病，编印并发放科普读物《父母课堂》4500 余册。推进社会心理服务体系建设，建成市心理服务人才信息库，主要由社会工作者、心理咨询师、心理治疗师、心理健康教育师等组成，人数达到 4984 名。加强临床亚专科建设，成立睡眠医学科；中医科、儿童康复科通过中医重点发展专科复核验收；核酸实验室建成运行。立项省中医药管理局课题 2 项、市科技局课题 1 项。申报备案省级继续教育项目 10 项、市级继续教育项目 29 项。核心期刊发表论文 10 篇。"绿丝带"志愿服务品牌获得全国卫生健康行业青年志愿服务项目铜奖，"绿丝带"志愿服务队获得市红十字优秀组织奖；至 2020 年末，"绿丝带"志愿者注册人员达到 359 人。

石家庄市第八医院

党委书记：王福庆（5 月任）

赵瑞申（5 月免）

院　　长：赵瑞申（5 月任）

副 院 长：范彦蓉　郝建

李一真（11 月免）

（周久利　王慕劲）

体　育

【概况】 2020 年全市运动员参加省级以上比赛获得金牌 316 枚、银牌 289 枚、铜牌 276 枚。审批注册二级裁判员 250 人、二级运动员 386 人，石家庄市在河北省及全国注册运动员达到 7340 人。新增二级社会体育指导员 1190 人，公益社会体育指导员总数达到 2.3 万人。拥有体育协会 352 个，其中，市级体育协会 51 个，县级体育协会 301 个。群众体育组织登记注册 1300 个，建成基层健身站点 4396 个。10 月 9 日，中国田径协会授予石家庄马拉松"金牌赛事"称号。

【竞技体育】 培养输送优秀运动员参加高水平赛事活动，石家庄籍运动员在冰球、拳击、铅球、乒乓球、皮划艇比赛取得优异成绩。1 月 8 日，石家庄选手高梓晔与队友代表国家女子 U18 冰球队参加波兰拉脱维兹举行的国际冰联 2020 年 U18 冰球世界锦标赛获得铜牌，创下中国女子 U18 冰球队历史最好战绩。3 月 11 日，女子拳击运动员常园（行唐县籍）参加 2020 年东京奥运会拳击亚洲大洋洲区资格赛 51 千克级比赛获得冠军并取得东京奥运会参赛资格；10 月 17 ～ 22 日，常园参加 2020 年"迁安杯"全国女子拳击锦标赛获得 51 千克级比赛冠军。3 月 14 日，由中国田径协会主办，北京体育大学承办的"2020 年中国田径协会北体大基地投掷项群特许赛"在北京体育大学国家训练基地举行，国家田径队运动员巩立姣（石家庄市鹿泉区籍）参加女子铅球比赛以 19.70 米的好成绩获得冠军，创造该项目 2020 年世界室内最好成绩；2020 年巩立姣在女子铅球项目排名世界第二并取得东京奥运会参赛资格。10 月 7 ～ 10 日，女子乒乓球运动员孙颖莎（石家庄市籍）参加全国乒乓球锦标赛获得混合双打、女子单打、女子双打亚军；11 月 10 日，孙颖莎参加 2020 年国际乒联女子世界杯获得女子单打亚军；11 月 29 日，孙颖莎参加 WTT 澳门国际乒乓球赛获得女子单打冠军。11 月 10 ～ 14 日，皮划艇运动员张璐琦（石家庄籍）参加 2020 年全国皮划艇静水锦标赛暨第十四届全国运动会皮划艇静水资格赛，与国家队队友夺得女子 200 米双人划艇金牌和女子双人划艇 500 米银牌。

表 106

2020 年石家庄籍运动员参加竞技体育比赛活动获奖一览表

运动员姓名	性别	体育比赛活动名称	比赛地点	参赛项目	比赛日期	名次
刘宣赤	女	2019 ～ 2020 年全国青年自由式滑雪空中技巧锦标赛	河北省张家口市	自由式滑雪空中技巧	2020 年 1 月	第一名

续表

运动员姓名	性别	体育比赛活动名称	比赛地点	参赛项目	比赛日期	名次
郭帅	男	2020 年世界杯第四站男子团体竞速赛	加拿大	自行车	2020 年 1 月	团体第二名
		2020 年中国场地自行锦标赛男子 250 米计时赛	山西省太原市	自行车	2020 年 10 月	第二名
常园	女	2020 年亚大区奥运资格赛 51 千克级	约旦首都安曼	拳击	2020 年 3 月	第一名
		2020 年全国女子拳击锦标赛 51 千克级	河北省迁安市	拳击	2020 年 4 月	第一名
巩立姣	女	2020 年中国田径协会北体大基地投掷项群特许赛：女子组铅球	北京市	铅球	2020 年 8 月	第一名
		2020 年全国田径锦标赛	浙江省绍兴市	铅球	2020 年 9 月	第一名
		中国田径协会河北奥林匹克体育中心投掷项群特许赛：女子铅球	石家庄市	铅球	2020 年 10 月	第一名
孙颖莎	女	中国乒协东京奥运模拟赛女子单打	海南省陵水黎族自治县	乒乓球	2020 年 8 月	第一名
		中国乒协东京奥运模拟赛混合双打	海南省陵水黎族自治县	乒乓球	2020 年 8 月	第一名
		中国乒协东京奥运模拟赛女子团体	海南省陵水黎族自治县	乒乓球	2020 年 8 月	第一名
		2020 年全国乒乓球锦标赛女子团体	山东省威海市	乒乓球	2020 年 10 月	第一名
		2020 年全国乒乓球锦标赛女子单打	山东省威海市	乒乓球	2020 年 10 月	第二名
		2020 年全国乒乓球锦标赛女子双打	山东省威海市	乒乓球	2020 年 10 月	第二名
		2020 年全国乒乓球锦标赛混合双打	山东省威海市	乒乓球	2020 年 10 月	第二名
		世界乒乓球 WTT 职业大联盟赛澳门赛女子单打	中国澳门	乒乓球	2020 年 11 月	第一名
		女子乒乓球世界杯女子单打	山东省威海市	乒乓球	2020 年 11 月	第二名
田子重	男	2020 年全国田径锦标赛	浙江省绍兴市	铅球	2020 年 9 月	第一名
孟明宽	男	全国跆拳道锦标赛第一站	江苏省无锡市	跆拳道	2020 年 9 月	第二名
		全国锦标赛男子 80 千克总成绩	江苏省无锡市	跆拳道	2020 年 9 月	第二名
		一带一路跆拳道中国公开赛男子	陕西省西安市	跆拳道	2020 年 11 月	第一名
陈博林	男	全国跆拳道锦标赛第一站	江苏省无锡市	跆拳道	2020 年 9 月	第三名
		一带一路中国跆拳道公开赛	陕西省西安市	跆拳道	2020 年 11 月	第一名
马永慧	女	全国游泳冠军赛 400 米自由泳	山东省青岛市	游泳	2020 年 9 月	第二名
		全国游泳冠军赛 800 米自由泳	山东省青岛市	游泳	2020 年 9 月	第二名
王欣怡	女	2020 年全国艺术体操锦标赛	浙江省嘉兴市	艺术体操	2020 年 9 月	团体第二名
		2020 年全国艺术体操冠军赛	重庆市	艺术体操	2020 年 11 月	团体第三名
胡麟鹏	女	2020 年全国田径锦标赛	浙江省绍兴市	跳高	2020 年 9 月	第三名
赵须	女	2020 全国射击冠军赛手枪项目	陕西省宝鸡市	射击	2020 年 9 月	第三名
丁丹尧	女	2020 年全国艺术体操锦标赛	浙江省嘉兴市	艺术体操	2020 年 9 月	成年集体单项 3 圈 4 棒第三名
		2020 年全国艺术体操冠军赛	重庆市	艺术体操	2020 年 11 月	团体第三名

续表

运动员姓名	性别	体育比赛活动名称	比赛地点	参赛项目	比赛日期	名次
何卓佳	女	2020 年全国乒乓球锦标赛	山东省威海市	乒乓球	2020 年 10 月	团体第一名
李雨琪	女	2020 年全国乒乓球锦标赛	山东省威海市	乒乓球	2020 年 10 月	团体第一名
高金梅	女	2020 全国射击冠军赛	山西省临汾市	飞碟	2020 年 10 月	第二名
王晓迪	女	2020 年全国体操青年 U 系列冠军赛	陕西省西安市	平衡木	2020 年 10 月	第二名
张昭楷	男	2020 年全国空手道锦标赛第三站	山西省太原市	空手道	2020 年 10 月	团体第三名
张璐琦	女	2020 年全国皮划艇锦标赛 200 米双人划艇	浙江省丽水市	划艇	2020 年 11 月	第一名
		2020 年全国皮划艇锦标赛 500 米双人划艇	浙江省丽水市	划艇	2020 年 11 月	第二名
郑毅	男	2020 年全国皮划艇锦标赛 200 米单人皮艇	浙江省丽水市	皮艇	2020 年 11 月	第一名
杨晓旭	男	2020 年全国皮划艇锦标赛 200 米单人皮艇	浙江省丽水市	皮艇	2020 年 11 月	第二名
刘嘉静	女	2020 年全国皮划艇锦标赛 500 米四人混合划艇	浙江省丽水市	划艇	2020 年 11 月	第三名
田珈铭	男	2020 全国射击个人锦标赛	浙江省湖州市	射击	2020 年 11 月	第一名
郭洪良	男	2020 年全国赛艇锦标赛双人双桨	上海市	赛艇	2020 年 11 月	第二名
梁欣阳	男	2020 年全国赛艇锦标赛八人单桨	上海市	赛艇	2020 年 11 月	第二名
杜博颖	男	一带一路跆拳道中国公开赛男子	陕西省西安市	跆拳道	2020 年 11 月	第三名
吴亚茹	女	全国摔跤锦标赛暨第十四届全运会预赛 62 千克	浙江省温州市	摔跤	2020 年 11 月	第三名
郭锦婷	女	全国冲浪锦标赛公开组女子短板接力	海南省万宁市	冲浪	2020 年 12 月	团体第一名
		全国冲浪锦标赛 U15 女子短板	海南省万宁市	冲浪	2020 年 12 月	团体第一名
		全国冲浪锦标赛 U18 女子短板接力	海南省万宁市	冲浪	2020 年 12 月	团体第一名
刘笑宇	女	2020 年全国女子冰球锦标赛	云南省腾冲市	冰球	2020 年 12 月	第三名
王敬怡	女	2020 年全国女子冰球锦标赛	云南省腾冲市	冰球	2020 年 12 月	第三名
谢晓楠	女	2020 年全国女子冰球锦标赛	云南省腾冲市	冰球	2020 年 12 月	第三名
高梓晔	女	2020 ～ 2021 年全国女子冰球锦标赛	云南省昆明市	冰球	2020 年 12 月	团体第三名
侯俊欣	女	2020 ～ 2021 年全国女子冰球锦标赛	云南省昆明市	冰球	2020 年 12 月	团体第三名
熊凯西	女	2020 ～ 2021 年全国女子冰球锦标赛	云南省昆明市	冰球	2020 年 12 月	团体第三名

【群众体育】 应对新冠肺炎疫情，引导和鼓励市民居家运动，减少出行。1 月 31 日，市体育局、市体育总会发出倡议，号召全市各基层全民健身组织和体育协会自编自创适合广大群众在家开展体育健身活动，推广广播体操、健身气功、太极拳、瑜伽等参与门槛低、科学有效的居家健身方式。创新举办“全城热练云健身”“体育战‘疫’”线上活动。5 月 15 日，由市政府主办，市体育局、市体育总会承办，河北野人体育文化发展有限公司运营，河北迈腾体育用品有限公司、石家庄飞天科技开发有限公司、河北中视体育文化发展有限公司支持的石家庄市第十六届全民运动会“全城热练云健身”启动仪式暨石家庄线上徒步大会在石家庄裕彤国际体育中心举行。采用线上线下相结合方式，线上活动设置展示、技巧、比赛 3 大类比赛内容，包括广播体操、太极拳、健身操（啦啦操）、花式毽球、亲子健身操、街舞、体育舞蹈、象棋、围棋、客厅马拉松、瑜伽、武

术（套路）、跳绳、足球颠球等24个比赛项目，参与人数22.12万人，参与人次41.6万人次；7月底至11月，恢复线下比赛活动，组织举办县区组、职工组（首次设立）两大组别20个大项68个小项比赛，参与人数4600余人。全年举办线上马拉松、线上徒步大会比赛参与人数30万余人。1月1日，“2020石家庄市第47届元旦长跑”在正定古城举行，参与跑步爱好者市民3万名。8月8日，2020年石家庄市“全民健身日”活动启动，主题为“推动全民健身、助力全面小康”。11月7日，2020石家庄市第17届自行车赛在滹沱河花海景区明曦湖公园河湖广场举行；比赛设100千米挑战组和50千米挑战组2个组别，共有200余名骑行爱好者参赛。2020年全市群众体育形成以石家庄马拉松、自行车赛、元旦长跑、石野50千米超级马拉松赛、正定—西柏坡圣地100千米超级马拉松赛、行走太行·石家庄全民健身登山节、龙舟文化节、女子马拉松等赛事品牌活动。2020年全市举办全民健身赛事活动367项2000余场，参与人数560万人，其中，社会体育组织协助举办全民健身活动200余场次，参与活动人数300万人次。

表107

2020年石家庄市第十六届全民运动会比赛活动一览表

序号	比赛名称	比赛日期	比赛项目	成绩		
				第一名	第二名	第三名
1	成年组五人制足球比赛	9月22～24日	五人制足球	裕华区	晋州市	新华区
2	老年组柔力球比赛	9月23日	集体自选套路	新华区	高新区	藁城区
3	成年组健身气功比赛	9月24日	集体项目易筋经	裕华区	长安区	—
			集体项目五禽戏	桥西区	藁城区	鹿泉区
			集体项目六字诀	桥西区	正定县	新华区
			集体项目八段锦	裕华区	新华区	长安区
4	老年组健身球操比赛	9月25日	规定套路	长安区	高新区	平山县
			自选套路	平山县	高新区	栾城区
5	成年组武术比赛	10月15日	集体项目42式太极拳	新华区	桥西区	藁城区
			集体项目42式太极剑	新华区	裕华区	藁城区
6	老年组武术比赛	10月16日	集体42式太极拳	裕华区	新华区	长安区
			集体42式太极剑	桥西区	新华区	高新区
7	成年组乒乓球比赛	10月19～21日	男子团体	裕华区	高新区	鹿泉区
			女子团体	长安区	裕华区	桥西区
			男子单打	杨亮（裕华区）	白金（裕华区）	李朝阳（高新区）
			女子单打	戴佳（裕华区）	许彦霞（鹿泉区）	安子昱（正定县）
8	老年组乒乓球比赛	10月22～24日	男子团体	桥西区	长安区	正定县
			女子团体	桥西区	鹿泉区	长安区

续表

<table>
<tr><th rowspan="2">序号</th><th rowspan="2">比赛名称</th><th rowspan="2">比赛日期</th><th rowspan="2">比赛项目</th><th colspan="3">成绩</th></tr>
<tr><th>第一名</th><th>第二名</th><th>第三名</th></tr>
<tr><td>9</td><td>成年组篮球比赛</td><td>10 月 27 日
至 11 月 2 日</td><td>篮球</td><td>栾城区</td><td>鹿泉区</td><td>裕华区</td></tr>
<tr><td>10</td><td>成年组陆地冰壶比赛</td><td>11 月 7 ～ 8 日</td><td>陆地冰壶</td><td>裕华区</td><td>新乐市</td><td>正定县</td></tr>
<tr><td rowspan="2">11</td><td rowspan="2">老年组健步走比赛</td><td rowspan="2">11 月 11 日</td><td>健步走</td><td>高新区</td><td>深泽县</td><td>新华区</td></tr>
<tr><td>持杖健走</td><td>长安区</td><td>桥西区</td><td>新华区</td></tr>
</table>

备注：群众体育赛事主办单位均为石家庄市政府，承办单位均为市体育局。

【社会体育】 第六届京津冀蟠龙湖铁人三项赛。9 月 13 ～ 15 日，由市体育局、市体育总会主办的 2020 年第六届京津冀蟠龙湖铁人三项赛在元氏县蟠龙湖举行；参加比赛活动 1000 余人，薛建路以 2 小时 21 分 6 秒夺得男子全程精英组第一名，葛香红以 2 小时 43 分 6 秒夺得女子全程精英组第一名。第八届五岳寨 50 千米越野挑战赛。9 月 19 日，由市体育局、灵寿县政府主办的 2020 第八届五岳寨 50 千米越野挑战赛在灵寿县五岳寨景区举行；参加比赛活动 1500 余人，闫龙飞以 4 小时 37 分 21 秒夺得 50 千米组男子组冠军，姚玉舟以 5 小时 52 分 0 秒夺得 50 千米组女子组冠军。石家庄 100 千米野人挑战赛。10 月 17 ～ 18 日，石家庄 100 千米野人挑战赛在鹿泉区西部长青风景区举行；比赛还设立 45 千米、18 千米组别及 7 千米体验组，900 余名运动员和爱好者参加，赛道线路包括公路、山野小径、石阶、岩壁和连续爬坡山地路段等地形，爬升高度 6400 米。2020 石家庄马拉松赛。11 月 15 日，由河北省田径协会、省马拉松协会指导，石家庄市体育局、市体育总会主办，市路跑协会、河北野人体育文化发展有限公司承办的 2020 石家庄马拉松赛在滹沱河明曦湖公园河湖广场举行。赛事规格为半程马拉松赛，长度 21.0975 千米，参赛长跑爱好者 3000 人；魏玉杰以 1 小时 05 分 31 秒获得男子组冠军，宋璇以 1 小时 19 分 27 秒获得女子组冠军。至 2020 年末，全市共有体育协会 352 个，其中，市级体育协会 51 个，县级体育协会 301 个；群众体育组织登记注册 1300 个，建成基层健身站点 4396 个。

11 月 15 日，2020 石家庄马拉松赛男子组冠军终点冲线瞬间

【冰雪运动】 市第二届冰雪运动会。11 月 22 日至 12 月，市第二届冰雪运动会在鹿泉区西部长青室内滑雪场举行，主题为“全城热练 欢乐冰雪 健康石家庄”；设置比赛、冰雪推广两大部分，设立青少年组、社会组 2 个组别，设有滑冰、滑雪、冰球、陆地冰壶、轮滑、滑轮 6 个大项比赛项目，参与人员 2000 余人。至 2020 年 12 月底，全市体育系统举办冰雪赛事 136 项，培训冰雪运动指导员、体育教师 300 余名，举办冰雪运动大讲堂 25 场，开展冰雪“六进”活动 200 余场次，参与冰雪运动人数超过 483 万人，占全市常住人口的 45.4%，其中直接上冰人数超过 100 万人。河北省第二届冰雪运动会。12 月 21 ～ 23 日，河北省第二届冰雪运动会在张家口市崇礼区举行，设立青少年组、高校组、专业组、社会组 4 个组别，涵盖滑雪（越野滑雪、高山滑雪、单板滑雪）、滑冰（速度滑冰）、冰球、陆地冰壶、轮滑、滑轮、雪地足球 7 个大项、9 个分项、123 个小项比赛内容，全省 11 个地市及雄安新区、定州市、辛集市和 54 所高校 2198 人参赛，市代表

队获得9枚金牌、11枚银牌、11枚铜牌，石家庄市获得最佳组织奖、突出贡献奖、最佳赛区奖和体育道德风尚奖。

【体育设施】 建设笼式场地39个，安装便民体育设施505套。市县两级建成体育主题公园25个、多功能运动场217个、社会足球场229块、健身步道1446千米。115个社区（村）、20个公园广场安装和更新便民体育设施1647件。推进社会足球场地设施建设，建设笼式球类场地7块，“十三五”期间全市建成社会足球场地188块，超出任务目标37块。1月18日，位于滹沱河叶子广场的正定塔元庄冰雪游乐园正式开放，园区占地面积1.5万平方米，分为冰雪游乐区和全家戏雪区，游人可堆雪人、打雪仗、滚雪球和玩滑冰车、雪上摩托车、雪地蹦床等游乐项目。至11月30日，全市21个县（市、区）和高新区室内滑冰馆建设全部完成并投入使用，全市滑冰场馆建设实现全覆盖目标，其中，真冰馆9个，仿冰馆13个。市滑冰馆位于市区裕彤国际体育中心东广场，是一个标准冰面61米×30米的气膜滑冰馆，建筑面积3264平方米；正定县建成石家庄市唯一县级61米×30米标准冰面滑冰馆。至2020年末，全市共有各类体育场地16731块，总面积2505.7万平方米，人均体育场地2.41平方米；标准体育场21个，其中甲级体育场2个（观众席2.5万座以上）；标准体育馆18个，其中甲级体育馆1个（观众席6000座以上）。

【体育产业】 开展2018～2019年体育产业调查，认定体育产业法人单位及产业活动单位12176家，同比减少260家，其中，注销340家，新增80家；2018年全市体育产业营业收入164.3亿元，2019年全市体育产业营业收入210.03亿元，同比增加45.73亿元。2020石家庄市推荐英利奥SES地板获得2020年河北省体育产业创新创业大赛金奖，河北硕德体育用品科技有限公司（珍珠旱雪）、河北嵩易投资管理有限公司（运动茂）获得铜奖。2020年石家庄英利体育用品有限公司获得“国家体育产业示范单位”称号，这也是石家庄市获得首个体育产业国家荣誉；河北快马体育科技有限公司、河北硕德体育用品科技有限公司获得“河北省体育产业示范单位”称号；西部长青四季冰雪体育旅游线路、石家庄极限运动冰雪体育旅游线路获评“河北省冰雪体育旅游十佳精品线路”。

（市体育局）

社会生活

Social Life

城乡居民收入与消费

【概况】 2020年全市居民人均可支配收入30955元，同比增长5.5%。其中，城镇居民人均可支配收入40247元，增长4.4%；农村居民人均可支配收入16947元，增长6.9%。2020年全市居民人均消费支出19411元，同比增长8.5%。其中，城镇居民人均消费支出24867元，增长6.5%；农村居民人均消费支出11186元，增长12.9%。2020年石家庄市居民人均可支配收入、城镇居民人均可支配收入、农村居民人均可支配收入均排名全省设区市第三位。2020年石家庄市城镇居民人均可支配收入排名前5位县（市、区）分别为裕华区、桥西区、新华区、长安区、藁城区，分别达到46459元、46067元、45346元、45166元、40140元，排名最后一位县（市、区）为赞皇县，为30502元。2020年石家庄市农村居民人均可支配收入排名前5位县（市、区）分别为鹿泉区、藁城区、晋州市、井陉矿区、正定县，分别达到22317元、22261元、22230元、21974元、21772元，排名最后一位县（市、区）为赞皇县，为9771元。

【居民收入】 2020年石家庄市居民人均可支配收高于全省平均水平3819元，增速低于全省平均水平0.2个百分点；城镇居民人均可支配收入高于全省平均水平2961元，增速高于全省平均水平0.1个百分点；农村居民人均可支配收入高于全省平均水平480元，增速低于全省平均水平0.2个百分点。2020年石家庄市居民人均可支配收入低于唐山市3916元、廊坊市3403元，城镇居民人均可支配收入低于廊坊市5465元、唐山市4090元，农村居民人均可支配收入低于唐山市3740元、廊坊市2776元。抽样调查数据显示：2020年石家庄市构成城镇居民可支配收入四大项呈现“全部上涨”趋势，其中，城镇工资性收入同比增长2.1%，经营净收入同比增长14.5%，财产净收入同比增长2.3%，转移净收入同比增长9.9%。2020年石家庄市农村居民收入呈现“三升一降”态势，其中，农村居民工资性收入同比下降2.2%，经营净收入同比增长25.8%，财产净收入同比增长12.7%，转移净收入同比增长42.2%。

表108

2016～2020年石家庄市城镇居民与农村居民人均可支配收入增速对比一览表

年度	城镇居民人均可支配收入增速（%）	农村居民人均可支配收入增速（%）
2016	8.1	7.9
2017	8.1	8.1
2018	8.0	8.8
2019	8.4	9.2
2020	4.4	6.9

【居民消费】 2020年石家庄市居民人均消费支出19411元，同比增加1519元，增长8.5%。其中，城镇居民人均消费支出为24867元，同比增加1518元，增长6.5%；农村居民人均消费支出11186元，同比增加

1278元，增长12.9%。城乡居民消费主要特点：受2020年初突发新冠肺炎疫情影响，全市居民食品烟酒消费占比上升，教育文化娱乐消费占比下降。2020年全市城镇食品烟酒消费支出5246元，同比增加424元，占总消费支出比重21.1%，较2019年提升0.5个百分点。2020年全市农村居民食品烟酒消费支出3165元，同比增加660元，占总消费支出比重28.3%，较2019年提升3.0个百分点。从消费趋势看，2020年全市除教育文化娱乐和医疗保健消费支出下降外，其他消费类别均呈上涨趋势。城镇居民生活用品及服务、交通通信、其他用品和服务三类消费支出同比分别增长25.7%、17.0%和7.5%，农村居民衣着、生活用品及服务、交通通信、其他用品和服务四类消费支出同比分别增长10.9%、21.2%、38.0%和12.1%。居民百户家庭享受型耐用消费品拥有量继续提升。2020年石家庄市城镇居民百户家用汽车拥有量57.96辆、助力车80.93辆、微波炉70.80台、移动电话231.46部、计算机66.72台、吸尘器18.5台，较2019年分别增加3.27辆、2.73辆、0.19台、1.58部、0.91台、0.33台。2020年石家庄市农村居民百户家用汽车拥有量45.95辆、助力车127.39辆、微波炉29.68台、排油烟机50.46台、移动电话261.80部、计算机42.03台、吸尘器4.60台，较2019年分别增加4.45辆、2.72辆、1.72台、3.39台、1.96部、1.7台、0.27台。受网络发展快速影响，手机上网用户增加，2020年城镇居民百户接入互联网手机拥有量同比增长6.9%，农村居民百户接入互联网手机拥有量同比增长20.2%。

国家统计局石家庄调查队

队　长：（空缺）

副队长：聂保军（主持工作）

刘广和

（国家统计局石家庄调查队）

社会保障

【概况】 至2020年末，全市城乡居民养老保险参保379.5万人，同比增加4.1万人；城镇职工养老保险参保269.4万人，同比增加11.2万人，其中在岗职工养老保险参保205.8万人；失业保险参保126.4万人，同比增加32.4万人；工伤保险参保192.6万人，同比增加19.3万人，其中，工伤保险农民工参保76.3万人，增加15.8万人。2020年全市城镇职工基本养老保险基金收入339.70亿元，支出329.44亿元，累计结余33.68亿元。2020年全市城乡居民基本养老保险基金收入25.1亿元，支出17.93亿元，累计结余49.47亿元。2020年全市为企业核定减免养老、工伤、失业3项社会保险费59.18亿元。提升社会保障服务质量，市级养老、医疗、工伤、失业、生育五项社会保险经办机构全部搬迁至长安区方北路18号；开设住房公积金咨询窗口，实现“五险一金”“一门、一网、一窗”集中办理服务。5月16日，石家庄市“社保电子证明”系统启用。

【社会保险】 2020年城镇职工养老保险参保人员中，城镇企业职工基本养老保险参保234.2万人，机关事业单位职工基本养老保险参保35.2万人。2020年全市失业保险基金收入5.18亿元，支出7.34亿元，累计结余26.11亿元。2020年工伤保险参保人员中，企业工伤保险参保167.4万人，机关事业单位工伤保险参保25.2万人；工伤保险基金收入2.88亿元，支出5.56亿元，累计结余3.72亿元。支持企业复工复产，全年减免企业养老保险费43.94亿元。2020年7月，全市企业养老保险离退休人员养老金发放由原来使用银行卡改为社会保障卡。至2020年底，全市社会保障卡发行1037万张，常住人口覆盖率达到99%。利用支付宝、微信、手机银行App方式，推行电子社会保障卡，2020年末全市发放电子社会保障卡达到137.2万张。开展社保基金风险防控巩固年活动，追回违规社保基金527.18万元。

【失业补助金领取人员范围扩大】 2020年石家庄市领取失业补助金人员范围扩大到2019年以来参保失业人员。申请条件：领取失业保险金期满仍未就业的失业人员、不符合领取失业保险金条件的参保人员。发放标准：参保缴费满1年及以上人员，失业补助金标准不超过当地失业保险金80%；2020年石家庄市失业补助金标准为776元/月，其中，参保缴费不满1年人员失业补助金标准为766元/月。失业补助金按月发放，最长不超过6个月。失业人员领取失业补助金期满、被用人单位招用并参保、死亡、应征服兵役、移居境外、享受城镇职工基本养老保险或城乡居民养老保险待遇、被判刑收监执行及有法律、行政法规规定的其他情形，停发失业补助金。至2020年12月底，全市为3.4万人发放失业补助金3413万元。

失业补助金发放工作获评全市“效能十佳品牌”。

【供热采暖补贴】 4月22日至6月15日，全市发放城市困难群众和重点优抚对象2019～2020采暖期集中供热采暖补贴。发放人员范围：市内4区及高新区参加集中供热的城市低保户（特困人员）、困难职工家庭和享受民政部门发放抚恤补助的重点优抚对象（烈士遗属、因公牺牲军人遗属、病故军人遗属、残疾军人、老复员军人、带病回乡退伍军人、因公因战致残民兵民工）及“两参”退役人员（参加1954年以来对敌14次战役及参加核试验在农村和城镇无工作单位且家庭困难的退役人员）。补贴金额：每平方米22元。补贴面积：按照住宅楼建筑面积扣减10%公摊面积计算，有电梯和消防通道的住宅扣减15%；参加集中供热的城市低保户（特困人员）、困难职工家庭每户以“房屋所有权证”建筑面积为准，超出70平方米（不含70平方米）部分由个人负担；重点优抚对象和“两参”退役人员每户以“房屋所有权证”建筑面积为准，超出100平方米（不含100平方米）部分由个人负担。配合全市拆迁工作，原有住房已经拆除的部分城市困难群众和重点优抚对象，按照居住地供热方式给予采暖补贴。

【农民工工资拖欠治理】 重视解决拖欠农民工工资问题，全年以《保障农民工工资支付条例》为依据，开展“冬季攻坚”“春季行动”“冬病夏治”等排查解决农民工工资问题专项行动，共为6602名农民工追讨工资9788.41万元。拖欠农民工工资案件处置做到“两清零”，即2020年10月底前发生的政府投资工程项目和国有项目欠薪案件2020年12月底前动态清零，其他案件2021年春节前动态清零。2020年石家庄市解决拖欠农民工工资做法被国务院根治欠薪工作领导小组办公室在全国推广。

（杨轲程　孟东）

医疗保障

【概况】 至2020年末，全市基本医疗保险参保904.96万人，同比增加10.8万人；城镇职工基本医疗保险参保178.31万人，同比增加14.1万人；城乡居民基本医疗保险参保726.65万人，同比减少3.3万人；生育保险参保178.31万人，同比增加16.5万人。2020年全市职工基本医疗保险基金收入83.81亿元，支出66.95亿元，累计结余123.54亿元，累计可支付月数20.39个月；城乡居民基本医疗保险基金收入62.35亿元，支出57.85亿元，累计结余22.14亿元，累计可支付月数4.74个月。2020年全市20.7万建档立卡贫困人口全部参加医疗保险，2.7万符合慢性病认定条件的贫困人口全部纳入医疗保险保障范围，实现“应保尽保”。2020年全市落实医保扶贫政策提高贫困人口医疗待遇报销112.03万人次，支出资金1.56亿元。落实全民基本医疗保险参保计划，制定印发《全面推进基本医疗保险全民参保计划实施细则》。选择鹿泉区、栾城区、新乐市、正定县4个县（市、区）试点开展长期护理保险业务，将11家定点护理服务机构纳入医保支付范围，为5187名失能人员提供基本生活照料、医疗护理等服务，减轻群众负担费用2218.41万元。建立城乡居民高血压、糖尿病门诊用药保障机制，为71万高血压、糖尿病患者减少用药费用67万元。扩大京津医院纳入市级医保定点范围，至2020年底，30家京津优质医疗机构纳入市级医保定点，其中天津市新增12家。支持企业复工复产，企业职工基本医疗保险单位缴费部分实行减半征收，全年减征企业医保缴费资金11.09亿元。加强医保基金监管，探索实行定点医药机构分级分类监管，推行“村医卫生室医保综合管理系统”“特殊人群住院监控系统”“河北省医疗保障局床位监管系统”“河北省医疗保障大数据分析系统”4个智能监控系统，通过大数据分析比对，实现医保基金异常实时监控。推行使用医保电子凭证，3月25日，市医保电子凭证扫码支付上线运行。至2020年底，全市完成2279家协议药店、5121家协议医疗机构（含4001家村卫生室）接口改造，基本覆盖全部定点医药机构；参保医疗保险居民注册医保电子凭证达到30%。

【居民医保政策】 根据市医疗保障局、市财政局联合发布《关于调整石家庄市城镇职工基本医疗保险住院医疗费支付比例的通知》《关于调整石家庄市城乡居民基本医疗保险住院医疗费支付比例的通知》，12月26日起，全市最新基本医疗保险住院医疗费支付比例政策和城乡居民医保市级统筹正式实施。在职职工县域一级及以下医疗机构住院报销比例由92%提高到95%，退休职工由95%提高到96%；市区一级及以下医疗机构在职职工住院报销比例由90%提高到95%，退休职工住院报销比例由93%

提高到96%。城乡居民县域一级及以下医疗机构住院报销比例由90%提高到92%，市区一级及以下医疗机构住院报销比例由85%提高到90%，市区二级医疗机构住院报销比例由70%提高到75%。参保人在市域内县（市）医疗机构住院医疗费起付线和支付比例。城镇职工：一级及以下医疗机构每次起付线为200元，支付比例为95%；二级医疗机构每次起付线为300元，支付比例为90%。城乡居民：一级及以下医疗机构每次起付线为100元，支付比例为92%；县域二级医疗机构每次起付线为400元，支付比例为80%。藁城区、鹿泉区、栾城区、井陉矿区和正定县域内医疗机构住院，参照支付办法执行。参保人在市区就医起付线和支付比例。城镇职工：一级医疗机构，每次起付线为200元，支付比例为95%；二级医疗机构每次起付线为700元，支付比例为85%；市属三级医疗机构每次起付线为900元，支付比例为83%；省属三级医疗机构每次起付线为1200元，支付比例为80%。城乡居民：一级医疗机构，每次起付线为200元，支付比例为90%；二级医疗机构每次起付线为800元，支付比例为75%；市属三级医疗机构每次起付线为1000元，支付比例为65%；省属三级医疗机构每次起付线为1500元，支付比例为60%。经备案转往省内其他地市市区就诊，参照此办法执行。经参保地经办机构备案，在职职工转省外医保协议医疗机构就医，每次起付线为1500元，支付比例为76%。退休人员起付标准在在职职工基础上降低100元，支付比例比在职职工提高3个百分点，个人负担比例不低于4%。城乡居民门诊统筹实行定点医疗管理。参保城乡居民选择2家城乡居民门诊统筹定点医疗机构作为本人门诊统筹定点医疗机构，其中，1家必须是村卫生室或社区卫生服务站，另1家为乡镇卫生院、社区卫生服务中心或一级及以下定点医疗机构。调整中医医院住院起付线和报销比例。参保城乡居民和城镇职工在中医医院住院，医保报销起付线比同级综合医院住院起付线降低100元，报销起付线最低不低于100元；报销比例比同级综合医院住院提高3个百分点，最高报销比例不超过97%。县（市）参保群众到市区就医不用再备案。

【30家京津定点医疗机构纳入石家庄市医保定点】 5月10日起，12家天津市定点医疗机构纳入石家庄市医保定点范围。至2020年底，石家庄市参保人员在京津30家医疗机构住院执行就医地医保目录、执行石家庄市省属三级医疗机构住院报销待遇。30家京津冀互认医保定点医疗机构为：天津市泰达国际心血管病医院、天津市肿瘤医院、中国医学科学院血液病医院、首都医科大学附属北京同仁医院、首都医科大学附属北京儿童医院、中国人民解放军总医院第七医学中心、北京大学第一医院、中日友好医院、北京大学第三医院、北京大学人民医院、首都医科大学附属北京安贞医院、中国医学科学院阜外医院、北京肿瘤医院、中国医学科学院北京协和医院、中国人民解放军总医院、中国医学科学院肿瘤医院、中国人民解放军空军特色医学中心、北京积水潭医院、天津医科大学总医院、天津市人民医院、天津市第一中心医院、天津市第三中心医院、天津市胸科医院、天津市环湖医院、天津市儿童医院、天津市中心妇产科医院、天津市眼科医院、天津医科大学口腔医院、天津中医药大学第一附属医院、天津医科大学朱宪彝纪念医院（天津医科大学代谢病医院）。

【药品集中带量采购】 全年药品集中带量采购实施国家3批、京津冀联合1批、“三明联盟”1批。提高医疗机构采购和使用中选药品积极性、主动性，全部完成国家药品集中采购和使用试点结余留用经费返还，返还医疗机构181家、资金3148.9万元。重点落实第二批、第三批国家药品集中带量采购，第二批32个中选药品品种单价平均降幅72.81%，第三批55个中选药品品种单价平均降幅73.21%。2020年全市第二批、第三批国家药品年采购量达到9885万支（片），节约资金9091万元。执行京津冀联合采购44种人工晶体中选药品品种，与联合采购地区原采购价相比，“竞价方式”中选药品产品价格平均降幅55.81%，最高降幅达到84.73%；“议价谈判方式”中选药品产品价格平均降幅34.02%，最高降幅达到55.26%。6月1日，开展“三明联盟”7种非一致性评价药品带量采购，7种药品品种单价平均降幅69.52%，单品种最大降幅达到91.63%。全年通过多轮次、多层次药品和医用耗材集中带量采购，市民在糖尿病、高血压、抗肿瘤等领域常用药品价格实现明显下降。

（宋绍龙　贾婧）

民族宗教事务

【概况】 2020年全市以推动民族团结进步和宗教领域和谐稳定为重点，大力支持少数民族地方经济发展，主动促进各民族交流交往交融。开展“民族团结进步宣传月”活动，打造民族团结进步示范区。开展“双创四进”活动（双创：创建先进宗教团体、创建和谐寺观教堂。四进：宪法、国旗、社会主义核心价值观、中华优秀传统文化进教堂），374处宗教活动场所获评星级和谐寺观教堂。破解宗教领域热点难点问题，建立宗教工作联席会议制度，实现宗教领域和谐稳定。至2020年底，全市共有少数民族成分53个（没有塔吉克族、德昂族）；少数民族人口118675人，占全市总人口1.06%；少数民族人口主要分布在桥西区、无极县、长安区、裕华区、新华区、藁城区、新乐市。全市有3个民族乡，分别是：藁城区九门回族乡、无极县高头回族乡、新乐市彭家庄回族乡。至2020年末，石家庄市共有佛教、道教、伊斯兰教、天主教、基督教5种宗教，宗教活动场所529处、宗教教职人员728人（含基督教传道员）、信教群众43.76万人。石家庄市信仰佛教群众人数最多，占全市信教群众35.63%；信仰道教公民人数最少，占全市信教群众4.43%。2020年石家庄市6个单位获评“河北省民族团结进步模范集体”，分别为：市民族宗教事务局、新乐市彭家庄村村委会、正定县正定镇政府、藁城区九门回族乡政府、新华区回民幼儿园、长安区建安街道建安路社区居委会；7人获评“河北省民族团结进步模范个人”，分别为：王剑华（1975年8月出生，市民族宗教事务局二级主任科员）、吴志华（1972年10月出生，藁城区九门回族乡党委书记）、底钊阳（回族，1988年3月出生，无极县高头回族乡人大主席）、顾胜会（1969年6月出生，新乐市彭家庄回族乡小宅铺村党支部书记兼村委会主任）、牛荣恩（女，1973年4月出生，裕华区藏龙福地社区党支部书记）、张英（女，1976年8月出生，新华区市庄路小学校长）、杨建（女，1967年8月出生，长安区回民幼儿园园长）。

【发展少数民族经济】 全年争取上级少数民族发展支持资金273万元，市级投入少数民族发展资金115万元。12月8日，省市有关部门负责人共同在新乐市彭家庄回族乡举行现场办公会，谋划扶持民族乡发展和帮扶政策措施；市民族宗教事务局（简称市民宗局）、市交通运输局、市公安局、市民政局、市农业农村局、市园林局、市工业和信息化局、市发展改革委、市生态环境局、市自然资源和规划局、国家电网石家庄供电公司11个市直部门参会，现场办公会确定投资和帮扶项目四大类（路网综合提升类、经济发展类、基础设施建设类、便民服务类）19个项目，总投资2.95亿元。石家庄市自2016年开始举办民族乡现场办公会，主要以集中办公形式整合各种资源，推动民族乡经济社会发展。民族乡现场办公会已成为带动民族乡经济发展的重要“引擎”，也是石家庄市民族工作的亮丽“品牌”。

【宗教事务管理】 制定印发《关于在宗教界持续深化“双创四进”活动开展的实施方案》，重新规范“创建和谐寺观教堂”“六进五有四公开”（六进：国旗、《宗教事务条例》、习近平新时代中国特色社会主义思想及党的宗教政策、社会主义核心价值观、国情时政、中华优秀传统文化进宗教场所；五有：有场所简介，有政策法规学习资料，有“双创”办公室、学习室，有档案柜、资料柜、财务柜，有各项规章制度；四公开：公开“创建指导员”公示牌、民主管理小组成员名单、本场所教职人员名单、财务收支情况）相关评审及制度。开展第二届星级和谐寺观教堂评审，新华区虚云禅林等89个宗教活动场所获评“第二届星级和谐寺观教堂”。2020年全市无例外、全覆盖检查宗教活动场所529个，宗教场所“四进”率均达100%。建立宗教工作联席会议制度，重点解决宗教领域突出问题。落实宗教管理包联制度，配备宗教专职干部271名，培育宗教事务指导员371名。2020年4月，全市五大宗教团体述职会议举行，重点提出宗教团体要全面提高自身素质、牢固树立法治理念、切实加强教风建设、坚持宗教中国化方向、深入贯彻《宗教事务条例》5项要求。2020年石家庄市为五大宗教团体拨付经费67.5万元，基本解决宗教团体无办公经费问题；为市佛教、道教、基督教“两会”拨付经费60万元，用于租赁办公场所。依法打击非法传教活动，查处非法宗教活动1例。重视宗教团体建设，妥善确定正定临济寺住持人选。

【佛教重要场所】 佛教场所主要有柏林禅寺（参见《石家庄年鉴（2021）》“市情概览”下“居民”）、临济寺等。临济寺位于正定县城，是佛教临济宗发祥地，始建东魏兴和二年（540年），原址在城东南临济村，因濒临滹沱河渡口，故名临济。正定临济寺被称为世界上最早的佛教临济宗道场，是世界临济宗的祖庭。唐大中八年（854年），义玄禅师在此创立临济宗，因临济宗机峰峻峭，僧徒众多，禅风以“单刀直入，机锋峭峻”著称，形成禅宗一大宗源，成语“当头棒喝”源于此地。宋金时期传入日本及东南亚地区，在佛教界享有“临济儿孙遍天下”之美誉，每年亚洲、欧洲、大洋洲、北美洲等地临济宗高僧皆来朝拜祖庭。临济寺内澄灵塔俗称青塔、衣钵塔，始建于唐咸通八年（867年）。据记载，义玄禅师在大名府兴化寺讲法期间圆寂，唐懿宗仰慕义玄之德行，赐谥号慧照禅师，并下诏分别在大名、真定建塔，同名澄灵塔。金大定二十五年（1185年）大修，现状保持金代大修后的外观形式。澄灵塔高30.47米，平面为八角形，是一座砖砌的实心塔，古塔造型挺拔峻秀，雕饰华丽，设计精巧，结构富于变化，为密檐塔中的佳作，被梁思成赞誉为“清晰秀丽，塔中之上品”。中华人民共和国成立前，临济寺仅剩1座破损的澄灵塔。1984年经国务院批准，临济寺被确定为全国重点佛教寺院，并由文物部门交付出家人管理。1984～1986年，国家宗教事务局拨款，中日两国临济、黄檗两宗法侣资助修复澄灵塔；1986年5月，中日两国僧侣举行澄灵塔修复落成庆典大会，时任中国佛教协会会长赵朴初参加法会，并题写“临济寺”“大雄宝殿”匾额。2001年澄灵塔被公布确定为全国重点文物保护单位。

【道教重要场所】 道教场所主要有关帝庙、金阙宫、十方院等。关帝庙位于石家庄市桥西区槐安西路振头一街，亦称崇宁真君庙、振头关帝庙，供奉三国时期刘备、关羽、张飞三杰，原名三义祠。清顺治十五年（1658年）改为关帝圣庙，雍正六年（1728年）改为关帝大庙。明嘉靖二十年（1541年）孟夏，庙前14米处始建一旌表一木牌坊。牌坊整体为斗拱卯榫木结构，坊形为四柱三楼，绿色琉璃瓦盖顶，飞檐斗拱，造型奇特，结构严谨，别具一格；坊顶成众字形，碧瓦鎏金，光彩耀目。阳面坊额横匾有“浩然正气”4字，笔法苍劲，气势磅礴；阴面檐下匾额有清康熙四年（1665年）追称关羽尊号“山西夫子”4字。1993年7月15日，木牌坊（崇宁真君庙牌楼）获批省级文物保护单位；2011年10月10日，关帝庙获批市级文物保护单位。现任监院李崇膺道长在关帝庙传道21年。金阙宫坐落在鹿泉区抱犊寨风景区，始建于金元，兴盛于明清，明代著名道士张三丰游览修行此处题写“抱犊福地”四个大字。明末三丰派祖师郭白云潜修于此庙，教风大兴，从此成为华北三丰派祖庭。古建筑现有六殿一堂一道院，占地4亩。1993年9月，金阙宫重建开放并成立抱犊寨道教乐团。2013年金阙宫“玄岳三丰太极拳”“道教音乐”入选石家庄市非物质文化遗产名录，传承人为金阙宫监院邓元富道长。十方院，古称金阙宫，又名西十方院，位于鹿泉区西城门外，太平河南岸，始建于清代康熙七年（1668年），由获鹿县知县唐彝和道士唐圆秀、张至贵倡建。鼎盛时期，香客渤涌，道众云聚，有堂舍数百楹，田产遍及北京、张家口等地，是古正定和今河北省的主要道教活动中心。民国时期遭到严重破坏，1949年中华人民共和国成立后曾改为图书馆。改革开放后重建，占地面积8000余平方米，建筑面积3000余平方米。1996年7月登记开放，河北省道学院设在十方院。

【伊斯兰教重要场所】 伊斯兰教场所主要有市清真寺、九门清真北寺等。石家庄市清真寺位于新华区清真寺街。1907年20户100余人来石穆斯林为履行宗教功课，筹集款物在桥西八条胡同租赁土地，修建一坊简陋清真寺，1917年遭洪水冲毁。1991年8月8日，重修清真寺筹建委员会组建成立；占地1844平方米。1992年9月21日，扩建清真寺一期工程奠基仪式举行；1993年10月，清真寺综合楼交付使用；1994年12月22日，二期工程即清真寺主体二层礼拜殿大楼破土动工，1995年11月竣工。清真寺新寺以上下两层礼拜殿为主，附设伊斯兰教经学院，先后获评“全国模范清真寺”、首届全国“创建和谐寺观教堂先进集体”和河北省“五好宗教活动场所”。九门清真北寺坐落于藁城区九门回族自治乡九门村，始建于明朝永乐年间，1926年大殿重修扩建，成为一卷一脊。1941年侵华日寇在冀中大扫荡时，将大殿全部烧毁，1943年大殿重修。1994年6月，九门清真北寺批准设立，2007年6月登记开放，占地面积3500平方米。

【天主教重要场所】 天主教场所主要有北大街天主堂等。北大街天主堂位于石家庄市区新华路北大街54号，始建于1933年，曾隶属原正定教区管辖，占地5.8亩，建有教堂、神职楼、工房、生活用房、公教医院等房屋93间，建筑面积1600平方米。天主教正定教区改划为石家庄教区后，1983年开始重建新教堂；1984年10月，新教堂落成使用，正面宽15米，高14米，双尖仿哥特式建筑，总长25米，建筑面积350平方米。

【基督教重要场所】 基督教场所主要

有福音堂等。福音堂位于石家庄市区新华路94号。1913年，丹麦冉彼得牧师到石家庄传教，先后在南大街、大桥街、北后街租房；1921年冉彼得变卖在丹麦的家产，筹资3万美元，在新华路购地7.5亩，建造福音堂1座。中华人民共和国成立后，曾由房管部门收管，改为居民宿舍使用。1982年石家庄市落实宗教房产政策，市政府拨款7.5万元，重新修缮福音堂；1983年12月，福音堂落成使用，宽9米、长20米、高10米，建筑面积200平方米。1998年3月，经市政府批准，教会在原福音堂南面新建一座福音堂；1998年12月20日落成启用，长45.9米，宽21米，高39.42米，建筑面积3200平方米，可容纳人员2000人。

（赵琳）

退役军人事务

【概况】 2020年全市接收军队退休干部（士官）113人，调整军队退休干部跨省、跨市服务管理关系7人；接收计划分配军转干部100余人，其中，团职干部14人，营职以下及专业技术干部100余人；接收自主择业军转干部200余名。2020年全市军转干部安置行政（含政法）岗位占总人数85.9%，安置参公岗位占总人数12.8%，自愿到企业安置占总人数1.3%；对应安置随调配偶17名。2020年全市接收符合政府安排工作条件退役士兵900余人，其中，市内区安置退役士兵700余人，各县（市）安置退役士兵200余人；退役士兵安置省直事业单位占总人数的5.1%、市直事业单位占总人数的18.1%、县（市、区）属事业单位占总人数的53.8%，事业单位安置占总人数的77%、企业安置占总人数的23%。2020年石家庄籍现役军人获授二等功以上奖励5人。2020年4～8月，市退役军人事务局、市委宣传部、石家庄警备区政治工作处联合评选表彰“最美双拥人物”“最美军嫂”各10名；8月7日，石家庄市2人获授2020年度河北省“最美双拥人物”称号；8月8日，石家庄市3人获授2020年度河北省“最美军嫂”称号；8月9日，石家庄市1名退役军人获授2020年度河北省“最美退役军人”称号（获奖人员参见“人物”）。10月20日，石家庄市连续第9次被命名为全国双拥模范城；平山县连续第5次、正定县首次获评全国双拥模范县。

【退役军人就业创业】 以“平台、基地、政策、协会”为支撑，全力支持退役军人就业创业。发挥退役军人就业创业管理服务平台作用，全年144家入驻平台单位发布岗位信息4571条；利用省退役军人招聘平台提供就业岗位4499个，帮助143名退役军人实现就业。评估确定退役军人就业创业基地270家，培训就业创业退役军人2870名。市退役军人就业创业综合基地揭牌。4月16日，市退役军人就业创业综合基地揭牌。这是全市成立的第一家由退役军人事务部门主导、社会力量投资建设、专门为退役军人就业创业服务的综合型、专业型、创新型基地，主要提供教育培训、就业指导、创业孵化、金融服务、法律服务、创业帮扶等全方位、一体化服务。总面积7038.45平方米，分两期建设。其中，一期面积4329.61平方米，主要提供就业创业服务，开展退役军人针对性双选会和个性化就业推荐，设有一站式服务大厅、产品成果展示区、综合多功能厅、大型会议厅、商务洽谈室、创业培训教室等综合性服务设施，可为创业实体提供工商税务登记、法律援助、政策咨询、财务代理、创业担保贷款申请等窗口服务；二期建设面积2708.84平方米，主要提供职业培训、岗前培训、订单式培训、创业培训。至2020年末，市退役军人就业创业综合基地入驻孵化企业48家。承办全省自主择业军转干部项目对接、人才招聘会和第二届退役军人就业招聘会等活动，吸引参会企业320余家，提供岗位8000多个，6000余名退役军人参与招聘活动，成功就业2000余人。10月12日，石家庄市第二届退役军人专场招聘会在石家庄国际博览中心举行；参加用工单位124家，为退役军人提供就业岗位3000多个；到会退役军人2200余人次，与用工单位达成就业意向1130人次，现场直接签约5人。落实退役军人就业优惠政策，印发《石家庄市退役军人就业创业政策实施细则》。全年120余家企业享受安排退役军人就业补贴，119名退役军人享受就业创业补贴，70人获得创业担保贷款1943.9万元，78人减免税收85.6万元。推进退役军人就业创业促进会建设，按照“市级分包、重点打造，区域联合、资源整合”原则，支持市、县退役军人就业创业促进会“共建共促”，重点打造10个县级退役军人就业创业促进会。至2020年底，全市设立退役军人就业创业促进会21家、会员单位990个，吸纳退役军人就业3125名。加强退役军人培训，开展以“集中授课＋岗位推介”为内容适应性培训，分10期培训退役士兵1659名；以自主就业退役士兵为对象，分两期举办“订单式、定向式、定岗式”职业技能培训，参加培训889名；组织1160名符合条件退役军人报名参加高等职业学校招生，帮助退役军人提高学历和技能。

【军休干部（士官）移交安置】 全年接收军队退休干部（士官）113人，占全省总数三分之一；调整军队退休干部跨省、跨市服务管理关系7人，实现移交部队、地方政府、退休干部本人三方满意。加强军队离休退休干部（简称军休干部）服务管理，贯彻落实《关于进一步加强移交政府安置军队离休退休干部服务管理工作的实施意见》，制定出台《石家庄市军队离退休干部休养所服务管理工作规范》《石家庄市军队离退休干部休养所服务管理工作考评标准》。保障和落实军休干部待遇，全年14批次拨付军休干部经费12亿元，实现管理服务机构正常运转和军休干部待遇全面落实。军休干部医疗保障水平提升，市退役军人事务局、市医保局、市财政局联合协调，将全市军队离休干部、一至六级伤残退休干部纳入市医保统筹保障，解决了16年医保政策未完全落实遗留问题。推进军休所物业管理社会化，以全市“红色物业”创建活动为契机，组织各军休所与社区对接，引进社会物业服务公司，市直第六军休所“红色物业”管理模式在全市推广。

【退役军人接收安置】 实行退役军人“阳光安置”政策，坚持公平、公开、公正原则，执行安置政策、安置计划、安置办法、考试考核成绩、安置结果“五公开”措施，全程接受纪检部门、退役军人和社会监督。军转干部接收安置。2020年全市接收计划分配军转干部100余人，其中，团职干部14人，由市委组织部全部安置，符合任职条件均按政策落实职务；接收营职以下及专业技术干部100余人。2020年全市军转干部安置行政（含政法）岗位占总人数85.9%，安置参公岗位占总人数12.8%，自愿到企业安置占总人数1.3%；对应安置随调配偶17名。退役士兵安置。2020年全市接收符合政府安排工作条件退役士兵900余人，其中，市内区安置退役士兵700余人，各县（市）安置退役士兵200余人。2020年全市共有900余名退役士兵选择安排工作，11名选择放弃工作安排，其中，省直事业单位安置占总人数的5.1%，市直事业单位安置占总人数的18.1%，县（市、区）属事业单位安置占总人数的53.8%；事业单位安置占总人数的77%，企业安置占总人数的23%。自主择业军转干部、自主就业退役士兵、自谋职业退役士兵补助。全年接收自主择业军转干部200余名。2020年全市为3700余名自主择业军转干部发放退役金54239.96万元，为自主就业退役士兵审批拨付省级财政补助资金3782万元、市级财政补助资金4410万元，为自谋职业退役士兵审批拨付省级财政补助资金692万元、市级财政补助资金510万元（因保密原因，退役军人数量为略数，仅表示数量趋势）。

【抚恤优抚】 2020年全市享受抚恤补助优抚对象83209人，其中，伤残人员6315人，“三属”（烈士遗属、因公牺牲军人遗属、病故军人遗属）1115人，在乡复员军人1085人，带病回乡退伍军人2264人，参战参试退役人员7317人，60周岁以上农村籍退役士兵61157人，烈士老年子女（含中华人民共和国成立前错杀后被平反人员）3955人，铀矿开采退役人员1人。根据省退役军人事务厅、省委组织部、省财政厅通知，自2020年8月1日起，全市提高部分退役军人和其他优抚对象抚恤补助标准。伤残人员（残疾军人、伤残人民警察、伤残国家机关工作人员、伤残民兵民工）残疾抚恤金标准、“三属”（烈士遗属、因公牺牲军人遗属、病故军人遗属）定期抚恤金标准及生活补助标准，在2019年基础上平均提高10%，残疾抚恤金每人每年提高840～8820元不等，“三属”定期抚恤金每人每年提高2260～2800元不等，在乡老复员军人生活补助标准在现行基础上每人每月提高200元，带病回乡退伍军人和参战参试退役军人生活补助标准每人每月提高50元，烈士老年子女（含中华人民共和国成立前错杀后被平反人员）生活补助标准每人每月提高50元，60周岁农村籍老义务兵每服一年义务兵役每月增加补助5元、达到每月45元。根据居民消费价格指数（CPI）中食品价格涨幅指标，石家庄市启动社会救助和保障标准与物价上涨挂钩联动机制，并按照国家要求2020年3～6月阶段性提高每月价格临时补贴标准1倍，为全市享受抚恤补助优抚对象发放价格临时补贴，优抚对象按照城镇补助标准1月每人补贴118.1元，2月每人补贴113.4元，3月每人补贴220.6元，4月每人补贴160.9元，5月每人补贴108.8元，6月每人补贴113.4元，7月每人补贴84.3元，8月份每人补贴82.0元，9月每人补贴63.6元，惠及8万余名优抚对象，累计发放补贴资金8000多万元。

【光荣院、烈士纪念设施、优抚医院】 至2020年底，全市共有光荣院16个、市级烈士纪念设施15处、优抚医院2个。16个光荣院分别为：晋州市光荣院、藁城区光荣院、新乐市光荣院、鹿泉区光荣院、井陉县光荣院、栾城区光荣院、正定县光荣院、深泽县光荣院、无极县烈属光荣院、行唐县光荣院、灵寿县光荣院、平山县光荣院、赵县光荣院、高邑县光荣院、元氏县光荣院、赞皇县光荣院。15处市级烈士纪念设施分别为：石家庄解放纪念碑管理处、藁城区烈士陵园、闫庄烈士陵园、周建屏烈士陵园、晋州市烈士陵园、杨岭梅烈士纪念设施、深泽县烈士陵园、李混子烈士纪念亭、鹿泉区烈士陵园、栾城区烈士陵园、元氏烈士陵园、井陉县革命烈士陵园、上南庄烈士陵园、无极县革命烈士陵园、赵县六市庄烈士墓园。2个优抚医院分别为：市优抚医院、无极县优抚医院。

【走访慰问】 7月30日，市人大常委会主任司存喜、副市长孟祥红、市政协副主席闫纯锴到石家庄警备区、国防大学联合作战学院和桥西区走访慰问驻石部队官兵及优抚对象。7月30日，市政协主席刘明轩，市委常委、纪委书记、监委主任陈玉祥，市人大常委会副主任韩保来，石家庄警备区政治工作处主任曹强到武警河北省总队、陆军军医大学士官学校、陆军工程大学石家庄校区和桥西区走访慰问驻石部队官兵及优抚对象。7月30日、31日，市委常委、政法委书记郭运兴，石家庄警备区司令员渠延军，市人大常委会副主任李志宏，市政协副主席孟胜林等领导到驻石武警某部、空军某院校、中部战区陆军某预备役师、石家庄市第六军休所、武警石家庄支队正定中队走访慰问驻石部队官兵和军队离休干部。7月31日，受市委书记委托，副市长、市公安局局长黄三平率领石家庄市慰问团专程赴青岛慰问海军石家庄舰官兵。

【退役军人主题公园开园】 8月20日，市退役军人主题公园开园。占地面积6万平方米，是在原有时光公园基础上增加退役军人元素内容整体改造建成，这也是全省首家以退役军人元素为主题的公园。市退役军人主题公园由“攻克石门”雕像广场、军旅文化长廊、“复兴之路”廊桥、“长征路”健步道、沿路亲水景观、“海陆空”广场6个部分和板块组成，重点反映人民军队发展史、石家庄解放史和各个历史时期军队建设及优秀军人、退役军人的突出事迹。

（黄帅）

民　政

【概况】 2020年全市设办理国内结婚登记53127对，同比减少5863对；离婚登记25427对，同比减少1483对；补发婚姻登记证书1.59万对。2020年全市办理涉外结婚登记72对、离婚登记8对，补发婚姻登记证书6对。全年办理收养登记48件，解除收养登记2件。2020年市慈善总会接收社会捐赠款物总价值654.69万元，同比增加372.52万元；发放救助款物总价值793.24万元，同比增加401.74万元。至2020年底，全市共有养老机构262家，同比新增28家；备案床位3.97万张，建成750平方米以上综合居家养老服务中心124个、标准化居家养老服务中心242家、小微型嵌入式社区照护中心12家，初步构建起居家社区机构相协调、医养康养相结合的养老服务体系。2020年市民政部门临时救助1.74万人次，发放临时救助金1797.3万元；救助流浪乞讨人员2625人次。2020年全市撤乡改镇5个，命名大型建筑物32个，命名、更名居民区148个，命名、更名街路53条。2020年全市火化遗体45168具，同比增加2302具；火化率90.3%，同比提升12.2个百分点。至2020年12月31日，石家庄市（含辛集市）福利彩票销售6.08亿元，其中，电脑票销售5.04亿元，即开票销售6090万元，中福在线视频票销售4347万元。

【社会救助】 城乡最低生活保障。2020年全市居民享受最低生活保障（简称低保）对象15.0万人，其中，城市低保对象1.2万人，农村低保对象13.8万人。2020年全市发放低保资金62909.3万元，其中，城市发放低保资金10177.5万元，农村发放低保资金52731.8万元。城乡低保标准同比分别提高14.2%和19%。3月1日，全市城乡居民最低生活保障标准提高。调整后，城市低保标准由每人每月671元（8052元/年）提高到最低每人每月766元（9192元/年），补差标准为每月平均不低于400元；农村低保标准由每人每年4842元提高到最低每人每年5760元，补差标准为每月平均不低于242元。特困供养。至2020年底，全市共有特困对象19553人，其中，城市特困对象374人，农村特困对象19179人。2020年全市发放特困人员供养金总额15899.7万元，其中，城市特困人员发放供养资金512.5万元，农村特困人员发放供养资金15387.2万元。3月1日，全市调整特困人员救助供养标准，其中，城市特困供养标准调整为每人每年不低于11949.6元，农村特困供养标准调整为每人每年不低于7488元。临时救助。2020年市民政部门临时救助1.74万人次，发放临时救助金1797.3万元；救助流浪乞讨人员2625人次；通过人像比对、DNA比对、发布寻亲信息等，提供寻亲服务565人，寻亲返乡成功283人，成功率50.1%；安置长期滞留人员212人。福彩助学。9月22日，市民政局举行“福彩献真情爱心助学子”大型公益活动，向394名符合条件高考生发放“福彩助学金”197万元，其中每人助学金5000元。

【慈善捐赠】 2020年市慈善总会接收社会捐赠款物总价值654.69万元，同比增加372.52万元，其中，接收善款471.97万元（新冠肺炎疫情防控捐款262.5万元、冠名慈善基金捐款150.31万元、日常性社会捐款59.16万元），接收物资价值182.72万元。2020年市慈善总会发放救助款物总价值793.24万元，同比增加401.74万元，其中，发放救助金439.37万元，发放救助物资价值353.87万元，惠及困难群体263.9万人次。9月24日，市文明办、市民政局、市慈善总会联合举行“8·18”帮一帮一元爱在行动慈善救助金发放仪式，向符合条件62户困难家庭发放慈善救助金13.1万元。2020年市慈善总会举办“8·18”帮一帮全民慈善捐赠活动募集善款40.45万元。

【养老服务】 至2020年底，全市共有养老机构262家，同比新增28家；备案床位3.97万张，建成750平方米以上综合居家养老服务中心124个、标准化居家养老服务中心242家、小微型嵌入式社区照护中心12家，初步构建起居家社区机构相协调、医养康养相结合的养老服务体系。以旧城改造提升“十大工程”为契机，市内8区（主城区4区、高新区及藁城区、鹿泉区、栾城区）补齐养老院设置缺口，新增养老床位4315张。实施社区和居家养老服务提升工程，完成5家特困供养机构改造提升、74个社区日间照料服务站点新（改）建、78家星级养老机构培育任务。至2020年底，石家庄市老龄化率达到19.43%，超过全国平均水平，处于中度老龄化水平。

【区划地名】 撤乡改镇5个。12月25日，河北省民政厅同意高邑县撤销中韩乡设立中韩镇、正定县撤销北早现乡设立南岗镇、赵县撤销王西章乡设立王西章镇、正定县撤销曲阳桥乡设立曲阳桥镇、深泽县撤销桥头乡设立大桥头镇。联合检查县级行政区域界线9条。2020年市民政部门命名大型建筑物32个，分别为：时尚汇地下商业中心、隆基泰和大厦、融创商务中心（1号楼）、钟强综合楼、中电智慧广场、东创时代商务中心、西美五洲大厦、天山创业城（1栋商办楼）、嘉珍商务大厦、鼎盛广场（2～4、6～8号楼）、华图商务大厦、吾寓优品商务中心、安联天润大厦、长园商务楼、吉丽大厦、腾达商业楼、洲润大厦、正阳富迪广场、卓创大厦、鸿诚大厦、融创商务中心（6号楼）、德蕴大厦、恒源商业楼、云杉商业中心、蔚来广场、国赫大厦、通泰大厦、智峰大厦、锦荣商务中心（南区）、锦荣商务中心（北区）、龙泉商业广场、华飞大厦。2020年市民政部门命名、更名居民区148个。其中，命名居民区146个，分别为：祥宁佳苑（4栋住宅楼）、桃花源小区（3栋住宅楼）、云樾风华园（10～17号、19号住宅楼）、东绣园、万科未来之光小区（北区）、时光印象小区（东区）、位同新村、振岗路127号院、开达小区（16号楼）、一印宿舍、紫竹锦江小区（南区1～5号、7～12号住宅楼，14号综合楼）、磊阳湖畔小区（1栋楼）、乾成世纪苑（一区住宅楼6栋，物业楼1栋）、盛邦花园（九区）、同福苑（一区、二区）、上雍华庭、福庭苑、兰溪璟园、隆景华庭（1号、2号楼）、万嘉华府、白佛口朝晖苑、裕尚园、雅郡小区（东一区）、林荫春天家园（中区）、九里晴川小区（1～31号楼）、高远森霖城（一区10～11号、17～18号住宅楼）、高远森霖城（二区7～9号楼）、优步雅园（南区）、华美嘉苑、保利云上苑、和欣景苑、宝晟蓝庭（东区）、宝晟蓝庭（西区）、臻荟园、巨科合园、明礼苑、嘉华园、河畔憬园、建瓴嘉苑、汇龙雅苑、君苑花园（43号、44号、45号楼）、融诚府、和美家园、博坤家园、瑞盛家园、天苑小区（9号楼）、钟强小区（2号楼1单元、2单元、3单元）、文庭雅苑（1～4号楼）、淳绵雅居、翠堤春晓家园（南区）、翠堤春晓家园（北区）、荣良居、闻璟家园、文荟佳园、盛杰玫瑰园、盛达鑫苑、恒新苑、启馨园、启明园、鸿润苑、博爱家园、合作路小区（48号楼）、水韵华庭、良诚家园、尚嘉苑、金海华府、臻和园、臻善园、臻品园、春风颂小区（9栋楼）、北斗璟苑、振新家园（1号、2号楼）、静雅茗苑、欣景家园、瑞嘉家园、景尚华府、融礼园、淳茂弘景苑（一区3号、4号楼）、福美小区（逸园）、海山朗铭园、君熙佳苑、臻熠园、雅郡小区（西三区）、西兆通雅居、融庆府（北区）、融庆府（南区）、安联生态城（凯旋府）、水晶和瑞园、丹桂园（南区、北区）、富迪苑、星月华府、荣盛锦绣院、瀚正御璟苑（20号楼）、安联天逸府、西华嘉苑、紫御天成苑（1号、2号住宅楼）、壹品观湖雅苑、康悦和苑、福熙府、铁建城（北一区）、瑞月怡园、国仕山花园（三区）、桂语兰庭、和怡景苑、和锦景苑、万源雅筑小区（3号、7号、8号住宅楼）、春风颂小区（15栋住宅楼）、臻润园、汇宝利鑫楼、润江云熙府、优步雅园（北区）、福美观山小区、同福康居园（1号、2号、3号住宅楼）、九里晴川小区（32～33号、37～43号住宅楼）、迎旭府（南区）、迎旭府（北区）、和山悦府、臻园（19号、20号、23号住宅楼）、荣庭苑、福美小区（一区、二区、三区、四区）、臻沁园（1～12号住宅楼）、融鸿府（西区）、融鸿府（东区）、小西帐西苑（1～6号住宅楼、1～2号商业楼）、小西帐东苑（7～12号住宅楼）、星耀月府、和誉府（西区）、和誉府（东区）、同福康居园（4～11号住宅楼）、荣盛天同府、融悦府（南区）、福地裕锦园、厚德礼著小区（北区）、白佛家园（2～11号住宅楼）、嘉悦名邸、国仕九礼花园、林荫春天家园（南区）、嘉汇苑、幸福城（四区）、铁建城（南一区）、德翔府、岗当嘉苑、赫世名门华府（4号、5号、6号住宅楼）、祥丰慧园、淳茂弘景苑（二区）、淳茂弘景苑（三区）；更名居民区2个，分别为：天蕴大厦更名为天蕴家园，紫竹锦江小区（南区1～5号、7～12号住宅楼，14号综合楼）更名为五合锦江府（1～5号、7～12号住宅楼，14号综合楼）。2020年市民政部门命名、更名街路53条。其中，命名街路50条，分别为：玉村南路（延伸命名）、福鸿路、广源路、国棉路、东垣东路、御城北路、青檀街、翔萃路、昌瑞路、滨水路、昌博街、祥瑞街、东佐路、洨河大道、宝山路、西兆通街、佳兆街、吉兆街、位同路、荣旺路、东王街、大剧院东街（延伸命名）、大剧院西街（延伸命名）、塔康路（延伸命名）中华南大街（延伸命名）、宏裕路、郄马北路、华月街、广悦路、金建路、兴凯路（东延）、宁安路（东延）、北后街（东延）、华茂西街、北席街、席祥路、时光北街、西兴南路、联柴路、宋营街（延伸命名）、祥云街、双联胡同、珠翠路、岗当街、兴宁寺街、白佛东街、白佛西街、申兴大街、杏苑北路、鹤桥街；更名街路3条，分别为：中华北大街部分路段更名为二中西街、塔谈大街更名为塔坛大街、中华南大街部分路段更名为汇新路（延伸路段）。

（王静）

应急管理

【**概况**】 2020年全市发生生产经营类事故128起，同比减少28起；死亡110人，同比减少15人；事故起数和死亡人数分别较2019年下降17.95%和12%。2020年全市消防救援接警出动3737起，其中，火灾2009起，抢险救援和社会救助1728起；至2020年底，石家庄市连续10年未发生较大亡人火灾事故。重视高危行业安全生产技能培训，2020年全市举办各类安全培训401期，特种作业人员新发证11404人，复审换证6997人；生产经营单位安全管理人员培训初领证796人，复审换证2119人。建立市、县两级自然灾害救助物资和防汛抗旱物资信息台账，2020年全市各类救灾物资储备总量达到209万余件（套），总价值3612.7万元。重视应急演练，2020年全市组织举办应急演练活动2992场次，其中，政府主办74场次，部门主办608场次，企业主办2129场次，救护队主办181场次，动用装备器材10736余台（件、套），直接参与人员14.1万余人。做好灾害统计，全年3次以视频会议形式举办市、县、乡及部分灾害防治重点村灾害信息员培训，累计培训灾害信息员1854名。11月18日，市第四十四中学获得“国家防震减灾科普示范学校”“河北省防震减灾科普示范学校”授牌。9个家庭、8名学生分获首届河北省“河北省安全文明家庭”“河北省安全文明之星”称号。其中，9个“河北省安全文明家庭”分别为：河北吉藁化纤有限责任公司张斌、格力电器（石家庄）有限公司闫翠霞、石家庄福利特气体有限公司全国彪、强大泵业常炳辉、平山县平山镇教研办鲁静彦、市应急管理局曹贵锁、新华区城管局白国峰、新乐市荟文中学高金秀、桥西区西里街道谊联街社区居委会董翠英；8名“河北省安全文明之星”分别为：无极县实验初级中学刘一鸣、桥西区外国语小学赵宣恺、裕华区安苑小学彭可盈、鹿泉区获鹿镇三四街小学范可裕、井陉矿区职业技术教育中心张婵娟、长安区范西路小学李倬萱、井陉县上安镇上安西小学刘一禛、赞皇县延康小学乔莞怡。

【**安全生产监管**】 建立安全生产监管责任体系，制定出台《市委市政府领导班子成员安全生产和消防工作职责清单》；修订完善负有安全生产监管职责部门权责清单26个，厘清部门间工作职责，完成高危企业领导包联全覆盖；推动23个市安全生产委员会成员单位开展安全生产巡查，落实“管行业必须管安全、管业务必须管安全、管生产经营必须管安全”责任制度。非煤矿山。2020年全市检查涉及非煤矿山县（区）9个、非煤矿山企业（包括石油开采、金属非金属矿山、尾矿库及选矿厂）25家，排查整改问题和隐患120项。采取“政府买服务、专家查隐患、企业抓整改、执法促落实”方式，组织相关专家排查企业173家，整改安全生产隐患519项。关闭尾矿库4座、金属非金属矿山20座、选矿厂3家，圆满完成省下达关闭指标任务。全年非煤矿山立案2320起，责令生产经营单位停产停业910家，暂扣证照29家，吊销证照55家。2020年全市14个重点行业10061家企业“双控”机制基本建立并运行。工矿商贸。开展工贸行业疫情后复工复产安全生产专项检查，排查和发现隐患5511项；组建成立市、县防疫应急物资生产企业帮扶指导服务组织小组，重点帮扶和检查生产企业38家。2020年全市发生工矿商贸事故6起，其中，较大事故1起，死亡13人。5月15日17点30分，河北亿龙建筑工程有限公司在井陉矿区滨河路景观桥项目施工过程中发生坍塌，造成8名施工人员受伤，直接经济损失15万元；5月16日18点20分，黑龙江威正恒建设集团有限公司河北分公司在桥西区轨道交通2号线新世隆站C出口施工时发生高处坠落，造成1人死亡，直接经济损失147万元；5月20日10点57分，河北中建工程有限公司在长安区老旧小区施工时发生高处坠落事故，造成1人死亡，直接经济损失102万元。7月7日7时，灵寿冀东水泥有限责任公司生料车间发生1起建材行业机械伤害事故，造成1人死亡，直接经济损失150万元；9月28日，河北保华机电设备安装工程有限公司在栾城区污水管网检修时发生中毒窒息，造成2人死亡，直接经济损失400万元；11月12日17时58分，无极县天泽鑫珍珠棉厂发生爆炸事故，造成8人死亡，直接经济损失609.58万元。冶金企业。督导全市冶金行业企业制定重大风险管控方案387个，排查重大隐患8项。投入资金2500万余元，开展冶金企业机械防护能源隔离改造，建立试点生产线34条。55个冶金分厂实施安全管理制度诊断工程，修订安全管理制度和操作规程865个。检测易燃易爆有毒有害区域183个。专项培训冶金企业高危作业人员2282名。危险化学品。落实危险化学品安全生产责任监管，建立党政领导干部包联重点危险化学品企业长效机制，安排242名县级领导、751名乡科级领导包联1398家危险化学品企业。2020年全市危险化学品行业计划关停企业78家，实际关停77家，剩余1家（河北新晶焦化有限责任公司）；搬迁入园生产企业12家、使用企业20家、带储存经营单位3家；9家转型退出危险化学品行业；改造提升232家。开展危险化学品隐患排查，以开展安全生产专项整治三年行动为契机，邀请安全生产方面专家诊断式检查全市危险化学品企业205家。市应急管理局、市消防支队联合成立4个检查组，共同检查全市66家危险化学品企业、184个重大危险源管理，排查整改问题和隐患1005项，其中，火灾隐患69项，事故隐患936项（重大事故隐患16项），下达整改指令27份，依法经济处罚企业18家，罚金70.5万元。烟花爆竹。制定印发《烟花爆竹“打非”工作实施方案》，落实“市干部包县、县干部包乡镇、乡镇干部包村、村干部包户”责任制。全年378名县（市、区）干部包乡（镇、街道办事处），5100多名乡镇干部包村。2020年全市查处烟花爆竹非法制贩2起，经营储存39起，从业单位违规行为68起，行政拘留42人，刑事拘留14人，收缴非法烟花爆竹5428箱，收缴非法烟花爆竹半成品360千克，收缴非法药物及易制爆化学品3701千克。开展2015～2019年全市安全生产事故整改措施落实情况“回头看”工作，成立较大事故评估组5个、一般事故评估组22个，检查评估2015～2019年全市发生安全事故整改措施落实情况，发现问题5项，撰写形成《关于2015～2019年全市较大生产安全事故整改措施落实情况“回头看”工作综合报告》《关于2015～2019年全市一般生产安全事故整改措施落实情况“回头看”工作综合报告》。

【应急救援】 修订完善应急救援预案，编制印发《石家庄市生产安全事故应急预案》《石家庄市危险化学品生产安全事故应急预案》《石家庄市自然灾害救助应急预案》《石家庄市突发地质灾害应急预案》《石家庄市地震应急预案》《石家庄市应急管理系统新型冠状病毒感染的肺炎疫情防控应急预案》6份市级预案；市直部门修订应急预案75份，备案75份；市属以上企业备案应急预案49份。建立市、县两级自然灾害救助物资和防汛抗旱物资信息台账，2020年全市各类救灾物资储备总量达到209万余件（套），总价值3612.7万元。9月18日，市应急管理局与石家庄北国人百集团有限责任公司、今麦郎面品有限公司石家庄分公司、际华三五零二职业装有限公司、石家庄鑫锋棉制品有限公司、深圳市紫光照明技术股份有限公司5家企业签订“紧急征调应急救灾物资协议”，形成救灾物资社会应急供应网络。帮助受灾县争取上级救助资金318万元，救助冬春生活困难群众2.3万人。开展应急演练，制定印发《关于开展应急演练大练兵

2020年12月30日，市消防救援支队在华润万象城举行大型商业综合体灭火救援实战演练活动（市消防救援支队提供）

活动的通知》。2020年全市组织举办应急演练活动2992场次，其中，政府主办74场次，部门主办608场次，企业主办2129场次，救护队主办181场次，动用装备器材10736余台（件、套），直接参与人员14.1万余人。消防救援。以市委、市政府名义印发《关于深化消防执法改革的若干措施》，组织市应急管理局、市消防救援支队联合检查全市城乡火灾隐患。以商业市场、仓储物流、木材加工企业等为重点，开展消防安全专项整治活动，2020年石家庄市连续10年未发生较大亡人火灾事故。增强“全灾种、大应急”救援能力，实施737个老旧小区消防改造，整治提升南三条、新华集贸两大市场防火设施，成功处置正定亮马化工仓库火灾、新乐新能力橡塑车间火灾、晋煤金石化工厂爆炸等火灾事故。2020年全市消防救援接警出动3737起，其中，火灾2009起，抢险救援和社会救助1728起；出动车辆8864辆次、救援力量44224人次；抢救和疏散被困人员2494人，保护财产价值49亿元。

【防灾减灾】 开展应急管理与安全生宣传，与石家庄广播电视台、石家庄报业传媒集团、市银星电影放映服务中心合作，建立“电视＋报纸＋微信公众号＋抖音号＋头条号”宣传矩阵。全年电视品牌栏目“安全聚焦”播出36期，在市级以上媒体刊登稿件1232篇。市应急管理局选送公益广告“应急人在生命安全就在”入选2020年河北省“五个十”网络优秀作品。提高群众防灾、救灾、避险、自救、互救意识，利用“5·12”全国防灾减灾日、“10·13”国际减灾日、“11·9”消防安全日等时机，举办“安全生产月”“防灾减灾宣传周”等宣传活动。市应急管理部门与长安区政府、新乐市政府联合开展“5·12”防灾减灾知识进社区活动，向社区赠送防灾减灾知识图书5万余册。6月1日，以“消除事故隐患，筑牢安全防线”为主题，全市启动“安全生产月”“安全生产燕赵行”活动；2020年12月，全市“安全生产燕赵行”活动结束。扩大社会宣传面，利用电视、报刊、互联网、微博、微信、宣传栏、公交车、地铁、公共场所电子大屏幕等形式，在全社会普及防灾减灾知识。投资2500万余元，建成应急管理信息化综合应用平台，纵向实现与国家、省、所辖县（市、区）应急管理部门互联互通，横向实现与市消防救援、水利、林业、气象、城管、自然资源和规划等部门视频会商，形成应急管理资源“一张图”及危险化学品风险监测预警系统、尾矿库动态监测预警系统、危险化学品追溯系统、水库与林业草原视频监控系统和山洪灾害、地震速报系统等。围绕春运期间流动人口多、务工人员大规模返乡回城等特点，开展2020年“安全带回家祥和过大年”主题志愿服务活动，印发《石家庄市应急管理局、石家庄市交通运输局关于开展2020年“安全带回家祥和过大年”主题志愿服务活动的通知》。1月10日，省市应急管理部门、交通运输部门联合在石家庄火车站举行“安全带回家祥和过大年”志愿服务活动启动仪式，并组织安全生产志愿者在火车站、汽车站、飞机场、商场、超市、旅游景点等人员密集场所及重点企事业单位举办应急安全知识宣传活动。积极应对防汛抗旱灾害，印发《关于健全全市防汛抗旱体制机制的实施意见》，成立防汛抗旱专班，联合市水利局、市气象局及时发布强降雨和地质灾害预警信息。开展地质灾害风险普查，制定地质灾害防治方案，建立三级群测群防网络。收集全市地质灾害点隐患点信息448处，内容包括乡（镇）、村、灾害类型、灾害规模、现状稳定性、发展趋势、人口等信息，涉及8个县（区）、70个乡镇、302个村庄，影响人口1.2万人。率先在全省建成安全风险电子地图系统，录入企业3734家，录入风险点5.6万个，实现市、县两级互联互通。加强地震监测和预报，2020年石家庄市（含辛集市）发生1.0级以上地震17次，其中，1.0～1.9级14次，2.0～2.9级

2次，3.0～3.9级1次；最大地震为2020年2月23日发生在平山县3.5级地震。

（翟启东）

精神文明建设

【概况】 2020年全市精神文明建设以创建全国文明城市为重点，以社会主义核心价值观、爱国主义和公民素质教育为主题，突出做好城市文明行为培育、宣传和养成工作。围绕创建全国文明城市、公民思想道德建设、未成年人思想道德建设和志愿服务等精神文明建设内容，部署开展“城市文明大行动”“2020年争做文明出行人”“文明随手拍”“文明养犬宣传”“文明用餐 节俭惜福 杜绝舌尖上的浪费”等活动。推进社区精神文明建设，1月6日至2月8日，由市精神文明建设委员会办公室（简称市文明办）主办，《燕赵晚报》、ZAKER石家庄承办的市第五届“亲邻行动”活动举行，主题为“邻里一家亲，文明过大年”，主要开展活动包括：我给邻居拜个年、互贴春联迎新年、邻里共建大扫除、邻里互助暖社区、邻里和睦大联欢。围绕改善人居环境、培养良好饮食习惯、杜绝食用野生动物等主题，利用户外电子大屏、出租车LED屏等载体滚动播出“文明健康 有你有我”公益广告80余幅，引导市民提升文明素质，养成文明健康、绿色环保的生活方式。扩大志愿者群体，2020年全市新注册志愿者94.47万人，累计达到170.68万人。关爱抗疫人员，开展关爱支援湖北医护人员家属“五个一”关爱活动（一封慰问信，一束鲜花、一个慰问礼包、一组志愿者关爱小分队、一份报纸）；与北京同仁堂石家庄中医医院合作，为4000名社区防疫志愿者提供免费体检服务。重视未成年人思想道德建设，以“扣好人生第一粒扣子”为主题，市文明办、市教育局联合开展“小手拉大手 文明健康齐步走”“新时代好少年”等青少年思想教育活动；以讲好“西柏坡故事”“正定故事”为内容，市关心下一代工作委员会举行“传承红色基因，争做时代新人”主题教育活动，编纂辑印《西柏坡故事》《克林故事会》等书籍、讲义60余部（篇）。11月10日，中央文明办公布第六届全国文明城市入选城市名单和复查确认保留荣誉称号前五届全国文明城市名单，石家庄市位列省会、副省级城市第九名。11月20日，石家庄市和正定县在全国精神文明建设表彰大会上获得“全国文明城市”称号。12月9日，由阿里巴巴天天正能量联合30余家媒体在全国范围评选的2020年“最美家乡人”结果揭晓，石家庄市赵玉荣、杨军辉获得“全国最美家乡人”称号。2020年12月，省委、省政府授予石家庄市75家单位“2018～2020年度河北省文明单位”称号。2020年市文明办评选石家庄市2018～2019年度市级文明单位、文明乡镇、文明村、文明社区、文明校园985个，表彰“石家庄市文明公民标兵”412人（表彰单位和个人参见“附录”“人物”）。开展文明实践中心建设试点，印发《石家庄市建设新时代文明实践中心试点工作实施方案》，确定新乐市、正定县、赞皇县、鹿泉区、栾城区5个县（市、区）启动市级试点建设（2019年10月石家庄市藁城区、高邑县列入全国第二批新时代文明实践中心建设试点）。各试点县（市、区）依托融媒体中心、图书馆等建筑建设实践中心，依托乡镇综合文化中心、党群中心等建设实践所，依托村委会、村民综合服务中心等建立实践站。正定县突出“总书记思想起源”主题，藁城区突出“德善”主题，新乐市突出“羲皇圣里”文化主题等；高邑县依托原图书馆，在城区中心地段建成1300平方米县文明实践中心。至2020年底，全市建成新时代文明实践中心7个、文明实践所70个、实践站731个，藁城区、高邑县实现辖区实践所、实践站试点建设全覆盖。

表109

2016～2020年石家庄市志愿者数据统计一览表

年度	志愿者总数（名）	新增志愿者数量（名）
2016	351373	108179
2017	624578	273205

续表

年度	志愿者总数（名）	新增志愿者数量（名）
2018	734472	109894
2019	762115	27643
2020	1706827	944712

【创建文明城市】 6月29日，石家庄市召开全国文明城市创建动员会。全年部署文明城市创建工作推进会、通报会、观摩会、协调会、部署会等80余次。开展不文明养犬、共享单车乱停放、到处张贴小广告等专项整治行动，实行遛狗不拴绳、粪便不清理等5种不文明养犬行为常态教育处罚；减少共享单车投放量56.9%，削减共享单车15万辆，增加共享单车运行及维护人员263名，累计达到950人；停用小广告联系电话和手机号码5500余个，小广告乱贴乱画现象得到有效遏制。对照《全国文明城市（地市级以上）测评体系》12个测评项目、88项测评内容、180条测评标准，制定建立《创建全国文明城市责任单位任务清单》，将98个创建责任单位负责全部测评内容实行指标细化，明确具体要求，做到事事有人管、件件有落实。以市容市貌、交通秩序、集贸市场、老旧小区、窗口单位等为重点，制定印发《巩固提升全国文明城市创建成果的实施方案》，开展“五大攻坚、三项提升”行动。市容市貌：深化“洗路洁城”行动和“以克论净、深度保洁”管理模式，落实“门前三包”责任制，建立“路长制”“网格化管理”“小巷管家”等长效机制。交通秩序：加大路口标志标线施划，实行行人和非机动车违法行为处罚制度，城区重要路口设立“人脸识别”系统，曝光行人115人次；全年查处行人交通违法1.6万余人次、查处非机动车交通违法3万余人次。老旧小区：持续开展“红色物业”建设和老旧小区改造，以基础设施建设和环境卫生为重点，综合整治老旧小区1136个。培养市民举止有礼文明新风，依托报纸、电视台、电台、微信、微博、网络客户端等媒体平台，开设“城市文明大家谈”“创建文明城曝光台”等专题专栏，常态化宣传和倡导文明风尚、曝光不文明行为。设计制作“文明健康 有你有我”公益广告，在城市社区、商场超市、公园广场、文化场馆、主次干道等显著位置设置文明宣传公益广告15万余处。开展“城市文明大行动”“2020年争做文明出行人”“文明随手拍”“文明养犬宣传”“文明用餐 节俭惜福 杜绝舌尖上的浪费”等创建文明城市品牌活动，组建成立文明养犬志愿者联盟，发放文明养犬宣传清洁包3000套，播放文明养犬宣传短视频50个；“文明随手拍”参与活动人数4.2万余人次，上传照片8.6万余张，交通管理部门依法下达处罚通知书3436张，发放奖励红包2万余个；“文明用餐 节俭惜福 杜绝舌尖上的浪费”活动实现餐饮企业餐厨垃圾降低三分之一。11月10日，中央文明办公布第六届全国文明城市入选城市名单和复查确认保留荣誉称号前五届全国文明城市名单，石家庄市位列省会、副省级城市第九名。11月20日，石家庄市和正定县在全国精神文明建设表彰大会上获得“全国文明城市”称号，石家庄市11个单位获得“全国文明单位”称号，5个家庭获得“全国文明家庭”称号，1个乡和12村获得“全国文明村镇”称号，4所学校获得“全国文明校园”称号，1所学校获得“全国未成年人思想道德建设工作先进单位”称号，1名教师获得“全国未成年人思想道德建设工作先进工作者”称号。12月9日，由阿里巴巴天天正能量联合30余家媒体在全国发起评选2020年“最美家乡人”结果揭晓，石家庄市赵玉荣、杨军辉获得“全国最美家乡人”称号。2020年12月，省委、省政府授予石家庄市75家单位“2018～2020年度河北省文明单位”称号。2020年市文明办评选石家庄市2018～2019年度市级文明单位、文明乡镇、文明村、文明社区、文明校园985个，表彰石家庄市文明公民标兵412人（表彰单位和个人参见“附录”“人物”）。

链接：

“五大攻坚”：开展城市管理攻坚、交通秩序攻坚、老旧小区整治攻坚、基础设施建设攻坚、不文明行为整治攻坚。

“三项提升”：推进窗口文明服务提升、公益广告宣传提升、审核材料质量提升。

【公民思想道德建设】 弘扬社会正能量，评选“石家庄市文明公民标兵”412名。抗击新冠肺炎疫情，表彰抗疫一线医务工作者、公安干警、社区（村）工作者、基层干部、志愿者等先进典型368名。3人入选“中国好人榜”，11人获得“时代新人·河北好人”称号。关心关怀道德模范，开展走访慰问生活困难道德模范、身边好人活动，发放慰问金120万元。发挥先进典型示范引领作用，采取专题专栏、云宣讲、“善行功德榜”等形式宣传优秀模范事迹，培育全社会崇德向善、见贤思齐氛围。开展文明窗口创建活动，将参与文明城市创建、助力脱贫攻坚纳入文明单位创建内容。举办2018～2019年度市级文明单位评选活动，命名2018～2019年度市级文明单位、文明乡镇、文明村、文明社区、文明校园985个，其中，市级文明单位634个、文明乡镇64个、文明村83个、文明社区58个、文明校园146个。加强农村公民思想道德建设，确定市级新时代文明实践中心试点5个。完善乡村公共文化服务体系，村级综合文化服务中心覆盖率达到99%。组织市演艺有限公司利用微信公众号推出《宅在家里看大戏》《戏曲艺术赏析系列》《云剧场》等节目，实现农村“一村一月放映一场公益电影”“农家书屋”全覆盖。以建设一个村民中心、一个文化广场、一条文明示范街、一批善行功德榜、一套村规民约、一个红白理事会、一个道德讲堂、一支志愿者队伍、一支新乡贤队伍及评选“星级文明户”“文明家庭”等为内容，开展乡风文明创建活动。晋州市周家庄乡获得“全国文明乡镇”称号，藁城区岗上镇杜村等12个村获得“全国文明村”称号。至2020年底，全市县级以上文明乡镇占比85.4%，文明村占比63.4%，实现全市县级以上文明村镇达到50%目标任务。倡导移风易俗，推进“六个一”（发挥一个作用、制定一个标准、用好一支队伍、打造一个阵地、搞好一个活动、推出一批典型）建设，引导村民共同抵制不良社会风气，提倡推行婚事新办、喜事小半、丧事简办民风。开展“传家训、立家规、扬家风”主题活动，讲述典型事迹和善美家风故事，推进形成爱国爱家、相亲相爱、向上向善、共建共享社会主义家庭文明新风尚，5个家庭获评“全国文明家庭”。利用春节、清明节、端午节、中秋节、重阳节等中华民族传统节日，开展线上线下“我们的节日”主题活动，采取举办“春节联欢会”“网上祭英烈”“经典诵读”及关爱服务、文明倡议、经典诵读、文体娱乐等形式，宣传文明礼仪和传统文化，丰富市民文化生活，营造创建文明城市氛围。

【未成年人思想道德建设】 以“扣好人生第一粒扣子”为主线，依托中小学校、爱国主义教育基地等阵地，举办“网上祭英烈”“我和国旗合个影”形象展示等活动，组织和引导青少年、学前儿童接受爱国主义教育。开展“小手拉大手 文明健康齐步走”主题教育实践活动，印发《关于深入开展“小手拉大手 文明健康齐步走”主题教育实践活动的通知》，全市参与中小学校近1500所、家庭近5万家、学生10万人次。传播中华优秀文化，市文明办、市教育局、石家庄广播电视台联合举行“少年说 我爱你中国”石家庄市第三届青少年经典诵读比赛活动，采取社会报名、校园推荐途径，参与中小学校400余所、报名学生5000多人，评选一、二、三等奖35个，原创作者奖20个。全年在中小学校、社区举办“我们的节日”“中华经典诵读”及戏曲、书法、传统体育、非物质文化遗产项目进校园等活动3000余场，裕华西路小学、市第四十中学、桥西实验小学获评教育部“全国中小学中华优秀文化艺术传承学校”。开展“新时代好少年”评选活动，8月10日，市文明办、市教育局、共青团市委、市妇联、市关心下一代工作委员会联合授予20名学生石家庄市“新时代好少年”称号；设立“新时代好少年”专栏，刊播优秀青少年典型事迹。引导学生争做德智体美劳全面发展“五好少年”，2020年11月，市文明办、市教育局联合启动市第二届中小学生“奋斗新时代争做五好少年”文学作品大赛。创建文明校园，印发《关于深化文明校园创建工作的实施方案》，获评“全国文明校园”4个，评选市级文明校园146个。建立未成年人思想道德建设工作测评标准，制定印发《石家庄市未成年人思想道德建设工作责任分解》，完成2020年未成年人思想道德建设工作全国测评和省级测评；市第四十二中学获评“全国未成年人思想道德建设工作先进单位”，申连祥（高邑县第三中学政教处干事、教师）获得“全国未成年人思想道德建设工作先进工作者”称号。

【志愿服务】 3月31日，中央宣传部、中央文明办等部门和单位联合公布2020年全国学雷锋志愿服务“四个100”先进典型名单。石家庄市1人获评“最美志愿者”称号：李昆，1965年1月出生，市市场监督管理局退休干部，市志愿服务联合会常务副会长兼秘书长，2014年9月开始参加志愿服务，所在志愿服务组织为市志愿服务联合会，主要服务项目为社区公益、城市文明志愿服务。1个集体获得“最佳志愿服务组织”：国家电网河北电务（石家庄）共产党服务队，成立时间2011年8月，注册志愿者575人，开展志愿服务3.8万小时；志愿服务项目为用电服务、宣传，社区服务、环境卫生、义务献血，扶危助困，疫情防控；组织负责人陈楷。1个项目获得“最佳志愿服务项目”：石家庄市“关爱太行抗战老兵”项目，开展项时间为 2018 年 9 月，参与项目注册志愿者 500 人，项目负责人薛建廷。1 个社区获评“最美志愿服务社区”：石家庄市桥西区华北柴油机厂社区，注册志愿者 887 人，占社区常住人口比例 18%，经常开展志愿服务项目为生态环境保护、文体活动、理论宣讲，每年组织志愿服务活动 68 次，2020 年该社区参加志愿服务活动人数 450 余名，负责人于薇。6 月 5 日是第 49 个世界环境日，市文明办、市生活垃圾分类办公室、市志愿服务基金会联合举办首届“美丽中国 志愿有我”志愿服务活动。重视志愿服务组织建设，6 月 12 日，市志愿服务联合会挂牌成立，填补了石家庄市没有志愿服务联合会组织空白，至此，石家庄市成为拥有志愿服务联合会、志愿服务基金会城市。加强“一网一号”志愿服务平台管理，石家庄志愿服务网完善志愿者注册和招募机制，方便各层次人群加入志愿者队伍、参与志愿服务活动；“志愿石家庄”微信公众号拓展使用功能，增设时长记录，升级打卡计时、服务评价等功能。打造志愿服务活动品牌，扩大志愿服务内容。与“交通 946”广播电台联合，举办“鲜花送好人”活动，实现“鲜花送雷锋”活动常态化。开展“党员志愿服务日”活动，组织全市党员每月第一个周六到社区参加“党员志愿服务日”劳动，帮助社区开展卫生清理和环境整治。关爱抗战老兵，与行唐县、平山县、赞皇县等地 80 余名抗战老兵建立常态志愿服务关怀机制。举办“共建智慧书架 助力脱贫攻坚”志愿服务，为平山县、赞皇县、灵寿县、行唐县 4 县近 30 所学校，捐赠图书和学习用品价值近 60 万元。助力贫困学子，实施“178 一起帮寒门学子圆梦”计划，资助寒门学子 600 余人。提升社区志愿服务精准度，依托“志愿石家庄”微信公众号打造社区志愿服务精准对接平台，市内 4 区建成社区居民点单、平台派单、志愿者接单全链条社区志愿服务试点 4 个；联合爱心企业，整合花都理发、乐仁义诊、家政助老、家电维修、家具维修、法律咨询等社区志愿服务专业队伍 50 支，发展形成专业志愿者 2000 人。至 2020 年底，全市建立各级各类志愿服务组织 8574 个，注册志愿者 170.68 万人，同比增加 74.47 万人，志愿者总数占全市常住人口达到 16%。

石家庄市精神文明建设
委员会办公室

主　任：李刚

副主任：臧建平

（市文明办）

长安区

【概况】长安区位于石家庄市主城区东北部，总面积140平方千米。辖4个镇、12个街道办事处，1个省级开发区，169个居委会、1个村委会，常住人口105.96万人，户籍人口67.64万人。2020年长安区完成地区生产总值584.6亿元，同比增长4.1%。其中，第一产业增加值0.6亿元，下降16.9%；第二产业增加值87.1亿元，增长1.8%；第三产业增加值496.9亿元，增长4.5%。财政收入129.85亿元，同比下降2.6%，其中，一般公共预算收入63.82亿元，增长6.5%；一般公共预算支出39.88亿元，同比增长9.7%。地区生产总值、财政收入位列全市第二名。固定资产投资220.6亿元，同比下降38.3%。民营经济增加值292.72亿元，同比增长3.3%。农林牧渔业总产值1.23亿元，同比下降12.9%；粮食播种面积3489公顷；粮食总产量1.98万吨，其中，小麦产量9400吨，玉米产量9862吨。规模以上工业企业18家。规模以上工业营业收入154.14亿元，同比减少75.43亿元；规模以上工业增加值33.36亿元，同比下降2.8%；规模以上工业利润2.46亿元，同比增加1.51亿元。社会消费品零售总额362.29亿元，同比下降3.7%。城镇居民人均可支配收入45166元，同比增长4.2%。

中共长安区委书记：李志勇
区人大常委会主任：刘卓雄（1月免）
　　　　　　　　　曹树池（1月任）
区　　长：穆德英
区政协主席：鲁志强

【产业项目】三次产业比例为0.1∶14.9∶85.0。农业产值6663万元，牧业产值1691万元，农林牧渔服务业产值3900万元。蔬菜及食用菌产量2352吨，西瓜产量2790吨。工业投资同比下降62.2%。规模以上工业高新技术产业增加值17.5亿元，同比下降3.7%。4次举办项目集中开工活动，2020年长安区开工项目40个，总投资472.3亿元。省中医院科研教学楼等3个项目列入省重点项目，总投资7.1亿元；名门华都三期、旭辉长安商业广场等12个项目列入市重点项目，总投资160.25亿元；国赫天玺、润江长安壹号、棉五生活区改造等33个项目列入长安区重点项目，总投资405.7亿元。省市重点项目完成投资36.1亿元。规模以上服务业营业收入137.4亿元，同比增长2.7%。商贸服务业实现税收5.8亿元，同比增长5.3%。金融业实现税收20.5亿元，同比增长8.3%。市场主体达到13万户，总量居主城区首位。楼宇经济快速发展，至2020年底，长安区税收超亿元楼宇达到7栋（参见《石家庄年鉴（2021）》“附录”下“石家庄市纳税亿元以上楼宇”），实现税收收入15.6亿元，其中，新增税收超亿元楼宇2栋，分别为百川大厦、开园花园。商贸交易市场——南三条市场拥有乐汇城、新源发商贸城、太和文化礼品城、太和日化城、华北箱包城、江信针织城、东方文化商品城、现代床品百货城等商城24座，营业面积88万平方米，商户5000余家，年从业人员3万余人，经营商品包括针织、百货、食品、日化、五金、鞋类、箱包、玩具、工艺饰品、文化用品等12种业态，商品品牌率达到85%以上，交易范围辐射河北、山西、内蒙古等地。2020年南三条市场商品交易成交总额372亿元，实现税收收入1.2亿元。

【城区建设】十里铺街（北二环—荷园路）、小南路、镇府路、常玉路、国棉路5条续建城区道路工程完工，育东街、和睦路、长泰路等5条城区道路正在施工，范西路、谈北路、东大街、工人街、同福街、盛华路等损坏及坑洼不平路面实施集中维修。棉五小区2905套居民住宅、14家非住宅单位、860家商户征地拆迁用时50天完成，拆迁面积28万平方米，创下全市拆迁面积最大、户数最多、用时最短等纪录；2020年末棉五小区21栋回迁楼中11栋建成封顶。解决遗留26年南三条小商品市场烂尾楼问题。新建农贸市场、生鲜超市6家，改造提升农贸市场2家。生活垃圾压缩转运站、文体中心项目主体竣工。严格市政工程及扬尘治理监管，全年辖区24处市政工地、76处抢修工地使用防尘网苫盖现场裸露沙土和采取湿法作业。城区主要道路补植乔木3720余株、灌木1.48万株、花卉2万余株，月季公园、藤园、绿翠苑等区管公园提升改造；南村公园、西塔口街旁游园绿化工程完工，新增绿化面积3.6万平方米。重视生态环境保护，城区空气质量综合指数6.05，同比下降12.1%；辖区二级以上优良天数达到204天，同比增加41天。2020年长安区获评“河北省大气污染综合治理先进区”。

【社会民生】 为民办10件民生实事任务完成。棚户区改造开工4669套，超出2020年度任务546套。74个老旧小区完成综合整治，123个老旧小区建立“红色物业”管理模式（由业主委员会、物业公司、社区三方合作，在物业服务企业和业主委员会设立中共党组织，由党支部承担政策宣传、信息收集、民意反馈、文化建设等工作，将“红色文化”融入社区物业管理）。5个社区获评“全省民主法治示范村（社区）”。提升政务服务效率，7月27日，长安区市民服务中心投入试运行，地址位于市区和平路与胜利大街交叉口西北角，办公面积9000平方米，主要集中开展行政审批、税务、住房建设、人力资源、医保、社保、退役军人等16个部门241项政务服务事项。建有文化馆1个、图书馆1个。拥有学校225所，其中，幼儿园124所，特殊教育学校1所，小学65所，中学25所（初级中学13所、九年一贯制中学3所、完全中学8所、高级中学1所），中等职业学校10所；在校生14.66万人，教职工10379人，专任教师7715人。公开招聘教师204名，新投用小学、幼儿园7所，增加学位7000个，新增省级示范性高中和市级普惠性幼儿园各2所。2020年长安区获评“全国青少年校园足球工作优秀试点县（区）”。医院开放床位8412张，拥有卫生技术人员19106人；新建社区卫生服务站6所；家庭医生签约率达46%，重点人群签约率达69.9%。社会体育指导员达到30人。

（李嘉诚）

桥 西 区

【概况】 桥西区位于石家庄市主城区西南部，总面积68平方千米。辖17个街道办事处，137个居委会、15个村委会，常住人口97.96万人，户籍人口67.51万人。2020年桥西区完成地区生产总值743.1亿元，同比增长2.3%。其中，第一产业增加值0.1亿元，下降19.7%；第二产业增加值65.3亿元，增长2.5%；第三产业增加值677.7亿元，增长2.3%。财政收入186.66亿元，同比下降3.3%，其中，一般公共预算收入83.56亿元，增长5.0%；一般公共预算支出48.06亿元，同比下降0.4%。固定资产投资同比下降25.3%。民营经济增加值351.33亿元，同比增长0.6%。农林牧渔业总产值1325万元，同比下降17.3%；粮食播种面积46公顷；粮食总产量268吨，其中，小麦产量165吨，玉米产量103吨。规模以上工业企业6家，规模以上工业营业收入91.43亿元；规模以上工业利润7.61亿元，同比增加7.46亿元。社会消费品零售总额451.38亿元，同比下降3.1%。城镇居民人均可支配收入46067元，同比增长4.4%。2020年桥西区地区生产总值、财政收入、社会消费品零售总额均位列全市第一名，获评“最具投资营商价值县（市、区）”“全国营商环境百强区”称号，位列全国营商环境百强区第44位。

中共桥西区委书记：孙鹏云
区人大常委会主任：张书凯
区　　长：李强
区政协主席：蒲建伟

【产业项目】 第二产业、第三产业增加值分别占桥西区地区生产总值8.8%和91.2%。农业产值1027万元。蔬菜及食用菌产量4410吨。工业投资同比下降22%。全年桥西区安排重点项目63个，总投资1352.31亿元，年计划投资88.34亿元，实际完成投资108.2亿元，占年度投资计划122%。其中，市重点项目15个，总投资607.2亿元，年计划投资27亿元，实际完成投资45.8亿元，占年度投资计划的170%。招商引资签约项目71个，协议总投资193.5亿元。组织召开银企对接会61场，签约金融信贷资金1106亿元，实际到位资金640亿元。金融机构达到1700多家，省级金融总部数量占全市80%以上，“金融桥西”地位更加突出。规模以上服务业营业收入261.4亿元，同比下降0.8%。楼宇经济迅猛发展，全年桥西区12座楼宇税收收入达到1亿元以上，实现税收总收入70.07亿元，占桥西区财政收入的37.5%。

2020年石家庄市区3个税收收入达到10亿元以上楼宇均在桥西区，分别为：双子座大厦、河北省烟草公司、裕园广场，税收总收入52.66亿元。

【城区建设】 裕华路西延、中华大街南延、南二环西延等24条市政道路及汇丰路等4条断头路征迁完成，槐安路与西二环立交桥建成通车。保晋南街项目拆迁完毕，回迁区建设开工。新建城区道路6条。中电科54所旧小区、石家庄监狱等5个旧城改造项目及新客站C、D地块2个棚户区改造项目征收完毕，张营城中村改造启动，振二街、东五里、石桥等城中村改造顺利推进，建成回迁楼75万平方米。破解房地产历史遗留问题，102个历史遗留房地产项目得到解决；联邦集团破产重整取得突破性进展，祥云国际项目复工，恒润、南花园二期、康桥郡等停滞多年房地产项目实现稳妥推进。创建国家卫生城市，投资5.9亿元，对294个老旧小区实施综合整治和既有建筑节能改造，拆除私搭乱建8000余处。加强城区精细化管理，投资4.5亿元，专项整治佳农市场、民族路商业步行街、中华大街、解放大街等商贸、街道重点部位及城中村重点区域市容环境；城区道路机械化清扫率达到95%以上。绿化提升街道9条，新增绿化面积28万平方米；建成星级游园5处。保护生态环境，空气质量综合指数下降至6.04；PM2.5平均浓度58微克/立方米，同比下降40%。整治散乱污企业139家，光华药业等5家企业退城搬迁完毕，180家较大餐饮企业全部安装油烟在线监控。重视地下水超采综合治理，关停自备井95眼，剩余自备井实行“二维码”绑定，做到“一井一码”管理。

【社会民生】 为民办10件实事任务和73个老旧小区改造、18个小区17564户燃气点式替代工作完成。开通办理政务服务事项544项，注册企业采用“一窗通”网上服务系统，企业开办时间压缩至1天以内。落实国家减税降费政策，为企业减免税费25.4亿元。城镇新增就业5.4万人，城镇登记失业率2.71%。享受最低生活保障对象11.2万户次、14.6万人次，发放最低生活保障资金8841万元。建成街道（社区）养老服务中心43个、日间照料站点15个，桥西区老年公寓具备运营条件。8月20日，市退役军人主题公园在桥西区原时光公园建成开园，这也是全省首家退役军人主题公园。2020年河北省、石家庄市“全国标杆型、示范型退役军人服务中心（站）”创建工作观摩会在桥西区举行。拥有学校180所，其中，幼儿园89所，特殊教育学校1所，小学54所，中学22所（初级中学4所、完全中学11所、高级中学4所、十二年一贯制中学3所），中等职业学校14所；在校生17.35万人，教职工11656人，专任教师9168人。整治无证幼儿园133所，中山路小学、桥西图书馆、桥西滑冰馆建成投用，市第十七中学获评“全国文明校园”。建有文化馆1个、公共图书馆1个，拥有社区卫生服务中心（站）50个、卫生技术人员175人。落实药品带量采购、量价挂钩等政策，药品价格下降幅度达到65%以上。社会体育指导员达到2350人。

（宋惠君）

新 华 区

【概况】 新华区位于石家庄市主城区西北部，总面积89平方千米。辖15个街道办事处，103个居委会、13个村委会，常住人口80.21万人，户籍人口50.65万人。境内拥有赵佗先人墓、毗卢寺、解放纪念碑、大石桥、正太饭店、中国银行“小灰楼”等历史文化古迹。2020年新华区完成地区生产总值460.4亿元，同比增长3.8%。其中，第一产业增加值0.4亿元，下降5.3%；第二产业增加值40.7亿元，下降5.3%；第三产业增加值419.3亿元，增长4.7%。财政收入65.43亿元，同比增长1.6%，其中，一般公共预算收入36.62亿元，增长6.6%；一般公共预算支出32.25亿元，同比增长21.1%。固定资产投资同比下降25%。民营经济增加值245.05亿元，同比增长4.7%。农林牧渔业总产值6287万元，同比下降6.9%；粮食播种面积735公顷；粮食总产量4463吨，其中，小麦产量2012吨，玉米产量2404吨。规模以上工业企业12家，规模以上工业营业收入14.43亿元，规模以上工业利润8130万元。社会消费品零售总额277.59亿元，同比下降3.2%。城镇居民人均可支配收入45346元，同比增长4.3%。

中共新华区委书记：刘建芳
区人大常委会主任：韩新民
区　　长：刘振乾
区政协主席：张彩珍（女）

【产业项目】 三次产业比例为0.1∶8.8∶91.1。农业产值5122万元，农林牧渔服务业产值1138万元。蔬菜及食用菌产量1.62万吨，西瓜产量2044吨。工业总产值9.06亿元，同比下降13%；工业投资同比增长253.6%，工业技改投资完成1726万元，规模以上工业高新技术产业增加值同比增长6.5%，工业上缴利税3700万元。实施2020年度省级战略性新兴产业专项资金项目建设，光之翼智能（AI）机器人在智慧社区服务应用示范项目达到90%以上，中国外运河北有限公司外运畅达网络货运平台项目一期建设完工。全年安排重点项目41个，总投资1206.5亿元。11个项目列入省市重点项目，总投资471.9亿元，年度完成投资39.28亿元，完成率178.5%。10个计划开工项目全部开工，包括华融府商务楼、润江新华壹号院、万科公园都会等。续建项目16个，其中，河北省人民医院心脑血管病房综合楼、林荫大院橡树园、中冶德贤华府等9个项目主体封顶或部分封顶，中央商务区项目15号、16号、30号、31号、32号地块主体施工及荣盛御府、绿城诚园、柏林庄3个城中村改造项目正在建设。前期项目15个，其中，太行片区改造签订协议1029户，占比99%；赵三街城中村改造列入石家庄市计划。招商引进省外资金99.7亿元，签约项目108个，总投资135.56亿元，其中，引进现代产业项目77个，占比71.3%。规模以上服务业营业收入97.4亿元，同比下降6.0%。实施和推进京津冀协同发展战略，引进京津项目63个，引进资金58.08亿元。实际利用外资3941万美元，同比增长140%。2020年新华区获评“河北省优化营商环境推动高质量发展先进区”称号。发展楼宇经济，拥有商务楼宇67栋，商务面积243万平方米；2个楼宇纳税达到亿元以上，其中，宏远大厦纳税金额1.58亿元，航空大厦纳税金额1.54亿元。2家企业在石家庄股权交易所挂牌，11家企业入选上市后备资源库。辖区新华集贸中心市场占地面积33万平方米，经营面积130万平方米，商铺1.5万余个，形成以经营纺织服装类和电子信息类两大产业商品为主体的大型专业市场集群，吸引全国30多个省市自治区、近600多个市县客商前来交易，日均客流量20万人次，被誉为“全国最大的服装集散地”“中国北方最大的电子交易市场之一”。2020年新华集贸中心市场商品成交额499.6亿元，实现财政收入2.72亿元，获评“全国商品交易市场发展平台经济示范市场”。

【城区建设】 改善居住环境，投资1.35亿元，改造老旧小区60个，建筑面积56.08万平方米，居民楼147栋，惠及居民7425户。实施既有建筑节能改造工程，改造居住小区37个，建筑面积199万余平方米，涉及居民21346户，实现改造小区“在原非节能建筑基础上综合提升不低于30%节能标准”目标。改造市政老旧管网，一次管网改造47.85千米，二次管网改造104.28千米，串改并小区33个、1.05万户。规范和提升便民市场设施，新建7家便民市场开业。投资445万元，维修道路60余条，路面补修15466平方米，便道翻修10053平方米，更换路牙1042米。新施画非机动车停车位6000余处。投资38.93万元，实施4条街道立面整治项目，整治面积8900平方米；打造泰华街精品街道，投入资金56.05万元，整治围墙面积2350平方米。全年数字化城市管理系统受理各类城市管理案件17.8万件，结案率99.5%，按期结案率93%。推进垃圾分类，全区791个小区垃圾分类设施、宣传展牌实现全覆盖，打造生活垃圾分类样板小区100个，虹光街生活垃圾转运站改建为有害垃圾暂存站。重视保护生态环境，治理涉VOCs工业企业18家，“散乱污”企业实现动态“清零”；登记备案非道路移动机械673辆，安装尾气净化装置114辆；重型柴油货车安装OBD在线设备755台，超额完成市下达非营运柴油货车治理任务。实施园林绿化，全年植树造林40余万株，美化改造石清路、学府路、泰华街等8条街道，植物园路、石清路整理和补植地被3.5万平方米；明珠公园、水上公园、中山公园等10个城市公园广场新植补植花灌木8300株、草坪地被2237平方米。全年净增绿地面积36.65万平方米，建成区绿化率、绿化覆盖率分别达到41.38%和46.63%，人均公园绿地面积达到15.82平方米。

【社会民生】 城镇新增就业13401人，城镇登记失业率2.89%。企业人员参加社会养老保险13.65万人，缴纳养老保险费4.81亿元，支付养老保险待遇5.47亿元；城乡居民参加社会养老保险26337人，征缴养老保险费1079万元，支付养老保险待遇2065万元；机关事业单位参加社会养老保险6123人，征缴养老保险费1.16亿元。企业参加工伤保险6119户、职工8.21万人，征缴工伤保险基金998.14万元，支付工伤保险费用949.76万元；机关事业单位参加工伤保险257户、职工6966人，征缴工伤保险基金253.6万元，支付工伤保险费用25.89万元。职工医疗保险参保5.6万人，城乡居民医疗保险参保18.47万人；报销医疗费用2534人次、金额579.93万元；支付生育保险待遇2638.5万元；异地就医备案1158人次，网上备案率98.3%；医疗救助243人次，支出救助金74.53万元。享受最低生活保障家庭1454户、1693人，发放低保金1528.25

万元；保障特困供养人员28户、28人，发放特困资金45.53万元。拥有养老服务机构14家，设置床位3320张，获评星级养老机构3家；建成社区老人日间照料服务站14家，新增养老床位900张；为15359名高龄老人（80周岁以上）发放高龄津贴1021.63万元。关心爱护退役军人，向转业士官提供全额事业编制岗位53个，为退役军人发放抚恤金、生活补助金、医疗费、优待金4505万元。办理结婚登记2936对、离婚登记1878对，补领结婚证801对、离婚证登记182对。新增国家级众创空间1家、省级技术创新中心3家、省级新型研发机构1家、市级技术创新中心1家、市级众创空间1家，认定高新技术企业38家、市级创新型企业1家，至2020年底，新华区共有国家级众创空间3家、国家级星创天地2家、国家级企业技术中心1家、院士工作站6家、省级重点实验室7家、省级技术创新中心10家、省级研发机构2家、省级农业科技园区1家、省级科技企业孵化器3家、省级众创空间6家、市级技术创新中心7家、市级众创空间12家、市级科技企业孵化器3家。拥有学校174所，其中，幼儿园87所，特殊教育学校1所，小学53所，中学18所（初级中学2所、九年一贯制中学6所、完全中学8所、高级中学1所、十二年一贯制中学1所），中等职业学校15所；在校生15.31万人，教职工9947人，专任教师7462人。高考本科上线率92.51%，其中本科一批上线率40.29%。新增市级文化旅游产业园区2家、市级文化旅游产业基地2个，为农村放映公益电影156场。建成300平方米室内滑冰场馆，安装健身路径15条，连续两年获评“河北省体育工作最佳区”。

（新华区档案馆）

裕华区

【概况】 裕华区位于石家庄市主城区东南部，总面积103平方千米。辖2个镇、11个街道办事处，126个居委会、22个村委会，常住人口77.13万人，户籍人口66.11万人。2020年裕华区完成地区生产总值395.9亿元，同比增长3.9%。其中，第一产业增加值0.1亿元，增长11.5%；第二产业增加值37.3亿元，增长6.6%；第三产业增加值358.5亿元，增长3.6%。财政收入78.86亿元，同比下降1.9%，其中，一般公共预算收入43.26亿元，增长7.1%；一般公共预算支出28.0亿元，同比增长18.6%。固定资产投资同比下降31.3%。民营经济增加值202.5亿元，同比增长2.7%。农林牧渔业总产值1103万元，同比增长4.3%；粮食播种面积106公顷；粮食总产量673吨，其中，小麦产量337吨，玉米产量336吨。规模以上工业营业收入25.32亿元。规模以上工业利润1.86亿元，同比减少1.7亿元。社会消费品零售总额300.84亿元，同比下降3.9%。城镇居民人均可支配收入46459元，同比增长4.6%。城镇居民人均可支配收入位列全市第一。

中共裕华区委书记：管云天
区人大常委会主任：刘凤清
区　　长：张东凯
区政协主席：纪英超

【产业项目】 第二产业、第三产业增加值分别占裕华区地区生产总值8.4%和91.6%。农业产值873万元。蔬菜及食用菌产量1362吨。工业投资同比下降42.2%，规模以上工业增加值同比下降5.2%，规模以上工业高新技术产业增加值同比下降3.9%。城市经济形成金融、科创、文旅、环保四大产业和怀特、万达、西美、联邦、方北五大商圈，四大产业占裕华区地区生产总值比重达到49%，税收占比达到22.8%。实施千万元以上项目100个，总投资1542.3亿元；列入省市重点项目18个，竣工投用项目27个，开工项目28个，续建项目51个。全年招商签约项目78个，总投资195.65亿元，引进现代服务业和总部项目7个。规模以上服务业营业收入213.8亿元，同比增长8.6%。楼宇经济快速发展，新增楼宇面积23万平方米，入驻企业总部和金融机构100余家。至2020年底，裕华区纳税亿元以上楼宇达到4个，分别为：万达广场、报业大厦、北方大厦、方北大厦，纳税金额5.81亿元。

【城区建设】 15条道路工程项目列入市、区城建计划，其中10条道路建成通车。解决房地产“办证难”项目51个、“入住难”项目8个，5个“烂尾楼”项目全部复工，76个违建项目整改完毕。分配公共保障房1104套。投资1.89亿元，改造提升老旧小区45个，惠及居民13191户。南王、东京北、方村、南栗、南位等城中村改造稳步推进，132个老旧小区、21栋D级危房改造完工，裕华区居住小区“红色物业”实现全覆盖。河北师范大学桃李园建成开放，裕翔街双向10千米“万米祥和绿道”建设初具规模。裕华区市容管理综合考评获得石家庄市“十八连冠”。保护生态环境，治理可挥发性有机物排放，72家涉气企业安装在线监控设备投入使用，30家涉气企业设施升级改造完毕，135家餐饮单位安装油烟在线监测设施。开展扬尘治理攻坚行动，道路保洁落实“以克论净”管理制度，45家在建工地实行全天候、全时段监管。关停自备井7眼。2020年裕华区空气质量综合指数为5.78，空气污染指数PM2.5平均浓度55微克/立方米，优良天数210天，其中，空气质量综合指数全市最低、空气污染指数PM2.5平均浓度排名全市第二。至2020年底，裕华区园林绿化面积达到2014万平方米，人均公园绿地面积17平方米。

【社会民生】 全年用于民生支出22.94亿元，占裕华区一般公共预算支出的81.93%。10件惠民实事全部完成。城镇新增就业13517人，城镇登记失业率2.98%。新增养老床位501张、日间照料站点15家。组建成立退役军人志愿服务队，河北省退役军人党员教育管理工作现场会在裕华区召开。藏龙福地社区获评“第八批全国民族团结进步创建示范单位”。新增国家级众创空间1家、国家级孵化器1家、省级新型研发机构建设试点培育单位1家，科技型中小企业达到695家，高新技术企业达到151家，科技小巨人企业达到22家，市级以上创新中心达到20家，2018～2020年裕华区连续3年获评省科技创新能力监测评价A类区。招聘教师301名，接收初中1所、小学3所。拥有学校141所，其中，幼儿园73所，特殊教育学校2所，小学47所，中学10所（初级中学3所、九年一贯制中学1所、完全中学6所），中等职业学校9所；在校生11.89万人，教职工8382人，专任教师6524人。河北师范大学、河北科技大学、河北地质大学、中核第四研究设计工程有限公司及石家庄外国语学校、市第四十中学、市第四十四中学、市第二十七中学等高校、科研院所、中学位于裕华区，教育信息化被教育部确定为河北省唯一“基于教学改革、融合信息技术的新型教与学模式”实验区，神兴小学、裕东小学获评“全国文明校园”，市第四十中学、国际城小学获评“全国网络学习应用普及优秀学校”，立德实验小学被教育部评为“网络学习空间人人通专项培训基地学校”。建有医疗卫生机构552家（含驻区机构），其中，医院37家，门诊部18家，诊所389家，医务室39家，卫生所23家，乡镇卫生院1家，社区卫生服务中心9家，社区卫生服务站33家；设置医院床位10498张，登记医护人员11829人。推行手机家庭医生签约平台，组建“家庭医生团队”140支，签约居民26.5万人。

（赵春常）

井陉矿区

【概况】 井陉矿区位于石家庄市区西部，周边被井陉县环绕，属石家庄市辖区，距离石家庄市主城区50千米。总面积66平方千米，辖2个镇、1个乡、2个街道办事处，1个省级开发区，41个居委会，常住人口7.7万人，户籍人口8.65万人。2020年井陉矿区完成地区生产总值55.2亿元，同比增长2.7%。其中，第一产业增加值0.4亿元，下降6.3%；第二产业增加值31.7亿元，增长3.0%；第三产业增加值23.0亿元，增长2.4%。财政收入8.96亿元，同比增长10.3%，其中，一般公共预算收入4.44亿元，增长10.5%；一般公共预算支出11.97亿元，同比下降8.3%。固定资产投资同比增长8.6%。民营经济增加值33.53亿元，同比增长4.6%。农林牧渔业总产值7277万元，同比下降6.2%；粮食播种面积201公顷，总产量1118吨，其中，玉米播种面积200公顷，总产量1110吨。拥有规模以上工业企业25家，规模以上工业营业收入179.76亿元；规模以上工业利润4.23亿元，同比减少0.87亿元。社会消费品零售总额12.22亿元，同比下降2.2%。城镇居民人均可支配收入36641元，同比增长5.1%；农村居民人均可支配收入21974元，同比增长6.9%。

中共井陉矿区区委书记：李瑞峰
区人大常委会主任：刘连一
区　　长：李瑞峰（5月免）
　　　　　段利勇（5月任）
区政协主席：李进朝

【产业项目】 三次产业比例为0.8∶57.5∶41.7。农业产值2129万元，牧业产值4946万元。蔬菜及食用菌产量2721吨。苹果园种植面积153公顷，总产量1972吨（红富士苹果1941吨）。花椒产量2.36吨。设立现代农业园区8家、家庭农场1家、示范合作社3家。工业总产值103.17亿元，同比下降1.4%；工业投资同比增长11.7%；规模以上工业增加值同比下降0.3%，规模以上工业高新技术产业增加值同比增长4.5%。主要工业产品产量为：石墨及碳素制品23.12万吨，同比下降16.4%；焦炭171.13万吨，同比下降3.8%；服装164.4万件，同比下降20%；工业泵4115台，同比下降9.2%。规模以上服务业营业收入2.7亿元，同比下降51.2%。招商签约项目36项，总投资92.99亿元。其中，现代产业项目28项，总投资81亿元；5亿元以上项目7个，总投资63.2亿元。引进省外资金24.04亿元、市外资金24.44亿元、京津资金13.88亿元。棒材加工、银亮材加工、高线冷拔、线棒材精加工等特钢上下游项目落地，总投资6.67亿元。10月29日，位于井陉矿区河钢集团石钢公司新区建成投产。实际利用外资139万美元。谋划精品旅游项目9个，总投资20多亿元；贾庄古镇吸引入驻张家老街商户40余家。2020年井陉矿区接待旅游人数17.47万人，旅游业实现收入8400万元。

【城乡建设】 启动国土空间总体规划编制，聘请规划公司高标准设计河钢集团石钢公司新区周边拆迁区域、滨河路两侧及城区南拓北扩布局。南二环西延井矿大道、工业大道大修竣工通车，平赞高速连接线、北环物流通道正在施工。投资12.2亿元，实施石钢路、红旗水库扩容、大峪防洪沟、桂山供电线路、村庄搬迁等11项工程完工。改善居住环境，天护新城建成投用，2229套安置房分配完毕，天户、中东王舍1037户居民迁入新居；横南、横北棚户区改造施工进展顺利，建设安置楼14栋。以水为脉，激活城市灵气，利用杏花沟、清凉湾水源，打造滨河路、白沙河南北穿城而过两条水系景观轴，滨河路水景及夜景、白沙河景观水系一期工程完工。以绿为韵，展现城市生气，重点实施平涉路综合整治工程，完成拆除整治任务64项，整理土地128亩，栽植乔木10432棵。保护生态环境，全年空气二级以上优良天数220天，同比增加47天，空气优良率60.1%；重污染天数17天，同比减少14天；空气质量综合指数6.07，同比下降12.03%；PM2.5平均浓度54微克/立方米，同比下降12.9%，PM2.5平均浓度数值在石家庄市最低。加强水土污染治理，9家重点行业企业土壤采样完成，《井陉矿区水环境承载能力现状评价报告》通过市级专家评审，出境断面水质3项主要指标稳定达标。推进生态环境修复，编制《井陉矿区2020年地质灾害防治方案》，清理违法违规圈占土地和矿山复绿任务完成。开展农村社区环境治理和改厕行动，农村人居环境整治三年行动通过国家验收。

【社会民生】 全年用于民生领域支出9.02亿元，占井陉矿区一般公共预算支出75.4%。城镇新增就业7347人，城镇登记失业率3.01%。新建小学、幼儿园各2所，天护小学和幼儿园主体封顶，横北中心小学和幼儿园进场施工，公办幼儿园实现全覆盖；采用集团化运营方式，组建六年一贯制学校矿区中学。拥有学校42所，其中，幼儿园25所，小学12所，中学3所（初级中学2所、高级中学1所），中等职业学校2所；在校生10887人，教职工1029人，专任教师864人。建有文化馆、公共图书馆各1个。设立社区卫生服务中心1个、社区卫生服务站2个、乡镇卫生院3个、村卫生室30个；医院开放床位200张；卫生技术人员183人，其中，执业（助理）医师67人，注册护士75人。收购原矿务局医院，组建成立井陉矿区人民医院并挂牌开诊。改善群众养老、体育健身条件，润康医养中心、全民健身中心投入运营。至2020年底，井陉矿区共有二级运动员6人、裁判员5人、社会体育指导员30人，获得市级以上比赛奖牌9枚，其中，金牌6枚、银牌1枚、铜牌2枚。

（张国丽）

藁 城 区

【概况】 藁城区位于石家庄市区东侧，属太行山洪积山前倾斜平原，东与无极县、晋州市，西与正定县、长安区、裕华区、栾城区，南与赵县，北与新乐市相邻，距离石家庄市主城区31千米。1989年7月撤县建市，2014年9月撤市设区。总面积813平方千米，辖13个镇、1个乡，1个国家级开发区（石家庄经济技术开发区）、1个省级开发区，74个居委会、177个村委会，常住人口74.11万人，户籍人口86.61万人。2020年藁城区完成地区生产总值425.7亿元，同比增长3.8%。其中，第一产业增加值48.8亿元，下降0.4%；第二产业增加值197.8亿元，增长2.4%；第三产业增加值179.2亿元，增长6.2%。财政收入114.9亿元，同比增长13.5%，其中，一般公共预算收入37.12亿元，增长8.2%；一般公共预算支出51.67亿元，同比增长20.8%。固定资产投资同比下降9.4%。民营经济增加值204.12亿元，同比下降5.2%。农林牧渔业总产值79.11亿元，同比增长0.5%；粮食播种面积7.03万公顷，总产量48.39万吨，平均亩产459.1千克。拥有规模以上工业企业217家，规模以上工业营业收入707.34亿元；规模以上工业利润70.83亿元，同比增长0.17亿元。社会消费品零售总额86.25亿元，同比下降4.3%。城镇居民人均可支配收入40140元，同比增长4.5%；农村居民人均可支配收入22261元，同比增长6.5%。

中共藁城区委书记：张聚华
区人大常委会主任：李更顺
区　　　长：袁丽华（女）
区政协主席：张银侠

【产业项目】 三次产业比例为11.4：46.5：42.1。工业投资同比下降20.6%。工业总产值573亿元，同比下降6%；规模以上工业增加值201.7%，同比增长3.5%；规模以上工业高新技术产业增加值95.12亿元，同比增长16.5%。工业用电量26.66亿千瓦时，同比下降0.7%。县域产业集群快速发展，重点形成生物医药产业集群、装备制造产业集群。至2020年底，藁城区拥有生物医药及相关联企业182家，年从业人员1.6万人；主要骨干企业有华药集团爱诺有限公司、河北合佳医药科技集团有限公司、河北海力香料股份有限公司、石家庄四药有限公司、石药集团恩必普药业有限公司、华北制药河北华民药业有限责任公司等，主要产品有生物制药、化学制药、中成药及医药中间体、医疗设备、医药包装材料等。2020年藁城区生物医药产业集群实现营业收入199亿元，工业增加值46亿元，上缴税金17.5亿元，创造利润21.6亿元，出口产品交货值29.4亿元，其中，生物医药产品在国内市场占有率达到60%，占全国出口份额达到15%，产品销往全国各地及175个国家和地区。装备制造产业集群核心区位于石家庄经济技术开发区。至2020年末，装备制造产业企业达到61家，其中，规模以上企业32家，配套企业30家，主要产品涵盖农业机械、果园机械、粮食加工机械、轨道交通关键件、机器人关键件、专用车、汽车配件、水泵、阀门、管件、精密铸件、电机、LED 照明等细分领域。装备制造产业企业主要有河北太行机械工业有限公司、河北中农博远农业装备有限公司、河冶科技股份有限公司、石家庄大成冀台机械有限公司、河北宏昌天马专用车有限公司、河北新四达电机股份有限公司、石家庄科一重工有限公司、石家庄聚力特机械有限公司等。其中，河北太行机械工业有限公司转型为高铁制动系统核心零部件供应商，经济效益同比增长56.5%；河北中农博远农业装备有限公司自主研发的自走式玉米联合收获机市场占有率全国第一；河冶科技股份有限公司产品主要应用航天领域，高速合金钢产量位居全世界前列。2020年藁城区装备制造产业集群实现营业收入55亿元，建有国家级企业创新平台3个，省级企业技术中心及产业技术研究院6个，拥有“专精特新”企业3家（石家庄聚力特机械有限公司、河北吉美达工具股份有限公司、河北创联机械制造有限公司），重点品牌产品有金海石川牌烧结金刚石圆锯片、博远机械牌自走式玉米收割机、聚力牌5XFZ-40Z 复式比重清选机等。加大产业项目投入，全年藁城区列入省市重点项目30个，总投资397.2亿元，年度完成投资70.78亿元，达到年计划117.2%。规模以上服务业营业收入36.2亿元，同比下降21.9%。招商引资总额189.3亿元。5月18～20日，藁城区参加“2020中国·廊坊国际经济贸易洽谈会”，签约项目5个，总投资62.06亿元。

【农业生产】 全年农林牧渔业总产值79.11亿元，同比增长0.5%。其中，农业产值34.23亿元，林业产值1539万元，牧业产值39.38亿元，农林牧渔服务业产值5.34亿元。农业、牧业产值位居全市第一。粮食播种面积7.03万公顷，总产量48.39万吨，平均亩产459.1千克。其中，小麦播种面积3.15万公顷，总产量23.51万吨，平均亩产496.9千克，播种面积、总产量、平均亩产均位列全市第二名；玉米播种面积2.58万公顷，总产量20.77万吨，平均亩产535.9千克；谷子播种面积1435公顷，总产量6648吨，平均亩产308.8千克。豆类（主要为大豆）播种面积1.1万公顷，总产量3.05万吨，豆类种植面积、产量位居全市第一。油料播种面积568公顷，总产量2283吨。蔬菜及食用菌种植面积8046公顷，总产量57.64万吨。设施蔬菜产量17.33万吨，食用菌产量1.28万吨。果园面积2.99万公顷，其中，苹果园161公顷、梨园2.95万公顷、桃园92公顷、葡萄园111公顷。园林水果（不含果用瓜）总产量8.66万吨，其中，苹果4892吨（红富士苹果3734吨）、梨7.7万吨（雪花梨2.46万吨、鸭梨8968吨）、桃1824吨、葡萄2558吨、红枣128吨。至2020年底，牛、奶牛、马、驴、猪、羊、家禽、蛋鸡、兔存栏数分别达到3.9万头、2.61万头、867匹、3727头、30.52万头、5.11万只、1220.57万只、1068.22万只、1.25万只。肉、奶、禽蛋、鸡蛋产量分别达到7.4万吨、4.59万吨、10.65万吨、9.31万吨，其中，猪肉、牛肉、羊肉、家禽肉、驴肉、兔肉产量分别达到4.61万吨、7295吨、1832吨、1.87万 吨、259

吨、18.7吨。猪肉、家禽肉、驴肉、禽蛋、鸡蛋产量均位列全市第一。新建高标准农田2万亩，优质强筋麦覆盖率达到90%以上。土地流转面积39.8万亩。农业机械总动力162.3万千瓦。拥有市级以上农业产业化重点龙头企业24家、现代农业园区36家。新增家庭农场25家，累计达到460家；新增农业示范合作社2家，累计达到665家。“藁城宫米”获授国家地理标志证明商标，“藁城宫面”获评河北省区域公共品牌。

【城乡建设】 对标先进城市规划设计理念，邀请中国城市规划设计院、清华大学建筑设计院、深圳蕾奥规划设计院等单位参与研究藁城区国土空间规划、城市风貌形象、重要节点设计等城市发展问题。廉州路西延、滹沱河观光路等“三路一桥”交通工程项目启动，微电影小镇、书画小镇、台西遗址公园、四明楼风雨廊桥等文化项目具备开工条件，廉州路、四明街、市府路、工业路、育英路实施改造提升，雨污分流、管线入地等市政设施建设正在施工，体育公园、公共停车场、便民市场等建成投用。改善居住环境，实施石井、南马城中村改造及老旧小区改造工程。开展“十乱”“七小”专项整治，拆除城中村超高违规建筑90处，顺利通过全国文明城市复检测评和国家卫生城市验收。保护生态环境，采取全域清洁能源取暖、重点排污企业关停、大车穿城整治等措施，实现空气污染物指数PM2.5平均浓度59微克/立方米，同比下降15.7%；空气质量综合指数6.01，空气二级以上优良天数211天。加强水资源保护，获评全国第三批节水型社会建设达标区。滹沱河生态修复二期工程藁城段实现当年开工、当年竣工，全长8.8千米，水生态修复102.8平方千米，生态绿化7.3平方千米。开展农村人居环境三年整治行动，农村既有建筑节能改造37.2万平方米，改造厕所12.6万座，7个村污水治理完工，创建美丽庭院608户、精品庭院775户，康村获评“国家森林乡村”，南洼、金庄、倪家庄、南乡4个村入选“省级森林乡村”。2020年11月，藁城区获评河北省洁净城市。

【社会民生】 全年用于民生支出43.27亿元，占藁城区一般公共预算支出83.7%。城镇新增就业5330人，城镇登记失业率1.08%。城乡居民社会养老保险参保45.95万人，参保率达到96%以上；城乡居民医疗保险参保67.06万人。95个村134户323人全部脱贫。养老机构27家，设置养老床位5684张。建设公共保障房85套，当年分配保障房157套。2020年末住户存款404.37亿元，同比增长13.09%。拥有高新技术企业127家、科技型中小企业1100家，规模以上工业企业建立研发机构89家，藁城区科技创新能力达到A类区。拥有学校233所，其中，幼儿园84所，特殊教育学校1所，小学112所，中学30所（初级中学20所、九年一贯制中学4所、完全中学3所、高级中学2所、十二年一贯制中学1所），中等职业学校6所；在校生14.84万人，教职工9761人，专任教师8119人。3所学校获评省市教育系统先进集体。建成文化馆、公共图书馆各1个。注册二级以上运动员7人、裁判员60人、社会体育指导员27人。县级医院3个、乡镇卫生院13个、村卫生室226个，医院开放床位2163张；卫生技术人员2319人，其中，执业（助理）医师893人、注册护士1199人。成功创建省级慢性病综合管理示范区，连续两届获评“全国基层中医药工作先进单位”，连续7年获评“省级双拥模范城”。重视社会治理，以列入全国市域社会治理现代化综合试点为契机，建成区镇两级综合指挥和信息化网络平台，社会治理联网实现村村通。2020年藁城区杜村获评“全国乡村治理示范村”，岗上村、系井村获评“全国民主法治示范村”，6个村获评“全省民主法治示范村”，贾市庄镇司法所获得“全国模范司法所”称号。实施改革创新，新办企业审批时间压缩至1.5个工作日，2020年藁城区被确定为第一批全国农业综合行政执法示范单位和第二批全国新时代文明实践中心试点区。乡镇改革做到审批服务权限、执法权限、人员编制“三个下沉”，有效破解“乡镇看得见管不了、部门管得了看不见”难题。2020年石家庄市深化乡镇改革观摩会在藁城区举行，经验做法被中央、省、市机构编制部门推广。重视精神文明建设，藁城区参加全国建设新时代文明实践中心试点工作座谈会，岗上镇杜村获评“全国文明村”。

【石家庄经济技术开发区】 石家庄经济技术开发区于1992年7月经河北省批准设立，2012年10月国务院批准升级为国家级开发区，由石家庄市藁城区管辖，曾称良村经济技术开发区、藁城经济开发区。石家庄经济技术开发区位于藁城区西部，西邻石家庄高新技术产业开发区，东面、北面与岗上镇接壤，南与丘头镇和石家庄炼油厂区相连。规划总面积21.66平方千米，下辖良村、北邑、北席、西马村北街、西马村南街、南席、塔元庄、内族8个行政村，常住人口12万人。石家庄经济技术开发区是河北省唯一由县级管理的国家级经济技术开发区。2013年入选河北骄傲“十大产业名片”之一，2015年入选新华社《瞭望》周刊“最具投资价值开发区”；2017年入选“河北省综合示范试点开发区”，获评“省新型工业化产业示范基地”“省生物医药产业示范产业集群”；2018年被省委、省政府确定为“河北省开放发展十佳开发区”，2019年获评“河北省智能制造示范（园）区”“河北省国际合作重点产业园”。2020年石家庄经济技术开发区获得“国家绿色工业园区”“国家外贸转型升级基地”“河北省能级提升示范开发区”“河北省先进开发区”“中国十佳优质营商环境产业园区”称号，在全国218个国家级经济技术开发区综合排名位列第113名，较2019年提升19个位次。3月4日，石家庄经济技术开发区获评第九批国家新型工业化产业示范基地。2020年石家庄经济技术开发区完成地区生产总值312.6亿元，同比增长10.3%；营业收入2003.5亿元，同比增长42.1%；固定资产投资140.1亿元，同比增长6.1%；税收收入100亿元，同比增长17.1%；财政收入102.27亿元，同比增长15.8%；实际利用外资3.42亿美元，同比增长7.3%。营业收入突破2000亿元，税收收入突破100亿元。招商引资签约项目32个，总投资143.9亿元。累计认定高新技术企业65家、科技型中小企业518家。至2020年底，石家庄经济技术开发区注册企业1979家，其中，工业企业365家，规模以上企业70家，拥有世界500强参股企业11家、大型央企8家、上市公司21家、中外合资企业15家，培育包括“华药”“石药”“欧意”“石门”“金龙鱼”“青啤”“同福”“香满园”“钻石”“桃李”“可口可乐”等一批知名品牌，形成以生物医药、智能制造、轻工食品三大优势产业集群和科技金融服务、现代信息技术、现代物流、文体休闲四大新兴产业集群为特色的现代产业发展格局。

（于俊艳　辛少宁）

鹿　泉　区

【概况】 鹿泉区位于石家庄市区西部，东与正定县、新华区、桥西区、栾城区，西与平山县、井陉县，南与元氏县，北与灵寿县相邻，距离石家庄市主城区15千米。鹿泉区西倚太行山，东环省会主城区，地域内山区、丘陵、平原各占三分之一。境内拥有背水一战古战场土门关、秦皇古驿道、道教名观十方院、佛教圣地龙泉寺、文化遗迹封龙书院、名山抱犊寨等历史古迹。曾用名获鹿县、鹿泉市，1994年5月撤县建市，2014年9月撤市设区。总面积614平方千米，辖9个镇、3个乡，1个省级开发区，22个居委会、208个村委会，常住人口58.83万人，户籍人口44.84万人。2020年鹿泉区完成地区生产总值300.9亿元，同比增长5.9%。其中，第一产业增加值19.4亿元，增长2.8%；第二产业增加值107.8亿元，增长8.9%；第三产业增加值173.6亿元，增长4.4%。财政收入57.48亿元，同比增长2.6%，其中，一般公共预算收入33.41亿元，增长8.6%；一般公共预算支出50.88亿元，同比增长2.4%。固定资产投资同比下降10%。民营经济增加值175.04亿元，同比增长7.4%。农林牧渔业总产值30.15亿元，同比增长2.8%；粮食播种面积2.28万公顷，总产量12.9万吨，平均亩产377.9千克。拥有规模以上工业企业117家，规模以上工业营业收入439.92亿元；规模以上工业利润33.61亿元，同比增长3.2亿元。社会消费品零售总额102.88亿元，同比下降1.9%。城镇居民人均可支配收入38859元，同比增长4.6%；农村居民人均可支配收入22317元，同比增长6.7%。农村居民人均可支配收入位列石家庄市第一名。

中共鹿泉区委书记：杨国芳（9月免）
李为军（9月任）
区人大常委会主任：张旭午
区　　长：李为军（9月免）
刘丽香（9月任）
区政协主席：刘建　（1月任）

【产业项目】 三次产业比例为6.5∶35.8∶57.7。新增规模以上工业企业21家，总数达到117家。工业投资同比增长6.4%。规模以上工业总产值337.7亿元，同比增长8.2%；规模以上工业增加值同比增长8.1%；规模以上工业高新技术产业增加值同比增长17.3%。工业用电量16.05亿千瓦时，同比增长5.2%。实施重点产业项目107项，总投资1099.8亿元。九州通医药、安泰富源等35个项目开工，科林电气装备制造基地、融智科技园等13个项目竣工投用。科林电气智能配电变压器及测试终端产业化项目、同辉电子大电流低寄生电感碳化硅功率模块项目、军鼎科技园军民融合产业化孵化项目等4个项目列为省重点项目。新增军民融合企业6家，总数达到62家；军民融合创新中心开展技术交易8项，实现交易额2100万元。调整产业结构，打造休闲旅游、电子信息、绿色食品、智能制造“1+3”产业体系。以山前大道为纽带，以环抱犊寨景区、龙泉古镇、龙泉湖湿地等节点为核心，构建“文旅融合、城乡一体”全域旅游格局。2020年鹿泉区接待游客1602万人次，旅游业实现收入20.8亿元，获批省级全域旅游示范区。推进与中电科第13所、54所合作，新增电子信息企业134家，电子信息业税收同比增长26%。君乐宝乳业销售收入达到180亿元，鹿泉区绿色食品业税收同比增长25%，获评创建型河北省食品产业强区。装备制造业增加值同比增长18.9%，计算机、通信和其他电子设备制造业（信息产业）增加值同比增长25.6%。科林电气入选中国电气工业100强。民营经济单位达到12406家，营业收入709.38亿元，上缴税金44.99亿元；3家企业获评河北省优秀民营企业，4名企业家获评河北省优秀民营企业家。规模以上服务业营业收入74.4亿元，同比增长16%。招商引进项目41个，总投资170亿元。实际利用外资1亿美元。拥有进出口经营权企业89家，全年对外贸易进出口总额9088万美元，其中，出口总额8633万美元，进口总额455万美元。鹿泉经济开发区获得“河北省先进开发区”称号。

【农业生产】 全年农林牧渔业总产值30.15亿元，同比增长2.8%。其中，农业产值17.92亿元，林业产值1.5亿元，牧业产值7.37亿元，渔业产值9377万元，农林牧渔服务业产值2.43亿元。粮食播种面积2.28万公顷，总产量12.9万吨，平均亩产377.9千克。其中，小麦播种面积9841公顷，总产量6.23万吨，平均亩产422.1千克；玉米播种面积9205公顷，总产量5.77万吨，平均亩产418.1千克。豆类播种面积2479公顷，总产量4699吨。油料播种面积840公顷，总产量2483吨。蔬菜及食用菌种植面积5497公顷，总产量43.03万吨；设施蔬菜种植面积1160公顷，总产量7.98万吨。果园面积1843公顷，其中，苹果园537公顷、梨园112公顷、桃园296公顷、葡萄园151公顷。园林水果（不含果用瓜）总产量1.85万吨，其中，苹果3575吨（红富士苹果3278吨）、梨2347吨（雪花梨2173吨）、桃2562吨、葡萄2851吨、红枣112吨。至2020年底，牛、奶牛、猪、羊、家禽、蛋鸡存栏数分别达到1.07万头、8161头、2.07万头、1.35万只、185.52万只、162.36万只。肉、奶、禽蛋、鸡蛋产量分别达到8243吨、5.39万吨、2.17万吨、2.09万吨，其中，猪肉、牛肉、羊肉、家禽肉产量分别达到4344吨、966吨、189吨、2744吨。水产品养殖面积426公顷，总产量5300吨。土地流转面积16.9万亩。农业机械总动力46.78万千瓦。新增农民合作社233家，总数达到412家；新认定省级示范合作社1家，市级以上农民合作社示范社达到17家。新增家庭农场1家，总数达到111家；新认定市级示范家庭农场8家，市级以上家庭农场达到32家。建有农业园区25家，其中，国家级1家、省级1家、市级8家。拥有市级以上农业产业化重点龙头企业25家，其中，国家级2家、省级8家。2020年鹿泉区农业产业化龙头企业销售收入94.45亿元，同比增长17.5%。

【城乡建设】 围绕经营城市理念，推进新型城镇化和城乡融合发展。开展城区一街、二街、六街、七街、龙泉社区“五大片区”改造攻坚行动，一期拆迁基本完成，回迁楼全部开工。石柏大街北延（玉石路—滹沱河大桥段）道路两侧综合整治工程完成，山前大道拓宽改造工程收尾。加快中央商务活力区建设，泰华洲际酒店、全民健身中心等项目开工。改造小街巷155条、老旧小区17个，鹿泉区城区“红色物业”实现全覆盖。新建供热管网长度37千米，新增集中供热面积137万平方米，清洁能源供热面积达到104万平方米。南太平河一期整治提升工程完工，建设面积25.06万平方米；北太平河整治及北部拓展区规划设计启动。智慧城管平台建成投入运营，生活垃圾无害化处理率达到100%，获评河北省第一批新型智慧城市建设试点区。开展农村人居环境整治十个专项行动，改造提升农村厕所1.29万座，打造美丽庭院1886个，建设人居环境整治精品村10个，2020年全市农村垃圾治理现场会、乡村治理体系建设现场观摩会在鹿泉区举行。保护生态环境，实施涉VOCs企业升级改造，76台燃气燃油锅炉综合整治完毕，“散乱污”企业保持动态清零。空气质量综合指数为5.99，同比下降11.26%；空气污染指数PM2.5平均浓度55微克/立方米，同比下降8微克/立方米；空气优良天数达到203天，同比增加21天。加强水生态治理，关停自备井35眼，生态补水729万立方米，鹿泉区入选水利部、财政部公布第一批中央财政支持的水系连通及农村水系综合整治试点县，这也是河北省唯一入选试点县。修复治理矿山19个。山前大道拓宽改造工程景观绿化完工，其中，绿化工程面积322万平方米、园林工程面积26万平方米，绿化地被面积4万平方米，栽植苗木1.6万余株，山前大道由“黑色山前”变为“绿树花海”。植树造林13.25万亩，林木覆盖率达到50%。至2020年末，鹿泉区园林绿地面积达到821.91公顷，建成区绿化覆盖率达到42.11%，建成区绿地率达到36.02%，形成西山森林5万亩、龙泉湖湿地5000亩、“一廊八园”（“十里花廊”及动物园、植物园、秀水公园、鹿源公园、海山公园、石柏公园、西山森林公园、龙泉湖公园）6.4 万亩，被称为“省会西花园”。

【社会民生】 全年用于民生支出 41 亿元，占鹿泉区一般公共预算支出的 80.6%。城镇新增就业 3968 人，城镇失业人员再就业 1089 人，城镇登记失业率 1.2%。城乡居民基本医疗保险参保 34.9 万人。供养城市低保对象 81 户 101 人、农村低保对象 3074 户 4150 人，发放低保生活补助资金、春节一次性救助款、价格临时补贴 2371.8 万元。办理婚姻登记 4239 对，其中，结婚登记 2307 对、离婚登记 1172 对、补领证件 760 对。推进居家养老医疗服务，11 个养老机构、12 个综合居家养老中心全部签约医养结合服务。2020 年 12 月，鹿泉区春风十里康养中心获得“全国敬老文明号”称号。推进科技创新，新增高新技术企业 48 家，累计达到 224 家；新增河北省科技型中小企业 80 家，累计达 821 家；新增科技小巨人企业 5 家，累计达到 45 家；新认定众创空间 1 家，市级以上众创空间达到 11 家，市级以上科技企业孵化器达到 4 家，市级创新型企业达到 21 家。至 2020 年底，鹿泉区建立产业技术研究院 8 家、院士工作站 10 家、博士后实践创新实践基地 3 家、省级技术创新中心 23 家、市级技术创新中心 33 家。2018 ～ 2020 年鹿泉区连续 3 年获评河北省县域科技创新能力第一名。拥有学校 187 所，其中，幼儿园 66 所，特殊教育学校 1 所，小学 89 所，中学 22 所（初级中学 11 所、九年一贯制中学 5 所、完全中学 1 所、高级中学 5 所），中等职业学校 9 所；在校生 9.59 万人，教职工 6717 人，专任教师 5406 人。公开招录教师 333 名。新增普惠性民办幼儿园 14 所。投入资金 3.58 亿元，实施获鹿镇三四街小学异地新建、铜冶镇第一中学整体扩建一期工程等 10 个学校建设项目正在施工。鹿泉一中获评“河北省教育系统先进集体”，并被教育部确定为“普通高中新课程新教材实施国家级示范校”。卫生健康信息化实现市、区、乡三级医疗信息互联共享，鹿泉区获评全省县级公立医院综合改革示范区。3 家区级医院、14 家乡镇卫生院和区卫生健康局、区卫生监督所、区疾病预防控制中心实现传染病网络直报。建有医院及卫生院 32 个、村卫生室 208 个，医院、卫生院开放床位 1732 张；登记医疗卫生机构技术人员 3332 人，其中执业（助理）医师 2102 人。上寨、黄壁庄、石井、白鹿泉 4 所乡镇卫生院“国医堂”建成，鹿泉区“国医堂”实现全覆盖。建有文化馆及影剧院各 1 个、体育场馆 2 个，获评河北省首批冰雪运动示范县（市、区）；收藏县级以上保护文物 67 件，其中一级文物 12 件；数字电视用户 3.84 万户。10 月 29 日，洛杉奇食品有限公司获得“石家庄市文化产业园区”授牌。建成石家庄市首个国家安全主题公园，获评“中国最具安全感百佳县市”称号。

（李晓伟）

栾　城　区

【概况】 栾城区位于石家庄市区南部，东北与藁城区，东南与赵县，西北与鹿泉区，西南与元氏县，北与裕华区相邻，距离石家庄市主城区 12 千米。2014 年 9 月撤县设区。总面积 351 平方千米，辖 5 个镇（郄马镇由高新区代管）、3 个乡，1 个省级经济开发区，11 个居委会、181 个村委会，常住人口 37.87 万人，户籍人口 26.42 万人。2020 年栾城区完成地区生产总值 173.4 亿元，同比增长 2.9%。其中，第一产业增加值 15.4 亿元，增长 0.7%；第二产业增加值 68.4 亿元，下降 1.0%；第三产业增加值 89.6 亿元，增长 6.7%。财政收入 27.4 亿元，同比增长 4.7%，其中，一般公共预算收入 17.61 亿元，增长 9.5%；一般公共预算支出 31.13 亿元，同比下降 3.6%。固定资产投资同比增长 11.5%。民营经济增加值 112.29 亿元，同比增长 6.2%。农林牧渔业总产值 30.84 亿元，同比增长 1.7%；粮食播种面积 3.19 万公顷，总产量 21.29 万吨，平均亩产 445.0 千克。规模以上工业营业收入 172.17 亿元，同比减少 1.19 亿元；规模以上工业利润 14.82 亿元，同比增加 0.26 亿元。社会消费品零售总额 45.63 亿元，同比下降 4.5%。城镇居民人均可支配收入 36022 元，同比增长 4.5%；农村居民人均可支配收入 20356 元，同比增长 6.6%。

中共栾城区委书记：张旭（10 月免）
区人大常委会主任：张军廷
区　　　长：彭勇民
区政协主席：岳云霞（女）

【产业项目】 三次产业比例为 8.9∶39.4∶51.7。新增规模以上工业企业 13 家，总数达到 124 家。工业投资 3.37 亿元，同比下降 21.6%；工业技改投资 9.37 亿元，同比增长 46.6%。规模以上工业总产值同比下降 1.9%，规模以上工业增加值同比下降 3.5%，规模以上工业高新技术产业增加值同比下降8.1%。工业用电量8.64亿千瓦时，同比下降21.74%。实施工业重点技改项目50项，新增高新技术企业11家、科技型中小企业95家，安瑞科、长安育才分别获评国家级、省级“绿色工厂”，神威药业获得省政府质量奖。围绕打造先进装备制造、生物医药、健康食品、现代物流四大主导产业集群，开展“项目建设落地年”“项目建设攻坚突破年”行动。全年谋划实施区级以上重点项目55个，集中开工项目50个，列入省市重点项目24个，同福大健康食品城、中储物流等19个项目竣工或部分竣工。规模以上服务业营业收入21.0亿元，同比下降16%。招商签约项目29个。争取项目建设资金13.7亿元。破解资金、土地等制约瓶颈，获得土地指标141公顷。以园区作为产业发展主战场，整合通用航空、轨道交通、新能源汽车、生物医药大健康、节能环保、压缩机高端装备6个产业园，引进重点产业项目12个；建成企业技术中心16家、工程实验室7家、工程研究中心1家、博士后工作站1家、院士工作站1家，主导产品有通用飞机、城轨地铁车辆、系列环卫车、工业气体储运容器、新能源汽车、生物医药、原料药、健康食品、环保设备、压缩机等。2020年栾城区河北石家庄装备制造产业园营业收入419.3亿元，同比增长25.5%；上缴税收16.1亿元，同比增长13.8%；固定资产投资45.9亿元，同比增长19.0%；实际利用外资1.47亿美元；获批“河北省特色产业示范开发区”。

【农业生产】 全年农林牧渔业总产值30.84亿元，同比增长1.7%。其中，农业产值12.5亿元，林业产值2311万元，牧业产值11.11亿元，农林牧渔服务业产值7.0亿元。粮食播种面积3.19万公顷，总产量21.29万吨，平均亩产445.0千克。其中，小麦播种面积1.3万公顷，总产量9.47万吨，平均亩产486.9千克；玉米播种面积1.33万公顷，总产量9.76万吨，平均亩产489.4千克；谷子播种面积1309公顷，总产量4989吨，平均亩产254.0千克。谷子播种面积、总产量位列全市第二名。豆类（主要为大豆）播种面积4213公顷，总产量1.47万吨。蔬菜及食用菌种植面积295公顷，总产量1.94万吨；设施蔬菜种植面积143公顷，总产量1.41万吨。果园面积380公顷，其中，苹果园104公顷、桃园178公顷、葡萄园27公顷。园林水果（不含果用瓜）总产量4330吨，其中，苹果199吨（红富士苹果140吨）、桃1580吨、葡萄479吨。核桃产量1661吨。至2020年底，牛、奶牛、马、猪、羊、家禽、蛋鸡存栏数分别达到1.45万头、3733头、216匹、2.38万头、2.28万只、407.76万只、356.86万只。肉、奶、禽蛋、鸡蛋产量分别达到1.03万吨、1.78万吨、3.7万吨、3.58万吨，其中，猪肉、牛肉、羊肉、家禽肉产量分别达到3395吨、1694吨、412吨、4645吨。推广优质小麦15万亩，压减草皮面积2.81万亩。认定市级以上农业产业化龙头企业17家。锦秀庄园、农林高科技园入选市级精品园区。

【城乡建设】 以打造宜居、宜业、宜游生态园林城市为发展定位，编制形成国土空间规划、乡镇国土空间规划、村庄规划初步方案。全年谋划实施城建项目50项，总投资97.7亿元；栾武路西延、西南外环改造等40项市政基础设施项目建设完工，古运粮河生态修复等项目正在建设。以大片区土地收储、大片区开发建设为理念，推进北五里铺、南赵村等旧村改造项目。提升城区道路环境，开展“洗路洁城”行动，打造6千米柴武大街“花海”景观，新建停车场9个。推行生活垃圾分类制度，建成首座餐余垃圾处置站。改善农村面貌，编制《栾城区乡村振兴战略规划》《东南乡村振兴示范片区专项规划》等。以省级东南乡村振兴示范区建设为契机，开展“垃圾清理、污水治理、改厕提升、基础设施建设”人居环境整治行动，新建乡村道路48.8千米，改造提升44个村供水管网，创建村庄清洁行动示范村88个，改造农村厕所4930座，城乡生活垃圾收集处理率达到100%，2020年栾城区农村生活垃圾治理工作受到国家人居环境考核组的肯定。保护生态环境，开展扬尘治理、车辆管控、涉VOCs排放、异味排查、散煤管控、污染源整治等专项行动，取缔“散乱污”企业15家。空气质量综合指数为6.06，同比下降12.6%；空气污染指数PM2.5平均浓度为60微克/立方米，同比下降7.7%；空气二级以上优良天数213天，同比增加34天。改善水环境质量，实施洨河综合整治工程，加强河道清理和周边环境整治。编制《栾城区农村生活污水治理专项规划》，新建绿源污水处理项目开工，南十里铺、南五里铺纳污坑塘专项整治及城区污水处理厂一期改造完工，冶河污水处理厂建成投用。实施地下水超采综合治理，关停自备井60眼。推进土壤污染综合防治先行区建设，土壤环境应急监测能力建设项目建成投用，龙门、沿村农田修复项目总体验收完毕。造林绿化面积4400亩，义务植树80余万株。

【社会民生】 全年用于民生支出占栾城区一般公共预算支出比重达到85%，10件民生实事完成。城镇新增就业3536人。深化“放管服”改革，扩大“不见面审批”“一网通办”政务服务范围，下放行政审批事项115项，政务服务事项网上可办率达100%。净增市场主体4491户。落实减税降费政策，为企业减少税费3亿元。新建幼儿园3所，栾城五中启动改扩建工程。拥有学校225所，其中，幼儿园149所，特殊教育学校1所，小学58所，中学12所（初级中学9所、九年一贯制中学1所、高级中学2所），中等职业学校5所；在校生7.22万人，教职工5367人，专任教师4253人。文化馆、公共图书馆各1个，公共滑冰馆建成投入使用，综合文化服务中心设施覆盖率达100%；二级以上运动员7人，社会体育指导员100人。天康三苏土布获评市文化旅游产业基地。周家庄商周古墓群考古挖掘填补冀中南地区商代后期历史空白。建有县级医院3个、社会卫生服务中心（站）1个、乡镇卫生院7个、村卫生室173个，医院开放床位940张；卫生技术人员1002人，其中，执业（助理医师）466人、注册护士393人。升级改造村卫生室65个，家庭医生电子签约率达51.58%。

（栾城区党史研究中心）

井陉县

【概况】 井陉县位于石家庄市西部，地处太行山东麓，境内多山岭，东与鹿泉区、元氏县，东南与赞皇县，西及西南与山西省，西北与平山县相邻，距离石家庄市主城区40千米。境内拥有秦皇古驿道、于家石头村、大梁江村、苍岩山、仙台山等历史文化古迹、古村落及旅游景区，是韩信背水之战和百团大战的主战场。石灰石矿藏质好量多，井陉拉花闻名全国。总面积1384平方千米，辖10个镇、7个乡，1个省级经济开发区，6个居委会、321个村委会，常住人口25.1万人，户籍人口32.8万人。2020年井陉县完成地区生产总值100.0亿元，同比增长3.3%。其中，第一产业增加值11.4亿元，增长6.5%；第二产业增加值31.1亿元，增长6.0%；第三产业增加值57.4亿元，增长1.3%。财政收入15.81亿元，同比增长10.8%，其中，一般公共预算收入9.52亿元，增长16.1%；一般公共预算支出26.64亿元，同比增长14.1%。固定资产投资同比下降5.3%。民营经济增加值56.03亿元，同比增长2.9%。农林牧渔业总产值18.49亿元，同比增长6.6%；粮食播种面积1.53万公顷，总产量5.29万吨，平均亩产230.9千克。规模以上工业营业收入85.03亿元，同比增加2.69亿元；规模以上工业利润6.09亿元，同比增加2.21亿元。社会消费品零售总额34.04亿元，同比下降2.1%。城镇居民人均可支配收入33440元，同比增长4.4%；农村居民人均可支配收入15550元，同比增长7.2%。

中共井陉县委书记：刘玉渭
县人大常委会主任：王永华
县　　　长：李杰
县政协主席：毕元明

【产业项目】 三次产业比例为11.4∶31.1∶57.5。新增规模以上工业企业4家，总数达到54家。工业投资26.84亿元，同比下降7.3%；工业技改投资6.02亿元，同比下降64.8%。规模以上工业总产值91.94亿元，同比增长5.4%；规模以上工业增加值26.91亿元，同比增长5.2%；规模以上工业高新技术产业增加值8800万元，同比增长141.1%；规模以上工业利税9.7亿元，同比增长47.5%。工业用电量5.42亿千瓦时，同比增长27.4%。全年谋划实施重点项目173个，列入省市重点项目13个，年度完成投资46.2亿元。河北九洲矿业绿色智慧矿山项目竣工试产，茂鑫矿业建筑骨料项目投产。蓝城康养小镇土石方、场地平整完成，颐乐学院部分建筑主体封顶。规模以上服务业营业收入5.6亿元，同比下降26.2%。招商引资总额168.36亿元，同比增长88.1%。对外贸易出口6100万元，同比增长12.8%。实际利用外资2313万美元，同比827.8%。实施南横口陶瓷水镇、吕家剧境艺术村、大梁江古村落乡村旅游配套设施建设，吕家村获评国家级乡村旅游重点村，吕家村、南横口村、于家村、大梁江村、高家坡村5个村获评省级乡村旅游重点村。2020年井陉县接待游客245万人次，同比下降42%；实现旅游业收入8.56亿元，同比下降58%。

【农业生产】 全年农林牧渔业总产值18.49亿元，同比增长6.6%。其中，农业产值6.0亿元，林业产值2.97亿元，牧业产值7.63亿元，农林牧渔服务业产值1.84亿元。粮食播种面积1.53万公顷，总产量5.29万吨，平均亩产230.9千克。其中，小麦播种面积762公顷，总产量3861吨，平均亩产337.8千克；玉米播种面积1.12万公顷，总产量4.37万吨，平均亩产260.4千克；谷子播种面积1099公顷，总产量1207吨，平均亩产73.2千克。豆类播种面积1283公顷，总产量1121吨。油料播种面积1295公顷，总产量2204吨。棉花种植面积85公顷，总产量52吨。棉花种植面积全市最多，产量位列全市第二名。蔬菜及食用菌种植面积1735公顷，总产量7.94万吨；设施蔬菜种植面积33公顷，总产量1215吨。果园面积996公顷，其中，苹果园625公顷、桃园143公顷、葡萄园11公顷。园林水果（不含果用瓜）总产量1.78万吨，其中，苹果1.13万吨（主要为红富士苹果）、桃2896吨、葡萄213吨、红枣913吨。核桃产量1907吨。花椒产量51吨。至2020年底，牛、肉牛、猪、羊、家禽、蛋鸡存栏数分别达到1.65万头、1.49万头、6.24万头、5.19万只、211.94万只、185.48万只。肉、奶、禽蛋、鸡蛋产量分别达到1.41万吨、1613吨、2.33万吨、2.29万吨，其中，猪肉、牛肉、羊肉、家禽肉产量分别达到7102吨、2962吨、936吨、3118吨。水产品养殖面积4公顷，总产量345吨。土地流转面积1万亩。农业机械总动力36.16万千瓦时。拥有市级以上农业产业化龙头企业3家、现代农业园区10家、家庭农场29家、示范合作社13家。

【城乡建设】 改造提升县城道路7条。龙王山公园试开园。3502厂生活区等3个老旧小区改造完工。更新供水、供热管网45.1千米，新增城区停车位450多个。新建便民超市8个，购旺生活广场正式营业。重视传统村落保护，至2020年底，井陉县共有千年以上传统村落73个、500年至1000年传统村落110个、300年至500年传统村落70余个，获批中国传统村落44个。实施乡村振兴战略，打造乡村田园风光，推行农业、旅游一体化发展模式，培育建设环境优美、业态丰富的“天路”观景区；采取“清拆改建”形式，维修改造农村电力、道路、通信等基础设施，2020年井陉县获评全省村庄清洁行动先进县。保护生态环境，推广洁净型煤3.7万吨，实施“电代煤”项目4280户，16台燃气锅炉实行低氮排放改造；整治餐饮、喷漆和建材化工企业178家，全部工业企业实现废水“零排放”。大气环境明显改善，空气污染指数PM2.5平均浓度55微克/立方米，同比下降14.1%；空气综合指数5.93，同比下降12.9%；空气环境二级以上优良天数达到208天，同比增加33天。省级洁净城市创建通过市级验收。2020年9月，井陉县获批生态环境部公布的第四批“绿水青山就是金山银山”实践创新基地。

【社会民生】 城镇新增就业3337人，城镇登记失业率3.3%。实施扶贫项目93个，安置贫困劳动力就业3781人，发放各类救助资金3700余万元。居民住户存款169.49亿元，同比增长12.2%。社会养老保险参保17.02万人，其中，城乡居民社会养老保险参保14.76万人，参保率95%；医疗保险参保29.43万人，其中，城乡居民医疗保险参保27.18万人，在职职工参保1.32万人。城乡享受最低生活保障待遇7612人，发放低保金2714.08万元。供养“五保户”1412人，发放补助资金1173.28万元。新增星级养老机构2家，累计达到11家，设置养老床位550张。161户残疾人家庭无障碍改造完成。15所乡镇学校及教学点改造完工，义务教育“大班额”全部消除。拥有学校135所，其中，幼儿园70所，特殊教育学校1所，小学51所，中学11所（初级中学8所、九年一贯制中学1所、高级中学2所），中等职业学校2所；在校生3.85万人，教职工3393人，专任教师2916人。建有文化馆、博物馆、公共图书馆各1个，艺术表演团体3个；广播节目综合覆盖率达到95%，电视节目综合覆盖率达到97%。注册登记二级以上运动员16人、裁判员17人、社会体育指导员123人。设立县级医院2个、乡镇卫生院17个、村卫生室318个，医院开放床位1405张，拥有卫生技术人员2050人，其中，执业（助理）医师839人、护士588人。落实药品集中采购政策，112个中选药品价格平均降幅达66%，井陉县医院入选全国县级医院500强。改善营商环境，井陉县获授“河北省优化营商环境推动高质量发展先进县”称号。

（朱凯荣）

正　定　县

【概况】 正定县位于石家庄市北侧，与石家庄市主城区相接，距离石家庄市主城区13千米，东与藁城区，北与新乐市、行唐县，西与灵寿县、鹿泉区，南与长安区、新华区相邻。境内多寺庙，拥有隆兴寺、广惠寺、天宁寺、临济寺、开元寺、文庙、正定古城墙等历史古迹及旅游地。正定小商品博览会、板材、书法闻名周边，元曲杂剧作家白朴曾在正定生活和创作。历史上正定与保定、北京并称“北方三雄镇”，素有“三山不见，九桥不流”“九楼四塔八大寺，二十四座金牌坊”“古建筑宝库”的美誉。正定是国家历史文化名城、全国中小城市综合改革试点、国家智慧城市试点和中国最具投资潜力中小城市百强县，获授“全国文明城市”“全国双拥模范县”“国家卫生县城”“国家园林县城”称号。总面积483平方千米，辖5个镇、3个乡、2个街道办事处，1个省级高新技术产业开发区，44个居委会、154个村委会，常住人口54.93万人，户籍人口51.58万人。2020年正定县完成地区生产总值293.3亿元，同比增长6.2%。其中，第一产业增加值42.1亿元，增长0.5%；第二产业增加值71.3亿元，增长9.5%；第三产业增加值179.9亿元，增长6.3%。财政收入57.52亿元，同比增长10.7%，其中，一般公共预算收入43.6亿元，增长16.5%；一般公共预算支出78.83亿元，同比增长20.2%。固定资产投资同比增长9.0%。民营经济增加值198.19亿元，同比增长4.3%。农林牧渔业总产值67.17亿元，同比增长1.0%；粮食播种面积4.12万公顷，总产量28.43万吨，平均亩产459.8千克。规模以上工业企业150家，规模以上工业营业收入134.66亿元；规模以上工业利润7.95亿元，同比增加3.09亿元。社会消费品零售总额78.68亿元，同比下降1.6%。城镇居民人均可支配收入36675元，同比增长5.2%；农村居民人均可支配收入21772元，同比增长7.2%。

市委常委、正定县委书记：张业
县人大常委会主任：崔庆朝
县　　长：戚永和（7月代、7月任）
县政协主席：钟亚辉（女）
河北正定高新技术产业开发区（河北正定现代服务产业园区）党工委
书　记：张业　（5月免）

【产业项目】 三次产业比例为14.4∶24.3∶61.3。工业投资同比下降34.1%，工业技改投资同比增长11.3%，规模以上工业总产值同比增长1.1%；规模以上工业增加值37.24亿元，同比增长5.36%；规模以上工业高新技术产业增加值18.0亿元，同比增长10.9%。工业用电量5.88亿千瓦时，同比下降6.44%。实施重点项目68个，总投资423.64亿元。其中，在建项目52个，年度完成投资75.13亿元；列入省市重点项目22个，总投资252.6亿元，年度计划投资35.8亿元，实际完成投资39.4亿元。现代产业。列入市级亿元以上现代产业项目库项目38个，总投资295.8亿元，涵盖现代商贸物流、先进装备制造、生物医药健康、信息技术、科技服务与文化创意、旅游、金融七大产业；在建项目23个，年度完成投资26.4亿元；圆通速递华北区域管理总部项目、综合保税区标准化保税仓库建设项目、联东U谷石家庄正定科技总部港项目、滹沱河水源保护地生态修复提升工程、盛华高端智能装备零部件研发生产基地5个现代产业项目竣工或部分竣工，年度完成投资10.7亿元。县域产业集群。生物医药健康产业营业收入41.82亿元，同比增长23.38%，占正定县规模以上工业营业收入比重28.37%；高端装备制造业营业收入28.56亿元，占正定县规模以上工业营业收入比重19.38%；新一代信息技术产业营业收入0.4亿元，占正定县规模以上工业营业收入比重0.27%。物流企业达到200多家，形成较大规模物流园区4个，分别为乐仁堂医药物流中心、石家庄润华物流园、深国际物流港、中国外运物流中心；2020年4个物流园区营业收入158亿元，上缴税收1.87亿元。招商签约项目14个。实际利用外资2019.15万美元，同比增长58.1%。规模以上服务业营业收入46.6亿元，同比下降14.7%。全年接待旅游人数1047.31万人次，同比下降30.03%；旅游业实现收入81.38亿元，同比增长3.92%。

【农业生产】 全年农林牧渔业总产值67.17亿元，同比增长1.0%。其中，农业产值29.7亿元，林业产值7816万元，牧业产值32.44亿元，农林牧渔服务业产值4.26亿元。中药材料产值8718万元。粮食播种面积4.12万公顷，总产量28.43万吨，平均亩产459.8千克。其中，小麦播种面积1.91万公顷，总产量13.94万吨，平均亩产485.4千克；玉米播种面积1.71万公顷，总产量12.54万吨，平均亩产488.3千克。豆类（主要是大豆）播种面积3167公顷，总产量7007吨。薯类播种面积1315公顷，总产量5.32万吨。油料播种面积2270公顷，总产量9645吨。蔬菜及食用菌种植面积6925公顷，总产量59.61万吨；设施蔬菜种植面积1020公顷，总产量9.24万吨。瓜果种植面积468公顷，总产量3.34万吨；西瓜种植面积380公顷，总产量3.02万吨。西瓜种植面积、产量位列全市第二名。果园面积828公顷，其中，苹果园189公顷、梨园57公顷、桃园468公顷、葡萄园55公顷。园林水果（不含果用瓜）总产量8477吨，其中，苹果1358吨（红富士苹果406吨）、梨800吨、桃5126吨、葡萄1041吨。至2020年底，牛、奶牛、猪、羊、家禽、蛋鸡存栏数分别达到4.25万头、3.0万头、32.9万头、1.96万只、624.31万只、546.39万只。猪存栏数量位居全市第一。肉、奶、禽蛋、鸡蛋产量分别达到6.19万吨、7.75万吨、9.22万吨、

8.24 万吨，其中，猪肉、牛肉、羊肉、家禽肉产量分别达到 3.73 万吨、8954 吨、613 吨、1.51 万吨。调整农业种植结构，扩大蔬菜、中药材、食用菌、水果种植面积。发展现代都市农业，建成高标准现代农业园区、黄桃和花卉基地。惠康食品有限公司获评农业产业化国家重点龙头企业。

【城乡建设】 突出规划引领作用，编制《正定县国土空间总体规划（2020～2035 年）》《正定县（正定新区）总体规划及古城风貌恢复提升规划与实施方案》。河北大道穿越京广铁路、城东街北延、成德街拓通等道路建设工程贯通，新城大道北延、中华大街北延、新元高速出入口改造等 12 条道路提升工程及河北大道、滹沱河景观大道、107 国道改建工程完工。启动城中村、棚户区、老旧小区改造项目 7 个，棚户区住房改造开工 466 户（套），恒山小区、物资小区 2 个老旧小区改造完成，226 个小区实现“红色物业”管理。重视正定古城保护，落实《正定古城保护条例》《正定古城保护管理办法》，改善文物及遗址周边环境，实施 24 项重点保护工程建设项目完工。城区主街主路全部实现机洗机扫。通信、电力线路入地 435 千米。县城新增免费停车位 2650 个，城区公厕、县域停车位全部免费，城市停车设施建设列入河北省试点，县城建设综合排名连续 3 年位居全市第一。推进新农村建设，新增村庄绿化面积 1000 余亩；硬化乡村公路 75.8 千米，建制村通硬化路率 100%、通客车率 100%，农村安全饮水达标率 100%，农村生活垃圾收集、转运、无害化处理率 100%。旺泉古街获评“全国精品街区”，周家庄获评“国家森林乡村”，正定县获评河北省森林城市。保护生态环境，空气质量综合指数 6.0，同比下降 14.9%；空气污染指数 PM2.5 平均浓度 56 微克 / 立方米，同比下降 13.9%。空气二级以上优良天数达到 198 天，优良率 54.1%；重污染天数 21 天，同比减少 16 天。造林绿化面积 907 公顷，植树 137 万株，森林覆盖率达到 28.9%；县城绿化覆盖率达到 40.9%，绿地率达到 37.8%。2020 年 1 月，正定县获得国家园林县城称号。5 月 8 日，正定县因 2019 年开展农村人居环境整治成效明显，获得国务院办公厅通报表彰。7 月 29 日，全国爱国卫生运动委员会命名正定县城为 2017 ～ 2019 周期国家卫生县城。11 月 16 日，正定县入选第十六届中国（深圳）国际文化产业博览交易会发布“2020 中国最美县域榜单”。

【社会民生】 全年用于民生事项支出 52.2 亿元，占正定县一般公共预算支出 66.2%。城镇新增就业 3466 人，城镇登记失业率为 1.97%。城镇职工养老保险参保 8.58 万人，城乡居民养老保险参保 22.13 万人，社会养老保险参保率 99.36%；城乡居民基本医疗保险参保 42.91 万人，医疗保险参保率 98%。享受城乡最低生活保障待遇 3692 户 5954 人，发放保障资金 2578.81 万元。养老机构 22 家，设置床位 3357 张。居民住户存款 503.06 亿元，同比增长 13.81%。设立院士工作站 3 家，建成市级以上技术创新中心 24 家；高新技术企业达到 61 家，科技型中小企业达到 697 家，正定县获评全省县域科技创新能力监测评价 A 类县。新改扩建公办幼儿园 5 所，增加幼儿学位 1040 个；投资 11.9 亿元，迁建县第一中学、新建县第九中学。拥有学校 250 所，其中，幼儿园 124 所，特殊教育学校 2 所，小学 90 所，中学 27 所（初级中学 11 所、九年一贯制中学 10 所、完全中学 2 所、高级中学 2 所、十二年一贯制中学 2 所），中等职业学校 7 所；在校生 10.3 万人，教职工 7183 人，专任教师 5932 人。建有文化馆及公共图书馆各 1 个、博物馆 2 个，文化馆、图书馆、乡镇综合文化站、基层综合文化中心全部免费开放。登记艺术表演团体 4 个。认定国家级文物保护单位 10 处、省级文物保护单位 5 处、县级文物保护单位 23 处，馆藏文物 7672 件。城区 15 分钟健身圈建设完成，培养社会体育指导员 1449 人。县滑冰馆建成使用，正定县获评河北省首批冰雪运动示范县。县第二人民医院、县儿童医院建设启动，县级综合性公立医院、县儿童医院、县中医院 3 个医养结合体建设顺利推进；新建新安镇、曲阳桥乡“120 急救分站”2 个；县医院普通门诊挂号费、一般诊疗费取消。22 个部门 265 项政务服务事项实行集中办理，174 个村街农村集体产权制度改革、经营性资产股份制改革完成。支持企业发展，为企业减税降费 5.1 亿元。

（正定县档案馆）

行　唐　县

【概况】 行唐县位于石家庄市北部，东与新乐市，西与灵寿县，南与正定县相邻，北及东北与阜平县、曲阳县相接，属太行山东麓浅山丘陵区与华北平原交接地带，距离石家庄市主城区 50 千米。2012 年行唐县批准成为国家扶贫开发工作重点县，2019年5月5日经河北省政府批准退出贫困县序列。总面积966平方千米，辖4个镇、11个乡，1个省级经济开发区，14个居委会、322个村委会，常住人口37.66万人，户籍人口46.02万人。2020年行唐县完成地区生产总值122.8亿元，同比增长5.8%。其中，第一产业增加值39.5亿元，增长7.7%；第二产业增加值19.0亿元，增长6.4%；第三产业增加值64.3亿元，增长4.5%。财政收入9.17亿元，同比增长5.2%，其中，一般公共预算收入6.78亿元，增长10.8%；一般公共预算支出37.48亿元，同比增长7.2%。固定资产投资同比增长4.0%。民营经济增加值76.53亿元，同比增长4.7%。农林牧渔业总产值66.59亿元，同比增长9.3%；粮食播种面积5.33万公顷，总产量35.31万吨，平均亩产441.2千克。拥有规模以上工业企业41家，规模以上工业营业收入45.35亿元；规模以上工业利润2.91亿元，同比增加0.76亿元。社会消费品零售总额28.68亿元，同比下降2.7%。城镇居民人均可支配收入33430元，同比增长4.1%；农村居民人均可支配收入10508元，同比增长8.7%。

中共行唐县委书记：杨立中
县人大常委会主任：高华树
县　　长：王彦芳
县政协主席：盖义江

【产业项目】 三次产业比例为32.2∶15.5∶52.3。工业投资343.9亿元，同比增长31.3%；规模以上工业增加值同比增长7.3%，规模以上工业高新技术产业增加值同比增长6.3%。实施千万元以上项目54个、亿元以上项目39个，盛世锦唐、雷力工具等31个项目竣工投产，冠领智能高速奶粉罐项目做到当年签约、当年开工、当年投产。乳业产业集群入选省级重点产业集群。招商引进千万元以上项目67个、亿元以上项目58个，协议投资额339.9亿元，签约落地率达到80%以上。中电行唐生物质能热电有限公司、中铁建华北建筑科技有限公司、中节能环保科技有限公司3家央企落户行唐县，中电生物质发电获得“全国百个城镇清洁供热示范奖”，中铁建建筑产业化项目建成投产，中节能生活垃圾焚烧发电开展联调联试。行唐县获评国家电子商务进农村综合示范县，安香乡获评“淘宝镇”，3个村入选“淘宝村”。银行业金融机构达到9家，存贷款余额310亿元，金融业增加值同比增长6.4%，税收贡献率达10.7%。规模以上服务业营业收入1.3亿元，同比下降34.3%。至2020年末，河北行唐经济开发区入驻企业168家，实现营业收入235.5亿元，同比增长21.3%，在154个省级开发区综合排名第37位。

【农业生产】 全年农林牧渔业总产值66.59亿元，同比增长9.3%。其中，农业产值26.76亿元，林业产值1.72亿元，牧业产值31.96亿元，渔业产值1050万元，农林牧渔服务业产值6.04亿元。中药材料产值5.97亿元，位列全市第一。粮食播种面积5.33万公顷，总产量35.31万吨，平均亩产441.2千克。其中，小麦播种面积2.18万公顷，总产量14.1万吨，平均亩产430.7千克；玉米播种面积2.91万公顷，总产量20.07万吨，平均亩产459.8千克；谷子播种面积741公顷，总产量2549吨，平均亩产229.2千克。豆类播种面积306公顷，总产量728吨。薯类播种面积1361公顷，总产量4.01万吨。油料播种面积4077公顷，总产量1.57万吨，其中，花生播种面积3476公顷，总产量1.41万吨。油料、花生产量位列全市第一。蔬菜及食用菌种植面积4249公顷，总产量27.74万吨。瓜果种植面积272公顷，总产量5308吨；西瓜种植面积54公顷，总产量1482吨。果园面积6514公顷，其中，苹果园608公顷、梨园58公顷、桃园178公顷、葡萄园23公顷。园林水果（不含果用瓜）总产量12.36万吨，其中，苹果2.83万吨（红富士苹果2.68万吨）、梨4113吨（雪花梨3899吨）、桃7016吨、葡萄457吨、红枣8.21万吨。桃产量全市第一，红枣产量全市第二。至2020年底，牛、奶牛、驴、骡、猪、羊、家禽、蛋鸡存栏数分别达到7.84万头、5.44万头、1947头、47头、6.79万头、9.11万只、667.79万只、584.44万只。牛、奶牛、骡、羊存栏数量位居全市第一，驴、家禽存栏数量排名全市第二。奶、禽蛋、鸡蛋产量分别达到24.23万吨、6.01万吨、5.7万吨，其中，猪肉、牛肉、羊肉、家禽肉、驴肉、兔肉产量分别达到1.14万吨、1.41万吨、1138吨、9191吨、181吨、14吨。牛奶、牛肉产量位居全市第一。水产品养殖面积4公顷，总产量700吨。实施土地整治项目136个，新增耕地面积3.6万亩。磁左灌区节水改造竣工投用。拥有省市级现代农业园区9个、农业产业化龙头企业32家。“龙地红”“行唐防风”获批农产品注册商标，“行唐大枣”跻身中国枣业公用品牌20强，行唐县被认定为“国家级大枣一二三产业融合发展先导区”。

【城乡建设】 主城区控制性详细规划、地下综合管廊布局规划等11个专项规划编制完成，乡镇建设规划、美丽乡村规划实现全覆盖。实施重点市政工程132项，开元大街、富强路等5条主干道路建成通车，朝阳大桥、启明桥、龙州大街天桥竣工投用；颍水大道、南羊公路、行陈线、团贾线等道路交通项目竣工通车；特色产业路一期10条道路280千米全线贯通、二期52千米收尾；中华大街北延行唐段开工。24座公园游园建成开放，集中供热、集中供水、集中供气做到全城覆盖。建成区道路机械化清扫率达到91%。“市民通”手机App上线运行。乡村推行农村环卫一体化服务外包服务，口头污水处理厂建成投用，改造厕所4.6万座，创建美丽庭院5.7万个，安太庄片区入列全市乡村振兴示范区。保护生态环境，河湖清理128处，生态补水8500万立方米；城区54眼自备井全部关停；治理水土流失面积122.4平方千米；综合整治矿山67个。拆除违规违章建筑15.7万平方米，取缔非法采砂采矿75处，关停“散乱污”企业456家，清缴散煤5435吨。淘汰燃煤锅炉628台，削减工业燃煤6.1万吨，完成“双代”任务5.8万户，推广洁净型煤5.5万户。空气质量综合指数6.05，同比下降15%；空气污染指数PM2.5平均浓度59微克/立方米，同比下降15.7%；空气二级以上优良天数达到203天，同比增加98天。造林绿化面积56.2万亩，林木覆盖率达到30%。

【社会民生】 城镇新增就业3491人，城镇登记失业率4.45%。社会养老保险参保27.42万人，其中，城乡居民养老保险参保23.68万人，企业养老保险参保2.37万人。医疗保险参保38.76万人，其中，城乡居民医疗保险参保36.27万人，城镇职工医疗保险参保2.48万人。养老机构15家，设置床位1110张。享受最低生活保障待遇19.08万人，发放低保金4699.8万元。其中，城镇居民享受低保待遇7800人，发放低保金314.1万元；农村居民享受低保待遇18.3万人，发放低保金4385.7万元。建成公共保障性住房721套，改造农村危房1446户。行唐县入选“中国社会保障百佳县市”。农村集体经济5万元以上收入村达到276个，沟北、常香2个村获评“省级壮大农村集体经济示范村”。新增省级“星创天地”2家、市级以上农业科技园区5个，高新技术企业达到19家，科技型中小企业达到140家；23家企业设立科研机构，6家企业入选“专精特新”中小企业，木源泵业获批省级“单项冠军”企业，行唐县获得“全国科普示范县”称号。新建、改扩建中小学校52所，行唐一中教育集团挂牌成立。拥有学校109所，其中，幼儿园26所，特殊教育学校1所，小学63所，中学17所（初级中学10所、九年一贯制中学1所、完全中学2所、高级中学4所），中等职业学校2所；在校生7.79万人，教职工6031人，专任教师5200人。建有文化馆、博物馆、公共图书馆各1个，县图书馆通过国家评估验收，文体中心竣工投用，历史文化博物馆主体工程完工，行唐故郡东周遗址入选“中国考古六大新发现”。培养二级以上运动员5人、社会体育指导员10人。设立县级医院1个、乡镇卫生院15个、村卫生室321个，开放医院床位1859张；登记卫生技术人员2649人，其中，执业（助理）医师1085人、注册护士17人。县医院门诊医技综合楼建成投入使用，行唐县获评“河北省中医药强县”。政务服务优化，市场主体注册实行“52证合一”，市场总量达到3.7万户；工程建设类项目审批不超过65个工作日，企业开办时间缩短至2.6小时以内。帮助和协调企业融资156.2亿元。1人获评2020年度“感动省城十人物”。

（刘欣　赵艺斐）

灵　寿　县

【概况】 灵寿县位于石家庄市西北部，距离石家庄市主城区30千米，东与行唐县，东南与正定县，西与平山县、五台县，南与鹿泉区，北与阜平县相邻。著名景区有五岳寨等。灵寿县是山区县、老区县、国家扶贫开发工作重点县，也是民政部、联合国地名考察组命名的“千年古县”。2019年5月5日，经河北省政府批准，退出贫困县序列。县内地形轮廓呈条状，地势自西北向东南倾斜，依次为山区50%、丘陵38%、平原12%，地貌格局大体为“七山二水一分田”。总面积1056平方千米，辖6个镇、9个乡，1个省级经济开发区，5个居委会、279个行政村，常住人口30.91万人，户籍人口34.98万人。2020年灵寿县完成地区生产总值109.1亿元，同比增长4.7%。其中，第一产业增加值30.9亿元，增长2.4%；第二产业增加值17.2亿元，增长0.8%；第三产业增加值61.0亿元，增长7.0%。财政收入9.61亿元，同比增长13.5%，其中，一般公共预算收入6.97亿元，增长17.9%；一般公共预算支出29.29亿元，同比增长7.5%。固定资产投资同比下降9.0%。民营经济增加值56.91亿元，同比增长1.8%。农林牧渔业总产值46.32亿元，同比增长2.5%；粮食播种面积

3.09万公顷，总产量15.85万吨，平均亩产342.3千克。规模以上工业总产值34.33亿元，同比下降3.16%；规模以上工业营业收入37.98亿元，同比增加11.82亿元；规模以上工业利润2.04亿元，同比增加1.88亿元。社会消费品零售总额20.11亿元，同比下降2.4%。城镇居民人均可支配收入32724元，同比增长4.2%；农村居民人均可支配收入10096元，同比增长8.4%。

中共灵寿县委书记：宋存汉
县人大常委会主任：刘振波
县　　　长：冯素伟
县政协主席：白东风

【产业项目】 三次产业比例为28.3∶15.8∶55.9。新增规模以上工业企业10家，总数达到39家。工业投资1.53亿元，同比增长58.5%；工业技改投资5.85亿元，同比下降23.4%；高新技术产业投资2.4亿元，同比增长9.0%。规模以上工业增加值9.71亿元，同比增长6.0%；规模以上工业高新技术产业增加值2.4亿元，同比增长9.0%。规模以上工业利税2.57亿元，同比增长192.1%。主要工业产品产量：水泥17.05万吨，同比增长26.88%；硅酸盐水泥熟料119.99万吨，同比增长1382.6%；铁矿石成品矿10.59万吨，同比增长17.6%；初级形态塑料7.06万吨，同比增长21.82%。工业用电量6.21亿千瓦时，同比增长11.09%。举办重点项目开工仪式4次，40个重点项目完成投资52.5亿元；14个省市重点项目完成投资39.4亿元，占年度投资计划123.5%。发展数字经济，松阳数字科技产业园建成启用，甲骨文、微软、华为等世界500强企业入驻。加快传统产业转型升级，组织云母企业与石家庄科技信息职业学院等大学、科研院所开展产学研融合对接，申报成立市级非金属产业技术联盟。扶持战略性新兴产业，河北安能绿色建筑科技有限公司被住房和城乡建设部认定为“国家装配式建筑产业基地”。外出招商26批次，签约引进产业项目20余个，其中，列入省市重点项目计划11个、总投资221.1亿元。招商引资总额220.3亿元，同比增长774.2%；对外贸易出口总额1.13亿元，同比增长41.9%；实际利用外资1678万美元，同比增长62.91%。规模以上服务业营业收入1.1亿元，同比增长51.5%。2020年河北灵寿经济开发区营业收入214.2亿元，同比增长23.82%。全年接待游客133.6万人次，同比下降76%；旅游业实现收入6.68亿元，同比下降89%。“灵寿丹参”“五岳山泉”“益生图文”“益康图文”4个商标入选“河北优品牌”，河北益康功能材料有限公司、石家庄华杰木业有限公司入选知识产权“贯标”企业，“灵寿腌肉”获得国家知识产权局地理标志证明商标。

【农业生产】 全年农林牧渔业总产值46.32亿元，同比增长2.5%。其中，农业产值23.07亿元，林业产值2.85亿元，牧业产值18.16亿元，渔业产值9528万元，农林牧渔服务业产值1.28亿元。中药材料产值8218万元。粮食播种面积3.09万公顷，总产量15.85万吨，平均亩产342.3千克。其中，小麦播种面积1.04万公顷，总产量5.27万吨，平均亩产337.5千克；玉米播种面积1.72万公顷，总产量9.24万吨，平均亩产358.2千克；谷子播种面积1133公顷，总产量2259吨，平均亩产132.9千克。豆类播种面积269公顷，总产量450吨。薯类播种面积1858公顷，总产量5.33万吨。油料播种面积1668公顷，总产量3554吨。棉花播种面积30公顷，总产量24吨。蔬菜及食用菌种植面积2434公顷，总产量37.76万吨；设施蔬菜种植面积162公顷，总产量15.88万吨。果园面积944公顷，其中，苹果园122公顷、梨园44公顷、桃园326公顷、葡萄园214公顷。园林水果（不含果用瓜）总产量6006吨，其中，苹果806吨（红富士苹果801吨）、梨763吨（主要为雪花梨）、桃2244吨、葡萄747吨。食用坚果产量1.04万吨。至2020年底，牛、奶牛、猪、羊、家禽、蛋鸡存栏数分别达到3.68万头、1.74万头、20.89万头、3.18万只、187.84万只、164.39万只。肉、奶、禽蛋、鸡蛋产量分别达到3.35万吨、3.89万吨、1.69万吨、1.55万吨，其中，猪肉、牛肉、羊肉、家禽肉产量分别达到2.66万吨、3400吨、773吨、2629吨。水产品养殖面积284公顷，总产量5340吨。水产品养殖面积、产量位列全市第二名。发展特色种植，茶叶产量3吨，品牌为太行龙井；食用菌产量15.05万吨，同比增加1.15万吨。市级以上农业产业化龙头企业12家，其中省级2家；现代农业园区16家；新增家庭农场135家，总数达到406家；新增示范合作社3家，总数达到16家。土地流转面积19.18万亩。农业机械总动力50.53万千瓦。

【城乡建设】 编制《灵寿县国土空间总体规划（2020～2035）》。建成区面积达到7.5平方千米。谋划实施新开街、城东街、城西街南延至滹沱河段拓宽工程。与华为技术有限公司合作，推进新型智慧城市建设，建成智慧公安、智慧旅游、智慧扶贫等城市智慧管理平台，五岳寨、漫山花溪谷开展智慧化景区试点建设；成功承办“2020年河北县域新型智慧城市会议”。签约引进石家庄经济职业学院、石家庄铁路职业技术学院、河北正飞教育科技有限公司3所高校，形成“以产兴城、以城促产、产城融合”格局。至2020年末，灵寿县境建成高速公路24.02千米（张石高速公路6.72千米、西阜高速公路17.3千米）、国道27.1千米、省道135.28千米、县道91.96千米，县城设立客运班线21条、营运车辆134辆，运行公交车37辆。松阳河新区一期安置房交付使用，松阳河新区二期建设启动，总投资26.3亿元。投资2119万元，实施10个老旧小区提升改造。投资3.9亿元，启动松阳河新区大湿地生态修复项目，建成松阳河新区生态农业观光园。确定松阳河湿地公园、牌楼公园为永久性绿地，建成区绿地率达到36.94%，人均公园绿地面积14.37平方米。加强乡村建设和管理，市级确定109个“空心村”治理任务完成；争取中央预算资金2000万元，实施45个村基础设施和人居环境整治提升项目；开展“农村厕所改造质量建设年”活动，新改建厕所8835座。推进畜禽粪污资源化利用，畜禽粪污综合利用率达到97%，规模养殖场粪污处理设施装备配套率达到100%。开展村容村貌、户容户貌“双提升”行动，清理乡村垃圾10.2万吨。生活垃圾焚烧发电项目完工。保护生态环境，“散乱污”企业实现动态清零，市级下达“气代煤”“电代煤”任务完成。空气质量改善，空气质量综合指数5.95，同比下降15.2%；空气污染指数PM2.5年平均浓度58微克/立方米，同比下降15.9%。滹沱河生态修复三期工程灵寿段项目建设开工，松阳河城区至河北大道段生态治理项目完成。开展磁右灌区节水改造、地下水超采综合治理，市级考核断面水质稳定达标，污水处理厂出水水质达到地表水Ⅲ类标准。实施太行山生态绿化、封山育林和矿山复绿工程，人工造林面积1.9万亩，南营乡车谷砣村获评“国家森林乡村”“全国乡村旅游重点村”，6个村获评“河北省森林乡村”。

【社会民生】 全年用于民生事项支出25.9亿元，占灵寿县一般公共预算支出88.4%。城镇新增就业3438人，城镇登记失业率3.5%。居民住户存款169.41亿元，同比增长15.64%。发放城乡最低生活保障金、特困人员供养金、临时救助资金5500余万元，新建2家民办养老机构2家。办理结婚登记1755对，离婚登记723对，补发婚姻证件357对。开展退役军人和优抚对象信息采集，录入退役军人和优抚对象相关信息11652人。新认定高新技术企业8家、科技型中小企业82家、科技小巨人企业3家，高新技术企业达到16家，科技型中小企业达到167家。设立文化馆、博物馆、公共图书馆各1个，登记社会体育指导员970人。拥有学校188所，其中，幼儿园96所，特殊教育学校1所，小学73所，中学15所（初级中学9所、九年一贯制中学3所、高级中学3所），中等职业学校3所；在校生6.21万人，教职工5228人，专任教师4244人。建有各级各类医疗卫生机构376家，其中，县级公立医院2个（县医院、县中西医结合医院），县妇幼保健院、疾病预防控制中心、卫生监督机构、急救中心各1个，乡镇卫生院15个，村卫生室279个；开放医院床位1605张；登记卫生技术人员1789人，其中，执业（助理）医师1035人、护士762人。灵寿县获评“全国基层中医药工作先进单位”。打造“5+3”模式物业管理小区105个，城区120个小区实现物业服务全覆盖。建立农村集体产权制度改革综合管理服务平台，村级集体经济收入2万元以下村全部“清零”，农村土地改革完成“房地一体”宅基地使用权确权登记颁证，获得“全国农村承包地确权登记颁证工作典型地区”。车谷砣村入选全国乡村治理示范村，同下村列为石家庄市乡村治理试点村；塔上镇东金山村获评“全国文明村镇”。

（中共灵寿县委办公室）

高 邑 县

【概况】 高邑县位于石家庄市南部，属华北平原西部边缘，太行山脉东麓，距离石家庄市主城区50千米，东北与赵县，西与赞皇县，南与邢台市，北与元氏县相邻。境内拥有中山国房子郡遗址、刘秀登基台、南星书院等历史文化遗迹。京广高铁“高邑西站”是石家庄以南、河北省境内唯一县级站点，2012年12月建成投用。2020年7月29日，高邑县城获评2017～2019周期国家卫生县城。总面积222平方千米，辖5个镇，1个省级经济开发区，5个居委会、107个村委会，常住人口17.84万人，户籍人口20.32万人。2020年高邑县完成地区生产总值71.5亿元，同比增长4.6%。其中，第一产业增加值15.1亿元，增长8.1%；第二产业增加值21.0亿元，增长4.1%；第三产业增加值35.4亿元，增长3.5%。财政收入7.68亿元，同比增长11.4%，其中，一般公共预算收入6.03亿元，增长9.5%；一般公共预算支出17.39亿元，同比增长4.2%。固定资产投资49.6亿元，同比下降30.8%。民营经济增加值47.84亿元，同比增长5.1%。农林牧渔业总产值22.1亿元，同比增长8.5%；粮食播种面积2.35万公顷，总产量16.42万吨，平均亩产464.8千克。规模以上工业总产值74.5亿元，同比增长1.1%；规模以上工业营业收入58.17亿元，同比增加1.91亿元；规模以上工业利润1.76亿元，同比增加0.23亿元。社会消费品零售总额13.98亿元，同比下降1.8%。城镇居民人均可支配收入31360元，同比增长4.9%；农村居民人均可支配收入16371元，同比增长7.1%。

中共高邑县委书记：万树军
县人大常委会主任：王惠武
县　　　长：陈宏锋
县政协主席：宋英华

【产业项目】 三次产业比例为21.1∶29.3∶49.6。规模以上工业企业达到53家。工业投资17.5亿元，同比下降64.3%；工业技改投资12.0亿元，同比下降73.9%；高新技术产业投资1.08亿元，同比下降81.9%。规模以上工业增加值16.5亿元，同比增长2.7%；规模以上工业高新技术产业增加值1.9亿元，同比下降6.6%。规模以上工业利税2.88亿元，同比增长15.9%。工业用电量7.63亿千瓦时，同比下降3.09%。工业发展形成建陶、化工、纺织三大特色产业，其中，建陶产业成为石家庄市特色产业之一，获评“河北省建筑陶瓷特色产业基地”“河北省中小企业特色产业集群”。高邑县共有建陶企业27家、生产线37条，建陶年生产能力3亿平方米，产业主要分布在万城镇、富村镇，产品种类包括地板砖、内墙砖、外墙砖、古建系列产品、透水砖五大类，主要品种有大板、岩板、通体、高档釉面砖、抛釉砖、抛光砖、仿古砖、文化石等高、中、低档多规格、多花色100多个品种，产品销售辐射中国东北、华北、西北等十几个省（区、市），年销售收入65亿元。氧化锌产业集中在万城镇，共有生产企业16家、现代化生产线46条，是全国主要锌品基地之一，产品种类有间接法氧化锌、直接法氧化锌、轻质氧化镁、轻质碳酸镁，年生产锌品10万余吨，市场辐射全国并销售到日本、韩国、越南、泰国、西班牙、德国等国家，万城镇获评“河北省锌品产业名镇”。纺织产业分为纺纱、织布、浆纱、服装4类，共有企业188家，其中，纺纱企业18家，浆纱企业13家，服装企业1家，其余为织布企业；年纺纱能力80万锭，拥有各种型号布机1.25万台、喷气织机120多台，年产坯布3亿米；从业人员5000多人；年销售收入16亿元；产品主要销往广东省、浙江省、山东省、江苏省、上海市等省市及周边县市。冀中南智能港中欧、中亚班列实现图定化开行，中欧、中亚班列开行突破100列，货运总量达到8万吨，高邑县入列全国一级铁路物流基地。鞋服小镇20栋公租厂房、10栋公寓主体封顶，实在人鞋业投产，恒华、华和、睿和鞋材具备试生产条件。灿高高频机械、得利达涡流纺等项目开工建设，陕煤透水砖、新莱曼机械等项目投产，鸿骏PVC手套项目试生产。招商落户项目34个，引进投资总额110.0亿元，同比增长37.5%。乡村振兴体验基地·凤凰不夜城项目签约并启动征地拆迁，总投资66亿元。实际利用外资1195.1万美元，同比下降49.6%。规模以上服务业营业收入1.5亿元，同比增长40.4%。

【农业生产】 全年农林牧渔业总产值22.1亿元，同比增长8.5%。其中，农业产值16.41亿元，林业产值1106万元，牧业产值4.35亿元，农林牧渔服务业产值1.23亿元。中药材料产值6570万元。粮食播种面积2.35万公顷，总产量16.42万吨，平均亩产464.8千克。其中，小麦播种面积1.14万公顷，总产量8.26万吨，平均亩产483.0千克；玉米播种面积1.14万公顷，总产量7.74万吨，平均亩产453.2千克；谷子播种面积494公顷，总产量2695吨，平均亩产363.6千克。油料播种面积220公顷，总产量452吨。蔬菜及食用菌种植面积5386公顷，总产量40.72万吨；设施蔬菜种植面积1614公顷，总产量12.24万吨。瓜果种植面积143公顷，总产量9210吨；西瓜种植面积123公顷，总产量8409吨。果园面积62公顷，其中，苹果园5公顷、梨园27公顷、桃园2公顷、葡萄园19公顷。园林水果（不含果用瓜）总产量3337吨，其中，苹果19吨、梨1223吨（雪花梨1050吨）、桃306吨、葡萄1452吨。至2020年底，牛、奶牛、猪、羊、家禽、蛋鸡存栏数分别达到1926头、1765头、1.92万头、6710只、89.71万只、78.51万只。肉、奶、禽蛋、鸡蛋产量分别达到7085吨、4744吨、1.27万吨、1.2万吨，其中，猪肉、牛肉、羊肉、家禽肉产量分别达到4164吨、351吨、257吨、1788吨。市级以上农业产业化龙头企业9家，其中省级2家；新增现代农业园区3家，总数达到18家；新增家庭农场10家，总数达到256家；新增示范合作社10家，总数达到30家。新增设施农业5050亩，新建高标准农田5000亩。土地流转面积11.73万亩，土地流转率达到49%。农业机械总动力49.29万千瓦。

【城乡建设】 编制县域国土空间规划，实施区域中心城市发展战略和县城扩容提质工程。建成区面积达到12平方千米。投资2.5亿元，实施20余条道路工程，刘秀路改造提升、五百东街北延等道路工程竣工通车。投资3.9亿元，实施15项市政设施工程，市民服务中心建设启动，全长23千米城区雨污分流工程全部完工，建筑垃圾填埋场、餐厨垃圾处理站主体竣工，刘秀路、兴华路2个便民市场建成投用，改造提升公交站候车亭76个，新增集中供热面积20万平方米。开通公交线路6条，农村客运公交化运行覆盖率达100%。保障城市建设和项目用地，土地组卷批复面积122.7公顷。冀中南智能港规划编制完毕，保税物流中心（A型）建成投用，总面积4.1万平方米。高邑经济开发区启动实施第二污水处理厂升级改造、220千伏变电站等设施建设，工业三街、兴华路东延等道路项目竣工通车，110千伏变电站竣工投用。保护生态环境，空气综合指数6.03，同比下降14.1%；空气污染指数PM2.5年平均浓度56微克/立方米，同比下降17.6%。县城建成3000平方米以上绿地游园23个，建成区绿地率达到42.2%，绿化覆盖率达到46.92%。高邑县列入全省数字乡村示范区试点，万城镇乡村振兴示范区获得省级批复。开展农村人居环境整治，拆除私搭乱建500余处，清理生活垃圾、建筑垃圾18.2万立方米，改造农村厕所5532座，新增乡村绿化面积5993亩，新改建农村公路73.7千米，52个村、29万平方米街巷硬化完工，农村自来水普及率、水质达标率、集中供水率达到100%，石家庄市农村人居环境整治现场会两次在高邑县举行。2020年高邑县获评全国村庄清洁行动先进县，富村镇仓房村获评全国文明村镇。

【社会民生】 全年用于民生事项支出14.83亿元，占一般公共预算支出85.3%。城镇新增就业6095人，城镇登记失业率3.25%。城乡居民养老保险参保97011人，企业职工养老保险参保13959人；企业工伤保险参保人数16947人；医疗保险参保176921人，其中，城乡居民165415人，城镇职工11506人。城乡居民养老保险、医疗保险参保率分别达到99.6%和96.4%。1142户、2385名贫困群众稳定脱贫。居民住户存款98.83亿元，同比增长20.15%。2020年高邑县为城镇低保138户156人发放低保金72.2万元，为农村低保3903户5625人发放低保金1616.21万元，为特困供养人员508户540人发放特困供养金418.72万元。养老机构5家，设立床位565张；居家养老服务中心2家，设立床位23张。登记结婚910对，办理离婚418对。加强社会综合治理，调解各类纠纷700余件，信访积案实现动态清零，高邑县列入全市扫黑除恶专项斗争试点县、全国市域社会治理现代化综合试点县。创建县级普惠园6所、市级普惠园3所，普惠性幼儿园幼儿入园率达85%以上。拥有学校118所，其中，幼儿园62所，特殊教育学校1所，小学44所，中学9所（初级中学6所、九年一贯制中学1所、完全中学1所、高级中学1所），中等职业学校2所；在校生4.02万人，教职工2887人，专任教师2500人。设立文化馆4个、博物馆1个、公共图书馆3个，图书馆、文化馆、教育馆提档升级改造完工，广播、电视节目覆盖率达到100%。推广冰雪运动，举办高邑县首届半程马拉松赛暨第二届健步走活动，获评河北省体育工作最佳县。组建县域医疗服务共同体，推行家庭医生签约服务模式；总投资3000万元健康体检中心建设项目、总投资500万元医养院建设项目、总投资2300万元中医院新建医技楼项目、总投资1500万元县医院传染病区能力提升项目启动。建有县级医院3个、社区卫生服务中心（站）1个、乡镇卫生院5个、村卫生室107个，开放医院床位706张；登记卫生技术人员724人，其中，执业（助理）医师258人、护士317人。宣传社会文明和地域文化，利用清明、中秋、国庆等中国传统节日，开展“我们的节日”主题教育活动，评选“高邑好人”132名。

（路国涛）

深　泽　县

【概况】 深泽县位于石家庄市东北部，东与衡水市，南与辛集市、晋州市，西与无极县，北与保定市相邻，距离石家庄市主城区75千米。境内文物古迹有文庙、北极台、永济桥等。总面积297平方千米，辖4个镇、2个乡，1个省级经济开发区，4个居委会、125个村委会，常住人口21.58万人，户籍人口25.49万人。2020年深泽县完成地区生产总值73.7亿元，同比增长5.0%。其中，第一产业增加值15.8亿元，增长1.8%；第二产业增加值22.6亿元，增长11.8%；第三产业增加值35.4亿元，增长2.0%。财政收入7.6亿元，同比增长7.0%，其中，一般公共预算收入5.59亿元，增长8.2%；一般公共预算支出17.92亿元，同比增长4.5%。固定资产投资同比下降26.8%。民营经济增加值49.22亿元，同比增长4.7%。农林牧渔业总产值27.44亿元，同比增长2.2%；粮食播种面积3.0万公顷，总产量21.29万吨，平均亩产473.8千克。规模以上工业企业55家，规模以上工业营业收入40.81亿元；规模以上工业利润3.9亿元，同比增加3.04亿元。社会消费品零售总额14.7亿元，同比下降2.8%。城镇居民人均可支配收入32322元，同比增长4.6%；农村居民人均可支配收入15759元，同比增长7.1%。

中共深泽县委书记：李向阳
县人大常委会主任：袁国良
县　　长：卢明刚
县政协主席：郭立辉

【产业项目】 三次产业比例为21.4∶30.6∶48.0。工业投资同比下降36.3%，规模以上工业增加值同比增长13.1%，规模以上工业高新技术产业增加值同比增长36.2%。推进工业创新能力建设，新认定高新技术企业5家，累计达到11家；新增省级“星创天地”1家，累计达到3家；拥有省级以上科技型中小企业337家，其中，国家级科技型中小企业1家、省级科技型中小企业336家；认定省级科技小巨人企业3家。2020年深泽县在全省科技创新能力监测评价较2019年提升31位次。“农哈哈”获得第十二届全国农机用户满意品牌奖和“河北单项冠军”称号，“北方玉米少免耕高速精量播种关键技术与装备”获得国家科技进步奖二等奖。龙泽制药被命名为国家“专精特新”企业。航博、华运申请“专精特新”中小企业批准入库。举办项目集中开工活动4次，参与开工项目35个，总投资45.79亿元；石家庄成合环保医药化工废物处置利用、冀骐再生资源废旧轮胎再利用2个重点项目开工，新盾合成材料高铁动车组表面功能材料、申龙医药、冀杲地产、第三污水处理厂4个重点项目正在建设；10个项目列入市重点项目建设计划；现代产业项目入库35个。加强土地利用管理，盘活鼎宏、博泽等企业闲置土地120亩，收储装备制造产业区土地426亩。开展招商引资活动22场次，对接客商423人次；签约项目24个，协议投资额92.81亿元；达成合作意向18个，意向投资额42.37亿元；引进县域外资金76.69亿元。规模以上服务业营业收入0.5亿元，同比下降11.0%。2020年河北深泽经济开发区营业收入9.3亿元，同比增长10.4%。全年电子商务平台零售额23.28亿元，排名石家庄市各县（市、区）第二位；4个乡镇获评淘宝镇，12个村获评淘宝村。

【农业生产】 全年农林牧渔业总产值27.44亿元，同比增长2.2%。其中，农业产值13.66亿元，林业产值1770万元，牧业产值9.95亿元，农林牧渔服务业产值3.61亿元。中药材种植面积1800公顷，产值1.19亿元。粮食播种面积3.0万公顷，总产量21.29万吨，平均亩产473.8千克。其中，小麦播种面积1.31万公顷，总产量9.36万吨，平均亩产477.3千克；玉米播种面积1.58万公顷，总产量11.46万吨，平均亩产482.5千克；谷子播种面积368公顷，总产量1405吨，平均亩产254.6千克。豆类（主要是大豆）播种面积394公顷，总产量1001吨。薯类播种面积291公顷，总产量1.16万吨。油料播种面积686公顷，总产量2530吨。蔬菜及食用菌种植面积2830公顷，总产量20.9万吨。瓜果种植面积101公顷，总产量4402吨；西瓜种植面积83公顷，总产量4050吨。果园面积3187公顷，其中，苹果园2099公顷、梨园487公顷、桃园63公顷、葡萄园447公顷。园林水果（不含果用瓜）总产量9.0万吨，其中，苹果5.26万吨（红富士苹果3.78万吨）、梨2.12万吨（雪花梨4320吨、鸭梨3765吨）、桃2303吨、葡萄1.28万吨、红枣109吨。苹果园种植面积、产量全市第一，葡萄园种植面积、产量全市第二。至2020年底，牛、奶牛、骡、猪、羊、家禽、蛋鸡、兔存栏数分别达到4600头、2504头、34头、5.03万头、4.09万只、150.07万只、131.34万只、6217只。肉、奶、禽蛋、鸡蛋产量分别达到1.6万吨、1.49万吨、1.88万吨、1.55万吨，其中，猪肉、牛肉、羊肉、家禽肉、兔肉产量分别达到1.14万吨、1332吨、1298吨、2141吨、10吨。水产品养殖面积10公顷，总产量105吨。渔业养殖以池塘鳖为主，年存栏鳖22万只，年出栏鳖18万只，鳖产值达到3840万元。建成无公害标准化种养基地30个，培育创建县级示范家庭农场11家、市级农民合作示范社1家，深泽农业科技园区获批省级园区，新希望六合养殖项目列入省农业产业化重点项目。

【城乡建设】 打造集美化、亮化、文化于一体“城市客厅”，文化广场提升改造工程启动，博物馆、美术馆、11人制标准化足球场建成投入使用。南苑路西延改造工程及真武路便民市场建设、华丽菜市场改造提升工程完工，侯枣线拓展提升工程投入使用。投资4590万元，实施兴华路、工业二街、兴泽路等道路提升改造工程。12月22日，津石高速公路石家庄段

（含深泽段）建成通车，结束了深泽县没有高速公路的历史。城区主次干道道路机扫率达到96.5%。城区污水处理厂提标改造后实现达标排放，第三污水处理厂进水调试完毕。改造厕所7249个。解决城区“停车难”问题，规划改建停车场4处，施画停车位1767个。城乡供水实现一体化，城乡道路通达率及行政村主要道路硬化率、亮化覆盖率均达到100%。新建4个乡镇垃圾中转站投入使用，农村生活垃圾无害化处理率达到100%。推进小堡村片区乡村振兴示范区建设，宋家庄红色教育基地场馆建设完工。治理“空心村”50个。保护生态环境，空气质量综合指数5.89，同比下降16.3%；空气污染物指数PM2.5年平均浓度60微克/立方米，同比下降20%；空气二级以上优良天数210天，同比增加40天。空气质量大幅转好，排名全市第3位，较2019年提升9位次。加强水污染防治，落实县、乡、村三级“河长制”管理，滹沱河深泽境断面监测数据稳定达到省控标准。植树造林460公顷。滹沱河生态修复二期工程深泽段竣工，形成“一河、一湖、两路、四景”生态观光景观。人民公园、拾光湿地、北极台公园、文昌游园建设完成。至2020年末，深泽县新增绿化面积3.09公顷，建成区绿地率达到36.4%、绿化覆盖率达到39%，人均公园绿地面积11.6平方米。

【社会民生】 全年用于民生事项支出15.5亿元，占一般公共预算支出的86.5%。城镇新增就业3276人，城镇登记失业率2.28%；转移农村劳动力1737人。社会养老保险参保14.66万人，医疗保险参保22.3万人。享受城乡最低生活保障待遇3.68万人，发放保障金1192.76万元。养老机构10家，设置床位1422张。登记结婚1385对，办理离婚627对。开展脱贫攻坚，实施产业扶贫、就业扶贫、消费扶贫行动，全县完成脱贫户1914户、人口3533人；2221名无劳动能力、无收入来源贫困人口每人每年增收720元；建档立卡贫困人口基本养老医疗保险参保率达到100%；13种农产品列入国家消费扶贫系统，实现年销售额1343万元。提升政务服务水平，乡镇综合指挥和信息化网络平台建设完成。改扩建校舍1550平方米。普惠性幼儿园覆盖率达到92.5%。与华北油田四处学校联合办学，成立新石油校区。拥有学校83所，其中，幼儿园38所，特殊教育学校1所，小学34所，中学8所（初级中学7所、高级中学1所），中等职业学校2所；在校生3.33万人，教职工2188人，专任教师1910人。设立文化馆、博物馆、美术馆、公共图书馆各1个，广播、电视节目综合覆盖率达到100%。“深泽面塑”列入市级非物质文化遗产名录，坠子小戏《曹大傻卖羊》入选“中华颂”第十一届全国小戏小品曲艺展；举办“七进”文化演出活动103场，放映公益电影1500场。全域旅游规划编制完成，打造乡村旅游观光路线2条。培育社会体育指导员30人。建有县级医院2个、乡镇卫生院6个、村卫生室125个；开放医院床位1054张；登记卫生技术人员1333人，其中，执业（助理）医师568人、注册护士429人。县医院获评“二级甲等综合医院”，125个行政村实现村卫生室、村医全覆盖。

（袁剑军　陈殿立）

赞皇县

【概况】 赞皇县位于石家庄市西南部，属太行山中段东麓，东与高邑县，南与邢台市，西与昔阳县，北及西北与元氏县、井陉县相邻，距离石家庄市主城区33千米。赞皇县是山区县、老区县、国家扶贫开发工作重点县，也是联合国地名组织命名的“千年古县”，2019年5月5日，经河北省政府批准退出贫困县序列。山场面积115万亩，地貌格局为“七山二滩一分田”。境内景区有嶂石岩、棋盘山等。总面积837平方千米，辖4个镇、7个乡，1个省级经济开发区，11个居委会、211个村委会，常住人口24.25万人，户籍人口28.18万人。2020年赞皇县完成地区生产总值78.7亿元，同比增长5.7%。其中，第一产业增加值20.8亿元，增长4.0%；第二产业增加值20.9亿元，增长10.9%；第三产业增加值37.0亿元，增长3.3%。财政收入8.2亿元，同比增长6.2%，其中，一般公共预算收入4.79亿元，增长8.5%；一般公共预算支出21.87亿元，同比增长8.4%。固定资产投资同比下降28.1%。民营经济增加值45.14亿元，同比增长9.5%。农林牧渔业总产值33.29亿元，同比增长4.2%；粮食播种面积1.78万公顷，总产量7.25万吨，平均亩产270.6千克。规模以上工业营业收入51.39亿元，同比增加15.2亿元；规模以上工业利润9.92亿元，同比增加5.88亿元。社会消费品零售总额12.1亿元，同比下降2.3%。城镇居民人均可支配收入30502元，同比增长4.1%；农村居民人均可支配收入 9771 元，同比增长 8.8%。城镇居民人均可支配收入、农村居民人均可支配收入全市最低。

中共赞皇县委书记：冯立业
县人大常委会主任：宫国恩
县　　长：王涛
县政协主席：胡建忠

【产业项目】 三次产业比例为 26.4∶26.6∶47.0。规模以上工业企业达到 28 家。工业投资同比下降 2.1%，工业技改投资同比增长 30.9%；规模以上工业总产值 49.5 亿元，同比增长 19.8%；规模以上工业增加值 13.2 亿元，同比增长 15.1%；规模以上工业高新技术产业增加值 4800 万元，同比增长 1.2%。工业用电量 11.34 亿千瓦时，同比增长 13.45%。增强企业自主创新能力，企业建立研发机构 23 家（省级 2 家、市级 9 家、县级 12 家），大中型企业研发机构覆盖率达 87.5%，规模以上企业研发机构覆盖率达 50%。新增规模以上工业企业 6 家、“专精特新”企业 3 家。推进特色产业集群发展，印发《赞皇产业集群高质量发展 2020 年重点工作任务》。金隅水泥利用水泥窑协同处置危险废物项目完成投资 5848.7 万元，金隅水泥智能工厂项目完成投资 1000 余万元；鸿锐集团赞皇基地 5 项技术升级改造项目完成投资 4000 万元；6 家陶瓷企业投资 1.26 亿元，实施超低排放改造。PVC 手套产能快速扩张，新开工 PVC 手套项目 6 个，新建生产线 34 条，新增产能 600 万箱，年产能达到 1080 万箱。实施重点项目 39 个，总投资 156.1 亿元，年度计划投资 35.3 亿元，实际完成投资 55 亿元；易捷通、维石康、益筑建材等 18 个项目开工，总投资 83.7 亿元。招商引资项目 29 个，总投资 122.4 亿元；列入省市重点项目 17 个，总投资 106.5 亿元；浩赞 PVC 手套、浩利嘉 PVC 手套、华电光伏、国顺光伏等项目签约。实际利用外资 821.6 万美元，同比增长 211%。规模以上服务业营业收入 1.6 亿元，同比下降 38.0%。至 2020 年末，赞皇县共有民营经济单位 11496 家，从业人员 80838 人；民营经济营业收入 296 亿元，同比增长 3.5%；利润总额 24 亿元。全年接待旅游人数 76.09 万人次，同比下降 24%；旅游业实现收入 4.18 亿元，同比下降 23%。9 月 15 ～ 16 日，第七届石家庄市旅游产业发展大会在赞皇县举行；客流量达到 24.53 万人次，实现旅游收入 1.36 亿元。

【农业生产】 全年农林牧渔业总产值 33.29 亿元，同比增长 4.2%。其中，农业产值 13.8 亿元，林业产值 3.07 亿元，牧业产值 13.51 亿元，农林牧渔服务业产值 2.91 亿元。林业产值位列全市第二名。中药材产值 6380 万元。粮食播种面积 1.78 万公顷，总产量 7.25 万吨，平均亩产 270.6 千克。其中，小麦播种面积 4521 公顷，总产量 2.19 万吨，平均亩产 322.3 千克；玉米播种面积 1.09 万公顷，总产量 4.06 万吨，平均亩产 248.2 千克；谷子播种面积 769 公顷，总产量 1869 吨，平均亩产 162.0 千克。薯类播种面积 1607 公顷，总产量 4.02 万吨。油料播种面积 4509 公顷，总产量 1.03 万吨；花生播种面积 3559 公顷，总产量 8290 吨。棉花播种面积 10 公顷，总产量 8 吨。蔬菜及食用菌种植面积 1666 公顷，总产量 11.78 万吨；设施蔬菜种植面积 72 公顷，总产量 3684 吨；食用菌产量 2898 吨。果园面积 1806 公顷，其中，苹果园 913 公顷、梨园 506 公顷、桃园 346 公顷、葡萄园 40 公顷。园林水果（不含果用瓜）总产量 12.33 万吨，其中，苹果 8000 吨（红富士苹果 6267 吨）、梨 2200 吨（主要是雪花梨）、桃 1000 吨、葡萄 180 吨、红枣 10.5 万吨。食用坚果产量 3.24 万吨，核桃产量 1.8 万吨。核桃、红枣产量全市第一。至 2020 年底，牛（主要是肉牛）、猪、羊、家禽、蛋鸡、兔存栏数分别达到 2.3 万头、4.76 万头、3.61 万只、129.9 万只、113.69 万只、2150 只。肉、禽蛋、鸡蛋产量分别达到 4.48 万吨、2.48 万吨、2.24 万吨，其中，猪肉、牛肉、羊肉、家禽肉产量分别达到 7688 吨、1.16 万吨、757 吨、3258 吨。蜂蜜产量 1910 吨。蜂蜜产量全市第一、牛肉产量全市第二。赞皇县核桃、蜂蜜、大枣有名，蜜蜂饲养涉及 11 个乡镇，拥有蜜蜂养殖户 1260 个。投资 2375 万元，实施许亭乡片区 1.5 万亩高标准农田建设任务完成。土地流转面积 11 万亩。农业机械总动力 54.6 万千瓦。建有市级以上农业产业化龙头企业达到 16 家，其中省级 2 家；现代农业园区 13 家；新增家庭农场 16 家，总数达到 143 家；新增示范合作社 6 家，总数达到 24 家。

【城乡建设】 提升县城形象品位和承载能力，开展规划设计、居住质量、市政设施、公共设施、五城同创、精细化管理“六大品质提升行动”。建成区面积 6.66 平方千米。投资 5742.64 万元，实施石臼山桥北侧连接线、龙门桥南侧连接线、京赞街、南环路与通府南街交口优化、槐河路西段拓宽改造 5 条城区道路工程，长度 6151.13 米。城区集中供热主管网更新改造完工，11 月 1 日正式点火供热。丝弦中心等民生工程竣工投用。共享电动车首次投放县城，实现共享出行“零”的突破。开展爱国卫生运动，整治人居环境，清理垃圾 2.49 万吨、残垣断壁 2555 处，清扫街路

690.07万平方米。推进县城精细化管理，开展违规设置广告牌匾、占道经营、不遵守交通秩序等行为集中整治行动；县城机械化清扫率96.8%，生活垃圾无害化处理率100%。大斜街片区、济河路东段片区等棚户区和城中村改造稳步推进。以“红色物业”创建活动为契机，按照县城发展规划，重新划分10个社区，小区物业管理达到全方位、无死角要求。提升农村基础设施建设，新改建高低压输电线路622千米，新建增容配变器104台；新改建10千伏线路19.45千米、0.4千伏线路81.99千米，安装配变器14台，涉及6个乡镇31个村庄；15个村庄道路硬化、4个村级污水站建设完工。新增绿化面积2万平方米，建成区绿地率达到39.09%，绿化覆盖率达到43.86%，人均公园绿地面积14.8平方米。植树造林面积1.27万公顷，森林覆盖率达到41%。保护生态环境，投资3.9亿元，实施槐河赞皇县城段综合整治工程，河道清淤与防护3.5千米、滩地生态防护35.46万平方米、两岸堤防建设7千米。加强“散乱污”企业治理，新发现“散乱污”企业6家，全部取缔。开展工业污染源、入河排污口、纳污坑塘、建成区黑臭水体、饮用水水质等排查整治，出境断面水质达到省市考核要求。空气质量综合指数5.8，同比下降15%，排名较2019年提升2个位次，位列全市第二位；空气污染指数PM2.5年平均浓度54微克/立方米，同比下降12.9%，位列全市第一。2020年赞皇县空气质量环境明显转好，受到市政府奖励。

【社会民生】 全年用于民生事项支出17.9亿元，占赞皇县一般公共预算支出的81.8%。居民住户存款118.2亿元，同比增长15.4%。城镇新增就业2956人，城镇登记失业率3.68%；农村劳动力转移就业1044人。社会养老保险参保14.51万人，医疗保险参保24.4万人。享受城乡最低生活保障待遇8247人，发放保障资金3018.2万元；农村最低生活保障待遇标准提高到每人每年5760元。养老机构8家，设立床位540张。新增创业孵化基地1家。拥有学校164所，其中，幼儿园100所，特殊教育学校1所，小学52所，中学9所（初级中学7所、九年一贯制中学1所、高级中学1所），中等职业学校2所；在校生5.88万人，教职工4150人，专任教师3579人。新建野草湾中心小学综合楼、北方小学及赞皇中学教学楼装修改造等项目顺利推进。25座学校微课堂建设完工，总投资360万元。发放教育资助资金381.55万元，资助困难学生7156人。设立文化馆1个、博物馆2个、公共图书馆1个，广播节目综合覆盖率达到87%、电视节目综合覆盖率达到90%。建有县级医院2个、社区卫生服务中心（站）1个、乡镇卫生院5个、村卫生室212个；开放医院床位1050张；登记卫生技术人员1161人，其中，执业（助理）医师586人、注册护士862人。县医院门诊大楼项目主体完工、医技楼综合项目正在施工。县级公立医院综合改革、医联体建设持续推进，养老机构医疗覆盖率达到100%。优化营商环境，100项政务服务纳入“冀时办”手机App平台办理，审批事项网上可办率达到96.9%，企业开办时间压缩至1个工作日以内。实施农业农村改革，209个村完成农村土地承包经营权确权登记办证。赞皇县土门乡寺峪村获评全国文明村镇。

（冯建林　耿建彩）

无　极　县

【概况】 无极县位于石家庄市东北部，地处滹沱河北岸，东及东南与深泽县、晋州市，西及西南与藁城区，北及西北与保定市、新乐市相邻，距离石家庄市主城区52千米。无极县民间艺术门类繁多，地方特色浓郁，“无极剪纸”“七汲全羊宴技艺”“无极饸饹制作技艺”“无极刘琨的传说”列入河北省非物质文化遗产保护名录，“无极吹歌”“无极泥模”列入石家庄市非物质文化遗产保护名录。总面积502平方千米，辖6个镇、5个乡，1个省级经济开发区，4个居委会、213个村委会，常住人口45.14万人，户籍人口53.5万人。2020年无极县完成地区生产总值131.3亿元，同比增长0.7%。其中，第一产业增加值32.2亿元，增长4.7%；第二产业增加值35.8亿元，下降4.4%；第三产业增加值63.4亿元，增长2.3%。财政收入12.01亿元，同比增长1.1%，其中，一般公共预算收入8.33亿元，增长9.8%；一般公共预算支出33.07亿元，同比下降25.9%。固定资产投资66.27亿元，同比下降15.3%。民营经济增加值83.63亿元，同比下降1.1%。农林牧渔业总产值54.0亿元，同比增长4.8%；粮食播种面积5.44万公顷，总产量35.49万吨，平均亩产434.6千克。规模以上工业营业收入94.73亿元，同比减少39.3亿元；规模以上工业利润3.77亿元，同比减少2.47亿元。社会消费品零售总额37.71亿元，同比下降3.5%。城镇居民人均可支配收入33187元，同比增长4.7%；农村居民人均可支配收入17662元，同比增长6.6%。

中共无极县委书记：吕智临
县人大常委会主任：刘全江
县　　长：王勇军
县政协主席：马孟军

【产业项目】 三次产业比例为24.5∶27.2∶48.3。规模以上工业企业达到172家。工业投资23.3亿元，同比下降42.4%，工业技改投资2.7亿元，同比下降92%；规模以上工业总产值146.4亿元，同比下降15.1%；规模以上工业增加值26.4亿元，同比下降14.7%；规模以上工业高新技术产业增加值4亿元，同比下降0.4%。工业用电量7.07亿千瓦时，同比下降9.7%。县域产业有皮革业、装饰材料业等，皮革业是无极县支柱产业。2020年无极县皮革行业共有规模以上企业89家，总产量3872万平方米，总产值300亿元，主要产品有沙发革、汽车座套革、箱包革、皮鞋革等。其中，规模以上皮革企业总产值75亿元，同比下降20.9%；规模以上皮革企业利润1.2亿元，同比下降73.4%。2020年无极县装饰材料业企业整合为160家，年产木门及配套产品800多万套，主要产品有木门、免漆门、钢木门、生态门、烤漆门、竹木门、防火门、全屋定制八大系列，配套木工机械、包装印刷两大产业及装饰板材、木线、木方、门封边、套线、套板、门皮等11种配套产品，营业收入187.9亿元。实施省市重点项目11个，总投资129.3亿元。招商引资总额123.8亿元，同比下降8.6%。对外贸易进出口总额6.7亿元，同比增长21%，其中，出口额5.8亿元，同比增长26%。实际利用外资44.17万美元，同比下降43.5%。规模以上服务业营业收入1.2亿元，同比增长41.9%。2020年河北无极经济开发区营业收入400亿元，同比增长21.9%。

【农业生产】 全年农林牧渔业总产值54.0亿元，同比增长4.8%。其中，农业产值25.43亿元，林业产值2207万元，牧业产值24.39亿元，农林牧渔服务业产值3.97亿元。中药材产值2.21亿元。粮食播种面积5.44万公顷，总产量35.49万吨，平均亩产434.6千克。其中，小麦播种面积2.67万公顷，总产量18.75万吨，平均亩产468.9千克；玉米播种面积2.05万公顷，总产量14.43万吨，平均亩产468.6千克；谷子播种面积682公顷，总产量2669吨，平均亩产260.9千克。豆类（主要是大豆）播种面积6021公顷，总产量1.65万吨。薯类播种面积559公顷，总产量1.98万吨。油料播种面积3088公顷，总产量1.37万吨；花生播种面积3035公顷，总产量1.35万吨。蔬菜及食用菌种植面积7678公顷，总产量58.5万吨；设施蔬菜种植面积3711公顷，总产量29.36万吨。豆类、蔬菜及食用菌种植面积、产量均位列全市第二名。瓜果（主要是西瓜）种植面积335公顷，总产量2.5万吨。果园面积312公顷，其中，苹果园103公顷、梨园105公顷、桃园75公顷、葡萄园29公顷。园林水果（不含果用瓜）总产量8574吨，其中，苹果2998吨（红富士苹果2961吨）、梨4270吨（雪花梨2489吨、鸭梨1783吨）、桃393吨、葡萄884吨。至2020年底，牛、肉牛、马、驴、猪、羊、家禽、蛋鸡、兔存栏数分别达到6.03万头、4.75万头、1513匹、1231头、7.86万头、6.09万只、656.17万只、574.26万只、3585只。肉、奶、禽蛋、鸡蛋产量分别达到3.73万吨、6.4万吨、7.91万吨、7.17万吨，其中，猪肉、牛肉、羊肉、家禽肉、驴肉、兔肉产量分别达到1.72万吨、8295吨、1651吨、9382吨、147吨、18吨。土地流转面积24.15万亩。农业机械总动力67.36万千瓦。建有市级以上农业产业化龙头企业达到18家，其中省级4家；现代农业园区10家；新增家庭农场56家，总数达到438家；新增示范合作社5家，总数达到26家。无极黄瓜特色农产品优势区被省农业农村厅、省发展改革委、省林业和草原局认定为省级特色农产品优势区。

【城乡建设】 建成区面积达到11.2平方千米。实施重点城建项目12项，总投资9.6亿元。新城路、荣城路等3条道路开工建设，希望路、贸易街等3条排水管网改造完工。维修小街小巷道路4条，分别为华瑞地毯厂家属院道路、芙蓉街道路、平安街道路、教育局门前道路，总长度2.27千米，总投资409.5万元。改建农村道路18条。棚户区项目改造住房53套。房屋建筑节能改造3.4万平方米。开展洗城净村净企活动，城区道路机械化清扫率达到94.7%。清理违法占地面积128亩，拆除违规违法建筑2.3万平方米。综合处置历史遗留非正规垃圾填埋场地14处。建成街头游园11个，城区公园游园数量达到40个，其中公园8个。新增绿化面积24.27公顷，建成区绿地率达到37.21%，绿化覆盖率达到40.5%，人均公园绿地面积14.74平方米。保护生态环境，33台47蒸吨以下天然气锅炉、生物质锅炉提标改造完毕。空气环境质量逐渐转好，空气质量综合指数6.12，同比下降15.8%；空气污染指数PM2.5年平均浓度63微克/

立方米，同比下降 16%。滹沱河生态修复二期工程无极段竣工，全长 21.6 千米，总投资 8.68 亿元。木刀沟河道综合整治一期工程完工，总投资 1.1 亿元。2020 年 11 月，无极县获评河北省洁净城市。

【社会民生】 全年用于民生事项支出 25.7 亿元，占无极县一般公共预算支出的 77.7%。城乡居民存款余额 249.5 亿元，同比增长 13.7%。城镇新增就业 4107 人，城镇登记失业率 1.15%。支持创新创业，发放创业担保贷款 1310 万元。社会养老保险参保 31.97 万人，医疗保险参保 47.96 万人。享受城乡最低生活保障人员 10527 人，发放低保资金 293.62 万元。落实扶贫政策，建档立卡 4279 户、6405 人实现稳定脱贫。养老机构 8 个，设立床位 1348 张；中心敬老院、第二敬老院实行社会化运营。无极中学运动场、无极二中学生公寓楼、北苏镇中教学楼等校舍工程及综合文化展馆、室内滑冰馆工程建设完工。拥有学校 274 所，其中，幼儿园 171 所，特殊教育学校 1 所，小学 82 所，中学 17 所（初级中学 12 所、九年一贯制中学 2 所、完全中学 1 所、高级中学 2 所），中等职业学校 3 所；在校生 8.97 万人，教职工 5755 人，专任教师 4676 人。设立文化馆、公共图书馆各 1 个，广播、电视节目综合覆盖率达到 100%。注册裁判员 2 人，培养社会体育指导员 655 人。建有县级医院 3 个、乡镇卫生院 11 个、村卫生室 213 个；开放医院床位 2023 张；登记卫生技术人员 1829 人，其中，执业（助理）医师 1094 人、注册护士 735 人。2020 年无极县获评“河北省中医药基层先进县”“河北省文明县城”。

（任航仪）

平 山 县

【概况】 平山县位于石家庄市西北部，地处太行山中段东麓，地势自东向西北逐渐增高，海拔最低点东水碾村 120 米，最高点驼梁 2281 米，素有“八山一水一分田”之称，北及东北与灵寿县，东南与鹿泉区，南与井陉县，西及西南、西北与山西省相邻，距离石家庄市主城区 30 千米，是中国革命圣地——西柏坡所在地，也是河北省首批扩权县。2018 年 9 月 29 日，河北省政府批准平山县退出贫困县序列。总面积 2644 平方千米，辖 12 个镇、11 个乡，1 个省级经济开发区，22 个居委会、717 个村委会，常住人口 42.33 万人，户籍人口 49.91 万人。2020 年平山县完成地区生产总值 248.1 亿元，同比增长 6.5%。其中，第一产业增加值 18.4 亿元，增长 9.9%；第二产业增加值 146.4 亿元，增长 7.6%；第三产业增加值 83.2 亿元，增长 4.1%。财政收入 42.73 亿元，同比下降 10.3%，其中，一般公共预算收入 20.75 亿元，增长 6.3%；一般公共预算支出 46.1 亿元，同比增长 9.2%。固定资产投资 142.0 亿元，同比下降 10.0%。民营经济增加值 186.07 亿元，同比增长 7.1%。农林牧渔业总产值 33.78 亿元，同比增长 9.7%；粮食播种面积 2.3 万公顷，总产量 11.85 万吨，平均亩产 342.9 千克。规模以上工业营业收入 703.97 亿元，同比增加 12.86 亿元；规模以上工业利润 53.59 亿元，同比减少 12.82 亿元。社会消费品零售总额 41.95 亿元，同比下降 3.4%。城镇居民人均可支配收入 34181 元，同比增长 4.3%；农村居民人均可支配收入 11229 元，同比增长 8.5%。

中共平山县委书记：李旭阳（3 月免）
　　　　　　　　　董晓航（3 月任）
县人大常委会主任：焦习军
县　　　　　　长：董晓航（8 月免）
　　　　　　　　　张前锋（9 月任）
县政协主席：郭双全

【产业项目】 三次产业比例为 7.4∶59.0∶33.6。规模以上工业企业达到 42 家。工业投资同比增长 200.4%，工业技改投资同比增长 191.1%；规模以上工业总产值 562 亿元，同比增长 6.6%；规模以上工业增加值同比增长 8.2%；规模以上工业高新技术产业增加值 1.65 亿元，同比下降 2.9%；规模以上工业利税 59.8 亿元，同比下降 23.2%。主要工业产品：钢材总产量 1235.2 万吨，同比增长 9.3%；尿素总产量 12.9 万吨，同比增长 4.9%。2020 年敬业集团营业收入 2244 亿元，同比增长 76%，成为河北省首家营业收入超 2000 亿元民营企业；上缴税金 39 亿元。敬业集团投资 34 亿元铁路专用线项目开工，投资 59 亿元敬业集团钢铁装备升级改造项目正在建设，投资 26 亿元冷轧项目投产。认定高新技术企业 10 家、科技型中小企业 351 家，获评“全省民营经济发展先进县”。现代产业重点项目入库 36 项，年度计划投资 122.9 亿元，实际完成投资 157.2 亿元。推进产业转型升级，增材制造、涂镀板等转型项目建成投产，签约引进泽宏科技、博欧金属等新兴产业项目 12 个。对外贸易进出口总额 5.47 亿美元，同比增长 31.18%。平山西柏坡经济开发区跨入千亿级行列。规模以上服务业营业收入3.4亿元，同比下降37.7%。推进旅游业发展，平山县入选全国休闲农业和乡村旅游示范县，获批“国家全域旅游示范区”，西柏坡红色游、李家庄乡村游入选全国旅游发展典型案例。2020年平山县接待游客713.85万人次，同比下降63.26%；旅游业收入53.09亿元，同比下降63.72%。

【农业生产】 全年农林牧渔业总产值33.78亿元，同比增长9.7%。其中，农业产值9.13亿元，林业产值6.63亿元，牧业产值12.23亿元，渔业产值1.05亿元，农林牧渔服务业产值4.74亿元。中药材产值8612万元。林业、渔业产值居全市第一。粮食播种面积2.3万公顷，总产量11.85万吨，平均亩产342.9千克。其中，小麦播种面积2767公顷，总产量1.8万吨，平均亩产432.8千克；玉米播种面积1.71万公顷，总产量9.01万吨，平均亩产351.8千克；谷子播种面积954公顷，总产量2623吨，平均亩产183.3千克。豆类播种面积522公顷，总产量853吨；大豆播种面积377公顷，总产量548吨。薯类播种面积1667公顷，总产量3.36万吨。油料播种面积3016公顷，总产量8625吨；花生播种面积2232公顷，总产量6008吨。棉花种植面积54公顷，总产量45吨。蔬菜及食用菌种植面积2259公顷，总产量12.13万吨；设施蔬菜种植面积155公顷，总产量5102吨；食用菌总产量937吨。瓜果种植面积25公顷，总产量757吨；西瓜种植面积3公顷，总产量116吨。果园面积1290公顷，其中，苹果园800公顷、梨园30公顷、桃园288公顷、葡萄园56公顷。园林水果（不含果用瓜）总产量1.71万吨，其中，苹果1.02万吨（红富士苹果9257吨）、梨216吨（雪花梨103吨、鸭梨22吨）、桃3953吨、葡萄1051吨、红枣13吨。至2020年底，牛、肉牛、猪、羊、家禽、蛋鸡、兔存栏数分别达到1.01万头、6365头、7.52万头、6.91万只、422.02万只、369.34万只、2985只。奶、禽蛋、鸡蛋产量分别达到7626吨、1.6万吨、1.53万吨，其中，猪肉、牛肉、羊肉、家禽肉、兔肉产量分别达到1.32万吨、1557吨、1373吨、2432吨、8吨。土地流转面积18.83万亩。农业机械总动力69.97万千瓦。建有市级以上农业产业化龙头企业达到27家，其中省级3家；新增现代农业园区7家，总数达到33家；新增家庭农场106家，总数达到282家；新增示范合作社24家，总数达到889家。

【城乡建设】 建成区面积达到96平方千米。打造“四横八纵”路网格局，投资资金2亿元，实施建设大街北延及柏坡西路、钢城路南延、正义路改造9条道路工程，长度7.5千米；改建城区主干道6条，打通断头路5条，钢城路南延、建设大街北延、滨河路建成通车。实施冶河县城段集中整治，建成滨河公园、市民广场、商代遗址公园等特色公园，新增绿地面积60公顷、水面333公顷、沿河景观7千米。改造老旧小区18个，维修改建城区基础设施管网475千米。开展农村人居环境整治行动，建设省级美丽乡村172个，改建国省公路干线和农村公路800千米，获授“四好农村路”省级示范县称号。9月5日，旅游景区王母山核心项目“天宫”建成开业。保护生态环境，重点企业全部实行在线监控和超低排放，取缔“散乱污”企业538家，农村地区冬季清洁能源取暖实现全覆盖。空气环境质量转好，空气质量综合指数为6，同比下降13.7%；空气污染指数PM2.5年平均浓度56微克/立方米，同比下降9.7%。河流断面水质稳定达标，岗南水库、黄壁庄水库水质常年保持地表水Ⅱ类标准以上。矿山修复106处。重视森林资源保护，森林管理实行“林长制”；造林绿化面积120.5万亩，森林覆盖率达到61.6%。城区新增绿地面积9.39公顷，建成区公园绿地面积达到170.62公顷，绿化覆盖率达到44.37%，人均公园绿地面积13.9平方米。2020年平山县获评省级洁净城市、省级森林城市、省级文明县城、省级园林县城，平山镇孟堡村获评全国文明村镇。

【社会民生】 全年用于民生事项支出36亿元，占平山县一般公共预算支出的78.1%。城镇新增就业2.2万人，农村转移劳动力2.3万人。城乡居民社会养老保险参保率达到98.2%，医疗保险参保率达到98%。办理人大代表建议321件、政协委员提案436件，办复率均达100%。承接、取消、委托下放行政审批事项21项。为企业减税降费7.8亿元。享受城乡最低生活保障待遇16585人，发放低保资金5021.77万元。其中，享受农村低保待遇16095人，发放低保资金4735.74万元；享受城镇低保待遇490人，发放低保资金286.03万元。养老机构4家，设立床位450张。改建学校71所，获评国家义务教育基本均衡县、农村职业教育和成人教育示范县。拥有学校207所，其中，幼儿园109所，特殊教育学校1所，小学70所，中学23所（初级中学8所、九年一贯制中学9所、完全中学3所、高级中学2所、十二年一贯制中学1所），中等职业学校4所；在校生8.33万人，教职工6741人，专任教师5744人。设立文化馆1个、博物馆3个（平山县博物馆、西柏坡博物馆、西柏坡纪念馆）、公共图书馆1个，广播、电视节目综合覆盖率达到100%。纪录片《平山记忆》《中山国》在中国中央电视台播出，河北梆子现代戏《没有共产党就没有新中国》获得河北省“五个一工程奖”；平山县获评“中国文化百强县”。体育比赛获得市级以上金牌7枚、银牌4枚、铜牌4枚，注册二级以上运动员16人、裁判员188人，培养社会体育指导员1600人。建有县级医院8个、乡镇卫生院23个、村卫生室706个，开放医院床位1774张；登记县、乡医疗机构卫生技术人员1154人，登记全县执业（助理）医师841人、注册护士1225人（含私人诊所）。平山县获评全国基层中医药工作先进单位，县医院获批二级甲等医院。加强社会综合治理，建立社会矛盾多元化解中心，社区管理实现“红色物业”全覆盖。10月20日，平山县连续第5次获得“全国双拥模范县”称号。

（曹红肖　韩晓敏）

元　氏　县

【概况】 元氏县位于石家庄市南部，西倚太行山，东临华北平原，境内自西向东山区、丘陵、平原梯次分布，东与栾城区、赵县，西与井陉县，南与高邑县、赞皇县，北与鹿泉区相邻，距离石家庄市主城区30千米。县内拥有常山郡遗址、封龙山石窟、开化寺塔、西张村西周遗址等国家重点文物。2010年联合国地名专家组命名元氏县为“千年古县”。新元高速、石赞高速、107国道、红旗大街纵贯南北，青银高速、赵赞公路、井元公路横贯东西。总面积675平方千米，辖8个镇、7个乡，1个省级经济开发区，4个居委会、208个村委会，常住人口39.27万人，户籍人口44.61万人。2020年元氏县完成地区生产总值161.2亿元，同比增长5.1%。其中，第一产业增加值22.1亿元，增长2.5%；第二产业增加值43.2亿元，增长10.4%；第三产业增加值95.9亿元，增长3.2%。财政收入19.02亿元，同比下降1.1%，其中，一般公共预算收入11.52亿元，增长13.8%；一般公共预算支出30.0亿元，同比增长10.6%。固定资产投资同比下降31.6%。民营经济增加值121.85亿元，同比增长4.8%。农林牧渔业总产值35.53亿元，同比增长3.0%；粮食播种面积6.04万公顷，总产量37.12万吨，平均亩产409.7千克。规模以上工业营业收入147.69亿元。规模以上工业利润25.25亿元，同比增加5.96亿元。社会消费品零售总额49.23亿元，同比下降2.9%。城镇居民人均可支配收入32105元，同比增长4.2%；农村居民人均可支配收入17349元，同比增长7.0%。

中共元氏县委书记：郑巍
县人大常委会主任：张庆志
县　　长：许尽晖（女）
县政协主席：白兰怀

【产业项目】 三次产业比例为13.7∶26.8∶59.5。规模以上工业企业63家，其中，化工行业21家、装备制造行业27家。工业投资同比下降67.4%。规模以上工业总产值142亿元，同比增长2.2%；规模以上工业增加值32亿元，同比增长11.5%；规模以上工业高新技术产业增加值3.8亿元，同比增长7.9%；规模以上工业利税5.6亿元，同比下降0.3%。主要工业产品产量：化学农药原药4041.78吨，同比增长82.2%；口罩13443万只，同比增长2778.6%；制冷设备用压缩机2446台、非制冷设备用压缩机1.79万台、气体压缩机2.04万台。实施工业技改项目13个，总投资129.84亿元。化工行业、装备制造业成为主导产业，新能源汽车电池、电机、零配件、整车组装生产制造产业链初步形成。列入省市重点项目17个，总投资294.7亿元；年完成投资53.1亿元，占年度投资计划的126.4%。其中，新开工项目8项，总投资121.5亿元，年度计划投资31.7亿元，实际完成投资39.3亿元；续建项目3项，总投资22.1亿元，年度完成投资13.8亿元，全部竣工；前期项目6项，总投资151.1亿元。实施县级重点项目36个，总投资259.21亿元，年度计划投资61.99亿元，实际完成投资72亿元。其中，新开工项目12项，总投资142.5亿元，年度计划投资33.1亿元，实际完成投资41.7亿元；续建项目20项，总投资73.64亿元，年度计划投资28.89亿元，实际完成投资30.3亿元；前期项目4项，总投资43亿元。签约项目35项，拟引资额163.79亿元；审批注册30项，资金到位27项，到位资金62.72亿元。招商引进省外资金60.65亿元、市外资金62.65亿元、京津资金38.92亿元。引进10亿元以上项目6个，分别为：投资12亿元的中通快运华北管理中心项目、投资10亿元的华劲汽车零部件制造项目、投资10亿元的永星电子产业基地项目、投资20亿元的“宫囍·龙凤呈祥”文化产业园项目、投资30亿元的商业中心项目、投资20亿元的中商汇金商用汽车服务项目。实际利用外资1138万美元。市场主体达到3.5万户，净增4677户。新增规模以上服务业企业3家，分别为元氏县青云汽车运输有限公司、河北飞秒供应链管理有限公司、元氏县常洁洗涤服务有限公司。规模以上服务业营业收入11.4亿元，同比下降7.0%。旅游业建成槐河湿地、槐河人家、汉街景区、万花山景区、蟠龙湖景区、封龙山景区、马村片区、铁屯片区、殷村片区、龙河新区及全长86千米、连接十大片区的龙兴山水风景大道旅游环线，形成“一环十片区”全域旅游发展格局；旅游业产值3.99亿元。2020年河北元氏经济开发区入园企业188家，主营业务收入406.1亿元，对外贸易进出口总额33.65亿元，上缴税收10.78亿元。

【农业生产】 全年农林牧渔业总产值35.53亿元，同比增长3.0%。其中，农业产值11.61亿元，林业产值1.5亿元，牧业产值21.29亿元，渔业产值295万元，农林牧渔服务业产值1.11亿元。粮食播种面积6.04万公顷，总产量37.12万吨，平均亩产409.7千克。其中，小麦播种面积2.56万公顷，总产量16.99万吨，平均亩产442.0千克；玉米播种面积3.09万公顷，总产量18.53万吨，平均亩产400.4千克；谷子播种面积935公顷，总产量2062吨，平均亩产147.0千克。豆类播种面积685公顷，总产量957吨；大豆播种面积640公顷，总产量876吨。薯类播种面积2284公顷，总产量6.45万吨。油料播种面积1575公顷，总产量4569吨；花生播种面积1243公顷，总产量3895吨。棉花种植面积83公顷，总产量76吨。薯类、棉花播种面积全市第二、产量均为全市第一。蔬菜及食用菌种植面积1604公顷，总产量11.13万吨；蔬菜主要种植产品有西红柿、黄瓜、茄子、豆角、甘蓝、芹菜、韭菜、芽球玉兰。果园面积76公顷，其中，苹果园26公顷、梨园10公顷、桃园14公顷、葡萄园26公顷。园林水果（不含果用瓜）总产量7363吨，其中，苹果1254吨（红富士苹果1047吨）、梨278吨（雪花梨276吨）、桃171吨、葡萄592吨、红枣704吨。石榴种植面积2533公顷，总产量7.6万吨，主要石榴品牌有“满山红”“馥凯”“艮发”“驴友坡”等，“满山红”连续获批河北省名牌农产品。至2020年底，牛、肉牛、驴、猪、羊、家禽、蛋鸡存栏数分别达到2.3万头、1.55万头、1440头、4.28万头、5.55万只、389.63万只、341万只。肉、奶、禽蛋、鸡蛋产量分别达到3.79万吨、2.51万吨、3.7万吨、3.3万吨，其中，猪肉、牛肉、羊肉、家禽肉、驴肉产量分别达到1.47万吨、8104吨、2107吨、9530吨、142吨。羊肉产量全市第一。水产品产量160吨。建有市级以上农业产业化龙头企业达到19家，其中省级6家；现代农业园区21家，其中，省级1家、市级5家。备案规模养殖场35家，其中，奶牛养殖场9家、肉牛养殖场3家，肉羊养殖场2家，生猪养殖场15家，蛋鸡养殖场4家、肉鸡养殖场2家。休闲农业庄园100余家。

【城乡建设】 落实“一环十区”全域旅游规划及“一城三区多中心”城乡融合发展规划，实施南北跨河发展策略，北部龙河新区发展达到2.4平方千米，南部沿槐河打造汉风文旅小镇达到7.2平方千米。打造生态宜居县城，推进槐河、潴龙河生态整治工程项目，城区新增水域面积570万平方米。推进县城基础设施建设，建成游客服务中心、政务服务中心、商务中心、文体中心、汉文化体验中心、创业就业服务中心、便民服务中心、干部教育培训中心等“十大中心”；新建城区智慧泊车、林荫停车场4个，县中医院建成立体停车库，城区道路施画侧向车位6000多个，城区公共停车场达到20余个。提升县城形象，打造常山路示范街区、汉街文化街区、恒山大街精品街区、华西路仿古街区、长春路商业街区、龙河南路现代街区6个特色街区，新建4.4万平方米“元悦酒店”、4.2万平方米“龙河大剧院”、高54米“龙河明珠塔”、长256米“荷月廊桥”及汉风堂、游客服务中心6个标志性建筑。加快与石家庄市主城区高效互联互通，107国道全线改造提升，红旗大街南延24.4千米、恒山大街北延对接中华大街工程7.7千米，开通太行山高速公路支线元氏境内出口2处。改造提升县城主要出入口，北立交桥按照现代风格全部铺设花岗岩，南立交桥仿汉代风格装修，常山路与红旗大街出入口实行高标准绿化。实施城区小街巷综合整治，硬化治理小街巷5.7万平方米。加强城市精细化管理，建成集旅游服务、城市管理、违章查处等功能于一体智慧平台，实现“主城区+旅游景区+重点部位”监控全覆盖。城区道路机扫率达到99.1%，城区公厕实行专人专管责任制。开展农村人居环境整治行动，清理残垣断壁1766处、破旧房屋9.6万平方米，清运积存垃圾38万余立方米；5个村庄实施污水治理工程，累计135个村庄完成生活污水管控；农村改厕1.48万座，农村卫生厕所普及率达到85%以上。保护生态环境，取缔煤场328家，综合整治“散乱污”企业492家，淘汰燃煤锅炉290台，“电代煤”7349户、“气代煤”15429户，配送型煤7.1万吨。空气质量综合指数6.04，同比下降13.5%；空气污染指数PM2.5年平均浓度60微克/立方米，同比下降14.3%。空气二级以优良天数达到207天，同比增加44天。河道生态修复62千米，生态补水8700万立方米。60个村实现饮水置换，15.25万居民用上长江水；压采地下水4737万立方米。2020年元氏县植树造林1.16万公顷，新建绿廊花海30万平方米、绿地52万平方米，栽植乔灌木200多万株，森林覆盖率达到33.2%，城区周边形成万亩环城林海。

【**社会民生**】全年用于民生事项支出22.12亿元，占元氏县一般公共预算支出的73.7%。城镇新增就业2633人，城镇登记失业率3.5%。城乡居民养老保险参保32.05万人，参保率98.6%；机关事业单位及企业职工养老保险参保6.1万人。医疗保险参保38.91万人，其中，城乡居民医疗保险36.67万人，参保率99.09%。建设公共保障房230套，分配159户。改造老旧小区14个，投资资金298.5万元。脱贫攻坚投入资金1.18亿元。创新建立文化小院、承包地流转防返贫机制。建设文化小院154个，惠及建档立卡贫困户154户；成立扶贫农民合作社51个，流转土地91.7公顷，惠及建档立卡贫困户538户。拥有学校149所，其中，幼儿园54所，特殊教育学校1所，小学72所，中学16所（初级中学7所、九年一贯制中学5所、完全中学1所、高级中学2所、十二年一贯制中学1所），中等职业学校6所；在校生7.84万人，教职工5927人，专任教师5090人。蟠龙湖水上运动、无极山滑雪滑草滑翔、昊和F3赛车3个运动项目基地建成开放。南因镇东杜村获评全国文明村镇。

（杨夕群）

赵 县

【**概况**】赵县位于石家庄市东南部，东与晋州市，西与元氏县、高邑县，南与邢台市，北与藁城区、栾城区相邻，距离石家庄市主城区40千米。赵县古称赵州，2005年被联合国地名专家组中国分部命名为“千年古县”。境内拥有赵州桥、柏林禅寺、陀罗尼经幢等众多历史遗迹。其中，赵州桥有1400多年历史，是世界桥梁的鼻祖，被誉为天下第一桥；柏林禅寺有1700多年历史，始建于东汉末年，是中国禅宗史上重要祖庭，史称“畿内名刹”“古佛道场”，内设河北省佛学院、河北省禅学研究所；陀罗尼经幢坐落县城中央，被誉为“华夏第一塔”。赵县是国家林业局命名中国雪花梨之乡、全国经济林示范县、中国优质梨果生产基地重点县，也是国家农业部命名的优质小麦生产基地县、全国粮食生产先进县。总面积674平方千米，辖8个镇、3个乡，1个省级经济开发区，10个居委会、281个村委会，常住人口50.54万人，户籍人口61.62万人。2020年赵县完成地区生产总值144.2亿元，同比增长3.6%。其中，第一产业增加值27.4亿元，增长10.2%；第二产业增加值36.3亿元，下降0.2%；第三产业增加值80.4亿元，增长3.3%。财政收入12.17亿元，同比增长5.7%，其中，一般公共预算收入8.13亿元，增长9.3%；一般公共预算支出35.32亿元，同比增长16.5%。固定资产投资87.22亿元，同比下降35.6%。民营经济增加值96.22亿元，同比增长1.4%。农林牧渔业总产值41.71亿元，同比增长11.0%；粮食播种面积7.46万公顷，总产量57.2万吨，平均亩产511.3千克。规模以上工业营业收入104.94亿元，同比增加14.66亿元。规模以上工业利润4.62亿元，同比增加0.41亿元。社会消费品零售总额41.3亿元，同比下降3.0%。城镇居民人均可支配收入34212元，同比增长4.3%；农村居民人均可支配收入17912元，同比增长6.7%。

中共赵县县委书记：张敏周
县人大常委会主任：黄云锁
县　　　长：高楠
县政协主席：张清华

【**产业项目**】三次产业比例为19.0∶25.2∶55.8。规模以上工业企业达到78家。工业投资60.1亿元，同比下降35.7%；工业技改投资29.04亿元，同比增长2.3%；规模以上工业总产值97.82亿元，同比下降5.41%；规模以上工业增加值20.42亿元，同比下降3.1%；规模以上工业高新技术产业增加值7.59亿元，同比增长21.5%；规模以上工业利税6.38亿元，同比增长10.6%。工业用电量10.97亿千瓦时，同比下降2.59%。高新技术企业达到35家，科技型中小企业达到350家，县域科技创新能力由C类跃升为B类县（市、区）。实施重点项目128个，总投资328.5亿元。15个项目列入省市重点项目。31个项目列入石家庄市现代产业项目，其中，在建项目17个，总投资105亿元。普洛斯智慧物流园、易谷产业新城、金桥城市广场、天山熙湖等项目正在建设。参与招商引资活动30余次，对接企业90余家，签约项目

14 项，引进省外资金 53.05 亿元。5 月 18 ～ 20 日，赵县以网络方式参加 2020 中国・廊坊国际经济贸易洽谈会，签约项目 5 个。其中，内资项目 4 个，总投资 32.6 亿元人民币；外资项目 1 个，总投资 5430 万美元。对外贸易进出口总额 2.59 亿元，其中，出口 1.39 亿元，同比增长 3.8%。实际利用外资 1041 万美元，同比增长 61.4%。规模以上服务业营业收入 8.9 亿元，同比下降 8.7%。挖掘县域文化旅游资源，投资 27 亿元，实施所里古街、庆阳书院等文化旅游项目。2020 年赵县接待旅游人数 112.84 万人，同比下降 63.5%；旅游业收入 6.77 亿元，同比下降 61.5%。

【农业生产】 全年农林牧渔业总产值 41.71 亿元，同比增长 11.0%。其中，农业产值 30.56 亿元，林业产值 1651 万元，牧业产值 7.36 亿元，农林牧渔服务业产值 3.62 亿元。中药材产值 2764 万元。粮食播种面积 7.46 万公顷，总产量 57.2 万吨，平均亩产 511.3 千克。其中，小麦播种面积 3.86 万公顷，总产量 28.83 万吨，平均亩产 498.0 千克；玉米播种面积 3.5 万公顷，总产量 27.95 万吨，平均亩产 531.7 千克；谷子播种面积 541 公顷，总产量 2321 吨，平均亩产 286.0 千克。粮食和小麦播种面积、总产量、平均亩产均位居全市第一，玉米播种面积和总产量位居全市第一、平均亩产均位列全市第二。豆类（主要是大豆）播种面积 192 公顷，总产量 591 吨。薯类播种面积 210 公顷，总产量 6684 吨。油料播种面积 164 公顷，总产量 462 吨；花生播种面积 90 公顷，总产量 324 吨。蔬菜及食用菌种植面积 1289 公顷，总产量 8.27 万吨。瓜果种植面积 106 公顷，总产量 5137 吨；西瓜种植面积 84 公顷，总产量 4517 吨。果园面积 1.22 万公顷，其中，苹果园 3 公顷、梨园 1.22 万公顷、桃园 5 公顷、葡萄园 11 公顷。园林水果（不含果用瓜）总产量 55.23 万吨，其中，苹果（主要是红富士苹果）75 吨、梨 55.18 万吨（雪花梨 15.63 万吨、鸭梨 20.3 万吨）、桃 189 吨、葡萄 240 吨。雪花梨、鸭梨产量全市第一，园林水果（不含果用瓜）、梨产量全市第二。至 2020 年底，牛、奶牛、马、驴、骡、猪、羊、家禽、蛋鸡、兔存栏数分别达到 5356 头、3046 头、334 匹、1407 头、21 头、4.48 万头、2.13 万只、245.6 万只、214.94 万只、1308 只。肉、奶、禽蛋、鸡蛋产量分别达到 1.96 万吨、1.18 万吨、2.28 万吨、1.99 万吨，其中，猪肉、牛肉、羊肉、家禽肉、驴肉、兔肉产量分别达到 8446 吨、569 吨、465 吨、2867 吨、126 吨、5 吨。调整农业种植结构，强筋麦种植面积达到 10 万亩，张杂谷、中药材、生姜、麻山药等种植面积达到 5 万亩。建有市级以上农业产业化龙头企业达到 12 家，其中省级 5 家；家庭农场 306 家；农民专业合作社 397 家。“赵县皇冠梨”通过农业农村部登记认证，韩村镇入选全国农业产业强镇，大安一村获评全国“一村一品”示范村。

【城乡建设】 编制《赵县国土空间总体规划》。建成区面积达到 15.5 平方千米。打造东部高端商务区、现代化新城区，谋划实施金桥城市广场、城市综合馆、东晏头综合体等重点工程项目 11 项，总投资 40 亿元。以列入河北省县城停车设施建设试点县为契机，开展停车场新建和改造，城区停车位达到 2.8 万余个。实施所里街北延、柏林街北延、李春大道绿化、城市功能配套等道路及基础设施建设工程，新南路、定魏线、果王线、柏林街北延等道路改造及城市功能配套设施建设工程竣工。河北赵县经济开发区管网路网改造、污水处理厂升级项目建设完工，生物产业园投资 4312 万元建设 110 千伏变电站投入运行。开展省级卫生县城、省级森林城市创建行动，综合整治县城容貌环境，主次街道、小街小巷全面推行“街长制”“巷长制”管理。城区清理违规违法设施 4 处，面积 7968.7 平方米。投入资金 270 万元，改造老旧小区 1 个、住房楼 5 栋。保护生态环境，实施产业结构调整、扬尘治理、机动车治理、工业企业治理、VOCs 治理、重点区域整治、区域联合整治、烟花整治八大重点污染防控策略和 22 项具体措施，开展河道整治、垃圾清理、打击非法采砂、纳污坑塘整治等专项行动。完成“电代煤”779 户、“气代煤”42084 户。关停自备井 39 眼，压采地下水 620.4 万立方米。国家土壤污染治理与修复技术应用项目全部完工，工作经验在全国推广。空气质量综合指数 6.26，同比下降 13.5%；空气污染指数 PM2.5 年平均浓度 63 微克 / 立方米，同比下降 11.3%。空气二级以上优良天数达到 197 天，空气质量排名石家庄市各县（市、区）倒数第一。造林绿化面积 380.7 公顷，森林抚育面积 413.3 公顷，森林覆盖率达到 31.6%。建成区绿地面积 655.03 公顷，建成区绿化覆盖率达到 42.12%，人均公园绿地 12.88 平方米。西正村获评全国文明村镇和国家森林乡村，谢庄村获评全国绿色村庄，赵刀寺村、尉家庄村、东大诰村获评省级森林乡村。

【社会民生】 全年用于民生事项支出 23.7 亿元，占一般公共预算支出的 67.1%。居民存款余额 198.18 亿元，同比增长 14.0%。城镇新增就业 3239 人，城镇登记失业率为 4%。城乡居民养老保险参保 31.06 万人，职工养老保险参保3.08万人；城乡居民医疗保险参保49.79万人，职工医疗保险参保3.02万人。享受城乡最低生活保障待遇6412户、8451人，其中，农村享受最低生活保障待遇6287户、8216人。建有养老机构16家、居家养老服务中心10家、农村互助幸福院110家，设置养老床位2841张。王西章乡撤乡设镇。赵县连续5年获评“河北省依法行政工作优秀单位”。投资2500余万元，实施教育项目及学校信息化建设。拥有学校109所，其中，幼儿园17所，特殊教育学校1所，小学64所，中学24所（初级中学8所、九年一贯制中学12所、完全中学1所、高级中学3所），中等职业学校3所；在校生9.15万人，教职工5576人，专任教师5244人。设立文化馆、公共图书馆各1个，广播、电视节目综合覆盖率达到100%。建有县级医院3个、社区卫生服务中心（站）10个、乡镇卫生院11个、村卫生室281个，开放医院床位2663张；登记卫生技术人员2593人，其中，执业（助理）医师1563人、注册护士1030人。推进医药卫生体制改革，市政府授予赵县“深化医药卫生体制改革先进县”称号。

（屈海平）

晋州市

【概况】 晋州市位于石家庄市正东部，东及东北与辛集市、深泽县，西及西北与藁城区、无极县，南及西南与宁晋县、赵县相邻，距离石家庄市主城区45千米。晋州市是唐朝名相魏徵的故乡，也是中国鸭梨之乡，所辖周家庄乡是中国唯一实行乡级集体核算管理体制乡镇。1991年经国务院批准撤县设市。总面积602平方千米，辖9个镇、1个乡，1个省级经济开发区，13个居委会、224个行政村，常住人口50.8万人，户籍人口57.46万人。2020年晋州市完成地区生产总值162.6亿元，同比增长3.9%。其中，第一产业增加值41.4亿元，增长0.8%；第二产业增加值37.0亿元，增长3.2%；第三产业增加值84.1亿元，增长5.8%。财政收入15.69亿元，同比增长3.5%，其中，一般公共预算收入11.32亿元，增长8.3%；一般公共预算支出38.95亿元，同比增长7.9%。固定资产投资同比下降26.7%。民营经济增加值99.27亿元，同比增长4.1%。农林牧渔业总产值57.45亿元，同比增长1.0%；粮食播种面积5.35万公顷，总产量35.13万吨，平均亩产438.2千克。规模以上工业营业收入179.84亿元。规模以上工业利润3.26亿元，同比减少2.87亿元。社会消费品零售总额68.66亿元，同比下降4.1%。城镇居民人均可支配收入37860元，同比增长4.1%；农村居民人均可支配收入22230元，同比增长6.8%。2020年1月，晋州市获授“国家园林县城”称号。

中共晋州市委书记：张福杰
市人大常委会主任：马玉社
市　　　长：袁永福（7月免）
　　　　　　张国义（10月任）
市政协主席：王增占（1月任）

【产业项目】 三次产业比例为25.5∶22.8∶51.7。规模以上工业企业达到209家。工业投资同比下降40.7%。规模以上工业增加值同比增长4.2%，规模以上工业高新技术产业增加值同比增长30.6%。工业用电量15.29亿千瓦时，同比下降3.26%。滹沱河化肥厂改革盘活，迁至山西省鑫锐塑胶项目回归。投资500万元以上技改项目237个，新增高新技术企业46家、科技型中小企业460家、科技小巨人企业27家。实施亿元以上建设项目89项，总投资343.62亿元，其中，列入省市重点项目14项，总投资97.57亿元。普洛斯物流一期主体完工，韵达快递电子商务总部基地正在建设。招商签约项目27个，引进资金95.8亿元，主要引进信和商厦、雷蒙得国际汽车城、万豪名家国际商贸城等重点商贸项目。全年接待旅游人数67.69万人，同比下降55%；旅游业收入2.6亿元，同比下降57%。规模以上服务业营业收入9.9亿元，同比下降3.1%。发展淘宝村37个、淘宝镇9个，晋州市入选淘宝村百强县。2020年晋州经济开发区营业收入291.65亿元，实现税收6.19亿元，对外贸易进出口总额1.84亿美元，实际利用外资4564万美元；投资6.3亿元，实施路、电、水、热、气工程，垃圾焚烧发电项目和亿利、冀融集中供热站竣工，晋州经济开发区入选河北省出口突出贡献30强。

【农业生产】 全年农林牧渔业总产值57.45亿元，同比增长1.0%。其中，农业产值31.69亿元，林业产值3765万元，牧业产值22.17亿元，农林牧渔服务业产值3.21亿元。粮食播种面积5.35万公顷，总产量35.13万吨，平均亩产438.2千克。其中，小麦播种面积2.47万公顷，总产量17.19万吨，平均亩产464.6千克；玉米播种面积2.41万公顷，总产量16.68万吨，平均亩产460.5千克；谷子播种面积85公顷，总产量330吨，平均亩产259.3千克。豆类（主要是大豆）播种面积2667公顷，总产量3909吨。薯类播种面积1178公顷，总产量3.51万吨。油料播种面积1670公顷，总产量5631吨；花生播种面积1660公顷，总产量5598吨。蔬菜及食用菌种植面积4761公顷，总产量34.46万吨。果园面积1.42万公顷，其中，苹果园439公顷、梨园1.12万公顷、桃园213公顷、葡萄园1991公顷。园林水果（不含果用瓜）总产量64.76万吨，其中，苹果1.61万吨（红富士苹果8838吨）、梨55.75万吨（雪花梨3.94万吨、鸭梨19.1万吨）、桃6585吨、葡萄5.97万吨。园林水果（不含果用瓜）、梨、葡萄产量全市第一，雪花梨、鸭梨、桃产量全市第二。至2020年底，牛、奶牛、猪、羊、家禽、蛋鸡、兔存栏数分别达到7040头、4200头、28.5万头、4.29万只、344.25万只、301.28万只、1718只。肉、奶、禽蛋、鸡蛋产量分别达到4.43万吨、1.55万吨、5.78万吨、4.69万吨，其中，猪肉、牛肉、羊肉、家禽肉、兔肉产量分别达到3.63万吨、1370吨、851吨、4878吨、7吨。土地流转面积24.8万亩。农业机械总动力44.21万千瓦。建有市级以上农业产业化龙头企业达到26家，其中，国家级3家、省级14家；现代农业园区21家；新增家庭农场68家，总数达到121家；示范合作社86家。

【城乡建设】 建成区面积达到14.83平方千米。道路建设投入资金1.12亿元，新建、提升道路工程21条，长度122千米。城区公交枢纽、307国道南绕城、南二环东延项目开工。晋生路西段及工业路东延道路排水、5条小街小巷路面排水工程完工。建设公共保障房1135套、配建530套，公共保障房分配588户。投入资金4300万元，改造老旧小区10个，其中3个改造任务完成。实施生活垃圾分类管理和农村面貌改造提升行动，命名省、市级园林单位及住宅小区74个；城区建成公厕36座，农村改厕29100个；整治农村坑塘506个；农村垃圾无害化处理量达到10.34万吨；获评省级洁净城市。改造提升城乡道路，建成和运行高标准客运线路10条，入选河北省首批优先发展公共交通示范城市。保护生态环境，推进清洁取暖替代工程，完成“电代煤”8500户、“气代煤”3209户。建设第二污水处理厂，城区污水实现达标排放，农村完成生活污水处理项目74个。2020年8月底，滹沱河生态修复二期工程晋州段竣工，总投资5.1亿元，建设主要内容包括主槽疏浚及岸坡修整工程12.8千米、景观道路工程21.6千米。空气环境质量转好，空气质量综合指数6.01，同比下降15.6%；空气污染指数PM2.5年平均浓度60微克/立方米，同比下降15.5%。空气二级以上优良天数达到208天，同比增加36天。造林绿化面积440公顷，森林覆盖率达到36.3%。新增绿地面积8.29公顷，建成区绿地面积550.61公顷，绿化覆盖率达到41.09%，人均公园绿地面积13.12平方米。

【社会民生】 全年用于民生事项支出31.87亿元，占晋州市一般公共预算支出的81.8%。居民住户存款333.18亿元，同比增长14.37%。城镇新增就业3985人，城镇登记失业率2.42%。城乡居民社会养老保险参保31.61万人，城镇职工及居民医疗保险参保50.7万人。享受城乡最低生活保障待遇8293人，发放低保资金2790.52万元。其中，享受农村低保待遇8087人，发放低保资金2682.57万元；城市低保标准提高到每人每年9192元，农村低保标准提高到每人每年5760元。公办养老机构3家，设立养老床位700张；民办养老机构13家，设立养老床位1770张。办理结婚登记2796对、离婚登记1435对。设立文化馆、公共图书馆各1个，广播、电视节目综合覆盖率达到100%。举办文化惠民演出165场。实施农民体育健身工程5项，新建足球场3处。体育比赛获得市级以上金牌3枚、铜牌1枚，注册二级以上运动员1人，培养社会体育指导员680人。拥有学校166所，其中，幼儿园57所，特殊教育学校1所，小学82所，中学22所（初级中学16所、九年一贯制中学4所、高级中学2所），中等职业学校4所；在校生8.65万人，教职工5533人，专任教师4775人。高考本科升学率达到53.7%，中考普通高中升学率达到41.5%。建有县级医院2个、乡镇卫生院10个、村卫生室224个，开放医院床位1731张；登记卫生技术人员3047人，其中，执业（助理）医师1283人、注册护士798人。建立紧密型医联体及卫生院康复医疗服务提升工程任务完成，中医院医技楼投入使用。提升政务服务质量，建立便民服务中心和乡镇便民服务站，政务服务平台“最多跑一次”办理事项达到487项。农村集体产权制度改革和承包地确权基本完成。为企业减税降费1.42亿元，市场主体达到2.8万户。

（王春乔）

新 乐 市

【概况】 新乐市位于石家庄市东北部，地处太行山东麓，属太行山山前倾斜平原，东及北与定州市、曲阳县，南及东南与藁城区、无极县，西北及西南与行唐县、正定县相邻，境内有沙河、木刀沟2条季节性河流，京广铁路、107国道、京港澳高速公路纵贯南北，南距石家庄市主城区38千米、石家庄国际机场7千米。1992年10月撤县设市。相传人类始祖伏羲长于新乐，自古有“羲皇圣里”之称，新乐市区北2千米保存有国家级文物——伏羲台。新乐市拥有西瓜、花生、蔬菜、生猪、奶牛“三种两养”五大特色产业，“新乐西瓜”“新乐花生”获评国家地理标志保护产品。总面积524平方千米，辖8个镇、3个乡、1个街道办事处，1个省级经济开发区，18个居委会、160个行政村，常住人口47.85万人，户籍人口51.66万人。2020年新乐市完成地区生产总值148.9亿元，同比增长6.0%。其中，第一产业增加值36.9亿元，增长2.2%；第二产业增加值37.0亿元，增长11.6%；第三产业增加值75.0亿元，增长4.9%。财政收入16.65亿元，同比增长12.6%，其中，一般公共预算收入11.09亿元，增长9.0%；一般公共预算支出35.57亿元，同比增长10.0%。固定资产投资同比下降22.9%。民营经济增加值92.55亿元，同比增长7.4%。农林牧渔业总产值61.67亿元，同比增长2.6%；粮食播种面积5.21万公顷，总产量35.87万吨，平均亩产458.7千克。规模以上工业营业收入114.34亿元，同比增加24.65亿元；规模以上工业利润13.14亿元，同比增加12.39亿元。社会消费品零售总额35.58亿元，同比下降2.6%。城镇居民人均可支配收入32429元，同比增长5.0%；农村居民人均可支配收入19736元，同比增长6.6%。2021年1月6日，新乐市获评2018～2020周期国家卫生城市。

中共新乐市委书记：郭建亭（女）
市人大常委会主任：张智琦
市　　　长：李明政（1月任）
市政协主席：陶国田

【产业项目】 三次产业比例为24.8∶24.9∶50.3。新增规模以上工业企业40家，总数达到131家。工业投资同比下降9.1%。工业技改投资26.6亿元，同比增长18.5%。规模以上工业总产值同比下降9.9%。规模以上工业增加值同比增长11.3%，规模以上高新技术产业增加值同比下降19.2%，工业发展形成现代装备制造、绿色食品、现代医药为主导产业格局。支持企业科技创新，新增高新技术企业10家、科技型中小企业155家、科技型小巨人企业6家，高新技术企业总数达到28家，科技型中小企业总数达到450家，获评河北省创新驱动发展示范县。实施重点项目70个，年度完成投资67.5亿元，占年度计划投资104%。其中，列入河北省重点项目6个，总投资49.7亿元，年度计划投资12.2亿元；列入石家庄市重点项目22个，总投资216.1亿元，年度计划投资29.4亿元，实际完成投资44亿元。河北（新乐）公共卫生应急产业基地建设启动并列入河北省应急产业发展目录。招商签约亿元以上项目31个，总投资199.6亿元；北极人电热毯等15个项目开工建设，凯佳医药等12个项目竣工投产，供销普洛斯、宝湾物流等行业领军企业落户新乐市。滕泰文化电子商务直播基地获评石家庄市3A级新媒体电子商务直播优秀示范基地。规模以上服务业营业收入5.1亿元，同比下降17.4%。对外贸易进出口总值2.66亿美元，同比增长96.58%，其中，出口总值2.64亿美元，同比增长101.23%。实际利用外资2038万美元，同比增长31.1%。争取上级支持资金25.46亿元，获得专项信贷资金23.75亿元。金融机构贷款余额126亿元，较年初增加13.34亿元。2020年新乐经济开发区入驻企业132家，实现利税4.46亿元。

【农业生产】 全年农林牧渔业总产值61.67亿元，同比增长2.6%。其中，农业产值26.26亿元，林业产值2460万元，牧业产值29.32亿元，农林牧渔服务业产值5.85亿元。中药材产值2.51亿元，排名石家庄市第二。粮食播种面积5.21万公顷，总产量35.87万吨，平均亩产458.7千克。其中，小麦播种面积2.42万公顷，总产量16.71万吨，平均亩产460.1千克；玉米播种面积2.46万公顷，总产量17.8万吨，平均亩产482.3千克；谷子播种面积67公顷，总产量400吨，平均亩产399.9千克。豆类（主要是大豆）播种面积867公顷，总产量1087吨。薯类播种面积2382公顷，总产量6.07万吨。油料播种面积4513公顷，总产量1.31万吨；花生播种面积4501公顷，总产量1.31万吨。薯类、蔬菜及食用菌种植面积5807公顷，总产量40.79万吨；设施蔬菜种植面积1229公顷，总产量10.2万吨；食用菌产量395吨。瓜类种植面积2854公顷，总产量13.38万吨；西瓜种植面积943公顷，总产量5.15万吨。薯类、花生、瓜类、西瓜种植面积及瓜类、西瓜产量均为石家庄市第一，薯类产量石家庄市第二，花生产量石家庄市第三。果园面积262万公顷，其中，苹果园58公顷、梨园100公顷、桃园69公顷、葡萄园35公顷。园林水果（不含果用瓜）总产量5494吨，其中，苹果1075吨（红富士苹果448吨）、梨2960吨（雪花梨1962吨、鸭梨577吨）、桃1229吨、葡萄204吨。至2020年底，牛、奶牛、马、驴、骡、猪、羊、家禽、蛋鸡、兔存栏数分别达到4.4万头、3.44万头、328匹、764头、19头、28.5万头、2.93万只、639.4万只、559.59万只、2.6万只。兔存栏数量石家庄市第一、奶牛存栏数量石家庄市第二。奶、禽蛋、鸡蛋产量分别达到14万吨、6.78万吨、5.76万吨，其中，猪肉、牛肉、羊肉、家禽肉、驴肉、兔肉产量分别达到3.39万吨、2934吨、447吨、9307吨、59吨、42吨。蜂蜜产量1000吨。牛奶、兔肉产量石家庄市第一，蜂蜜产量石家庄市第二。建有市级以上农业产业化龙头企业达到14家，其中省级6家。新增农民合作社示范社7家，其中，国家级2家、省级5家。打造河北省高油酸花生繁种基地，推广种植高油酸花生2133公顷，获认“河北省花生特色农产品优势区”。

【城乡建设】 建成区面积达到23.48平方千米。全年新建道路10条，主要道路建设项目有：长车线沙河段漫水桥项目，总投资774.46万元；乡道邯马线（坚固村段）改建工程项目，总投资842万元；曲承线大修工程项目，总投资920万元；G107、无繁线、新赵线两侧综合整治项目，总投资373.14万元。鲜虞街、礼堂街南延提升改造工程完工，三元路上跨新元高速工程、建新街直通机场道路建成通车。改造地下雨污分流管线长度10.51千米，城区雨污分流实现全覆盖。改造供热管网长度2千米，城区集中供热和清洁能源供热率、城区燃气普及率均达100%。开展城区市容秩序整治，清理占道经营、非机动车乱停放等问题地段3.4万余处，拆除不规范广告牌匾1000余处、违规违法建筑275处。建设公共保障房273套、分配273套。投入资金6900万元，改造老旧小区70个。26条城市道路、21条背街小巷、11条新乐经济开发区道路全部纳入城市环卫保洁一体化管理，形成“高压冲洗、机械清扫、消毒消杀、人工保洁”四位一体作业模式，城区道路机械化清扫率达到96.64%。推行生活垃圾分类管理，投资640余万元，购置垃圾压缩车10辆、分类垃圾桶3100余个；建立生活垃圾分类示范小区52个；城区生活垃圾分类覆盖率达到57%。城区新建星级公厕4座，总数达到34座。开展农村环境卫生综合整治行动，清运农村生活垃圾16.6万吨、积存垃圾2249立方米；53个村完成污水治理，116个村达到清洁村庄标准；农村改厕验收58515座，农村卫生厕所普及率达到85.7%。坚固村、白店村、吴家庄村获批省级森林乡村。保护生态环境，完成“气代煤”18633户、“电代煤”6837户。新发现“散乱污”企业6家，全部予以取缔。整治天然气锅炉52台，905台重型柴油车安装OBD在线设备。关停自备井54眼。木刀沟出境水质稳定达标，沙河常态化补水2.1亿立方米，城区饮用水水质达到Ⅲ类标准。空气环境质量转好，空气质量综合指数5.99，同比下降15.6%；空气污染指数PM2.5年平均浓度59微克/立方米，同比下降18.1%。空气二级以上优良天数达到208天，同比增加34天。水、大气、土壤污染考核取得优秀成绩，水污染防治考核排名石家庄市第一，大气污染综合考核、土壤污染防治考核排名全市第二。城区新增绿化面积158万平方米，建成区绿地面积达到14.8平方千米，绿化覆盖率达到43.33%，人均公园绿地19.43平方米。植树造林面积595.3公顷，森林抚育面积537.5公顷，森林覆盖率达到25.47%。迎宾公园建设稳步推进，东区、北区工程完工，建成面积19.87公顷。南水北调绿道绿廊二期工程开工。实施新元高速公路两侧及2个旧出入口绿化工程，总面积129.7公顷，栽植乔灌木37余万株。新乐市法院获批省级园林式单位，体育公园获批三星级公园，博林中学、格林公馆获批石家庄市园林式单位（小区）。

【社会生活】 全年用于民生事项支出30.2亿元，占新乐市一般公共预算支出的84.9%。城镇新增就业3784人，城镇登记失业率控制3.94%；农村转移劳动力3973人。享受城乡最低生活保障待遇10514人（农村10272人），发放低保资金3169万元；城镇低保标准提高到每人每月766元，同比提高14.2%；农村低保标准提高到每人每年5760元，同比提高19%。建立脱贫返贫再保障机制，贫困家庭产业项目覆盖率达100%、贫困人口基本医疗保险参保率达100%，贫困人口年人均增收达到660元以上。新增养老机构、居家养老服务中心各1家，养老机构达到12家，养老床位达到2151张；9家养老院获评星级示范性养老机构。2020年新乐市民政事业服务中心社会化改革被民政部、国家发展改革委列为“全国公办养老机构改革优秀案例”并在全国推广。办理结婚登记3190对、离婚登记1350对。拥有学校316所，其中，幼儿园189所，特殊教育学校1所，小学94所，中学30所（初级中学14所、九年一贯制中学11所、高级中学5所），中等职业学校2所；在校生10.53万人，教职工6503人，专任教师6044人。新建、改建中小学校8所，普惠性幼儿园覆盖率达到94.9%。设立文化馆、公共图书馆各1个，广播、电视节目综合覆盖率达到100%。建有县级医院4个、社区卫生服务中心（站）8个、乡镇卫生院18个、村卫生室160个，开放医院床位2099张；登记卫生技术人员2555人，其中，执业（助理）医师1097人、注册护士711人。新乐市医院、协神乡卫生院联合开展紧密型医共体建设试点，新乐市中心医院列入河北省首批老龄健康医养结合远程协同服务试点，新乐市获批全国基层中医药工作先进单位。

（吴静　孙飞）

人 物

Figures

全国劳动模范

2020年11月24日，石家庄市9人获授“全国五一劳动模范”称号。

王景峰 1978年9月出生，中共党员，大专学历，石家庄煤矿机械有限责任公司机加分厂车工，高级技师，河北省人大代表、省九次党代会代表。2002年入职以来，王景峰扎根企业一线，创造机械加工“六字工作法”；为企业解决技术难题，创新工艺方法，开展新产品技术攻关，带领创新工作室一班人取得创新成果200余项，创造出千万元经济效益。2014年王景峰获得“河北省突出贡献技师”称号，2018年获得“全国技术能手”称号，2019年获“河北省特等劳动模范”称号。

刘志彬 1967年1月出生，中共党员，大专学历，中车石家庄车辆有限公司电焊工、高级技师，中国中车集团首席技能专家，国际焊接技师、国家级技能大师工作室领衔人、全国技术能手，河北省劳动模范、河北大工匠。刘志彬参与具有国际焊接水平用于高速铁路3项焊接工艺标准的制定、首个国家轨道交通装备焊接职业技能等级标准的制定，拥有27项国家发明专利、100余项操作法，发表论文25篇，形成创新成果30余项。主研SO3-特种装备平车项目获得国家级科技成果奖一等奖，填补国内空白。

刘艳红 女，1971年3月出生，中共党员，大专学历，市公共交通总公司监察大队副大队长，助理经济师。刘艳红参加工作30多年，从售票员、驾驶员、到公交热线班长，无论在哪个岗位，始终干一行、爱一行、精一行、专一行，用执着的心面对乘客，用包容的心理解乘客，用匠人的心服务乘客，以一颗为民服务的初心坚守至今。刘艳红连续担任三届省人大代表，获得“河北省劳动模范”“全国五一巾帼奖章”“全国五一劳动奖章”等荣誉称号。

苏彦斌 1979年10月出生，中共党员，本科学历，石家庄科林电气股份有限公司国际部总工，“苏彦斌创新工作室”带头人。苏彦斌践行国家“一带一路”倡议号召，主导科林电气在尼日利亚当地合作伙伴建成最为先进的电能表生产线；带领创新工作室成员完成创新项目申报1326项，通过技术创新实现降本增效1300余万元。2019年苏彦斌获得“河北省劳动模范”称号。

刘金国 1955年4月出生，中共党员，高中学历，行唐县南桥镇东安太庄村村党支部书记。2006年刘金国开始担任行唐县南桥镇东安太庄村党支部书记。创新带领村民走“一村一品”富民之路，发展“安太”牌苹果园4500亩，建设配套容量500吨冷库1座、5300平方米游客中心1个；发展设施农业，建成温室大棚27座；与河北省农林科学院合作种植改良皇菊花200亩，建设烘干房1座；推进美丽乡村建设，硬化村内道路2700米，安装路灯100盏，粉刷墙体2万平方米，建成标准化村级卫生室、农家书屋、文化服务中心和占地12亩村级公园1座。2017年10月刘金国被国务院扶贫开发领导小组授予“全国脱贫攻坚奖奋进奖”，2019年6月被省委组织部授予“千名好支书”称号。

陈秀英 女，1959年11月出生，高中学历，赞皇县天源蜂业农民专业合作社理事长，助理农艺师。陈秀英带领农户脱贫致富，在蜜蜂产业创新上做出突出贡献。中央电视台7套“致富经”“农广天地”、中央电视台4套“走遍中国”、中央电视台10套“文明密码”、中央电视台17套“田间示范秀”等栏目专题报道陈秀英的模范事迹。2012年获评全国城乡妇女岗位建功先进个人，2017年获得“全国劳动模范”称号，2018年获得“河北省脱贫攻坚奖”。

魏倍倍 1986年11月出生，中共党员，大专学历，石家庄常山恒新纺织有限公司品质部部长兼后纺车间主任，河北省人大代表、河北省青联常委、共青团石家庄市委常委。魏倍倍自2004年参加工作以来，敬业爱岗，勤学苦练，带领工友安装纺纱设备107台、价值8000多万元；围绕企业产品创新和技术升级，攻克500余种新型纤维品种捻结质量难题；勇于开展进口设备国产化创新改造，5项成果获得国家专利，创造经济效益1800多万元；带领"魏倍倍创新工作室"围绕难点问题钻研攻关、带徒传技、创新创效，撰写多篇论文在国内权威杂志发表。魏倍倍曾获得"全国五一劳动奖章""河北省劳动模范"等荣誉称号。

陈春芳　1970年2月出生，中共党员，大专学历，灵寿县南营乡车谷砣村党支部书记兼车谷砣沟域联合党总支书记。2011年担任村党支部书记以来，陈春芳团结带领党员干部，解决民生难题，壮大旅游主业，摘掉贫困帽子，助推乡村振兴，使车谷砣村在深山区革命老区村中较早实现自主脱贫。陈春芳曾获评全国乡村文化和旅游能人、河北省"千名好支书"等荣誉称号，2018年获得"全国脱贫攻坚奖奋进奖"。

王玉立　女，满族，1975年6月出生，中共党员，硕士研究生毕业，河北白沙烟草有限责任公司党委书记、总经理，高级政工师、高级经济师。王玉立以"荷花"烟品牌发展为己任，带领企业全力打造"荷花智造基地"。"荷花"品牌自2014年复牌起，实现跨越式增长，2019年"荷花"烟在全国高端价位品牌香烟销量排名全国第四位。企业连续多年在石家庄市企业纳税贡献排行榜名列前茅，为国家财政增收和地方经济社会发展做出了重要贡献。王玉立获得石家庄市"2017～2018年度十大骨干型企业家"称号，2019年获得"河北省劳动模范"称号。

全国先进工作者

2020年11月24日，石家庄市4人获授"全国先进工作"称号。

田国英　1963年12月出生，中共党员，本科学历，市农林科学研究院院长，河北省品种审定委员会委员、省科技成果评审专家。田国英主持农业科研项目20余项，获得省部级科技成果奖励7项，多项农业科技创新技术被重点推广，曾获得全国农业先进工作者、省管优秀专家等荣誉称号，个人事迹被《人民日报》、中央电视台等媒体宣传报道。

裴红霞　女，1973年10月出生，中共党员，研究生学毕业，石家庄外国语学校校长，正高级教师，享受国务院特殊津贴，获得全国"三八红旗手"、河北省先进工作者等荣誉称号。裴红霞热爱教育事业，秉承"以人为本"办学理念，所在学校获得全国第一届文明校园、全国教育系统先进集体等荣誉。2010年学校与石家庄第二外国语学校、石家庄外国语小学、石家庄外国语幼儿园3所民办学校合并，组建成立石家庄外国语教育集团。坚持开放办学，与22个国家202所学校成立"全球基础教育研究联盟"，搭建和形成世界研究基础教育领域平台。主动承担社会责任，2014年起，学校与石家庄市6个山区县12所中小学结对开展精准扶贫活动，至2020年，帮扶对象扩大到云南省芒市、雄安新区安州中学、承德市六道河中学、邢台市沙河分校、山西省兴县120师学校、新疆库尔勒市第二十三中学等20个学校或单位。2021年2月25日，石家庄外国语教育集团在全国脱贫攻坚总结表彰大会上获授"全国脱贫攻坚先进集体"称号。

乞国艳　女，1965年5月出生，中国农工党党员，本科学历，硕士学位，市人民医院主任医师、教授、博士生导师、肿瘤三科主任，河北省中西医结合重症肌无力专业委员会主任委员。乞国艳自1989年参加工作以来，奋发钻研，探索创立中西医治疗重症肌无力独特疗法，填补了国内重症肌无力综合诊治疗法空白，临床痊愈患者达到80%，被患者称为"乞氏疗法 "。2018年乞国艳当选第十三届全国人大代表，曾获得"全国五一劳动奖章""河北省先进工作者""第九届中国医师奖"等荣誉称号。

王建立　1970年2月出生，中共党员，本科学历，市公安局刑警支队副支队长，曾获授"全国公安百佳刑警""河北省先进工作者""燕赵名探"等荣誉称号。王建立长期战斗在打击犯罪分子第一线，在生死考验面前，毫不畏惧，英勇顽强，多次与死神擦肩而过；善于从案件蛛丝马迹中发现关键线索，善于破获久侦不破疑难案件，二十多年来，参与破获大案要案2000余起，抓获犯罪嫌疑人2600余名，是全省刑侦领军人才，为维护社会稳定和人民群众生命财产安全做出了突出贡献。

全国“三八红旗手”

崔雪琴 女，1961年12月30日出生，中共党员，河北省人大代表，河北省非物质文化遗产“赞皇原村土布纺织技艺”传承人，赞皇县雪芹棉产品开发有限公司董事长、赞皇县原村土布专业合作社理事长。崔雪琴原做服装生意，2005年回乡创业，创办河北省首家农村妇女专业合作社——赞皇原村土布专业合作社。为了让更多的山区贫困农民走向富裕，2008年12月，崔雪琴投资500万元成立赞皇县雪芹棉产品开发有限公司，采取“公司+合作社+基地+农户+产品”混合一体化扶贫发展模式，实现留守妇女、贫困家庭妇女人均年收入达到1.8万元。2019年6月，崔雪琴建立赞皇县太行原村扶贫文化产业园暨原村非遗文化产业园，并将产业园打造成为一个集旅游观光、吃住玩乐、健康养老、生态休闲、购物消费为一体的扶贫基地。崔雪琴利用“原村土布博物馆”作为省科普基地文化优势，以原村扶贫产业园为核心，以农业生态旅游为支撑，对周边4个村统一规划，大力推进“一村一品”“一街一景”建设，让更多的村民参与到原村土布产业链中，形成规模化经营模式，促进了乡村振兴和生态旅游业发展。10月17日，崔雪琴获得2020年“全国脱贫攻坚奖奋进奖”称号。

全国脱贫攻坚奖获奖者

2020年10月17日，国务院扶贫开发领导小组发布《关于表彰2020年全国脱贫攻坚奖的决定》，石家庄市1人获得2020年“全国脱贫攻坚奖奋进奖”称号。

崔雪琴 女，赞皇县雪芹棉产品开发有限公司董事长、赞皇县原村土布专业合作社理事长，河北省非物质文化遗产“赞皇原村土布纺织技艺”传承人（参见“人物”下全国“三八红旗手”）。

全国脱贫攻坚先进个人

2021年2月25日，石家庄市5人在全国脱贫攻坚总结表彰大会上获授“全国脱贫攻坚先进个人”称号。

贾 茹 女，1975年9月6日出生，行唐县昊腾残疾人双创园园长。贾茹所在“双创园”于2018年5月20日建成投入使用，是采用“政府+企业+贫困户+残疾人”模式，集贫困户、残疾人就业创业和康复服务于一体的综合型园区，入住有肢体残疾、多重残疾、听障残疾、盲人，还有智力及精神残疾人。贾茹在工作中总结出“康养+扶贫”“工疗+扶贫”“新媒体电商+扶贫”“培训+扶贫”“典型+扶贫”“手工+扶贫”6种生产模式，至2020年底，累计安置就业161人，其中，残疾人108人，建档立卡贫困残疾人87人。2019年5月16日，贾茹在北京人民大会堂受到习近平总书记、李克强总理的接见。2019年9月20日，贾茹获得全国脱贫攻坚奖奉献奖。

崔雪琴 女，赞皇县雪芹棉产品开发有限公司董事长、赞皇县原村土布专业合作社理事长，河北省非物质文化遗产“赞皇原村土布纺织技艺”传承人（参见“人物”下全国“三八红旗手”）。

苏建辉 河北省石家庄市人，行唐县上方乡西城仔村驻村工作队队长兼第一书记，国家税务总局石家庄市税务局税收经济分析科副科长。1977年11月出生，1995年9月参加工作，2002年12月加入中国共产党。2018年3月担任行唐县上方乡西城仔村第一书记、驻村工作队队长，2018年驻村工作队获评“河北省脱贫攻坚先进集体”。2019年、2020年苏建辉连续两年被省委组织部、省扶贫开发办公室评为全省扶贫脱贫“优秀驻村第一书记”。

董晓航 石家庄市栾城区人，中共平山县委书记。1972年5月出生，1994年6月加入中国共产党，1995年7月参加工作。2000年12月起，历任石家庄市水利局副局长，共青团石家庄市委副书记、书记，鹿泉市委副书记、市长，无极县委书记，西柏坡管理局党工委副书记、局长，平山县委副书记、县长，河北平山西柏坡经济开发区管委会主任，平山县委副书记、县长，平山县委书记。

赵永利 河北省宁晋县人，大学文化，石家庄市农业开发办公室党组书记、主任。1964年11月9日出生，1985年9月3日加入中国共产党。1981年10月参军在北京军区空军通信团一营服役，1985年12月退伍到石家庄市参加工作。1996年9月，担任石家庄市委研究室农村处处长。2003年4月起，历任赞皇县委常委、农工委书记、县委办主任、副县长（党政交叉）、常务副县长，市民政局党组副书记兼市扶贫开发领导小组办公室主任，市扶贫和农业开发办公室主任、党组副书记，市扶贫开发办公室主任、党组副书记，市扶贫开发办公室党组书记、主任。

全国抗击新冠肺炎疫情先进个人

2020年9月8日，石家庄市2人获得“全国抗击新冠肺炎疫情先进个人”称号。

赵川 市疾病预防控制中心主任。1月24日，全市启动新冠肺炎疫情重大突发公共卫生事件一级响应后，赵川带领市疾病预防控制中心全体人员及时开展针对不明原因肺炎等呼吸道传染病技术培训和实战演练，补充和做好卫生应急物资、试剂耗材储备，为石家庄市科学应对新冠肺炎疫情打下良好基础。随着新冠肺炎疫情持续发展，市疾病预防控制中心成立应急处置工作领导小组，抽调专业骨干组建13个专业工作组，明确分工和职责。赵川作为一名技术领导，在组织指挥、统筹调度的同时，亲临疫情前线，主动掌握疫情形势和前沿信息，随时回应领导问询和群众关切，总结形成符合全市特点的疫情防控经验和“五式”流行病学调查法、精准判定密接“五要素”、外地协查密接“123”工作模式、精准核酸检测六个关键环节、消毒指导“六快”工作法、精准督导“333”工作模式、“六针对、六开展”精准宣传、物资保障“三着力两坚决”工作法等工作经验，全市29例确诊病例和9例无症状感染者全部厘清传播链条，做到闭环管理，未发生一个纰漏。

李彦涛 石家庄新干线旅游集团有限公司董事长。2020年1月中下旬，湖北省和武汉市突发新冠肺炎疫情后，为确保河北省援鄂医疗队顺利启程，李彦涛在公司及时成立援鄂医疗队保障车队。自1月26日河北省首批援鄂医疗队出征起，至3月31日河北省最后一批医疗队返石，免费提供55座大巴车20辆，圆满完成援鄂医疗队运输保障任务。新冠肺炎疫情期间，石家庄城市交通接近停滞，给医护人员出行带来不便，2月2日，李彦涛启动组建医护专车志愿车队；2月5日，哈喽优行平台医护专车开通，至3月底石家庄市新冠肺炎病例清零，累计服务医护人员2000余名，出动车辆4万余车次。3月28日，石家庄新干线旅游集团有限公司开始承担机场境外回国人员转运任务，至6月30日，公司出动车辆542车次，转运境外回国人员14532人次。李彦涛在公司还开通“复工企业定制包车运输需求服务平台”，至6月30日，公司“复工复产直通车”出车3072趟次，其中，37座客运车75趟次，55座客运车2997趟次，运送返岗复工人员46160人次。

中国好人

孟令川 1988年出生，2006年入伍，中共党员，河南省濮阳市人，石家庄市消防支队警勤中队消防员，二级消防士。2019年10月7日，国庆假期最后一天。一辆北京牌照网约车（黑色奔腾B50）由河南省鹤壁市出发，沿京港澳高速前往北京，车上5人。驾驶员为男性，系某网约车平台司机；3名乘客均在北京务工，1名小女孩在北京上幼儿园；副驾驶男子和左后排女子为情侣，后排另外1名女子和小女孩为母女。10时左右，车辆行驶至京港澳高速邯郸段时，小轿车被侧方车辆撞击后，又被后车再次撞击，造成多车连环相撞。其他事故车辆驾乘人员并无大碍，黑色奔腾小轿车车体严重变形，前排2个安全气囊弹出，玻璃全部震碎，造成车内5人不同程度受伤，司机和1对情侣受伤严重，另外1名女子头部受伤、左臂被撞断，小女孩盆骨受伤。车辆连环相撞后，其他事故车辆驾乘人员全部躲到路边护栏外，路过的车辆纷纷选择绕行，现场无人敢上前施救。孟令川路过时看到有人受伤被困，果断打开自己车辆灯光“双闪”慢行，将车停到事故区最前方，下车后冒着生命危险奔向事故车辆。孟令川首先将事故车辆副驾驶车门打开，救出 1 名年轻男子。随后，他向路人表明消防员身份，请求大家协助救援。就这样，在孟令川带领下，1 名女子和 1 对母女也顺利得到营救。孟令川入伍以来，参加灭火和救援战斗 1500 余次，营救和疏散被困群众 300 余人，先后 5 次被评为优秀士兵，7 次获得嘉奖。2020 年 1 月，孟令川获评见义勇为“中国好人”称号。事迹评语：“消防战士高速路遇多车相撞　徒手勇救五名伤者”。

王海新　河北机场管理集团石家庄机场地面服务部党委书记、副总经理。2020 年新冠肺炎疫情防控期间，石家庄机场承担全市严防境外疫情输入的重要任务，地面服务部主要负责旅客服务、机组保障、行李处理等任务。2020 年 3 月 24 日，石家庄正定机场迎来首个经停分流航班。凌晨 4 点，王海新和同事在专家指导下穿好防护服上岗。为节约防护服，工作期间大家不吃不喝，没有上过一次厕所，除搬运大量行李外，还要登记发热旅客信息并上报。工作结束已经是晚上 7 点，有的同事身体接近虚脱。首个航班保障结束后，身体疲累的王海新迅速召集相关人员对首日保障流程复盘，梳理短板和提升效率：旅客下机转运效率不高？就在机下增加摆渡车引导员，及时调度车辆；现场查找行李时间过长？将行李按旅客姓名首字母排列，做到一目了然；多次消毒后行李票信息模糊？设置模糊行李摆放专区，按大小和颜色摆放……国际航班旅客行李较多，所有旅客的托运行李都由行李分拣人员负责清关，压力大、耗时长、体力不支。自第二个航班保障起，王海新果断取消岗位界限，让其他岗位保障人员结束工作后，都来支援行李分拣。经过调整，后续航班 400 多件行李仅用 5 小时就完成清关交付，用时大幅缩减。经停分流航班保障需要机场、疾控、边检、海关等部门协同完成，作为地面保障负责人，王海新积极做好协调工作：与边检沟通，在办理入关手续的同时做好行李信息登记，确保行李及时准确转运；联系海关，扩大行李提取区，避免旅客聚集；对接医院，及时准确交付发热旅客行李。新冠肺炎疫情防控期间，王海新带领 155 名机场地面保障人员一直奋战在疫情防控第一线，做到航班到达立刻上岗，工作结束迅速隔离，实现了地面保障高效有序。2020 年王海新获评 2 ~ 7 月敬业奉献“中国好人”称号。事迹评语：“冲锋在机场战疫最前线　全力打赢外防输入保卫战”。

陆建楼　1972 年 12 月出生，中共党员，退伍军人，中国铁路北京局集团有限公司石家庄铁路疾病预防所副所长。2019 年 3 月 3 日 16 时左右，正定县梅山市场发生一起打架斗殴事件，一名浑身酒气的男子用木棍剧烈打击另一名男子头部，场面非常混乱。周末的市场人不少，但没人敢上前劝阻，前来菜市场买菜的陆建楼看到这一幕，他毫不犹豫冲上去调解劝架。当时双方都有些打急了，根本不听他的劝解。见双方都没有停下来的意思，陆建楼迅速上前奋力抢下男子手中的木棍。眨眼间，那名男子又掏出一把大剪刀，挥舞着剪刀向对方男子猛刺。对方男子躲闪中被剪刀扎伤，血从棉服里不停流出。拿着剪刀的男子力大无比，旁人根本不容易从他手里夺走剪刀，陆建楼巧用计策，每次男子刺出剪刀，陆建楼便用手拍打他拿剪子的手腕。最终将剪子夺下，避免了重大伤亡事件发生，随后，陆建楼呼喊其他人员抓紧报警、拨打 120 急救电话。民警和 120 急救人员赶到现场后，他才悄悄地离开事发地。后来直到受伤者家属偶遇救命恩人陆建楼，此事才被《燕赵晚报》《石家庄日报》报道。陆建楼热心公益事业，乐于帮助他人。从 1998 年至 2020 年，陆建楼经常参加献血活动，他的抽屉里有十多个红艳艳的献血证和多个无偿献血荣誉证书。他还参加河北慈善联合基金会举办的“代理爸妈助养计划”，每学期拿出学费，资助一名山区贫困小学生，并积极发动身边人参与这项公益活动。2018 年 3 月 28 日 17 时 30 分许，陆建楼经过 107 国道滹沱河大桥时，遇到一名男子骑电动车行驶中突然摔倒在机动车道中间，当时正值晚高峰时段，陆建楼不顾车流的危险，立刻跑过去，和其他热心人一起上前救护伤者并提示过往汽车注意，并报警拨打 120 急救电话，直到民警赶到他才离开。2020 年 10 月，陆建楼获评见义勇为“中国好人”称号。事迹评语：“退伍军人遇险情仗义出手　闹市街头夺下行凶剪刀”。

全国优秀共青团员

耿子豪　1998 年 5 月出生，河北省赵县人，石家庄信息工程职业学院酒店管理系 2017 级旅游管理专业 3 班学生。2020 年 5 月 4 日，共青团中央授予耿子豪“全国优秀共青团员”称号。

河北省脱贫攻坚奖获奖者

2021年4月29日，省委、省政府授予石家庄市8人2020年河北省脱贫攻坚奖。其中，2人获得“河北省脱贫攻坚奖奋进奖”称号，4人获得“河北省脱贫攻坚奖贡献奖”称号，1人获得“河北省脱贫攻坚奖奉献奖”称号，1人获得“河北省脱贫攻坚奖创新奖”称号。

奋进奖（2人）

秦慧冬　灵寿县寨头乡砂子洞村委会委员

康明旗　平山县岗南镇城子沟村党支部书记

贡献奖（4人）

张国军　市卫生健康委党组副书记、副主任

张惠荣　女，市邮政管理局纪检书记，党组成员、副局长

侯晓军　市扶贫开发办公室考核评估处处长

夏清元　市委办公室驻灵寿县慈峪镇西柏山村第一书记

奉献奖（1人）

秦三梅　女，赞皇县慈善会会长、县关心下一代工作委员会主任

创新奖（1人）

孙慧　女，市民政局社会救助处处长

新时代“最美逆行者”

2020年4月12日，湖北省委、省政府授予石家庄市支援武汉抗击新冠肺炎疫情122名医护人员新时代“最美逆行者”称号。

市级（67人）

朱建良　1970年2月出生，市疾病预防控制中心结核病防治所所长

李展　1994年12月出生，市第三医院手术室护士

王炳飞　1995年11月出生，市第三医院手术室护士

刘新会　女，1974年7月出生，市第三医院门诊办护士

李秀丽　女，1987年2月出生，市第三医院呼吸与危重症医学科护士

刘会涛　女，1986年3月出生，市第三医院呼吸与危重症医学科护士

马立云　女，1987年10月出生，市第三医院呼吸与危重症医学科护士

杜抒洪　女，1991年4月出生，市第三医院神经外科护士

张天乐　1993年7月出生，市第三医院神经外科护士

李鹏伟　1995年4月出生，市第三医院神经外科护士

王萌萌　女，1988年4月出生，市第三医院重症医学科护士

姚倩倩　女，1986年9月出生，市第三医院重症医学科护士

王亚阳　1989年2月出生，市第三医院急诊科护士

冯轶　女，1989年11月出生，市第三医院检验科检验师

苏明　1986年3月出生，市第三医院影像中心技师长

赵安　1996年5月出生，市第三医院影像中心技师

马倩　女，1995年10月出生，市中医院呼吸科护士

王燕霞　女，1995年5月出生，市中医院ICU护士

赵茵　女，1989年10月出生，市中医院急诊科护士

闫柳佳　女，1986年7月出生，市中医院口腔科护士

李维一　1994年11月出生，市中医院放射科放射技师

王韬　1981年11月出生，市中医院放射科主管技师

强广通　1987年6月出生，市中医院脑一科护士

武丹　女，1989年5月出生，市中医院老年病科护士

王晓君　女，1989年12月出生，市中医院心二肿瘤科护士

韩中华　女，1978年5月出生，市中医院重症医学科护士长

孙晓星　女，1983年6月出生，市中医院发热门诊护士长

尚泽鹏　1999年5月出生，市中医院重症医学科护士

于静　女，1995年2月出生，市中医院重症医学科护士

付改　女，1987年4月出生，市中医院肺病针灸科护士

高娟　女，1989年12月出生，市妇幼保健院医学影像科护士长

莫世娇　女，1989年3月出生，市妇幼保健院急诊科护士长

王麦　女，1989年5月出生，市第二医院医疗改革办公会副护士长

李晓静　女，1990年2月出生，市第二医院重症医学科护士

刘思思　女，1989年5月出生，市第二医院糖尿病康复国际部副护士

长

王英杰　女，1995年10月出生，市第二医院医学影像科技师

邓佳　1982年10月出生，市第二医院医学影像科技师

戴卓　女，1987年5月出生，市第二医院心血管科副护士长

牛彩云　女，1982年3月出生，市第二医院糖尿病心血管科护士长

裴华　女，1986年10月出生，市第二医院八病房护士

陈国燕　女，1982年7月出生，市第二医院神经内科护士长

王莎　女，1984年10月出生，市第四医院急诊科护士长

刘雪　女，1990年12月出生，市第四医院产八科护士

孙晨　女，1996年10月出生，市第四医院东院区产二科护士

任晓佳　女，1989年2月出生，市第四医院产七科护士

张欢　女，1984年12月出生，市第四医院急诊科护士

丁龙强　1988年7月出生，市第四医院麻醉手术科护士

董丽菲　女，1987年12月出生，市第四医院妇一科护士长

张泽扬　1988年4月出生，市第四医院手术室副护士长

宋宁　女，1976年11月出生，市人民医院呼吸内科三病区副主任

袁孟强　1990年2月出生，市人民医院急诊医学科副护士长

王文慧　女，1982年3月出生，市人民医院心脏重症监护病房护士长

朱晓慧　女，1987年2月出生，市人民医院心脏重症监护室护士

赵民辉　1987年5月出生，市人民医院监管病房护士

陶晓琳　女，1988年7月出生，市人民医院康复医学科三病区护士长

马梅　女，1983年2月出生，市人民医院肿瘤科病区（肌无力）护士长

董文华　女，1994年6月出生，市人民医院肿瘤科病区（肌无力）护士

单云龙　1988年2月出生，市人民医院重症医学科（建华院区）副护士长

韩爽　女，1993年4月出生，市人民医院骨科四病区、周围血管外科护士

许静　女，1988年4月出生，市人民医院呼吸内科三病区护士

康丽媛　女，1984年11月出生，市人民医院泌尿外科护士长

赵雪锋　1981年11月出生，市人民医院呼吸内科一病区医生

王欣悦　女，1990年5月出生，市人民医院呼吸内科一病区护士

侯世婧　女，1989年4月出生，市人民医院妇科病区（建华院区）护士

彭新平　1993年9月出生，市人民医院影像中心CT室技师

李兆锋　1984年4月出生，市人民医院检验科（方北院区）副主任技师

崔红显　1988年12月出生，市人民医院影像中心（方北院区）主管技师

藁城区（4人）

张少冉　女，1982年10月出生，藁城中西医结合医院中西医结合科护士长

张好　女，1988年7月出生，藁城中西医结合医院内五科副护士长

杨洁　女，1987年8月出生，藁城人民医院感控科主管护师

窦敏欢　女，1983年11月出生，藁城人民医院急诊科主管护师

鹿泉区（3人）

范秀霞　女，1978年2月出生，鹿泉区中医院副院长

冯增娇　女，1986年9月出生，鹿泉人民医院重症医学科护士长

李博　女，1980年7月出生，鹿泉区妇幼保健院副院长

栾城区（3人）

芦秀敏　女，1983年7月出生，栾城人民医院护理部主任

刘天瑜　女，1978年11月出生，栾城人民医院急诊科副主任

师华华　女，1978年3月出生，栾城人民医院重症医学科副主任

井陉县（3人）

刘利勇　1982年2月出生，井陉县医院副院长

王慧娟　女，1978年5月出生，井陉县中医院急诊科主任

刘晓霞　女，1989年2月出生，井陉县中医院外一科护士长

正定县（4人）

韦然然　女，1987年9月出生，正定县人民医院采血室副护士长

张敬　女，1988年1月出生，正定县人民医院儿科副护士长

史国媛　女，1982年10月出生，正定县人民医院内五科护士长

张丹丹　女，1989年6月出生，正定县人民医院内三科护士

行唐县（3人）

胡福东　1986年6月出生，行唐县人民医院呼吸内科医师

胡晓凯　1986年9月出生，行唐县人民医院急诊科副护士长

杨光路　女，1989年3月出生，行唐县中医院心病科医师

灵寿县（3人）

李竹灵　女，1986年6月出生，灵寿县医院副护理部副主任

安志辉　1986年12月出生，灵寿县医院内一科副主任

白晓冰　1981年12月出生，灵寿县中西医结合医院内四科副主任

高邑县（3人）

付世荣　女，1986年5月出生，高邑县医院外一科护士长

张亮 1986年7月出生，高邑县医院重症医学科副护士长

吕雪静 女，1987年11月出生，高邑县医院重症医学科副主任

深泽县（3人）

刘雷 1983年3月出生，深泽县医院内分泌肾内科主治医师

张晓坤 女，1987年11月出生，深泽县医院内二科护士长助理

张奇 女，1991年6月出生，深泽县医院外三科护士长助理

赞皇县（4人）

曹艳娇 女，1985年4月出生，赞皇县中医医院外二科护士长

王伟 1987年3月出生，赞皇县中医院急诊科护士长

李素彦 女，1980年9月出生，赞皇县医院重症医学科护士长

崔晓雯 女，1986年9月出生，赞皇县医院内一科护士长

无极县（4人）

张巧玲 女，1986年12月出生，无极县中医院内一科护士长

陈丹 女，1990年5月出生，无极县中医院内一科护士

张坡 1986年5月出生，无极县医院手术室护师

石雅洁 女，1993年4月出生，无极县医院内二科护士

平山县（3人）

刘新朝 1985年10月出生，平山县人民医院重症医学科主治医师

杜哲 1980年5月出生，平山县人民医院呼吸与危重症医学科医师

任红光 1986年5月出生，平山县人民医院呼吸与危重症医学科主管护师

元氏县（3人）

智爱霞 女，1974年8月出生，元氏双惠医院护理部主任

何彦贞 1964年11月出生，元氏双惠医院神经内科主任

李占增 1965年7月出生，元氏双惠医院内一科主任

赵县（3人）

焦晓丽 女，1984年6月出生，赵县人民医院党办室主任

杨明利 1989年1月出生，赵县妇幼保健院内二科副主任

张英良 1978年10月出生，赵县中医院急诊科副主任

晋州市（3人）

齐自卿 1974年6月出生，晋州市人民医院重症医学科副主任

张静 女，1990年5月出生，晋州市人民医院儿科护士长

宿创勋 1984年4月出生，晋州市中医院内一科副主任

新乐市（6人）

蔡伟凤 女，1983年11月出生，新乐市中心医院护理部主任

张翠茹 女，1983年4月出生，新乐市医院内分泌科副护士长

李蕾 女，1984年8月出生，新乐市医院神经内二科副护士长

郭颜丽 女，1984年12月出生，新乐市中医院ICU副护士长

梁欢 女，1990年9月出生，新乐市中医院ICU护士

田蜜 女，1989年6月出生，新乐市中医院急救站副护士长

河北省抗击新冠肺炎疫情先进个人

2020年10月15日，河北省委、省政府授予石家庄市45人“河北省抗击新冠肺炎疫情先进个人”称号。

齐自卿 晋州市人民医院重症医学科副主任、主治医师

刘雷 深泽县医院内分泌肾内科医生、主治医师

白晓冰 灵寿县中西医结合医院内四科副主任、主治医师

刘新朝 平山县人民医院重症医学科医生、主治医师

何彦贞 元氏双惠医院神经内科主任、主任医师

师华华 女，栾城区人民医院重症医学科副主任、副主任医师

范秀霞 女，鹿泉区中医院副院长、副主任医师

王生池 市人民医院重症医学科主任、主任医师

范彦军 市急救中心特勤队长、副主任医师

王瑜玲 女，市第五医院副院长、主任医师

张英良 赵县中医院急诊科副主任、主治医师

董丽菲 女，市第四医院妇一科护士长、主管护师

韩中华 女，市中医院重症医学科护士长、主管护师

郭颜丽 女，新乐市中医医院ICU副护士长、主管护师

张敬 女，正定县人民医院儿科副护士长、主管护师

刘晓霞 女，井陉县中医院外一科护士长、护师

张巧玲 女，无极县中医院内一科护士长、护师

胡晓凯 行唐县人民医院急诊科副护士长、主管护师

张亮 高邑县医院重症医学科副护士长、主管护师

王伟 赞皇县中医医院急诊科护士长、护师

窦敏欢 女，藁城区人民医院急诊科护士、主管护师

周吉坤　市疾病预防控制中心副主任、主任医师

葛路岩　市卫生健康委医政药政处处长、主任医师

王华平　女，市卫生健康委党组书记、主任

段冰冰　女，市卫生健康委卫生应急处处长

马纪冬　市卫生健康委基层卫生健康处处长

刘敬涛　市卫生健康委疾病预防控制处处长

张东生　市卫生健康委党组成员、副主任

陈健　市公安局指挥部情报中心重点人员管控科副科长

王旭　市公安局长安分局打现行便衣侦查中队中队长

王强　市民政局社区工作办公室副主任

周月明　市委宣传部新闻处科员

王小平　市政府外事办党组成员、副主任

齐军平　市政府外事办涉外管理处处长

牛学建　市市场监督管理局副局长

徐东　市工业和信息化局党组副书记、副局长

刘海波　市公安局交通管理局裕华交警大队大队长

刘兵华　市交通运输综合行政执法支队支队长

赵建明　市工业和信息化局运行监测协调处处长

王黎明　石家庄广播电视台记者

付凯　市人力资源和社会保障局就业处处长

苏瑞　女，市纪委常委、二级调研员

陶兴武　市委市政府督查室一级主任科员

袁运修　市文化广电和旅游局市场管理处副处长

刘宇岚　女，市教育局体育卫生艺术教育处处长

时代新人·河北好人

2020年5月，石家庄市2人获得“时代新人·河北好人”称号。

付俊安　石家庄思凯电力建设有限公司送电分公司线路专责兼施工班长

刘一泉　石家庄铁道大学马克思主义学院2019级研究生

2020年6月，石家庄市2人获得“时代新人·河北好人”称号。

王力勇　藁城区贾市庄镇卞家寨村人，顺丰快递藁城区快递员

刘新亮　平山县两河乡胡家疃村人，河北敬业集团工人

2020年7月，石家庄市1人获得“时代新人·河北好人”称号。

马双庆　国家税务总局赞皇县税务局干部

2020年8月，石家庄市2人获得“时代新人·河北好人”称号。

张雪霞　女，华北制药集团新药研究开发有限公司副总经理

贾贤志　平山县平山镇北义羊村村委会主任

2020年10月，石家庄市2人获得“时代新人·河北好人”称号。

曹荣花　女，国家税务总局高邑县税务局机关党委专职副书记

房朝辉　女，正定县第五中学教师

2020年11月，石家庄市2人获得“时代新人·河北好人”称号。

翟伟彦　女，长安区环卫大队清扫二科清扫工

沈仙梅　女，晋州市爱心车友协会志愿者

河北省“最美双拥人物”

2020年8月7日，石家庄市2人获授2020年度河北省“最美双拥人物”称号。

张学勇　1962年9月出生，河北省灵寿县人，安能绿色建筑科技有限公司董事长、市退役军人就业创业促进会会长

杨山峰　1975年8月出生，石家庄市人，联勤保障部队第九八〇医院副院长

河北省“最美军嫂”

2020年8月8日，石家庄市3人获授2020年度河北省“最美军嫂”称号。

郑彦茹 1976年3月出生，石家庄市人，市急救中心第四中心站副站长

潘立杰 1976年8月出生，石家庄市人，行唐县实验学校教师

张晶 1981年7月出生，石家庄市人，河北医科大学附属第一医院儿科副主任医师、副教授、硕士研究生导师

河北省“最美退役军人”

2020年8月9日，石家庄市1人获授2020年度河北省“最美退役军人”称号。

王永辉 1975年9月出生，市公安局桥西分局吕建江综合警务服务站主任

石家庄市获授二等功以上奖励现役军人

李轩 女，栾城区，武警陕西省总队宝鸡支队服役，2020年1月10日获授二等功奖励

高温强 赵县人，92913部队服役，2020年11月23日获授二等功奖励

张学林 灵寿县人，92913部队服役，2020年11月23日获授二等功奖励

田洪明 石家庄市桥西区人，32140部队服役，2020年12月31日获授二等功奖励

张钊 无极县人，95321部队服役，2020年12月31日获授二等功奖励

石家庄时代新人

2020年6月，市委宣传部、市卫生健康委员会联合授予12名援鄂医疗队员“石家庄时代新人”称号。

赵雪锋 1981年11月出生，市人民医院呼吸内科一病区医生

牛彩云 女，1982年3月出生，市第二医院糖尿病心血管科护士长

马立云 女，1987年10月出生，市第三医院呼吸与危重症医学科护士

尚泽鹏 1999年5月出生，市中医院重症医学科护士

董丽菲 女，1987年12月出生，市第四医院妇一科护士长

朱建良 1970年2月出生，市疾病预防控制中心结核病防治所所长

窦敏欢 女，1983年11月出生，藁城人民医院急诊科主管护师

齐自卿 1974年6月出生，晋州市人民医院重症医学科副主任

梁欢 女，1990年9月出生，新乐市中医院ICU护士

何彦贞 1964年11月出生，元氏双惠医院神经内科主任

王伟 1987年3月出生，赞皇县中医院急诊科护士长

张坡 1986年5月出生，无极县医院手术室护师

石家庄市最美抗疫医务工作者

2020年6月，市委宣传部、市卫生健康委员会联合授予26名医务工作者“石家庄市最美抗疫医务工作者”称号。

张世勇 1969年9月出生，市疾病预防控制中心主任医师

崔岭 女，1973年11月出生，市人民医院主任医师

王文慧 女，1982年3月出生，

市人民医院心脏重症监护病房护士长

吕侯强　1975 年 11 月出生，市第二医院副主任医师

张天乐　1993 年 7 月出生，市第三医院神经外科护士

田勇　1976 年 9 月出生，市第三医院急诊科、感染性疾病科、院前科主任

韩毅　1977 年 8 月出生，市中医院急诊科副主任、副主任医师

孙晓星　女，1983 年 6 月出生，市中医院发热门诊护士长

丁龙强　1988 年 7 月出生，市第四医院麻醉手术科护士

祁文涛　1969 年 3 月出生，市第五医院感染控制科科长

王海宾　1966 年 2 月出生，市第五医院主任医师

郑欢伟　1966 年 11 月出生，市第五医院主任医师、教授

莫世娇　女，1989 年 3 月出生，市妇幼保健院急诊科护士长

张红梅　女，1975 年 9 月出生，市第八医院副主任医师

李少波　1978 年 9 月出生，市急救中心质控科科长、副主任医师

郑彦茹　女，1976 年 3 月出生，市急救中心副主任医师

杨光路　女，1989 年 3 月出生，行唐县中医院心病科医师

刘利勇　1982 年 2 月出生，井陉县医院副院长

安志辉　1986 年 12 月出生，灵寿县医院内一科副主任

李博　女，1980 年 7 月出生，鹿泉区妇幼保健院副院长

师华华　女，1978 年 3 月出生，栾城人民医院重症医学科副主任

刘新朝　1985 年 10 月出生，平山县人民医院重症医学科主治医师

刘雷　1983 年 3 月出生，深泽县医院内分泌肾内科主治医师

杨明利　1989 年 1 月出生，赵县妇幼保健院内二科副主任

韦然然　女，1987 年 9 月出生，正定县人民医院采血室副护士长

吕雪静　女，1987 年 11 月出生，高邑县医院重症医学科副主任

石家庄市见义勇为模范

2020 年 11 月，市政府认定 5 人为“石家庄市见义勇为模范”。

王俊波　1980 年 10 月出生，中共党员，河北省农村生态休闲农业联合会职工

范会杰　1978 年 10 月出生，河北矿业资源有限责任公司技术部主任

于若宁　1979 年 8 月出生，河北省农商银行股份有限公司客户经理

李彦平　1963 年 1 月出生，中共党员，石家庄市长安区税务局干部

周长江　2002 年 3 月出生，共青团员，石家庄工程技术学校学生

2020 年 11 月，市政府认定 1 个群体为“石家庄市见义勇为模范集体”。

孙世友　35 岁，中共党员，正定县七吉村人，正定县国豪酒店员工

崔雪栋　38 岁，中共党员，正定县付家村人，正定县服装城经理

倪景超　32 岁，藁城区南洼村人，正定县国豪酒店员工

王军　47 岁，正定县西北街人，正定县北方茶城员工

戎玉春　57 岁，正定县韩家楼村人，正定县服装城员工

石家庄市文明公民标兵

2020 年 4 月 10 日，市文明办表彰第一季度石家庄市文明公民标兵 366 人，均为参加抗疫人员。

李亚丽　女，1982 年 9 月出生，晋州市爱心车友协会秘书

苑彦辉　1983 年 2 月出生，晋州市爱心车友协会副会长

宋登科　1982 年 10 月出生，晋州市东里庄镇马坊村党支部书记

杨怀更　1973 年 4 月出生，晋州市东里庄镇马坊村委会委员

宋建庄　1966 年 7 月出生，晋州市东里庄镇马家庄村委会委员

冯永民　1969 年 5 月出生，晋州市东里庄镇西里庄村党支部书记兼村主任

孟学东　1981 年 5 月出生，晋州广播电视台新闻部科员

赵阳　1974 年 11 月出生，晋州市行政审批局科长

苑双全　1949 年 7 月出生，晋州市槐树镇龙头村党支部书记

王月妙　女，1981 年 12 月出生，晋州市教育局科员

孙增广　1969 年 7 月出生，晋州市晋州镇陈家庄村党支部书记

刘涛　1970 年 7 月出生，晋州市晋州镇刘家庄村党支部书记

李彬　1992 年 10 月出生，晋州市晋州镇平安居居委会科员

周艳品　女，1970年4月出生，晋州市晋州镇西街村妇联主席

石柱良　1966年9月出生，晋州农商银行工会主席

刘顺涛　1965年4月出生，晋州人民医院副书记、副院长

齐建波　1986年8月出生，晋州市税务局党委委员、副局长

张宇鑫　1993年10月出生，晋州市宣传部科员

宿创勋　1984年4月出生，晋州市中医院内一科副主任

李建朝　1981年11月出生，晋州市爱心志愿者协会文化宣传员

蔡伟凤　女，1983年11月出生，新乐市中心医院护理部主任

郭颜丽　女，1984年12月出生，新乐市中医院ICU副护士长

梁欢　女，1990年9月出生，新乐市中医院ICU护士

田蜜　女，1989年6月出生，新乐市中医院急救站副护士长

戎美书　女，1965年8月出生，新乐市医院呼吸内科名誉主任

王翠娴　女，1979年10月出生，新乐市中心医院科主任

张素霞　女，1979年7月出生，新乐市中医医院护理部副主任

李英　女，1969年6月出生，新乐市医院呼吸内科主任

郝胜辉　1974年3月出生，新乐市盛辉土豆专业合作社理事长

王民　1979年1月出生，新乐市委宣传部新闻外宣科科长

雷小卫　1980年6月出生，新乐市世纪鑫瑞无纺制品有限公司董事长

董玉锋　1968年9月出生，新乐市大岳镇北李家庄村党支部书记兼村委会主任

侯海波　1972年6月出生，新乐市融媒体中心副主任

李蕾　女，1984年8月出生，新乐市医院内三科护士长助理、主管护士

谷永生　1975年8月出生，新乐市政府信息化中心副主任

刘永辉　1975年10月出生，新乐市政府办公室四城同创办副主任、外事科科长

郝军朝　1976年5月出生，新乐市人力资源和社会保障局办公室主任

张娟　女，1981年1月出生，新乐市彭家庄回族学校教师

张俊霞　女，1976年6月出生，新乐市公安局网安大队文职人员

张翠茹　女，1983年4月出生，新乐市医院内三科主管护士

张丹丹　女，1989年6月出生，正定县人民医院内三科护士

张敬　女，1988年1月出生，正定县人民医院儿科副护士长

史国媛　女，1982年10月出生，正定县人民医院内五科护士长

韦然然　女，1987年9月出生，正定县人民医院采血室副护士长

常胜利　1968年6月出生，正定县人民医院外一科科主任

张计存　1960年5月出生，正定县正定镇东门里村党支部书记

封运杰　1985年4月出生，正定县公安局大案中队副中队长

刘飞　1990年8月出生，正定县融媒体中心记者

陆浩　1995年8月出生，保定铁路工务段劳务工

李静　女，1981年10月出生，正定县新安镇于家庄村支部书记、村主任

赵计存　1966年10月出生，河北恒山建设集团有限公司总经理

李振江　1970年1月出生，正定县北早现乡南岗村支部书记、村主任

朱华策　1988年12月出生，正定县环境卫生管理大队督查科科长

魏小坤　1984年7月出生，正定县裕盈轩鞋厂生产经理

徐立芬　女，1982年9月出生，正定县妇幼保健院宣传科主任

梁计敏　1954年12月出生，正定县正定镇四合街党支部书记、村委会主任

白清川　1971年4月出生，正定县疾病预防控制中心科长

戴黎黎　女，1984年8月出生，正定县人民医院急诊科护士

赵瑞江　1988年11月出生，正定县公安局刑事侦查大队诸福屯中队科员

王志斌　1977年7月出生，正定县新城铺镇政府卫生计生办公室主任

陈爱军　1973年1月出生，河北通和力盾科技有限公司总经理

陈美英　女，1969年5月出生，井陉县南峪镇人民政府卫生计生中心副主任

崔晓广　1988年4月出生，井陉县公安局巡特警大队副班长

高超　1984年1月出生，井陉县孙庄乡孙庄村党支部副书记

韩朝平　1954年8月出生，井陉县北关村党支部书记

孔祥波　女，1972年10月出生，井陉县中医院感控科主任

李汉文　1964年12月出生，井陉县小作镇沙窑村村医

李俊林　1970年8月出生，井陉县威州镇寨湾党支部书记

梁喜堂　1963年4月出生，井陉县吴家窑乡金柱村党支部书记

马建春　1963年5月出生，井陉县交通综合执法大队客运监管中队客运科长

王会堂　1969年6月出生，井陉县市场监督管理局质量技术监督检验所副所长

王米庭　女，1957年2月出生，井陉县南陉乡南陉村党支部书记兼村主任

张世燕　女，1985年12月出生，

井陉县疾控中心流病科科长

刘利勇　1982年2月出生，井陉县医院副院长

刘晓霞　女，1989年2月出生，井陉县中医院外一科护士长

王慧娟　女，1978年5月出生，井陉县中医院急诊科主任

赵新宇　1995年4月出生，井陉县疾控中心结防科科长

樊会庭　1969年5月出生，井陉县天长镇板桥村党支部书记

张巧玲　女，1986年12月出生，无极县中医院内一科护士长

张占龙　1969年7月出生，无极县七汲镇东流村党支部书记

张彦兵　1982年10月出生，市宏达专用汽车制造有限公司总经理

苌兆伟　1973年12月出生，无极县税务局二分局干部

张庆涛　1975年2月出生，无极县税务局办公室主任

李月刚　1971年2月出生，无极县交通运输局安全科科长

张瑜　女，1987年11月出生，无极县交通运输局安全科副科长

段孟伟　1987年8月出生，无极县交通运输综合执法大队干部

陈立卿　女，1973年3月出生，无极县交通运输综合执法大队干部

张军涛　1972年3月出生，无极县交通运输综合执法大队中队长

李斌　1972年11月出生，无极县交通运输综合执法大队科员

王军辉　1970年10月出生，无极县公路站副站长

郭东立　1974年4月出生，无极县公路站机械科科长

魏巍　1982年12月出生，无极县交通运输局客运中心党支部书记

李增兵　1963年3月出生，无极县交通运输局客运中心干部

陈新永　1971年7月出生，深泽县南旺村党支部书记兼村主任

刘雷　1983年3月出生，深泽县医院内分泌肾内科主治医师

史建平　1962年9月出生，深泽县赵八镇侯村党支部书记

张奇　女，1991年6月出生，深泽县医院外三科护士长助理

张晓坤　女，1987年11月出生，深泽县医院内二科护士长助理

张亚奇　1969年12月出生，深泽县夹河村党支部委员、夹河村医生

杜向阳　1978年11月出生，深泽县市场监督管理局科员

周国庆　1961年10月出生，深泽县公路站职工

邸荣　女，1975年10月出生，深泽县疾控中心流病科科长

杨林　1987年5月出生，深泽县公安交通警察大队机动中队中队长

贾烨　1979年10月出生，深泽县公安交通警察大队党支部书记、副大队长

胡福东　1986年6月出生，行唐县人民医院呼吸内科医师

石宏良　1966年12月出生，行唐县卫健局应急管理办公室主任

杨光路　女，1989年3月出生，行唐县中医院心病科医师

胡晓凯　1986年9月出生，行唐县人民医院急诊科副护士长

安志辉　1986年12月出生，灵寿县医院内一科副主任

白晓兵　1981年12月出生，灵寿县中西医结合医院内四科副主任

李竹灵　女，1986年6月出生，灵寿县医院护理部副主任

曹俊霞　1963年3月出生，灵寿县交警大队大队长

高金刚　1971年10月出生，灵寿县岔头乡台头村党支部书记

高永飞　1988年1月出生，灵寿县谭庄乡北阳沟村党支部书记

耿建伟　1970年9月出生，灵寿县信访局科员

郭彦梅　女，1964年7月出生，河北维嘉无纺布有限公司总经理、灵寿县妇联兼职副主席

贾英霞　女，1977年10月出生，灵寿县信访局副局长

康晓峰　1977年11月出生，灵寿镇副镇长

刘银录　1959年7月出生，灵寿县城内村村主任

田兵山　1967年2月出生，灵寿县民政局副局长

许晓波　1985年8月出生，灵寿县审计局科员

张军和　1970年3月出生，灵寿县塔上镇曹庄村党支部书记

张烁　1988年8月出生，灵寿县公安交警大队城区中队中队长

张艳丽　女，1975年1月出生，灵寿县城内卫生室医生、灵寿县妇联兼职副主席

张之强　1982年10月出生，灵寿县公安局治安大队长

贾贤志　1983年9月出生，平山县平山镇北义羊村村主任

任志锋　1978年9月出生，平山县平山镇政府里庄办事处主任

孙彦林　1972年6月出生，平山县卫生健康局安全科副科长

刘双印　1966年1月出生，平山县审计局党组书记

孔艳阳　1975年5月出生，平山县古月镇党委委员、副镇长

李海军　1979年2月出生，平山县两河乡政法委员

甄开香　女，1980年8月出生，河北华耀农业科技有限公司董事长

李瑛　女，1985年4月出生，平山县两河乡副乡长

刘新朝　1985年10月出生，平山县人民医院重症医学科主治医师

任红光　1986年5月出生，平山县人民医院呼吸与危重症医学科主管护师

杜哲　1980年5月出生，平山县人民医院呼吸与危重症医学科医师

丁东辉　1974年10月出生，赵县公安局北王里派出所所长

周旭　1983年11月出生，赵县交通运输综合行政执法大队大队长

李建峰　1975年10月出生，赵县综合职业技术教育中心安全处副主任

张玉伟　1976年9月出生，赵县人民医院CT室主任

李中华　1974年4月出生，赵县市场监督管理局城区所副所长

樊永亮　1970年10月出生，赵县农业农村局兽医科科长

王艳英　女，1974年5月出生，赵县妇幼院医务科科长

王飞　女，1979年9月出生，赵县赵州镇政府卫生健康办公室干部

耿方　女，1987年10月出生，赵县杨户办事处卫生计生办公室职员

郑晓波　1974年4月出生，赵县新寨店镇政府主任科员

张翠彬　1978年6月出生，赵县谢庄乡二级主任科员

李泽旭　1995年1月出生，赵县前大章乡政府科员

邢彦霞　女，1978年11月出生，赵县高村乡文化卫生服务中心主任

郑力霞　女，1978年9月出生，赵县圪塔头办事处宣统委员

田增跃　1978年9月出生，赵县韩村镇主任科员

武立志　1977年4月出生，赵县沙河店镇党委委员、政法委员

高林　1981年4月出生，赵县范庄镇副科干部

焦晓丽　女，1984年6月出生，赵县人民医院党办室主任

张英良　1978年10月出生，赵县中医院急诊科副主任

杨明利　1989年1月出生，赵县妇幼保健院内二科副主任

何彦贞　1964年11月生，元氏双惠医院神经内科主任

李占增　1965年7月出生，元氏双惠医院内一科主任

智爱霞　女，1974年8月出生，元氏双惠医院护理部主任

石吉民　1971年4月出生，元氏县医院医务科科长

张晨　1984年10月出生，元氏县中医院内五科及发热门诊主任

张彦云　女，1979年6月出生，元氏县宋曹镇卫生院院长

刘书强　1973年7月出生，元氏县疾病预防控制中心检验室主任

刘永强　1972年4月出生，元氏县公安局槐阳分局公益岗位职员

王建立　1974年3月出生，元氏县黑水河乡佃户营村党支部书记兼村委主任

王世君　1987年8月出生，河北爱心互助协会元氏基地主任

武竹辰　1973年2月出生，元氏县前仙乡北马村村党支部书记村主任

李吉海　1959年10月出生，元氏县东张乡东富村村民

魏同利　1973年2月出生，元氏县殷村镇顺路驴肉老板

张伟东　1969年11月出生，元氏县公安局宋曹派出所指导员

智少辉　1980年10月出生，元氏县东张乡北岩村党支部书记兼村委会主任

付世荣　女，1986年5月出生，高邑县医院外一科护士长

张亮　1986年7月出生，高邑县医院重症医学科副护士长

吕雪静　女，1987年11月出生，高邑县医院重症医学科副主任

郭子明　1984年4月出生，高邑县医院临床党支部副书记、医务科副科长、感染性疾病科主任、内二科副主任

李更雷　1981年10月出生，高邑县广播电视台副总编

冯建霞　女，1974年3月出生，高邑县疾病预防控制中心检验科科长

李志锁　1971年1月出生，高邑县医院党总支书记、急诊科主任

崔吉峰　1976年7月出生，高邑县医院副院长

赵力辉　1974年9月出生，高邑县高邑镇政府信访办公室主任

郭凯峰　1987年3月出生，高邑县大营镇政府职员

任伟光　1987年7月出生，高邑县中韩乡岗头村村民

宋林凝　1984年4月出生，高邑县中韩乡故寺村委会委员

王军超　1987年2月出生，石家庄润丰五金城商户

庞忠现　1969年8月出生，高邑县仓房村党支部书记兼村委会主任

李进辉　1979年7月出生，高邑县贾村党支部书记

付作鹏　1975年5月出生，赞皇县公安局野草湾派出所所长

张冰松　1990年9月出生，赞皇县南清河乡政府科员

陈文彦　女，1987年2月出生，赞皇县赞皇镇政府科员

李素彦　女，1980年9月出生，赞皇县医院重症医学科护士长

崔晓雯　女，1986年9月出生，赞皇县医院内一科护士长

杨广义　1975年1月出生，赞皇县市场监督管理局党组副书记、局长

张胜利　1964年8月出生，赞皇县市场监督管理局办公室主任

秦献辉　1978年7月出生，赞皇县交通运输综合执法队中队长

刘涛　1985年1月出生，赞皇县公安交警大队邢郭中队中队长

马凯峰　1979年11月出生，赞皇县公安交警大队副大队长

王伟　1987年3月出生，赞皇县中医院急诊科护士长

曹艳娇　女，1985年4月出生，赞皇县中医医院外二科护士长

白丽芬　女，1978年8月出生，赞皇县农村信用联社股份有限公司办公室副主任

刘江伟　1996年8月出生，赞皇县融媒体中心新闻记者

任乐强　1983年4月出生，赞皇县公安局巡特警大队负责人

王尧贤　1995年5月出生，赞皇县融媒体中心新闻记者

王泽仑　1988年4月出生，赞皇县土门乡大桥庄村党支部书记、村主任

焦文彬　1972年1月出生，赞皇县疾病预防控制中心主任

时万里　1979年8月出生，赞皇县张楞乡张楞村党支部书记

李伟　1980年9月出生，赞皇县交通运输综合执法队队长

王俊乾　1974年4月出生，赞皇县人力资源和社会保障局专技科科长

冯胜杰　1975年10月出生，长安区西兆通镇副镇长

张宇鹏　1985年5月出生，长安区西兆通镇紫林湾社区书记

曹金生　1955年8月出生，长安区自由港社区党小组长

苏志刚　1966年6月出生，石家庄君特益物业秩序主管

王辉　女，1980年4月出生，长安区青园街道卫生计生科科员

赵文萱　女，2003年1月出生，长安区人，唐山师范学院2019级体育系学生

池怡阳　女，1990年3月出生，长安区人，北京中医药大学东方学院学生

齐天怡　女，1999年3月出生，长安区人，南昌大学学生

刘海滨　1976年8月出生，长安区桃园镇庄窠社区党总支书记、居委会主任

毛礼华　1954年9月出生，长安区青园街道棉二西社区居民

赵秀英　女，1952年6月出生，长安区河东街道建明南路社区居民

刘红信　1967年11月出生，长安区河东街道居民

刘超　1974年1月出生，国家税务总局石家庄市税务局第三稽查局工会主席

王辉　1981年7月出生，石家庄学院后勤管理处公寓服务中心主任

王会霞　女，1978年8月出生，长安区南村镇卫计办科员

芦长俊　1980年10月出生，桥西区委办公室科员

杨雪琼　女，1982年10月出生，桥西区东风街道办事处东风路北社区书记

田佩洁　女，1984年10月出生，桥西区东风街道办事处建胜路社区书记

韩朋江　1964年6月出生，桥西区休门街道休门街社区书记

姚长欣　1989年8月出生，桥西区休门街道办事处卫生计生科科长

杨春晖　1996年7月出生，桥西区苑东街道办事处大学生社工

张卫霞　女，1980年1月出生，桥西区苑东街道66267社区书记

曲向军　1971年10月出生，桥西区妇幼保健站站长助理

李中强　1963年8月出生，桥西区振头二街党总支书记、居委会主任

温保存　1960年5月出生，桥西区振头一街社区党总支书记

路珩艺　女，1994年12月出生，桥西区汇通街道平安南社区居民

孟春燕　女，1981年1月出生，桥西区汇新路万兴楼酒店总经理

张勇　1976年1月出生，桥西区红旗街道汇宁街社区党总支书记

齐泽申　1975年6月出生，桥西区西里街道党工委副书记

敦晓春　女，1983年1月出生，桥西区西里街道党工委政法委员

周上进　1976年8月出生，市公安局桥西分局建国综合警务服务站主任

阮大春　1971年10月出生，石家庄懋勤斋文化艺术有限公司总经理

李志华　女，1979年3月出生，市第十七中学教师

田红霞　女，1973年9月出生，桥西区维明南大街社区党总支书记

刘素红　女，1987年3月出生，桥西区维明街道卫生健康科科长

崔会芹　女，1972年8月出生，新华区赵陵铺路街道宣传科科员

宋英轩　1987年6月出生，新华区慈康保健按摩服务部高级修脚师

高俊杰　女，1971年10月出生，新华区联盟街道办事处宣传委员

苑军　1964年4月出生，新华区北苑街道办事处纪工委书记

范素霞　女，1973年11月出生，新华区西三庄乡生院院长

崔淑梅　女，1957年5月出生，石家庄珍极酿造集团退休员工

雷光　1979年1月出生，新华区联盟街道联盟社区党总支书记

李光伟　1973年10月出生，河北政法职业学院人事处处长

侯英彩　女，1974年9月出生，河北政法职业学院图书馆研究馆员

苏丹丹　女，1985年3月出生，市阳光永和中华店负责人

朱岩　女，1980年4月出生，新华区北苑街道西三庄街社区居委会社区党总支书记、居委会主任

王立娜　女，1981年3月出生，新华区合作路街道北合街社区党总支书记、居委会主任

康凯　1994年11月出生，新华区赵陵铺路街道赵三街村配电室职工

安军　1971年11月出生，新华区卫生健康局主任科员

聂晓敬　女，1989年5月出生，新华区东焦街道红军大街社区书记

张云飞　1974年10月出生，新华公安分局北站警务站民警

魏志祥　1970年12月出生，新华区赵陵铺路街道后太保社区党总支书记、居委会主任

刘为民　1967年3月出生，市妇女儿童活动中心职员

袁飞　1986年7月出生，新华区城市管理综合行政执法局队员

张凯旋　1978年3月出生，石家庄保安服务集团有限公司河北雄安分公司队员

段京美　女，1986年3月出生，新华区东焦街道、社区卫生服务中心中药调剂员

王鑫　女，1976年5月出生，裕华区疾病预防控制中心科员

贾晶　1989年1月出生，裕华区疾病预防控制中心公共卫生科科长

李荣勤　女，1976年5月出生，裕华区城市综合执法局党政办副主任

段杨　女1986年7月出生，裕华公安分局裕兴派出所民警

李瑞卿　1981年6月出生，裕华公安分局建通派出所民警

韩少波　1966年5月出生，裕华区应急管理局主任科员

张守平　1966年4月出生，裕华区税务局裕东分局分局长

赵世豪　1976年12月出生，市第四十九中学副校长

李卉　女，1971年7月出生，裕华区东苑街道宣传委员

石爱梅　女，1975年8月出生，裕华区东苑街道长荣社区居委会工作人员

刘文勇　1975年2月出生，裕华区方村镇众美城社区党委书记

吴玉杰　女，1983年6月出生，裕华区裕华路街道建南社区党委副书记

张海波　1978年10月出生，裕华区裕华路街道青一社区党委书记

徐建成　1972年2月出生，裕华区裕强街道卓达花园居委会书记

陈肖怡　女，1988年9月出生，裕华区建华南街道美苑社区党支部书记

刘佳宾　1977年10月出生，裕华区槐底街道办事处综治办科员

房静　女，1973年1月出生，裕华区槐底街道兴苑街社区书记

张伍生　1959年5月出生，裕华区裕东街道银通一社区党总支副书记

赵永强　1975年11月出生，裕华区委机构编制委员会办公室主任科员

刘雅丽　女，1970年5月出生，裕华区槐底街道万达社区党支部书记居委会主任

窦敏欢　女，1983年11月出生，藁城人民医院急诊科主管护师

杨洁　女，1987年8月出生，藁城人民医院感控科主管护师

张好　女，1988年7月出生，藁城中西医结合医院内五科副护士长

张少冉　女，1982年10月出生，藁城中西医结合医院中西结合科护士长

张素超　女，1978年1月出生，藁城人民医院感控科主任

孔凡清　1976年12月出生，藁城区昌盛社常务副主任

贾浩楠　1989年10月出生，藁城区郁馨苑社区常务副主任

周志清　1977年4月出生，藁城区公安局交通管理大队秩序中队负责人

李昆　1980年4月出生，藁城区公安局交通管理大队中队长

马晓蕾　女，1988年5月出生，藁城区岗上镇杜村村民

王超　1990年5月出生，藁城区廉州镇南街村青年后备干部、村委工作人员

刘玉强　1977年6月出生，藁城区融媒体中心采总编室副主任、记者

王朋　1980年10月出生，藁城区融媒体中心新闻采编部副主任

郝磊　1977年11月出生，藁城区城市管理综合执法大队违建渣土中队协管员

马永刚　1978年9月出生，藁城区城市管理综合执法大队违建渣土中队协管员

齐立军　1971年4月出生，藁城区卫生健康局医政药政科科长

李伟　1974年10月出生，藁城公安管理大队廉州镇中队队长

黄河　1984年7月出生，藁城区综合治税服务中心副主任

张杰　1989年5月出生，鹿泉区获鹿镇南苑社区居民委员会党总支书记

王立功　1967年6月出生，鹿泉区西郭庄村村民

梁云凯　1982年12月出生，石家庄毛驴车农业开发有限公司职员

孟晓星　1989年3月出生，鹿泉区公安局铜冶派出所指导员

任占华　1967年12月出生，鹿泉区铜冶镇南甘子村党支部书记、村委会主任

王智杰　1988年4月出生，鹿泉区铜冶镇人民政府党政办副主任

路立飞　1987年2月出生，鹿泉区山尹村镇卫生院内四科主任

王玉震　1993年3月出生，鹿泉区黄壁庄镇卫生院中医医师

张丽维　女，1972年11月出生，鹿泉区委宣传部副部长兼文明办主任

艾康　1985年3月出生，鹿泉区白鹿泉乡宣传委员

安宁　女，1987年4月出生，鹿泉区获鹿镇党委委员、宣传委员

付月月　女，1989年6月出生，鹿泉区委宣传部科员

韩士英　女，1986年8月出生，鹿泉区铜冶镇团委书记、宗教专干

高俊英　女，1982年9月出生，鹿泉区委宣传部科员

杨月芬　女，1976年6月出生，鹿泉区融媒体中心科员

康婧哲　女，1985年12月出生，鹿泉区上庄镇政府宣传委员

聂永擘　1979年12月出生，鹿泉区大河镇政府宣传委员

王云红　女，1986年2月出生，鹿泉区委宣传部科员

赵彦　女，1983年7月出生，鹿泉区黄壁庄镇政府宣传委员

姚敏　女，1985年5月出生，鹿泉区山尹村镇政府组织委员、宣传委员

张艺欣　女，1991年10月出生，鹿泉区铜冶镇中心卫生院护师

胡静宜　女，1975年9月出生，鹿泉区上寨乡组织委员、宣传委员

卢秀敏　女，1983年7月出生，栾城人民医院护理部主任

师华华　女，1978年3月出生，栾城人民医院重症医学科副主任

刘天瑜　女，1978年11月出生，栾城人民医院急诊科副主任

杨耀辉　1972年2月出生，栾城区市场监督管理局城区所所长

郝丹　女，1989年6月出生，柳林屯乡政府科员

李伟华　1978年11月出生，栾城区供电公司孟董庄供电所所长

任亚涛　1974年10月出生，栾城区供电公司办公室主任

李振国　1972年10月出生，栾城区农村信用合作社联社党委书记、理事长

刘彬　1986年9月出生，栾城区文化广电体育和旅游局文化广场综合行政执法局副队长

王茂　1985年12月出生，栾城区文广体旅局文化馆馆长

石江亚　女，1980年12月出生，栾城区图书馆馆长

郭勇亮　1979年9月出生，栾城区南高乡南高村村民

安晓欣　女，1994年6月出生，栾城区人，南京陆军工程大学通信工程学院学生

赵述捷　1987年11月出生，井陉矿区交通运输局科员

马银柱　1968年9月出生，井陉矿区横涧乡北西社区居委会主任

段倩倩　女，1986年2月出生，井陉矿区凤山镇政府党委委员、副镇长

赵海生　1971年6月出生，井陉矿区市场监督管理局朝阳市场监督管理所所长

李晓海　1981年7月出生，井陉矿区医院院长助理兼急诊科主任

王少鹏　1993年11月出生，井陉矿区城市管理综合行政执法局矿市街中队中队长

张素林　1969年9月出生，井陉矿区四微街道办事处副书记、政法委员

张志会　1976年6月出生，井陉矿区矿市街道党工委副书记、政法委员

朱海江　1986年12月出生，井陉矿区卫生健康局办公室主任

程国辉　1994年10月出生，井陉矿区个体养猪专业户

邓丽丽　女，1983年2月出生，高新区管委会办公室秘书一处副处长

齐千里　1982年9月出生，高新区管委会办公室秘书二处科员

周伟超　1984年1月出生，高新区管委会办公室督查室科员

聂红强　1984年1月出生，高新区管委会办公室秘书三处科员

程洪涛　1984年10月出生，高新区科学技术局科员

张志　1973年10月29日出生，市公安局高新区分局黄河大道派出所副所长

李欣　1975年9月出生，高新区交警大队副大队长

汪伟　1989年1月出生，高新区消防救援大队太行大街消防救援站司务长

胡东清　1966年12月出生，国家税务总局石家庄高新区税务局长江税务所副所长

张建雷　1983年2月出生，高新区城管局环卫中心职员

程驰　1988年8月出生，高新区城市管理局机动中队中队长

刘景景　女，1978年8月出生，高新区社会发展局教育处基教科科长

马玄静　女，1988年6月出生，高新区社会发展局卫生健康处科员

李艳景　女，1975年5月出生，高新区宋营镇卫生计生办公室主任

武保安　1961年8月出生，高新区太行街道办南庄村协管员

任淑涛　1979年2月出生，高新区太行街道办北庄村村委会主任

李建敏　女，1978年8月出生，高新区长江街道花香漫城社区支部书记、居委会主任

贾晓龙　1989年2月出生，高新区长江街道长九花园社区党支部书记、居委会主任

卢迪　1990年10月出生，高新区郄马镇副镇长

张玉辉　1979年7月出生，高新区郄马镇城管科科长

2020年7月30日，市文明办表彰第二季度石家庄市文明公民标兵16人。

敬业奉献（8人）

张雪霞　女，1972年11月出生，华北制药集团新药研究开发有限责任公司副总经理

付俊安　1970年12月出生，石家庄思凯电力建设有限公司送电分公

司线路专责兼施工班长

李梦娜　女，1988年10月出生，市退役军人服务中心党建综合科科员

吴亚彬　1978年3月出生，晋州市时代公园管理处职员

冯晓阳　1987年9月出生，高邑县邮政局投递部投递员

陈彦强　1977年8月出生，藁城区南孟镇康村党支部书记兼村委会主任

李国芳　女，1976年10月出生，藁城区九门回族乡九门小学教师

佟国芳　1961年1月出生，赞皇县文化馆馆长

助人为乐（4人）

靳拴柱　1982年8月出生，顺丰公司晋州分公司快递员

高阳　1990年3月出生，晋州市人，海军潜艇第二基地32支队岸勤部警卫勤务连战士

梁煜　1962年8月出生，河钢集团职工

王力勇　1985年2月出生，河北顺丰速运有限公司收派员

孝老爱亲（3人）

刘新亮　1970年12月出生，河北敬业集团有限公司第二烧厂员工

马双庆　1969年3月出生，国家税务总局赞皇县税务局办公室副主任

曹振堂　1970年10月出生，赞皇县交通运输综合服务中心职工

诚实守信（1人）

张宁　1990年7月6日出生，高邑县发展改革局科员

2020年10月22日，市文明办表彰第三季度石家庄市文明公民标兵14人。

敬业奉献（9人）

高云　女，1976年5月出生，晋州市电教中心教师

王运昌　1985年10月出生，正定消防中队文书班、通讯班班长

张俊芳　女，1971年12月出生，正定县人民检察院第四检察部主任

曹荣花　女，1977年10月出生，国家税务总局高邑县税务局机关党委专职副书记

甄亚辉　1987年2月出生，国家税务总局赞皇县税务局科员

于晓辉　女，1980年9月出生，赞皇县特殊教育学校教师

商玉坤　女，1994年11月出生，赞皇县中医院检验科职员

翟伟彦　女，1979年4月出生，长安区环卫大队清扫科51班班长

赵玉昌　1975年8月出生，藁城区职业技术教育中心办公室副主任

助人为乐（2人）

沈仙梅　女，1959年2月出生，晋州市爱心车友协会志愿者

李俊蓉　女，1975年5月出生，正定县常山社会工作服务中心办公室副主任

见义勇为（2人）

于若宁　1979年8月出生，河北元氏农村商业股份有限公司南佐支行客户经理

刘彦生　1967年3月出生，平山县政府招待所厨师长

孝老爱亲（1人）

孙英杰　1967年9月出生，石家庄思凯电力建设有限公司变电分公司安装一班技术员

2021年1月5日，市文明办表彰2020年第四季度石家庄市文明公民标兵16人。

助人为乐（3人）

李业伟　女，1981年11月出生，晋州市桃园镇前赵七子村村民

刘建军　1980年11月出生，河北广电信息网络集团财务资产部副主管

王龙　1988年4月出生，河北龙元扶正堂健康管理服务有限公司经理

见义勇为（1人）

谷二海　1952年12月出生，平山县平山镇李家庄村支部委员

敬业奉献（10人）

刘学进　1984年4月出生，石家庄印钞有限公司凹印部设备员

白玉然　女，1969年9月出生，晋州市人民医院感染性疾病科（发热门诊）副主任医师

薛紫琪　女，1993年5月出生，新乐市邯邰镇政府文化站站长、统计站站长

贾吉广　1966年3月出生，石家庄明城供电服务有限公司正定县分公司担任供电抢修班班长

钱倍倍　女，1990年5月出生，行唐县实验中学教师

王文习　女，1988年1月出生，平山县苏家庄乡苏家庄小学教师

张国权　1977年2月出生，高邑县医院副院长

解建辉　1986年7月出生，赞皇县公安局院头派出所副所长

池迟　女，1986年8月出生，石家庄第二外国语学校中学教师

靳晓恒　1994年12月出生，藁城区世纪大道消防救援站战斗三班班长

孝老爱亲（2人）

郑爱荣　女，1963年1月出生，正定县新安镇七吉村村民

田刚牛　1967年6月出生，赞皇县南清河乡赵堡村村民

石家庄市“最美双拥人物”

2020年4～8月，市退役军人事务局、市委宣传部、石家庄警备区政治工作处联合在全市开展2020年度石家庄市“最美双拥人物”评选活动，评选表彰“最美双拥人物”10名。

王建芳　晋州市施琅贸易有限公司总经理

戎存柱　河北省安通集团董事长

刘建峰　武警石家庄支队正定中队政治指导员

孙青海　栾城区冶河镇政府工作人员

李建军　井陉县南关村党支部书记

杨山峰　联勤保障部队第九八〇医院副院长

吴雪梅　女，石家庄东海岸酒店企业管理有限公司总经理

张苏玉　女，市军粮供应有限责任公司军供科科长

张学勇　安能绿色建筑科技有限公司董事长、市退役军人就业创业促进会会长

高俊杰　平山县福美佳购物广场有限公司总经理

石家庄市“最美军嫂”

2020年4～8月，市退役军人事务局、市委宣传部、石家庄警备区政治工作处联合在全市开展2020年度石家庄市“最美军嫂”评选活动，评选表彰“最美军嫂”10名。

马春英　灵寿县中西医结合医院医生

王菊红　井陉矿区新口味蛋糕店烘焙师

乔洁　新华区东焦街道退役军人服务站科员

李瑞霞　栾城五中副校长

郑彦茹　市急救中心第四中心站副站长

秦丽欣　新乐市东长寿学校教师

郭蕾　赵县县委网信办科员

康微　长安区教育考试中心副主任

韩晓莉　无极县蔬菜指导中心主任

潘立杰　行唐县实验学校教师

石家庄市最美政法干警

2020年市委政法委评选“石家庄市最美政法干警”10人。

谢芳　女，1982年10月出生，市公安局出入境管理支队外管科民警

蔡贺雷　1985年11月出生，无极县公安局七汲派出所所长

李少春　1982年2月出生，平山县公安局西柏坡派出所所长

高强　1977年1月出生，市公安局新华分局刑事警察大队大案中队中队长

单理明　1971年4月出生，市人民检察院第二检察部副主任

何垚　女，1981年2月出生，新乐市人民检察院第一检察部副主任

苏渝涵　女，1982年6月出生，长安区人民法院审判员

史兆宏　1977年7月出生，市中级人民法院民二庭副庭长

任连义　1963年5月出生，市法律援助中心副主任

王震　1990年9月出生，高邑县司法局人民参与和促进法治科副科长

石家庄市最美政法委员

2020年市委政法委评选“石家庄市最美政法委员”2人。

张旭　女，1990年1月出生，藁城区廉州镇人民政府政法委员

杨立娟　女，1980年8月出生，栾城区南高乡党委委员、政法委员

石家庄市“新时代好少年”

2020年8月10日，市文明办、市教育局、共青团市委、市妇联、市关心下一代工作委员会联合授予20名学生石家庄市“新时代好少年”称号。

张思懿 市第二十四中学高一年级16班学生

葛思涵 市第二十二中学7年级10班学生

张可 石家庄第二外国语学校8年级1班学生

宋佳宜 市第二十八中学新星学校7年级18班学生

高梓晴 市合作路小学5年级5班学生

翟宇萌 栾城区冶河镇中学8年级2班学生

李芳沅 市第二中学高一年级12班学生

汪劭瑄 河北师大附属小学4年级1班学生

李嘉宁 平山县东回舍小学4年级2班学生

韦媛琪 正定县西门里小学5年级2班学生

尹水川 市合作路小学3年级3班学生

刘一禛 井陉县上安西小学5年级学生

王延松 石家庄装备制造学校2017级数控技术应用3班学生

陈文章 市第十七中学高一年级7班学生

李卓凝 市第二十二中学9年级12班学生

李政翰 市金马小学4年级8班学生

徐铭艺 石家庄二中实验学校高二年级35班学生

李鹤 井陉县北方学校5年级4班学生

李思莹 无极县实验小学6年级8班学生

张启悦 高邑县第三中学7年级学生

感动省城十大人物

2021年3月10日，2020年度“感动省城十大人物”评选揭晓（受新冠肺炎疫情影响，未举办颁奖盛典活动）。

逆行天使——石家庄市抗击新冠肺炎援鄂医疗队（群体）

石家庄市抗击新冠肺炎援鄂医疗队共派出7批次122名医护人员，做到患者零死亡、医护人员零感染。2020年4月12日，中共湖北省委、省政府授予石家庄市支援武汉抗击新冠肺炎疫情122名医护人员新时代“最美逆行者”称号（获奖名单参见“人物”）。

“织梦”女状元——崔雪琴

崔雪琴，女，赞皇县雪芹棉产品开发有限公司董事长、赞皇县原村土布专业合作社理事长，河北省非物质文化遗产“赞皇原村土布纺织技艺”传承人（参见“人物”下全国“三八红旗手”）。

扶贫好书记——夏清元

河北省景县人，市委市政府督促检查办公室一级主任科员，市委办公室驻灵寿县慈峪镇西柏山村扶贫工作队第一书记。1963年1月出生，1982年10月参加工作，1985年7月加入中国共产党，大学文化。2018年3月，夏清元被市委组织部选派到灵寿县慈峪镇西柏山村担任精准扶贫工作组组长、第一书记。2021年4月29日，获得河北省脱贫攻坚奖贡献奖。

战“疫”尖兵——市五院新冠肺炎医疗救治团队（群体）

2020年初，石家庄市突发新冠肺炎疫情。1月17日，市第五医院被确定为全市新冠肺炎医疗救治定点医院。1月21日，市第五医院收治全省首例新冠肺炎确诊患者。2020年市第五医院新冠肺炎医疗救治团队研制的“清热抗毒口服液”“兰香解毒口服液”获得河北省药品监督管理局应急备案。至2020年底，市第五医院接诊发热患者4000余人，收治入境人员900余人，取得患者“零死亡”、医务人员“零感染”的好成绩。

火海英雄——玄凯

玄凯，1992年9月出生，2015年大学毕业入伍，石家庄市消防支队特勤大队消防员。参与灭火600多次、抢险救援400多次。2020年7月14日，石家庄市区丰收路北城国际小区一居民楼因电动车电瓶爆炸发生火灾，1名成人和3名儿童被困。接到警情后，玄凯随队出发救出4人。在施救撤离过程中，玄凯不顾自身安危，将自己的空气呼吸器让给怀里不足5个月的婴儿，表现出英雄壮举，引发社会反响。

支教园丁——王雅莉

王雅莉，女，1973年11月出生，中共党员，石家庄外国语学校教师。王雅莉积极参加石家庄外国语学校开展的帮扶山区学校支教工程，用心给山区教师做培训，手把手教山区老师做示范课、观摩课和讲座，倾尽所能为山区孩子和山区教育贡献自己的力量。

见义勇为女硕士——刘一泉

刘一泉，女，石家庄铁道大学马克思主义学院2019级研究生。2020年5月7日12时左右，河北省军区第一干休所一名8岁男孩和一名6岁女孩在小区人工湖边玩耍时，男孩不慎落入湖中，生命危在旦夕。危急时刻，从人工湖附近路过的刘一泉发现后飞速跑到湖边，跳入湖水营救，男孩被成功救上岸。2020年5月，刘一泉获评“时代新人·河北好人”称号。

母亲河筑梦人——滹沱河生态修复工程团队（群体）

滹沱河生态修复工程团队以大局为重，乐于奉献，主动担当，舍小家、顾大家，全体协作、奋力拼搏，从2018年7月开始到2020年底，将滹沱河两岸建设成为风景优美的城市景观和休憩地。2019年滹沱河石家庄市区段获得河北“秀美河湖”称号，2020年太平河鹿泉段获得河北“秀美河湖”称号。

双创园长——贾茹

贾茹，女，1975年9月6日出生，行唐县昊腾残疾人双创园园长。贾茹所在“双创园”采取“政府＋企业＋贫困户＋残疾人”模式，是一个集贫困户、残疾人就业创业和康复服务于一体的综合型园区。2018年5月20日建成并投入使用，入住有肢体残疾、多重残疾、听障残疾、盲人，还有智力及精神残疾人。贾茹在工作中总结出“康养＋扶贫”“工疗＋扶贫”“新媒体电商＋扶贫”“培训＋扶贫”“典型＋扶贫”“手工＋扶贫”6种生产模式，至2020年年底，累计安置就业161人，其中，残疾人108人，建档立卡贫困残疾人87人。2019年5月16日，贾茹在北京人民大会堂受到习近平总书记、李克强总理的接见。2019年9月20日，贾茹获得全国脱贫攻坚奖奉献奖。

大义夫妻——王永芝、梁士荣夫妇

梁士荣，2013年12月去世；王永芝，女，2019年12月28日去世。2019年12月28日，70岁的王永芝因病去世，家属遵照遗愿将遗体和器官无偿捐献给社会。至此，王永芝、梁士荣成为河北省首例身故后实现器官及遗体成功捐献的夫妇。

逝世人物

杜树君（1923～2020），山东省海阳市人。1923年2月出生，1944年6月参加工作，1947年5月加入中国共产党。参军前任山东省海阳县子弟兵团班长。1947年2月入伍，曾在华东9纵队、27军等部队服务，在部队时最高职务为副团长。1971年5月转业到石家庄市公安局任副局长，1986年3月离休。1992年10月，经市委组织部批准，享受副地专级医疗待遇。2020年9月6日因病逝世，享年97岁。

高振丰（1926～2020），河北省辛集市人，原石家庄地区行署第二轻工业局局长兼党组书记。1926年9月出生，1944年4月参加工作，1945年1月加入中国共产党。历任辛集市发电厂厂长兼党支部书记，赵县县委常委、工会主席、农工财贸部长，石家庄运输公司党委书记，石家庄地区行署重工业局局长兼党组书记，石家庄地区行署第二轻工业局局长兼党组书记。1988年12月离休。2020年12月4日因病在石家庄逝世，享年94岁。

刘素欣（1928～2020），河北省安平县人，原石家庄市物价委员会副主任。1928年9月出生，1942年7月加入中国共产党，1983年12月离休，享受副厅级待遇。2020年3月18日因病在石家庄逝世，享年92岁。

高奎（1928～2020），河北省阜平县人。1928年11月出生，1944年1月参加革命工作，1945年9月加入中国共产党，1983年11月任石家庄地区文化局调研员，1989年1月离休，享受正县级待遇。2020年6月11日因病在石家庄逝世，享年92岁。

贾雨范（1929～2020），河北省高邑人。1929年8月出生，1947年2月参军入伍，1947年12月加入中国共产党。曾在太行独立第2旅、晋冀鲁豫军区9纵队、15军、中南军区政治部、军事检察院及空军马兰村场站、乌鲁木齐场站服役，在部队时最高职务为空军场站政委。1982年3月从部队转业到石家庄地区公安处工作，曾任副处长、调研员等职务，1989年9月离休。解放战争中，荣立一等功1次、三等功2次；参加抗美援朝，荣立三等功1次；参与中国核试验任务，荣立集体三等功；获授华北解放纪念章、淮海战役纪念章、华中南解放纪念章、西南解放纪念章、抗美援朝纪念章、1955年解放奖章、2019年新中国成立70周年纪念奖章、2020年抗美援朝胜利70周年纪念奖章。1989年8月，经石家庄地区行政公署批准，享受地专级待遇；1990年2月，经河北省委组织部批准，享受地专级政治生活待遇。2020年11月22日因病逝世，享年91岁。

张忠禄（1931～2020），河北省高邑县人，原石家庄地区物价局局长。1931年11月出生，1945年8月参加革命工作，1953年6月加入中国共产党，1994年3月离休，享受正处级待遇。2020年8月5日因病在石家庄市逝世，享年89岁。

李松荣（1932～2020），泰国归侨，原石家庄地区侨联主席。1932年1月9日在泰国曼谷出生，1950年7月回国。1951年1月参军入伍，曾任空军雷达团司令部保密员、测绘员、参谋等职。1959年12月加入中国共产党。1962年转业到石家庄地区元氏县棉油加工厂，1984年调入石家庄地区外旅侨办公室，1990年任原石家庄地区侨联主席，1992年退休。2020年4月18日因病在石家庄市逝世，享年88岁。

刘新章（1934～2020），石家庄市鹿泉区人，原石家庄市计划委员会调研员。1934年12月出生，1952年7月参加革命工作，1956年9月加入中国共产党，1995年1月退休，享受正处级待遇。2020年4月12日因病在石家庄市逝世，享年86岁。

李仲道（1934～2020），河北省井陉县人，原石家庄地区物资局正局级调研员。1934年12月出生，1951年2月参加工作，1953年10月加入中国共产党，1994年10月退休，享受正处级待遇。2020年1月4日因病逝世，享年86岁。

李兰贵（1936～2020），河北省武邑县高村人，原石家庄地区政协副秘书长兼祖国统一外事侨务委员会主任。1936年1月出生，1956年7月参加工作，1949年3月加入中国共产党。1956年7月至1962年9月任河北正定师范学校教师、党委副书记，1966年9月至1968年8月任正定县南楼公社社长，1985年4月至1991年11月任石家庄地区行署审计局局长、党组书记，1991年11月至1992年9月任石家庄地区政协工委副主任、党组副书记，1993年8月任石家庄地区政协副秘书长兼祖国统一外事侨务委员会主任。1998年4月退休。2020年5月14日因病逝世，享年84岁。

刘章（1939～2020），河北省兴隆县上庄村人，石家庄市文联原副主席。1939年出生，1958年10月在《诗刊》发表短诗《日出唱到太阳落》20首，在全国产生影响。1958年回乡务农，创作大量新民歌和民歌体新诗。1970年代调入《诗刊》编辑部，1977年在河北省歌舞团从事创作，1982年调入石家庄市文联。主要诗集有《燕山歌》《葵花集》《刘章乡情诗选》《刘章诗选》《刘章新诗》《刘章自选诗》等。1981年获得中国作家协会全国中青年诗人“1979～1980”优秀新诗奖。2020年2月20日因病逝世，享年81岁。

边树森（1940～2020），石家庄市藁城区邱头村人，石家庄丝弦剧团原团长，国家一级演员、国家级非物质文化遗产项目石家庄丝弦代表性传承人。1940年11月出生，1956年考入石家庄市艺术学校学习丝弦表演艺术，毕业后至退休一直在石家庄丝弦剧团工作，2008年入选国家级非物质文化遗产传承人，主要代表作品有《李天保吊孝》《刘墉下南京》《金殿铡子》《生死牌》等。2020年12月2日因病在石家庄逝世，享年80岁。

王俞景（1946～2020），河北省宁晋县人，原石家庄地区物资局局长。1928年12月出生，1949年10月参加工作，1953年6月加入中国共产党，1989年10月退休，享受正处级待遇。2020年9月5日因病逝世，享年74岁。

刘名学（1946～2020），重庆市人，原石家庄市经贸委副主任。1946年9月出生，1968年7月参加工作，1978年7月加入中国共产党，2006年9月退休，享受正处级待遇。2020年6月24日因病逝世，享年74岁。

刘兆安（1947～2020），河北省南皮县人，市人大常委会原内务司法委员会主任。1947年7月出生，1968年4月参加工作，1974年12月加入中国共产党。历任市第六中学教师，共青团石家庄市委干事，市人大常委会办公室副主任、办公厅副主任、副秘书长、副秘书长兼民族宗教侨务外事工作委员会主任、政法工作委员会主任、内务司法委员会主任。市第八届、九届、十届、十一届人大代表。2008年9月退休。2020年12月14日因病在石家庄逝世，享年73岁。

高更顺（1951～2020），石家庄市井陉矿区人，市水利局原调研员。1951年12月出生，1970年12月参加工作，1971年4月加入中国共产党。历任井陉矿区横涧乡乡长、苗圃场场长，井陉矿区副区长、副书记，市水利局调研员。2011年12月退休。2020年3月11日因病在石家庄市逝世，享年69岁。

唐秀珍（1953～2020），女，江苏省泰县（今泰州市姜堰区）人，石家庄市国资委监事会原主席。1953年5月出生，1969年7月参加工作，1969年7月加入中国共产党，2013年5月退休，享受正县级待遇。2020年3月1日因病逝世，享年67岁。

附　录

Appendix

光　荣　榜

全国文明城市

2020 年 11 月 20 日，石家庄市 1 市 1 县在全国精神文明建设表彰大会上获得“全国文明城市”称号。

石家庄市

正定县

国家卫生城市

2021 年 1 月 6 日，全国爱国卫生运动委员会命名石家庄市 2 个城市为 2018 ～ 2020 周期国家卫生城市。

石家庄市

新乐市

国家卫生县城

2020 年 7 月 29 日，全国爱国卫生运动委员会命名石家庄市 2 个县城为 2017 ～ 2019 周期国家卫生县城。

高邑县

正定县

全国双拥模范城

2020 年 10 月 20 日，石家庄市连续第 9 次被命名为全国双拥模范城。

石家庄市

全国双拥模范县

2020 年 10 月 20 日，石家庄市 2 个县被命名为全国双拥模范县。

平山县（连续第 5 次）

正定县（首次）

全国文明单位

新增全国文明单位（11 个）

石家庄市公安局交通管理局
石家庄北国人百集团有限责任公司（本部）
国药乐仁堂医药有限公司（本部）
中国联合网络通信有限公司石家庄分公司
河北银行石家庄分行
石家庄印钞有限公司
石家庄市市场监督管理局
石家庄市排水管护中心
晋州市爱心车友协会
元氏信誉楼百货有限公司
石家庄市裕华区东苑街道办事处

复查确认继续保留全国文明单位称号（17 个）

中共石家庄市委市直机关工作委员会
石家庄市教育局
国家税务总局石家庄市税务局
石家庄广播电视台
石家庄市新华区宁安街道北新街社区
石家庄市城市管理综合行政执法局
河北正定中学
石家庄市应急管理局
石家庄市农林科学研究院
石家庄市裕华区裕华路街道办事处
石家庄市长安区人民检察院
石家庄市气象局
石家庄市卫生健康委员会
中国移动通信集团河北有限公司石家庄分公司
国网河北省电力有限公司石家庄供电分公司
石家庄市公路服务保障中心
中国邮政储蓄银行石家庄市分行

全国文明村镇

晋州市周家庄乡
藁城区岗上镇杜村
晋州市桃园镇张家庄村
平山县平山镇孟堡村
鹿泉区获鹿镇下聂庄村
井陉县上安镇白王庄村
新乐市马头铺镇南双晶村
灵寿县塔上镇东金山村
赞皇县土门乡寺峪村
赵县北王里镇西正村
无极县无极镇东中铺村
元氏县南因镇东杜村
高邑县富村镇仓房村

全国文明校园

石家庄市第二中学
石家庄市第十七中学
石家庄市神兴小学
石家庄市裕东小学

全国文明家庭

靳国芳家庭　裕华区裕华路街道建南社区
徐新中家庭　平山县苏家庄乡上东峪村
张孟臣家庭　裕华区东苑街道裕东二社区
侯英彩家庭　新华区合作路街道北站社区
付世悦家庭　桥西区友谊街道谊安社区

全国五好家庭

张娜家庭　市第三医院
耿朝宁家庭　正中实验中学
杨英家庭　新乐市木村乡北刘家庄
张军芳家庭　新乐市爱心之家公益团队

全国最美家庭

白群生家庭　正定县南牛乡西杨庄
刘海欣家庭　深泽县财政局
赵玉荣家庭　行唐县益河村

全国抗疫最美家庭

王瑜玲家庭　市第五医院副院长
王丽家庭　藁城区廉州镇北街幼儿园园长

全国“三八红旗集体”

石家庄市妇联家庭和儿童工作部

全国未成年人思想道德建设工作先进单位

石家庄市第四十二中学

全国脱贫攻坚先进集体

石家庄外国语教育集团
灵寿县扶贫开发办公室
石家庄市工商业联合会驻平山县下槐镇南文都村工作队
赞皇县卫生健康局

全国抗击新冠肺炎疫情先进集体

正定国际航班经停分流医学观察点

河北省脱贫攻坚先进集体

2021 年 4 月 29 日，省委、省政府授予石家庄市 3 个单位 2020 年“河北省脱贫攻坚奖先进集体奖”称号。
中共石家庄市委组织部驻灵寿县陈庄镇西湾村工作队
平山县
河北白沙烟草有限责任公司

河北省抗击新冠肺炎疫情先进集体

2020年10月15日，河北省委、省政府授予石家庄市30个单位“河北省抗击新冠肺炎疫情先进集体”称号。

市第五医院
市急救中心应对首都机场国际航班分流石家庄机场入境人员负压转运专班
市第三医院发热门诊
市第二医院援鄂医疗队
市人民医院发热门诊
正定县人民医院
长安区桃园社区卫生服务中心
长安区疾病预防控制中心
裕华区疾病预防控制中心
井陉矿区卫生健康局
石家庄市第二看守所
市工业和信息化局消费品工业处
市应对疫情领导小组办公室
灵寿县疾病预防控制中心
鹿泉区卫生健康局
市急救中心
市新冠肺炎医疗救治中医专家组
市新冠肺炎医疗救治支援市第五医院医疗队
市疾病预防控制中心微生物检验所
市第六医院援鄂医疗队
市新冠肺炎医疗救治专家组
新乐市医院
桥西区疾病预防控制中心
新华区疾病预防控制中心
石家庄以岭药业股份有限公司
石家庄循环化工园区医院
市商务局
市机关事务管理局
新乐市卫生健康局
平山县公安局

河北省五好家庭

刘惠文家庭　新华区红星街17号四方怡园
刘永华家庭　井陉县小作镇冶西村
牛天寿家庭　鹿泉区大河镇曲寨村
邢娟家庭　长安区河东街道建华一社区
岳喜娟家庭　栾城区南高乡岳家庄村
刘素珍家庭　高新区宋营镇天然城小区
卢伟桥家庭　无极县城市管理综合行政执法局
隋鑫家庭　河北医科大学第三医院
姚秋红家庭　井陉矿区第一小学
左风海家庭　灵寿县医院

河北省最美家庭

张军芳家庭　新乐市爱心之家公益团
耿朝宁家庭　河北正中实验中学
刘海欣家庭　深泽县财政局
宋龙涛家庭　深泽县西内堡村
高秀英家庭　行唐县龙州镇庄头村
杨英家庭　新乐市木村乡北刘家庄
白群生家庭　正定县南牛乡西杨庄
赵玉荣家庭　河北省行唐县益河村
崔达家庭　灵寿县人社局劳动关系科
邵文霞家庭　市妇幼保健院

河北省抗疫最美家庭

佟雁祥家庭　桥西区翰林颐园小区
张娜家庭　市第三医院护士
谢轩家庭　市第二医院呼吸内科主治医师
陈金阳家庭　石家庄地铁3号线高柱站值班站长

河北省绿色最美家庭

傅俊琪家庭　井陉矿区新王舍社区
刘瑞华家庭　新华区医院退休
赵晶家庭　藁城区廉州镇幼儿园
李亚龙家庭　深泽县桥头乡东焦庄村
武丽娜家庭　市第三十八中学

河北省文明单位

2020年12月，省委、省政府授予石家庄市75家单位“2018～2020年度河北省文明单位”称号，石家庄市103家单位经复查确认保留“河北省文明单位”称号。

新增河北省文明单位（75家）

国家税务总局晋州市税务局第一税务分局、晋州市人民法院、市市容管理考评中心、市老年大学（活动中心）、市交通运输局、中国农业发展银行河北省分行营业部、国家税务总局石家庄市长安区税务局第一税务分局、市老年养护院、新乐市中医医院、国药乐仁堂医药有限公司、邯郸银行股份有限公司石家庄分行、国家税务总局元氏县税务局第一税务分局、市消防救援支队、中国邮政储蓄银行股份有限公司新乐市支行、市公安局交通管理局、市救助管理站、国家税务总局深泽县税务局第一税务分局、国家税务总局新乐市税务局第一税务分局、石家庄北国人百集团有限责任公司、市财政局、国网河北省电力有限公司平山县供电分公司、市城市照明管护中心、河北晋州农村商业银行股份有限公司、国家税务总局灵寿县税务局第一税务分局、石家庄住房公积金管理中心、国网河北省电力有限公司高邑县供电分公司、天津银行股份有限公司石家庄分行、井陉县交通运输局、桥西区行政审批局、正定县审计局、新乐市医院、长安区青园街道办事处、河北白沙烟草有限责任公司、国家税务总局高邑县税务局第一税务分局、赵县中医院、栾城区消防救援大队、中共石家庄高新技术产业开发区工作委员会办公室、市国有资本经营集团有限公司、元氏信誉楼百货有限公司、市市场监督管理局、裕华区槐底街道办事处、桥西区东风街道办事处、中国邮政集团有限公司石家庄市栾城区分公司、井陉矿区行政审批服务中心、中国农业银行股份有限公司石家庄广安支行、市植物园管理处、市审计局、晋州市爱心车友协会、藁城中西医结合医院、市教育科学研究所、河北昌泰建设发展集团有限公司、鹿泉区公安交通警察大队、裕华区教育局、井陉县中医院、河北灵寿农村商业银行股份有限公司、深泽县医院、中国邮政储蓄银行股份有限公司平山县支行、栾城人民医院、张家口银行股份有限公司石家庄井陉矿区支行、新华区联盟街道办事处、鹿泉区城市管理综合执法大队、桥西区维明街道办事处、裕华区市场监督管理局、赞皇县农村信用联社股份有限公司、元氏县教育局、中国工商银行股份有限公司石家庄东风支行、廊坊银行股份有限公司石家庄分行、中国邮政储蓄银行股份有限公司灵寿县支行、新华区行政审批局（行政审批服务大厅）、正定县融媒体中心、市人力资源和社会保障局、中国邮政集团公司石家庄市分公司、长安区法院、无极县质量技术监督检验所、高邑县房地产服务中心。

复查确认保留河北省文明单位称号（103家）

中共石家庄市委市直机关工作委员会、中共石家庄市委党校、市人民检察院、市中级人民法院、市城市管理综合行政执法局、国家税务总局石家庄市税务局、市林业局、市气象局、市应急管理局、市卫生健康委员会、市妇女联合会、石家庄广播电视台、国家广播电视总局九五一台、国家广播电视总局七二三台、市疾病预防控制中心、市荣复军人疗养院、市公路管理处、市排水管理处、市农林科学研究院、市卫生监督局、石家庄保安服务集团有限公司、中国电信股份有限公司石家庄分公司、中国联合网络通信有限公司石家庄市分公司、中国移动通信集团河北有限公司石家庄分公司、中国石油化工股份有限公司石家庄炼化分公司、国网河北省电力有限公司石家庄供电分公司、中车石家庄车辆有限公司、中国建设银行股份有限公司石家庄分行、河北银行股份有限公司石家庄分行、中国邮政储蓄银行石家庄市分行、上海浦东发展银行股份有限公司石家庄分行、市教育局（考试院）、晋州市行政审批局、晋州市人民检察院、晋州市人民医院、国网河北省电力有限公司晋州市供电分公司、中国邮政集团公司河北省晋州市分公司、新乐市农村信用联社股份有限公司、国网河北省电力有限公司新乐市供电分公司、正定县公安局、正定县财政局、正定县公安局交通管理大队、正定县城市管理综合行政执法局、国网河北省电力有限公司正定县供电分公司、国家税务总局正定县税务局第一税务分局、国网河北省电力公司井陉县供电分公司、国网河北省电力有限公司灵寿县供电分公司、灵寿县公路管理站、无极县财政局、无极县交通运输局、国家税务总局无极县税务局第一税务分局、国网河北省电力有限公司深泽县供电分公司、行唐县财政局、国网河北省电力有限公司行唐县供电分公司、平山县审计局、国家税务总局平山县税务局第一税务分局、国网河北省电力有限公司赵县供电分公司、赵县审计局、国家税务总局赵县税务局第一税务分局、元氏县医院、元氏县财政局、国网河北省电力有限公司元氏县供电分公司、高邑县交通运输局、高邑县人民检察院、国网河北省电力有限公司赞皇县供电分公司、国家税务总局赞皇县税务局第一税务分局、国家税务总局石家庄市井陉矿区税务局第一税务分局、井陉矿区矿市街道办事处、河北银行股份有限公司井陉矿区支行、长安区跃进街道办事处、长安区中山东路街道办事处、长安区教育局、长安区人民检察院、桥西区东华街道办事处、桥西区汇通街道办事处、桥西区红旗街道办事处、桥西区市场监督管理局、桥西区人民检察院、新华区宁安街道办事处、新华区教育局、新华区卫生队、河北英华实业股份有限公司、国家税务总局石家庄市新华区税务局第一税务分局、裕华区城市管理综合行政执法局、国家税务总局石家庄市裕华区税务局第一税务分局、裕华区裕华路街道办事处、裕华区东苑街道办事处、国家税务总局石家庄市栾城区税务局第一税务分局、国网河北省电力有限公司石家庄市栾城区供电分公司、中国联合网络通信有限公司石家庄栾城区分公司、藁城区交通运输局、国网河北省电力有限公司石家庄市藁城区供电分公司、中国移动通信集团河北有限公司藁城分公司、国家税务总局石家庄市鹿泉区税务局第一税务分局、国网河北省电力有限公司石家庄市鹿泉区供电分公司、石家庄君乐宝乳业有限公司、鹿泉区公路管理站、鹿泉区交通运输局、北京铁路公安局石家庄公安处（神华公安处）、石家庄良村热电有限公司、石家庄印钞有限公司、河北华电石家庄热电有限公司、石家庄思凯电力建设有限公司。

石家庄市文明单位、文明乡镇、文明村、文明社区、文明校园

2020 年 6 月 13 日，市文明办公布石家庄市 2018 ～ 2019 年度市级文明单位、文明乡镇、文明村、文明社区、文明校园 985 个。

市级文明单位（634 个）

市直机关（71 个）：市纪委监委机关、市委办公室、市政府办公室、市人大常委会办公室、政协石家庄市委员会、市委组织部、市委宣传部、市委统战部、市委政法委、市直机关工委、市委研究室、市委网络安全与信息化委员会办公室、市委机构编制委员会办公室、市信访局、市委老干部局、市委保密机要局、市委市政府督促检查办公室、市人民检察院、市中级人民法院、市司法局、市机关事务管理局、市发展改革委、市科学技术局、市工业和信息化局、市民族宗教事务局、市民政局、市财政局、市人力资源和社会保障局、市自然资源和规划局、市生态环境局、市住房和城乡建设局、市城市管理综合行政执法局、市交通运输局、市水利局、市农业农村局、市林业局、市商务局、市投资促进局、市文化广电和旅游局、市卫生健康委、市退役军人事务局、市应急管理局、市审计局、市政府外事办公室、市市场监督管理局、市体育局、市统计局、市政府研究室、市人防办、市扶贫开发办公室、市行政审批局、市医疗保障局、市数据资源管理局、市委党校、石家庄日报社、石家庄广播电视台、市档案馆、西柏坡纪念馆、市供销合作总社、石家庄住房公积金管理中心、市轨道交通建设办公室、市政府投资项目代建中心、市总工会、共青团石家庄市委、市妇联、市科协、市文联、市残联、市红十字会、市邮政管理局、市气象局。

中直驻石单位（4 个）：国家税务总局石家庄市税务局、中化地质矿山总局河北地质勘查院、国家广播电视总局七二三台、国家广播电视总局九五一台。

市直机关下属单位（111 个）：市新华书店有限责任公司、石家庄邮电职业技术学院、市植物园管理处、市动物园管理处、市园林绿化管理处、市城市水系管理处、市长安公园管理处、市滹沱河生态区管理处、石家庄粮食产业集团有限公司、河北石家庄国家粮食储备有限责任公司、河北省石家庄省级粮食储备库、市第一粮库、市排水管理处、市城市照明管理处、市市容管理考评中心、市道桥管理处、市城市管理执法支队、市供

热管理中心、市环境卫生管理处、市二环路管理处、石家庄水务集团有限责任公司、市公路工程管理处、市京昆高速公路京石管理处、市公共交通总公司、市西柏坡高速公路管理处、市公路管理处、市公路桥梁建设集团、市京昆高速公路石太管理处、市交通运输服务中心、市交通运输综合执法支队、市三环路管理处、市交建高速公路建设管理有限公司、石家庄公路主枢纽组织管理中心、市公路工程质量安全监督处、石家庄交通勘察设计院、市南绕城高速公路筹建处、河北天元名品物业管理有限责任公司、石家庄建华百货大楼有限公司、石家庄丽华商场有限公司、市天荟商贸有限公司、市岗黄水库监督监测站、市环境监控中心、市环境保护宣传教育中心、市食品药品检验中心、市市场监督管理局综合保税区分局、市纤维检验所、市特种设备技术检查中心、市城乡规划设计院、市不动产登记中心、市供销社贸易中心、市再生资源回收服务中心、市兴合资产管理中心、市合宏商贸中心、市职工服务中心、石家庄人民会堂、市殡葬管理处、市社会福利院、市救助管理站、市农林科学研究院、市种子管理站、市农业行政综合执法支队、市农产品质量检测中心、市农业信息中心、市畜产品质量监测中心、市农业技术推广中心、市动物疫病预防控制中心、市南水北调工程建设中心、市冶河灌区服务中心、市水政监察支队、市水电及农村电气化发展处、市水利水电勘测设计研究院、市冶河灌区引岗管理处、市医疗保险管理中心、市建设工程劳务管理中心、市城市建设投资中心、市城市建设投资控股集团有限公司、市保障性住房管理中心、市住房开发建设集团有限责任公司、市建设工程安全生产监督管理站、市交通管理局、市公安特警支队、市社会保险中心、市就业服务中心、市机关事业社会保险中心、市高级技工学校、市劳动监察局、市中山体育场、市游泳业余体育学校、市中医院、市疾病预防控制中心、市急救中心、市第五医院、市卫生监督局、市第四医院、市卫生计生宣传教育中心、市妇幼保健院、中共石家庄市归国华侨联合会党组、市工商联、市荣复军人疗养院、市军队离休退休干部第二休养所、市军队离休退休干部第三休养所、市军队离休退休干部第五休养所、市退役军人服务中心、市轨道交通有限责任公司、市图书馆、市博物馆、市美术馆、市群众艺术馆、市文化市场行政执法大队、市演艺有限公司、市老年大学（活动中心）。

市国资委系统（21个）：市国资委、石家庄北国人百集团有限责任公司、石家庄文化旅游投资集团有限公司、市国有资本经营集团有限公司、市地产集团有限公司、市能源投资集团有限公司、市星泽企业管理服务有限责任公司、市建设投资集团有限责任公司、市保安服务集团有限公司、中国电信股份有限公司石家庄分公司、中国联合网络通信有限公司石家庄市分公司、中国移动通信集团河北有限公司石家庄分公司、中国邮政集团公司石家庄市分公司、中国石油化工股份有限公司石家庄炼化分公司、国网河北省电力有限公司石家庄供电分公司、中车石家庄车辆有限公司、河北白沙烟草有限责任公司、中建一局集团第六建筑有限公司、晋煤金石化工投资集团有限公司、石家庄煤矿机械有限责任公司、国药乐仁堂医药有限公司。

市教育系统（3个）：市教育局（考试院）、市教育科学研究所、市青少年社会综合实践学校（市教育人才研究服务中心）。

金融系统（26个）：市地方金融监督管理局、中国工商银行股份有限公司石家庄桥西支行、中国工商银行股份有限公司石家庄东风支行、中国工商银行股份有限公司石家庄西苑支行、中国农业银行股份有限公司石家庄广安支行、中国农业银行股份有限公司石家庄新区科技支行、中国农业银行股份有限公司石家庄平安支行、中国建设银行股份有限公司石家庄分行、中国建设银行股份有限公司石家庄广安街支行、中国建设银行股份有限公司石家庄裕华支行、河北银行股份有限公司石家庄分行、河北银行股份有限公司胜利路支行、中国邮政储蓄银行股份有限公司石家庄市分行、中国邮政储蓄银行股份有限公司石家庄市鹿泉支行、上海浦东发展银行股份有限公司石家庄分行、天津银行股份有限公司石家庄分行、沧州银行股份有限公司石家庄分行、交通银行股份有限公司石家庄和平东路支行、廊坊银行股份有限公司石家庄分行、上海浦东发展银行股份有限公司石家庄中山东路支行、中国农业发展银行河北省分行营业部、邯郸银行股份有限公司石家庄分行、河北省农村信用社联合社石家庄审计中心、招商银行股份有限公司石家庄分行营业部、平安银行股份有限公司石家庄分行、中国民生银行股份有限公司石家庄分行。

晋州市（18个）：财政局、教育局、公安局、检察院、法院、城市管理综合行政执法局、交通运输局、行政审批局、国家税务总局晋州市税务局、卫生健康局、国网河北省电力有限公司晋州市供电分公司、气象局、人民医院、河北晋州农村商业银行股份有限公司、中国邮政储蓄银行股份有限公司晋州市支行、中国农业银行股份有限公司晋州市支行、晋州市爱心车友协会、中国邮政集团公司河北省晋州市分公司。

新乐市（19个）：教育局、市场

监督管理局、交通运输局、文化广电体育和旅游局、国家税务总局新乐市税务局、行政审批局、国网河北省电力有限公司新乐市供电分公司、农村信用联社股份有限公司、中国邮政储蓄银行股份有限公司新乐市支行、中国移动通信集团河北有限公司新乐分公司、城市管理综合行政执法局、公安局交通管理大队、公安局城区公安分局、融媒体中心、新乐市医院、中医医院、中心医院、卫生健康局、长寿街道办事处。

正定县（31个）：住房和城乡建设局、公安局、城市管理综合行政执法局、教育局、交通运输局、水利局、市场监督管理局、文化广电体育和旅游局、商务局、行政审批局、财政局、自然资源和规划局、审计局、国家税务总局正定县税务局、检察院、法院、国网河北省电力有限公司正定县供电分公司、发展改革局、融媒体中心、供销合作总社、县委党校、城区街道办事处、中国移动通信集团河北有限公司正定分公司、消防救援大队、环境卫生管理大队、文物保管所、公安交通警察大队、房地产管理所、综合行政执法大队、国家税务总局石家庄正定新区税务局、教师进修学校。

井陉县（18个）：住房和城乡建设局、交通运输局、国家税务总局井陉县税务局、财政局、民政局、统计局、人力资源和社会保障局、国网河北省电力有限公司井陉县供电分公司、河北井陉农村商业银行股份有限公司、地方道路管理站、中医院、县医院、中国移动通信集团河北有限公司井陉分公司、河北张河湾蓄能发电有限责任公司、建筑工程质量监督检测站、中国邮政储蓄银行股份有限公司井陉县支行、气象局、河北国昇文化传播有限公司。

无极县（21个）：财政局、国家税务总局无极县税务局、教育局、市场监督管理局、住房和城乡建设局、公安交通警察大队、司法局、民政局、融媒体中心（广播电视台）、商务局、文化体育和旅游局、行政审批局、国网河北省电力有限公司无极县供电分公司、县医院、中医院、市生态环境局无极分局、统计局、交通运输局、检察院、中国工商银行股份有限公司无极支行、中国农业银行股份有限公司无极县支行。

深泽县（16个）：国网河北省电力有限公司深泽县供电分公司、国家税务总局深泽县税务局、财政局、教育局、县医院、公安交通警察大队、检察院、中国邮政集团有限公司河北省深泽县分公司、中国联合网络通信有限公司深泽县分公司、市场监督管理局、融媒体中心、深泽县益佳悦商城有限公司、中国工商银行股份有限公司深泽支行、行政审批局、交通运输局、中国移动通信集团河北有限公司深泽分公司。

行唐县（14个）：财政局、教育局、卫生健康局、市场监督管理局、行政审批局、扶贫开发办公室、法院、国家税务总局行唐县税务局、城市管理综合执法局、公安交通警察大队、国网河北省电力有限公司行唐县供电分公司、行唐县农村信用联社股份有限公司、中国邮政储蓄银行股份有限公司行唐县支行、中国移动通信集团河北有限公司行唐分公司。

灵寿县（11个）：县委宣传部、国家税务总局灵寿县税务局、教育局、国网河北省电力有限公司灵寿县供电分公司、公路管理站、河北灵寿农村商业银行股份有限公司、中国邮政储蓄银行股份有限公司灵寿县支行、融媒体中心、河北安能绿色建筑科技有限公司、消防救援大队、自来水公司。

平山县（14个）：县委宣传部、审计局、国家税务总局平山县税务局、法院、国家税务总局平山县税务局第一税务分局、运输管理站、中国邮政集团公司河北省平山县分公司、中国移动通信集团河北有限公司平山分公司、国网河北省电力有限公司平山县供电分公司、国家税务总局平山县税务局南甸税务分局、平山西柏坡冀银村镇银行有限责任公司、中国邮政储蓄银行股份有限公司平山县支行、河北省平山水文水资源勘测局、消防救援大队。

赵县（16个）：国网河北省电力有限公司赵县供电分公司、审计局、公安交通警察大队、中国人民银行赵县支行、市场监督管理局、发展改革局、行政审批局、中医院、赵县农村信用联社股份有限公司、石家庄市普力制药有限公司、信誉楼百货有限公司、国家税务总局赵县税务局、消防救援大队、国家统计局赵县调查队、妇联、教育局。

元氏县（10个）：财政局、国网河北省电力有限公司元氏县供电分公司、县医院、县委组织部、住房和城乡建设局、教育局、国家税务总局元氏县税务局、市场监督管理局、信誉楼百货有限公司、元氏双惠医院。

高邑县（13个）：交通运输局、民政局、国家税务总局高邑县税务局、财政局、住房和城乡建设局、公安局、气象局、县医院、公证处、国网河北省电力公司高邑县供电分公司、公路管理站、高邑县农村信用联社股份有限公司、公益志愿者协会。

赞皇县（21个）：国家税务总局赞皇县税务局、财政局、交通运输局、住房和城乡建设局、检察院、行政审批局、文化广电体育和旅游局、教育局、市场监督管理局、法院、退役军人事务局、国网河北省电力有限公司赞皇县供电分公司、赞皇县农村信用联社股份有限公司、交通运输综合服务中心、交通运输局公路管理站、中医医院、公安交通警察大队、石家庄市新华书店有限责任公司赞皇分公司、气象局、消防救援大队、中国移动通信集团河北有限公司赞皇分公司。

井陉矿区（10个）：国家税务总局石家庄市井陉矿区税务局、交通运输局、矿市街道办事处、统计局、城市管理综合行政执法局、教育局、河北银行股份有限公司井陉矿区支行、区医院、张家口银行股份有限公司石家庄矿区支行、石家庄市井陉矿区农村信用联社股份有限公司。

长安区（15个）：卫生健康局、财政局、教育局、城市管理综合行政执法局、国家税务总局石家庄市长安区税务局、民政局、法院、检察院、中山东路街道办事处、青园街道办事处、广安街道办事处、跃进街道办事处、育才街道办事处、河东街道办事处、市老年养护院。

桥西区（26个）：国家税务总局石家庄市桥西区税务局、检察院、法院、市场监督管理局、教育局、行政审批局、信访局、市生态环境桥西区分局、财政局、市公安局交通管理局桥西交警大队、城市管理综合行政执法局、环境卫生大队、河北大四通文化传播有限公司、石家庄桥西蔬菜中心批发市场有限公司、南长街道办事处、红旗街道办事处、维明街道办事处、东里街道办事处、友谊街道办事处、振头街道办事处、西里街道办事处、苑东街道办事处、长兴街道办事处、东华街道办事处、东风街道办事处、汇通街道办事处。

新华区（25个）：国家税务总局石家庄市新华区税务局、财政局、城市管理综合行政执法局、行政审批局、教育局、审计局、市场监督管理局、商务局、卫生队、市场管理服务中心、文体中心、河北英华实业股份有限公司、赵陵铺路街道办事处、宁安街道办事处、东焦街道办事处、新华路街道办事处、西苑街道办事处、革新街道办事处、北苑街道办事处、联盟街道办事处、合作路街道办事处、石岗街道办事处、杜北街道办事处、西三庄街道办事处、赵佗路街道办事处。

裕华区（26个）：城市管理综合行政执法局、市场监督管理局、国家税务总局石家庄市裕华区税务局、发展改革局、统计局、财政局、科学技术局、司法局、人力资源和社会保障局、市公安局裕华分局、住房和城区建设局、检察院、法院、教育局、市生态环境局裕华区分局、妇幼保健计划生育服务中心、审计局、东苑街道办事处、槐底街道办事处、裕强街道办事处、裕华路街道办事处、建华南街道办事处、裕东街道办事处、裕兴街道办事处、裕翔街道办事处、建通街道办事处。

藁城区（13个）：区纪委、区委组织部、教育局、交通运输局、城市管理综合执法大队、中西医结合医院、人民医院、国网河北省电力有限公司石家庄市藁城区供电分公司、中国建设银行股份有限公司藁城支行、中国人民银行藁城支行、文化馆、工业和信息化局、藁城区街道办事处。

鹿泉区（20个）：国家税务总局石家庄市鹿泉区税务局、教育局、公安局、检察院、市场监督管理局、财政局、人力资源和社会保障局、公安交通警察大队、城市管理综合执法大队、河北鹿泉经济开发区管委会、集中供热管理二处、市政公用设施管理维护中心、地方公路管理站、环境卫生管护中心、中医院、国网河北省电力有限公司石家庄市鹿泉区供电分公司、石家庄君乐宝乳业有限公司、石家庄西部长青休闲度假区管理集团有限公司、石家庄科林电气股份有限公司、石家庄洛杉奇食品有限公司。

栾城区（18个）：区委组织部、区纪委、检察院、应急管理局、市场监督管理局、国家税务总局石家庄市栾城区税务局、气象局、财政局、人民医院、国家统计局栾城调查队、国网河北省电力有限公司石家庄市栾城区供电分公司、中国联合网络通信有限公司石家庄栾城区分公司、中国邮政集团有限公司石家庄市栾城区分公司、区委政法委、区委党校、公安局交通警察大队、信访局、职业技术教育中心。

高新区（5个）：高新区工委办公室、城市管理局、河北昌泰建设发展集团有限公司、河北途尚文化产业投资有限公司、河北天山健身服务有限公司。

河北石家庄循环化工园区（2个）：循环化工园区管委会、国家税务总局石家庄循环化工园区税务局。

市直属单位（1个）：石家庄综合保税区管委会。

驻石单位（15个）：中华人民共和国正定海关、中华人民共和国鹿泉海关、中华人民共和国石家庄机场海关、中华人民共和国石家庄出入境边防检查站、市消防救援支队、河北华电石家庄热电有限公司、青海省石家庄第一干休所、乐仁堂投资集团股份有限公司、北京铁路公安局石家庄公安处、北京铁路公安局神华公安处、石家庄印钞有限公司、国家统计局河北调查总队、国家统计局石家庄调查队、石家庄思凯电力建设有限公司、石家庄良村热电有限公司。

市级文明乡镇（64个）

晋州市槐树镇、晋州市营里镇、晋州市马于镇、晋州市桃元镇、晋州市周家庄乡、新乐市协神乡、新乐市邯邰镇、新乐市马头铺镇、新乐市木村乡、新乐市彭家庄回族乡、正定县正定镇、正定县新安镇、正定县新城铺镇、正定县北早现乡、井陉县秀林镇、井陉县上安镇、井陉县威州镇、井陉县天长镇、无极县张段固镇、无极县无极镇、无极县郝庄乡、无极县北苏镇、无极县七汲镇、深泽县深泽镇、行唐县上方乡、行唐县只里乡、行唐县玉亭乡、灵寿县灵寿镇、平山县苏家庄乡、平山县古月镇、平山县上观音堂乡、赵县王西章乡、赵县谢庄乡、赵县沙河店镇、赵县赵州镇、赵县南柏舍镇、元氏县苏阳乡、元氏县北褚镇、元氏县赵同乡、元氏县槐阳镇、元氏县东张乡、高邑县高邑镇、高邑县大营镇、高邑县万城镇、高邑县富村镇、高邑县中韩乡、赞皇县赞皇镇、赞皇县土门乡、赞皇县张楞乡、赞皇县嶂石岩镇、井陉矿区贾庄镇、长安区桃园镇、裕华区方村镇、藁城区南孟镇、藁城区南营镇、藁城区张家庄镇、藁城区岗上镇、藁城区廉州镇、石家庄经济技术开发区管委会、鹿泉区白鹿泉乡、鹿泉区寺家庄镇、栾城区冶河镇、栾城区柳林屯乡、藁城区丘头镇。

市级文明村（83个）

晋州市周家庄乡第九生产队、晋州市营里镇鲁家庄村、晋州市东卓宿镇西卓宿村、晋州市桃元镇张家庄村、晋州市总十庄镇河沟村、晋州市马于镇吕家庄村、新乐市承安镇郭庄村、新乐市马头铺镇南双晶村、新乐市杜固镇解香村、新乐市东王镇西里村、新乐市彭家庄乡小宅铺村、新乐市长寿街道东安家庄村、新乐市协神乡陆桥村、正定县曲阳桥乡西河村、正定县正定镇塔元庄村、井陉县秀林镇北横口村、井陉县南障城镇大梁江村、井陉县北正乡东南正村、井陉县上安镇白王庄村、井陉县威州镇寨湾村、井陉县天长镇庄旺村、井陉县南峪镇地都村、无极县张段固镇齐洽村、无极县无极镇东中铺村、无极县郭庄镇西牛村、深泽县桥头乡西焦庄村、深泽县深泽镇北中山村、行唐县龙州镇刘七里峰村、行唐县南桥镇东市庄村、行唐县安香乡西伏流村、行唐县市同乡西塔子庄村、灵寿县三圣院乡同下村、灵寿县狗台乡北城东村、灵寿县塔上镇东金山村、灵寿县南寨乡马家庄村、平山县平山镇西水碾村、平山县平山镇孟堡村、平山县西柏坡镇夹峪村、平山县下槐镇南文都村、平山县南甸镇南焦坡村、赵县赵州镇尉家庄村、赵县新寨店镇赵刀寺村、赵县北王里镇西正村、元氏县槐阳镇铁屯村、元氏县姬村镇王家庄村、元氏县东张乡北岩村、元氏县苏阳乡沟北村、元氏县南因镇东杜村、元氏县北褚镇新阳村、高邑县高邑镇西南关村、高邑县富村镇仓房村、高邑县万城镇榆林村、高邑县中韩乡马村、高邑县大营镇后王村、赞皇县土门乡秦家庄村、赞皇县西阳泽乡梁家湾村、赞皇县土门乡寺峪村、赞皇县南清河乡永丰村、赞皇县西龙门乡东江洞村、赞皇县张楞乡南竹村、裕华区方村镇西京北村、藁城区岗上镇岗上村、藁城区岗上镇杜村、藁城区廉州镇系井村、藁城区九门回族乡只照村、藁城区常安镇南朋村、藁城区西关镇后西关村、河北鹿泉经济开发区符家庄村、鹿泉区黄壁庄镇古贤村、鹿泉区李村镇屯头村、鹿泉区上寨乡上寨村、鹿泉区宜安镇东丘陵村、鹿泉区大河镇城东桥东队村、鹿泉区石井乡岸下村、鹿泉区获鹿镇下聂庄村、鹿泉区获鹿镇贺庄村、鹿泉区山尹村镇东郭庄村、鹿泉区铜冶镇南甘子村、栾城区冶河镇乏马村、栾城区柳林屯乡柳林屯村、栾城区窦妪镇南赵村、裕华区宋营镇韩通村、栾城区郄马镇东佐村。

市级文明社区（58个）

新乐市长寿街道鲜虞社区、新乐市长寿街道长寿社区、正定县城区街道滨河悦秀社区、正定县城区街道常山社区、无极县花园路社区、无极县西城区社区、无极县东城区社区、无极县建设路社区、行唐县龙州镇阳光水岸社区、高邑县兴华东路社区、井陉矿区矿市街道红纬小区社区、井陉矿区矿市街道南纬路社区、井陉矿区凤山镇张家井社区、井陉矿区凤山镇中凤山社区、井陉矿区贾庄镇南寨社区、井陉矿区贾庄镇东王舍社区、井陉矿区横涧乡横西社区、井陉矿区横涧乡赵村店社区、长安区中山东路街道省四院社区、长安区谈固街道谈固社区、长安区高营镇南高营社区、长安区南村镇小屯社区、长安区长丰街道仁华家园社区、长安区阜康街道栗新小区社区、长安区广安街道棉三社区、长安区胜北街道义东社区、长安区建安街道荣景园社区、长安区建北街道新浩城社区、长安区青园街道广电社区、长安区育才街道碧景园社区、长安区跃进街道盛世长安社区、桥西区中山街道宁远街社区、桥西区南长街道省建行社区、桥西区红旗街道汇宁街社区、桥西区振头街道欧景园社区、桥西区苑东街道华北柴油机厂社区、桥西区留营街道留营社区、桥西区彭后街道元村社区、桥西区新石街道西三教社区、桥西区休门街道四中路东社区、新华区新华路街道宁安小区社区、新华区石岗街道柏南二社区、新华区西三庄街道汇君城社区、新华区北苑街道翔翼路社区、新华区赵陵铺街道阳光社区、裕华区建华南街道润园社区、裕华区裕强街道神兴社区、裕华区裕华路街道建设南大街社区、裕华区裕华路街道青园小区社区、裕华区裕兴街道八五零社区、裕华区槐底街道万达社区、裕华区裕东街道金域蓝湾社区、裕华区东苑街道尖岭小区社区、藁城区廉州镇东城街社区、藁城区廉州镇西城街社区、藁城区廉州镇站南街社区、鹿泉区获鹿镇海山社区、高新区长江街道珠峰国际花园社区。

市级文明校园（146个）

河北正定中学（河北正中实验中学）、市第一中学、市第二中学、市第五中学、市第十五中学、市第二十四中学、石家庄实验中学、石家庄第二实验中学、市城乡建设学校、市学前教育中等专业学校、石家庄旅游学校、市艺术学校、石家庄文化传媒学校、石家庄电子信息学校、石家庄交通运输学校、石家庄财经商贸学校、石家庄现代农业学校、市特殊教育学校、市职业技术教育中心（石家庄装备制造学校）、石家庄职业技术学院、石家庄信息工程职业学院、石家庄科技工程职业学院、石家庄幼儿师范高等专科学校、石家庄学院、晋州市第七中学、晋州市第八中学、晋州市职业技术教育中心、晋州市魏征小学、晋州市朝阳小学、河北美术学院、新乐市实验学校、河北省新乐市实验小学、新乐市长寿学区西长寿小学、新乐市大岳学区北李家庄小学、正定县第一中学、正定县正定镇中学、正定县解放街小学、井陉县第一小学、井陉县第一中学、井陉县特殊教育学校、河北无极中学、无极县第二中学、无极县实验初级中学、无极县实验小学、河北省深泽县中学、深泽县深泽镇中学、行唐县第一中学、行唐县实验学校、河北灵寿中学、灵寿县初级中学、灵寿县灵寿镇小东关明德小学、河北平山中学、平山县西柏坡中学、平山县温塘学校、平山县河渠希望小学、河北赵县中学、赵县综合职业技术教育中心、赵县教师进修学校、赵县职工子弟学校、元氏县第一中学、元氏县职业技术教育中心、元氏县新城实验学校、元氏县槐阳实验学校、高邑县特殊教育学校、河北省高邑县第三中学、高邑县职工子弟学校、赞皇县第二中学、赞皇县李峤学校、井陉矿区第一小学、井陉矿区实验中学、石家庄市矿区中学、井陉矿区贾庄学校、井陉矿区职业技术教育中心、市第二十三中学、市第四十五中学、市第二十一中学、市第二十二中学、市第八十九中学、市第八十一中学、北京师范大学石家庄附属学校、市谈固小学、市翟营大街小学、市长安东路小学、市建明小学、市跃进路小学、市范西路小学、市盛世长安小学、市长征街小学、市庄园小学、市草场街小学、市维明路小学、市东风西路小学、市友谊大街小学、市红星小学、市桥西实验小学、市振头小学、市中山路小学、市裕华西路小学、市东马路小学、市第四中学、市第六中学、市第十七中学、市第十九中学、市第四十一中学、市第二十八中学、市第四十二中学、市第十八中学、市第九中学、市第十四中学、市合作路小学、市北新街小学、市大马学校、市党家庄学校、市新华实验小学、市柏林南路小学、市第四十中学、市第四十四中学、石家庄外国语学校、市第二十七中学、市青园街小学、市阳光小学、市国际城小学、市裕东小学、市华兴小学、市神兴小学、市立德实验小学、裕华区第四幼儿园、裕华区第五幼儿园、市金马小学、市建华东路小学、裕华区方村小学、市现代城小学、藁城区通安小学、藁城区工业路小学、藁城区廉州镇第一中学、藁城区岗上镇中心小学、鹿泉区实验小学、鹿泉区第二实验小学、鹿泉区实验初级中学、鹿泉区实验高级中学、栾城区宏远路小学、栾城区第五中学、河北栾城中学、栾城区第一幼儿园、栾城区第二幼儿园、高新区想象国际小学。

石家庄市百强企业

11月28日，市企业联合会、市企业家协会在高新区以岭健康城举办2020石家庄百强企业峰会，正式公布“2020石家庄企业100强”榜单并向企业授牌

2020年11月28日，市企业联合会、市企业家协会公布2020年石家庄市百强企业名单。按照2019年企业营业收入排名，2020年石家庄市百强企业营业收入达到10亿元（含）以上51家，20亿元（含）以上27家，30亿元（含）以上19家，40亿元（含）以上18家，50亿元（含）以上16家，100亿元（含）以上13家，200亿元（含）以上7家，300亿元（含）以上6家，400亿元（含）以上2家，500亿元（含）以上1家，1000亿元（含）以上1家。2020年石

家庄市百强企业总营业收入5255.65亿元，同比增加351.14亿元，百强企业入围门槛从2019年3.22亿元提高到3.38亿元。敬业集团有限公司以年营业收入1274亿元继续稳居榜首，成为石家庄市首家营业收入突破千亿元企业。从所有制角度看，国有企业38家，年营业收入1545.1亿元，占总收入29.4%；非国有企业62家，年营业收入3710.71亿元，占总收入70.6%。从产业结构看，冶金钢铁占比27.14%，医药行业占比17.82%，石化行业占比15.46%，建筑建材行业占比12.32%，信息产业占比7.35%，轻工食品业占比5.54%，服务业占比4.89%，装备制造业占比4.87%，其他占比4.61%。冶金钢铁、医药、石油化工、建筑建材仍是全市经济分量最重、占比较大、最具影响力的主行业。从区域看，2020年石家庄百强企业主要集中在高新区、鹿泉区、栾城区、长安区、循环化工园区、藁城区、桥西区、平山县。从企业纳税总额看，医药、冶金钢铁、建筑建材、石油化工4个行业是石家庄市财政收入贡献最大的“四大支柱产业”，其中，医药行业纳税总额同比增长10.34%，冶金钢铁纳税总额同比增长36.61%，建筑建材业纳税总额同比增长11.28%，石油化工业纳税总额同比增长10.03%。

表110

2020年石家庄市百强企业名单一览表

排名	企业名称	2019年营业收入（万元）
1	敬业集团有限公司	12740209
2	河北天山实业集团有限公司	4800556
3	石药控股集团有限公司	3645631
4	东旭集团有限公司	3443532
5	中国石油化工股份有限公司石家庄炼化分公司	3366088
6	河北诚信集团有限公司	3015255
7	国药乐仁堂医药有限公司	2147347
8	石家庄北国人百集团有限责任公司	1896858
9	河钢集团石家庄钢铁有限责任公司	1522960
10	石家庄君乐宝乳业有限公司	1260585
11	华北制药集团有限责任公司	1196356
12	河北白沙烟草有限责任公司	1102048
13	石家庄常山纺织集团有限责任公司	1000006
14	格力电器（石家庄）有限公司	875030
15	石家庄以岭药业股份有限公司	582529
16	石家庄四药有限公司	567914
17	河北诺亚人力资源开发有限公司	477321
18	神威药业集团有限公司	402000
19	石家庄一建建设集团有限公司	307262
20	中车石家庄车辆有限公司	280466
21	河北兴柏药业集团有限公司	239815
22	河北金隅鼎鑫水泥有限公司	235745

续表

排名	企业名称	2019 年营业收入（万元）
23	河北远东通信系统工程有限公司	233813
24	河北西柏坡发电有限责任公司	227853
25	石家庄新奥燃气有限公司	209611
26	河北常山生化药业股份有限公司	207148
27	河北西柏坡第二发电有限责任公司	200158
28	石家庄杰克化工有限公司	199875
29	河北威远生物化工有限公司	195981
30	石家庄印钞有限公司	193437
31	河北鸿科碳素有限公司	169719
32	石家庄市曲寨水泥有限公司	155273
33	石家庄鸿锐集团有限公司	154314
34	河北吉藁化纤有限责任公司	148909
35	河北冀铁集团有限公司	144700
36	石家庄市油漆厂	143917
37	石家庄科林电气股份有限公司	142764
38	石家庄建工集团有限公司	139903
39	河北力马燃气有限公司	139625
40	河北先河环保科技股份有限公司	137433
41	金坦生物技术股份有限公司	137389
42	河北三元食品有限公司	134250
43	河北华电石家庄热电有限公司	130207
44	赞皇金隅水泥有限公司	124429
45	河北华泰纸业有限公司	123424
46	河北华电石家庄鹿华热电有限公司	123299
47	博深股份有限公司	116822
48	石家庄安瑞科气体机械有限公司	111790
49	河北翼辰实业集团股份有限公司	109476
50	石家庄联合石化有限公司	108662
51	际华三五零二职业装有限公司	100218
52	河北远征药业有限公司	97300
53	河冶科技股份有限公司	95690
54	丰梵新材料有限公司	95539

续表

排名	企业名称	2019 年营业收入（万元）
55	石家庄煤矿机械有限责任公司	90083
56	河北星宇化工有限公司	89906
57	河北新大地建设工程有限公司	87807
58	石家庄玉晶玻璃有限公司	85024
59	河北汇金机电股份有限公司	84652
60	际华三五一四制革制鞋有限公司	84471
61	河北普兴电子科技股份有限公司	83017
62	新诺威制药股份有限公司	82648
63	石家庄白龙化工股份有限公司	79000
64	河北前进机械厂	75787
65	石家庄保安服务集团有限公司	70815
66	河北恒山建设集团有限公司	70405
67	河北宏昌天马专用车有限公司	66745
68	中核第四研究设计工程有限公司	66232
69	河北新波尔瓷业有限公司	64000
70	石家庄工业泵厂有限公司	63064
71	石家庄鼎盈化工股份有限公司	62636
72	河北圣雪大成制药有限责任公司	61531
73	河北华宝塑机股份有限公司	61451
74	同辉电子科技股份有限公司	60485
75	石家庄双鸽食品有限责任公司	57151
76	石家庄市宏森熔炼铸造有限公司	56904
77	河北麦森钛白粉有限公司	55861
78	盛森科技集团股份有限公司	55839
79	石家庄柏坡正元化肥有限公司	54363
80	河北翼凌机械制造总厂	53603
81	石家庄常宏建筑装饰工程有限公司	53058
82	河北苹乐面粉机械集团有限公司	52857
83	博信通信股份有限公司	52823
84	石家庄市曲寨建材有限公司	51566
85	高邑县力马建陶有限公司	50542
86	石家庄华燕交通科技有限公司	49487

续表

排名	企业名称	2019 年营业收入（万元）
87	河北电机股份有限公司	45364
88	冀凯河北机电科技有限公司	44508
89	河北盈德气体有限公司	43936
90	河北太行机械工业有限公司	43034
91	石家庄明旺乳业有限公司	41962
92	河北浩锐陶瓷制品有限公司	41364
93	石家庄市长安育才建材有限公司	41049
94	河北新大地机电制造有限公司	39923
95	河北中科朗博环保科技有限公司	39805
96	建业电缆集团有限公司	38574
97	石家庄市京华电子实业有限公司	37874
98	石家庄金隅混凝土有限公司	36965
99	河北八维化工有限公司	36048
100	河北鸿泽塑胶科技有限公司	33855

石家庄市纳税亿元以上大户

2020 年石家庄市纳税额达到 1 亿元（含）以上纳税人单位 118 家，2 亿元（含）以上纳税人单位 44 家，3 亿元（含）以上纳税人单位 25 家，4 亿元（含）以上纳税人单位 19 家，5 亿元（含）以上纳税人单位 15 家，10 亿元（含）以上纳税人单位 5 家，20 亿元（含）以上纳税人单位 2 家，50 亿元（含）以上纳税人单位 2 家。2020 年石家庄市纳税额达到 1 亿元（含）以上纳税人单位累计纳税总额 449.13 亿元，同比增加 7.36 亿元。中国石油化工股份有限公司石家庄炼化分公司继续保持第一纳税大户地位，纳税金额由 2019 年 82.29 亿元下降到 71.73 亿元，同比减少 10.56 亿元。

表 111

2020 年石家庄市亿元以上纳税人单位一览表

序号	纳税人单位名称	纳税金额（万元）	同比增长（%）
1	中国石油化工股份有限公司石家庄炼化分公司	717346.5	−12.8
2	河北白沙烟草有限责任公司	606412.5	24.5
3	河北省烟草公司石家庄市公司	179082.2	−6.4
4	渤海国际信托股份有限公司	169879.5	−2.1
5	石药集团恩必普药业有限公司	151003.6	38
6	大秦铁路股份有限公司	98345.9	5.1

续表

序号	纳税人单位名称	纳税金额（万元）	同比增长（%）
7	石家庄以岭药业股份有限公司	95546.6	72.6
8	国家开发银行河北省分行	90298.1	4.5
9	河北中烟工业有限责任公司	87877.2	25.4
10	石药集团欧意药业有限公司	83691.5	33.7
11	敬业钢铁有限公司	76751.5	−53.6
12	石家庄君乐宝乳业有限公司	63515.7	26.9
13	河北京海担保投资有限公司	58045.9	75480.6
14	平山县敬业冶炼有限公司	50541.7	−39.7
15	中国移动通信集团河北有限公司	50190.7	31.9
16	河北银行股份有限公司	49664.8	28.8
17	中国人民财产保险股份有限公司河北省分公司	44029.2	220.1
18	河北诚信集团有限公司	43794.5	−10.1
19	平山县盛泓源商贸有限公司	41519	0.9
20	石家庄滹沱新区投资开发有限公司	37344.6	5531
21	河北高速公路集团有限公司	34900.2	—
22	国网河北省电力有限公司	33965	256.6
23	中国建设银行股份有限公司石家庄分行	33357.6	5.3
24	石家庄地益嘉房地产开发有限公司	33061.6	28.4
25	河钢集团有限公司	32301.4	−36.1
26	中国工商银行股份有限公司石家庄分行	28001.7	−3.9
27	河北银湖房地产开发有限公司	26436.6	161.4
28	石家庄市曲寨水泥有限公司	26023.6	12.1
29	北国商城股份有限公司	25985	7.9
30	中信银行股份有限公司石家庄分行	25849.8	8.6
31	河北荣商房地产开发有限公司	25822.9	42
32	冀银金融租赁股份有限公司	25246	10.8
33	中国平安财产保险股份有限公司河北分公司	25125.6	241.5
34	河北金隅鼎鑫水泥有限公司	24541.7	2.5
35	中国光大银行股份有限公司石家庄分行	23954.1	−1.8
36	河北西柏坡第二发电有限责任公司	23262.3	20.7
37	河北交投土地开发整理有限公司	23192.9	52.5
38	石家庄四药有限公司	22871.4	−27.8

续表

序号	纳税人单位名称	纳税金额（万元）	同比增长（%）
39	平安银行股份有限公司石家庄分行	21949.9	6.6
40	京沪高速铁路股份有限公司	21801	−49.2
41	河钢集团财务有限公司	21485.2	28.8
42	中国民生银行股份有限公司石家庄分行	21468.2	56.3
43	河北西柏坡发电有限责任公司	20927.5	14.3
44	神威药业集团有限公司	20816.8	−5.7
45	格力电器（石家庄）有限公司	19807.8	−59.2
46	石家庄市自然资源和规划局新华分局	19615.5	1961450
47	河北银行股份有限公司石家庄分行	19573.4	12.8
48	石家庄市自然资源和规划局桥西分局	19397.4	6465700
49	石家庄德盛房地产开发有限公司	19231.4	72.7
50	河北常山生化药业股份有限公司	18890.6	10.8
51	华能国际电力股份有限公司上安电厂	18795.9	23.3
52	河北凯荣房地产开发有限公司	18728.7	—
53	石家庄钢铁有限责任公司	18690.9	−24.8
54	河钢股份有限公司	18470.2	20.9
55	河北正定农村商业银行股份有限公司	18363	27.6
56	石家庄富力房地产开发有限公司	18316.6	50.2
57	石家庄市自然资源和规划局长安分局	17997.1	—
58	石家庄市中央商务区开发有限公司	17901.1	600.1
59	石家庄中海盈安房地产开发有限公司	17824.8	—
60	中国农业银行股份有限公司石家庄分行	17752.1	−13.5
61	财达证券股份有限公司	17235.9	−19.1
62	交通银行股份有限公司河北省分行	17077.1	1.2
63	石家庄市巨邦房地产开发有限公司	16860.1	−79.7
64	中石化工建设有限公司	16726.2	50.9
65	石家庄金石房地产开发有限公司	16724.3	−8
66	河北省金融租赁有限公司	16650.5	−39.2
67	国药乐仁堂医药有限公司	16552.3	−2.6
68	河北鑫跃焦化有限公司	16534.3	28.1
69	赞皇金隅水泥有限公司	16482.2	−15.7
70	石家庄市盛邦伟业房地产开发有限公司	16282.7	9.1

续表

序号	纳税人单位名称	纳税金额（万元）	同比增长（%）
71	华润置地（石家庄）有限公司	15865.1	2631.1
72	河北省体育彩票管理中心	15819.3	28.3
73	石家庄市自然资源和规划局裕华分局	15736.4	—
74	中国电子科技集团公司第五十四研究所	15596.2	7.7
75	中国平安财产保险股份有限公司石家庄中心支公司	15524.8	−55.5
76	兴业银行股份有限公司石家庄分行	15379.4	14.6
77	石家庄良村热电有限公司	14885.3	43.3
78	石家庄印钞有限公司	14839.7	−26
79	国网河北省电力有限公司石家庄供电分公司	14611.4	−20
80	中移全通系统集成有限公司	14472.8	42.7
81	天津银行股份有限公司石家庄分行	14418.4	−7.5
82	石家庄碧桂园房地产开发有限公司	14128	53.6
83	中国银行股份有限公司河北省分行	14127.8	71.2
84	石家庄万科嘉实盈泽房地产开发有限公司	13402.6	—
85	上海浦东发展银行股份有限公司石家庄分行	13401.6	6.7
86	华夏银行股份有限公司石家庄分行	13289.9	−15.4
87	河北幸福消费金融股份有限公司	13189.1	135
88	中国银行股份有限公司石家庄市裕华支行	13142.5	−0.7
89	石家庄四药有限公司开发区分公司	12916.3	−33.6
90	河北省保障住房投资有限公司	12701.5	−3.6
91	河北远东通信系统工程有限公司	12255.6	11.3
92	石家庄市魏通房地产开发有限公司	12244.8	1090.9
93	华北制药河北华民药业有限责任公司	12219.6	−19.4
94	北京银行股份有限公司石家庄分行	12177.7	14.2
95	河北省天然气有限责任公司	12145.2	−13.8
96	河北中宏置业房地产开发有限公司	12142.7	43.3
97	招商银行股份有限公司石家庄分行	12059.2	24.2
98	华北制药股份有限公司	12034.3	−30.4
99	河北省省直纪元房地产开发有限公司	12000.9	−51
100	河北曲寨矿峰水泥股份有限公司	11917.2	32.7
101	中国电子科技集团公司第十三研究所	11853.8	−0.2
102	华北制药金坦生物技术股份有限公司	11754.3	36.3

续表

序号	纳税人单位名称	纳税金额（万元）	同比增长（%）
103	河北省福利彩票发行管理中心	11734.9	171
104	上海宝原体育用品商贸有限公司河北分公司	11657.4	44.4
105	南水北调中线干线工程建设管理局	11432.9	−38
106	石药集团维生药业（石家庄）有限公司	11257.3	−19.3
107	平山县敬业焦酸有限公司	11189.7	15.4
108	石家庄供水有限责任公司	11121.5	−10
109	河北银行股份有限公司本部	11084.7	21.4
110	石家庄高新技术产业开发区自然资源和规划住建局	10962.4	6.2
111	石家庄万科润德翡翠房地产开发有限公司	10807.6	9.3
112	中国平安人寿保险股份有限公司河北分公司	10803.6	−43
113	河北领拓房地产开发有限公司	10745.9	—
114	河北金麦加房地产开发有限公司	10725.3	0.9
115	新乐华宝医疗用品有限公司	10717.7	2812.4
116	新乐华宝塑料制品有限公司	10611.2	833.9
117	河北欣绿房地产开发有限公司	10244.1	−41.9
118	青岛啤酒（石家庄）有限公司	10234.4	2.4

石家庄市纳税亿元以上楼宇

2020年石家庄市区纳税亿元以上楼宇达到31个，纳税金额105.12亿元，占全市财政收入8.83%，占全市一般公共预算收入16.63%。其中，纳税超10亿元以上楼宇3个，纳税金额52.66亿元，占亿元以上楼宇纳税金额50.1%。全年石家庄市区新增纳税亿元以上楼宇8个，分别为：华润万象城、宏远大厦、中银金融中心1号楼、软件大厦、百川大厦、中铁商务广场、方北大厦、开元花园；新增纳税金额10.44亿元。全年石家庄市区纳税亿元以上楼宇减少3个，分别为：新华国际商务楼、中茂海悦写字楼、创新大厦；减少纳税金额5.56亿元。

表112

2020年石家庄市区纳税亿元以上楼宇情况一览表

序号	楼宇名称	行政区域	纳税金额（亿元）	同比增长（%）
1	双子座大厦	桥西区	22.81	0.5
2	河北省烟草公司	桥西区	17.91	−6.4
3	裕园广场	桥西区	11.94	−2.7
4	御景半岛花园	长安区	4.22	22.7
5	民生银行大厦	长安区	3.25	49.1

续表

序号	楼宇名称	行政区域	纳税金额（亿元）	同比增长（%）
6	河钢集团	桥西区	3.23	−36.2
7	开元中心	长安区	2.78	−19.7
8	方大科技园	高新区	2.77	15.9
9	中信大厦	桥西区	2.64	0.8
10	方亿科技园	高新区	2.59	14.1
11	润德商贸城	桥西区	2.20	−11.3
12	勒泰中心	长安区	2.14	−18.6
13	庄家金融大厦	桥西区	1.96	−20.3
14	华润万象城	桥西区	1.90	427.8
15	万达广场	裕华区	1.85	−6.6
16	同祥城	高新区	1.71	11.4
17	万象天成	桥西区	1.65	−6.8
18	宏远大厦	新华区	1.58	75.6
19	航空大厦	新华区	1.54	27.3
20	报业大厦	裕华区	1.43	16.3
21	北方大厦	裕华区	1.43	4.4
22	中银金融中心 1 号楼	桥西区	1.41	56.7
23	天山工业园	高新区	1.31	−60.3
24	泰丰大厦	桥西区	1.30	21.5
25	软件大厦	高新区	1.14	22.6
26	百川大厦	长安区	1.14	70.1
27	中铁商务广场	桥西区	1.12	23.1
28	方北大厦	裕华区	1.10	150.0
29	开元花园	长安区	1.05	26.5
30	汇景国际	长安区	1.02	−31.1
31	润江慧谷大厦	高新区	1.00	−42.5

文件辑录

市委文件

表 113

2020 年中共石家庄市委石发〔2020〕1～16 号文件目录一览表

序号	文件内容	文件编号	发文日期
1	中共石家庄市委、石家庄市人民政府关于农业产业种植结构调整的意见	石发〔2020〕1 号	1 月 8 日
2	中共石家庄市委关于贯彻落实中央、省委政协工作会议精神做好新时代加强和改进人民政协工作的通知	石发〔2020〕2 号	1 月 9 日
3	中共石家庄市委、石家庄市人民政府关于发展“四种类型经济”的意见	石发〔2020〕3 号	1 月 23 日
4	中共石家庄市委、石家庄市人民政府关于开展“三创四建”活动加快建设现代省会经济强市的实施意见	石发〔2020〕4 号	1 月 27 日
5	中共石家庄市委、石家庄市人民政府关于深入推进“4+4”现代产业发展的实施意见	石发〔2020〕5 号	2 月 10 日
6	中共石家庄市委关于印发《石家庄市贯彻落实〈中国共产党农村工作条例〉实施办法》的通知	石发〔2020〕8 号	3 月 19 日
7	中共石家庄市委、石家庄市人民政府关于抓好“三农”领域重点工作确保如期实现全面小康的实施意见	石发〔2020〕9 号	3 月 20 日
8	中共石家庄市委关于印发《县级统筹巡察工作实施办法》的通知	石发〔2020〕11 号	5 月 9 日
9	中共石家庄市委关于制定国民经济和社会发展十四个五年规划和二〇三五年远景目标的建议	石发〔2020〕15 号	11 月 23 日
10	中共石家庄市委、石家庄市人民政府印发《关于全面加强新时代大中小学劳动教育的若干措施》的通知	石发〔2020〕16 号	12 月 12 日

备注：不含秘密以上等级文件

表 114

2020 年中共石家庄市委石字〔2020〕1～15 号文件目录一览表

序号	文件内容	文件编号	发文日期
1	中共石家庄市委、石家庄市人民政府关于深化开发区改革开放的实施意见	石字〔2020〕1 号	1 月 23 日
2	中共石家庄市委、石家庄市人民政府关于石家庄市创建国家社会信用体系建设示范城市的实施意见	石字〔2020〕2 号	2 月 11 日
3	中共石家庄市委关于市应急管理局党组改设党委的通知	石字〔2020〕4 号	2 月 28 日
4	中共石家庄市委关于深入贯彻落实《中共河北省委关于进一步加强和做好人大工作的意见》的通知	石字〔2020〕5 号	3 月 24 日
5	中共石家庄市委、石家庄市人民政府关于提振精神状态强化担当作为奋力争先创优坚决夺取防疫情促发展“双胜利”的通知	石字〔2020〕6 号	3 月 31 日
6	中共石家庄市委、石家庄市人民政府关于 2019 年度县（市、区）、市直机关单位领导班子和领导干部综合考核暨绩效考核结果的通报	石字〔2020〕9 号	4 月 15 日
7	中共石家庄市委关于贯彻落实《中国共产党和国家机关基层组织工作条例》的实施意见	石字〔2020〕11 号	4 月 30 日
8	中共石家庄市委、石家庄市人民政府关于印发《石家庄市贯彻落实第二轮省委省政府生态环境保护督察反馈意见整改方案》的通知	石字〔2020〕12 号	6 月 15 日

续表

序号	文件内容	文件编号	发文日期
9	中共石家庄市委、石家庄市人民政府关于支持藁城区加快发展石家庄技术开发区的若干意见	石字〔2020〕14号	7月24日
10	中共石家庄市委、石家庄市人民政府关于支持乡镇（街道）工作的若干意见	石字〔2020〕15号	9月4日

备注：不含秘密以上等级文件

表 115

2020 年中共石家庄市委石办发〔2020〕1 ～ 11 号文件目录一览表

序号	文件内容	文件编号	发文日期
1	中共石家庄市委办公室、石家庄市人民政府办公室印发《关于加快冰雪运动发展的实施意见》的通知	石办发〔2020〕2号	1月20日
2	中共石家庄市委办公室、石家庄市人民政府办公室印发《关于深化交通运输综合行政执法改革的实施方案》的通知	石办发〔2020〕4号	3月17日
3	中共石家庄市委办公室转发市委宣传部、市委组织部《关于认真组织学习〈习近平谈治国理政〉第三卷的通知》的通知	石办发〔2020〕7号	7月21日
4	中共石家庄市委办公室、石家庄市人民政府办公室印发《关于贯彻落实习近平总书记在企业家座谈会上的重要讲话精神若干措施》的通知	石办发〔2020〕11号	9月27日

备注：不含秘密以上等级文件

表 116

2020 年中共石家庄市委石办字〔2020〕1 ～ 47 号文件目录一览表

序号	文件内容	文件编号	发文日期
1	中共石家庄市委办公室、石家庄市人民政府办公室关于印发《石家庄市安全生产考核办法》的通知	石办字〔2020〕1号	1月20日
2	中共石家庄市委办公室、石家庄市人民政府办公室关于成立新型冠状病毒感染的肺炎疫情防控工作领导小组的通知	石办字〔2020〕2号	1月23日
3	中共石家庄市委办公室、石家庄市人民政府办公室关于印发《2019年度石家庄市市管拔尖人才名单》的通知	石办字〔2020〕3号	2月3日
4	中共石家庄市委办公室、石家庄市人民政府办公室关于印发《“抓党建、促脱贫、保小康”活动实施方案》的通知	石办字〔2020〕5号	2月24日
5	中共石家庄市委办公室、石家庄市人民政府办公室关于印发《石家庄市确保高质量如期完成全面建成小康社会“十三五”规划及脱贫攻坚目标任务分解实施方案》的通知	石办字〔2020〕6号	2月25日
6	中共石家庄市委办公室印发《关于落实中央和省、市委政协工作会议主要任务的分工方案》的通知	石办字〔2020〕7号	3月20日
7	中共石家庄市委办公室、石家庄市人民政府办公室印发《关于加快农业结构调整发展高效农业增加农民收入的实施意见》的通知	石办字〔2020〕8号	3月25日
8	中共石家庄市委办公室、石家庄市人民政府办公室关于印发《石家庄市长安区深化乡镇和街道改革方案》的通知	石办字〔2020〕9号	3月29日
9	中共石家庄市委办公室、石家庄市人民政府办公室关于印发《石家庄市桥西区深化街道改革方案》的通知	石办字〔2020〕10号	3月29日
10	中共石家庄市委办公室、石家庄市人民政府办公室关于印发《石家庄市新华区深化街道改革方案》的通知	石办字〔2020〕11号	3月29日
11	中共石家庄市委办公室、石家庄市人民政府办公室关于印发《石家庄市裕华区深化乡镇和街道改革方案》的通知	石办字〔2020〕12号	3月29日
12	中共石家庄市委办公室、石家庄市人民政府办公室关于印发《石家庄市栾城区深化乡镇改革方案》的通知	石办字〔2020〕13号	3月29日

续表

序号	文件内容	文件编号	发文日期
13	中共石家庄市委办公室、石家庄市人民政府办公室关于印发《石家庄市藁城区深化乡镇改革方案》的通知	石办字〔2020〕14号	3月29日
14	中共石家庄市委办公室、石家庄市人民政府办公室关于印发《石家庄市鹿泉区深化乡镇改革方案》的通知	石办字〔2020〕15号	3月29日
15	中共石家庄市委办公室、石家庄市人民政府办公室关于印发《石家庄市井陉矿区深化乡镇和街道改革方案》的通知	石办字〔2020〕16号	3月29日
16	中共石家庄市委办公室、石家庄市人民政府办公室关于印发《井陉县深化乡镇改革方案》的通知	石办字〔2020〕17号	3月29日
17	中共石家庄市委办公室、石家庄市人民政府办公室关于印发《正定县深化乡镇和街道改革方案》的通知	石办字〔2020〕18号	3月29日
18	中共石家庄市委办公室、石家庄市人民政府办公室关于印发《行唐县深化乡镇改革方案》的通知	石办字〔2020〕19号	3月29日
19	中共石家庄市委办公室、石家庄市人民政府办公室关于印发《灵寿县深化乡镇改革方案》的通知	石办字〔2020〕20号	3月29日
20	中共石家庄市委办公室、石家庄市人民政府办公室关于印发《高邑县深化乡镇改革方案》的通知	石办字〔2020〕21号	3月29日
21	中共石家庄市委办公室、石家庄市人民政府办公室关于印发《深泽县深化乡镇改革方案》的通知	石办字〔2020〕22号	3月29日
22	中共石家庄市委办公室、石家庄市人民政府办公室关于印发《赞皇县深化乡镇改革方案》的通知	石办字〔2020〕23号	3月29日
23	中共石家庄市委办公室、石家庄市人民政府办公室关于印发《平山县深化乡镇改革方案》的通知	石办字〔2020〕24号	3月29日
24	中共石家庄市委办公室、石家庄市人民政府办公室关于印发《元氏县深化乡镇改革方案》的通知	石办字〔2020〕25号	3月29日
25	中共石家庄市委办公室、石家庄市人民政府办公室关于印发《赵县深化乡镇改革方案》的通知	石办字〔2020〕26号	3月29日
26	中共石家庄市委办公室、石家庄市人民政府办公室关于印发《无极县深化乡镇改革方案》的通知	石办字〔2020〕27号	3月29日
27	中共石家庄市委办公室、石家庄市人民政府办公室关于印发《晋州市深化乡镇改革方案》的通知	石办字〔2020〕28号	3月29日
28	中共石家庄市委办公室、石家庄市人民政府办公室关于印发《新乐市深化乡镇和街道改革方案》的通知	石办字〔2020〕29号	3月29日
29	中共石家庄市委办公室、石家庄市人民政府办公室关于印发《石家庄高新区深化乡镇和街道改革方案》的通知	石办字〔2020〕30号	3月29日
30	中共石家庄市委办公室、石家庄市人民政府办公室关于印发《河北石家庄循环化工园区深化丘头镇改革方案》的通知	石办字〔2020〕31号	3月29日
31	中共石家庄市委办公室、石家庄市人民政府办公室印发《关于在全市扎实开展"查问题、转作风、鼓干劲、争上游"行动的实施方案》的通知	石办字〔2020〕32号	4月2日
32	中共石家庄市委办公室印发《关于对市委管理领导班子和领导干部开展党内谈话的实施办法（试行）》的通知	石办字〔2020〕33号	4月8日
33	中共石家庄市委办公室、石家庄市人民政府办公室关于表扬市住房和城乡建设局、正定县的通报	石办字〔2020〕34号	5月21日
34	中共石家庄市委办公室、石家庄市人民政府办公室印发《关于加强和改进新时代残疾人工作的实施意见》的通知	石办字〔2020〕36号	6月17日
35	中共石家庄市委办公室、石家庄市人民政府办公室关于印发《石家庄市全面开展政府部门权责清单编制工作方案》的通知	石办字〔2020〕38号	9月30日
36	中共石家庄市委办公室、石家庄市人民政府办公室关于精简撤并市级议事协调机构的通知	石办字〔2020〕39号	11月3日
37	中共石家庄市委办公室、石家庄市人民政府办公室关于市级领导干部包联督导县（市、区）的通知	石办字〔2020〕41号	11月12日

续表

序号	文件内容	文件编号	发文日期
38	中共石家庄市委办公室关于做好2021年度重点党报党刊发行工作严格规范报刊发行秩序的通知	石办字〔2020〕42号	11月17日
39	中共石家庄市委办公室、石家庄市人民政府办公室关于印发《新时代加快完善社会主义市场经济体制重点任务分工方案》的通知	石办字〔2020〕43号	11月18日
40	中共石家庄市委办公室、石家庄市人民政府办公室关于印发《石家庄市深化医疗保障制度改革工作责任分工》的通知	石办字〔2020〕46号	12月22日
41	中共石家庄市委办公室、石家庄市人民政府办公室关于印发12个优化营商环境改革方案的通知	石办字〔2020〕47号	12月30日

备注：不含秘密以上等级文件

政府文件

表 117

2020年石家庄市人民政府石政规发〔2020〕1～5号文件目录一览表

序号	文件内容	文件编号	发文日期
1	石家庄市人民政府关于进一步加强石家庄正定国际机场净空保护区升空物体管理的通告	石政规〔2020〕1号	7月24日
2	石家庄市人民政府印发《关于在全市范围内开展“证照分离”改革全覆盖工作的实施方案》的通知	石政规〔2020〕2号	8月3日
3	石家庄市人民政府关于印发《石家庄市政务数据资源共享管理规定》的通知	石政规〔2020〕3号	9月1日
4	石家庄市人民政府关于印发《石家庄市政务数据资源共享安全管理规定》的通知	石政规〔2020〕4号	9月1日
5	石家庄市人民政府关于印发《石家庄市建设用地使用权转让、出租、抵押二级市场交易管理办法》的通知	石政规〔2020〕5号	11月20日

表 118

2020年石家庄市人民政府石政发〔2020〕1～3号文件目录一览表

序号	文件内容	文件编号	发文日期
1	石家庄市人民政府关于印发《石家庄市数字经济发展规划（2020～2025）》的通知	石政发〔2020〕1号	1月22日
2	石家庄市人民政府关于印发《正定数字经济产业园发展规划（2021～2025年）》的通知	石政发〔2020〕3号	12月26日

备注：不含秘密以上等级文件

表 119

2020年石家庄市人民政府石政函〔2020〕1～97号文件目录一览表

序号	文件内容	文件编号	发文日期
1	关于印发《石家庄市推进“五险一金”集中办公（一门一次一网）工作方案》的通知	石政函〔2020〕2号	1月3日
2	关于做好石家庄市第七次全国人口普查的通知	石政函〔2020〕5号	1月6日
3	关于将友谊大街（汇丰路—汇明路）等三个项目列入市区2020年度房屋征收计划的通知	石政函〔2020〕10号	1月20日

续表

序号	文件内容	文件编号	发文日期
4	印发《关于在中国（河北）自由贸易试验区正定片区开展“证照分离”改革全覆盖试点工作的实施方案》的通知	石政函〔2020〕17 号	2 月 15 日
5	关于将青园街干休所 217 号改造项目列入 2020 年度房屋征收计划的通知	石政函〔2020〕18 号	2 月 18 日
6	关于印发石家庄市矿山综合治理工作方案的通知	石政函〔2020〕19 号	2 月 29 日
7	关于转发《市住建局、财政局关于下达 2020 年城建计划的通知》的通知	石政函〔2020〕22 号	3 月 18 日
8	关于将华星路（中华大街—解放大街）项目列入市区 2020 年度房屋征收计划的通知	石政函〔2020〕23 号	3 月 23 日
9	关于印发石家庄市 2020 年度国有建设用地供应计划的通知	石政函〔2020〕25 号	3 月 26 日
10	关于上报《石家庄市城市轨道交通第二期建设规划（2020-2025 年）及线网规划环境影响报告书》及相关资料的报告	石政函〔2020〕26 号	3 月 30 日
11	关于河北翠屏山迎宾馆地块控制性详细规划的批复	石政函〔2020〕28 号	3 月 31 日
12	关于印发石家庄市市辖区 2020 年度土地储备计划的通知	石政函〔2020〕30 号	4 月 7 日
13	关于印发《石家庄市关于进一步做好稳就业工作的实施意见》的通知	石政函〔2020〕32 号	4 月 16 日
14	关于印发《石家庄市 2020 年大气污染综合治理强化攻坚方案》的通知	石政函〔2020〕33 号	4 月 24 日
15	关于将塔北路项目（建设大街—翟营大街）列入市区 2020 年度房屋征收计划的通知	石政函〔2020〕38 号	4 月 29 日
16	关于印发《石家庄市人民政府 2020 年立法工作安排意见》的通知	石政函〔2020〕39 号	5 月 8 日
17	关于调整市政府有关副市长工作分工的通知	石政函〔2020〕40 号	5 月 15 日
18	关于印发《石家庄市推进健康中国行动实施方案》的通知	石政函〔2020〕44 号	6 月 2 日
19	关于成立中国（石家庄）跨境电子商务综合试验区建设领导小组的通知	石政函〔2020〕45 号	6 月 6 日
20	关于将槐安路与西二环立交桥等 4 个项目列入 2020 年度房屋征收计划的通知	石政函〔2020〕60 号	8 月 7 日
21	关于将南三条小商品第一市改造项目列入 2020 年度房屋征收计划的通知	石政函〔2020〕61 号	8 月 7 日
22	关于授予石磊等 5 名同志第五批石家庄市引进高层次科技创新创业人才称号的决定	石政函〔2020〕63 号	8 月 20 日
23	关于印发《石家庄市城市体检工作方案》的通知	石政函〔2020〕65 号	8 月 22 日
24	关于加快推进住房租赁市场试点工作的实施意见	石政函〔2020〕68 号	9 月 8 日
25	关于加强全市开发区年度目标预测推动开发区加快发展的通知	石政函〔2020〕81 号	11 月 2 日
26	关于印发《石家庄市应急产业发展规划（2020 ～ 2025 年）》的通知	石政函〔2020〕82 号	11 月 3 日
27	关于调整市政府有关副市长、市政府党组成员工作分工的通知	石政函〔2020〕83 号	11 月 9 日
28	关于印发《关于促进跨境电子商务快速发展的若干措施》的通知	石政函〔2020〕86 号	11 月 22 日
29	关于认定王俊波等五人、孙世友等一群体石家庄市见义勇为模范（群体）的决定	石政函〔2020〕87 号	11 月 25 日
30	关于公布第八批市级非物质文化遗产代表性项目名录的通知	石政函〔2020〕90 号	12 月 14 日
31	关于认定 2020 ～ 2022 年度石家庄市农业产业化重点龙头企业的通知	石政函〔2020〕92 号	12 月 17 日
32	关于进一步加强规范市本级城建收费管理工作的通知	石政函〔2020〕93 号	12 月 18 日
33	关于印发《石家庄市主城区应急水源地优化调整方案》的通知	石政函〔2020〕95 号	12 月 22 日

续表

序号	文件内容	文件编号	发文日期
34	关于将合作路省直宿舍改造项目列入2020年度房屋征收计划的通知	石政函〔2020〕96号	12月25日
35	关于印发《石家庄市全面深化服务贸易创新发展试点实施方案》的通知	石政函〔2020〕97号	12月26日

备注：不含秘密以上等级文件

表120

2020年石家庄市人民政府石政办发〔2020〕1～20号文件目录一览表

序号	文件内容	文件编号	发文日期
1	关于印发《石家庄市进一步深化医药卫生体制改革重点任务》《关于改革完善医疗卫生行业综合监管制度的实施意见》和《关于促进3岁以下婴幼儿照护服务发展的实施意见》的通知	石政办发〔2020〕1号	3月19日
2	关于印发《石家庄市生产安全事故应急预案》《石家庄市危险化学品生产安全事故应急预案》《石家庄市自然咋还救助应急预案》《石家庄市突发地质灾害应急预案》《石家庄市地震应急预案》的通知	石政办发〔2020〕2号	4月24日
3	印发《关于在行政管理服务事项中全面实施信用承诺和信用核查的实施方案》的通知	石政办发〔2020〕3号	5月11日
4	关于印发《石家庄市城市二次供水管理办法》的通知	石政办发〔2020〕4号	5月20日
5	关于印发《石家庄市行政执法公示办法》的通知	石政办发〔2020〕5号	7月21日
6	关于印发《石家庄市行政执法全过程记录办法》的通知	石政办发〔2020〕6号	7月21日
7	关于印发《石家庄市重大执法决定法制审核办法》的通知	石政办发〔2020〕7号	7月21日
8	关于印发《关于落实“六稳”“六保”任务工作方案》的通知	石政办发〔2020〕8号	8月20日
9	关于印发《“四种经济类型”统计监测工作方案》的通知	石政办发〔2020〕9号	8月21日
10	关于印发《2020年石家庄市社会科学普及工作方案》的通知	石政办发〔2020〕10号	9月4日
11	关于印发《石家庄市支持主要领域灵活就业的若干措施》的通知	石政办发〔2020〕11号	10月15日
12	关于印发《石家庄市生态环境领域市以下财政事权和支出责任划分改革实施方案》的通知	石政办发〔2020〕12号	10月21日
13	关于印发《石家庄市市级国有金融资本出资人职责暂行规定》的通知	石政办发〔2020〕13号	11月2日
14	关于衔接落实省政府对应国务院取消下放和市级自行调整一批行政许可事项的通知	石政办发〔2020〕14号	11月5日
15	关于印发《石家庄市国资委监管企业投资监管管理办法（试行）》的通知	石政办发〔2020〕15号	11月9日
16	关于印发《石家庄市应急救援领域市与县（区）财政事权和支出责任划分改革实施方案》的通知	石政办发〔2020〕16号	12月1日
17	关于印发《石家庄市供热突发公共事件应急预案》的通知	石政办发〔2020〕17号	12月17日
18	关于印发石家庄市自然资源领域市与县（区）财政事权和支出责任划分改革实施方案的通知	石政办发〔2020〕18号	12月25日
19	关于印发石家庄市失业保险市级统筹实施办法的通知	石政办发〔2020〕19号	12月24日
20	关于印发《公共文化领域市与县（区）财政事权和支出责任划分改革实施方案》的通知	石政办发〔2020〕20号	12月31日

表 121

2020 年石家庄市人民政府石政办函〔2020〕1 ～ 52 号文件目录一览表

序号	文件内容	文件编号	发文日期
1	关于2019年度石家庄市园林式单位、居住小区、街道和星级游园命名工作的通知	石政办函〔2020〕1号	1月9日
2	关于成立石家庄市推进“一带一路”建设工作领导小组的通知	石政办函〔2020〕2号	1月22日
3	关于印发《石家庄市2020年重点建设项目计划》的通知	石政办函〔2020〕3号	1月21日
4	石家庄市应对新型冠状病毒感染的肺炎应急预案的通知	石政办函〔2020〕5号	2月2日
5	关于印发石家庄市突发重大动物疫情应急预案的通知	石政办函〔2020〕6号	2月15日
6	关于认定2019年石家庄市现代农业园区的通知	石政办函〔2020〕7号	3月2日
7	关于2019年度高新技术成果落地奖奖励的决定	石政办函〔2020〕8号	3月6日
8	关于转发《河北省人民政府办公厅关于印发深入贯彻习近平总书记重要讲话精神统筹做好疫情防控和经济社会发展重点工作和责任分工的通知》的通知	石政办函〔2020〕9号	3月8日
9	关于印发《石家庄市2020年度综合治税工作方案》的通知	石政办函〔2020〕10号	3月13日
10	印发《关于应对新冠肺炎疫情影响加快服务业发展的工作方案》和《石家庄市2020年促进消费扩容提质实施方案》的通知	石政办函〔2020〕11号	3月18日
11	关于印发《石家庄市深入推进石保廊全面创新改革实验工作的实施意见任务分工方案》的通知	石政办函〔2020〕12号	3月20日
12	关于成立防控疫情推进工业经济、商贸流通文旅业发展协调领导小组通知	石政办函〔2020〕13号	4月17日
13	关于印发《2020年重大政策宣传解读工作实施方案》的通知	石政办函〔2020〕14号	4月23日
14	关于印发《石家庄市灭火与消防应急救援社会联动工作机制》的通知	石政办函〔2020〕15号	5月8日
15	关于进一步加强投资和项目建设工作的意见	石政办函〔2020〕16号	5月25日
16	关于成立石家庄市领导干部自然资源资产离任审计工作领导小组的通知	石政办函〔2020〕17号	5月30日
17	关于印发石家庄市“十四五”新增市级专项规划编制目录清单的通知	石政办函〔2020〕18号	6月22日
18	关于印发《石家庄市政务服务“好差评”评价办法》的通知	石政办函〔2020〕20号	7月13日
19	关于印发石家庄市建立健全能源安全储备制度实施方案的通知	石政办函〔2020〕21号	7月13日
20	关于印发石家庄市支持重点平台加快承接北京非首都功能疏解的政策措施（试行）的通知	石政办函〔2020〕22号	7月10日
21	关于进一步明确职责分工加强地方金融监管的贯彻落实意见	石政办函〔2020〕24号	7月17日
22	关于印发《石家庄市新媒体电商直播示范城市网红人才成长计划（2020～2021年）》的通知	石政办函〔2020〕25号	7月27日
23	关于印发《石家庄市深化农村公路管理养护体制改革实施方案》的通知	石政办函〔2020〕26号	7月30日
24	关于印发石家庄市突发公共事件新闻发布应急预案的通知	石政办函〔2020〕27号	7月27日
25	关于印发《石家庄市2020年政务公开工作要点》的通知	石政办函〔2020〕28号	7月16日
26	关于印发2020年气象防灾减灾绩效考评指标任务的通知	石政办函〔2020〕29号	8月20日
27	关于进一步明确高新区托管涉及有关社会事务管理问题的通知	石政办函〔2020〕30号	8月22日
28	关于印发《石家庄市农业有害生物突发事件应急预案》的通知	石政办函〔2020〕31号	9月2日
29	关于印发石家庄市2020年下半年深化医药卫生体制改革任务的通知	石政办函〔2020〕32号	9月7日

续表

序号	文件内容	文件编号	发文日期
30	关于印发《对标借鉴海南自由贸易港建设总体方案推进自贸区正定片区高质量发展的实施意见》的通知	石政办函〔2020〕33号	9月15日
31	关于成立石家庄市全国第一次自然灾害综合风险普查领导小组的通知	石政办函〔2020〕34号	9月24日
32	关于对全市冬季清洁取暖和劣质散煤管控“百日会战”工作督导检查情况的通报	石政办函〔2020〕36号	10月14日
33	关于贯彻落实《全国人民代表大会常务委员会关于全面禁止非法野生动物交易、革除滥食野生动物陋习、切实保障人民群众生命健康安全的决定》的实施意见	石政办函〔2020〕37号	10月15日
34	关于成立石家庄人力资源服务产业园管理委员会的通知	石政办函〔2020〕38号	10月20日
35	转发《省政府办公厅关于印发〈河北省人民政府法律顾问工作规则〉的通知》的通知	石政办函〔2020〕39号	10月28日
36	关于表彰2019—2020年度城区集中供暖暨农村地区清洁取暖工作先进单位及个人的通报	石政办函〔2020〕40号	10月21日
37	关于开展2020年度粮食安全责任制考核工作的通知	石政办函〔2020〕41号	10月30日
38	关于印发《石家庄市推进能源高质量发展重点措施》的通知	石政办函〔2020〕42号	11月3日
39	关于印发我市《关于积极扩大内需若干措施重点工作任务分工》的通知	石政办函〔2020〕43号	11月25日
40	关于印发《功能股违建别墅问题清查整治成果健全监管长效机制措施》的通知	石政办函〔2020〕44号	11月24日
41	关于印发《石家庄市推进政务服务“跨省通办”重点任务分工方案》的通知	石政办函〔2020〕45号	11月30日
42	关于废止石政发〔2014〕6号文件的通知	石政办函〔2020〕46号	11月26日
43	关于转发《石家庄市焦化行业去产能工作领导小组办公室关于不予核发焦化企业排污许可的通知》的通知	石政办函〔2020〕47号	12月9日
44	关于2020年度石家庄市级园林式单位、居住区和街道评定结果的通报	石政办函〔2020〕48号	12月17日
45	关于全面推进城镇老旧小区改造工作的实施意见	石政办函〔2020〕49号	12月21日
46	印发关于防止耕地“非粮化”稳定粮食生产工作方案的通知	石政办函〔2020〕50号	12月30日
47	转发河北省民政厅关于同意正定县等四县部分撤乡设镇行政区划调整的批复的通知	石政办函〔2020〕51号	12月30日
48	关于全面贯彻落实河北省政府进一步规范行业协会商会收费工作的通知	石政办函〔2020〕52号	12月31日

备注：不含秘密以上等级文件

统计资料

表 122

行政组织机构

行政区域	镇政府（个）	乡政府（个）	街道办事处（个）	居民委员会（个）	村民委员会（个）
石家庄市	124	77	60	843	3939
市区合计	35	8	57	683	617
长安区	4	—	12	169	1
桥西区	—	—	17	137	15
新华区	—	—	15	103	13
裕华区	2	—	11	126	22
井陉矿区	2	1	2	41	—
藁城区	13	1	—	74	177
鹿泉区	9	3	—	22	208
栾城区	5	3	—	11	181
井陉县	10	7	—	6	321
正定县	5	3	2	44	154
行唐县	4	11	—	14	322
灵寿县	6	9	—	5	279
高邑县	5	—	—	5	107
深泽县	4	2	—	4	125
赞皇县	4	7	—	11	211
无极县	6	5	—	4	213
平山县	12	11	—	22	717
元氏县	8	7	—	4	208
赵　县	8	3	—	10	281
晋州市	9	1	—	13	224
新乐市	8	3	1	18	160

表 123

户籍人口

行政单位	年末总户数		年末总人口（人）	
	数量（户）	同比增长（%）	数量（人）	同比增长（%）
长安区	212850	2.46	676352	1.21
桥西区	202452	1.91	675093	−0.12
新华区	156906	0.7	506515	−0.58
裕华区	194163	2.91	661090	1.65
井陉矿区	29160	9.75	86533	−1.61
藁城区	235410	−0.06	866144	−0.02
鹿泉区	124606	0.23	448438	0.29
栾城区	98078	0.47	364159	0.16
井陉县	106083	−1.57	327968	−1.3
正定县	127136	−0.42	515814	−0.21
行唐县	160480	0.27	460211	−0.67
灵寿县	110357	−0.1	349756	−0.89
高邑县	57734	0.93	203196	−0.55
深泽县	96267	−0.8	254940	−1.48
赞皇县	97389	−0.21	281845	0.18
无极县	157535	−0.34	534957	−0.74
平山县	165025	−1.26	499064	−1.19
元氏县	107977	1.12	446129	−0.1
赵　县	174378	−1.15	616173	−1.09
晋州市	156084	−0.7	574609	−0.47
新乐市	135216	−0.55	516612	−0.39

备注：户籍人口为市公安局户政部门数据

表 124

地区生产总值

行政单位	地区生产		第一产业		第二产业		第三产业	
	总值（亿元）	同比增长（%）	增加值（亿元）	同比增长（%）	增加值（亿元）	同比增长（%）	增加值（亿元）	同比增长（%）
全市总计	5935.1	3.9	498.6	3.5	1745.5	3.1	3691.0	4.3
长安区	584.6	4.1	0.6	−16.9	87.1	1.8	496.9	4.5
桥西区	743.1	2.3	0.1	−19.7	65.3	2.5	677.7	2.3
新华区	460.4	3.8	0.4	−5.3	40.7	−5.3	419.3	4.7
裕华区	395.9	3.9	0.1	11.5	37.3	6.6	358.5	3.6
井陉矿区	55.2	2.7	0.4	−6.3	31.7	3.0	23.0	2.4
藁城区	425.7	3.8	48.8	−0.4	197.8	2.4	179.2	6.2
鹿泉区	300.9	5.9	19.4	2.8	107.8	8.9	173.6	4.4
栾城区	173.4	2.9	15.4	0.7	68.4	−1.0	89.6	6.7
高新区	332.2	5.2	0.2	−27.0	157.9	7.2	174.1	3.4
井陉县	100.0	3.3	11.4	6.5	31.1	6.0	57.4	1.3
正定县	293.3	6.2	42.1	0.5	71.3	9.5	179.9	6.3
行唐县	122.8	5.8	39.5	7.7	19.0	6.4	64.3	4.5
灵寿县	109.1	4.7	30.9	2.4	17.2	0.8	61.0	7.0
高邑县	71.5	4.6	15.1	8.1	21.0	4.1	35.4	3.5
深泽县	73.7	5.0	15.8	1.8	22.6	11.8	35.4	2.0
赞皇县	78.7	5.7	20.8	4.0	20.9	10.9	37.0	3.3
无极县	131.3	0.7	32.2	4.7	35.8	−4.4	63.4	2.3
平山县	248.1	6.5	18.4	9.9	146.4	7.6	83.2	4.1
元氏县	161.2	5.1	22.1	2.5	43.2	10.4	95.9	3.2
赵　县	144.2	3.6	27.4	10.2	36.3	−0.2	80.4	3.3
晋州市	162.6	3.9	41.4	0.8	37.0	3.2	84.1	5.8
新乐市	148.9	6.0	36.9	2.2	37.0	11.6	75.0	4.9

表 125

财政收入

行政单位	全部财政收入		一般公共预算收入	
	金额（亿元）	同比增长（%）	金额（亿元）	同比增长（%）
全市总计	1191.15	2.5	632.19	11.1
长安区	129.85	−2.6	63.82	6.5
桥西区	186.66	−3.3	83.56	5.0
新华区	65.43	1.6	36.62	6.6
裕华区	78.86	−1.9	43.26	7.1
井陉矿区	8.96	10.3	4.44	10.5
藁城区	114.9	13.5	37.12	8.2
鹿泉区	57.48	2.6	33.41	8.6
栾城区	27.4	4.7	17.61	9.5
高新区	92.69	8.9	48.18	10.1
井陉县	15.81	10.8	9.52	16.1
正定县	57.52	10.7	43.6	16.5
行唐县	9.17	5.2	6.78	10.8
灵寿县	9.61	13.5	6.97	17.9
高邑县	7.68	11.4	6.03	9.5
深泽县	7.6	7.0	5.59	8.2
赞皇县	8.2	6.2	4.79	8.5
无极县	12.01	1.1	8.33	9.8
平山县	42.73	−10.3	20.75	6.3
元氏县	19.02	−1.1	11.52	13.8
赵　县	12.17	5.7	8.13	9.3
晋州市	15.69	3.5	11.32	8.3
新乐市	16.65	12.6	11.09	9.0

表 126

农产品总产量

行政单位	粮食		小麦		玉米		油料		棉花		蔬菜及食用菌		园林水果		肉类		禽蛋		水产品	
	总产量（吨）	同比增长（%）	总产量（吨）	同比增长（%）	总产量（吨）	同比增长（%）	总产量（吨）	同比增长（%）	总产量（吨）	同比增长（%）	总产量（吨）	同比增长（%）	总产量（吨）	同比增长（%）	总产量（吨）	同比增长（%）	总产量（吨）	同比增长（%）	总产量（吨）	同比增长（%）
全市总计	4307798	2.6	1959770	−0.53	2125046	2.57	95608	1.25	233	−10.53	4832359	2.37	1726785	−7.2	479698	0.37	697638	3.27	17463	0.26
长安区	19803	−19.05	9400	−28.14	9862	−9.14	107	35	—	—	2352	237.48	2647	2.16	152	−72.63	411	−6.5	—	—
桥西区	268	−14.49	165	−0.58	103	−30.19	—	—	—	—	4410	−18.54	—	—	—	—	1	−22	—	—
新华区	4463	−3.77	2012	−16.55	2404	13.97	100	−30.31	—	—	16220	8.61	764	−33.88	3	−68.8	5	−43.13	—	—
裕华区	673	−6.81	337	−6.44	336	−4.55	—	—	—	—	1362	30.09	—	—	22	−19.81	3	−93.33	—	—
井陉矿区	1118	74.09	—	—	1110	72.92	6	—	—	—	2721	−1.19	2502	−8.3	1078	8.58	247	3.79	12	—
藁城区	483919	0.04	235136	−4.51	207686	1.03	2283	−49.41	—	—	576360	−0.16	86565	−60.56	74240	32.48	106471	7.54	—	—
鹿泉区	129007	−6.13	62304	−6.52	57736	−7.61	2483	−2.15	16	−25.24	430275	−0.72	18536	20.03	8247	−0.29	21693	−7.05	5300	3.62
栾城区	212915	0.48	94714	−18.36	97650	13.71	17	−78.61	—	—	19352	−75.2	4330	11.03	10150	−35.79	37040	−48.4	—	—
高新区	5233	−16.15	2838	−24.33	1725	−6.08	19	−1.68	—	—	2311	34.61	367	−51.88	166	−28	430	−57.28	—	—
井陉县	25454	−47.71	3861	−8.71	43738	7.26	2204	8.27	52	−3.77	79381	1.48	17846	0.77	14138	9.92	1905	−90.5	345	11.29

续表

行政单位	粮食		小麦		玉米		油料		棉花		蔬菜及食用菌		园林水果		肉类		禽蛋		水产品	
	总产量（吨）	同比增长（%）	总产量（吨）	同比增长（%）	总产量（吨）	同比增长（%）	总产量（吨）	同比增长（%）	总产量（吨）	同比增长（%）	总产量（吨）	同比增长（%）	总产量（吨）	同比增长（%）	总产量（吨）	同比增长（%）	总产量（吨）	同比增长（%）	总产量（吨）	同比增长（%）
正定县	52894	−80.77	139382	−3.31	125395	7.53	9645	−18.05	1	−60.0	596088	1.29	8477	2.39	61938	3.4	23310	−73.03	—	—
行唐县	284286	−14.4	141038	2.3	200672	8.98	15693	−3.84	10	—	277436	5.12	123590	4.06	36045	9.83	92222	110.19	700	1.89
灵寿县	353058	129.5	52720	3.6	92416	−2	3554	5.25	24	6.25	377633	1.2	6006	6.06	33460	−9.82	60078	269.64	5340	0.79
高邑县	158538	0.32	82632	4.6	77359	—	452	−63.63	—	—	407233	11.87	3337	25.59	6563	−4.2	16917	46.79	—	—
深泽县	164158	−20.49	93612	4.33	114599	0.33	2530	−31.14	—	—	209013	−0.02	89998	0.68	16160	5.34	12692	−30.34	105	−13.22
赞皇县	212934	228.52	21858	6.33	40636	3.45	10305	3.71	8	—	117774	2.32	123258	28.72	23261	−0.65	18797	−22.23	—	—
无极县	72464	−78.29	187467	4.11	144284	6.25	13691	66.44	—	—	584974	11.27	8574	46.99	36708	−4.21	24830	−64.95	1	—
平山县	354907	203.33	17964	−32.74	90063	6.46	8625	25	45	3.51	121322	−9.18	17059	168.47	18620	7.26	79104	576.1	5500	0.73
元氏县	118473	−66.62	169915	4.14	185345	2.51	4569	6.21	76	−7.95	111306	−3.35	7363	0.65	34587	−4.76	15994	−55.95	160	−5.88
赵　县	371171	−34.14	288307	1.89	279467	0.44	462	14.53	—	—	82687	6.6	552253	−3.28	12477	−4.91	37008	74.69	—	—
晋州市	572035	66.66	171888	4.22	166793	0.61	5631	2.6	—	—	344634	−2.88	647578	−4.25	43407	−5.48	22830	−55.12	—	—
新乐市	351343	0.05	167097	3.61	177969	−3.26	13143	−1.73	—	—	407887	2.25	5494	−42.49	46693	−15.8	57809	57.84	—	—

表 127

农林牧渔业总产值

行政单位	农林牧渔业总产值（万元）	同比增长（%）
石家庄市	7108825	3.8
长安区	12254	−12.9
桥西区	1325	−17.3
新华区	6287	−6.9
裕华区	1103	4.3
井陉矿区	7277	−6.2
藁城区	791057	0.5
鹿泉区	301538	2.8
栾城区	308413	1.7
高新区	3407	−24.8
井陉县	184941	6.6
正定县	671733	1.0
行唐县	665877	9.3
灵寿县	463190	2.5
高邑县	221017	8.5
深泽县	274436	2.2
赞皇县	332872	4.2
无极县	540063	4.8
平山县	337824	9.7
元氏县	355288	3.0
赵　县	417058	11.0
晋州市	574481	1.0
新乐市	616665	2.6

表 128

规模以上工业企业营业收入和利润

行政单位	规模以上工业企业营业收入（万元）	规模以上工业企业利润总额（万元）
石家庄市	45509982	3122716
长安区	1541449	24629
桥西区	914325	76148
新华区	144321	8130
裕华区	253184	18633
井陉矿区	1797613	42333
藁城区	7073424	708277
鹿泉区	4399161	336119
栾城区	1721652	148214
高新区	4150003	473536
井陉县	850344	60880
正定县	1346576	79453
行唐县	453486	29118
灵寿县	379767	20416
高邑县	581658	17625
深泽县	408086	38985
赞皇县	513925	99188
无极县	947293	37697
平山县	7039675	535859
元氏县	1476861	252506
赵　县	1049393	46157
晋州市	1798361	32645
新乐市	1143354	131354

表 129

社会消费品零售额

行政单位	社会消费品零售额（万元）	同比增长（%）
石家庄市	22795723	−3.4
长安区	3622879	−3.7
桥西区	4513771	−3.1
新华区	2775858	−3.2
裕华区	3008368	−3.9
井陉矿区	122237	−2.2
藁城区	862470	−4.3
鹿泉区	1028791	−1.9
栾城区	456286	−4.5
高新区	1557500	−4.2
井陉县	340356	−2.1
正定县	786750	−1.6
行唐县	286772	−2.7
灵寿县	201059	−2.4
高邑县	139810	−1.8
深泽县	147048	−2.8
赞皇县	121039	−2.3
无极县	377099	−3.5
平山县	419540	−3.4
元氏县	492271	−2.9
赵　县	412950	−3
晋州市	686597	−4.1
新乐市	355838	−2.6

索 引

Index

说 明

一、本索引采用主题分析法，按主题词首字汉语拼音字母顺序排列，第一个字相同，按照第二字汉语拼音字母顺序排列，依此类推。数字开头主题词按照数字汉语读音排列。

二、类目采用黑体字，其他内容采用宋体字。主题词后的数字表示内容所在页码，数字后的英文字母 a、b、c 分别表示从左到右第一、二、三栏。同一主题词内容在文中多处出现，以不同页码标注。

三、本索引包含类目、分目、主要条目和部分内文，《特载》《大事记》内容未作索引。

A

B

C

D

E

F

G

H

J

K

L

M

N

P

Q

R

S

T

W

X

Y

Z

编　后　记

2021年12月,《石家庄年鉴（2021）》由河北人民出版社出版，在此谨向为本书提供支持和帮助的石家庄市党政军群、企事业单位及社会各界人士表示最衷心的感谢!

《石家庄年鉴》始终以为党立言、为国存史、为民编鉴为使命，坚持党委领导、市档案馆组织实施、社会各界广泛参与的工作体制，力争用通俗易懂的语言，真实记录石家庄地域的社会变迁和人文成就，努力为中外读者奉献出石家庄市最权威、最准确、最翔实的历史文献。“铁肩担道义，秉笔写春秋”，我们一直在奋斗、在追求，也期盼您提出宝贵的意见和建议。

信函地址：河北省石家庄市兴凯路219号4号楼529室

收 件 人：石家庄市档案馆年鉴编纂科

电子邮箱：sjznj@163.com

电　　话：0311—87851928